DICTIONNAIRE PRATIQUE

DES

ACTIONS POSSESSOIRES

ET DU

BORNAGE

CONTENANT

AVEC L'EXPOSÉ DES PRINCIPES DE LA MATIÈRE,
LE TEXTE ENTIER DES DOCUMENTS DE JURISPRUDENCE ET DES LOIS SPÉCIALES
CITÉS DANS LE CORPS DE L'OUVRAGE

PAR MM.

CHARLES **ARCHAMBAULT**
LICENCIÉ EN DROIT
AVOUÉ A SANCERRE

RENÉ **SENLY**
DOCTEUR EN DROIT, AVOCAT DU BARREAU DE NEVERS
ANCIEN BATONNIER

TOME SECOND

PARIS
LIBRAIRIE MARESCQ AÎNÉ
CHEVALIER-MARESCQ ET Cⁱᵉ, ÉDITEURS
20, RUE SOUFFLOT, 20

1890

DICTIONNAIRE PRATIQUE

DES

ACTIONS POSSESSOIRES ET DU BORNAGE

DICTIONNAIRE PRATIQUE

DES

ACTIONS POSSESSOIRES

ET DU

BORNAGE

CONTENANT

AVEC L'EXPOSÉ DES PRINCIPES DE LA MATIÈRE,

LE TEXTE ENTIER DES DOCUMENTS DE JURISPRUDENCE ET DES LOIS SPÉCIALES

CITÉS DANS LE CORPS DE L'OUVRAGE

PAR MM.

CHARLES **ARCHAMBAULT**

LICENCIÉ EN DROIT

AVOUÉ A SANCERRE

RENÉ **SENLY**

DOCTEUR EN DROIT, AVOCAT DU BARREAU DE NEVERS

ANCIEN BATONNIER

TOME SECOND

PARIS

LIBRAIRIE MARESCQ AINÉ

CHEVALIER-MARESCQ ET Cie, ÉDITEURS

20, RUE SOUFFLOT, 20

1890

Le tome second de notre *Dictionnaire* est divisé en deux parties. La première comprend, avec un sommaire spécialement adapté à l'exposé doctrinal, le texte, par ordre chronologique, des arrêts qui ne sont indiqués que par leur date dans le volume précédemment publié. La seconde contient la table chronologique de toutes les décisions insérées dans les notes du premier volume.

OEuvre de pure compilation, ce deuxième volume était cependant le complément nécessaire de notre travail, si nous voulions lui imprimer le caractère *pratique* qui en formait le but principal. A l'aide de cette combinaison, l'homme d'affaires peut, en quelques instants, se prononcer sur la question possessoire la plus délicate, vérifier les principes, l'opinion des auteurs, les solutions de la jurisprudence, sans être obligé de compulser longuement les traités et les recueils.

Utile pour l'avocat qui fait économie de temps et de recherches, nous nous permettons d'espérer que notre *Dictionnaire* semblera indispensable au magistrat cantonal qui n'a pas toujours la ressource d'une bibliothèque très pourvue, et auquel les bibliothèques publiques font absolument défaut.

Nous avons pris enfin toutes les dispositions pour que le lecteur pût facilement se reporter de notre *Dictionnaire* aux grands recueils, et de ceux-ci à notre *Dictionnaire*. Les arrêts sont désignés par leur date et par le nom des parties ; ces indications permettent de retrouver immédiatement l'espèce dans un recueil quelconque et de mettre à profit un exposé de faits généralement très complet et des notes toujours très savantes. Inversement, celui qui, en dehors de notre ouvrage, a rencontré un arrêt dont il désire apprécier la portée doctrinale, n'a qu'à recourir à notre second volume ; il y trouvera, à la même date et au-dessus du sommaire, une série de références renvoyant à tous les passages du *Dictionnaire* où la décision a été commentée. S'agit-il d'un arrêt qui a pris place dans le premier volume, le lecteur consultera la table et sera ainsi conduit à la page où le document a été reproduit en regard de la partie doctrinale le concernant.

Nous osons penser que MM. les Juges de paix et nos confrères continueront à l'ouvrage entier l'accueil bienveillant qu'ils ont fait au premier volume.

DICTIONNAIRE PRATIQUE

DES

ACTIONS POSSESSOIRES ET DU BORNAGE

JURISPRUDENCE

Comprenant par ordre chronologique le texte de toutes les décisions citées par leur date dans le premier volume, ainsi que la table chronologique des décisions qui s'y trouvent reproduites en notes.

CASSATION, Ch. req. — 1er août 1809.

(Comm. de Routot c. Vicquelin.)

I, 365.

Le terrain communal sur lequel se tiennent les foires et marchés dépend uniquement du domaine privé de la commune et peut être l'objet d'une action possessoire.

ARRÊT

LA COUR : — Attendu qu'un terrain peut servir à la tenue des foires et marchés d'une commune sans cesser d'être un bien patrimonial, une propriété privée et sans avoir le caractère d'imprescriptibilité qui appartient aux propriétés publiques;

Que de là il s'ensuit que le juge de paix de Routot et le tribunal de Pont-Audemer ont pu considérer le terrain contentieux comme susceptible de prescription et pouvant conséquemment être l'objet d'une action possessoire, sans qu'il y ait

dans leurs jugements ni violation de l'art. 2226, C. civ., ni fausse application de l'art. 2227 du même Code ;

Rejette.

CASSATION, Ch. req. — 7 août 1817.

(Demeaux c. Dulac.)

I, 687.

Lorsque, au cours d'un procès pétitoire, l'une des parties commet une entreprise nouvelle, l'autre partie est recevable à en demander la répression par voie de complainte et à obtenir la remise des choses dans leur état primitif.

Pendant un procès intenté par Dulac devant le tribunal civil de Montbrison et ayant pour objet de faire déclarer communs un canal et sa prise d'eau que Demeaux soutenait lui appartenir exclusivement, ce dernier fit effectuer de nouveaux travaux. Dulac considéra ces agissements comme un trouble à sa possession annale et introduisit une demande en complainte devant le juge de paix. Demeaux opposa une exception d'incompétence fondée sur l'existence de l'instance pétitoire qui faisait obstacle, suivant lui, à toute action possessoire conformément à l'art. 26, C. pr. Le tribunal de Montbrison repoussa ce moyen en confirmant la sentence du juge de paix par un jugement du 22 mars 1816 rendu dans les termes suivants :

Attendu que, dans la contestation élevée entre les parties sur la question de propriété des eaux, il est constant qu'un jugement rendu par le tribunal lui-même a astreint Demeaux à justifier qu'il a un droit exclusif à la jouissance de ces eaux, pour l'usage de son étang de Savigny ; que ce jugement démontre suffisamment qu'à cette époque Dulac avait la possession de la totalité ou d'une partie desdites eaux, autrement cette décision n'aurait pas eu lieu ; — Attendu qu'il ne résulte nullement que Dulac ait perdu ou abandonné cette possession ; que les nouvelles œuvres de Demeaux forment à cette possession un trouble dont la répression a dû être demandée au juge de paix, seul compétent pour la connaissance des matières possessoires ; — Attendu que cette demande n'aurait pu être formée régulièrement devant la Cour royale, quoique saisie de la connaissance du bien ou du mal jugé du jugement rendu sur le fond, soit parce que les matières seulement possessoires ne sont pas dans les attributions des Cours royales, soit parce que les parties eussent été privées d'un degré de juridiction.

Pourvoi par Demeaux.

ARRÊT

LA COUR ; — Attendu qu'il s'agissait d'une demande en nouvelle complainte possessoire ; que le caractère de cette demande, introduite postérieurement, était de la compétence exclusive de la justice de paix ;

Rejette.

CASSATION, Ch. civ. — 11 août 1819.

(Hardy et Bourgeon c. Bazin.)

I, 242.

Entre deux acquéreurs qui réclament l'un contre l'autre leur maintien en possession et excipent respectivement de titres émanés du même vendeur, le juge du possessoire doit se borner à rechercher quel peut être, d'après les titres, le droit le plus apparent des parties et quel est celui des deux acquéreurs qui lui paraît être en droit de réunir la possession du vendeur à la sienne. Mais le juge de paix n'a pas qualité pour apprécier la valeur des titres ; en se livrant à un semblable examen, il cumulerait le pétitoire et le possessoire.

Le contraire avait été décidé par une sentence ainsi motivée :

Considérant qu'il résulte de l'examen des lieux, que la pièce vendue à Bazin faisait partie de celle adjugée à Hardy et Bourgeon ; qu'aucun d'eux n'ayant une possession annale de son chef, il faut remonter à celle de leur auteur commun ; que, pour cela, l'examen de leurs titres respectifs de propriété devient nécessaire ; que celui de Bazin est évidemment nul, d'après l'art. 692, C. pr., aux termes duquel la partie saisie ne peut, à compter du jour de la dénonciation à elle faite de la saisie, aliéner les immeubles saisis, à peine de nullité ; qu'ainsi Hardy et Bourgeon sont les seuls qui aient acquis le droit de se prévaloir de la possession des héritiers Roger.

Sur le pourvoi formé par Hardy et Bourgeon contre le jugement du tribunal civil de Sens du 23 août 1816, qui infirma pour incompétence la décision du juge de paix, la Cour de Cassation rendit l'arrêt suivant :

ARRÊT

LA COUR : — Attendu que le juge de paix ne s'est pas borné à examiner quel pouvait être, d'après les titres produits, le droit le plus apparent des parties ; qu'il est entré dans l'examen du mérite de ces titres au fond ; qu'il a jugé nul celui du sieur Bazin, et a fait dériver de cette nullité la possession des demandeurs ;

Attendu qu'en procédant ainsi, il a cumulé le pétitoire avec le possessoire ; qu'il a excédé sa compétence sans égard à l'exception déclinatoire qui avait été opposée, et que le tribunal civil de Sens, en annulant son jugement dans ces circonstances, n'a fait que se conformer aux lois de la matière ;

Rejette.

CASSATION, Ch. req. — 10 nov. 1819.

(Déa c. Dauphinot.)

I, 582, 588.

A la différence de l'action en complainte

qui exige la preuve de la possession annale animo domini, *l'action en réintégrande peut être introduite par le fermier.*

Et pour que celui-ci triomphe dans cette action, il lui suffit de justifier d'un trouble accompli par violence ou voie de fait.

Il en est ainsi dans le cas où un tiers a déplacé les bornes d'un héritage dont le fermier avait la jouissance.

Jugement du tribunal de Vouziers, qui le décide en ces termes :

Considérant que Dauphinot se plaint d'une entreprise faite sur une pièce de terre qu'il exploite ; que si la dame Déa l'a commise, c'est une voie de fait ; qu'aux termes de l'art. 2 du titre XVIII de l'ord. de 1667, qui n'est abrogé par aucune loi, celui qui aura été dépossédé par violence ou voie de fait, pourra demander la réintégrande par action civile et ordinaire ; — Considérant que la demande dont il s'agit est une véritable réintégrande et non une demande en complainte possessoire ; que toute demande en réintégrande peut être formée par un fermier ou toute autre personne qui cultive ; que cette action est fondée sur le principe que, dans la société, on ne peut pas se rendre justice à soi-même, et que celui qui se rend coupable d'une voie de fait illicite doit, avant tout, rétablir les lieux dans leur ancien état ; — Considérant qu'il n'est pas nécessaire, comme dans l'action possessoire, d'avoir la possession annale ; qu'il suffit de prouver que l'on possédait au moment de la spoliation ; que ces principes ont toujours et de temps immémorial été reconnus dans l'ordre judiciaire ; qu'ils sont adoptés par des auteurs célèbres et par la Cour de Cassation ; — Considérant que nous ne pouvons, dès à présent, prononcer sur la demande dont il s'agit, sans avoir auparavant vérifié les faits d'entreprise et qu'ils ne soient constatés légalement.

Le pourvoi formé contre ce jugement a été rejeté par arrêt du 10 novembre 1819.

CASSATION, Ch. req. — 16 mai 1820.

(Girard c. Dupuis.)

I, 582.

Quoique l'antichrésiste ne puisse pas agir par voie de complainte, sa détention matérielle l'autorise à exercer l'action en réintégrande lorsqu'il a été violemment dépossédé.

ARRÊT

LA COUR : — Considérant que les héritiers du sieur Raymond Dupuis n'a-vaient exercé devant le juge de paix qu'une simple action en réintégrande de la vigne et de l'héritage dont ils jouissaient à titre d'antichrèse par eux ou par leur auteur, depuis l'abandon qui en avait été fait au sieur Dupuis par acte sous-seing privé du 23 août 1813 ;

Considérant que celui qui a été violemment troublé dans sa possession doit y être réintégré et que les héritiers Dupuis, se trouvant dans ce cas, le jugement attaqué, en les réintégrant, a fait une juste application de la loi ;

Rejette.

CASSATION, Ch. civ. — 11 juillet 1820.

(Calvet c. Pradet.)

I, 256.

Le juge de paix saisi d'une action en dénonciation de nouvel œuvre, n'a pas le droit d'ordonner la démolition des travaux, en se fondant sur ce que le défendeur n'a pas obtempéré à une sommation extrajudiciaire de cesser le nouvel œuvre.

Le 13 septembre 1817, le tribunal de Castres rendait sur appel le jugement suivant :

Considérant qu'on ne trouve dans le Code civil aucune disposition qui fixe la marche à suivre dans la dénonciation du nouvel œuvre ; que, dans le silence du Code, il faut avoir recours plutôt aux lois romaines, qui contiennent à cet égard des règles positives, qu'à la jurisprudence des arrêts, toujours variable et incertaine ; que, d'après ces lois, la dénonciation peut se faire par acte extrajudiciaire, et qu'aussitôt que cet acte est signifié, tous les travaux doivent cesser ; que le juge, sans entrer dans la discussion du fond, ni chercher à reconnaître si l'opposition est mal fondée, doit ordonner la démolition des ouvrages, si aucun n'a été fait depuis que la dénonciation a eu lieu et refuser l'audience jusqu'à ce qu'on ait remis les choses dans l'état où elles étaient ; que, dans l'espèce, le juge de paix de la Bruguière s'étant rigoureusement conformé à ces principes, il y a lieu de maintenir, en tout son contenu, son jugement du 1er août 1817.

Pourvoi de Calvet.

ARRÊT

LA COUR : — Vu l'art. 1041, C. pr. :

Attendu que les juges seuls ont le droit de commander et de se faire obéir ; que les parties intéressées ont bien le

droit de forcer leurs adversaires par actes extrajudiciaires de faire ce qu'elles prétendent exiger d'eux ; mais que de pareils actes ne peuvent produire d'autres effets que de constituer en demeure et de rendre passibles de dommages-intérêts ceux qui n'y ont pas déféré, lorsque la demande se trouve juste et bien vérifiée; que ce principe général ne souffre pas d'exception au cas de dénonciation de nouvel œuvre ; que les lois romaines, qui en disposaient autrement, n'ont jamais été observées en France, et qu'elles n'ont pu surtout être invoquées depuis la mise en activité du Code de procédure, qui, par son art. 1041, a déclaré abrogées toutes lois, coutumes, usages et règlements antérieurs relatifs à la procédure civile; que, cependant, c'est par application des lois romaines que le tribunal de Castres s'est décidé à dénier justice au demandeur, tant qu'il n'aurait pas remis les choses au même état qu'elles l'étaient lors de la défense qui lui avait été faite par acte extrajudiciaire de continuer ses constructions; que la forme de procéder en pareille matière était indiquée au tit. I, C. pr., qui s'occupe des actions possessoires, et, par suite, de celle en dénonciation de nouvel œuvre qui en a la véritable caractère ;
Casse.

CONSEIL D'ÉTAT. — 6 déc. 1820.

(De Causans c. de Laurès.)

I, 592, 593.

L'autorité administrative a seule qualité pour trancher la question de savoir si une rivière est navigable.
Entre particuliers, les questions de possession ou de propriété sont de la compétence exclusive des tribunaux de l'ordre judiciaire.

ARRÊT

LOUIS, etc.: — Vu l'arrêté du préfet du département de Vaucluse, du 29 janvier 1820, par lequel il élève le conflit d'attribution dans la cause pendante par devant le tribunal civil de l'arrondissement d'Orange, entre le sieur marquis de Causans et le sieur marquis de

Laurès, ensuite d'un jugement rendu par le juge de paix du canton de Beaumes, le 29 novembre 1817, sur une entreprise faite par ledit sieur de Causans, dans la rivière de Louvèze, au territoire de Jonquières; — Vu ledit jugement du tribunal de paix du canton de Beaumes, du 29 novembre 1817, qui, en même temps qu'il prononce sur le possessoire, ordonne la démolition de certains ouvrages construits dans le cours d'eau ;

Considérant que le juge de paix a jugé dans les limites de sa compétence, en statuant seulement sur les questions relatives au possessoire, et qu'il reste aux parties la voie d'appel dudit jugement ;

Art. 1ᵉʳ. — L'arrêté de conflit pris, le 29 janvier 1820, par le préfet du département de Vaucluse, est annulé.

CASSATION, Ch. civ. — 16 janvier 1821.

(Rochaix c. Vionnet.)

I, 242.

Lorsque deux acquéreurs demandent l'un contre l'autre la consécration de leur possession qu'ils fondent respectivement sur des titres émanés du même vendeur, le juge de paix doit apprécier les titres pour y rechercher quelle est celle des deux parties qui lui semble avoir le droit le plus apparent de réunir la possession du vendeur à la sienne.

La dame Chatard a vendu une petite vigne d'abord à Vionnet, puis à Rochaix. Vionnet ayant voulu se mettre en possession en y faisant exécuter des travaux de culture, fut assigné par Rochaix en complainte. Sur cette demande fut rendu le jugement suivant :

En droit, considérant que les deux parties se trouvant fondées en titre, ont chacune une action qu'elles peuvent diriger au pétitoire ; que, devant nous, il ne peut leur être fait droit que sous le rapport de la possession de la portion de vigne contestée; que, de l'enquête qui vient d'être suivie contradictoirement entre elles, il résulte que trois des témoins entendus conviennent qu'avant le 20 mars, et dès les premiers jours dudit mois, Rochaix avait pris possession de la vigne par divers travaux qu'il y avait fait faire et par la taille d'une portion des ceps s'étendant sur le mur mitoyen; que, si ces travaux n'ont pas été suivis sous le rapport de la taille, cette interruption doit s'attribuer au mauvais temps; que le quatrième témoin dépose, à la vérité, avoir vu, le 19 ou 20 mars, Vionnet et ses enfants travailler dans ladite vigne, une demi-heure environ avant que Rochaix y fut arrivé pour le même objet; mais il n'a pas remarqué s'il y avait déjà du travail de fait dans cette même vigne; que, par conséquent, cette déclaration ne peut infirmer ce qu'ont déposé les premiers témoins.

Sur l'appel, jugement confirmatif du tribunal de Gex :

Considérant que le juge de paix n'a nullement confondu le possessoire avec le pétitoire, et que, s'arrêtant à l'enquête faite, de laquelle il a reconnu que la possession appartenait à l'intimé, il s'est bien renfermé dans la compétence de la justice de paix, et qu'alors il n'avait point à reconnaître la puissance des titres ni à l'examiner.

Pourvoi dans l'intérêt de la loi.

ARRÊT

LA COUR : — Vu l'art. 23, C. pr.:
Considérant que le juge de paix, dont le tribunal civil a confirmé le jugement, n'a pas apprécié, comme il aurait dû le faire, les titres respectivement produits, sous le rapport de la possession, pour déterminer quel était celui des deux acquéreurs qui lui paraissait être en droit de réunir la possession du vendeur à la sienne; qu'il s'est uniquement fondé, ainsi que l'a déclaré, sur les enquêtes desquelles il résulte que le demandeur n'avait pas possédé la vigne dont il s'agit, au moins une année avant sa demande; et qu'en le maintenant dans sa possession, quoiqu'elle ne remontât pas à l'époque fixée par la loi, le juge de paix et le tribunal civil ont commis une contravention expresse à l'art. 23, C. pr.;
Casse.

PARIS. — 28 février 1821.

(Martin et Legris c. Devesvres.)

I, 540.

Les usurpations de terre qui se font graduellement en labourant, ne peuvent jamais servir de base à la prescription parce qu'elles ne donnent lieu qu'à une possession clandestine.

Du 10 février 1820, jugement du tri-bunal civil de la Seine qui statue en ces termes :

Considérant qu'en matière d'immeubles, la longue possession ne peut servir de base à la prescription qu'autant qu'elle a été publique, et par conséquent connue ou censée connue du véritable propriétaire; que les usurpations de terre qui se font graduellement, en labourant, sont presque toujours imperceptibles et ne donnent lieu qu'à une possession clandestine; qu'une pareille possession, quelque longue qu'elle soit, ne peut jamais faire supposer, de la part du propriétaire, l'abandon de ses droits et servir de base à la prescription; que la preuve testimoniale d'une pareille possession ne pourrait jamais être concluante, parce qu'en raison de la clandestinité de cette possession, les témoins ne pourraient en avoir eu connaissance et attester sa continuité; — Considérant, en fait, que la preuve offerte par Legris et Martin qu'ils possèdent depuis plus de trente ans la portion de terre par eux prétendue usurpée, n'est point admissible, parce que cette possession ne peut servir de base à la prescription; — Déclare le fait par eux articulé non pertinent, et, statuant au fond, ordonne, etc...

Appel de Martin et Legris.

ARRÊT

LA COUR : — Adoptant les motifs des premiers juges;
Confirme.

CASSATION, Ch. req. — 27 juin 1821.

(Leborgne c. Jaouen.)

I, 582.

L'action en réintégrande est suffisamment justifiée par la détention matérielle de l'objet litigieux pourvu qu'elle soit intentée dans l'année du trouble.

ARRÊT

LA COUR : — Attendu que la sentence du juge de paix dont il s'agit a été rendue en dernier ressort, et que l'auteur des demandeurs n'en a interjeté appel que pour incompétence et excès de pouvoir;

Attendu que le dispositif de la sentence sus-énoncée, confirmé par le jugement dénoncé, se borne à adjuger aux demandeurs ou à leur auteur des conclusions en réintégrande, et à rejeter, *formâ negandi*, des conclusions en complainte de Leborgne, s'il est vrai qu'il en eût réellement pris, ce qui est fort douteux;

Attendu que la complainte et la réintégrande sont des actions possessoires dont la loi attribue la connaissance aux juges de paix;

Qu'à l'égard de la réintégrande, il suffit qu'elle soit intentée dans l'année du trouble;

Que, quel que puisse être le mérite dès motifs consignés, soit dans la sentence du juge de paix, soit dans le jugement attaqué, leurs dispositions n'ont ni confondu le pétitoire avec le possessoire, ni préjugé le pétitoire, ni dépassé les limites dans lesquelles la loi a renfermé la juridiction des juges de paix;

Rejette.

CASSATION, Ch. civ. — 26 juin 1822.

(Bournizien c. d'Espagnac.)

I, 73, 308.

Le preneur emphytéotique possède pour son propre compte un droit réel immobilier, ce qui l'autorise à intenter les actions possessoires.

Du 5 août 1819, jugement du tribunal de Corbeil, ainsi motivé :

Vu la loi 1, § 9, ff., *Uti possidetis*, l'art. 1er du tit. XVIII de l'ordonnance de 1667, et l'art. 23, C. pr. civ. : — Attendu que, pour former l'action en complainte, il faut, d'après ces lois, posséder en son nom comme maître, *animo domini*, c'est-à-dire avoir une possession civile; — Que le fermier par bail emphytéotique n'est qu'un possesseur précaire, un détenteur de la chose d'autrui et non un possesseur véritable, puisqu'il ne peut jamais acquérir par prescription, ni par conséquent avoir de possession utile; — Que, lorsqu'il est troublé dans sa détention, il n'a que l'action directe contre le bailleur pour qu'il ait à le faire jouir; — Que cette action ainsi dirigée est d'ailleurs plus certaine pour lui, et à l'avantage de prévenir en même temps tous procès ultérieurs qui pourraient survenir par la suite, si le propriétaire de la chose refusait d'exécuter ce qui aurait été décidé avec son fermier; — Attendu, en fait, qu'il est reconnu au procès que Bournizien-Dubourg n'est que fermier emphytéotique du moulin dit de Mézières; — Qu'il est, par conséquent, sans qualité pour intenter l'action en complainte résultant du trouble qu'il prétend éprouver de la part du sieur d'Espagnac;.....

Pourvoi par Bournizien.

ARRÈT

LA COUR : — Vu l'art. 23, C. pr. :
Attendu, en droit, que l'emphytéose est un contrat qu'on ne doit confondre ni avec le contrat de louage, ni avec le contrat de vente ; qu'il a, sa nature, et produit des effets qui lui sont propres (l. 3, Inst., *de loc. cond.;* l. 1, C., *de jure emphyteutico*);

Que ses effets sont de diviser la propriété du domaine donné à emphytéose en deux parties : l'une formée du *domaine direct* dont la rente que se retient le bailleur, est représentative; l'autre appelée *domaine utile*, qui se compose de la jouissance des fruits qu'il produit;

Que le preneur possède le domaine utile qui lui est transmis par l'effet de ce partage, comme propriétaire, pouvant, pendant la durée du bail, en disposer par vente, donation, échange ou autrement, avec la charge toutefois des droits du bailleur; pouvant, pendant le même temps, exercer l'action *in rem* pour se faire maintenir contre tous ceux qui l'y troublent et contre le bailleur lui-même (l. 1 et 3, ff., *si ager vectigalis*);

Que ces dispositions des lois romaines ont été admises en France, tant en pays de droit écrit qu'en pays de droit coutumier, et que le Code civil, qui n'a pas traité du bail emphytéotique, ne les a ni changées ni modifiées;

Attendu, en fait : 1° qu'il est constant au procès que le sieur Dubourg ne tient pas son domaine à titre précaire du sieur d'Espagnac, et en jouit en vertu du bail emphytéotique qui en a été fait à ses auteurs, le 2 août 1750, par le sieur Paris de Montmartel; 2° qu'il a été reconnu par le juge de paix et non contesté par le tribunal civil, que la demande en complainte a été formée par le sieur Dubourg dans l'année du trouble, et qu'alors il était en possession paisible depuis plus d'une année;

Attendu qu'il suit de là que, réunissant toutes les conditions exigées par l'art. 23, C. pr., le sieur Dubourg avait le droit d'exercer l'action possessoire, et qu'en l'y déclarant non recevable, le tribunal civil a commis une contravention expresse à cet article;

Attendu enfin que, si, en confondant le contrat de louage avec le contrat d'emphytéose, le simple fermier avec le possesseur, celui qui possède à titre onéreux avec le possesseur précaire et en supposant que le possesseur précaire ne pouvait pas exercer l'action en complainte contre tous autres que celui dont il tient à précaire, le tribunal a méconnu les principes consacrés par les lois romaines, la jurisprudence des arrêts et l'opinion unanime des jurisconsultes sur les droits du preneur à bail emphytéotique, cette erreur de doctrine, sur laquelle il s'est fondé pour créer une fin de non-recevoir contre l'action possessoire du sieur Dubourg, ne peut pas justifier le dispositif de son jugement ;

Casse.

CASSATION, Ch. req. — 9 déc. 1822.

(Lestie c. Maisonneuve.)

I, 247.

L'expiration du délai d'un an dans lequel l'art. 23, C. pr., autorise l'action possessoire, entraîne la non-recevabilité de l'action exercée postérieurement.

ARRÊT

LA COUR : — Attendu que le jugement attaqué déclare en fait que l'émission des eaux de Maisonneuve dans le canal du moulin dont il s'agit, remontait à plus d'une année, et que de ce fait, dont la Cour ne peut vérifier ni juger l'exactitude, mais qu'elle doit tenir pour constant, résulte la conséquence qu'il ne s'agissait pas d'entreprise dans l'année, et, par conséquent, que le juge de paix n'était pas compétent ;

Rejette.

CASSATION, Ch. civ. — 18 août 1823.

(Derval c. Faisant et Grison.)

I, 363.

Le prévenu qui, devant le tribunal de répression, a soulevé l'exception préjudicielle de propriété, ne peut agir au possessoire ; il est obligé de saisir directement les juges du pétitoire.

La demoiselle Faisant et le sieur Grison, son fermier, ayant détruit une barrière qui fermait un terrain appartenant aux dames de Derval et s'opposait à l'exercice d'un droit prétendu de passage sur ce terrain, furent cités devant le tribunal correctionnel. Sur l'exception préjudicielle soulevée par les prévenus, un sursis fut accordé.

Le juge de paix accueillit l'action possessoire, mais sa sentence fut réformée en appel. Les dames de Derval se pourvurent en cassation contre le jugement et la Cour de Cassation rendit l'arrêt suivant :

ARRÊT

LA COUR : — Attendu qu'au lieu d'agir au possessoire pour faire cesser le trouble apporté à leur jouissance du terrain contentieux par l'enlèvement du talus et de la barrière qu'elles y avaient fait placer ; les demanderesses se sont pourvues devant le tribunal de police correctionnel à fin de réparation du tort que cette voie de fait leur avait causé ;

Que, devant ce tribunal, la propriété du terrain a été contestée par les défendeurs, et que, sur cette question de propriété, déclarée préjudicielle par le jugement du 14 sept. 1816, non attaqué et passé en force de chose jugée, les parties ont été renvoyées à se pourvoir à fins civiles, et par conséquent sur la question préjudicielle de propriété ;

Que, dans cet état de la contestation, les demanderesses ne devaient plus prendre la voie de la complainte possessoire ;

Qu'il suit de là : 1° qu'en déboutant les demanderesses de leur action en complainte, le tribunal civil n'a pas violé l'art. 23, C. pr. civ., et a prononcé conformément à l'autorité de la chose jugée ; 2° que le dispositif du jugement dénoncé, se trouvant ainsi suffisamment justifié, la Cour n'a pas à s'occuper de l'examen des motifs sur lesquels le tribunal avait appuyé sa décision ;

Rejette.

CASSATION, Ch. civ. — 1ᵉʳ déc. 1823.

(De Laurière c. fabrique de l'église de Moncout.)

I, 291.

Il appartient au juge du fait de rechercher si une chapelle est ou non susceptible de possession privée.

Ainsi, doit être réputée imprescriptible

comme faisant partie intégrante de l'église, la chapelle qui, d'après l'état de cette église, correspond à une autre chapelle, alors que le service divin s'y fait publiquement à certains jours de l'année.

Du 6 juillet 1819, jugement du tribunal de Nérac qui réforme une sentence possessoire par les motifs suivants :

Attendu que les choses saintes, comme les églises et chapelles, ne sont pas susceptibles de possession à titre de maître; que les art. 14 et 15 de l'ordonnance du 24 septembre 1539 disposent que « nul ne peut prétendre droit ni possession au-dedans des églises et chapelles pour y avoir des bancs, sièges ou oratoires, s'il n'est patron ou fondateur d'icelles, et s'il n'en justifie promptement par titre ; » — Que de Laurière ne faisait pas cette justification; — Que les lois des 12 juillet 1790 et 20 avril 1791 avaient supprimé tous les droits honorifiques et toutes les distinctions attachées à la qualité de seigneur haut justicier, à celle de patron, et notamment le droit exclusif d'entrer dans les églises et chapelles collatérales, par droit de justice seigneuriale; — Qu'enfin, il résultait de l'état des lieux, qu'en face de la chapelle litigieuse il en existe une autre qui lui correspond; que l'église est composée d'une nef et de deux chapelles latérales, formant une croix latine, et que le service se fait publiquement dans la chapelle dont il s'agit, à certains jours de l'année.

Pourvoi par de Laurière.

ARRÊT

LA COUR : — Attendu qu'en décidant que les églises et les chapelles consacrées au culte divin ne peuvent, tant qu'elles conservent leur destination, devenir l'objet d'une action possessoire, le tribunal civil de Nérac n'a fait que se conformer à un principe universellement reconnu;

Qu'il a jugé, en fait, que la chapelle dont il s'agit est une partie intégrante de l'église paroissiale de Moncout; que le culte divin y était publiquement célébré à des époques périodiques de l'année; que la fabrique de la paroisse en était en possession à l'époque où ont été faits les ouvrages qui ont donné lieu à l'action intentée par le demandeur; et que, d'après cela, il a dû déclarer cette action irrecevable et mal fondée;

Rejette.

CASSATION, Ch. civ. — 6 avril 1824.
(Fayol c. Chabrière.)

I, 247.

C'est au complaignant qu'incombe l'obligation de prouver que sa demande a été introduite dans l'année du trouble. A défaut de cette preuve, l'action doit être déclarée non recevable.

ARRÊT

LA COUR : — Vu les art. 3 et 23, C. pr.:

Attendu que les juges de paix sont, aux termes des art. 3 et 23, C. pr., incompétents pour statuer sur les questions de propriété et sur les actions possessoires qui ne sont pas formées dans l'année du trouble ;

Attendu qu'on ne peut ranger que dans l'une de ces deux classes l'action des héritiers de Chabrière, qui ne prouvaient pas et n'articulaient même pas s'être pourvus dans l'année du trouble qu'ils imputaient à Fayol;

Qu'il suit de là que le tribunal civil de Valence, en confirmant le jugement du juge de paix de Romans, qui a maintenu les héritiers de Chabrière dans la possession et jouissance de la cour dont il s'agit, entre autres motifs parce qu'ils en avaient la propriété, et que la possession est une émanation de la propriété, a méconnu les règles de la compétence des juges de paix et expressément violé les art. 3 et 23, C. pr.;

Casse.

CASSATION, Ch. req. — 19 avril 1825.
(De Courcy c. curé d'Annet.)

I, 290.

Lorsqu'une chapelle communique avec l'église et en forme une partie intégrante, les particuliers ne peuvent y prétendre aucune possession efficace.

ARRÊT

LA COUR : — Sur le deuxième moyen :

Attendu que pour être réintégré, il faut que la chose possédée soit susceptible d'être acquise par prescription; que pour reconnaître ce caractère, les juges se trouvent dans l'obligation de le rechercher et de l'apprécier ;

Que, dans l'espèce, le tribunal, en reconnaissant qu'il s'agissait d'un édifice public consacré au culte, et faisant partie intégrante de l'église d'Annet, par conséquent hors du commerce, en a justement tiré la conséquence que la dame de Courcy n'avait eu ni pu avoir une possession *animo domini,* ni jouissance exclusive ;

Qu'ainsi la fin de non-recevoir prononcée par le tribunal n'est opposée à aucune loi ni à la règle qui prohibe le cumul du possessoire et du pétitoire ;

Rejette.

CASSATION, Ch. req. — 15 mars 1826.

(Marin c. Saulneret.)

I, 255.

L'action en dénonciation de nouvel œuvre ne peut plus être exercée lorsqu'on a laissé terminer le nouvel ouvrage sans se plaindre.

L'effet de cette action intentée avant l'achèvement de l'ouvrage, se borne à en faire défendre la continuation jusqu'à la solution pétitoire ; mais le juge de paix ne peut ordonner la destruction des travaux commencés.

Du 28 août 1824, jugement du tribunal de Louhans ainsi motivé :

Attendu qu'il s'agit, dans l'espèce, d'une nouvelle œuvre faite par Saulneret ; — Que l'action en dénonciation de nouvel œuvre est bien dans les attributions du juge de paix lorsqu'il ne s'agit que d'arrêter des ouvrages commencés et lorsque ces ouvrages nuisent à un voisin ; — Mais que le juge de paix ne peut, dans ce cas, que faire défense de continuer les ouvrages jusqu'à ce qu'il ait été prononcé sur le fond du droit, ce qui ne peut être fait que par les juges du pétitoire ; — Que, dans l'espèce, il n'y avait plus lieu à dénonciation de nouvel œuvre, puisque les ouvrages dont se plaint Marin étaient terminés ; — Que, dès lors, la cause sortait des attributions du juge de paix, puisqu'elle ne peut plus être décidée par un provisoire, mais bien, ainsi que l'a fait le juge de paix, par un jugement sur le fond du droit qui sortait évidemment des bornes de sa compétence ; — D'où il suit qu'en ordonnant la destruction des ouvrages faits par Saulneret, il a prononcé sur le pétitoire, et que son jugement doit être réformé ; — Par ces motifs, renvoie les parties à se pourvoir pardevant les juges compétents.

Pourvoi de Marin.

ARRÊT

LA COUR : — Considérant qu'il s'agit, dans l'espèce, d'une dénonciation de nouvel œuvre ;

Qu'en thèse générale, cette action est de nature possessoire, en ce qu'elle tend à faire interdire la continuation de l'ouvrage commencé, et à faire ordonner que les choses demeurent provisoirement *in statu quo* ;

Mais attendu qu'il ne faut pas la confondre avec les autres actions possessoires, et qu'elle est caractérisée par deux différences qui lui sont propres, déterminées par le droit romain, consacrées par l'ancienne jurisprudence française, et conformes à la saine raison et au véritable esprit des lois nouvelles : 1° en ce que l'interdit *de novi operis nuntiatione,* ne peut plus être exercé après qu'on a laissé achever le nouvel ouvrage sans s'en plaindre ; 2° en ce que, si l'interdit a été exercé avant la fin de l'ouvrage, son effet se borne à en faire défendre la continuation, jusqu'à ce que le juge du pétitoire ait décidé si le propriétaire qui a commencé l'ouvrage sur son propre fonds a le droit de l'achever, ou s'il doit le détruire, question qui tient essentiellement à la propriété et ne peut devenir l'objet d'une complainte ;

Attendu qu'autoriser, dans ce cas, un juge de paix à faire détruire des ouvrages commencés, et, à plus forte raison, des ouvrages terminés, ce serait l'investir d'une juridiction exorbitante qui n'est ni dans la lettre ni dans l'esprit des lois nouvelles ;

Considérant que, dans le cas particulier, le demandeur n'a intenté son action qu'après l'ouvrage achevé ; d'où il suit que le juge de paix ne devait pas l'accueillir ; et que ce juge a, en outre, excédé ses pouvoirs en ordonnant la destruction des ouvrages ;

Attendu que le jugement attaqué a réservé au demandeur tous ses droits au pétitoire ;

Rejette.

CASSATION, Ch. req. — 28 déc. 1826.

(Chauffier c. Guyouvard.)

I, 182, 582, 588.

A la différence de la complainte qui as-

*sure au complaignant la possession lé-
gale de la chose jusqu'au pétitoire, la
réintégrande ne rend au détenteur que
la jouissance momentanée, matérielle
et provisoire, laquelle peut être anéantie même au possessoire.*

*En matière de réintégrande, il suffit à
celui qui agit de démontrer une possession actuelle et matérielle et une dépossession par violence ou voie de fait.*

*Constitue une voie de fait suffisante pour
autoriser la réintégrande, le fait de
pratiquer dans une digue une ouverture pour y établir un barrage mobile.*

ARRÊT

LA COUR : — Attendu, en droit, que
nul ne peut se faire justice à soi-même ;
*cur enim ad arma, ad rixas procedere pa-
tiatur prœtor, quas potest jurisdictione
suâ compescere?* (L. 13, § 3, ff., *De usuf.*);

Que celui qui a été dépossédé par violence, ou voie de fait, doit, avant tout,
rentrer dans sa possession, *spoliatus
ante omnia restituendus ;*

Que c'est sur ces principes, conservateurs de l'ordre social et de la paix publique, que repose l'action en réintégrande ; que cette action, généralement
admise dans l'ancienne législation française, loin d'avoir été abrogée par la
nouvelle, est reconnue comme étant encore en pleine vigueur par une disposition formelle de l'art. 2060, C. civ. ;

Que l'art. 23, C. pr., sainement entendu, ne doit être appliqué qu'aux actions possessoires ordinaires à l'égard
desquelles c'est le droit ou la qualité, et
non pas le fait de la possession qu'on
considère ;

Que ces actions ont toujours été bien
distinctes de l'action en réintégrande,
et par leur nature et par leurs effets ; — *Par leur nature :* car les actions
possessoires ordinaires, naissant d'un
trouble quelconque et fondées sur une
jouissance civile et légitime, doivent
présenter une possession annale, publique, paisible et à titre non précaire ;
tandis que l'action en réintégrande naissant d'une dépossession par violence ou
voie de fait, et fondée sur une jouissance
matérielle, ne doit présenter qu'une simple détention matérielle au moment de
la violence ou voie de fait ; — *Par leurs
effets :* car, à l'égard des premières, le

jugement assure au possesseur une possession civile, légale, définitive, et qui
ne peut être renversée qu'au pétitoire ;
tandis que, à l'égard de la seconde, le
jugement ne rend au détenteur que sa
jouissance momentanée, matérielle, provisoire, et qui peut être anéantie même
au possessoire ;

Attendu que, si la violence a ses caractères particuliers, il n'est pas nécessaire du tout qu'il y ait eu des combats
et du sang répandu, et que, pour l'établir notamment dans l'action civile en
réintégrande, il suffit que l'acte par lequel une partie usurpe, de sa propre autorité, sur l'autre, l'objet contesté renferme une voie de fait grave, positive,
telle qu'on ne pouvait la commettre sans
blesser la sécurité et la protection que
chaque individu en société a droit d'attendre de la force des lois, *vim putas esse
solum si homines vulnerantur? vis est
quotiens quis id, quod deberi sibi putat,
non per judicem reposuit* (L. 7. D, *ad leg.
jul. de vi priv.*);

Et attendu qu'il a été reconnu, en fait,
que c'est par violence et voie de fait que
Brenugat, en coupant et détruisant,
contre la volonté de la veuve Guyou
vard, la digue en question, l'avait dépossédée de la jouissance de cette digue
et des eaux dont il s'agit au procès ;

Que même cette violence et voie de
fait rentrait dans la classe de celles nominativement prévues par l'art. 437, C.
pén. ;

Que, dans ces circonstances, en réintégrant la veuve Guyouvard dans la possession où elle était au moment de la
violence ou de la voie de fait, sans la
contraindre à prouver que cette possession avait toutes les qualités exigées par
l'art. 23, C. pr., le jugement attaqué,
loin de se mettre en contradiction avec
aucune loi, a fait, au contraire, une
juste application des principes de la matière ;

Rejette.

CASSATION, Ch. civ. — 10 janv. 1827.
(Martin-Morisson c. Comm. de Cham-
play.)

1, 45, 685.

L'action possessoire intentée contre une

commune doit être portée devant le juge de paix seul compétent pour en connaître. Et le trouble qui motive cette action résulte suffisamment d'un acte, tel qu'un procès-verbal du garde champêtre, émanant d'un agent de cette commune et accompli dans son intérêt.

Le prévenu traduit devant la juridiction répressive à la suite d'un procès-verbal dressé à la requête d'une commune, notamment pour anticipation sur un chemin communal par la confection d'un fossé, peut, après avoir soulevé l'exception préjudicielle de propriété, prendre ce procès-verbal pour trouble à sa possession et intenter la complainte.

ARRÊT

LA COUR : — Vu l'art. 10, titre III, de la loi du 24 août 1790, et l'art. 23, C. pr. :

Attendu que la commune n'avait pas été partie dans la contestation soumise au tribunal de police correctionnelle, et que, d'ailleurs, il n'y avait pas été pris de conclusions au pétitoire ; qu'ainsi le possessoire n'était pas cumulé avec le pétitoire ;

Attendu que toutes les actions possessoires sont de la compétence du juge de paix, et que le sieur Martin avait pu considérer la commune comme l'auteur du trouble de droit dont il se plaignait, et demandait la réparation, puisque le procès-verbal du garde champêtre avait été rédigé dans les intérêts de ladite commune, et par les ordres du maire, qui, à l'audience, n'en était pas disconvenu ;

Attendu que le sieur Martin ne demandait pas à être maintenu dans la possession d'un terrain ayant fait, de son aveu, ou qu'on prouverait avoir fait partie d'un chemin public, mais dans la possession de la partie de son pré sur lequel il avait fait creuser un fossé pour séparer son héritage du chemin par lequel il est borné, action possessoire inhérente à son droit de propriété, que le voisinage du chemin n'avait pas pu lui faire perdre le droit d'exercer ;

Attendu enfin que la possession par lui articulée, et non déniée par la commune, réunissait toutes les conditions requises par l'art. 23, C. pr. ;

Qu'il suit de là qu'en déclarant la sentence du juge de paix incompétemment rendue, et le sieur Martin non recevable dans sa demande en complainte, le tribunal civil de Joigny a commis une contravention expresse à l'art. 10, tit. III, de la loi du 24 août 1790, et à l'art. 23, C. pr. ;

Casse.

CASSATION, Ch. req. — 14 mars 1827.

(Lenclud c. Veuve Mignon.)

I, 255.

L'action en dénonciation de nouvel œuvre doit être nécessairement formée avant l'achèvement des travaux.

ARRÊT

LA COUR : — Attendu que, s'agissant d'une digue établie par les défendeurs éventuels sur leur propre terrain, et nullement d'une entreprise sur un cours d'eau appartenant au demandeur, il ne pouvait être formé d'autre demande qu'une action en dénonciation de nouvel œuvre ; et que la digue étant terminée avant la demande, il ne pouvait plus être formé d'action possessoire ; d'où il suit que cette demande a été justement déclarée inadmissible ;

Rejette.

CASSATION, Ch. req. — 16 mai 1827.

(Bignon-Beauséjour c. Pouverreau.)

I, 590.

Lorsque la demande, tout en concluant à la réintégration de la possession, contient en outre, l'offre de prouver la possession annale, le juge peut considérer l'action comme une véritable action en complainte et la rejeter lorsqu'il constate que la possession annale n'a pas été établie.

ARRÊT

LA COUR : — Attendu que la demande introductive de l'instance devant le juge de paix du canton de Seyches, telle qu'elle est énoncée en la sentence dudit juge de paix, du 31 mai 1825, en même temps qu'elle tend à ce que le demandeur soit réintégré dans la possession du terrain litigieux, contient l'offre dudit demandeur de prouver, en cas de déni, sa possession annale avant le trouble ;

Attendu que, sur la dénégation de cette possession annale, le juge de paix a ordonné son transport et une enquête sur les lieux; que ladite sentence, du 31 mai 1825, constate que ni la visite, ni l'enquête ne justifient suffisamment la possession dudit terrain pendant l'année qui a précédé l'entreprise ;

Que ces motifs, adoptés par les juges d'appel et ceux sur lesquels le jugement attaqué est fondé, ainsi que les faits constatés, prouvent que l'objet du procès était une complainte possessoire; qu'en conséquence ledit jugement a fait une juste application de l'art. 23, C. pr.;

Rejette.

CASSATION, Ch. req. — 5 mars 1828.
(Rohart c. Catrice.)

I, 588.

Il n'y a pas violence exigée pour l'exercice de la réintégrande dans le fait par un fermier d'intercepter un passage à l'aide d'une barrière établie sur le terrain dont il a la jouissance.

ARRÊT

LA COUR : — Attendu, sur le premier moyen, que l'action en réintégrande n'est, pas plus que l'action en complainte, exceptée du principe général, que les actions qui ont pour objet des choses d'une valeur indéterminée doivent subir deux degrés de juridiction; et que, dans l'espèce, outre la somme de 40 fr. allouée à titre de dommages-intérêts, le juge de paix de Gravelines avait maintenu le demandeur dans la jouissance du chemin et possession de la barrière enlevée indûment, et condamné le défendeur à réparer le trouble, replacer la barrière, arracher la haie et rétablir le passage, sinon permis au demandeur de faire opérer ce rétablissement aux frais et dépens du défendeur; la valeur de ces divers chefs est évidemment indéterminée; d'où il suit qu'en recevant l'appel, loin de violer l'art. 10 du titre III de la loi du 24 août 1790, le tribunal de Dun-

kerque en a fait au contraire une juste application;

Attendu, sur le deuxième moyen, que s'il est vrai, en droit, ainsi qu'il a été jugé par l'arrêt du 28 décembre 1826, que nul ne peut se faire justice à soi-même (l. 3, § 3, ff., *De usufr.*), et que l'action en réintégrande, fondée sur ce principe conservateur de la paix publique, n'a point été abrogée par la législation nouvelle, il est certain aussi, en droit, que l'action en réintégrande suppose nécessairement une possession réelle et actuelle, et une dépossession par violence et voie de fait ;

Attendu qu'il est impossible de trouver ce double caractère dans une servitude de passage, servitude discontinue non apparente, et dans l'œuvre quelconque pratiqué par le défendeur sur son propre terrain ;

Attendu qu'aux termes de l'art. 691, C. civ., les servitudes discontinues ne peuvent s'établir que par titres, et que, dès lors, les actions relatives à des servitudes discontinues ne peuvent être exercées par un fermier ;

Qu'ainsi, en déclarant le demandeur non recevable dans son action en rétablissement et en maintenue d'un droit de passage, le tribunal de Dunkerque a fait une juste application des lois et des principes de la matière ;

Rejette.

BESANÇON. — 10 mars 1828.
(Ravenet c. Rivière.)

I, 106.

Un mur et une haie formant depuis plus d'un an la séparation de deux propriétés contiguës, mettent obstacle à ce qu'une demande en bornage soit accueillie.

Du 21 août 1826, jugement du tribunal de Gray ainsi motivé :

Attendu, 1° qu'il est reconnu en fait, par toutes parties, que leurs héritages respectifs, du bornage desquels il s'agit, sont séparés par une haie vive à l'une des extrémités de laquelle il existe même une partie de mur sur la même direction; que tel est l'état des lieux, exposé par le demandeur lui-même, et duquel il résulte encore que trois bornes existent de distance en distance, dans la même direction et dans la haie même; — Attendu, 2° que, de l'aveu du demandeur, cet état de choses subsiste depuis au moins deux années sans opposition ni réclamation de sa part ; — Attendu, 3° que l'objet principal de l'action en bornage est de faire reconnaître et fixer les limites des héritages lorsqu'elles sont confondues ou incertaines ; — Qu'à la vérité, cette action se complique communément de la revendication des portions d'héritages qui, par le résultat de la vérification des limites, se trouvent avoir été usurpées par l'un des voisins sur l'autre, et que cette revendication est ordinairement efficace, quelle que puisse être l'ancienneté de l'usurpation, parce que, lorsque les limites sont incertaines, les usurpations qui se commettent insensiblement et à la longue ne peuvent procurer qu'une possession incertaine, précaire et clandestine, qui ne peut servir de base à la prescription, et que c'est sur ce motif qu'est fondé le principe d'après lequel les limites ne se prescrivent pas ; — Qu'en ce cas, la revendication n'est qu'une conséquence de la délimitation, n'est que l'objet secondaire de l'action dont le bornage est l'objet certain et principal ; — Qu'il ne peut en être de même lorsqu'il s'agit de propriétés closes et dont la clôture, existant depuis plus d'un an, fixe un état de possession publique que rien n'autorise à considérer comme précaire, et qui fait légalement réputer propriétaire celui qui possède, jusqu'à la preuve contraire ; — Qu'en ce cas, l'action en bornage ne peut plus être le moyen régulier d'arriver à cette preuve, parce que les limites n'étant ni confondues ni incertaines, il ne peut y avoir lieu à l'action en bornage, dont le principal objet est de les faire reconnaître et fixer ; — Que la seule action qui puisse alors compéter est la revendication propre et directe pour le succès de laquelle il faut prouver, par les moyens ordinaires, son droit à la chose revendiquée ; — Attendu, 4° que, dans le cas particulier, le demandeur, loin de justifier ou de se mettre en mesure de justifier qu'il est propriétaire d'une portion du terrain possédé par le défendeur au-delà de la clôture de leurs héritages, ne l'allègue même pas ; — D'où il suit que la revendication qu'il déguise sous la forme de l'action en bornage est elle-même sans objet et non recevable, puisqu'il est avoué que les limites ne sont ni confondues ni incertaines, les héritages des parties étant séparés par une clôture visible qui subsiste depuis plus de deux ans et qui fixe, pour chacune d'elles, un état de possession qui ne peut être légitimement interverti que par le résultat d'une action directe en revendication qui n'est pas celle qui s'exerce.

Appel par Ravenet.

ARRÊT

LA COUR : — Adoptant les motifs des premiers juges ;
Confirme.

CASSATION, Ch. civ. — 11 juin 1828.
(Garrigou c. Saint-André.)

I, 585.

Bien que l'action en réintégrande n'ait pas besoin de s'appuyer sur une possession qui réunisse les conditions prescrites par l'art. 23, C. pr., il n'en est pas moins certain que celui qui s'en prévaut doit avoir une possession quelconque, au moins de fait et apparente.

ARRÊT

LA COUR : — Attendu qu'ayant reconnu que Lafond avait toujours eu et avait encore la possession du pilier dont il s'agit à l'époque où il l'a fait démolir, le tribunal civil a pu, sans violer les lois invoquées à l'appui du pourvoi, déclarer les sieur et dame Garrigou non recevables à exercer contre lui une action en réintégrande, qui ne peut pas être régulièrement formée par celui qui n'a pas la possession de l'objet litigieux ;...

CASSATION, Ch. civ. — 29 juill. 1828.
(Audebert c. Boucher.)

I, 591.

Les droits de champart devant être considérés, surtout depuis la promulgation de l'art. 530, C. civ., comme ayant un caractère purement mobilier, les créanciers de semblables droits ne sauraient exercer les actions possessoires.

ARRÊT

LA COUR : — Attendu que les rentes et autres prestations de même nature, qui étaient anciennement foncières ou réputées telles, ont été mobilisées et réduites à des dettes purement personnelles avec hypothèque privilégiée sur les fonds qui les devaient ;

Qu'en effet : 1° l'art. 6 de la loi du 11 brumaire an VII dispose que les biens territoriaux sont seuls susceptibles d'hypothèque, et l'art. 7 ajoute, par suite, que les rentes foncières déclarées rachetables par la loi du 18 décembre 1790 ne pourront plus à l'avenir être frappées d'hypothèque ;

Qu'il résulte évidemment de là que

cet article les dépouille complètement du caractère immobilier et les répute purement mobilières ;

Qu'en second lieu, l'art. 37 de la même loi ordonne que les hypothèques et privilèges existant lors de sa publication, seront inscrits, pour tout délai, dans les trois mois de ladite publication, et l'art. 39 dispose que, faute de ce, les hypothèques n'auront effet que du jour de l'inscription qui en sera faite postérieurement, et les privilèges dégénèreront en hypothèque qui n'aura rang que du jour où elle aura été inscrite ;

Qu'il suit également de là que ces articles réputent purement personnelles et mobilières les rentes originairement foncières, puisqu'ils les réduisent à une simple hypothèque privilégiée qui demeure éteinte faute d'inscription ; et on peut d'autant moins révoquer en doute cette conséquence, qu'elle se trouve consacrée par l'art. 5 du décret du 1er mars 1813, conforme, en ce point, à ceux du 12 décembre 1808 et 9 décembre 1811 qui l'avaient précédé ;

3° Qu'enfin le Code civil confirme cette mobilisation, en déclarant, par l'art. 529, toutes les rentes sans distinction meubles par la détermination de la loi, et en assimilant sans exception, par l'art. 530, les rentes créées pour concession de fonds, à celles établies pour prix de la vente d'immeubles;

Attendu que ces redevances ainsi mobilisées ne peuvent pas, sous le rapport des actions possessoires, être considérées comme droits fonciers, parce qu'elles ne sont pas inhérentes au fonds, et qu'elles ne le suivent dans les mains d'un tiers détenteur, qu'au moyen des privilèges ou des hypothèques que le créancier peut avoir conservés ;

Attendu que ce changement s'est opéré sans effet rétroactif, parce que s'il y avait droit acquis sur les rentes ou prestations, il n'y en avait point sur la manière d'en poursuivre le recouvrement, qui est toujours réglé par la loi en vigueur au moment où l'action est intentée ;

D'où il résulte qu'en jugeant, dans l'espèce, que le droit du quart réclamé ne pouvait, par sa nature, donner lieu à aucune action possessoire, le tribunal de Bressuire n'a pas violé les lois anciennes, et qu'il a fait une juste application des principes consacrés par la nouvelle législation relativement aux actions possessoires;

Rejette.

———

CASSATION, Ch. civ. — 26 mai 1829.
(De Laurière.)

I, 247.

La demande formée, après l'année du trouble, en reprise d'une instance possessoire intentée dans le délai utile, mais par une personne sans qualité pour agir, doit être rejetée comme non recevable.

ARRÊT

LA COUR : — Attendu que le tribunal civil a jugé, en fait, que le sieur de Laurière père n'était ni propriétaire ni possesseur du terrain contentieux, lorsque par exploit du 27 avril 1819, il forma la demande en complainte, et en a tiré la conséquence que cette action possessoire était infectée d'un vice de nullité, qui n'avait pas été couvert par la reprise d'instance faite par le sieur de Laurière fils, exerçant sous ce rapport les droits de son père ;

Attendu qu'en le jugeant ainsi, et en déclarant le sieur de Laurière fils non recevable dans la nouvelle demande en complainte qu'il avait formée le 18 novembre 1825, quatre années après le prétendu trouble apporté à sa jouissance en 1819, le tribunal civil a fait une juste application de l'art. 23, C. pr., ce qui suffisait pour justifier le dispositif de son jugement, dans le cas même où quelques-uns des motifs sur lesquels il l'a fondé, ne seraient pas exempts d'une juste critique ;

Rejette.

———

CASSATION, Ch. civ. — 2 déc. 1829.
(Bras-Dumas c. Capelle.)

I, 681.

L'existence du trouble nécessaire à l'exercice de l'action possessoire est indépendante de la question de savoir si le complaignant a éprouvé dommage ou préjudice des faits incriminés.

Le contraire avait été jugé par le tribunal d'Aurillac qui rejeta, le 28 juin 1826, une action en complainte formée par les époux Bras-Dumas contre Capelle et fondée sur une entreprise commise par ce dernier sur un cours d'eau non navigable ni flottable, qui sépare les propriétés des parties. Ce jugement était ainsi motivé :

Attendu que l'action possessoire ne peut être reçue qu'autant qu'il y a trouble dans la possession du demandeur en complainte, ou pour recouvrer la possession s'il l'a perdue, et que cette possession soit d'un objet prescriptible. Or il est constant, en fait, que le sieur Capelle n'a rien entrepris sur les terres des sieur et dame Bras-Dumas; ainsi, sous ce rapport, la demande en complainte est sans fondement; — Que, d'ailleurs, la demande en démolition de la digue construite par le sieur Capelle, ne pourrait être accueillie qu'autant que cette nouvelle œuvre serait faite sur le terrain des mariés Bras-Dumas ou porterait un dommage quelconque à leur propriété, mais que cette digue ne dépasse pas le milieu du lit de la rivière de Célé, qui n'est qu'une petite rivière, et dont le lit appartient par conséquent aux riverains.

Pourvoi des époux Bras-Dumas.

ARRÊT

LA COUR : — Vu l'art. 10, tit. III, de la loi du 24 août 1790; les art. 23 et 24, C. pr., et les art. 640 et 644, C. civ. :

Considérant, en droit, que les entreprises sur les cours d'eau, commises dans l'année, sont placées par la loi du 24 août 1790 dans la classe des actions possessoires, et donnent ouverture à l'action en complainte de la part de ceux auxquels ces entreprises peuvent porter préjudice ;

Considérant, en fait, qu'il est constant au procès, d'une part, que le sieur Capelle a fait une entreprise sur le cours de la petite rivière de Célé, en établissant dans le lit de cette rivière, une digue, dont l'effet nécessaire est, ainsi que l'avait observé le juge de paix, de rétrécir le lit de la rivière, de rendre le cours de l'eau plus rapide et d'en diriger les efforts contre le terrain des sieur et dame Bras-Dumas, jusqu'à ce que, par l'enlèvement des terres, le lit de la rivière ait été rétabli dans sa largeur naturelle; et, d'autre part, que l'action en complainte a été intentée dans l'année de cette entreprise ;

Qu'ainsi le juge de paix s'était conformé à la loi en condamnant le sieur Capelle à détruire la digue dont il s'agit ;

Considérant que, néanmoins, le tribunal civil d'Aurillac, statuant sur l'appel de la sentence du juge de paix, l'a infirmée, en motivant son jugement, d'abord, sur ce que l'établissement d'une digue dans le lit de la rivière ne portait pas de préjudice actuel à la propriété des sieur et dame Bras-Dumas; ensuite sur ce que cette digue était établie sur la moitié du lit de la rivière de laquelle le sieur Capelle était propriétaire ;

Mais que ces deux motifs sont également incapables de justifier le jugement dénoncé : le premier, parce qu'ainsi que l'enseigne la loi 1, § 1, ff., *de aquâ arcendâ,* l'action possessoire est admissible toutes les fois qu'un ouvrage, fait de mains d'homme, peut nuire à la propriété d'autrui, quoique ce dommage ne soit pas encore arrivé : *Toties locum habet, quoties manufacto opere agro aqua nocitura est;* et, qu'en fait, il a été reconnu par le sieur Capelle, lui-même, que cette digue pouvait nuire à la propriété des sieur et dame Bras-Dumas, puisque, pour empêcher qu'elle produisît cet effet, il a, sans en avoir le droit, placé de grosses pierres contre la terre des sieur et dame Bras-Dumas; — Le deuxième, parce que, lors même qu'il serait vrai, comme l'a supposé le tribunal civil, que les riverains des rivières non navigables ou flottables sont propriétaires, chacun pour moitié, du sol sur lequel coulent ces rivières, cette propriété serait grevée de la servitude naturelle qui dérive de la situation des lieux, et qui, aux termes de l'art. 640, C. civ., ne peut être ni changée, ni rendue, soit directement, soit indirectement, plus onéreuse aux autres riverains ;

D'où il suit qu'en déboutant les sieur et dame Bras-Dumas de leur demande en complainte, le tribunal civil a expressément violé l'art. 10, tit. III, de la loi du 24 août 1790, les art. 23 et 24, C. pr., l'art. 640, C. civ., et l'art. 644 du même Code, qui ne donne à celui dont la propriété borde une eau courante, que le droit de se servir de l'eau pour l'irrigation de ses prés ;

Casse.

CASSATION, Ch. req. — 30 mars 1830.

(Santeyra c. Raymond.)

I, 687.

Lorsqu'au cours d'un procès pétitoire, l'une des parties commet une entreprise nouvelle, l'autre partie est recevable à en demander la répression par voie de complainte.

Du 27 décembre 1827, jugement du tribunal de Montélimart, ainsi conçu :

Attendu qu'un propriétaire de moulin a le droit de suivre les eaux qui l'alimentaient, pour détourner les causes capables de suspendre l'activité dont elles ont besoin; que Raymond, ayant été troublé dans l'exercice de ce droit, n'a pu agir que par la voie de la complainte, action de la compétence des juges de paix; — Que le procès au pétitoire, pendant en appel, ne saurait être un motif, pour le juge de paix, de se déclarer incompétent, par la raison que n'ayant à prononcer que sur une action possessoire, tous les droits du défendeur, au fond, ne pouvaient être d'aucun poids dans sa décision.

Pourvoi de Santeyra.

ARRÊT

LA COUR : — Attendu qu'il résulte du jugement attaqué, et qu'il n'a pas même été contesté par Santeyra, demandeur en cassation, que Raymond, père du défendeur éventuel, avait acheté par acte du 20 frimaire an V, le moulin qui donne lieu à la contestation, avec le droit de suivre, pour son service, les eaux du canal de ce moulin, tant dans la cour que dans l'enclos du prieuré de Saint-Marcel, acquis antérieurement de l'Etat par Santeyra père ;

Attendu que la demande en complainte, portée devant le juge de paix, avait pour objet d'être maintenu dans la possession de l'exercice de ce droit, dans lequel il prétendait avoir été troublé par Santeyra ;

Attendu que cette demande, soit qu'il fut question d'une servitude continue ou discontinue, était évidemment de la compétence du juge de paix, puisqu'elle était fondée en titre, ce qui écarte le moyen fondé sur la contravention aux art. 688 et 691, C. civ.;

Attendu, en deuxième lieu, que la contestation pendante entre les parties devant la Cour royale de Grenoble, sur l'appel d'un jugement du tribunal civil de Montélimart, et sur laquelle il a été statué par un arrêt de cette Cour, du 23 août 1828, étant uniquement relative à des roues mécaniques dont l'établissement était projeté par Santeyra, dans la partie du canal seulement qui traverse les propriétés dudit Santeyra, sans préjudicier aux droits du sieur Raymond, en ce qui concerne sondit moulin, il s'ensuit que cette contestation était tout à fait étrangère à l'action en complainte portée devant le juge de paix ;

Que, dès lors, les principes invoqués par le sieur Santeyra, pour établir, sous le deuxième rapport, l'incompétence du juge de paix, ne sont pas applicables à l'espèce ;

Sans qu'il soit besoin d'examiner s'ils sont fondés en droit ;

Rejette.

————

CASSATION, Ch. req. — 14 avril 1830.

(Clément c. Pommerais.)

I, 383.

L'action possessoire peut être exercée par un copropriétaire qui, tout en reconnaissant la mitoyenneté de la haie, prétend que son copropriétaire a commis des actes de possession ou des dégradations de nature à porter atteinte à la copropriété de cette haie.

Du 11 juillet 1826, jugement du tribunal de La Flèche, ainsi motivé :

Considérant que la demande de la dame Pommerais avait pour objet la conservation d'une haie commune entre elle et Clément, et qu'elle était, par conséquent, fondée à intenter complainte pour trouble causé à la possession de cette haie ; — Considérant qu'il est constaté, par le jugement dont est appel, que l'enlèvement des terres fait par Clément a mis à découvert les racines de la haie ; — Que ces terres ont été enlevées à une distance plus rapprochée de la haie que ne le permet la loi; — Adoptant les motifs du premier juge ; — Dit qu'il a été bien jugé.

Pourvoi de Clément.

ARRÊT

LA COUR : — Attendu que tout le système du demandeur en cassation, dans la discussion des trois points qu'il a successivement examinés, repose sur cette supposition qu'il n'a travaillé que sur son propre terrain ;

Mais que cette supposition est inexacte, puisqu'il est établi, en fait, dans les deux jugements attaqués : 1° Que les haies dont il s'agit étaient mitoyennes, par conséquent, qu'elles appartenaient en commun aux deux propriétaires ; 2° Que, d'après l'usage du lieu, toute haie mitoyenne doit être censée avoir sept pieds de largeur, ce qui fait trois pieds et demi de chaque côté, à compter du milieu ; 3° Que l'enlèvement des terres, opéré par le sieur Clément, l'a été à quinze ou dix-huit pouces du milieu de la haie; que cette opération a nui aux racines en les mettant à découvert ;

Attendu que ces quatre faits étant bien établis, il en résulte évidemment, sans qu'il soit besoin de le démontrer par aucune argumentation : 1° que la demande primitive de la veuve Pommerais était une action possessoire, et, comme telle, de la compétence du juge de paix; 2° que le juge de paix pouvait ordonner le rétablissement des lieux dans leur premier état; 3° qu'il pouvait aussi condamner le sieur Clément à payer une indemnité à la veuve Pommerais, pour dommages faits aux champs, fruits et récoltes ;

Rejette.

———

CASSATION, Ch. req. — 9 janvier 1833.
(Beauguillot c. Caillemer.)

I, 248.

Lorsqu'un travail est exécuté en plusieurs parties, la complainte est recevable pourvu que la partie des travaux d'où naît le trouble, ne remonte pas à plus d'une année.
Spécialement le délai ne commence à courir contre l'usinier ou le riverain que du jour de l'établissement d'une vanne mobile sur un cours d'eau alors même qu'un massif de maçonnerie aurait été construit sur les bords depuis plus de trente ans. Le juge de paix doit se déclarer incompétent sur la demande en destruction de cet ancien massif, mais il doit statuer sur la partie de l'action relative à la vanne édifiée dans l'année.

ARRÊT

LA COUR : — Attendu, sur le premier moyen, qu'il a été décidé, en fait, par le jugement attaqué, que Caillemer avait éprouvé un dommage dans sa récolte de foin, non par les travaux et ouvrages permanents établis dans le cours d'eau dont il s'agit, mais par le barrage opéré par le demandeur, à l'aide de poutrelles ou madriers, qui ont élevé les eaux et occasionné le reflux ;

Attendu, en outre, que le même jugement a décidé que le barrage du cours d'eau avait été opéré dans l'année; d'où il suit qu'en prononçant que le juge de paix était compétent, il s'est pleinement conformé à la loi ;

Attendu enfin, sur le deuxième moyen, qu'il s'agissait dans la cause d'un fait qualifié délit par la loi, et en raison duquel l'exception de mandat ne pouvait être opposée par l'auteur de ce fait;

Rejette.

———

CASSATION, Ch. civ.— 11 février 1833.
(Bâty c. Denecheau.)

I, 591.

Le créancier d'un droit de complant ne peut agir par action possessoire contre son débiteur qui ne le paie pas. Les droits de cette nature sont mobiliers dans le droit actuel.

Du 11 septembre 1829, jugement du tribunal de Fontenay-le-Comte qui statue en ces termes:

Attendu que le bailleur à complant, sous l'ancienne jurisprudence, se réservait sur la propriété cédée à ce titre, une quotité déterminée des fruits qui y croissaient, et pouvait même rentrer dans la propriété entière du terrain cédé, faute par le preneur de le cultiver convenablement; — Attendu que le bailleur ne transmettait pas la propriété du terrain cédé, mais seulement cédait, sous certaines conditions et avec réserve d'un droit réel sur la chose, la plus grande partie des fruits accrus sur le fonds; — Attendu que le juge de paix du canton de la Chataigneraie, en refusant d'admettre l'action possessoire pour un droit de complant que le preneur refuse d'acquitter après l'avoir payé précédemment, ne s'est pas conformé aux principes qui régissent la matière.

Pourvoi de Bâty.

ARRÊT

LA COUR : — Vu l'art. 6 de la loi du

11 brumaire an VII, et les art. 529 et 530, C. civ.:

Attendu que les rentes et redevances de toute nature ont été déclarées rachetables par les lois de 1790, 1792 et 1793 et par l'art. 530, C. civ.;

Que le § 2 de l'art. 529 du même code les a réputées meubles par la détermination de la loi;

Que, dans l'espèce, il s'agissait d'une redevance purement foncière établie par suite d'une transmission de propriété et non d'un simple bail;

Qu'en admettant que la redevance en question, le complant, ait eu, sous l'ancienne législation, le caractère d'un droit immobilier, elle aurait perdu ce caractère par la nouvelle;

Que le droit de complant ayant reçu le caractère de meuble, il ne pouvait, pour son paiement, être poursuivi que par les voies ordinaires, et non par celle de la complainte possessoire qui n'est autorisée qu'au cas de trouble apporté à la jouissance d'un droit immobilier;

Que cependant le tribunal de Fontenay-le-Comte a déclaré la demande en maintenue dans la possession recevable, et l'a admise en considérant le droit comme immobilier, ce qu'il n'a pu faire qu'en violant ouvertement la disposition des lois citées;

Casse.

CASSATION, Ch. req. — 16 avril 1833.

(Despujols c. de Monbadon.)

I, 202, 682.

Par cela seul qu'une voie de fait a été commise sur un héritage, l'action possessoire est recevable sans qu'il y ait besoin de rechercher si l'auteur du trouble a ou non la possibilité de prétendre à une possession personnelle.

Ainsi, le fait de briser une chaîne et les bornes qui la retenaient suffit pour autoriser la complainte, alors même que ces dégradations auraient été commises accidentellement par des ouvriers sans aucune intention de porter atteinte à la possession de l'héritage.

ARRÊT

LA COUR : — Sur le moyen unique

fondé sur la violation des art. 4 et 5, tit. IV, de la loi du 24 août 1790, la fausse application de l'art. 10, tit. III, de la même loi, et la fausse application de l'art. 23, C. pr., en ce que l'action sur laquelle il a été statué par le tribunal de première instance de Bordeaux comme tribunal d'appel, bien que qualifiée d'action possessoire, n'aurait été en réalité qu'une action en réparation de dommages d'une valeur indéterminée qui n'aurait pas été dans les attributions du juge de paix :

Attendu que, par sa citation du 26 juillet 1831, le comte de Monbadon a exposé qu'il était en possession, depuis plus d'un an et un jour, d'un terrain limité par bornes liées ensemble par des chaînes en fer, et qu'il avait été troublé dans sa possession par Despujols fils et les domestiques de la veuve Despujols qui avaient rompu la chaîne et fait fendre une des bornes; que, sur cet exposé, il a conclu à être réintégré dans la possession et jouissance de sa clôture en bornes et chaînes en fer et au rétablissement desdites bornes et chaînes dans l'état où elles étaient avant le trouble;

Attendu qu'en admettant que le comte de Monbadon, au lieu de conclure à la réintégrande, eût dû conclure à la maintenue dans la possession, dans laquelle il avait été troublé, son action considérée soit comme action en réintégrande, soit comme action en complainte, était, sous l'un et l'autre rapport, une action possessoire, dont la connaissance était attribuée au juge de paix par la loi du 24 août 1790, et que le chef de demande à fin de rétablissement des bornes et chaînes n'était que la suite et la conséquence de cette action possessoire;

Attendu, d'ailleurs, que, ni devant le juge de paix du canton de Cubzac, ni devant le tribunal civil de Bordeaux, la veuve Despujols et son fils n'ont proposé le moyen sur lequel ils fondent leur pourvoi;

Rejette.

CASSATION, Ch. civ. — 22 mai 1833.
(Bayle c. Lantier.)

I, 255.

L'action en dénonciation de nouvel œuvre ne comporte pas de caractères propres qui la fassent différer des autres actions possessoires. Il n'y a pas à rechercher si les travaux sont achevés ou simplement commencés, ni s'ils ont été exécutés sur le fonds du demandeur ou sur celui du défendeur. Il suffit que l'action ait été intentée dans l'année et que le trouble soit constant.

Du 2 mars 1831, jugement du tribunal d'Orange ainsi conçu :

Considérant que les ouvrages établis par Bayle, et qui ont donné lieu à l'action possessoire de Lantier, se composent d'une martelière et d'une vanne en bois qui y est adaptée; que le juge de paix pouvait se déclarer incompétent relativement à la martelière, parce qu'elle est sur le terrain de Bayle, et qu'elle n'était pas, par elle-même, un obstacle à l'écoulement des eaux; — Qu'il n'en était pas de même de la vanne qui, étant destinée à procurer la réunion de ces mêmes eaux, change l'état ordinaire du fossé, en les y faisant refluer, ce qui justifie l'action introduite devant les premiers juges; — Qu'à cet égard, l'on excipe en vain de ce que l'intimé a construit sur sa propriété, puisqu'une partie de cette construction étant le moyen employé pour changer un état de choses préexistant, dans un objet commun entre les parties, chacun a le droit de réclamer le maintien de la situation primitive; — Par ces motifs, réforme le jugement dont est appel; évoquant, ordonne que Bayle sera tenu d'enlever et supprimer la vanne et de rendre libre la circulation des eaux.

Pourvoi de Bayle.

ARRÊT

LA COUR : — Attendu, 1° qu'aucune loi n'impose au juge de paix l'obligation d'ordonner l'enquête en matière de complainte, lorsqu'il trouve d'ailleurs sa religion suffisamment instruite; que le tribunal d'appel a reconnu que la cause était en état de recevoir un jugement définitif; que, dès lors, en évoquant le fond et en y statuant définitivement sans ordonner l'enquête demandée, le tribunal, loin de violer l'art. 24, n'a fait qu'une juste application de l'art. 473, C. pr.;

Attendu, 2° que, d'après les art. 10, tit. III, de la loi du 24 août 1790, et 3, C.

pr., l'action possessoire est de la compétence exclusive du juge de paix et a l'effet de faire rétablir la possession en l'état où elle était avant le trouble;

Que le caractère de cette action n'est point dénaturé par la circonstance que les ouvrages qui constituent le trouble ont été faits et terminés sur le fonds du défendeur avant l'action; qu'il suffit, au contraire, que l'action soit essentiellement possessoire, pour que le juge de paix soit seul compétent pour en connaître, et que le trouble de possession soit constant, pour qu'il y ait lieu de le rétablir et de lever les obstacles qui s'y opposent;

Qu'il s'agissait, dans l'espèce, d'une véritable action possessoire, puisque Lantier demandait d'être maintenu et réintégré dans la possession plus qu'annale qu'il disait avoir du fossé mitoyen dont il s'agit, et du libre cours des eaux, dans laquelle il prétendait avoir été troublé par Bayle, depuis moins d'un an avant l'action;

Que le jugement attaqué a, en effet, reconnu que Lantier avait la possession du fossé et du libre cours des eaux, et que Bayle l'a troublé dans cette possession en faisant refluer et séjourner les eaux dans le fossé au moyen d'une vanne qu'il avait adaptée, depuis moins d'un an avant l'action, à une martelière par lui construite précédemment sur son fonds; mais qu'il a reconnu en même temps que la martelière n'est pas par elle-même un obstacle à l'écoulement des eaux;

Qu'il suit de là qu'en maintenant Lantier dans sa possession et en ordonnant la suppression de la vanne, sans ordonner celle de la martelière, le jugement attaqué, loin de violer les règles du pétitoire, n'a fait qu'une juste application des lois relatives à l'action possessoire;

Rejette.

———————

CASSATION, Ch. civ. — 4 déc. 1833.
(Thély c. Mazataud.)

I, 179.

La nature du terrain qui fait l'objet de l'action possessoire ne change pas le caractère de cette action dont la connaissance appartient toujours au juge de paix. Il en est ainsi alors même qu'il s'agit d'un chemin vicinal.

Sentence du juge de paix, confirmée sur appel par le tribunal de Bellac, par laquelle ce magistrat se déclare incompétent dans les termes suivants :

Considérant que, d'après ce qui résulte de la visite des lieux contentieux, l'endroit par lequel ont passé les défendeurs, avec bestiaux et charrettes, nous a paru être un chemin vicinal qui paraît exister depuis longtemps ; — Que Thély aurait écroulé le mur vis-à-vis de sa propriété, pour l'englober dans icelle, sous prétexte qu'il y aurait un autre chemin ; — Considérant qu'il s'agit, dans la contestation des parties, d'un chemin vicinal bien apparent ; — Que, mal à propos, Thély aurait enlevé le mur qui séparait sadite terre d'avec le chemin pour se l'approprier ; qu'il n'est pas de notre compétence de connaître de cette contestation.

Pourvoi par Thély.

ARRÊT

LA COUR : — Vu les art. 3 et 23, C. pr. :

Attendu que la citation originaire avait pour objet le maintien de Thély dans la possession annale où il prétendait être du terrain litigieux, ce qui constituait une question possessoire ;

Que cette question était exclusivement de la compétence du juge de paix ;

Que la nature du terrain litigieux qu'on soutenait être un chemin vicinal, ne pouvait rien changer à cette compétence, puisqu'en aucun cas, l'administration ne peut connaître d'une question possessoire; qu'en conséquence, en déclarant l'autorité judiciaire incompétente, le jugement attaqué a expressément violé les lois précitées ;

Casse.

CASSATION, Ch. civ. — 19 mars 1834.

(Boucherot c. d'Ourche.)

I, 516.

Il appartient au juge du fait d'apprécier la nature de la possession invoquée et de rejeter l'action s'il reconnaît que cette possession était équivoque.

Spécialement, lorsque le même fermier exploite deux héritages contigus appartenant à deux personnes différentes, la rigole qu'il a établie pour diriger les eaux d'un domaine sur l'autre, ne saurait, à elle seule et à défaut d'éléments de preuve tirés d'un état antérieur à sa double jouissance, servir de base à une possession utile à l'un des deux propriétaires.

Du 30 mars 1832, jugement du tribunal du Hâvre, ainsi motivé :

Attendu qu'il importe d'examiner d'abord si réellement madame Boucherot avait, au moment du trouble, la possession annale par elle réclamée; — Attendu qu'il importe peu, dans l'espèce, que l'on assigne pour moment du trouble le jour où l'on a commencé les travaux du nouveau canal, ou le jour auquel, par suite de ces travaux, l'eau, au lieu d'arriver jusqu'au canal d'embranchement à l'aide duquel, et des travaux accessoires, madame Boucherot prétend avoir possédé, a été détournée dans le nouveau canal; — Qu'en effet, dans l'un comme dans l'autre cas, l'action a été bien intentée dans l'année du trouble, mais ne paraît point appuyée sur une véritable possession annale; — Attendu qu'on peut également admettre, dans l'espèce, que le tablage, c'est-à-dire l'irrigation des prairies dans la vallée d'Epouville, n'ayant pas eu lieu à une date fixe de chaque année, s'opérant par l'ouverture des vannes qui se fait à des intervalles réglés, depuis la veille de Pâques jusqu'à la Saint-Jean-Baptiste, et la fête de Pâques ne revenant pas chaque année à la même date, on doit décider que, pour l'acquisition de la possession annale quant à ce tablage, il n'est pas besoin qu'il se soit écoulé une révolution d'une année plus un jour; qu'il suffit que cette possession ait duré de Pâques en Pâques, avec l'addition du jour nécessaire pour qu'elle soit complète; — Qu'ainsi, il suffirait qu'il fût prouvé que madame Boucherot ayant arrosé sa prairie la veille de Pâques 1830, c'est-à-dire le 11 avril, n'a éprouvé aucun trouble jusqu'à la veille de Pâques 1831 (2 avril); et ait même joui un jour de plus du bienfait de ladite irrigation; — Attendu qu'il résulte des enquêtes et contre-enquêtes, que madame Boucherot a, en effet, reçu l'eau la veille de Pâques 1830, et a irrigué sa prairie pendant toute la saison du tablage de ladite année; mais qu'il n'est aucunement établi qu'en 1831 elle ait profité de ladite irrigation au moins un jour; qu'il est au contraire prouvé qu'avant la veille de Pâques 1831, des travaux ont été entrepris pour empêcher cette irrigation, et l'ont réellement empêchée; qu'ainsi, en prenant pour point de départ la veille de Pâques 1830, la possession annale de madame Boucherot n'est nullement certaine; — Attendu que madame Boucherot ne peut exciper d'une possession antérieure à la veille de Pâques 1830; qu'en 1829, l'irrigation n'a point eu lieu; — Que si, avant 1829, elle s'est opérée, il est constant que le même fermier occupait les prairies de mesdames d'Ourche et Boucherot, il n'est point établi que comme fermier de la dame Boucherot il ait agi *animo domini;* — Qu'enfin, on n'a nullement prouvé que l'irrigation ait eu lieu avant que les deux prairies fussent réunies dans les mains du même fermier.

Pourvoi de la dame Boucherot.

ARRÊT

LA COUR : — Attendu qu'il ne résulte en aucune façon du jugement attaqué que, soit devant le juge de paix de Montivilliers, soit devant le tribunal du Hâvre, la dame Boucherot ait fondé sa possession sur l'existence et la propriété de travaux faits par elle ou par ses auteurs, pour faire dériver, de la Lézarde dans sa prairie, les eaux nécessaires à son irrigation ;

Que, seulement, elle la fondait sur le fait par elle allégué de l'irrigation de sa prairie pendant l'année 1830 ;

Attendu que le juge de l'action en complainte possessoire a, non seulement le droit, mais encore le devoir d'apprécier le caractère de la possession annale, sur laquelle se fonde le demandeur pour justifier son action ;

Que dans l'espèce, le tribunal du Hâvre, appréciant le résultat des enquêtes et contre-enquêtes faites par les parties, a jugé que la demande de la dame Boucherot ne paraissait pas appuyée sur une véritable possession annale, c'est-à-dire sur une possession réunissant les conditions exigées par l'art. 23, C. pr. civ. ;

Qu'il a positivement déclaré, en fait, que l'irrigation n'a pas eu lieu en 1829 ;

Qu'il n'a vu, enfin, dans le fait de cette irrigation, soit en 1830, soit dans les années antérieures à 1829, que le produit d'actes de simple tolérance ou de pure faculté, résultant du fait des fermiers respectifs des parties, dont les prairies, à une certaine époque, avaient été exploitées par le même fermier ;

Qu'en cela, le tribunal du Hâvre a apprécié comme il en avait le droit, le caractère de la possession alléguée par la dame Boucherot ; et, en décidant que le fait de son fermier, dont elle se prévalait, ne constituait pas, en sa faveur, une véritable possession annale, le jugement attaqué, loin d'avoir, sous aucun rapport, violé soit l'art. 23, C. pr., soit l'art. 2228, C. civ., s'est au contraire, conformé aux dispositions du premier ;

Rejette.

CASSATION, Ch. civ. — 21 avril 1834.
(Blasque c. de Rogemont.)

I, 202, 682.

Une personne n'ayant aucune propriété voisine, et se fondant sur l'impraticabilité du chemin public, déclot un héritage et y passe avec chevaux et voitures, commet une voie de fait susceptible d'autoriser une action possessoire et non pas seulement une action en dommages-intérêts.

Du 18 décembre 1829, sentence du juge de paix confirmée par le tribunal de Coulommiers le 20 décembre 1830. Cette sentence est ainsi motivée :

Considérant que, de la demande principale et des débats, il ne résulte nullement, à la vérité, la preuve que la pièce de terre appartenant à de Rogemont, et sur laquelle Maricot est passé avec chevaux et voitures, fut close conformément à la loi, de Rogemont ayant avoué lui-même que les fossés qui l'entouraient étaient en partie remplis ; — Que, par les conclusions subsidiaires prises par de Rogemont, il se plaint de ce que Maricot serait, avec chevaux et voitures, passé à travers la cour de la ferme de Drouilly, laquelle cour est close de murs, bâtiments et de deux portes cochères, ce qui n'est pas dénié par Blasque et Maricot, lesquels faits peuvent être considérés comme usurpation de clôture ; — Considérant : 1º que, de la déposition des témoins produits par Blasque, tant pour lui que pour Maricot, il ne résulte point la preuve suffisante que le chemin qui traverse ladite cour de la ferme de Drouilly soit dû au public ; 2º que bien que le chemin conduisant de Lécherolles à Pierrelez soit sinon impraticable entièrement, du moins des plus mauvais, on ne puisse l'éviter sans passer par la cour de Rogemont ; — Considérant que si Maricot sortait victorieux de l'instance formée contre lui, pour être passé une fois dans ladite cour avec une voiture attelée de deux chevaux, il n'y aurait plus de motif pour qu'il n'y passât tous les jours avec des voitures de toute espèce, et que tous les habitants et voituriers du pays n'usâssent du même droit, ce qui deviendrait tout à fait nuisible et préjudiciable à de Rogemont, et le troublerait dans la paisible possession où il est de sa cour close, qui nous est bien connue, et serait une infraction au § 2 de l'art. 3, C. pr. ; — Par ces motifs, fait défense à Maricot de passer dans ladite cour, et le condamne pour dommages-intérêts à tous les frais.

Pourvoi par Blasque et Maricot.

ARRÊT

LA COUR : — Attendu qu'après avoir fait citer les sieurs Blasque et Maricot devant le juge de paix de La Ferté-Gaucher, pour usurpation de clôture d'une pièce de terre, rien ne s'opposait ni à ce que le sieur Ribaucourt de Rogemont ne prît à l'audience des conclusions subsidiaires tendant à ajouter à sa demande le fait nouveau que le sieur Maricot s'était encore permis de passer dans la cour close de sa ferme, ce qui, selon lui, établissait une nouvelle usurpation de clôture, ni à ce que le juge de paix ne pût prononcer avec connaissance de cause sur ces conclusions subsidiaires, puisque les témoins produits devant lui avaient été interrogés et avaient répondu sur ce nouveau fait en présence des parties ;

Que, par sa citation du 1er décembre 1829, le sieur de Rogemont avait saisi le juge de paix par action civile, et non comme tribunal de police; car il eut soin d'énoncer qu'il assignait les sieurs Blasque et Maricot devant lui en vertu de l'art. 3, § 2, C. pr., pour le simple fait d'usurpation de clôture, et pour trouble apporté à sa possession et jouissance, que les mots employés à toutes fins dans la citation, « sauf encore les conclusions du ministère public, à raison de l'amende prévue par l'art. 41, tit. II, de la loi du 6 octobre 1791 », ne pouvaient changer la nature de l'action, puisqu'il ne s'agissait réellement, dans l'espèce, d'aucune contravention ou délit qualifié ou prévu, soit par l'art. 41 de la loi précitée, soit par les art. 456 et 471, C. pén.; circonstance reconnue par le ministère public lui-même, lequel, intervenu surabondamment dans la cause, avait refusé de conclure, et s'était retiré, déclarant qu'il ne voyait ni contravention ni délit; — Qu'ainsi, le juge de paix n'eut pas à annuler la citation, conformément à l'art. 159, C. inst. crim., ni à se constituer différemment qu'il ne l'était;

Attendu que le jugement attaqué étant fondé sur ce que, si le sieur Maricot sortait victorieux de l'instance, il n'y aurait plus de motif pour qu'il ne passât tous les jours dans la cour de la ferme du sieur de Rogemont avec chevaux et voitures, et pour que tous les habitants et voituriers du pays n'usassent du même droit, est, par cela même, suffisamment motivé ;

Attendu que le dommage causé au sieur de Rogemont consistait, dans le fait en lui-même, d'avoir passé dans la cour dont il s'agit, sans qu'il fût besoin d'établir autrement la preuve dudit dommage; d'où il suit que le tribunal qui a statué, sans ordonner cette preuve, n'a ni faussement interprété les art. 1383 et 1384, C. civ., ni violé l'art. 1385 du même Code ;

Attendu, enfin, que ce n'était pas une question de servitude qui était portée devant la justice de paix de La Ferté-Gaucher, mais une action qui, faussement qualifiée d'usurpation de clôture, n'était en réalité que celle résultant du trouble apporté à la jouissance du sieur de Rogemont, et pour laquelle ce tribunal était compétent, aux termes de l'art. 3, § 2, C. pr.; d'où il suit encore que le jugement attaqué n'a ni faussement appliqué cet article, ni violé les art. 2232 et 2233, C. civ.;

Rejette.

CASSATION, Ch. civ. — 27 mai 1834.
(Lebon c. Gérard.)

I, 255.

L'action en dénonciation de nouvel œuvre est une action possessoire dont la recevabilité ne dépend pas de la question de savoir si les travaux dont on se plaint sont terminés ou seulement commencés.

Du 29 avril 1830, jugement du tribunal de Vassy, ainsi motivé :

Considérant que l'action possessoire devant le juge de paix du canton de Montiérender tendait à ce que la veuve Gérard fût tenue de détruire des ouvrages par elle faits sur son propre fonds pour agrandir une prise d'eau à elle appartenant dans la rivière de Voire, au-dessus de la batterie d'écorce dudit Lebon, celui-ci prenant pour trouble à sa possession des eaux de ladite rivière, le nouvel œuvre de la veuve Gérard ; — Considérant qu'ainsi caractérisée, cette demande constituait une véritable dénonciation de nouvel œuvre, puisqu'il n'était reproché à l'intimée aucune entreprise sur le fonds appartenant à Lebon, mais qu'une telle action ne peut être déférée au juge de paix, comme juge du possessoire, qu'autant qu'elle est intentée dans le cours et avant l'achèvement des ouvrages; — Que le nouvel œuvre une fois terminé, c'est la juridiction civile ordinaire qui peut seule être régulièrement saisie de l'action en rétablissement des lieux dans leur état primitif; — Qu'ainsi les ouvrages entrepris par la veuve Gérard sur son terrain étant depuis longtemps achevés lorsque l'instance a été engagée, le juge de paix n'était pas compétent pour en connaître ; — Par ces motifs, déclare incompétemment formée la demande possessoire de Lebon.

Pourvoi de Lebon.

ARRÊT

LA COUR: — Vu l'art. 10, tit. III, de la loi du 24 août 1790 et l'art. 23, C. pr.;

Attendu que l'action possessoire est de la compétence exclusive des juges de paix à l'effet de faire rétablir la possession en l'état où elle était avant le trouble; que le caractère de cette action n'est point dénaturé par la circonstance que les ouvrages qui constituent le trouble ont été faits et terminés sur le fonds du défendeur avant l'action; que la loi ne distingue pas à cet égard et qu'il suffit que l'action soit possessoire pour que le juge de paix soit compétent;

Qu'il s'agissait, dans l'espèce, d'une action qui était essentiellement de ce genre, puisque Lebon demandait à être maintenu dans la possession plus qu'annale qu'il avait de jouir des eaux de la rivière de Voire, conformément à son ancien mode d'usage, et que la veuve Gérard fût tenue de rétablir la prise d'eau dans son état précédent; d'où il suit que le tribunal de Vassy qui, par son jugement du 29 avril 1830, a déclaré la demande au possessoire du sieur Lebon incompétemment formée, a violé les lois précitées;

Casse.

CASSATION, Ch. civ. — 17 juin 1834.
(Pradelles c. Séguier.)

I, 255.

La recevabilité de l'action en dénonciation de nouvel œuvre n'est pas subordonnée à la condition que les travaux soient exécutés sur le fonds du défendeur ni à celle qu'ils soient simplement commencés et non terminés.

Le 16 mai 1831, le tribunal de Lavaur avait déclaré irrecevable l'action possessoire formée par Pradelles par le motif que, s'agissant d'une dénonciation de nouvel œuvre, la demande était tardive comme formée après l'achèvement des travaux.

Pourvoi de Pradelles.

ARRÊT

LA COUR: — Vu l'art. 10, tit. III, de la loi du 24 août 1790, et l'art. 23, C. pr.:

Attendu qu'aux termes de ces lois, la circonstance que les ouvrages qui constituent le trouble ont été faits sur le fonds du défendeur avant l'action intentée contre lui, et qu'ils étaient alors terminés, ne fait point obstacle à ce que la construction de ces ouvrages soit dénoncée par celui auquel elle préjudicie, comme un trouble apporté à la possession annale dont il se prévaut;

Que l'action intentée, dans l'espèce, était une demande en maintenue dans la possession annale du terrain que le demandeur soutenait lui appartenir et être exempt de toute servitude de vue de la part des défendeurs sur sa propriété, et constituait une véritable action possessoire de la compétence du juge de paix;

Qu'en refusant d'y statuer et de prononcer sur la possession invoquée par le demandeur, le jugement attaqué a expressément violé les lois précitées;

Casse.

CASSATION, Ch. req. — 15 juillet 1834.
(Amanieu c. Créon.)

I, 682.

La reconnaissance par le défendeur de l'illégalité du fait qui lui est reproché n'est pas de nature à changer le caractère de l'action et à convertir la complainte en une simple demande en dommages-intérêts, alors surtout que l'entreprise emporte en elle-même contradiction à la possession du complaignant.

ARRÊT

LA COUR: — ... Sur le deuxième moyen:

Attendu que le juge de paix n'avait ni confondu le possessoire avec le pétitoire, ni prononcé sur un droit de propriété quelconque, en se bornant à réprimer une voie de fait nuisible à la possession du défendeur éventuel, qui s'en plaignait, et commise dans l'année par le demandeur, qui ne désavouait pas en être l'auteur et reconnaissait la possession du plaignant ;

Sur le troisième moyen :

Attendu que le demandeur se reconnaissant l'auteur immédiat du trouble porté à la possession du défendeur éventuel, il en devenait directement responsable, faute par lui de justifier, autrement que par de vaines allégations, qu'il n'avait, en cette circonstance, agi qu'au nom, au profit et par ordre de sa sœur, qu'il n'appelait pas en cause pour se garantir de la responsabilité qu'il avait encourue par son fait personnel ;

Sur le quatrième moyen :

Attendu que, par le seul fait reconnu dans la sentence du juge de paix, qu'Amanieu se reconnaissait l'auteur du nouvel œuvre, le tribunal d'appel, adoptant ce motif pour confirmer le jugement de première instance, a suffisamment et très explicitement motivé le rejet de l'exception que faisait valoir le demandeur pour éviter d'être personnellement condamné à la destruction du nouvel œuvre ;

Rejette.

———

CASSATION, Ch. req. — 18 fév. 1835.

(Société d'arrosage de Gemenos c. d'Albertas.)

I, 588.

Constitue un acte de violence ou voie de fait suffisant pour justifier l'action en réintégrande le fait d'enlever une vanne avec ouverture pour l'arrosage et d'y substituer une vanne pleine qui intercepte le cours de l'eau.

C'est au juge du fond qu'il appartient d'apprécier le caractère des actes incriminés pour décider ensuite s'ils donnent ouverture à la complainte ou à la réintégrande.

ARRÊT

LA COUR : — Attendu, sur le premier moyen, que le déclinatoire, fondé sur l'incompétence du juge de paix, n'a pas été proposé préjudiciellement, ni même directement, mais par voie de conséquence, et parce qu'on déniait l'action possessoire, d'où il suit que le juge de paix a pu, sans violer l'art. 172, C.

pr., prononcer par la même décision sur l'incompétence et sur le fond ;

Attendu, au surplus, que le jugement attaqué a prononcé sur une action en *réintégrande* après avoir constaté en fait la dépossession violente du sieur d'Albertas, ce qui rend sans objet l'examen des moyens du fond, qui ne s'appliqueraient qu'à une action en complainte ou possessoire ;

Rejette.

———

CASSATION, Ch. req. — 4 juin 1835.

(Comm. de Mayenne c. hospice de Mayenne.)

I, 290, 291.

Les chapelles mises hors de la disposition de l'évêque, celles qui sont destinées à une maison particulière, à un établissement particulier, demeurent soumises à la prescription et peuvent être l'objet d'une action possessoire.

Il en est ainsi spécialement de la chapelle qui n'est qu'une dépendance d'un hospice, qui est située en dehors de la ville et qui communique avec les bâtiments de l'hospice par des portes particulières.

Du 6 août 1834, jugement du tribunal de Mayenne, ainsi motivé :

Considérant que la chapelle de la Madeleine avait cessé depuis longtemps d'être consacrée au culte divin, et que, depuis, elle n'avait pas été mise à la disposition de l'évêque diocésain, en vertu de l'art. 75 de la loi du 18 germinal an X ; qu'elle n'avait pas non plus été attribuée à la fabrique ni à la commune, conformément à l'art. 76 de la même loi ; d'où la conséquence qu'elle n'était pas, par sa nature, imprescriptible ; — Considérant que les faits de violence, par suite desquels la dépossession avait eu lieu, étaient constants ; qu'ils n'avaient pas été déniés devant le juge de paix ; que, s'ils n'avaient pas été exercés contre les personnes, cette circonstance n'était pas nécessaire ; qu'il suffisait, aux termes de l'ordonnance de 1667, encore en vigueur sur ce point, que la dépossession fût l'effet d'un acte illégal et violent ; et qu'en fait, il était avoué que des ouvriers s'étaient introduits, de vive force, dans la chapelle, sur le refus qui leur avait été fait de leur remettre les clefs ; ce qui, dans l'esprit du tribunal, écartait la nécessité de la preuve ; — Considérant, enfin, que l'établissement momentané d'une salle de cholériques dans cette chapelle, par les fonds et avec les soins de l'administration municipale, n'a pas pu faire perdre à l'hospice la possession de cette chapelle, dont la supérieure a toujours conservé les clefs.

Pourvoi du maire de Mayenne.

ARRÊT

LA COUR : — Attendu, sur le premier moyen, que le principe de l'imprescriptibilité des églises et chapelles consacrées au culte divin, principe incontestable, s'applique seulement aux églises dans lesquelles le culte divin est publiquement et actuellement célébré ; il est sans application à une ancienne église ou chapelle mise hors de la disposition de l'évêque, et dont la fabrique ou la commune aurait destiné l'usage à tout autre service ; il est aussi sans application à une église ou chapelle d'une maison particulière, d'un château, d'un établissement particulier quelconque, église ou chapelle qui ne serait et ne pourrait être, dans ce cas, autre chose qu'une propriété privée, quoique le culte divin y fût publiquement célébré ;

Qu'il ne s'agit point dans la cause d'une prescription trentenaire ou immémoriale, ni d'une question de propriété à résoudre, d'après des titres plus ou moins réguliers ; il s'agit seulement d'une action en réintégrande, et, par conséquent, du fait de savoir si la chapelle dont il s'agit était, à l'époque de l'action, susceptible d'une possession, d'une détention privée ;

Que les hospices sont propriétaires comme les particuliers, avec le droit d'exercer toutes actions relatives au droit de propriété, ainsi que cela est reconnu par l'avis des trois sections réunies du Conseil d'Etat de l'intérieur, de législation et des finances, du 22 juillet 1819 ;

Qu'il est reconnu, en fait, par le jugement dénoncé, que la chapelle dont il s'agit, située en dehors de la ville, attenant aux bâtiments de l'hospice, ayant des portes qui communiquent avec l'hospice, n'a pas été comprise dans le nombre des édifices mis à la disposition des évêques, par l'art. 75 de la loi du 18 germinal an X ; qu'elle n'a pas été mise non plus à la disposition de la fabrique, ni soumise à son administration ; qu'en 1832, les cholériques y furent placés ; qu'en 1833, les lits qui avaient servi aux cholériques s'y trouvaient encore, et que c'est la tentative d'en faire une caserne qui a déterminé l'action en réintégrande ;

d'où il résulte que cette chapelle avait cessé, au moins en 1832, d'être consacrée au culte divin ; qu'elle a pu être, en fait, considérée comme une dépendance de l'hospice, comme une propriété de l'hospice, et qu'en la jugeant susceptible d'une possession, d'une détention privée, susceptible, à ce titre, d'être l'objet des actions civiles ordinaires, le tribunal de Mayenne, loin de violer les lois, en a fait, au contraire, une juste application ;

Attendu, sur les deuxième et troisième moyens, que, ne permettant l'action possessoire qu'à ceux qui sont eux-mêmes en possession depuis une année au moins, l'art. 23, C. pr. civ., ne peut être entendu que des actions possessoires ordinaires, et non de l'action en réintégrande dont il ne parle pas, action dont le mot et la chose ne se trouvent que dans l'art. 2060, C. civ., à propos de la contrainte par corps ; action particulièrement introduite en faveur de l'ordre et de la tranquillité publique ; action sans influence sur les droits respectifs des parties et qui n'exclut même pas le droit de la partie condamnée, d'agir au possessoire ; une jouissance matérielle, une possession naturelle et actuelle au moment de la violence suffisent pour autoriser l'action en réintégrande contre l'auteur d'une voie de fait grave et positive et d'une dépossession par violence ;

Que la question de savoir si le demandeur en réintégrande était ou non en possession actuelle de l'objet litigieux, au moment de la violence dont il se plaint, n'est autre chose qu'une question de fait soumise à l'appréciation exclusive du juge, comme le sont tous les faits dont la preuve est admissible, et, en cas de dénégation des faits de possession, l'art. 24, C. pr. civ., n'impose point au juge l'obligation d'ordonner la preuve ; il se peut que des faits constants et justifiés soient déniés par erreur ou de mauvaise foi ; le juge convaincu de l'erreur, ou de la mauvaise foi, n'est pas tenu d'ordonner une preuve inutile ; l'art. 24 porte seulement que l'enquête qui sera ordonnée ne pourra porter sur le fond du droit, et l'art. 34 laisse toute latitude au juge, en disant qu'il ordonnera la preuve, s'il trouve la vérification utile et admissible ;

Que le jugement dénoncé, tout en reconnaissant les dénégations et variations du maire de Mayenne sur la possession des hospices, constate et déclare, en fait, que cette possession avouée devant le juge de paix, contestée en appel, reconnue ensuite à l'audience, était certaine et positive, actuelle, matérielle et même de plus d'une année; qu'il constate aussi comme constante et non déniée la voie de fait servant de base à l'action en réintégrande et qu'en concluant de ces faits que l'action en réintégrande avait été justement admise par le juge de paix, le tribunal de Mayenne a fait une juste application des lois;

Rejette.

CASSATION, Ch. civ. — 16 nov. 1835.
(Trolley c. Langlois.)

I, 582.

En matière de réintégrande, le demandeur n'est pas assujetti à prouver une possession annale. Il lui suffit de démontrer une possession actuelle et matérielle et une dépossession par violence ou voie de fait.

ARRÊT

LA COUR : — Vu l'art. 3, C. pr., et les art. 2060, 2228, 2233 et 2256, C. civ.:

Attendu que l'action en réparation d'une voie de fait contre des murs formant clôture est de la compétence du juge de paix dans l'arrondissement duquel se trouve l'objet litigieux où cette voie de fait a été commise ; que cette voie de fait a été régulièrement constatée ; qu'elle a même été confessée par les défendeurs et qualifiée par le juge de paix comme ayant été commise méchamment et sans nécessité ;

Que pour exercer cette action en réparation il suffit d'avoir la possession actuelle des murs abattus et du terrain sur lequel ils avaient été construits, depuis plusieurs mois, publiquement et sans opposition de la part des défendeurs ;

Que cette possession actuelle a été reconnue par le juge de paix des lieux, qu'elle n'a pas été déniée par le jugement attaqué ; que ce jugement, en infirmant celui du juge de paix d'Athis et

en renvoyant les parties devant celui de Flers, a commis un excès de pouvoir et violé les dispositions des articles ci-dessus ;

Casse.

CASSATION, Ch. civ. — 28 mars 1836.
(Renard c. Comm. de Loxeville.)

I, 255.

L'action en dénonciation de nouvel œuvre, non plus que les autres actions possessoires, n'exige pas pour sa recevabilité que les travaux soient seulement commencés. Il suffit qu'elle ait été formée dans l'année du trouble, quelle que soit la cause qui l'a produit.

ARRÊT

LA COUR : — Vu l'art. 23, C. pr. civ.:

Attendu que, pour déterminer la compétence des juges de paix relativement aux actions possessoires, la loi ne distingue pas si le trouble qui donne lieu à ces actions a été causé par un ouvrage terminé ou seulement par un ouvrage en cours d'exécution ;

Qu'il suffit que ce trouble, quelle que soit la cause qui l'a produit, ait eu lieu dans l'année, pour que le juge de paix, saisi par la plainte de celui qui jusque-là était en paisible possession, soit tenu de prononcer ;

Attendu que le tribunal civil de Saint-Mihiel, en décidant, dans l'espèce, que les juges de paix n'étaient compétents que lorsqu'il s'agissait d'arrêter dans l'année du trouble des ouvrages commencés, a méconnu ces principes et ouvertement violé l'art. 23 précité ;

Casse.

CASSATION, Ch. civ. — 9 mai 1836.
(Logette c. Lemaignen.)

I, 393.

De simples faits de jouissance exercés sur des arbres par celui qui reconnaît ne pas les avoir plantés et ne prétend pas être en possession du terrain dont il les a séparés, sont insuffisants pour faire échec au principe que ces arbres sont légalement présumés être possédés par le propriétaire du sol. Il en est ainsi surtout lorsqu'il est démontré que la jouissance momentanée de ces arbres n'a été que précaire.

ARRÊT

LA COUR : — Attendu que, suivant l'art. 553, C. civ., toutes plantations faites sur un terrain sont présumées faites par le propriétaire, à ses frais, et lui appartenir, si le contraire n'est prouvé ;

Attendu que le sieur Logette n'a pas prétendu avoir planté lui-même les arbres dont il s'agit ;

Attendu que le sieur Lemaignen a soutenu, dans ses conclusions, tant devant le juge de paix que devant les juges d'appel, que le sieur Logette n'avait pas une possession légale desdits arbres, vu qu'il en avait joui à titre précaire, et par suite de la négligence ou mauvaise foi du fermier ;

Attendu que les arbres étant plantés sur un terrain dont le sieur Lemaignen avait été reconnu avoir la possession, le tribunal, après avoir examiné les faits et circonstances de la cause, et après les avoir appréciés ainsi qu'il en avait le droit, a déclaré que le sieur Logette n'avait joui desdits arbres qu'à titre précaire et a maintenu le sieur Lemaignen dans la possession du terrain, ainsi que des arbres litigieux comme étant l'accessoire du fonds ;

Et attendu qu'en statuant ainsi, le jugement attaqué n'a violé aucune loi ;

Rejette.

CASSATION, Ch. req. — 7 juin 1836.
(Vauchel c. Cécile.)

I, 687.

Ne constitue pas un trouble susceptible de motiver une action possessoire le fait d'avoir amarré son bateau en face et au travers de la propriété du complaignant, lorsque cet acte n'a été accompli que sur un ordre du capitaine du port. Il s'agit là de l'exécution d'une injonction émanée de l'autorité administrative dont les conséquences ne sauraient être appréciées par l'autorité judiciaire.

Du 6 juin 1835, jugement du tribunal de Rouen ainsi motivé :

Attendu, en fait, qu'il résulte du procès-verbal dressé, le 3 mars 1835, à la requête de Vauchel contre Cécile, que celui-ci avait son bateau amarré à des pieux dans le lit de la rivière de Seine, et qu'il avait placé une stette contre lesdits pieux et le quai aux meules ; que, partant de ce procès-verbal, Vauchel a traduit Cécile devant le juge de paix, pour le faire condamner, sous contrainte, à retirer le bateau et les stettes, et en dommages-intérêts, pour les avoir laissés séjourner aux lieux où ils étaient; qu'en défense à cette action, Cécile a justifié de l'ordre par écrit qu'il avait reçu du capitaine du port, de s'amarrer aux pieux plantés aux frais de l'autorité municipale, et a soutenu qu'il était tenu d'y obéir, pour se conformer aux lois de la navigation; — Attendu que, par arrêté du Préfet, du 23 octobre 1833, approuvé par le Ministre du commerce, les limites du port de Rouen ont été déterminées tant en amont qu'en aval du pont, et qu'il en résulte que le capitaine d'un navire ou de tous autres bâtiments faisant la navigation de la Seine, est tenu, en arrivant, de s'arrêter au lieu désigné, de passer la déclaration au capitaine du port, et d'en recevoir l'ordre par écrit, pour la partie en aval du pont, avant de pouvoir s'amarrer à l'endroit qui lui est indiqué, ou se mettre à quai ; — Attendu que cet arrêté, qui règle la police de la navigation pour le port de Rouen, est en tous points conforme aux lois et ordonnances rendues sur la matière; que ce serait, par les tribunaux, faire une fausse application de la loi, que de retenir une telle contestation, qui se trouve évidemment placée dans les attributions du pouvoir administratif; d'où il suit que le premier juge, qui aurait dû se dessaisir de la connaissance du litige porté devant lui, a nullement et incompétemment jugé l'action de Vauchel; — Renvoie l'affaire et les parties devant l'autorité à laquelle la connaissance en appartient.

Pourvoi par Vauchel.

ARRÊT

LA COUR : — Attendu qu'il est constaté par le jugement attaqué que le fait allégué, et présenté par le demandeur comme un trouble à sa possession était le résultat d'un ordre administratif, intimé au défendeur éventuel, et exécuté par celui-ci ;

D'où il suit qu'en reconnaissant l'incompétence de l'autorité judiciaire pour statuer sur les conséquences de cet ordre administratif, le jugement a fait une juste application des principes de droit sur la séparation des pouvoirs;

Rejette.

BORDEAUX. — 23 juin 1836.
(Laurchet c. Gervais.)

I, 72.

En vertu du droit qui lui appartient de

veiller à la conservation de la chose et d'empêcher les empiétements de la part des tiers, le nu-propriétaire peut contraindre les voisins au bornage.

ARRÊT

LA COUR : — Considérant que la nue-propriété du domaine de Brachet repose sur la tête de Pierre Laurchet ; que l'usufruit seulement du même domaine appartient à la veuve Laurchet ; que l'action en bornage pouvant être intentée par tous ceux qui possèdent, il est positif que la veuve Laurchet a eu le droit d'y faire procéder avec Bernard Gervais, son voisin ; que, formée par elle, une demande en nouveau bornage pourrait être déclarée non recevable ;

Mais que telle n'est pas la question du procès ; qu'il s'agit de savoir si Laurchet est fondé, pendant la durée de l'usufruit, à demander le bornage de sa propriété, qui se trouve contiguë avec celle de Bernard Gervais, et que l'affirmative n'est pas douteuse ;

Que, l'intérêt étant la mesure des actions, le propriétaire, qui peut redouter raisonnablement la prescription trentenaire, dans le cas où le voisin aurait empiété sur son fonds, doit avoir le droit d'empêcher cette prescription par une demande en bornage ;

Qu'on lui opposerait vainement le bornage fait par l'usufruitier ; que, s'il n'a pas assisté à cette délimitation de sa propriété, si l'opération n'a pas été faite contradictoirement avec lui, on ne peut la lui opposer ;

Que les dispositions de l'art. 614, C. civ., démontrent que le propriétaire n'a pas perdu le droit de veiller sur sa chose, parce qu'un autre a celui d'en jouir ;

Qu'en effet, la loi veut que si, pendant la durée de l'usufruit, un tiers commet quelques usurpations sur le fonds, ou attente autrement aux droits du propriétaire, l'usufruitier soit tenu de le dénoncer à celui-ci, sous peine de répondre du dommage ;

Considérant que cette précaution fort sage, prescrite par l'art. 614, deviendrait inutile si le propriétaire, prévenu par l'usufruitier de l'usurpation du propriétaire voisin, n'avait pas le droit de faire déterminer les véritables limites de son champ ; qu'il faut donc reconnaître que la théorie du tribunal de première instance blesse l'esprit et même les termes de l'art. 614 ;

Considérant qu'on argumente sans solidité lorsqu'on invoque, dans l'intérêt du jugement, la maxime connue : *Contra non valentem agere non currit præscriptio ;* qu'on oublie, en raisonnant ainsi, que la maxime suppose l'impossibilité légale d'agir pour la conservation de son droit, et qu'on vient de voir que la loi accorde précisément au propriétaire, prévenu par l'usufruitier d'une usurpation faite à son préjudice, le droit de défendre sa propriété ; qu'ainsi, les principes sont favorables en tous points à Laurchet, et que sa demande en nouveau bornage aurait dû être accueillie par les premiers juges ;

Condamne Bernard à venir au bornage.

CASSATION, Ch. civ. — 25 juillet 1836.
(de Poilly c. Comm. de Lœuilly.)

I, 255.

L'action en dénonciation de nouvel œuvre est une action possessoire ordinaire qui n'exige pas pour sa recevabilité que les travaux soient seulement commencés.

Du 4 février 1833, jugement du tribunal de Laon qui décide le contraire dans les termes suivants :

Attendu que l'action connue, dans l'ancien droit, sous le nom de dénonciation de nouvel œuvre, est de nature possessoire, en ce qu'elle a pour objet de faire interdire l'ouvrage commencé, et de faire ordonner que les choses demeureront provisoirement dans l'état où elles se trouvent au moment où l'action est intentée ; — Que, pour qu'elle conserve son caractère possessoire, il est nécessaire qu'elle soit formée avant l'entier achèvement des travaux ; — Que, dans l'espèce, l'action dont le juge était saisi, était une action en dénonciation de nouvel œuvre qu'il ne pouvait plus accueillir, du moment que l'innovation était consommée.

Pourvoi de Poilly.

ARRÊT

LA COUR : — Vu l'art. 23, C. pr. civ. :

Attendu que, pour déterminer la compétence des juges de paix, relativement aux actions possessoires, la loi ne distingue pas si le trouble qui donne lieu à ces actions, a été causé par un ouvrage terminé, ou seulement par un ouvrage en cours d'exécution;

Attendu qu'il suffit que ce trouble ait eu lieu dans l'année pour que le juge de paix, saisi par l'action de celui qui, jusque-là, était en paisible possession, soit compétent et tenu, dès lors, de prononcer;

Attendu que le tribunal civil de Laon, en jugeant, dans l'espèce, que les juges de paix n'étaient compétents que lorsqu'il s'agissait d'arrêter, dans l'année du trouble, des travaux commencés, a méconnu ces principes, et formellement violé l'art. 23, C. pr. civ.;

Casse.

CASSATION, Ch. civ. — 31 août 1836.
(Bailly c. Perrin et Thermoz.)

I, 582, 588.

La réintégrande est admissible aussi bien contre les empiètements ou les usurpations du pouvoir administratif et spécialement du maire d'une commune, que contre les actes de violence émanés de simples particuliers.

ARRÊT

LA COUR : — En ce qui touche le premier moyen :

Attendu que, dans l'exploit introductif d'instance, le sieur Bailly a été cité en son nom personnel; qu'on ne voit pas qu'il ait été autorisé à comparaître en justice comme représentant la commune d'Aprien; que cette commune n'a pas été condamnée, mais le sieur Bailly, maire; qu'ainsi, le tribunal de Bourgoin, en lui faisant perdre la cause par lui défendue, a eu juste motif pour le condamner aux dépens en son nom personnel, et qu'en conséquence l'art. 75 de la Constitution de l'an VIII n'a pu être violé, puisqu'il était sans application dans l'espèce;

En ce qui touche le second moyen :

Attendu que le tribunal de Bourgoin était saisi par les sieurs Perrin et Thermoz d'une action en réintégrande dirigée contre le sieur Bailly, maire de la commune d'Aprien; que le jugement attaqué a reconnu qu'ils étaient en possession du terrain sur lequel s'exécutaient des travaux de conduite pour les eaux par eux acquises de la demoiselle Fuzier; que, dès lors, le tribunal, sans prononcer sur le fond du droit, a dû ordonner la réintégrande en faveur de la possession;

Rejette.

CASSATION, Ch. civ. — 23 nov. 1836.
(Carmichaël c. Chrétien.)

I, 224.

Chaque communiste a le droit d'agir contre les tiers qui troublent sa jouissance.

Le contraire a été jugé par le tribunal de Châteaubriant, à la date du 31 mai 1833, dans les termes suivants :

Attendu que l'action portée devant le juge de paix de Nozay était évidemment possessoire; que c'est mal à propos que le premier juge s'est déclaré incompétent; — Attendu qu'il résulte des défenses des parties et reconnaissances faites par elles à l'audience, que l'avenue partant de la Fleuriais, allant du nord au sud, et aboutissant au chemin de Treffieu à Issé, est close à ce point de jonction; que le terrain en litige qualifié d'allée de la Fleuriais par l'appelante, et de chemin vicinal d'Abbaretz à Châteaubriant par l'intimé, est déclos à ses deux extrémités; qu'il commence suivant les indications établies au jugement du juge de paix, à 100 mètres environ, vers l'ouest du point où finit l'avenue reconnue propriété de l'appelante, et suit aussi la direction du nord au midi; — Attendu que le terrain litigieux est traversé par deux chemins; que deux autres chemins y aboutissent; qu'il est borné de tous côtés par des terres appartenant à différents particuliers; qu'aucun de ces cantons de terres n'est la propriété de l'appelante; — Attendu que, dans cet état, les faits articulés par l'appelante ne sont pas de nature à établir en sa faveur un droit de possession exclusive sur le terrain dont il s'agit; qu'ils ne seraient susceptibles de fonder un pareil droit que sur les arbres que l'appelante prétend avoir plantés, ou sur ceux dont elle dit avoir la jouissance exclusive; mais que tel n'est pas l'objet des conclusions par elle prises, et qu'il ne saurait y avoir lieu à ordonner un approfondissement sur ce point; — Par ces motifs, déboute l'appelante de ses conclusions.

Pourvoi de la dame Carmichaël.

ARRÊT

LA COUR : — Vu les art. 23 et 25, C. pr. civ.:

Attendu que le jugement attaqué,

après avoir reconnu que l'action était possessoire, et, par suite, de la compétence du juge de paix qui s'était dessaisi de la contestation, a écarté cette action, par l'unique motif que la dame Carmichaël n'avait pas la possession exclusive des terrains litigieux, et qu'elle n'était pas propriétaire des cantons de terre contigus à ces terrains, mais seulement des arbres qui les bordaient;

Attendu qu'en écartant d'une manière absolue la réclamation de la demanderesse, le jugement attaqué l'a forcée de recourir à l'action pétitoire et lui a fait perdre l'avantage de la possession dont elle se prévalait, qui, quoiqu'elle pût lui être commune avec plusieurs autres copossesseurs, n'en était pas moins suffisante pour autoriser une action en complainte; — Qu'en ce faisant, le jugement attaqué a violé expressément lesdits art. 23 et 25;

Casse.

CASSATION, Ch. civ. — 30 janv. 1837.
(Monnier c. Favel.)

I, 255, 482.

L'action en dénonciation de nouvel œuvre est soumise aux règles ordinaires des actions possessoires.
Le juge ne peut refuser de prononcer sur une demande possessoire par le motif qu'on y rencontrerait certains chefs qui appartiennent au pétitoire.

Du 9 décembre 1834, jugement du tribunal de Grenoble ainsi conçu:

Attendu que la demande de la veuve Monnier tend non seulement à la maintenue possessoire du droit de communion dans la basse-cour dont il s'agit, mais encore à ce que Favel soit condamné à la destruction des ouvrages par lui commencés et parachevés sur cette même basse-cour; — Attendu qu'une semblable demande, tenant essentiellement à la propriété, ne peut devenir l'objet d'une action en réintégrande, sans investir le juge du possesseur d'une juridiction exorbitante, qui sortirait évidemment des bornes de sa compétence, puisqu'elle ne pourrait être décidée dans l'intérêt de la veuve Monnier par un provisoire, mais bien par un jugement sur le fond du droit; d'où il suit que le juge de paix aurait dû s'abstenir de prononcer, et renvoyer la dame Monnier à former sa demande devant qui de droit.

Pourvoi de la dame Monnier.

ARRÊT

LA COUR: — Vu l'art. 10, tit. III, de la loi du 24 août 1790, et les art. 3 et 23, C. pr. civ.:

Attendu que l'action intentée à la requête de la veuve Monnier était purement possessoire; — Que le tribunal pouvait statuer sur tous les chefs de cette demande, sans excéder les bornes de sa compétence;

Attendu qu'il n'aurait pu refuser de prononcer sur la partie de la demande possessoire, sur le motif qu'elle aurait été accompagnée de chefs qui auraient appartenu au pétitoire;

Que, dans ce cas, il aurait dû juger les chefs qui étaient de sa compétence;

Qu'en renvoyant la connaissance de toute la demande à qui de droit, le tribunal a méconnu sa compétence et violé les lois précitées;

Casse.

CASSATION, Ch. req. — 9 février 1837.
(Brasseur c. Bertrand.)

I, 590.

C'est au juge du fond qu'il appartient de déterminer si l'action qui lui est soumise est la complainte ou la réintégrande.

ARRÊT

LA COUR : — Statuant sur le premier moyen :

Attendu que la demande introductive d'instance, telle qu'elle est énoncée dans le jugement attaqué, tendait à ce que le demandeur fût maintenu dans la possession d'une pièce de bois dont il prétendait avoir joui paisiblement, depuis plus d'un an; que, sur la dénégation de cette possession, le juge de paix a ordonné une descente sur les lieux et une enquête; que le tribunal, prononçant sur l'appel, a déclaré qu'il ne résultait pas de l'enquête que le demandeur eût une possession annale paisible et non à titre précaire du bois taillis dont il s'agit;

Attendu que ces motifs établissent que l'objet du procès était une complainte possessoire;

Sur le deuxième moyen :

Attendu que le jugement, ayant déclaré, en point de fait, que le demandeur, quand il intenta une action en complainte possessoire, n'avait pas la possession paisible depuis une année au moins du bois dans la possession duquel il voulait être maintenu, a fait, en rejetant cette demande, une juste application de l'art. 23, C. pr. civ.;

Rejette.

CASSATION, Ch. civ. — 22 mars 1837.
(Delaplace-Girardin c. Pasquier.)

I, 52.

Lorsque les actes qui ont constitué le trouble, base de l'action, ont fait l'objet d'un arrêté administratif qui déclare, au cours du procès possessoire, les maintenir pour cause d'ordre et de sûreté publics, le juge de paix ne peut plus ordonner leur destruction; mais ce magistrat doit statuer sur les dommages-intérêts et sur les dépens de l'instance commencée avant l'existence de l'arrêté.

Du 4 décembre 1833, jugement du tribunal de la Seine ainsi motivé :

Attendu qu'il existe un arrêté de police du maire de Belleville qui ordonne la clôture du sentier à l'occasion duquel Girardin, intimé, a formé une demande en complainte et a obtenu des dommages-intérêts ; — Attendu que cet arrêté contre lequel on ne s'est pas pourvu et qui n'a pas été rapporté, est antérieur au jugement du juge de paix ; — Attendu qu'il est de principe que, lorsque l'autorité administrative, dans l'intérêt public, a statué sur une contestation également soumise à l'autorité judiciaire, celle-ci ne peut conserver la cause et juger qu'après le rapport ou la réformation de l'acte administratif.

Pourvoi de Delaplace.

ARRÊT

LA COUR : — Vu l'art. 2, C. civ., et l'art. 23, C. pr. civ.:

Attendu que l'arrêté du maire de Belleville, qui ordonne la clôture de l'impasse dont il s'agit, n'a été pris que le 24 juin 1833;

Attendu qu'il est constaté, par le jugement du juge de paix du canton de Pantin, rendu le 11 juillet 1833, que le trouble dont s'est plaint le sieur Delaplace-Girardin, relativement à la jouissance dudit impasse, est antérieur à cet arrêté, et que sa réclamation y est également antérieure, ainsi qu'il résulte de la sommation par lui faite, le 15 dudit mois de juin, au sieur Pasquier l'un des propriétaires riverains;

Attendu que l'action possessoire du sieur Delaplace-Girardin avait été formée dans l'année du trouble;

Attendu qu'en cet état, si l'arrêté du maire faisait incontestablement obstacle à ce que le juge de paix ordonnât la démolition des ouvrages qui avaient été autorisés par ledit maire dans l'exercice de ses fonctions administratives, ce même arrêté n'empêchait pas que le juge de paix ne statuât sur les dommages-intérêts et sur les dépens que le sieur Delaplace-Girardin avait droit de réclamer;

D'où il suit que le jugement attaqué, en infirmant, en son entier, la décision du juge de paix, a expressément violé les lois précitées;

Casse.

CASSATION, Ch. civ. — 17 avril 1837.
(Hermel c. Delgrange.)

I, 364.

L'action possessoire est recevable pendant une instance pétitoire, lorsqu'elle est motivée sur des troubles apportés à la jouissance pendente lite et indépendants des faits qui ont motivé le procès pétitoire.

Du 22 décembre 1830, jugement contraire du tribunal de Valenciennes, ainsi motivé :

Considérant que les juges de paix ne connaissent, sans appel, que jusqu'à la valeur de 50 fr., de toutes actions possessoires; — Que, dans le litige commencé en 1821, et qui a été l'objet du jugement préparatoire entre la femme Druart, veuve Lasselin, et Delgrange, la première s'est pourvue au pétitoire pour faire reconnaître ses droits; — Que l'héritier représente le défunt et ne fait avec lui qu'une personne morale pour tout ce qui a rapport à ses droits et obligations civiles; d'où il suit que la dame Hermel et la dame Druart ne sont, par une fiction du droit, qu'une seule et même personne dans les actions intentées par la dame Druart; — Que, depuis le jugement prérappelé, la péremption n'a pas été demandée et conséquemment n'a pas été acquise; — Que la dame Hermel, en formant contre Delgrange une action possessoire, dans la même cause et entre les mêmes parties, a violé l'art. 25, C. pr. civ., qui décide, en termes absolus, que le possessoire et le pétitoire ne seront jamais cumulés; — Que, cessant ces motifs, et aux termes de l'art. 691, C. civ., la possession annale d'une servitude discontinue, apparente ou non, ne saurait donner la faculté de former l'action possessoire, parce que la possession dans cette matière est toujours censée précaire.

Pourvoi de la dame Hermel.

ARRÊT

LA COUR : — Vu les art. 25, C. pr. civ., et 691, C. civ. :

Attendu que l'action de la dame Hermel contre Delgrange, portée devant le juge de paix du canton nord de Valenciennes, tendait à faire cesser un trouble qui, depuis moins d'un an, s'opposait à sa jouissance d'un chemin privé, faisant partie de sa propriété ;

Que la possession de la dame Hermel, qualifiée annale, paisible, publique, et à titre non précaire, donnait à sa demande le caractère d'une action possessoire, et était, dès lors, de la compétence de la justice de paix ;

Attendu qu'il n'est pas établi, par le jugement attaqué, que l'action pétitoire, intentée, en 1821, par l'auteur de la dame Hermel, contre Delgrange, eût le même objet que l'action possessoire de ladite dame Hermel, et que l'entreprise alors reprochée à Delgrange interceptât le débouché du chemin privé de la dame Hermel sur le chemin public des Bourgeois ;

Qu'ainsi, la dame Hermel, en agissant au possessoire pour faire réprimer le nouvel œuvre de Delgrange, et nonobstant la litispendance sur l'action pétitoire introduite au tribunal civil de Valenciennes, n'a pas cumulé le possessoire et le pétitoire, et n'a fait qu'user du droit que lui donnait l'art. 3, n° 2, et l'art. 23, C. pr. civ. ;

Attendu que, loin de réclamer un droit de passage ou une servitude discontinue sur un terrain appartenant à Delgrange, la dame Hermel a constamment prétendu, au contraire, que le chemin sur lequel Delgrange avait creusé un fossé et placé une barrière, existait sur sa propriété, en faisait partie intégrante et n'avait été établi que pour son exploitation ;

Que, dès lors, l'art. 691, C. civ., qui exige un titre pour les servitudes discontinues, apparentes ou non apparentes, et, par conséquent, repousse toute action possessoire pour ces sortes de servitudes, n'était point applicable à la demande de la dame Hermel ;

Attendu qu'en s'appuyant sur cet article et sur l'art. 25, C. pr. civ., pour déclarer que l'action possessoire de la dame Hermel avait été mal et incompétemment portée devant le juge de paix, le jugement attaqué en a fait une fausse application et les a expressément violés ;

Et attendu que la connexité qui aurait pu exister entre l'action possessoire de la dame Hermel et le procès au pétitoire précédemment intenté, ne changerait pas la nature de ladite action possessoire, et ne la placerait pas hors de la compétence du juge de paix ; que d'ailleurs, le jugement attaqué ne s'est point occupé de cette connexité et ne repose aucunement sur l'art. 171, C. pr. ; qu'ainsi, cet article ne peut être invoqué devant la Cour, par le défendeur, pour prouver que le juge de paix de Valenciennes ne devait pas retenir la connaissance de l'action possessoire de la dame Hermel ;

Casse.

———

CASSATION, Ch. req. — 17 juillet 1837. (Faure-Larivière c. Comm. de La Caze.)

I, 587.

La dépossession violente d'un pont considérée en elle-même et indépendamment de toute servitude de passage, peut être l'objet d'une action en réintégrande.

ARRÊT

LA COUR : — Attendu que les jugements attaqués n'accordent aux habitants du Pujol aucun droit de servitude de passage sur les fonds du demandeur ou de puisage à la fontaine existant sur son terrain ; que le premier de ces jugements admet seulement les habitants du Pujol à la preuve des faits allégués ; et que le second, en se fondant sur la preuve acquise que les habitants du Pujol avaient un pont sur la rivière de Gizon, et que ce pont avait été violemment enlevé par le sieur Faure-Larivière, confirme purement et simplement le jugement du juge de paix de La Caune, qui se bornait à réintégrer les habitants du Pujol dans la possession du pont, objet unique du litige, et ordonnait le rétablissement des lieux dans l'état où ils étaient avant la voie de fait commise par le sieur Faure-Larivière;

Que, si quelques énonciations des jugements attaqués indiquent que le but des habitants du Pujol, en demandant le rétablissement du pont, aurait été de faciliter l'usage de la servitude à laquelle ils prétendaient avoir droit, et que le tribunal lui-même aurait considéré le pont comme un moyen d'exercer cette servitude, on ne saurait, néanmoins, conclure de ces énonciations qui, d'ailleurs, ne font pas partie du dispositif du jugement définitif, que le tribunal ait entendu accorder un droit de servitude; qu'à cet égard, le tribunal de Castres n'a rien décidé; qu'il a laissé entiers les droits des parties, et que, dès lors, il n'a pas commis les violations de loi qui lui sont reprochées;

Rejette.

CASSATION, Ch. req. — 24 juillet 1837.

(Rivière c. Piel.)

I, 364, 687.

Est recevable l'action possessoire formée pendant le cours de l'instance pétitoire lorsqu'elle est restreinte à des faits de trouble survenus pendente lite et indépendants de ceux qui ont motivé le procès pétitoire.

ARRÊT

LA COUR : — Attendu, sur le moyen fondé sur la violation des art. 10, n° 2, tit. III, de la loi du 24 août 1790 et 3, 23, 24, 25 et 26, C. pr. civ., que le jugement attaqué ne dénie point au demandeur l'action possessoire pour trouble survenu depuis l'instance au pétitoire, et qu'en limitant, ainsi qu'il l'a fait, la preuve admise à celle des faits de trouble survenus depuis l'introduction de ladite instance pétitoire, loin de violer les articles précités, il a fait, au contraire, une juste application des lois de la matière;

Rejette.

CASSATION, Ch. req. — 5 février 1838.

(Villebresme c. Augereau.)

I, 255.

L'action en dénonciation de nouvel œuvre n'a pas de caractères spéciaux qui la distinguent des actions possessoires. En conséquence, c'est au juge de paix qu'il appartient d'en connaître, et il a le droit d'ordonner le rétablissement des lieux dans leur état primitif ainsi que la destruction des travaux.

ARRÊT

LA COUR : — Sur le premier moyen:

Attendu qu'il s'agissait dans la cause d'une question purement possessoire, puisque la demande avait pour but la réparation du trouble apporté à la possession du demandeur en cause principale commis dans l'année par la construction d'un égout jeté sur la cour de celui-ci, dont le sieur Goislard de Villebresme ne contestait pas, alors, la propriété sur la cour; d'où il suit que le juge de paix compétent sur cette action n'a pu, en ordonnant la suppression de l'égout créé indûment par le demandeur en cassation, commettre un excès de pouvoir;

Attendu, sur le deuxième moyen, que le jugement en dernier ressort du tribunal de Châteaudun, en refusant d'admettre la preuve des nouveaux faits articulés par le demandeur en appel, et contraires à ceux reconnus en première instance devant le juge de paix et tendant à changer et dénaturer l'action jugée par celui-ci, n'a aucunement violé l'art. 464, C. pr. civ., étranger et inapplicable à cette décision uniquement fondée sur l'état et les faits de la cause;

Sur le troisième moyen:

Attendu qu'en motivant le rejet du deuxième moyen sur l'adoption des motifs du juge de première instance qui reposaient sur des faits reconnus constants, le jugement attaqué a virtuellement et implicitement motivé d'une manière suffisante le rejet de la preuve offerte par le demandeur, que le défendeur éventuel n'était pas propriétaire de la cour sur laquelle déversait l'égout dont la suppression était ordonnée;

Rejette.

CASSATION, Ch. civ. — 18 avril 1838.

(Patouillard c. Motiron.)

I, 231.

Pour constituer un trouble de nature à baser une action en complainte, les entreprises exécutées sur un cours d'eau autre qu'une source n'ont pas besoin d'avoir été manifestées par des travaux accomplis sur le terrain du complaignant.

Du 27 mai 1834, jugement contraire du tribunal de Saint-Étienne, ainsi motivé :

Attendu, en droit, que rien n'importe plus à la société que le maintien de l'ordre des juridictions défini par la loi ; que celle des juges de paix a été renfermée dans les limites fixées avec soin par le législateur, et qu'il n'est jamais permis de franchir ; que les actions possessoires placées dans les attributions spéciales des juges de paix et poursuivies par voie de complainte et de réintégrande, ont toujours pour objet, d'après les définitions de la loi et les règles de la jurisprudence, un trouble apporté à la jouissance annale et actuelle d'une propriété réelle ou prétendue par des voies de fait, entreprises ou travaux capables de porter atteinte à cette possession ; mais qu'il ne saurait en être de même et que l'action exceptionnelle de la complainte doit cesser, lorsque les travaux ou entreprises dont on se plaint, ont été exécutés sur un terrain dont le plaignant reconnaît n'avoir jamais été en possession ni jouissance ; — Attendu, en fait, dans l'hypothèse qui nous occupe, que la digue établie par Motiron et les travaux accessoires dont se plaignent les mariés Patouillard, ont été pratiqués sur un terrain dont il est le propriétaire exclusif, puisque les deux rives du Gier sur lesquelles repose la digue lui appartiennent, et que cette digue, placée à 100 mètres au-dessous de l'usine des mariés Patouillard, ne peut apporter aucun trouble à la possession et jouissance qu'ils ont de cette usine et autres ténements adjacents, non plus que des eaux du Gier, qui, en sortant de cette même usine, descendent par leur pente naturelle et viennent traverser la propriété de Motiron ; — Attendu néanmoins que, s'il est vrai que l'élévation donnée par Motiron au barrage par lui établi sur le Gier, en diminuant, comme on l'a prétendu, la pente de ses eaux et les faisant refluer, porte préjudice aux propriétés des mariés Patouillard, il peut y avoir lieu à une action en indemnité, soit à la démolition des travaux ; mais que cette action, qui rentre dans la classe des actions ordinaires, n'a pu être poursuivie par la voie de complainte devant le juge de paix, mais bien devant le juge investi de la juridiction générale, seul compétent pour y statuer.

Pourvoi des époux Patouillard.

ARRÊT

LA COUR : — Vu l'art. 10, n° 2, tit. III, de la loi du 24 août 1790 et l'art. 23, C. pr. :

Attendu que les cours d'eau sont par leur nature susceptibles de possession, et que les entreprises sur les cours d'eau sont rangées par l'art. 3, C. pr., parmi les objets des actions possessoires ;

Attendu que, pour apprécier si un trouble a été apporté à la possession d'un cours d'eau, il n'importe nullement de savoir à qui appartient le terrain sur lequel ont été appuyés ou exécutés les travaux qui ont pu causer le trouble ;

Attendu que le tribunal de Saint-Étienne, en décidant que l'action en complainte cesse lorsque les travaux ou entreprises dont on se plaint ont été exécutés sur un terrain dont le plaignant reconnaît n'avoir jamais eu la possession ni la jouissance, a ajouté aux dispositions de l'art. 23, C. pr., créé contre l'exercice d'une action possessoire une exception qui n'existe pas dans la loi ;

Que, par là, il a expressément violé les règles de compétence établies tant par la loi du 24 août 1790 que par l'art. 3, C. pr. ;

Casse.

CASSATION, Ch. req. — 8 mai 1838.

(Clément c. Bougeret.)

I, 241, 613.

Au possessoire, le juge n'a pas à se prononcer sur la validité ou la nullité des titres produits. Il lui suffit de reconnaître leur régularité apparente, d'en apprécier la portée et de les prendre, s'il y a lieu, pour point de départ de la possession, tous les droits des parties demeurant réservés au pétitoire.

Jugement du tribunal de Bourges ainsi motivé :

Considérant que, sur l'appel du jugement interlocutoire du 30 mai 1836, Bougeret a soutenu, comme il le fait encore aujourd'hui, qu'en supposant que la charte d'affranchissement de 1279 n'eut conféré à ses auteurs que des droits d'usage, sa demande en maintenue possessoire n'en était pas moins recevable en tant qu'elle se rattachait à l'exercice de ces droits ; — Que Clément et consorts n'ont point alors opposé à cette prétention subsidiaire la fin de non-recevoir qu'ils puisent aujourd'hui dans l'art. 464, C. pr., fin de non-recevoir qui dès lors a été couverte; — Que d'ailleurs en concluant subsidiairement à être maintenu à titre d'usager dans la possession de la plaine de Mitterrand, Bougeret n'a en quelque sorte changé que la cause et non l'objet de sa demande; — Qu'un pareil changement ne peut être considéré que comme restrictif du droit originairement demandé et non comme une demande nouvelle;

Au fond :, — Considérant que le droit d'usage ne peut, il est vrai, s'acquérir par prescription, et à plus forte raison par la possession annale; mais que ce principe est sans application dans l'espèce, puisqu'un titre constitutif de ce droit est produit, et que dès lors il ne s'agit plus que de savoir si l'on a conservé ce droit par des faits de possession; — Qu'en vain on prétend que ces droits sont prescrits et éteints, soit parce que, s'agissant d'un sol originairement forestier, on n'a pu les conserver que par des délivrances légalement obtenues, soit parce qu'on n'en a point usé pendant 30 années, soit parce qu'on n'a pas fait les déclarations prescrites par le Code forestier; — Que la solution de semblables questions n'appartient évidemment qu'aux juges du pétitoire, et non au magistrat qui, chargé de statuer sur la possession annale seulement, ne peut apprécier que les actes justificatifs de cette possession, faits dans l'année même du trouble.

Pourvoi de Clément.

ARRÊT

LA COUR : — Sur le premier moyen :

Attendu que, sur l'action des demandeurs en cassation devant le juge de paix, le défendeur opposa sa possession et un titre; que, sur l'appel du jugement interlocutoire interjeté par les demandeurs, il opposa encore son titre, la charte de 1279; il en raisonna même, et comme propriétaire et comme usager; le jugement interlocutoire fut confirmé; d'où il résulte qu'avant les enquêtes, les demandeurs eurent connaissance de la double prétention de leur adversaire; d'où il résulte aussi que, sur l'appel du jugement définitif rendu après les enquêtes, le défendeur primitif n'a fait que ce qu'il avait fait lors du premier appel en invoquant sa possession et son titre sous les deux rapports de copropriétaire et d'usager;

Qu'il a dès lors été permis au tribunal de Bourges de déclarer non recevable l'exception de la violation des deux degrés de juridiction proposée seulement sur le second appel;

Attendu d'ailleurs qu'il ne s'agit pas de savoir si la demande ou la prétention d'un droit d'usage ne pourrait pas être considérée plutôt comme une restriction de la demande ou de la prétention à la pleine propriété que comme une action nouvelle surtout lorsqu'il y a identité de chose, de titre, de personnes et de qualités; il s'agit de savoir si le défendeur à une action réelle au possessoire ou au pétitoire, n'a pas le droit de s'en défendre en appel de même qu'en première instance par tous les moyens propres à la faire rejeter, et c'est l'espèce de la cause; d'où il résulte que sans violer la règle des deux degrés de juridiction, le sieur Bougeret a pu en appel, de même qu'en première instance, au double titre alternatif de copropriétaire ou d'usager, repousser l'action formée contre lui par les demandeurs en cassation;

Sur le deuxième moyen :

Attendu qu'en matière possessoire, lorsque la possession ne suffirait pas pour donner la propriété, malgré l'accomplissement de la prescription, il ne peut être permis d'admettre l'action qu'autant que la possession a eu lieu en vertu d'un titre, ce qui lui donne le caractère de possession légitime et exclusive de toute supposition de simple tolérance, et que de là résulte pour le juge du possessoire la nécessité d'apprécier le titre invoqué comme base légale de la possession;

Attendu que de cette nécessité ne résultent pas pour le juge du possessoire le droit et l'obligation de prononcer sur la validité du titre relativement au fond du droit, de se livrer à des instructions longues et dispendieuses, pour écarter ou admettre les objections proposées contre le titre; il suffit de reconnaître la régularité du titre, d'en apprécier la portée, de le prendre, s'il y a lieu, pour point de départ, afin de déterminer le véritable caractère de la possession, tous les droits des parties demeurant réservés au pétitoire;

Rejette.

CASSATION, Ch. req. — 21 mai 1838.
(Renault c. Comm. de Vélizy.)

I, 707.

Sauf la preuve contraire, les terrains laissés par les riverains le long des rues et places publiques sont présumés en dé-

*pendre et par suite ne sont pas suscep-
tibles d'une possession utile autorisant
la complainte.*

Du 11 avril 1837, jugement du tribunal de Versailles ainsi motivé :

Attendu que le maire de la commune de Vélizy, en dressant le procès-verbal dont s'agit
constatant contre le sieur Renault une prévention de dépôt non autorisé de pierres, sur
un petit terrain tenant à la rue et à la place
publique de Vélizy, y a procédé comme voyer
et officier de police judiciaire ; — Que ce procès-verbal ne peut être considéré comme un
acte interruptif de possession civile, susceptible de donner lieu à une action en complainte ; — Attendu, d'ailleurs, que, par sa situation hors des murs de la propriété de Renault, le terrain dont il s'agit tenant à la rue
et à la place publique de Vélizy, est présumé
en faire partie jusqu'à justification contraire,
et ne peut, dès lors, être l'objet d'une possession utile, à titre particulier.

Pourvoi de Renault.

ARRÊT

LA COUR : — Attendu, en droit, qu'il
existe présomption légale que les terrains laissés par les riverains le long des
rues et places publiques, en construisant des murs ou des bâtiments, dépendent de ces rues et places publiques ;

Attendu, en fait, que le jugement attaqué a reconnu que le terrain en litige
faisait partie de la voie publique de Vélizy, parce qu'il était en dehors des murs
construits par le demandeur, construction par laquelle il a lui-même déterminé la limite de sa propriété ;

Attendu que, dans ces circonstances,
loin d'avoir violé la loi du 24 août 1790,
le jugement en a fait une juste application ;

Rejette.

CASSATION, Ch. civ. — 23 mai 1838.
(De Borda c. Comm. de Saint-Vincent-
de-Xaintes.)

I, 241, 582.

*La question de validité ou de nullité du
titre ne peut autoriser le juge à déclarer la possession vicieuse et sans effet.*

*La réintégrande a pour objet la répres-
sion aussi bien des actes de violence
qui proviennent du pouvoir administratif, que de ceux qui émanent de
simples particuliers.*

Du 24 mai 1824, jugement du tribunal de Dax ainsi motivé :

Considérant que l'acte extrajudiciaire du
2 juillet 1823 prouve que de Borda possédait
pour lui-même et non comme administrateur
des biens de sa femme ; que la procuration
spéciale dont il s'est muni pour agir au nom
de la dame de Borda, démontre elle-même
que leurs droits immobiliers étaient distincts ;
— Que l'enquête devant le juge de paix n'établit que la possession du mari et nullement
celle de la femme ; que l'acte de partage de
biens communaux, de 1791, d'où on tire la
preuve du droit de propriété de la dame de
Borda sur la terre dont il s'agit, et d'où l'on induit que cette dame possédait sous le nom de
son mari, n'a pu produire aucun des effets
qu'on lui attribue, parce qu'un pareil partage
a été déclaré nul par la loi du 9 ventôse an
XII, et que d'ailleurs une possession fondée
sur un titre nul serait vicieuse et inopérante ;
— Qu'enfin les voies de fait au moyen desquelles le maire de Saint-Vincent s'est mis en
possession de l'immeuble contentieux, constituent, non pas un trouble pouvant servir de
fondement à une action en réintégrande, mais
l'exécution d'une obligation imposée au maire
par l'art. 1er de la loi du 23 juin 1819, qui
charge les administrations locales de s'occuper de la recherche des terrains usurpés sur
les communes.

Pourvoi de Borda.

ARRÊT

LA COUR : — Vu les art. 1428 et 2228,
C. civ. :

Attendu que le mari a l'administration de tous les biens de la femme, et
qu'il peut exercer seul toutes les actions
mobilières et possessoires qui lui appartiennent ; qu'ainsi, le jugement attaqué, dont l'unique base consiste à refuser effet à la possession du mari, au
nom et pour le compte de sa femme, a
manifestement violé la loi ;

Attendu qu'en matière possessoire la
question de validité ou de non-validité
des titres ne peut autoriser à déclarer
la possession vicieuse et sans effet ;
qu'ainsi, le jugement attaqué a encore
violé la loi, en écartant la possession,
par le motif qu'elle reposait sur des actes de partage dont il ne reconnaissait
pas la validité ;

Attendu que les lois et ordonnances
qui ont autorisé les administrations locales à s'occuper sans délai de la recherche et de la reconnaissance des
terrains usurpés sur les communes, et
généralement de tous les biens d'origine communale, actuellement en jouissance privée, ne les ont nullement au-

torisés à s'en remettre par elles-mêmes et par voies de fait en possession, mais seulement à poursuivre les détenteurs, à la diligence du maire, en restitution desdits terrains ;

Qu'ainsi, en refusant de considérer comme un trouble à la possession des sieur et dame de Borda, les actes exercés par le maire de Saint-Vincent, à l'occasion de cette recherche et en refusant par suite l'exercice de l'action en réintégrande, le même jugement a encore formellement violé la loi ;

Casse.

CASSATION, Ch. req. — 4 juillet 1838.

(Davy c. Angot.)

I, 506.

La possession ne cesse pas d'être continue par cela seul que son exercice est subordonné à des faits qui ne s'accomplissent qu'à des intervalles plus ou moins éloignés, pourvu qu'elle se manifeste chaque fois qu'il est nécessaire. Spécialement, la possession d'un droit de tour d'échelle peut être maintenue au possessoire bien que plusieurs années se soient écoulées depuis le dernier acte de possession.

Du 23 mai 1837, jugement du tribunal d'Avranches ainsi motivé :

Attendu que le jugement dont est appel a statué sur la possession d'une servitude de tour d'échelle, établie par des titres formels et positifs ; — Que cette servitude, par sa nature, est une servitude périodique, et que, comme telle, la prescription du droit de l'exercer n'a pu commencer à courir que du jour où, la nécessité et le besoin en réclamant l'exercice, il n'en aurait pas été usé ; — Que, loin que cette circonstance soit constante dans la cause, il est au contraire prouvé que le droit de tour d'échelle a été exercé il y a cinq ou six ans ; — Que si cet exercice constitue la possession du tour d'échelle, cette possession est réputée de plein droit s'être perpétuée et maintenue jusqu'à l'époque où la veuve Angot a été empêchée d'en user par Davy, dès le moment qu'antérieurement il n'avait rien fait qui pût y mettre obstacle ; — Que la possession plus qu'annale existant, et le trouble remontant à moins d'un an, il n'y a pas lieu, sous le premier rapport, d'infirmer le jugement ; — Attendu que ce jugement ne peut pas davantage être infirmé sous le prétexte que c'était moins le tour d'échelle que le sieur Davy contestait, que le passage par la porte de la grande rue, parce que d'abord le tour d'échelle étant établi par un titre, et le propriétaire du fonds

servant ayant la faculté de changer l'endroit du passage, et d'en donner un autre, ce changement est présumé avoir été opéré dans l'intérêt de ce propriétaire même, et que cette présomption résulte des constructions faites dans l'emplacement de l'ancien passage et de l'usage du nouveau pour passer les échelles ; parce que, en second lieu, le tour d'échelle n'en a pas moins existé, nonobstant le changement du passage pour arriver à la cour ; que le passage n'est que l'accessoire du tour d'échelle ; que l'accessoire suit le sort du principal, et que le principal, sous ce second point de vue, n'étant pas contesté, il emporte avec lui la possession du passage par où le dernier état l'indique ; d'autant plus qu'il est de principe qu'une servitude est réputée établie avec tout ce qui est nécessaire pour en user, et que le passage ne pouvant plus être exercé par la rue Jacob, la nécessité commandait de l'exercer par la grande rue.

Pourvoi de Davy.

ARRÊT

LA COUR : — Attendu que pour reconnaître la réalité de la possession d'une servitude, le juge peut s'appuyer sur les titres qui lui sont représentés et les apprécier ; que cette appréciation est souveraine quant à la possession ;

Attendu que celui qui invoque la possession et veut la conserver, doit sans doute la prouver, mais n'est pas obligé de justifier d'actes faits dans l'année du trouble ; il lui suffit d'établir qu'il a une possession d'un an au moins, paisible et non à titre précaire ;

Attendu que les juges de la cause ayant reconnu ce caractère à la possession de la dame Angot, n'ont pu violer l'art. 23, C. pr. civ. ;

Rejette.

CASSATION, Ch. civ. — 31 juill. 1838.

(Levivier c. Lefroid.)

I, 579.

Le juge qui ne trouve pas suffisante la preuve de la possession pour en prononcer la maintenue au profit de l'une ou de l'autre des parties, a la faculté de nommer un séquestre jusqu'au jugement sur la propriété et de compenser les dépens.

Du 4 juin 1834, jugement du tribunal d'Evreux qui statue en ces termes :

Attendu que Lefroid était demandeur, et qu'à ce titre, il devait prouver sur le terrain en litige une possession annale au moins, avant le trouble ; — Que l'enquête qu'il a entreprise ne produit aucun résultat de cette nature ; — Que, de son chef, Levivier a changé sa position de défendeur en articulant et offrant de prouver lui-même qu'il était en possession bonne et valable du même terrain ; — Que cependant il n'a pas fait non plus cette preuve ; qu'ainsi il doit être reconnu que ni l'une ni l'autre des parties n'a cette possession ; — Par ces motifs, etc.

Pourvoi de Levivier.

ARRÊT

LA COUR : — Sur le premier moyen : Attendu que l'art. 23, C. pr. civ., exige, pour l'admission des actions possessoires, la possession d'une année au moins ;

Que lorque les parties ont été admises, sur leurs demandes respectives, à faire la preuve de leur possession, il n'y a pas obligation pour le juge d'adjuger cette possession à l'une ou à l'autre, s'il reconnaît que ni l'une ni l'autre n'a fait preuve suffisante ;

Attendu que l'art. 1961, C. civ., autorise la justice à ordonner le séquestre d'un immeuble, dont la propriété ou la possession est litigieuse entre une ou plusieurs personnes ;

Attendu que, dans l'espèce, sur les conclusions prises par Lefroid, tendantes à faire la preuve de sa possession, et sur celles de Levivier tendantes à faire la même preuve, et à être maintenu en possession du terrain litigieux, le juge de paix d'Evreux les avait respectivement admis à faire cette preuve ;

Attendu que, par jugement du 4 juin 1834, le tribunal civil d'Evreux, appréciant les témoignages consignés dans les enquêtes faites à la diligence de Lefroid et Levivier, a jugé que ni l'une ni l'autre des parties n'avait prouvé sa possession ;

Attendu qu'en jugeant ainsi, ce tribunal a fait une appréciation qui échappe à toute censure, et qu'en ordonnant le séquestre du terrain contesté, il n'a violé aucune loi ;

Sur les deuxième et troisième moyens :

Attendu que l'objet du procès pendant devant le tribunal civil d'Evreux était la possession du terrain contesté ;

Que ce procès sur la possession ayant été terminé par le jugement attaqué, loin d'y avoir lieu de réserver les dé-

pens, il était au contraire du devoir du tribunal de statuer à leur égard ;

Attendu que les deux parties ayant succombé, c'est justement que ces dépens, dont il a été ordonné qu'il serait fait masse, ont été compensés ;

Attendu que cette prononciation sur les dépens ayant été la conséquence du jugement au principal, elle était par là suffisamment motivée ;

Rejette.

CASSATION, Ch. civ. — 20 février 1839. (Duvoisin-Lageneste c. Voisin.)

I, 336, 640.

Les eaux qui, avant de se jeter dans un étang, avaient un cours supérieur, n'appartiennent pas exclusivement au propriétaire de l'étang ; les riverains peuvent agir au possessoire contre ce dernier s'il s'en empare et néglige de rendre ces eaux à leur cours.

Du 1ᵉʳ juillet 1835, jugement du tribunal de Rochechouart ainsi motivé :

Considérant qu'aux termes de l'art. 644, C. civ., celui dont une eau courante traverse l'héritage peut en user dans l'intervalle qu'elle y parcourt, à la charge, néanmoins, de la rendre, à sa sortie, à son cours ordinaire : que cette obligation est expresse et constitue un droit en faveur de l'héritage inférieur, sans qu'il soit nécessaire qu'il ait été fait des ouvrages apparents pour faciliter la chute et le cours de l'eau ; — Considérant que par cours ordinaire de l'eau, l'art. 644 précité n'a pas entendu parler du cours naturel, mais bien de celui qu'elle est dans l'usage de parcourir depuis longtemps, lors même qu'il aurait été formé par une main d'homme et substitué au premier, qui aurait cessé d'exister ; — Considérant, dans l'espèce, qu'une eau courante traverse les prairies respectives des parties ; qu'arrivée dans celles de l'appelant, elle a été détournée en partie du cours qu'elle avait habituellement de temps immémorial et notamment depuis un an et jour ; qu'ensuite, dirigée d'un autre côté par suite d'un exhaussement pratiqué par Duvoisin-Lageneste à l'un des élassiers, elle ne peut plus arroser les prairies des intimés comme elle le faisait autrefois : ce qui porte évidemment atteinte à l'intérêt de l'agriculture et particulièrement à la jouissance que Voisin et consorts avaient de l'eau dont il s'agit.

Pourvoi de Lageneste.

ARRÊT

LA COUR : — Attendu qu'il est reconnu, par le jugement attaqué : 1°

que l'eau qui forme l'étang des demandeurs en cassation ne provient pas d'une source existant dans leur fonds, mais d'un fonds supérieur qui ne leur appartient pas, et qu'une portion de l'eau coulant de cet étang traverse les prés des parties respectives; 2° que les demandeurs en cassation ayant détourné en partie cette eau du cours qu'elle avait de temps immémorial, elle ne peut plus arroser les prairies des défendeurs, comme elle le faisait autrefois;

D'où il résulte qu'en cet état des faits, le jugement attaqué qui, statuant uniquement au possessoire, a maintenu les défendeurs à la cassation dans leur possession reconnue constante, n'a violé aucune loi;

Rejette.

CASSATION, Ch. civ. — 22 avril 1839.

(Javon c. Comm. de Saint-Ouen.)

I, 247, 248, 683.

C'est à partir du fait de trouble que court le délai pendant lequel l'action doit être intentée. En conséquence, est irrecevable la complainte qui repose sur un trouble remontant à plus d'une année, alors même que, dans l'année qui a précédé la citation, l'auteur du trouble y aurait ajouté un nouvel acte. C'est le premier fait qui doit servir de point de départ au délai de l'action.

Du 22 août 1835, jugement contraire du tribunal de Nevers qui statue en ces termes:

Attendu que si, le 9 juillet 1831, Javon a cité à la police correctionnelle quelques particuliers de la commune de Saint-Ouen, pour fait de dépaissance sur l'île du Chevret ou du Port-des-Bois, et si, le 17 août suivant, il en a appelé un plus grand nombre pour avoir comblé des fossés qu'il venait de pratiquer, ce n'est que le 8 déc. 1831 qu'il s'est établi entre lui et le maire un débat contradictoire sur leurs prétentions respectives à l'île en question; — Attendu que les fossés du sieur Javon ayant été comblés aussitôt après leur confection par les habitants de Saint-Ouen, ce n'est seulement qu'à partir du 8 déc. 1831 que le maire de la commune a eu connaissance légale du trouble apporté par Javon à la jouissance de la commune.

Pourvoi par Javon.

ARRÊT

LA COUR: — Vu l'art. 23, C. pr. civ.:

Attendu qu'aux termes de cet article, les actions possessoires ne sont recevables qu'autant qu'elles ont été formées dans l'année du trouble;

Attendu qu'il est constaté, en fait, par le jugement attaqué, qu'avant le 22 juillet 1831, le sieur Javon a fait creuser les fossés pour clore l'île du Chevret ou du Port-des-Bois;

Attendu que ce fait a constitué un trouble à la possession réclamée par la commune de Saint-Ouen, et que ce trouble n'a pu être détruit par les voies de fait auxquelles se sont portés ceux des habitants de ladite commune qui ont fait combler lesdits fossés;

Qu'ainsi, la demande en complainte de la commune de Saint-Ouen n'aurait été recevable qu'autant qu'elle aurait été formée dans l'année du trouble, c'est-à-dire avant le 22 juillet 1832;

Attendu qu'il résulte du jugement attaqué qu'une première demande en complainte aurait été formée par ladite commune, par exploit du 24 juillet 1832, et que cette première demande aurait été renouvelée par un autre exploit du 31 août suivant;

Attendu que, dans cet état des faits, il importait peu que le premier exploit du 24 juillet fût ou non représenté, puisque, même en le considérant comme régulier, il aurait été donné après l'expiration de l'année du trouble;

Attendu, d'un autre côté, que le trouble étant fondé sur un trouble matériel, reconnu constant au procès, il devenait inutile de rechercher si les actes de la procédure étaient de nature à constituer un trouble de droit et à quelle époque ce trouble de droit aurait pu être fixé;

Attendu, enfin, qu'après avoir constaté, en fait, que l'action de la commune n'avait pas été formée dans l'année du trouble, le jugement attaqué, en joignant cette action au pétitoire, au lieu de la déclarer non recevable, a formellement violé l'art. 23, C. pr. civ.;

Sans qu'il soit besoin de s'occuper des autres moyens;

Casse.

CASSATION, Ch. civ. — 24 juillet 1839.

(Dadé c. O' Connor.)

I, 613.

Lorsque dans une instance possessoire relative à une servitude discontinue et non apparente, comme une servitude de passage, la validité du titre qui sert de base à l'action est contestée par le motif, par exemple, que ce titre a été souscrit par un mandataire en dehors de ses pouvoirs, le juge de paix ne doit pas se borner à surseoir jusqu'à ce que cette question ait été tranchée par le juge compétent; il est tenu de statuer sur la possession en appréciant provisoirement ce titre sans entrer dans l'examen des critiques soulevées.

Du 15 novembre 1836, jugement contraire du tribunal de Montargis ainsi motivé :

Considérant que le droit de passage invoqué par Dadé devant le juge de paix du canton de Courtenay ayant tous les caractères d'une servitude discontinue qui ne peut s'acquérir par la simple possession, l'appréciation du titre devenait indispensable pour éclairer le juge de paix sur la nature de cette possession ; — Considérant que le titre produit par Dadé n'étant pas émané des sieur et dame O'Connor qui en contestaient formellement la validité, le juge de paix a pu, dans l'impuissance où il était, en présence du titre méconnu, de se fixer sur le véritable caractère de la possession invoquée par l'intimé, et toutes choses demeurant en état, surseoir à statuer sur la possession jusqu'après le jugement sur la validité du titre dont il ne pouvait connaître.

Pourvoi de Dadé.

ARRÊT

LA COUR : — Vu les art. 23 et 25, C. pr. :

Attendu qu'une action en complainte, formée dans l'année du trouble et appuyée sur une possession paisible, à titre non précaire, est de la compétence du juge de paix ;

Attendu que, lorsque l'action en complainte a pour objet un droit de passage, qui est une servitude discontinue, la preuve de la possession n'est concluante qu'autant que cette possession est non précaire et fondée sur un titre ; d'où il suit que le juge de paix, pour déterminer le caractère de la possession, doit prendre connaissance des titres pro-duits et les apprécier, sauf la réserve des droits qui, au pétitoire, résulteront de l'appréciation définitive des titres ;

Attendu, dans l'espèce, que, devant le juge de paix du canton de Courtenay, Dadé a formé reconventionnellement une demande en complainte à l'effet d'être maintenu dans la possession annale du droit de passage auquel il prétendait ; possession qu'il appuyait par la production d'un titre critiqué par les époux O'Connor, comme émanant d'un mandataire qui aurait été sans pouvoir pour le souscrire ;

Attendu que le jugement attaqué, en renvoyant les parties à faire statuer préjudiciellement sur la validité ou la nullité du titre qu'il appartenait, au contraire, au juge de paix d'apprécier provisoirement, a violé les règles de la compétence et les articles précités ;

Casse.

———

CASSATION, Ch. civ. — 19 août 1839.

(Toudouze c. le maire de Genvry.)

I, 582, 588, 590.

L'action en réintégrande protège les citoyens aussi bien contre les empiètements ou les usurpations du pouvoir administratif, que contre les actes de violence émanés de simples particuliers.

Constitue une violence suffisante pour motiver l'action le fait de combler un fossé, de detruire une récolte d'orge et d'abattre trois arbres fruitiers.

L'action ne cesse pas d'être une action en réintégrande par cela seul que le demandeur a invoqué sa possession annale et n'en a pas fourni la preuve, s'il démontre sa possession actuelle.

ARRÊT

LA COUR : — Vu l'art. 2060, C. civ. :

Attendu que l'action en réintégrande généralement admise dans l'ancienne législation française (ainsi que l'atteste un titre spécial de l'ordonnance de 1667), loin d'avoir été abrogée par la législation nouvelle, est reconnue comme étant en pleine vigueur par l'art. 2060, C. civ.; — Qu'elle dérive, en effet de ce principe, sans lequel il n'y aurait pas de société : *que nul ne peut se faire justice à lui-même ;*

D'où il suit que celui qui a été dépossédé par violence et voie de fait doit, avant tout, être réintégré par l'autorité publique dans la chose dont il a été dépouillé ;

Attendu que, pour donner matière à l'exercice de l'action en réintégrande, la possession n'a pas besoin de réunir toutes les conditions que la loi exige du possesseur, soit pour acquérir la propriété par voie de prescription, aux termes de l'art. 2229, C. civ., soit même pour exercer l'action en complainte possessoire, aux termes de l'art. 23, C. pr. ;

Qu'il faut, suivant le premier de cés articles, que la possession soit continue et non interrompue, paisible, publique, non équivoque et à titre de propriétaire; — Suivant le second, qu'elle soit paisible par le demandeur et les siens, depuis une année au moins, à titre non précaire et que l'action soit formée dans l'année du trouble ; — Mais, qu'en matière de réintégrande, il suffit au demandeur de prouver qu'il avait la possession de pur fait, c'est-à-dire la détention naturelle et purement matérielle de la chose au moment où la voie de fait a été commise ;

Attendu que, par son exploit introductif d'instance, Toudouze imputait à Duvivier « d'avoir comblé un fossé à lui appartenant, d'avoir détruit une récolte en orge, d'avoir fait abattre trois arbres pommiers et d'en avoir fait découvrir dix autres qui se trouvaient en fleurs et promettaient une abondante récolte; — Qu'il concluait, en conséquence, à être gardé et maintenu, à titre de réintégrande, dans la possession annale qu'on ne pouvait lui contester et qu'il offrait de prouver, de la pièce de terre, des arbres et du fossé dont il s'agissait, et à ce que Duvivier fut condamné en 1,200 fr. de dommages-intérêts » ;

Attendu que, dans le cas même où Duvivier aurait agi dans un intérêt administratif et comme maire de la commune de Genvry (exception qu'il n'a proposée ni devant le juge de paix ni devant le tribunal de Compiègne), il n'aurait pas été autorisé, par cette qualité, à user de voies de fait à l'égard des propriétés de Toudouze, surtout après la sommation qu'il lui avait faite par acte du 6 avril 1832, de déférer aux interpellations contenues dans cet acte, sous

peine d'être poursuivi conformément aux lois; — Qu'au surplus, la demande de Toudouze constituait, dans ses termes comme dans son intention, manifestée par la conduite qu'il a tenue dans le cours de la procédure, une véritable action en réintégrande ; — Que vainement, pour lui refuser ce caractère, le jugement attaqué allègue qu'en offrant de faire la preuve de sa possession depuis plus d'an et jour, Toudouze a suffisamment démontré qu'il choisissait l'action en complainte, de préférence à l'action en réintégrande ; — Qu'en effet, le demandeur en réintégrande, à qui il suffirait de prouver sa possession au moment où la violence a été commise, ne peut certes pas être censé déroger à cette action, lorsqu'après l'avoir dissertement énoncée dans l'exploit introductif, il offre de prouver non-seulement que sa possession existait au moment de la violence, mais qu'elle remontait même à une année et plus ;

Attendu, enfin, qu'il résulte de tout ce qui précède que le juge de paix de Ribecourt et le tribunal de Compiègne, qui ont déclaré Toudouze non recevable dans une demande en complainte possessoire qu'il soutenait n'avoir pas formée, ont, par cela même, rejeté, sans y faire droit, la demande en réintégrande dont il les avait saisis ;

Qu'en se fondant, pour prononcer ainsi, sur les art. 2229, C. civ., et 23, C. pr., la sentence et le jugement attaqués ont faussement appliqué ces deux articles et violé les principes sur l'action en réintégrande, reconnue et consacrée par l'art. 2060, C. civ. ;

Sans qu'il soit besoin de s'expliquer sur les autres moyens du pourvoi ;

Casse.

CASSATION, Ch. civ. — 3 février 1840.
(Leroy c. Ledanois et Jumel.)

I, 234.

Celui qui, bien que non riverain d'un cours d'eau dont il est séparé par un chemin public, pratique l'irrigation de ses héritages à l'aide d'une vanne établie depuis plusieurs années et dont il a la possession, est autorisé à réclamer par action possessoire le rétablissement de cette vanne détruite par le défendeur.

Du 26 janvier 1836, jugement du tribunal des Andelys ainsi motivé :

Considérant que le tribunal, par son jugement du 14 décembre dernier, a décidé qu'il s'agit d'une servitude continue et apparente pouvant s'acquérir par titre ou par possession trentenaire; qu'il peut d'autant moins y avoir de doute sur sa pensée à cet égard, qu'il a même cité, dans son jugement, les art. 688, 689 et 690, C. civ., relatifs à cette espèce de servitude; qu'il ne peut donc juger de nouveau cette même question, sans quoi il méconnaîtrait l'autorité de la chose jugée; — Considérant que les faits d'appointement de preuve ont été parfaitement établis par l'enquête entreprise par Ledanois et Jumel; que le sixième fait (celui consistant à savoir si les appelants étaient riverains joignant le ruisseau de Catenay, sans en être séparés par un chemin public) est seulement resté indécis, mais que l'érection de la vanne pour l'irrigation des prairies, point concluant du procès, a positivement été prouvée; que cette vanne ou partie d'icelle existait encore dans l'année qui a précédé l'action de Leroy, et même depuis, car ses montants n'ont été détruits par les ouvriers de Leroy qu'en 1825; — Considérant qu'il est indifférent que cette vanne ait été construite en 1825, ou antérieurement, parce que c'est le fait seul de l'existence et de la destination de cette vanne qui constitue le droit de Jumel et Ledanois; — Que Leroy n'ayant pas contracté l'obligation d'entretenir la vanne, et l'enquête ne prouvant pas qu'elle ait été détruite par ses ordres, il ne peut être contraint à la rétablir; — Décharge Ledanois et Jumel des condamnations contre eux prononcées; les maintient dans la possession d'arroser leurs prairies avec les eaux du ruisseau de Catenay; les autorise à cette fin à faire reconstruire à leurs frais la vanne précédemment établie sur ce ruisseau, en tête desdites prairies, en face la propriété du sieur Bordet.

Pourvoi de Leroy.

ARRÊT

LA COUR : — Sur le jugement du 14 décembre 1835 :

Attendu que la demande formée par Leroy contre Ledanois et Jumel avait pour objet : 1° la réparation du dommage que ledit Leroy prétendait avoir éprouvé dans l'exploitation de son moulin par l'établissement d'un barrage destiné à conduire les eaux du ruisseau de Catenay dans les propriétés de Ledanois et Jumel; 2° la destruction de ce barrage; et que la demande reconventionnelle de Ledanois et Jumel avait pour objet le rétablissement d'une vanne qu'ils prétendaient avoir été détruite par Leroy;

Attendu qu'il s'agissait, dans l'une et l'autre de ces demandes, d'objets réels d'une valeur indéterminée; qu'ainsi le jugement du 14 décembre 1835 n'a violé ni les règles de compétence ni les dispositions de la loi du 24 août 1790, en décidant que l'appel des jugements intervenus sur les demandes qui viennent d'être énoncées était recevable;

Attendu, d'un autre côté, que la demande de Ledanois et Jumel avait moins pour objet l'exercice d'un droit de servitude que la cessation du trouble qu'ils prétendaient éprouver dans la jouissance d'un droit d'irrigation dont ils disaient être en possession; que les faits par eux articulés tendaient à prouver : 1° que le sieur Leroy les avait troublés dans leur possession en supprimant une vanne établie pour procurer l'irrigation de leurs prairies; 2° qu'ils étaient propriétaires riverains du ruisseau de Catenay; que ces faits étant de nature à éclairer le tribunal sur l'action possessoire dont il se trouvait saisi, il a pu en ordonner la preuve sans violer aucune loi;

Rejette.

Sur le jugement du 26 janvier 1836 :

Attendu qu'il ne s'agissait au procès que d'une action possessoire et d'une demande en réparation d'un trouble souffert dans sa possession annale, dont les défendeurs étaient autorisés à demander la maintenue;

Que ce trouble provenait de la destruction d'une vanne établie depuis plusieurs années sur le terrain de ceux-ci pour procurer l'irrigation de leurs prairies;

Et que, dans l'état des faits constatés par le jugement attaqué, le tribunal des Andelys, en ordonnant le rétablissement de cette vanne, n'a violé aucune loi;

Rejette.

CASSATION, Ch. req. — 25 février 1840.
(De Beaussier et de Méry c. Comm. de Lataule.)

I, 262.

Lorsque la preuve que le terrain qui fait l'objet de l'action possessoire dépend du domaine public, résulte des titres pro-

duits par les parties, le juge est obligé de se déclarer incompétent.

Du 7 février 1839, jugement du tribunal de Compiègne ainsi motivé :

Attendu que, d'un acte passé le 3 janvier 1681 par les auteurs de Méry et Beaussier, il résulte que le terrain actuellement en litige était, dès cette époque, une place, et désigné comme tel; qu'il n'est produit aucun acte qui prouve que Méry ou ses auteurs aient fait l'acquisition de ce même terrain, ou qu'il ait changé de destination avant ou depuis les lois abolitives de la féodalité; qu'au contraire, un procès-verbal d'adjudication pour la construction d'un puits sur cette place, dressé en 1825, auquel a concouru Méry, auteur de Beaussier, constate que ce terrain était généralement considéré comme place publique; — Attendu que la seigneurie de Lataule avait haute, moyenne et basse justice; qu'en conséquence, si Méry et ses auteurs ont joui de la place, c'était seulement en qualité de seigneurs hauts justiciers; — Que les lois des 15 août 1790, 6 octobre 1791 et 10 juin 1793, sect. I, art. 5, ont attribué aux communes la propriété des places et chemins publics; — Que les places, rues et chemins publics sont hors du commerce et par conséquent imprescriptibles : d'où il suit que leur possession ne peut établir aucun droit et que l'action possessoire ne peut être recevable.

Pourvoi de Beaussier et Méry.

ARRÊT

LA COUR : — Attendu que, si le tribunal civil de Compiègne a consulté les titres respectivement produits par les parties et s'en est aidé, ce n'a été que pour s'éclairer sur le caractère de la possession alléguée de part et d'autre, et sur celui du terrain dont il s'agissait, ce qu'il pouvait faire sans enfreindre la règle qui défend de cumuler le pétitoire et le possessoire ;

Attendu qu'en décidant, après un examen des titres, et circonstances de la cause dont l'appréciation lui appartenait souverainement, que ledit terrain était une place publique, et en déclarant, par suite de cette première décision, que ledit terrain n'était pas susceptible d'une possession privée, d'où il suivait que la prétendue possession des demandeurs n'avait pu leur conférer aucun droit, le tribunal de Compiègne n'a violé aucune loi et a fait des principes sur la matière une juste application;

Rejette.

CASSATION, Ch. req. — 23 nov. 1840.
(Gon c. Bernard.)

I, 122, 240.

La possession d'une usine et d'un canal fait présumer celle des francs-bords.
Aucune loi n'impose au juge l'obligation de consulter les titres; ce n'est pour lui qu'une simple faculté dont il est libre de ne pas user, s'il est suffisamment éclairé par les enquêtes auxquelles il a procédé.

Du 22 juin 1838, jugement du tribunal de Tarascon ainsi motivé :

Attendu que la possession annale du canal du moulin n'a pas été contestée à Bernard; que, comme accessoire du canal, les francs-bords sont compris dans la possession du canal, si des actes ou des ouvrages qui puissent avoir cet effet n'ont établi une possession spéciale contraire; que Bernard, envers qui était alléguée cette possession spéciale, a été soumis, par l'interlocutoire du 14 déc. 1837, à prouver l'absence, dans l'année qui a précédé la complainte, de tout acte d'une possession publique à titre de propriétaire, telle que celle qu'il alléguait, et qui, avec les mêmes caractères, eût pu faire cesser la sienne, et que toute autre explication ou exécution de ce jugement serait illégale et erronée; — Attendu que l'enquête prise à l'audience n'établit que l'existence, dans l'année, de simples coupures au bas des francs-bords du canal, et qui sont fermées intérieurement et à couvert au moyen de planches ou de tuiles qui soutiennent imparfaitement ou invisiblement les terres, ou d'une pierre sans support ni saillie extérieure qui annonce un établissement permanent, une intention de propriété; que de tels faits ne peuvent être admis comme éléments d'une possession régulière et conforme à l'art. 2229, C. civ., et suffisante pour enlever la saisine légale et pour l'attribuer à ceux qui sont les auteurs de cet état occulte et insolite des lieux, puisqu'on n'y découvre ni la publicité, ni l'expression de la pensée d'un propriétaire; — Par ces motifs, le tribunal, en confirmité du jugement dont est appel, maintient Bernard dans la possession annale des francs-bords du canal de son moulin.

Pourvoi de Gon et consorts.

ARRÊT

LA COUR : — Attendu que l'action portée devant le tribunal civil de Tarascon n'était qu'une action possessoire;

Attendu que le jugement attaqué décide que Bernard avait, sans contestation, la possession annale du moulin et du canal dont il s'agit au procès, et que, par suite, il devait être présumé jusqu'à preuve contraire, avoir aussi la possession des francs-bords dudit canal, qui en sont les accessoires ;

Attendu que, si le juge du possessoire peut examiner les titres quand il juge cet examen utile pour éclairer la possession, ce n'est là qu'une faculté dont ce juge peut aussi ne pas user ;

Attendu que, appréciant le résultat des enquêtes par lui ordonnées, le tribunal de Tarascon a déclaré qu'elles n'avaient établi contre la possession de Bernard que des actes clandestins, insolites, inefficaces, et commis d'ailleurs dans l'année qui a précédé la demande de Bernard ;

Attendu qu'en maintenant dans ces circonstances, François Bernard dans la possession du moulin et de ses dépendances, le jugement attaqué n'a fait qu'appliquer les lois de la matière ; que ce jugement n'est en rien contraire au jugement interlocutoire qui l'a précédé, sous la date du 14 décembre 1837, qu'il est motivé et ne blesse aucune loi ;

Rejette.

CASSATION, Ch. req. — 9 déc. 1840.
(Fournier c. Belen.)

I, 579.

Dans le cas où la preuve de la possession ne paraît pas suffisamment faite, le juge a le droit de consulter les titres produits pour adjuger la possession à celle des parties qui lui paraît préférable.

ARRÊT

LA COUR : — Attendu, sur le premier moyen, que le jugement attaqué ayant décidé souverainement et par l'appréciation des faits que la possession de Belen était certaine, il n'y avait pas lieu d'ordonner le séquestre des objets litigieux, et qu'ainsi se trouve écartée la prétendue violation de l'art. 1961, C. civ.;

Attendu, sur le deuxième moyen, que le jugement du 2 mai 1837, avait prononcé au fond, et par le déboutement de l'offre de preuve testimoniale : d'où il suit que ce jugement étant définitif et non interlocutoire, comme disent les demandeurs, le tribunal de Bourgoin, en retenant la connaissance et le jugement du litige, n'a point violé l'art. 473, C. pr. civ.;

Attendu, sur le troisième moyen, que le jugement attaqué, en se bornant à interroger les titres pour apprécier le caractère de la possession, n'a point cumulé le pétitoire avec le possessoire et n'a point violé l'art. 25, C. pr. civ.;

Rejette.

CASSATION, Ch. civ. — 14 déc. 1840.
(Gardel.)

I, 467.

L'usufruitier peut agir par l'action possessoire à l'encontre du nu-propriétaire.

Du 23 juillet 1836, sentence du juge de paix conçue en ces termes :

Attendu qu'il est suffisamment justifié que la demanderesse n'est qu'usufruitière de l'objet en litige ; que, conséquemment, elle ne remplit pas les formalités prescrites par l'art. 23, C. pr. civ. ; — Attendu encore qu'elle n'a qu'une jouissance précaire de la maison où la voie de fait aurait été commise, et que cette jouissance, au surplus, ne lui a été définitivement accordée que le 24 mai dernier par jugement du tribunal civil de Nancy ; que ne pouvant s'étayer d'une jouissance annale, elle n'a pas les qualités requises pour former une action possessoire.

Du 24 janvier 1838, jugement du tribunal de Nancy ainsi motivé :

Attendu que le premier juge, en décidant que la veuve Gardel ne jouissait pas conformément à l'art. 23, C. pr. civ., et n'avait pas, conséquemment, qualité pour intenter une action possessoire, a une fait juste application de cet article ; — Adoptant les motifs du premier juge, etc.

Pourvoi de la veuve Gardel.

ARRÊT

LA COUR : — Vu l'art. 23, C. pr. civ. :
Attendu : 1° qu'aux termes de la loi, l'usufruit est un droit réel distinct de la propriété du fonds, et que, comme tel, il engendre les actions possessoires ainsi que toutes les autres actions qui naissent d'un droit réel ;

Que, si dans l'intérêt du propriétaire l'usufruitier est tenu de lui dénoncer les troubles survenus, il a le droit d'agir contre lui lorsque le trouble qu'il éprouve dans sa jouissance provient du fait de ce dernier ;

Que, par cela même qu'il jouit en

maître et par lui-même, il a les actions attachées à la possession, soit contre les tiers, soit contre le propriétaire, et, en les intentant, il n'exerce pas le droit d'autrui, mais son droit personnel ;

Attendu : 2° que le jugement du 21 mai 1836 n'étant pas constitutif, mais déclaratif du droit de possession, la dame Gardel a pu joindre à sa possession celle de son mari, qui lui avait donné l'usufruit dont il s'agit, et qui possédait depuis plus d'une année la chose par lui donnée ;

Qu'il résulte de ce qui précède qu'en décidant qu'elle ne pouvait pas exercer l'action possessoire, dans le cas dont il s'agissait, il a expressément violé l'art. 23 ci-dessus référé ;

Casse.

CASSATION, Ch. civ. — 15 février 1841.
(Dumont c. Tanton et Conchon.)

I, 392, 497, 631.

Les droits incorporels immobiliers peuvent faire l'objet de l'action possessoire.

Celui auquel un titre confère le droit de faire maintenir en état de non culture une partie de l'héritage joignant sa propriété, est en possession de ce droit par cela seul que l'état de non culture existe depuis plus d'un an, ce qui rend l'action possessoire recevable contre le propriétaire du fonds servant qui aurait mis l'héritage en culture.

Du 16 janvier 1837, jugement du tribunal d'Aubusson rendu en ces termes :

Attendu que, d'après l'art. 23, C. pr. civ., la complainte possessoire ne peut être formée que par celui qui possède le terrain contentieux depuis une année au moins; qu'ainsi le demandeur devait prouver qu'il avait possédé les terre et chemin dont il s'agit depuis un an avant le trouble, preuve qui ne résulte nullement de son enquête; — Attendu qu'en déduisant le droit de l'intimé d'un acte d'échange de 1757 sur une question relative à la dernière possession d'un chemin et d'un tertre réclamés comme propriétés foncières, et non à titre de servitude, le juge de paix est sorti des règles du possessoire, et a véritablement jugé une question de possession par des motifs tenant exclusivement au pétitoire; — Attendu, au surplus, que résultât-il de l'enquête que les chemin et tertre dont il s'agit subsistaient moins d'un an avant la demande,

ce fait ne prouverait pas que l'intimé fut en possession desdites parties de terrain.

Pourvoi de Dumont.

ARRÊT

LA COUR : — Vu les art. 2228, C. civ., et 23, C. pr. civ. :

Attendu que, par sa sentence définitive du 22 août 1836, le juge de paix du canton d'Ausence a constaté qu'il résulte évidemment de l'enquête par lui faite sur les lieux contentieux en vertu de sa sentence interlocutoire rendue le 19 du même mois, sur la demande des parties, qu'il existait autrefois et notamment depuis un et jour avant la demande, un sentier d'un mètre de largeur entre un tertre régnant le long de l'étang des Combes et la terre confinant à cet étang; que ce sentier avait été réservé par le sieur Nonant, aujourd'hui représenté par le sieur Dumont, dans un acte d'échange du 1er juillet 1757, pour pouvoir facilement veiller à la conservation de son étang, à quelle fin ledit terrain devait rester toujours en nature et sans que le tertre puisse être défriché en aucune façon; qu'il a également constaté que ce n'était que depuis l'année précédente (1835) que ce sentier avait été cultivé dans toute son étendue, et que le tertre l'avait été dans une longueur de 148 mètres sur environ 1 mètre de largeur; que, par suite de ces constatations, le premier juge a gardé et maintenu le sieur Dumont en la possession et jouissance annale et plus qu'annale de son étang des Combes et des dépendances d'icelui, notamment du chemin d'aisance et du tertre ci-dessus indiqués, et fait défense à Conchon et Tanton de l'y troubler à l'avenir;

Que, sur l'appel de cette sentence, porté devant le tribunal d'Aubusson, ce tribunal, par le jugement attaqué du 16 janvier 1837, et par une appréciation inexacte de la clause portant réserve du droit d'avoir, dans la terre des Combes, toutes les aisances nécessaires et convenables pour aller à son étang des Combes, et notamment sans que les terrain et tertre dont il s'agit puissent être défrichés en aucune façon, a infirmé la décision du juge de paix par le double motif : 1° que le sieur Dumont ne prouvait pas qu'il eût possédé, un an avant le trouble, le sentier et le tertre contentieux ; 2° qu'en déduisant son droit d'un acte d'échange de 1757, le juge de paix avait jugé une question de possession par des motifs tenant exclusivement au pétitoire;

Attendu, en droit : 1° que la loi n'exige pas la possession matérielle comme condition rigoureusement indispensable de l'exercice des actions possessoires; qu'en effet, suivant la définition donnée de la possession par l'art. 2228, C. civ., un droit (chose essentiellement incorporelle) peut faire la matière de la possession, et par conséquent de l'action en complainte possessoire, autorisée par l'art. 23, C. pr. civ., si celui auquel ce droit appartient, a été, depuis moins d'un an et jour, troublé dans sa jouissance, et que, par une application évidente de ce principe, le sieur Dumont a pu considérer la mise en culture par Conchon et Tanton des terrains litigieux comme un trouble à la possession dans laquelle il soutenait que lui et ses auteurs sont, depuis 1757, du droit de maintenir en état de non culture le tertre et le sentier régnant le long de son étang;

2° Que le juge du possessoire a toujours le droit et souvent même l'obligation de consulter les titres, non pas pour reconnaître l'existence ou la non existence du fait de possession, mais pour apprécier la nature et le caractère de cette possession dont il est juge; qu'en cela il ne saurait contrevenir à la prohibition de l'art. 25, C. pr. civ., qui défend de cumuler le possessoire et le pétitoire, et qu'en jugeant le contraire, le tribunal d'Aubusson a faussement appliqué l'art. 25, C. pr. civ., en même temps qu'il a violé l'art. 23 du même Code et l'art. 2228, C. civ.;

Casse.

CASSATION, Ch. civ. — 16 mars 1841.

(Mulot et Auzou c. de Toustain.)

I, 256.

Si l'une des parties engagées dans une instance pétitoire veut obtenir la suspension de travaux qui s'exécutent pendant le procès, elle doit porter sa demande, sous forme de dénonciation de nouvel œuvre, devant le juge de paix qui ne peut refuser d'en connaître sous le prétexte qu'un litige est en cours sur le fond du droit. Les juges du pétitoire sont à cet égard incompétents ratione materiæ.

Du 30 juin 1837, arrêt de la Cour de Rouen ainsi motivé :

Attendu que le fait de passage non continu sur un terrain ne peut en conférer la possession ; qu'il peut encore moins constituer une servitude sur ce terrain ; — Attendu que le terrain réclamé comme un chemin par les intimés règne au milieu de la propriété de Toustain ; que d'un côté sont les murs du château, de l'autre les terres en labour, plantations et l'avenue qui en dépendent ; que, dès lors, il y a présomption que le passage contesté a été pris sur la propriété de Toustain ; — Attendu que les intimés ont usé d'une voie de fait en coupant les lices et comblant les fossés, et qu'ils n'ont ni titre ni possession ; qu'ils plaident seuls et que la commune ne réclame pas ; — Attendu que les véritables demandeurs dans la cause sont les intimés qui se sont constitués tels par une voie de fait ; — Attendu que les sieurs Toustain ont dû se pourvoir devant les tribunaux pour faire réprimer cette voie de fait ; qu'on ne peut les considérer comme demandeurs au pétitoire ; que leur action est une véritable action en réintégrande ; — Attendu que la voie de fait doit être réprimée et qu'elle a été commise par les intimés dans un intérêt commun.

Pourvoi de Mulot et Auzou.

ARRÊT

LA COUR : — Vu les art. 10, tit. III, de la loi du 24 août 1790, 3, n° 2 et 25, C. pr. civ. :

Attendu que les juridictions sont d'ordre public et que c'est la loi elle-même qui les détermine dans l'intérêt général ;

Attendu que les juges de paix ont la plénitude de juridiction dans les matières qui leur sont spécialement attribuées et qu'il ne peut pas dépendre de la volonté ni du consentement des parties de transférer à une juridiction d'un autre ordre la portion de pouvoir judiciaire que la loi a conférée aux juges de paix, soit en dernier ressort, soit à charge d'appel ;

Attendu qu'il s'agit, dans l'espèce, de dommages-intérêts réclamés pour voies de fait commises dans l'année et consistant en une destruction de clôture et en un comblement de fossés, matière que l'art. 3, C. pr. civ., a attribuée au juge de paix ;

Attendu que l'arrêt attaqué qualifie

lui-même l'action de véritable action en réintégrande; que les demandes en réintégrande sont des actions possessoires, desquelles les Cours royales ne peuvent connaître;

Attendu que vainement on oppose que ce moyen n'a pas été proposé, soit en première instance, soit en appel; qu'en effet, aux termes de l'art. 170, C. pr. civ., en cas d'incompétence à raison de la matière, le renvoi peut être demandé en tout état de cause, et doit même être prononcé d'office, s'il n'est pas demandé;

Attendu que la Cour royale de Rouen ne s'est pas bornée à prononcer sur l'action possessoire, dont la connaissance lui était interdite, et qu'elle a cumulé le possessoire et le pétitoire, tant dans les motifs de son arrêt qu'en faisant, dans le dispositif, défense aux demandeurs en cassation de faire aucune entreprise sur les lices et pièces de terre, objets du procès; d'où il suit que l'arrêt attaqué a expressément violé les lois précitées;

Casse.

CASSATION, Ch. civ. — 29 mars 1841.
(Garnier c. Dupas.)

I, 629.

L'action possessoire qui tend non pas seulement à la consécration de la possession d'une servitude de passage, mais qui a pour objet de réclamer la possession du sol même du chemin est recevable.

ARRÊT

LA COUR : — Vu l'art. 23, C. pr. civ., et les art. 688 et 691, C. civ.:

Attendu que l'action des époux Garnier contre Dupas avait pour objet la maintenue en possession d'un droit de passage sur une cour existant entre leurs propriétés respectives;

Que, pour faire accueillir leur action possessoire, les époux Garnier ont d'abord prétendu que leur fonds était enclavé; qu'ils ont ensuite abandonné le moyen résultant de la prétendue enclave, et ont produit des titres pour établir que la cour était commune et qu'ils avaient exercé le droit de passage à titre de propriété;

Que le juge de paix a examiné et apprécié ces titres pour déterminer le caractère de la possession articulée par les époux Garnier; qu'il a reconnu ensuite que cette possession était plus qu'annale, paisible et à titre non précaire, et qu'il a, en conséquence, admis l'action des époux Garnier;

Attendu que le tribunal civil de Saumur a réformé le jugement du juge de paix par l'unique motif, en droit, qu'une servitude discontinue ne peut être établie que par titre, si ce n'est dans le cas d'enclave et, en fait, que les époux Garnier avaient été maintenus dans la possession d'une servitude de passage sans titre et sans enclave;

Attendu que l'absence d'enclave avait été déclarée par le juge de paix lui même, mais que, relativement aux titres invoqués par les époux Garnier, son jugement en relatait les dispositions et en faisait l'application;

Qu'il ne résulte d'aucun motif du jugement attaqué, que le tribunal de Saumur ait apprécié les titres autrement que ne l'avait fait le juge de paix et ait entendu déclarer qu'ils avaient été mal appliqués;

Qu'il est évident qu'en jugeant que les époux Garnier avaient été maintenus dans la possession d'une servitude de passage sans titre, le tribunal de Saumur s'est uniquement reporté à la demande originaire et a perdu de vue la rectification dont elle avait été l'objet, et qui ne la privait pas de son caractère d'action possessoire;

Qu'en déclarant cette action mal fondée et en réformant, en conséquence, la sentence du juge de paix, le jugement attaqué a fait une fausse application des art. 688 et 691, relatifs aux servitudes discontinues qui ne peuvent être établies par la simple possession et a violé expressément l'art. 23, C. pr. civ.;

Casse.

CASSATION, Ch. req. — 30 mars 1841.
(Saulnier de la Pinelais c. Préfet de la Loire-Inférieure.)

I, 204, 501, 687.

Le jugement intervenu sur une première action en complainte n'exerce aucune influence directe et nécessaire sur celui d'une seconde demande ayant une cause différente.

Par suite du principe de la séparation des pouvoirs, on ne saurait considérer comme trouble autorisant l'action possessoire la perception de droits de navigation établis par une loi. Le juge de paix est incompétent pour apprécier la légalité ou l'illégalité de l'impôt.

ARRÊT

LA COUR : — Attendu, sur le premier moyen, qu'il est déclaré par le jugement attaqué et qu'il résulte effectivement des actes et circonstances du procès, que le fait de trouble qui avait fondé l'action possessoire jugée par la sentence du 8 juin 1836, et qui en était la cause, se rapportait à un droit de pêche contesté alors aux demandeurs en cassation, tandis que l'unique fait de trouble servant de base à l'action possessoire introduite par la citation du 22 avril 1839, était la perception prétendue illégale des droits de navigation établis par l'ordonnance royale du 19 décembre 1838, d'où il suit qu'en décidant que ces deux demandes ayant eu une cause différente, ladite sentence du 8 juin 1836 ne pouvait être opposée par les demandeurs comme ayant l'autorité de la chose jugée, le tribunal civil de Nantes a fait de l'art. 1351, C. civ., la plus juste application ;

Sur le deuxième moyen :

Attendu, en droit, que l'art. 6 de la loi du 25 mai 1838 n'attribue à la juridiction des juges de paix que les actions possessoires tendant à repousser des faits ayant le caractère de trouble apporté à la possession *animo domini*, par des prétendants à cette même possession ; et que ledit art. 6 ne peut s'appliquer à des taxes ou contributions imposées par le pouvoir législatif ; d'où la conséquence que le tribunal de Nantes, en décidant que, s'agissant dans la cause d'une taxe de droit de navigation résultant de la loi du 14 août 1822 et de l'ordonnance royale du 19 décembre 1838, rendue en exécution de la loi précitée, l'autorité judiciaire était incompétente pour statuer sur les contestations élevées à l'occasion de la perception d'un pareil droit, a sainement interprété ledit art. 6 de la loi du 25 mai

1838, et fait une juste application des lois sur la matière ;

Rejette.

CASSATION, Ch. civ. — 5 avril 1841.
(Durou c. Ducourneau et Tachoires.)

I, 252, 582, 585, 588, 647.

L'action en réintégrande doit toujours être examinée en premier lieu, soit qu'elle se présente sous forme de demande principale soit qu'elle naisse par voie reconventionnelle.

En conséquence, le défendeur ne saurait échapper à la réintégrande en formulant une demande reconventionnelle en maintenue possessoire.

Cette action n'est pas subordonnée à la preuve d'une possession réunissant les caractères indiqués dans l'art. 2229, C. civ.; il suffit que le demandeur établisse sa possession actuelle et matérielle au moment de la violence ou voie de fait dont il se plaint.

Constitue une voie de fait pouvant autoriser l'action en réintégrande le fait de briser une barrière sous prétexte que cette barrière intercepte un chemin d'exploitation dont le défendeur se prétend copropriétaire.

ARRÊT

LA COUR : — Vu l'art. 2060, C. civ.:

Attendu, en droit, que nul ne peut se faire justice à soi-même ;

Que celui qui a été dépossédé par violence ou voie de fait doit, avant tout, rentrer dans sa possession ; que c'est sur ces principes conservateurs de l'ordre social et de la paix publique que repose l'action en réintégrande ;

Que cette action, généralement admise dans l'ancienne législation française, loin d'avoir été abrogée par la nouvelle, est reconnue et consacrée par une disposition formelle de l'art. 2060, C. civ.;

Que l'art. 23, C. pr. civ., sainement entendu, ne doit être appliqué qu'aux actions possessoires ordinaires à l'égard desquelles c'est le droit ou la qualité et non pas le fait de la possession que l'on considère ; qu'il suffit, pour faire admettre l'action en réintégrande, que le demandeur prouve sa possession actuelle et matérielle au moment de la violence ou voie de fait dont il se plaint ; que, sans doute, cette action ne prive pas le défendeur du droit de se pourvoir lui-même par action en complainte possessoire en vertu de sa possession plus qu'annale pour le trouble qu'il a éprouvé et qu'il n'a pu légalement faire cesser par une voie de fait ; mais que la faculté d'exercer cette action en complainte et l'exercice même de cette action ne peuvent légitimer la voie de fait dont la répression est l'objet de la demande en réintégrande ;

Que, par conséquent, quelle que puisse être la décision sur l'action du défendeur en complainte possessoire, l'action en réintégrande ne peut être écartée, quand le double fait de la possession actuelle et matérielle et de la dépossession par voie de fait est établi ;

D'où il suit qu'en déclarant Durou non recevable et mal fondé dans son action en réintégrande, le tribunal qui a rendu le jugement attaqué a commis un excès de pouvoir, fait une fausse application de l'art. 23, C. pr. civ., et violé les principes sur l'action en réintégrande, reconnue et consacrée par l'art. 2060, C. civ. ;

Casse.

CASSATION, Ch. req. — 11 mai 1841.

(Godard c. Lavauvre.)

I, 255.

En matière possessoire, le juge a le droit de consulter les titres pour éclairer la possession.

Du 17 janvier 1840, jugement du tribunal de Nevers ainsi motivé :

Considérant que des enquêtes reçues par le juge de paix, il résulte que chacune des parties a la possession annale du terrain litigieux ; que, si les faits de la jouissance ainsi également prouvée des deux côtés ont été moins fréquents de la part du sieur Lavauvre, c'est uniquement parce que les besoins de ce dernier ne sont pas aussi répétés que ceux de son adversaire ; qu'au surplus rien ne constate que jamais Lavauvre ait été gêné dans l'exercice du droit qu'on lui dénie aujourd'hui ; que, dans cette position, la possession annale étant la même pour l'une et pour l'autre des parties, il y a lieu d'éclairer le possessoire par le pétitoire, afin de savoir si la jouissance de Godard est, ainsi qu'il le prétend, la seule légale et utile, parce qu'elle serait la seule *animo domini* ...

Pourvoi de Godard.

ARRÊT

LA COUR : — Attendu que c'est l'action en complainte qui a été intentée par les demandeurs ; que le jugement attaqué n'a explicitement et très formellement prononcé que sur le possessoire, et que, si ce jugement présente des motifs sur l'interprétation du titre produit par le demandeur, c'est dans le seul but, ainsi qu'il l'exprime, d'éclairer le possessoire par le pétitoire, ce qui ne peut constituer une violation de l'art. 25, C. pr., ni d'aucune autre loi ;

Rejette.

CASSATION, Ch. civ. — 30 juin 1841.

(Lévesque c. Néron et Fauquet.)

I, 639.

Le maintien en possession est utilement réclamé par le propriétaire inférieur d'une source lorsque son droit est fondé sur la destination du père de famille établie conformément aux art. 692 et 693, C. civ.

ARRÊT

LA COUR : — Vu les art. 641, 642, 688, 689, 690 et 692, C. civ., et l'art. 23, C. pr. civ. ;

Attendu qu'il résulte de la combinaison des art. 688 et 689, C. civ., que les conduites d'eau qui s'annoncent par des ouvrages extérieurs, peuvent constituer des servitudes apparentes et continues ;

Que, suivant l'art. 692 du même Code, la destination du père de famille vaut titre pour les servitudes apparentes et continues, lesquelles peuvent, d'ailleurs, s'acquérir par la prescription, aux termes de l'art. 641 ;

Que ce dernier mode d'acquisition, relatif aux eaux de source et qui est spécialement réglé par l'art. 641 et l'art. 642, n'exclut pas, pour lesdites eaux, la destination du père de famille ;

Qu'en effet, l'art. 692 est général et qu'on n'aperçoit pas de raison qui puisse s'opposer à son application, lorsque le propriétaire de deux héritages sur l'un desquels il existe une source, a fait ou maintenu des travaux apparents pour en transmettre utilement les eaux à l'autre héritage ;

Attendu qu'il est de principe que l'action en complainte autorisée par l'art. 23, C. pr. civ., peut être exercée par celui qui est troublé dans sa possession annale, publique, paisible et à titre non précaire, d'une servitude apparente et continue;

Attendu, en fait, que l'action possessoire intentée par Lévesque au sieur Néron et aux sieurs Fauquet frères, ses locataires, avait pour objet de faire cesser le trouble apporté à sa jouissance des eaux provenant d'une source qui existait sur le fonds du sieur Néron, où avait été établi un canal apparent par lequel s'écoulaient les eaux qui alimentaient la buanderie du sieur Lévesque;

Que le demandeur a constamment articulé que les sieurs Fauquet et Néron n'ont pas méconnu que ce canal existait lorsque leurs propriétés respectives ont été réunies, en l'an III, dans les mains de l'État;

Attendu que, sans méconnaître les faits articulés par Lévesque et formellement admis par la sentence du juge de paix du canton de Maromme, du 3 février 1836, le jugement attaqué a déclaré que toute complicité était impossible de la part du demandeur et a jugé, en conséquence, son action non recevable par le motif que, lorsqu'il est question de l'usage, à titre de servitude, des eaux d'une source, on ne peut invoquer la destination du père de famille, parce qu'il y a seulement alors lieu à l'application des art. 641 et 642, suivant lesquels les ouvrages apparents établis dans le fonds supérieur pour amener les eaux de la source sur le fonds inférieur, doivent avoir été faits par le propriétaire de ce dernier fonds;

Qu'en jugeant ainsi, le tribunal civil de Rouen a faussement interprété et appliqué les art. 641 et 642, C. civ., et expressément violé les art. 688, 689 et 692 du même Code et l'art. 23, C. pr. civ.;

Casse.

CASSATION, Ch. civ. — 6 juillet 1841.
(Renault c. Comm. de Vélizy.)

I, 176.

L'action en complainte n'est pas recevable lorsqu'elle a pour objet un chemin dé-

claré vicinal. Ce principe ne serait pas modifié par cette circonstance que l'arrêté préfectoral de classement aurait été déféré au Conseil d'État; le pourvoi n'étant pas suspensif.

Du 11 octobre 1836, sentence du juge de paix ainsi motivée :

Attendu que les fossés, objet du litige, font partie d'un chemin vicinal reconnu et classé, ainsi qu'il résulte de l'état qui en a été dressé le 2 septembre 1832, par le maire de Vélizy; qu'il est de principe que les particuliers riverains ne peuvent prescrire par la possession les chemins de cette nature; qu'en conséquence, il n'y a pas d'action possessoire recevable en pareille matière; que le réclamant n'a d'autre action que celle du pétitoire.

Sur appel, jugement du tribunal de Versailles rendu le 11 avril 1837 :

Adoptant les motifs du premier juge; — Attendu en outre que le maire de la commune de Vélizy, en dressant le procès-verbal dont s'agit, constatant contre Renault une prévention d'envahissement d'un terrain faisant partie d'un chemin vicinal, a procédé comme voyer et officier de police judiciaire; que ce procès-verbal ne peut être considéré comme un acte interruptif de possession civile, susceptible de donner lieu à une action en complainte.

Pourvoi de Renault.

ARRÊT

LA COUR : — Attendu, en fait, que le terrain duquel il s'agit au procès a été compris dans l'état des chemins vicinaux de la commune de Vélizy, arrêté le 22 janvier 1834 par le préfet de Seine-et-Oise, et approuvé le 24 septembre 1834 par le ministre de l'intérieur;

Que le recours formé devant le Conseil d'État contre l'arrêté du préfet et la décision du ministre par le demandeur en cassation, par requête enregistrée le 6 novembre 1834, recours notifié au maire de Vélizy par exploit du 15 mai 1837, n'était point suspensif;

Que, par exploit du mois d'août 1836, le demandeur a déclaré prendre pour trouble le procès-verbal dressé le 10 du même mois par le maire de la commune de Vélizy, et a conclu à ce qu'il fût fait défense de le troubler dans sa possession;

Que, si la connaissance des questions relatives à la propriété des terrains qui ont été déclarés chemins vicinaux appartient à l'autorité judiciaire, de même que l'appréciation des faits de possession antérieurs aux actes administratifs qui ont déclaré la vicinalité, nulle action en maintenue ou en renvoi en possession ne peut être considérée comme recevable, lorsqu'elle est relative à des faits de possession postérieurs au classement administratif des chemins vicinaux;

En effet, qu'on ne peut, aux termes de l'art. 2226, C. civ., prescrire le domaine des choses qui ne sont pas dans le commerce, et qu'un chemin vicinal, après que le sol en a été mis hors du commerce par le classement, n'est plus susceptible de possession privée;

Attendu qu'en jugeant, dans ces circonstances, que l'action en maintenue possessoire formée par Renault contre la commune de Vélizy n'était pas recevable, le tribunal civil de Versailles, loin d'avoir méconnu les règles de sa compétence, en a fait, au contraire, une juste application et s'est, en cela, exactement conformé à la loi;

Rejette.

CASSATION, Ch. req. — 17 janv. 1842.

(Bordères et Grand c. Danizan.)

I, 121.

N'est pas recevable l'action possessoire introduite par le propriétaire d'un canal lorsque le fait de trouble remonte à plus d'une année. Ainsi, le barrage qui existe depuis plusieurs années s'oppose à l'exercice de l'action alors même que ce barrage qui était mobile, aurait été remplacé récemment par une digue solidement construite pourvu que ce nouveau travail n'aggrave pas la condition primitive.

Du 27 août 1840, jugement du tribunal de Bagnères ainsi motivé :

Attendu que le nouveau barrage serait plus solide que le précédent; mais que cette considération est sans importance dans la cause, puisque le plus ou moins de solidité ne peut occasionner aux intimés aucune espèce de préjudice; — Qu'il n'en serait pas de même de l'exhaussement, s'il était justifié, puisque cet exhaussement pourrait faire refluer les eaux d'une manière nuisible; — Mais que des constatations faites par le premier juge il résulte que l'ouverture de plusieurs mètres laissée à la digue est suffisante pour les épanchements des eaux; — Que, dès lors, la demande ne pouvait être accueillie sous ce rapport; — Attendu que la possession qu'avait Danizan ou

son auteur, depuis plus d'une année, de dévier les eaux, n'était pas précaire; — Qu'en effet, rien ne prouve au procès que le point où la digue est établie soit plutôt canal de fuite qu'eau courante, ce qui, d'ailleurs, importe peu dans la cause, puisque c'est une question purement pétitoire; — Que l'appelant ayant depuis plus d'une année la possession de la prise d'eau et du barrage qui en est un accessoire forcé et nécessaire, la reconstruction du barrage n'étant qu'une chose purement d'entretien, il s'ensuit que la destruction de ce barrage a été mal à propos ordonnée par le premier juge; — Attendu, quant à la trainée de pierres établie inférieurement, qu'elle est dans les mêmes circonstances, avec cette différence que les intimés ne justifient en aucune façon une possession quelconque du cours d'eau en cette partie.

Pourvoi de Bordères et Grand.

ARRÊT

LA COUR : — Attendu que le jugement attaqué constate, en fait, que le barrage, dont les demandeurs réclamaient la suppression, existait depuis plusieurs années; qu'il n'avait pas été exhaussé, et qu'il ne nuisait pas à l'écoulement des eaux; qu'il constate, en outre, que les demandeurs n'ont justifié en aucune manière leur possession du cours d'eau dont il s'agissait au lieu où une trainée en pierres existait; que cette décision, en fait, ne contrevient à aucune loi et justifie le rejet de la demande possessoire, sur laquelle seulement le tribunal de Bagnères avait à statuer;

Rejette.

CASSATION, Ch. req. — 17 janvier 1842.

(Bordères et Grand c. Danizan.)

I, 121.

N'est pas recevable l'action en complainte introduite par le propriétaire d'un canal lorsque le demandeur ne fait pas la preuve de sa possession annale.

Du 27 août 1840, jugement du tribunal de Bagnères ainsi motivé :

Attendu que d'aucun acte du procès ne résulte la preuve que les intimés eussent la possession annale du canal dans le lieu où a été établi le pont, objet du litige; — Que, d'après les dispositions des lieux, il serait possible qu'en cet endroit un cours d'eau ne fut plus canal de fuite du moulin, mais bien une eau courante; — Qu'ainsi les intimés auraient dû rapporter la preuve de leur possession;

— Que cette preuve n'est, quant à présent, ni faite ni offerte ; — Que, par suite, la demande en destruction du pont doit être rejetée.

Pourvoi de Bordères et Grand.

ARRÊT

LA COUR : — Attendu que le jugement attaqué se borne à constater un fait de possession qu'il avait le droit d'apprécier ;

Que la conséquence légale qu'il a déduite de ce fait, le maintien du défendeur dans sa possession, est juste et ne contrevient à aucune loi ni à aucun principe ;

Rejette.

———

CASSATION, Ch. req. — 17 janv. 1842.
(Bordères et Grand c. Raoul.)

I, 121.

Le juge du possessoire n'a pas qualité pour statuer sur les questions de propriété ; il doit prononcer sur la possession sans se préoccuper de ces questions.

Du 23 juin 1840, jugement du tribunal de Bagnères ainsi conçu :

Attendu que le juge de paix était nanti d'une action possessoire à l'occasion d'une tranchée faite au franc-bord d'un canal pour donner passage à des eaux d'irrigation ; — Que, sur cette demande, le défendeur a reconnu qu'il n'avait point la possession annale, et a déclaré qu'il avait fermé la tranchée ; sur quoi le juge de paix l'a condamné à le faire, si la chose ne l'était déjà, et a maintenu les demandeurs en possession des eaux du canal ; — Attendu que l'appel a été fait parce que le premier juge n'aurait point maintenu les demandeurs dans la possession du canal ; — Attendu que, d'après les explications fournies, il est constant que le sol du canal sur lequel les eaux reposent n'était point l'objet du litige puisqu'il n'avait été fait sur le sol aucune espèce d'entreprise, mais qu'il est évident que les demandeurs entendaient et entendent encore aujourd'hui parler des bords et francs-bords du canal ; — Attendu, à cet égard, qu'il a été allégué et non contesté qu'un jugement émané du même juge aurait maintenu l'intimé en possession des francs-bords de ce même canal ; — Que ce jugement n'a pas été attaqué par la voie de l'appel ; — Que, dès lors, si le juge de paix avait admis la demande ainsi comprise et expliquée, il serait revenu sur une décision émanée de lui, ce qu'il n'était pas en droit de faire, et ce que le défendeur n'entendait pas accepter ; — Que, dès lors, c'est avec juste raison qu'appréciant la défen-

se, il a statué sur la demande, ainsi qu'il l'a fait, en limitant sa décision à l'objet réel du litige, et en s'abstenant de mettre dans son jugement des généralités dont on aurait pu facilement abuser ; — Que le jugement doit dès lors être maintenu.

Pourvoi de Bordères et Grand.

ARRÊT

LA COUR : — Attendu que le tribunal de Bagnères n'avait à statuer que sur une action possessoire ;

Que devant ce tribunal, comme devant le juge de paix, qui avait prononcé en premier ressort, les droits des demandeurs à la possession par eux réclamée ont été reconnus, et qu'il a été ordonné que les lieux seraient rétablis, si cela n'avait pas été déjà fait, dans l'état où ils se trouvaient avant le trouble qui avait donné lieu à la demande, c'est-à-dire que la brèche faite au bord du canal qui conduisait l'eau à leur usine serait bouchée ;

Attendu que le juge du possessoire était sans pouvoir pour statuer sur les prétentions des demandeurs à la propriété du canal ;

Que, dans ces circonstances, les demandeurs sont sans intérêt, et que, d'ailleurs, le jugement n'a rien jugé ni préjugé sur les droits des parties à la propriété ; qu'il n'a pu dès lors violer les lois invoquées par les demandeurs ;

Rejette.

———

CASSATION, Ch. req. — 1er février 1842.
(Olivier c. Truc.)

I, 74, 98.

En matière de bornage, le juge de paix cesse d'être compétent lorsque la propriété ou les titres qui l'établissent sont contestés, quel que soit le motif de cette contestation.

Du 17 mars 1841, jugement du tribunal de Grasse rendu dans les termes suivants :

Attendu que le sieur Olivier et le sieur Truc, dès leur première comparution à l'audience tenue par le second suppléant de la justice de paix de Saint-Vallier, pour y faire statuer sur la demande formée par ledit sieur Olivier, ont réciproquement élevé des prétentions à la propriété d'une partie de leurs fonds respectifs et n'ont invoqué ni l'un ni l'autre aucun titre d'après lequel les bornes pussent être posées ; — Attendu que l'art. 6 de la loi du 25 mai 1838 ne place le bornage dans les attributions des juges de paix que lorsqu'il n'y a contestation ni sur la propriété du fonds ni sur les titres produits ; que, dès lors, le second suppléant de la justice de paix de Saint-Vallier devait se déclarer incompétent, puisque la propriété était contestée ; — Attendu que le juge, en ordonnant son transport sur les lieux pour procéder au bornage des propriétés des sieurs Olivier et Truc, en faisant cette opération malgré l'exception d'incompétence proposée par le sieur Truc et en se fondant uniquement sur des déclarations de témoins auxquelles Truc n'a pas adhéré, a excédé les bornes de sa compétence et méconnu les règles tracées dans la loi du 25 mai précitée.

Pourvoi d'Olivier.

ARRÊT

LA COUR : — Attendu qu'aux termes de l'art. 6 de la loi des 25 mai-6 juin 1838, la connaissance de l'action en bornage n'est dévolue au juge de paix que par une exception au droit commun, et seulement lorsque la propriété ou les titres qui l'établissent, ne sont pas contestés ;

Et attendu que, dans l'espèce, il est constaté, par le jugement attaqué, qu'il y avait absence de titres et que les parties contestaient sur l'étendue respective de leurs héritages limitrophes, ce qui donnait évidemment lieu à une question de propriété et, par conséquent, écarte la prétendue violation de la loi précitée ;

Rejette.

CASSATION, Ch. civ. — 21 février 1842.

(Mesnier c. Dubois.)

I, 175.

Les terrains régulièrement compris dans la largeur d'un chemin vicinal ne peuvent plus faire l'objet de la part des propriétaires riverains d'actions possessoires tendant à se faire réintégrer ou maintenir en possession.

ARRÊT

LA COUR : — Vu l'art. 13, tit. II, de la loi du 24 août 1790, sur la séparation des pouvoirs judiciaire et administratif ;

— Vu aussi l'art. 6 de la loi du 9 ventôse an XIII et la loi du 24 juillet 1824, qui chargent l'administration de reconnaître l'existence des chemins vicinaux ;

Attendu que s'il appartient aux tribunaux de statuer sur les questions de propriété, il appartient à l'autorité administrative de reconnaître l'existence et de déterminer la situation et la limite des chemins vicinaux ;

Attendu que l'effet de l'acte administratif qui reconnaît et déclare un chemin vicinal, est de mettre le public en jouissance de ce chemin ;

Attendu que, s'il s'élève des questions de propriété sur le sol, ces questions doivent être jugées par les tribunaux ; mais que les droits du propriétaire du sol devant, d'après les lois spéciales de la matière, se résoudre en indemnité, il en résulte que les tribunaux ne peuvent réintégrer un particulier dans la possession d'un terrain déclaré former un chemin vicinal, sans porter atteinte à l'acte administratif qui attribue au public la jouissance de ce chemin ;

Attendu, en fait, que, par un arrêté administratif du 25 septembre 1835, qui est énoncé dans le jugement attaqué, le préfet du département d'Ille-et-Vilaine a, en exécution de la loi du 9 ventôse an XIII, déclaré qu'au nombre des chemins vicinaux de la commune de Pleurtuit, il en existait un qui conduisait par le sud du bassin appelé le Dicq de Créhen à la rivière de Rance, et que, pour procurer au public la jouissance de ce chemin, il a ordonné que Dubois sera tenu d'abattre des talus et de combler des fossés qu'il y avait fait établir ;

Attendu qu'en maintenant et en réintégrant, en tant que de besoin, Dubois dans l'entière possession des passages et pâture, au sud et à l'est de l'ancien Dicq de Créhen, le tribunal civil de Saint-Malo a porté atteinte à l'acte administratif du 25 septembre 1835, et a formellement violé l'art. 13, tit. II, de la loi du 24 août 1790 ;

Sans qu'il soit besoin de statuer sur les autres moyens ;

Casse.

CASSATION, Ch. req. — 4 avril 1842.

(Agnel c. Brunet.)

I, 361, 362.

Bien que le droit à l'usage d'un cours d'eau non navigable ni flottable soit une faculté légale non prescriptible, la contradiction manifeste mise par un riverain à l'aide de travaux apparents et destinés à lui assurer le bénéfice exclusif des eaux, enlève à l'autre riverain le droit de s'en servir.

Celui qui a ainsi apporté une contradiction formelle à cette faculté est recevable à agir au possessoire pourvu que sa possession ait été maintenue pendant le temps requis.

ARRÊT

LA COUR : — Attendu, en droit, que les facultés, bien qu'imprescriptibles par leur nature, peuvent cependant se perdre par la prescription, lorsqu'il y a eu contradiction ;

Considérant qu'il est établi, en fait, par le tribunal de première instance, que des travaux ont été établis sur le terrain du demandeur en cassation par le défendeur éventuel ; que ces travaux, destinés au détournement et à la conduite des eaux, étaient une déclaration manifeste que le défendeur entendait s'attribuer la jouissance des eaux au préjudice d'Agnel ; que, dès lors, la faculté qu'avait eue antérieurement Agnel de profiter des eaux, se trouvait légalement paralysée par la possession annale contraire du défendeur éventuel, lequel a pu et dû être maintenu dans cette possession qui réunissait tous les caractères voulus par la loi ;

Rejette.

CASSATION, Ch. req. — 13 juin 1842.

(Société de la Basse-Camargue c. Daniel.)

I, 633.

L'action possessoire est recevable de la part du propriétaire du fonds dominant pour faire réprimer les actes du propriétaire du fonds servant qui diminuent ou rendent plus incommode l'usage de la servitude.

Du 11 juillet 1838, jugement du tribunal de Tarascon qui contient les motifs suivants :

Attendu que les eaux salées sont des éléments essentiels d'une saline ; que la possession d'un tel établissement comprenait celle des eaux salées qui y sont employées habituellement ; que les eaux qui avaient servi jusqu'alors à la saline de Badon étaient celles qui venaient de la mer dans l'étang du Fournelet, et d'abord dans l'immense bassin de Valcarès, par les gros vents, après avoir franchi de vastes superficies d'un terrain uni souvent plus élevé que l'étiage de la mer, au moyen des diverses communications par lesquelles, suivant la diversité des vents, les eaux arrivaient dans cet immense bassin, dont le sol est inférieur, en certains points, de 97 centimètres à l'étiage de la mer ; — Attendu que vainement le mode d'obtention et de jouissance des eaux de la mer était, à cause de l'incertitude et de l'éventualité qui l'accompagnent, exclu par les appelants, des avantages de la prescriptibilité, et du nombre des cas de possession utile auxquels la loi attribue l'action en maintenue provisoire, en prétendant qu'il n'y a dans cette jouissance ni continuité, ni titre de propriétaire, aux termes de l'art. 2229, C. civ. ; — Qu'à l'égard de la continuité, il faut remarquer qu'il suffit : 1° de l'intérêt de conserver la possession pour qu'elle subsiste ; 2° que des actes de possession aient lieu alors que la nature des choses le comporte, quel que soit l'intervalle qui sépare ces actes ; — Qu'à cet égard, rien ne déposait d'une intention contraire, ni de l'abandon d'aucun des moyens employés pour utiliser les eaux, et que, quant au titre de propriétaire, l'existence de la chaussée des entrants au bord du Fournelet, celle des pompes attestaient assez la volonté de s'approprier les eaux et de les réduire en sel ; — Attendu qu'on ne pouvait méconnaître que ce mode de jouissance et d'exploitation avait existé de tout temps, comme une condition d'existence de la saline, qu'il était le résultat de la situation des lieux, ce qui emportait l'application de l'art. 640, C. civ. ; — Attendu que cette jouissance constituait une possession conforme au titre et à la destination du père de famille, ce qui résultait : 1° de la construction de la chaussée des prises, dites entrants, pratiquée en pierre entre la saline et l'étang du Fournelet, où les eaux du Valcarès arrivent à l'aide des vents ; 2° des vestiges en terre du canal creusé jusqu'en ce dernier étang, et qui devait être le rétablissement d'un canal plus ancien, etc.....

Pourvoi de la Société de la Basse-Camargue.

ARRÊT

LA COUR : — Attendu, en droit, que les actions possessoires sont recevables, pourvu qu'elles soient formées dans l'année du trouble par ceux qui, depuis une année au moins, sont en possession paisible par eux ou les leurs, à titre non précaire ;

Attendu, en fait, qu'il résulte du jugement attaqué que la saline de Badon est en possession paisible, depuis plusieurs siècles, de la partie des eaux marines qui, après avoir franchi de vastes terrains, se rendent naturellement dans l'étang du Fournelet ;

Qu'il existe des ouvrages apparents et anciens évidemment destinés à amener lesdites eaux vers la saline et à l'en faire profiter et qu'enfin cet état de choses est caractérisé par un titre et par une destination du père de famille ;

Que, dans ces circonstances, le jugement attaqué a pu, sans méconnaître la règle qui ne permet d'acquérir par la possession que les servitudes continues et apparentes, accueillir l'action possessoire du sieur Daniel ;

Rejette.

CASSATION, Ch. civ. — 13 août 1842.

I, 377.

V. *Cassation, Ch. civ. — 31 août 1842.*

CASSATION, Ch. req. — 18 août 1842.

(Billard c. Comm. d'Auneuil.)

I, 262, 394.

Les communes sont recevables à agir au possessoire.

La clôture qui entoure un terrain, fait partie intégrante de ce terrain et le fait d'avoir enlevé le cadenas et le boulon employés à la fermeture, constitue un trouble qui peut être réprimé par l'action possessoire.

Du 8 octobre 1840, sentence du juge de paix ainsi conçue :

En fait, considérant qu'à une époque déjà reculée, la commune d'Auneuil a fait poser autour d'un terrain communal désigné en la demande, et destiné à la tenue des fêtes, jeux et danses publiques, des barrages pour défendre l'accès des voitures, chevaux ou bestiaux qui pourraient causer des dégradations ou autres accidents ; — Que Billard, sans nier les faits à lui reprochés, et qui, par sa négligence, ont exposé ce terrain à des atteintes dont la commune doit veiller à le préserver, se borne

à opposer une fin de non-recevoir ; — En droit, sur le premier moyen, tiré de ce que le boulon et le cadenas étant meubles, l'action possessoire ne saurait être admise, et que, considérant la demande sous le point de vue mobilier, il fallait au maire de la commune d'Auneuil une autorisation de plaider ; — Considérant que le fait de Billard d'avoir, à l'aide de la clef qui lui était confiée pour en user en tant que de besoin, séparé le cadenas et le boulon dont il s'agit, parties intégrantes et nécessaires de la clôture du terrain communal d'Auneuil, ne peut avoir fait perdre à ces objets une qualité qu'ils tenaient de leur jonction à une clôture immeuble par destination, destination notoire pour Billard, comme pour tous les habitants de la commune ; — Que le maire, demandeur au nom de la commune d'Auneuil, n'avait donc pas besoin de l'autorisation prescrite par l'art. 55 de la loi du 18 juillet 1837 sur les attributions municipales, ne s'agissant pas d'une action mobilière ; qu'il n'est pas question, d'ailleurs, en la demande, de la restitution de ces objets, mais de leur rétablissement en leur lieu et place accoutumés ; qu'il ne peut y avoir entre la commune, être fictif, et Billard, de restitution, comme il l'entend, de la main à la main ; — Sur le deuxième moyen, tiré du caractère d'imprescriptibilité qu'aurait la clôture dont il s'agit, comme dépendant d'une propriété imprescriptible ; — Considérant que cette clôture est une propriété particulière de la commune d'Auneuil, tellement distincte du terrain qu'elle entoure, qu'elle peut, d'un jour à l'autre, être aliénée en vertu d'une simple délibération du pouvoir municipal, ce qui ne saurait avoir lieu pour une propriété publique imprescriptible ; — Que la propriété de cette clôture est tout à fait séparée de celle du terrain communal dont elle n'est pas partie intégrante, bien qu'elle soit placée pour sa défense ; que, d'ailleurs, fût-elle même d'une nature imprescriptible par suite de sa destination, cette qualité serait, à l'égard de Billard seul, ou de tout autre riverain, un obstacle en faveur de la commune d'Auneuil contre une action possessoire ; mais qu'il est reconnu que les communes demanderesses sont toujours libres de choisir leur mode d'action, et de se pourvoir, soit en dommages-intérêts, soit en restitution, soit au possessoire, quand bien même le défendeur n'élèverait aucune prétention, soit sur la possession de la commune, soit pour leurs dépendances, soit pour le surplus de l'immeuble ; — Attendu qu'il n'est pas nécessaire, enseignent les auteurs, que les actes qui constituent le trouble soient susceptibles de faire acquérir un droit ; qu'il suffit qu'ils gênent dans la jouissance pour donner lieu à l'action possessoire ; que les actes reprochés à Billard et par lui commis sur les barrages de la commune d'Auneuil, sans nul doute compris dans ces expressions de l'art. 3, C. pr., « et autres clôtures » sont de cette nature ; qu'aux termes dudit article et de l'art. 10 de la loi du 24 août 1790, l'action possessoire peut être intentée pour tout trouble de jouissance sur les haies, arbres fossés et autres clôtures ; que l'action intentée par le maire d'Auneuil l'a été dans les délais voulus par l'art. 23 du Code précité.

Sur appel jugement du tribunal de Douai, en date du 10 mars 1841 :

Adoptant les motifs; — Et attendu que la place appartient à la commune d'Auneuil qui a fait apposer des barrières pour clore cette place; — Attendu que Billard, en enlevant une partie de la barrière, pour établir un passage à son usage, a commis une voie de fait qui porte atteinte à la possession de la commune.

Pourvoi de Billard.

ARRÊT

LA COUR : — Attendu que le jugement attaqué reconnaît, de la manière la plus formelle, que la commune d'Auneuil était en possession du terrain, dont la clôture fait l'objet du procès; que, dès lors, le droit de complainte, pour tout ce qui troublait cette possession, appartenait nécessairement à cette commune, et, par conséquent, à son représentant légal;

Attendu que la clôture, dont le maire avait jugé à propos d'entourer ce terrain, en faisait nécessairement partie, et que tout ce qui avait pour objet d'y porter atteinte pouvait être réprimé par la même voie de complainte;

Rejette.

CASSATION, Ch. civ. — 22 août 1842.

(Comm. de Chierry c. Lecroq.)

I, 238, 501.

Cumule le possessoire et le pétitoire le jugement qui surseoit sur la demande en complainte jusqu'à ce que les parties aient fait régler leurs droits de propriété.

L'offre de prouver à la fois une possession annale et une possession immémoriale ne nuit pas à l'action possessoire pourvu que le juge ne statue que sur la possession annale, quand bien même il tirerait argument d'une possession plus étendue.

ARRÊT

LA COUR : — Vu l'art. 6, § 1er, loi du 25 mai 1838, et les art. 23 et 25 C. pr. civ. :

Attendu que, des conclusions prises dès l'origine de l'instance, qui ont été répétées et maintenues durant tout son

cours, résulte que la commune de Chierry s'est prétendue en possession immémoriale, et notamment depuis an et jour, du droit de faire couler, par un canal artificiel, à travers le terrain du défendeur, les eaux d'une fontaine qui appartient à cette commune, pour les conduire dans l'abreuvoir communal, et du droit d'user, dans cet abreuvoir, de ces eaux qui, par la nécessité pour le bétail de la commune, constituent en faveur de celle-ci une servitude légale dont elle est pareillement en possession depuis plus d'une année; — Que la commune soutenant que le défendeur avait, depuis moins d'un mois, intercepté le cours ordinaire des eaux en pratiquant sur sa propriété une rigole qui, faisant dérivation au canal, les détournait de l'abreuvoir pour les jeter dans un fossé latéral à la route, a demandé à être maintenue dans la possession annale où elle est de faire couler les eaux à travers l'héritage du défendeur pour les recevoir dans l'abreuvoir communal;

Attendu que la prétention de la commune ainsi libellée et par conséquent la possession annale qu'elle articule, porte évidemment sur l'abreuvoir aussi bien que sur le canal artificiel qui conduit les eaux;

Attendu que le défendeur, en convenant dans ses conclusions retenues en la sentence du juge de paix, que la commune demande sa maintenue en possession de l'abreuvoir lui-même, a supposé que la commune invoque le droit de propriété tandis qu'elle réclame littéralement la seule possession annale, toutefois, en alléguant, pour mieux appuyer sa demande, que sa possession est immémoriale; que, de sa fausse interprétation, le défendeur a tiré la conséquence que, lui aussi se disant propriétaire de l'abreuvoir, il y avait lieu de surseoir au jugement sur la demande en complainte pour faire d'abord décider la question de propriété;

Attendu que les prétentions des deux parties, ainsi fixées par leurs conclusions respectivement prises, la compétence était acquise au juge de paix, sauf aux parties, après la sentence sur la complainte possessoire, à intenter le pétitoire quant à l'abreuvoir, si elles le croyaient utile; que ce magistrat, par sentence définitive du 8 août 1838, a maintenu la commune en la possession et jouissance de l'abreuvoir et en celle de la conduite d'eau, possession qui ne peut, ne doit s'entendre que de la possession annale, la seule qui ait fait l'objet des conclusions de la commune, ainsi que de la sentence interlocutoire du premier du même mois ; la possession immémoriale n'était mentionnée que comme argument pour la possession annale ;

Que néanmoins le jugement attaqué, en appréciant autrement la sentence définitive, l'a réformée et a ordonné qu'il serait sursis à la demande en complainte, jusqu'à ce que les parties aient fait régler leurs droits de propriété sur l'abreuvoir ;

En quoi, ledit jugement a expressément violé l'art. 6, § 1er de la loi du 25 mai 1838, les art. 23 et 25, C. pr. civ., et par suite, commis un excès de pouvoir et violé les règles de la compétence ;

Casse.

CASSATION, Ch. civ. — 31 août 1842.
(De Chamblant c. de Tillières.)

I, 377, 555.

Pour être déchargé de l'action possessoire intentée contre lui, il ne suffit pas au fermier de nommer son bailleur conformément à l'art. 1727, C. civ. Ce dernier doit être appelé en garantie afin d'être mis en demeure de declarer qu'il assume la responsabilité du trouble commis.

L'instance n'est pas modifiée par la circonstance que l'auteur du trouble soutient n'avoir pas agi dans son intérêt personnel, mais uniquement comme représentant et par l'ordre d'un tiers, sauf à celui-ci à exercer un recours en garantie.

Du 28 août 1833, jugement du tribunal du Blanc ainsi motivé :

Considérant qu'il est établi que Tillières a fait défricher 50 boisselées du terrain litigieux, en avril, mai et juin 1831 ; qu'il les a cultivées dans les mois suivants, et ensemencées en octobre de la même année ; — Que, dans l'hiver de 1831 à 1832, il a fait défricher le restant de ce terrain, d'une étendue de 10 boisselées ; — Que c'est au mois de juillet 1832 que la dame Chamblant et ses en-

fants ont fait enlever la récolte produite par la terre cultivée et ensemencée par Tillières ; — Que, d'après le rapprochement de ces époques, l'appelant avait la possession civile annale du terrain le premier défriché, lorsque les intimés l'ont troublé par l'enlèvement de la récolte ; — Qu'à la vérité, les sieurs Chamblant et leur mère, voyant le défrichement fait par les ordres de Tillières, avaient exercé une action possessoire contre le métayer et le terrassier qui avaient opéré les travaux, et ce, avant qu'un an se fût écoulé depuis leur exécution ; — Mais que, dès leur comparution devant le juge de paix, le métayer et le terrassier avaient demandé un délai pour mettre Tillières en cause, délai qui leur fut accordé, sans qu'ils aient appelé Tillières ; — Que, dès lors, la dame Chamblant et ses enfants connaissant le véritable prétendant à la possession litigieuse, auraient dû, dans leur intérêt, l'appeler eux-mêmes, pour faire juger la question avec lui, si les défendeurs primitifs ne le faisaient pas ; — Que, loin d'agir ainsi, ils ont demandé et obtenu jugement de maintenue possessoire contre le terrassier et le métayer ; — Que ce jugement, étranger à Tillières, ne peut lui être opposé comme interruptif de sa possession, et qu'on ne peut de même lui opposer la citation donnée aux gens qu'il avait employés ; car, d'après l'art. 2244, C. civ., la seule citation qui interrompe la prescription est celle qui est signifiée à celui qu'on veut empêcher de prescrire ; — Quant aux boisselées cultivées dans l'hiver de 1831 à 1832 : — Considérant que cette portion ne fait qu'un seul tout avec les 50 autres boisselées ; — Que la culture de ces dernières n'a été que la continuation de celle des autres ; — Que les parties ont toujours considéré ces deux portions de ce terrain comme litigieuses au même titre, et ne constituant qu'un seul et même ensemble ; — Que, conséquemment, les actes de possession exercés sur une portion s'appliquant à la totalité qu'elles regardaient comme indivise et, en quelque sorte indivisible, n'entendant l'une et l'autre prétendre exercer aucun droit sur une portion qu'elles ne l'exerçassent également sur le tout ; de telle sorte que les 10 boisselées défrichées en dernier lieu ont suivi le sort de 50 autres, dont la possession est acquise par plus d'un an et un jour à l'appelant.

Pourvoi par de Chamblant.

ARRÊT

LA COUR : — Vu l'art. 23, C. pr. civ., et l'art. 2233, C. civ. :

Attendu, en fait, que le jugement attaqué, en déclarant maintenir Tillières en possession des terrains litigieux, n'a mentionné qu'une preuve unique de cette possession, et l'a tirée des travaux de défrichement et d'ensemencement opérés par le défendeur ;

Attendu que ces mêmes travaux avaient été précédemment l'objet d'une action en complainte exercée par les demandeurs en cassation contre le colon et le terrassier, auteurs personnels de ces actes, et sur laquelle deux jugements, rendus le 18 juin 1832, avaient maintenu lesdits défendeurs dans la possession par eux alléguée ;

Attendu que celui dans l'intérêt duquel ont été commis des actes attentatoires aux droits du possesseur et objets d'une complainte, ne peut invoquer ces mêmes actes comme fondant, à son profit, une possession contraire et établissant, de sa part, la possession paisible, par lui ou les siens, dont parle l'art. 23, C. pr. civ.; d'où il suit que le jugement attaqué a expressément violé les lois précitées ;

Sans qu'il soit besoin de statuer sur les autres moyens ;

Casse.

CONSEIL D'ÉTAT. — 5 septembre 1842.

(Pannetier et Coutenot c. Batine.)

I, 348.

En cas de prise de possession par l'administration avant l'accomplissement des formalités de l'expropriation, le propriétaire ainsi dépossédé peut agir utilement par l'action possessoire pour faire déclarer sa possession et obtenir des dommages-intérêts.

ARRÊT

LOUIS-PHILIPPE, etc. : — Considérant qu'il est reconnu par toutes les parties que les travaux exécutés pour le curage de la rivière de Seille, sur le territoire de la commune de Ruffey, comprennent dans les limites de leur tracé, dûment approuvé, des parcelles de terrain dont les sieurs Coutenot et Pannetier ont la possession à titre de propriétaires, possession qui aurait été troublée par lesdits travaux, sans que, à l'égard desdites parcelles, il y ait eu déclaration d'utilité publique et accomplissement des formalités prescrites par la loi du 3 mai 1841 ;

Considérant que le juge de paix, seul compétent pour prononcer sur l'action possessoire, est seul compétent pour statuer sur les dommages-intérêts prétendus, à raison du trouble apporté à la possession ; que les torts et dommages, dont la loi du 28 pluviôse an VIII attribue l'appréciation aux Conseils de préfecture, sont ceux qui résultent de travaux publics autorisés, et non ceux qui résultent de l'occupation irrégulière de l'immeuble avant l'accomplissement de l'expropriation ;

Considérant, d'autre part, que l'administration peut seule ordonner la destruction de travaux opérés par ses ordres, etc.

CASSATION, Ch. req. — 16 nov. 1842.

(Comm. de la Gouberge c. Buffet.)

I, 579, 580.

Le juge du possessoire qui ne reconnaît la possession annale à aucune des parties a le droit d'accorder la récréance à l'une d'elles ou d'ordonner le séquestre.
Pour obtenir la récréance le défendeur n'a pas besoin de conclure formellement à son maintien en possession; il lui suffit de s'être efforcé, en combattant la demande, d'établir, notamment par une contre-enquête, sa possession personnelle.
En accordant la récréance à l'une des parties, le juge a le pouvoir de régler la jouissance de la chose; il peut par suite décider que chacune des parties est autorisée à en profiter dans la proportion qu'il détermine.

ARRÊT

LA COUR : — Attendu, sur le deuxième moyen, que la possession vaut titre jusqu'à ce que le droit de propriétaire non possesseur soit justifié ; il se pourrait qu'on donnât cet avantage à un possesseur qui n'aurait possédé que quelques mois, et dans l'ancienne jurisprudence, le juge, ne reconnaissant la possession annale à aucune des parties, s'abstenait de prononcer sur le possessoire, soit en accordant la récréance à l'une des parties, soit en ordonnant le séquestre ; toute présomption sur la propriété restait suspendue; c'était une mesure essentiellement conservatrice;

Attendu que cette faculté non abrogée par les lois nouvelles est conforme à leur esprit, et se trouve même virtuellement consacrée par l'art. 1961, C. civ., qui permet d'ordonner le séquestre d'un immeuble dont la possession est litigieuse ;

Attendu dès lors que le tribunal a fait une juste application des principes de la matière, et a sagement usé de la faculté d'ordonner soit la récréance, soit le séquestre, en n'ordonnant pas un séquestre absolu, exclusif, et en permettant aux habitants de la commune de continuer à jouir du droit de puiser de l'eau et d'abreuver les bestiaux ;

Attendu que l'objection que la commune n'avait offert aucune preuve est sans influence, soit parce que la commune, admise à la preuve contraire, a fait une contre-enquête, soit parce que ce serait une appréciation des faits résultant des deux enquêtes qui ne pourrait pas être soumise à la censure de la Cour de Cassation ;

Rejette.

CASSATION, Ch. req. — 5 déc. 1842. (Jattiot c. Comm. de Laitre-sous-Amances.)

I, 583, 687.

Les arrêtés pris par un maire comme officier de police pour prescrire, par exemple, dans un intérêt de salubrité publique, des travaux d'assainissement de la voie publique, ne peuvent être attaqués par les particuliers que devant l'autorité administrative ; ils ne sauraient motiver ni l'action en complainte ni l'action en réintégrande.

Du 21 mai 1841, sentence du juge de paix ainsi motivée :

Attendu qu'il est constant, en fait, que le maire de Laitre s'est borné à garantir la voie publique des eaux qui la rendaient impraticable ; — Qu'il a concentré son œuvre dans les limites du terrain communal sans empiéter d'une façon quelconque sur un terrain étranger ; qu'il n'a fait, en cela, qu'user du droit qui appartient à chacun d'écarter les inconvénients qui peuvent lui être nuisibles ; qu'ainsi, même dans les principes du droit commun, il n'a pas commis de trouble proprement dit ; — Qu'il n'y en a pas davantage dans le fait d'avoir libéré la commune d'une prétendue servitude de conduite d'eaux souterraines, puisque pareille servitude est essentiellement occulte, incapable de produire la prescription, et, par conséquent, l'action possessoire (art. 688, 689, 690, 691 et 2228, C. civ., et 23, C. pr.) ; — Si donc le tribunal de paix était compétent pour statuer sur la demande, il ne balancerait pas un instant à la déclarer non

recevable et mal fondée ; — Mais, attendu que de l'art. 13, tit. II, de la loi du 24 août 1790, ainsi que de la loi du 16 fructidor an III, il suit que les tribunaux ne peuvent, à peine de forfaiture, troubler, de quelque manière que ce soit, les opérations des corps administratifs ; — Que l'action reprochée au maire de Laitre est évidemment une opération administrative, puisque c'est en sa qualité et comme investi par la loi de la police et de l'administration de la petite voirie qu'il a fait ce qu'on lui reproche ; — Que s'il a excédé son droit, c'est à l'administration supérieure (dont il relève) qu'il faut déférer la censure de son opération (Cour de Cassation, 13 mars 1810) ; — Considérant que, loin de se trouver en opposition avec les principes professés par le défendeur, la doctrine du tribunal n'est au contraire qu'une conséquence de ces principes bien vrais en eux-mêmes, mais mal appliqués par les demoiselles Jattiot ; — En effet, pourquoi toutes les actions possessoires (bien ou mal fondées) sont-elles de la compétence du tribunal de paix ? — C'est parce que toutes doivent conduire soit au maintien, soit au recouvrement, soit à l'acquisition de la jouissance, laquelle est une véritable propriété utile ; et comme toutes les questions de propriété sont déférées aux tribunaux, il est rationnel de leur déférer de même les interdits possessoires conduisant, en définitive, à la propriété foncière après la révolution de temps voulu pour prescrire ; — Ainsi, pour qu'il y ait lieu à l'action possessoire et par conséquent à la compétence du juge de paix, il faut que le trouble dont on demande la réparation ait eu pour but l'accaparement de la propriété sur laquelle il frappe ; — Or, rien de semblable dans la cause. Le maire de Laitre-sous-Amances n'a voulu ni acquérir sur les Jattiot, ni les priver d'une possession, puisque la servitude qu'ils réclament n'en est pas susceptible. Qu'a-t-il fait ? Comme la police de la petite voirie lui est attribuée, il a fait sur la voie publique un simple acte de police ; mais un acte de police n'est pas répressible par l'action possessoire, il ne l'est que par le recours à la police supérieure, c'est-à-dire à l'autorité préfectorale. Quelle ne serait pas la confusion, si l'on s'avisait de franchir ce cercle d'une espèce toute spéciale, pour se lancer dans un cercle étranger ? Bientôt ce serait par l'action possessoire que l'on essayerait de réprimer les faits criminels ou correctionnels. Il ne peut pas en être ainsi. L'action possessoire a pour base la possession prolongée ; hors de là, ce n'est plus la complainte qu'il faut prendre, mais bien la voie correspondante à l'espèce et à la nature du fait impugné. Ici l'on se plaint d'une mesure de police adoptée par un maire ; hé bien ! que l'on se pourvoie contre lui par voie de recours à l'autorité supérieure, dans l'ordre hiérarchique des pouvoirs.

Sur l'appel, jugement en date du 14 juillet 1841 du tribunal de Nancy, qui confirme en ces termes :

Attendu qu'en admettant, avec les appelantes, que les canaux dont le maire de la commune de Laitre-sous-Amances a opéré la fermeture sur la voie publique où ils débouchaient, auraient été construits anciennement par cette commune pour la garantir des eaux qui descendent des terrains supérieurs, il n'en serait pas moins certain que l'œuvre du maire serait un acte administratif dont le tribunal ne pourrait pas connaître, aux termes des lois des mois d'août 1790 et fructidor an III ; — Adoptant, au surplus, les motifs du premier juge, etc.

Pourvoi des demoiselles Jattiot.

ARRÊT

LA COUR : — Attendu qu'il est établi par les motifs du jugement de la justice de paix adoptés par le tribunal de Nancy que la mesure ordonnée par le maire de la commune de Laitre-sous-Amances, avait pour but d'assainir la principale rue du village, en facilitant l'écoulement des eaux qui en rendaient l'entrée impraticable ;

Que cet acte, concentré dans les limites du terrain communal, rentre essentiellement dans les fonctions attribuées au maire comme administrateur de la commune, chargé de la police et de tout ce qui intéresse la sûreté et la commodité du passage dans les rues ;

Que le recours à l'autorité administrative supérieure était la seule voie ouverte aux demanderesses pour obtenir, s'il y avait lieu, la réformation de cet acte du pouvoir municipal ;

Qu'en refusant de connaître d'une demande en réparation du dommage qui en serait résulté, le juge de paix et l'indépendance des pouvoirs administratif et judiciaire, se sont exactement conformés aux dispositions de ces mêmes lois ;

Rejette.

CASSATION, Ch. req. — 16 janvier 1843.
(De la Ronde c. Labbé.)

I, 474, 613.

Si, en général, un simple fait de pacage est un acte de tolérance et souvent un acte clandestin, il perd ce caractère de précarité lorsque celui qui le reclame s'appuie sur un titre que le juge est obligé d'apprécier au point de vue de la possession.

Du 5 mai 1841, jugement du tribunal de Sancerre ainsi motivé :

Attendu que, sans ordonner la preuve des faits de possession, le juge de paix, mis en demeure d'en apprécier la valeur, s'est fait remettre les titres, et, sur leur examen, a adjugé la possession à de la Ronde ; que la possession est *facti* et non *juris*; qu'encore bien qu'un fait de pacage soit en général un acte de tolérance et souvent un acte clandestin, il perd ce caractère de précarité, lorsque, comme dans l'espèce, celui qui le réclame s'appuie d'un titre de partage qui le lui assure ;—

Que, quoique les actes consultés par le juge de paix n'aient pas été passés avec de la Ronde, et que, dans la rigueur, celui-ci ait pu opposer la maxime *res inter alios acta*, il suffirait qu'ils renfermâssent des énonciations se rattachant à l'objet de la contestation, pour que le juge du possessoire, lorsque, par le résultat de l'enquête, il lui apparaît que les parties ont fait sur l'objet réclamé les mêmes actes de possession, puisse consulter les titres, pour se fixer sur celle des parties qui a joui à titre de maître et ne pas laisser la possession flottante; ce principe se trouvait, dans l'espèce, sans application ; que, sans aucune mesure préalable, le juge de paix s'étant fait remettre le titre de propriété, et, jugeant d'après ces titres une action purement possessoire, a cumulé le possessoire et le pétitoire, et par suite contrevenu aux dispositions des art. 24 et 25 C. pr.

Pourvoi de la Ronde.

ARRÊT

LA COUR : — Sur le premier moyen;

Attendu que les faits de pacage appuyés d'un titre, manifestent l'intention d'user d'un droit et perdent ainsi leur caractère de précarité; qu'en pareil cas, le juge du possessoire est donc obligé d'apprécier les titres sous le point de vue de la possession, et pour déterminer le caractère précaire ou non précaire des faits de pacage;

Attendu que c'est là tout ce qui a été fait par le jugement attaqué, et qu'il importe peu qu'après avoir visé l'acte qui faisait le titre des défendeurs éventuels, il ait déclaré prendre en considération certains actes dans lesquels les demandeurs en cassation n'avaient pas été parties;

Sur le deuxième moyen :

Attendu que le jugement attaqué n'a statué que sur la possession, sauf aux parties, a-t-il ajouté, à se pourvoir au pétitoire par les voies de droit; qu'il n'a donc pas cumulé le possessoire et le pétitoire;

Rejette.

CASSATION, Ch. req. — 22 fév. 1843.
(Chaix c. Missiessy.)

I, 122.

La preuve de la possession d'un canal fait présumer celle des francs-bords de ce canal.

Du 3 juin 1841, jugement du tribunal de Toulon ainsi motivé ;

Attendu qu'il ne résulte pas de l'enquête et de la contre-enquête, auxquelles il a été procédé par le juge de paix, la preuve de la possession annale du bord est du canal dont il s'agit au procès, soit en faveur de Missiessy, soit en faveur de Chaix ; qu'il en résulte seulement en faveur du premier la possession annale du canal ; que les faits qui résultent de la contre-enquête, outre qu'ils remontent à plusieurs années, et sous la possession de l'ancien propriétaire, oncle des appelants, sont seulement des actes de tolérance et de bon voisinage incapables d'établir la possession légale ; — Que, dans cet état de choses le juge de paix aurait dû, pour éclairer sa religion et motiver sa décision ,consulter les titres produits par les parties, ainsi que la loi l'y autorise ; — Attendu qu'il résulte de l'examen de ces titres, et notamment de l'acte d'achat du 28 décembre 1696, que les appelants sont propriétaires du canal, ce qui n'est pas contesté par Chaix ; que l'aïeul des appelants, en désemparant. se réserva expressément la propriété du canal, et n'autorisa même son frère à l'usage de la navigation seulement que pendant le temps où lui et les siens seraient en possession de la propriété contiguë ; — Attendu que le fait de la propriété du canal, établi en faveur des sieurs de Missiessy, fait présumer qu'ils sont propriétaires des bords du canal ; que, par suite, le fait établi de la possession du canal établit nécessairement la possession des bords de ce canal ; que, même en écartant la conséquence de la possession du canal, en l'absence de preuves positives, spéciales, de la possession annale du bord est du canal, la preuve de cette possession s'induirait en faveur des sieurs de Missiessy, comme continuité de la possession antérieure résultant des faits par eux prouvés, alors surtout qu'il s'agit, comme dans l'espèce, d'une partie de terre qui n'est pas soumise à une culture annuelle et périodique.

Pourvoi de Chaix.

ARRÊT

LA COUR : — Sur les quatrième, cinquième, sixième et septième moyens : Attendu que l'arrêt attaqué pour adjuger aux héritiers Missiessy la possession du bord est du canal, s'est fondé sur les faits et sur les circonstances particulières de la cause et qu'il n'a violé aucune loi ;

Rejette.

TOULOUSE. — 7 avril 1843.
(Comm. d'Ytrac c. Duboys.)

I, 615, 630.

La maxime in antiquis enuntiativa probant *est toujours en vigueur relativement aux servitudes discontinues. Elle produit son effet même à l'égard des tiers non parties à l'acte, pourvu que des faits certains ne viennent pas contrarier les énonciations contenues dans l'acte ancien.*

Le droit de dépaissance qui porte sur des héritages autres qu'une forêt, ne constitue qu'une servitude discontinue. Il en est ainsi, notamment, du droit qui s'exerce sur des prairies qui n'ont jamais été la dépendance d'une forêt.

ARRÊT

LA COUR : — Attendu qu'on ne saurait voir dans la faculté de faire dépaître leurs bestiaux dans les affraux d'Ytrac, dont l'exercice est réclamé par les frères Duboys, un droit d'usage tel qu'il est réglé par les art. 625 et suiv., C. civ.;

Que celui-ci n'a, en effet, en vue que la personne dans l'intérêt de laquelle il existe ;

Que la dépaissance sur un fonds dont on n'a pas la propriété, constitue au contraire un usage en faveur d'un immeuble ou des animaux attachés à la culture ; que c'est donc là un service foncier ; qu'il y a lieu dès lors de recourir, pour les conditions auxquelles peut être prescrit ce droit, aux règles écrites au titre *Des servitudes.*

Attendu que celle dont il s'agit, étant discontinue, ne pourrait s'acquérir, sous l'empire du Code civil, que par titre, mais que l'art. 691 a assuré le maintien de celles qui résultaient d'une possession immémoriale dans les pays où cette sorte d'acquisition était permise par la loi ;

Que, lorsque telle était la législation dans le ressort du parlement de Toulouse, les frères Duboys sont admissibles à se prévaloir de cette longue possession ;

Qu'il est inutile qu'ils offrent de prouver qu'elle leur était acquise de temps immémorial avant la promulgation du Code civil, parce que l'acte du 4 août 1614, contenant vente par le sieur de

Roquefort à leur auteur, énonce que les bestiaux du fonds de terre qui faisait l'objet de la vente pouvaient être menés en dépaissance sur les affraux d'Ytrac ;

Que cette déclaration, impuissante à fonder un droit de propriété lorsque la commune n'avait pas figuré dans l'acte, vaut au moins pour constater le fait de l'exercice à cette époque de la faculté aujourd'hui réclamée ;

Que, dès lors, il suffisait de relier une possession actuelle bien constante à celle qui existait en 1614, pour dire avec l'art. 2234, qu'il y a présomption que les frères Duboys ont possédé dans les temps intermédiaires ;

Que cette preuve suffirait à un autre point de vue que celui de la servitude, puisqu'il est reçu en effet que les actes anciens font preuve de leurs énonciations même à l'égard des tiers, lorsque des faits certains ne viennent pas contrarier ceux qu'ils mentionnent ; qu'à plus forte raison ils doivent valoir pour assurer les déclarations qu'ils contiennent quand elles sont conformes à une possession constante ;

Qu'alors, par l'application de la règle qui vient d'être rappelée, la possession actuelle, qui se rattache à une possession ancienne, comble l'intervalle qui les sépare, de manière à ce qu'il y ait présomption que cette possession n'a pas éprouvé d'interruption, les frères Duboys en prouvant qu'ils possèdent aujourd'hui lorsqu'il est acquis que leur auteur possédait le 14 août 1614, trouveront dans l'acte qui est à cette date le titre qui constitue leur droit à l'encontre de la commune, toute étrangère qu'elle y ait été ;

Que, toutefois, pour détruire cet effet, il suffira à ladite commune de prouver que leur possession a été interrompue ;

Attendu que, dans cette situation, le tribunal, en réclamant la preuve qu'ils ont possédé pendant plus de trente ans, avait exigé trop quand il s'agit de donner à la possession actuelle la portée qui vient d'être indiquée, trop peu s'il est question de la prescription d'une servitude, ou de limiter à une preuve quelconque la durée de la possession pour la rattacher à l'acte de 1614, mais que les frères Duboys offrent subsidiairement de prouver leur possession im-

mémoriale ; que c'est le cas d'admettre cette partie de leurs conclusions ;

Réforme.

CASSATION, Ch. civ. — 12 avril 1843.
(Dumet c. Noël.)

I, 74, 98.

En matière de bornage, le juge de paix cesse d'être compétent dès qu'il y a contestation sur les titres et la propriété.

ARRÊT

LA COUR : — Vu l'art. 6, n° 2, de la loi du 25 mai 1838 ;

Attendu que, dans l'instance pendante devant le juge de paix du canton d'Aix-en-Othe, entre les frères Noël et Dumet, ce dernier avait déclaré *contester le titre et la propriété de Noël*, et qu'il lui avait été donné acte par le juge de paix de cette déclaration ;

Que, dès lors, une question de propriété se trouvait engagée devant le juge de paix ;

Qu'il importait peu que la contestation sur la propriété n'eût été déclarée que dans une seconde audience et après un jugement qui avait ordonné le transport sur les lieux contentieux ;

Que, d'une part, aucune disposition de la loi n'oblige à proposer une semblable exception *in limine litis* ; que, d'un autre côté, cette exception portant sur la juridiction du tribunal de paix, elle ne pouvait être couverte par aucun acte de procédure ou d'instruction, et que dès l'instant où elle était produite, le juge de paix devait même de son propre mouvement, déclarer son incompétence ;

Attendu que c'est sans fondement que le jugement attaqué a considéré comme vague la contestation de propriété, lorsque cette contestation avait été soulevée en termes exprès, et que le juge de paix en avait lui-même donné acte ;

Qu'enfin, le défaut d'indication de motifs sur lesquels l'exception de propriété pouvait être appuyée, s'explique suffisamment par la considération que leur appréciation étant, comme la propriété elle-même, hors de la compétence du juge de paix, tout développement à cet égard était sans objet ;

Qu'en décidant, dans de telles circonstances que le juge de paix avait pu retenir la connaissance de la cause, le jugement attaqué a formellement violé les dispositions de la loi précitée ;

Casse.

CASSATION, Ch. civ. — 13 juin 1843.
(Sol c. Latapie.)

I, 376, 555.

L'action possessoire est valablement formée contre l'auteur du trouble quelle que soit sa qualité, sauf à celui-ci à appeler en garantie celui pour le compte duquel il a agi.

Du 12 juin 1840, jugement du tribunal de Toulouse ainsi motivé :

Considérant que la contestation roule au fond sur la possession de l'îlot désigné et confronté dans les diverses citations notifiées au procès ; qu'il résulte des exceptions présentées à toutes les époques dès le commencement des débats, et plus spécialement des conclusions prises devant le premier juge, que Latapie et consorts n'ont jamais prétendu avoir un droit individuel ni à la propriété, ni à la possession dudit îlot ; qu'ils ont constamment soutenu que cette possession appartenait à la section de Pouvourville représentée par le maire de Toulouse dont elle dépend ; que Sol et autres, ainsi avertis dès le principe du véritable état des choses ne se sont pas moins obstinés à poursuivre en leur privé nom les défendeurs originaires qui ne prétendaient aucun droit sur l'Etat, tandis qu'ils ont laissé de côté le maire de la commune de Toulouse, seul représentant légal de ladite section de Pouvourville, qui, en fait, et pendant plus de six années, a continué de posséder sans trouble ni empêchement quelconque de la part de Sol et autres, ainsi que cela est justifié par les actes du procès, et d'ailleurs reconnu par toutes les parties ; — Qu'en cet état, le maire de Toulouse intervenant ou appelé en cause dans le débat où cette possession était agitée, a établi, en fait, par les actes et circonstances du procès, que la section de Pouvourville, était en possession légale de l'îlot dont il s'agit ; — Considérant, d'ailleurs, en droit, que les poursuites dirigées contre cinq habitants de Pouvourville, pris *ut singuli*, n'ont pu être considérées comme un trouble apporté à la possession exercée par la section représentée par le maire de Toulouse, et qu'ainsi lesdites poursuites sont rejetables ; — Considérant que l'offre de la preuve accueillie par le premier juge ne saurait être recevable, puisqu'elle s'applique à une époque antérieure de plusieurs années à la mise en cause de la section de Pouvourville, en la personne du maire de Toulouse, qui n'a jamais cessé de jouir paisiblement et sans trouble de l'îlot dont il s'agit.

Pourvoi de Sol et autres.

LA COUR : — Vu les art. 23, C. pr., 1382 et 1383, C. civ. :

Attendu que des demandeurs en complainte, qui prétendent avoir été troublés dans leur possession, peuvent valablement diriger leur action contre l'auteur du trouble, en quelque qualité qu'il l'ait commis ;

Attendu que, si l'auteur du trouble allègue n'avoir agi que comme représentant une communauté d'habitants, c'est à lui à appeler au procès la communauté et à faire ordonner, s'il y a lieu, soit qu'il sera garanti, soit qu'il sera mis hors de cause ;

Attendu que les demandeurs ont introduit contre Latapie et consorts leur action en complainte, par exploit du 8 mars 1834, en alléguant que ceux-ci auraient, le 14 décembre 1833, coupé et emporté des saules accrus sur l'îlot des Ramiers dont les demandeurs prétendent qu'ils avaient alors la possession annale et paisible ;

Attendu que Latapie et consorts, qui prétendaient, pour leur défense, avoir pratiqué ces faits dans l'intérêt et avec le mandat de la section de Pouvourville, devaient, s'ils voulaient prouver l'existence de ce mandat, appeler au procès ladite section de commune ; mais que cette obligation ne pouvait peser sur les demandeurs qui ne connaissaient que les auteurs du trouble, tant que d'autres défendeurs n'étaient pas régulièrement mis en leur lieu et place, soit par le consentement des demandeurs, soit en vertu du jugement rendu avec ceux-ci ;

Attendu que l'intervention du maire de Toulouse en 1838, comme représentant légal de la section de Pouvourville, ne pouvait changer l'état des faits, objet du litige, tel que la demande originaire l'avait fixé ; qu'il fallait, soit juger ces faits avec la commune, s'ils étaient réputés émanés de la section de Pouvourville, ou par reconnaissance régulière du maire de Toulouse, ou par décision de justice ; soit juger ces faits avec Latapie et consorts, si la responsabilité personnelle de ces défendeurs n'en était pas dûment déchargée ;

Attendu que le jugement attaqué, sans statuer sur ces faits, a rejeté l'action des demandeurs, par le motif que l'îlot en litige aurait été possédé par la commune depuis plus de six années, c'est-à-dire depuis l'introduction de l'instance ;

Qu'en jugeant ainsi, et en s'abstenant d'examiner si les demandeurs avaient à l'origine du procès, la paisible possession annale définie par l'art. 23, C. pr. civ., et si, conformément aux art. 1382 et 1383, C. civ., un dommage avait été causé et devait être réparé ou par Latapie et consorts, ou par la section de commune au nom de laquelle ceux-ci prétendaient avoir agi, le jugement attaqué a violé les lois précitées ;

Casse.

CASSATION, Ch. req. — 14 juin 1843.
(Garnier c. Préfet de Seine-et-Oise.)

I, 579, 685.

Doit être considéré comme ayant conclu d'une manière suffisamment explicite à son maintien en possession, le défendeur qui, tout en combattant la demande, s'attache, notamment dans une contre-enquête, à établir sa possession personnelle. Spécialement, l'État qui a fait dresser un procès-verbal pour s'opposer à la réparation d'un fossé situé au bord d'un chemin limitant une forêt lui appartenant, est présumé lui-même prétendre à la possession du chemin ou du fossé sans qu'il ait besoin de la réclamer formellement dans l'instance possessoire engagée à la requête du contrevenant.

Constitue un trouble pouvant motiver une action possessoire, le procès-verbal dressé au nom de l'État à l'encontre d'un fait de jouissance d'un particulier.

ARRÊT

LA COUR : — Sur le premier moyen :
Attendu que, s'il est possible que le défendeur à l'action possessoire la repousse sans élever aucune prétention sur la chose, soit en soutenant n'être pas l'auteur du trouble, soit en présentant l'acte ou le fait incriminé comme n'étant pas un trouble, soit à défaut de qualité du demandeur, la manifestation contraire a été dans l'espèce très explicite, très formelle, puisque le litige a commencé par un procès-verbal, au nom de l'État, contre une réparation au fossé ;

Que la nature du débat et la tendance des prétentions réciproques ont été très clairement déterminées par le jugement interlocutoire, qui a acquis la force de la chose jugée, ainsi que par les enquêtes réciproques ;

D'où il résulte que le rejet de la demande en complainte avait, dans l'espèce, pour conséquence le maintien des droits de l'État, exprimés et présupposés par le procès-verbal, et qu'en exprimant cette conséquence, le tribunal de Rambouillet n'a pas jugé *ultrà petita ;*

Rejette.

CASSATION, Ch. req. — 20 juin 1843.
(Sampigny d'Issoncourt c. Mouline.)

I, 256.

Ne constitue pas une action en dénonciation de nouvel œuvre, mais une action en complainte ordinaire, celle qui n'est exercée qu'après l'achèvement des travaux et ne repose pas sur des faits présentant un caractère dommageable.

Du 21 février 1842, jugement du tribunal de Privas ainsi motivé :

Attendu, en fait, qu'il résulte de l'enquête que les travaux de Mouline n'ont occasionné aucuns dommages à Sampigny; que ce nouvel état de choses ne change rien à la position de Sampigny, obligé, par l'effet d'une servitude légale, de recevoir les eaux qui s'écoulent du terrain supérieur; — Attendu, en droit, qu'il n'est point contesté que Mouline est propriétaire du terrain sur lequel coule son canal; qu'il a donc pu modifier à son gré les travaux qu'il avait faits dans son propre fonds, alors que Sampigny n'a acquis contre lui aucune servitude.

Pourvoi de Sampigny.

ARRÊT

LA COUR : — Attendu que les conclusions du demandeur devant le juge de paix tendaient : 1° à la destruction de travaux achevés sur le terrain de Mouline; 2° à la réparation actuelle, par voie de dommages-intérêts, du préjudice causé et du trouble apporté à sa possession par lesdits travaux; qu'en cet état, sa demande ne constituait qu'une action possessoire ordinaire;

Attendu que le jugement attaqué,

après avoir déclaré, en fait, que les travaux du sieur Mouline n'avaient causé aucun préjudice au demandeur, et qu'ils n'avaient rien changé à l'état primitif des lieux, a dû, par suite, décider, comme il l'a fait, que l'action possessoire du demandeur ne pouvait être accueillie, l'existence du fait dommageable qui lui servait de fondement n'étant pas prouvé; qu'en le décidant ainsi, le jugement attaqué, loin de violer les lois invoquées, en a fait, au contraire, une juste application;

Rejette.

———————

CASSATION, Ch. req. — 27 nov. 1843.

(Jougla c. Rivols.)

I, 249.

Au cas d'incorporation d'un terrain à un chemin vicinal, l'action possessoire cesse d'être recevable lorsqu'il s'est écoulé plus d'une année depuis l'accomplissement des formalités prescrites pour cette incorporation.

Du 26 juillet 1843, jugement du tribunal de Castres ainsi conçu :

Attendu que le terrain dont il s'agit dans le procès formant une partie de l'ancien chemin de la Coutarie à Verdalle, a été compris dans l'état des chemins vicinaux par un arrêté du préfet du département, du 20 juin 1837, et que sa largeur a été fixée à 5 mètres; — Attendu que suivant un deuxième arrêté du préfet, du 31 juillet 1840, cette partie du chemin a été supprimée, une nouvelle direction a été donnée au chemin, et le maire de la commune a été autorisé à céder ledit terrain au sieur Rivols en échange du terrain que ce dernier abandonnait pour le nouveau chemin; — Attendu qu'après toutes les formalités voulues par la loi, cet échange a eu lieu suivant un acte passé devant Me Abriel, notaire à Dourgue, le 25 décembre 1840; — Attendu que ces divers actes ne laissent aucun doute sur l'emplacement du terrain dont s'agit, puisque, dans l'état des chemins vicinaux, approuvé par l'arrêté du 20 juin 1837, il est expliqué que le chemin arrive à la Coutarie en suivant le réseau dans toute sa longueur; que ce chemin fut même inspecté le 7 mars 1839 par l'agent de Puilaurent; que dans le plan joint au second arrêté du 31 juillet 1840, ledit terrain se trouve parfaitement désigné par une teinte jaune, etc.; — Attendu que les arrêtés précités ont été rendus en vertu des art. 13 et 19 de la loi du 25 mai 1836 sur les chemins vicinaux, et précédés de toutes les formalités exigées pour cette loi; — Attendu que l'effet de l'acte administratif qui reconnaît et déclare un chemin vicinal est de mettre le public en

jouissance, et que, par suite, le terrain formant l'emplacement de ce chemin n'est plus susceptible d'une possession privée; — Attendu que, sous ce premier rapport, les dames Jougla ne pouvant invoquer aucune possession du terrain litigieux, lorsque la propriété en fut transmise au sieur Rivols, l'action possessoire qu'elles ont portée devant le juge de paix du canton de Dourgue devait être rejetée; — Attendu, d'un autre côté, qu'il est évident que cette action n'aurait pu être accueillie sans porter atteinte aux arrêtés dont il vient d'être parlé, pris par le préfet, dans les limites de ses attributions, et sans violer les règles qui préservent la séparation des pouvoirs judiciaire et administratif.

Pourvoi des dames Jougla.

ARRÊT

LA COUR : — Attendu qu'il s'agissait, dans la cause, d'une action possessoire; que, pour faire triompher l'action en complainte, il faut justifier d'une possession paisible remontant au moins à une année;

Attendu que le jugement attaqué constate que les demanderesses avaient été dépouillées de la possession depuis plus d'un an au moment de l'action;

Attendu que la prise de possession par la commune a été faite en vertu d'actes administratifs qu'il n'appartient aux tribunaux ni d'apprécier ni de critiquer; qu'en le décidant ainsi, le jugement attaqué, loin de violer les lois invoquées, s'y est strictement conformé;

Rejette.

———————

CASSATION, Ch. req. — 4 déc. 1843.

(Marsilly c. Préfet du Pas-de-Calais.)

I, 423, 426, 542.

Pour qu'un terrain fasse partie du rivage de la mer, il n'est pas nécessaire qu'il soit continuellement recouvert par les eaux; il suffit qu'il le soit fréquemment et principalement aux plus hautes marées.

Un terrain de cette nature n'est ni aliénable ni prescriptible et ne peut faire l'objet d'une possession utile ni des actions possessoires.

La maxime pro parte usus videtur usus in totum ne s'applique qu'à l'exercice d'un droit considéré dans son unité et lorsqu'il y a indivisibilité.

Du 30 juin 1840, jugement du tribunal de Boulogne ainsi motivé :

Considérant que les dunes et garennes pouvaient être l'objet d'une possession particulière, parce qu'elles produisent des ojats, des épines, et que certains bestiaux peuvent y trouver leur pâture ; qu'il en est de même des 8 hectares 31 ares vers le fort Nieulay, dont le sol est ferme, accessible, revêtu d'un gazon épais et qui produit une herbe abondante, que la mer ne couvre qu'à de rares intervalles ; que la partie vaseuse, le long du canal de l'arrière-port, qui ne porte aucun signe de végétation, et qui est couverte, chaque marée, par les eaux de la mer qui refluent dans le canal, ne peut être l'objet d'aucune jouissance ; que la partie qui longe la dune depuis le hameau des Baraques jusqu'au Longpont ne peut être considérée que comme rivage de la mer ; que l'herbe dont elle est revêtue est peu abondante ; que l'eau de la mer qui reflue du canal de l'arrière-port la couvre fréquemment ; qu'elle en est imprégnée ; que le sol n'est pas solide, d'un accès difficile, et n'est pas encore à un état de défrichement et de produit tel qu'elle puisse être possédée d'une manière utile ; — Considérant, relativement aux dunes et garennes, que la possession des appelants n'est justifiée que relativement à la portion qu'ils ont louée aux administrateurs des bains de mer de Calais par bail sous seing privé du 31 janvier 1837, enregistré ; que, par rapport au surplus, les baux de 1806, 1815 et 1833 ne sont pas assez explicites pour prouver que les appelants en ont eu la jouissance ; qu'il est à remarquer qu'il s'y trouve deux corps-de-garde de douane pour lesquels l'administration ne paye aucun loyer ; que les appelants n'ont jamais fait de vente des épines qui s'y trouvent ; qu'ils ne justifient pas qu'ils aient fait rédiger des procès-verbaux pour les délits dont elles ont pu être l'objet, ni exercé des poursuites à ce sujet ; qu'il résulte des documents produits que c'est aux frais de l'État que les plantations d'ojats ont été primitivement faites, et que, si, pour se garantir de l'invasion des sables, les appelants ont entretenu quelques portions de ces plantations, l'État n'avait pas d'intérêt à s'y opposer ; qu'on ne pouvait pas tirer de ce fait une preuve de jouissance.

Pourvoi de Marsilly.

ARRÊT

LA COUR : — Sur le premier moyen :
Attendu que les demandeurs ayant produit divers titres pour justifier leur prétendue possession, et spécialement pour déterminer le caractère des faits de dépaissance par eux articulés, le tribunal a dû apprécier ces titres sous le point de vue de l'action possessoire dont il était saisi ;

Attendu qu'en se livrant à cet examen, il s'est exactement renfermé dans les limites de ses attributions possessoires ; qu'il n'a donc violé aucune loi ;

Sur le deuxième moyen :
Attendu qu'il s'agissait d'un terrain borné au nord par la mer, à l'est par le chenal du port de Calais, et au sud par l'arrière-port ; que le jugement attaqué a déclaré, en fait, qu'une partie de ce terrain était couverte à chaque marée, et l'autre partie fréquemment par les eaux de la mer refluant dans le canal du port ou de l'arrière-port ;

Attendu qu'en déduisant de ces faits la conséquence que le terrain dont il s'agit devait être réputé rivage de la mer, le jugement attaqué a fait une juste application de l'art. 538, C. civ., et de l'art. 1er, tit. VII, livre 4, de l'ordonnance de la marine ; qu'il s'est également conformé aux principes en déclarant, pour l'appréciation de certains faits de dépaissance invoqués par les demandeurs, que ce même terrain, eu égard à sadite qualité de rivage de la mer, et à l'absence presque complète de végétation, n'avait pas été susceptible d'une possession utile ; qu'ainsi aucune des lois citées n'a été violée ;

Sur le troisième moyen :
Attendu que la maxime : *Pro parte usus videtur usus in totum* n'est applicable qu'à l'exercice d'un droit considéré dans son unité ;

Attendu qu'il s'agissait, dans l'espèce, d'une action en complainte ayant pour objet un grand espace de terrain parfaitement divisible de sa nature, et dont l'état matériel était loin d'être uniforme ; qu'en accordant donc aux demandeurs la maintenue possessoire pour la partie du terrain qu'ils ont été reconnus avoir réellement possédée, et en la leur refusant pour la portion où la preuve de cette possession leur a manqué, le jugement attaqué s'est conformé aux lois et à la raison ;

Sur le quatrième moyen :
Attendu que la demande en dommages-intérêts pour trouble apporté à la possession des demandeurs supposait la reconnaissance préalable de cette possession ; qu'elle formait ainsi un simple accessoire à la demande en réintégrande, et lui était essentiellement subordonnée ; qu'il suit de là que les motifs qui ont déterminé le rejet de la demande principale se sont appliqués d'eux-mêmes au rejet de la demande accessoire ;

Attendu, d'ailleurs, qu'il résulte de la constatation de faits du jugement attaqué que les travaux de l'Etat, présentés comme constitutifs du trouble, ont été exécutés dans la partie du terrain restée au pouvoir de l'Etat, et non dans celle dont la possession a été attribuée aux demandeurs en cassation ; qu'ainsi ces constatations de faits, jointes aux motifs généraux du jugement, ont implicitement motivé le rejet de la demande en dommages-intérêts ;

Rejette.

CASSATION, Ch. civ. — 10 janv. 1844.

(Comm. de Perrigny c. Comm. de Conliège et de Briod.)

I, 198, 656.

Les cimetières étant par leur nature placés parmi les biens hors du commerce ne peuvent être l'objet de l'action possessoire.

Du 30 décembre 1839, jugement du tribunal de Lons-le-Saulnier ainsi motivé :

Considérant que la complainte n'est recevable qu'à l'égard des choses qui peuvent être acquises par la prescription ; que les choses dépendant du domaine public municipal, telles que les cimetières, les églises, *quæ sunt divini juris*, sont imprescriptibles, tant qu'elles restent affectées à l'usage auquel elles sont destinées ; que ce principe général, fondé sur ce que le propriétaire indivis ne peut rien acquérir au préjudice des autres, doit se limiter, d'après les termes de la loi, aux particuliers, parce qu'ils ne peuvent jamais avoir une possession utile d'une chose imprescriptible pour eux ; — Qu'il en est autrement à l'égard des communes parce qu'elles possèdent ordinairement, à l'exclusion d'autres communes, des cimetières qui font partie de leur domaine public municipal, et sont consacrés à recevoir les restes mortels de tous, des habitants de la paroisse, comme ceux des étrangers qui y sont décédés ; — Que l'imprescriptibilité des choses dépendantes du domaine public municipal n'existe donc réellement qu'à l'égard des particuliers ; qu'on ne saurait disconvenir qu'une commune, sur le territoire de laquelle serait situé un cimetière, serait fondée à former l'action en complainte contre tout particulier qui commettrait des usurpations, ou y ferait toute autre entreprise ; qu'il en doit être de même des entreprises d'une commune voisine, commises dans l'année, ou qui viendrait y enterrer ses morts, parce que l'usage des choses dépendantes du domaine public municipal, telles qu'un cimetière, se limite aux habitants de la paroisse et aux étrangers qui meurent dans l'étendue du territoire, et que

la commune, propriétaire de l'emplacement, a intérêt à s'opposer à ce que l'usage en soit étendu à une autre commune ; que le sort des propriétés de cette nature, mises à l'abri de la possession des particuliers, ne peut rester incertain ; qu'elles sont par conséquent soumises aux règles ordinaires du droit de copropriété ou d'usage, et qu'elles peuvent être par là l'objet d'une action en complainte, comme d'une action pétitoire.

Pourvoi de la commune de Perrigny.

ARRÊT

LA COUR : — Vu l'art. 2226, C. civ. :

Attendu qu'on ne peut, aux termes de l'art. 2226, C. civ., prescrire le domaine des choses qui ne sont point dans le commerce, et qu'une action possessoire n'est susceptible d'être exercée qu'autant que la prescription pourrait résulter de la possession ;

Attendu qu'un cimetière est une nature de bien placé hors du commerce, tant à l'égard des particuliers qu'à l'égard des communes obligées d'en respecter la destination ;

Attendu que le jugement attaqué, en déclarant les communes de Conliège et de Briod recevables à agir par voie de complainte possessoire contre la commune de Perrigny, à l'effet d'être maintenues en la possession du cimetière dans laquelle elles se prétendaient troublées par un fait d'inhumation, a violé l'art. 2226, C. civ., et fait une fausse application de l'art. 23, C. pr. civ.;

Casse.

CASSATION, Ch. req. — 11 juin 1844.

(Dutertre c. Besnier.)

I, 683.

Le trouble apporté par l'un des riverains d'un cours d'eau à la jouissance de ses coriverains ne donne lieu à une action possessoire qu'autant que ce trouble est à la fois abusif et dommageable.

Du 4 avril 1843, jugement du tribunal de Mamers ainsi motivé :

Attendu qu'en première instance, comme en appel, Besnier n'a point contesté à Dutertre les eaux de la rivière de Bois-Landon arrivées en face du canal dit par celui-ci canal de dérivation ; qu'il s'est contenté de se prévaloir de ses droits de riverain et de l'usage ancien qu'il a toujours fait des eaux de la rivière pour l'irrigation de son pré ; — Que si, dans les faits reprochés à Besnier, Dutertre a pu voir un abus dans les prises d'eau pouvant donner lieu à une réparation civile, c'est bien à tort que le premier juge, sans constatation aucune de l'abus, et surtout sans constatation de préjudice causé, a rendu le jugement dans lequel il considère l'action introduite comme une action possessoire proprement dite, et par lequel il condamne Besnier à 25 fr. de dommages-intérêts et aux dépens, encore que, dans les motifs de son jugement, il constate que Dutertre n'ait point souffert d'autre préjudice que celui qui sortait du trouble apporté à sa jouissance ; — Mais, attendu que si, dans certains cas, le trouble apporté à une possession peut donner lieu à une condamnation à des dommages-intérêts, dans l'espèce, une semblable condamnation n'était possible qu'au cas où il serait constaté qu'un abus existerait, et que la prise d'eau abusive aurait été préjudiciable ; et comme rien ne justifie que Dutertre ait réellement souffert et surtout souffert dans ses droits acquis au respect de Besnier, celui-ci doit être relevé de toutes les condamnations prononcées contre lui, d'autant plus que le fait seul d'avoir établi un barrage ne peut être grief qu'autant qu'il y a eu abus dans les prises d'eau, ce que le premier juge n'a pas constaté légalement.

Pourvoi de Dutertre.

ARRÊT

LA COUR : — Attendu que, dans l'espèce du litige, le fait de trouble apporté à la possession non méconnue du demandeur ne pouvait motiver une condamnation contre l'auteur de ce trouble, qu'à la double condition qu'il y aurait eu, de la part de ce dernier, abus dans l'exercice de ses droits de riverain, et qu'en même temps cet abus eût causé un préjudice appréciable au demandeur ; que le jugement attaqué constate qu'il n'a été rapporté ni même offert aucune preuve, soit de la jouissance abusive, soit du dommage causé ; que, dans cet état de choses, ledit jugement, en repoussant l'action du demandeur, loin de violer les articles de loi invoqués, en a fait une juste application ; Rejette.

CASSATION, Ch. req. — 25 juin 1844.
(de Mautort et Perrin c. de Métivier.)

I, 201.

Lorsque le fonds troublé dépend d'un canton et le fonds, cause du trouble, d'un autre canton, le juge de paix compétent pour connaître de l'action possessoire est celui dans la juridiction duquel est situé l'immeuble cause du dommage.

Du 3 mars 1842, jugement du tribunal de Nérac ainsi motivé :

Attendu qu'aux termes de l'art. 3, C. pr., la citation en justice pour les actions possessoires, et particulièrement pour celles résultant des entreprises commises dans l'année sur les cours d'eau, doit être portée devant le juge de paix de la situation de l'objet litigieux ; — Attendu que l'entreprise qui a donné lieu au jugement, entreprise qui a été faite par Métivier sur le cours du ruisseau de la Gueyse, en exhaussant le déversoir de son moulin, est ce qui constitue, dans l'espèce, le litige qui s'est élevé entre lui et Mautort et Perrin, puisque ceux-ci, en demandant devant le premier juge, par leur citation introductive d'instance, des dommages-intérêts pour le préjudice qu'ils prétendaient que le refoulement des eaux occasionné par les travaux d'art résultant de cette entreprise, causait à leurs possessions supérieures, demandaient aussi la destruction de ces mêmes travaux ; — Qu'il s'agissait donc alors, pour le juge nanti de cette contestation, d'abord de constater l'existence ou la non-existence de cette entreprise, et de vérifier ensuite le droit qu'avait ou non Métivier de la commettre ; — Que le litige était donc principalement sur les lieux où elle avait été faite, puisque son appréciation, qui ne pouvait être faite que d'après l'inspection de ces lieux, était le seul et véritable objet litigieux soumis à sa décision, tandis que ce dont se plaignaient les intimés n'en était que l'accessoire, et que d'ailleurs la répression de ce trouble était subordonnée à la légitimité ou à l'arbitraire de l'entreprise ; — Que, dès lors, le juge de la localité où elle avait pris naissance et avait reçu son exécution, pouvait seul naturellement et légalement en connaître.

Pourvoi de Mautort et Perrin.

ARRÊT

LA COUR : — Attendu, en fait, que la cause du trouble à l'occasion duquel avait été formée l'action possessoire, était attribuée par les complaignants à l'exhaussement du déversoir du sieur de Métivier ; que, par suite, il devenait indispensable pour apprécier la nature et l'importance du trouble, de vérifier s'il était ou non le résultat d'un fait illégal, et que cette vérification ne pouvant être faite que par le juge de paix du canton dans lequel était situé le déversoir du moulin, ce dernier était seul compétent pour connaître de l'action possessoire ; qu'en le décidant de la sorte, le jugement attaqué s'est conformé à la loi ;
Rejette.

CASSATION, Ch. req. — 11 déc. 1844.
(Matton c. d'Hervilly.)

I, 203, 252.

*C'est avec juste raison qu'une action pos-
sessoire a été rejetée par le motif qu'aucun dommage n'a été cause au demandeur, alors surtout qu'il est constaté, en
fait, que les travaux incriminés n'ont
apporté aucun trouble à la possession
du complaignant.*

*Lorsque la demande reconventionnelle
rentre dans la compétence du juge de
paix, ce magistrat prononce sur les deux
demandes.*

Du 18 mars 1842, sentence du juge
de paix rendue en ces termes :

Attendu, quant à la demande reconventionnelle, qu'il n'existe sur la propriété du sieur
Matton aucune plantation nouvelle, soit en
futaie, soit en arbres de haute tige ; — En ce
qui touche la demande principale : — Attendu
que le comte d'Hervilly a fait établir sur sa
propriété, en face de celle du sieur Matton,
sur une longueur d'environ 95 mètres, des
fascines assujetties par des pieux ; qu'un
grand nombre de ces fascines plongent dans
l'eau, d'une profondeur de 50 ou 60 centimètres qui est celle du lit de la rivière ; — Que
d'autres sont placées obliquement et sur un
plan incliné, de manière que les travaux ont
pour résultat de rétrécir le lit de la rivière ; —
Attendu, dès lors, que lesdits travaux constituent un trouble à la jouissance dudit sieur
Matton et lui sont préjudiciables.

Mais sur l'appel, jugement du tribunal de Vervins, du 25 août 1843, qui
statue en ces termes :

Considérant que la demande du sieur Matton avait pour objet de faire enlever les fascines et pieux que M. d'Hervilly avait fait placer, suivant le demandeur, dans le lit de la rivière d'Yron, en face de la propriété dudit demandeur, et qui, à son avis, constitueraient
un nouvel œuvre dans le lit de ladite rivière,
et apporteraient un trouble à sa possession ;
— Considérant que M. d'Hervilly, sur l'appel
par lui interjeté, a exposé que les fascines et
pieux reposaient, non sur le lit de la rivière,
mais bien sur sa propriété ; — Considérant que
du procès-verbal d'expertise, clos le 27 janvier dernier, il résulte que lesdites fascines ne
sont sur aucun point du lit de la rivière, mais
reposent, au contraire, sur la propriété de
l'exposant ; qu'ainsi, celui-ci n'a commis aucune entreprise sur la rivière, ni apporté de
trouble à la possession de l'intimé ; — En ce
qui touche la demande reconventionnelle ; —
Attendu qu'il résulte du même procès-verbal
d'expertise que l'intimé a planté onze arbres
à haute tige, à une distance moindre que celle
voulue par la loi, de la propriété des appel-
lants.

Pourvoi du sieur Matton.

ARRÊT

LA COUR : — Sur le premier moyen :
Attendu qu'il résulte suffisamment
des termes du jugement attaqué que les
juges de la cause ont entendu décider
qu'aucun dommage n'avait été causé au
demandeur par suite des travaux opérés par le sieur d'Hervilly sur son propre fonds ; que, sous ce rapport, ils ne
peuvent avoir violé aucune loi en rejetant l'action possessoire du demandeur
en cassation ;

Sur le deuxième moyen :
Attendu que la demande reconventionnelle du sieur d'Hervilly, qui tendait à faire condamner le demandeur à
arracher des arbres plantés à une distance moindre que celle qui est déterminée par la loi, n'a, dans les termes de
la cause, soulevé aucune question qui
se rattachât à une contestation sur la
propriété ; que, d'une autre part, lors
même que cette demande aurait eu un
caractère pétitoire, par cela seul qu'elle
était de nature à être soumise au juge
de paix, elle pouvait être l'objet d'une
reconvention, même dans un litige engagé au possessoire ; — Que, par suite,
le juge de paix était compétent pour en
connaître ;

Rejette.

CASSATION, Ch. req. — 28 janv. 1845.
(De Montlaur c. de Prilly.)

I, 52, 121, 688.

*Les actes administratifs qui sont rendus
sous forme d'autorisations sur la demande et dans l'intérêt des particuliers
n'exercent aucune influence sur la compétence du juge du possessoire saisi
d'une action basée sur le trouble résultant des travaux exécutés en vertu
d'autorisations de cette nature. La
même solution s'applique au cas où les
travaux ont été entrepris sans l'autorisation qui leur était nécessaire. Il en est
ainsi, notamment, en ce qui concerne
les travaux faits sur les cours d'eau.
Le juge appelé à statuer sur l'action en
complainte fondée sur ces travaux n'a
pas à renvoyer les parties à se pourvoir
en règlement d'eau ; mais il statue sur
la possession et ordonne, s'il y a lieu,*

le rétablissement des lieux dans leur état primitif.

Constitue un trouble possessoire le fait par le propriétaire d'un moulin d'élever le déversoir, s'il en résulte un renflement des eaux préjudiciable pour l'usine voisine.

ARRÊT

LA COUR : — Attendu que le jugement se borne à confirmer la sentence du juge de paix du canton de Roquemaure, statuant sur une action possessoire relative à une entreprise commise, dans l'année, sur le cours d'eau qui met en mouvement les usines des parties, et à ordonner le rétablissement des lieux dans l'état où ils étaient avant le trouble résultant de ladite entreprise, trouble constaté, en fait, par le jugement attaqué;

Qu'en statuant ainsi, le tribunal d'Uzès s'est conformé aux principes sur la matière, et n'a pu violer les lois invoquées à l'appui du pourvoi;

Rejette.

———————

CASSATION, Ch. req. — 2 avril 1845.
(Martin de Souhy c. Gouzian de Souhy.)

I, 332.

Si, en matière sommaire, un procès-verbal de l'audition des témoins est nécessaire dans les causes sujettes à appel, la nullité du jugement n'est cependant pas encourue lorsque la décision trouve une base légale en dehors des resultats de l'enquête sur laquelle elle ne s'appuie pas.

ARRÊT

LA COUR : — Sur le premier moyen :
Attendu, en droit, que si, en matière sommaire, un procès-verbal de l'audition des témoins est nécessaire dans les causes non susceptibles d'être jugées en dernier ressort, afin que les juges d'appel puissent prononcer en connaissance de cause, il n'est cependant pas toujours indispensable d'ordonner une nouvelle enquête, les juges d'appel pouvant apprécier les faits reconnus constants dans la cause, indépendamment de toute enquête, et les prendre pour base de leur décision :

Attendu, en fait, que l'obstacle à la navigation a été reconnu ; que le dommage qui en est résulté n'était pas contestable, et que, en appréciant ce dommage, la Cour royale a usé de son droit exclusif ;...

Rejette.

———————

CASSATION, Ch. civ. — 14 avril 1845.
(Muzellec c. Marich.)

I, 115.

La présomption de propriété du canal au profit de l'usinier ne s'applique qu'autant qu'il s'agit d'un canal artificiel, créé pour amener à l'usine les eaux nécessaires à son fonctionnement. En cas de contestation, ce point devra être vérifié et le juge du possessoire a qualité pour procéder à cette vérification, en ayant soin de ne s'en servir que dans la mesure nécessaire à caractériser la possession et à en fixer l'étendue.

Du 2 avril 1840, jugement du tribunal de Brest qui statue dans les termes suivants :

Attendu qu'aux termes de l'art. 25, C. pr., le possessoire et le pétitoire ne doivent jamais être cumulés ; qu'aux termes de l'art. 24, même Code, il est défendu au juge du possessoire d'ordonner une enquête sur le fond du droit ; que la même raison de décider s'applique aux autres modes d'instruction ; qu'à la vérité, il peut examiner les titres pour apprécier la possession ; mais que sa compétence s'arrête là, et cesse dès que le débat s'engage sur le titre lui-même ; — Attendu, dans l'espèce, que les frères Muzellec demandaient à être déclarés possesseurs des francs-bords du canal qui conduit les eaux à leur moulin, se fondant uniquement sur ce qu'étant propriétaires et possesseurs reconnus dudit moulin, ils devaient par cela même être réputés en possession du canal qui l'alimente, et par suite de ses francs-bords, en vertu d'une présomption légale qui, d'après la jurisprudence et les auteurs, s'appliquerait à tout canal creusé de main d'homme ; mais qu'à la vérité, devant le juge de paix, le défendeur a formellement dénié que le canal en litige fût l'ouvrage de l'homme; que, dès lors, la contestation se trouvait engagée sur l'essence même du titre d'où les demandeurs prétendaient faire résulter leur droit, et dégénérait en un débat sur le fond du droit, dont la connaissance est interdite au juge du possessoire ; — Attendu que, par son jugement du 7 août dernier, M. le juge de paix du canton de Daoulas a nommé des experts pour vérifier si le canal était ou non creusé de main d'homme ; — Attendu, qu'en statuant ainsi, le juge de paix a excédé les limites de sa compétence, et formellement violé les art. 23, 24 et 25, C. pr. ; — Attendu, en ce qui concerne le jugement du 19 novembre suivant, qu'encore bien qu'il résulte de la lecture des considérants de ce jugement, que le premier juge s'est uniquement appuyé sur le rapport des experts, par lui indûment commis, pour baser sa décision, il s'est cependant borné, dans le dispositif, à statuer sur la possession ; que le dispositif d'un jugement doit être pris seul en considération pour règlement de la compétence du tribunal qui l'a rendu.

Pourvoi des sieurs Muzellec.

ARRÊT

LA COUR : — Vu les art. 23, 41, 42, C. pr., et 6 de la loi du 25 mai 1838 :

Attendu qu'il est constaté, par le jugement attaqué, que les demandeurs, prétendant avoir la possession actuelle et depuis plus d'un an du canal qui sert à l'exploitation de leur moulin et de ses francs-bords, ont fait citer le défendeur devant le juge de paix, afin de déclarer qu'il avait tout récemment apporté un trouble à leur possession, en ouvrant, pour l'irrigation de sa prairie, une brèche dans ce canal, et en coupant les bois qui croissent sur ces francs-bords, et de le faire condamner en conséquence à rétablir les choses dans leur ancien état, à leur payer la valeur des bois coupés et aux dommages-intérêts qui leur étaient dus ;

Attendu que l'action intentée dans ces termes par les demandeurs était évidemment une action en réintégrande de la simple possession du canal dont il s'agit et de ses francs-bords ;

Que, dès lors, suivant les dispositions de l'art. 23, C. pr. civ., et de l'art. 6 de la loi du 25 mai 1838, le juge de paix était compétent pour en connaître ;

Attendu que cette compétence, que le jugement attaqué a reconnue lui-même, n'a pu cesser par cela seul que les demandeurs, qui avaient articulé que le canal de leur moulin avait été fait de main d'homme, et qu'ainsi on ne pouvait en séparer les francs-bords, avaient conclu, sur la dénégation de ce fait par le défendeur, à ce qu'il fût procédé à sa vérification par des experts ;

Qu'il résulte, en effet, soit des conclusions qu'ils ont prises alors, soit des motifs du jugement attaqué, que c'est uniquement dans l'intérêt de la possession qu'ils ont invoquée, et pour justifier l'étendue qu'ils lui avaient donnée, en la faisant porter sur les francs-bords du canal, qu'ils ont soutenu que ce canal était artificiel ;

Qu'il suit de là que la vérification et l'appréciation de ce fait matériel, devant servir seulement à éclairer la question soulevée par eux relativement à la possession des francs-bords, rentraient nécessairement dans la compétence du juge qu'ils avaient saisi de leur action possessoire ;

Attendu que ce dernier, en se bornant, sur cette question, dans son jugement du 7 août 1839, à ordonner, avant de faire droit aux parties, qu'il se transporterait sur les lieux pour en faire la visite et y prendre des renseignments, et que des experts les visiteraient pour reconnaître si le canal d'arrivage, servant au moulin, était ou non creusé de main d'homme, n'a rien décidé sur la propriété des francs-bords de ce canal, et n'a statué, comme les demandeurs y avaient conclu, qu'en vue de la possession que ceux-ci prétendaient en avoir eue ; qu'il n'a fait en cela que ce à quoi il était autorisé par les art. 41 et 42, C. pr. ;

Attendu, en conséquence, que le possessoire et le pétitoire n'ont été cumulés, ni dans la demande des frères Muzellec, ni dans la décision du juge qui y a fait droit ;

Attendu que, en déclarant le contraire, sur le fondement que, par la dénégation, de la part du défendeur, du fait articulé par les demandeurs, sur la nature du canal de leur moulin, la contestation se trouvait engagée sur l'essence du titre et dégénérait en débat sur le fond du droit dont la connaissance est interdite au juge du possessoire ; en annulant par suite le jugement du 7 août 1839, qui avait nommé des experts pour reconnaître si le canal était fait de main d'homme, ainsi que l'expertise à laquelle il avait donné lieu, le jugement attaqué a méconnu le véritable caractère de la demande en vérification des frères Muzellec et la décision qui l'a accueillie, faussement appliqué l'art. 25, C. pr., et violé en outre les dispositions de la loi ci-dessus invoquées ;

Casse.

AIX. — 26 avril 1845.
(Castillon c. Vidal.)

I, 466.

Le propriétaire de l'étage supérieur d'une maison dont les étages sont divisés entre plusieurs, ne peut apporter aucun changement à la construction primitive, et elever, notamment, la maison d'un étage, sans le consentement de tous les propriétaires.

Du 10 décembre 1844, jugement du tribunal de Toulon, qui le décide en ces termes :

En fait : — Attendu que le demandeur et le défendeur possèdent les divers étages de la même maison, au quartier du Mourillon ou de la Malgue, et que le deuxième étage, sur une aile duquel le sieur Castillon, demandeur principal, a entrepris et veut continuer l'exhaussement d'un troisième étage, appartient audit Castillon ; — Que ce troisième étage projeté et commencé est accessible seulement par l'escalier du premier étage, escalier qui ne sert aujourd'hui que pour conduire au second ; — Attendu que le défendeur, propriétaire du premier étage, s'oppose à l'exhaussement ; — En droit : — Attendu qu'à défaut de stipulation, les gros murs et le toit des maisons dont les différents étages appartiennent à divers propriétaires, sont à la charge de tous, chacun en proportion de la valeur de l'étage qui lui appartient, d'où il suit que les gros murs forment une copropriété indistincte, d'une indivision forcée et appartiennent en commun à tous, tandis que chaque étage forme une propriété évaluable séparément, par conséquent distincte et appartenant à chacun ; — Attendu encore qu'à défaut de stipulation, le propriétaire du premier étage fait l'escalier qui y conduit ; que le propriétaire du deuxième étage fait, à partir du premier, l'escalier qui conduit chez lui et ainsi de suite ; d'où il suit encore que l'escalier de chaque étage appartient distinctement et privativement au propriétaire de l'étage auquel il conduit ; — Attendu que si les rapports des différents propriétaires des divers étages de la même maison ont été réglés quant à la contribution aux charges des gros murs et du toit, et quant aux opérations et reconstructions de chaque étage d'escalier, il est vrai de dire que ces rapports n'ont pas été expressément réglés quant aux droits de jouissance des gros murs, du toit et de l'escalier et qu'il y a donc lieu de se déterminer, en cette matière, par les principes généraux du droit et de l'équité ; — Attendu que si, en général, le but des lois étant l'utilité, les rapports non réglés doivent l'être en tant que possible dans un sens favorable au développement de la propriété, il faut néanmoins mettre au-dessus de tout cette règle fondamentale de l'ordre social que le droit de chacun doit s'arrêter à la limite où se montre le droit contraire d'autrui, car la question de la paix des citoyens doit dominer toujours la question du plus ou moins d'utilité à retirer d'une propriété privée ; — Attendu que le droit de chaque propriétaire de jouir de la propriété distincte de son étage et de faire chez lui ce qui lui est utile ou convenable, doit être restreint par le droit acquis de son copropriétaire, et qu'ainsi en l'absence d'une disposition de loi ou d'un contrat qui est la loi des parties, le droit du propriétaire de chaque étage ne peut pas aller jusques à créer sur le propriétaire et malgré lui une charge nouvelle, et une servitude qui n'existait pas au moment où s'est accompli le fait de la copropriété des divers étages de la même maison par divers, et où s'est réalisé un état de choses et un état des lieux fixant les droits respectifs ; — Qu'en effet l'usage et le mode des servitudes une fois déterminés par le titre ou la possession, il n'est permis ici au propriétaire du fonds servant de rien innover à l'ancien état des lieux ; — Attendu qu'on peut avoir sur les biens ou un droit de propriété parfaite ou un simple droit de jouissance, c'est-à-dire d'usufruit, ou seulement des services fonciers à prétendre, c'est-à-dire des servitudes (543) ; — Attendu que le passage établi par l'art. 664 constitue évidemment une charge imposée sur l'escalier du premier étage, pour l'usage et l'utilité du deuxième étage appartenant à un autre propriétaire, ce qui caractérise une servitude (637, C., civ.) ; — Que ce caractère de servitude est prouvé par la nature même des rapports dont s'agit, de même qu'il est indiqué par la place qu'occupe l'art. 664 au titre des servitudes et au chapitre des utilités des servitudes établies par la loi ; que, ce caractère de servitude reconnu, il faut encore reconnaître que cette servitude est légale, puisqu'elle n'a été établie que par la loi, pour éviter les calculs souvent arbitraires d'une contribution relative, et puisqu'on peut même dire qu'elle a été imposée par la loi, car l'escalier du premier étage servant au propriétaire du second comme au propriétaire du premier, devrait équitablement être fait par tous les deux, tandis que d'après l'art. 664, c'est le propriétaire du premier qui fait seul l'escalier du premier, et que le propriétaire du deuxième s'en sert gratuitement, d'où la conséquence que ce droit de passage dû à l'étage supérieur par le propriétaire de l'étage inférieur constitue une servitude légale et gratuite ; — Que l'extension d'une telle servitude à un étage non encore existant aggraverait nécessairement la condition du propriétaire inférieur ; — Que cette aggravation ne saurait, sans violation de tous les principes en cette matière, être imposée au débiteur de la servitude et malgré lui avec d'autant plus de raison : 1° que cette aggravation tient non pas à un simple changement dans la servitude existante, mais bien à la création d'une servitude nouvelle par la création d'un nouvel étage destiné à l'habitation ; 2° que la servitude de passage dans la maison même de celui qui doit le passage est plus onéreuse par sa nature que la servitude d'un passage rural, parce que le passage dans la même maison établit la vie sous le même toit et produit des rapports si prochains, si fréquents, si inévitables que cette servitude doit être bornée à ce qui existe et à ce qui est nécessaire, surtout ladite servitude étant légalement gratuite; 3° enfin que ce passage nouveau pour un étage nouveau obligerait le propriétaire supérieur, bénéficiaire exclusif dudit passage, non-seulement à disposer de sa propriété qui est le deuxième étage, mais en outre à disposer des gros murs et du toit qui sont une chose commune à lui et à son copropriétaire, et à disposer à son profit seul et sans compensation même possible en faveur du copropriétaire; — Attendu que l'art. 664 ayant prescrit que le propriétaire du premier étage ferait seul l'escalier du premier étage, il faut conclure de cet article que la servitude de passage pour un étage nouveau ne pourrait même pas être autorisée à la condition d'une contribution aux charges de l'escalier, puisqu'on violerait ainsi la pensée de l'art. 664 qui est de prévenir des contributions relatives et des conflits, et que cette pensée doit être observée d'autant plus rigoureusement que le législateur, pour la réaliser, n'a pas reculé devant une irrégularité ou une justice inexacte; — Attendu que si le droit romain est muet sur la question, parce que les maisons à Rome étant isolées (*insulæ*), les rapports de mitoyenneté forcée n'existaient pas, cependant on peut lire au digeste la loi 28, *Communi dividundo : Sabinus* (ait) *in re communi neminem dominorum jure facere quicquam invito altero posse, undè manifestum est prohibendi jus esse ; in re enim pari potiorem causam esse prohibentis constat;* — Que si l'on appliquait à l'espèce le principe de cette loi, l'exhaussement projeté devant être exécuté sur une chose commune, l'opposition de l'un des communistes devrait prévaloir; — Attendu que les murs dont il s'agit ne sont pas mitoyens dans l'acception légale de ce mot, et que l'analogie qui a été présentée entre les murs mitoyens et les gros murs dont il s'agit, est inexacte, notamment, en ce que le voisin qui supporte un exhaussement sur le mur mitoyen conserve toujours le droit d'acquérir la mitoyenneté de la partie exhaussée, au lieu que le propriétaire du premier étage ne peut jamais tirer aucune utilité de la création d'un nouvel étage sur ces gros murs; — Que dès lors cette analogie n'est pas concluante; — Attendu que les travaux entrepris et projetés par Castillon, ayant pour objet et devant avoir pour résultat la surélévation d'un nouvel étage habitable et accessible seulement par l'escalier actuel, lequel ne sert en ce moment qu'au deuxième étage, cet exhaussement excède les droits que peut lui conférer la propriété de la maison dont il s'agit; que dans ces circonstances sa demande ne peut être admise.

Appel par le sieur Castillon.

ARRÊT

LA COUR : — Adoptant les motifs des premiers juges, confirme.

CASSATION, Ch. req. — 29 mai 18 45. (Comm. de Sainte-Eulalie c. Préfet des Landes.)

I, 45.

Les travaux exécutés en vertu de règlements administratifs intervenus dans un intérêt général ne sauraient être qualifiés de trouble possessoire ni autoriser les tiers qui croient en éprouver un préjudice, à demander, sous forme d'action possessoire, le rétablissement des lieux et la destruction des ouvrages.

Du 26 juillet 1843, sentence du juge de paix qui contient les motifs suivants :

Attendu que les actes administratifs, alors même qu'ils se rattachent à l'intérêt général, ne font pas obstacle à ce que l'autorité judiciaire statue sur les conséquences de ces actes avec les droits respectifs des particuliers et, par conséquent, de l'État pris comme simple particulier à raison de son intérêt privé; qu'il est donc permis à l'autorité judiciaire de régler ces droits, de statuer même sur les dommages-intérêts, pourvu qu'il ne soit apporté aucune modification à ce qui a été fait en exécution de ces actes administratifs; or, il est de fait que tout en demandant qu'il soit statué sur son droit de possession, et qu'il lui soit accordé des dommages-intérêts, la commune ne demande ni la suppression ni la modification des travaux exécutés en vertu de concessions administratives; même elle reconnaît que, soumise au régime forestier, elle devra respecter les semis faits en vertu de ces concessions; que si ces actes administratifs pouvaient être considérés comme se rattachant en quelque point à l'intérêt public, cet intérêt public n'aurait à souffrir en rien de la décision de l'autorité judiciaire.

Sur l'appel du Préfet, jugement du tribunal de Mont-de-Marsan, du 7 juin 1844, ainsi motivé :

Attendu que, d'après les principes généraux du droit et de la législation qui consacrent l'indépendance des pouvoirs judiciaire et administratif, les tribunaux ne peuvent interpréter les actes administratifs, et moins encore en arrêter ou paralyser l'exécution; — Qu'il en découle que la complainte possessoire est inadmissible contre les travaux prescrits et exécutés par l'administration, ainsi que l'a décidé la Cour de Cassation par ses arrêts des 30 mars 1841 et 5 décembre 1842, et le Conseil d'État par les ordonnances des 22 novembre 1826 et 6 décembre 1843; — Attendu que la sentence rendue le 26 juillet 1843, par M. le juge de paix du canton de Parenties, aurait néanmoins pour résultat nécessaire et exorbitant de paralyser l'action du Gouvernement, d'arrêter l'exécution de divers décrets et ordonnances royales, arrêtés préfectoraux et mesures de haute administration prises pour assurer, le long des côtes de Gascogne, les bienfaits de la fixation des dunes par l'ensemencement, et, en outre, de mettre la commune de Sainte-Eulalie en possession de travaux de semis exécutés par l'Etat; — Que si la commune de Sainte-Eulalie est propriétaire des lettes et des dunes situées sur son territoire, elle trouvera dans la législation en vigueur, même dans les décrets spéciaux, les moyens de faire reconnaître son droit par les voies légales, sans qu'il soit nécessaire et qu'il lui soit permis d'arrêter, par une action en complainte, l'exécution des mesures conservatrices et d'intérêt public ordonnées par le Gouvernement.

Pourvoi de la commune de Sainte-Eulalie.

ARRÊT

LA COUR : — Attendu que les travaux d'ensemencement prescrits et exécutés sur les dunes ou lettes faisant partie du territoire de la commune de Sainte-Eulalie, l'ont été conformément aux lois de la matière par le préfet du département agissant au nom du pouvoir exécutif et en vue de l'intérêt général;

Que de semblables travaux ne peuvent avoir pour effet d'attribuer à l'Etat aucun droit de propriété ou de possession sur les terrains qui appartiennent aux communes ou à des particuliers;

Qu'ainsi, en aucun cas, leur exécution ne saurait être considérée comme un trouble autorisant l'action en complainte;

Qu'en le décidant ainsi, et en infirmant, par suite, pour cause d'incompétence, la sentence rendue au possessoire par le juge de paix, le jugement attaqué, loin de violer les dispositions de la loi, en a fait une juste application;

Rejette.

CASSATION, Ch. civ. — 9 juin 1845.
(Lepelletier c. Comm. de Beaumont.)

I, 688.

Constitue un trouble pouvant servir de base à l'action en complainte la plantation de bornes faite par le maire le long d'un chemin vicinal en dehors de la largeur fixée par l'administration. Il en est de même de la plantation d'arbres à haute tige effectuée sur ledit chemin

à une distance moindre que celle prescrite par l'art. 671, C. civ.

Du 17 novembre 1841, sentence du juge de paix par laquelle ce magistrat prononce son incompétence dans les termes suivants :

Attendu qu'il est de principe que l'autorité administrative et le pouvoir judiciaire doivent rester séparés et indépendants l'un de l'autre, pour n'agir que dans la sphère de leurs attributions respectives; — Que la reconnaissance des chemins vicinaux, la fixation de leur largeur, le bornage et les plantations de leurs rives, sont placés dans les attributions administratives, notamment par les lois des 9 ventôse an XIII et 28 mai 1836; — Qu'en faisant planter des bornes pour fixer les limites du chemin bordant la pièce de terre du demandeur, et en faisant faire des plantations dans le chemin, le maire de Beaumont a agi en sa qualité de maire, comme autorité administrative, et qu'une telle action ne peut être considérée comme un trouble à la possession invoquée par le demandeur, parce que ce n'est pas devant l'autorité judiciaire, mais bien devant les autorités administratives supérieures à celle du maire, que le demandeur doit se pourvoir s'il croit avoir à s'en plaindre.

Sur l'appel, jugement du tribunal de Pontoise, du 26 mai 1842, qui confirme en adoptant les motifs.

Pourvoi du baron Lepelletier.

ARRÊT

LA COUR : — Vu le n° 1er de l'art. 6 de la loi du 25 mai 1838 :

Attendu que l'action du baron Lepelletier contre le maire de la commune de Beaumont avait pour but de faire cesser le trouble qu'il prétendait avoir été apporté, depuis moins d'une année à sa possession et jouissance d'une pièce de terre située près du communal de Vieux-Pont;

Que ce trouble résultait, suivant l'exploit d'assignation du baron Lepelletier d'une plantation de bornes qui anticipait sur sa propriété et de la plantation d'une rangée d'arbres à une distance moindre que celle prescrite par l'art. 671, C. civ.;

Attendu que les arrêtés administratifs qui ont fixé la largeur du chemin du Vieux-Pont ne se sont occupés d'aucune question de possession ou de propriété des terrains traversés par ce chemin, ou qui en étaient plus ou moins rapprochés;

Attendu que la demande du baron

Lepelletier n'avait aucunement pour objet de modifier les actes de l'administration relatifs à la largeur et à la direction du chemin de Vieux-Pont; — Qu'elle constituait une action purement possessoire, et qu'aux termes de l'art. 6, n° 1ᵉʳ, de la loi du 25 mai 1838, le juge de paix était seul compétent pour y faire droit;

Attendu qu'en jugeant le contraire et en renvoyant les parties devant l'autorité administrative par application des lois du 9 ventôse an XIII et du 28 mai 1836, relatives aux chemins vicinaux, le jugement attaqué a faussement interprété et appliqué ces lois, qu'il a aussi faussement appliqué la disposition de l'art. 13, tit. II, de la loi du 24 août 1790 sur la séparation des pouvoirs administratif et judiciaire, et qu'il a expressément violé l'art. 6, n° 1ᵉʳ, de la loi du 25 mai 1838;

Casse.

CONSEIL D'ETAT. — 4 juillet 1845.
(Delaruelle-Duport c. Raguet et Picard.)

I, 348.

Les propriétaires dépossédés, sans l'accomplissement des formalités prescrites pour l'expropriation pour cause d'utilité publique, de terrains incorporés par l'administration à une route départementale, sont fondés à agir au possessoire pour faire consacrer leur possession et obtenir des dommages-intérêts. Mais l'autorité judiciaire est incompétente pour prescrire la destruction des travaux exécutés par l'administration.

ARRÊT

LOUIS-PHILIPPE, etc.: — Vu les lois des 16-24 août 1790, 16 fructidor an III, 28 pluviôse an VIII, 16 septembre 1807, 8 mars 1810, 7 juillet 1833 et 3 mai 1841; — Vu les ordonnances royales des 1ᵉʳ juin 1828 et 12 mars 1831;

Considérant que l'action intentée contre les sieurs Raguet et Picard par les sieurs Delaruelle-Duport, Lheureux et Rongemaille a pour objet de faire ordonner: 1° que ces derniers seront maintenus et réintégrés dans la possession et jouissance de terrains dont il aurait été pris possession définitive pour la construction de la route départementale n° 8, de Châlons à Provins, sans l'accomplissement des formalités prescrites par les lois sur l'expropriation pour cause d'utilité publique; 2° que les lieux seront rétablis, autant que possible, dans leur état primitif; 3° qu'il sera payé par les sieurs Raguet et Picard des indemnités pour les dommages causés aux propriétés des réclamants par suite de cette prise de possession illicite; que les sieurs Raguet et Picard soutiennent qu'ils ont agi en vertu d'ordres à eux donnés par l'administration, et que l'arrêté de conflit revendique, pour l'autorité administrative, le droit de reconnaître préalablement la nature et la portée de ces ordres;

Considérant que l'autorité judiciaire est compétente pour prononcer sur les actions possessoires et sur les dommages-intérêts réclamés à raison du trouble apporté à la possession des particuliers par les agents de l'administration, sans l'accomplissement des formalités d'expropriation; qu'il résulte de l'instruction que les actes reprochés aux sieurs Raguet et Picard ont eu pour but la prise de possession définitive des terrains des sieurs Delaruelle-Duport, Lheureux et Rongemaille, à l'effet d'y établir la route départementale n° 8; que, dès lors, il n'y avait sur ce point aucune question préjudicielle à revendiquer pour l'autorité administrative;

Considérant, d'ailleurs, que le jugement du 13 mars 1845 ne préjuge rien, quant à la compétence, en ce qui concerne la suppression des travaux ordonnés par l'administration.

Art. 1ᵉʳ. — L'arrêté de conflit, pris le 28 mars 1845 par le préfet de la Marne, est annulé.

CASSATION, Ch. req. — 8 juillet 1845.
(Duhoux c. Comm. de Parcy-sous-Montfort.)

I, 582, 585.

Si l'action en réintégrande n'a pas besoin, pour être exercée, de s'appuyer sur une possession qui réunisse toutes les conditions prescrites par l'art. 23, C. pr., il n'en est pas moins certain qu'elle ne peut avoir pour seul élément la détention qui ne serait que le résultat d'une voie de fait ou furtive ou violente.

En pareil cas, il appartient aux juges de la cause de rechercher et de déclarer l'origine ou le caractère de la détention.

Du 5 mai 1843, jugement du tribunal de Neufchâteau ainsi motivé :

Considérant que pour être recevable à intenter une action en réintégrande, il faut avoir été en possession de la chose qu'on revendique; que, pour avoir été en possession d'une chose, il faut en avoir eu la jouissance effective et légitime ; qu'une simple voie de fait commise sur un immeuble n'est pas de nature à établir en faveur de celui qui la commet une jouissance ayant ce caractère ; — Considérant que les travaux exécutés par le sieur Duhoux n'ont été, de sa part, qu'une voie de fait.

Pourvoi du sieur Duhoux.

ARRÊT

LA COUR : — Attendu, en droit, que si l'action en réintégrande n'a pas besoin, pour être exercée, de s'appuyer sur une possession qui réunisse toutes les conditions prescrites par l'art. 23, C. pr., il n'en est pas moins certain qu'elle ne peut avoir pour seul élément la détention qui ne serait que le résultat d'une voie de fait ou furtive ou violente; qu'en pareil cas, il appartient aux juges de la cause de rechercher et de déclarer l'origine ou le caractère de la détention ;

Attendu, en fait, que le jugement attaqué constate que la détention du sieur Duhoux ou les travaux par lui pratiqués n'ont constitué, de sa part, qu'une simple voie de fait d'autant moins propre à servir de fondement à un droit quelconque qu'elle avait été précédée d'une demande en autorisation non accueillie par l'administration; que, par suite, ledit jugement, en déclarant non recevable ou mal fondée l'action en réintégrande qu'il avait intentée, loin de violer les dispositions de la loi, en a fait une juste application ;

Rejette.

CASSATION, Ch. civ. — 5 août 1845.
(Bastard c. Sauvannet.)

I, 252, 582, 585, 647.

Lorsque sur une demande en réintégrande, le défendeur réclame reconventionnellement son maintien en possession, le juge saisi de cette double action, doit d'abord statuer sur la réintégrande.

Celui qui agit en réintégrande n'a pas besoin de prouver une possession réunissant toutes les conditions prescrites par l'art. 23, C. pr., ou l'art. 2229, C. civ. Il lui suffit d'établir une possession actuelle et matérielle au moment de la violence ou voie de fait dont il se plaint.

Du 6 janvier 1842, jugement du tribunal de Saint-Jean-d'Angély rendu dans les termes suivants :

Attendu que s'il a existé quelques doutes sur le maintien de l'action en réintégrande distincte de la complainte, ces doutes ont disparu devant la loi du 6 juin 1838 ; — Mais attendu qu'elle n'est maintenue qu'avec les principes qui la régissaient et qui doivent la régir; — Attendu que la réintégrande est une action possessoire, qui comme toutes les actions de ce genre est fondée sur la possession ; que la possession actuelle peut suffire, mais seulement lorsque le demandeur agit contre des tiers qui eux-mêmes ne peuvent prétendre aucun droit de possession sur la chose, ou encore lorsqu'il a été commis des violences ou des voies de fait constituant un délit; — Mais que la possession annale devient nécessaire lorsque le défendeur n'a fait que reprendre dans l'année, par une simple voie de fait, la chose dont le demandeur s'était emparé par une autre voie de fait du même genre; — Que le demandeur étant soumis lui-même à l'action en réintégrande, ne peut, pour le même objet, l'intenter contre le défendeur; qu'en cas pareil, la position des parties est la même, toutes deux ayant également commis une voie de fait, et aucun privilège n'étant dû à celui qui l'a commise le premier; que, conséquemment, la réintégrande doit être accordée à celle des parties qui a la possession annale; — Attendu que Bastard ayant, en février dernier, fait creuser un fossé, moins pour se clore que pour marquer sa propriété et acquérir possession, avait agi par voie de fait; — Que, dans le cours de l'année, Sauvannet a pu, à tort ou à raison, faire disparaître ce fossé par une autre voie de fait qui n'est pas plus répréhensible que la première, et qu'en cet état le juge de paix a pu admettre, ainsi qu'il l'a fait, la preuve de la possession annale antérieure au premier trouble.

Pourvoi du sieur Bastard.

ARRÊT

LA COUR : — Vu les art. 2060, C. civ., 6 de la loi du 6 juin 1838 et 23, C. pr. civ. :

Attendu, en droit, que nul ne peut se faire justice à soi-même ; que celui qui a été dépossédé par violence, ou voie de fait, doit, avant tout, rentrer dans sa possession ; que c'est sur ces principes conservateurs de l'ordre social et de la paix publique que repose l'action en réintégrande reconnue et consacrée par l'art. 2060, C. civ., et par l'art. 6, n° 1, de la loi du 6 juin 1838 ;

Que l'art. 23, C. pr. civ., sainement entendu, ne doit être appliqué qu'aux actions possessoires ordinaires, à l'égard desquelles c'est le droit ou la qualité, et non pas le fait de la possession que l'on considère ; qu'il suffit pour faire admettre l'action en réintégrande que le demandeur prouve sa possession actuelle et matérielle au moment de la violence ou voie de fait dont il se plaint ; que cette action ne peut être écartée sous le prétexte que la voie de fait n'aurait été que la suite d'une précédente voie de fait que le demandeur aurait lui-même commise ;

Que sans doute l'action en réintégrande ne prive pas le défendeur du droit de se pourvoir lui-même par action en complainte possessoire, mais que l'exercice de cette action ne peut légitimer la voie de fait dont la répression est l'objet de la demande en réintégrande ;

D'où il suit qu'en se refusant à statuer sur l'action en réintégrande du demandeur, indépendamment de celle en complainte possessoire introduite par le défendeur, le tribunal qui a rendu le jugement attaqué, a commis un excès de pouvoir, fait une fausse application de l'art. 23, C. pr. civ., et violé les principes sur l'action en réintégrande reconnue et consacrée par l'art. 2060, C. civ., et l'art. 6, n° 1, de la loi du 6 juin 1838 ;

Casse.

CASSATION, Ch. civ. — 5 août 1845.
(Hadol c. Guilgot.)

I, 256, 364.

Si l'une des parties engagées dans une

instance pétitoire veut obtenir la suspension de travaux qui s'exécutent pendant le procès, elle doit porter sa demande possessoire devant le juge de paix qui ne peut refuser d'en connaître sous le prétexte qu'un litige est en cours sur le fond du droit.

Du 8 juillet 1841, jugement contraire rendu par le tribunal de Remiremont dans les termes suivants :

Considérant que de l'art. 25, C. pr., dont les dispositions sont formelles et absolues, il résulte que, jamais et en aucun cas, la même chose litigieuse ne peut donner lieu à une simultanéité d'actions possessoire et pétitoire entre les mêmes parties ; — Que cette prohibition naît, d'ailleurs, de la nature même du possessoire et du pétitoire ; — Qu'en effet, le pétitoire qui porte sur la plénitude du droit de propriété, qui étend ses investigations sur tous les faits par lesquels ce droit se manifeste, comprend spécialement dans ses attributions la connaissance la plus illimitée des faits de possession et, par conséquent, aussi celle des faits de possession de l'année courante ; — Qu'à ce titre, on ne peut méconnaître que le pétitoire renferme le possessoire comme le tout renferme la partie ; — Qu'il est évident, dès lors, que lorsqu'il y a identité dans l'objet soumis à l'appréciation et dans les parties litigantes, la complainte intentée durant l'instance au pétitoire crée le cumul défendu par la loi ; que ce cumul entraîne avec lui tous les inconvénients de la litispendance ; — Que, d'un autre côté, la complainte engagée durant l'instance au pétitoire viole ouvertement l'art. 2246, C. civ., qui, en donnant à l'interpellation judiciaire l'effet d'interrompre la possession civile du défendeur, le prive de l'élément le plus indispensable à celui qui veut former la complainte ; — Que de ce qui précède, il suit que les changements apportés à la chose litigieuse par l'une des parties durant l'instance au pétitoire ne peuvent donner lieu à une complainte ; — Attendu que, dans l'espèce, l'œuvre dont se plaignent les demandeurs au possessoire a eu pour objet d'attribuer au défendeur des eaux sur la propriété desquelles il y avait contestation au pétitoire ; qu'ainsi il y a identité d'objets et de parties dans l'une et l'autre instance, et que, dès lors, l'action en complainte est non recevable.

Pourvoi des sieurs Hadol et consorts.

ARRÊT

LA COUR : — Vu les art. 3 et 25, C. pr. civ. :

Attendu que la disposition de l'art. 25, conforme à l'ancien droit, et qui défend de cumuler le possessoire et le pétitoire, doit s'entendre en ce sens, que la demande au possessoire ne peut être jointe au pétitoire, par la même action et devant le même juge, et que le pétitoire ne peut être poursuivi avant que la demande au possessoire ait été terminée ; mais que cette disposition ne fait point obstacle à ce que, si, pendant l'instance au pétitoire, *le possesseur* est *troublé* dans sa jouissance, il puisse porter sa demande en complainte devant le juge de paix, exclusivement compétent pour en connaître;

Que les deux demandes sont entièrement différentes ; qu'elles ne sont pas attribuées à la même juridiction ; qu'elles n'ont ni le même objet, ni le même résultat, et que joindre dans ce cas la demande en complainte à la demande sur le fond, ce serait cumuler le pétitoire et le possessoire, ce qui est défendu par l'art. 25 précité ;

Attendu que le jugement attaqué, en décidant que la complainte du demandeur portée devant le juge de paix n'était pas recevable, par le motif qu'elle aurait dû être jointe à l'instance au pétitoire, a faussement interprété l'art. 25, C. pr. civ., et a expressément violé l'art. 3 du même code;

Casse.

CONSEIL D'ETAT. — 21 août 1845.

(Lagrange et Vinet c. Bourignon.)

I, 348, 688.

En cas de trouble causé à la propriété particulière par des travaux exécutés dans l'intérêt du domaine de l'Etat et n'ayant pas le caractère de travaux publics, c'est à l'autorité judiciaire qu'il appartient de prononcer sur l'action possessoire soulevée par les particuliers.

Il en est ainsi, notamment, lorsque des travaux de délimitation d'un terrain domanial affermé par l'Etat sur le littoral de la mer pour le lavage des huîtres, portent atteinte à la possession de claires à huîtres précédemment établies.

ARRÊT

LOUIS-PHILIPPE, etc.; — Vu les lois des 16-24 août 1790 et 16 fructidor an III; — Vu la loi du 28 pluviôse an VIII ;

Considérant que les actions intentées par les sieurs Lagrange et Vinet contre les sieurs Geay et Auger-la-Gaillardon, et sur lesquelles le sieur Bourignon, conducteur des ponts et chaussées, a été appelé en garantie par les sieurs Geay et Auger-la-Gaillardon, qui allèguent n'avoir agi que par ses ordres, ont pour objet : 1° de faire cesser le trouble apporté à la possession de claires à huîtres appartenant auxdits sieurs Lagrange et Vinet ; 2° d'obtenir des dommages-intérêts pour les dommages causés auxdites claires à huîtres par les travaux de délimitation d'un terrain domanial affermé par l'Etat;

En ce qui touche le chef de demande relatif au trouble apporté à la possession des sieurs Lagrange et Vinet:

Considérant que l'autorité judiciaire est seule compétente pour connaître des actions possessoires ;

En ce qui touche le chef de demande relatif aux dommages-intérêts:

Considérant que les travaux dont il s'agit, ordonnés par l'administration dans l'intérêt du domaine, n'ont pas le caractère de travaux publics; que, dès lors, les dommages qui peuvent en résulter ne rentrent pas sous l'application de la loi du 28 pluviôse an VIII, et qu'il n'appartient qu'à l'autorité judiciaire d'en connaître;

Art. 1er. — L'arrêté de conflit, pris le 21 juin 1845 par le préfet de la Charente-Inférieure, est annulé.

CASSATION, Ch. req. — 19 nov. 1845.

(Demoiselle Lesueur c. Dobrenelle.)

I, 100, 108.

Ne doit pas être considérée comme une contestation de nature à obliger le juge, appelé à trancher une action en bornage, à renvoyer les parties au pétitoire, le fait par l'une des parties de tirer argument de sa possession actuelle, mais sans attribuer à cette possession un caractère acquisitif de la propriété.

Du 5 janvier 1844, jugement du tribunal de Clermont (Oise) qui le décide dans les termes suivants:

En ce qui touche le moyen d'incompétence : — Attendu qu'aux termes de l'art. 6, n° 2, de la loi du 25 mai 1838, les juges de paix connaissent des actions en bornage lorsque la propriété ou les titres qui l'établissent ne sont pas contestés; — Attendu, dans l'espèce, que par le dire sur comparution volontaire, consigné au jugement du 24 août 1842, et par la citation donnée à la demoiselle Lesueur, le 7 septembre suivant, le juge de paix de Crèvecœur a été saisi d'une véritable action en mesurage et bornage; — Que dans le cours de l'instance il n'a été formulé de la part des parties aucune contestation, soit par rapport à la propriété, soit par rapport à la validité des titres; — Que la demoiselle Lesueur elle-même, sans rien préciser sur ce point, s'est bornée à dire, lors de sa comparution du 5 septembre, qu'elle était propriétaire de 7 hectares 20 ares 30 centiares, mais qu'elle ne pouvait, quant à présent, intervenir dans la cause; et le 14 du même mois qu'elle consentait au bornage demandé, pourvu qu'il eût lieu dans les limites actuelles de sa possession; que la contenance de sa pièce de terre était de 6 hectares 96 ares 29 centiares; qu'elle n'avait pas trop de terrain, et que s'il y avait lieu à faire des reprises sur sa propriété, elle ne consentait pas au bornage; qu'elle était ci-devant bornée, mais que, depuis peu, une des bornes avait été enlevée à son insu; qu'ainsi, et en l'absence de toute critique positive sur le fond du droit ou le mérite des titres, le juge de paix a dû retenir la cause et statuer ainsi qu'il l'a fait; — En ce qui touche l'enquête : — Attendu que, par exploit du 8 octobre 1843, sommation a été faite à la demoiselle Lesueur de se trouver sur les lieux le 21 du même mois, à l'effet de procéder aux opérations de mesurage et bornage demandées; — Qu'elle doit, dès lors, s'imputer le tort de n'avoir point assisté à l'audition des témoins produits ledit jour; — Qu'en tout cas, et en admettant qu'en l'absence de la demoiselle Lesueur, monsieur le juge ait dû s'abstenir d'ordonner l'audition des témoins produits, les déclarations recueillies vaudraient toujours comme renseignements à l'appui de faits constatés et ne pourraient jamais vicier la décision; — Au fond : — Attendu que des opérations faites sur les lieux et du jugement il résulte qu'il a été reconnu et attribué à la demoiselle Lesueur une contenance de 6 hectares 96 ares 30 centiares; — Que cette contenance est précisément celle à laquelle elle a déclaré avoir droit dans son dire du 14 septembre résumant ses prétentions; qu'elle est d'ailleurs en rapport avec les énonciations de son titre du 29 pluviôse an V; — Qu'à la vérité, il est reconnu par Dobrenelle que la production de ce titre est étrangère à la demoiselle Lesueur; — Mais, attendu que ce fait est indifférent; qu'il suffisait que l'acte, non critiqué du reste, fût porté à la connaissance du juge de paix pour qu'il y eût égard; — Attendu, enfin, que la reprise de 27 ares 82 centiares, dont s'est plainte la demoiselle Lesueur, est la conséquence toute naturelle de l'action en mesurage et bornage sur laquelle il a été statué.

Pouvoi de la demoiselle Lesueur.

ARRÊT

LA COUR : — Sur le premier moyen :
Attendu que, par l'effet du bornage dont il s'agit dans la cause, la demanderesse a obtenu toute la contenance que lui assurait son titre, et à laquelle elle avait elle-même prétendu; que la difficulté qu'elle a soulevée pendant les opérations du bornage relativement à la possession actuelle d'une contenance plus considérable n'ayant point pour objet de donner à cette prétendue possession le caractère nécessaire pour en faire un élément d'acquisition de la propriété, ne pouvait pas être considérée comme une contestation portant sur les titres et la propriété, et qu'en le décidant ainsi, le jugement attaqué s'est conformé à la loi;

Sur le deuxième moyen :
Attendu que la demanderesse, mise en demeure régulièrement d'assister aux opérations du bornage, et ayant négligé de le faire, était sans droit pour se plaindre qu'il ait été procédé à une enquête en son absence;

Rejette.

CONSEIL D'ETAT. — 13 déc. 1845.
(Leloup c. Comm. de Quelaines.)

I, 348.

Lorsqu'une commune s'est emparée de terrains appartenant à un particulier et y a établi un chemin vicinal sans avoir accompli les formalités de l'expropriation pour cause d'utilité publique, le propriétaire dépossédé est fondé à agir au possessoire pour faire consacrer sa possession et obtenir des dommages-intérêts. La compétence des tribunaux de l'ordre judiciaire cesserait si le propriétaire réclamait la destruction des travaux exécutés par les ordres de l'administration.

ARRÊT

LOUIS-PHILIPPE, etc.: — Vu les lois des 28 pluviôse an VIII, du 21 mai 1836, et du 3 mai 1841; — Vu les ordonnances royales du 1er juin 1828, 12 mai 1831, et 19 juin 1840, art. 35;

Considérant que l'action intentée par le sieur Leloup contre la commune de Quelaines a pour objet : 1° de faire cesser l'occupation de terrains appartenant au requérant, et dont la commune de Quelaines se serait emparée pour y établir un chemin vicinal, sans accomplir les formalités prescrites par les lois sur l'expropriation pour cause d'utilité publique; 2° d'obtenir des dommages-intérêts pour le trouble apporté à la jouissance du demandeur par cette entreprise illicite; 3° de faire rétablir les lieux dans l'état où ils étaient avant la prise de possession de la commune; 4° d'obtenir une indemnité pour les dégradations commises sur d'autres parties des propriétés du sieur Leloup;

Considérant que le tribunal civil de Château-Gontier s'est déclaré incompétent pour connaître des troisième et quatrième chefs de la demande du sieur Leloup, et qu'il n'a réservé pour l'autorité judiciaire que la connaissance de la question possessoire et celle des conclusions relatives aux dommages-intérêts réclamés pour inexécution des lois sur l'expropriation pour cause d'utilité publique; qu'aux termes des lois susvisées, l'autorité judiciaire est compétente pour prononcer sur ces questions;

Art. 1er. — L'arrêté de conflit pris, le 14 août 1845, par le préfet de la Mayenne, est annulé.

COLMAR. — 16 janvier 1846.
(Wetzel c. Ruhland.)

I, 620.

Le mode d'exercice d'une servitude de passage conferée par titre, peut être établi par la preuve testimoniale.

C'est ainsi que la reconnaissance, au profit d'un fonds, du droit de passer avec voitures, peut amener le juge à decider que ce passage s'exercera librement, en toute saison, suivant les besoins de ce fonds et qu'il comporte le droit de passage pour les possesseurs et pour leur bétail par un endroit determiné du fonds servant.

ARRÊT

LA COUR: — Attendu que, par la déclaration que le sieur Ruhland a fait d'abord dans un acte extrajudiciaire, ensuite devant le notaire rédacteur du cahier des charges, et plus tard en justice, conjointement avec sa femme, il a reconnu au profit des immeubles à liciter, le droit de passage avec voitures à travers une partie de sa cour, mais avec des restrictions relatives, soit aux époques auxquelles ce passage doit être exercé, soit à l'espèce et à l'importance du chargement des voitures; que, par leur déclaration, les intimés contestent la sortie de voitures à vide, le passage à pied pour les habitants du fonds dominant, et le passage pour le bétail, sauf le cas où il se rend au chaume ou en revient, et qu'ils opposent à toutes prétentions contraires des appelants l'indivisibilité de leur aveu judiciaire;

Attendu qu'il est de principe que l'aveu judiciaire cesse d'être indivisible lorsque la partie contestée de cet aveu se trouve en opposition avec une présomption de droit ou avec les conséquences juridiques de la partie contestée; qu'il est également certain en droit que l'indivisibilité de l'aveu judiciaire ne peut être opposée qu'à la partie qui, dénuée de tous autres moyens de justification à l'appui du droit qu'elle réclame, se trouve réduite à invoquer les déclarations de son adversaire; que, dans l'espèce, les appelants soutiennent que les restrictions que les intimés veulent faire admettre à la servitude de passage par eux reconnue, sont à la fois contraires aux règles de droit, aux titres des parties, aux signes apparents de la servitude et au mode de jouissance qui fixent l'étendue de cette servitude; qu'ils sont, dès lors, fondés à se prévaloir de la reconnaissance faite par les intimés d'un droit que les titres et les localités révèlent d'ailleurs, et à rejeter le surplus des déclarations desdits intimés;

Attendu que, d'après la règle du droit romain admise en Alsace, le passage avec voiture *(via)* constituait la servitude de passage la plus étendue et renfermait celle du passage à pied *(iter)* et celle du passage des bestiaux et des véhicules de petite dimension *(actus)*; qu'ainsi, sous l'empire de cette règle, le droit de passage avec voiture impliquait le droit de pratiquer le passage pour tous les besoins du fonds dominant, et pour ceux de ses propriétaires; que, sous l'empire du Code civil, qui n'a pas conservé la division faite par la loi romaine des diverses espèces de passages, la question de savoir si le passage avec voiture doit comprendre les autres modes de passage moins importants, tels que celui des personnes et des bestiaux, n'est plus qu'une question d'étendue de la servitude de passage elle-même, pour la solution de laquelle la règle *iter et actum via in se continet* peut être invoquée comme une présomption de droit et une règle d'interprétation de la convention, toutes les fois qu'il n'apparaît pas que les parties aient voulu y déroger ; qu'il suit de là que les intimés ayant reconnu le droit de passage avec voitures, au profit du fonds à liciter, la conséquence juridique de cette reconnaissance est, d'une part, que le passage avec voitures doit s'exercer librement et en toute saison pour la sortie et l'entrée des voitures, suivant les besoins de l'exploitation du fonds dominant, et dans toute l'étendue que comporte une servitude de cette nature ; d'autre part, que le droit reconnu doit être réputé, jusqu'à preuve du contraire, s'étendre au passage des possesseurs du fonds dominant et de leur bétail ; qu'enfin les intimés ne sauraient argumenter de l'indivisibilité de leur aveu pour faire admettre à la servitude par eux reconnue des restrictions contraires à la nature de ce droit qu'autant que ces restrictions seraient justifiées par les titres ou par le mode d'exercice de la servitude dont l'étendue est contestée ;

Attendu néanmoins qu'il résulte d'un inventaire dressé le 2 avril 1728 de la succession du sieur Johner, qu'il était propriétaire de l'enclos comprenant les maisons et dépendances qui constituent aujourd'hui le fonds dominant et le fonds servant, ainsi que des bâtiments intermédiaires qui sont la propriété du sieur Jœglé ; que ce titre qui émane du prédécesseur de toutes les parties, peut être opposé aux appelants ;

Qu'il résulte encore des plans respectivement produits qu'au nord de la cour des appelants, il existe en ce moment une issue par laquelle les intimés soutiennent que le passage à pied des habitants des maisons à liciter, celui de leurs brouettes et le passage habituel de leurs bestiaux, peuvent s'exercer et se sont toujours exercés jusqu'à ce jour ;

Que, de leur côté, les appelants posent en fait et offrent de prouver que le passage n'est pas praticable au point susindiqué et que depuis plus de trente ans antérieurement à la demande, eux et leurs devanciers ont toujours pratiqué

constamment, à toute heure et en toute saison, tant à pied qu'avec leurs voitures et leurs bestiaux, le passage à travers la cour et le porche des intimés ;

Que, s'agissant de déterminer l'effet d'un titre et de fixer l'étendue d'une servitude de passage reconnue en elle-même, la preuve testimoniale des faits allégués d'une part et offerts en preuve de l'autre est admissible et doit être ordonnée ;

Par ces motifs, etc....

———————

CASSATION, Ch. civ. — 24 février 1846.
(De Lesdiguières c. Cornud.)

I, 245, 246.

Le tribunal qui ne se contente pas de prononcer sur la possession, mais prescrit des mesures réglementaires de la jouissance des parties et crée au profit de l'une d'elles de véritables servitudes, sans en avoir reçu le pouvoir particulier, cumule le possessoire et le petitoire.

Lorsque l'une des parties consent à être jugée au petitoire par le tribunal d'appel du possessoire, ou qu'elle propose une mesure qui ne pourrait être appréciée avec la demande principale sans violer la prohibition du cumul, il est nécessaire que la prorogation de juridiction soit acceptée pour que le contrat judiciaire soit formé.

ARRÊT

LA COUR : — Vu l'art. 25, C. pr. :

Attendu que l'action formée par le sieur de Bonne, marquis de Lesdiguières, et la dame de la Jonquière, son épouse, contre le sieur Cornud, était purement possessoire, puisqu'elle avait pour unique objet de faire cesser un trouble apporté par Cornud à la possession annale et exclusive qu'ils prétendaient avoir d'un canal dont une des berges avait été coupée par Cornud, et d'une haie où il avait fait une ouverture pour passer, avec les gens de sa maison, sur leur propriété ; — Attendu que, par jugement du 3 août 1842, le juge de paix du canton de Montélimart, qui a statué sur cette question, a maintenu les demandeurs, « en la possession et jouissance des berges de leur moulin et de leur fonds, libre de servitude, et condamné Cornud, soit pour avoir dégradé la berge du canal, soit pour avoir passé dans leur fonds et avoir brisé la clôture qu'ils y avaient fait placer, à 100 fr. de dommages-intérêts » ;

Attendu que, sur l'appel de ce jugement formé par Cornud, le tribunal civil de Montélimart, au lieu de s'occuper uniquement de la possession alléguée de part et d'autre, a reconnu d'abord que la propriété des demandeurs était libre du droit de passage et a fait défense à Cornud de les troubler à l'avenir et d'enlever les clôtures, qu'il a ensuite « ordonné que Cornud pourrait accéder à la berge du canal en suivant cette berge au nord des masures de Lesdiguières et en sortant de son usine au moyen d'un escalier qu'il fera pratiquer à cet effet ; dit que Cornud ne pourra couper la berge au-dessus et vis-à-vis la propriété de M. de Bonne ; mais que, conformément à ses offres, il arrosera sa propriété au moyen des eaux prises... lesquelles eaux traverseront la propriété de M. de Bonne, au moyen d'un canal ; dit que Cornud ne pourra, sous aucun prétexte, pénétrer dans la propriété de M. de Bonne que pour l'entretien et le repurgement de l'aqueduc » ;

Attendu qu'il résulte évidemment de ce dispositif que le tribunal civil de Montélimart ne s'est pas contenté de prononcer sur l'action possessoire des époux de Bonne, mais qu'en dehors de cette action et en prenant en considération la situation des propriétés des parties, il a autorisé une prise d'eau et prescrit un mode d'arrosage qui grèvent le fonds des demandeurs d'une servitude d'aqueduc et d'un droit de passage, pour l'entretien et le nettoiement de ces aqueducs ;

Que les offres faites à cet égard par Cornud et auxquelles se réfère le jugement attaqué, n'ont point été acceptées par les époux de Bonne et qu'elles ne sont devenues ainsi l'objet d'aucun accord pour étendre ou proroger la compétence du tribunal de Montélimart ;

Que, dès lors, ce tribunal, en faisant un règlement qui prescrit des mesures nouvelles et grève de servitude la propriété du demandeur, a dépassé, comme juge d'appel, les limites de sa compétence, et commis un excès de pouvoir et, en outre, formellement violé l'art. 25, C. pr. ;

Casse.

———

CASSATION, Ch. req. — 3 mars 1846.
(De Kerautem c. Comm. de Saint-Nicolas-du-Pelem.)

I, 173.

Les berges d'un chemin reconnu être une voie publique doivent être considérées comme formant une dépendance nécessaire de ce chemin et participant également de l'imprescriptibilité.

Du 18 décembre 1844, jugement du tribunal de Guingamp ainsi motivé :

Considérant que, d'un procès-verbal d'enquête et de description des lieux, dressé par M. le juge de paix de Saint-Nicolas-du-Pelem, il résulte que le terrain en litige est connu depuis un temps très ancien sous les noms de *Kent Don*, chemin profond, et de *Kent Caz*, chemin vieux ; que, de temps immémorial comme aujourd'hui, la voie y existant a été constamment fréquentée par le public, tant de nuit que de jour, à pied, à cheval, avec des chevaux chargés et des bestiaux de toute espèce, quelquefois même avec de jeunes bêtes couplées ; que c'est la route que suivent journellement les habitants de Saint-Connan, de Kerpert, de Saint-Gilles-Pluzeaux et de Plésidy, pour se rendre à Saint-Nicolas-du-Pelem ; que c'est la seule voie directe pour arriver à ce dernier lieu, quand on s'y rend de Kerpert et des villages de Botcol, de Mezuno, de Kermovalon et de Kerlevouret ; qu'avant l'établissement du chemin actuel de Bothoa, c'était aussi la seule route directe pour aller de Saint-Nicolas à Guingamp ; que le passage dont est cas a été fréquenté au su et au vu des propriétaires et des fermiers de Kerhuel, parties intéressées, et que jamais ils n'ont tenté de s'y opposer ; — Considérant que ces faits excluent l'idée d'un passage de servitude ou de simple tolérance, d'autant plus que la voie dont s'agit, encaissée et entourée de berges de deux côtés, offre tous les caractères extérieurs d'un terrain à l'usage du public, point aussi corroboré par les aveux des terres du Pelem et du Pellinée, des 25 août 1653 et 20 août 1749, Mahé et Comme, notaires, titres dans lesquels la voie en litige est qualifiée de chemin menant de Keruel au passage de Saint-Nicolas, et de chemin menant de Saint-Nicolas à Bothoa ; — Considérant que, de tout ce qui précède, on doit conclure que la voie en question est un chemin public ; — Relativement aux berges : — Considérant qu'on lit dans l'aveu du Pellinée, sus mentionné, que *Parc-ar-hat-hoat* et *Parc-caz-ar-hat*, aujourd'hui au sieur de Kerautem, et touchant aux berges dont s'agit, avaient leurs fossés dès 1749;... — Considérant que ces fossés, séparés par un espace qui n'excède pas la largeur ordinaire des chemins communaux, indiquent suffisamment que les berges dont s'agit doivent être considérées comme faisant partie du chemin dont est cas, et que, par suite, ce chemin n'ayant pas cessé d'être fréquenté par le public, on doit décider qu'il est demeuré imprescriptible dans son entier, d'où la conséquence que l'action en complainte du sieur de Kerautem doit être repoussée, une action semblable ne pouvant être accueillie que pour des objets dont la propriété est constante, ou qui sont susceptibles d'être acquis par prescription.

Pourvoi du sieur de Kerautem.

ARRÊT

LA COUR : — Attendu qu'il résulte des faits déclarés constants par le jugement attaqué, que le chemin dont il s'agit a existé de tout temps, comme *voie publique*, sans cesse fréquentée par les habitants pour leurs besoins journaliers, et nécessaire pour la communication de commune à commune; que, dans de telles conditions, ce chemin a un caractère qui le place hors du commerce, et le rend imprescriptible, conformément aux dispositions de l'art. 2226, C. civ.;

Attendu que la loi du 21 mai 1836 n'a pu porter atteinte aux principes consacrés par cet article; que, si elle a déclaré (art. 10) que les chemins vicinaux reconnus et maintenus sont imprescriptibles, il ne s'ensuit pas que les chemins non classés, mais non supprimés, et de la nature de celui dont il s'agit dans la cause, aient perdu le caractère de chose publique qu'ils doivent à leur destination et à l'usage qu'on en fait; que dès lors, l'art. 2226, C. civ., reste avec toute son autorité, pour les maintenir hors du commerce, et en protéger la conservation par le principe de l'imprescriptibilité;

Attendu que le jugement attaqué constate, en fait, qu'il résulte des titres produits au procès, et de l'état des lieux, que les berges ont de tout temps fait partie du chemin; que, par suite, il a pu décider, comme il l'a fait, que ces berges étaient imprescriptibles au même titre que le chemin dont elles faisaient partie; qu'une telle décision, loin de contrevenir aux textes de loi invoqués,

en a fait, au contraire, une juste application;

Rejette.

CASSATION, Ch. civ. — 4 mars 1846.
(De Saint-Santin c. Albrespic.)

I, 230, 231.

Le riverain qui s'est constamment servi de toutes les eaux à l'aide d'ouvrages destinés à les recevoir, sans que le défendeur ou ses auteurs les eussent utilisées, s'est créé une possession utile de nature à motiver l'action possessoire contre le trouble apporté à cette jouissance exclusive par le propriétaire supérieur.

Pour procurer une possession efficace d'un cours d'eau autre qu'une source, il n'est pas nécessaire que les travaux aient été exécutés sur le fonds du demandeur.

Du 30 mai 1842, jugement du tribunal de Villefranche rendu dans les termes suivants :

Attendu qu'il résulte du procès-verbal dressé par M. Gailhe, juge-commissaire nommé pour constater la nature et l'importance des eaux en litige, qu'elles proviennent en partie de sources abondantes dans plusieurs saisons de l'année, et qui coulent d'une manière presque permanente en été; que ces sources s'infiltrent dans les propriétés inférieures, arrivent en grande partie dans le jardin du sieur Albrespic, où il peut en exister d'autres; que, après avoir arrosé diverses propriétés, ou avoir servi à divers usages, elles coulent sur la voie publique, se réunissent avec les eaux pluviales que la pente naturelle des lieux y amène, dans le chemin dit des Cariettes, qui est encaissé dans presque toute sa longueur et ne forme plus qu'un ravin, et arrivent ensuite dans le chemin de Livinhac à Peyssé, qui n'est qu'une continuation du premier; qu'il n'est donc pas vrai de dire que ces eaux soient mortes et casuelles; qu'il paraît, en effet, plus rationnel de penser que des eaux de source, qui coulent presque continuellement, communiquent leur nature aux eaux pluviales qui ne sont qu'accidentelles, quoique ces dernières soient très abondantes en temps d'orage, et soient les plus utiles aux héritages qu'elles arrosent, par les immondices qu'elles y entraînent; qu'il faut donc regarder les eaux en litige comme un véritable cours d'eau; — Attendu qu'il est constant, en fait, que le sieur Albrespic possède, sur la rive gauche du chemin des Cariettes, un pré dit des Prêtres; qu'il possède aussi au-dessous un autre pré indiqué au plan cadastral sous le nom de pré de Carles; qu'il est situé en partie presque à l'entrée du chemin de Peyssé, et qu'il est, dans presque toute sa longueur, en face du pré dit Domergue, que le sieur de Saint-Santin possède sur la rive droite du chemin de Peyssé; que ces diverses propriétés sont bordées par l'eau courante qui est en litige ; — Qu'il est également constant en fait, que, depuis de longues années, ce dernier ou ses auteurs avaient pratiqué, dans le mur de clôture qui borde ledit chemin, trois ouvertures destinées à recevoir les eaux, et dont une au moins ne pourrait servir qu'à conduire dans son pré celles qui coulaient dans ledit chemin; que, depuis de longues années aussi, un barrage avait été fait dans ledit chemin, en face de chaque ouverture, pour arrêter ces mêmes eaux et les conduire dans ledit pré; que le sieur de Saint-Santin s'était constamment servi de toutes les eaux en litige pendant le même espace de temps, sans que le sieur Albrespic ou ses auteurs les aient utilisées; — Que, malgré la jouissance exclusive du sieur de Saint-Santin, le sieur Albrespic, riverain supérieur, a établi, depuis moins d'un an avant l'instance au possessoire, un barrage pour arrêter lesdites eaux et les diriger dans son pré, dit pré Carle, d'où elles retombaient, après l'avoir arrosé, dans le chemin de Peyssé, vers le milieu de la largeur du pré Domergue; que le sieur de Saint-Santin a demandé la suppression de ce barrage dans l'année du trouble ; que cette demande a été rejetée par le juge de paix d'Aubin, et qu'il s'agit de savoir si le jugement, dont le sieur de Saint-Santin a relevé appel, doit être maintenu ou réformé; — Attendu que si, d'après l'art. 6 de la loi du 25 mai 1838, le juge de paix doit connaître de toutes entreprises sur les cours d'eau servant à l'irrigation des propriétés, ce n'est que par voie d'action possessoire ; — Attendu que, pour exercer une action de cette nature, il faut que l'action que l'on invoque puisse faire acquérir, par prescription, le droit que l'on réclame; qu'il est donc nécessaire que, pour apprécier la demande portée devant lui, le juge examine la nature de la possession, et, qu'en se livrant à cet examen, il ne cumule point le possessoire et le pétitoire, pourvu qu'il se borne à maintenir en possession celui qui a utilement possédé, ou rejeter l'action en complainte, si la possession n'était pas utile; — Attendu que, d'après l'art. 644, C. civ., celui dont la propriété borde une eau courante autre que celle qui est une dépendance du domaine public, peut s'en servir à son passage, pour l'irrigation de sa propriété; que cette faculté accordée au propriétaire supérieur, et qui tire son origine de la position des lieux et de la loi, est imprescriptible par sa nature; qu'elle peut cependant se perdre par la prescription, lorsqu'il y a eu contradiction; mais qu'il faut que les faits de contradiction manifestent, de la part de celui qui peut s'en prévaloir, l'intention positive de s'attribuer exclusivement les eaux, et d'en priver celui auquel il les oppose et qui les a subis; — Que tels ne sont point les ouvrages apparents qu'oppose le sieur de Saint-Santin; que le sieur Albrespic, ou ses auteurs pouvaient penser qu'ils n'avaient été faits que pour diriger dans le pré Domergue les eaux dont il ne jugerait pas à propos de se servir, ou qu'on ne pourrait pas

absorber en entier, qu'il n'avait aucun intérêt à en demander la suppression puisqu'ils ne l'empêchaient point d'utiliser ces eaux selon ses besoins et ses volontés ; qu'il ne le pouvait pas, puisqu'ils n'étaient pas faits sur sa propriété; qu'ils ne peuvent donc pas servir à faire acquérir la prescription et autoriser le sieur de Saint-Santin à se prévaloir de sa possession annale; — Que, s'il en était autrement, il faudrait admettre que le dernier des riverains qui se serait servi des eaux d'un faible ruisseau pendant un an, pourrait en priver les autres riverains, quel que fût leur nombre et leur éloignement du lieu du litige, en leur opposant l'existence d'une rigole pratiquée dans son fonds, et qui aurait pu être ignorée de la plupart d'entre eux, et les mettre ainsi dans la nécessité de sommer tous les ans le propriétaire inférieur, qui, après une première sommation, changerait la rigole, ou ferait un nouvel ouvrage sur son fonds, de déclarer s'il entendait se prévaloir de ces ouvrages pour leur faire perdre la faculté que leur accorde l'art. 644, C. civ., ou bien encore les assujettir à détourner, chaque année, dans leurs fonds, des eaux qui pourraient leur être nuisibles, pour conserver une faculté dont ils pourraient retirer de grands avantages, s'ils changeaient le mode de culture de leurs héritages ; que de pareilles conséquences, qu'on serait forcé d'admettre, pourraient avoir les plus funestes résultats; que c'est donc à bon droit que M. le juge de paix d'Aubin a rejeté la demande du sieur de Saint-Santin.

Pourvoi du sieur de Saint-Santin.

ARRÊT

LA COUR : — Vu les art. 23, C. pr. civ., 6 de la loi du 25 mai 1838 :

Attendu qu'il est déclaré en fait par le jugement attaqué : — 1° Que, depuis de longues années, le demandeur ou ses auteurs avaient pratiqué dans le mur de clôture bordant le chemin de Peyssé, trois ouvertures destinées à recevoir les eaux, et dont une au moins ne pouvait servir qu'à conduire dans son pré celles qui coulaient dans ledit chemin; — 2° Que, depuis de longues années aussi, un barrage avait été fait dans ledit chemin, en face de chaque ouverture, pour arrêter ces mêmes eaux et les conduire dans ledit pré; — 3° Que le demandeur s'était constamment servi de toutes les eaux en litige pendant le même espace de temps, sans que le défendeur ou ses auteurs les aient utilisées; — 4° Que malgré la jouissance exclusive du demandeur, le défendeur, riverain supérieur, a, depuis moins d'un an avant l'instance au possessoire, établi un barrage pour arrêter les eaux et les diriger dans son pré, d'où elles retombent, après l'avoir arrosé, dans le chemin de Peyssé, au-dessous des points où le demandeur avait jusqu'alors pris ou reçu lesdites eaux;

Attendu que les entreprises sur les cours d'eau servant à l'irrigation des propriétés sont classées par la loi parmi celles qui donnent lieu à l'action possessoire;

Que, pour écarter l'action en complainte exercée en temps utile, en vertu d'une possession plus qu'annale qu'il reconnaît lui-même, le jugement attaqué se fonde : 1° sur ce que la faculté consacrée par l'art. 644, C. civ., en faveur du riverain supérieur, est imprescriptible; 2° sur ce que les ouvrages faits par le demandeur ou ses auteurs, pour prendre ou recevoir les eaux, ne sont pas des ouvrages apparents, faits sur le fonds du propriétaire supérieur par le riverain inférieur;

Mais, attendu que, d'une part, cette dernière condition prescrite par l'art. 642, C. civ., quant à l'eau de source, ne peut s'appliquer à un cours d'eau bordant des propriétés privées;

Attendu, d'autre part, que, quel que puisse être au pétitoire le droit du propriétaire supérieur, le riverain inférieur qui a exercé depuis plus d'un an le droit légal d'user de ce cours d'eau pour l'irrigation de sa propriété, s'est créé une possession utile, de nature à motiver, en cas de trouble, l'action possessoire;

D'où il suit, qu'en confirmant le jugement qui a débouté le demandeur de son action en complainte, le jugement attaqué a expressément violé les articles de loi précités;

Casse.

CASSATION, Ch. civ. — 23 mars 1846.

I, 582.

V. *Cassation, Ch. civ. — 23 novembre 1846.*

CASSATION, Ch. civ. — 8 avril 1846. (Habitants d'Entraigues c. Comm. du Perrier.)

I, 240.

Il n'y a pas cumul du possessoire et du pétitoire de la part du juge qui, dans quelques-uns de ses motifs, s'est occupé des titres de propriété lorsque cet examen n'a eu lieu que pour apprécier le caractère de la possession.

Du 14 mars 1839, jugement du tribunal de Grenoble ainsi motivé :

Attendu que les quarante-sept particuliers, habitants de la commune d'Entraigues, qui ont demandé et obtenu, par le jugement dont est appel, la maintenue au possesseur du droit de partager avec la commune du Perrier toutes les coupes affouagères en bois, taillis et de haute futaie qui sont el peuvent être au terroir de la Blache et des Aiguilles, depuis l'extrémité du territoire d'Entraigues jusqu'au ruisseau de Dourdouillet et de Pracheval, ont formellement déclaré, soit dans leur citation, soit dans le jugement, qu'ils n'avaient d'autre qualité à l'exercice de ce droit que celle de forains possédant biens sur le territoire de la commune du Perrier; du moins, c'est la seule qualité qu'ils ont invoquée pour former leur demande; — Attendu que plusieurs dispositions législatives actuellement en vigueur, notamment la loi du 10 juin 1793, celle du 26 nivôse an XI, l'arrêté du Gouvernement du 19 frimaire an X, un décret du 20 septembre 1809, et l'article 105, C. for., ont formellement déclaré que, pour avoir part, soit au partage des biens communaux, soit à celui de bois provenant de coupes affouagères, il faut être chef de famille ou de maison, ayant domicile réel et fixe dans la commune, et que les forains n'y ont aucune part; — Attendu que la transaction du 27 mai 1572 invoquée par les habitants d'Entraigues, par laquelle il fut concédé à plusieurs particuliers de la commune qui y sont dénommés en leur qualité de forains, possédant biens sur la commune du Perrier, le droit d'alpager, pâturer et bûcher en commun avec les habitants de cette commune, sur les terrains dont il s'agit, et l'arrêt du Parlement du 30 mai 1586, par lequel les mêmes particuliers furent maintenus en la possession et la quasi-possession et jouissance de faire paître leur bétail tant gros que menu, et couper bois de toutes qualités sans dépopulation sur les mêmes terrains, ne constituent que des règlements que la législation de l'époque et la répartition des charges et contributions publiques d'alors pouvaient autoriser ou faire admettre, mais qui ont dû disparaître avec les circonstances qui les avaient vus naître, et particulièrement avec la législation nouvelle qui a exclu les forains de toute participation aux coupes affouagères; — Attendu que les transactions et arrêts dont s'agit, s'ils n'étaient pas considérés comme des règlements susceptibles d'être changés et devant céder devant de nouvelles dispositions législatives, il faudrait admettre qu'ils n'ont conféré que des droits personnels aux particuliers qui y sont dénommés, et, alors, les demandeurs ne seraient pas recevables à les invoquer, parce qu'ils ne justifient pas qu'ils soient les successeurs et représentants médiats des particuliers au profit de qui les actes sont intervenus, et qu'il est impossible d'admettre que la stipulation puisse passer à tout particulier d'Entraigues qui aurait acquis depuis ou qui pourrait acquérir à l'avenir la moindre parcelle de la commune du Perrier, et ce, contrairement aux dispositions législatives et réglementaires survenues depuis et actuellement en vigueur; — Attendu que la circonstance que, pendant un certain nombre d'années, l'administration forestière a fait des délivrances à Entraigues, sur les terrains dont s'agit, sans opposition de la part de la commune du Perrier, qui y aurait, au contraire, consenti par une délibération de 1811, ne saurait fonder une action possessoire au profit des demandeurs, parce que ce n'est pas à eux que les délivrances ont été faites, mais à la commune d'Entraigues qui, si elle a des droits particuliers, doit les exercer elle-même, et parce qu'aussi l'admission de certains particuliers au partage d'un affouage, acte de simple administration, et qui est plutôt le fait des administrateurs que celui des particuliers admis, ne saurait fonder un droit au profit de ces derniers et donner naissance à une action possessoire; l'action possessoire ne peut, en effet, être admise que lorsqu'il existe des faits de possession capables de faire acquérir par la prescription la propriété du sol sur lequel ces faits se sont passés, au profit de la personne même qui a possédé; or, on ne conçoit pas qu'un forain qui aujourd'hui possède un immeuble sur une commune, et qui, demain, peut n'y avoir plus de possession, puisse acquérir possessoirement des droits aux affouages de la commune; car son droit étant personnel, il faudrait qu'il le conservât nonobstant la perte de sa qualité de forain, et si ce droit est réel, c'est-à-dire attaché au fonds qu'il possède actuellement sur la commune, il faudrait que le fonds conservât toujours un droit aux affouages, alors cependant que la loi veut que le partage se fasse, non à raison des fonds ni des personnes, mais seulement par feux ou chefs de famille ayant domicile réel et fixe dans la commune; — Attendu que, d'après ces motifs, la demande en possessoire des particuliers d'Entraigues, possédant biens sur la commune du Perrier, n'est ni recevable ni fondée.

Pourvoi des habitants d'Entraigues.

ARRÊT

LA COUR : — Sur les trois moyens :
Attendu que si, dans quelques-uns de ses motifs, le jugement attaqué s'est occupé des titres de propriété, cet examen n'a eu lieu que pour apprécier le caractère de la *possession*;
Attendu que, pour rejeter l'action *possessoire*, le jugement se fonde sur les faits et circonstances par lui reconnus dont l'appréciation lui appartenait;
Qu'ainsi, il résulte du jugement que les droits des demandeurs restent entiers au *pétitoire*;
Rejette.

CASSATION, Ch. civ. — 6 mai 1846.
(Lafargue c. Préfet des Landes.)

I, 200.

Le possesseur d'un immeuble qui s'étend sur deux cantons doit, en cas de trouble, se pourvoir simultanément ou successivement devant les juges dans le ressort desquels se trouve situé l'objet litigieux.

Du 31 mai 1844, jugement du tribunal de Dax ainsi motivé :

Attendu que la juridiction du juge est circonscrite par son territoire; que ce principe est rigoureux, surtout lorsqu'il s'agit de constater des actes de possession qui se divisent, et pour lesquels il peut y avoir nécessité de se transporter sur les lieux; — Que, dans l'espèce, il est question de savoir si le sieur Lafargue possède depuis an et jour une étendue considérable de terrain situé partie dans le canton de Saint-Vincent-de-Tyrosse, partie dans le canton de Saint-Esprit, et s'il y a été fait des coupes qui justifient les dommages et intérêts demandés et obtenus; que l'action soumise au juge de paix du canton de Saint-Vincent-de-Tyrosse porte sur la totalité du terrain, comme cela résulte des termes de la demande consignée dans l'exploit de citation, et embrasse par conséquent la portion comprise dans la circonscription du canton de Saint-Esprit; que c'est sur la totalité également que le juge de paix a statué sans distinction ni division aucune, non plus que pour les dommages-intérêts qu'il a accordés; — Qu'il y a une véritable confusion dans la demande ainsi formulée et dans la décision obtenue, laquelle s'applique tout aussi bien dans ses deux dispositions à la partie de la forêt d'arbres pius, située dans le canton de Saint-Vincent-de-Tyrosse, qu'à celle qui y est renfermée; que la conséquence des jugements rendus en ces termes est que le juge de paix a excédé ses pouvoirs, puisqu'il a prononcé sur la possession de terrains qui échappaient, par leur position, à sa juridiction; qu'il faut le reconnaître ici, avec les dispositions textuelles et impératives de l'art. 3, C. pr. civ.; — Que si la loi a voulu permettre que, pour certaines difficultés relatives à des immeubles situés dans des arrondissements différents, il fût dérogé à cette règle, elle l'a exprimé, ainsi qu'elle l'a fait, par exemple, dans l'art. 2210, C. civ.; que cette indication, d'une part, et, de l'autre, le silence qu'elle a gardé quant aux actions du ressort des justices de paix, surtout sur des biens partagés entre divers cantons, doivent donner la conviction, en présence des termes formels dont elle s'est servie, qu'elle n'a pas entendu que l'exception au principe s'étendît à celle-ci; que l'on n'a cité aucun monument de la jurisprudence qui vînt à l'appui de l'opinion contraire; — Que du reste le sieur Lafargue, dans son exploit de citation, n'indique point où se trouve situé son chef-lieu d'exploitation; que l'État soutient qu'il n'en existe point, puisqu'il n'y aurait jamais eu pour Lafargue d'exploitation d'aucune sorte de la forêt de pins dont il se prétend en possession ; — Qu'en outre, il n'a été produit aucune pièce de laquelle il résulte que la partie de la forêt présentant le plus grand revenu, d'après la matrice du rôle, soit située dans le canton de Saint-Vincent-de-Tyrosse ; qu'ainsi le jugement rendu par le juge de paix du canton de Saint Vincent-de-Tyrosse doit être annulé pour cause d'incompétence.

Pourvoi du sieur Lafargue.

ARRÊT

LA COUR : — Vu les art. 3, C. pr. civ., et 6 de la loi du 25 mai 1838 ;

Attendu que l'action possessoire intentée par le demandeur devant le juge de paix de Saint-Vincent-de-Tyrosse, qui a donné lieu au jugement attaqué, avait pour objet le trouble prétendu, apporté par les défendeurs à la possession annale d'un bois de pins, et qu'il n'est pas contesté qu'une partie de ce bois de pins ne fût située dans ledit canton de Saint-Vincent-de-Tyrosse ;

Attendu qu'à l'égard de cette portion, la qualité de juge de la situation de l'objet litigieux, exigée par les art. 3 et 6 précités, ne pouvait être déniée au juge de paix de Saint-Vincent-de-Tyrosse, non plus que la compétence qui en résultait pour connaître de l'action possessoire portée devant lui ;

Attendu que, sur l'appel, le tribunal de Dax était également compétent et tenu de prononcer sur ladite action, aux termes des mêmes articles ;

Attendu que, dans l'espèce, la compétence du tribunal était d'autant moins contestable qu'en tous cas, devant lui, le demandeur avait pris des conclusions subsidiaires, par lesquelles il avait restreint sa demande à ce qui concernait la partie des bois de pins située dans le canton susdit, et que cette demande réduite, étant nécessairement comprise dans les termes de la demande principale, ne constituait pas une demande nouvelle, d'où il suit que le tribunal d'appel en était légalement saisi ;

Attendu, en conséquence, qu'en prononçant l'annulation pure et simple pour incompétence du jugement du juge de paix de Saint-Vincent-de-Tyrosse, rendu par défaut le 27 décembre 1839, au profit du demandeur, le jugement dénoncé a méconnu les règles de compétence tracées par la loi et expressément violé les articles précités ;

Casse.

———

CASSATION, Ch. req. — 4 nov. 1846.
(Comm. de Portbail c. Hellet.)

I, 231, 687.

Les voies de fait émanées de l'administration municipale, qui ont eu pour effet de restreindre ou de supprimer la jouissance antérieure des riverains d'un cours d'eau, peuvent servir de base à l'action possessoire, sans que le juge de paix ait à tenir compte de l'arrêté municipal qui a prescrit les travaux dans l'intérêt privé de la commune.

Du 14 janvier 1843, jugement du tribunal de Valognes rendu dans les termes suivants :

Attendu que, d'après l'art. 6 de la loi du 25 mai 1838, les juges de paix connaissent, à la charge d'appel, des entreprises commises dans l'année sur les cours d'eau servant à l'irrigation des propriétés..., des dénonciations de nouvel œuvre, complaintes, actions possessoires fondées sur les faits également commis dans l'année ; — Attendu, en fait, que les sieurs Hellet et joints se plaignent de ce que les défendeurs ont bouché avec une pierre une dalle construite en maçonnerie dans la banque de la pièce du sieur Hellet, par où de temps immémorial, et par conséquent depuis plus d'une année, les eaux de la fontaine de Saint-Marc coulaient naturellement pour l'utilité et l'irrigation de leurs héritages ; que ce travail est une entreprise commise sur un cours d'eau qui sert à l'irrigation des propriétés et est conséquemment de la compétence des juges de paix ; — Attendu qu'il est établi par les enquêtes que de temps immémorial les eaux de la fontaine Saint-Marc, auxquelles se réunissent les eaux pluviales des terrains supérieurs, coulaient en partie par la voie publique et en partie par une dalle dans un abreuvoir pour le sieur Hellet, d'où elles étaient dirigées par différents canaux pour l'irrigation de plusieurs prairies ; que la pente naturelle du terrain les faisait couler par cette dalle, puisqu'on l'a bouchée pour les empêcher d'y passer ; que cet état de lieux est aussi attesté par un plan ancien, enregistré à la Haie-du-Puits, en 1777, où cette dalle est désignée, et en face de laquelle on voit l'indication d'une pierre pour diviser les eaux comme elles se divisaient encore avant l'entreprise des défendeurs... ; — Attendu qu'en admettant que les eaux de la fontaine Saint-Marc jaillissent sur le fonds de la commune, du moment qu'elles en sortent, comme le constate le juge de paix dans son procès-

des terrains que l'arrêté avait attribués au chemin créait en leur faveur, jusqu'à preuve contraire, la présomption qu'ils étaient alors propriétaires de ces terrains, sur lesquels la commune de Happoncourt leur déniait tout droit de propriété ;

Attendu que cette demande devait être formée par action possessoire, puisqu'elle tendait à faire déclarer judiciairement l'existence d'un fait de possession, et que le caractère de l'action n'a pas pu être détruit par cette circonstance que la spécialité de la législation sur les chemins vicinaux interdisait de qualifier comme trouble l'interruption de possession ;

D'où il suit que les jugements attaqués, en déclarant recevable l'action possessoire, loin de violer les art. 23, C. pr. civ., et 15 de la loi du 21 mai 1836, en ont, au contraire, fait une juste application ;

Sur le deuxième moyen :

Attendu que l'art. 23 du Code de pr. civ. déclare que les actions possessoires ne seront recevables qu'autant qu'elles auront été formées dans l'année du trouble, et que, dans les cas ordinaires prévus par cet article, le fait de trouble est la contradiction la plus énergique du fait de possession ;

Attendu que, lorsqu'il s'agit d'une attribution de terrains au sol d'un chemin vicinal, on ne peut considérer comme un trouble, ni l'arrêté régulièrement rendu par le préfet, ni le fait licite de la prise de possession en exécution de l'arrêté, et que l'état de possession antérieure ne s'en trouve aucunement affecté ni modifié ;

Attendu que l'intérêt et les effets de l'action possessoire se bornant, en cette matière spéciale, à la constatation de l'état de possession antérieur à l'arrêté du préfet, la contradiction à la possession ne résulte, ni de cet arrêté, ni de l'exécution des travaux du chemin ; qu'elle ne prend naissance que par les faits ou les actes inconciliables avec la reconnaissance de cette possession antérieure ;

Attendu qu'il est déclaré en fait par les jugements attaqués, que la première contradiction de la commune à l'ancienne possession des défendeurs à la cassation n'a pu être connue de ces défendeurs que par la communication de la décision du préfet portant qu'il ne pouvait donner suite à leur demande d'indemnité ; qu'il est, de plus, déclaré, en fait, d'une part, que leur demande d'indemnité, fondée sur l'allégation de leur propriété et de leur possession, a été adressée au préfet le 28 septembre 1841, c'est-à-dire alors que le délai de deux ans, établi par l'art. 18 de la loi de 1836, ne s'était point écoulé ; et, d'autre part, que la décision du préfet, portant rejet de cette demande par suite de la contradiction de la commune, n'avait pas été portée à leur connaissance depuis une année, lorsqu'ils ont, par exploit du 2 juin 1843, dirigé contre la commune leur action possessoire ;

Qu'il suit de là qu'en ne rejetant pas comme tardive l'action formée par Pierrot et Claudot, les jugements attaqués n'ont point violé l'art. 23, C. pr. ;

Rejette.

CASSATION, Ch. civ. — 26 janv. 1847.

(Delorme c. Dubois.)

I, 201.

C'est devant le juge de paix de la situation de l'objet litigieux, c'est-à-dire celui à raison duquel l'action est intentée et qui a souffert le dommage, que doit être portée la demande.

Du 14 août 1844, jugement du tribunal de Corbeil, qui le décide ainsi dans les termes suivants :

Attendu qu'en attribuant aux juges de paix la connaissance des actions pour dommages faits aux champs, fruits ou récoltes, soit par l'homme, soit par les animaux, l'art. 5 de la loi du 25 mai 1838 a voulu parler tant du dommage qui serait le résultat immédiat du fait de l'homme, que de celui qui pourrait provenir médiatement de cas fortuits ou de constructions par lui élevées ; — Attendu, d'autre part, que l'objet litigieux dont parle l'art. 5 précité est, dans l'espèce, le champ qui aurait été endommagé par l'inondation ; que s'il y a lieu de rechercher, relativement à la responsabilité du dommage, si l'inondation a été causée par cas fortuit ou par l'établissement de l'étang appartenant à Delorme, ou bien encore par la mauvaise construction des chaussées dudit étang, ces diverses recherches n'ont pour objet que de reconnaître la cause et l'origine du dommage ; que, quelle que soit la décision à intervenir, il n'en reste pas moins constant, dans la cause, que l'objet litigieux est le champ que l'on prétend être endommagé ; — Attendu que le champ en

question est situé dans le canton de Longjumeau, ce qui établit la compétence du juge de
paix de ce canton.

Pourvoi du sieur Delorme.

ARRÊT

LA COUR : — Sur le premier moyen :
Attendu que l'art. 5, § 1er, de la loi du
25 mai 1838, absolument conforme à
l'art. 10 du titre III de la loi du 24 août
1790, sauf le taux de la compétence,
dispose que « les juges de paix connaissent sans appel jusqu'à la valeur de
100 fr., et à la charge de l'appel, *à quelque valeur que la demande puisse s'élever*,
des actions pour dommages faits aux
champs, fruits et récoltes, soit par
l'homme, soit par les animaux » ;

Que par cette attribution spéciale, il
y a évidemment dérogation en ce point
au principe de la compétence limitative
posé dans l'art. 1er de la même loi ;

Attendu, pareillement, qu'en parlant
des dommages *causés par l'homme*, la
loi ne fait aucune distinction, et que ni
son but ni son intention ne seraient
atteints, si elle n'avait pas entendu comprendre tous les faits reconnus avoir été
la cause des dommages dans lesquels la
main de l'homme apparaît médiatement ou immédiatement ;

Qu'ainsi, en rejetant le moyen d'incompétence présenté à ce double point
de vue, le jugement attaqué a justement
appliqué la loi ;

Sur le second moyen :
Attendu que l'*objet litigieux* sur la
situation duquel l'art. 3, C. pr. civ.,
règle la compétence du juge de paix,
en matière de dommages aux champs,
fruits et récoltes, ne peut être que le
fonds même qui a éprouvé le dommage ;

Qu'il ne saurait y avoir plus de doute
à cet égard que pour les autres cas
énoncés dans le même art. 3, c'est-à-
dire du cas de *déplacement de bornes*,
ou de celui d'*usurpation de terres,
arbres, haies, fossés et autres clôtures*,
ou de celui d'*entreprise sur les cours
d'eau*, qui tous évidemment se réfèrent
et s'appliquent au fonds qu'on prétend
en avoir souffert ;

Que l'art. 59 dudit Code de procédure
renferme la même locution, en disant
qu'en matière réelle, l'assignation est
portée devant le tribunal *de la situation*
de l'objet litigieux, et qu'il n'est pas
possible de méconnaître qu'ici l'*objet
litigieux* est celui à raison duquel
l'action est intentée ;

Que, d'ailleurs, l'action pour dommages aux champs, étant de sa nature
une action réelle, est nécessairement
dévolue au juge de la situation du
champ sur lequel le dommage a été
commis ;

Qu'enfin les actions de ce genre,
toujours urgentes, exigeant une prompte
constatation et une réparation immédiate, doivent appartenir au juge de la
localité ; et que la compétence du juge,
en ce cas, ne peut être incertaine et
changer suivant les circonstances, ou
suivant les causes du dommage, ou
suivant les moyens de défense adoptés
par celui qui en serait l'auteur ;

D'où il suit que le jugement attaqué,
en décidant que le juge de paix du
canton de Longjumeau était compétent,
à raison de ce que le champ endommagé était situé dans sa juridiction,
loin d'avoir violé la loi, en fait une
saine application ;

Rejette.

CASSATION, Ch. req. — 9 mars 1847.
(Renard et Comm. de Blanchefosse
c. Derodé-Brochard.)

I, 176.

*En cas de prise de possession de terrains
pour la confection d'un chemin vicinal
sans l'accomplissement des formalités
d'expropriation prescrites par la loi du
21 mai 1836, le propriétaire dépossédé
est à bon droit maintenu en possession ;
la déclaration de vicinalité du chemin
étant insuffisante pour attribuer le
chemin à la voie publique et rendre
utile la possession de la commune.*

ARRÊT

LA COUR : — Attendu, en droit, que
l'art. 15 de la loi du 21 avril 1836, s'applique exclusivement au cas où, par
suite de la déclaration de vicinalité et
de la fixation de la largeur d'un chemin
public dont la propriété n'est point
contestée à la commune, quelques portions de propriété, riveraines dudit chemin, se trouvent enfermées dans les

limites de largeur fixées par l'arrêté du préfet ;

Que, dans ce cas, mais seulement dans ce cas, l'article précité a voulu que les portions de sol fussent attribuées au chemin vicinal, et que le droit des propriétaires riverains se convertît en une indemnité ;

Que cette exception aux règles générales sur l'expropriation pour cause d'utilité publique est de droit étroit et doit être strictement bornée au cas prévu par la loi ;

Et attendu que, dans la cause, les débats judiciaires portaient sur l'intégralité du chemin de Poteau ; que le jugement qui eut à statuer sur la possession ou sur la propriété était déclaratif du droit des parties sur la totalité du chemin ;

D'où la conséquence qu'en écartant les dispositions dudit art. 15 de la loi du 21 avril 1836, et en statuant, ainsi qu'il l'a fait, sur l'action possessoire qui lui était intégralement soumise, le tribunal civil de Rocroy a saisi le véritable sens de la loi du 21 avril 1836, n'est point sorti du cercle de ses attributions et a fait des principes sur la matière une juste application ;

Rejette.

CASSATION, Ch. req. — 10 août 1847.
(Boisleux et Dauchez-Lebrun
c. Bocquet et Legentil.)

I, 582, 588.

L'exercice de l'action en réintégrande n'est pas subordonné à une possession réunissant toutes les conditions prescrites par les art. 23, C. pr., et 2229, C. civ. Cependant, si cette action peut être intentée toutes les fois que le détenteur d'un immeuble en a été dépossédé par violence, encore faut-il que la possession du demandeur ne soit pas elle-même le résultat d'un fait violent, furtif ou clandestin.

Constitue un acte de violence pouvant autoriser la réintégrande le fait de labourer une terre ensemencée et de détruire la récolte déjà sortie de terre.

Du 15 juillet 1844, sentence du juge de paix confirmée avec adoption de motifs par jugement du tribunal d'Arras, rendu le 7 janvier 1845. Cette sentence est conçue dans les termes suivants :

Attendu qu'il est constant et reconnu au procès que le sieur Legentil était en possession par le fait du sieur Bocquet, son fermier, du corps de terre litigieux qu'il avait lui-même labouré et ensemencé en œillettes, lorsque le sieur Boisleux les a détruites ; — Attendu que ces troubles portent atteinte à la possession du sieur Legentil ; qu'en admettant que ce dernier n'eut point eu lors du trouble une possession annale, cela ne donnait pas au sieur Boisleux le droit de se faire justice à lui-même ; que le sieur Legentil ayant été illégalement dépouillé doit, avant tout, rentrer dans sa possession ; — Attendu qu'en admettant même que le sieur Legentil se fût antérieurement, par lui-même ou par son fermier, indûment mis en possession du corps de terre dont s'agit (ce qui a été dénié), le possesseur devait alors intenter lui-même l'action en réintégrande ; — Attendu que la voie de fait du sieur Boisleux cause préjudice au sieur Legentil, en la personne de son fermier ; qu'il doit, par cela même être condamné à réparer ce dommage qu'on peut évaluer à la somme de 100 fr. ; — Par ces motifs, déclarons réintégrer ledit sieur Legentil dans la possession du corps de terre litigieux, et faisons défense audit sieur Boisleux de l'y troubler à l'avenir.

Pourvoi des sieurs Boisleux et Dauchez-Lebrun.

ARRÊT

LA COUR : — Attendu que la possession, telle qu'elle est définie et caractérisée par la loi, pour servir de fondement aux actions possessoires en général, n'est pas exigée comme condition de l'exercice de l'action en réintégrande ; que cette action peut être intentée toutes les fois que le détenteur d'un immeuble en a été dépossédé par un acte de violence, pourvu cependant que sa détention ne soit pas elle-même le résultat d'un fait violent, furtif ou clandestin ;

Attendu qu'il résulte des faits déclarés constants par le jugement attaqué : 1° que les défendeurs éventuels avaient labouré et ensemencé un terrain qui s'était couvert d'une récolte ; 2° que les demandeurs s'emparant de ce terrain en avaient détruit la récolte ; que dans ces circonstances, les juges de la cause, en décidant, comme ils l'ont fait, que les défendeurs éventuels étaient en possession de fait du terrain litigieux, et avaient eu le droit de former une action en réintégrande contre les auteurs du trouble violemment apporté à cette possession, loin de contrevenir à la loi, en ont fait, au contraire, une juste application ;

Rejette.

———————

CASSATION, Ch. req. — 17 nov. 1847.
(Pelluchon c. Jarrousse.)

I, 238.

C'est à bon droit que le juge du possessoire se déclare incompétent pour statuer sur une action en complainte lorsqu'il reconnaît, après examen du titre produit, qu'il ne pourrait le faire sans consacrer préalablement l'existence du droit, le sens et la portée des clauses du titre invoqué.

Du 30 juillet 1846, jugement du tribunal de Marmande qui le décide en ces termes :

Attendu, en point de fait, qu'il a été reconnu et constaté devant le premier juge, qu'à une époque antérieure aux faits particuliers qui ont donné naissance au procès, la propriété de l'intimé se trouvait séparée de celle des appelants par un mur en pierre établi sur la limite orientale, et qu'entre ce mur et la limite séparative des deux propriétés, il existait une lisière de terrain de 58 centimètres de largeur que les appelants reconnaissaient alors et reconnaissent encore être la propriété de l'intimé ; — Qu'à une époque qui remonte déjà à plus de trente ans, l'intimé étant bien aise d'utiliser ce mur de clôture, pour établir une dépêche ou une grange, et voulant diriger sur la limite de terrain qui se trouvait en dehors et au-delà dudit mur, une partie des eaux de la toiture dudit bâtiment, il dut nécessairement entrer en arrangement avec l'auteur des appelants, l'espace de 33 centimètres qu'il possédait au-delà de son mur étant insuffisant pour qu'il leur fût permis d'y diriger les eaux du stillicide ; — Qu'en conséquence, et par trois actes sous signature privée produits au procès, dûment enregistrés et dont le dernier est à la date du 10 décembre 1822, l'auteur des appelants concéda à l'intimé le droit de faire tomber les eaux du stillicide de son nouveau bâtiment sur la lisière du terrain dont il s'agit, bien qu'elle n'eût pas la largeur voulue par la loi, et par l'usage des lieux, pour qu'il lui fût permis de diriger ainsi le stillicide du côté du voisin, et, en compensation, l'intimé lui concéda le droit de jouir et d'utiliser à son profit la lisière de terrain de 33 centimètres qui se trouvait de son côté, dans toute l'étendue du mur de clôture ; — Attendu que cet état de choses s'est maintenu pendant un grand nombre d'années, sans qu'il se soit élevé

aucune contestation entre les parties ; mais que, dans les derniers mois de l'année 1845, l'intimé ayant détruit le bâtiment à raison duquel il avait acquis le droit de diriger les eaux du stillicide sur un espace de terrain d'une largeur inférieure à la distance légale, et l'ayant remplacé par un bâtiment qu'il a reculé à la distance légale, c'est-à-dire à plus de 50 centimètres de la limite, sur laquelle distance il a dirigé l'égout du nouveau bâtiment, les appelants ont cru voir, dans ce fait, à raison de ce que ce nouveau bâtiment avait ou pouvait avoir une toiture plus étendue que celle de l'ancien, un trouble apporté à la concession de jouissance qui leur avait été accordée pendant que le bâtiment ne se trouvait pas à la distance légale, et ils ont en conséquence, porté devant M le juge de paix du canton de Meilhau, une action en complainte possessoire pour qu'il fût interdit à l'intimé de déverser sur son terrain une plus grande quantité d'eau que celle qu'il était autorisé à y verser d'après les trois actes sous signature privée dont il a été parlé ; — Attendu que ce n'est pas par la qualification qu'il convient à une partie de lui donner qu'une action doit être appréciée, mais uniquement par son but, par sa véritable portée ; — Que si on prend la peine d'apprécier attentivement la demande formée par les appelants, il est facile de reconnaître que la jouissance qui leur avait été concédée ne leur a point été enlevée ; que même elle ne leur a point été contestée au moment où ils ont formé leur réclamation, et qu'envisagée sous ces rapports, la demande ne pouvait être la matière d'une action possessoire; elle pouvait l'être d'autant moins, qu'il s'agissait d'un terrain qui est reconnu appartenir à l'intimé, et dont celui-ci avait conservé la possession précisément d'après le mode qui lui avait été contesté, et uniquement à raison d'un imperceptible surcroît d'étendue ; — Mais attendu que ce surcroît donné par l'intimé à l'usage dont il était en possession de déverser les eaux du stillicide sur son propre terrain n'a pas eu lieu, les choses restant en l'état où elles se trouvaient d'après les conventions sous signature privée déjà rappelées ; — Qu'il est, en effet, reconnu que le mur du haut duquel tombe le nouvel égout se trouve placé à la distance voulue par la loi et par l'usage des lieux, et que, pour apprécier le mérite de la demande formée par les appelants, il ne faudrait pas seulement reconnaître qu'ils ont éprouvé un trouble dans leur possession, ce qui serait bien difficile, mais il faudrait reconnaître en même temps qu'en cédant la jouissance de la lisière de terrain qui se trouvait au-delà de son mur, en ce qui concernait seulement la culture, et sur laquelle il conservait le stillicide, il avait renoncé à la faculté naturelle de le faire tomber sur une distance légale ; — Attendu, enfin, que la véritable question portée devant le premier juge était de savoir si l'intimé avait usé d'une faculté naturelle, d'un droit légal, en reculant ses constructions à la distance légale, et si, en usant de ce droit il avait porté un trouble à la possession d'un droit concédé pour un autre cas ; qu'il demeure évident par là qu'il avait à statuer sur une question portant sur le fond du droit, et non sur une simple question possessoire.

Pourvoi des époux Pelluchon.

ARRÊT

LA COUR : — Attendu que l'action intentée par les demandeurs, et qui avait pour objet apparent de saisir le juge de paix d'une question possessoire, trouvait à la fois son point de départ et sa raison de décider dans les rapports contractuels qui existaient entre les parties; qu'en réalité elle tendait à faire apprécier par le juge de la cause non le fait simple d'une possession troublée, mais bien l'étendue ou la mesure des droits respectifs qui compétaient aux parties, par suite, et en vertu de la convention qui avait rendu l'une nue-propriétaire et l'autre usufruitière d'une certaine portion de terrain ; que, dans une telle position, les juges de la cause, en déclarant son incompétence pour statuer sur un débat dont tous les éléments les conduisaient nécessairement à l'examen et à l'appréciation du fond du droit, loin de contrevenir à la loi, en ont fait, au contraire, une juste application;

Rejette.

CASSATION, Ch. civ. — 20 déc. 1847.

(Veuve Chapelon c. Ravel.)

I, 636.

Il n'importe que la cause qui a rendu impossible l'usage d'une servitude provienne du fait d'un tiers ou de la force majeure. Dans les deux cas, la servitude est éteinte et le propriétaire du fonds servant est fondé à faire réprimer par l'action possessoire tous actes qui tendraient au rétablissement de cette servitude.

Du 20 décembre 1843, jugement du tribunal de Saint-Etienne qui statue dans les termes suivants :

Attendu que Ravel se prétendant possesseur immémorial et créancier par titre, d'un droit de servitude de prise d'eau sur la propriété dont la veuve Chapelon est usufruitière, a pu exécuter le travail qu'on lui reproche, sans nuire à la possession de la veuve Chapelon et sans sortir des facultés que lui accordait l'art. 697, C. civ.; si, d'une part, en

effet, la veuve Chapelon peut, en vertu de son droit d'usufruit, intenter l'action possessoire, c'est à la condition de prouver que son droit a été utile, c'est-à-dire capable de prescrire le droit contre lequel elle possédait ; — Mais attendu que la prescription d'un droit de servitude continue et apparente comme celle dont il s'agit dans l'espèce, ne court, aux termes de l'art. 707, que du jour où il a été fait un acte contraire à la servitude, et qui témoigne de l'intention de paralyser ou supprimer son exercice ; — Attendu, en fait, que la veuve Chapelon n'a fait personnellement aucun acte de cette nature ; que si le ruisseau de Malleval a changé de lit en 1839, c'est par suite d'inondation, c'est-à-dire d'un événement imprévu, et que tant que la veuve Chapelon n'a point accusé par ses faits, par un acte matériel et volontaire, l'intention de posséder contre la servitude de Ravel et d'en prescrire l'anéantissement par le non-usage, il est évident qu'elle est mal fondée à exciper d'un cas de force majeure pour s'attribuer une possession utile et légale ; — Attendu donc que si Ravel a interrompu la jouissance de son droit de servitude, rien ne s'opposait à la reprise de cette jouissance, puisque, pendant l'interruption, aucun acte contraire à l'exercice de son droit n'est intervenu.

Pourvoi de la veuve Chapelon.

ARRÊT

LA COUR : — Vu les art. 23, C. pr., 2228 et 2229, C. civ. :

Attendu que par des conclusions subsidiaires prises formellement devant le tribunal de première instance de Saint-Etienne et insérées dans le jugement attaqué, la veuve Chapelon a offert de prouver tant par titre que par témoins que, pendant plus d'un an avant le trouble et avant la complainte, elle a, par elle ou ses fermiers, cultivé le sol sur lequel le sieur Ravel a établi sa rigole, et récolté ;

Que le jugement attaqué, sans nier le fait de cette possession et raisonnant, au contraire, comme s'il en reconnaissait la réalité, s'est borné à soutenir qu'elle n'avait pas été utile, c'est-à-dire capable de prescrire le droit contre lequel la demanderesse possédait ;

Que ledit jugement motive cette assertion sur ce que la prescription d'une servitude *continue* et *apparente*, comme celle dont il s'agit dans l'espèce, ne court, aux termes de l'art. 707, C. civ., que du jour où il a été fait un acte contraire à l'exercice de la servitude et qui témoigne de l'intention de paralyser ou de supprimer cet exercice ;

Qu'il importe peu que l'interruption

de la servitude soit, comme dans l'espèce, le résultat d'un événement de force majeure, c'est-à-dire du déplacement naturel et spontané du cours du ruisseau ; qu'aucune loi n'exige de la part du propriétaire du fonds servant un fait personnel et physique pour s'opposer à l'exercice de la servitude ; que le fait du propriétaire dudit fonds d'avoir par lui-même ou par ses fermiers. cultivé ce fonds pendant plus d'un an avant le trouble, constitue d'après l'art. 2228, C. civ., une possession *légale et utile*, propre à constituer, suivant les cas, soit la prescription trentenaire pour éteindre définitivement la servitude, soit la possession annale qui sert de base à l'action possessoire ;

Qu'il n'est ni posé par le jugement attaqué ni même articulé par le défendeur que, dans la période d'un an qui a précédé l'instance au possessoire, il y ait eu aucun trouble à la jouissance de la veuve Chapelon du lit abandonné par le ruisseau dont il s'agit; d'où il suit que la possession de la veuve Chapelon ayant toutes les conditions voulues par l'art. 2229, C. civ., le jugement attaqué, en déclarant que la demanderesse n'avait pas une possession *utile*, c'est-à-dire capable de *prescrire*, et en lui refusant l'action possessoire, a violé l'art. 23, C. pr. civ., et les art. 2228 et 2229, C. civ.;

Casse.

CASSATION, Ch. req. — 2 février 1848.
(Vigneron c. Millière.)

I, 244.

Ne cumule pas le possessoire avec le pétitoire le jugement dont l'ensemble des motifs se rapporte et conduit à un dispositif qui statue uniquement sur la possession, alors même que quelques-uns de ses motifs paraissent se rattacher au fond du droit.

Du 5 février 1846, jugement du tribunal de Bar-sur-Aube ainsi motivé :

Attendu qu'il n'a jamais été nié et qu'il est formellement reconnu par le sieur Vigneron que le mur sur lequel s'adossait le volet des intimés, avant qu'il n'y mit obstacle, est mitoyen entre eux et lui; — Attendu, en droit, que la copropriété d'une chose donne à chacun de ceux à qui elle appartient, le droit de

la faire servir à tous les usages auxquels elle peut être propre, et que ce droit n'a d'autre limite que celle qu'y apporte le droit de l'autre copropriétaire, lorsqu'il veut lui-même en user,...intérêt qui toujours s'oppose à ce qu'il en soit fait abus; — Attendu que dans l'espèce ce n'est point pour utiliser l'espace laissé libre entre sa maison et celle des héritiers Millière par l'épaisseur du mur mitoyen qui le sépare, que Vigneron s'est opposé à ce que les intimés continuassent d'adosser contre ce mur leur volet en l'ouvrant; — Qu'il est d'ailleurs évident que cette simple application du volet contre le mur n'est pas de nature à l'ébranler ni dégrader; — Attendu, enfin, qu'il est de principe général qu'on ne doit point user d'un droit quelconque sans utilité pour soi-même et seulement pour nuire à autrui; — Par ces motifs *et sans adopter ceux du premier juge*, dit qu'il a été bien jugé.

Pourvoi du sieur Vigneron.

ARRÊT

LA COUR : — Attendu que le jugement attaqué se borne, dans son dispositif, à maintenir les défendeurs éventuels dans la possession par eux prétendue; que si quelques-uns des motifs de ce jugement paraissent se rattacher au droit de propriété, ils n'ont, en réalité, pour objet que de caractériser la possession; que, par suite, ledit jugement n'a point cumulé le pétitoire et le possessoire et n'a contrevenu à aucune loi ;

Rejette.

CASSATION, Ch. civ. — 11 avril 1848.
(Mennesson c. de Cambray.)

I, 704.

Dans les localités où, suivant des usages anciens, le propriétaire etait obligé, pour ouvrir un fossé, de laisser un certain espace libre entre le bord de ce fossé et l'héritage voisin, l'inobservation de ces usages, qui doivent encore être observés aujourd'hui, constitue un trouble de droit à la possession de l'héritage voisin et peut donner lieu à la complainte.

ARRÊT

LA COUR : — Sur les premier et deuxième moyens:

Attendu que le jugement attaqué atteste que suivant les dispositions de l'ancienne coutume de Valois, dans le ressort de laquelle sont situées les propriétés des parties, et suivant l'usage, constamment observé sur les lieux, les fossés de clôture ou de délimitation d'une propriété doivent être longés d'une berge, ou franc-bord, de la largeur de 48 centimètres, entre la crête extérieure desdits fossés et les propriétés voisines; que le fossé étant censé n'avoir été pratiqué que de cette manière, la présomption est que l'intervalle laissé en dehors en est une dépendance et appartient à celui qui a creusé le fossé sur son terrain ;

Que cet usage local, dont l'objet est de prévenir l'éboulement de la terre contiguë au fossé et qui naît des rapports naturels du voisinage, n'a rien de contraire aux dispositions du Code civil et se concilie avec la définition qu'il donne du droit de propriété;

Que la demanderesse en complainte ayant pris pour trouble à sa possession la présomption de propriété qui résultait contre elle et au profit du propriétaire voisin de l'établissement d'un fossé contigu à sa terre, le juge de paix a pu, sans excéder ses pouvoirs, prendre en considération cette même présomption de propriété, dans le but unique de déterminer la nature du trouble et pour décider que le fait du sieur Mennesson constituait un trouble de droit à la possession annale de la dame de Cambray;

Qu'en retenant la cause et en statuant au fond, ainsi qu'il l'a fait, le tribunal de Senlis, saisi, sur l'appel, de l'action possessoire, n'a ni méconnu les règles de sa compétence, ni violé les art. 537, 544, 666, 667 et 668, C. civ., ni aucune autre loi;

Rejette.

———

CASSATION, Ch. req. — 3 mai 1848.
(Battement c. Thierry.)

I, 252, 585, 588, 647.

Lorsque sur l'action en réintégrande formée contre lui, le défendeur conclut reconventionnellement à être maintenu en possession, le juge saisi de cette double demande doit d'abord statuer sur l'action en réintégrande, à laquelle le défendeur ne saurait se soustraire par cette demande reconventionnelle.

Constitue un trouble pouvant motiver la réintégrande, le fait de pratiquer dans la berge d'un fossé une rigole à l'aide de laquelle on a inondé l'héritage du demandeur en y déversant les eaux d'une mare.

ARRÊT

LA COUR : — Attendu que le jugement attaqué déclare et constate qu'il est constant, en fait, que le sieur Battement, demandeur en cassation, avait pratiqué dans la berge d'un fossé dépendant de l'héritage de son adversaire, un fossé ou rigole à l'aide duquel il avait inondé cet héritage en y faisant déverser les eaux d'une mare lui appartenant; qu'en considérant cette voie de fait comme une spoliation ou un trouble violemment apporté à la possession du sieur Thierry, et de nature à justifier l'action en réintégrande formée par ce dernier, quelles que pussent être d'ailleurs les prétentions du demandeur à un droit de servitude, le jugement attaqué n'a violé aucune loi;

Rejette.

———

CASSATION, Ch. civ. — 17 mai 1848.
(De Barrois c. Riquet.)

I, 241.

Cumule le pétitoire et le possessoire le jugement qui, pour rejeter une action en complainte, se fonde uniquement sur l'existence d'une précédente décision qui statue sur la propriété, sans examiner les faits nouveaux allégués par le complaignant.

ARRÊT

LA COUR : — Vu les art. 23, 25, C. pr., et 2229, C. civ. :

Attendu que le jugement attaqué porte que le terrain, objet de l'action en complainte, ayant été déclaré précédemment, par décision judiciaire, appartenir aux défendeurs à cette action, le demandeur n'avait pu avoir sur ce terrain une possession capable de fonder la poursuite permise par l'art. 23, C. pr., c'est-à-dire une possession paisible, non équivoque, à titre de propriétaire;

Qu'un tel motif ne s'adresse point aux faits eux-mêmes, qui étaient invoqués comme caractéristiques de la possession, et ne les apprécie pas, mais qu'il les repousse d'une manière absolue et par cela qu'ils ne peuvent avoir de valeur, en regard du droit de propriété qui, avant l'existence de ces faits, avait été reconnu au profit des défendeurs à l'action possessoire;

Qu'en décidant ainsi, le jugement attaqué a cumulé le pétitoire et le possessoire, et ouvertement violé les art. 23 et 25, C. pr. civ., 2229, C. civ.;

Casse.

CASSATION, Ch. req. — 29 mai 1848.
(Comm. de Doulevent-le-Château
c. Rollet.)

I, 644.

Le fait unique de la dépaissance d'un troupeau sur un terrain en friche, accessible à tous, peut être considéré comme insuffisant pour constituer un acte de possession utile de la part d'une commune qui prétend à une possession exclusive de ce terrain.

ARRÊT

LA COUR : — Attendu que le jugement attaqué, en décidant, comme il l'a fait, que le fait unique de la dépaissance d'un troupeau sur un terrain en friche, accessible à tous et abandonné à l'usage de tous, ne saurait constituer un acte de possession exclusive et de nature à opérer la prescription, n'a pu contrevenir à aucune loi;

Rejette.

CASSATION, Ch. civ. — 7 juin 1848.
(Comm. de Gorges c. Lepelletier.)

I, 71, 476, 687.

L'habitant qui a été rayé de la liste de ceux qui participent à la jouissance des biens communaux, peut agir au possessoire pour se faire maintenir en possession du droit qu'il prétend avoir exercé antérieurement.
Le droit de vive et grasse pâture n'a ni le caractère d'une servitude de pacage, ni

son principe dans un acte précaire et de pure tolérance; il constitue un droit indivis dans une jouissance qui absorbe tous les avantages de la propriété et en supporte toutes les charges. Ce droit est donc susceptible de prescription et de l'action possessoire.
Le règlement administratif qui fixe le mode et l'étendue de la jouissance des habitants sur des pâturages communaux peut constituer un trouble à l'égard de celui qui prétend tirer de ses titres ou d'une possession contraire, d'autres et plus amples droits que ceux qui lui sont conférés par ce règlement.

ARRÊT

LA COUR : — Sur le premier moyen :
Attendu que de la combinaison des art. 51, 52, 53 et 54 de la loi du 22 juillet 1837, organique des attributions municipales, il résulte que l'obligation imposée à quiconque veut introduire en justice une action contre une commune, de remettre un mémoire aux mains du préfet, est une règle en corrélation intime avec celle de se munir de l'autorisation du Conseil de préfecture pour poursuivre la commune; que le mémoire, en effet, est destiné à éclairer l'administration départementale, tutrice des intérêts municipaux, sur le parti le plus convenable à prendre;

Qu'exiger le dépôt d'un mémoire dans l'hypothèse même où, comme dans celle de l'art. 55, il y a dispense pour la commune, soit qu'elle attaque, soit qu'elle se défende, de se munir de l'autorisation administrative, ce serait aller contre le but de ce texte, qui est que, par la dispense des formalités et des délais qui en seraient la suite, la commune et son adversaire puissent au plus tôt comparaître devant le juge quand il s'agit d'actions possessoires qui, par leur nature, sont le plus souvent urgentes;

Que l'art. 55, ainsi entendu, est en parfaite analogie avec l'art. 37, loi du 10 mai 1838, qui dispense également de la remise d'un mémoire pour le cas où l'action possessoire est formée contre un département; similitude dans laquelle les deux lois devaient, en effet, se confondre, puisque aucune différence n'existe entre les intérêts de la commune et les intérêts du département, quant aux conditions d'une bonne défense ;

Sur le deuxième moyen :

Attendu que le défendeur en cassation soutenait dans sa demande introduite en décembre 1841, que par ses fermiers, habitant la commune de Gorges, en dehors de laquelle il a sa résidence, il avait joui du droit de pâturage sur le marais qui est la propriété de cette commune; que la jouissance remontant à une époque reculée avait été exercée notamment, depuis et y compris l'année 1836 jusqu'en 1840 inclusivement, du consentement exprès de l'autorité municipale; qu'en effet, celle-ci ayant dressé l'état au rôle des pâturages communaux, qui a été ensuite rendu exécutoire par le préfet, y avait inscrit successivement pour chacune de ces cinq années, l'espèce et le nombre d'animaux que les habitants du village et les fermiers du défendeur auraient la faculté de placer au pâturage, et avaient fixé l'indemnité que chacun devait payer à la commune, indemnité que les fermiers ont acquittée ; à l'appui de tous lesquels faits de jouissance non contestée étaient représentés des actes administratifs ;

Que sur le refus fait par le maire, en avril 1841, de continuer à recevoir au pâturage le bétail des fermiers, l'action possessoire exercée par le défendeur était évidemment de la compétence du juge de paix, qui a pu prononcer le maintien en jouissance, sans empiéter sur les attributions de l'autorité administrative et sans encourir le reproche d'accorder un droit qui aurait été refusé par un règlement nouveau de pâturage arrêté, pour 1841, par le conseil municipal et approuvé par le préfet. En effet, ce règlement, qui exclut les propriétaires non habitants, statue par voie de police et dans l'intérêt général ; il n'est pas constitutif du droit de pâturage, mais seulement déclaratif de l'existence de ce droit et régulateur de son exercice. — Il détermine le mode de jouissance des biens communaux sans toucher aux questions de propriété et sans aucun rapport avec les droits que des tiers prétendraient avoir acquis, l'appréciation desdits droits restant dans le domaine exclusif de l'autorité judiciaire ;

Sur le troisième et dernier moyen :

Attendu que la commune de Gorges n'ayant pas usé de la faculté que lui accordait l'art. 1ᵉʳ de la loi du 10 juin 1793, de partager entre ses habitants les biens dont ils avaient la jouissance en commun, cette jouissance s'est constituée conformément à l'art. 12; que c'est ainsi que, au moins durant les cinq années antérieures au litige, les fermiers du défendeur ont pris pour leur bétail, dans le produit du marais, une part proportionnée à l'étendue des propriétés foncières du défendeur; qu'une semblable possession n'a ni le caractère d'une servitude de pacage ni son principe dans un acte précaire et de pure tolérance ; mais qu'elle constitue un droit indivis dans une jouissance qui absorbe tous les avantages de la propriété et en supporte toutes les charges; qu'un tel droit est évidemment de vive et grasse pâture, lequel de sa nature est prescriptible, et, dès lors, peut être réclamé par l'action en complainte ; d'où il suit que, en accueillant l'action qui tendait à la maintenue en copossession de la jouissance en pâturage, le jugement attaqué n'a ni faussement appliqué ni violé l'art. 23, C. pr., non plus que les art. 2229 et 2232, C. civ., mais, au contraire, a fait de ces textes une juste application ;

Rejette.

CASSATION, Ch. req. — 1ᵉʳ août 1848. (Boutet c. Comm. de Lurcy-Lévy.)

I, 248, 683.

Lorsqu'il s'agit de troubles successifs, il suffit d'intenter l'action dans l'année qui a suivi l'accomplissement de la dernière entreprise, sans qu'il y ait lieu de rechercher si d'autres faits de trouble ont été commis antérieurement à celui qui sert de fondement à l'action.

Du 21 janvier 1847, jugement du tribunal de Moulins-sur-Allier qui statue dans les termes suivants :

Attendu qu'aux termes de l'art. 23, C. pr., l'action en complainte ne peut être exercée qu'autant que le trouble a eu lieu dans l'année qui précède l'action; — Qu'il est bien vrai que certains des faits dont excipe la commune ont eu lieu avant cette époque, mais qu'il résulte aussi des conclusions prises par elle devant le juge de paix que les faits de trouble dont elle se plaint ont continué à être exercés dans l'année qui a précédé la demande et que les sieurs Rebut et Laurent eux-mêmes ont réitéré un trouble de droit contre la demande possessoire de la commune, en soutenant qu'elle n'avait point la possession du terrain dont il s'agit; — Que c'est donc avec raison que le juge de paix a retenu la décision de cette affaire pour statuer sur les demandes possessoires respectives formées devant lui.

Pourvoi des sieurs Boutet et consorts.

ARRÊT

LA COUR : — Attendu que le jugement attaqué constate : 1° que le fait à l'occasion duquel l'action possessoire a été intentée constituait un trouble formel à la possession; 2° que l'action en complainte a été intentée dans l'année de l'accomplissement de ce même fait; qu'il n'en fallait pas davantage pour autoriser les juges de la cause à décider, comme ils l'ont fait, que cette action était recevable; qu'il importe peu que d'autres faits de trouble aient été commis antérieurement à celui qui a servi de fondement à l'action, et que plus d'une année se soit écoulée depuis l'accomplissement de ces autres faits; qu'il suffit que l'action ait été exercée dans l'année qui a suivi le fait constitutif du trouble qui lui sert tout à la fois d'élément et de point de départ; que, par suite, en le décidant ainsi, le jugement attaqué n'a pas contrevenu à la loi; Rejette.

CASSATION, Ch. req. — 8 nov. 1848.
(Préfet de la Meuse c. Comm. de Sept-sarges.)

I, 700.

Les droits d'usage dans les bois ne constituent pas une simple servitude, mais peuvent être acquis à l'aide d'une longue possession réunissant les conditions prescrites par la loi. En conséquence, l'usager troublé dans sa possession, est autorisé à former l'action en complainte.

ARRÊT

LA COUR : — Attendu que les droits d'usage ne constituent pas une simple servitude, et qu'ils peuvent être acquis à l'aide d'une longue possession, réunissant les conditions prescrites par la loi ; — Que, par conséquent, l'usager troublé dans sa possession est autorisé à former l'action en complainte possessoire ;

Que, dans l'espèce de la cause, la commune de Septsarges n'a été considérée par le jugement attaqué que comme simple usagère, et a été maintenue à ce titre en possession des droits d'usage par elle prétendus ; — Que ledit jugement, en prononçant cette maintenue, après avoir vérifié et constaté les caractères de sa possession articulés par la commune, loin de contrevenir à la loi, en a fait une juste application ;

Rejette.

CASSATION, Ch. civ. — 29 nov. 1848.
(De Tressemans-Brunet c. Comm. de Simiane.)

I, 176.

Lorsque, au cours d'un procès relatif à des terrains que la commune prétend faire partie d'un chemin, intervient un arrêté qui classe ce chemin comme vicinal, le juge saisi est obligé de prononcer son incompétence.

Du 14 mai 1845, arrêt de la Cour d'Aix ainsi conçu :

Considérant que, par arrêté du préfet des Bouches-du-Rhône, en date du 17 octobre 1840, l'état général des chemins ruraux, au nombre de dix-huit, appartenant à la commune de Simiane, a été approuvé, et que lesdits chemins ont été déclarés ruraux ; qu'au n° 5 de cet état se trouve porté le chemin public de l'Arénier, au-dessous de la place de l'Eglise, allant au cimetière, et se terminant au chemin de Miniet ; — Que, vers la fin de 1843, le marquis de Tressemans-Brunet a cherché à interdire aux habitants de Simiane le passage sur la partie du chemin de l'Arénier comprise entre une vigne dont il est propriétaire, laquelle longe, du nord, ledit chemin, et des terrains dépendant de l'église, au midi ; que ces entreprises ont consisté à fermer le passage, d'abord au moyen d'une chaîne de fer, puis en creusant un fossé sur toute la largeur du chemin, ainsi que le est constaté par trois procès-verbaux du garde champêtre, en date des 20 novembre, 10 et et 11 décembre 1843 ; que le marquis de Tressemans-Brunet, cité au tribunal de simple police, à raison des voies de fait par lui commises sur un chemin déclaré public, a élevé la question de propriété, et que, par exploit d'ajournement en date du 11 juin 1844, il a appelé devant le tribunal civil d'Aix la commune de Simiane, « pour entendre dire et ordonner qu'il sera maintenu et au besoin réintégré dans la propriété, possession et jouissance du sol d'un terrain inculte situé au nord de l'église de Simiane, au quartier dit *derrière l'église*, et sur lequel se trouve établi un prétendu chemin vicinal, ledit terrain faisant partie de la vigne dite *derrière l'église*, appartenant au demandeur; en conséquence, faire inhibition et défense aux habitants de la commune de Simiane et à tous autres de passer soit à pied, soit avec charrettes ou bêtes de somme, sur ledit terrain »; — Que depuis l'ajournement, le chemin de l'Arénier a été déclaré chemin vicinal par arrêté du 2 juillet 1844; — Considérant qu'après l'arrêté du 17 octobre 1840, le chemin de l'Arénier se trouvait classé parmi les chemins publics de la commune de Simiane; que le marquis de Tressemans-Brunet, qui n'a élevé ni n'élève aucune réclamation légale contre cet arrêté, pouvait encore, il est vrai, saisir les tribunaux civils d'une action tendant à faire déclarer que la partie litigieuse du chemin de l'Arénier était sa propriété, comme ayant fait partie de sa vigne dite *derrière l'église*, et de demander, en conséquence, non pas à être réintégré dans la propriété, possession et jouissance de ce terrain, mais que la commune de Simiane fût condamnée à lui en payer la valeur; que l'action intentée par le marquis de Tressemans-Brunet n'a point pour objet, comme on l'a vu plus haut, la réclamation de la valeur du terrain litigieux, mais précisément qu'il sera réintégré dans la propriété, possession et jouissance d'un terrain faisant aujourd'hui partie d'un chemin public, et qu'il soit fait inhibition et défense aux habitants de Simiane de passer sur ce terrain; en d'autres termes, le marquis de Tressemans-Brunet demande à l'autorité judiciaire de réformer l'arrêté du 17 octobre 1840, qui a décidé que le terrain litigieux fait partie du chemin public dit *de l'Arénier*, sur lequel les habitants ont le droit, dès lors, de passer soit à pied, soit avec charrettes ou bêtes de somme; que c'est donc avec juste raison que les premiers juges se sont déclarés incompétents.

Pourvoi du sieur de Tressemans-Brunet.

ARRÊT

LA COUR : — Attendu qu'aux termes de l'art. 15 de la loi du 24 mai 1836, les arrêtés du préfet, portant reconnaissance et fixation de la largeur d'un chemin vicinal, attribuent définitivement au chemin le sol compris dans les limites qu'ils déterminent;

Attendu que, par arrêté pris, au mois de juillet 1844, par le préfet des Bouches-du-Rhône, et notifié le 31 juillet au demandeur en cassation, le chemin de l'Arénier a été déclaré vicinal;

Attendu qu'antérieurement, et par exploit du 11 juin 1844, de Tressemans-Brunet avait conclu à être maintenu et au besoin réintégré en la propriété du sol formant le chemin alors rural de l'Arénier, déclaré depuis chemin vicinal;

Attendu qu'après la notification de l'arrêté préfectoral de juillet 1844, contenant déclaration de vicinalité, de Tressemans-Brunet, persistant dans ses conclusions premières, a continué de laisser porter le procès sur son action en maintenue ou réintégrande;

Attendu qu'en cet état des faits et des conclusions, le tribunal civil d'Aix, par jugement du 20 décembre 1844, et la Cour d'Aix, par l'arrêt attaqué du 14 mai 1845, se sont reconnus incompétents pour statuer sur la demande en maintenue ou réintégrande, c'est-à-dire pour décider s'il y avait ou non lieu à détruire les effets légaux de l'arrêté du préfet, attributif de propriété, qui déclarait la vicinalité du chemin;

Attendu qu'en jugeant ainsi, l'arrêt attaqué n'a point imprimé à l'arrêté préfectoral un effet rétroactif; qu'il a laissé entière la question de savoir à qui appartenaient, avant l'arrêté préfectoral, les droits à la propriété du terrain litigieux, question dont les conclusions des parties n'avaient pas saisi la Cour, et qu'en se déclarant incompétent sur l'action en maintenue ou réintégrande, loin de violer l'art. 15 de la loi du 21 mai 1836, il en a, au contraire, fait une juste application;

Rejette.

CAEN. — 11 décembre 1848.
(Hospices d'Orbec c. Porte.)

I, 279.

L'imprescriptibilité qui s'attache aux édifices religieux n'existe qu'en leur faveur et ne s'étend pas aux biens de nature ordinaire, en fussent-ils une dépendance. Il en est ainsi notamment du terrain compris entre les piliers extérieurs d'une église; ce terrain ne forme pas une partie intégrante de l'église.

ARRÊT

LA COUR : — Considérant, à l'égard du bâtiment E du plan, construit sur le terrain entre les deux contre-forts à l'est de l'église, que, sous l'empire de la coutume de Normandie, comme sous la législation nouvelle, les édifices publics consacrés au culte sont imprescriptibles, tant que dure leur destination ;

Mais, considérant que l'imprescriptibilité des édifices religieux n'existe qu'en leur faveur, et ne s'est jamais étendue aux biens de nature ordinaire, en fussent-ils une dépendance ;

Considérant que le terrain d'entre les deux piliers extérieurs à l'est de l'église de l'hospice d'Orbec, a bien pu être un accessoire de ladite église, mais qu'il n'en a jamais formé une partie intégrante, dont le retranchement empêche cette église de rester entière et de remplir sa destination ; d'où suit qu'il n'appartient pas à la classe des choses imprescriptibles ;

Considérant qu'il est constant, en fait, que le terrain dont il s'agit était occupé non-seulement depuis plus de trente ans avant l'action, mais même plus de quarante ans avant le 3 février 1844, date de la transaction précitée, par un bâtiment appartenant à Porte ou à ses auteurs, et que, par conséquent, la propriété en est acquise audit Porte, par prescription ;

Considérant que, s'il est vrai que ce bâtiment a été récemment exhaussé, Porte a usé en cela du droit que la propriété par lui acquise du sol lui donnait sur le dessus ; que seulement, si la surélévation nuisait à des droits d'égout, de fenêtres ou autres de même nature subsistant au profit de l'église avant qu'elle eût été opérée, il est clair qu'elle ne pourrait y préjudicier ; mais qu'aucun grief n'est signalé sur ce point par l'administration des hospices ; qu'au chef relatif à cette construction, le jugement dont est appel doit donc être maintenu ;

Par ces motifs, confirme.

CASSATION, Ch. req. — 15 janvier 1849. (Lohmeyer c. Comm. de la Vallée.)

I, 609, 611, 649.

L'interdiction contenue dans l'art. 643, C. civ., de détourner les eaux d'une source reconnues nécessaires aux habitants s'applique non seulement au propriétaire de cette source, mais aussi aux propriétaires intermédiaires dont les héritages sont traversés ou bordés par ces eaux.
Tout fait qui a pour résultat de priver les habitants de l'usage d'une source ou d'en diminuer l'usage constitue un trouble autorisant l'exercice de l'action possessoire. Il en serait ainsi dans le cas où le propriétaire de la source aurait détruit les murs qui protègent un abreuvoir édifié par la commune. Bien que discontinue, la servitude établie par l'art. 643 trouve son titre dans la loi.

ARRÊT

LA COUR : — Sur le premier moyen :

Attendu, en fait, qu'il est constaté par le jugement attaqué : 1° que les eaux du ruisseau dont il s'agit au procès étaient d'une absolue nécessité aux habitants de la commune de la Vallée ; 2° que les habitants de cette commune avaient, depuis plus d'un an, la possession utile des eaux dudit ruisseau, lesquelles, après avoir traversé l'héritage du demandeur, formaient une nappe destinée aux usages de la commune ; 3° que, dans l'année de l'action en complainte exercée par la commune, le demandeur, en démolissant un mur qui formait autrefois digue et maintenait les eaux dans l'abreuvoir, avait empêché ces eaux d'y parvenir, comme elles le faisaient auparavant, dans cet abreuvoir, et en avait privé les habitants de la commune ;

Attendu, en droit, que les dispositions de l'art. 643, C. civ., qui interdisent au propriétaire d'une source d'en changer le cours, lorsqu'il fournit aux habitants d'une commune l'eau qui leur est nécessaire, s'appliquent nécessairement au propriétaire intermédiaire dont l'héritage est traversé par les eaux de cette source ; qu'on ne saurait admettre, en effet, que le riverain qui a sur les eaux un droit moins étendu que celui du propriétaire dans le fonds duquel la source prend naissance, pût être affranchi de l'obligation imposée à ce dernier, dans l'intérêt d'une communauté d'habitants ;

Que si cet intérêt, dans sa généralité,

a été reconnu assez dominant pour faire fléchir ou pour atténuer le droit même du propriétaire de la source, il doit, à plus forte raison, exercer la même action sur celui du propriétaire riverain, qui n'a pas la même valeur ;

Que, par suite, étant reconnu que les eaux dont il s'agit, dans l'espèce de la cause, étaient d'une absolue nécessité aux habitants de la commune qui en avaient la possession, il était interdit aux demandeurs de les priver de l'usage de ces eaux, soit en les détournant de leur cours, soit en les empêchant, par une atteinte portée à l'état des lieux, de continuer à parvenir dans l'abreuvoir où elles étaient recueillies pour les besoins de la commune ;

Qu'en le décidant ainsi, et en accueillant dans ces conditions l'action possessoire de la commune, le jugement attaqué n'a contrevenu à aucune loi ;

Sur le deuxième moyen :

Attendu qu'il s'agit, dans l'espèce, d'une servitude légale ou dont le titre existe dans la loi; que ce titre suffisait pour autoriser l'action en complainte possessoire formée par les habitants de la commune qui prétendaient avoir été troublés dans l'exercice et la possession de cette servitude ;

Sur le troisième moyen :

Attendu que dans aucune de ses prétentions, non plus que dans aucune de ses solutions, le litige n'est sorti des limites du possessoire ; que les faits et les divers documents de ce litige n'ont été interrogés et appréciés qu'en vue du possessoire, et de manière à laisser intact et sans préjugé tout ce qui peut se rattacher au fond du droit ou au pétitoire ; que, par suite, le jugement attaqué n'a aucunement contrevenu à la loi qui défend le cumul du possessoire et du pétitoire ;

Rejette.

CASSATION, Ch. civ. — 7 février 1849.
(Lagaillarde c. Vendroy.)

I, 6, 694.

L'action possessoire est recevable de la part de celui qui se prétend possesseur à l'encontre de l'adjudicataire sur saisie de l'immeuble litigieux, sans que l'on puisse prétendre repousser cette action par le motif que le complaignant aurait dû former une demande en distraction de l'immeuble indûment compris dans la saisie et dans le jugement d'adjudication, ou tout au moins former tierce opposition à ce jugement.

Du 19 janvier 1847, sentence du juge de paix de Toulouse ainsi motivée :

Attendu que par jugement, en date du 1er août 1846, le sieur Vendroy se rendit adjudicataire de certains immeubles situés dans la commune de Baupuy, ayant appartenu au sieur Loubat; que, dans les procès-verbaux de saisie, dans le cahier des charges et dans les placards, se trouvent comprises les deux pièces de terre dont s'agit, qui sont portées sur la matrice cadastrale, sous les nos 255 et 256; — Qu'il n'est pas contesté que le sieur Vendroy se fit mettre en possession des immeubles à lui adjugés le procès-verbal du 8 septembre 1846; — Attendu que la prétention élevée par le sieur Vendroy de repousser l'action possessoire du sieur Lagaillarde, par le motif pris de ce qu'il aurait été investi de la propriété des deux petits lopins de terre, en vertu d'un jugement d'adjudication rendu par le tribunal de première instance de Toulouse, ne saurait être accueillie ; en effet, d'après les dispositions de l'art. 717, C. pr., l'adjudication définitive ne transmet à l'adjudicataire d'autres droits que ceux qu'avait le saisi ; d'où suit que, si le saisi avait apporté à la possession du sieur Lagaillarde le trouble dont il se plaint, il est hors de doute qu'il eût été recevable à intenter contre lui l'action en complainte ; qu'ainsi donc, ce que le sieur Lagaillarde eût pu faire contre l'exproprié, il a pu le faire également contre l'adjudicataire, qui n'est qu'à son lieu et place, et ne peut avoir plus de droits qu'il n'en aurait lui-même ; — Que vainement le sieur Vendroy prétend que le sieur Lagaillarde, au lieu d'agir par la voie de l'action possessoire, aurait dû former tierce opposition au jugement d'adjudication; que cet argument, pris de l'art. 474, C. pr., ne saurait non plus être accueilli ; qu'en effet, si cet article donne à une partie le pouvoir de former tierce opposition à un jugement qui préjudicie à ses droits, c'est un pouvoir tout à fait facultatif, et dont elle peut user si bon lui semble, mais qui ne peut point la priver d'intenter l'action en complainte attribuée par la loi à tout possesseur; que c'est donc avec juste raison que le sieur Lagaillarde a employé cette voie, qui était d'ailleurs pour lui la plus simple et la plus facile pour se faire réintégrer dans la possession des deux lopins de terre dont s'agit ; —. Attendu que le sieur Vendroy n'ayant ni contesté ni reconnu à l'audience que le sieur Lagaillarde fût en possession paisible et exclusive depuis plus d'un an et jour des deux petits lopins de terre dont s'agit, a prouvé suffisamment par là qu'aucun doute ne peut s'élever sur ladite possession, dont le tribunal, d'ailleurs, aurait ordonné la preuve si elle eût été contestée; — Attendu, dès lors, qu'il est constant, en fait, que le sieur Lagaillarde a été troublé dans la jouissance et possession des deux petits lopins de terre, puisque le sieur Vendroy s'est permis, depuis son adjudication, de les faire labourer et de faire arracher une partie deela la haie; — Attendu qu'une pareille voie de fait doit être réprimée, etc...

Sur appel, jugement du tribunal civil de Toulouse, du 4 juin 1847, ainsi conçu :

Considérant que les nos 255 et 256 dont s'agit au procès, étaient portés sur la matrice cadastrale, sur la tête du débiteur discuté; qu'ils ont été saisis, signalés comme tels dans les placards et affiches, et adjugés par jugement du 1er août 1846, en faveur du sieur Vendroy, qui en a été mis légalement en possession, par procès-verbal d'huissier du 8 septembre suivant, en vertu dudit jugement qui ordonnait à tous détenteurs d'en délaisser la propriété et jouissance à l'adjudicataire; — Considérant que cette action n'a pas été suffisamment averti par la publicité donnée, conformément à la loi, à la procédure d'expropriation, et négligeant l'exemple qui lui était donné par d'autres parties intéressées qui étaient dans le même cas où il se dit être, le sieur Lagaillarde n'a pas formé de demande en distraction, a laissé arriver sans réclamation l'adjudication à son terme, et ne s'est pourvu que postérieurement et par voie d'action possessoire; — Considérant que cette action n'est ouverte que contre un fait ou un acte de trouble et de spoliation dans lequel l'auteur du trouble ou de la spoliation n'agit que d'après sa simple autorité, se faisant justice à lui-même, et sans avoir au préalable fait consacrer son droit par jugement; mais qu'on ne peut qualifier d'un mandat de justice, la mise en possession opérée par un officier ministériel à la suite de ce mandat, et qui, en conséquence, représente la justice elle-même; — Que s'il est possible que les intérêts des tiers soient froissés par cette exécution, sans doute il doit leur être permis de faire rétracter l'atteinte qui, par erreur, aura été portée à ces mêmes intérêts; mais ce ne sera plus dans l'hypothèse d'un trouble ou d'une spoliation, car la justice ne dépouille personne, et conséquemment, il n'y aura plus lieu à l'action possessoire; il devra se pourvoir par les voies de droit, afin de faire tomber à son égard, s'il y a lieu, le jugement qui lui préjudicie; — Que c'est ainsi que le décide l'art. 478, C. pr., qui veut que rien ne puisse mettre obstacle à l'exécution des jugements et arrêts portant condamnation au délaissement d'un héritage, lors même que des tiers lésés se pourvoiraient par opposition, sans toutefois que cette exécution puisse, au fond du droit, préjudicier à ces tiers, disposition qui est d'ailleurs conforme à l'art. 11, tit. XXVII. de l'ordonnance de 1667; — Qu'il n'est pas admissible de restreindre l'application de cet article au regard de la partie qui aurait été directement l'objet de la condamnation, puisqu'il parle de l'opposition des tiers, et que malgré cette opposition la décision de la justice doit toujours être exécutée; — Que c'est ainsi, d'ailleurs, que l'ont enseigné les meilleurs auteurs anciens et modernes, dont les Parlements et le tribunal lui-même, dans des cas semblables, ont adopté la doctrine; — Que si ces principes sont incontestables, même à l'égard des jugements et arrêts rendus en matière ordinaire, ils doivent l'être encore davantage lorsqu'il s'agit d'un jugement d'adjudication rendu à la suite d'une procédure en expropriation, à cause de la publicité qui l'accompagne, qui ne permet pas aux tiers d'ignorer si leurs droits sont ou non compromis, et qui leur fournit les moyens de les faire respecter par une demande en distraction, ainsi que l'ont fait, d'ailleurs, dans l'espèce, comme il a déjà été dit, trois individus différents; — Qu'en vain veut-on exciper de l'art. 717, C. pr., qui déclare que l'adjudication ne transmet à l'adjudicataire d'autres droits à la propriété que ceux qu'avait le saisi lui-même, pour en conclure que l'action possessoire que le saisi aurait pu exercer contre le saisi qui serait venu le troubler dans sa possession, il peut s'en prévaloir également contre l'adjudicataire; — Il faut remarquer, en effet : 1o que cet art. 717 s'applique au fond du droit, à la propriété elle-même et non à la possession; 2o qu'il résulte de la discussion de cet article que le législateur n'a voulu autre chose, sinon que s'écarter des anciens principes en vertu desquels l'adjudication par décret allait jusqu'à dépouiller de sa propriété le propriétaire véritable, quoiqu'elle eût été saisie et adjugée comme appartenant à un autre; — Il faut remarquer surtout, et 3o, que le saisi qui aurait porté le trouble, se fût-il trouvé dans les circonstances ordinaires où l'action possessoire est recevable, n'aurait agi qu'en suivant son caprice ou sa propre impulsion, au lieu que l'adjudicataire ne fait qu'exécuter le jugement qui l'a investi de l'héritage dont il prend possession; — Ce n'est pas, d'ailleurs, le seul exemple des modifications apportées au droit commun par l'effet de la procédure en expropriation ou d'une adjudication en justice : c'est ainsi qu'il est déclaré (art. 1684, C. civ.) que, quoique en général toute vente soit rescindable pour cause de lésion de plus des 7/12, la lésion, néanmoins, n'est pas admise lorsque la vente se fait par autorité de justice; que, d'autre part, et d'après l'art. 692 rectifié, C. pr., le vendeur perd l'action en résolution s'il néglige de la former après sommation, et laisse consommer l'adjudication sans user de son droit, ce qui n'a pas lieu dans les ventes ordinaires, etc., etc.; — Qu'il suit de là que le sieur Lagaillarde ne pouvait ni considérer la prise de possession de l'adjudicataire faite en vertu de son jugement d'adjudication, qui comprenait les articles litigieux, comme un trouble ou une spoliation, ni conséquemment intenter l'action possessoire, et, dès lors, que la décision du premier juge, qui accueille sa demande, doit être réformée.

Pourvoi du sieur Lagaillarde.

ARRÊT

LA COUR : — Vu l'art. 23, C. pr. civ. :

Attendu que la faculté accordée par cet article est générale, et qu'elle peut être exercée par tous ceux qui ont la possession légale d'un immeuble, de quelque manière qu'ils soient troublés dans leur possession;

Que l'action possessoire peut être dirigée contre l'adjudicataire d'un immeuble comme contre le saisi, puisque l'adjudicataire n'a d'autres droits à la propriété que ceux du saisi, et que dans ces droits sont compris les droits à la possession comme les droits au fond de la propriété;

Qu'il est indifférent que le trouble provienne de la seule autorité de son auteur, ou qu'il provienne de l'exécution d'un jugement d'adjudication qui aurait attribué l'immeuble à l'auteur du trouble; que, si ce jugement ordonne à tous détenteurs de l'immeuble adjugé d'en délaisser la propriété et jouissance, cette disposition ne porte pas atteinte aux droits antérieurs que le détenteur pouvait avoir acquis sur ledit immeuble, et qu'il peut exercer ces droits par toutes les voies légales qui lui sont ouvertes;

Que le possesseur troublé a donc pu, dans l'espèce, intenter l'action possessoire que lui ouvrait l'art. 23, C. pr.;

Qu'on ne saurait prétendre raisonnablement que le possesseur troublé pouvait former une demande en distraction de l'immeuble indûment compris dans la saisie et dans le jugement d'adjudication, puisqu'il n'était pas partie dans la poursuite en expropriation, et qu'il a pu ne la connaître que par le trouble apporté à sa possession;

Qu'on ne peut davantage le renvoyer à former tierce opposition au jugement d'adjudication; que ce jugement lui est étranger et ne peut avoir à son égard l'autorité de la chose jugée;

Que la tierce opposition d'ailleurs n'est que facultative; que le tiers qui a une exception à opposer à un jugement auquel il n'a pas été partie, n'est pas obligé d'agir par action principale, et que, s'il était obligé d'y recourir, il perdrait le bénéfice de l'action possessoire;

Que le jugement attaqué en refusant au demandeur en cassation l'action possessoire, par le motif que le trouble dont il se plaignait était causé par l'exécution d'un jugement d'adjudication qu'il aurait pu prévenir par une demande en distraction, et contre lequel il ne pouvait se pourvoir que par la voie de la tierce opposition, a fait une fausse application des art. 474, 717, 725, C. pr. et 1351, C. civ.;

Casse.

PARIS. — 16 février 1849.

(Meny c. Préfet de la Seine.)

I, 283.

Le terrain ou ruelle qui entoure une église et donne accès à l'une des portes est une dépendance nécessaire de cette église.

Le sieur Meny est propriétaire d'une maison située à Paris près de l'église Saint-Nicolas-des-Champs dont elle n'est séparée que par une ruelle donnant accès à l'une des portes de cette église. Le sieur Meny avait, depuis 1797, date de sa construction, ouvert de nombreuses fenêtres sur la ruelle.

La ville de Paris considérant que la ruelle n'était qu'une dépendance nécessaire de l'église et lui appartenait en vertu de l'attribution faite aux communes par l'art. 12 du Concordat et par l'art. 75 de la loi organique du 18 germinal an X, a demandé contre Meny la suppression des fenêtres établies sur la ruelle litigieuse. Elle excipait aussi de différents actes interruptifs de la prescription.

Le défendeur soutenait que les textes invoqués étaient sans application puisqu'aux termes de l'art. 45 de la loi organique, aucune cérémonie religieuse ne peut avoir lieu en dehors des édifices consacrés au culte.

Le 15 avril 1848, jugement du tribunal de la Seine qui fait droit à la demande de la Ville de Paris.

Sur appel, la Cour de Paris confirme par arrêt du 16 février 1849, ainsi conçu dans sa partie principale:

ARRÊT

LA COUR: — Attendu que la ville de Paris propriétaire de l'église de Saint-Nicolas-des-Champs, est également propriétaire du passage *qui est une dépen-*

dance nécessaire de cette église ; qu'en cet état, les diligences de la ville de Paris ont été régulièrement faites et ont interrompu la prescription.

———

CASSATION, Ch. req. — 28 mars 1849.
(De Belleval c. Lamarre.)

I, 640.

Lorsqu'une même personne est à la fois propriétaire d'une source en même temps que riverain d'un cours d'eau par d'autres héritages, on doit distinguer les deux qualités qui se rencontrent chez le même individu pour resoudre les contestations qui peuvent se présenter, tantôt suivant les principes spéciaux aux sources, tantôt suivant ceux qui régissent les cours d'eau.

Du 14 décembre 1847, jugement du tribunal de Bordeaux ainsi motivé :

Attendu que la dame de Belleval soutient qu'ayant acquis, en 1844, la pièce de vigne dans laquelle naît la source, et qui est située de l'autre côté du chemin de Carros, elle s'est trouvée, dès ce moment, investie de tous les droits que donne l'art. 641 au propriétaire qui a une source dans son fonds ; que, dès ce moment aussi, il ne peut plus être question contre elle, de la part des propriétaires inférieurs, d'une possession utile et capable de motiver une action en réintégration ; — Attendu, à cet égard, qu'il faut remarquer que la dame de Belleval serait propriétaire, à deux titres différents, de deux propriétés qui ne peuvent jamais être considérées comme un seul fonds réuni, puisqu'elles sont séparées par une propriété intermédiaire ; qu'il est évident, dès lors, qu'elle peut avoir des droits différents et être tenue d'obligations différentes, à raison de chacune desdites propriétés ; — Que si, à raison du droit qu'elle prétendait avoir sur le fonds où elle naît la source, aux termes de l'art. 641, la dame de Belleval détournait la source sur le fonds où elle naît, au préjudice des propriétaires inférieurs qui sont en possession d'en recevoir les eaux, il pourrait y avoir lieu d'examiner si, en effet, ce droit lui appartenait, et s'il n'aurait pas été modifié par quelque prescription ou possession utile assortie des caractères voulus par la loi, de la part des propriétaires inférieurs ; mais que telle n'est pas la question du procès ; — Que la dame de Belleval n'a pas usé, en fait, de droits qu'elle prétendrait pouvoir exercer, en vertu des dispositions de l'art. 641 ; qu'elle n'a pas détourné sur le fonds où elles naissent les eaux de la source ; que ces eaux laissées à leur cours ordinaire, traversant, comme autrefois le chemin vicinal, propriété de la commune. traversent ensuite, comme autrefois, la prairie, propriété particulière de la dame de Belleval, pour arriver de là dans la propriété des intimés qui, depuis un temps immémorial, sont en possession de les recevoir ; — Attendu que la prairie immédiatement supérieure aux intimés, n'est, dès lors, à leur égard, depuis comme avant l'acquisition faite par madame de Belleval, qu'un fonds traversé par une eau courante qui n'y prend pas naissance, sur laquelle, par conséquent, ils ont pu acquérir des droits et une possession utile, et conserver, à plus forte raison, celle qu'ils avaient acquise depuis longtemps ; — Qu'ainsi, l'entreprise faite par la dame de Belleval, sur cette même prairie, au préjudice de leur possession et de leur droit de recevoir les eaux qui la traversaient est une entreprise qui a été justement réprimée par le jugement dont est appel.

Pourvoi de la dame de Belleval.

ARRÊT

LA COUR : — Attendu qu'il est reconnu et déclaré constant, en fait, par le jugement attaqué que la demanderesse, propriétaire d'un héritage traversé par les eaux de la source dont il s'agit au procès, est ensuite devenue propriétaire de l'héritage même où cette source prend naissance ; mais que ces deux héritages sont séparés par un chemin vicinal, et que les eaux de la source, en traversant ce chemin, alimentent un lavoir, avant de couler dans le fonds inférieur ;

Attendu qu'il suit de ces faits que les deux héritages de la demanderesse ne sont pas contigus, et qu'elle-même, dès lors, n'a pas sur les eaux de la source un droit égal ou indivisible ; que si, comme propriétaire du fonds où naît la source, elle peut, par des travaux entrepris sur ce fonds, exercer sur la source tous les droits que lui confère l'art. 641, C. civ., elle n'a plus, comme propriétaire du fonds inférieur, à exercer dans ce fonds que les droits d'un simple riverain ; que, par suite, le jugement attaqué, en décidant, comme il l'a fait, que la demanderesse, en sa qualité de riveraine du cours d'eau qui traverse son héritage inférieur, n'avait pas eu le droit de détourner les eaux sur cet héritage au préjudice des riverains inférieurs reconnus en possession du droit d'en user à leur passage, loin de contrevenir à la loi, en a fait, au contraire, une juste application ;

Rejette.

———

CASSATION, Ch. civ. — 26 avril 1849.

(Montlambert c. Templen.)

I, 325.

*Le juge du possessoire appelé à prononcer
sur une action en complainte ayant
pour objet de faire déclarer la possession d'un droit de passage fondé sur
l'état d'enclave, n'a pas le droit, sans
s'exposer au cumul du possessoire et du
pétitoire, de rechercher quel serait l'endroit le moins dommageable pour l'exercice de ce droit.*

ARRÊT

LA COUR : — Vu l'art. 25, C. pr. civ. :
Attendu que, dans les termes de la demande qui avait été formée par de Montlambert devant le juge de paix du canton de Fleury-sur-Andelle, le tribunal
des Andelys était saisi de la question de
savoir si, en raison de l'état d'enclave
de sa propriété dans celle de Templen,
de Montlambert était en possession d'un
droit de passage par un lieu spécial et
déterminé de la propriété de celui-ci;

Que, pour repousser cette demande,
et sans contester le droit à un passage,
en raison de l'état d'enclave, Templen
a prétendu, devant le tribunal des Andelys, avoir le droit, suivant l'art. 684,
C. civ., de forcer le demandeur à exercer le passage dans l'endroit le moins
dommageable de la propriété;

Que, dans cette situation de la demande et de la défense, le tribunal des
Andelys, par le jugement attaqué, a renvoyé l'affaire devant un autre juge de
paix, sur le motif qu'il y avait à rechercher quel était l'endroit le moins dommageable pour l'exercice du droit de
passage;

Que, dans cet état, la demande ayant
pour objet la possession d'un droit de
passage par un lieu déterminé, et le
maintien dans cette possession, et le
jugement étant fondé sur ce qu'il y aurait à rechercher quel était le lieu le
moins dommageable pour l'exercice du
droit de passage, ce jugement a pour
résultat de faire décider, par un moyen
qui tient au fond du droit, une question
de possession; qu'ainsi il viole, par le
cumul du pétitoire avec le possessoire,

les dispositions expresses de l'art. 25,
C. pr. civ.;
Casse.

CASSATION, Ch. civ. — 26 juin 1849.

(Labarthe c. Comm. de Saint-Pierre-
du-Mont.)

I, 176.

*En cas d'élargissement d'un chemin vici-
nal, les propriétaires ont le droit de
faire constater au possessoire leur possession antérieure à l'arrêté qui les a
dépossédés afin d'établir leur droit à
une indemnité.*

ARRÊT

LA COUR : — Vu l'art. 6, n° 1, de la
loi du 25 mai 1838 :
Attendu que les juges de paix en premier ressort et les tribunaux civils de
première instance sur l'appel, sont seuls
compétents pour statuer sur les actions
possessoires;

Attendu qu'il résulte du jugement
attaqué que les demandeurs avaient réduit leurs conclusions à ce qu'il fût déclaré qu'ils étaient, avant le classement
du chemin comme vicinal, en possession plus qu'annale de la totalité du sol
dudit chemin sur une longueur déterminée;

Attendu qu'ils avaient un intérêt légal
à former cette demande puisque la constatation de leur possession plus qu'annale des terrains attribués au chemin
par l'arrêté du préfet, créait en leur faveur, jusqu'à preuve contraire, la présomption qu'ils étaient alors propriétaires des terrains;

Que cette demande devait être formée
par action possessoire, puisqu'elle tendait à faire déclarer judiciairement
l'existence d'un fait de possession;

Attendu que le jugement attaqué oppose vainement que l'action aurait pour
résultat évident de porter indirectement
atteinte à l'arrêté préfectoral, parce
que, selon le tribunal, si la totalité du
sol du chemin classé par cet arrêté était
reconnue, sur une certaine étendue,
être en la possession exclusive des demandeurs, le préfet aurait dû procéder
suivant les dispositions de l'art. 16 de la

loi du 21 mai 1836, et non, comme il l'a fait, conformément à l'art. 15 ;

Attendu qu'on ne peut exciper contre les demandeurs des droits plus étendus réservés à leur profit par l'art. 16 précité pour leur interdire l'exercice d'une action possessoire qui leur appartient dans le cas prévu par cet article comme dans le cas prévu par l'art. 15 de la même loi ;

Attendu que l'action possessoire, telle qu'elle a été définitivement libellée par les demandeurs, ne porte aucune atteinte directe ni indirecte à l'arrêté du préfet, puisqu'elle a pour but unique de faire constater un droit ou un fait, dont les conséquences légales se résoudraient en une indemnité ;

Attendu que, de tout ce qui a été dit ci-dessus, il suit qu'en se déclarant incompétent par le jugement attaqué, le tribunal civil de première instance de Mont-de-Marsan a faussement appliqué l'art. 13, tit. II, de la loi des 16-24 août 1790, et expressément violé l'art. 6, n° 1, de la loi du 25 mai 1838 ;

Casse.

CASSATION, Ch. civ. — 3 juillet 1849.
(Mennesson c. de Cambray.)

I, 704.

Lorsque des usages anciens obligeaient le propriétaire qui voulait ouvrir un fossé, de laisser un certain espace libre entre le bord de ce fossé et l'héritage voisin, le creusement de ce fossé en dehors de la distance prescrite constitue un trouble de droit à la possession de l'héritage voisin et peut donner lieu à la complainte.

ARRÊT

LA COUR : — Sur le premier moyen relatif à l'incompétence :

Attendu que l'action de la dame de Cambray avait pour but de faire cesser le trouble et le dommage que causait à la libre possession de ses bois, contigus au terrain appartenant au sieur Mennesson, le fossé pratiqué par ce dernier à la limite extrême des deux héritages, sans observer la distance prescrite par les usages et règlements, ce qui occa-

sionnait sur le terrain même de ladite dame de Cambray des éboulements fréquents et inévitables ; que, de plus, d'après ces mêmes usages et règlements, dont l'existence est reconnue par le jugement attaqué, celui qui établit un fossé a pour lui la *présomption de propriété* de 48 centimètres de terrain bordant ce même fossé ; que le fossé, tel que l'avait pratiqué le sieur Mennesson, devait nécessairement avoir pour conséquence, après un certain temps, de créer en sa faveur cette présomption de propriété, ce qui conduisait virtuellement à une usurpation du terrain d'autrui ; que sous ce double rapport, l'action de la dame de Cambray était une véritable action possessoire de la compétence du juge de paix ;

Sur le deuxième moyen, au fond :

Attendu qu'établir sur son propre terrain un fossé, sans observer la distance prescrite par les usages et règlements locaux pour éviter tout éboulement sur le sol de son voisin qui borde ce fossé, ce n'est pas jouir de la propriété comme le permet la loi, c'est abuser de son droit ; qu'ainsi, en ordonnant que le fossé serait comblé et refait s'il plaisait au sieur Mennesson, mais *en observant les règlements locaux*, règlements qui n'ont rien de contraire aux dispositions du Code civil, et se concilient parfaitement avec le droit de propriété, le jugement attaqué n'a aucunement violé les art. 537, 544, 666, 667 et 668, C. civ. ;

Rejette.

CASSATION, Ch. civ. — 9 juillet 1849.
(De Canna c. Darrégny.)

I, 199.

En cas d'incertitude sur les limites des circonscriptions territoriales, le juge de paix est incompétent pour connaître des actes obscurs ou insuffisants. Il doit renvoyer les parties à se pourvoir devant l'autorité administrative et surseoir à statuer jusqu'à sa décision sur ce point.

Du 26 juin 1847, jugement du tribunal d'Orthez ainsi motivé :

Attendu que le tribunal devant lequel le défendeur est traduit est compétent pour décider s'il y a lieu à accorder ou à refuser le renvoi qui fait l'objet du déclinatoire; que, par suite, il a nécessairement le droit, pour prononcer sur ce déclinatoire, d'examiner et d'apprécier tous les faits et tous les actes nécessaires et afférents à la cause, et de prononcer sur les questions qui s'y rattachent; — Attendu que, si la contestation se fût élevée entre deux communes réclamant chacune tel ou tel fonds pour son périmètre, ou entre deux départements, à propos du cadastre et pour l'assiette et la perception de l'impôt, l'autorité administrative aurait dû, sans doute, être appelée à statuer; mais que s'agissant, dans la cause, d'une contestation entre deux particuliers qui, dans leur intérêt privé, veulent faire juger lequel des deux a la possession du terrain en litige, la connaissance de cette contestation, sous le rapport de l'examen de la compétence, rentre, comme sous celui du fond, dans les attributions du pouvoir judiciaire; — Que, dès lors, c'est mal à propos que M. le juge de paix de Salies a sursis à statuer sur l'action possessoire qui avait été portée devant lui par le sieur Darrégny; — Attendu que les documents du procès étant insuffisants pour décider d'ores et déjà dans laquelle des deux communes de Saint-Cricq (Landes) ou de Lahoutan (Basses-Pyrénées) est situé le terrain contentieux, et si, par conséquent, M. le juge de paix de Salies n'était pas ou était compétent, il convient d'ordonner qu'un des juges de la cause se transportera sur les lieux, pour, à l'assistance et à l'aide d'un homme de l'art qui en fera le plan, dresser un procès-verbal de leur état, et faire application des procès-verbaux de délimitation des communes de Saint-Cricq et de Lahoutan, des 27 octobre et 1er décembre 1834, ainsi que des plans cadastraux de ces deux communes.

Pourvoi de la dame de Canna.

ARRÊT

LA COUR : — Vu la loi du 24 août 1790, tit. II, art. 13, et la loi du 16 fructidor an III, qui consacrent la séparation des autorités judiciaire et administrative;

Attendu que sur l'action possessoire portée devant le juge de paix du canton de Salies contre les demanderesses en cassation, celles-ci ont opposé une exception d'incompétence, tirée de ce que le terrain, objet de cette action, ne serait pas situé dans la circonscription de la justice de paix;

Attendu que les parties, dont les propriétés sont limitrophes, soutenaient, l'une et l'autre, que le terrain contesté s'est formé par une alluvion accédant à sa propriété; que, dans le concours de ces prétentions contraires, la compétence territoriale du juge de paix, saisi d'une pure action possessoire, dépendait uniquement de la situation du terrain; que

cette compétence ne pouvait pas se trouver subordonnée à la solution que recevrait la question de savoir de laquelle des deux propriétés le terrain serait réputé une dépendance, question qui, s'il échéait de la poser au procès, n'était susceptible d'être tranchée qu'au pétitoire;

Attendu que le juge de paix, considérant que le terrain contentieux n'avait pas été compris dans la division territoriale, avait renvoyé, avant faire droit, les parties à le faire placer, par l'autorité compétente, sur le cadastre qui lui convient; qu'en effet, lorsqu'il y a incertitude sur les limites des circonscriptions entre lesquelles le territoire national est divisé, ce n'est point à l'autorité judiciaire qu'il appartient d'interpréter les actes dont l'obscurité donne lieu à un litige, ou de suppléer à leur silence;

Attendu qu'en décidant le contraire, et en ordonnant une descente de lieux et une expertise, à l'effet d'assigner au terrain litigieux sa circonscription communale, le tribunal d'Orthez a méconnu le principe de la séparation des pouvoirs et violé les lois précitées;

Casse.

CASSATION, Ch. civ. — 16 juillet 1849.

(William Lée c. Clément.)

I. 613, 629.

En matière de servitudes, le titre qui est étranger au propriétaire du fonds servant ne peut pas plus être retenu comme titre constitutif que comme titre récognitif, alors même qu'il énoncerait positivement la servitude.

La servitude de pacage et d'abreuvage est une servitude discontinue.

Du 28 août 1845, sentence du juge de paix dans les termes suivants :

Attendu, quant aux faits et droits de pacage ou champais exercés, qu'ils sont portés et énoncés séparément pour chacun des étangs de Giboire, des landes et des plenats, dans la vente du 8 mai 1824, dont l'effet remonte déjà à plus de vingt et un ans; — Attendu qu'en matière de servitude discontinue, la complainte peut être reçue, et la preuve de la possession admise si elle est fondée en titres, quand même il serait prétendu, comme dans le cas actuel, que le titre en vertu duquel la jouissance existe est émané *a non domino ;* — Qu'au possessoire l'office du juge doit se borner à apprécier et déterminer le caractère que le titre donne à la possession, sans entrer dans l'examen des droits du vendeur qui ne peuvent être l'objet que d'une action au pétitoire ; — Attendu que la possession soutenue d'un titre apparent, comme est la vente du 8 mai 1824, conduit à la prescription de la servitude ; que l'extrait produit par le demandeur du procès-verbal d'expertise fait en 1816, ne fait pas preuve que les droits énoncés n'appartiennent point aux vendeurs, auteurs de M. Lée, et, que ce titre ne saurait être opposé utilement à l'action possessoire ; que rien ne démontre la mauvaise foi invoquée dans la personne de M. Lée acquéreur ; que la possession n'a aucun caractère de précarité ; qu'à défaut d'arrêts spéciaux de la jurisprudence, il y a lieu de se ranger à l'opinion conforme et dans le sens ci-dessus des auteurs qui ont traité la question : Pothier, coutume d'Orléans, V. *Servitudes ;* Malleville et Toullier, *sur l'art. 691, C. civ. ;* — Attendu, d'après notre appréciation, qu'il y a titre en faveur du défendeur, quant au droit de pacage ou de champais en vertu de la vente sus-énoncée ;

Sur l'appel, jugement infirmatif du tribunal de Romorantin du 13 décembre 1845, ainsi motivé :

Attendu que lors même que la possession pourrait dans l'espèce s'obtenir en vertu d'un titre, les titres produits par M. Lée ne sont qu'énonciatifs de la servitude et non constitutifs d'icelle, puisqu'ils n'émanent pas du véritable propriétaire ni du propriétaire apparent ; — Attendu, dès lors, que les faits allégués ne peuvent être considérés que comme des actes qui ne peuvent donner lieu à la complainte.

Pourvoi du sieur William Lée.

ARRÊT

LA COUR : — Attendu qu'en matière de servitudes non apparentes, discontinues ou continues, si le titre qui accorde un droit de servitude émane de la personne qui passe pour être propriétaire de l'héritage servant, la possession de l'acquéreur ne peut être regardée comme précaire, comme acte de pure tolérance ; dans ce cas, en effet, la servitude n'a rien d'équivoque, puisqu'elle s'exerce en vertu d'un titre et qu'on ne saurait dire que l'acquéreur n'a pas entendu prendre et garder la jouissance comme un droit lui appartenant ; il a été autorisé à se croire maître de la servitude par le titre qui imprimait à l'exercice qu'il en faisait, le caractère de possession de sa propre chose ; la possession reconnue comme ayant été accompagnée de la croyance qu'elle était l'effet et le signe de la propriété du droit de servitude, conduit, en définitive, au moyen de la prescription et par application de l'art. 2265, C. civ., à l'acquisition de ce droit lui-même qui est, à l'égard du possesseur, un immeuble civilement distinct de la propriété du sol asservi ;

Mais si le titre, comme dans l'espèce, émane du propriétaire de l'héritage dominant, il n'est ni constitutif, ni récognitif de la servitude, mais seulement énonciatif de la prétendue existence de cette servitude, et manque de force contre les tiers en général, et, en particulier, contre le propriétaire de l'héritage servant, qui sont étrangers à l'acte ; un tel titre ne fait pas cesser la précarité, car la jouissance qui lui est conforme est dépourvue de la croyance de la légitimité de la possession ; — Dès lors, celle-ci ne peut ni opérer par prescription l'acquisition de la servitude, ni autoriser par conséquent la demande en reprise de la possession ; — D'où il suit que le jugement attaqué, en refusant d'admettre au sujet d'une servitude de pacage et d'abreuvage la preuve testimoniale à l'appui d'une possession dont la source était dans un acte absolument étranger au propriétaire véritable ou apparent des étangs qu'on prétendait asservis, loin d'avoir violé les art. 23, 25, C. pr., 691, C. civ., a fait, au contraire, une juste application des principes de la matière ;

Rejette.

CASSATION, Ch. civ. — 22 août 1849.
(Martel c. de Béthune.)

I, 121, 230.

Le juge saisi d'une action en complainte intentée par suite d'une atteinte causée à la possession d'un canal, doit prononcer sur cette action sans se préoccuper de la question de savoir si le riverain n'aurait fait qu'user d'un droit.

ARRÊT

LA COUR : — Vu l'art. 25, C. pr. civ.:
Attendu que le jugement attaqué constate que le défendeur, propriétaire

d'un terrain traversé par le cours d'eau de la Viosne, a fait creuser sur ce terrain un étang d'une étendue considérable et construire un aqueduc et une vanne mobile, destinés à introduire dans cet étang les eaux de la Viosne, et qu'au moyen de cet aqueduc et de cette vanne il a, pendant tout le temps nécessaire pour remplir son étang, absorbé, au préjudice des propriétaires inférieurs, une partie des eaux qui devaient servir au mouvement de leurs usines ;

Attendu que ces propriétaires, qui étaient troublés, et qui, au moyen des travaux entrepris, pouvaient l'être encore à l'avenir dans la possession plus qu'annale des eaux du cours d'eau, ont intenté une action en complainte ;

Attendu que le jugement attaqué n'a nié ni la possession plus qu'annale des demandeurs, ni le trouble, ni l'existence des travaux reconnus par les premiers juges comme cause permanente de trouble ;

Que, pour repousser l'action des demandeurs, il s'est fondé uniquement sur ce que le défendeur rendait à la sortie de sa propriété les eaux à leur cours ordinaire, et que, se conformant ainsi à la disposition de l'art. 644, C. civ., il avait eu le droit de faire, pour l'usage de ces eaux, tous les travaux qu'il jugeait utiles, sans que les propriétaires inférieurs eussent le droit de s'y opposer ;

Mais, attendu que le droit pour le propriétaire supérieur de se servir des eaux à leur passage dans sa propriété, était contesté d'une manière absolue par les demandeurs, qui prétendaient, au contraire, qu'aucune innovation ne pouvait être introduite dans le mode de jouissance du cours d'eau ;

Attendu que cette contestation, portant sur le fond du droit, ne pouvait être jugée qu'au pétitoire ; qu'en la décidant, le jugement attaqué a cumulé le pétitoire et le possessoire, et, par suite, violé l'art. 25, C. pr. civ. ;

Sans qu'il soit besoin de statuer sur les autres moyens ;

Casse.

CASSATION, Ch. civ. — 13 nov. 1849.

(Bernard c. le maire de Fos.)

I, 162, 163.

Les chemins qui, ne dépendant pas de la grande voirie, n'ont été ni reconnus ni classés comme chemins vicinaux, rentrent dans la classe des propriétés communales ou particulières, sont soumis au droit commun et peuvent donner lieu à l'action possessoire.

ARRÊT

LA COUR : — Vu les art. 10, tit. III, de la loi du 16-24 août 1790, 23, C. pr. civ., et 6 de la loi du 25 mai 1838 :

Attendu, en fait, que le chemin ou *carraire*, dont il s'agit dans l'espèce, ne fait point partie de la grande voirie, et qu'il n'a été ni reconnu ni classé administrativement comme *chemin vicinal ;*

Attendu, en droit, que si les chemins dépendant de la grande voirie et ceux qui, objet d'une déclaration de *vicinalité,* ont été classés comme *vicinaux,* ne sont pas susceptibles d'une possession privée, et s'il appartient exclusivement à l'autorité administrative de maintenir le public en jouissance de ces chemins et de prononcer sur les questions qui en intéressent l'existence ou le maintien, il en est autrement des chemins qui, ne dépendant pas de la grande voirie, n'ont été ni reconnus ni classés comme *chemins vicinaux ;* que cette seconde catégorie de chemins comprenant les chemins ruraux, les chemins d'exploitation, les sentiers, alors même que l'usage en serait public, rentre dans la classe des propriétés communales ou particulières, soumises aux principes de droit commun, prescriptibles par conséquent et pouvant donner lieu à l'action possessoire ; que les questions qui intéressent, soit la propriété, soit la possession du sol de ces chemins, sont dans les attributions de la justice ordinaire ;

D'où il suit que le tribunal civil d'Aix, en confirmant la sentence du juge de paix du canton d'Istres du 18 septembre 1847, qui renvoie devant l'autorité administrative la connaissance de la question d'existence ou d'emplacement du chemin ou *carraire* dont il s'agit dans l'espèce, et surseoit à prononcer sur l'action en maintenue possessoire du demandeur, a méconnu les règles de sa propre compétence et expressément violé les dispositions ci-dessus visées ;

Casse.

———— ————

CASSATION, Ch. civ. — 14 nov. 1849.
(De Franqueville c. Duchâtel.)

I, 35, 393, 588.

Les arbres non séparés du sol sur lequel ils croissent sont immeubles comme le sol lui-même. La possession appliquée aux arbres est protégée par la complainte.

Constitue un trouble pouvant servir de base à l'action en réintegrande le fait d'avoir abattu des arbres plantés sur un terrain dont le demandeur se prétend en possession.

Du 19 juin 1843, sentence du juge de paix qui s'exprime ainsi :

Considérant qu'il est reconnu que les demandeurs ont toujours possédé les arbres dont il s'agit dans la cause ; que ce sont eux qui les ont plantés et qui les ont toujours ébranchés et élagués ; — Considérant que cette possession justifie de la manière la plus absolue l'action en réintégrande, puisqu'il suffit, d'après les règles du droit, pour que l'action en réintégrande soit admise, que celui qui l'exerce prouve sa possession actuelle ou matérielle au moment de la violence ou voie de fait dont il se plaint ; — Considérant que cette possession est prouvée et n'est nullement contestée ; — Considérant que la voie de fait dont les demandeurs se plaignent, et qui a été commise par les défendeurs sans aucun droit, a causé un préjudice aux demandeurs ; — Donnons acte aux demandeurs de la reconnaissance faite par les défendeurs eux-mêmes, que les arbres ont toujours été possédés par les demandeurs ; — Condamnons les sieur et dame Duchâtel à planter ou faire planter dix-huit arbres au lieu et place de ceux qu'ils ont abattus, sinon autorisons les demandeurs à faire cette plantation aux frais des défendeurs ; les condamnons à 200 fr. de dommages-intérêts.

Sur l'appel, jugement du tribunal de Douai, du 24 juillet 1843, ainsi motivé :

Considérant que l'action possessoire ne peut s'exercer qu'à l'égard des propriétés immobilières, et ne pourrait être admise que pour atteinte au sol ou aux accessoires du sol ; — Qu'un arbre n'obtient le caractère immobilier qu'à raison de son adhérence au sol sur lequel il est planté, et accessoirement au sol

même ; — Que, dans l'espèce, la possession du terrain ni des arbres en tant qu'accessoires du terrain n'est pas réclamée par les intimés ; — Par ces motifs, déclare les intimés purement et simplement non-recevables dans l'action possessoire par eux intentée.

Pourvoi des sieur et dame de Franqueville.

ARRÊT

LA COUR : — Vu l'art 6, § 1, de la loi du 25 mai 1838 :

Attendu, en fait, que, soit par leur citation devant le juge de paix du canton nord de Douai, soit par leurs conclusions devant ce magistrat, les demandeurs, pour justifier leur action en maintenue possessoire ou subsidiairement en réintégrande, à l'occasion des dix-huit arbres coupés par les défendeurs, ont articulé avoir planté ces arbres sur un héritage leur appartenant et les avoir constamment ébranchés ; qu'ainsi leur action se fondait à la fois et sur la possession des arbres, objet du litige, et sur la possession du terrain dont ils étaient l'accessoire ; que, sans nier cette double possession, les défendeurs se sont bornés à élever une prétention à la propriété du sol et ont conclu subsidiairement à être renvoyés devant les juges compétents pour faire juger cette question de propriété ;

Attendu, en droit, que des arbres, non séparés du sol sur lequel ils croissent, ont un caractère immobilier et sont susceptibles d'une possession utile à prescrire, comme le sol même ; que cette possession, en cas d'usurpation ou de trouble, peut servir de base à une action soit en complainte, soit en réintégrande, alors surtout que, comme dans l'espèce, les arbres sont allégués avoir été plantés et constamment ébranchés par les demandeurs au possessoire sur un terrain leur appartenant ; que le juge du possessoire ne peut, en pareille hypothèse, considérer les arbres ainsi plantés en faisant abstraction du sol, pour leur attribuer le caractère de meubles, sans préjuger la question de propriété du sol ;

D'où il suit que, en repoussant comme s'appliquant à des objets mobiliers l'action en complainte, ou subsidiairement en réintégrande, introduite par les demandeurs devant le juge du possessoire au sujet d'arbres plantés et constamment ébranchés par eux sur un terrain qu'ils alléguaient leur appartenir, et dont la propriété seule était contestée par les défendeurs, le tribunal civil de Douai a violé l'art. 6, § 1er, de la loi du 25 mai 1838 ;

Casse.

CASSATION, Ch. civ. — 26 nov. 1849.
(Préfet de l'Aube c. Ville de Nogent-sur-Seine.)

I, 257, 491.

Les digues artificielles, c'est-à-dire celles qui ont été élevées dans une rivière navigable par les soins de l'administration dans un intérêt général rentrent dans la classe des biens hors du commerce. Elles ne sauraient donc faire l'objet des actions possessoires.

Du 17 août 1848, jugement du tribunal de Nogent-sur-Seine ainsi motivé :

Attendu, en droit, que les bords des fleuves et rivières navigables ou flottables ne sont point classés par la loi au nombre des biens hors du commerce; que, dès lors, ils sont prescriptibles; que, par suite, l'action possessoire est recevable en ce qui les concerne; — Attendu, en fait, que la ville de Nogent-sur-Seine prouve par des faits et actes nombreux que, depuis longues années, et notamment depuis plus d'un an et jour antérieurement au trouble, elle était en possession continue, non interrompue, paisible, publique, non équivoque et à titre de propriétaire du terrain sur lequel sont accrues les herbes vendues par la ville à Hémard, qui font l'objet du litige, etc.

Pourvoi du préfet de l'Aube.

ARRÊT

LA COUR : — Vu les art. 23, C. pr., 538, 2226 et 2229, C. civ. :

Attendu qu'aux termes de l'art. 23, C. pr., les tribunaux ne peuvent faire droit au possessoire qu'autant qu'il est justifié d'une possession à titre non précaire, c'est-à-dire, comme le porte l'art. 2229, C. civ., d'une possession continue et non interrompue, paisible, publique, à titre de propriétaire;

Attendu qu'on ne peut avoir la possession à titre de propriétaire d'une chose qui n'est pas susceptible de propriété privée, et qu'on ne peut, suivant l'art. 2226, même Code, prescrire le

domaine des choses hors du commerce ;

Attendu que, d'après l'art. 538, même Code, les fleuves et rivières navigables ou flottables, et généralement toutes les portions du territoire français qui ne sont pas susceptibles d'une propriété privée, sont considérées comme des dépendances du domaine public ;

Attendu que le jugement attaqué se fonde sur ce que les bords des fleuves et rivières navigables ou flottables ne sont point classés par la loi au nombre des biens hors du commerce ;

Attendu que cette question ne se présentait pas dans un sens abstrait et absolu; que l'Etat soutenait que le terrain litigieux était une digue établie dans le but de rétrécir le lit d'une rivière navigable et de procurer à la navigation un chemin de halage; qu'il est reconnu par le juge de paix, dont le jugement attaqué adopte les motifs, que c'était la coupe de l'herbe de la digue qui avait donné lieu à l'action possessoire ;

Attendu qu'une digue ainsi établie serait un ouvrage d'art et d'utilité publique dont la conservation est confiée à l'administration par l'art. 1er de la loi du 29 floréal an X et par l'art. 27 de celle du 16 septembre 1807, et une dépendance du domaine public qui, étant hors du commerce, ne pourrait être l'objet d'une action possessoire; qu'en supposant que le tribunal qui a rendu le jugement attaqué, eût compétence pour apprécier cette allégation de l'Etat, il n'a pas dénié à la digue le caractère et le but qui lui étaient assignés par l'Etat ;

Attendu, dès lors, qu'en confirmant le jugement qui maintenait la ville de Nogent-sur-Seine en possession du terrain litigieux, le jugement attaqué a expressément violé tant l'art. 23, C. pr., que les art. 538, 2226 et 2229, C. civ.;

Casse.

CASSATION, Ch. req. — 19 mars 1850.
(Bellot c. Perrin-Herbin.)

I, 104, 106.

Le juge saisi d'une action en bornage peut procéder au vu des titres produits par les parties, bien qu'ils ne soient pas communs entre elles, interroger les documents du litige, l'état des lieux et même avoir égard à la configuration des terrains respectifs pour déterminer les portions de terrains constituant un excédant sujet à répartition.

ARRÊT

LA COUR : — Attendu que l'action formée par le défendeur éventuel, dans le cours de l'instance introduite par le demandeur, avait pour objet nettement défini le bornage de leurs propriétés contiguës ; que ladite action a été formellement acceptée par le demandeur dans ces conditions ; que, par suite, les juges de la cause n'ayant à statuer que sur une demande en bornage ont pu, comme ils l'ont fait, sans contrevenir à aucune loi, procéder au vu des titres produits par les parties, bien qu'ils ne fussent pas communs entre elles, interroger les documents du litige, l'état des lieux, et même avoir égard à la configuration des terrains respectifs pour déterminer les portions de terrains qui constituaient, dans l'héritage du demandeur, l'excédant sujet à restitution ; qu'un pareil mode de procéder se trouve justifié par la nature même de la demande qui tendait, non à la revendication d'une partie déterminée de l'héritage du demandeur, mais à un simple abornement ;

Rejette.

CASSATION, Ch. req. — 2 avril 1850.

I, 104.

V. *Cassation, ch. req. — 19 mars 1850.*

CASSATION, Ch. civ. — 24 avril 1850.

(Ménard c. Chaussard.)

I, 230.

Pour que l'action relative à un cours d'eau soit recevable, il n'est besoin ni de la preuve d'un abus ni de celle d'un préjudice. Un fait de trouble suffit. Ainsi la diminution du volume de l'eau provenant d'une entreprise pratiquée par un riverain autorise la complainte, si le demandeur est à même d'établir sa possession annale de la totalité des eaux.*

Du 2 août 1847, jugement contraire du tribunal de Dijon ainsi motivé :

Considérant que l'établissement d'une usine sur un cours d'eau, quelle que soit l'ancienneté de cet établissement, et bien qu'il soit dûment autorisé par les pouvoirs publics, ne rend pas le propriétaire de l'usine, pourvue d'un bief naturel ou artificiel, propriétaire, ou plutôt usager exclusif du cours de l'eau, si ce n'est dans son bief même ; — Considérant que l'eau fluente est un bienfait de la nature destiné à l'usage commun des hommes ; qu'elle n'est point susceptible d'une propriété privée ; mais que la loi a dû intervenir pour que l'usage des uns ne fût pas nuisible à celui des autres, pour qu'il n'en résultât aucun inconvénient pour l'intérêt particulier, pour réserver enfin l'usage exclusif des eaux à l'Etat, quand il était nécessaire pour l'intérêt général et public ; — Considérant que si, dans les rivières navigables et flottables ou autres rivières non navigables ni flottables, mais dont il a été nécessaire de réserver les eaux pour un usage d'utilité publique exclusif, on ne peut faire des prises d'eau, sans obtenir la permission légale, il n'en est pas de même des rivières dont les eaux ne sont pas réservées pour un usage public spécial, et qui, par cette raison, ne sont pas déclarées dépendances du domaine public par l'art. 538, C. civ.; que, dans ces cours d'eau, l'art. 644, même Code, accorde formellement à tout propriétaire riverain de se servir de l'eau à son passage pour l'irrigation de ses propriétés ; — Considérant qu'il faut entendre par le mot *irrigation* un droit de prise d'eau, pour faire servir cette eau, sans abus comme sans modification du cours naturel de la rivière, aux divers besoins de la propriété riveraine, que cette propriété consiste en bâtiments, jardins, propriétés rurales ou toutes autres ; — Considérant que le propriétaire riverain, qui a aussi le droit de prendre de l'eau pour son usage, n'est point tenu de rendre cette eau à son cours naturel, puisqu'elle lui est accordée pour qu'il puisse absorber la portion qu'il désire, mais qu'il ne saurait abuser de son droit pour perdre ou détourner les eaux au préjudice des propriétaires inférieurs ; — Considérant qu'il faut distinguer dans le préjudice qu'un riverain peut causer aux propriétaires inférieurs celui qui résulte du fait de détournement des eaux de leur cours naturel, sans utilité directe pour le riverain, cas auquel il peut y avoir trouble véritable dans l'exercice des droits qui appartiennent à autrui, et le simple préjudice causé par un seul riverain aux autres par l'exercice trop étendu de son droit ; — Que, dans le premier cas, les juges de paix sont effectivement compétents pour connaître du trouble possessoire, mais que telle n'est pas l'espèce du procès ; — Que, dans le second cas, les propriétaires lésés n'ont que le droit de se pourvoir pour obtenir un règlement d'eau qui en fasse à chacun une équitable répartition ; — Considérant que le premier juge a fait sagement cette distinction; qu'il n'a point reconnu que le réservoir creusé par Chaussard sur sa propriété fût une cause de déperdition abusive des eaux ; que cette question est, d'ailleurs, aujourd'hui inutile à examiner, puisque Chaussard offre de combler ce réservoir; que c'est donc avec raison que Chaussard a été maintenu par la décision intervenue dans ses droits de prendre de l'eau; que seulement c'est à tort que les parties ont été renvoyées exclusivement devant l'autorité administrative, pour y faire régler entre elles la répartition des eaux; — Par ces motifs, ordonne que ce dont est appel sortira son plein et entier effet, sauf que les parties demeurent renvoyées simplement par-devant qui de droit pour faire établir entre elles une équitable répartition des eaux dont il s'agit au procès.

Pourvoi de Ménard.

ARRÊT

LA COUR : — Vu l'art. 23, C. pr. civ., et l'art. 6, n° 1, de la loi du 25 mai 1838:

Attendu que le jugement attaqué constate, en fait, que le demandeur en cassation ou ses auteurs ont pratiqué sur la rive gauche du ruisseau nommé la Venelle un bief qui conduit les eaux au moulin, qu'elles mettent en mouvement, et qui appartient au demandeur; que, sur le même ruisseau, en amont du bief de l'usine, le défendeur possède une propriété qui se compose de bâtiments, de jardin et verger; que, vers le mois de juillet 1846, il a fait creuser un canal qui, du lit naturel du courant, porte l'eau sur sa propriété dans un réservoir auquel adhère une petite rigole à l'extrémité de laquelle est placé un tonneau où l'on puise l'eau pour arroser le jardin ;

Attendu que, dans le mois de septembre suivant, le demandeur en cassation a exercé l'action en complainte au sujet de la diminution du volume d'eau que cette entreprise faisait éprouver à son moulin qui, depuis an et jour (ce qui n'était pas contesté), avait pour force motrice le cours du ruisseau en son entier; que le jugement attaqué, confirmant la sentence du juge de paix, a rejeté cette action sur le seul motif qu'il y a, il est vrai, compétence pour le juge de paix alors que le préjudice a été causé à un riverain par un autre riverain qui a opéré un détournement des eaux sans utilité directe pour lui-même, mais que la compétence cesse lorsque, comme dans l'espèce, le préjudice résulte de l'exercice trop étendu qu'un riverain a fait de la faculté qu'il tenait de l'art. 644, C. civ., auquel cas (ajoute le jugement) le droit unique de l'autre riverain qui se prétend troublé dans sa possession plus qu'annale, est de se pourvoir pour obtenir un règlement qui assure une équitable distribution des eaux;

Attendu que la distinction posée par le jugement attaqué ne résulte aucunement de l'art. 6, n° 1, de la loi du 25 mai 1838; que son texte y répugne évidemment par la généralité de ses termes, et que son esprit n'y est pas moins contraire ;

Que, en effet, dans l'un comme dans l'autre cas, il s'agit (les droits résultant des art. 644 et 645, C. civ., et autres droits au fond étant essentiellement réservés) de fixer une possession débattue, dont l'incertitude peut être préjudiciable à l'immeuble qu'elle concerne, et qu'il y a parité de motifs pour que la décision soit rendue promptement, avec le moins de frais possible, par le magistrat qui, le plus rapproché des localités, est censé les mieux connaître ou a le plus de facilité pour s'en bien instruire;

Qu'il suit de là que le jugement attaqué, en confirmant la déclaration d'incompétence prononcée par le juge de paix, sous le prétexte que le demandeur n'avait d'autre droit que de se pourvoir au pétitoire pour faire établir un règlement d'eau, a expressément violé l'art. 23, C. pr. civ., et l'art. 6, n° 1, de la loi du 25 mai 1838 ;

Casse.

CASSATION, Ch. req. — 18 juin 1850.

(Delezé c. Gros.)

I, 226, 229, 244.

Entre communistes, l'action possessoire n'est recevable qu'autant qu'elle a pour base un véritable trouble. Constitue un trouble le fait par un communiste de détourner les eaux d'un canal destiné au service du fonds commun et de les employer en presque totalité à l'irrigation d'un autre héritage.
Ne cumule pas le possessoire avec le pétitoire le jugement qui, dans l'ensemble

de ses motifs se rapporte et conduit à un dispositif qui statue uniquement sur le possessoire, quoiqu'une partie des motifs touche à des considérations tirées du fond du droit.

Du 1er juin 1847, sentence du juge de paix qui statue en ces termes :

Attendu qu'en admettant, soit que les sieur et dame Gros, soit la dame Delezé, n'aient fait aucun acte particulier de possession pour jouir séparément des eaux dans la partie qui part du point où le fossé de la dame Delezé a été établi jusqu'à l'extrémité couchant de la pièce des époux Gros, il faut reconnaître, comme cela résulte de l'état des lieux et de l'état du fossé, que les sieur et dame Gros ont joui ensemble et en commun du droit de faire couler leurs eaux dans leurs propriétés respectives; — Attendu qu'en faisant creuser, moins d'un an avant la citation des sieur et dame Gros, un fossé qui prend toutes les eaux ou la plus grande partie des eaux s'écoulant le long de la propriété des époux Gros, la dame Delezé a fait un acte qui peut porter préjudice aux époux Gros, et que ceux-ci sont fondés à demander d'être maintenus en possession du droit de faire couler les eaux le long de leur propriété; — Par ces motifs, maintient les sieur et dame Gros dans la possession du droit où ils étaient, avant le trouble de la dame Delezé, de faire couler les eaux qui passent dans le ruisseau qui borde leur prairie au midi, dans toute l'étendue du ruisseau, du levant au couchant; — Condamne Delezé à fermer, dans la huitaine, à compter de la signification du présent jugement, le fossé qu'elle a établi dans sa propriété, et au moyen duquel elle détourne toutes les eaux ou partie des eaux qui coulent dans le ruisseau qui borde la propriété des époux Gros du côté du midi.

Sur l'appel, le tribunal de Libourne a confirmé cette sentence par un jugement du 6 juin 1849 ainsi motivé :

Attendu que l'art. 644, C. civ., attribue à celui dont la propriété borde une eau courante, la faculté de s'en servir à son passage pour l'irrigation de sa propriété; — Attendu que cette faculté ne doit s'entendre que des propriétés riveraines et limitrophes du cours d'eau; — Attendu qu'en établissant un fossé qui, ainsi que l'a reconnu M. le juge de paix dans son jugement, prend, à raison de sa largeur et de sa profondeur, la totalité ou la plus grande partie des eaux riveraines, et les détournant, par un cours nouveau et forcé, de son cours ordinaire pour les reporter sur un terrain inférieur, séparé par un chemin du fonds riverain, la veuve Delezé a évidemment commis un acte susceptible de causer un trouble à la possession des époux Gros; — Adoptant, au surplus, les motifs exprimés par le jugement dont est appel, déclare avoir été bien jugé, mal appelé; ordonne que le jugement dont est appel sera exécuté.

Pourvoi de la dame Delezé.

ARRÊT

LA COUR : — Sur la première branche du moyen :

Attendu que la jouissance en commun d'un cours d'eau, qui sépare deux héritages, constitue, au profit des deux riverains opposés, un droit utile et fécond dans la possession duquel chacun d'eux est autorisé à se faire maintenir, selon les conditions voulues par la loi, en cas de trouble apporté à sa jouissance par son coriverain;

Attendu qu'il résulte des faits constatés par le jugement attaqué, que les défendeurs éventuels étaient en possession du droit d'arroser leurs prairies au moyen des eaux du ruisseau qui borde leur héritage et le sépare, dans une partie de son cours, de l'héritage du demandeur;

Que ce dernier s'est permis, par une rigole pratiquée dans cette partie du cours du ruisseau, d'en détourner la presque totalité des eaux, pour faciliter l'irrigation d'une prairie située en aval et traversée par le même ruisseau, mais dans des conditions d'escarpement qui rendent l'arrosage impossible;

Que le demandeur, en privant ainsi, par sa voie de fait, les défendeurs éventuels de la presque totalité des eaux dont l'usage leur appartenait, les a troublés dans la possession utile de ces eaux, et que, par suite, le jugement attaqué, en réprimant ce trouble, et en maintenant, comme il l'a fait, les défendeurs éventuels dans leur possession, loin de contrevenir à la loi, en a fait, au contraire, une juste application;

Sur la deuxième branche du moyen:

Attendu que si, dans une partie de ses motifs, le jugement attaqué touche à des considérations tirées du fond du droit, l'ensemble des motifs se rapporte et conduit à un dispositif qui statue uniquement sur le possessoire, ce qui suffit pour justifier ledit jugement;

Sur la troisième branche:

Attendu que la fermeture de la rigole, telle que l'ordonnent les juges de la cause, ne peut avoir d'autre objet que de faire cesser le trouble apporté à la possession des défendeurs éventuels, et devient, à ce titre, la conséquence

nécessaire de la maintenue possessoire accordée à ces derniers ;
Rejette.

———————

CASSATION, Ch. civ. — 3 juillet 1850.
(Dumareau c. Chassin.)

I, 162, 163, 584, 587.

Les chemins qui ne sont pas classés comme chemins vicinaux, fussent-ils publics, sont soumis au principe du droit commun et susceptibles de possession privée. En conséquence le possesseur troublé par une voie de fait peut agir ou par voie de complainte s'il est depuis plus d'une année en possession paisible à titre non précaire, ou par voie de réintégrande s'il n'a qu'une possession actuelle et de fait.

Le juge saisi d'une action en réintégrande n'a pas le droit de surseoir jusqu'à ce que l'autorité administrative ait décidé si le chemin doit ou non être considéré comme dépendance du domaine public.

Du 10 décembre 1847, jugement du tribunal de Mézières qui statue dans les termes suivants :

Attendu que, sur l'action intentée par Dumareau contre Chassin, dont Bastier a pris fait et cause, est intervenu, le 23 novembre 1846, un jugement interlocutoire qui autorise les parties à faire la preuve des faits respectivement articulés par elles ; — Qu'en effet, Chassin qui n'aurait agi que par les ordres du maire de Saint-Barbant, a offert de prouver que le fossé détruit par lui avait été construit par Dumareau sur un chemin public dont il interceptait la circulation, ce qui, selon lui, ne pouvait fonder aucune possession utile en sa faveur ; — Que Dumareau, au contraire, a offert de prouver que le fossé détruit par Chassin avait été fait par lui, non sur un chemin public, mais sur sa propriété pour barrer un simple passage de servitude et de tolérance ; qu'il en avait ainsi la possession *animo domini* dans laquelle il demandait à être réintégré ; — Attendu que le jugement interlocutoire précité a formé entre les parties un contrat judiciaire d'après lequel Dumareau se soumettant aux conséquences des faits à prouver, a reconnu ainsi qu'il fallait rechercher et établir la nature du terrain sur lequel avait été commise la voie de fait dont il s'était plaint, avant de constater sa possession et d'en apprécier le caractère ; — Qu'ainsi son action en réintégrande se trouve de son propre consentement subordonnée à la preuve des faits respectivement offerte par les parties.

Pourvoi du sieur Dumareau.

LA COUR : — Vu les art. 452, 24 et 25, C. pr., et 6, § 1, de la loi du 25 mai 1838 :

Attendu que, sur l'action en réintégrande du demandeur, le juge de paix du canton de Mézières, par sentence du 23 novembre 1846, a prononcé un sursis de deux mois, par le motif que le maire de la commune de Saint-Barbant ayant annoncé s'être pourvu administrativement, il importait de connaître la décision administrative à intervenir sur la nature du chemin litigieux avant de statuer au fond ; qu'il n'a ordonné, avant dire droit, ni preuve, ni vérification, ni instruction préjugeant le fond ; que si, en réponse aux allégations du principal défendeur, énonçant que le fossé, objet de la réintégrande, avait intercepté un chemin public et communal, le demandeur a offert de prouver que le chemin dont il s'agit était un chemin de servitude, non un chemin communal, il n'y a eu, dans ces moyens respectifs des parties, rien qui ait impliqué, de la part du demandeur, l'abandon de son action en réintégrande pour y substituer une action d'une autre nature, ni l'intention de subordonner sa demande à l'événement d'une preuve qui, d'ailleurs, n'était pas ordonnée ;

Attendu que, saisi de l'appel de la sentence définitive rendue le 10 avril suivant, conformément aux conclusions du demandeur en réintégrande, le tribunal n'avait à rechercher ni si la possession s'était exercée à titre de propriétaire, ni si le chemin était public et communal ;

Attendu, en effet, d'une part, que l'action en réintégrande, nettement caractérisée par l'exploit introductif d'instance, n'a pas changé de nature dans le cours des débats ; qu'elle s'est présentée devant les juges d'appel telle qu'elle avait été soumise au juge du premier degré, le demandeur ayant toujours conclu à être réintégré dans la possession qu'il avait au moment de la violence et de la voie de fait ;

Attendu, d'autre part, qu'un chemin, fût-il public et communal, reste soumis au principe du droit commun, à moins qu'il n'ait été reconnu et classé administrativement comme chemin vicinal; qu'il est dès lors susceptible d'une possession privée, et que le possesseur, troublé par une voie de fait, peut agir, ou par voie de complainte, s'il est depuis une année au moins en possession paisible à titre non précaire, ou par voie de réintégrande, s'il n'a qu'une possession actuelle et de fait;

Attendu, enfin, que le trouble n'étant pas nié par les défendeurs, il n'y avait pas lieu d'ordonner la preuve offerte; que, d'ailleurs, cette preuve était inadmissible comme portant sur le fond même du droit;

D'où il suit que, en admettant les défendeurs à administrer la preuve par eux offerte sur la nature du chemin dont il s'agit ainsi que sur la possession immémoriale de ce chemin de la part de la commune, par le motif que la sentence du 23 novembre 1846 avait un caractère interlocutoire et formait ainsi un contrat judiciaire ayant, entre les parties, pour effet de subordonner l'action en réintégrande à l'avènement de la preuve offerte, le jugement dénoncé a faussement appliqué l'art. 1351, C. civ., méconnu les principes sur l'action en réintégrande, cumulé le possessoire et le pétitoire, et expressément violé les dispositions ci-dessus visées;

Casse.

CASSATION, Ch. civ. — 9 avril 1851.

(Comm. de Lambres c. Noyelles.)

I, 52.

Le juge du possessoire qui se trouve en présence de décisions judiciaires dont l'interprétation lui paraît nécessaire, doit simplement surseoir et non pas se déclarer incompétent.

ARRÊT

LA COUR : — Vu l'art. 10, tit III, loi des 16-24 août 1790, et les art. 3, 23, 25, C. pr. civ. :

Attendu que le juge de paix est investi, exclusivement à toute autre juridiction, du droit de statuer sur les actions possessoires;

Attendu que, par le jugement attaqué, le tribunal de Béthune, procédant

comme juge d'appel du possessoire, a reconnu sa compétence territoriale, et a déclaré que les faits dont se plaignait le demandeur en cassation avaient le caractère de trouble à la possession dudit demandeur;

Attendu qu'après avoir précisé le moyen de défense proposé par Noyelles contre l'action possessoire, et qui consistait à dire que ledit Noyelles n'avait fait, en établissant le pont dont s'agit, qu'user d'un droit attribué à tous les habitants de Langlet par un jugement du tribunal civil de Béthune, le jugement attaqué déclare que l'interprétation de ce dernier jugement n'est pas du ressort du juge de paix, juge du possessoire;

Attendu qu'en conséquence le tribunal de Béthune, par le jugement attaqué, se déclare incompétent, aux termes de l'art. 170, C. pr. civ., en laissant les parties maîtresses de reporter l'affaire devant qui de droit;

Attendu qu'en se déclarant ainsi incompétent d'une manière absolue pour prononcer sur l'action possessoire qui lui était régulièrement déférée, au lieu de se borner à surseoir jusqu'à ce qu'il eût été statué par les juges compétents sur l'interprétation du jugement précédent du tribunal de Béthune, ledit tribunal a, par le jugement attaqué, méconnu les règles de sa compétence, faussement interprété et, par suite, violé les art. 3, 25 et 170, C. pr. civ. ;

Casse.

CASSATION, Ch. req. — 20 mai 1851.

(Leforestier c. Comm. de Plouvien.)

I, 475, 495, 497, 518.

La commune qui a joui de terrains vains et vagues à titre de propriétaire et par des faits de possession bien caractérisés peut réclamer par la complainte son maintien en possession de ces terrains.

La possession, une fois acquise, se conserve par la seule intention, nudo animo, pourvu que cette possession intentionnelle ne vienne pas à être contrariée par la possession réelle d'un tiers.

ARRÊT

LA COUR : — Sur le moyen pris de

la violation des art. 2229 et 2232, C. civ., de l'art. 393 de la coutume de Bretagne et de l'art. 10 de la loi du 28 août 1792 :

Attendu, en droit, que si la possession une fois acquise se conserve *nudo animo*, ce n'est qu'autant que cette possession intentionnelle ne vient pas à être contrariée par la possession réelle d'un tiers ;

Que ni l'art. 393 de la coutume de Bretagne ni l'art. 10 de la loi du 28 août 1792 ne peuvent avoir pour effet de placer, sous le Code, des terrains vains et vagues situés dans les départements qui composent l'ancienne province de Bretagne dans une autre condition, relativement à la prescription, que les terrains de même nature qui sont situés dans les autres parties de la France, ni de faire considérer comme inefficaces dans ces départements des actes de possession qui suffiraient pour autoriser, ailleurs, l'action en complainte ;

Attendu, en fait, que si, par le paiement de l'impôt, les demandeurs en cassation ont manifesté l'intention de conserver la possession des terrains litigieux, les habitants de la commune de Plouvien, qui y ont constamment passé et fait paître leurs bestiaux, y ont établi plusieurs chemins, notamment un en pierres, y ont pris des terres, en ont extrait des matériaux moyennant certaines redevances qui figurent dans les comptes et au budget de cette commune, en un mot, ont fait publiquement, à titre de propriétaires, sous les yeux et sans aucune opposition des demandeurs en cassation, tous les actes de possession et recueilli tous les produits dont ces terrains étaient susceptibles ;

Qu'en maintenant la commune de Plouvien dans une possession ainsi caractérisée, le jugement attaqué n'a violé aucun des articles précités ;

Rejette.

CASSATION, Ch. civ. — 21 mai 1851.
(Palluel c. Jouvent et Meyer.)

I, 659.

Une association syndicale constituée administrativement est capable d'ester en justice, sans que les tribunaux puissent vérifier ni apprécier la légalité de l'acte administratif; cet acte devant produire son effet tant qu'il n'a pas été réformé par l'autorité compétente.

Du 23 février 1848, jugement contraire du tribunal d'Embrun qui statue en ces termes :

Attendu, en droit, qu'il est de règle constamment suivie dans la procédure et fixée par la jurisprudence, notamment par un arrêt de la Cour de Cassation, du 8 novembre 1836, règle qui s'applique à toutes les sociétés civiles autres que celles commerciales, que des propriétaires cointéressés à des eaux d'arrosage qui, pour arroser leurs propriétés, se sont associés, ont fait un règlement et nommé une commission syndicale pour faire exécuter leur règlement, avec des pouvoirs très étendus, ne peuvent agir en justice collectivement, soit en demandant, soit en défendant; qu'ils doivent tous être désignés par leur nom, profession, conformément à l'art. 61, C. pr.; — Attendu, en fait, que plusieurs propriétaires de la commune de Guillestre, se prétendant troublés, dans la possession de leurs eaux d'arrosage, de la part du nommé Jouvent, domestique du sieur Meyer, les sieurs Palluel, Fabre et Pons, en qualité de syndics de la société d'arrosage formée entre les divers particuliers de Guillestre, ont cité ledit sieur Jouvent, et le sieur Meyer comme civilement responsable des faits de son domestique, devant le juge de paix du canton de Guillestre, et par jugement du 4 octobre dernier, ce magistrat, sans égard au moyen de défense proposé par les défendeurs, tiré de ce que les propriétaires coassociés ne peuvent plaider au moyen de leur mandataire, a maintenu les demandeurs aux qualités ci-dessus, en possession du droit d'alimenter les canaux d'arrosage au torrent de Pufbel, avec défense audit Jouvent de les y troubler à l'avenir, et condamné ce dernier à la somme de 15 fr. pour dommages-intérêts, et aux frais, et a déclaré le sieur Meyer civilement responsable desdites condamnations; — Attendu que, d'après les principes ci-dessus rappelés, l'appel du jugement est bien intervenu, et ce que des propriétaires ayant formé une société entre eux pour l'arrosage de leurs propriétés, et nommé une commission syndicale pour faire exécuter leur règlement, ne peuvent agir en justice collectivement par cette commission, d'après la maxime que nul en France ne plaide par procureur; — Que si, d'après l'art. 69, C. pr., les sociétés de commerce peuvent agir, en justice, en la personne de l'un de leurs associés, c'est une exception à la règle générale; d'où la conséquence que tous les membres d'une société civile, telle que celle formée à Guillestre pour les eaux d'arrosage, n'ont pu agir devant le juge de paix qu'en leur nom; que tous indistinctement devaient être en qualité dans le jugement, et n'ont pu valablement agir au nom de leurs syndics.

Pourvoi des sieurs Palluel et consorts.

ARRÊT

LA COUR : — Vu l'art. 61, 1°, C. pr. :

Attendu que l'action formée par les demandeurs en cassation l'a été par eux en qualité de syndics des canaux d'arrosage de la commune de Guillestre ;

Attendu que cette qualité résulte d'un règlement pour l'usage des eaux des trois principaux canaux de la commune de Guillestre, approuvé le 29 juin 1837 par le préfet des Hautes-Alpes, règlement dont l'art. 3 donne pouvoir à la commission syndicale d'intenter et de soutenir tous procès relatifs aux canaux dont l'administration lui est confiée ;

Attendu que la légalité de l'arrêté du préfet est contestée par les défendeurs à la cassation, qui soutiennent qu'un syndicat d'arrosage ne pouvait, aux termes des lois sur la matière, être valablement constitué que par un règlement d'administration publique ;

Attendu que ledit arrêté préfectoral est un acte administratif duquel il n'appartient pas aux tribunaux de connaître ; que tant que cet arrêté subsiste, et n'a point été réformé par l'autorité supérieure compétente, les syndics nommés conformément à cet arrêté ont qualité pour agir en justice ;

Attendu qu'en cet état des faits, l'exploit délivré à la requête des demandeurs en cassation, agissant en qualité de syndics, et contenant l'énonciation de leurs noms, profession et domicile, est conforme aux dispositions de l'art. 61, 1°, C. pr. ;

D'où il suit qu'en annulant ledit exploit et en déclarant les syndics non recevables à agir en cette qualité, le jugement attaqué a faussement appliqué, et, par suite, violé l'article précité ;

Casse.

———

CASSATION, Ch. req. — 24 juin 1851.
(Pétriment c. Jacob.)

I, 588, 590.

Constitue un trouble violent de nature à motiver une action en réintégrande, le fait d'envahir par la charrue le champ du demandeur et de bouleverser son héritage.

C'est au juge qu'il appartient d'appré-

cier, suivant les termes employés dans la demande, s'il est appelé à prononcer sur une action en complainte ou sur une action en réintégrande.

ARRÊT

LA COUR : — Attendu que l'exploit introductif d'instance contenait en même temps et une demande en complainte et une demande en réintégrande ; que cette dernière reposait sur le fait le plus caractéristique, celui de l'envahissement par la charrue d'une partie du champ du demandeur, et du bouleversement opéré sur sa propriété par cette voie de fait ;

Que le jugement attaqué, en reconnaissant l'existence de cette voie de fait, avait dû faire droit à la demande en réintégrande suffisamment formulée par le demandeur devant le juge de paix, ce qui dispensait ledit jugement de rechercher et de constater l'existence d'une possession annale, de la part de celui dont la propriété avait été ainsi usurpée ;

Rejette.

———

CASSATION, Ch. req. — 15 juillet 1851.
(Rouffigny c. Rattier.)

I, 177.

Lorsqu'un chemin vicinal a été supprimé, les anciens riverains ne peuvent réclamer au propriétaire du terrain le maintien de la possession du passage qu'ils exerçaient sur ce chemin avant sa suppression. Leur droit est restreint à une action en indemnité contre la commune.

Il n'y aurait d'exception que pour le cas où par cette suppression la propriété riveraine deviendrait enclavée.

ARRÊT

LA COUR : — Sur le moyen unique pris de la violation des art. 1382, 537, 538, 545, 681, C. civ., 23 de la sect. III de la loi du 10 juin 1793, et de la fausse application des art. 682 et 691, C. civ. :

Attendu que le terrain qui a été clos par le défendeur éventuel est une portion d'un ancien chemin vicinal qui lui a été vendue par la commune de Condé-sur-Sarthe, après que le chemin eut été déclassé et supprimé par un arrêté du préfet de l'Orne contre lequel les demandeurs se sont inutilement pourvus devant l'autorité administrative supérieure ;

Que, dénués de titres établissant en leur faveur un droit de servitude, et ne pouvant alléguer le cas d'enclave puisque le chemin supprimé a été remplacé par un autre qui longe, comme le premier, leur héritage, les demandeurs ne pouvaient agir par voie de complainte pour se faire maintenir dans la possession du passage qu'ils avaient précédemment exercé ;

Qu'en supposant que la suppression de l'ancien chemin leur fût dommageable et pût donner lieu en leur faveur à une indemnité, c'eût été contre la commune, et par action ordinaire, qu'ils auraient dû poursuivre la réparation de ce dommage ;

Que, dès lors, en refusant d'accueillir leur action en complainte, le jugement attaqué n'a contrevenu à aucun des articles invoqués dans le pourvoi ;

Rejette.

CASSATION, Ch. req. — 18 nov. 1851.
(Faurie c. Hospice de Saint-Esprit.)

I, 239, 336, 491.

Le juge saisi d'une action tendant à la maintenue en possession du terrain recouvert par les eaux d'un étang dans les termes de l'art. 558, C. civ., a le droit, sans violer l'art. 25, C. pr., d'ordonner au préalable la vérification du point de savoir si le terrain en litige est ou non recouvert par les eaux de l'étang quand elles sont à la hauteur de la décharge.

Du 24 décembre 1850, jugement du tribunal de Dax qui statue ainsi :

Attendu qu'aux termes de l'art. 558, C. civ., le propriétaire d'un étang conserve toujours la propriété du terrain que l'eau couvre, quand elle est à la hauteur de la décharge, ce qui exclut l'idée de toute possession utile de la part d'un tiers ; qu'il est de principe que l'action possessoire n'est admissible qu'autant que la possession est de nature à fonder la prescription ; qu'il en résulte qu'il, dans l'espèce, si le terrain litigieux est couvert par

les eaux de l'étang, lorsqu'elles sont à la hauteur de la décharge, la possession du demandeur n'a pu donner naissance à une action possessoire en sa faveur.

Pourvoi du sieur Faurie.

ARRÊT

LA COUR : — Vu l'art. 25, C. pr. :

Attendu que toute possession, pour produire des effets civils et pour fonder une action utile en justice, doit être caractérisée, c'est-à-dire paisible, publique et non précaire, et de simple tolérance ;

Attendu qu'aucune loi ne défend au juge du possessoire de consulter et, par conséquent, de rechercher les titres pour apprécier les caractères légaux d'une possession invoquée devant lui ;

Attendu que l'hospice civil de Saint-Esprit, propriétaire d'un étang, était défendeur à une action en complainte de la part d'un propriétaire voisin, et qu'il soutenait qu'il devait être renvoyé d'instance, parce que son droit de couper des herbes sur les bords de l'étang et sur le terrain que l'eau couvre, quand elle est à la hauteur de la décharge déclarée par la loi (art. 558, C. civ.), avait été conservé par des ouvrages apparents, et que toute possession contraire était irrégulière et inefficace ;

Attendu que, dans cet état de la cause, en ordonnant qu'avant faire droit, et par un juge commis à cet effet, il serait procédé à la vérification du point de savoir si le terrain en litige est recouvert par les eaux de l'étang, quand elles sont à la hauteur de la décharge, le jugement attaqué, loin de violer les lois de la matière, en a fait une saine application ;

Rejette.

CASSATION, Ch. req. — 29 déc. 1851.
(Giacomoni c. Arrii.)

I, 333.

En matière sommaire, et notamment lorsque le tribunal civil est chargé de statuer comme tribunal d'appel d'une sentence du juge de paix, l'enquête à laquelle il croit devoir procéder doit se faire à l'audience à peine de nullité. Il n'a pas le droit de commettre un juge-commissaire pour entendre les témoins sur les lieux contentieux. Cependant, bien que d'ordre public, cette nullité est couverte par l'exécution volontaire du jugement qui ordonne l'enquête, alors même qu'il y aurait eu réserve de se pourvoir contre ce jugement.

ARRÊT

LA COUR : — Sur le premier moyen, tiré de la violation des art. 404 et 407, C. pr. :

Attendu que la disposition de l'art. 407, C. pr., est d'ordre public, et ne permet pas au juge qui ordonne une enquête en matière sommaire de renvoyer devant un juge-commissaire pour y procéder sur les lieux contentieux ;

Mais attendu que le jugement du 9 septembre 1850, qui a ordonné l'enquête sur les lieux, malgré l'opposition du demandeur en cassation à l'admission de la preuve testimoniale, était définitif quant à l'admission de la preuve, et que Giacomoni, en exécutant volontairement ce jugement, s'est rendu non recevable à l'attaquer par le recours en cassation ;

Attendu que la réserve de se pourvoir contenue dans l'exploit de dénonciation des témoins du demandeur à son adversaire ne peut prévaloir contre l'exécution complète et volontaire qu'il a donnée à ce jugement en assistant à l'enquête, en produisant ses témoins et en reprochant plusieurs de ceux du sieur Arrii ;

Rejette.

CASSATION, Ch. req. — 6 janv. 1852.
(de Bazonnière c. Barbot.)

I, 476, 514, 539, 650.

La vive et grasse pâture exercée à titre de copropriété peut, même sans titre, s'acquérir par prescription et par suite donner ouverture à l'action possessoire, qui devra être accueillie si le demandeur établit qu'il a joui dans les mêmes conditions que le défendeur.

Si le juge a le droit de consulter les titres pour apprécier la nature et les caractères de la possession, il ne saurait néanmoins recourir à ces actes au point de vue de la propriété sans
cumuler le possessoire avec le pétitoire.

Lorsque le juge trouve dans les enquêtes ou dans l'inspection des lieux la preuve de la possession, il n'est pas tenu de consulter les titres et peut les écarter du débat.

Du 22 mars 1851, sentence du juge de paix qui statue ainsi :

Attendu que c'est à titre de propriétaire indivis avec la défenderesse de ladite pièce de bruyère que les demandeurs ont fait paître leurs bestiaux, et non pas comme exerçant seulement un droit de pacage qui ne peut donner lieu à l'action possessoire que lorsqu'il est appuyé d'un titre ; — Attendu que le fondé de pouvoirs des demandeurs a déclaré que ce pacage s'était toujours exercé publiquement et librement, ce qui n'a pas été contesté ; — Attendu que les bruyères doivent être considérées comme des pâtures vives et grasses, et distinguées des terrains qui n'offrent qu'une vaine pâture ; — Attendu qu'à l'égard de la grasse et vive pâture, il est de doctrine et de jurisprudence que la possession ou copossession annale, fondée sur le fait de pacage, autorise l'action possessoire ; — Attendu que la continuité du pacage paisible et public des bestiaux des demandeurs, dans la bruyère dont il s'agit, constitue une possession ayant le caractère auquel la loi attribue l'efficacité de prescrire ; — Attendu enfin que le grand nombre de troupeaux que les demandeurs font habituellement pâturer sur ladite bruyère avec ceux du propriétaire de la ferme de Bion, doit faire écarter toute présomption de tolérance de la part de ce propriétaire, etc.

Sur l'appel, cette sentence fut confirmée, le 12 août 1851, par un jugement du tribunal de Gien qui est ainsi motivé :

Attendu qu'il s'agit devant le tribunal comme devant le premier juge, d'une action possessoire ; qu'il n'y a donc aujourd'hui qu'à rechercher la nature des faits de possession allégués, et à s'assurer de leur existence ; — Quant à la qualité des faits pouvant constituer la possession légale, attendu qu'elle a été sainement appréciée par le premier juge, en reconnaissant que le pâturage des bestiaux sur une bruyère, dans les circonstances où il a eu lieu, était un acte utile pour la possession, telle que la loi l'exige pour pouvoir prescrire ; — Quant à l'exactitude des faits constituant cette possession, attendu que les intéressés n'ont point prétendu avoir la possession exclusive, mais une copossession, pour laquelle les principes sont absolument les mêmes ; — Attendu que cette copossession n'a nullement été attaquée devant le premier juge, si ce n'est en alléguant qu'elle n'avait eu lieu que par la tolérance de l'appelante ; — Attendu que rien au procès ne tend à justifier cette tolérance prétendue, les faits de possession, au contraire, paraissant suffisamment avoir eu lieu de la part des intéressés *animo domini*, et non par suite d'une faveur toute bénévole accordée par l'appelante aux nombreux intéressés qui figurent au procès.

Pourvoi de la demoiselle de Bazonnière.

ARRÊT

LA COUR : — Sur la première branche du moyen :

Attendu que l'action des défendeurs éventuels n'avait pas trait à la propriété des bruyères dont il s'agit, mais à la copossession ou à la jouissance promiscue de ces bruyères avec la demanderesse en cassation dont ils reconnaissaient positivement la copossession ;

Attendu que le juge de paix ayant reconnu que les faits de possession invoqués par les défendeurs avaient tous les caractères exigés par la loi pour leur faire acquérir la prescription, n'était pas tenu de consulter les titres présentés par la demanderesse pour faire prévaloir sa possession ;

Que si les juges peuvent consulter les titres des parties, c'est pour apprécier la nature et les caractères de la possession ; mais qu'ils ne pourraient recourir à ces actes, au point de vue de la propriété, sans contrevenir à la prohibition de l'art. 25, C. pr., de cumuler le possessoire et le pétitoire ;

Qu'ainsi, le tribunal de Gien, loin d'avoir violé les articles invoqués, en a fait une juste application.

Sur la deuxième branche du moyen :

Attendu que les sieurs Barbot et consorts ne réclamaient pas un droit de servitude sur les terrains dont il s'agit, mais un droit de copossession qui serait établi par une jouissance promiscue ;

Attendu que si la vaine pâture n'est qu'une servitude discontinue qui ne peut s'acquérir sans titre aux termes de l'art. 691, C. civ., il n'en est pas de même de la grasse pâture qui, de sa nature, est prescriptible, et qui, dès lors, peut être réclamée par l'action en complainte ;

Attendu que, d'après la nature du terrain, ses produits et la contrée dans laquelle il est situé, les juges du fond ont pu décider, sans violer aucune loi, qu'il s'agissait d'une pâture vive et

grasse, pouvant donner lieu à l'action possessoire ;

Rejette.

CASSATION, Ch. req. — 3 février 1852.
(Aubert de Berlaër c. commission des Wattringues.)

I, 261.

La preuve du caractère domanial du bien qui fait l'objet de l'action possessoire doit être fournie. En cas de contestation, le juge est tenu de surseoir jusqu'à la solution qu'il appartient à l'administration de donner.

Du 10 juillet 1851, jugement du tribunal de Boulogne ainsi motivé :

Considérant que, par arrêté du préfet du Pas-de-Calais, du 10 mars 1851, le canal des Pierrettes et ses digues compris dans la quatrième section des Wattringues sont reconnus comme ayant toujours fait et faisant encore partie du domaine public ; — Considérant que de l'ensemble des lois de la matière, il résulte que c'est à l'administration que sont conférées la conservation et la reconnaissance du domaine public, et qu'aux juridictions de cet ordre seules appartient le jugement des difficultés qui peuvent s'élever sur le bien fondé de ces reconnaissances ; que si la décision des questions de propriété agitées entre l'État et les particuliers, même relativement aux immeubles déclarés du domaine public, est dévolue aux tribunaux ordinaires, ce qui ne saurait être contesté, cette dévolution trouve son application dans l'appréciation des prétentions respectives, considérées abstraction faite de la domanialité, et dans le règlement des indemnités qui seraient dues comme représentant le droit que les particuliers auraient conservé ou légitimement acquis sur le domaine public ; qu'ainsi, se trouve respectée et rendue efficace la règle protectrice de l'intérêt général et des intérêts privés qui prononce la séparation des pouvoirs judiciaire et administratif, et leur interdit de s'ingérer dans leurs attributions respectives ; — Qu'en présence de cette doctrine, consacrée par une jurisprudence constante, le tribunal ne peut rechercher si le canal des Pierrettes et ses eaux sont ou ne sont pas utiles à la défense du territoire, comme le prétend le préfet invoquant les arrêts de création de 1777, 1778, 1781 et 1783, et si l'espace litigieux forme ou ne forme pas une digue, et dès lors si le point de dépendance de ce même canal, puisqu'ils ne peuvent être compétemment portés que devant l'autorité administrative ; qu'à la question de domanialité se trouve subordonnée celle de la possession annale invoquée par la dame Aubert de Berlaër et consorts ; qu'ils ne peuvent donc soutenir que, dans tous les cas, il y a lieu par le tribunal à statuer sur cette prétention ; — Par ces motifs, se déclare incompétent pour statuer sur la question de domaine dont il s'agit ; — Renvoie les parties devant les juges qui doivent en connaître.

Pourvoi de la dame Aubert de Berlaër et consorts.

ARRÊT

LA COUR : — Sur le moyen unique de cassation pris de la violation de l'art. 6, n° 1, de la loi du 25 mai 1838, et de l'art. 13, du tit. II, de la loi du 16 août 1790 :

Attendu que, sur l'appel de la sentence rendue au possessoire entre les demandeurs en cassation et la commission des Wattringues, le préfet du Pas-de-Calais est intervenu au nom de l'Etat, a prétendu que le canal des Pierrettes faisait partie du domaine public, et a demandé le renvoi des parties devant l'autorité administrative, pour faire statuer sur la question préjudicielle de savoir si les parcelles qui avaient servi à l'élargissement de ce canal en étaient une dépendance ;

Que la commission des Wattringues a pris les mêmes conclusions, et que le tribunal de Boulogne-sur-Mer a accueilli cette demande, sans se dessaisir du fond du litige, et, par conséquent, en se réservant la connaissance de l'action en complainte ;

Attendu que si le canal des Pierrettes n'est ni navigable ni flottable, et si l'arrêté de domanialité pris par le préfet du Pas-de-Calais, au cours du procès existant entre la commission des Wattringues et les demandeurs en cassation, aurait dû rester sans influence sur le sort de la contestation, il résultait des documents produits devant le tribunal de Boulogne-sur-Mer, que ce canal avait été creusé en exécution d'arrêts rendus par le roi en son conseil, en 1777, 1778, 1781 et 1783, dans le but de dessécher la contrée et de faire contribuer les travaux de desséchement à la défense de la frontière ;

Qu'à l'autorité administrative seule, il appartient de décider si ce canal était, à son origine, comme depuis le décret du 28 mai 1809 qui en a remis l'entretien à la commission des Wattringues, un grand travail d'utilité publique formant, aux termes de l'art. 538, C. civ., une dépendance du domaine public, comme toute portion du territoire qui n'est pas susceptible de propriété privée ;

Attendu que le domaine public étant imprescriptible et la complainte ne pouvant être admise que relativement aux choses qui sont susceptibles d'être acquises par la prescription, il était nécessaire, pour apprécier le mérite de l'action possessoire, de renvoyer préalablement les parties devant l'autorité administrative, à l'effet, par elle, de reconnaître si les parcelles litigieuses faisaient partie des digues du canal des Pierrettes, et formaient, à ce titre, une dépendance du domaine public ;

Qu'en le décidant ainsi, le jugement attaqué n'a contrevenu à aucune loi ;

Rejette.

———

CASSATION, Ch. req. — 8 mars 1852.
(Lefèvre c. Péru.)

I, 313.

Est à l'état d'enclave l'héritage entouré de bâtiments dans sa plus grande partie, fermé ensuite par une crête qui le sépare de la voie publique et l'empêche d'accéder de ce côté par aucun passage praticable.

L'enclave constitue un titre légal qui autorise l'exercice de l'action possessoire pour réclamer le maintien en possession d'une servitude de passage.

Pour reconnaître l'existence de l'enclave, le juge de paix a le droit de recevoir les explications des parties, de consulter le plan cadastral ou tous documents propres à l'établir.

Du 8 mai 1851, jugement du tribunal d'Arras ainsi motivé :

Attendu qu'il résulte suffisamment des explications données de part et d'autre, ainsi que de l'inspection des documents produits, et notamment du plan cadastral, que le manoir du sieur Péru, entouré de bâtiments dans sa plus grande partie, fermé ensuite par une crête qui le sépare de la voie publique, et l'empêche d'y accéder de ce côté par aucun passage praticable, n'a d'issue pour son exploitation qu'en passant sur le terrain dont il s'agit ; — Attendu qu'il ne s'agit pas ici de l'exercice d'une servitude discontinue qui ne peut s'acquérir par prescription, mais d'un droit dérivant de la situation des lieux, édictée par l'art. 682, C. civ., qui peut donner lieu à une possession utile, et, par suite, à l'action en complainte ;— Attendu que le fait reproché à la demoiselle Lefèvre d'avoir mis obstacle au passage en déposant du fumier n'est pas contesté; qu'il a été ensuite suffisamment justifié que le sieur Péru a en sa faveur la possession qu'il réclame, et qui est plus que suffisante pour servir de base à une action possessoire.

Pourvoi de la demoiselle Lefèvre.

ARRÊT

LA COUR : — Sur le moyen résultant de la fausse application de l'art. 682, C. civ., et de la violation des art. 691, même Code, et 23, C. pr. :

Attendu qu'il résulte des constatations du jugement attaqué, puisées dans les explications des parties, l'inspection des documents produits et le plan cadastral, que le manoir de Péru, entouré de bâtiments dans sa plus grande partie, fermé ensuite par une crête qui le sépare de la voie publique et l'empêche d'accéder de ce côté par aucun passage praticable, n'a d'issue, pour son exploitation, qu'en passant sur le terrain litigieux ;

Attendu que ces obstacles équivalent à une impossibilité de communication résultant de la situation des lieux et constituent l'enclave dans le sens de l'art. 682, C. civ.;

Qu'ainsi le tribunal d'Arras, loin d'avoir contrevenu aux articles de loi invoqués, en a fait une juste application ;

Rejette.

CASSATION, Ch. req. — 7 avril 1852. (Debuns d'Hollebèque c. Leclerc.)

I, 629.

La possession annale d'un passage sur la propriété d'autrui ne constituant que l'exercice d'un droit de servitude non susceptible d'être acquis par la prescription, ne peut servir de fondement à une action en complainte, à moins qu'il n'y ait titre ou enclave.

Du 24 juin 1851, jugement du tribunal d'Argentan ainsi motivé :

Considérant que la possession plus qu'annale d'un passage exercé sur le fonds d'autrui ne peut motiver une action en complainte ou en réintégrande, s'il n'y a titre ou enclave;—

Considérant que le moulin appartenant à l'intimé n'est pas enclavé et que la possession n'est appuyée d'aucun titre; — Qu'à la vérité, le sieur Debuns d'Hollebèque a réclamé la copossession du terrain lui-même sur lequel il a passé, et qu'il qualifie de sente de voisin; mais que le terrain litigieux n'en présente pas les caractères; que la sente de voisin suppose un terrain laissé en commun par les propriétaires qui la bordent et aux dépens desquels le chemin a été établi d'accord pour les nécessités de l'exploitation ; — Que rien de pareil ne se rencontre dans l'espèce; que le moulin de l'intimé ne borde pas le sentier en litige; que ce sentier en est séparé par un chemin public sur lequel le trajet s'exerce dans un espace d'environ 150 mètres; que ce chemin public sert d'accès au moulin; que le sentier traversant le bois taillis de l'appelant ne peut être considéré dans cet état de choses que comme un raccourci; qu'aucun des faits de la cause ne donne lieu de penser que l'intimé ait droit de prendre ce raccourci par suite de quelques concessions réciproques émanant originairement de propriétaires voisins; qu'il ne faut donc pas s'arrêter aux termes dans lesquels l'action a été introduite; qu'il faut, au contraire, s'attacher à la réalité des choses, et que, dès lors, la preuve entreprise par d'Hollebèque devient inefficace pour lui attribuer une possession qui se réduit à un simple passage.

Pourvoi du sieur d'Hollebèque.

ARRÊT

LA COUR : — Attendu que la possession annale d'un passage sur la propriété d'autrui ne constituant que l'exercice d'un droit de servitude non susceptible d'être acquis par la prescription, ne peut servir de fondement à une action en complainte, à moins qu'il n'y ait titre ou enclave;

Que s'il est fait exception à ce principe au cas où il s'agit d'un chemin d'exploitation desservant les héritages qui le bordent, c'est que cette situation des lieux fait présumer une propriété commune aux divers propriétaires riverains, et que l'action en complainte, en ce cas, tend à la maintenue d'une possession à titre de copropriétaire du sol du chemin;

Attendu que, dans l'espèce, la demande avait pour objet un chemin éloigné de 150 mètres de la propriété du demandeur; que, d'une autre part, la demande introductive d'instance se renfermait dans les limites d'un fait de passage ; que si, dans le cours du débat, les termes de cette demande ont été modifiés par des conclusions postérieures, le tribunal d'appel a pu, sans contrevenir à aucune loi, tirer soit du rapprochement des termes des conclusions, soit de la nature des faits offerts en preuve, soit des autres documents du procès, la preuve que la demande ne tendait, en réalité, qu'à la maintenue possessoire d'un simple droit de passage;

Rejette.

CASSATION, Ch. req. — 4 mai 1852.
(Morillon c. Maire de Montreuil-Bellay.)

I, 248.

Dans le cas de trouble résultant de la construction d'un mur destiné à interdire l'accès d'un lavoir public, le délai d'un an pendant lequel on peut introduire l'action possessoire, ne commence à courir que du jour où les travaux sont assez avancés pour mettre les habitants dans l'impossibilité de jouir du lavoir.

Du 17 juillet 1851, jugement du tribunal de Saumur qui confirme par adoption de motifs une sentence du juge de paix. Cette sentence était ainsi motivée :

Attendu que, sans doute, les sieurs Morillon avaient troublé les habitants de Montreuil-Bellay dans leur possession en construisant un mur, dans le but de joindre le terrain en litige à leur clos de la Roussilière, mais que ce trouble n'a pas été jusqu'à la dépossession, puisque lesdits habitants ont continué leur jouissance jusqu'au moment de la clôture entière du terrain en question; qu'il résulte de tous les documents du procès, que le mur élevé par le sieur Morillon n'a été achevé et fermé qu'au mois de décembre 1849; que l'action de la commune ayant été formée en novembre 1850, a bien, dès lors, été intentée dans l'année du trouble.

Pourvoi du sieur Morillon.

ARRÊT

LA COUR : — Attendu que le jugement attaqué constate, en fait, que, moins d'une année avant la citation du 29 novembre 1850, les habitants de la commune de Montreuil ont, constamment et librement, accédé au terrain litigieux, ainsi qu'au lavoir et à la fontaine publics établis sur ce terrain; qu'il importe peu qu'antérieurement, des faits qui n'apportaient pas d'obstacle réel à la jouissance des habitants aient pu être accomplis par les demandeurs en cassation; qu'il suffit, pour protéger la décision attaquée, qu'il soit établi que la possession de la commune n'a été réellement troublée qu'à une époque moindre d'une année avant l'introduction de l'action en complainte ;

Rejette.

CASSATION, Ch. req. — 9 juin 1852.
(Seguin c. Comm. de Fos.)

I, 363.

Si, aux termes de l'art. 26, C. pr., l'introduction d'une instance au pétitoire a pour conséquence d'empêcher celui qui l'a engagée de recourir ultérieurement à l'action possessoire et s'il se trouve ainsi privé de l'avantage qu'il aurait eu à se défendre du trouble apporté à sa possession par la seule force de sa possession annale, et sans avoir besoin d'établir son droit de propriété par titre ou par prescription, il ne résulte néanmoins ni du texte de cet article, ni de l'ensemble des dispositions de loi sur cette matière, que l'art. 26 puisse être entendu en ce sens que la demande au pétitoire implique nécessairement de la part du demandeur, soit un aveu de la possession de son adversaire, soit la renonciation à se prévaloir lui-même de sa propre possession.

Du 1er août 1851, arrêt de la Cour d'Aix ainsi motivé :

Attendu, quant à la possession annale, que les intimés n'en ont pas la saisine, n'ont rien fait pour l'obtenir et n'allèguent aucun fait à l'appui d'une telle prétention, et qu'il suit de là que les intimés sont non recevables à contester à la commune la possession, si elle en fournit la preuve contre eux; — Attendu, quant à cette preuve de possession de la commune, qu'il lui a été certainement facultatif de prendre les faits et cause de l'un de ses communistes, poursuivi correctionnellement pour avoir coupé du bois dans une propriété possédée par elle à l'exclusion des intimés, et de renoncer ainsi à l'action possessoire qui aurait pu lui compéter; — Attendu qu'il est de doctrine et de règle de droit que, sans une juste cause, la détention n'est qu'une usurpation; c'est ce qu'enseigne Domat et, avec la loi romaine, il enseigne aussi que c'est encore en vue de la possession, si elle a commencé par un mauvais titre (comme dans l'espèce), que, si la question de possession se trouvait douteuse, ne paraissant pas assez de fondement pour maintenir l'un des possesseurs, le possessoire serait jugé en faveur de celui qui aurait le titre le plus apparent, ou l'on ordonnerait que la chose litigieuse serait mise en séquestre jusqu'à ce que la question de propriété ou celle de la possession aurait été jugée ; il enseigne encore que : « la troisième cause de la détention est l'usurpation par voie illicite, et cette manière de détention ne mérite pas le nom de possession ; ainsi, ajoute-t-il, c'est par la cause de la détention qu'il faut juger si une détention est une possession ou seulement une usurpation » ; il enseigne que la vraie possession est celle du maître : *proprietas a possessione separari non potest, etc.* (Dig., *De acq. vel amitt.*) ; toutes maximes qui repoussent les exceptions et la possession des intimés ; — Et quant à la possession de la commune : — Attendu qu'il résulte d'actes nombreux et non contestés, quant à leur contenu, qu'à partir de 1762 jusqu'en 1813, la commune a pris et continué la possession des deux coussous litigieux, et cela sans opposition dont il apparaisse ; que si, à dater du 12 avril 1813, sa possession lui fut contestée par les héritiers d'Arcussia, vendeurs des intimés, revendiquant la propriété, qui obtinrent, en première instance et par défaut, un jugement favorable à leur prétention qu'ils firent signifier le 6 mai suivant, il est vrai de dire aussi qu'il ne reçut aucun signe d'exécution dans les six mois à partir de son obtention ; que ce jugement était, dès lors, réputé non avenu, aux termes des art. 158 et 159, C. pr. ; — Attendu que bien vainement les intimés soulèvent la question de savoir si la commune, prétendue usagère des deux coussous litigieux, les a possédés utilement pour prescrire et si, en ce cas, la prescription était absolue et non relative ; ils ne sont pas recevables à s'en faire une exception contre la commune, car 1° on a vu, par ce qui précède, que leur titre, leur seul titre, les rend non recevables à se prévaloir de ces questions, quelle qu'en puisse être la solution, et cela, en force de ces deux principes : le premier, que *reus excipiendo fit actor ;* le deuxième, qu'en l'absence de tout intérêt légitime, il ne saurait y avoir action ou exception recevable ; car 2° et au fond, des deux questions soulevées, il résulte du fait du jugement de défaut du 12 avril 1813, bien que réputé non avenu, qu'il y eût alors contradiction établie entre les héritiers d'Arcussia, revendiquant la propriété des deux coussous en question aujourd'hui, et la commune de Fos, qui les possédait depuis 1762, et que, de là, il est juste de conclure l'interversion du titre de celui-ci, en supposant qu'elle fût auparavant usagère et n'eût pas cessé de l'être par la vente qu'elle aurait faite de ses droits d'usage ; — Attendu, en dernier lieu, qu'il résulte des faits de la cause que la commune de Fos a interverti son titre d'usagère par la contradiction formelle et constante qu'elle a opposée au droit du propriétaire, 1° en procédant publiquement, en 1792 et 1793, au partage des coussous et pâturages entre tous ses habitants, au moyen de lignes divisoires et de termes apparents pour fixer les lots ; 2° en plaçant les deux coussous dont il s'agit sur la cote cadastrale de la commune ; 3° en payant les im-

positions depuis plus de quarante ans jusqu'à ce jour ; 4° en percevant des taxes sur les pâturages ; 5° en plantant, depuis près de soixante ans, des arbres et des vignes, et en faisant des travaux agricoles sur la partie des terrains dont le sol pourrait être plus utilement cultivé ; 6° en élevant également sur une partie du sol des constructions, des murailles et même des maisons de campagne qui remontent à plus de cinquante ans.

Pourvoi des sieurs Séguin.

ARRÊT

LA COUR : — Attendu que si, aux termes de l'art. 26, C. pr., l'introduction d'une instance au pétitoire a pour conséquence d'empêcher celui qui l'a engagée de recourir ultérieurement à l'action possessoire et s'il se trouve ainsi privé de l'avantage qu'il aurait eu à se défendre du trouble apporté à sa jouissance par la seule force de la possession annale, sans avoir besoin d'établir son droit de propriété par titre ou par prescription, il en résulte, néanmoins, ni du texte dudit art. 26, ni de l'ensemble des dispositions de la loi sur cette matière, que cet article puisse être entendu en ce sens que la demande au pétitoire implique, nécessairement, de la part du demandeur, soit un aveu tacite que la possession appartient à ses adversaires, soit une renonciation à se prévaloir lui-même de cette possession comme servant de base à la prescription ;

Attendu, dès lors, que la Cour d'appel d'Aix ayant constaté en fait que la possession des immeubles litigieux appartenait, au moment où la demande a été formée, non à Séguin frères et consorts, mais à la commune de Fos, a pu, sans violer ledit art. 26, C. pr., ni aucune des dispositions du Code Napoléon sur la possession et la prescription, et quoique la commune figurât au procès comme demanderesse au pétitoire, ordonner d'abord, par son arrêt du 12 juin 1850, l'application aux lieux contentieux des titres versés au procès, et notamment du procès-verbal d'adjudication en vertu duquel lesdits Séguin frères et consorts se prétendaient propriétaires et décider, ensuite, dans son arrêt définitif du 1er août 1851, et par une appréciation souveraine des faits et actes de la cause, d'une part, que la commune de Fos justifiait, à l'égard des immeubles litigieux, d'une possession à titre de propriétaire, non interrompue depuis 1762 jusqu'à l'origine du procès et capable de fonder la prescription, et, d'autre part, que les titres produits par les frères Séguin et consorts étaient insuffisants, non-seulement pour contrebalancer la possession de la commune, mais même pour donner aux frères Séguin et consorts le droit de contester l'existence et le caractère de cette possession ;

Rejette.

———————

CASSATION, Ch. req. — 7 juillet 1852.

(Sicard c. Foucher.)

I, 729.

L'existence d'une porte pleine, sans imposte pouvant donner du jour à un appartement par son ouverture, ne saurait constituer un droit de servitude de vue ni fonder une action possessoire.

Du 10 avril 1850, sentence du juge de paix qui statue dans les termes suivants :

Attendu qu'en supposant que Sicard fût dans l'usage d'éclairer l'intérieur de son bâtiment au moyen de la porte en litige, ce fait ne saurait légalement justifier son action ; qu'en effet, pour que la possession soit utile, il faut, aux termes de l'art. 2229, C. civ., qu'elle soit accompagnée de certains caractères ; que, notamment, elle soit publique, continue, non équivoque ; — Qu'on ne peut raisonnablement dire que le droit de vue revendiqué ait été continu, puisqu'il ne serait pratiqué qu'au moyen d'une porte pleine, sans imposte, et que Sicard n'aurait ouverte qu'à de rares intervalles ; — Qu'on ne peut dire non plus que cette possession ait été publique, puisqu'elle se serait exercée sur une cour close appartenant exclusivement à Foucher, et dans laquelle personne n'a le droit de s'introduire ; Qu'ainsi elle n'était pas non équivoque, puisqu'une porte, surtout lorsqu'elle est pleine, peut bien annoncer l'existence d'une servitude de passage, mais non d'une servitude de vue ; — Attendu que la servitude prétendue par M. Sicard ne pouvant ainsi s'être établie par possession, ne saurait exister qu'au moyen de titres ; que ces titres n'existent pas, etc.

Cette sentence fut confirmée par le jugement suivant rendu le 4 février 1851 par le tribunal de Saintes :

Attendu que l'action du sieur Sicard avait pour objet d'être maintenu en possession plus qu'annale du droit de vue ou de jour qu'il prétend avoir, par une porte pleine, sur la cour de Foucher, son voisin ; — Attendu qu'en matière de servitudes, pour qu'il y ait lieu à l'action possessoire, il est indispensable que la servitude soit l'une de celles que l'on peut acquérir par prescription ; — Attendu qu'aux termes de l'art. 690, C. civ., les servitudes qui s'acquièrent par prescription sont les servitudes continues et apparentes, lesquelles se manifestent extérieurement par des signes certains ; — Attendu qu'une porte pleine ne peut jamais être considérée comme un signe certain d'une servitude de jour ou de vue, mais bien d'une servitude de passage ; qu'elle ne pouvait, dès lors, constituer en faveur de celui qui l'invoque la prescription légale ; qu'en conséquence, Sicard ne peut, dans ces circonstances, se plaindre d'avoir été troublé dans une possession qui n'avait rien d'utile ; — Adoptant, au surplus, les motifs du premier juge, etc.

Pourvoi du sieur Sicard.

ARRÊT

LA COUR : — Sur les moyens pris de la violation des art. 690 et suivants, C. Nap., en ce que le jugement attaqué a confondu les servitudes continues et apparentes avec les servitudes discontinues, apparentes et non apparentes :

Attendu que le demandeur fait résulter sa possession d'un droit de vue de l'existence d'une porte pleine, sans imposte pouvant donner du jour à un appartement par son ouverture ; que cette ouverture ne pouvant s'opérer que par le fait actuel de l'homme, la servitude prétendue perd le caractère de servitude continue, aux termes de l'art. 688, C. Nap., et ne peut plus fonder l'action possessoire ;

Sur le moyen tiré de la violation de l'art. 25, C. pr., en ce que le jugement aurait confondu le possessoire et le pétitoire :

Attendu que, quels que soient les motifs du jugement attaqué, le dispositif aboutit à une décision qui a exclusivement le caractère possessoire ;

Sur le moyen pris de la fausse application et violation des art. 23, C. pr., et 544, C. Nap., en ce que le jugement aurait refusé l'exercice de l'action en réintégrande, pour la maintenue d'une servitude dont le demandeur avait été privé par voie de fait :

Attendu que l'action en réintégrande est une action possessoire dont le juge de paix ne peut connaître qu'autant que le droit réclamé pourrait être déclaré et maintenu par ce magistrat ; que l'action du demandeur avait pour objet l'exercice d'une servitude discontinue qui ne peut s'acquérir par la possession; que c'est, dès lors, à bon droit que le jugement attaqué a rejeté cette action dans une instance possessoire;

Rejette.

CASSATION, Ch. req. — 3 août 1852.
(Dauge c. François et Dufour.)

I, 228, 231, 248, 499, 683.

L'usage des eaux courantes est susceptible de possession et donne aux riverains le droit de faire réprimer par le juge du possessoire tout acte constitutif d'un trouble.

Constitue un trouble autorisant l'exercice de l'action possessoire l'établissement à demeure par le propriétaire supérieur d'une usine, d'éclusées qui rendent intermittent l'écoulement des eaux.

Lorsqu'à des faits accidentels, ne laissant aucune trace et rentrant dans la catégorie d'actes de tolérance entre voisins, succèdent des travaux donnant à ces faits, jusqu'alors mal définis, le caractère d'un véritable trouble, c'est à partir de ces derniers que commence à courir le délai d'un an pendant lequel l'action doit être exercée.

Sentence du juge de paix qui a été confirmée par jugement rendu le 1er février 1849 par le tribunal de Senlis. Cette sentence est ainsi motivée :

Attendu qu'il est reconnu entre les parties que le fait de prendre l'eau par éclusées remonte à plus d'un an et jour avant la citation, mais qu'il résulte de l'enquête faite par-devant nous, le 19 août dernier, que les travaux qui ont aggravé le trouble avaient eu lieu depuis moins d'une année avant ladite citation; — Attendu que, dans cette position, Dauge reconnaissant en partie le bien fondé de la demande de François et Dufour, consent à supprimer les travaux qui font passer l'eau par-dessous les vannes, mais demande à être maintenu dans la faculté de prendre l'eau par éclusées, comme il le fait depuis plus d'un an et jour; — Attendu que cette demande devrait être accueillie si ce mode de jouissance résultait de quelque ouvrage apparent, annonçant une intention continue de procéder de cette manière, et à l'établissement duquel François et Dufour auraient pu s'opposer dans l'année; — Attendu que le fait d'avoir éclusé quelquefois, et dans certaines circonstances, ne saurait constituer au profit de Dauge une possession annale contraire à celles des sieurs François et Dufour, et dans laquelle nous devrions

le maintenir, surtout lorsque ce mode est reconnu par l'expert n'être pas conforme aux usages de la rivière de la Brèche ; — Que la tolérance des sieurs François et Dufour, pour des faits qui pouvaient ne pas se renouveler, ne doit pas leur être opposée comme une renonciation au bénéfice de leurs droits comme riverains et de leurs possessions; — Attendu que Dauge a d'autant plus tort de persister dans ce mode de jouissance que l'expert constate qu'il pourrait le remplacer en changeant quelques engrainages dans les machines, et qu'il obtiendrait le même résultat sans nuire à ses voisins; — Attendu que le moyen proposé par l'expert pour faire cesser le trouble dont se plaignent François et Dufour, est de prescrire à Dauge de ne jamais tenir les eaux dans son bief à plus de 10 centimètres en contrebas de la crête du déversoir, et que ce moyen n'a été l'objet d'aucune contestation; — Par ces motifs, faisons défense à Dauge de jamais tenir les eaux dans son bief à plus de 10 centimètres en contrebas de la crête du déversoir, à peine de 50 fr. par chaque contravention.

Pourvoi du sieur Dauge.

ARRÊT

LA COUR : — Attendu que les sieurs François et Dufour, demandeurs au possessoire, avaient, depuis plus d'un an et un jour, la possession, conforme à l'art. 644, C. Nap., du cours d'eau de la petite Brèche, sur lequel les usines sont situées et qui les fait mouvoir;

Attendu que cette possession ayant une base légale, leur donnait le droit de faire réprimer par le juge du possessoire tout acte constitutif d'un trouble;

Attendu que le sieur Dauge, propriétaire d'une usine supérieure, avait, contrairement aux usages anciens et aux habitudes des autres usiniers, joui de la petite Brèche par *éclusées;* que ce mode de jouissance ayant pour effet de retenir les eaux pour les laisser ensuite écouler en plus grande masse, de rendre le cours de la rivière intermittent, et de transformer une force permanente en force alternative, le juge du possessoire a pu justement considérer cette innovation, préjudiciable aux usines inférieures, comme un trouble à leur possession d'un cours d'eau naturel et continu ;

Attendu que si quelquefois le sieur Dauge avait joui par éclusées, plus d'un an avant la demande, ces actes accidentels qui ne révélaient pas l'intention d'user d'un droit, et qui ne laissaient aucune trace, étaient du nombre de ces faits sans caractère dont le législateur a voulu rendre la tolérance facile entre voisins, en raison de leur inefficacité, et ne suffisaient pas pour mettre les possesseurs en demeure d'invoquer leurs droits, et que leur action n'a véritablement pris naissance qu'à partir du jour où les prétentions du sieur Dauge ont été constatées par des travaux donnant à des faits, jusqu'alors tolérables, le caractère d'un véritable trouble ;

Attendu que le juge n'a fait, d'ailleurs, aucun règlement, et qu'il s'est borné à prescrire pour le maintien de la possession des sieurs Dufour et François, des mesures qui n'ont été devant lui l'objet d'aucune contestation ;

Rejette.

———

CASSATION, Ch. req. — 3 août 1852.
(Wermelinger c. Froidevaux.)

I, 270.

Celui qui est en possession, par des travaux apparents pratiqués sur le fonds inférieur, de la servitude d'écoulement des eaux pluviales à travers ce fonds, peut agir par la complainte en cas de trouble causé à cette possession.

ARRÊT

LA COUR : — Sur le premier moyen tiré de la violation des art. 639, C. Nap., et 23, C. pr. :

Attendu que le jugement attaqué constate que la ruelle qui sépare les propriétés des deux parties, reçoit non-seulement les eaux pluviales tombant des bâtiments de Froidevaux, mais aussi celles tombant sur une grande partie de la ruelle elle-même, et que, depuis longues années, toutes les eaux avaient leur libre et naturel écoulement à travers une ouverture pratiquée dans le mur de clôture de la cour de Wermelinger où elles étaient amenées par la pente naturelle des terrains, au moyen d'un aqueduc couvert construit à travers ladite ruelle ;

Attendu qu'en cet état des faits, les juges ont fait une juste application de l'art. 640, C. Nap., et que c'est avec raison qu'ils ont admis l'action en com-

plainte de Froidevaux fondée sur le trouble apporté à la possession qu'il avait du droit de faire écouler les eaux de pluie provenant de son fonds ;

Sur le deuxième moyen, fondé sur la violation des art. 2226 et 2232, C. Nap. :

Attendu qu'il ne s'agissait pas, dans la cause, de l'acquisition d'un droit de servitude sur la ruelle, mais bien sur la propriété de Wermelinger, au moyen de l'aqueduc construit sur cette ruelle ;

Attendu qu'il importe peu qu'il existe une portion de la voie publique entre les deux héritages ;

Que l'art. 640 n'exige pas que l'héritage supérieur et l'héritage inférieur soient attenants l'un à l'autre, pour qu'aucuns travaux de mains d'homme dommageables au premier de ces héritages ne puissent être faits sur le second ;

Qu'ainsi, le jugement attaqué n'a point violé les articles invoqués par le demandeur en cassation ;

Rejette.

———

CASSATION, Ch. civ. — 11 août 1852.
(Lavabre c. Desmazes.)

I, 238.

Cumule le possessoire et le pétitoire le juge qui, tout en reconnaissant l'existence de la possession, refuse de la consacrer par le motif qu'il serait amené à interpréter des titres, ce qui n'appartient qu'aux juges du pétitoire.

Du 31 mai 1849, jugement du tribunal de Saint-Affrique ainsi motivé :

Attendu qu'il existait anciennement un passage partant du pont du Mas de Roustan et allant au hameau des Caves ; que l'existence de ce passage est établie par divers extraits de l'ancien cadastre de la commune de Saint-Affrique, qui le porte en confront de plusieurs pièces ; que ce passage, appelé passage des Caves, était de peu de largeur et ne pouvait servir que pour les piétons et pour les bêtes de somme ; qu'en 1839, J. Desmazes, Canac, ancien juge, et un autre Canac, résolurent, pour leur commodité et le service des pièces qu'ils possédaient dans ce quartier, d'élargir ledit passage et de le convertir en un chemin de charrette ; qu'à cette époque ledit Canac, ancien juge, était propriétaire de la terre de Ménadis ; qu'en 1842, par acte du 28 octobre, Rouquayrol, notaire, ledit Canac vendit cette terre à Hippolyte Lavabre; que ledit acte de vente porte la clause suivante : « Le vendeur déclare que la terre ci-dessus vendue est grevée d'un chemin de charrette, allant du pont du Mas de Roustan au domaine de Lentieutel, passant par les Caves, créé en faveur de M. Desmazes et des propriétaires auxquels ce dernier accordera ce passage, et que l'acquéreur sera tenu de cette servitude tout comme il l'était lui-même, conformément au titre qui l'établit sans plus »; — Attendu que les pièces de la procédure établissent quelle était anciennement la largeur du passage des Caves, dans la traverse de Ménadis; en effet, M. le juge de paix a constaté dans son transport du 2 juin 1846, que ce chemin, dans l'état actuel, a une largeur dans la traverse de Ménadis de 4 mètres 1 centimètre, et Lavabre, dans sa citation du 18 avril 1846, dit que Desmazes l'avait élargi de 3 mètres; qu'il en résulte que le chemin du passage n'avait antérieurement en cet endroit que 1 mètre 1 centimètre de largeur, ce qui était évidemment insuffisant pour un chemin de charrette; que J. Desmazes était donc autorisé par la clause de l'acte de vente ci-dessus rapportée, à élargir le passage sur la terre de Ménadis pour en faire un chemin de charrette; qu'en prenant du terrain pour cet élargissement, J. Desmazes n'a fait qu'exercer un droit que lui conférait ladite clause de l'acte de vente; qu'il n'a pas usurpé, puisqu'on n'usurpe pas en usant de son droit; qu'il ne pouvait donc jamais y avoir lieu à une action possessoire entre J. Desmazes et Hippolyte Lavabre; que seulement ce dernier pouvait prétendre que J. Desmazes prenait plus de terrain qu'il ne lui en fallait, et que, dans ce cas, il y avait lieu à interpréter ladite clause de l'acte de vente, pour savoir quelle était la largeur du chemin de charrette que Canac, vendeur, avait imposé à Hippolyte Lavabre, acquéreur; que c'était là une interprétation d'acte qui ne pouvait jamais faire l'objet d'une action possessoire, mais qui devait être portée au pétitoire devant le tribunal de première instance; que le juge de paix était donc incompétent; — Qu'il en est de même pour l'aqueduc; que si un aqueduc était nécessaire pour la confection du chemin de charrette imposé à Lavabre par ladite clause de l'acte de vente, J. Desmazes avait le droit de faire cet aqueduc; qu'il ne pouvait donc s'élever que la question de savoir si l'aqueduc était nécessaire, ce qui ne pouvait être décidé que d'après l'interprétation de ladite clause et l'avis des ingénieurs, laquelle interprétation rentrait exclusivement dans les attributions du tribunal de première instance et excédait la compétence du juge de paix.

Pourvoi du sieur Lavabre.

ARRÊT

LA COUR : — Vu les art. 6 de la loi du 25 mai 1838, 23 et 25, C. pr.:
Attendu que l'action intentée par Lavabre avait uniquement pour objet de demander la réintégration de Lavabre dans la possession et jouissance d'un terrain qu'il prétendait lui avoir été pris dans le courant de l'année pour l'élargissement d'un chemin qui traversait sa propriété, et de demander 100 fr. de dommages-intérêts pour le trouble apporté à sa jouissance ;
Que cette action était purement possessoire, et, par conséquent, de la compétence du juge de paix ;
Que le jugement attaqué a reconnu l'existence de la possession alléguée par Lavabre, et du trouble qu'avaient apporté à cette possession les travaux exécutés par Desmazes ;
Que, pour repousser l'action de Lavabre, il s'est uniquement fondé sur ce qu'il résultait des titres produits que Desmazes, en prenant du terrain pour l'élargissement du chemin, n'avait fait qu'user de son droit ; que si Lavabre prétendait que Desmazes prenait plus de terrain qu'il ne lui en fallait, il y avait lieu à interpréter l'acte de vente qui lui avait été consenti pour savoir quelle devait être la largeur du chemin ; que c'était là une interprétation d'acte qui ne pouvait faire l'objet d'une action possessoire, et devait être portée au pétitoire devant les tribunaux ;
Qu'en décidant ainsi, le tribunal a méconnu les avantages que la loi attache à la possession, qu'il a cumulé le possessoire et le pétitoire, et formellement violé les art. 6 de la loi du 25 mai 1838, 23 et 25, C. pr.;
Casse.

CASSATION, Ch. civ. — 29 nov. 1852.
(Gambier c. Dupuis.)

I, 244.

Cumule le possessoire et le pétitoire le jugement qui statue sur la possession par des motifs uniquement tirés du fond du droit.

Du 7 juillet 1849, sentence du juge de paix ainsi motivée :

Considérant que les règlements d'eau, émanés de l'administration publique, même relatifs à une rivière non navigable ni flottable, qui, dans un intérêt d'ordre public, restreignent les droits des riverains et leur interdisent l'usage des cours d'eau au détriment d'une usine, sont obligatoires pour les riverains des cours d'eaux auxquels ils s'appliquent, tant qu'ils n'ont pas été abrogés ou modifiés par des actes de la même autorité; — Considérant aussi que le défendeur ne disconvient pas des faits qui lui sont imputés d'avoir laissé les vannes de son écluse baissées aux jour et heure où elles devaient être levées d'après un usage immémorial pour l'irrigation des propriétés bordant la rivière de Maye, lequel usage a été maintenu par l'arrêté de l'autorité administrative.

Sur l'appel, jugement confirmatif du tribunal d'Abbeville, du 29 mai 1850, qui ajoute :

Attendu que le droit de prendre les eaux pour l'irrigation de sa propriété n'est pas contesté au sieur Gambier; qu'on ne lui a demandé des dommages-intérêts que pour les avoir prises à d'autres jours que ceux fixés par les règlements et un usage ancien; — Attendu qu'il est constant en fait que l'irrigation doit être, d'après les règlements et l'usage ancien, opérée du samedi à midi jusqu'au lundi à pareille heure; qu'en barrant la rivière à d'autres jours, le sieur Gambier n'a pas usé de son droit et a causé préjudice au sieur Dupuis, qu'il a privé de partie des eaux les jours où il avait droit d'en jouir seul; — Attendu que, quand il n'existerait pas de règlements locaux et particuliers antérieurs, le tribunal chargé de concilier l'intérêt de l'agriculture avec le respect dû à la propriété dans toutes les contestations entre ceux auxquels les eaux peuvent être utiles, reconnaîtrait encore que Gambier devait user des eaux comme le demandeur prétend qu'on en a usé constamment, et qu'ainsi le sieur Gambier, en usant autrement, a porté préjudice à Dupuis, usinier inférieur.

Pourvoi du sieur Gambier.

ARRÊT

LA COUR : — Sur le deuxième moyen du pourvoi :

Vu les art. 6 de la loi du 25 mai 1838, 23 et 25, C. pr.:

Attendu que le juge d'appel, comme le premier juge, au lieu de chercher la justification de la demande dont il ne pouvait être saisi qu'au possessoire, dans la possession annale du demandeur, s'est attaché exclusivement à un usage immémorial sur le mode d'irrigation, à un arrêté de l'autorité municipale maintenant cet usage, et enfin au pouvoir des tribunaux sur le règlement de l'usage des eaux entre les propriétaires riverains d'un cours d'eau, c'est-à-dire à des considérations tirées du fond même du droit, et qui, ajoutées à la constatation de la possession annale, auraient pu être invoquées comme caractérisant cette possession, mais qui, en l'absence de toute énonciation sur ce point, ne

sauraient par elles-mêmes impliquer la preuve et l'existence de la possession annale;

D'où il suit qu'en prononçant uniquement par des motifs tirés du fond du droit, le jugement dénoncé a confondu et cumulé le pétitoire avec le possessoire, et expressément violé les dispositions ci-dessus visées;

Casse.

———————

CASSATION, Ch. civ. — 28 déc. 1852. (Petit et Gigneaux c. Comm. de Saint-Genès-de-Lombaud.)

I, 176, 249, 688.

En cas de dépossession de terrains pris en vertu d'un arrêté préfectoral pour l'élargissement d'un chemin vicinal, le délai d'un an imparti pour l'exercice de l'action possessoire, ne commence que du jour où la décision du préfet portant rejet de l'indemnité demandée, a été connue du propriétaire et non du jour de l'arrêté ou de la prise de possession qui l'a suivi.

ARRÊT

LA COUR : — Vu les art. 23, C. pr. civ., et 15 de la loi du 21 mai 1836 :

Attendu qu'il est établi au jugement attaqué qu'un arrêté du préfet de la Gironde, du 3 octobre 1846, avait classé comme vicinal le chemin de servitude dont est question au procès, et qu'aux termes de l'art. 15 précité de la loi du 21 mai 1836, cet arrêté portait attribution définitive dudit chemin, le droit des propriétaires se résolvant en une indemnité ;

Attendu qu'il suit de là que l'on ne pouvait qualifier trouble les faits de dépossession postérieurs à la déclaration de vicinalité ci-dessus, et ayant leur fondement légal dans l'arrêté susdaté ;

Que, dans cet état, l'action possessoire intentée par les demandeurs ne pouvait être considérée, ni comme une complainte pour trouble, ni comme une demande en réintégrande, mais qu'elle avait pour objet unique, comme l'avait prononcé le jugement du juge de paix dont ils demandaient la confirmation en appel, de faire constater la possession annale antérieure du chemin litigieux qu'ils prétendaient avoir, afin d'en suivre les conséquences telles que la loi les déterminait en leur faveur;

Que lesdits demandeurs n'auraient pu être considérés comme troublés dans le droit résultant de leur possession qu'autant que ces conséquences leur auraient été refusées, ce qui, en fait, dans l'espèce, n'avait pas eu lieu au 23 avril 1849, date de l'action par eux intentée;

Attendu, en conséquence de tout ce que dessus, qu'à cette époque du 23 avril 1849, ils étaient encore recevables dans ladite action possessoire, et qu'en décidant le contraire, le jugement attaqué a faussement appliqué et, par suite, violé expressément les articles précités;

Casse.

CASSATION, Ch. req. — 16 mars 1853.

(Vignave c. Vignave.)

I, 268.

Les eaux pluviales qui ont reçu par les travaux apparents de l'homme une destination contredisant aux droits d'un propriétaire supérieur et respectée pendant le temps voulu, peuvent faire l'objet d'une action possessoire en cas de trouble apporté à cette jouissance.

Du 21 avril 1852, jugement du tribunal de Saint-Palais qui statue en ces termes :

Attendu, en fait, que les eaux pluviales qui tombent dans le fossé de la route départementale de Mauléon à Saint-Jean-Pied-de-Port, et qui sont reçues dans le canal ou aqueduc qui traverse cette route, sont conduites au moyen d'un autre canal qui s'y adapte par le labourable de Nicolas Vignave, jusqu'à la prairie de Jean Vignave; — Attendu, d'ailleurs, qu'il est constant que ce canal débouche immédiatement sur ladite prairie; — Attendu que les eaux qui sont pluviales dès l'origine ont été, par des travaux ou des ouvrages de main d'homme, en la possession particulière, soit de ceux qui ont fait le canal sous la route, soit de ceux qui ont construit le canal qui traverse le champ; — Or, attendu qu'il est de principe, en pareil cas, d'après MM. Pardessus, Troplong et Curasson, que l'usage de ces eaux est prescriptible; que si elles appartiennent au premier occupant, il est de toute évidence que celui-ci a le droit d'en user comme il lui plaît; que, dès lors, il

peut s'en priver ou les transmettre au propriétaire inférieur par convention expresse ou tacite; — Attendu que Nicolas Vignave prétend que le canal pratiqué sur son labourable a été construit par lui ou par ses auteurs, et que Jean Vignave soutient le contraire; — Mais, attendu qu'il importe peu qu'il ait été fait par le premier ou par le second, ou par leurs auteurs, ou par les uns et les autres conjointement; qu'en effet, l'état des lieux doit faire admettre une convention préexistante suivant laquelle le canal dont s'agit déversant les eaux dans la prairie n'a dû être construit que d'accord avec le propriétaire du champ et celui de la prairie; car si les eaux étaient nuisibles au labourable, elles étaient et sont utiles à la prairie pour la fertiliser, et il est évident que le propriétaire supérieur n'avait pas le droit de faire les travaux pour déverser les eaux sur le terrain d'autrui, sans le consentement de ce dernier; qu'ainsi il faut nécessairement supposer que le premier, pour se débarrasser des eaux, et le second, pour fertiliser sa propriété inférieure, se sont accordés dès l'origine sur la construction dudit canal, quel que soit l'auteur de l'ouvrage; — Attendu que cela posé, cet ouvrage fait de main d'homme, résultant d'une convention préexistante, ne pouvait être détruit en tout ou en partie que d'un consentement réciproque; — Attendu qu'il est constant que le propriétaire inférieur de la prairie a usé pendant un an et jour des eaux du canal; que le fait n'a été nullement contesté, et que le propriétaire du champ supérieur a fait brèche au canal pour en dériver les eaux; que, dès lors, il a porté atteinte à la jouissance du sieur Jean Vignave, qu'il l'a troublé dans la possession qui lui était acquise, contrairement à l'art. 23, C. pr., et que le premier juge s'est conformé aux principes de la matière.

Pourvoi du sieur Nicolas Vignave.

ARRÊT

LA COUR : — Sur le moyen pris de la violation de l'art. 2232, C. Nap., en ce que le jugement attaqué aurait déclaré les eaux pluviales susceptibles d'une possession civile:

Attendu, en fait, qu'il est constaté, par le jugement attaqué, que les eaux pluviales, recueillies sur un chemin public, traversent la terre labourable appartenant au demandeur, dans un canal construit en maçonnerie, débouchent dans la prairie inférieure, et s'y distribuent au moyen de rigoles correspondantes avec l'orifice de l'aqueduc, et que cet état de choses durait depuis plus de trente ans;

Attendu, en droit, que dans l'impossibilité où s'est trouvé le tribunal de Saint-Palais de remonter à l'origine des constructions et d'en reconnaître le véritable auteur, la présomption était que les travaux avaient été exécutés par celui à qui ils profitaient, et par conséquent par le propriétaire du fonds inférieur ;

Attendu que, s'agissant d'une servitude d'aqueduc, apparente, continue et pouvant s'acquérir par prescription, il ne reste plus qu'à rechercher si l'objet auquel elle s'applique est ou non susceptible d'une possession civile ;

Attendu que, si les eaux pluviales telles que les phénomènes physiques les produisent, et lorsqu'elles tombent naturellement sur le sol, sont considérées, en droit, comme *res nullius*, et appartiennent au premier occupant, il n'en est pas de même lorsque les travaux intelligents et apparents de l'homme leur ont donné une destination privative contradictoire des droits d'un propriétaire supérieur et respectée pendant le temps nécessaire à prescrire ;

Rejette.

———

CASSATION, Ch. req. — 6 juin 1853.
(Loichot c. Comm. de Soulce.)

I, 491, 525.

Il appartient au juge du fond d'apprécier souverainement les faits pour reconnaître si la possession invoquée réunit les caractères voulus par la loi et pour rejeter l'action s'il reconnaît que cette possession n'était que précaire. La seule restriction qui soit apportée à ses pouvoirs c'est que, dans aucun cas, l'examen auquel il se livre ne doit empiéter sur le pétitoire.

ARRÊT

LA COUR : — En ce qui touche la première branche du second moyen, tirée du cumul du possessoire et du pétitoire :

Attendu que le jugement attaqué, en examinant et en appréciant, comme il en avait le droit, les titres de propriété des parties pour éclairer la possession, n'a pas statué sur le pétitoire et qu'il s'est strictement maintenu dans les limites de sa compétence ;

Sur la seconde branche du même moyen, tirée de ce que le jugement attaqué aurait incompétemment déclaré nulles des décisions du conseil municipal, sous prétexte de nullité ou d'irrégularités :

Attendu que le jugement attaqué n'est pas tombé dans le vice qu'on lui reproche ; que, s'il énumère certains vices dont lesdites décisions seraient infectées, il ne le fait que pour établir comment il ne s'arrête pas aux énonciations de ces titres pour éclairer la possession ; qu'une semblable appréciation de titres, comme de tous autres titres de propriété, était du domaine souverain du juge de la possession, du moment où il restreignait sa décision à une simple question de possession ;

Sur le troisième moyen, fondé sur cette allégation que le jugement attaqué, en reconnaissant, en fait, la possession des demandeurs, ne pouvait, en droit, la déclarer précaire :

Attendu qu'il est de principe incontestable qu'il n'existe de possession de nature à être admise et reconnue par la justice que la possession revêtue des caractères légaux, c'est-à-dire la seule possession de nature à servir de base à la prescription ; que la possession précaire ne constitue aucun droit ; d'où il suit que le jugement attaqué, en reconnaissant, d'une part, en fait, que la possession des demandeurs n'était que précaire, et, d'autre part, en droit, qu'une semblable possession ne pouvait servir de base à une action possessoire, n'a fait que la plus stricte application des règles du droit ;

Rejette.

———

CASSATION, Ch. civ. — 22 juin 1853.
(Veuve Desbreux c. Yvernault.)

I, 120.

La propriété d'un canal et celle de ses francs-bords ne sont pas tellement unies l'une à l'autre qu'elles soient indivisibles. Leur séparation se conçoit très bien et rien ne s'oppose à ce que des tiers prétendent à des droits particuliers sur les francs-bords, tandis que le maître de l'usine conserve la possession du canal lui-même. On doit cependant réserver au profit des francs-bords les servitudes nécessaires pour assurer l'existence du canal.

Du 4 mars 1850, jugement contraire du tribunal de Châteauroux ainsi motivé :

Considérant que les sieurs Yvernault, propriétaires des forges de Châtillon, possèdent incontestablement le canal fait de main d'homme conduisant l'eau à leurs usines, et par conséquent possèdent également, de fait et d'intention, les digues et francs-bords servant à maintenir et à diriger les eaux du canal ; — Considérant que cette possession est trop patente et trop constante pour qu'un tiers puisse faire à leur préjudice des actes de possession utile. En effet, les digues et francs-bords d'un canal ne sont pas susceptibles d'être possédés simultanément par deux personnes, parce que si deux individus ayant des intérêts opposés pouvaient avoir des droits simultanés sur la même rive d'un canal, il en résulterait que chacun voudrait donner à l'eau une direction différente, ce qui, par son impossibilité, démontre que la possession acquise en pareille matière est exclusive de toute autre possession utile ; et qu'ainsi celui qui se sert du canal d'une manière patente pour conduire l'eau à son usine est le seul possesseur utile des rives et francs-bords de ce canal, sur lequel tous actes de possession faits par des tiers ne peuvent être que des actes précaires ou de tolérance ; — Considérant que, soit que l'on considère le terrain sur lequel madame Moreau-Desbreux articule avoir fait des actes de possession, comme une digue du canal, dont la transaction du 3 septembre 1828 règle et caractérise la possession, soit qu'on le considère simplement comme un franc-bord dudit canal non réglé par la transaction, toujours est-il que c'est un accessoire indispensable du canal possédé par les sieurs Yvernault, et sur lequel la dame Moreau-Desbreux n'a pu faire utilement des actes de possession qui, s'ils ont existé, ne peuvent être considérés que comme des actes précaires ou de tolérance.

Pourvoi de la veuve Desbreux.

ARRÊT

LA COUR : — Vu les art. 23 et suiv., C. pr., en ce qui concerne l'action possessoire :

Attendu que la propriété d'un canal et celle de ses francs-bords ne sont pas tellement unies et incorporées qu'elles forment un tout indivisible ; que l'on conçoit, au contraire, très bien leur séparation, sous la seule condition que le terrain des francs-bords reste assujetti aux servitudes nécessaires pour assurer l'existence du canal, conformément à sa destination ;

Attendu que la demanderesse articulait des faits possessoires dont elle offrait la preuve en ce qui concerne le franc-bord formant la rive gauche du canal appartenant aux propriétaires de l'usine de Zamps ; que, dès lors, c'est arbitrairement que le tribunal de Châteauroux a déclaré cette preuve non recevable sur le motif que le franc-bord n'est que l'accessoire du canal, et que les actes de possession allégués ne pourraient être considérés, en conséquence, que comme des actes précaires et de tolérance ;

Attendu qu'en rejetant, dans cet état, l'action possessoire, le jugement attaqué a violé l'art. 23, C. pr. ;

Casse.

CASSATION, Ch. civ. — 2 août 1853.

(Giraud c. Agnel.)

I, 228, 230, 685.

L'usage des eaux courantes est susceptible de possession comme les autres natures de biens ; il donne aux riverains le droit de faire réprimer par le juge du possessoire tout acte constitutif d'un trouble.

En conséquence, la diminution du volume de l'eau par un barrage autorise l'action possessoire au profit de celui qui est à même d'établir sa possession annale de la totalité des eaux, sans que le juge ait à rechercher si le défendeur avait commis une entreprise abusive ou qu'il doive subordonner la recevabilité de l'action à la condition que les ouvrages eussent été établis sur le fonds supérieur.

Jugement du 26 mars 1851 qui contient les motifs suivants :

Attendu qu'aux termes de l'art. 644, C. Nap., il y a droit pour le propriétaire riverain d'un cours d'eau de se servir de l'eau à son passage, pour l'irrigation de sa propriété ; que ce droit est imprescriptible ; qu'il ne peut se perdre par le non-usage ; que, conséquemment, il importe peu que, par le défaut d'usage du riverain supérieur, le riverain inférieur ait possédé depuis plus d'un an et jour un certain volume d'eau ; — Que cette possession ne pourrait servir de base à la prescription ; qu'elle ne peut davantage servir de base à une action possessoire ; — Que, pour que l'action possessoire soit admissible en pareille circonstance, il faudrait que ce riverain supérieur eût exercé son droit abusivement, ou qu'il eût laissé établir sur son propre fonds par le riverain inférieur des ouvrages ayant pour objet de faire arriver les eaux à celui-ci, etc.

Pourvoi des sieurs Giraud et consorts.

ARRÊT

LA COUR : — Vu l'art. 23, C. pr., et l'art. 6, 1° de la loi du 25 mai 1838 :

Attendu, en droit, que l'usage des eaux courantes est susceptible de possession comme les autres natures de biens, ce qui a été explicitement reconnu par l'art. 6 de la loi du 25 mai 1838 ;

Attendu qu'il ne s'agit, quant au possessoire, que de protéger la possession annale de l'usage des eaux contre les troubles et voies de fait, et contre toute entreprise nuisant à son exercice ; que c'est au pétitoire seulement qu'il y a lieu à statuer sur les droits contraires à cet usage que les autres riverains pourraient tenir soit de l'art. 644, C. Nap., soit de tout autre titre ;

Attendu, en fait, qu'il est constaté, par le jugement attaqué, que les demandeurs en cassation ont intenté leur action dans l'année du trouble qu'ils ont prétendu avoir été apporté à leur jouissance plus qu'annale des eaux de la rivière de Nissolle ; et qu'en déclarant qu'il n'y avait pas lieu, en pareille matière, à une action possessoire en complainte, le jugement attaqué a formellement violé les lois précitées ;

Casse.

CASSATION, Ch. civ. — 3 août 1853.
(Sergent c. Junot.)

I, 239.

Ne cumule pas le possessoire avec le pétitoire le jugement qui a ordonné une enquête à l'effet de vérifier par témoins l'allégation d'une plantation de bornes, en tant que cette plantation constitue un fait matériel de nature à influer sur la question de l'existence de la possession.

ARRÊT

LA COUR : — Attendu que les défendeurs étaient cités en réintégrande d'un terrain dont la demanderesse prétendait

qu'ils s'étaient emparés bien qu'elle en eût la possession ;

Attendu que, pour défendre à cette demande, ils objectaient une plantation de bornes qui aurait eu lieu avec l'acquiescement de la demanderesse en 1851, et qui aurait interrompu la possession prétendue par elle ;

Attendu que si le juge de paix était incompétent pour apprécier au pétitoire les conséquences de ce bornage et ne pouvait admettre à cet égard la preuve par témoins, il a pu cependant ordonner une enquête à l'effet de vérifier par témoins l'allégation d'une plantation de bornes, en tant que cette plantation de bornes constituait un fait matériel, de nature à influer sur la question de l'existence de la possession, base de l'action intentée ;

Attendu que c'est dans ce sens que les résultats de cette enquête ont été pris en considération dans les motifs de la sentence définitive, laquelle, d'ailleurs, dans son dispositif qui déclare la demanderesse non recevable, se renferme expressément dans la question possessoire ;

Attendu que le jugement attaqué rendu sur l'appel, en confirmant purement et simplement cette sentence, s'est par cela même renfermé dans la question possessoire sur laquelle le premier juge avait prononcé, et que, s'il rappelle les faits de l'enquête dans ses motifs, il résulte de son dispositif que c'est dans le même sens qu'en première instance que ces faits ont été considérés par le tribunal d'appel ;

Attendu, qu'il suit de là que ledit jugement a été suffisamment motivé, et n'a violé ni l'art. 1341, C. Nap., ni les art. 24 et 25, C. pr., ni l'art. 7 de la loi du 20 avril 1810, ni aucune autre loi ;

Rejette.

CASSATION, Ch. civ. — 6 déc. 1853.
(Massabiau c. Villié.)

I. 364, 482, 613, 650.

La qualification d'immémoriale donnée à la possession par l'exploit introductif d'instance, n'équivaut pas à une demande pétitoire dans le sens de l'art. 26, C. pr., si les termes employés ne peu-

vent en réalité se rapporter qu'à la possession et si des conclusions rectificatives ont été prises.

Au possessoire, le juge a le droit de consulter les titres, pourvu qu'il ne les apprécie que provisoirement et dans le seul but de caractériser la possession. Il en est ainsi notamment lorsque la contestation porte sur la qualité même du demandeur.

Du 3 février 1851, jugement du tribunal d'Espalion ainsi motivé :

Attendu que, dans l'exploit du 12 décembre dernier, qui saisissait le juge de paix et déterminait sa compétence, Joseph Massabiau a demandé que la demoiselle Marianne Villié fût condamnée à déguerpir sur l'heure du commandement qui lui en serait fait la maison et jardins contigus dépendant de la succession du feu sieur Dominique Périer, et à lui laisser la libre possession et jouissance des meubles, denrées et provisions qui s'y trouvaient, avec dommages-intérêts ; — Attendu que, la demande en évacuation des lieux dont le juge de paix était saisi ne se rattachant pas à un bail à ferme ou à loyer, le juge de paix était évidemment incompétent pour en connaître ; — Attendu que, s'il est vrai que le demandeur peut, sur l'audience, modifier et corriger ses conclusions, il ne lui appartient pas de dénaturer l'action et de convertir en une action possessoire une action par lui formée au pétitoire ; — Attendu que, s'il fallait pousser la question plus loin, et même examiner si le juge de paix était, dans l'espèce, compétent pour apprécier l'action possessoire si elle lui avait été légalement soumise, le tribunal se déciderait pour la négative ; — Attendu, en effet, que la possession dont argumente Joseph Massabiau est basée sur le testament public du 30 décembre 1840, qui établit ses droits et qualités, mais que, ledit testament ayant été révoqué par le testament mystique du 7 novembre 1850, non encore attaqué, il n'appartenait pas au juge de paix d'apprécier le mérite du titre en lui-même, et, par suite, il n'était pas compétent pour apprécier la nature et le mérite d'une possession basée sur un titre contesté ; — Attendu, dès lors, que le jugement du 28 décembre dernier est nul comme rendu par un juge incompétent.

Pourvoi du sieur Massabiau.

ARRÊT

LA COUR : — Vu les art. 3 et 23, C. pr.:

Attendu que le demandeur avait conclu, dans son exploit introductif d'instance, à ce que la défenderesse lui laissât la libre possession et jouissance de la maison et du jardin dont il s'agit au procès, offrant d'établir, au besoin, que la possession de Marie Villié n'était que

précaire ; que, d'après ces termes, il s'agissait bien d'une demande possessoire dont était saisi le juge de paix ;

Attendu, d'ailleurs, que si l'ajournement introductif d'instance pouvait offrir un mélange de chefs de demandes au possessoire et au pétitoire, et présenter quelques doutes sur le vrai caractère de l'action intentée, ce doute avait cessé par suite des nouvelles conclusions prises devant le juge de paix, par lesquelles, expliquant, et, au besoin, modifiant sa demande, Massabiau avait conclu à ce que, vu le titre régulier et la possession plus qu'annale qu'il invoquait, la défenderesse fût condamnée à lui abandonner la jouissance des maison et jardins en question, déclarant renoncer à tous autres chefs de conclusions précédemment prises ;

Attendu que, statuant sur une demande ainsi expliquée et modifiée, le juge de paix s'est borné à statuer au possessoire ;

Attendu que le juge du possessoire n'est pas seulement juge du fait matériel de la possession ; que la possession civile qu'il doit considérer étant mêlée de fait et de droit, le juge doit en vérifier les caractères légaux aussi bien que le fait matériel lui-même, et que, pour faire cette appréciation, il peut consulter les titres respectivement produits par les parties ;

Que la circonstance qu'il y aurait contestation sur les titres ne peut arrêter le juge dans l'appréciation qu'il aurait à en faire quant aux caractères de la possession, sauf aux parties à faire valoir ultérieurement leurs moyens au pétitoire, tous droits à cet égard leur demeurant réservés, ainsi que le porte le jugement rendu par le juge de paix ;

Attendu, dès lors, qu'en annulant pour cause d'incompétence la décision par lui rendue, le jugement attaqué a faussement appliqué, et, par conséquent, violé les art. 3 et 23, C. pr. civ. ;

Casse.

————

CASSATION, Ch. civ. — 12 déc. 1853.
(Pierron c. Ganot.)

I, 251, 587, 589.

Lorsque, sur une action en complainte, le défendeur forme une demande recon-

*ventionnelle en maintenue possessoire,
le juge n'est pas tenu de donner des
motifs particuliers sur chacune d'elles.
Le rejet de l'une emporte nécessairement l'admission de l'autre.*

*C'est avec raison que le juge du posses-
soire a repoussé une demande en réintégrande provoquée par la suppression
d'une barrière, alors que le demandeur
a conclu, non pas à être réintégré dans
la possession de cette barrière mais seulement dans la possession du droit de
passage dont elle constituait le signe
apparent.*

ARRÊT

LA COUR : — Sur le premier moyen,
tiré de la violation des art. 2060, 2228,
2233, 1326, C. Nap., 23, C. pr.:

Attendu, en droit, que l'action en
réintégrande suppose toujours une possession réelle et actuelle et une dépossession par violence et voie de fait;

Attendu que Ganot, en supprimant
la barrière établie par les demandeurs
et en traversant le terrain cultivé par
eux, ne les a pas dépossédés de ce terrain ; qu'ils se sont bornés à demander
le rétablissement des lieux dans leur
état primitif avec dommages-intérêts,
et qu'ils ont eux-mêmes qualifié la voie
de fait commise par Ganot de trouble à
leur possession ; que leur action, ainsi
engagée, ne constituait qu'une simple
complainte possessoire à laquelle Ganot
a opposé reconventionnellement une
complainte de même nature;

Que, dans cet état des faits et des
conclusions des parties, le tribunal de
Lunéville, en condamnant Ganot aux
dommages-intérêts pour réparation de
la voie de fait qu'il s'était permise, et en
statuant sur les actions possessoires
respectives des parties, n'a violé aucune
loi;

Sur le deuxième moyen, tiré du défaut
de motifs :

Attendu que l'admission de la demande reconventionnelle fondée sur la
possession de Ganot motivait suffisamment le rejet de la demande principale;

Sur le troisième moyen, tiré de la
violation des art. 637, 691, C. Nap., 23
et 480, C. pr.:

Attendu que le jugement attaqué déclare, en fait, d'après les constatations
du juge de paix lors de sa descente sur
les lieux, et d'après les enquêtes, qu'il
s'agissait, dans la cause, non d'une servitude de passage, mais de la jouissance d'un chemin rural d'exploitation;
que l'existence de ces sortes de chemins
résulte de la convention présumée des
propriétaires riverains et peut être établie par prescription; que les articles
invoqués par les demandeurs n'étaient
dès lors point applicables;

Qu'en admettant même que Ganot eût
obtenu plus qu'il n'avait demandé, le
vice du jugement ne saurait donner
ouverture à cassation qu'autant qu'il
aurait entraîné, au fond, une violation
ou une fausse application de la loi;

Rejette.

CASSATION, Ch. req. — 3 janvier 1854.
(Bacquelin-Goy c. Peigue.)

I, 704.

*Si, à défaut d'usages locaux prescrivant
de ne creuser un fossé qu'à une certaine distance de l'héritage voisin, il
est permis de le créer à l'extrême limite
de sa propriété, c'est à la condition
cependant que cet ouvrage n'occasionne
ni dégradation, ni éboulement sur la
propriété voisine.*

Du 26 juin 1852, sentence du juge de
paix qui décidait le contraire. Cette
sentence a été infirmée par un jugement du tribunal de Clermont-Ferrand
du 25 février 1853; elle était ainsi motivée :

En fait, attendu que, du rapport rédigé par
le sieur Champommier fils, expert géomètre
à Clermont-Ferrand, il résulte que Peigue, en
faisant pratiquer, il y a quatre mois, un fossé
dans sa propriété, n'a pas observé, pour le
creusage dudit fossé, la distance voulue par
les usages locaux, distance parfaitement indiquée et rappelée dans le rapport sus-énoncé;
— En droit, attendu que l'obligation d'observer, entre la berge du fossé que l'on creuse
et la propriété voisine, une distance suffisante pour prévenir l'éboulement des terres,
continue de subsister, sous l'empire du Code
Napoléon, dans les localités où, comme à Clermont-Ferrand, cette pratique a toujours été
suivie; — Que, par suite, il y a, dans ces localités, présomption légale de propriété du franc-
bord d'usage au profit des propriétaires du
fossé; — Attendu, en conséquence, que l'ouverture du fossé de Peigue, sur la limite séparative de son héritage et de celui de Bacquelin, sans observer la distance d'usage,

constitue, à raison de la présomption de propriété qui en résulte, un trouble à la possession du voisin Bacquelin, motivant l'exercice de l'action possessoire; — Attendu, enfin, que les usages locaux concernant la distance à observer au-delà du fossé de clôture des héritages, pour prévenir l'éboulement des terres, sont maintenus, sous le Code Napoléon, et consacrés par la jurisprudence de la Cour de Cassation.

Pourvoi du sieur Bacquelin-Goy.

ARRÊT

LA COUR : — Attendu qu'il résulte du jugement attaqué qu'aucune ancienne coutume, aucun usage ne s'opposaient dans la localité où le fossé litigieux a été creusé, à ce que des fossés fussent établis à l'extrême limite des propriétés ;

Que, dès lors, le défendeur éventuel avait le droit, aux termes de l'art. 544, C. Nap., de jouir et disposer de la chose de la manière la plus absolue, et, par conséquent, de creuser un fossé sur l'extrême limite de sa propriété, aucune disposition de loi ou de règlement ne s'opposant à l'exercice de ce droit ;

Attendu, en outre, que le jugement attaqué constate, en fait, que le demandeur en cassation ne se plaignait d'aucun fait de dégradation ou d'éboulement par suite de l'établissement du fossé litigieux ;

Qu'en cet état des faits de la cause, le jugement attaqué n'a pas violé l'art. 544, C. Nap.; qu'il en a, au contraire, fait une juste application, et qu'il n'a pas faussement appliqué les art. 666, 671 et 687, même Code ;

Rejette.

CASSATION, Ch. req. — 13 février 1854.
(Gadrillot c. Marandet.)

I, 115.

Si le propriétaire d'un moulin est légalement présumé propriétaire du canal qui y conduit les eaux lorsque ce canal a été fait de main d'homme, cette présomption cesse lorsqu'il s'agit d'un cours d'eau naturel. Elle ne s'applique pas notamment à un canal artificiel construit pour rectifier, sur une partie de son parcours, le lit d'une rivière et imprimer une direction nouvelle à la totalité *des eaux, alors surtout qu'il est établi que ce changement a eu lieu dans l'intérêt commun des riverains.*

Du 20 avril 1853, jugement du tribunal d'Arbois qui le décide par les motifs suivants :

Attendu que la situation des lieux donne à penser et rend très probable que, dans le principe, les eaux de la Grozonne et de l'Abergement (les deux ruisseaux qui alimentent le canal litigieux) coulaient dans un endroit plus déprimé du pré des sieurs Marandet ; qu'à une époque très ancienne, il y a eu, selon toute probabilité, déviation des deux ruisseaux, dont le cours a été reporté sur un endroit plus élevé du pré ; que le canal est resté la rivière elle-même changée d'emplacement, et que ce serait à l'usinier à prouver que ce changement a eu lieu dans son intérêt exclusif ; que Gadrillot ne fait pas cette preuve, et que certains indices indiquent, au contraire, que le changement d'emplacement du cours d'eau a eu lieu dans l'intérêt commun de l'usine et des héritages riverains ; que, dans ces circonstances, le sieur Gadrillot ne peut pas être admis à faire considérer le cours d'eau en question comme une dépendance de son usine, et que, dès lors, les riverains sont recevables à se faire maintenir au possessoire dans leur jouissance plus qu'annale de ce cours d'eau.

Pourvoi du sieur Gadrillot.

ARRÊT

LA COUR : — Attendu que si le propriétaire d'un moulin est légalement présumé propriétaire du canal qui y conduit lorsque ce canal a été fait de main d'homme, cette présomption cesse lorsqu'il s'agit d'un cours d'eau naturel ;

Attendu que le jugement attaqué constate, en fait, que le cours d'eau se dirigeant sur le moulin Pressillat est, non un canal proprement dit, destiné à l'usage exclusif de l'usine, mais la rivière elle-même qui aurait été, à une époque fort éloignée déjà, détournée de son ancien lit, pour être transportée dans un terrain plus élevé ;

Que ce jugement constate également que ce changement d'emplacement du cours d'eau a eu lieu dans l'intérêt commun des riverains et de l'usine de Gadrillot ;

Attendu que, dans ces circonstances, la présomption établie par l'art. 546, C. Nap., cessant d'exister, le tribunal a pu, sans contrevenir aux articles invoqués, admettre l'action possessoire des sieurs Marandet, propriétaires riverains, et les autoriser à faire la preuve des faits de possession à titre de propriétaire, par eux articulés;

Rejette.

CASSATION, Ch. req. — 15 février 1854.
(Roux c. Comm. de Loyes.)

I, 639.

Pour être susceptibles de possession utile et, par suite, d'autoriser la complainte de la part des tiers, il est nécessaire que les travaux capables de manifester cette possession soient apparents et exécutés sur le fonds du propriétaire de la source.

Du 10 mars 1853, jugement du tribunal de Trévoux rendu dans les termes suivants :

Attendu que, depuis un temps immémorial, la commune de Loyes possède, *ut dominus*, la source des Quatre-Vents, ce qui a été reconnu par les consorts Roux, dans le jugement dont est appel; — Qu'ainsi, aux termes de l'art. 641, C. Nap., la commune peut user de la source à volonté, s'il n'y a, pour le propriétaire inférieur, titre ou prescription contraire; — Attendu que, par jugement de M. le juge de paix du canton de Meximieux, le sieur Roux, qui ne prétend qu'au trop-plein des eaux de la source, a été maintenu en jouissance desdites eaux, et qu'il importe de rechercher si la possession de ce propriétaire inférieur s'appuie sur des titres ou des faits possessoires utiles pour prescrire; — Attendu que l'acte de vente du 10 octobre 1808, dont les intimés excipent, n'est nullement interprétatif de la possession; car, d'une part, il n'attribue pas aux consorts Roux un droit aux eaux de la fontaine des Quatre-Vents, et que, d'autre part, l'application de ce titre démontre qu'il s'agit des eaux et fontaines des terrains immédiatement situés au-dessus du pré de l'Enclos et contigus à ce même pré; qu'ainsi il faut tenir pour constant que les titres produits ne s'appliquent point aux eaux en litige; — Attendu, quant à la possession, que la seule jouissance dont se prévalent les consorts Roux se borne au fait de l'écoulement du trop-plein du lavoir sur les fonds inférieurs, par l'effet de la pente naturelle et au moyen de rigoles qui n'ont jamais été accompagnées d'aucun ouvrage sur le terrain qui appartient à la commune, ni d'aucune entreprise sur la source elle-même; qu'une pareille jouissance indique bien moins l'exercice d'un droit de servitude active qu'elle ne signale une servitude passive envers le propriétaire supérieur qui a intérêt à l'écoulement du trop-plein sur les fonds inférieurs, obligés à les recevoir et

à les souffrir, conformément à l'art. 640, C. Nap., sans que l'utilité qu'ils peuvent en retirer puisse jamais créer un droit en leur faveur; — Attendu que, pour prescrire des droits à une source, le propriétaire des fonds inférieurs ne peut se prévaloir que d'une prescription qui s'appuie sur des travaux faits par lui existant sur le fonds supérieur, à l'aide d'ouvrages apparents destinés à faciliter la chute ou la conduite des eaux dans sa propriété; que ce principe a été consacré par une jurisprudence constante et uniforme; — Attendu que, dans l'espèce, le propriétaire du pré de l'Enclos n'a jamais exécuté aucun ouvrage sur le terrain communal, soit sur la source ou le lavoir; qu'ainsi il faut en inférer que la jouissance des intimés n'a jamais été que précaire et se bornait au fait de recevoir l'eau qui coulait naturellement; — Attendu qu'il résulte des débats, de l'examen des pièces, que les consorts Roux n'ont jamais joui des eaux en litige à titre de propriétaires; que leur possession a toujours été entachée de précarité, et que leurs titres, *res inter alios acta* pour la commune, ne s'appliquent pas aux eaux de la fontaine des Quatre-Vents; — Dit et prononce qu'il a été mal jugé par le jugement dont est appel, bien appelé; garde et maintient les appelants dans la possession *animo domini* de la source des Quatre-Vents et de ses eaux et des travaux.

Pourvoi des sieurs Roux et Perrod.

ARRÊT

LA COUR : — Attendu que le jugement attaqué constate en fait que la source dont les demandeurs réclament l'écoulement comme en étant en possession, prend naissance dans le fonds appartenant à la commune défenderesse; que les demandeurs ne reçoivent les eaux que par suite d'une servitude naturelle qu'ils sont tenus de souffrir; que, d'ailleurs, ils n'ont, à aucune époque, fait sur le fonds de la commune aucuns travaux extérieurs pour caractériser leur prétendue possession; qu'en décidant dans de telles circonstances que la possession des demandeurs n'était que précaire et n'avait pas un caractère légal, le jugement attaqué, loin de violer les art. 640 et 641, C. Nap., en a fait une saine application;

Rejette.

CASSATION, Ch. civ. — 13 mars 1854.
(Comm. de Blanzay c. Jolly.)

I, 706, 707.

Le juge du possessoire doit surseoir à statuer sur l'action en complainte re-

lative à un chemin lorsqu'il y a lieu d'interpréter un état de classement qui, suivant la commune, comprendrait ce chemin parmi les voies publiques imprescriptibles.

Les terrains laissés par les riverains le long des rues et places publiques sont présumés en dépendre et, par suite, ne sont pas susceptibles d'une possession utile autorisant la complainte.

ARRÊT

LA COUR : — Vu les art. 538 et 2226, C. Nap., 23, C. pr. civ., et 10 de la loi du 21 mai 1836 :

Attendu qu'aux termes des dispositions ci-dessus visées, les rues et places publiques, et les chemins vicinaux reconnus et maintenus comme tels, ne sont point susceptibles de prescription, et ne peuvent, en conséquence, être l'objet d'une action possessoire ;

Attendu que les terrains laissés par les riverains en dehors de leurs murs de clôture le long d'une rue ou place publique, sont présumés, jusqu'à preuve contraire, dépendre de cette voie publique ;

Attendu qu'à l'appui de cette présomption légale, le maire de Blanzay avait produit dans la cause l'extrait d'un état de classement des chemins de la commune de Blanzay, approuvé par le préfet de la Vienne le 21 mai 1825, et portant à la colonne d'observations que Jolly serait tenu de laisser la place libre en face du cimetière, et d'arracher les arbres hors de son enceinte ;

Attendu que si cet acte administratif pouvait laisser subsister des doutes sur le caractère du terrain dont il s'agit, en tant que dépendance du domaine public, le tribunal devait surseoir jusqu'à interprétation dudit acte par l'autorité administrative, seule compétente pour apprécier la portée et les effets d'un état de classement des chemins et pour reconnaître l'assiette de la voie publique et déterminer ses limites ;

Attendu néanmoins que, sans tenir compte de l'état de classement produit dans la cause, et de la présomption qui existait relativement au caractère de dépendance du domaine public du terrain dont il s'agit, et en l'absence de toute preuve contraire, le jugement attaqué a admis, à l'égard de ce terrain,

l'action possessoire intentée par Jolly contre le maire de la commune de Blanzay ;

En quoi le tribunal civil de Civray a commis un excès de pouvoir, méconnu le principe de la séparation des pouvoirs judiciaire et administratif, et violé les art. 538 et 2226, C. Nap., et 23, C. pr. civ. ;

Casse.

CASSATION, Ch. req. — 20 mars 1854.
(Comm. de Seignes c. Béchillon.)

I, 127.

La jouissance d'un chemin d'exploitation s'exerçant à titre de copropriété ou de communauté peut être protégée par la complainte sans que cette possession ait besoin d'être soutenue d'un titre.

ARRÊT

LA COUR : — Attendu que le jugement attaqué constate que le chemin réclamé par la commune de Seignes n'a point été reconnu et classé administrativement comme chemin vicinal ;

Que, dès lors, c'est avec raison que le tribunal de Montmorillon a décidé que ce chemin était susceptible d'une action privée, et que l'action en complainte de Béchillon était recevable ;

Attendu qu'en appréciant les enquêtes, le juge du possessoire a reconnu que Béchillon était, depuis plus d'un an avant le trouble, en possession paisible, à titre non précaire, du terrain dont il s'agit ;

Qu'en le maintenant, par suite, en possession de ce terrain, malgré les actes de possession invoqués par la commune, qui n'étaient que de pure tolérance et postérieurs à l'action en complainte, le jugement attaqué a fait une saine application de l'art. 23, C. pr., et n'a point violé l'art. 691, C. Nap. ;

Rejette.

CASSATION, Ch. civ. — 21 mars 1854.
(de Campou c. Letixerant.)

I, 203.

Le rejet pour défaut de preuve de la pos-

session alléguée n'implique nullement la reconnaissance de la possession du défendeur, en sorte que ce dernier ne saurait invoquer plus tard cette décision pour soutenir qu'il en résulte à son profit le principe et la preuve de sa propre possession l'autorisant à exercer lui-même postérieurement une action en complainte.

Du 19 décembre 1851, jugement du tribunal de Marseille qui s'exprime ainsi :

Attendu que, par exploit du 10 juillet dernier, le sieur de Campou a fait citer la dame veuve Letixerant pour obtenir contre elle, par voie de complainte possessoire, la démolition de constructions élevées par la dame veuve Letixerant, sur une parcelle de terrain située à Montredon, près la Pointe-Rouge, dont le sieur de Campou prétend avoir la propriété et la possession; — Que cette possession a été déniée par la dame veuve Letixerant ; — Que c'est au sieur de Campou à prouver qu'il est en possession paisible depuis une année au moins à titre non précaire; — Attendu que le sieur de Campou n'invoque aucun fait de possession autre que le creusement d'un fossé qu'il a fait opérer en 1847, et à l'occasion duquel il est intervenu une sentence de juge de paix, confirmée sur l'appel par jugement du tribunal du 2 février 1848; — Attendu que ces sentences judiciaires ont décidé seulement que la dame Letixerant n'avait pas la possession annale et que la preuve qu'elle demandait, ne tendait pas à établir cette possession, mais que le sieur de Campou n'a demandé alors ni que le tribunal n'a ordonné la maintenue en possession du terrain dont il s'agit en faveur du sieur de Campou; — Attendu que le sieur de Campou ne peut aujourd'hui, comme alors, invoquer comme fait de possession que le creusement du fossé; que pour ce fait il y a eu, d'un côté, trouble par l'action judiciaire intentée en 1847 par Letixerant ; de l'autre, il n'y a pas eu maintenue possessoire prononcée en faveur de Campou ; — Que de Campou ne justifie d'aucun fait postérieur de possession; que d'un autre côté la dame Letixerant a possédé comme par le passé; — Que si ces faits ne constituent pas, sans doute, en faveur de cette dernière une possession légale, il est certain qu'ils empêchent le sieur de Campou d'invoquer la possession paisible, puisqu'il n'a d'autre fait de possession que le fossé, et que cette possession a été troublée par la citation en justice ; — Que, dès lors, on ne peut reconnaître, en faveur de M. de Campou, une possession annale que les décisions précitées ne lui maintiennent point, qu'il n'avait pas formellement demandée; — Que sa demande doit être rejetée; — Qu'il doit être fait droit à l'appel émis envers la sentence rendue par le juge de paix du cinquième canton de Marseille le 27 août 1851.

Pourvoi du sieur de Campou.

ARRÊT

LA COUR : — Attendu que l'action possessoire de Letixerant en 1847 avait pour cause un trouble apporté à sa prétendue possession par certains travaux de Campou, et pour objet la suppression de ces travaux et la maintenue en possession du demandeur; tandis que, dans l'instance de 1851, l'action de Campou, fondée sur une prétendue possession contraire, avait pour cause un trouble résultant de constructions récemment élevées par la veuve Letixerant, et pour objet la démolition de ces constructions ; qu'il n'y a donc aucune identité ni entre la chose demandée dans l'instance de 1847 et la chose demandée dans l'instance de 1851, ni entre ce qui a fait l'objet du jugement du 2 février 1848 et ce qui fait l'objet du jugement dénoncé ;

Attendu qu'en supposant, dans le jugement du 2 février 1848, la reconnaissance implicite de la possession de Campou, alors défendeur en complainte, ce jugement ayant statué sur l'état de choses préexistant, non sur l'avenir, n'aurait pu, par lui seul et indépendamment du fait de Campou, mettre obstacle à ce que celui-ci perdît la possession; qu'il ne lui suffisait donc pas, pour le succès de sa demande possessoire en 1851, de prouver avoir eu en 1847 une possession quelconque, s'il ne prouvait en même temps ou l'avoir conservée, ou du moins l'avoir recouvrée depuis plus d'un an au moyen d'actes et de faits caractérisés ;

Attendu, d'ailleurs, que le jugement du 2 février 1848, confirmatif de la sentence du juge de paix du 20 octobre précédent, se bornait à déclarer Letixerant non recevable dans sa demande en complainte par le seul motif qu'il ne justifiait d'aucun fait de possession dans l'année du trouble, et sans avoir ni à reconnaître ni à maintenir une possession contraire en faveur de Campou, alors défendeur, lequel n'alléguait point être possesseur lui-même et ne produisait point une demande reconventionnelle à cet effet ;

Attendu que, dans cette situation, le défaut de preuve de la possession alléguée par celui qui était alors demandeur en complainte, n'impliquait point une possession quelconque de la part du défendeur, à qui il suffisait, n'eût-il exercé lui-même aucun acte de possession avant le fait qualifié *trouble* par son adversaire, de lui opposer le défaut de justification d'une possession annale; que le fait qui avait motivé l'action possessoire de Letixerant n'a pu, à lui seul et indépendamment de tout fait ultérieur, devenir le principe et la preuve d'une possession continuée depuis, et prolongée surtout dans l'année qui a précédé le trouble dont ce défendeur se plaint à son tour; qu'au reste, ce fait unique de possession, antérieur de près de quatre années à la nouvelle instance possessoire, n'aurait pas été paisible, puisqu'il a été l'objet d'une protestation et d'une action en justice;

D'où il suit qu'en jugeant ainsi dans l'état des faits constatés par le jugement dénoncé, le tribunal civil de Marseille n'a ni méconnu l'autorité de la chose jugée par son jugement du 2 février 1848, ni violé aucune disposition de loi;

Rejette.

CASSATION, Ch. civ. — 18 avril 1854.

(Lafond c. Callard du Sordet.)

I, 633.

La possession d'une servitude de prise d'eau n'implique nullement celle d'un droit de passage ou de curage sur les héritages assujettis.

En l'absence d'une convention contraire ou d'un mode de jouissance justifié par une possession caractérisée, le propriétaire du fonds dominant n'a pas le droit de faire procéder de sa propre autorité aux travaux de curage; il doit s'adresser aux tribunaux pour contraindre le propriétaire du fonds servant à les exécuter.

ARRÊT

LA COUR : — Attendu, en fait et suivant les constatations du jugement dénoncé, que le canal ou fossé qui aboutit à la propriété du demandeur, dérive les eaux du ruisseau qui traverse l'héritage du défendeur, pour les conduire, soit sur la partie de cet héritage que la configuration du sol priverait des avantages

de l'irrigation, si elles n'y étaient ainsi amenées, soit sur le fonds du demandeur, après avoir servi aussi à l'arrosement d'une propriété intermédiaire; qu'ainsi, loin d'avoir été établi dans le seul intérêt du demandeur et pour l'exercice d'une servitude, qui lui serait exclusivement propre, le canal l'a été pour l'utilité respective des trois fonds dont il s'agit;

Attendu que la servitude reconnue en faveur du demandeur, la seule même qu'il revendique, consiste dans le droit de prendre les eaux à leur point d'arrivée sur son fonds et de s'opposer à tout changement dans leur direction et dans son mode de jouissance;

Attendu que la possession d'une prise d'eau ainsi établie et caractérisée ne saurait impliquer la possession d'un droit de passage et de curage sur l'héritage du défendeur;

Attendu, en effet, que le canal d'irrigation étant affecté, quoique dans des proportions différentes, à l'usage des trois fonds qu'il traverse, chaque propriétaire est chargé, à moins de conventions ou de règlements contraires, de l'entretien et du curage de la partie du canal qui est sur son domaine, sous l'obligation de ne rien entreprendre qui nuise à l'intérêt des autres; que si, par la négligence ou le refus d'opérer le curage sur son fonds, l'un d'eux entrave, restreint ou modifie l'exercice du droit d'irrigation des autres, ceux-ci ont une action pour le contraindre à exécuter, ou pour se faire autoriser à exécuter eux-mêmes, à son défaut et à ses frais, les travaux jugés nécessaires; que, en l'absence d'une convention contraire ou tout au moins d'un mode de jouissance justifié par une possession caractérisée, leur droit ne saurait aller au delà;

Attendu qu'il est reconnu et constaté, par le jugement dénoncé, que le demandeur, avant le fait qui a donné lieu à l'action possessoire intentée contre lui, n'avait jamais, ni par lui, ni par ses auteurs, manifesté, par aucun acte de possession, la prétention d'opérer, sur l'héritage du défendeur, le curage et l'entretien du canal servant à l'irrigation de leurs propriétés respectives;

D'où il suit que, en déclarant, dans l'état des faits ainsi constatés, l'action possessoire du défendeur bien fondée; en maintenant celui-ci dans la possession annale, paisible et publique de son pré, et en faisant défense au demandeur de l'y troubler à l'avenir, notamment d'y aller creuser ou curer des fossés ou rigoles, le jugement dénoncé n'a violé ni les art. 696, 697, 698, C. Nap., et 23, C. pr. civ., ni aucune autre loi;

Rejette.

CASSATION, Ch. réun.— 10 juill. 1854. (Labarthe c. Comm. de Saint-Pierre-du-Mont.)

I, 50, 176.

L'action qui a pour objet de faire constater la possession d'un terrain antérieurement et à son incorporation et à son classement comme chemin vicinal, est recevable lorsqu'elle se borne, en outre, à réserver la question d'indemnité sur laquelle il sera statué plus tard.

Et le fait, de la part du demandeur, d'avoir d'abord conclu à son maintien en possession avec restitution de l'immeuble, ne serait pas de nature à élever une fin de non-recevoir contre cette action, si des conclusions postérieures, prises même pour la première fois en appel, avaient restreint la demande à la seule constatation de la possession.

ARRÊT

LA COUR : — Statuant sur le moyen proposé par les demandeurs, lequel est tiré de l'art. 6 de la loi du 25 mai 1838, et de la fausse application des lois des 9 ventôse an XIII, 21 mai 1836 et 16-24 août 1790, art. 13, tit. II; — Vu l'art. 15 de la loi du 21 mai 1836; — Vu pareillement l'art. 6, n° 1, de la loi du 25 mai 1838:

Attendu que l'action possessoire tendant à faire juger que celui qui l'intente se trouvait en possession de la totalité ou de la partie d'un chemin lorsque celui-ci fut déclaré vicinal, en vertu de l'art. 15 de la loi du 21 mai 1836, est virtuellement ouverte par cet article, puisqu'elle ne peut avoir pour résultat que de rendre exigible, au profit du réclamant, le paiement de l'indemnité qu'il lui réserve;

Que cette action doit, dès lors, être portée devant le juge de paix, et ensuite par appel devant le tribunal civil de première instance, selon les termes formels de l'art. 6, n° 1, de la loi du 25 mai 1838 qui leur en attribue exclusivement la connaissance; d'où il résulte que la juridiction saisie de la demande en maintenue possessoire est tenue d'y statuer et ne peut se déclarer incompétente, d'après l'art. 13, tit. II, de la loi des 16-24 août 1790, que sur tout autre chef de conclusions qui, s'il y était fait droit, porterait une atteinte quelconque à l'exécution pleine et entière de l'arrêté préfectoral de classement;

Et attendu, en fait, que les demandeurs en cassation procédant devant le tribunal de première instance de Dax en vertu de l'arrêt du 26 juin 1849, par lequel la Cour, chambre civile, a prononcé l'annulation du jugement précédemment rendu sur appel dans la cause, avaient conclu uniquement « à ce qu'il plût à ce tribunal, disant droit de cet arrêt, rejeter le déclinatoire proposé par le préfet, et annulant le jugement du juge de paix de Mont-de-Marsan, se déclarer compétent; — Et retenant la cause, dire qu'ils avaient la possession annale de la partie du chemin n° 7 dont s'agit, comprise entre le moulin de Bourrus et la métairie de Fondestot, au moment où fût rendu l'arrêté qui a classé ce chemin, pour, par eux, être déduit de cette possession le droit à l'indemnité, et toutes autres conséquences légales; subsidiairement, et au cas où leur possession serait contestée, les admettre à prouver qu'antérieurement au classement dudit chemin, ils avaient la possession plus qu'annale de ladite partie de ce chemin; — Fixer en ce cas le jour de l'enquête »;

Que ces conclusions ne constituaient point une demande nouvelle sur le litige, dans le sens de l'art. 464, C. pr. civ.; qu'elles ne sont, en effet, que l'exercice de la faculté accordée à l'appelant par l'art. 465 du même code, de restreindre ou de modifier sa demande primitive pendant le cours de l'instance; qu'en y statuant, les juges de renvoi ne pouvaient en rien atténuer l'autorité de l'arrêté précité du préfet en date du 14 octobre 1844;

Qu'ils se sont néanmoins déclarés incompétents, sur les motifs, d'une part, que les concluants avaient également demandé d'abord, en première instance et en appel, d'être maintenus et gardés dans la possession par eux revendiquée, et, d'autre part, que juger cette question, ce serait, dans l'une et l'autre alternative, réformer ou sanctionner ledit arrêté, et par suite, violer la loi de juridiction et de la distinction des pouvoirs;

Mais attendu qu'en prononçant de la sorte, dans l'espèce, le tribunal de première instance, séant à Dax, s'est référé aux conclusions prises originairement, pour se dispenser de faire droit aux conclusions postérieures dont il était seulement saisi, a faussement appliqué à la cause l'art. 13, tit. II, de la loi des 16-24 août 1790, méconnu l'étendue de sa compétence, et, par suite, violé expressément les dispositions ci-dessus visées ;

Casse.

CASSATION, Ch. civ. — 8 nov. 1854.
(Manté c. Poinsinet de Sivry.)

I, 650.

Cumule le possessoire avec le pétitoire le juge qui, à défaut de la preuve de faits de possession, considère cette preuve comme établie en s'appuyant sur le titre constitutif de la propriété.

Du 9 juillet 1853, jugement du tribunal de Nogent-le-Rotrou, qui statue dans les termes suivants :

Attendu que la dame de Sivry possède, en vertu du partage sus-énoncé, le bois des Minières, jusqu'à la ligne des marmenteaux, le séparant du bois de la Galésière appartenant au sieur Manté, en vertu du même acte de partage ; — Que c'est à tort que Manté a invoqué devant M. le suppléant du juge de paix de Nogent-le-Rotrou, comme ligne séparative des deux héritages, le lit actuel d'un ruisseau ou ravin y existant, puisque, dans un rapport, l'expert nommé par M. le second juge suppléant du juge de paix dudit Nogent a reconnu, sur la longueur du terrain en litige, l'existence de sept marmenteaux dont un attaqué au pied par le sieur Manté, lesquels marmenteaux doivent, aux termes du partage précité, désigner la ligne séparative des héritages ; — Attendu qu'il résulte des renseignements et pièces de la cause, que le lit actuel du ruisseau ou ravin invoqué par Manté, ne s'est formé que depuis environ vingt ans; que le lit supérieur actuellement desséché et dans lequel l'eau coule encore momentanément est le ruisseau primitif; — Attendu que ce fait de

l'abatage de trente-sept arbres sur le terrain en question a été, à juste raison, considéré par les époux de Sivry comme un trouble causé à leur possession acquise en vertu d'un titre authentique; — Par ces motifs, maintient la dame de Sivry dans sa possession des bois des Minières, et ce jusqu'à la ligne des marmenteaux existant entre ce bois et celui de la Galésière appartenant au sieur Manté; fait défense à ce dernier de l'y troubler à l'avenir.

Pourvoi du sieur Manté.

ARRÊT

LA COUR : — Vu les art. 25 et 26, C. pr. civ., et l'art. 6, § 2, de la loi du 25 mai 1838 :

Attendu qu'aux termes de ces articles, les juges de paix connaissent de toutes complaintes et actions possessoires, mais qu'il leur est interdit de cumuler le pétitoire avec le possessoire;

Que, dans les faits de la cause et ainsi qu'il résulte du jugement attaqué, les époux de Sivry n'avaient fait sur le bois des Minières, dans la possession duquel ils prétendaient avoir été troublés, aucun acte de possession ;

Que le tribunal a considéré cette possession comme établie en leur faveur par le titre qui leur avait constitué la propriété ;

Qu'il n'a pas seulement consulté cet acte pour s'éclairer sur des faits de possession allégués, mais qu'il l'a considéré comme prouvant par lui-même la possession des époux de Sivry relativement à la partie du sol par eux réclamée, en même temps que leur propriété ;

Qu'en statuant ainsi, il a cumulé le possessoire avec le pétitoire, et qu'en conséquence, en déclarant que le juge de paix de Nogent-le-Rotrou avait agi compétemment, le tribunal de cette ville, dans le jugement attaqué, a violé les articles précités ;

Casse.

CASSATION, Ch. req. — 6 déc. 1854.
(Seller c. Pollin.)

I, 588, 589.

L'action en réintégrande exige, d'une part, la possession paisible et actuelle de l'objet litigieux et, d'autre part, un acte agressif sur la personne ou le fonds même du plaignant. Ne saurait être ainsi qualifié le fait par le propriétaire d'un canal d'y établir un barrage privant le riverain inférieur de l'usage des eaux.

ARRÊT

LA COUR : — Sur les premier et second moyens du pourvoi :

Attendu que l'action en réintégrande et celle en complainte, quoique réunies sous un titre commun dans le Code de procédure civile, n'en ont pas moins leur caractère propre, et doivent être distinguées dans notre droit comme elles l'étaient dans le droit ancien ;

Que l'action en réintégrande (interdit *unde vi* des Romains) suppose, d'une part, la possession actuelle et paisible de l'objet litigieux, et, d'autre part, un acte agressif sur la personne ou le fonds même du plaignant, qui, mettant en mouvement le droit de légitime défense, pourrait troubler la paix publique ;

Que c'est dans ces conditions que doit s'appliquer la règle *spoliatus ante omnia restituendus;*

Mais attendu que, dans l'espèce, le canal du Moulin, sur lequel a été construit un barrage par le défendeur éventuel, est la propriété de ce dernier, et que ce n'est que médiatement et par suite de ce travail fait sur le terrain d'autrui, que le demandeur a été puiser des eaux qui arrosaient son pré ; que, dès lors, la voie de la complainte lui était seule ouverte ;

Attendu que, dans cet état, le jugement attaqué déclare, par une appréciation souveraine, que la possession du demandeur était précaire et de simple tolérance; qu'en la considérant comme inopérante, et en démettant, par suite, le demandeur des fins de son action, loin de violer les règles de la matière, en a fait une juste application ;

Rejette.

———

CASSATION, Ch. req. — 19 déc. 1854.
(Drouin c. Comm. de Deville.)

I, 609, 611.

La privation par une clôture de l'usage des eaux d'une source reconnues nécessaires aux habitants d'une commune

T. II.

qui justifie d'une possession annale, autorise l'action possessoire.
Bien que discontinue, une semblable servitude trouve son titre dans la loi.

ARRÊT

LA COUR : — Sur le premier moyen :

Attendu qu'il est souverainement déclaré par le jugement attaqué que les habitants de la commune de Deville avaient, depuis plus d'un an et un jour, l'usage des eaux d'une fontaine située au bord d'un chemin vicinal; que les eaux de cette fontaine étaient nécessaires auxdits habitants, et qu'ils avaient été tout à coup privés de l'usage de ces eaux par la demanderesse ;

Attendu qu'en admettant, dans cet état des faits, l'action possessoire de la commune, et en la maintenant dans son droit d'usage, en assimilant l'interdiction de ce droit d'usage, par le fait de la demanderesse, au détournement du cours de la source prévu par l'art. 643, C. Nap., le tribunal de Rouen, loin d'avoir violé ledit article, en a fait une saine application ;

Rejette.

———

CASSATION, Ch. req. — 5 février 1855.
(Ponson c. Terrasson.)

I, 229, 230, 683, 685.

S'il est vrai qu'entre riverains co-usagers d'un cours d'eau, l'action possessoire n'est recevable qu'à la condition de faire la preuve d'un abus et d'un dommage, il n'en est pas moins certain que cette action peut être utilement exercée par celui qui, étant en possession des eaux, est privé de ces eaux par des œuvres nouvelles.

Du 2 août 1850, sentence du juge de paix, confirmée par jugement du tribunal de Tournon du 31 mai 1854. Cette sentence est ainsi motivée :

Attendu que Terrasson est propriétaire d'une chaussée ou barrage établi sur les deux rives qui sont la propriété de Ponson, défendeur, et recueillant les eaux du ruisseau Bonnefonds, qu'il possède depuis un an et jour ;

Attendu que le sieur Ponson, depuis moins d'un an, avait placé des chenaux mobiles et autres conduits attachés au mur et faisant dériver les eaux du ruisseau Bonnefonds dans sa propriété ; — Attendu que, par les nouvelles œuvres ayant pour but de détourner les eaux dudit ruisseau Bonnefonds à son profit, le sieur Ponson, quoiqu'il ait affirmé avoir détruit partie de ces travaux, n'en a pas moins fait un acte contraire à la possession dudit Terrasson ; — En ce qui concerne la possession de la source dudit Ponson : — Considérant que Terrasson étant possesseur de toutes les eaux en amont de son barrage, il l'était nécessairement des eaux de la source contestée ; — Considérant, sur l'exception fournie par Ponson, prétendant que sa jouissance depuis plus de cinq ans par un conduit souterrain lui avait acquis une possession contraire à celle de Terrasson; que, pour opposer cette possession, suivant l'art. 691, Ponson aurait dû présenter un titre; — Considérant que les nouvelles œuvres apparentes pratiquées par ce dernier et faisant dériver les eaux, soit du ruisseau Bonnefonds, soit de la source dont s'agit, sont des actes contraires à la possession plus qu'annale du sieur Terrasson ; — Par ces motifs, etc.

Pourvoi du sieur Ponson.

ARRÊT

LA COUR : — Attendu qu'il est constaté par le jugement attaqué qu'au moyen de travaux extérieurs établis sur la propriété même du demandeur en cassation, le défendeur éventuel avait la possession publique, paisible, continue et plus qu'annale des eaux litigieuses qu'il utilisait, et que, par des œuvres nouvelles, le demandeur en cassation avait détournées à son profit ;

Attendu qu'en cet état des faits, le demandeur puisait, dans son intérêt à conserver le bénéfice et les avantages de la possession, le droit d'agir au possessoire pour le recouvrer et s'y faire maintenir, et qu'il n'y avait pas lieu d'appliquer à la cause le principe qui veut qu'entre riverains co-usagers d'un cours d'eau d'après la loi, l'action possessoire ne soit recevable qu'à la charge par celui qui l'intente d'établir que son co-usager a abusé de son droit et lui a causé un préjudice par sa jouissance abusive ;

Rejette.

CASSATION, Ch. civ. — 6 mars 1855.
(Bonnel c. Rey.)

I. 263, 528.

Entre particuliers, la possession produit son effet alors même qu'elle s'appli- *querait à un bien dépendant du domaine public. La précarité de la possession ne peut être opposée que par l'Etat ou la commune.*

Celui qui a pratiqué dans la cunette des remparts d'une ville, avec l'autorisation de l'administration de la guerre, une martelière avec vanne et autres travaux à l'aide desquels il amène les eaux de cette cunette dans le ruisseau dit fossé-arrosoir pour employer ces eaux à l'irrigation de ses propriétés, peut réclamer par l'action possessoire la répression des faits qui troublent sa possession.

Du 8 mai 1853, jugement du tribunal de Narbonne qui décidait le contraire en ces termes :

Considérant que la distinction du pétitoire et du possessoire repose sur ce principe que la possession est une présomption de la propriété; or cette présomption cesse d'exister, et, dès lors, l'action en complainte possessoire est irrecevable toutes les fois qu'il s'agit d'une possession précaire ou d'un objet imprescriptible de sa nature, la possession la plus longue ne pouvant, dans l'un et dans l'autre cas, acquérir la propriété ; — Considérant que, pour éclairer sa possession, Louis Bonnel ne produit aucun titre à la propriété des eaux que Victorin Rey a tenté de détourner pour l'irrigation de son héritage; ces eaux n'ont pas leur source dans le fonds de Bonnel; loin de là, elles ont, dès leur origine, un caractère public qu'elles conservent dans tout leur cours jusqu'au point où le prétendu trouble a été commis ; — Considérant que les eaux proviennent, en effet: 1o des eaux pluviales et des égouts de la ville de Narbonne; 2o du Rec de Meyral ou ruisseau communal qui traverse et arrose une grande partie du territoire de Narbonne, et forme une dépendance du domaine public municipal ; 3o du canal de navigation de la Robine, qui forme une dépendance du domaine public, et qui, lorsque les besoins de la navigation sont satisfaits, fournit à l'agriculture des eaux d'irrigation destinées, non à l'intérêt exclusif d'un seul, mais à l'intérêt général de tous ceux qui en bordent le cours, suivant la réserve qui fut faite par la commune de Narbonne dans la cession du canal par elle consentie aux Etats de Languedoc, le 11 février 1776; — Considérant que ces eaux d'origine diverse se rassemblent dans la cunette ou fossé des remparts de la place de Narbonne, traversent le polygone extérieur des fortifications, et, par leur incorporation avec le domaine public, participent de la même nature et deviennent imprescriptibles et inaliénables comme lui; — Considérant que si Bonnel a construit sur la cunette et dans le terrain des fortifications une martelière avec sa vanne, sans laquelle il ne pourrait faire manœuvrer les eaux et les détourner vers son héritage, il a fait cet ouvrage d'art avec l'autorisation écrite, mais toujours révocable, de l'administration de la guerre, il a exercé un acte de simple tolérance que tout autre peut exercer comme lui avec une autorisation semblable ou même avec l'assentiment tacite des agents de l'administration militaire ; la possession de Bonnel est donc précaire et sans efficacité au point de vue de la complainte ; — Considérant qu'au sortir de la cunette et des fortifications les eaux tombent dans un fossé que Bonnel qualifie de fossé-arrosoir, mais qui borde un chemin public jusqu'aux propriétés de l'appelant et de l'intimé, et qui sert à l'irrigation de plusieurs autres propriétés riveraines ; — Considérant qu'à défaut de titre il convient, pour déterminer le caractère de la possession, de considérer la nature même de son objet ; il s'agit d'un chemin public quoique non classé, livré depuis un temps immémorial à la fréquentation de tous les habitants, servant à l'exploitation d'un vaste tènement et conduisant aux étangs salés et à la mer ; il était imprescriptible sous l'ancien droit et n'a pas cessé de l'être sous le droit nouveau ; le fossé litigieux qui le borde à gauche, comme celui qui le borde à droite, sert à l'écoulement des eaux de la voie publique ; il est nécessaire à son entretien, il en forme une dépendance et partage son imprescriptibilité ; — Considérant que si Bonnel dérive les eaux de ce fossé pour l'irrigation de son domaine, il exerce une faculté simple que d'autres exercent comme lui et dont il ne peut se prévaloir pour constituer une possession civile ; — Considérant qu'il suit de là qu'à tous les points de vue, soit à raison de la précarité de la possession, soit à raison de la nature de l'objet, Bonnel était irrecevable à intenter la complainte possessoire ; qu'en décidant le contraire, le premier juge a mal apprécié les faits de la cause et fait une fausse application des principes du droit.

Pourvoi du sieur Bonnel.

ARRÊT

LA COUR : — Vu les art. 23, C. pr. civ., et 6 de la loi du 25 mai 1838 :

Attendu que les entreprises sur les cours d'eau servant à l'irrigation des propriétés sont classées par la loi au nombre de celles qui donnent lieu à l'action possessoire ;

Attendu qu'il résulte du jugement attaqué et des constatations faites par le juge de paix, en première instance, en présence des parties, non contestées en appel, ni démenties par le jugement attaqué, que, depuis longtemps et notamment depuis plus d'un an avant le trouble, le demandeur, par lui ou ses auteurs, avait pratiqué dans la cunette des remparts de la ville de Narbonne, avec l'autorisation de l'administration de la guerre, une martelière avec vanne et autres travaux apparents, par lesquels

il amenait les eaux de ladite cunette dans le ruisseau dit fossé-arrosoir, et, de plus, qu'il avait fait construire, dans le lit même de ce fossé et sur ses berges, d'autres martelières avec vannes et aqueducs, au moyen desquels il conduisait et déversait sur ses propriétés, pour leur irrigation, les eaux dudit fossé-arrosoir, dont il usait ainsi, exclusivement au défendeur qui, pendant ce temps et avant les nouvelles œuvres dénoncées par la complainte intentée moins d'un an depuis leur confection, n'avait aucunement utilisé lesdites eaux ;

Attendu, dès lors, que le demandeur avait, au moment de l'entreprise de Rey, et respectivement à lui, la possession annale des eaux dont il s'agit, et devait y être maintenu ; que peu importait que les travaux exécutés par lui l'eûssent été en partie sur le domaine public, avec l'autorisation de l'administration de la guerre, ou sur le domaine municipal, avec la tolérance de l'autorité civile ; qu'il ne s'agit pas au procès des droits de l'Etat ou de la commune, qui ne sont pas en cause, auxquels ces faits de possession, purement précaires à leur égard, ne pourraient être en aucun cas opposables ; mais qu'il n'en est pas de même entre particuliers, quand le litige possessoire se borne entre eux à des intérêts purement privés, et qu'alors la possession n'est pas précaire, si elle réunit d'ailleurs les conditions voulues par la loi ;

Attendu qu'en décidant le contraire et en déclarant non recevable la complainte du demandeur, le jugement attaqué a violé les articles précités ;

Casse.

CASSATION, Ch. req. — 21 mars 1855.
(Syndics du canal de Millas c. Salomo.)

I, 120.

Les francs-bords d'un canal peuvent être l'objet d'une possession distincte de celle du canal lui-même.

ARRÊT

LA COUR : — Sur la première branche du pourvoi :

Attendu que les francs-bords d'un canal ne sont pas tellement unis et incorporés à ce canal que le droit de propriété du canal s'oppose à la possession utile des francs-bords et aux droits qui en résultent;

Attendu qu'aucun chef principal de demande, de la part des syndics du ruisseau de Millas, soit devant le juge de paix, soit devant le tribunal d'appel, ne porte sur le prétendu droit de servitude invoqué devant la Cour; que si, dans les motifs du jugement attaqué, il est question d'un droit de servitude que pourraient réclamer les syndics, cette disposition du jugement est purement hypothétique et conditionnelle, et ne peut avoir aucune influence sur le sort du pourvoi;

Rejette.

CASSATION, Ch. req. — 28 mars 1855.
(Delmonte c. Zampettini.)

I, 99.

Si les juges de paix deviennent incompétents en matière de bornage lorsque la propriété ou les titres sont contestés, ce n'est qu'à la condition que la contestation soit sérieuse et présente quelque apparence de fondement. Ils doivent conserver la connaissance de l'affaire lorsque la contestation se borne à une simple dénégation qui peut être dictée par un esprit de chicane et de mauvaise foi.

Du 28 avril 1853, première sentence du juge de paix qui le décide ainsi :

Attendu que l'action en bornage intentée par le sieur Zampettini contre le sieur Delmonte, est refusée par ce dernier, qui déclare contester purement et simplement la propriété du sieur Zampettini et les titres dont il se prévaut, sans toutefois que le sieur Delmonte énonce les motifs sur lesquels il se fonde pour appuyer cette prétention; — Que cette déclaration pure et simple du sieur Delmonte ne paraît pas un motif suffisant pour décliner la compétence, car il serait ainsi toujours facultatif au défendeur de paralyser la juridiction du juge de paix, dans les actions en bornage, et d'entraîner la partie adverse dans des frais onéreux, en l'obligeant à faire statuer par le tribunal de première instance sur toutes les questions de bornage.

Sur une nouvelle instance en bornage formée par Zampettini, intervint le jugement suivant rendu, le 26 novembre 1853, dans les termes suivants par le tribunal d'Oran :

Attendu que les commandants de place ont, en territoire militaire, les mêmes attributions que les juges de paix en territoire civil ; — Attendu qu'aux termes du § 2 de l'art. 6 de la loi du 25 mai 1838, les juges de paix sont compétents pour statuer sur l'action en bornage; qu'il est vrai que l'article ajoute que cette compétence cesse alors que la propriété ou les titres qui l'établissent sont contestés; — Mais attendu que les dernières expressions du paragraphe doivent être entendues dans un sens qui ne détruise pas la règle dont les derniers mots ne sont qu'une exception; — Qu'en effet, s'il suffisait d'une simple déclaration de contestation de propriété pour dessaisir le juge de paix, le but du législateur serait paralysé par le caprice d'une partie; — Attendu, en fait, que la propriété de Delmonte n'était point sérieusement en contestation, puisque le jugement rendu par le tribunal le 13 décembre dernier fixe ses droits; — Qu'en effet, ce jugement visé dans les conclusions de Delmonte, et par le commandant de place, donne acte à ce dernier que Solari et Zampettini ont déclaré à l'audience qu'ils reconnaissaient n'avoir aucun droit de propriété ou autre sur les 41 hectares de terrain désignés sous le nom de Rekam, vendus par Adda Merzouck et autres, conformément au plan dont la copie a été certifiée par Noizeux, architecte, le 16 juillet, et dressé d'après le plan original déposé aux archives du gouvernement; — Attendu que Delmonte ne prétend à aucune autre portion de terrain qu'à celle mentionnée audit plan; qu'il n'y a donc plus qu'à procéder au bornage en prenant pour base le plan ci-dessus visé; — Attendu dès lors que le commandant de place s'est à tort déclaré incompétent.

Pourvoi de Delmonte.

ARRÊT

LA COUR : — Attendu que les juges de paix sont saisis par la loi du 25 mai 1838 du jugement des actions en bornage;

Que l'art. 6, § 2, de cette loi y met la condition que la propriété ou les titres ne soient pas contestés ;

Mais que cette condition sainement entendue ne peut s'appliquer qu'à une contestation sérieuse qui présente quelque apparence de fondement, et non à une simple dénégation qui peut être dictée par un esprit de chicane et de mauvaise foi ;

Attendu que le décider autrement serait réduire le juge de l'action en bornage à la condition d'un simple expert, qui accomplirait sur le terrain une opération matérielle ;

Que telle n'a pu être la volonté de la loi ;

Attendu que la contenance des deux propriétés à borner ayant été reconnue et déclarée, dans une instance au pétitoire entre les mêmes parties, par un jugement passé en force de chose jugée, toute contestation à ce sujet était désormais impossible, et le bornage devait nécessairement se faire conformément à cette décision ;

Rejette.

CASSATION, Ch. req. — 20 juin 1855.
(Petit c. Collibert.)

I, 103.

Dans une instance en bornage, les parties sont recevables à mettre en cause les arrière-voisins sans avoir besoin d'y être autorisées sauf au juge à apprécier l'utilité ou la nécessité de leur présence.

ARRÊT

LA COUR : — Sur le premier moyen :
Attendu que si le demandeur, qui n'est pas le voisin immédiat du défendeur, a été mis en cause par ce dernier sur l'action en bornage de ses propriétés, intentée, devant le juge de paix, contre plusieurs propriétaires voisins, il a été reconnu par le tribunal que sa présence était nécessaire pour opérer le bornage régulier des propriétés limitrophes ;

Rejette.

CASSATION, Ch. civ. — 1er août 1855.
(Chabert c. Audigane.)

I, 51, 112.

Les actes administratifs pour autoriser des travaux privés sur un cours d'eau ne sont rendus que par mesure de police et de surveillance de l'administration supérieure et ne sauraient préjudicier aux droits des tiers qui peuvent toujours se plaindre du trouble apporté à leur jouissance.

Les canaux établis ou acquis par l'État dans son intérêt privé font partie du domaine privé et sont susceptibles de possession, et, par suite, des actions possessoires.

ARRÊT

LA COUR : — Sur le premier moyen :
Attendu qu'il s'agissait au procès d'une action possessoire ayant pour objet des travaux exécutés sur l'une des rives du canal de la Sorgue ; que cette propriété n'avait pas le caractère de domaine public ainsi que l'avait, avec raison, décidé, dans l'espèce, un précédent jugement du 11 août 1853, lequel n'est point attaqué ;

Que, dès lors, le tribunal civil d'Avignon a jugé compétemment, et à bon droit, que l'action de la veuve Audigane était recevable et bien fondée ;

Sur le second moyen :
Attendu que le décret qui autorisait Chabert à établir une usine et un barrage sur le canal de la Sorgue, rendu au point de vue des droits de police et de surveillance de l'administration supérieure, ne pouvait pas préjudicier aux droits des tiers, lesquels sont, d'ailleurs, expressément réservés par l'une de ses dispositions ;

Que ce décret n'était donc pas un obstacle à ce que les tribunaux ordinaires statuassent sur une action possessoire relative à la partie de la rive sur laquelle Chabert avait élevé ses travaux, et sur la destruction de ces travaux, laquelle en était la conséquence légale ;

Attendu que, dans la cause, aucun déclinatoire n'avait été proposé par l'administration ;

Rejette.

CASSATION, Ch. civ. — 19 nov. 1855.
(Trinquet c. Bonnin.)

I, 361, 639, 640.

La propriété des eaux d'une source et la faculté de les utiliser, notamment en les aliénant, n'est pas perdue par cela seul que ces eaux se seraient répandues naturellement sur un autre fonds si elles n'ont pas été l'objet d'actes positifs d'appropriation.

Pour pouvoir être acquises par la possession, les eaux d'une source doivent avoir été l'objet de travaux apparents exécutés sur le fonds du propriétaire de cette source.

ARRÊT

LA COUR : — Vu les art. 641, 642, et 644, C. Nap. :

Attendu qu'il résulte du jugement attaqué que la source dont s'agit prend naissance dans la cave de la veuve Thibaut ; qu'elle forme ainsi sa propriété exclusive ; qu'elle a vendu cette propriété à Trinquet, demandeur, qui, au moyen d'un canal pratiqué sous un chemin public, conduit sur son fonds les eaux de cette source ;

Attendu qu'il résulte, à la vérité, du même jugement, qu'avant cette aliénation et ces travaux, les eaux étaient rejetées sur ledit chemin public et se répandaient naturellement vers le fonds de Bonnin, défendeur, propriétaire riverain de ce chemin; mais que cet état de choses momentané n'a pu faire perdre à la veuve Thibault la propriété de sa source et le droit d'en disposer à volonté, aux termes de l'art. 641 susvisé, sauf le droit que le propriétaire du fonds inférieur pourrait avoir acquis par titre ou par prescription ;

Attendu que le défendeur ne produit aucun titre ;

Attendu qu'il ne peut exciper de la prescription, puisqu'il n'existe aucun ouvrage apparent ni sur le fonds qu'il voudrait asservir, ni même sur son propre fonds ;

Attendu que la possession annale par lui alléguée ne pouvait dès lors servir de fondement à l'action en maintenue possessoire dont il s'agit uniquement dans l'espèce ;

Attendu, au surplus, que le moyen pris de la destination du père de famille ne fut point proposé devant le tribunal de Clamecy, ce qui le rend irrecevable devant la Cour ;

Attendu que le jugement de ce tribunal, se fondant uniquement sur l'art. 644, C. Nap., et attribuant le caractère d'eaux courantes à une source privée, a maintenu le défendeur en jouissance de cette eau, en quoi il a faussement appliqué les art. 642 et 644, C. Nap., et expressément violé l'art. 641, même Code ;

Casse.

CASSATION, Ch. civ. — 31 déc. 1855.
(Martin et Comm. de Vagney c. Roussel et Xolin.)

I, 179, 198, 210, 262.

Si le principe d'imprescriptibilité des chemins vicinaux fait obstacle à toute action possessoire qui serait engagée par les particuliers contre une commune, il n'en est pas de même lorsque l'action est exercée par la commune pour faire réprimer le trouble apporté à la jouissance de ces chemins.

La commune qui a été mise en cause aux termes de l'art. 49 de la loi du 18 juillet 1837, devient partie nécessaire au procès et ne doit pas être mise hors de cause.

Du 13 novembre 1851, jugement du tribunal de Remiremont qui statue ainsi :

Considérant que l'action intentée par Hubert Martin était une complainte possessoire ; — Considérant que cette action était essentiellement de la compétence des premiers juges, qui devaient en connaître pour l'appréciation et donner jugement ;' — Considérant qu'au lieu de procéder ainsi, les premiers juges, confondant l'action elle-même avec les moyens pétitoires sur lesquels on l'a appuyée, se sont déclarés incompétents, et ont refusé d'en connaître ; — Considérant qu'il a été mal jugé quant à ce, et qu'il y a lieu à réformation ; — Mais considérant que l'affaire en est état, et qu'il n'y a lieu de la renvoyer par-devant une autre juridiction pour être statué au fond ; — Considérant qu'il est de principe que l'action possessoire ne peut naître que de la possession caractérisée par l'art. 2229, C. Nap., et qui aboutit à la prescription ; — Considérant que la complainte intentée par l'appelant agissant *ut singulus*, en qualité d'habitant de la commune, a pour objet la maintenue possessoire de tout ou partie du terrain qu'il prétend être une place publique ; — Considérant que la complainte porte sur une chose déclarée imprescriptible par la loi ; — Considérant qu'elle n'est pas recevable et qu'il y a lieu d'en débouter le demandeur.

Pourvoi du sieur Martin.

ARRÊT

LA COUR : — Joint les pourvois à raison de leur connexité, et statuant :

1° Sur le pourvoi de Martin :

Attendu que l'action du demandeur avait pour objet la répression, au possessoire, d'une entreprise commune aux deux défendeurs, la destruction de l'œuvre exécutée par eux et leur condamnation solidaire en des dommages-intérêts; qu'il y avait, dès lors, entre eux tout à la fois solidarité et indivisibilité; — Attendu que, dans ces conditions, la signification faite par l'un des défendeurs à l'effet de donner cours aux délais du pourvoi en cassation, a profité nécessairement à l'autre; qu'en effet, la solidarité et l'indivisibilité impliquaient un mandat donnant pouvoir à l'auteur de la signification d'agir pour son co-intéressé; d'où il suit que le demandeur, n'ayant pas exercé son recours contre le jugement dénoncé, dans les trois mois de la signification qui lui en a été régulièrement faite par l'un des coobligés solidaires, s'est rendu non recevable à se pourvoir en cassation contre ce jugement à l'égard des deux défendeurs; — Déclare le pourvoi non recevable;

2° Sur le pourvoi de la commune de Vagney :

En ce qui concerne les trois fins de non-recevoir proposées par la défense contre ce pourvoi :

Sur la première fin de non-recevoir, tirée d'une prétendue tardiveté dudit pourvoi :

Attendu qu'il y a une incompatibilité absolue entre la mission de mandataire légal d'une personne et le rôle d'adversaire de la même personne; que le maire d'une commune ne peut la représenter dans les actions ou dans les actes dans lesquels il a personnellement des intérêts opposés à ceux de la commune; qu'en pareille situation, il est de plein droit dépouillé de son mandat légal; que c'est là un des cas d'empêchement où le maire doit nécessairement être remplacé, soit par un adjoint, soit, à défaut de l'adjoint lui-même, par le premier conseiller municipal dans l'ordre du tableau;

D'où il suit que les significations du jugement dénoncé faites à la commune de Vagney, tant à la requête de Lambert Xolin, l'un des défendeurs, qu'à la requête de Sébastien Roussel, l'autre défendeur, en la personne de celui-ci, comme maire de ladite commune en même temps que partie intéressée, n'ont pu faire courir contre cette commune, les délais du pourvoi en cassation au profit ni de l'un ni de l'autre des deux défendeurs;

Sur la seconde fin de non-recevoir, tirée de ce que le pourvoi formé par le contribuable en conformité de l'art. 49 de la loi du 18 juillet 1837, aurait exclu la possibilité légale du même recours de la part de la commune :

Attendu que le contribuable, autorisé par la disposition précitée à exercer les actions de la commune qui refuse d'agir elle-même, n'a pas mandat de représenter cette commune et ne la représente pas en effet; qu'il est tenu de la mettre en cause, afin qu'elle se trouve personnellement dans l'instance pour y proposer ses moyens et y défendre ses intérêts; que la nécessité de sa mise en cause est la condition essentielle du droit tout exceptionnel que l'art. 49 de la loi du 18 juillet 1837 concède au contribuable;

Attendu, dès lors, que la commune et le contribuable ont des rôles distincts et constituent deux personnes différentes; que c'est, d'ailleurs, l'intérêt de la commune qui prédomine, puisque le droit et l'action du contribuable dérivent nécessairement de l'intérêt communal; qu'ainsi, le recours du contribuable à une voie de réformation ou d'annulation contre la décision intervenue sur son action n'exclut en aucune façon, jusqu'à la décision à intervenir après la mise en cause de la commune sur ce même recours, l'exercice d'un droit semblable de la part de la commune elle-même, et que, par conséquent, les déchéances encourues par le contribuable personnellement sont sans effet à l'égard de la commune qui se trouve dans les conditions et dans les délais d'une voie légale de recours;

D'où il suit que la commune de Vagney a pu utilement se pourvoir en cassation contre le jugement déjà attaqué par le contribuable, avant qu'il eût été statué sur le pourvoi de celui-ci en présence ou après la mise en cause de cette commune;

Sur la troisième fin de non recevoir, tirée : 1° d'une absence de grief et d'un défaut d'intérêt pour la commune, en ce que, après avoir refusé d'agir en reconnaissant l'action mal fondée, elle aurait déclaré s'en rapporter à justice; 2° de la nouveauté du moyen de son pourvoi, en ce que ce moyen n'aurait pas été proposé par elle et aurait été présenté uniquement par le contribuable aux deux degrés de juridiction :

Attendu que la commune avait été mise en cause dans l'instance, conformément au vœu de l'art. 49 de la loi du 18 juillet 1837; que si, par ses conclusions, elle a déclaré s'en rapporter à la prudence du tribunal, de telles conclusions, loin d'impliquer une adhésion à des prétentions quelconques, impliquaient, au contraire, en droit, une contestation, et la réserve de toutes les voies légales de recours contre le jugement à intervenir; que l'on ne saurait, en outre, en dehors des formes et des conditions sans lesquelles une commune ne peut ni transiger ni acquiescer, faire résulter contre la commune demanderesse un acquiescement ou un abandon de son droit de la délibération du conseil municipal qui annonce et explique son refus d'exercer l'action provoquée par le contribuable, et qui est étrangère aux défendeurs;

Attendu, en second lieu, que les moyens proposés dans l'instance par le contribuable qui exerce conjointement avec la commune une action dérivant de l'intérêt communal, loin d'être étrangers à cette commune, lui deviennent propres; que, reproduits par elle à l'appui de son pourvoi devant la Cour de Cassation, ils ne peuvent, dès lors, être considérés comme constituant des moyens nouveaux; — D'où il suit que cette troisième fin de non-recevoir ne repose ni en fait ni en droit sur aucune base ;

Rejette les trois fins de non-recevoir opposées au pourvoi de la commune;

Et en ce qui touche le moyen dudit pourvoi : — Vu l'art. 23, C. pr. civ.:

Attendu que si l'action possessoire ne peut être exercée à l'occasion d'un terrain dépendant du domaine public municipal par un simple particulier qui se prétendrait troublé dans sa possession privée et exclusive de ce terrain, il n'en est pas de même de l'action possessoire exercée pour ce même terrain par la commune elle-même ou en vertu du droit et de l'intérêt de la commune; que la possession de la commune a, en cas pareil, un effet utile et peut aboutir à la prescription, à la différence de la possession privée qui ne peut jamais prévaloir contre la destination du terrain affecté à l'usage de tous; qu'opposer à l'action possessoire de la commune le principe consacré par l'art. 2229, C. Nap., ce serait, par une application qu'il ne comporte point, le tourner contre lui-même, et réduire le plus souvent une commune à l'impuissance de se défendre contre les usurpations commises par des tiers sur le domaine public municipal, sur ces terrains qui, placés hors du commerce à raison de leur destination publique, ne sont pas susceptibles d'une possession privée, et à l'égard desquels il n'existe souvent, en faveur de la communauté des habitants, d'autre preuve du droit de propriété municipale que la possession constamment exercée par ceux-ci *ut universi;*

D'où il suit qu'en déclarant non recevable l'action possessoire exercée au nom de la commune et conjointement avec elle, le jugement dénoncé a faussement appliqué l'art. 2229, C. Nap., et formellement violé l'art. 23, C. pr. civ.;

Casse.

CASSATION, Ch. req. — 9 janv. 1856.
(Bouczo c. Comm. de la Roche-Bernard.)

I, 51, 669, 679, 682, 693.

Si le juge de paix est compétent pour constater la possession antérieure à la déclaration de vicinalité d'un chemin, il n'en saurait être de même lorsque la propriété n'est pas contestée et qu'il ne s'agit que d'une charge publique imposée à cette propriété reconnue. Dans ce dernier cas, c'est à l'autorité administrative qu'il appartient d'apprécier le dommage résultant de la servitude.

Du 27 avril 1855, jugement du tribunal de Vannes qui statue ainsi :

Considérant que la demande avait pour objet non-seulement une réclamation d'indemnité pour dommage à une propriété privée, mais encore la suppression ou modification de travaux exécutés dans un intérêt de police municipale, et, par conséquent, dans la limite de ses attributions qui comprennent toutes les mesures concernant la commodité et la propreté des rues; que la seule voie ouverte pour obtenir, s'il y avait lieu, la suppression ou modification desdits travaux, était le recours à l'autorité supérieure; — Que le juge de paix n'avait donc pas de principe de juridiction pour connaître de l'action dirigée contre le maire; — Qu'en se déclarant compétent sans aucune restriction, sous prétexte qu'il s'agissait d'une action en complainte, il s'est constitué juge de la légalité d'actes de pure administration et reconnu le droit d'en ordonner la suppression comme conséquence de la maintenue possessoire qui implique le rétablissement des lieux dans l'état antérieur au trouble; — Que, sous ce rapport, il a excédé les bornes de sa compétence en s'immisçant dans la connaissance d'actes dont l'appréciation et le contrôle n'appartient qu'à l'autorité supérieure; — Considérant, en ce qui touche la question d'indemnité, qu'aux termes de l'art. 4 de la loi du 28 pluviôse an VIII, la juridiction administrative est seule compétente pour connaître du préjudice dont se plaint l'intimée et en déterminer la valeur; qu'il s'agit, en effet, dans l'espèce, non d'une expropriation partielle, mais d'un dommage à l'occasion de travaux qui, à raison de leur utilité communale, ont le caractère de travaux publics; — Que, d'après l'art. 6 susréféré et le dernier état de la jurisprudence de la Cour de Cassation, il n'y a pas de distinction à établir pour la compétence entre le cas où le dommage serait permanent ou purement temporaire.

Pourvoi de la demoiselle Bouczo.

ARRÊT

LA COUR : — Sur le moyen unique du pourvoi :

Attendu que, par suite de travaux publics communaux, après la construction d'un premier égout pour l'écoulement des eaux pluviales sous la propriété de la demanderesse, un second égout a été établi s'embranchant dans le premier, et recevant, en outre des eaux s'écoulant sur la voie publique, les résidus d'une boucherie appartenant à la veuve Ytrop;

Que le pourvoi soutient que ces nouveaux faits opèrent une aggravation de servitudes qui trouble la profession de la demanderesse, et donne au juge du possessoire compétence pour statuer sur la complainte;

Attendu qu'il n'est pas contesté que les constructions dont il s'agit aient le caractère de travaux publics exécutés par l'autorité municipale, en vertu des lois de police et de sûreté;

Attendu que le § 4 de l'art. 4, de la loi du 28 pluviôse an VIII, renvoie devant les Conseils de préfecture toutes contestations sur les indemnités, à l'occasion des terrains fouillés pour les canaux et autres ouvrages publics;

Que le pourvoi reconnaît lui-même que le juge de paix était incompétent pour ordonner le maintien en possession par la destruction des travaux, ou pour prononcer des dommages-intérêts;

Mais qu'il prétend limiter la demande à la constatation des changements que le nouvel œuvre aurait apportés à l'ancienne possession également constatée;

Attendu que si le juge de paix est compétent, en présence de la déclaration de vicinalité d'un chemin qui en opère l'expropriation, pour constater la possession antérieure dudit chemin par le complaignant, il n'en saurait être de même lorsque la propriété n'est pas contestée, et qu'il ne s'agit que d'une charge publique imposée à cette propriété reconnue;

Que, dans cet état des faits, le tribunal de Vannes, en se déclarant incompétent, loin de violer les règles de la matière, en a fait une saine application;

Rejette.

CASSATION, Ch. req. — 16 janvier 1856. (Lerond c. Charbonnier.)

I, 230, 683, 684.

Pour que l'action possessoire relative à une entreprise sur un cours d'eau soit recevable, il n'est pas nécessaire que le demandeur fasse la preuve de l'abus et du dommage lorsque l'action est fondée sur la contravention de la part du défendeur à des règlements d'eau limitant le droit de chacune des parties.

Du 7 avril 1854, jugement du tribunal de Mortain qui s'exprime ainsi :

Attendu qu'un règlement administratif du 30 mai 1808, se fondant sur l'usage établi par l'auteur commun des parties, a fait une répartition des eaux en litige et en a attribué une portion déterminée au sieur Lenicolais, père de la dame Charbonnier; que ce règlement a été consacré par les jugements rendus au siège les 25 janvier 1837 et 29 décembre 1838, et par l'arrêt de la Cour de Caen en date du 25 mai 1841; que le jugement du 29 décembre 1838 semble même être allé jusqu'à interdire au sieur Lerond de rien faire sur son fonds qui pût avoir pour effet de détourner les eaux d'une manière préjudiciable au sieur Lenicolais; — Attendu que, dans ces décisions exécutées de tout temps, au moyen de travaux faits sur le terrain du sieur Lerond, on peut voir tout au moins l'apparence d'un titre limitatif de la faculté légale résultant pour ledit sieur Lerond de la situation de sa propriété par rapport aux eaux litigieuses, titre suffisant, dès lors, pour colorer la possession des époux Charbonnier, telle qu'elle a été établie devant le premier juge; qu'il y en a donc assez dans les documents de la procédure pour justifier le maintien purement provisoire de l'ancien état des choses.

Pourvoi du sieur Lerond.

ARRÊT

LA COUR : — Attendu qu'en matière de complainte possessoire, l'intérêt du demandeur à conserver le bénéfice de la possession protège à lui seul la recevabilité de son action; que les conditions imposées par la jurisprudence à l'action possessoire entre des propriétaires riverains d'un cours d'eau, usant des eaux en vertu des dispositions de l'art. 644, C. Nap., à savoir l'abus du droit et le préjudice causé, constituent une exception à la règle générale, qu'on ne saurait étendre hors du cas prévu ;

Attendu que les règlements administratifs et décisions judiciaires qui ont déterminé les droits des parties à la jouissance des eaux litigieuses, constituent des titres apparents qui ne pourraient être interprétés ou modifiés qu'au pétitoire, et qu'ils donnent une base légale à la complainte; qu'en admettant, dans cet état des faits, l'action possessoire et y faisant droit, le jugement attaqué, loin de violer les lois de la matière, en a fait une saine application ;

Rejette.

———————

CASSATION, Ch. req. — 4 février 1856.
(Payen c. Barrès.)

I, 256, 499, 681.

On ne peut agir par voie de dénonciation de nouvel œuvre mais seulement par la complainte : 1° lorsque les travaux dont on se plaint sont achevés ; 2° lorsque le préjudice est actuel.

Contient une appréciation souveraine des faits qui échappe à la censure de la Cour de Cassation le jugement qui décide que, malgré l'existence de vestiges d'une ancienne digue détruite depuis longtemps par une inondation, le propriétaire a perdu la possession de cette digue telle qu'elle avait été construite autrefois, en sorte qu'il commet un trouble en la rétablissant, si ce travail peut, à l'époque des grandes eaux, amener la submersion de la rive opposée.

Du 8 février 1855, jugement du tribunal de Privas qui le décide en ces termes :

Attendu que les travaux entrepris par Payen, en reconstruction de partie d'une digue bâtie en 1832, 1833 et 1834, sur un terrain dont il se prétend propriétaire, forment l'objet de la demande possessoire des frères Barrès ; — Attendu que la digue en question a été emportée par les eaux en 1846, sur une longueur de 23 mètres, ainsi que le juge de paix l'a constaté dans sa vérification ; que, par suite de cette rupture, la rivière a pris un cours nouveau ; que, depuis 1846, Payen a perdu la possession annale de sa digue telle qu'elle avait été construite antérieurement, nonobstant les vestiges existants de cette même digue; qu'en la rétablissant six ans après, Payen, selon le dire des frères Barrès, aurait causé un dommage actuel aux terrains d'alluvion qui se seraient formés, depuis 1846, à leur avantage, et dont ils avaient la possession annale au moment de leur demande ; qu'en outre, les travaux de Payen seraient de nature à leur causer un préjudice à venir ; que, dès lors, il y aurait trouble à leur possession annale non contestée de ces terrains d'alluvion, et par conséquent motif à leur action en complainte; — Attendu que la loi du 25 mai 1838, en énonçant pour la première fois dans notre législation la dénonciation de nouvel œuvre, sans en indiquer les caractères spéciaux ni les conditions de son exercice, a voulu les ranger au nombre des actions possessoires, et avec des conditions d'exercice semblables absolument à celles de la complainte ; que, dans la demande des frères Barrès, se rencontrent tous les caractères constitutifs de cette action possessoire : 1° articulation d'une possession annale et du trouble actuel et futur causé à cette possession ; 2° conclusions tendant à la destruction des travaux portant trouble et dommage; 3° demande en réparation du dommage actuel ; — Attendu que, dans l'espèce, les troubles dont se plaignent les frères Barrès ont été faits dans le terrain dont Payen se prétend propriétaire, mais que la jurisprudence de la Cour de Cassation a établi que cette circonstance ne ferait pas obstacle à la complainte possessoire ; — Attendu qu'en accueillant la demande des frères Barrès en destruction des travaux entrepris depuis le 16 août 1853 par Payen, le tribunal ne peut se refuser d'admettre la preuve contraire à la vérification du juge de paix, articulée par les frères Barrès, et tendant à établir le trouble occasionné actuellement par les travaux dont ils demandent la destruction, et le trouble que ces travaux peuvent occasionner à l'avenir; — Le tribunal, avant dire droit sur l'appel, ordonne que : 1° par experts, les lieux seront visités, lesquels experts diront et rapporteront si les travaux de Payen, en reconstruction de sa digue, détruite en partie par les eaux d'Ouvèze en 1846, ont causé des dommages aux frères Barrès à l'époque de leur demande, et quelle est la valeur de ce dommage ; 2° si les travaux de Payen sont de nature à occasionner des dommages dans l'avenir, alors même qu'en l'état actuel de ces travaux la digue ne serait pas aussi élevée qu'autrefois; lesquels experts indiqueront, en outre, autant que possible, l'époque précise de la formation des alluvions dont les frères Barrès sont en possession, pour, sur leur rapport, être statué ce qu'il appartiendra.

Pourvoi du sieur Payen.

ARRÊT

LA COUR : — Sur le premier moyen :

Attendu qu'il est formellement énoncé dans les conclusions prises par les défendeurs éventuels devant la justice de paix, que les travaux commencés par Payen en reconstruction de sa digue, desquels ils demandaient la destruction, leur causaient déjà un préjudice actuel; qu'ainsi, il s'agissait, en droit, d'une action possessoire en complainte, et non pas seulement d'une action en dénonciation de nouvel œuvre; que, par suite, le jugement attaqué, en ordonnant, par voie interlocutoire, une expertise pour vérifier les faits allégués, et en faisant dépendre du résultat de cette vérification la solution de la question relative à la destruction des travaux commencés, n'a pas violé les principes qui régissent l'action en dénonciation de nouvel œuvre, non applicables à l'espèce;

Sur le deuxième moyen :

Attendu que le jugement attaqué, en déclarant que, nonobstant les vestiges existants de l'ancienne digue, Payen en avait perdu, depuis l'année 1846, la possession annale, a fait une appréciation souveraine des faits, qui échappe à toute censure;

Rejette.

CASSATION, Ch. req. — 8 avril 1856.
(Saudemont c. Terninck.)

I, 173, 709.

Lorsqu'un chemin a été supprimé et que les terrains qui le formaient ont été vendus, l'action possessoire ne peut être introduite contre l'acquéreur par un habitant qui voudrait se faire maintenir en possession des droits de passage qu'il exerçait antérieurement en sa qualité d'habitant.

ARRÊT

LA COUR : — Sur le moyen tiré de la

violation des art. 10 de la loi du 24 août 1790, 23 et 25, C. pr. civ., et 6 de la loi du 25 mai 1838 :

Attendu que l'action intentée par le demandeur avait pour objet de se faire maintenir en possession d'un droit de passage sur une partie de terrain ayant formé un sentier communal dans la commune de Bois-Bernard, possession dans laquelle il se disait troublé par le sieur Terninck;

Qu'il résulte des faits déclarés par le jugement attaqué que le terrain en litige avait cessé d'être un sentier, ayant été vendu par la commune, avec autorisation du préfet, au sieur Terninck;

Attendu que cet acte administratif n'avait pas été attaqué;

Que, dans cet état des faits, le demandeur ne pouvait être recevable à exercer l'action pour trouble possessoire, comme habitant de la commune et à ses droits;

Que, d'autre part, pour agir comme invoquant un droit privé de servitude de passage, il était soumis aux dispositions de l'art. 691, qui déclare que les servitudes discontinues ne peuvent s'établir que par titre;

Que, dans l'espèce, il est déclaré par le jugement attaqué, qu'il n'y avait ni titre ni enclave;

Qu'ainsi, dans ces circonstances, en déclarant la demande non recevable, le jugement attaqué, loin de violer la loi, en a fait une juste application;

Rejette.

CASSATION, Ch. req. — 9 avril 1856.
(Marais c. Domaine de l'Etat.)

I, 176, 262.

Le juge du possessoire auquel on présente des actes administratifs non contestés et déclarant dépendance du domaine public les terrains litigieux, doit prononcer son incompétence.

ARRÊT

LA COUR : — Sur le moyen unique du pourvoi :

Attendu qu'en déclarant, en l'absence de toute dénégation de l'acte administratif du 28 février 1852, qui avait délimité le lit de la Seine, et 31 janvier

1853, qui avait défendu la coupe des herbes dans le lit du fleuve, ou de leurs effets légaux, comme aussi de toutes conclusions en sursis, de la part des demandeurs, que leur prétendue action possessoire n'était en réalité qu'une attaque contre les arrêtés précités, et en prononçant, par suite, son incompétence sur cette action ainsi qualifiée, le jugement attaqué n'a violé aucune loi ; Rejette.

CASSATION, Ch. req. — 9 avril 1856.
(Solacrous c. Lacassagne.)

I, 271.

Si les eaux pluviales sont considérées par la loi comme étant res nullius, il n'en saurait être de même lorsque, dérivées de la voie publique par un propriétaire riverain, elles sont distribuées entre plusieurs à l'aide de travaux apparents, ou par la destination du père de famille, ou par suite d'une convention. Le trouble à la jouissance ainsi établie peut être réprimé par l'action possessoire.

ARRÊT

LA COUR : — Sur le moyen unique du pourvoi :

Attendu que le droit de propriété dans ses rapports avec le régime des eaux varie suivant l'état où elles se produisent sur la terre ; que les sources, ruisseaux, rivières, fleuves, etc., sont susceptibles d'une propriété publique ou privée; que si les eaux de pluie, produit instantané et irrégulier des phénomènes atmosphériques, sont considérées par la loi comme étant à l'usage de tous et n'appartenant à personne, *res nullius*, il n'en saurait être de même lorsque les eaux de pluie dérivées de la voie publique par un propriétaire riverain sont distribuées, après cette première occupation, entre plusieurs parties, à l'aide de travaux apparents, ou par la destination du père de famille, ou par suite d'une convention ;

Attendu que ces eaux reçoivent alors du fait de l'homme un caractère particulier qu'elles ne tenaient pas de la loi, et qui soumet ces eaux ainsi appréhendées à des droits certains qui ne peuvent être ni modifiés ni supprimés suivant le caprice de l'un des intéressés ;

Attendu, dès lors, que les eaux de pluie ainsi aménagées peuvent devenir, sauf le droit des tiers, l'objet d'une possession civile qui ne repose plus sur le régime légal des eaux, mais sur l'efficacité des conventions ou des quasi-contrats ;

Attendu que le jugement attaqué reconnaît et déclare que les deux rigoles creusées pour recevoir et distribuer les eaux de pluie, ont été établies par la destination du père de famille, propriétaire originaire des deux héritages; que, dès lors, en ordonnant le rétablissement de la rigole supprimée par les demandeurs, ledit jugement n'a violé aucune loi ;
Rejette.

CASSATION, Ch. req.— 9 avril 1856.
(Galinier c. Comm. de Gaunes.)

I, 517.

Est équivoque la possession de celui qui a usé d'un cours d'eau pour le service de son usine, curé certaines parties de ce cours d'eau, rejeté sur le franc-bord le produit du curage et réparé la chaussée, lorsqu'il est établi que la commune a exercé concurremment sur le même béal des droits et des actes encore plus nombreux et plus significatifs, soit en le réparant et en modifiant sa direction, soit en le recouvrant de dalles sur une partie de son cours et en établissant sur le bord des lavoirs et des abreuvoirs publics.

A la date du 13 mars 1855, le tribunal civil de Carcassonne a rendu le jugement suivant :

Attendu que pour servir de fondement utile à l'action en complainte, la possession annale doit réunir les caractères exigés non seulement par l'art. 23, C. pr. civ., mais encore par l'art. 2229, C. Nap., c'est-à-dire être continue et non interrompue, paisible, publique, non équivoque et à titre de propriétaire; —Attendu que, s'il est vrai, d'une part, que depuis longtemps, et notamment pendant l'année qui a précédé leur demande, les sieurs Galinier et consorts ont joui et usé du cours d'eau dit béal de la ville, pour le service de tous les besoins de leurs usines; s'ils ont récuré certaines parties dudit béal et rejeté sur le franc-bord le produit de ce curage, si même ils ont réparé la chaussée de la prise, il est incontestable, d'autre part, que depuis longues années jusqu'à l'action en complainte, la commune de Gaunes a exercé sur le même béal des droits et des actes encore plus nombreux et plus significatifs, soit en le réparant et en modifiant sa direction, soit en le recouvrant de dalles sur une partie de son cours, et en établissant sur le bord des lavoirs et des abreuvoirs publics, soit même en faisant diverses concessions d'eau, tous lesquels actes sont diamétralement contraires aux prétentions des demandeurs; — Attendu que dans le concours et le conflit de ces deux possessions contradictoires et inconciliables, il est impossible d'admettre que la possession annale des sieurs Galinier et consorts a été paisible, non équivoque, et surtout à titre de propriétaire; d'où suit que l'action en complainte fondée sur cette possession insuffisante a été mal à propos accueillie par le jugement dont est appel.

Pourvoi du sieur Galinier.

ARRÊT

LA COUR : — Sur le moyen unique du pourvoi :

Attendu que loin de refuser aux usiniers l'exercice de l'action possessoire, le jugement attaqué examine le caractère de la possession alléguée par les demandeurs, et la déclare souverainement précaire et de simple tolérance ;

Attendu, dès lors, qu'en déclarant cette possession inefficace et en rejetant l'action en complainte, le tribunal de Carcassonne, loin de violer les règles de la matière, en a fait une saine application ;

Rejette.

CASSATION, Ch. req. — 14 juillet 1856.
(Rougier c. Legros.)

I, 516, 517, 536, 537, 539.

Une possession promiscue et équivoque ne saurait constituer une possession légale. C'est au juge du fond qu'il appartient d'apprécier souverainement les caractères de la possession et de déclarer équivoque celle qui ne se manifeste pas par des actes de jouissance suffisamment exclusive. La possession d'une chose commune et indivise est en général équivoque.

ARRÊT

LA COUR : — Sur le moyen unique du pourvoi :

Attendu qu'en interrogeant les titres pour éclairer la possession alléguée et en établir les véritables caractères, le jugement attaqué reconnaît, en s'appuyant même sur l'aveu des parties, que le terrain, sur lequel croissent les arbres litigieux, était commun et indivis entre elles, et qu'aucun document de la cause ne fait présumer que le demandeur ait indiqué, par des clôtures ou autres signes, l'intention d'en jouir privativement ;

Attendu que dans cet état des faits, en déclarant que la possession n'était pas suffisamment exclusive pour fonder une action en complainte et en la rejetant, le tribunal d'Aubusson n'a violé aucune loi et n'a pas cumulé le possessoire et le pétitoire ;

Rejette.

CASSATION, Ch. civ. — 28 juillet 1856.
(Macquet c. Macquet et Comm. de Berck.)

I, 239, 288, 383, 707.

Pour déterminer les caractères de la possession, le juge peut recourir aux documents tels que le cadastre, les plans, les actes d'administration, les paiements des contributions, les procès-verbaux de plantations de bornes.

ARRÊT

LA COUR : — Sur la première fin de non-recevoir opposée au pourvoi :

Attendu que le contribuable qui, aux termes de l'art. 49 de la loi du 18 juillet 1837, a été autorisé par le Conseil de préfecture à exercer, à ses frais et risques, une action qu'il croit appartenir à la commune au rôle de laquelle il est inscrit, et quelle refuse ou néglige d'intenter, n'a plus besoin d'une nouvelle autorisation pour se pourvoir soit par appel, soit en cassation, contre la décision qui repousse cette action ; que c'est ce qu'il résulte clairement de l'esprit et du texte dudit article, dont le § 3 n'impose pas à ce contribuable la nécessité d'une autorisation nouvelle que le § 2 prescrit à la commune pour chaque degré de juridiction ; que si l'art. 50 de la même loi paraît mettre le contribuable sur la même ligne que la commune, c'est seulement quant au droit qu'il a de se pourvoir contre le refus de l'autorisation unique qu'il doit obtenir, par la même voie qui est ouverte à la commune contre le refus de chacune des autorisations spéciales qui lui sont nécessaires ; — Que d'ailleurs, et surabondamment, Adolphe Macquet a obtenu le 15 avril 1856, du Conseil de préfecture, l'autorisation de se pourvoir en cassation contre le jugement du 19 janvier 1855 ;

Sur la seconde fin de non-recevoir :

Attendu que la commune de Berck a, par exploit du 22 avril 1856, été appelée en cause devant la Cour de Cassation, comme elle l'avait été en première instance et en appel ; qu'il n'est pas nécessaire que cet appel en cause ait eu lieu dans le délai du pourvoi ; qu'il suffit, pour que le vœu de la loi soit rempli, que la commune ait été mise à même d'assister au jugement de l'affaire et de faire valoir ses moyens ; — Que la procédure est donc régulière ;

Rejette les fins de non-recevoir, et statuant au fond :

Attendu que si les terrains laissés par les riverains en dehors de leurs murs de clôture, le long des rues ou places publiques d'une commune, sont présumés dépendre de la voie publique, cette présomption peut céder à celle qui résulte en faveur desdits riverains, de ce qu'ils ont la possession annale desdits terrains dont il s'agit à titre de propriétaires ;

Que, de même que le juge de paix peut, sur l'action en complainte de la commune, la maintenir en possession de ces terrains, quand ils sont à l'usage du public, de même il peut accorder la maintenue possessoire aux riverains si leur possession réunit toutes les conditions exigées par la loi pour conduire à la prescription ;

Que, pour refuser d'appliquer aux terrains en litige la présomption de dépendance de la voie publique, le jugement attaqué se fonde sur la situation de ce terrain qui, étant à l'extrémité de la place de Berck, peut tout aussi bien lui servir de limite qu'en faire partie, sur les titres produits, sur les indications du cadastre, sur le paiement des contributions auxquelles Nicolas Macquet et ses auteurs ont été soumis depuis la formation de la matrice cadastrale, enfin sur une plantation de bornes qui a eu lieu en 1843, sous la surveillance de l'autorité municipale, et qui eût été tout à fait inutile si ce terrain eût été considéré comme faisant partie de la place publique ;

Qu'après avoir apprécié ces documents au point de vue de l'action en complainte, et pour déterminer les caractères et les effets de la possession, le jugement constate des faits nombreux de jouissance, desquels il conclut que Nicolas Macquet avait la possession plus qu'annale et utile du terrain litigieux ;

Qu'en rejetant dans ces circonstances, la demande en complainte formée par Adolphe Macquet au nom de la commune de Berck, et en maintenant Nicolas Macquet en possession du terrain dont il s'agit, le jugement attaqué n'a pas empiété sur le domaine du pétitoire, et n'a violé ni l'art. 2226, C. Nap., ni l'art. 23, C. pr. civ. ;

Rejette.

CASSATION, Ch. civ. — 11 août 1856.
(Charlet c. Fournier.)

I, 583, 639, 677.

Lorsque le maire prend un arrêté comme officier de police, notamment pour prescrire certains travaux dans un intérêt de salubrité publique, les particuliers qui se trouvent lésés, n'ont d'autre ressource que de se pourvoir administrativement ; ils ne sauraient exercer utilement les actions possessoires.

Les dispositions de l'art. 642, C. civ., n'ont pas d'application entre deux propriétaires dont ni l'un ni l'autre n'a la source dans son héritage.

ARRÊT

LA COUR : — Sur le premier moyen :

Attendu que l'autorisation donnée aux frères Charlet par le maire de la commune de Saint-Amour ne recevait d'application qu'en ce qui concernait l'exhaussement des parois de l'abreuvoir communal ; qu'à cet égard la sentence du juge de paix ayant prescrit le rétablissement des lieux en leur ancien état, et cette décision ayant été réformée en appel, à raison de l'incompétence, sur ce chef, de l'autorité judiciaire, loin d'encourir le reproche d'avoir excédé ses pouvoirs, le tribunal de Mâcon s'y est strictement renfermé ;

Attendu, en ce qui touche le cours des eaux à leur sortie de l'abreuvoir public, qu'il est constaté au procès que les demandeurs les ont immédiatement recueillies dans un fossé pratiqué par eux sur leur propriété ; qu'à ce sujet le maire n'a pas eu à intervenir, puisqu'il ne s'agissait plus que d'un travail exécuté en dehors du fonds communal ; qu'en ordonnant de restituer les eaux, ainsi détournées, au pré Fournier, le tribunal a prononcé sur une contestation entre particuliers, placée exclusivement dans les limites de sa compétence, et n'a porté aucune atteinte à l'acte administratif étranger à cette partie des nouvelles œuvres qui avaient motivé l'action possessoire ;

Sur le deuxième moyen :

Attendu que la possession plus qu'annale, avant ces nouvelles œuvres, des eaux dont il s'agit, est reconnue au profit du pré Fournier ; que si, aux termes des art. 641, 642, C. Nap., la prescription des eaux de source ne s'acquiert, et, par suite, si l'action possessoire n'est admise qu'à la condition d'avoir fait et terminé, sur le fonds servant, des ouvrages apparents destinés à faciliter la chute et le cours de l'eau vers le fonds inférieur, cette condition, exigée dans l'intérêt du fonds où naît la source, était invoquée à tort par les demandeurs, puisque, dans l'espèce, la source naît sur le fonds communal, et qu'avant l'entreprise des frères Charlet, il ne pouvait être question de grever leur propriété d'aucune servitude ; qu'ils étaient donc sans qualité pour se prévaloir des art. 641, 642, afin de faire considérer comme précaire la possession de la défenderesse ; que le jugement attaqué ne peut donc avoir été rendu en opposition avec ces dispositions légales ;

Sur le troisième moyen :

Attendu qu'en autorisant Fournier, en sa qualité de tuteur, à reprendre les eaux détournées de leur cours par le fait des demandeurs contrairement à la possession d'an et jour de Victorine Fournier, s'ils laissent passer le délai qui leur est assigné pour les rendre à leur ancien cours, loin de cumuler le pétitoire et le possessoire, le tribunal de Mâcon s'est renfermé dans ses attributions comme juge du possessoire, déterminées par les art. 23, C. pr., et 6, § 1er, de la loi du 25 mai 1838 ;

Sur le quatrième moyen :

Attendu que s'il vient à s'élever des difficultés sur l'exécution du jugement en ce qui concerne le mode de réintégration des eaux à leur ancien cours, la décision en appartiendra de plein droit au tribunal qui l'a rendu, et que la prévision de ces difficultés purement éventuelles ne saurait constituer contre ce jugement une ouverture à cassation ;

Rejette.

CASSATION, Ch. req. — 5 janv. 1857.
(Marcel c. Perlet et Clément.)

I, 313.

Si les servitudes discontinues ne peuvent être l'objet d'une action possessoire qu'autant qu'elles s'appuient sur un titre, il en est autrement lorsqu'elles ont leur fondement dans un titre légal. Tel est le cas de la servitude de passage pour cause d'enclave.

ARRÊT

LA COUR : — Attendu que si les servitudes discontinues apparentes ou non apparentes ne pouvant s'acquérir que par titre, ne peuvent être l'objet d'une action possessoire, il en est autrement au cas d'enclave, la possession fondée sur l'enclave reposant sur le titre le plus puissant, puisqu'il est consacré par la loi comme un effet irrésistible de la nécessité ; qu'en maintenant donc les sieurs Perlet et Clément dans la possession plus qu'annale d'un passage dans la jouissance duquel ils avaient été troublés par le demandeur, le jugement attaqué a fait une juste application de la loi, loin de violer les art. 683, 684 et 685, C. Nap. ;

Rejette.

CASSATION, Ch. civ. — 26 janv. 1857.
(Franc c. Comm. de Bérou-la-Mulotière.)

I, 515, 526.

Le maire d'une commune ne saurait pos-

séder utilement pour son compte personnel les biens de la commune pendant tout le temps que durent ses fonctions. Cette possession devient précaire et équivoque à partir de sa nomination.

Du 17 août 1855, jugement du tribunal de Dreux qui statue ainsi :

Attendu qu'il est constant que le chemin des Varennes à Nuisement dont le sieur Franc revendique la possession est et a toujours été un chemin public ; — Que ce fait résulte notamment des actes produits par le sieur Franc lui-même, et spécialement de son titre d'acquisition du 12 mars, 1833 ; — Qu'antérieurement à cette époque, ledit chemin avait une largeur de 5 mètres, ainsi que cela résulte d'une délibération du conseil municipal de la commune de Bérou-la-Mulotière en date du 17 septembre 1826, et que cette largeur de 5 mètres a été maintenue par arrêté de M. le Préfet d'Eure-et-Loir, du 7 juillet 1837 ; — Que, dans de telles circonstances, les actes que Franc a pu faire et dont la plupart ont eu lieu pendant qu'il était maire de la commune de Bérou-la-Mulotière, ne sauraient lui constituer une possession utile, et ne peuvent être considérés que comme une véritable usurpation.

Pourvoi du sieur Franc.

ARRÊT

LA COUR : — Sur le moyen unique tiré de la violation des principes sur la possession et la prescriptibilité des chemins ruraux :

Attendu que le jugement attaqué ne décide pas, en droit, que le chemin rural objet du litige était imprescriptible, et à ce titre non susceptible de possession ; qu'il déclare, en fait, que, dans les circonstances particulières de la cause, les actes de possession que Franc avait pu faire ne pouvaient pas constituer à son profit une possession utile, et ne devaient être considérés que comme une véritable usurpation; qu'en appréciant, comme il en avait le droit, la possession alléguée par Franc, le tribunal de Dreux n'a violé aucune loi ;

Rejette.

CASSATION, Ch. civ. — 11 février 1857.

(Taillardat de la Maisonneuve c. Comm. de Liernais et Grignard.)

I, 491, 557.

Les juges du fond apprécient souverainement les caractères de la possession. Un tribunal a donc pu déclarer, dans les limites de ses pouvoirs, que les actes de possession accomplis par un habitant sur un terrain communal concurremment avec les autres habitants, n'étaient pas de nature à lui faire acquérir la possession exclusive de ce terrain.

Si, en général, la réclamation du tout comprend celle de la partie, c'est au demandeur à mettre le juge en mesure, par une désignation spéciale, de statuer sur une partie qu'il entend rendre l'objet d'un examen séparé.

ARRÊT

LA COUR : — Attendu, sur le premier moyen, que pour autoriser l'action possessoire et produire, en se prolongeant, la prescription à l'effet d'acquérir la propriété, la possession doit réunir les conditions déterminées par l'art. 2229, C. Nap.; qu'elle doit donc avoir été paisible, non équivoque et exercée à titre de propriétaire;

Attendu que le jugement rendu en appel par le tribunal de Beaune constate, en fait, que le terrain en litige, désigné au procès sous ces noms : *Terreaux de la Ruhotte,* est en nature de paquier, servant à faciliter les abords de la mare communale, dont il est contigu ; qu'il ne porte pas de numéro au cadastre et ne paye pas d'impôts ;

Attendu que le tribunal conclut de ces circonstances, qu'il lui appartenait de reconnaître et d'apprécier, que si les fermiers du demandeur ont joui des Terreaux, soit pour le passage et le pacage du bétail, soit pour dépôt d'engrais et instruments aratoires, plus fréquemment que d'autres habitants de Liernais, c'est en cette qualité d'habitants de la commune et en usant, pour l'utilité de la ferme voisine, appartenant au demandeur, du droit communal ; que ces faits, qui n'ont pas eu lieu comme procédant des droits privatifs du maître de cette ferme, pratiqués concurremment avec les autres habitants de la commune, ne constituant, d'ailleurs, que des occupations temporaires et partielles, ayant manqué des caractères essentiels exigés par la loi, ont été justement déclarés insuffisants pour justifier l'action possessoire ;

Attendu que, relativement à certaines parties des Terreaux, les plus rapprochées des bâtiments de la ferme, le tribunal déclare, à la vérité, que les faits de possession peuvent avoir été mieux caractérisés et plus efficaces en faveur du demandeur; mais que le jugement n'y voit, avec raison, que le principe d'une action ultérieure au sujet de laquelle tous droits lui sont réservés;

Qu'en effet, les conclusions prises en son nom tendaient uniquement à ce qu'il fût maintenu en possession de l'ensemble de l'espace connu sous la dénomination de Terreaux de la Ruhotte;

Que si la réclamation du tout comprend, en général, celle de la partie, c'est au demandeur à mettre le juge en mesure, par une désignation spéciale et déterminée, de statuer subsidiairement sur cette partie qu'il entend rendre l'objet d'un examen séparé et c'est ce qui, dans l'espèce, n'a été fait ni par le libellé de la demande, ni par les conclusions soumises au tribunal de Beaune;

Attendu, sur le deuxième moyen, que le jugement n'a point cumulé le pétitoire avec le possessoire; que son dispositif prononce seulement le rejet de l'action en complainte formée par le demandeur; que si, dans quelques-uns de ses motifs, le tribunal raisonne sur le sens des titres produits, c'est pour en tirer des inductions exclusivement relatives au caractère des faits possessoires servant de fondement à l'action intentée;

Qu'en cela, le juge du possessoire n'a pas excédé sa compétence;

D'où il suit que, loin d'avoir violé les dispositions de la loi sur lesquelles le pourvoi est fondé, le jugement n'en a fait à la cause qu'une juste application;

Rejette.

CASSATION, Ch. req. — 11 février 1857.
(De Mainville c. Comm. de Viéoy.)

I, 579.

En cas de doute sérieux sur les caractères de la possession qui exigerait pour l'éclairer, de consulter des actes contestés et de les interpréter, ce qui n'appartient qu'aux juges du pétitoire, le juge du possessoire a le droit de renvoyer les

parties à se pourvoir au pétitoire et d'ordonner le séquestre de l'héritage litigieux.

Un jugement du tribunal de Blois rendu le 12 mars 1856 a confirmé, par adoption de motifs, une sentence du juge de paix qui l'avait ainsi décidé dans les termes suivants :

Considérant qu'en présence de tous ces actes contradictoires, il s'agit de savoir si la possession invoquée par madame de Mainville a un commencement de foi, si elle réunit les conditions exigées par la loi, et si elle a porté sur un immeuble prescriptible; — Considérant que le pâtis de Viéoy se trouve dans l'enceinte du bourg, qu'il n'est ni clos, ni borné, qu'il confronte au nord le château de Mainville et ses dépendances pour la majeure partie; qu'à moins de titres exprès contraires, ce pâtis qui a toujours servi à un usage public pourrait être considéré comme une place de village, à ce titre imprescriptible; — Considérant, d'ailleurs, que les actes de madame de Mainville n'ont pas existé sans opposition et protestation de la part de la commune; que madame de Mainville ne justifie d'aucun titre sur sa possession; que cette possession devrait avoir lieu *animo domini;* que le bail dont elle excipe ne fait que confirmer le doute pour sa possession; que le cadastre et le rôle des contributions qu'elle invoque, ne sont pas des titres probants de propriété faisant cesser tout doute; — Considérant, au contraire, que M. le maire de Viéoy, pour écarter les caractères de toute possession utile chez madame de Mainville, a produit le titre de propriété de cette dernière pour le château de Viéoy, savoir un procès-verbal d'adjudication nationale du 11 prairial an VI; qu'il paraîtrait résulter de ce procès-verbal que le pâtis n'a point été vendu à madame de Mainville, puisque les attenancements portent que le château, objet de l'adjudication, joint d'amont aux pâtis et rue de de Viéoy; que l'examen du titre peut éclairer l'action possessoire; mais considérant que lorsqu'une action possessoire reste douteuse, comme dans l'espèce, et ne peut être jugée sans vérifier préjudiciellement à qui appartient la propriété litigieuse, sans apprécier en même temps la validité ou l'invalidité d'un bail comme celui susrelaté, ces deux questions sortent de la compétence du juge de paix, et qu'il y a lieu de renvoyer les parties au possessoire, le juge de paix, dans ce cas, étant autorisé à s'abstenir sur le possessoire, sauf l'établissement d'un séquestre; — Vu l'art. 23, C. pr. civ., les art. 1141 et 1961, C. Nap., ordonne la mise sous séquestre judiciaire du pâtis dont la possession est litigieuse...; renvoie les parties à plaider au pétitoire.

Pourvoi de la dame de Mainville.

ARRÊT

LA COUR : — Sur le moyen unique du pourvoi:

Attendu que le juge de paix dont la

ouvrir en leur faveur l'action possessoire qu'ils ont exercée;

Qu'il suit de là que le jugement attaqué, en admettant cette action et en y faisant droit, a expressément violé les art. 641 et 642, C. Nap.;

Casse.

CASSATION, Ch. req. — 25 mars 1857.
(De Grave c. de Castillon.)

I, 263, 582, 584, 588.

L'action en réintégrande, fondée sur une dépossession violente, peut être exercée même à l'encontre d'un bien qui serait prétendu dépendre du domaine public.

Cette action n'est pas subordonnée pour sa recevabilité à la preuve d'une possession réunissant tous les caractères prescrits par les art. 23, C. pr., et 2229, C. civ. Cependant, le demandeur doit justifier d'une possession paisible et publique de la chose au moment de l'accomplissement de la voie de fait.

Constitue un trouble pouvant servir de base à l'action en réintégrande le fait d'avoir arbitrairement démoli une muraille, arraché et coupé des arbres.

A la suite d'un sursis prononcé par un premier jugement du tribunal de Montpellier dans le but d'attendre la solution d'un procès pendant devant l'autorité administrative et formé par le sieur de Grave pour contravention commise par des constructions et des plantations édifiées par de Castillon sur le chemin de contre-halage de la rivière du Lez dont de Grave était concessionnaire, les parties revinrent devant ce tribunal pour faire vider la réintégrande intentée par de Castillon à raison de la dépossession violente qu'il avait subie du fait de de Grave qui avait démoli la construction et arraché ou coupé les plantations.

Cette action fut accueillie par le tribunal de Montpellier dans un jugement du 30 juin 1856 ainsi motivé :

Attendu que le sieur de Grave, pour soutenir le moyen d'incompétence, a prétendu que la rive gauche du Lez étant soumise à la servitude de contre-halage, la muraille et les arbres dont s'agit et qui existent sur le terrain servant constituaient une contravention ; —

Mais attendu que si l'arrêté du Conseil d'Etat porte que le sieur de Grave a, aux termes des lois de la matière, la faculté d'établir un chemin de contre-halage sur la propriété du sieur de Castillon, ce même arrêté constate en même temps que, jamais et à aucune époque, un chemin de halage n'a été établi sur ladite propriété et qu'il ne saurait l'être qu'après une mise en demeure; que c'est là ce qui a déterminé le Conseil d'Etat à relever le sieur de Castillon de la contravention pour laquelle il était poursuivi; qu'il résulte bien positivement dudit arrêté que, ni dans le passé ni dans le présent, les fonds du sieur de Castillon ne sont grevés d'aucune servitude de contre-halage; que les conclusions subsidiaires du sieur de Grave demandant un sursis pour faire déterminer l'étendue et l'assiette dudit chemin viennent encore confirmer sur ce point l'autorité de l'arrêt du Conseil d'Etat; — Attendu dès lors, que la possession du sieur de Castillon au moment du trouble n'étant pas contestée, remontant à plus d'une année et ayant d'ailleurs tous les caractères voulus pour l'exercice de l'action possessoire, l'entreprise du sieur de Grave constitue un acte de violence, dont l'application rentrait dans la compétence du juge du possessoire; que le juge de paix était donc compétent.

Pourvoi du sieur de Grave.

ARRÊT

LA COUR : — Sur le moyen unique du pourvoi :

Attendu, en fait, que, pendant le cours d'une instance administrative poursuivie à sa requête, et dans laquelle il a succombé devant le Conseil d'Etat, de Grave a fait arbitrairement démolir une muraille anciennement construite appartenant au défendeur éventuel, arracher 240 saules et couper deux arbres séculaires plantés sur la même propriété, et que, pour la réparation de ces actes de violence, une demande en réintégrande a été introduite par de Castillon;

Attendu, en droit, que, si l'action en réintégrande est comprise dans la catégorie générale des actions possessoires, elle se distingue par des caractères spéciaux, des conditions légales propres à ce genre d'action et par des résultats différents;

Qu'en effet, les actes violents et arbitraires qui mettent en mouvement la réintégrande en font une mesure d'ordre et de paix publics, une action *quasi ex delicto*, ce qui a amené le droit civil à emprunter au droit canonique la maxime : *Spoliatus ante omnia restituendus;*

Attendu que la restitution, suite de la

réintégrande, fondée sur les principes que l'on vient d'exposer, ne peut être que provisoire; et que, dès lors, elle ne suppose pas une possession caractérisée pour acquérir, mais la seule détention paisible et publique de la chose dont on a été dépouillé par la force;

Attendu que, dans cet état, il était inutile de rechercher si la possession de de Castillon était légitime et si elle pouvait opérer la prescription; qu'en constatant sa détention paisible et publique de la chose, dont il avait été dépouillé par violence, et en admettant par suite en sa faveur l'action en réintégrande, le jugement attaqué n'a violé aucune loi;

Rejette.

CASSATION, Ch. civ. — 31 mars 1857.
(Foriel c. Comm. de Malizai.)

I, 238, 507.

Il y a cumul du possessoire et du pétitoire dans le jugement qui rejette une action possessoire sans examiner les faits de possession et par le seul motif que les juges du pétitoire pourraient déclarer délictueux les faits allégués.

Du 5 mai 1856, jugement du tribunal de Digne ainsi motivé :

Attendu qu'un moulin à farine sis à Malizai, autrefois propriété communale, appartenant aujourd'hui à Foriel, a été vendu nationalement et adjugé aux auteurs de ce dernier, par procès-verbal d'enchères, à la date du 10 décembre 1808 ; — Qu'une des clauses particulières insérées dans le cahier des charges porte que l'adjudicataire sera obligé d'entretenir de l'eau suffisante, tant pour ledit moulin que pour l'arrosage des terres et prés des particuliers, suivant l'usage qui a été suivi jusqu'à présent, et qu'il aura le droit de prendre du bois pour l'entretien de la prise d'eau dans les terres gastes communales, mais sans abus ; — Attendu que Foriel, cité par le ministère public devant le tribunal correctionnel de Digne, pour avoir employé à la réparation, non de la prise, mais de la berge du canal, une certaine quantité de fascines qui lui avaient été délivrées, et, par suite, s'entendre condamner à l'amende pour contravention à l'art. 83, C. for., prétendit que ses titres lui donnaient le droit de faire ce qu'il avait fait, et, soulevant la question préjudicielle de propriété, il demanda un renvoi à fins civiles, ce qui lui fut accordé par jugement du 15 septembre 1855 ; — Attendu que Foriel, en exécution de ce jugement, cita la commune de Malizai, en la personne de M. le maire, au possessoire, devant M. le juge de paix des Mées, pour se faire maintenir dans la libre possession du droit qu'il avait, depuis plus d'un an et jour, d'employer les bois qui lui étaient délivrés, à l'entretien de la prise, berge et déversoir dudit canal, et obtenir le jugement dont est appel, qui fit droit à sa demande ; — Attendu que le droit attribué à Foriel père, par l'acte de 1808, de prendre des bois dans les terres gastes de la commune de Malizai, pour l'entretien de la prise d'eau du canal, est un véritable droit d'usage ; — Attendu que l'art. 83, C. for., considère comme délit le fait de l'usager, qui emploie les bois qui lui sont délivrés à une autre destination que celle pour laquelle le droit d'usage a été accordé ; — Attendu que, suivant l'interprétation qui sera donnée aux titres de Foriel, si l'affaire est portée au pétitoire, les faits de possession par lui articulés et admis par le premier juge, pourraient tomber sous l'application de l'article précité, devenir, par conséquent, des faits délictueux, et, dès lors, inefficaces pour servir de base à la prescription ; — Attendu qu'il est de principe que l'action possessoire ne doit être accueillie que lorsqu'il est certain que les faits de possession qui sont produits, sont de nature à pouvoir servir au pétitoire, pour suppléer au titre, en cas de besoin, par la voie de la prescription ; — Attendu que si les juges du pétitoire, interprétant les actes produits par Foriel, décidaient qu'il n'avait pas le droit d'employer les bois qui lui étaient délivrés, à la réparation des berges ou du déversoir du canal du moulin, il s'ensuivrait que l'intimé aurait commis le délit qui lui était reproché devant le tribunal correctionnel, et qu'il ne pourrait pas, quel que longue que fût sa possession, s'en prévaloir pour établir la prescription en sa faveur, d'où résulterait cette étrange contradiction, que les mêmes faits qui lui auraient servi devant le juge du possessoire, pour lui accorder la possession, devraient être rejetés par les juges du pétitoire, comme inefficaces pour produire la prescription ; qu'en cet état de choses, il y a lieu de réformer le jugement du premier juge.

Pourvoi du sieur Foriel.

ARRÊT

LA COUR : — Donne défaut contre la commune de Malizai, non comparante, et pour le profit :

Vu les art. 23 et 25, C. pr. :

Attendu que l'action portée par Foriel devant le juge de paix, avait uniquement pour objet de le faire maintenir dans la libre possession du droit qu'il exerçait depuis plus d'un an et jour d'employer les bois qui lui étaient délivrés par l'administration forestière à l'entretien de la prise, berge et déversoir du canal de son moulin ;

Que, sans examiner si les faits de possession étaient prouvés, le jugement attaqué a débouté Foriel de sa demande par le motif que, si l'affaire était portée au pétitoire, et si les juges du pétitoire, interprétant les actes produits par Foriel, décidaient qu'il n'avait pas le droit d'employer les bois qui lui étaient délivrés à la réparation du canal de son moulin, les faits de possession articulés pourraient devenir délictueux et seraient dès lors insuffisants pour servir de base à la prescription ;

Qu'en le décidant ainsi, le jugement attaqué a subordonné le possessoire au jugement à intervenir sur le pétitoire, et par là formellement violé les art. 23 et 25, C. pr. civ., qui exigent que le possessoire soit jugé avant le pétitoire, et défendent de les cumuler ;

Casse.

CASSATION, Ch. req. — 12 mai 1857.

(Durou-Duchamps c. Dupeyron.)

I, 589.

Ne constitue pas un acte violent capable d'autoriser l'action en réintégrande le fait de se remettre en possession d'une parcelle de terrain au mépris d'un bornage conclu avec le voisin, lorsque cette prise de possession n'a été accompagnée ni de dévastation de récolte ni de destruction violente de terrain.

Du 4 janvier 1856, jugement du tribunal de Mont-de-Marsan ainsi motivé :

Attendu que la doctrine et la jurisprudence sont aujourd'hui d'accord pour reconnaître que l'action en réintégrande est recevable de la part de celui qui n'a qu'une possession actuelle et de fait ; qu'il n'est pas nécessaire que cette possession ait duré une année ; — Attendu que la violence ou la voie de fait n'étant pas définies par la loi, il appartient aux juges d'apprécier le caractère des actes que l'on prétend constituer la violence ou la voie de fait ; — Attendu qu'il est constaté par le jugement dont est appel qu'il n'existerait sur la ligne séparant les deux propriétés de Durou-Duchamps et de Dupeyron aucun tertre, aucun fossé qui aient été détruits ou comblés; que Dupeyron, se disant propriétaire du fonds, a labouré ce terrain et qu'il y a arraché quelques arbres ou arbustes venus naturellement ; qu'en ne reconnaissant dans ces actes aucun des caractères de la violence ou de la voie de fait, le premier juge les a parfaitement et sainement appréciés, et dès lors a rejeté à bon droit l'action en réintégrande.

Pourvoi du sieur Durou-Duchamps.

ARRÊT

LA COUR : — Attendu que tout acte fait sans droit, toute voie de fait qui pourrait motiver l'action en complainte possessoire, ne fonde pas l'action en réintégrande ; qu'elle n'est ouverte par la loi qu'à celui qui se plaint d'avoir été victime d'actes violents et arbitraires qui troublent dans une certaine mesure l'ordre et la paix publique ;

Attendu que les faits retenus par le jugement attaqué ne constituent ni dévastation de plants et récoltes, ni destruction violente des terrains d'autrui; et qu'en rejetant dès lors l'action en réintégrande, le tribunal de Mont-de-Marsan, loin de violer les règles de la matière, en a fait une saine application;

Rejette.

CASSATION, Ch. civ. — 17 août 1857.

(De Graves c. Castilhon.)

I, 594.

L'action en complainte relative à un bien du domaine public n'en est pas moins recevable, soit contre l'État soit contre le concessionnaire, lorsque la possession trouve son fondement dans un titre antérieur à l'acte qui a rendu le bien imprescriptible. Spécialement, celui qui, pour justifier une action en complainte exercée à l'occasion d'un canal, invoque un titre antérieur à l'édit de 1566 ou à l'époque de déclaration de navigabilité de ce canal, est recevable dans cette action pour faire rétablir une prise d'eau récemment supprimée.

Du 24 avril 1856, jugement du tribunal de Montpellier qui confirme une sentence du juge de paix ainsi motivée :

Attendu que si, en règle générale, toute anticipation ou dérivation d'eaux, effectuée sur le bord d'un canal navigable, inaliénable et imprescriptible par sa nature, ne peuvent être considérées que comme précaires et de simple tolérance, sans que, dans aucun cas, la possession la plus longue puisse faire acquérir au riverain la propriété de ces eaux, il est néanmoins de principe et de jurisprudence, et il résulte notamment d'un grand nombre de décisions rendues par la Cour suprême, et même par le Conseil d'État, que ces riverains peuvent agir au possessoire devant le juge de paix, lorsque, troublés dans l'exercice de leurs droits, ils rapportent à l'appui de leur possession, un titre de concession émané de l'autorité supérieure, et surtout lorsque ce titre remonte à une époque antérieure à la canalisation; car ce cas, tout d'intérêt privé, ne peut être assimilé à celui où un particulier élèverait contre l'Etat la prétention d'avoir acquis par prescription un droit de propriété sur le canal; — Attendu que si, dans le premier cas, le juge de paix ne peut pas juger définitivement sur la validité du titre, il peut néanmoins en ordonner provisoirement l'exécution, sous le rapport de la possession, s'en servir pour juger le caractère de cette possession, et accorder, s'il y a lieu, la jouissance provisoire à celui qui a une possession annale accompagnée d'un titre, sauf la réserve du droit des parties; — Au fond : — Attendu, en fait, qu'un acte d'inféodation, sous la date du 14 octobre 1243, émané du roi d'Aragon, de Mayorque, de Valence et seigneur de Montpellier, donne au propriétaire d'Encivade le droit d'arroser sa propriété d'Encivade avec l'eau de la rivière du Lez, tous les jours, toutes les nuits et toutes les heures qu'il voudra; — Attendu que cette faculté se trouve reproduite dans des actes postérieurs, notamment dans une sentence arbitrale du 29 septembre 1444, déposée chez Giral, notaire, et même énoncée dans un arrêt du Parlement de Toulouse de l'année 1703, produit par M. de Graves lui-même; — Attendu qu'il est de notoriété publique, et qu'il résulte de tous les faits et circonstances de la cause, que le sieur Castilhon, soit par lui, soit par ses auteurs, a toujours joui de cette faculté, et surtout pendant toute l'année qui a précédé le trouble, ce qui n'est pas sérieusement contesté; — Attendu que c'est vainement que le défendeur soutiendrait que cette possession aurait été clandestine puisque les irrigations qui ont eu lieu sur une étendue de terrains très considérable, font supposer qu'elles ne peuvent avoir eu lieu qu'au vu et su du propriétaire du canal et de tous les habitants qui l'avoisinent; — Attendu que le fait de savoir si cette prise d'eau a eu lieu directement sur le canal ou à l'aide de la peissière de Plombat, si les titres de M. Castilhon ont perdu leur force lorsque la rivière a été canalisée, et s'ils n'ont pas été fondus dans ceux de la société des marchands, sont des questions qui ne peuvent être résolues que par le juge du pétitoire, et dont nous n'avons pu par conséquent nous occuper; — Attendu, enfin, que M. de Graves en privant ainsi, par sa voie de fait, M. Castilhon de la totalité des eaux dont l'usage lui appartenait, l'a troublé dans la possession annale où il était desdites eaux, et que, par suite, il est du devoir du juge saisi de la contestation, tout en faisant cesser le trouble, de maintenir ledit M. Castilhon dans sa possession; — Par ces motifs : déclarons l'action possessoire recevable, et attendu que M. Castilhon est en possession annale desdites eaux, et que le trouble apporté à cette jouissance a eu lieu depuis moins d'une année, puisqu'il ne remonte qu'au mois de septembre dernier et que ce n'est que depuis cette époque que M. Castilhon a été privé de l'arrosage, maintenons M. Castilhon dans la possession desdites eaux dans laquelle il a été

troublé, condamnons M. le marquis de Graves à faire ouvrir la vanne du Lez qui communique avec la propriété d'Encivade, ou tout au moins à remettre au demandeur les clefs nécessaires à l'ouverture de cette vanne, et ce, à toutes les époques qu'il plaira à M. Castilhon, et dans tous les cas faire cesser le trouble qu'il a occasionné par son fait.

Pourvoi du sieur de Graves.

ARRÊT

LA COUR : — Sur le premier moyen de cassation pris de la violation des art. 23, C. pr., 2226 et 2229, C. Nap., et de la fausse application du n° 1er de l'art. 6 de la loi du 25 mai 1838 :

Attendu qu'au soutien de sa demande tendant à être maintenu en possession d'une prise d'eau dans le canal aujourd'hui navigable du Lez, pour les besoins de son domaine d'Encivade, Castilhon a produit plusieurs titres, notamment un acte du 14 octobre 1243 par lequel le roi d'Aragon, de Mayorque, seigneur de Montpellier, a concédé, en aliénant ce domaine, le droit de prendre à la rivière du Lez, qui le borde, l'eau nécessaire à son irrigation; que, continuée pendant plusieurs siècles en vertu de titres antérieurs, soit à l'édit de 1566, qui n'a déclaré le domaine de la couronne inaliénable que pour l'avenir, soit même à la canalisation de cette rivière, qui n'a été rendue navigable que depuis 1666, la possession de cette prise d'eau a pu autoriser, vis-à-vis du concessionnaire du canal, la complainte intentée par Castilhon, et servir de base légale à la maintenue qui a été prononcée en sa faveur;

Sur le deuxième moyen de cassation pris de la violation de l'art. 25, C. pr. civ. :

Attendu que le juge du possessoire a pris soin de réserver toutes les questions du fond; qu'après avoir constaté que les propriétaires successifs d'Encivade avaient constamment joui de la prise d'eau, conformément au titre de 1243, il s'est borné à maintenir Castilhon dans sa possession annale desdites eaux; que, par la disposition relative à l'ouverture de la vanne, il n'a pas changé le mode d'exercice de la servitude; qu'il a seulement permis à de Graves de s'affranchir de la charge qu'il avait jusqu'alors d'ouvrir lui-même cette vanne en en remettant, s'il l'aimait mieux, les clefs

à Castilhon, suivant l'offre de ce dernier ; — Qu'il n'a donc pas empiété sur le domaine du pétitoire ;
Rejette.

CASSATION, Ch. req. — 9 nov. 1857.
(Marquis c. Athenant.)

I, 74, 103.

Lorsque le juge d'une action en bornage reconnaît la nécessité, pour borner exactement deux propriétés contiguës, d'étendre l'opération aux propriétés voisines et d'y comprendre le tènement dont elles dépendent, il a le droit d'ordonner d'office la mise en cause des propriétaires des terrains voisins.

Du 10 décembre 1856, jugement du tribunal de Saint-Mihiel qui confirme, en adoptant ses motifs, une sentence du juge de paix qui contient les considérants suivants :

Attendu que les conclusions prises au nom de M. Marquis sont inadmissibles, et n'ont d'autre but que d'empêcher le bornage demandé ; — Qu'elles se fondent, d'ailleurs, sur des faits erronés, et sont conçues pour une hypothèse qui n'est pas celle du procès ; — Attendu, en effet, que le sieur Athenant n'a point demandé en masse le bornage de la Chaînée dite en Vaux, en appelant en cause sans distinction tous les propriétaires des parcelles de terre qui ne sont pas contiguës à celles par lui possédées ; — Attendu, au contraire, que le demandeur s'est strictement conformé au vœu de la loi, en agissant spécialement contre les sieur et dame Poinsignon, ses voisins immédiats, s'en rapportant tous, demandeurs et défendeurs, à la sagesse du tribunal sur l'extension à donner à l'opération, le cas échéant ; — Attendu qu'en attribuant à la justice de paix la connaissance des demandes en bornage, le législateur a implicitement voulu que le magistrat chargé de ces opérations, fût aussi le juge des limites dans lesquelles elles doivent être consenties ; — Attendu qu'en délimitant le périmètre de l'abornement à effectuer, et en appelant au procès tous les propriétaires de parcelles de terre renfermées dans ce périmètre, il n'est pas nécessaire de procéder isolément, en forçant chaque propriétaire d'appeler en cause son voisin le plus proche, pour que celui-ci, à son tour, usant du droit de contiguïté, pût agir pareillement contre son voisin immédiat, et ainsi de suite ; que la raison, le bon sens et la justice repoussent une telle interprétation de l'art. 646, C. Nap. ; — Qu'en pareille matière, il faut moins s'arrêter à la lettre qu'à l'esprit de la loi ; — Que d'ailleurs il est de principe que l'on peut faire indirectement ce que l'on peut faire directement ; qu'en ordonnant

la mise en cause de tous les propriétaires de parcelles de terre de la Chaînée dite en Vaux, on n'a eu d'autre but que d'éviter des lenteurs et d'épargner des frais considérables qu'entraîne toujours un circuit d'actions ; — Que ce mode de procédure est conforme à l'institution des justices de paix, et dans l'intérêt de tous les justiciables ; — Qu'enfin la dame Carliléand et le sieur François-Louis-Joseph, voisin du sieur Marquis, la première en consentant à l'opération demandée, la seconde, en prenant à l'audience les conclusions tendant à ce que la parcelle par elle possédée en la Chaînée des Vaux, d'abord exclue du périmètre par nous fixé, y soit positivement renfermée, demandent tous deux, par cela même, que leurs héritages, contigus à celui du sieur Marquis, soit délimités et abornés ; — Que, sous ce rapport, le désir du demandeur est entièrement satisfait.

Pourvoi du sieur Marquis.

ARRÊT

LA COUR : — Attendu qu'en attribuant aux juges de paix la connaissance des actions en bornage, la loi n'a pu leur refuser les moyens nécessaires pour bien remplir cette attribution ;

Attendu que des cas peuvent se présenter où, pour borner exactement deux propriétés contiguës, il est nécessaire d'étendre l'opération aux propriétés voisines et d'y comprendre le tènement dont elles dépendent ;

Que c'est ce qu'a reconnu, après s'être transporté sur les lieux, le juge de paix saisi, dans l'espèce soumise à la Cour et que, par suite, il a ordonné d'office la mise en cause des propriétaires des terrains voisins de ceux appartenant au demandeur et au défendeur primitifs ;

Qu'en cela, il n'a rien fait de contraire à l'art. 646, C. Nap. ;

Attendu, d'ailleurs, qu'il est constaté en fait qu'en exécution du préparatoire ordonnant la mise en cause des propriétaires voisins, tous ont comparu et donné leur assentiment à l'opération, sauf le sieur Marquis, demandeur en cassation, et que les voisins immédiats du sieur Marquis ont eux-mêmes demandé le bornage de leurs parcelles contiguës avec les siennes, ce qui, au besoin, ferait rentrer l'espèce de la cause dans le cas précis textuellement prévu par l'art. 646 ;

Rejette.

CASSATION, Ch. req. — 17 nov. 1857.
(Brougues c. Aveillé.)

I, 5, 588, 589.

Le caractère des actions ne dépend pas du nom qui leur a été donné par la demande ou attribué par le juge; on doit plutôt s'attacher au fond même de la demande.

Il y a simplement trouble et non violence dans le fait par un usinier supérieur d'arrêter pendant une journée les eaux qui font mouvoir une usine inférieure et de mettre à sec le canal d'amenée.

ARRÊT

LA COUR : — Attendu que le caractère des actions ne dépend pas du nom qui lui aura été donné par la demande des parties ou attribué par la déclaration des juges, et que c'est le cas d'appliquer la maxime *plus est in re quàm in nomine;*

Attendu qu'il s'agissait dans la cause d'un trouble apporté par le propriétaire d'une usine en amont à l'écoulement d'un cours d'eau servant à faire mouvoir un moulin et à l'irrigation d'un pré en aval ;

Attendu qu'il s'agissait uniquement de savoir si les eaux détournées devaient être rendues à leur cours naturel, et si les dommages-intérêts demandés pour le préjudice devaient être accordés ;

Attendu que ce fait constituait une entreprise sur un cours d'eau; que l'art. 6 de la loi de 1838 attribue aux juges de paix la connaissance des actions de cette nature ;

Que, d'ailleurs, il n'était pas contesté, qu'il était même reconnu que la possession était annale, et qu'il ne l'était pas non plus que cette possession avait les autres caractères exigés par la loi pour justifier la demande ;

Que, dès lors, le juge de paix était évidemment compétent pour statuer sur la complainte et faire cesser le trouble, ce qu'il a fait par son jugement, tout en donnant à l'action dont il était saisi une qualification inexacte qui ne pourrait prévaloir sur la nature même des choses ;

Rejette.

___

METZ. — 8 décembre 1857.
(Lefebvre c. Pottier.)

I, 109.

En matière de bornage, le juge a le droit de consulter les titres communs ou non entre les parties, les anciens plans, le cadastre, les signes de délimitation, les traces de culture, en un mot, tous documents lui permettant de vérifier les limites véritables des héritages à borner.

ARRÊT

LA COUR : — Attendu qu'il résulte de la sentence rendue en justice de paix, le 18 septembre 1851, que la demande originaire des sieurs Lefebvre et consorts était, non une action en revendication, mais une demande en bornage dans laquelle les titres étaient contestés ;

Attendu que la demande, ainsi définie et reproduite dans l'exploit introductif d'instance du 5 novembre 1851, avec application à trente-deux parcelles, a été déclarée recevable par un jugement du 26 décembre 1851, dont les motifs sont fort raisonnables, et qui est passé en force de chose jugée, personne ne s'étant pourvu en ce qui touche la nature et la recevabilité de l'action ;

Attendu qu'après une première expertise faite pour rechercher s'il y avait des limites certaines entre les propriétés des parties, le jugement du 28 août 1852 a décidé que ces limites n'existaient pas et a ordonné qu'il serait procédé au bornage sur le vu des pièces, titres et renseignements à fournir par les demandeurs et le défendeur ;

Attendu que ce jugement qui, comme celui du 26 décembre 1851, faisait aux titres la part de légitime influence que ces titres doivent exercer sur la fixation des limites reconnues, n'a pas non plus été attaqué par François Pottier qui l'a exécuté, en comparaissant à l'expertise faite, le 11 juillet 1853, par les sieurs Gentil, Jarlot et Garnier ;

Attendu que le travail de ces experts, dont on ne peut consacrer définitivement les résultats, en l'absence du plan qui l'explique, paraît avoir été fait sur des bases régulières et légales, en ce sens qu'à l'occasion de chaque pièce qu'ils ont examinée, les experts ont discuté la possession et les titres, et indiqué les motifs qu'il y avait de préférer ou d'exclure l'un ou l'autre de ces éléments d'appréciation ;

Attendu que, l'expertise de 1853 ne s'appliquant qu'à quelques parcelles, le jugement du 17 mars 1854 a étendu la nécessité du bornage à un grand nombre de propriétaires, dont il a ordonné la mise en cause, sans modifier, d'ailleurs, les bases d'expertise posées dans les motifs ou le dispositif des jugements des 26 décembre 1851 et 28 août 1852 ;

Attendu que le tribunal de Rocroi, par son jugement du 7 août 1857, a refusé d'homologuer l'expertise de Bouvard et a décidé qu'il en serait fait une nouvelle, dans laquelle on prendrait pour base exclusive la possession actuelle, en écartant tous les titres non contradictoires, c'est-à-dire ceux qui ne sont pas passés avec les personnes auxquelles on les oppose, ou avec les auteurs de ces personnes ;

Attendu que la critique dirigée contre ce jugement est fondée, et que la doctrine du tribunal est évidemment trop absolue ;

Attendu qu'il est certain d'abord que si l'on voulait s'en tenir matériellement et dans tous les cas à la seule possession, il était parfaitement inutile de prescrire, à grands frais, les larges mesures mentionnées au jugement du 17 mars 1854, et de mettre en cause une foule de propriétaires avec lesquels on voulait rechercher des limites certaines dont on refuse ensuite de tenir le moindre compte ;

Attendu qu'en matière de bornage, quand les limites ne sont ni fixées ni connues, comme dans l'espèce actuelle, les deux parties deviennent respectivement demanderesses et défenderesses ; que, dans ce cas, il n'y a pas seulement un fait à constater et à déterminer matériellement par des bornes ; qu'il y a aussi un droit douteux à rechercher par tous les moyens que la loi autorise ;

Attendu qu'aucune loi ne commande de consulter exclusivement la possession ; que la raison indique que cette possession peut être récente, irrégulière, usurpatrice ou vicieuse ; que les vices de cette possession peuvent être démontrés même par des titres non

communs, dont la comparaison prouve que le déficit qu'on remarque dans une parcelle se trouve en excédant dans la parcelle voisine ;

Attendu que les documents publics et privés, que la configuration des lieux et les accidents des terrains peuvent et doivent aussi venir en aide aux experts et leur servir de guides ;

Attendu que la cause elle-même présentait l'exemple de ce qui était à faire dans l'expertise ; qu'il ne s'agissait que d'appliquer à toutes les parcelles la méthode et les règles dont les experts de 1853 avaient fait usage relativement à quelques pièces de terre ;

Attendu que le tribunal s'est surtout trompé en ne condamnant pas la résistance de François Pottier, qui a refusé obstinément de produire les titres qui pouvaient éclairer l'opération de Bouvard ;

Attendu que cette production était indispensable, soit pour justifier les prétentions de l'intimé, soit pour montrer que ces prétentions étaient excessives ;

Attendu qu'il suit de là qu'il y a lieu d'accueillir la première partie des conclusions des appelants ; mais que ces appelants deviennent trop absolus, à leur tour, quand ils demandent à la Cour de décider, dès à présent, d'une manière générale, que l'expert ne sera pas lié par la possession actuelle lorsqu'elle ne concordera pas avec les titres ;

Attendu qu'il y a des cas où les titres, même explicites, sont peu probants, et où la possession qu'on leur oppose mérite de l'emporter sur eux ; que la préférence à accorder à l'un ou à l'autre de ces éléments de preuve dépend des circonstances ou des espèces, et ne peut être déterminée, *à priori*, par une formule fixe et positive ;

Attendu que les magistrats ne doivent pas juger d'avance les procès qui ne sont pas nés ; que tout ce qu'on peut faire, en ces occurrences, c'est de prescrire à l'expert qui doit éclairer la justice de faire connaître sommairement les divers éléments de décision qu'il rencontre et d'en tenir compte, selon leur valeur, dans la solution qu'il propose, sauf aux tribunaux à apprécier le mérite de l'avis émis dans l'expertise ;

Attendu qu'aucune des parties ne demande le remplacement de l'expert nommé d'office, et que c'est à Bouvard qu'il faut laisser le soin de compléter ou de rectifier, à l'égard des deux intimés, l'opération considérable à laquelle il s'est livré;

Attendu que, la sentence des premiers juges étant infirmée, il y a lieu de renvoyer l'exécution de cette sentence au tribunal le plus rapproché du domicile des parties, conformément à l'art. 472, C. pr. civ.;

Met l'appellation et ce dont est appel au néant; émendant, dit que les sieurs F. et V. Pottier seront tenus de produire à l'expert, à sa première réquisition, tous les titres et documents qui pourront servir au bornage de leur propriété; dit qu'au moyen de cette production ou à son défaut, l'expert sera autorisé, pour procéder à ce bornage, à s'éclairer par tous les titres anciens et nouveaux, quand même ils n'émaneraient pas d'un auteur commun; comme aussi à consulter les anciens plans et états de section, le cadastre, les signes de délimitation, les traces de culture et autres moyens de vérification; dit que tous ces moyens seront comparés avec la possession, pour déterminer, selon la valeur de tous ces renseignements divers, sommairement analysés dans le procès-verbal, les points où les bornes devront être posées, sauf au tribunal, dans le cas où les parties n'accepteraient pas l'avis de l'expert, à apprécier les motifs que celui-ci aura donnés, à l'appui du bornage qu'il propose;

Ordonne que, pour l'explication de ce bornage il sera dressé, par le même expert, un plan des lieux à l'égard desquels il y aura contestation sur les limites respectives; renvoie les parties, audit cas de contestation, devant le tribunal de Charleville.

CONSEIL D'ETAT. — 14 décembre 1857.

(Samson c. Mosselmann et Donon.)

I, 427.

Si les lais et relais de la mer font partie des biens hors du commerce et sont, à ce titre, imprescriptibles, il en est autrement lorsqu'ils ont été concédés régulièrement à des particuliers. Du jour de cette concession, ils deviennent aliénables et de véritables propriétés privées. Ils sont dès lors susceptibles de possession de la part des tiers et des actions possessoires.

ARRÊT

NAPOLÉON, etc.: — Vu l'ordonnance de la marine de 1681; — Vu la loi des 22 novembre-1er décembre 1790, les art. 538, 2226 et suiv., C. Nap., et l'art. 41 de la loi du 16 septembre 1807; — Vu le décret du 21 février 1852; — Vu le décret du 21 juillet 1856 qui fait concession aux sieurs Mosselmann et Donon des lais et relais de mer dans les baies de Veys et du Mont-Saint-Michel, notamment l'art. 2, portant: « La concession est faite, sous la réserve des droits des tiers »; — Vu la loi des 16-24 août 1790 et celle du 21 fructidor an III; les ordonnances royales du 1er juin 1828 et du 12 mars 1831; — Vu le décret du 25 janvier 1852 et celui du 17 juillet 1857, art. 5:

Considérant que l'action engagée par le sieur Samson contre les sieurs Mosselmann et Donon avait pour objet: 1° de faire décider que ceux-ci, en faisant enlever des gazons sur un terrain situé au-devant de la digue de Beuzeville, l'ont troublé dans le droit qu'il avait, de temps immémorial, de faire paître ses troupeaux sur ce terrain et d'y prendre du gazon pour l'entretien de ses digues; 2° de les faire condamner à des dommages-intérêts pour la réparation du préjudice causé par ce trouble; que, pour repousser cette demande, les sieurs Mosselmann et Donon ont soutenu que le terrain dont il s'agit est compris dans la concession qui leur a été faite de lais et relais de mer dans la baie de Veys, par notre décret du 21 juillet 1856, et qu'avant cette concession, le sieur Samson n'avait pu avoir la possession utile de ce terrain, attendu qu'il est couvert fréquemment par les eaux de la mer, notamment aux marées d'équinoxe; que le sieur Samson n'a pas contesté que le terrain fût compris dans les limites de la concession faite aux sieurs Mosselmann et Donon, ni qu'il fût couvert des eaux de la mer aux époques désignées; mais qu'il a prétendu que, ce nonobstant, il a pu en acquérir la possession utile par cela seul que le terrain était susceptible de concession aux termes de l'art. 41 de la loi du 16 septembre 1807 et qu'il est compris dans la concession de 1856 sous le nom de lais et relais de mer; que pour vider ce débat entre le sieur Samson et les concessionnaires, il n'y avait pas lieu de faire reconnaître, par application du décret du 21 février 1852, quelles étaient, avant notre décret du 21 juillet 1856, les limites de la mer au point litigieux; que, dès lors, c'est à tort que le préfet de la Manche a élevé le conflit d'attribution à l'effet de revendiquer pour l'autorité administrative le droit de faire cette reconnaissance préalablement au jugement des droits de possession invoqués par le sieur Samson;

Art. 1er. — L'arrêté de conflit pris, le 14 septembre 1857, par le préfet de la Manche, est annulé.

CASSATION, Ch. civ. — 29 déc. 1857.
(Girouin c. Alix.)

I, 228, 243, 500.

Cumule le possessoire et le pétitoire et procède à un véritable règlement d'eau, le juge qui, saisi d'une action en complainte basée sur ce que le défendeur a détourné une partie des eaux dont le demandeur a la possession, rejette la demande par le motif que, malgré cette entreprise, le complaignant reçoit encore suffisamment d'eau pour satisfaire aux besoins de son moulin et que ces changements sont nécessaires à la propre jouissance du défendeur.

ARRÊT

LA COUR : — Vu l'art. 25, C. pr. civ.: Attendu que le jugement attaqué constate, en fait, que les frères Alix, propriétaires du moulin d'Anglas, ont, dans le courant de 1854, opéré dans le cours du ruisseau le Condiaux, des travaux qui ont eu pour résultat de diriger sur leurs usines des eaux qui précédemment se dirigeaient sur le moulin des demandeurs en cassation; que ceux-ci, troublés dans la possession plus qu'annale de ces eaux ont, par action possessoire, demandé à être maintenus

dans la possession qu'ils avaient précédemment; que le jugement attaqué n'a nié ni la possession plus qu'annale des demandeurs, ni le trouble permanent apporté à leur jouissance par les travaux exécutés par les frères Alix; que, pour repousser l'action des demandeurs, il s'est fondé uniquement sur ce que les changements apportés par les frères Alix dans le cours des eaux, étaient nécessaires au fonctionnement de leur usine, et que leurs adversaires avaient conservé un contingent d'eau suffisant pour l'alimentation de leurs moulins; qu'en décidant, par ces moyens tirés du fond du droit, une contestation qui ne devait porter que sur la possession, le jugement attaqué a cumulé le possessoire et le pétitoire, et, par là, violé formellement l'art. 25, C. pr. civ.;

Casse.

CASSATION, Ch. req. — 17 février 1858.
(Saint-Ouen c. Cyr Leroy.)

I, 230, 361.

Le droit d'irrigation qui appartient à tout propriétaire riverain d'une eau courante constitue une faculté dont l'exercice dépend de son intérêt et de sa volonté, sans que cet exercice puisse jamais être considéré comme un trouble au droit d'autrui, quand il n'est, d'ailleurs, signalé de la part de ce riverain ni abus, ni extension de droit, ni aucun fait autre que celui d'une jouissance conforme à son titre.

Le riverain n'est pas non plus tenu d'user de ce droit à des époques fixes et déterminées sous peine de le voir périr.

ARRÊT

LA COUR : — Sur le premier moyen: Attendu qu'aux termes des art. 644 et 645, C. Nap., tout propriétaire riverain d'une eau courante peut s'en servir pour l'irrigation de ses propriétés, en se conformant aux règlements faits pour l'usage de cette eau; que ce droit existe à son profit sans qu'il soit tenu d'en user à une époque fixe et déterminée, sous peine de le voir périr ou péricliter par la prescription ou par une possession tendant aux mêmes fins; qu'en effet, un tel droit constitue une faculté dont l'exercice dépend de son intérêt et de sa volonté, sans que cet exercice puisse jamais être considéré comme un trouble ou une entreprise sur le droit d'autrui, lorsqu'il n'est, d'ailleurs, signalé, dans les actes de ce riverain, ni abus, ni extension de droit, ni enfin aucun fait autre que celui d'une jouissance conforme à son titre ;

Attendu que le jugement attaqué constate, en fait, que Leroy n'a fait usage des eaux dont il est riverain que conformément aux règlements administratifs et dans les limites de son droit ; qu'il n'existait entre lui et Saint-Ouen aucune convention pour modifier ces règlements ;

Qu'il n'existait aucun acte écrit tendant à créer, au profit de Saint-Ouen, propriétaire inférieur, une servitude par destination du père de famille sur le fonds supérieur appartenant à Leroy ;

Qu'en décidant, dans de telles circonstances, qu'il ne pouvait y avoir, au profit de Saint-Ouen, sur les eaux dont ce dernier réclamait la jouissance, une possession *animo domini*, et que Saint-Ouen n'avait qu'une possession précaire ne pouvant donner lieu à l'action possessoire, le jugement attaqué s'est borné à faire l'application des principes qui régissent la possession et n'a violé aucune loi ;

Sur le deuxième moyen :

Attendu que, tout en consultant, comme il en avait le droit, les titres des parties pour éclairer la possession, le jugement attaqué s'est borné à statuer sur la possession annale, laquelle seule était mise en question par les conclusions et demandes des parties ; qu'il n'a rien décidé sur le fond du droit ; qu'ainsi le reproche qui lui est adressé d'avoir statué en même temps sur le possessoire et sur le pétitoire, manque de base et ne peut être accueilli ;

Rejette.

CASSATION, Ch. req. — 29 mars 1858.
(Trouille c. Boulanger-Fortin.)

I, 659, 682.

Une association syndicale constituée administrativement a qualité pour ester en justice.
Si le juge du possessoire a compétence
pour constater la possession des particuliers lésés par l'exécution de travaux publics, ce n'est qu'autant que l'auteur du trouble a opposé une contradiction quelconque à la possession du complaignant.

ARRÊT

LA COUR : — Sur le moyen unique du pourvoi :

Attendu que la commission administrative de la cinquième section des Wattringues du Pas-de-Calais, agissant sous l'autorité du préfet de ce département, a fait procéder au curage des fossés des demandeurs, et à la coupe des arbres qui gênaient l'écoulement des eaux, par suite du refus fait par eux de faire opérer ces travaux, aux termes d'un arrêté du préfet, dont la légalité n'a pas été contestée, pris à la date du 21 mars 1854 ;

Attendu que, se prétendant troublés dans leur possession, les demandeurs ont fait citer les membres de la commission administrative en leur dite qualité devant la justice de paix pour s'ouïr condamner à rétablir les lieux dans l'état primitif, et en 500 fr. de dommages-intérêts ; que sur cette citation, la commission administrative a conclu à l'incompétence du juge de paix, ne contestant en aucune façon la possession ni la propriété des complaignants ;

Attendu que, dans cet état des faits, on ne saurait trouver place à la compétence du juge du possessoire ; qu'en effet, il n'avait ni à rechercher, ni à déclarer une possession formellement reconnue ;

Il ne pouvait ordonner la destruction des travaux opérés dans un intérêt public et par ordre de l'administration, sans excès de pouvoir ;

Enfin, en supposant même que la commission de la cinquième section des Wattringues eût agi sans ordre de l'administration et que l'autorité judiciaire fût compétente pour statuer sur les dommages qui auraient pu être causés, c'est au pétitoire, la possession étant reconnue, que ces dommages auraient dû être réclamés ; que c'est, dès lors, à bon droit que le tribunal, dont le jugement est déféré à la censure de la Cour, s'est déclaré incompétent ;

Rejette.

CASSATION, Ch. req. — 12 mai 1858.
(Fournier c. Schimper.)

I, 264.

Si les eaux pluviales, tant qu'elles sont abandonnées à elles-mêmes, sont res nullius, il en est autrement lorsque par des travaux apparents elles sont soumises à une destination privée. Cette possession doit être respectée et son trouble par un tiers motive l'action en complainte.

Du 7 avril 1857, jugement du tribunal de Trévoux ainsi conçu :

Attendu que les eaux qui font l'objet du litige servaient antérieurement à l'alimentation d'un étang indivis entre l'appelant et l'intimée, qui, d'un commun accord, consentirent à son desséchement ; — Attendu qu'à l'audience il a été reconnu que le bief dudit étang formait la ligne séparative des deux héritages, qu'ainsi le fait d'avoir creusé plus profondément la partie qui longe la propriété de l'appelant est indifférente au procès ; — Attendu que l'existence de ce bief est un fait matériellement constaté dans la cause par la configuration du sol, par l'état des faits vérifiés par M. le juge de paix, enfin par les plans produits par Fournier lui-même ; — Attendu que lesdites eaux recueillies dans le bief de l'étang coulent jusqu'au trou dudit étang, traversent la chaussée, puis, en suivant un fossé creusé de main d'homme, c'est-à-dire l'ancienne vidange, vont se perdre dans un pré de la dame Schimper qui les utilise pour l'irrigation ; — Attendu que Fournier a été obligé de reconnaître que lesdites eaux étaient communes et que la dame Schimper en a toujours eu la possession ; — Attendu que tout le système de l'appelant repose : 1° sur ce principe à savoir que les eaux pluviales sont imprescriptibles et que la possession ancienne et plus qu'annale de l'intimée manque des caractères essentiels et nécessaires pour pouvoir prescrire, parce qu'elle est entachée d'un vice radical de précarité ; — 2° L'appelant articule encore que les eaux étant recueillies dans un fossé creusé sur sa propriété lui appartiennent en vertu du droit du premier occupant, qu'au surplus, elles sont imprescriptibles et ne peuvent donner lieu à l'action possessoire de la part de la dame Schimper, propriétaire inférieure, qui est tenue de les recevoir, à titre de servitude passive, sans pouvoir acquérir de servitude active sur elles ; — Sur le premier point : — Attendu que si les eaux pluviales ne sont pas susceptibles d'une possession légale, il est incontestable aussi que cette règle ne s'applique qu'aux eaux pluviales qui se répandent sur le sol sans aucune direction fixe, mais non pas aux eaux pluviales qui, à mesure qu'elles tombent, vont se réunir dans un lit purement destiné à les recevoir ; dans ce cas alors, elles doivent être assimilées aux eaux courantes dont parle l'art. 644, et peuvent comme celles-ci donner

lieu à l'action possessoire ; — Attendu qu'en appliquant ces principes aux faits de la cause, il est certain que les eaux dont la dame Schimper réclame la possession, sont des eaux pluviales recueillies et dirigées à l'aide d'importants travaux faits de main d'homme, et par conséquent susceptibles d'être prescrites, alors surtout que l'appelant reconnaît la possession constante et continue de l'intimée ; — Sur le deuxième point : — Attendu que le fait d'avoir creusé le bief ne change nullement la position des parties et que cette opération pratiquée par Fournier ne peut avoir aucune influence sur l'action possessoire, en ce qui concerne les eaux qui arrivent sur le pré de la dame Schimper, par la vidange de l'étang qui reçoit toutes les eaux de l'étang, sans distinction de celles qui coulent sur la propriété de la dame Schimper dans la partie du bief creusé par l'appelant.

Pourvoi du sieur Fournier.

ARRÊT

LA COUR : — Attendu que le jugement attaqué réserve expressément au demandeur la jouissance des eaux pluviales qui tombent sur son héritage, en maintenant les époux Schimper en possession de celles qui découlent de leur propriété ;

Attendu que si les eaux pluviales, lorsqu'elles sont abandonnées à elles-mêmes, n'appartiennent à personne *(res nullius)*; il en est autrement lorsque, par des travaux apparents et intelligents de l'homme, elles sont soumises à une destination privée ; que cette possession doit être respectée et que son trouble par un tiers motive et fonde l'action en complainte ;

Attendu que le jugement attaqué reconnaît et déclare que les eaux pluviales dont s'agit, ont été recueillies et dirigées par les époux Schimper à l'aide d'importants travaux faits de main d'homme ; que c'est, dès lors, à bon droit qu'il les déclare susceptibles d'être prescrites et maintient les complaignants dans leur possession d'an et jour ;

Rejette.

CASSATION, Ch. civ. — 18 mai 1858.
(Duclerfays c. Ville de Douai.)

I, 35.

Les arbres plantés sont immeubles comme le sol lui-même tant qu'ils n'en ont pas été séparés ; dès lors, ils peuvent faire l'objet d'une possession distincte de celle du sol. Ainsi, les arbres plantés sur le sol des chemins publics peuvent appartenir aux riverains, bien qu'ils ne soient pas propriétaires de ce sol.

Du 20 décembre 1856, jugement contraire du tribunal de Douai, lequel s'exprime dans les termes suivants :

Considérant qu'il résulte de la combinaison des diverses dispositions de la loi sur la matière, notamment des art. 551 à 555, C. Nap., que l'arbre planté sur un terrain uni et incorporé *ipso facto* à l'immeuble, participe, dès ce moment, à la nature immobilière du sol ; — Qu'il est présumé appartenir au propriétaire du terrain, si le contraire n'est prouvé ; — Qu'il est possible, en effet, que, par suite des dispositions ou conventions contraires à la présomption de la loi, la propriété de l'arbre pris isolément du terrain qui le porte et le nourrit, ait été attribuée à un autre qu'au propriétaire du sol ; — Mais considérant que de la possibilité des dispositions ou conventions licites qui attribueraient séparativement la propriété des arbres à un autre que le maître du sol, on ne pourrait inférer, comme absolument logique et nécessaire cette conséquence, que tout autre mode d'acquisition, et, par exemple, la prescription, serait également admis par la loi ; — Considérant que ce dernier mode d'acquisition paraît, au contraire, implicitement repoussé par le système établi par les diverses dispositions sur la matière ; — Qu'en effet, l'art. 553, C. Nap., dans sa deuxième partie, n'admet pas les plantations au nombre des objets qu'il indique comme pouvant s'acquérir par la prescription ; qu'à cet égard, l'intention restrictive du législateur résulte suffisamment du rapprochement des textes ; qu'en retrouvant le mot *plantation* non-seulement dans la première partie, mais aussi dans chacune des dispositions contenues aux articles suivants, on ne peut méconnaître la volonté bien arrêtée du législateur d'écarter les plantations de la disposition finale de ce même article, et de ne pas les comprendre au nombre des parties ou accessoires du sol susceptibles d'être acquises à l'aide de la prescription ; — Considérant que cette restriction, manifestée par une prétérition évidemment volontaire, a sa raison d'être dans la nature même des choses ; qu'il n'est pas facile, en effet, de concevoir la prescription d'un arbre pris isolément et abstraction faite du terrain qu'il occupe, et qui seul lui communique sa nature d'immeuble ; — Qu'une telle prescription entraînerait avec elle les plus graves atteintes à la propriété du sol et donnerait naissance aux plus grandes difficultés de fait et de droit ; qu'il est aisé de comprendre, dès lors, le motif qui l'aurait fait écarter par le législateur ; qu'inutilement on voudrait se prévaloir des termes de l'art. 3, C. pr., qui range l'action pour usurpation d'arbres parmi les actions possessoires ; — Que le texte dont il s'agit ne peut s'entendre que des arbres plantés comme limites, ou insérés dans la haie formant clôture entre terrains contigus, ainsi qu'il arrive ordinairement ; qu'une telle usurpation ayant pour effet de rendre les limites et la propriété même incertaines, c'est à juste titre que l'action possessoire a pu être donnée au propriétaire du sol troublé dans sa possession ; — Considérant que l'arbre ne pouvant isolément et séparément du sol qu'il occupe être acquis par prescription, il n'est pas possible, non plus, qu'il soit, dans les mêmes termes, l'objet d'une possession utile et légale ; que la possession prétendue par les appelants, ne pouvant avoir pour fin la prescription, à leur profit, du droit de propriété, ne peut être réputée s'être exercée *animo domini* ; qu'elle est, par suite, précaire et dépourvue de l'un des éléments essentiels qui devaient la caractériser ; — Considérant donc que le possesseur du sol possède, en même temps, les arbres qui y sont plantés ; que toute prétention à la possession de l'arbre à un autre titre que celui de possesseur du sol est sans valeur légale pour effacer la possession du propriétaire du terrain ; — Que les appelants ne se prétendent ni propriétaires ni possesseurs du sol sur lequel les arbres sont plantés ; qu'ils ne contestent pas, à cet égard, le droit de la ville intimée ; — Considérant, par suite, que l'action possessoire ne peut compéter aux appelants.

Pourvoi des époux Duclerfays.

ARRÊT

LA COUR : — Vu les art. 3, C. pr. civ., 520, 521 et 553, C. Nap. :

Attendu que la question à juger entre les parties par le tribunal de première instance de Douai était celle de savoir si l'action possessoire était recevable, s'agissant pour les demandeurs de se faire maintenir dans la possession d'arbres implantés sur un terrain à état de chemin communal, duquel ils reconnaissent n'être pas propriétaires ;

Attendu qu'aux termes des art. 520, 521 et 553, C. Nap., les arbres plantés sur le sol sont immeubles comme le sol lui-même, tant qu'ils n'en ont pas été séparés par coupe et abatage ; qu'il est vrai que, en principe général et suivant l'art. 553, les plantations sont présumées faites par le propriétaire du terrain à ses frais et lui appartient ; mais que, suivant le même article, cette présomption cesse lorsque le contraire est prouvé ; qu'il est donc possible que la propriété des arbres, en vertu de titres ou de conventions, appartienne à autres que le propriétaire du sol ; qu'en ce qui touche les arbres plantés sur le sol des chemins publics, ce qui aurait eu lieu dans la cause, la propriété peut en appartenir aux riverains, bien qu'ils ne soient pas propriétaires de ce sol, par application, dans les cas prévus, de la loi de 1792 et du décret du 9 ventôse an XIII ; que, dans ce cas, la propriété des arbres, bien que séparée de celle du sol, ne perd pas son caractère de propriété immobilière, sauf l'application des règles spéciales qui peuvent tenir à la nature même de cette propriété ; que si cette propriété distincte peut être acquise par titres ou résulter de la loi, elle peut par cela même être acquise par prescription à défaut de titres, l'office de la prescription étant de suppléer aux titres ; et que si, aux termes de l'art. 553, C. Nap., la présomption de propriété des plantations en faveur du propriétaire du sol s'efface en présence de preuves contraires, cette preuve contraire peut être faite pour établir la possession qui mène à la prescription, aussi bien que pour établir la propriété ; que l'art. 3, C. pr. civ., a, au surplus, confirmé ces principes, en admettant l'action possessoire pour le fait seul d'usurpation des arbres ; d'où il suit qu'en jugeant, comme il l'a fait, que l'action possessoire ne pouvait compéter à la dame Duclerfays et à Auguste Dumont, par cela seul qu'ils ne se prétendaient ni propriétaires ni possesseurs du sol sur lequel sont plantés les arbres dont ils soutenaient avoir la possession, le jugement attaqué a violé les articles précités ;

Casse.

CASSATION, Ch. req. — 2 août 1858.
(Billette et Bernier c. Durand.)

I, 640.

Si, pour acquérir des droits sur les eaux d'une source, les tiers doivent manifester leur possession par des travaux apparents et exécutés sur le terrain du propriétaire de la source, il n'est cependant pas nécessaire que ces travaux soient établis en entier sur ce terrain ; il suffit que l'entreprise entame l'héritage, ne fût-ce qu'à son extrême limite.

Du 30 juin 1857, premier jugement du tribunal de Barbézieux qui s'exprime ainsi qu'il suit :

Attendu qu'il résulte de l'état de lieux dressé par M. le juge-commissaire qu'anciennement l'eau que fournit la fontaine d'Angeduc s'écou-

lait naturellement à travers la prairie des appelants, du sud-est au nord-ouest, dans un fossé qui la séparait de celle appartenant à l'intimé, et que, de ce fossé, l'eau était répandue sur le pré de Durand ; qu'à une époque, qui est assurément déjà ancienne, le cours de cette eau fut changé et dirigé vers le nord-ouest, sur la tête du pré des héritiers Billette ; que le fossé séparatif des héritages des parties fut comblé et que la rigole qui prolonge le cours d'eau sur le pré de Durand, fut établie ; que ces nouvelles dispositions avaient cet avantage pour toutes les parties qu'elles facilitaient l'irrigation d'une plus grande étendue de leurs terrains respectifs ; — Attendu que si, sur la longueur de la rigole creusée par Billette, il n'existe aucun travail d'art en bois ou en pierre, autre que l'empellement avec fermeture qui se trouve à l'issue du lavoir qu'entretient à l'extrémité sud du pré l'eau de la fontaine d'Angeduc, empellement que Durand n'allègue point avoir établi, il faut reconnaître qu'en l'absence de titre ou de marque du contraire, l'ancien fossé qui sépare les prairies Billette et Durand était, d'après l'art. 666, C. Nap., mitoyen entre les parties, et qu'en prenant dans ce réservoir commun l'eau pour arroser la plus grande étendue alors possible de son pré, Durand avait consommé des actes de possession utiles et entraînant la prescription du droit de prise d'eau ; que ces faits, dont l'existence est attestée, on peut dire par l'état de lieux, doivent nécessairement faire supposer que les changements qui ont été apportés dans la direction des eaux furent convenus et arrêtés entre les parties ; — Attendu, d'un autre côté, que, quand on admettrait par impossible que Billette eût, sans s'être entendu sur ce point avec le propriétaire de la parcelle acquise depuis par Durand, et sans avoir reconnu le droit qu'on dénie aujourd'hui, mis les lieux dans l'état où ils sont, on ne saurait méconnaître que son intérêt lui prescrivait, après avoir creusé la rigole qui longe son pré au levant, de rendre l'eau à son ancien cours avant que son voisin s'en fût emparé ; qu'il retirait aussi plus de profit de l'irrigation et qu'il évitait toutes espèces de difficultés ultérieures, bien faciles au surplus à prévenir dès lors ; qu'au contraire, en dirigeant les eaux vers le fonds de Durand, il a été témoin des travaux que Durand ou ceux qu'il représente ont faits pour en faciliter la chute et en diriger le cours sur son fonds ; que ces travaux permanents et apparents ont eu pour résultat, en continuant ceux déjà effectués par Billette, d'entamer essentiellement son propre fonds, par une tranchée à son extrême limite, et qu'ainsi ils ont dû suffisamment éveiller son attention, en lui signalant les dangers de la position qui lui était faite ; — Attendu, en effet, que la jurisprudence admet que les travaux apparents dont l'art. 642, C. Nap., exige l'achèvement comme point de départ de la prescription, doivent être proportionnés à l'importance du volume de la source et à l'étendue des propriétés qui doivent profiter de l'irrigation ; que, dans l'espèce, ceux ci-dessus spécifiés et tous les faits de la cause sont tels qu'ils n'ont dû ni pu laisser dans l'esprit de Billette aucun doute sur les véritables intentions de son voisin à l'endroit des eaux dont il entendait user au profit de son pré, d'autant plus que les faits de possession offerts en preuve sont si précis et si bien caractérisés, qu'ils auraient été et seraient encore, s'ils sont prouvés, une interpellation successive et continuelle adressée au propriétaire de la source, dont ils auraient constamment menacé les droits; qu'ainsi, de toutes façons, le but que se propose l'art. 640, C. Nap., se trouve atteint; — Attendu que, dans cet état des faits, l'action possessoire de l'intimé est recevable; que les faits qu'il articule sont pertinents et concluants, et que la preuve en doit être admise; — Par ces motifs, etc.

Après l'enquête, un second jugement, en date du 9 novembre 1857, statue ainsi:

Attendu qu'il résulte des témoignages entendus dans l'enquête et dans la prorogation d'enquête, que, depuis un temps immémorial et notamment depuis l'an et jour avant l'action sur laquelle il a été statué par le jugement attaqué, le sieur Durand est en possession réelle, non interrompue, publique et non contestée, de prendre chaque vendredi matin, au lever du soleil, en fermant sur le pré des appelants les rigoles qui servent à son irrigation et en ouvrant une tranchée ou étanche établie sur le cours d'eau principal à la limite de ce pré, toute l'eau que fournit la fontaine d'Angeduc pour la divertir sur sa propre prairie, et qu'il jouit ainsi de cette eau jusqu'au dimanche suivant au lever du soleil, heure à laquelle les appelants ou leurs agents rouvrent leurs rigoles, referment la tranchée et dérivent l'eau sur leur prairie, jusqu'au moment où Durand s'en empare à son tour; — Attendu que ces faits, dont la preuve a été régulièrement et précisément administrée, ne peuvent laisser aucun doute sur le véritable caractère de la possession revendiquée par Durand; — Par ces motifs et ceux déjà exprimés dans le jugement rendu le 30 juin 1857, qui a rejeté l'exception proposée contre l'action de Durand; — Maintient ledit Durand dans la possession annale du droit de prendre les eaux de la fontaine d'Angeduc, pour l'irrigation de sa prairie, etc.

Pourvoi de la veuve Billette et des héritiers Bernier.

ARRÊT

LA COUR : — Sur le moyen unique tiré des art. 642 et suiv., 2228, 2232, C. Nap., et 23, C. pr. civ. :

Attendu, en droit, que le propriétaire du fonds inférieur a le droit d'user des eaux provenant d'une source existant sur un fonds supérieur, lorsque cette jouissance, à défaut de titre, s'appuie sur des ouvrages apparents destinés à faciliter la chute de l'eau dans sa propriété;

Attendu que le jugement attaqué constate, en fait, que Durand a exécuté des travaux apparents et permanents sur le fonds supérieur appartenant aux Héritiers Billette; que ces travaux qui ont pour résultat d'entamer essentiellement le fonds supérieur par une tranchée à son extrême limite, ne sont que la continuation des travaux faits par l'auteur des demandeurs en cassation, et par Durand pour faciliter l'irrigation de leurs propriétés respectives;

Attendu qu'il résulte également du jugement que les faits de possession de Durand sont si bien caractérisés qu'ils ont été une interpellation successive et continuelle adressée au propriétaire de la source dont ils auraient constamment menacé les droits;

Attendu que, dans cet état des faits, le tribunal de Barbezieux, en maintenant Durand dans la possession annale du droit de prendre, à certains jours, les eaux de la fontaine d'Angeduc pour l'irrigation de sa prairie, loin d'avoir violé les articles de lois invoqués par le pourvoi, en a fait une juste application;

Rejette.

CASSATION, Ch. civ. — 10 août 1858.
(Canale c. Canteloup.)

I, 634.

Est recevable l'action possessoire qui a pour but de demander la répression d'un fait qui aggrave la condition d'un fonds soumis à une servitude.

Il y a aggravation, notamment, dans le fait d'utiliser une prise d'eau aux besoins d'une nouvelle usine récemment construite.

ARRÊT

LA COUR : — Vu les art. 23, C. pr. civ., 6 de la loi du 25 mars 1838, et 702, C. Nap. :

Attendu qu'il résulte du jugement attaqué : 1° que tous les défendeurs, à l'exception de Canteloup, avaient acquis par prescription le droit de faire passer sur le fonds de Canale, demandeur, les eaux dérivées du Liamone pour le jeu de deux usines leur appartenant; 2° qu'ils autorisèrent Canteloup, autre défendeur, à se servir du même aqueduc pour conduire les eaux à une nouvelle usine que ledit Canteloup venait de construire ; 3° que celui-ci voulant user de cette autorisation, Canale, demandeur, s'opposa à cette entreprise, et, pour la faire cesser, assigna Canteloup devant le juge de paix jugeant au possessoire ;

Attendu que, sans examiner si les défendeurs avaient le droit·de faire la concession dont Canteloup veut se prévaloir, il suffit que celui-ci ait essayé de faire passer sur le fonds de Canale, depuis moins d'an et jour, les eaux destinées au jeu d'une usine récemment construite par ledit Canteloup, pour que cette entreprise ait constitué une innovation à l'ancien état de choses, une aggravation de servitude et un fait de trouble à la possession de Canale, ce qui donnait à celui-ci le droit d'intenter l'action possessoire dont il s'agit ;

Attendu que cette action, admise par le juge de paix, a néanmoins été rejetée par le jugement attaqué ; en quoi ledit jugement a violé les articles ci-dessus visés ;

Casse.

CASSATION, Ch. civ. — 23 août 1858.
(Salavy c. Bartholot.)

I, 187.

Le jugement qui a été rendu au profit de certains habitants d'une commune ayant agi ut singuli et qui a déclaré notamment qu'un chemin était un chemin voisinal sur lequel le public pouvait circuler librement, ne fait pas obstacle à ce que la partie qui a succombé, soutienne un nouveau procès pour le même objet contre des habitants qui ne figuraient pas dans la première instance.

Du 13 janvier 1857, jugement contraire du tribunal de Marseille ainsi motivé :

Attendu que, par deux jugements émanés du tribunal de céans et un arrêt de la Cour impériale d'Aix, il a été définitivement jugé contre le sieur Salavy et la dame Magneval, veuve Salavy, sa mère, que le chemin qui traverse la propriété par eux possédée au quartier des Aygalades, dans la partie qui longe le ruisseau portant le nom de ce quartier, était un chemin voisinal servant à divers ; — Que, nonobstant ces jugement et arrêt, qui ont acquis aujourd'hui l'autorité de la chose jugée, dans la sentence par lui rendue le 23 juillet dernier,

et dont les sieurs Bartholot et consorts ont émis appel, M. le juge de paix du quatrième canton de Marseille a cru devoir encore tenir pour certain que le chemin dont s'agit étant un chemin privé, les sieurs et dame Salavy pouvaient en avoir et en avaient effectivement la possession ; — Attendu qu'en prenant pour base de sa décision ce point important, le premier juge a commis une erreur manifeste ; il suffit, pour s'en convaincre, de se rappeler la distinction consacrée par la doctrine et par la jurisprudence en matière de chemins privés. — « Les chemins privés, dit M. Dubreuil, se divisent en deux classes : chemin dû à un particulier pour l'utilité de son fonds, que l'on appelle chemin de souffrance ; chemin dû aux propriétaires dans un même quartier, que l'on appelle chemins voisinaux ou de quartier. Le sol des premiers ne cesse pas d'appartenir au propriétaire du fonds sur lequel le chemin est établi. Le sol des chemins voisinaux devient en quelque sorte public entre les co-usagers. Sous ce rapport, ces chemins sont, en quelque manière, des chemins publics. » — Attendu qu'il suit évidemment de là que tous les co-usagers d'un chemin voisinal ont, sur ce chemin, absolument les mêmes droits ; qu'aucun d'eux ne peut en revendiquer la possession exclusive et mettre obstacle à la jouissance des autres ; — Attendu qu'il importe peu que les intimés se trouvent aujourd'hui propriétaires des deux côtés du chemin litigieux dans la plus grande.partie de son parcours ; cette circonstance, amenée par des ventes successives, n'a pas· pu faire que ce chemin changeât de nature ; — Donc, tant que les sieur et dame Salavy n'auront point acquis tout le quartier des Aygalades, tant qu'il existera dans ce quartier un propriétaire autre qu'eux, ayant le droit d'user du chemin dont s'agit pour l'exploitation de son fonds, ou pour se rendre d'un lieu à un autre, ce chemin restera ce qu'il a été à l'origine, c'est-à-dire un chemin voisinal sur lequel le public devra être admis à circuler librement ; — Attendu que les sieur et dame Salavy ont d'autant plus mauvaise grâce de contester cela aujourd'hui, que dans leur procès avec le sieur Fine, pour éveiller l'attention de leurs juges, ils n'ont pas manqué de leur dire qu'une solution qui leur serait défavorable aurait pour eux ce résultat désastreux et cependant inévitable de donner au public un libre accès dans leur propriété ; — Maintenant que la décision qu'ils redoutaient est intervenue, comment pourraient-ils, sans se mettre en contradiction avec eux-mêmes, en dénier les conséquences qu'ils avaient prévues ? — Qu'ils ne disent rien, en effet, qu'à l'égard de Bartholot et consorts, cette décision est *res inter alios acta.* — Le sieur Fine n'a pas pu faire juger contre eux que le passage qu'ils avaient eu la prétention de lui enlever s'exerçait sur un chemin voisinal, sans faire participer au gain de son procès tous les habitants du quartier dont la cause se confondait avec la sienne.

Pourvoi du sieur Salavy.

ARRÊT

LA COUR : — Vu l'art. 1351, C. Nap.:

Attendu que, pour repousser l'action en complainte intentée le 24 septembre 1856, par Gabriel Salavy et sa mère, le jugement attaqué se fonde sur ce que, par un premier jugement au possessoire, en date du 31 août 1852, et par un second jugement au pétitoire, du 14 juin 1853, confirmé par la Cour impériale d'Aix, le 16 août 1855, il aurait été définitivement jugé, contre lesdits Salavy, que le chemin sur lequel Bartholot et consorts se sont permis de passer les 1er et 4 mai 1856, malgré la défense qui leur avait été faite, était un chemin voisinal; d'où il a conclu que le public pouvait y circuler librement;

Mais attendu qu'en supposant que Bartholot et consorts aient invoqué ces décisions comme constituant en leur faveur l'autorité de la chose jugée, il est certain qu'ils n'auraient pu se prévaloir utilement de ce moyen puisqu'ils n'avaient été ni parties, ni représentés auxdites décisions;

Que, par suite, c'est en violation de l'article précité que l'exception dont il s'agit a été admise par le jugement dénoncé;

Attendu que les autres motifs de ce jugement ne sont que la conséquence de celui qui a été mal à propos tiré de la chose jugée, et ne peuvent, dès lors, justifier le dispositif de la décision attaquée;

Casse.

———————

CASSATION, Ch. req. — 9 nov. 1858.
(Hervieux c. Lancelevée.)

I, 263, 346, 528, 594.

L'action possessoire est recevable de la part d'un particulier concessionnaire d'un bien dépendant du domaine public, notamment d'un cours d'eau appartenant à l'Etat.

Si la prestation de serment par les experts commis est une formalité essentielle, il n'en est pas moins certain que les parties peuvent renoncer expressément ou tacitement à l'accomplissement de cette formalité qui n'a été édictée que dans leur intérêt. L'exécution du jugement par l'assistance de la partie aux opérations de l'expert équivaut à une dispense tacite de prestation de serment.

Du 29 mars 1858, jugement du tribunal des Andelys ainsi conçu :

En ce qui touche l'absence de serment de la part de l'expert Sinaquet : — Considérant que si, aux termes de l'art. 42, C. pr., les experts commis à une visite par les juges de paix doivent prêter serment et s'il doit en être dressé procès-verbal par le greffier, les experts commis par ce magistrat peuvent être dispensés de ce serment; qu'il faut donc examiner si l'expert Sinaquet a été dispensé par les parties de cette prestation de serment; — Considérant qu'à l'égard du sieur Lancelevée aucun doute n'est possible, puisqu'il conclut à la validité du rapport de cet expert et qu'il n'élève aucun incident touchant l'absence de serment de la part de celui-ci; — Considérant qu'il en est tout autrement quant au sieur Hervieux; mais qu'il résulte des faits et circonstances du procès qu'il n'a point été dans sa pensée que ledit sieur Sinaquet prêtât serment en qualité d'expert, avant de se livrer à l'opération à lui confiée; — Considérant, à la vérité, qu'il n'a pas in *terminis* fait de déclaration à cet égard; mais il est de principe qu'un consentement tacite peut équivaloir à un consentement exprès, et que ce consentement tacite peut résulter de faits constants; — Considérant, en fait, que le 28 mars 1857, à onze heures du matin, le sieur Sinaquet a opéré en présence de M. le juge de paix et des parties; que le 23 mai, il a opéré en présence des mêmes; que ledit jour, il a entendu lesdites parties dans leurs dires et soutiens, et que ce jour-là même, par conséquent, le sieur Hervieux a répondu au sieur Lancelevée; qu'enfin il est constaté que ce dernier jour l'expert a déclaré avoir clos la séance et avec lesdites parties avoir signé son procès-verbal après lecture; que toutefois, le sieur Hervieux, au moment de signer, a refusé de donner sa signature; — Considérant que, dans toutes les séances et en présence de M. le juge de paix, le sieur Hervieux n'a fait entendre aucune parole pour que l'expert prêtât serment préalablement à l'accomplissement de la mission qui lui était confiée; — Considérant que ce silence de sa part était un consentement tacite à ce que l'expert opérât sans prestation de serment; — Considérant que le sieur Hervieux ne pourrait alléguer l'ignorance de son droit en pareille matière, parce que personne n'est censé ignorer la loi; — En ce qui touche la nature du trouble dont se plaint le sieur Lancelevée : — Considérant que son usine a été établie en vertu d'actes administratifs en due forme; — Considérant, dès lors, que d'après l'art. 6 de la loi du 25 mai 1838 sur les justices de paix, ledit sieur Lancelevée a été en droit de saisir M. le juge de paix du canton de Fleury-sur-Andelle de la complainte possessoire dont il s'agit, consistant en entreprises commises dans l'année sur un cours d'eau servant au mouvement de cette usine; — Considérant que vainement le sieur Hervieux soutient que l'usage de ce cours d'eau ne peut baser une action en complainte possessoire, parce que s'agissant d'une rivière appartenant à l'Etat, pour que cette complainte fût recevable, il faudrait qu'aux termes de l'art. 2229, C. Nap., la possession pût produire une prescription utile, c'est-à-dire la propriété en faveur de celui qui se plaint; — Or, prétend le sieur Hervieux, quelque longue que pût être la possession du sieur Lancelevée, il ne pourrait acquérir la propriété par prescription de la rivière dont il s'agit, parce qu'elle est imprescriptible ; — Considérant que ce soutien du sieur Hervieux serait bien fondé si celui-ci n'avait pas été autorisé par le Gouvernement à établir son usine sur la rivière dont il s'agit; or, comme il a été légalement autorisé à créer cette usine, il ne peut être troublé valablement dans l'usage des eaux qui lui ont été concédées par l'État pour mettre cette usine en mouvement ; — Considérant, dès lors, qu'un tiers ne peut le troubler dans la jouissance et possession de ces eaux, et que, par conséquent, l'argumentation du sieur Hervieux se trouve victorieusement repoussée.

Pourvoi du sieur Hervieux.

ARRÊT

LA COUR : — Sur le premier moyen :
Attendu qu'il n'est pas contesté que si l'expert commis par le juge de paix doit, aux termes de l'art. 42, C. pr. civ., prêter serment, il peut en être dispensé par les parties ; qu'on soutient seulement que la dispense doit être expresse ;

Attendu qu'il ne résulte d'aucun texte de loi qu'il doive en être ainsi, et que, dès lors, la dispense peut être tacite;

Attendu qu'il est constaté par le jugement attaqué qu'il résulte des faits et circonstances du procès, notamment de ceux qui y sont relatés, que les parties avaient dispensé dans la cause l'expert Sinaquet de la formalité du serment, et que cette appréciation des faits ne saurait tomber sous la censure de la Cour de Cassation ;

Sur le deuxième moyen :
Attendu qu'aux termes de l'art. 6 de la loi du 25 mai 1838, le juge de paix connaît, à charge d'appel, des entreprises commises dans l'année sur les cours d'eau servant à l'irrigation des propriétés et au mouvement des usines et moulins;

Attendu que, s'il est de droit commun que la possession ne peut servir de base à la complainte qu'autant qu'elle porte sur un objet susceptible d'être acquis par la prescription, il n'y a rien de contraire à ce principe dans la décision attaquée ;

Que c'est à tort que le pourvoi soutient que la possession de Lancelevée

était précaire, parce qu'elle s'exerçait sur un cours d'eau appartenant à l'État ;

Attendu qu'en effet Lancelevée n'avait établi son usine qu'en vertu d'une autorisation à lui accordée par le pouvoir compétent ;

Que si sa possession pouvait être précaire à l'égard de l'administration, il n'en était pas ainsi vis-à-vis des tiers, et qu'en ce qui concernait ceux-ci, la possession n'avait aucun caractère de précarité qui pût interdire l'exercice de l'action possessoire ;

Rejette.

———

CASSATION, Ch. req. — 22 nov. 1858.
(Bayle c. Ville d'Orange.)

I, 512, 525.

Il appartient souverainement au juge du fond d'apprécier les caractères de la possession à l'aide des titres produits par les parties, pourvu qu'il ne se livre à cet examen que dans le but de caractériser cette possession.

ARRÊT

LA COUR : — Sur la première branche du deuxième moyen, fondée sur ce que le jugement attaqué aurait considéré, comme constitutif d'une possession, des faits empreints de précarité :

Attendu qu'en décidant, dans les circonstances du procès, que les faits articulés par la commune constituaient des faits utiles et capables de fonder une action possessoire, le jugement attaqué a fait une appréciation qui rentrait dans ses attributions; que, par cette appréciation, d'ailleurs, il n'a violé aucune loi et s'est, au contraire, conformé aux règles d'une saine interprétation;

Sur la deuxième branche du même moyen, tirée de ce que le jugement attaqué aurait cumulé le possessoire et le pétitoire en se livrant à l'examen des titres produits par la commune :

Attendu qu'on ne conteste pas au juge du possessoire le droit d'examiner les titres produits par les parties, à la charge de les apprécier au seul point de vue du possessoire et d'y rechercher, non pas le droit, mais le caractère de la possession invoquée;

Attendu que le jugement attaqué n'a pas fait autre chose; que les titres soumis à son examen par la ville d'Orange, ne présentaient aucune difficulté d'interprétation; qu'il a déclaré expressément qu'il ne les consultait qu'au seul point de vue de la possession, et qu'il en a tiré uniquement la conséquence que cette possession s'exerçait par la commune à titre de propriétaire;

Sur la troisième branche du même moyen, tirée de ce que le jugement attaqué aurait opposé au demandeur un écrit non daté ni signé, et attribué au sieur de Jonc, l'un de ses auteurs :

Attendu que, sans examiner si le juge du possessoire, quand il consulte les titres, ne procède pas comme juré pour en apprécier la substance et non la validité en la forme, il suffit de constater que le motif pris de l'écrit dont il s'agit est purement accessoire et pourrait être supprimé sans porter aucune atteinte au jugement attaqué;

Sur le troisième moyen consistant à reprocher au jugement attaqué d'avoir refusé de reconnaître qu'au moyen de la vente administrative du 23 avril 1811, et en vertu de la loi du 14 ventôse an VII, le demandeur avait interverti sa possession et substitué un plein droit de propriété au simple droit de *paquerage* que lui conférait son titre de 1739 :

Attendu que la loi du 14 ventôse an VII avait pour objet de faire rentrer les domaines engagés dans la main de l'Etat, ou d'en consolider la propriété dans celle de leurs détenteurs, à la charge par ceux-ci de payer le quart de l'estimation qui en serait faite;

Attendu que le juge du possessoire n'aurait pu apprécier les effets de cette loi et décider qu'elle avait interverti le titre de 1739, non seulement quant à la précarité de ce titre, mais quant à la précarité même du droit dont il constatait la concession, sans entrer dans l'examen du fond et cumuler ainsi le possessoire et le pétitoire, contrairement aux dispositions de l'art. 25, C. pr. civ.;

Rejette.

CASSATION, Ch. req. — 29 déc. 1858. (D'Orvilliers c. Religieuses de Sainte-Marie-de-Lorette.)

I, 635, 681.

Si le changement apporté au mode d'exercice d'une servitude n'aggrave pas la condition du fonds grevé, il n'y a pas trouble à la possession de ce fonds et, par suite, l'action possessoire n'est pas admissible.

Ainsi, les travaux qui ont pour but de conduire souterrainement des eaux ménagères et autres qui jusque-là se rendaient dans l'égout à ciel ouvert, ne sauraient constituer un trouble de nature à motiver l'action possessoire de la part du propriétaire du fonds assujetti.

Jugement du tribunal de Corbeil ainsi motivé :

Attendu qu'il est reconnu par la marquise d'Orvilliers qu'elle doit recevoir dans sa propriété toutes les eaux ménagères et autres de la commune de Morangis; — Que les eaux du lavoir des dames de Sainte-Marie-de-Lorette ne sont ni plus insalubres ni plus incommodes que celles des autres habitations; qu'elles sont même clarifiées au moyen d'un procédé dont l'emploi est assuré par les avantages qu'il procure à la communauté; — Que, dès lors, la marquise d'Orvilliers n'éprouve aucun préjudice, et qu'elle est sans intérêt dans sa demande; — Attendu que, par sa position topographique, la commune de Morangis ne peut écouler ses eaux de toute nature que par une déclivité de l'ancien parc dont la pente les déverse dans la rivière d'Iveste; — Que l'existence, bien antérieure au Code Napoléon, d'un égout souterrain dans le parc, avec bouche apparente sur la place publique, prouve suffisamment que le domaine de Morangis est de temps immémorial assujetti à recevoir les eaux de la commune, de quelle nature et en quelle quantité qu'elles soient; — Attendu enfin que les eaux du lavoir des dames de Sainte-Marie-de-Lorette ne se déversent pas directement dans l'égout du domaine de Morangis; qu'elles s'écoulent par une conduite établie sous la route départementale n° 35, avec l'autorisation de l'administration supérieure, dans un aqueduc dépendant de cette route, et dont le domaine de la marquise d'Orvilliers est obligé, dans un intérêt public, de souffrir l'écoulement.

Pourvoi de la dame d'Orvilliers.

ARRÊT

LA COUR : — Attendu, dans l'espèce, que l'existence de la servitude dont est grevé le domaine de la dame d'Orvilliers à Morangis, n'est pas contestée par cette dame elle-même; qu'elle se plaint seulement d'un changement dans l'exercice de ladite servitude;

Attendu que tout changement dans la manière de jouir d'une servitude n'est pas interdit par la loi et ne constitue pas nécessairement un trouble à la possession de celui dont la propriété est grevée d'une servitude; que l'art. 702, C. Nap., exige seulement que celui qui a un droit de servitude ne puisse faire, ni dans le fonds qui doit la servitude, ni dans le fonds à qui elle est due, aucun changement qui aggrave la condition du premier;

Attendu qu'il est constaté, en fait, par le jugement attaqué, que les eaux du lavoir des dames de Sainte-Marie ne se déversent pas directement dans l'égout du domaine de la dame d'Orvilliers; qu'elles s'écoulent par une conduite établie récemment sur la route départementale, n° 35, avec l'autorisation de l'administration supérieure, dans un aqueduc dépendant de cette route et dont le domaine de ladite dame d'Orvilliers est obligé, dans un intérêt public, de souffrir l'écoulement;

Que le jugement ajoute que la dame d'Orvilliers n'éprouve aucun préjudice de ce fait, que la servitude dont son domaine est grevé, s'exerce non plus à ciel ouvert, mais au moyen d'une conduite souterraine, et qu'elle est sans intérêt dans sa demande;

Attendu que si le jugement attaqué a joint à ces motifs principaux d'autres motifs qui s'appliquent moins directement à l'action possessoire, ce n'est qu'accessoirement et sans nécessité, la décision se trouvant déjà justifiée;

Qu'ainsi ledit jugement n'a pas violé les art. 23 et 25, C. pr. civ., et a fait une juste application de l'art. 702, C. Nap.;

Rejette.

CASSATION, Ch. civ. — 18 janvier 1859.
(Donadieu c. Comm. de Monteux.)

1, 728.

Celui qui est propriétaire riverain d'un terrain dépendant du domaine public n'est pas obligé, lorsqu'il veut ouvrir des jours, d'observer la distance prescrite par l'art. 678, C. civ. Il en est ainsi notamment lorsque le terrain dont il s'agit présente les caractères d'une propriété communale affectée à l'usage et aux besoins généraux des habitants. Mais l'art. 678 devrait être appliqué si le terrain faisait partie du domaine privé de la commune.

C'est ce qui a été jugé par le tribunal de Carpentras qui s'exprime ainsi:

Attendu que l'art. 678, C. Nap., ne dispose que dans les cas de maisons ou de propriétés contiguës, mais que la doctrine et la jurisprudence ont reconnu qu'il n'était pas applicable lorsque, entre les deux propriétés litigieuses, il existait un espace intermédiaire, et plus spécialement encore lorsque cet espace était une propriété communale d'un usage général et affecté aux besoins des habitants; — Attendu qu'en droit le jugement dont est appel a bien reconnu l'existence de ces principes, mais qu'il en a restreint l'application au cas où cet espace intermédiaire est une rue ou passage public; qu'il importe peu que ce soit un espace consacré au passage des individus; que le seul point essentiel c'est qu'il appartienne à la commune et qu'il soit affecté à l'usage général des habitants; — Attendu, en fait, que l'espace intermédiaire dont s'agit appartient à la commune; qu'il sert à l'écoulement des eaux de trois fontaines publiques de Monteux, et que les eaux pluviales d'une notable partie de la commune s'écoulent par là pour se rendre dans un égout souterrain qui va se perdre sous la route impériale; que tous les divers éléments du procès tendent à donner à ce terrain le caractère d'une propriété communale appropriée à l'usage et aux besoins généraux des habitants et non à titre purement patrimonial; que dès lors, l'art. 678, C. Nap., ne saurait être appliqué; — Attendu que cela est tellement vrai que si la commune, propriétaire du presbytère, avait voulu, aux termes de cet art. 678, empêcher Donadieu d'ouvrir ses fenêtres à cette même distance, ce dernier n'aurait pas manqué de répondre avec raison qu'il les avait ouvertes sur un terrain communal affecté à l'usage et aux besoins généraux des habitants et que, quoiqu'il ne fût pas à la distance légale de la limite du presbytère, il entendait les conserver; que, par voie de conséquence, la commune peut répondre à Donadieu avec la même raison qu'elle a le droit d'élever la clôture du jardin du presbytère, comme lui avait le droit d'ouvrir ses fenêtres; — Par ces motifs, le tribunal disant droit à l'appel interjeté par le maire de Monteux, réforme le jugement du 9 janvier 1857; ce faisant, déclare irrecevable l'action possessoire formée par le sieur Donadieu, rejette sa demande, le condamne à rétablir le mur du jardin du presbytère dans l'état où il se trouvait quand il en a opéré la démolition en vertu du jugement précité, et faute de le faire dans la quinzaine, à dater du présent jugement, autorise le maire de Monteux à faire procéder lui-même à ladite reconstruction aux frais dudit Donadieu.

Pourvoi du sieur Donadieu.

ARRÊT

LA COUR : — Sur le moyen unique tiré de la violation de l'art. 678, C. Nap.:

Attendu qu'il résulte du jugement attaqué que le terrain séparant la maison de Donadieu du presbytère n'appartenait pas à la commune à titre patrimonial, mais présentait tous les caractères d'une propriété communale affectée à l'usage et aux besoins généraux des habitants ;

Que de ce fait, ainsi souverainement apprécié, le jugement attaqué a pu tirer la conséquence que Donadieu, en ouvrant des jours, n'avait entendu qu'user de la faculté appartenant à tout propriétaire riverain de tirer d'un terrain dépendant du domaine public le genre de service que comportait sa nature ; qu'il n'avait prétendu exercer sur les propriétés voisines situées au-delà dudit terrain aucun droit contraire aux prohibitions de l'art. 678, C. Nap. ; que, dans cet état des faits, il ne pouvait se prévaloir de la possession de ces jours pour empêcher la commune de Monteux, propriétaire du presbytère, d'exécuter de son côté, même à une distance moindre de 19 décimètres, des travaux que sa qualité de propriétaire riverain dudit terrain l'autorisait également à faire ;

D'où il suit qu'en rejetant l'action en complainte possessoire de Donadieu, le jugement attaqué n'a violé aucune loi ;

Rejette.

CASSATION, Ch. civ. — 6 avril 1859.
(Comm. de Toucy c. Mauplot.)

I, 178.

Les terrains adjacents à un chemin vicinal ne font pas partie de ce chemin au point de participer à son caractère d'imprescriptibilité. Ils dépendent, au contraire, du domaine privé de la commune et, à ce titre, sont susceptibles de possession de la part des particuliers.

Du 26 août 1857, jugement du tribunal d'Auxerre qui s'exprime dans les termes suivants :

Attendu que les appelants se prétendent propriétaires ou possesseurs de terrains ou cours communes, situés aux Grands-Nains, commune de Toucy, indivis entre eux, qui auraient été vendus à tort aux intimés par le maire de ladite commune ; — Attendu qu'ils produisent à l'appui de leurs prétentions un acte notarié du 13 mai 1815, duquel il résulte que leurs auteurs, déjà propriétaires par titres desdits terrains, ont procédé entre eux à un partage amiable plus conforme à leurs intérêts ; — Que dans cet acte ils disposent en même temps du chemin qui borde aujourd'hui les propriétés riveraines, en fixant sa largeur dans toute l'étendue du terrain partagé à 12 mètres ; — Attendu que c'est en vain que la commune prétend que les parcelles litigieuses font partie d'un chemin appartenant à la commune et ne sont pas susceptibles de propriété privée ; — Qu'en effet, pour invalider le titre invoqué par les appelants, elle articule, mais ne prouve pas que ce chemin fût anciennement nommé et classé dans le tableau des chemins de la commune ; — Que si, en 1849, un tableau des chemins a été dressé par le maire et approuvé par le préfet sans protestation de la part des intimés, cet acte n'en fixant pas la largeur, pourrait être considéré comme non avenu, aux termes de l'art. 15 de la loi du 21 mai 1836 ; — Qu'en le supposant régulier, les riverains, il est vrai, n'auraient plus droit qu'à une indemnité, mais n'auraient pas perdu la propriété des parcelles de terrain non comprises dans le tracé du chemin fixé à 6 mètres par le conseil municipal ; — Attendu, d'ailleurs, qu'il est constant, en fait, qu'antérieurement à la vente faite par la commune, les appelants étaient en possession desdits terrains ; — Que, d'ailleurs, les faits articulés en preuve n'ont pas été sérieusement contestés ; — Par ces motifs, etc.

Pourvoi des communes de Toucy et autres.

ARRÊT

LA COUR : — Sur le deuxième moyen :

Attendu que si l'autorité judiciaire est incompétente pour déterminer les limites d'un chemin classé, il n'appartient qu'à elle de statuer sur les questions de propriété ou de possession qui peuvent naître à l'occasion des terrains adjacents dont l'autorité administrative a autorisé la vente, comme biens communaux, à la demande de la commune que ce chemin traverse ;

Que cette autorisation est la reconnaissance la plus formelle que ces terrains ne sont pas compris dans la voie publique ;

Attendu que si le chemin que bordent les parcelles en litige a été classé par arrêté du préfet de l'Yonne du 3 juillet 1849, et si cet arrêté n'a pas fixé la largeur de ce chemin, l'aliénation desdites parcelles a été, sur la demande de la commune de Toucy, autorisée par un autre arrêté du même fonctionnaire du 29 janvier 1855, et qu'elles ont, en effet, été vendues à la requête du maire de cette commune, suivant procès-verbal du 10 février 1856;

Qu'en accueillant la demande en maintenue possessoire formée suivant exploit du 15 octobre 1856, par Mauplot et consorts contre les acquéreurs de ces terrains, le jugement attaqué n'a ni commis un excès de pouvoir, ni contrevenu aux art. 538 et 2226, C. Nap.; Rejette.

CASSATION, Ch. civ. — 6 avril 1859.
(Izernès c. Capmarty et Ladougne.)

I, 203, 242, 681.

Cumule le possessoire et le pétitoire le juge qui repousse une action en complainte par le seul motif que le fait dénoncé n'a causé aucun dommage au complaignant. Il suffit, pour l'exercice de cette action, de la preuve de la possession et de celle d'une atteinte apportée au fonds d'autrui contre le gré de son possesseur.

Ainsi, le fait de placer un cadre garni de filets sur le radier du pertuis d'un moulin, malgré la résistance et les protestations du possesseur de ce pertuis, constitue un trouble qui justifie l'action possessoire.

ARRÊT

LA COUR : — Vu les art. 2229 et 544, C. Nap., les art. 23 et 25, C. pr. civ.:

Attendu qu'il est constaté par le jugement attaqué : 1° que le samedi 21 mars 1857, les défendeurs placèrent un cadre garni de filets sur le radier du pertuis du grand moulin de Moissac, où ils le fixèrent par divers moyens malgré la résistance et les protestations du demandeur ; 2° que la possession par les actionnaires réunis du grand moulin de Moissac et du pertuis en dépendant était plus qu'annale au moment du trouble signalé, et, de plus, réunissait tous les caractères de paisible et utile possession prévus et définis par les art. 2229, C. Nap., et 23, C. pr. civ.; 3° que l'action possessoire a été formée par le demandeur dans l'année du trouble ; — De tout quoi il résulte que cette action était pleinement justifiée ;

Attendu qu'il importe peu que le jugement attaqué affirme que l'entreprise dénoncée n'a pas occasionné de dommage matériel dès à présent appréciable, et que c'est à tort qu'il a fondé sur ce premier motif le rejet de la demande ;

Qu'en effet, le trouble contre lequel l'art. 23 précité ouvre le recours spécial de l'action possessoire dérive, indépendamment du dommage causé, du fait même et du fait seul de l'usage du fonds d'autrui contre le gré de celui qui est légalement investi de la possession de ce fonds ;

Qu'à ce titre, il est présumé propriétaire et peut ainsi, jusqu'au jugement du pétitoire, revendiquer l'exercice de tous les droits conférés par l'art. 544, C. Nap., parmi lesquels figure incontestablement celui de résister à l'usage, quel qu'il soit, qu'un tiers voudrait faire de la propriété par lui possédée; que le principe, en ce point, est absolu et ne comporte ni exception ni distinction ;

Attendu que c'est à tort encore que le jugement attaqué a fondé le rejet de l'action possessoire sur cet autre motif que l'entreprise dénoncée n'était que l'exercice d'un droit appartenant à l'État, au nom duquel les défendeurs auraient agi ;

Que cette affirmation intéresse, en effet, le fonds même du droit de propriété, et ne pouvait, dès lors, être appréciée qu'au pétitoire ; que le tribunal de Moissac, en y cherchant la base de son jugement, a donc méconnu les effets légaux de la possession et manifestement cumulé ainsi le possessoire et le pétitoire ;

Attendu qu'il suit de tout ce qui précède que ce tribunal, en rejetant l'action possessoire du demandeur, a formellement violé, d'une part, les art. 2229, 544, C. Nap., et 23, C. pr. civ., et, d'autre part, l'art. 25 de ce dernier Code ; Casse.

CASSATION, Ch. civ. — 18 mai 1859. (Maillard et Prévôst c. Filassier et Lemaréchal.)

I, 101, 107.

Doit prononcer son incompétence le juge, saisi d'une action en bornage, devant lequel on articule que l'existence de bornes qui limitaient les propriétés contiguës, remontent à un temps antérieur à celui de la prescription et que, depuis cette même époque, les parcelles comprises dans ces limites avaient toujours été possédées par les défendeurs.

Du 22 mars 1855, sentence contraire du juge de paix, confirmée par adoption de motifs, le 5 mars 1856, par le tribunal de Beauvais :

Attendu qu'aux termes de l'art. 646, C. Nap., tout propriétaire peut contraindre son voisin au bornage de leurs propriétés contiguës ; — Attendu que le bornage, dont l'action est imprescriptible, est une opération qui consiste à constater les limites certaines de deux ou plusieurs propriétés qui se tiennent, et à fixer ensuite ces limites au moyen de bornes ; — Attendu que l'on entend par limites certaines celles qui sont accusées par des signes établis, immuables, tels que murs, arbres, haies, rideaux, chemins, sentiers et autres indices invariables, qu'une possession constante et trentenaire a caractérisées et consacrées ; — Attendu qu'à défaut de limites certaines, telles qu'elles viennent d'être définies, le juge de paix doit faire mesurer et arpenter les terrains soumis à l'opération de bornage, et rechercher, en comparant les quantités trouvées dans lesdits terrains avec celles portées aux titres de propriété, les véritables limites divisoires où doivent être placées les bornes, qui désormais détermineront les contenances réelles de ces terrains et leur délimitation définitive ; — Attendu que le juge de paix ne doit se dessaisir de l'action en mesurage et bornage que s'il s'élève entre les parties des contestations formelles, soit sur les titres, soit sur la propriété des biens qu'il s'agit de borner ; — Attendu que contester les limites des propriétés comprises dans l'opération de bornage, ou ne consentir à cette opération que conformément à la possession actuelle et sans aucun retranchement, ou bien en rendant seulement l'excédant de la contenance au-delà des titres, ce n'est pas soulever une contestation sur les titres ou la propriété, dépassant la compétence du juge de paix qui doit, dans ce cas, apprécier le caractère de la possession et le mérite des objections qui sont faites à ce sujet ; — Que nier un pareil droit, ce serait vouloir restreindre la mission de ce magistrat à une opération purement matérielle de plantation de bornes, et rendre ainsi tout à fait illusoire la nouvelle attribution qui lui a été accordée par la loi du 25 mai 1838 ; — Qu'une telle prétention serait contraire à l'intention du légis-

lateur, dont le but évident a été de changer la compétence en matière de bornage, mais non de changer la nature de cette action qui est toute pétitoire ; que cette intention manifeste du législateur ressort de l'esprit comme du texte de la loi et est, d'ailleurs, reconnue par la doctrine et par la jurisprudence ; — Attendu qu'il existe bien, à la vérité, entre quelques - unes des propriétés, plusieurs bornes dont la plantation paraît récente, et qui ont été trouvées par l'arpenteur, lequel les a figurées sur son plan, mais que l'existence de ces bornes, dont la plupart sont de petite dimension et assez mal plantées, n'est pas régulièrement constatée ; — Qu'en effet, il n'est pas justifié, par les parties qui les invoquent, d'aucuns titres, jugements ou procès-verbaux établissant leur origine, leur stabilité, et présentant des points de repère annonçant qu'elles n'ont jamais varié ; — Que ces bornes, ainsi placées au milieu d'une plaine, sans aucune espèce de preuve de leur existence et peut-être avec l'intention de nuire, n'ont donc aucun caractère légal et ne peuvent, dès lors, être opposées aux propriétaires voisins et arrière-voisins, qui éprouvaient un déficit ; que ce déficit prouve suffisamment que ces bornes ont été ou mal placées ou déplacées ; qu'il n'en existe même pas à tous les angles des parcelles que l'on prétend être complètement bornées ; — Attendu que la possession invoquée par les sieur et dame Périchon et la demoiselle Delaon et par les sieurs Maillard (J.-Pierre), Vaillant (Pierre) et autres, n'est point une possession ayant les caractères voulus par la loi et pouvant, dès lors, conduire à la prescription ; — Que pour qu'il en fût ainsi, il faudrait pouvoir établir à l'aide de signes invariables que les limites des parcelles des susnommés n'ont point changé depuis trente ans ; mais qu'il est impossible de faire une telle constatation, tandis au contraire qu'il n'est que trop évident que ces limites ont subi des variations ; que des anticipations successives, souvent difficiles à reconnaître et constater, se sont graduellement faites dans une plaine de la nature de celle qui compose le périmètre dont il s'agit ; qu'une semblable possession ne peut être considérée que comme une possession équivoque et clandestine ; qu'elle n'aurait le caractère d'une jouissance utile qu'à partir du jour d'une contradiction judiciaire ou extra-judiciaire (contradiction dont il n'est pas justifié), et ne saurait donc être opposée dans un bornage général dont elle paralyserait les effets ; — Attendu que la preuve testimoniale ne pourrait jamais être concluante pour établir la possession invoquée, parce qu'en raison de la clandestinité de cette possession, les témoins ne pourraient en avoir connaissance et attester sa continuité, et aussi parce qu'en l'absence de tous signes immuables établissant que les bornes dont il vient d'être parlé sont toujours restées dans la même position, on peut prétendre que ces bornes ont varié comme de simples sillons et ne peuvent être un obstacle sérieux à une opération de bornage.

Pourvoi des sieurs Maillard et Prévôst.

ARRÊT

LA COUR : — Vu l'art. 6 de la loi du 25 mai 1838 :

Attendu que, d'après cet article, le juge de paix ne connaît de l'action en bornage que lorsque la propriété ou les titres qui l'établissent ne sont pas contestés ;

Attendu que le jugement attaqué constate : 1° que les époux Maillard et les époux Prévost avaient demandé, par des conclusions précises, que le juge de paix d'Auneuil, saisi de l'action en bornage poursuivie par les défendeurs, se déclarât incompétent ; 2° que cette exception était fondée sur la double articulation que l'existence des bornes qui limitaient, à l'égard des demandeurs, les propriétés contiguës, remontait à un temps antérieur à celui nécessaire pour acquérir par prescription, et aussi que, depuis la même époque, ils avaient possédé les parcelles comprises dans ces limites, ce qui suffisait pour justifier la prescription par eux invoquée, et, par suite, l'exception d'incompétence ;

Attendu que, néanmoins, le même jugement a rejeté cette exception ainsi formulée, par le motif que l'existence de bornes matériellement reconnue n'était pas légalement établie et justifiée par des actes judiciaires ou extrajudiciaires ;

Que, de plus, leur plantation était récente ; qu'elles avaient pu subir des déplacements, et qu'enfin elles ne marquaient la délimitation que d'une manière incomplète ;

Attendu que les moyens sur lesquels le jugement attaqué fonde le rejet de l'exception d'incompétence, tels qu'ils viennent d'être déduits, se réfèrent manifestement à un litige portant sur la question même de propriété, et que, dès lors, aux termes de l'article précité de la loi du 25 mai 1838, le juge de paix d'Auneuil était incompétent pour en connaître ; qu'il suit de là qu'en décidant le contraire, le tribunal civil de Beauvais a formellement violé les dispositions de la loi ci-dessus visée ;

Casse.

CASSATION, Ch. civ. — 20 juin 1859. (Trumeau c. Huard.)

I, 447, 681.

Celui qui élève des constructions jusqu'à un mur non mitoyen, mais sans les appuyer contre ce mur, ne commet aucun acte qui dénote l'intention de s'approprier ce mur, soit pour le rendre commun, soit pour en faire sa propriété exclusive. Un semblable fait ne saurait donc être pris pour trouble par le propriétaire du mur.

ARRÊT

LA COUR : — Attendu qu'il est constaté par le jugement attaqué que les constructions élevées par la veuve Huard sur son terrain ne l'ont été qu'à proximité des murs et bâtiment de Turmeau, sans que ladite veuve ait rien appuyé contre ce mur et bâtiment, et sans qu'elle y ait rien introduit ;

Attendu que de pareilles constructions n'impliquent, en aucune façon, l'acquisition d'un droit de mitoyenneté, et en sont même exclusives ;

D'où il suit qu'en déclarant que les constructions de la veuve Huard ne constituaient point un trouble à la possession dudit Turmeau, et ne pouvaient, conséquemment, fonder une action en complainte, le jugement attaqué n'a violé aucune loi ;

Rejette.

CASSATION, Ch. civ. — 21 juin 1859. (Mosselmann c. Sanson.)

I, 429.

Les rivages de la mer, périodiquement couverts par les eaux, ne deviennent prescriptibles et susceptibles des actions possessoires non pas du jour où ils ont été concédés par l'Etat, mais seulement du jour où, après cette concession, il a été procédé par l'Etat à leur délimitation.

Du 28 mars 1857, jugement du tribunal de Saint-Lô qui statue en ces termes :

Considérant en principe que les tribunaux civils n'ont pas le pouvoir de vider les contestations élevées à l'occasion d'actes émanés de l'administration, l'interprétation de ces actes ne leur appartenant pas et l'exécution n'en pouvant être subordonnée à leur appréciation ; — Mais considérant qu'il résulte des termes formels du décret du 21 juillet 1856, que les concessionnaires de la baie des Veys ont été soumis à l'obligation de faire procéder au bornage des lais et relais concédés, pour les délimiter d'avec les terrains possédés par des tiers ; qu'ainsi le décret n'a pas voulu porter atteinte aux droits de ces derniers expressément réservés, encore qu'ils s'appliqueraient à des terrains compris dans le périmètre de la concession ; — Considérant, ceci posé, que suivant ce qui a été allégué et non méconnu devant le premier juge, Sanson a toujours eu, sans obstacle de la part de l'Etat, la possession du sol litigieux, notamment pour l'avoir fait dépouiller par ses bestiaux ; — Considérant que, du moment où le terrain en question a été de temps immémorial utilisé ainsi autrement que par des produits maritimes, il n'est plus possible de prétendre que ce soit une grève proprement dite, dépendance nécessaire de la mer, imprescriptible à ce titre ; — Considérant que s'il s'agissait réellement de délimiter le domaine maritime, il y aurait incontestablement lieu de surseoir jusqu'à ce que cette délimitation fût opérée par l'autorité qui seule est compétente à cette fin ; — Mais considérant que, dans l'espèce, il s'agit évidemment d'un sol susceptible d'appropriation privée ; — Considérant que, sous un autre rapport, l'Etat est entièrement désintéressé, quant à présent du moins, dans la question qui s'agite ; qu'il n'est pas question, en effet, de conserver au public la jouissance inaliénable et imprescriptible des rivages de la mer en la maintenant rigoureusement dans ses limites actuelles, puisque ces rivages sont précisément l'objet de la concession faite aux sieurs Mosselmann et Donon à l'effet d'en opérer le desséchement et de les mettre en valeur ; — Considérant qu'à ce point de vue il n'y aurait d'intéressés que les concessionnaires qui ne peuvent, contre les termes du décret et l'équité qui les a inspirés, porter atteinte à des droits antérieurs dont l'existence serait reconnue ; — Considérant que si, à défaut par les concessionnaires de remplir les conditions à eux imposées, l'Etat devait un jour reprendre ce qu'il a abandonné, tous ses droits renaîtraient sans qu'on pût lui opposer aucuns actes intermédiaires ni même des jugements qui n'auraient été rendus que vis-à-vis des concessionnaires dans un ordre d'idées et d'après des principes tout différents ; — Mais considérant que, dans l'état où se présente la cause, le tribunal doit la retenir pour ne la juger que d'après le droit commun et en appliquant le décret du 21 juillet 1856, qui ne présente ni obscurité ni équivoque ; — Au fond : — Considérant que la possession reconnue au profit de Sanson a réuni tous les caractères voulus par la loi ; qu'elle ne peut être considérée comme précaire en présence des faits qui la constituent ; qu'en vain l'on dirait que cette possession n'a pas été continue ; qu'elle ne cesse pas d'avoir ce caractère, parce que la situation des lieux expo-

serait le possesseur à lutter de temps à autre contre les éléments ; qu'il suffit qu'avant la tentative d'occupation faite par les appelants, le sieur Sanson n'ait été troublé par qui que ce soit dans sa jouissance exclusive ; que c'est donc avec raison que ce dernier a été maintenu dans l'avantage qu'elle lui procure.

Pourvoi des sieurs Mosselmann et Donon.

ARRÊT

LA COUR : — ...Mais sur le deuxième moyen :

Vu l'art. 1er, tit. VII, livre 4, de l'ordonnance sur la marine de 1681, et les art. 538, 2226 et 2229, C. Nap., et 23, C. pr. :

Attendu que, pour repousser l'action exercée par Sanson comme possesseur à titre de propriétaire d'un terrain compris dans le périmètre de la concession faite à Mosselmann et Donon par décret du 21 juillet 1856, de lais et relais de mer dans la baie des Veys, les concessionnaires, excipant des droits du domaine auxquels ils étaient subrogés, avaient mis en fait et soutenu que le terrain en question formait, aux termes de l'art. 1er, tit. VII, liv. 4, de l'ordonnance de 1681, partie des rivages de la mer dont les eaux le couvraient encore périodiquement aux époques des grandes marées, notamment de celles d'équinoxe, et qu'en conséquence ce terrain étant imprescriptible comme dépendance du domaine public maritime jusqu'à la concession de l'Etat qui n'avait point une année de date, la possession prétendue de Sanson était sans valeur et ne pouvait servir de base à une action possessoire ;

Attendu que si, aux termes de l'art. 41 de la loi du 16 septembre 1807, les lais et relais sont aliénables par l'Etat et dès lors prescriptibles il faut reconnaître que les concessions de l'Etat en cette matière peuvent avoir pour objet non-seulement des lais et relais déjà formés par le déplacement des eaux de la mer qui les ont laissés définitivement à découvert, mais encore le droit d'endiguement et les lais ou créments futurs qui ne seront conquis que par l'effet des travaux autorisés par le décret de concession, et qui, faisant partie du rivage de la mer et conséquemment du domaine public jusqu'à l'époque de la concession qui les en fait sortir, n'étaient point, avant cette époque, susceptibles d'une possession privée ;

Attendu qu'il ne pouvait être statué sur le mérite de la possession de Sanson, sans qu'il eût été vérifié si le terrain en litige ne présentait pas, comme le soutenaient les demandeurs, ce dernier caractère ;

Attendu, néanmoins, que sans se préoccuper de la question de savoir si ce terrain ne faisait point partie du rivage de la mer, et en admettant même dans ses motifs que ces rivages soient précisément l'objet de la concession faite à Mosselmann et Donon, et que le possesseur du terrain en question soit exposé à lutter de temps à autre contre la mer, le jugement attaqué a maintenu Sanson dans la possession dudit terrain par le motif qu'il en avait joui sans être troublé par personne avant la tentative d'occupation par les demandeurs ;

En quoi le tribunal civil de Saint-Lô a violé les articles susvisés ;

Casse.

CASSATION, Ch. civ. — 22 juin 1859.
(Cottin c. Lasserre.)

I, 101, 103.

Le juge de paix, qui constate un déficit de contenance dans l'héritage du demandeur en bornage, doit se déclarer incompétent au lieu de condamner le défendeur à restituer ce déficit, en lui réservant le droit de réclamer une même quantité aux propriétaires limitrophes qui ne sont pas en cause. Il y a là une véritable contestation sur la propriété.

Du 30 juillet 1857, jugement contraire du tribunal de la Seine ainsi motivé :

Attendu que les parties n'élevaient plus aucune contestation, soit sur leurs titres, soit sur les quantités auxquelles elles avaient droit d'après les titres ; que, dans ces circonstances, le juge de paix était compétent pour statuer sur l'action en bornage, et sans qu'il fût, d'ailleurs, besoin d'appeler les riverains qui n'étaient pas en cause et dont l'intervention n'était ni demandée ni nécessaire ; — Mais attendu, au fond, que l'affaire est en état de recevoir jugement et que c'est le cas de l'évoquer ; — Attendu que le rapport de Berger, expert commis, est régulier en la forme, et fait une juste appréciation des droits des parties ; — Par ces motifs, et évoquant l'affaire quant au fond, entérine purement et

simplement le rapport de l'expert Berger ; dit qu'il sera exécuté selon sa forme et teneur ; — En conséquence, ordonne que les bornes seront plantées conformément audit rapport et que procès-verbal en sera dressé par l'expert déjà commis.

Pourvoi du sieur Cottin.

ARRÊT

LA COUR : — Vu l'art. 6 de la loi du 25 mai 1838 :

Attendu qu'il résulte des qualités du jugement attaqué que le bornage proposé par l'expert ne pouvait recevoir d'exécution que du consentement de Langlois et de Lepeu, qui n'étaient pas en cause ;

Que ces derniers ayant refusé d'acquiescer audit bornage, on ne pouvait obliger Cottin à céder à Lasserre une partie de sa propriété, puisqu'il ne devait plus obtenir, en compensation, une portion du terrain de Langlois, lequel, à son tour, aurait été mis en possession d'une partie de la propriété de Lepeu ;

D'où il suit que le tribunal d'appel, en infirmant la sentence du juge de paix, nonobstant la contestation sur la propriété, élevée devant ce magistrat, a violé l'article précité ;

Sans qu'il soit besoin de statuer sur le second moyen, donnant défaut contre le défendeur ;

Casse.

CASSATION, Ch. req. — 11 juillet 1859.
(Bergerat c. Guillerot.)

I, 270.

La convention qui règle et répartit la jouissance des eaux pluviales entre deux propriétaires est légale et obligatoire entre eux et le trouble apporté par l'une des parties à ce mode de jouissance peut servir de fondement à l'action possessoire pour la solution de laquelle le juge doit nécessairement apprécier le titre.

Du 29 mai 1858, jugement du tribunal de Bellac qui statue dans les termes suivants :

Considérant qu'il est de principe que les eaux mortes appartiennent au premier occupant, à moins qu'elles n'aient été l'objet de conventions contraires entre les personnes qui peuvent les utiliser; — Considérant qu'il a été constaté par l'expert commis par le tribunal que les eaux qui font l'objet du procès sont, pour la plus grande partie, des eaux mortes; que, par rapport à ces eaux, le pré de Duchesne, porté au plan cadastral sous le n° 787, est le premier occupant; que les eaux mortes qui proviennent du communal de Boismandé sont conduites par leur pente naturelle vers ce pré, et de là dans le pré de Guillerot, porté au plan cadastral sous le n° 750; qu'enfin la rigole qui reçoit ces eaux a été pratiquée par Guillerot sur le terrain de Duchesne aux droits duquel il se trouve aux termes d'un contrat authentique non rapporté mais non contesté, et non sur celui du communal; — Considérant que l'expert a constaté, au contraire, que ce n'est que par des moyens artificiels et à l'aide de travaux que Bergerat parvient à détourner ces mêmes eaux pour les conduire dans son pré dit de Maison, porté au plan cadastral sous le n° 817; que, sous ce premier rapport, Guillerot aurait donc été fondé à demander à être maintenu dans le droit qui résultait pour lui de la situation des lieux et de la pente naturelle des eaux; — Considérant que, par un acte authentique passé au bourg de Boismandé le 7 mars 1773, contrôlé et scellé à Saint-Benoist-de-Soult le 14 mai suivant, les frères Aubrun et Jean Gouchaud firent une transaction à l'occasion des eaux du village de Boismandé; — Que l'expert a constaté et reconnu que les eaux qui font l'objet de cette transaction sont celles qui découlent du communal et se dirigent au travers le village; — Que l'expert ayant fait l'application de la transaction sur les lieux, a reconnu que le pré de Guillerot, qui provient des frères Aubrun, est celui qui devait jouir desdites eaux aux termes de cette transaction, qu'enfin, il a aussi reconnu que le pré où Bergerat conduit les eaux provient des frères Aubrun, et ne pouvait jouir de ces eaux d'après l'acte du 7 mars 1773; — Que Bergerat ne peut avoir plus de droits que ses auteurs et qu'il doit exécuter la transaction qu'ils ont faite; — Que, sous tous ces rapports, il a donc eu tort de troubler Guillerot dans une jouissance qui résulte pour lui du cours actuel des eaux et d'un titre confirmé par un jugement du tribunal de Bellac du 7 mars 1851 et d'un arrêt de la Cour d'appel de Limoges du 15 janvier 1852; — Que la commune n'est pas en nom; que les documents administratifs qui ont été produits sont étrangers au procès et que les droits de la commune restent intacts; — Considérant que, par son fait, Guillerot a été privé des eaux dont s'agit depuis l'année 1853, et en a éprouvé un préjudice qui doit être réparé; — Qu'il y a lieu de lui accorder des dommages-intérêts qui peuvent être évalués à 50 fr.; — Par ces motifs, etc.

Pourvoi du sieur Bergerat.

ARRÊT

LA COUR : — Sur le moyen unique du pourvoi :

Attendu que si les eaux pluviales, considérées en droit et d'une manière absolue, n'appartiennent à personne, et si leur possession doit être considérée comme précaire, le caractère de la possession peut changer par des conventions particulières qui, du consentement des parties, donnent à l'une d'elles la saisine légale de ces mêmes eaux, et confèrent à la possession ainsi légitimée le caractère exigé par la loi pour donner ouverture à l'action possessoire;

Attendu que des conventions de cette nature ne sont nullement contraires à l'ordre public; et que si elles sont sans effet à l'égard des tiers, elles doivent recevoir leur exécution entre les parties contractantes;

Attendu, en fait, qu'il est déclaré par le jugement attaqué que la possession des eaux litigieuses par Guillerot était fondée sur une transaction du 7 mars 1773, dont il avait été fait application sur les lieux par un rapport d'expert, homologué par le tribunal; qu'en faisant droit par suite à l'action en complainte, loin de violer les lois de la matière, il en a fait une saine application;

Rejette.

AGEN. — 11 juillet 1859.
(Ducasse c. Montagnard.)

I, 591.

Le bail à locatairie perpétuelle a, depuis la loi du 18 décembre 1790, transféré au preneur la propriété et conféré au bailleur une simple créance.

ARRÊT

LA COUR : — Attendu qu'aux termes du contrat notarié du 7 mars 1776, le curé et la fabrique de l'église de Mondébat consentirent au sieur Desparbès et autres un bail à locatairie perpétuelle de deux pièces de terre appartenant à ladite église, moyennant une rente annuelle de 12 livres;

Attendu que cet acte ne constitue pas un bail ordinaire, un simple droit de jouissance pour les possesseurs, mais emporte à leur profit une véritable aliénation de la propriété;

Qu'en effet, le décret du 4 août 1789 déclare les rentes rachetables; que celui du 18 décembre 1790 porte que ce principe est applicable aux rentes créées par bail à locatairie perpétuelle; que le bailleur y est qualifié de crédi-rentier, et le preneur de propriétaire; que c'est à ce titre qu'on l'autorise à racheter les rentes, et que ce droit, dit le décret du 2 prairial an II, n'appartient aussi qu'au preneur et non au bailleur; que Tronchet, dans un rapport qu'il fit sur la question même, établit que le bail à locatairie perpétuelle transfère complètement la propriété au preneur; qu'il est si vrai que ce dernier acquiérait un pouvoir absolu sur les biens dont s'agit, qu'il est certain que les créanciers du bailleur ne pouvaient exercer aucun droit sur les immeubles ainsi concédés ;

Attendu qu'il suit de là que la loi du 18 décembre 1790 ayant décidé que la redevance à laquelle se trouvait assujetti le preneur, serait désormais remboursable, comme toutes les autres rentes foncières, on ne peut disconvenir, en supposant que, d'après la jurisprudence de certains Parlements, le bail à locatairie perpétuelle n'eut point jusqu'alors transféré la propriété au preneur, que la loi précitée du 18 décembre 1790 n'eût produit cet effet et métamorphosé le droit du bailleur en une simple créance remboursable à volonté ;

Attendu que, depuis cette loi complétée par celle du 2 prairial an II et par la législation de l'an VII qui mobilisa les rentes foncières, les détenteurs des fonds abandonnés à locatairie perpétuelle ont été, par la puissante interprétation ou déclaration de cette nouvelle législation, de véritables détenteurs à titre de propriété, et de même que les anciens bailleurs ou leurs successeurs se sont vus réduits à de simples droits de crédi-rentiers, c'est-à-dire à un simple droit de créance rachetable ou prescriptible ;

Que, par conséquent, les défendeurs au procès, au moins depuis les lois dont nous venons de parler, n'ont pu posséder au titre précaire d'usufruitiers ou de fermiers, mais à titre de propriétaires; qu'ils étaient sans doute débiteurs d'une rente, mais que cette rente elle-même, ainsi que l'action en résolution ou en titre nouvel, se prescrivent par trente ans, s'ils n'ont fait aucune demande ou aucun paiement;

Que, sous nos lois, la prescription court contre les particuliers, l'Etat, les établissements publics, parmi lesquels sont comprises les fabriques; que le droit revendiqué aujourd'hui par la fabrique de Mondébat n'a pas cessé de reposer sur quelque tête; qu'avant de réclamer si tardivement son envoi en possession, elle était représentée par l'Etat ;

Attendu qu'on reconnaît que les preneurs de l'acte du 7 mars 1776, ou leurs successeurs, n'ont fait depuis 1789 aucun paiement, et n'ont pas été inquiétés; qu'ils ont donc prescrit à la fois et la propriété des immeubles donnés à titre de locatairie perpétuelle dans l'acte du 7 mars 1776, et la rente, et l'action résolutoire ;

Par ces motifs, etc.

————————

CASSATION, Ch. civ. — 8 août 1859.

(Rommier c. Benoist.)

I, 101, 102, 107.

Le juge de paix, saisi d'une action en bornage, cesse d'être compétent lorsque l'une des parties invoque la possession trentenaire à l'appui d'une revendication bien définie.

Il en est de même lorsque la contestation se produit pour la première fois en appel.

Le contraire avait été jugé, le 12 août 1857, par le tribunal de Fontainebleau :

Attendu que, par exploit du 21 janvier dernier, Benoist a formé contre Rommier, une action en mesurage et bornage devant le juge de paix de Nemours; — Que, lors de l'arpentage auquel il a été procédé par l'expert commis, les parties se sont trouvées en désaccord à l'égard d'une petite portion de terrain de 80 centimètres d'étendue ; — Que, devant le juge de paix, Rommier a prétendu qu'il en avait la jouissance, et que le jugement de ce magistrat s'exprime ainsi : « Attendu, d'ailleurs, que M. Rommier ne fait aucunement la preuve qu'il a joui de la portion qu'il réclame, et qu'il n'invoque pas la prescription; » — Qu'il résulte de ces termes que Rommier n'a contesté ni les titres de son adversaire, ni la propriété du terrain en litige, et qu'en invoquant seulement sa jouissance ou possession annale, il n'excédait pas les limites de la compétence du juge de paix ; — Attendu, au fond, que Rommier n'a pas mieux établi cette jouissance en appel qu'en première instance ; — Attendu sur l'appel, Rommier modifiant ses premières prétentions, soulève aujourd'hui la question de propriété en offrant la preuve d'une possession trentenaire ; mais que le tribunal n'étant que juge d'appel au possessoire, et ne pouvant cumuler le possessoire et le pétitoire, est incompétent pour en connaître ; — Par ces motifs, dit que le juge de paix était compétent pour statuer sur la prétention de Rommier et qu'il a bien jugé ; — Et donnant acte à Rommier de ses nouvelles conclusions par lesquelles il conteste la propriété du terrain en litige, se déclare incompétent pour y statuer comme juge d'appel au possessoire, et renvoie Rommier à se pourvoir ainsi que de droit ; — En conséquence, maintient le jugement dont est appel.

Pourvoi du sieur Rommier.

ARRÊT

LA COUR : — Vu l'art. 6, n° 2, de la loi du 25 mai 1838 :

Attendu que l'action en bornage n'appartient point à la classe des actions possessoires, définies et réglées par les art. 23 et suiv., C. pr. civ., et que la compétence, soit du juge de paix au premier degré, soit du tribunal civil en appel, est, en pareille matière, subordonnée à l'absence de contestation sur la propriété ou sur les titres qui l'établissent ; que cette juridiction ne peut donc, ni au possessoire ni au pétitoire, rester saisie et connaître d'une action en bornage, quand un litige met en question entre les parties la propriété ou les titres, que, à quelque phase du procès que s'élève un tel litige, le juge de l'action en bornage doit déclarer son incompétence, sans qu'il y eût à distinguer sous ce rapport entre les deux degrés de juridiction ;

Attendu que, sinon devant le juge du premier degré, du moins devant le juge d'appel, le demandeur a, par des conclusions expresses, formulé une contestation de propriété et une exception d'incompétence, fondées sur une possession de plus de trente ans dont il offrait la preuve, et qui lui aurait attribué par la prescription, contrairement aux prétentions de son adversaire, une partie déterminée du terrain, objet de l'action en bornage ;

D'où il suit qu'en confirmant la sentence du juge de paix, et en maintenant au possessoire le bornage ordonné par ce magistrat, tout en se déclarant incompétent pour statuer sur la contestation de propriété formulée par l'appelant, le jugement dénoncé a faussement appliqué l'art. 23, C. pr. civ., et formellement violé la disposition ci-dessus visée ;

Casse.

CASSATION, Ch. req. — 22 août 1859.
(Pestel c. Fontaine.)

I, 639, 640.

Le maintien en possession des eaux d'une source est utilement réclamé par le propriétaire inférieur qui invoque la destination du père de famille établie conformément aux art. 692 et 693, C. civ. Et cette action peut être exercée contre le propriétaire de la source.

L'art. 6, n° 1, de la loi du 25 mai 1838, qui n'est relatif qu'aux eaux courantes, n'a pas d'application aux eaux de source.

Du 31 août 1858, jugement du tribunal d'Avranches qui statue en ces termes :

Considérant qu'il résulte d'un acte de partage reçu par les notaires d'Avranches, le 3 août 1778, que les propriétés de la Verte-Salle et du Logis-de-Saint-Jean-du-Corail, appartenant aujourd'hui, la première, au sieur Pestel, la deuxième, au sieur Fontaine, dépendaient de la succession de la veuve Bouquet ; qu'elles passèrent, la première, au sieur Deperoune, la seconde, au mineur du Buat ; qu'il est établi, en outre, par tous les documents de la cause que, dès cette époque, les eaux provenant du commun des Chantellières se divisaient en deux branches, dont l'une se rendait sur les dépendances du Logis-de-Saint-Jean-du-Corail pour servir aux besoins du ménage et fertiliser les prairies, après avoir longé le bois de la Verte-Salle, aujourd'hui la bruyère du bois des Houx ; — Considérant que cet état de choses et les droits que les deux copartageants auraient sur cette branche des eaux sont constatés d'une manière incontestable par des titres respectivement produits... ; — Considérant qu'à défaut même des titres respectifs des parties susénoncés, la destination du père de famille consacrée par l'art. 609 de la coutume de Normandie, et depuis par les art. 692 et 693, C. Nap., serait encore, au profit des propriétaires actuels de la Verte-Salle et du Logis-de-Saint-Jean, réunis originairement dans la même main, un titre suffisant pour établir, chacun dans ses limites, les droits qu'ils ont aux mêmes eaux ; mais que la difficulté de concilier ensemble ces deux droits semble avoir été la seule et véritable cause du procès ; — Considérant que, dans l'espèce actuelle, il s'agit de statuer sur une action possessoire ; que les titres susénoncés ne doivent donc servir qu'à éclairer la possession dont les enquêtes établissent l'existence en faveur des parties ; — Considérant qu'il résuite tant des visites de lieux que des enquêtes auxquelles il a été procédé devant le premier juge, que la branche des eaux de Chantellières dont s'agit, en sortant de la pièce du bois des Houx, se dirigeait depuis longues années par une pente de 8 centimètres par mètre, sur une longueur de 140 mètres, jusqu'à l'angle nord-est du champ de la Mare, où elle se réunissait à la source prenant naissance à cet endroit; que, de là, elles se dirigeaient à l'auge ou margelle où elles étaient prises, tant pour les besoins du ménage du fermier du Logis que pour l'irrigation des prés, et que les fermiers du sieur Fontaine, comme ses auteurs, auraient toujours eu soin, sur la recommandation du propriétaire, de nettoyer les ruisseaux, afin que les eaux arrivâssent à la margelle; que si, depuis quelque temps, cette possession a été troublée par les travaux faits par le sieur Pestel sur sa pièce de terre, et si les eaux ont été ainsi détournées de leur direction ordinaire, ce trouble, qui n'a jamais eu la durée nécessaire pour donner légalement la possession à son auteur, n'a été qu'un fait accidentel, précaire, et, par suite, véritablement abusif; — Mais considérant qu'il résulte également des enquêtes que si Pestel n'a pas eu le droit de détourner les eaux à son profit et d'en priver l'autre partie, il est aussi, à son tour, en bonne et valable possession du droit d'avoir, comme l'ont déclaré plusieurs témoins, sur sa pièce de bois des Houx, un abreuvoir, et de se servir des eaux à leur passage, de façon toutefois à ne pas les corrompre, et à les transmettre susceptibles de servir au ménage de la ferme du Logis-de-Saint-Jean; qu'à cet égard, on doit dire qu'il n'a pas la possession du droit de baigner ses bestiaux, de laver et rouir dans son abreuvoir, ni de faire quoi que ce soit qui puisse nuire à la possession du sieur Fontaine; que si quelques faits de cette nature ont été rapportés par certains témoins, ils n'avaient pas un caractère de persistance et de stabilité suffisants pour fonder une possession, et que, d'ailleurs, suivant un plus grand nombre de témoins, le réservoir ancien du sieur Pestel n'avait qu'environ 2 mètres 50 centimètres de longueur sur 2 mètres de largeur, et, par suite, était beaucoup moins grand que celui qu'il avait fait établir dernièrement, et ne pouvait, en tout cas, servir à baigner les bestiaux; d'où il suit que ce point, s'il a eu lieu, n'a pu constituer qu'un véritable abus; — Considérant, par suite, qu'il convient que le tribunal prescrive ici les mesures nécessaires pour éviter les empiétements de l'une des parties sur la possession de l'autre, et indique les dimensions de l'abreuvoir possédé par le sieur Pestel, dans sa pièce de bois des Houx, pour lui procurer tout l'usage qu'il est en possession d'avoir des eaux, sans pouvoir nuire à la possession de l'autre partie; — Considérant, relativement au sourcin prenant naissance entre la commune des Chantellières, qu'il n'a été altéré sur la propriété du sieur Pestel que par les travaux qu'il y a faits; qu'il est, en effet, facile de comprendre qu'en creusant à une certaine profondeur, ou même seulement en abaissant généralement le niveau du sol d'une propriété voisine d'un lieu où plusieurs sources prennent naissance,

on puisse détourner les voies d'eau et altérer sensiblement le produit de ces sources; — Considérant que ce sourcin, qui prend naissance dans le voisinage et à la suite du commun des Chantellières, forme évidemment une dépendance de la masse d'eaux qui en sort, et que, par suite, le sieur Fontaine a, comme du surplus, la possession de jouir des eaux, et, par suite, a intérêt que leur volume ne soit pas diminué, et que c'est encore le cas pour le tribunal d'ordonner le comblement des excavations qui ont pu être faites indûment à cet endroit par le sieur Pestel contrairement à la possession du sieur Fontaine, et, par suite, le rétablissement des lieux dans leur état primitif, conformément à la possession des parties, de manière à ce que les eaux du sourcin soient rendues à leur destination première;.... — Dit que le sieur Fontaine a été valablement gardé et au besoin réintégré dans la possession de la branche des eaux provenant du commun des Chantellières, et de l'aqueduc qui les conduit, ainsi que des sources et du sourcin voisin longeant la pièce du bois des Houx appartenant au sieur Pestel;.... ordonne, conformément à la possession des parties, la destruction des excavations et fouilles faites par le sieur Pestel sur la pièce du bois des Houx, ayant pour effet de détourner tout ou partie des sources et sourcins des Chantellières, et notamment celui situé entre la pièce de bois des Houx et la commune, comme de tout ce qui pourrait corrompre les eaux; en ordonnant le rétablissement des lieux en cette partie dans leur état antérieur, et conformément à la possession, dit que ces travaux seront exécutés par Pestel, etc.

Pourvoi du sieur Pestel.

ARRÊT

LA COUR : — Sur le premier moyen, première branche :

Attendu que l'action en complainte a été intentée pour trouble apporté à la possession d'une eau de source contestée entre deux voisins, et que le juge de paix était compétent par les règles générales de son institution pour statuer sur ce différend;

Sur la deuxième branche :

Attendu que le litige porte sur la jouissance d'eaux privées, et non sur les droits des riverains dont une eau courante traverse la propriété;

Sur le deuxième moyen :

Attendu que le jugement attaqué déclare la servitude fondée en titre par une appréciation de conventions qui échappe à la censure de la Cour; que, d'ailleurs, et surabondamment, il fonde cette même servitude sur la destination du père de famille dûment caractérisée;

Attendu que le droit du demandeur de rechercher les eaux existant dans son fonds était modifié par la servitude dont ce fonds était grevé, et que le jugement attaqué déclare souverainement que le filon d'eau litigieux était détourné de la source des Chantellières dont il faisait partie; que c'est, dès lors, à bon droit que le tribunal a maintenu Fontaine dans la possession des eaux avec le mode de jouissance réclamé par lui;

Rejette.

———————

CASSATION, Ch. civ. — 23 août 1859.
(Lagarrigue c. Peyre.)

I, 182, 263, 594.

Lorsqu'une action possessoire est engagée entre particuliers relativement à un bien dépendant du domaine public, notamment du rivage de la mer, le juge n'a pas le droit de subordonner la recevabilité de cette action à la vérification de la domanialité du terrain, ni d'ordonner la mise en cause de l'Etat.

ARRÊT

LA COUR : — Vu l'art. 23, C. pr. civ.:
Attendu qu'aux termes de cet article l'action possessoire est ouverte à ceux qui, depuis une année au moins, étaient en possession paisible par eux ou les leurs à titre non précaire;

Attendu que, sans examiner si la possession du sieur Lagarrigue réunissait les conditions légales, le jugement attaqué a subordonné la recevabilité de sa demande à l'examen de la question de savoir si le terrain litigieux n'était pas une dépendance du domaine public, comme faisant partie des rivages de la mer; que, pour éclaircir cette question, il a ordonné la mise en cause de l'Etat;

Mais attendu que la question de domanialité ne pouvait influer en rien sur l'action possessoire intentée entre particuliers et dans laquelle n'étaient en jeu que des intérêts purement privés;

Qu'en effet, si la qualité de terrain domanial, et par conséquent imprescriptible, était reconnue à l'objet litigieux, il pourrait en résulter, mais seulement au profit de l'Etat, une fin de non-recevoir contre toute action en

complainte, qui reposerait alors sur une possession inutile et inefficace; mais que, dans la cause actuelle, ce n'est pas l'Etat qui invoque ce moyen et qu'il n'appartient pas à un particulier de s'en prévaloir dans son intérêt privé;

D'où il suit qu'en subordonnant l'action possessoire de Lagarrigue à la vérification de la domanialité du terrain litigieux, le jugement attaqué a formellement violé l'article précité;

Casse.

———————

CASSATION, Ch. civ. — 30 nov. 1859.
(Maurette c. Mouveau.)

I, 516.

La possession d'un communiste est en général équivoque au regard des autres communistes. Il n'en serait autrement qu'autant que celui-ci aurait modifié son mode de jouissance d'une façon préjudiciable pour les autres, et manifestant l'intention d'acquérir une possession exclusive.

Du 4 juin 1856, jugement du tribunal de Marseille qui, après avoir examiné une question de procédure, continue en ces termes:

Attendu qu'il reste à examiner si, l'opposition étant recevable, le juge de paix était compétent pour statuer sur la demande introduite devant lui par le sieur Maurette, par citation du 7 août 1852; — Attendu, en fait, que la possession des eaux du béal est commune entre le sieur Maurette et les syndics du Gast; que cette possession commune résulte de ce que, d'après les titres anciens et incontestés, les syndics du Gast ont le droit de tenir ouverts six trous de la grosseur d'un œuf de poule, pour l'irrigation de leurs légumes et jardinages même pendant les heures où les eaux sont réservées au moulin, c'est-à-dire du lundi à midi au samedi à midi; — Qu'il importe peu, pour le mode de jouissance des eaux, que leur destination soit différente, que les obligations des communistes, quant à l'écluse, aux prises et aux berges, soient différentes aussi; que ces circonstances ne modifient pas ce fait certain qu'il y a possession commune; — Attendu que les faits de trouble dont se plaint Maurette sont : les ouvrages en maçonnerie d'une partie du canal (10 mètres) qui l'ont rétréci; un changement dans les ouvertures d'œufs de poule; un barrage fait sur le béal; — Attendu qu'il ne peut y avoir trouble entre communistes par le fait de l'un d'eux d'avoir modifié et changé son mode de jouissance sans préjudicier à son communiste; que le mode de posséder ne constitue pas en faveur de l'autre communiste une possession utile pour prescrire; que les changements dans l'usage de la possession tiennent à la qualité de maître sur une chose commune, et que toutes les innovations et améliorations lui sont permises à ce titre, s'il n'y a préjudice pour le communiste; — Que ces changements ne peuvent fonder une action possessoire et ne peuvent donner lieu qu'à la question de savoir s'ils étaient prohibés par le titre, ou s'ils n'étaient que la conséquence légitime d'une faculté accordée par ce titre; — Que c'est là une question pétitoire, puisqu'elle exige une application du titre à l'œuvre nouvelle; — Attendu que le principe sera le même si le communiste allègue un préjudice résultant de l'abus de la faculté; qu'à la différence du trouble apporté par un tiers, même dans le cas de préjudice causé, la question entre communistes est toujours ramenée à celle de savoir si le changement opéré par l'un d'eux est l'exercice d'un droit légitime dérivant de sa qualité de communiste, et si le titre en a permis l'usage, question qui échappe à la juridiction du juge de paix; — Qu'il n'y a de limite à ce droit entre communistes, que lorsque l'un d'eux manifeste, par un acte, une possession à son profit, exclusive de celle de son communiste; — Qu'en fait, le sieur Maurette n'a pas pu prescrire contre le mode de jouissance employé jusqu'à ce jour par les syndics; que ceux-ci peuvent modifier ce mode comme ils l'entendent, s'ils ne portent pas préjudice à leur communiste, et l'appréciation de ce préjudice, s'il en existe, ne peut résulter que de l'application du titre aux ouvrages nouveaux faits par les syndics, appréciation qui touche au fond et dont le juge de paix ne peut connaître; — Attendu, sous un autre point de vue, que le fait de barrage est dénié par les syndics comme étant leur fait personnel, et que la preuve du contraire n'est pas rapportée; — Que, d'un autre côté, le fait d'avoir maçonné 10 mètres de canal et de l'avoir ainsi rétréci, n'est pas un grief sérieux et qui ait pu porter un trouble à la possession du sieur Maurette, puisque le canal, ainsi prétendu réduit, reçoit toute l'eau qu'il recevait auparavant; que le fait le plus sérieux, et le seul, en réalité, sur lequel le sieur Maurette fonde son action possessoire, est leur substitution aux ouvertures anciennes des ouvertures nouvelles déterminées par le jugement du 1er mai 1850; — Attendu que le prétendu trouble dont se plaint le sieur Maurette, est fondé sur l'exécution donnée par les syndics à ce jugement; que le sieur Maurette repousse l'autorité qu'on veut tirer contre lui de cette décision, par le motif qu'agissant en qualité de propriétaire des moulins et non en celle d'arrosant, il ne veut ni souffrir, ni profiter de ce jugement; —Que, sans examiner l'influence de ce jugement au fond, dans lequel cependant il est à remarquer que Maurette est représenté comme arrosant, il faut néanmoins reconnaître que le juge de paix était saisi de l'examen de faits se rattachant à l'exécution directe d'un jugement rendu par un tribunal supérieur; que, sous l'apparence d'un trouble à sa possession, c'est bien, en réalité, le jugement du 1er mai 1850, portant règlement d'arrosage entre les parties, que le sieur Mau-

rette attaque; — Qu'en effet, en demandant, quant à lui, que les lieux soient replacés au même état qu'avant les ouvrages nouveaux, le sieur Maurette entend détruire l'effet du jugement du 1er mai 1850 et en empêcher l'exécution entre les parties qui y ont concouru; — Que s'il croit avoir des droits contre les syndics du Gast pour faire modifier ce règlement d'arrosage comme lui portant préjudice, c'est par voie principale et au fond que la demande doit être introduite; — Que le juge n'était pas compétent pour connaître d'une demande qui, en réalité, touche au fond, quoiqu'elle lui ait été présentée sous la forme d'un trouble à la possession.

Pourvoi du sieur Maurette.

ARRÊT

LA COUR: —Sur le deuxième moyen, tiré de la violation de l'art. 6 de la loi précitée, en ce que le jugement attaqué aurait nié la compétence du juge de paix d'Aubagne, quoique le litige portât, en réalité, sur une action possessoire:

Attendu qu'il est constaté par ce jugement que les eaux litigieuses sont communes entre Maurette et les syndics du Gast; que cette possession est fondée sur des titres anciens et incontestés, d'après lesquels les syndics ont le droit de tenir ouverts six trous de la grosseur d'un œuf de poule, pour l'irrigation de leurs légumes et jardinages, même pendant les jours et heures où les eaux sont réservées aux moulins de Maurette;

Attendu que le même jugement constate que le libre usage des eaux par les syndics, pour les fins ci-dessus indiquées, n'a point été modifié ou limité par une œuvre quelconque de Maurette de nature à constituer à son profit une possession annale restrictive de celle des syndics; qu'il constate, en outre, sans que le contraire soit même allégué par le demandeur, que les travaux à raison desquels celui-ci agit par voie de complainte n'ont point affecté, en l'étendant, la possession des eaux communes par les syndics; d'où il suit que le jugement attaqué, en déclarant, en l'état des faits, que les questions relatives aux modes de jouissance des eaux dont il s'agit par les syndics, ne pouvaient être résolues qu'au pétitoire et par l'interprétation des titres, et en infirmant, sous ce rapport, la sentence du juge de paix qui avait affirmé sur ce point sa compétence, loin de violer les dispositions de l'art. 6 de la loi du 25 mai 1838, en a fait, au contraire, une juste application ;

Rejette.

CASSATION, Ch. civ. — 14 déc. 1859.
(D'Authieulle c. Dusannier.)

I, 693.

Est illégale l'exécution donnée à un jugement avant toute signification. Mais cette exécution prématurée ne constitue pas un trouble possessoire de nature à provoquer une action en réintégrande ; elle ne peut justifier qu'une action en dommages-intérêts.

ARRÊT

LA COUR : — Sur le premier moyen :
Attendu que Dusannier, porteur du jugement par défaut rendu par le juge de paix du canton de Rue, le 1ᵉʳ décembre 1857, qui l'autorisait à établir une rigole d'écoulement pour les eaux de la propriété par lui exploitée, sur le chemin de Petyts d'Authieulle, ne pouvait certainement mettre ce jugement à exécution avant de l'avoir fait signifier à ce dernier ; que, néanmoins, l'exécution prématurée par lui donnée à ce jugement, en faisant creuser la rigole, n'était qu'un fait postérieur au jugement lui-même et qui ne pouvait lui en faire perdre le bénéfice ; que l'opposition de Petyts d'Authieulle à ce jugement par défaut ayant été depuis rejetée par celui du 16 mars 1858, qui a de nouveau ordonné l'établissement de la rigole, ce dernier jugement, ainsi que le jugement attaqué, ont pu, sans violer aucune loi, ne considérer les travaux faits prématurément que comme des actes dommageables donnant lieu à des dommages-intérêts, et non comme un trouble dans la possession de nature à provoquer une action en réintégrande ;

Mais sur les autres moyens :
Vu l'art. 1ᵉʳ de la loi du 10 juin 1854 :
Attendu que si les dispositions de cette loi, en permettant à tout propriétaire qui veut assainir son fonds par le drainage, d'en conduire les eaux souterrainement ou à ciel ouvert à travers les propriétés qui séparent ce fonds d'un cours d'eau, s'appliquent à tous les fonds,

quelle qu'en soit la nature, sans distinction entre ceux qui sont affectés à une exploitation rurale, et ceux qui sont exploités pour l'extraction de produits minéraux, cette faculté ne peut, suivant les termes de l'art. 1ᵉʳ, être exercée que moyennant une indemnité préalable ; que l'indemnité ne peut être préalable, si elle n'est entièrement et sans réserve acquittée d'une manière définitive, avant la prise de possession du sol ou l'établissement de la servitude, et que le propriétaire ne peut être ni dessaisi ni grevé qu'autant qu'il a, avant tout, reçu l'équivalent des droits dont il est dépossédé et du préjudice qu'il éprouve ;

D'où il suit qu'en accordant à Petyts d'Authieulle, comme indemnité du droit de drainage attribué à Dusannier sur sa propriété, une somme à toucher successivement, d'année en année, après l'établissement de ce drainage, et de plus une autre somme aussi à toucher annuellement mais provisoirement, et sauf appréciation ultérieure de sa suffisance, le jugement attaqué a violé l'article précité ;

Casse.

CASSATION, Ch. civ. — 19 déc. 1859.
(Préfet d'Alger c. Ladrix.)

I, 363, 486.

L'art. 26, C. pr. civ., ne s'applique qu'à la partie qui, après avoir choisi la voie du pétitoire, veut revenir à l'action possessoire. Mais le défendeur au pétitoire a toujours le droit d'interjeter appel du jugement possessoire qui avait rejeté sa demande en complainte.

Du 8 mai 1856, jugement du tribunal de Blidah qui décide le contraire en ces termes :

Attendu que par exploit du ministère de Lesonneur, huissier à Alger, en date du 28 février 1851, enregistré, Ladrix a assigné le préfet du département d'Alger, comme représentant le domaine de l'État, devant le tribunal de paix du canton nord d'Alger, pour voir statuer sur une action possessoire relative à un terrain sis au quartier des Tagarins, dans la nouvelle enceinte de la ville d'Alger, sur lequel terrain l'administration du génie militaire avait ouvert une route et déposé des matériaux ; — Que, par jugement dudit tribunal, rendu par défaut le 7 mars 1851, enregistré, il a été ordonné que la route serait supprimée, que les matériaux seraient enlevés, que les lieux seraient rétablis dans leur état primitif; — Que, par le même jugement, le défendeur a été condamné à payer à Ladrix la somme de 500 francs à titre de dommages-intérêts ; — Que le préfet, après avoir formé opposition, n'ayant point comparu, a été débouté de ladite opposition par jugement du 2 avril 1851, enregistré ; — Que, par exploit de Dufau, huissier à Alger, en date du 8 avril 1851, enregistré, il s'est porté appelant des jugements des 7 mars et 2 avril de la même année ; — Que, sur cet appel, les sentences sus-datées ont été confirmées par jugement du tribunal d'Alger en date du 13 juin 1851, enregistré, lequel jugement a réduit toutefois les dommages-intérêts à la somme de 100 francs ; — Attendu que ce jugement a été annulé par arrêt de la Cour de Cassation en date du 20 décembre 1854, enregistré ; — Qu'aux termes de cet arrêt, les parties remises au même état où elles étaient avant ledit jugement, ont, pour qu'il fût fait droit sur l'appel, été renvoyées devant le tribunal civil de Blidah ; — Attendu que, par exploit en date du 25 février 1856, enregistré, Ladrix a assigné le préfet ès-qualité devant le tribunal de Blidah pour voir statuer sur l'appel du 2 avril 1851; — Attendu que Ladrix oppose à l'action du préfet une fin de non-recevoir tirée de ce que, dans l'intervalle qui s'est écoulé depuis la date du jugement frappé d'appel, l'immeuble avait été revendiqué par l'appelant; que, par suite, il est présumé avoir renoncé à se défendre au possessoire, par application du principe que le possessoire et le pétitoire ne peuvent être cumulés ; — Attendu que le préfet d'Alger, pour repousser cette fin de non-recevoir, articule qu'en concluant au pétitoire devant le tribunal d'Alger, il n'a fait que défendre à une action suivie contre lui par Ladrix, et qu'il ne saurait dépendre de l'intimé de rendre l'appel sur le possessoire sans effet, en intentant lui-même une action au pétitoire et en forçant l'appelant à conclure sur cette action; que, par suite, le moyen ne trouve pas d'application dans l'espèce, puisqu'aux termes de l'art. 26, C. pr., la fin de non-recevoir dont il s'agit n'est opposable qu'au demandeur au pétitoire ; — Attendu que, pour apprécier les moyens invoqués respectivement par les parties, il faut établir leur rôle exact dans l'instance au pétitoire ; — Attendu, à cet égard, qu'il résulte des documents produits par l'appelant lui-même, la preuve que, sur une instance au pétitoire intentée par Ladrix relativement à des terrains autres que celui qui fait l'objet du procès actuel, le préfet, comme représentant l'Etat, a, postérieurement à l'appel par lui relevé des jugements des 7 mars et 2 avril 1851, intenté lui-même, reconventionnellement, une action pétitoire relativement à la parcelle sur la possession de laquelle il avait été statué tant par lesdits jugements que par le jugement confirmatif du 13 juin 1851 ; — Que si un doute pouvait naître sur l'identité du terrain à l'occasion duquel cette demande en revendication s'exerçait, ce doute serait levé par les conclusions au pétitoire prises par le préfet, lesquelles sont ainsi conçues : « Admettre les conclusions reconventionnelles de l'Etat. Condamner le sieur Ladrix à délaisser, dans les vingt-quatre heures du jugement à intervenir la parcelle dont il s'est emparé depuis le commencement de la présente instance, et dans la possession de laquelle il a été maintenu par jugement du 13 juin dernier statuant au possessoire; sinon et à défaut, le condamner à 25 francs de dommages-intérêts par chaque jour de retard ; » — Attendu, il est vrai, que le préfet objecte qu'en prenant ces conclusions, il avait fait des réserves relativement au pourvoi formé contre le jugement du 13 juin 1851, et que ces réserves ont suffi pour que la fin de non-recevoir, également opposée devant la Cour de Cassation, fût rejetée par cette Cour ; — Mais attendu que la Cour suprême, en rejetant ce moyen, a été déterminée par le motif que le pourvoi ayant été formé d'ordre du ministre de la guerre, chargé par la loi de la conservation du domaine militaire, il ne pouvait appartenir au préfet de renoncer implicitement ou explicitement audit pourvoi, à moins qu'il n'y fût expressément autorisé par le ministre, ce dont il n'était pas justifié ; — Attendu que ce motif ne peut s'appliquer à l'instance pendante, puisque le ministre de la guerre n'est pas en cause ; — Que, d'ailleurs, si la réserve de poursuivre l'effet du pourvoi a pu suffire pour faire repousser la fin de non-recevoir devant la Cour de Cassation, elle ne saurait avoir de résultat devant les juges du fond;— Qu'en effet l'Etat, en provoquant le débat sur la question de propriété, a reconnu le droit de Ladrix à la possession et se trouve virtuellement, et nonobstant toutes réserves, déchu du droit de poursuivre sur l'appel par lui interjeté des jugements du tribunal de Blidah d'Alger qui avaient reconnu et consacré cette possession ; — Qu'admettre le contraire, ce serait violer le principe posé par les art. 25 et 26, C. pr.; — Par ces motifs, et vu l'arrêt de renvoi sus-daté, déclare le préfet d'Alger, ès-nom qu'il procède, non recevable dans son action ; — Dit, en conséquence, que les jugements frappés d'appel sortiront effet.

Pourvoi du préfet d'Alger.

ARRÊT

LA COUR : — Vu les art. 25, 26 et 27, C. pr. civ. :

Attendu qu'une déchéance ne peut être admise par le juge qu'autant qu'elle est formellement prononcée par la loi;

Attendu que l'art. 26 précité ne s'applique qu'à la partie qui, après avoir choisi la voie du pétitoire, veut revenir à l'action possessoire, et à laquelle ce recours est interdit;

Attendu que la condition du défendeur au possessoire est formellement régie par l'art. 27; que ce défendeur ne peut se pourvoir au pétitoire qu'après que l'instance au possessoire est terminée, et même, s'il a succombé, qu'après avoir pleinement satisfait aux condamnations prononcées contre lui ;

Que la loi n'a pas voulu que le défendeur au possessoire pût priver le demandeur du droit de faire prononcer sur sa possession ; que la demande au pétitoire ne peut par elle-même exercer, dans ce cas, aucune influence sur l'instance possessoire, qui doit se continuer et être mise à fin d'après les errements judiciaires qui lui sont propres et comme si aucune demande au pétitoire n'avait été formée ;

D'où il suit que le tribunal civil de Blidah, en jugeant que la demande formée au pétitoire par le préfet d'Alger pendant l'instance possessoire dans laquelle il était défendeur, l'avait rendu non recevable dans son appel des jugements qui le condamnaient au possessoire, a faussement appliqué les art. 25 et 26 et violé l'art. 27, C. pr. civ. ;

Casse.

CASSATION, Ch. civ. — 10 janv. 1860.
(Comm. de Veranne c. Rivory.)

I, 223.

Les formalités et conditions prescrites par l'art. 49 de la loi du 18 juillet 1837 doivent être accomplies par les contribuables qui veulent exercer l'action possessoire lorsqu'il s'agit de réclamer la possession d'un droit communal pour la justification duquel ils sont dans la nécessité d'invoquer le droit collectif de la section de commune à laquelle ils appartiennent. Il en est ainsi notamment lorsque certains habitants d'une section de commune réclament à être maintenus en possession de terrains dont ils ont joui soit par le pâturage de leurs troupeaux, soit par l'enlèvement des bruyères qui y croissent concurremment avec les autres habitants.

Du 17 novembre 1857, jugement contraire du tribunal de Saint-Etienne qui statue dans les termes suivants :

Attendu que la commune de Veranne soutient que les intimés étaient sans qualité pour former la complainte possessoire admise par le juge de paix, à défaut d'avoir rempli les formalités prescrites par les art. 49 et 56 de la loi du 18 juillet 1837, et qu'il s'agit de statuer sur le mérite de cette fin de non-recevoir ; — En droit : — Attendu que la doctrine et la jurisprudence reconnaissent à l'habitant d'une commune, qui est troublé dans l'exercice d'une possession même communale, le droit de se pourvoir par la voie de la complainte contre l'auteur du trouble et, au besoin, contre la commune elle-même ; — Attendu que, vainement, on oppose l'absence de texte autorisant l'habitant à s'assurer, par la voie de la complainte, la jouissance et la perception des fruits auxquels il a droit en sa qualité d'habitant ; — Attendu, en effet, que l'intérêt est la base et la mesure des actions ; — Qu'il suffit de justifier d'un intérêt légitime pour qu'une action soit recevable en justice, et qu'il ne faut pas demander la production d'un texte qui autorise l'action, mais qu'il faudrait, au contraire, en présenter un qui la prohibât ; — Attendu que ces principes ne sont pas en contradiction avec les articles invoqués de la loi du 18 juillet 1837 ; — Attendu qu'on comprend, en effet, la nécessité des formalités préalables exigées par cette loi lorsqu'il s'agit de faire entrer dans un litige un être moral, commune ou section de commune, et de l'exposer à toutes les conséquences d'un débat judiciaire ; — Mais qu'il en doit être autrement lorsqu'il s'agit d'une demande formée par les habitants *ut singuli*, en dehors de l'être moral, dont les intérêts ne peuvent être compromis par l'admission ou le rejet de la demande, ce qui sera toujours pour lui : *Res inter alios judicata;* — Attendu, en fait, qu'il y a d'autant plus lieu de faire application de ces principes à la cause, que la complainte possessoire dont s'agit a été formée par les intimés agissant en leur propre et privé nom, et non comme composant la section de la commune de la Grande-Chomienne; qu'il est articulé et non contesté que les intimés représentent tous les habitants de la Grande-Chomienne; qu'ainsi tous ceux qui ont un intérêt particulier dans le débat y sont représentés; et qu'en outre, la commune de Veranne a été régulièrement autorisée à défendre à leur demande, bien que cette autorisation ne fut pas nécessaire puisqu'il ne s'agissait que d'une action possessoire ; — Attendu que, de ce qui précède, il résulte que la fin de non-recevoir n'est pas fondée ; — Au fond, adoptant les motifs du premier juge.

Pourvoi de la commune de Veranne.

ARRÊT

LA COUR : — Mais, sur le deuxième moyen :

Vu les art. 49, 56, 57, de la loi du 18 juillet 1837 :

Attendu, en droit, que suivant l'art. 56, lorsqu'une section de commune est dans le cas d'intenter ou de soutenir une action en justice contre la commune, il est constitué, dans la forme indiquée, une commission syndicale; ce préalable rempli, l'action est suivie par celui de ses membres que la commission désigne à cet effet, lequel, pour la section, remplit, quant au procès, l'office du maire relativement à une commune;

Attendu que cette disposition est générale, qu'elle s'applique donc aux actions possessoires, suivies dans l'intérêt de la section, comme aux actions formées au pétitoire, avec cette différence seulement qu'aux termes de l'art. 54, le syndic choisi par la commission aura qualité, à l'exemple du maire pour la commune, afin d'intenter ou soutenir les premières, sans autorisation du Conseil de préfecture;

Attendu qu'il est reconnu par le jugement du tribunal de Saint-Étienne que le hameau dit Grande-Chomienne est une section de la commune de Veranne et que tous les habitants et possédant biens de cette section ont introduit en leur nom individuel, devant le juge de paix de Pelussin, contre cette commune, une action en complainte à l'effet d'être maintenus dans la possession indivise où ils seraient, depuis plus d'an et jour, de deux terrains en nature de pâturage et bruyères, l'un de 50 hectares 52 ares, l'autre de 49 hectares 12 ares, situés sur le territoire de cette commune, et dont ils auraient joui au moyen de l'envoi de leurs troupeaux au pâturage et par l'enlèvement des bruyères pour leurs usages;

Attendu qu'un droit ainsi caractérisé, attaché aux qualités d'habitant et de possédant biens à la Grande-Chomienne, transmissible avec ces qualités aux successeurs des habitants et possédant biens actuels, constitue nécessairement, s'il existe, un droit communal pour la section à laquelle, ainsi que le déclare le jugement, ne pourraient être opposées, comme ayant autorité de chose jugée, les décisions judiciaires qui interviendraient dans l'instance engagée par les défendeurs en leur propre et privé nom;

Attendu, dès lors, que l'action en maintenue au possessoire a été intentée par les défendeurs agissant *ut singuli*, sans qualité légale de leur part; que leur jouissance, si elle est justifiée, procédera du droit préexistant de leur section, droit contesté à cette section au nom de la commune; qu'elle leur appartiendra s'il vient à être reconnu par la justice *ut universi*, c'est-à-dire comme membres de la communauté que forme cette section, et non comme une annexe de leurs immeubles se détachant du droit communal;

Attendu que le droit incontestable existant en faveur de la section, de procéder en justice relativement aux terrains en litige, implique la négation du droit individuel, exercé par les défendeurs, à intenter l'action sur laquelle il a été statué par le tribunal de Saint-Etienne, sans l'accomplissement préalable des formalités et conditions exigées par l'art. 49 de la loi du 18 juillet 1837, pour conférer, par exception, à un ou plusieurs contribuables le pouvoir d'introduire les demandes en justice que leur commune ou section de commune aurait négligé de former;

Attendu qu'en l'état des faits de la cause, le tribunal, en déclarant recevable l'action des défendeurs, a expressément violé les dispositions légales ci-dessus visées;

Sans qu'il y ait lieu de statuer sur le troisième moyen;

Casse.

AGEN. — 23 janvier 1860.
(Fabrique de Barbaste c. Crabit-Anzex.)

I, 283.

Un passage doit être laissé libre autour d'une église pour les réparations qui y sont nécessaires. Cette servitude, indispensable à l'existence et à la conservation de cette église, participe de son inaliénabilité et le terrain qui y est assujetti ne peut pas s'en affranchir, pas plus qu'on ne peut acquérir de charge sur cette église.

ARRÊT

LA COUR : — Sur la construction de la chapelle :

Attendu que la réserve portée dans l'acte du 25 janvier 1788 n'est autre chose que la faculté de construire sur le jardin vendu, *quand bon semblera*, une chapelle de deux toises carrées; que le non-usage de cette faculté pendant trente ans a éteint complètement le droit réservé qui ne peut plus être exercé ; qu'il faut distinguer, en effet, les facultés dérivant de la loi et du droit naturel qui sont imprescriptibles, d'avec les facultés qui tirent leur origine d'une convention, et qui se trouvent soumises à la prescription de trente ans, lors même qu'elles seraient stipulées *perpétuelles ;* que le prétendu droit de propriété ou de servitude dont on excipe, ne repose sur aucune assiette fixe, sur aucune partie précisée du jardin ; qu'il n'est autre, en réalité, que la faculté de faire, c'est-à-dire de bâtir un édifice ayant deux toises carrées, puisqu'on ne serait pas recevable, faute de construction, à réclamer la portion du terrain réservé ;

Sur les bâtisses adossées contre l'église :

Attendu, en fait, que, sans rechercher si, en 1788, l'édifice dont s'agit avait ou non un caractère public, il est positif, d'après les documents produits devant la Cour, qu'en 1803 il fut érigé en église succursale ;

Attendu, en droit, que les églises, tant qu'elles gardent leur destination, sont hors du commerce, et par suite imprescriptibles ; que le principe qui les rend inaliénables est indépendant de leur caractère plus ou moins simple ou monumental, et tient uniquement à leur affectation à un service public ; qu'on ne saurait faire d'une question de prescription une question d'archéologie ; qu'il importe peu, dès lors, qu'il s'agisse d'une église de village ou d'une grande cathédrale, la destination publique restant entière et la même ;

Que c'est à tort que les premiers juges ont établi une distinction qui n'est pas dans la loi, et ont décidé que le sieur Crabit pouvait acquérir par prescription la servitude *oneris ferendi* sur l'église de Barbaste, parce que cette église n'a rien de remarquable, n'est pas une œuvre d'art, et que les constructions ne nuisent pas à l'exercice du culte et n'interceptent pas le jour ;

Mais que les édifices publics étant insusceptibles d'une propriété privée, sont, par voie de conséquence, insusceptibles de servitudes ; que les murs d'une église, comme l'intérieur, comme le sol sur lequel le temple est bâti, font partie intégrante de l'édifice et forment une propriété publique inaliénable ;

qu'ils ne peuvent donc être grevés d'aucune charge qui en entrave l'usage ; que permettre d'y appuyer des bâtisses, ce serait aliéner forcément une partie de ce mur et le rendre mitoyen ; que, dans l'espèce, les auteurs de ces constructions sont d'autant plus inexcusables que l'acte du 15 janvier 1788 les leur interdisait formellement ;

Sur le droit de passage pour les réparations de l'église :

Attendu que ce droit est indispensable à la conservation et à l'existence de l'église ; qu'il en est inséparable ; qu'il participe nécessairement de son inaliénabilité, et qu'on ne peut pas plus acquérir la libération d'une pareille charge qu'on ne peut acquérir contre l'église une servitude quelconque ;

Par ces motifs, etc.

———

CASSATION, Ch. req. — 1er février 1860.
(Bourgoin c. Gillet.)

I, 364.

Celui qui a assigné en référé l'auteur d'un trouble pour faire constater par expert l'état des lieux et l'entreprise reprochée, et qui a poursuivi ensuite la complète exécution de l'expertise ordonnée, n'est plus recevable à agir ultérieurement au possessoire.

Jugement du tribunal de Troyes confirmé par arrêt de la Cour de Paris du 6 janvier 1859, avec adoption de motifs. Ce jugement contient les motifs suivants :

Sur l'exception : — Attendu qu'en défendant à la demande sur le pétitoire, le défendeur doit être considéré comme ayant renoncé à introduire une action possessoire ; — Au fond : — Attendu qu'en règle générale, tout propriétaire a le droit de faire emploi de son terrain de la façon qu'il juge la plus avantageuse, et, par conséquent, d'y bâtir sur toute la surface ; — Que le jugement de 1854 ne fait point obstacle à l'exercice actuel de ce droit ; — Que ce jugement a pourvu à la clôture régulière des deux propriétés dans l'état où elles se trouvaient alors ; — Que si les demandeurs sont autorisés à supprimer la palissade, c'est parce que la construction projetée remplira le même but dans une forme plus sûre et plus durable ; — Que l'art. 659 offre un exemple d'une substitution analogue expressément admise par la loi ; — Que, dans le système du défendeur, il devrait lui-même, pour bâtir, respecter cette clôture mitoyenne, de sorte que, contrairement, non-seulement à l'intérêt des parties, mais même à l'intérêt général, une partie du sol serait à jamais frappée d'interdiction ; — Attendu que, si le sieur Bourgoin perd la mitoyenneté de la palissade, il recouvre en même temps la libre disposition du sol qu'il avait fourni pour son exécution.

Pourvoi du sieur Bourgoin.

ARRÊT

LA COUR : — Sur le premier moyen : Attendu que c'est Bourgoin qui a saisi le président du tribunal civil, par une assignation en référé du 16 avril 1857, afin de faire constater par expert l'état des lieux et l'entreprise faite par les époux Gillet sur la palissade dite brisevent, séparative de leurs propriétés ;

Que le président ayant renvoyé le référé à l'audience, le tribunal s'est trouvé saisi de l'action de Bourgoin, et que celui-ci a poursuivi la complète exécution de l'expertise ordonnée par le tribunal sur sa demande ;

Attendu que l'arrêt attaqué, en tirant de ces actes et procédures la conséquence que Bourgoin avait renoncé à former une demande au possessoire, a fait une juste application des faits et circonstances de la cause ;

Sur le deuxième moyen :

Attendu que l'autorité de la chose jugée n'existe qu'à l'égard de ce qui a fait l'objet du jugement ;

Que l'objet de l'instance de 1844 n'était pas le même que celui sur lequel a statué le jugement de 1857, puisqu'il ne s'agissait en 1844 que de l'établissement d'une simple clôture en planches, tandis qu'au fond la véritable demande, formée en 1857, tendait à faire élever, sur le terrain et la limite des deux propriétés, un mur pour soutenir des constructions ;

Qu'en formant cette demande, les époux Gillet usaient de leur droit, sans nuire au propriétaire voisin, et ne pouvaient rencontrer un obstacle légal dans l'existence d'une palissade provisoire ;

Que cette simple clôture ne peut être assimilée au mur séparatif dont il est question dans les art. 653 et suivants du Code Napoléon, sans exagérer l'application de ces dispositions ;

Rejette.

CASSATION, Ch. civ. — 27 février 1860.
(Isambert c. Maunoury.)

I, 104.

Le juge, saisi d'une action en bornage, qui constate un excédant de contenance, a le droit d'attribuer cet excédant à l'une des parties en s'inspirant des documents produits. Il peut, notamment, se fonder sur cette circonstance que l'une des parties a fait disparaître les vestiges propres à établir la ligne divisoire des héritages pour priver celle-ci de l'excédant dont l'attribution est devenue incertaine par son fait.

ARRÊT

LA COUR : — Statuant au fond :

Vu les art. 6, n° 2, de la loi du 25 mai 1838 et 473, C. pr.:

Attendu que, d'après la première de ces dispositions, les juges de paix sont compétents pour prononcer sur les actions en bornage ; que cette compétence cesse de leur appartenir lorsque la propriété ou les titres qui l'établissent sont contestés ;

Attendu, en fait, que le demandeur Isambert ayant assigné son voisin, défendeur au pourvoi, devant le juge de paix d'Auneau, a réclamé, soit par son exploit d'ajournement, soit par ses conclusions, qu'il fût procédé au bornage de leurs propriétés respectives, situées aux quartiers ou champtiers dits *des Saules, de la Noue* et *des Cognets ou Magdeloup;* que, de son côté, le défendeur, loin de s'opposer à la délimitation demandée, a produit, pour seconder l'opération, ses titres de propriété, ainsi que l'avait fait le demandeur pour les siens, et qu'il a seulement prétendu que, quant à l'un des points par lesquels les propriétés respectives se touchaient, il existait une séparation que le juge de paix aurait à constater ; qu'ainsi, des demandes et défenses présentées, il n'est résulté aucune contestation relative à l'interprétation des titres et qui mît en question leurs droits de propriété sur les pièces de terre qu'il s'agissait de borner ;

Attendu que, par son jugement définitif, le juge de paix n'est pas sorti de ses attributions ; qu'en effet, d'une part, en ce qui concerne les pièces au champlier de la Noue et des Saules, il a eu soin, conformément aux titres, de reconnaître que chacune des parties conservait la contenance entière qu'ils lui attribuaient, et que, quant à l'excédant de mesure qu'il a constaté, sur lequel les titres gardent le silence, s'il l'attribue à Isambert, c'est par suite du fait de son voisin, lequel aurait fait disparaître la ligne séparative, pendant qu'il exploitait les terrains contigus, et de la difficulté, résultant de là, pour en retrouver l'emplacement; que, d'autre part, en ce qui concerne les pièces du champtier de Magdeloup, le juge de paix, ayant constaté un manque de mesure au n° 406 d'Isambert, et trouvé un excédant de même étendue environ, partie dans le n° 427 de Maunoury, partie dans le n° 428 d'Isambert lui-même, a décidé comment chaque pièce devait être recomposée, par application des titres produits, pour retrouver sa contenance;

Attendu qu'en procédant ainsi, le juge de paix n'a fait qu'user de la latitude qui lui appartenait en fait de bornage, sans laquelle serait rendue illusoire l'attribution nouvellement conférée à sa juridiction, afin de terminer les procès ayant pour cause les fréquents rapports de voisinage;

Attendu qu'il suit de là que le tribunal de Chartres, qui aurait eu qualité, comme juridiction de second ressort, afin de régler le bornage, s'il le trouvait juste, autrement que l'avait fait le juge du premier degré, a illégalement annulé la sentence du juge de paix, en la déclarant incompétemment rendue;

Attendu qu'un tribunal d'appel n'est autorisé par l'art. 473, C. pr., à statuer par voie d'évocation, sur le fond en état d'être jugé, qu'au cas d'annulation d'un jugement justement prononcée soit pour vice de forme, soit pour autre cause légale;

Attendu, dès lors, qu'il y a lieu de prononcer la cassation du jugement attaqué dans ses deux dispositions, savoir : quant à celle qui annule pour incompétence la décision du juge de paix, parce qu'elle est intervenue contrairement à l'art. 6 de la loi du 25 mai 1838, et quant à celle qui a statué par évocation au fond, c'est-à-dire en ne prenant en aucune considération la décision du premier juge, supposée à tort illégale et nulle, parce qu'elle a

été rendue en violation de l'art. 473, C. pr.;

Casse.

———

CASSATION, Ch. civ. — 7 mars 1860. (Monin c. Ducret.)

I, 208.

La dispense de l'autorisation préalable édictée pour les maires par l'art. 55 de la loi du 18 juillet 1837, lorsqu'il s'agit d'exercer les actions possessoires de la commune, ne saurait être étendue au contribuable. En conséquence, ce dernier doit demander cette autorisation au Conseil de préfecture sous peine d'irrecevabilité.

Le contraire avait été jugé par le tribunal de Trévoux, le 10 février 1859, dans les termes suivants :

Attendu que les intimés, Ducret, Maillard et consorts exercent, il est vrai, en commun l'action possessoire, mais il faut reconnaître qu'ils plaident cependant à divers titres; qu'ainsi les uns agissent privativement, en revendiquant contre les consorts Rigaud la possession annale d'eaux recueillies par eux dans des réservoirs privés, creusés de leurs mains sur leurs fonds particuliers; qu'en ce qui les concerne, ils n'ont évidemment aucune autorisation à demander à l'autorité administrative pour intenter leur action; que les autres intimés, au contraire, qui tirent leur droit de puisage dans les dispositions de l'art. 643, C. Nap., exercent évidemment *ut singuli* une action qui appartient à la communauté des habitants du hameau de Saint-Pierre; — Attendu que l'art. 49 de la loi du 18 juillet 1837 autorise tout contribuable à poursuivre d'une manière générale et absolue, comme le maire a mission de les exercer, toutes les actions qui compètent à la commune, en cas de refus ou de négligence; que si, en règle générale, l'autorisation préalable est nécessaire, l'art. 55 de la même loi, lorsqu'il s'agit d'actions possessoires ou d'actes conservatoires ou interruptifs de déchéance, dispense le maire d'avoir recours à ce préliminaire; qu'il y a lieu par analogie de le décider pour le contribuable, lorsque des motifs d'urgence nécessitent, comme dans l'espèce, des mesures promptes, rapides et incompatibles avec les lenteurs inévitables d'une demande en autorisation.

Pourvoi des sieurs Monin et consorts.

ARRÊT

LA COUR : — Vu l'art. 49 de la loi du 18 juillet 1837 :

Attendu que le jugement attaqué déclare que si quelques-uns des demandeurs originaires en complainte, aujourd'hui défendeurs au pourvoi, ont agi à titre privé en se fondant sur des actes de possession individuels, les autres, tirant leur droit de la disposition de l'art. 643, C. Nap., ont exercé, en vertu de la faculté introduite par l'art. 49 de la loi du 18 juillet 1837, une action appartenant à la communauté des habitants du hameau de Saint-Pierre ; qu'à défaut de désignations particulières, il est impossible de reconnaître quels sont ceux des défendeurs que le jugement a entendu ranger dans la première ou dans la seconde catégorie ;

Attendu que l'art 49 de la loi du 18 juillet 1837 donne à tout contribuable inscrit au rôle d'une commune le droit d'exercer à ses risques et périls les actions qu'il croirait appartenir à la commune ou section ; mais que ce droit est subordonné, d'après les termes formels du même article, à la nécessité pour le contribuable d'obtenir l'autorisation du Conseil de préfecture, et à cette autre condition que la commune ou section, préalablement appelée à en délibérer, aura refusé ou négligé d'exercer lesdites actions ;

Attendu que si, par une disposition spéciale au maire, l'art. 55 de la loi du 18 juillet 1837 le dispense de l'autorisation préalable pour l'exercice des actions possessoires de la commune, cette dispense ne saurait être étendue, par voie d'analogie, en faveur du simple contribuable qui n'a point le même mobile et ne présente point les mêmes garanties que le maire ;

Attendu, néanmoins, que le jugement attaqué a, par application de l'art. 55 de la loi du 18 juillet 1837, admis l'action exercée par de simples habitants sans l'accomplissement des conditions préalables établies par l'art. 49 de la même loi ;

En quoi le tribunal civil de Trévoux a faussement appliqué l'art. 55 et formellement violé l'art. 49 de la loi du 18 juillet 1837 ;

Casse.

CASSATION, Ch. civ. — 20 mars 1860.

(Cazaubon c. Abadie.)

I, 230, 681.

L'action possessoire relative à un cours d'eau n'est pas subordonnée à la preuve de l'abus et du préjudice causé par les entreprises qui l'ont motivée ; le juge n'a pas non plus à examiner si le trouble provient de l'exercice d'un droit.

Du 21 décembre 1857, jugement du tribunal de Lourdes ainsi conçu :

En fait : — Attendu que les parties de Latapie sont riveraines du ruisseau du Vergons, ce qui n'est pas contesté, et soutiennent que leur entreprise sur ce ruisseau pour se servir des eaux pour l'irrigation de leurs propriétés, n'a été que l'exercice modéré d'un droit reconnu par la loi et n'a pu, dès lors, causer un préjudice quelconque aux parties de Niverès, et que c'est à tort que le juge de paix, en l'absence d'abus de leur part et d'un préjudice, a accueilli l'action possessoire et ordonné la destruction des travaux faits par Émile Abadie et consorts ; — Attendu, en droit, qu'aux termes de l'art. 644, C. Nap., les propriétaires riverains d'une eau courante peuvent se servir ou user de cette eau selon les cas et à la condition énoncée dans cet article ; qu'il est de principe incontestable et incontesté que cette faculté ne peut être prescrite par les riverains inférieurs, quelque long et continu qu'ait été l'usage qu'en cette qualité ils ont fait des eaux ; qu'il suit de là que si le propriétaire inférieur peut faire valoir la jouissance réelle de l'eau courante, le riverain supérieur peut lui opposer une possession maintenue par la loi ou résultant au profit de son héritage de la situation naturelle des lieux ; que, dans le conflit de deux possessions que la loi met au même rang, il ne peut y avoir trouble par l'un des possesseurs, et, par suite, lieu à une action possessoire quelconque, qu'autant qu'il y a eu abus et préjudice de la part du premier au détriment du second ; que l'héritage possédant pour son propriétaire en vertu de la loi, on ne saurait soutenir, dans l'espèce, que le premier juge aurait eu à statuer sur une question de droit réservée au pétitoire ; qu'il n'avait, en effet, qu'une simple question de fait à apprécier, à savoir : si les défendeurs en complainte étaient ou non riverains du cours d'eau sur lequel ils avaient fait des entreprises ; qu'il répugnait profondément à l'esprit et à la raison qu'un juge de paix, en présence de la constatation des lieux et des dispositions formelles de l'art. 644, fût obligé néanmoins d'accueillir une action possessoire évidemment illusoire, et dont les effets sont, *à priori*, annihilés par la loi elle-même ; que tel certainement n'a pas été l'esprit du législateur qui, toujours, s'est appliqué à rejeter de la législation les formes inutiles et sans but sérieux ; qu'il faut donc tenir pour constant que le riverain inférieur n'a une action en complainte contre le riverain supérieur que lorsque celui-ci a abusé de la faculté que lui accorde l'art. 644 précité, et qu'il a ainsi causé un préjudice sérieux; que tels, d'ailleurs, paraissent être les principes de la dernière jurisprudence de la Cour de Cassation; — Mais attendu qu'il paraît résulter du jugement attaqué qu'il y a eu abus et préjudice de la part des parties de Latapie dans les travaux par elles faits, ce qui est formellement contesté; que, dès lors, et avant de statuer définitivement, le tribunal, pour éclairer sa conscience, a besoin d'ordonner une vérification des lieux par experts et certaines opérations, dans le but de rechercher si les parties de Latapie ont abusé de leur faculté légale, et si elles ont causé un préjudice sérieux à celles de Niverès; — Par ces motifs, avant de statuer définitivement au fond, ordonne que par experts convenus.....

Pourvoi des sieurs Cazaubon et consorts.

ARRÊT

LA COUR : — Vu les art. 23, C. pr. civ., et 6 de la loi du 25 mai 1838 :

Attendu, en droit, que l'usage des eaux courantes est susceptible de possession comme les autres biens, et que telle est, en effet, la disposition formelle de l'art. 6 de la loi précitée;

Attendu qu'il ne s'agit, au possessoire, que de maintenir la possession plus qu'annale de l'usage des eaux courantes contre les troubles et entreprises nuisant à son exercice; que c'est au pétitoire seulement que les riverains peuvent être admis à faire valoir tous les droits contraires à la possession plus qu'annale de cet usage, aussi bien ceux qui leur seraient conférés par l'art. 644, C. Nap., que ceux qui procéderaient de titres distincts et particuliers;

Attendu qu'en fondant néanmoins l'expertise ordonnée sur le point de savoir : 1° si l'entreprise dénoncée constituait une jouissance abusive des eaux par les défendeurs; 2° si cette jouissance ainsi caractérisée avait causé aux demandeurs un dommage sérieux, le jugement attaqué préjuge que la possession annale, lorsqu'il s'agit d'entreprises sur les cours d'eau, ne suffit pas pour protéger ceux qui en ont eu la paisible jouissance contre le trouble apporté à son exercice, toutes les fois que ce trouble n'est accompagné ni d'abus ni de dommage;

Attendu qu'en appuyant ainsi cette décision sur une distinction introductive d'une exception que ne comporte pas la nature de l'action possessoire formée par les demandeurs, le jugement attaqué a méconnu les principes de la matière et formellement violé l'art. 23, C. pr. civ., et l'art. 6 de la loi du 25 mai 1838;

Casse.

TRIB. DE MULHOUSE. — 4 avril 1860.

I, 580.

Sous Cassation du 4 juillet 1862.

CASSATION, Ch. civ. — 16 mai 1860.
(De Beaumetz c. Duval.)

I, 99.

Le juge, saisi d'une action en bornage, n'a pas à se déclarer incompétent si, tout en excipant d'une possession trentenaire, le défendeur se contente, dans ses conclusions, d'invoquer les indications du cadastre comme seuls titres et preuves de sa possession, sans énoncer aucun fait précis qui puisse servir de base à sa prétention.

ARRÊT

LA COUR : — Attendu qu'il résulte des constatations de la sentence du juge de paix et du jugement attaqué qui la confirme, que le demandeur, qui, d'après les conventions intervenues entre les parties, avait déposé ses titres pour être procédé au bornage des propriétés respectives par le juge de paix, n'a point articulé, devant ce magistrat, une possession contraire à son titre; et que si, en appel, il a soutenu être en possession, depuis plus de trente ans, par lui ou ses auteurs, des terrains réclamés, il résulte des conclusions par lui prises qu'il rattachait uniquement cette possession aux indications du cadastre, qu'il invoquait comme titre et preuve de la possession prétendue, sans énoncer aucuns faits précis qui pussent la caractériser et lui servir de base;

Attendu qu'une telle articulation n'était pas de nature à constituer une contestation sérieuse et réelle de titre et de propriété, dans le sens de la loi, qui pût motiver l'incompétence du juge de paix saisi de l'action en bornage ; et que s'il suffisait, pour arriver à ce résultat, d'allégations aussi peu précises, et du moindre différend entre les parties qui ont consenti au bornage, sur la contenance et les limites de leurs propriétés respectives, la mission du juge de paix, réduite, en cette matière, à rester purement passive, n'aurait pas l'efficacité qu'il a été dans la pensée de la loi de lui attribuer ;

D'où il suit que, dans l'état des faits, le jugement attaqué, en confirmant la décision du juge de paix qui avait ordonné le bornage entre les parties, conformément à leurs titres, loin de violer l'art. 6 de la loi du 25 mai 1838, en a fait, au contraire, une juste et saine application ;

Rejette.

CASSATION, Ch. civ. — 25 juin 1860.

(Lhermet c. Lhermet.)

I, 313.

La servitude de passage étant discontinue ne peut s'acquérir par la seule possession à moins qu'il n'y ait enclave.

ARRÊT

LA COUR : — Attendu que, si la possession, à titre de propriété, d'un chemin ou sentier existant entre des propriétaires voisins pour le service et l'exploitation de leurs fonds, peut avoir des effets utiles au point de vue du possessoire comme au point de vue de la prescription, il n'en saurait être de même de la possession, à titre de servitude, d'un passage sur un fonds que l'on prétend être assujetti à cette charge ; qu'une semblable possession ne pouvant, aux termes de l'art. 691, C. Nap., être un moyen d'acquisition du passage par la prescription, ne peut, par conséquent, donner lieu à la complainte ou action possessoire ; qu'il en est ainsi même, soit dans le cas où la possession invoquée aurait pu avoir pour effet, avant la promulgation de l'art. 691 précité, de faire acquérir le droit de passage, et se serait continuée depuis, soit aussi dans le cas où le passage serait réclamé comme servant à l'exploitation des fonds des demandeurs au possessoire ; que le principe de l'art. 691 s'applique sans distinction à toute servitude de passage, à la seule exception du cas d'enclave ;

Attendu que, d'après les conclusions des parties aux deux degrés de juridiction, l'action possessoire des demandeurs avait pour objet leur maintenue en possession, non du chemin litigieux et du sol de son assiette à titre de propriété, mais d'un simple droit de passage au travers du fonds du défendeur, à titre de servitude ; que c'est en ce sens, d'ailleurs, que la possession a été appréciée et caractérisée par le jugement dénoncé ; d'où il suit qu'en déclarant, dans l'état des faits constatés, qu'il s'agissait, dans l'espèce, d'une servitude discontinue dont la possession était sans effet utile, et en confirmant, en conséquence, la sentence du juge du premier degré, qui déboute les demandeurs de leur action possessoire, le tribunal civil d'Yssingeaux n'a violé aucune loi ;

Rejette.

CASSATION, Ch. civ. — 24 juillet 1860.

(Lefranc c. Fossez.)

I, 102.

Lorsque, dans une instance en bornage, la propriété et les titres qui l'établissent sont contestés, le juge est tenu de se déclarer incompétent. Il ne devrait pas se contenter de surseoir jusqu'à la solution du litige relatif au titre.

Cette règle est la même lorsque la contestation a été soulevée pour la première fois devant le tribunal d'appel.

Du 13 août 1858, jugement du tribunal de Rethel, qui décide le contraire en ces termes :

En ce qui concerne les parcelles désignées par les parties, sous les nos 2, 3 et 4 : — Considérant que M. le juge de paix semble avoir rendu une décision à l'abri de toute critique, sur l'abatage des arbres bordant ces propriétés et sur la limite des propriétés respectives ; — Considérant, en effet, que dans une déclaration de Lefranc, retenue et transcrite par le juge dans la minute du procès-verbal de visite des lieux, signée par Lefranc et à lui lue et relue avant de la signer, celui-ci a prétendu que ses arbres avaient été plantés à 1 mètre des trois propriétés précitées, parce que c'était l'usage constant dans cette commune, de planter les arbres à cette distance ; — Considérant que le résultat clair et positif des enquête et contre-enquête est que, dans les communes, l'on a planté à différentes distances, mais souvent à la distance prescrite par le Code Napoléon, et que M. le juge de paix a parfaitement décidé que cette diversité dans les distances observées pour la plantation des arbres, prouvait qu'il n'y avait pas d'usage constant et reconnu, et que, dès lors, Lefranc aurait dû planter à la distance de 2 mètres ; — Considérant, d'ailleurs, que l'allégation de Lefranc, que l'art. 671 ne s'applique pas aux propriétés en nature de bois en broussailles est sans valeur réelle, d'une part, parce que cet article est absolu dans ses prescriptions, et ne fait aucune distinction ; d'autre part, parce que dans l'arrondissement de Rethel, il n'existe pas un usage constant et reconnu de planter à telle ou telle distance des propriétés en nature de bois ; et que l'enquête faite dans les divers cantons de l'arrondissement pour connaître les usages du pays, a prouvé qu'il y règne, à cet égard, un vague, une incertitude et des doutes qui démontrent la non-existence d'un usage constant et reconnu ; — Considérant ainsi que la décision du premier juge, basée sur les aveux de Lefranc et sur les résultats des enquête et contre-enquête, est inattaquable au point de vue de l'abatage des arbres et de la plantation des bornes à 1 mètre du milieu des arbres abattus ; — Quant à la propriété venant de la veuve Leroy : — Considérant que, sans doute, Lefranc a offert de s'en rapporter au titre de Fossez ; — Considérant que c'est à l'instant même de cette déclaration, que le titre de Fossez a été produit, et qu'il n'était pas possible à Lefranc de se livrer à un examen sérieux de ce titre ; et qu'enfin l'opération de l'arpentage de cette terre a eu lieu sans que Lefranc ait eu le temps et les moyens de formuler des griefs contre la contenance portée dans ce titre ; — Considérant qu'il doit être incontestable, en équité comme en droit, que Lefranc n'entendait s'en rapporter qu'à un titre pur de toute fraude ; — Considérant au surplus, qu'admettre un titre ainsi produit et sans qu'il soit permis de le critiquer, serait une véritable surprise indigne de la justice ; — Considérant, dès lors, que Lefranc, malgré l'opération de l'arpentage, doit être reçu à contester la valeur de ce titre, qu'il prétend être inexact dans la contenance donnée à l'héritage ; — Considérant d'ailleurs, que Lefranc ne se borne pas à une simple allégation, et qu'il précise le fait qui aurait diminué la contenance de l'héritage de la veuve Leroy, en prétendant qu'une parcelle de cet héritage a servi à l'agrandissement du chemin y attenant ; — Considérant que la quantité qui, selon Lefranc, aurait été prise, est telle que, si ce fait était prouvé, l'on pourrait croire, avec quelque vraisemblance, que les arbres de Lefranc avaient été réellement plantés à 2 mètres de distance ; — Considérant que, dès que le titre est contesté, le juge du possessoire doit surseoir jusqu'à la décision des juges compétents sur le mérite de la contestation ; qu'ainsi il convient de suspendre toute décision sur ce point du litige, et de donner à Lefranc tout le temps nécessaire pour faire juger sa prétention ; — Par ces motifs, etc.

Pourvoi du sieur Lefranc.

ARRÊT

LA COUR : — Sur le troisième moyen : Vu l'art. 6, § 2, de la loi du 25 mai 1838 :

Attendu que cet article dispose que le juge de paix connaît des actions en bornage si la propriété et les titres qui l'établissent ne sont pas contestés ; qu'il en résulte que si une contestation de cette nature se produit dans le cours d'une instance en bornage, le juge de paix, jusque-là compétent, cesse de l'être, et par là même est légalement dessaisi de la connaissance du litige, non-seulement en ce qui touche les titres et la propriété, mais encore en ce qui touche l'action en bornage elle-même ;

Attendu que le jugement attaqué constate qu'à l'égard du chef spécial et distinct relatif au pré figurant au plan sous le n° 1, Lefranc a, dans l'instance en bornage suivie devant le juge de paix de Château-Porcien, contesté le titre qui lui était opposé par son adversaire, et que ce jugement constate, en outre, que cette contestation reposait sur des bases sérieuses ;

Attendu qu'en cet état des faits, le tribunal civil de Rethel, saisi par appel de la sentence du juge de paix et, à ce titre, placé comme lui, et exactement dans les mêmes limites, sous l'autorité de l'article précité de la loi du 25 mai 1838, devait, aux termes de cet article, déclarer purement et simplement son incompétence ;

Mais attendu que, loin de procéder ainsi, ce tribunal a ordonné un sursis, fixé, en conséquence, le délai de trois mois pendant lequel le litige relatif au titre opposé par Fossez serait tranché par les juges compétents, et s'est ainsi réservé la faculté, en tant que juge primitivement saisi de la demande en bornage, de statuer ultérieurement par un jugement définitif sur le fond même de cette demande ;

En quoi il a manifestement excédé ses pouvoirs, méconnu les règles de la compétence et formellement violé l'art. 6, § 2, de la loi du 25 mai 1838, ci-dessus visé ;

Casse.

CASSATION, Ch. civ. — 6 août 1860.
(Lucas c. Lamiral.)

I, 103.

Le juge saisi d'une action en bornage et qui constate pour certaines parcelles une contenance inférieure à celle qui résulte des titres, a le droit de faire supporter ce déficit par chacune des parties en opérant une réduction pro-portionnelle à la contenance men-tionnée aux titres, alors surtout qu'il détermine cette réduction à l'aide d'an-ciens états de section et papiers terriers indiqués ou fournis par les parties elles-mêmes.

Du 25 novembre 1858, jugement du tribunal de Troyes ainsi motivé :

Attendu qu'il est constaté dans le jugement dont est appel que ni les titres ni la pro-priété n'ont été contestés, ce qui motive la compétence du premier juge ; — Attendu que s'il n'a pas donné satisfaction à tous les titres sous le rapport de la contenance qu'ils indi-quaient, il y a été contraint par une force majeure, à savoir par l'insuffisance de la sur-face à partager ; — Attendu que, pour ré-partir ce déficit, il a adopté la règle la plus équitable et la plus rassurante, en se réglant sur d'anciens états de section et papiers terriers indiqués ou fournis par les parties elles-mêmes ; — Attendu que personne n'a réclamé contre l'adoption de cette base indi-quée par le jugement du 4 novembre 1856 ; que Lucas lui-même non seulement a gardé le silence à cette époque, mais a laissé con-sommer sans protestation la division et le bornage ordonnés ; que ce n'est que sept mois après l'homologation du bornage qu'il a formé son appel ; que les trente autres par-ties intéressées ont reconnu avoir reçu satis-faction ; que des circonstances qui précèdent il résulte évidemment l'adhésion du sieur Lucas et la possibilité de maintenir des opéra-tions et des procédures onéreuses pour les intéressés si nombreux.

Pourvoi du sieur Lucas.

ARRÊT

LA COUR : — Attendu qu'aux termes de l'art. 6 de la loi du 25 mai 1838, le juge de paix connaît des actions en bor-nage, c'est-à-dire qu'il prononce sur les difficultés qui s'élèvent entre pro-priétaires sur les bornes de leurs pro-priétés limitrophes, lorsque la propriété ou les titres qui l'établissent ne sont pas contestés ;

Attendu qu'il résulte des qualités du jugement attaqué que, dans l'espèce, aucun des titres produits n'avait été contesté devant le juge de paix, et qu'ainsi il ne s'agissait pour ce magis-trat que de déterminer les limites de chaque propriété, d'après ces titres et l'état des lieux ;

Attendu, sur ce dernier point, qu'il était constaté qu'au lieu d'une conte-nance de 5 hectares 58 ares 59 cen-tiares qui, d'après les titres, devait exister dans l'ensemble des propriétés, dont le bornage était demandé, cette contenance n'était en réalité que de 5 hectares 36 ares 89 centiares, ce qui établissait un déficit de 21 ares 70 cen-tiares ;

Attendu qu'il n'apparaît pas au procès que ni le demandeur ni aucune des parties aient protesté contre l'existence constatée de ce déficit de contenance, ni prétendu qu'il dût porter plutôt sur telle propriété que sur telle autre ; que, dans une telle circonstance, il n'y avait lieu qu'à un simple bornage, dans le-quel ledit déficit serait pris en considé-ration pour la fixation des bornes de chaque propriété, et que cette opération rentre dans les limites de la compé-tence du juge de paix déterminées par l'article précité ;

Attendu que le demandeur, sur l'ap-pel, n'a produit aucune articulation ni offert aucune preuve donnant lieu à un débat sur son titre et sur celui des autres propriétaires ; qu'en cet état, le jugement attaqué, en confirmant la sentence du juge de paix qui, après examen et rapport d'experts, avait réglé le bornage dont est question entre le demandeur et les autres parties, n'a pas commis d'excès de pouvoir et a fait une saine application de l'article précité ;

Rejette.

CASSATION, Ch. civ. — 5 nov. 1860.
(Bourquenay c. Oudet.)

I, 579.

Le juge du possessoire qui trouve insuffi-

sante la preuve de la possession, en sorte qu'il lui est impossible de reconnaître quelle est celle des parties qui a la possession du terrain litigieux, a le droit de renvoyer les parties à se pourvoir au pétitoire, soit purement et simplement, soit en ordonnant le séquestre pendant le procès au pétitoire, soit en accordant la récréance.

Quant aux dépens, il peut y condamner celle des parties qui succombera au pétitoire.

ARRÊT

LA COUR : — Sur le premier moyen du pourvoi, pris de la prétendue violation des art. 3 et 25, C. pr. civ., et de l'art. 6 de la loi du 25 mai 1838 sur les justices de paix :

Attendu que les conclusions de Bourquenay, tant devant le juge de paix du canton de Mouthe, qu'en appel devant le tribunal civil de Pontarlier, tendaient à être maintenu dans la possession libre, annale et exclusive qu'il prétendait avoir d'un chemin existant sur trois pièces de terre qui lui appartenaient, et à ce qu'il fût fait défense à Oudet, qui s'était servi de ce chemin pour l'exploitation de ses propriétés, d'y passer à l'avenir ; conclusions auxquelles ledit Oudet répondait en déniant à Bourquenay la possession exclusive dudit chemin, en soutenant que ce chemin était une voie publique, un chemin rural porté sur le tableau des chemins ruraux de la commune de Châtel-Blanc, indispensable à la desserte de ses champs, et en concluant lui-même à ce qu'il fût, en conséquence, maintenu dans la possession immémoriale dudit chemin ;

Attendu que, sur ces conclusions respectives des parties, après enquêtes et vues de lieux faites devant le juge de paix, le jugement attaqué a déclaré qu'il était impossible de reconnaître quelle est celle des deux parties qui a la possession du terrain litigieux, et en conséquence, à raison de cette impossibilité, a renvoyé les parties à se pourvoir au pétitoire ;

Attendu que, sous l'ancien droit, lorsque, sur l'action en complainte, le juge ne pouvait, après instruction par enquêtes ou autres voies, reconnaître à laquelle des deux parties, qui se disputaient la possession d'un héritage ou d'un droit, cette possession appartenait, le juge, dans ce cas, pouvait renvoyer les parties à se pourvoir au pétitoire, soit purement et simplement, soit en ordonnant le séquestre de l'objet litigieux pendant le procès au pétitoire, soit en accordant, pendant le même temps, la récréance ou la possession provisionnelle à l'une des parties ;

Attendu que ni le Code Napoléon ni le Code de procédure civile ne contiennent aucune disposition contraire à cette jurisprudence, et que dans le renvoi pur et simple des parties au pétitoire, ainsi qu'il a été prononcé dans l'espèce, le cumul du possessoire et du pétitoire, interdit par l'art. 25, C. pr. civ., ne se rencontre pas ; qu'il suit de tout ce qui précède que, dans l'état des faits résultant des conclusions des parties, et par lui constatés, le jugement attaqué, en renvoyant purement et simplement les parties à se pourvoir au pétitoire, n'a violé ni les art. 3 et 25, C. pr. civ., ni l'art. 6 de la loi du 25 mai 1838, ni aucune autre loi ;

Sur le deuxième moyen du pourvoi, pris de la prétendue violation des art. 130 et 131, C. pr. civ., par la disposition du jugement attaqué qui condamne, dès à présent, aux frais de l'instance possessoire celle des parties qui succombera dans ses prétentions au pétitoire :

Attendu que, d'après la disposition principale dudit jugement qui renvoie les parties à se pourvoir au pétitoire, la demande possessoire de Bourquenay étant implicitement déclarée non justifiée, la disposition dudit jugement concernant les dépens de l'instance possessoire, faisait grief à Oudet seul, et non à Bourquenay, qui, dès lors, est sans qualité et non recevable à se pourvoir en cassation contre ladite disposition ;

Rejette.

CASSATION, Ch. civ. — 7 nov. 1860.
(Ville de Douai c. Duclerfays.)

I, 35.

Les arbres adhérents au sol sont immeubles comme le sol ; ils peuvent faire l'objet d'une possession distincte de celle du sol et cette possession, manifestée par l'élagage ou la récolte des fruits, est susceptible d'être protégée par l'action en complainte.

Du 11 mars 1859, jugement du tribunal de Lille qui statue dans les termes suivants :

Attendu qu'il est de principe, ce qui n'est pas, d'ailleurs, contesté par l'intimé : 1° qu'une propriété plantée d'arbres peut appartenir à l'un pour le terrain, à l'autre pour les arbres ; 2° que ces arbres, bien que ne suivant pas ainsi la condition du sol, n'en sont pas moins, comme lui, des immeubles par nature ; — Attendu qu'il n'est pas méconnu davantage par l'intimé que la propriété de pareils arbres puisse dériver soit de la loi, soit d'un contrat entre particuliers ; qu'il se borne à contester qu'elle puisse s'acquérir par prescription, et que, par suite, de pareils arbres puissent devenir l'objet d'une action possessoire ; — Attendu, en ce point, qu'aucune disposition de la loi n'a placé les arbres croissant sur un terrain, propriété d'autrui, en dehors des conditions générales établies par la loi pour l'acquisition du domaine des choses ; que la prescription est donc aussi pour eux un moyen de les acquérir, puisque la loi n'a fait à leur égard aucune distinction ; — Attendu que si la propriété d'arbres placés dans les conditions ci-dessus est susceptible d'être acquise par prescription, il en résulte qu'ils peuvent être en principe l'objet d'une action possessoire et qu'une telle action en soi est génériquement recevable ; qu'il ne saurait donc rester en question que de savoir si la possession invoquée se présente dans les conditions caractéristiques qu'exige d'elle la loi pour qu'elle puisse servir de base à la prescription ; qu'une telle question ne touche déjà plus à la recevabilité de l'action, mais rentre dans les moyens du fond ; — Attendu que l'intimé ne conteste pas que les appelants n'aient été depuis plus d'un an et jour avant la dénonciation du trouble par lui apporté, en possession de faire leurs, par l'élagage, les fruits des arbres dont s'agit ; que, de son côté, il n'invoque, avant l'acte constitutif dudit trouble, aucun acte de jouissance utile de sa part sur les arbres dont s'agit ; que sa prétention de les avoir possédés par l'inhérence de leurs racines dans son sol et par la nourriture qu'elles y ont puisée ne supporte pas l'examen ; que cette situation passive accuse plutôt une jouissance adverse de la part d'autrui, de celui qui retrouve dans l'élagage dont il profite seul le résultat de cette nourriture prise dans le sol qui ne lui appartient pas ; que c'est donc mal à propos qu'on se fonde sur cette circonstance pour prétendre à une copossession des arbres, dans le but d'entacher de précarité la possession si peu équivoque et si apparente des appelants *animo domini*, et se traduisant par l'appréhension exclusive de tous les fruits de la chose ; — Attendu que, pour la question de possession en ce moment soumise, il est inutile de remonter à l'origine de cette possession, de voir par qui les arbres possédés ont été plantés, et dans quelles circonstances de fait ou de droit ; questions qui ne pourront utilement s'élever qu'au cas où la propriété des arbres et les divers droits qui pourraient s'y rattacher viendraient à donner naissance à l'action pétitoire elle-même.

Pourvoi du maire de la ville de Douai.

ARRÊT

LA COUR : — Attendu qu'il résulte du jugement attaqué que les époux Duclerfays et Louis Dumont ayant introduit une instance devant le juge de paix de Douai pour faire cesser le trouble apporté par le maire de cette ville à la possession qu'ils prétendaient avoir d'arbres implantés au devant de leur propriété sur un chemin public, celui-ci ne contesta pas que les demandeurs ne fussent depuis plus d'un an et jour en possession de ces arbres par l'élagage et la perception des fruits ; qu'il n'allégua pas non plus qu'avant l'acte constitutif de ce trouble, il y eût eu de sa part aucun acte de jouissance utile de ces arbres ; qu'il se borna à soutenir que les arbres étant l'accessoire du fonds, la possession légale en appartenait au propriétaire du sol, et par conséquent dans la cause à la ville de Douai à laquelle appartenait le chemin sur lequel ils étaient implantés ; qu'ainsi le maire de Douai n'opposa à la demande ni une exception ni une fin de non-recevoir, et qu'il se borna à la repousser au fond par le seul moyen qu'il crût pouvoir présenter en l'absence de toute possession de fait, et qu'il puisait dans la possession légale qu'aurait eue la ville de Douai ; que le jugement qui admettait une telle défense en adoptant le système du défendeur, n'était donc pas un jugement interlocutoire sur une exception ou une fin de non-recevoir, mais bien un jugement sur le fond, et que, dès lors, le juge d'appel était saisi de l'affaire, par l'effet dévolutif de l'appel, dans les termes dans lesquels elle s'était présentée devant le juge inférieur, et pouvait statuer au fond sur la possession contestée ;

D'où il suit qu'en le faisant et en statuant comme il l'a fait dans le jugement attaqué, le tribunal de Lille n'a violé aucune loi ;

Rejette.

CASSATION, Ch. civ. — 27 nov. 1860.
(De Forestier c. du Tremblay.)

I, 101.

Lorsque, au cours d'une instance en bornage, un tiers introduit une action tendant à revendiquer une portion des terrains soumis au bornage, le juge de paix doit prononcer son incompétence.

Le préfet de la Seine, agissant au nom de la ville de Paris, intervint dans l'instance en bornage pendante entre les sieurs du Tremblay et de Forestier et soutint avec ce dernier l'incompétence du juge de paix, en se fondant sur ce que la ville de Paris avait formé une action en revendication de parcelles comprises dans les terrains à borner. Le juge de paix repoussa ce moyen dans les termes suivants :

En ce qui touche le moyen d'incompétence invoqué par M. de Forestier : — Attendu qu'il a été jugé par les jugements des 21 décembre 1855, 25 avril et 4 juillet 1856, qu'il s'agissait d'une question de bornage et non d'une question de propriété; que l'opération telle qu'elle a été comprise et exécutée par l'expert ne peut soulever une question de propriété qui aurait pour conséquence de dessaisir le tribunal du droit qu'il tient de l'art. 646, C. Nap.; — Attendu, d'ailleurs, qu'il s'agit uniquement de consacrer l'application faite sur le terrain par l'expert des titres de propriété et de plans dressés entre les parties; qu'en opérant ainsi, l'expert s'est rigoureusement tenu dans les limites de sa mission; que l'exception d'incompétence est repoussée aussi bien par les principes de la matière que par l'autorité de la chose jugée; — En ce qui touche le sursis : — Attendu que les questions à débattre entre la ville de Paris et les divers propriétaires ayant façade sur la rue des Vignes, sont tout à fait indépendantes du bornage à effectuer entre deux propriétaires pour fixer les limites de leurs propriétés respectives et contiguës; qu'il n'y a pas lieu de surseoir à statuer dans la cause d'entre les sieurs du Tremblay et de Forestier, jusqu'après le jugement de l'instance pendante devant le tribunal de première instance, entre la ville et les propriétaires desdits terrains.

Sur appel, jugement rendu le 15 avril 1858 par le tribunal de la Seine :

En ce qui touche l'appel interjeté par le préfet de la Seine au nom de la ville de Paris, du jugement rendu, le 18 décembre 1857, par le juge de paix du premier arrondissement : — Attendu que la ville de Paris n'étant pas en possession du terrain sur lequel il a été procédé à un bornage sur la demande de du Tremblay contre de Forestier, n'a aucune qualité pour intervenir dans une instance purement possessoire qui n'a pas été liée avec elle; — En ce qui touche l'appel de de Forestier contre le jugement susénoncé : — Attendu qu'en homologuant le rapport dressé par Petit de Villeneuve, expert commis à l'effet de procéder à un bornage entre du Tremblay et de Forestier, le juge de paix n'a pas excédé les bornes de sa compétence; — Attendu que du Tremblay avait le droit de faire procéder à un bornage entre lui et de Forestier, non-seulement en vertu des dispositions de l'art. 646, C. Nap., mais encore en vertu de son titre de propriété qui lui en réserve expressément la faculté.

Pourvoi du sieur de Forestier.

ARRÊT

LA COUR : — Sur le premier moyen : Vu l'art. 6, § 2, de la loi du 25 mai 1838 :

Attendu qu'aux termes de l'article susvisé, le juge de paix n'est compétent pour connaître des actions en bornage que lorsque la propriété ou les titres qui l'établissent ne sont pas contestés;

Attendu qu'en appel comme en première instance, le demandeur avait conclu à la déclaration de l'incompétence du juge de paix par le motif que l'interprétation et l'application des titres établissant la propriété étaient contestées entre les parties;

Attendu que, pour repousser ces conclusions, on ne pouvait opposer, comme ayant autorité de la chose jugée sur la compétence, les jugements rendus par le juge de paix les 21 décembre 1855 et 25 avril 1856, antérieurement à l'exercice de l'action en revendication formée, au nom de la ville de Paris, contre du Tremblay et de Forestier, action qui a changé la situation des parties et fait naître une obligation de garantie dont la nature et la portée, relativement aux limites de la propriété, sont entre elles l'objet d'une difficulté qui excède la compétence du juge de paix;

Attendu qu'il résulte du rapport d'expert, homologué par le jugement attaqué, que les terrains à délivrer à de Forestier, pour le remplir des droits attribués à son auteur par l'acte de partage du 23 novembre 1827, n'étaient point déterminés d'une manière définitive par cet acte, et que, pour parfaire les 735 mètres qui lui revenaient, il pouvait y avoir lieu à de nouveaux abandonnements de terrains;

Attendu, que, dans ces circonstances,

il s'agissait, non d'une simple opération de bornage, mais de difficultés de fait et de droit sur l'interprétation et l'application des titres de propriété dont le juge de paix ne pouvait connaître, et, qu'en déclarant qu'il n'avait point excédé sa compétence, le tribunal de la Seine a formellement violé l'article susvisé ;

Casse.

CASSATION, Ch. civ. — 11 déc. 1860. (Syndicat du flot de Wingles c. Artaud.)

I, 337.

Si, aux termes de l'art. 640, C. civ., les fonds inférieurs sont assujettis à recevoir les eaux qui découlent naturellement des fonds supérieurs, cette servitude ne peut être rendue plus onéreuse par le propriétaire du fonds supérieur. Il y a aggravation si ce dernier accumule les eaux en les retenant à l'aide de pelles ou vannes pour ne les laisser se déverser que par intervalles et en quantité considérable.

ARRÊT

LA COUR : — Sur les premier et deuxième moyens relatifs à la compétence :

Attendu que les communes propriétaires de l'étang ou flot de Wingles ont été autorisées administrativement à se constituer en syndicat pour dessécher cet étang, à couper à cet effet la digue Gustin qui retenait les eaux et qui est la propriété de l'Etat, enfin à déverser ainsi ces eaux dans une rigole désignée par l'administration sous le nom de rigole du Roi ; mais que cette opération n'était permise qu'à la charge par le syndicat de curer, creuser et élargir la rigole du Roi dans des proportions déterminées, et qu'il était fait réserve expresse du droit des tiers ;

Attendu que le syndicat, sans accomplir suffisamment la condition préalable qui lui était imposée, a coupé la digue Gustin, fait écouler les eaux dans la rigole du Roi, et que des propriétés inférieures ont été inondées ;

Attendu que les sieurs Artaud et consorts ont soutenu qu'ils avaient la possession annale de la partie de la rigole

qui borde ou traverse leurs immeubles, que l'on ne pouvait, sans indemnité préalable, la grever d'une servitude en y déversant les eaux d'un desséchement et inonder ainsi les fonds contigus ; — Qu'ils ont, en conséquence, agi au possessoire pour obtenir la cessation du trouble et la réparation du préjudice causé ;

Attendu que le juge de paix est seul compétent pour statuer, tant sur les actions possessoires que sur les dommages-intérêts prétendus, à raison du trouble apporté à la possession ; — Qu'il appartenait donc au juge de paix de Seclin, et, en appel, au tribunal de Lille, de statuer sur la demande d'Artaud et consorts, de les maintenir en possession et de condamner le syndicat du flot de Wingles à des dommages-intérêts ; — Qu'il pouvait ordonner, en outre, que la digue Gustin serait rétablie provisoirement dans l'état où elle était avant la coupure, après avoir constaté, en fait, que cette coupure était une cause de trouble ; — Que, sur ce dernier point, le demandeur en cassation oppose que le jugement attaqué, en ordonnant le rétablissement dans son ancien état de la digue Gustin, qui est une dépendance du domaine militaire, a excédé sa compétence et violé l'art. 13 du titre I et l'art. 1er du titre IV de la loi du 10 juillet 1791, qui attribuent au ministre de la guerre la manutention du domaine militaire, ainsi que les art. 1er, 7 et 9 du décret du 16 août 1853, qui décident que les travaux à faire sur le domaine militaire doivent être soumis préalablement à l'examen de la commission mixte des travaux publics ;

Mais attendu qu'en soulevant cette exception, le demandeur s'appuie sur un droit qui ne lui appartient pas et que la législation invoquée attribue au seul ministre de la guerre, qui s'est déclaré désintéressé avant l'instance ; — Que le syndicat du flot de Wingles peut d'autant moins s'en prévaloir dans son intérêt privé que les intérêts généraux ne courent aucun risque, le jugement rendu n'étant pas opposable au ministre de la guerre et ne pouvant limiter l'exercice de ses droits ni gêner la surveillance de la commission mixte et du génie militaire ;

Attendu que le demandeur en cassation oppose encore que le jugement attaqué a violé le principe de la séparation des pouvoirs et l'art. 4 de la loi du 28 pluviôse an VIII, tant en ordonnant la destruction d'un travail public qu'en accordant des dommages-intérêts à raison de l'exécution de ce travail ;

Mais attendu, en fait, que le desséchement du flot de Wingles a été entrepris par les communes qui en sont propriétaires pour améliorer leur domaine et le rendre plus productif ; que c'est une opération relative à la propriété privée et non pas un acte d'administration publique ; qu'aucun des actes de l'administration supérieure n'attribue à cette entreprise, soit expressément, soit implicitement, le caractère de travail public ; — Que, loin de là, l'arrêté préfectoral qui organise le syndicat, décide que les dispositions de l'art. 5 de la loi du 10 juin 1854, qui régissent d'une manière plus spéciale les travaux privés de desséchement, doivent être appliquées au flot de Wingles ; qu'enfin, le syndicat ne pourrait se couvrir contre les tiers d'une autorisation qui réservait expressément leurs droits et lui imposait dans leur intérêt des conditions qu'il n'a pas remplies ;

Au fond, sur le troisième moyen :

Attendu que le syndicat du flot de Wingles a soutenu que la rigole du Roi étant un cours d'eau public, contigu à la digue Gustin, il avait eu le droit d'y déverser ses eaux de desséchement ;

Mais que le jugement attaqué, après avoir constaté qu'Artaud et consorts avaient la possession, à titre de propriétaires, d'une portion de la rigole du Roi, attribue par suite à cette partie de rigole la qualification de cours d'eau privé ;

Attendu que le syndicat soutient, de plus, que le flot de Wingles est alimenté par les sources de Beni-Fontaine ; que la rigole du Roi était la voie d'écoulement naturel de ces sources ; que la coupure de la digue Gustin avait simplement détruit l'obstacle qui les détournait de leur direction normale, et qu'en rétablissant cette direction il avait usé d'un droit consacré par l'art. 640, C. Nap., ce qui ne pouvait donner ouverture à une complainte possessoire ;

Attendu, en effet, qu'aux termes de l'art. 640, les fonds inférieurs sont assujettis envers ceux qui sont plus élevés à recevoir les eaux qui en découlent naturellement ; que cette faculté légale n'est pas éteinte par la simple possession *animo domini* du fonds inférieur ; mais que cette servitude ne peut être rendue plus onéreuse par le propriétaire du fonds supérieur ;

Qu'il est constaté par le jugement attaqué que le syndicat du flot de Wingles a, par des travaux faits de main d'homme, déversé dans la rigole du Roi, non pas les eaux coulant naturellement d'une source supérieure, mais une masse énorme d'eau accumulée artificiellement par une digue dans laquelle il n'existait, avant le trouble, ni vanne ni décharge mettant le flot de Wingles en communication avec la rigole du Roi ; que, par suite de cette aggravation considérable, les fonds inférieurs ayant été inondés, les auteurs du trouble ont été justement condamnés à des dommages-intérêts ; que, d'ailleurs, en statuant ainsi, le jugement attaqué, loin d'affranchir les fonds inférieurs de leurs obligations, a déclaré expressément que la possession d'Artaud et consorts est assujettie à la servitude légale de livrer, selon les dispositions de l'art. 640, C. Nap., passage aux eaux découlant naturellement des fonds supérieurs ;

Que cette déclaration réserve suffisamment les droits que pourraient avoir les propriétaires du flot de Wingles de laisser couler naturellement les eaux de Beni-Fontaine dans la rigole du Roi, si en effet elles y étaient conduites par la pente des lieux et sans aucun travail ;

Qu'il n'y a rien de contraire à induire de la disposition du jugement qui ordonne le rétablissement de la digue Gustin dans son état primitif, la destruction de l'œuvre qui aggrave la servitude n'ayant rien d'incompatible avec l'exécution du travail qui serait nécessaire pour son usage légal ;

Qu'en réprimant l'abus sans porter atteinte au droit, le jugement attaqué, loin de violer l'art. 640, en a fait, au contraire, une juste application ;

Rejette.

CASSATION, Ch. req. — 12 déc. 1860.
(Comm. d'Haybes c. de Maldeghem.)

I, 500, 506.

Le juge du possessoire apprécie souverainement les caractères de la possession ;

il lui appartient notamment de déclarer que les actes invoqués étant peu nombreux, séparés par de longs intervalles, présentent un caractère équivoque et non continu qui ne saurait fonder une possession efficace.

C'est ce qui avait été jugé par un arrêt de la Cour de Metz rendu, le 29 mars 1856, dans les termes suivants :

Attendu qu'aujourd'hui la commune d'Haybes veut, par ses conclusions subsidiaires, qui n'étaient point formulées en première instance, faire décider malgré les restrictions de son titre, qu'elle est fondée à obtenir, comme usagère, tous les produits forestiers et autres qui croissent sur le terrain en litige ; — Attendu que cette prétention absolue n'est point conforme au droit et doit être repoussée par deux raisons combinées, dont l'une se rattache, en fait, à l'application de la règle énoncée dans l'art. 691, C. Nap., et dont l'autre se puise dans l'art. 2240 du même Code ; — Attendu que le droit d'aller prendre comme usager du bois dans une forêt est une servitude discontinue qui ne peut plus aujourd'hui s'acquérir que par titre, et que, dès lors, toute possession postérieure au Code Napoléon est inopérante et censée non avenue ; — Attendu qu'en admettant que, sous la coutume de Namur, muette à cet égard, les servitudes discontinues aient pu s'acquérir par la possession immémoriale, il est certain du moins que cette possession n'était efficace que quand elle réunissait, de fait, tous les caractères qu'exigeait l'ancien droit et que le droit nouveau a résumés dans l'art. 2229, C. Nap. ; — Attendu qu'il fallait notamment que la possession n'émanât pas d'une simple tolérance du propriétaire, parce que, comme le disent les vieilles ordonnances, cette tolérance, quand même elle eût été répétée, ne tirait pas à conséquence et n'engendrait pas plus le droit sous l'ancienne législation que sous la nouvelle (art. 2232, C. Nap.); — Attendu que, dans l'espèce, les actes invoqués par la commune pour établir sa possession ancienne ne sont pas très nombreux, qu'ils sont séparés par de longs intervalles, et peuvent s'expliquer par la tolérance d'un propriétaire absent ou négligent, plutôt que par la concession d'un droit positif en vertu duquel l'usager avait possédé *pro suo et animâ possidendi*; que, sous ce premier rapport, la possession de la commune doit être réputée équivoque ; — Attendu que les vices de la possession de la commune deviennent bien plus éclatants quand on met cette possession en présence du vieux et salutaire principe énoncé dans l'art. 2240, C. Nap.; — Attendu qu'à cet égard deux règles de droit sont certaines : la première, c'est qu'on peut prescrire au-delà de son titre ; la seconde, c'est qu'on ne peut prescrire contre son titre, et qu'il y a lieu de déterminer laquelle de ces deux règles de droit doit s'appliquer à la cause ; — Attendu qu'on ne peut présumer une simple possession au-delà du titre, quand, comme cela a été jugé en 1826, l'usager, conservant un droit d'usage, y joint un autre droit qui n'est pas

plus important et qui est de même nature que le premier, et quand, par exemple, il réunit un droit de glandée à un droit de pâturage ; — Attendu que la possession doit, au contraire, être réputée en opposition avec le titre quand, comme cela a été jugé en 1847, elle attaque la substance de la propriété, et, par exemple, veut conquérir la futaie ; — Attendu que, dans l'espèce, les avantages que la commune veut tenir de la possession sont peut-être des fruits moindres qu'une futaie, mais qu'ils sont bien supérieurs à une chétive glandée, puisqu'ils consisteraient en tous les produits forestiers ou autres du terrain litigieux ; — Attendu que, si la faculté d'absorber tous les fruits appartient quelquefois à l'usager, c'est presque toujours en vertu d'un titre qui crée cette faculté ; qu'ici, non-seulement il n'y a pas de titre qui présente ce caractère, mais que le titre restreint positivement l'usager à un droit de fauchage ; — Attendu qu'en présence de cette restriction du titre comparée avec l'importance des droits qui auraient été conquis par la seule possession, il est naturel de supposer que cette possession est abusive, et ne prend sa source que dans l'usurpation de l'usager et la tolérance ou l'ignorance du propriétaire ; — Attendu que les conclusions principales de la commune éclairent, d'ailleurs, cette partie du débat ; qu'au moment où le comte de Maldeghem a formé sa demande en cantonnement, la commune a répondu immédiatement qu'elle jouissait de tous les fruits en qualité de propriétaire ; qu'on doit inférer de ce langage que la tradition seule lui avait inculqué ce mode de défense, et qu'avant 1789, comme aujourd'hui, elle essayait de jouir comme propriétaire ; que si la possession est inefficace en tant qu'elle confère tous les fruits à la commune en qualité de propriétaire, parce que le titre résiste à cette qualité, cette même possession, appliquée aux mêmes fruits, ne peut plus être valable en tant qu'elle est exercée par un usager ; qu'il n'y a pas eu deux possessions distinctes, et que, quand l'une a été condamnée, il ne reste plus rien de l'autre, parce que la condamnation s'appliquant aux mêmes faits de jouissance ne les laisse plus subsister sous aucune forme ; — Attendu que si l'on essayait de faire une distinction entre la possession du propriétaire et celle de l'usager exercée sur la même chose, on ne pourrait valider celle-ci après avoir condamné celle-là, qu'autant qu'il serait prouvé que la jouissance-usage est seule intervenue ; — Attendu que, dans la cause, non-seulement cette preuve n'est pas faite, mais que la possession usagère *pro suo* est très peu vraisemblable ; que, dans tous les cas, elle est équivoque ; que ce vice d'équivoque suffit pour empêcher toute prescription, et que, dans l'incertitude, il y a lieu de revenir au titre et de faire respecter les droits certains du propriétaire contre un usager dont la jouissance originairement irrégulière conserve son caractère suspect.

Pourvoi de la commune d'Haybes.

ARRÊT

LA COUR : — Sur le moyen unique

du pourvoi considéré dans ses différentes branches, moyen tiré de la violation de l'article 691 et de la fausse application des art. 2229, 2232 et 2236, C. Nap. :

Attendu que toutes les raisons de droit sur lesquelles se fonde l'arrêt attaqué ne sont pas également nécessaires pour justifier sa décision ; que, par exemple, il importerait peu que, sous l'empire de la coutume de Namur, les droits d'usage dans les forêts, comme toutes les servitudes discontinues, aient pu s'acquérir par la prescription, et que le Code Napoléon, les considérant comme des droits d'une nature spéciale, n'ait pas entendu leur appliquer le principe que les servitudes discontinues ne s'acquièrent que par titre, si d'ailleurs, en fait, il était établi que, dans l'espèce, les conditions essentielles de la prescription ne se sont jamais accomplies ;

Attendu qu'une possession continue, non équivoque, à titre de propriétaire, peut seule servir de base à la prescription ; que sous ce rapport, le Code Napoléon n'a fait que consacrer les principes admis par toutes les législations antérieures ;

Attendu que l'arrêt attaqué déclare, en fait, que les actes invoqués par la commune demanderesse, pour établir sa possession, ne sont pas très nombreux ; qu'ils sont séparés par de longs intervalles, et peuvent s'expliquer par la tolérance d'un propriétaire absent ou négligent, sans que l'on doive nécessairement y voir l'exercice d'un droit prétendu ; qu'il résulte de ces déclarations que la possession de la commune était équivoque et manquait de continuité ; par conséquent, elle n'avait fondé en sa faveur aucune prescription ;

Attendu qu'en ce qui concerne la continuité, considérée comme condition nécessaire de la prescription, la demanderesse objecte vainement que les droits d'usage des bois résistent par leur nature à une possession continue, dans le sens rigoureux de cette expression, et que l'exiger, ce serait rendre impossible en fait une prescription reconnue possible en droit ; que, s'il est vrai que la continuité de la possession n'a rien d'absolu, et doit s'apprécier plus ou moins rigoureusement, suivant la nature du droit que l'on prétend avoir été prescrit et la jouissance dont il était susceptible, du moins faut-il toujours, pour que la possession puisse opérer la prescription, qu'elle se soit manifestée par des actes suffisamment répétés pour avertir le propriétaire qu'elle menace son droit, et le mettre en demeure de la contredire ;

Attendu que, sous ce rapport, les juges du fond ont un pouvoir souverain d'appréciation, et que la Cour de Metz n'a fait qu'user de ce pouvoir en jugeant que la possession de la demanderesse avait été équivoque et non continue ; qu'il suit de là que l'arrêt attaqué, loin d'avoir violé les principes en matière de prescription, en a fait, au contraire, une juste et saine application ;

Rejette.

CONSEIL D'ÉTAT. — 1er juin 1861.
(Ratier c. Comp. du canal de la Garonne.)

I, 110.

Les canaux établis dans un intérêt général appartiennent au domaine public ; ils sont imprescriptibles et ne peuvent faire l'objet d'une action possessoire. Il en est de même des terrains qui dépendent des francs-bords de ces canaux.

ARRÊT

NAPOLÉON, etc.; — Vu les lois des 22 décembre 1789, 16-24 août 1790, 16 fructidor an III et 29 floréal an X ; — Vu les ordonnances royales des 1er juin 1828 et 12 mars 1831 ;

Considérant que l'action du sieur Ratier, introduite au possessoire, tend à faire maintenir le demandeur dans la possession où il était depuis plus d'un an et jour, de passer sur un terrain dépendant des francs-bords du canal, à faire défense à la compagnie de le troubler à l'avenir dans sa jouissance, et à la faire condamner à des dommages-intérêts à raison du trouble que lui ont causé les poursuites exercées contre lui devant le Conseil de préfecture, et les condamnations qui s'en sont suivies ; que, sur l'appel interjeté par la compagnie de la sentence du juge de paix du canton de Moissac, le sieur Ratier n'a pas, devant le tribunal, modifié ses conclusions;

Considérant qu'il n'est pas contesté que les francs-bords dont il s'agit sont une dépendance du canal latéral à la Garonne, et font ainsi partie du domaine public;

Qu'aux termes des lois ci-dessus visées, la conservation du domaine public est commise à l'autorité administrative, et que, dès lors, le tribunal ne pourrait, sans empiéter sur les pouvoirs de l'administration, connaître de la demande du sieur Ratier;

Considérant, d'ailleurs, que le préfet, par son arrêté de conflit, ne conteste pas la compétence de l'autorité judiciaire pour le cas où l'action du sieur Ratier aurait seulement pour objet de faire reconnaître les droits qu'il aurait eus à une servitude de passage sur les terrains dont il s'agit, avant qu'ils eussent été affectés au service du canal, ou qui lui auraient été réservés lorsque ces terrains auraient été acquis en vue de cette affectation;

Art. 1. — L'arrêté de conflit ci-dessus visé est confirmé.

CASSATION, Ch. req. — 8 juillet 1861.
(Maire de Miélan c. Dugoujon.)

I, 582, 588, 590.

Il y a dépossession violente donnant ouverture à la réintégrande dans le fait par un maire de s'emparer de biens donnés au bureau de bienfaisance malgré la résistance du donateur qui prétend que la donation a été révoquée avant le décret d'acceptation.

Celui qui forme une action possessoire a le droit de conclure simultanément à la réintégrande et à la maintenue possessoire et, s'il échoue, il a le droit en appel de ne faire valoir que l'un des moyens.

Du 19 avril 1860, jugement du tribunal de Mirande ainsi motivé :

Attendu que, jusqu'à la révocation de la libéralité émanée des demoiselles Dugoujon, ces demoiselles n'ont pas eu intentionnellement cette possession du propriétaire définitif et irrévocable qui seule peut conduire à la prescription, et que, conséquemment, le juge de paix a eu tort de substituer à l'admission de l'action en réintégrande qui lui était dé-

férée au premier chef, et dont il ne s'est pas occupé, celle d'une complainte possessoire basée sur une possession annale; — Mais attendu, sur l'action en réintégrande soumise expressément au premier juge et ramenée par appel incident devant le présent tribunal, qu'il résulte des faits de la cause que le conseil municipal de Miélan refusa d'accepter dans son intégralité, en ce qui concernait la commune de Miélan, la donation faite au bureau de bienfaisance de cette commune par les demoiselles Dugoujon; que d'un autre côté, ainsi que le constate le décret impérial, surgit une délibération dudit bureau portant qu'il n'y avait lieu d'accepter que pour partie la donation précitée; que, dès lors, les demoiselles Dugoujon se crurent en droit de révoquer leur libéralité, et notifièrent cette révocation, soit au bureau de bienfaisance de Miélan, soit au ministre, manifestant ainsi la volonté de se considérer et de rester propriétaires incommutables et sans condition du domaine et des bâtiments dont elles avaient fait une donation non encore acceptée par le chef de l'État; — Que, postérieurement à cette révocation, intervint le décret d'acceptation repoussant toutes les acceptations provisoires partielles ou restrictives qui s'étaient produites, et autorisant le bureau de bienfaisance de Miélan à accepter purement et simplement, aux conditions y énoncées, la donation émanée des demoiselles Dugoujon; — Attendu que c'est dans cette situation qu'il s'élevait entre lesdites demoiselles détenant, possédant actuellement, le domaine de Danos, et le sieur Dagé, président du bureau de bienfaisance de cette ville, un litige bien connu de ce dernier, portant sur le point de savoir si la révocation antérieure de la donation devait prévaloir sur le décret d'acceptation, ou si, au contraire, ce décret devait réagir efficacement au moment de ladite donation, ou du moins de son acceptation provisoire, par le bureau de bienfaisance, quels qu'en fussent les termes; — Qu'au lieu de recourir à justice pour faire juger ce litige et éteindre la résistance des demoiselles Dugoujon, le sieur Dagé a mieux aimé le trancher par une dépossession violente, et se faire justice à lui-même; qu'à ce point de vue, il a fait irruption sur le domaine contesté, et malgré les protestations et les résistances du mandataire de la demoiselle Dugoujon, s'est déclaré maître, a appréhendé et mis en vente immédiatement les produits du domaine, spécialement les bois exploités par les demoiselles Dugoujon; — Attendu que ces faits ainsi caractérisés et appréciés, ces circonstances qui présentent d'une part une détention ou possession actuelle, de l'autre une voie de fait pour s'en saisir, avec la conscience d'un litige existant et la prétention de le trancher de vive force, ouvraient évidemment l'action en réintégrande, créée précisément pour cette situation; — Attendu que tous les subterfuges employés pour colorer cette dépossession violente en conviant les demoiselles Dugoujon à une prétendue prise de possession, ne changent pas le caractère du fait, puisqu'on ne s'est pas arrêté et qu'on n'avait pas la pensée de s'arrêter à leurs protestation et résistance; — Attendu qu'il n'est pas nécessaire que la violence aille jusqu'à l'effusion du sang pour autoriser la réintégrande; qu'il suffit, en droit, que les voies de fait employées aient pu, en s'imposant, déterminer de semblables résultats que la loi a voulu prévenir en proscrivant la justice personnelle et en consacrant la maxime *spoliatus ante omnia restituendus*; — Attendu que ce principe conservateur de la paix publique oblige les corps moraux, ou ceux qui les représentent, comme les corps particuliers; — Attendu que si l'appel incident est fondé, il est tout aussi recevable, bien qu'il ne se soit produit que dans le cours du débat, après le dépôt des conclusions tendantes d'abord purement et simplement au démis de l'appel du sieur Dagé; — Attendu qu'il est de principe consacré par les termes formels de l'art. 443, C. pr. civ., que l'appel principal crée en tout état de cause le droit de faire appel incident; que le jugement entrepris, sans dire droit expressément de l'action en réintégrande, avait cependant rendu aux demoiselles Dugoujon la possession dont elles avaient été dépouillées, et même une possession plus étendue et plus précieuse que la simple possession de fait; qu'il est impossible d'admettre que les demoiselles Dugoujon aient jamais entendu se ravir le droit, par leurs conclusions, d'obtenir au moins une possession plus restreinte, la remise ou la simple possession de fait; qu'aucun acquiescement volontaire à ce résultat ne peut donc écarter par une fin de non-recevoir leur appel incident nécessité par le silence du jugement entrepris sur l'action en réintégrande; — Par ces motifs.

Pourvoi du maire de Miélan.

ARRÊT

LA COUR: — Sur le premier moyen:

Attendu qu'aux termes de l'art. 443, C. pr., l'intimé peut interjeter incidemment appel, en tout état de cause, quand même il aurait signifié le jugement sans protestation; que l'on n'est pas facilement présumé avoir renoncé à son droit; que, si le droit d'appel incident continue à subsister, quoique l'intimé ait fait signifier le jugement sans protestation, on ne peut admettre que les conclusions de l'intimé qui tendent à la confirmation du jugement puissent être considérées comme renfermant un acquiescement implicite audit jugement, et, par suite, une renonciation au droit de l'appel incident;

Attendu, de plus, que les demoiselles Dugoujon, en demandant d'être maintenues dans la possession du domaine de Danos, comme en ayant été spoliées par voie de fait, ou comme ayant été troublées dans cette possession, faisaient valoir deux moyens pour obtenir d'être maintenues dans la possession dudit domaine; que le juge de paix, en les maintenant dans la possession annale, n'avait pas eu à s'expliquer sur la réintégrande; que l'appel ayant tout remis en question, les demoiselles Dugoujon ont eu le droit de faire valoir tous les moyens qu'elles avaient présentés en première instance, sans qu'elles eussent besoin de former un appel incident;

Que, sous ce rapport encore, les demoiselles Dugoujon devaient être admises à soutenir qu'elles devaient être réintégrées dans le domaine de Danos, comme en ayant été dépouillées par voie de fait;

Sur le deuxième moyen:

Attendu qu'il résulte des faits et circonstances de la cause, tels qu'ils sont constatés par le jugement attaqué, que les demoiselles Dugoujon avaient révoqué la donation qu'elles avaient faite au bureau de bienfaisance de Miélan, le 17 octobre 1857; qu'elles prétendaient, dans l'acte extrajudiciaire de dénonciation de cette révocation au maire de Miélan, que cette révocation avait eu pour effet d'annuler la donation et de les maintenir dans la propriété des biens qui y étaient compris; que, au lieu de soumettre à la justice la difficulté que faisaient naître les prétentions des demoiselles Dugoujon, Dagé, de sa propre autorité, malgré la résistance et les protestations du mandataire des demoiselles Dugoujon, s'est mis en possession du domaine de Danos, qui faisait partie de cette donation, et a fait vendre les bois exploités par les défenderesses éventuelles; qu'en agissant ainsi, Dagé, par une voie de fait grave et positive, a dépossédé les demoiselles Dugoujon du domaine de Danos dont elles avaient la possession actuelle et matérielle; que le jugement attaqué, en réintégrant les demoiselles Dugoujon dans la possession du domaine de Danos, dont elles avaient été spoliées par voie de fait, loin d'avoir violé aucune loi, a fait une juste application des principes sur la matière;

Rejette.

CASSATION, Ch. req. — 17 déc. 1861.
(Compang c. Chalamel.)

I, 117, 630.

Entre usines placées sur un même canal, il y a nécessairement présomption de communauté de ce canal en sorte que le trouble apporté à la jouissance des eaux par le propriétaire supérieur peut être réprimé par la complainte sans que le propriétaire inférieur soit assujetti à faire la preuve d'une possession spéciale des eaux supérieures.

La servitude d'aqueduc, qui est continue et apparente, peut à ce titre être l'objet d'une action possessoire.

Du 15 décembre 1860, jugement du tribunal de Nyons rendu en ces termes :

Considérant qu'en appréciant les titres produits et les explications échangées à la barre, par les parties, le tribunal a pu se convaincre que le moulin à farine possédé aujourd'hui par MM. Compang et consorts et le foulon au drap acquis par Chalamel de Marre ont été autrefois dans les mains d'un seul propriétaire ; — Que ces deux usines posées sur le même canal, à peu de distance l'une de l'autre, étaient mises en jeu par les mêmes eaux et dans des relations telles que le chômage de l'une ou de l'autre fut le plus rare possible ; qu'il est incontestable que la destination du père de famille en avait réglé les rapports, et que l'une n'avait pas de préférence sur l'autre ; — Qu'il est tout aussi certain qu'aujourd'hui du moins le foulon a une importance plus considérable que le moulin à farine et qu'on ne peut faire dépendre son existence des caprices ou de la méchanceté du propriétaire du moulin ; que la possession annale non contestée des fuyants du moulin s'applique à la partie même du canal supérieur au moulin Compang ; que cette possession ne peut être divisée et qu'aucun élément de la cause n'autorisait le premier juge à faire cette distinction ; que ni l'écluse, ni le canal de décharge sur le Rieu ne changent la position de Chalamel, ces deux ouvrages remontassent-ils à une époque éloignée, ce qui est dénié par l'appelant ; — Considérant qu'il est convenu par Compang qu'il a substitué au moulin un système nouveau et qui exige une masse d'eau moins considérable ; que pour réparer ainsi le moulin, il a dévié les eaux et en a privé le moulin en février et mars 1858 ; qu'usant avec rigueur du droit qu'il croyait avoir sur les eaux, il en a privé Chalamel, depuis le jugement du 14 juillet dernier ; que celui-ci justifie jusqu'à concurrence d'une somme de 2,000 fr. de travaux exécutés pour son compte dans diverses usines étrangères, la sienne ne pouvant fonctionner ; que ce moyen de conserver sa clientèle a été onéreux pour lui ; que, malgré cette précaution, son usine a dû nécessairement perdre des clients ; qu'il a souffert un dommage que le tribunal peut évaluer à 800 fr. ; — Par ces motifs, etc.

Pourvoi du sieur Compang.

ARRÊT

LA COUR : — Sur la deuxième branche :

Attendu qu'on ne saurait distinguer entre les eaux d'un même canal ; que la possession s'applique non seulement aux eaux qui coulent dans la partie du canal intermédiaire et séparant les deux usines, mais encore à celles qui sont supérieures à l'usine en amont ; que le droit aux eaux inférieures serait illusoire s'il n'entraînait pas le droit de recevoir les eaux du canal supérieur ; qu'il y a donc indivisibilité entre les eaux d'un même canal, et qu'il suffisait, pour que la complainte de Chalamel fût fondée, que Compang eût empêché l'eau d'arriver à son moulin ;

Attendu qu'en le décidant ainsi, le jugement attaqué, loin d'avoir violé les articles invoqués par le pourvoi, en a fait une juste application ;

Sur le deuxième moyen, tiré de la violation des art. 23, C. pr. civ., 691 et 692, C. Nap. :

Attendu qu'il n'apparaît pas que ce moyen eût été présenté devant les juges du fond ; qu'ainsi il est non recevable ;

Attendu, dans tous les cas, que ce moyen reposerait sur des bases inexactes ; qu'en effet, il ne s'agit pas d'une servitude discontinue, mais bien d'une servitude d'aqueduc que les art. 688 et 689 rangent dans la classe des servitudes continues et apparentes ;

Attendu que ces servitudes étant susceptibles de s'acquérir par prescription, peuvent être aussi l'objet d'une action possessoire ; qu'ainsi le reproche fait au jugement d'avoir violé les art. 691 et 692, C. Nap., n'avait pas de fondement ;

Rejette.

CASSATION, Ch. req. — 23 déc. 1861. (Comm. de Louzac c. Jousseaume.)

I, 37.

Les arbres considérés isolément peuvent être l'objet d'une appropriation particulière, alors même que le sol sur lequel ils sont plantés dépendrait du domaine public, comme un chemin vicinal. Ils sont donc susceptibles de faire l'objet de l'action possessoire.

Du 25 juin 1860, jugement du tribunal de Saintes, qui le décide en ces termes :

Attendu que si l'arbre est présumé appartenir par accession au propriétaire du sol sur lequel il est accru, cette présomption n'exclut pas la preuve contraire, parce qu'aucune imprescriptibilité matérielle ou juridique ne s'oppose à ce que l'arbre et le sol appartiennent à des propriétaires riverains différents ; — Attendu que cette séparation de propriété, qui peut avoir été établie par une convention ou par un testament, peut également résulter de la prescription ; — Attendu, par conséquent, que l'imprescriptibilité du sol n'entraîne pas l'imprescriptibilité de l'arbre, si les raisons qui ont soustrait le sol au droit commun ne s'appliquent pas à l'arbre considéré comme un immeuble distinct et susceptible d'une appropriation exclusive ; — Attendu que si les routes et les chemins sont imprescriptibles, ce n'est pas parce qu'ils appartiennent à l'État et aux communes, mais parce qu'ils sont hors du commerce et destinés à un usage public ; — Attendu que les arbres accrus ou plantés sur ces routes et ces chemins n'ont ni le même caractère ni la même destination ; que la loi les a toujours considérés comme susceptibles d'appropriation particulière, puisque, dans certains cas, elle en a elle-même attribué la propriété aux riverains ; — Attendu, par conséquent, que les arbres litigieux ont pu être utilement possédés par Jousseaume, quel que soit l'âge de ces arbres, quelles que soient la nature et l'ancienneté du chemin dont fait partie le sol sur lequel ils sont accrus ; qu'il est donc inutile de rechercher si les arbres existaient ou n'existaient pas lorsqu'a été promulguée la loi du 28 août 1792, si le chemin était ou n'était pas à cette époque une grande route nationale ; — Attendu que si Jousseaume a pu utilement posséder les arbres litigieux, son action possessoire est recevable pourvu qu'elle se soit produite en temps utile.

Pourvoi de la commune de Louzac.

ARRÊT

LA COUR : — Attendu qu'en supposant que le moyen invoqué par le pourvoi fût recevable, il y aurait lieu de le déclarer mal fondé ;

Attendu, en effet, que les arbres considérés isolément sont susceptibles d'une appropriation particulière et indépendante du sol sur lequel ils sont plantés ;

Qu'il n'y a pas lieu de distinguer, sous ce rapport, les arbres plantés sur les bords d'un chemin public de ceux qui l'auraient été sur un domaine privé ;

Que la propriété peut en appartenir à celui qui n'est pas le maître du sol, soit qu'il les ait acquis par titre, soit qu'il les ait plantés à ses frais ;

Que la loi a même établi une présomption de propriété en faveur des riverains d'un chemin public dans les cas qu'elle détermine (décret du 28 août 1792 ; loi du 9 ventôse an XIII) ;

Attendu que si la propriété des arbres qui existent sur un chemin public peut être valablement acquise par titre ou par convention, elle peut aussi résulter de la prescription qui, dans les hypothèses où elle est admise, supplée au titre et en a toute la puissance ;

Attendu que la possession étant l'élément primordial et nécessaire de la prescription, il y a lieu de reconnaître que les arbres peuvent être possédés indépendamment du sol et devenir, dès lors, l'objet d'une action possessoire ;

Attendu que, dans l'espèce, il s'agit d'arbres plantés sur les bords d'un chemin classé parmi les chemins vicinaux par arrêté du préfet de la Charente ;

Que la commune de Louzac avait reconnu elle-même devant le juge de paix de Cognac, que ce chemin appartenait à l'ancienne vicinalité de son territoire ;

Que, dans ces circonstances, le jugement attaqué a pu légitimement admettre le sieur Jousseaume à la preuve de la possession annale des arbres dont il s'agit, sans s'arrêter aux exceptions de la commune relatives à l'âge des arbres et à la nature originaire du terrain sur lequel ils existent ;

Rejette.

———

TRIB. DE CLERMONT (Oise). — 10 janvier 1862.

I, 189.

Sous Cassation du 24 août 1864.

———

CASSATION, Ch. req. — 21 janvier 1862. (Domaine de la Couronne c. Bourgeois.)

I, 261, 288.

Si les biens du domaine public sont hors du commerce, ce qui rend précaire tout acte de possession exercé à leur encontre, ce n'est qu'à la condition que la preuve de la domanialité soit administrée ; une simple allégation n'est pas suffisante. Dans le but d'éclairer l'exception d'imprescriptibilité, le juge a le droit de prescrire une vérification, de consulter les titres et plans, d'examiner les lieux et d'entendre des témoins.

Du 30 août 1861, jugement du tribunal de Rambouillet, qui s'exprime ainsi :

Considérant, en droit, que les juges de paix sont seuls compétents pour connaître des actions possessoires ; que, dès lors, la demande de Bourgeois en maintenue possessoire était valablement portée devant le juge de paix de Rambouillet ; — Considérant que, juge de l'action, ce magistrat était compétent pour juger aussi et en même temps de l'exception; — Considérant que, pour repousser la demande de Bourgeois, Son Excellence le ministre de la maison de Sa Majesté l'Empereur a prétendu que la possession invoquée par le demandeur n'était pas une possession utile, susceptible de faire acquérir le domaine de propriété, parce qu'il s'agissait d'un terrain faisant partie du domaine de la liste civile ou de la couronne, et à ce titre légalement inaliénable et imprescriptible ; — Considérant que si cette exception était justifiée, elle serait de nature à faire rejeter la demande de Bourgeois ; qu'il y avait donc lieu, tout en ordonnant la vérification de la possession invoquée par Bourgeois et en recherchant ses caractères légaux, à admettre la liste civile à justifier ses prétentions ; que ce ne sera qu'après la vérification des prétentions respectives des parties qu'il sera possible d'y faire droit ; que c'est donc à tort que le juge de paix, tout en autorisant Bourgeois à faire la preuve de sa possession, a déclaré dès à présent Son Excellence le ministre de la maison de l'Empereur non recevable dans son exception; qu'il devait, au contraire, puisqu'elle n'est pas, quant à présent, justifiée, en ordonner la vérification ; — Par ces motifs, dit qu'il a été mal jugé en ce que le juge de paix de Rambouillet a déclaré M. le ministre de la maison de l'Empereur non recevable dans son exception ; admet M. le ministre à prouver que Bourgeois n'a point et en aucun temps possédé utilement le terrain dont la possession est réclamée par le sieur Bourgeois ; en conséquence, dit qu'il sera procédé à la vérification de l'exception proposée par la liste civile, tant par l'application des titres et plans qu'elle croira devoir produire que par l'examen des lieux et l'audition de tous témoins qu'elle jugera convenable de produire, en même temps qu'il sera procédé à la vérification de la possession articulée par Bourgeois, ainsi qu'il a été ordonné par M. le juge de paix, devant lequel la cause et les parties sont renvoyées.

Pourvoi du ministre de la maison de l'Empereur.

ARRÊT

LA COUR : — Sur le premier moyen :
Attendu qu'il est de principe que le domaine de la couronne est inaliénable et imprescriptible ;

Que les biens qui le composent, ne pouvant être possédés par des particuliers d'une manière utile et efficace, ne sauraient être l'objet d'une action possessoire ; mais qu'il ne suit pas de là qu'un citoyen qui se prétend troublé par les agents du domaine de la couronne dans la possession d'un terrain contigu à celui de la liste civile, ne puisse se pourvoir devant le juge de paix pour faire cesser le trouble apporté à sa jouissance ; qu'il ne s'agit pas, dans ce cas, de savoir si le terrain fait partie du domaine de la couronne, question qui ne peut être décidée que par le juge du pétitoire, mais seulement quel est celui qui possède ;

Attendu que la simple allégation du représentant de la liste civile, que le terrain sur lequel l'entreprise avait eu lieu était compris dans le domaine de la couronne, ne suffit pas pour dépouiller Bourgeois du droit de déférer au juge de paix la voie de fait dont il croyait avoir à se plaindre ; qu'ainsi, c'est à bon droit que Bourgeois n'a point été déclaré non recevable dans sa complainte possessoire, à raison de l'imprescriptibilité du domaine de la couronne ;

Attendu, sur le deuxième moyen, qu'en ordonnant la vérification de l'exception proposée par la liste civile, le tribunal n'a fait que ce qui avait été demandé au nom de l'administration du domaine de la couronne ; que, d'ailleurs, il n'est point interdit au juge du possessoire de consulter les titres de propriété produits par les parties pour s'éclairer sur la question de possession ; qu'en suivant la marche qui lui est tracée par le tribunal de Rambouillet le juge de paix ne saurait donc encourir le reproche de cumuler le pétitoire et le possessoire ;

Rejette.

CASSATION, Ch. civ. — 30 avril 1862.
(De Kerveguen c. Choppy.)

I, 15.

Tant que des terrains désignés par les plans généraux d'alignement, font partie de rues simplement projetées, ils ne cessent pas d'être, comme les autres propriétés privées, susceptibles d'une possession utile, pouvant, en cas de trouble, donner lieu à l'exercice de l'action possessoire. Ce principe n'est pas modifié par cette circonstance que les riverains, auteurs du trouble, ont sollicité et obtenu un alignement pour les constructions qu'ils ont édifiées.

Le contraire avait été jugé, le 2 février 1859, par le tribunal de Saint-Pierre dans les termes suivants :

Attendu que le plan de Saint-Pierre a été levé par l'ingénieur Bancks avec indication des rues à ouvrir ultérieurement et au fur et à mesure du développement de cette ville ; — Attendu que le procès-verbal qui accompagne ce plan a été régulièrement homologué par jugement du tribunal terrier de la colonie, et qu'il est dès lors devenu la loi comme la règle de toutes les parties ; — Attendu, par voie de conséquence, que toutes les portions de terrain qui ont été affectées dans ce plan à l'ouverture des rues ou à la création de places sont devenues dès ce moment et par cette seule destination, dépendances du domaine public municipal, aux termes des art. 558 et suivants, C. Nap., et qu'elles ont échappé, comme elles échappent à l'effet de la prescription aux termes de l'art. 2226 du même Code ; — Attendu dès lors que de Kerveguen n'a pu acquérir une possession utile pouvant donner ouverture à une action possessoire ; — Attendu, d'un autre côté, qu'au maire seul appartient le droit de donner l'alignement des rues et places d'une ville et qu'il est justifié par les documents visés en appel que Choppy s'est exactement conformé à celui qui lui a été fourni par l'agent voyer de la commune de Saint-Pierre ; — Attendu que si de Kerveguen allègue que cet alignement n'est point conforme au plan primitif de l'ingénieur Bancks, et qu'il doit avoir pour conséquence de nuire à ses droits, il peut incontestablement, pour en demander la rectification, se pourvoir devant l'autorité administrative, seule compétente dans cette matière ; — Par ces motifs, après en avoir délibéré conformément à la loi, le tribunal, jugeant en dernier ressort, statuant sur l'intervention de Félix Frappier, commissaire du gouvernement, administrateur de la commune de Saint-Pierre, ladite intervention régulière en la forme et valable au fond ; — Statuant au principal ; Émendant et réformant, déclare de Kerveguen purement et simplement non recevable dans toutes ses demandes, fins et conclusions, l'en déboute et le renvoie à se pourvoir devant qui de droit.

Pourvoi du sieur de Kerveguen.

ARRÊT

LA COUR : — Vu les art. 23 et 25, C. pr., 538 et 2226, C. Nap. :

Attendu que si, aux termes des art. 538 et 2226, l'emplacement des rues doit être considéré comme une dépendance imprescriptible du domaine public municipal, il ne peut en être de même des terrains qui sont désignés par les plans généraux d'alignement approuvés par l'autorité compétente comme devant faire partie à une époque indéterminée de rues projetées ; que, dans l'état, ces terrains ne cessent pas d'être, comme les autres propriétés privées, susceptibles d'une possession utile, pouvant, en cas de trouble, donner lieu à l'exercice de l'action possessoire ; qu'ainsi, et par application de ces principes, le plan de la ville de Saint-Pierre, levé par l'ingénieur Bancks, avec indication des rues à ouvrir ultérieurement au fur et à mesure du développement de la cité, n'a pu, quoique homologué par le jugement du tribunal terrier de la colonie en date du 12 septembre 1785, rendre, par le seul fait de cette indication, imprescriptibles comme dépendant du domaine public municipal, les terrains qui pourraient être compris un jour dans l'emplacement de ces voies de communication projetées ;

Attendu, dès lors, qu'en déclarant de Kerveguen non recevable dans l'action en complainte qu'il avait dirigée contre Choppy en raison des travaux exécutés par celui-ci sur la lisière du terrain dont s'agit au procès, et que depuis nombre d'années il prétendait avoir paisiblement possédée, le jugement attaqué a expressément violé et faussement appliqué les articles ci-dessus visés ;

Casse.

CASSATION, Ch. civ. — 12 mai 1862.
(Barrès c. Payen et Fuzier.)

I, 230.

Si la jouissance en commun d'un cours d'eau qui borde deux héritages constitue au profit des riverains un droit utile dans la possession duquel chacun d'eux est autorisé à se faire maintenir en cas de trouble, c'est à la condition que la possession de l'un des riverains ne soit pas précaire, discontinue ou balancée par la possession contraire de l'autre.

Le juge a donc pu, par une appréciation souveraine des faits, repousser l'action en complainte exercée par l'un des riverains, s'il a constaté que la jouissance de ce riverain ne s'était exercée que sur les eaux surabondantes et seu-

lement lorsque leur volume dépassait les besoins de son adversaire, que sa possession était vague et incertaine tandis que celle du défendeur réunissait tous les caractères indiqués par la loi.

Sentence du juge de paix ainsi conçue :

Attendu, en droit, que la possession annale, pour être utilement invoquée et donner ouverture à l'action en complainte possessoire, doit avoir tous les caractères exigés par la loi pour faire acquérir au possesseur la prescription trentenaire, c'est-à-dire qu'elle doit être paisible, publique, continue et à titre non précaire ; — Attendu que ces principes sont vrais et absolus en matière de possession sur les cours d'eau comme en toute autre ; qu'il est donc rigoureusement nécessaire, pour s'y conformer, que celui qui se prétend possesseur légal d'un cours d'eau ou d'une portion quelconque de ce cours d'eau justifie qu'après une possession de trente ans, il aura légitimement acquis sur les eaux par lui possédées un droit définitif de propriétaire ou d'usager ; — Attendu, d'une autre part, en droit, que l'art. 644, C. Nap., donne au propriétaire riverain le droit de se servir des eaux qui bordent son héritage, à la charge de les rendre à leur cours ordinaire après s'en être servi ; — Attendu que, pour bien déterminer le droit des sieurs Barrès sous le rapport de l'action possessoire, et pour bien préciser la légitimité de la possession invoquée et sa recevabilité au point de vue du droit, il est indispensable d'établir non-seulement les principes sur lesquels elle se fonde, mais les conséquences qui en découlent ; — Attendu qu'il résulte du principe consacré par ledit art. 644, que tous les ouvrages qu'il plaît à un propriétaire riverain d'établir dans son intérêt sur un cours d'eau et pour le détourner à son profit, s'ils ne sont pas dommageables à autrui ou contraires à des droits acquis, ne peuvent être empêchés ni même contredits par les riverains supérieurs ou inférieurs ; que le droit écrit dans cet article, n'étant qu'une pure faculté dont l'exercice est laissé à la volonté du propriétaire riverain et ne dérivant que de la loi comme de la nature même de l'objet auquel il s'applique, ne peut se perdre ou se prescrire par le seul fait qu'un riverain inférieur aurait pu paisiblement, même pendant longues années, la jouissance des mêmes eaux ; — Attendu que les droits des deux riverains inférieur et supérieur, pour être semblables et puisés à la même source, sont complètement indépendants l'un de l'autre, et n'impliquent aucune servitude quelconque du supérieur au profit de l'inférieur, et réciproquement ; qu'on ne peut donc pas dire que des travaux, établis même depuis longtemps par un propriétaire inférieur dans son propre fonds, dans le but de dériver les eaux au profit d'une usine ou pour tout autre intérêt, aient pu pour effet légal de mettre obstacle à l'exercice du droit du propriétaire supérieur et de l'empêcher d'user plus tard du bénéfice de la loi commune à tous les riverains d'un cours d'eau ; que, prétendre le contraire, c'est

vouloir créer, au profit d'un riverain inférieur, une servitude négative sur le fonds supérieur, laquelle ne peut s'acquérir par prescription ; — Attendu, en effet, qu'il serait souverainement injuste d'admettre qu'un tiers puisse être dépossédé de son droit, sans qu'il ait eu la possibilité légale de s'opposer à l'acte dont il est menacé d'être victime ; qu'une décision qui consacrerait un pareil résultat violerait un principe fondamental écrit dans le Code de la raison et de la justice naturelle avant de l'être dans nos lois, à savoir : que nul ne peut perdre son droit que de son consentement et qu'autant que la loi lui permet de s'opposer à l'acte qui doit entraîner sa dépossession ; — Attendu que, par application de ces principes si éminemment justes, à l'action possessoire des frères Barrès, on est amené à reconnaître que la possession alléguée par les demandeurs manque de la base légale qui doit lui faire produire ses effets, puisqu'ils prétendent en puiser le droit dans l'existence des usines ou autres ouvrages construits par eux sur leur fonds propre et en leur qualité de riverains du cours d'eau ; — Attendu, en effet, que si cette possession est à leur profit, elle n'est point exercée en opposition au droit des riverains supérieurs et à leur détriment, puisque ces derniers ne peuvent ni l'empêcher ni la contredire ; — Attendu que s'il n'est pas vrai, d'une manière absolue, que le droit du riverain supérieur résultant de l'art. 644 soit imprescriptible, il est vrai au moins qu'il faut au possesseur, pour que sa possession soit utile et fructueuse et engendre la prescription, qu'elle prenne naissance dans un acte quelconque dérivant de son fait ou établi dans son intérêt ou qu'il soit en contradiction avec le droit du riverain supérieur ; — Attendu, en fait, qu'en dehors de l'usine et des barrages des frères Barrès établis sur leur fonds, il n'existe entre ces deux points si distancés l'un de l'autre, les prises ou barrages respectifs, aucun autre ouvrage, sur le lit de la rivière ou ailleurs, indiquant ou laissant même présumer de la part des frères Barrès l'esprit d'une contradiction à l'exercice des droits des défendeurs ; que l'action possessoire des demandeurs ne peut pas même s'appuyer sur un fait de ce genre pour se donner un caractère légal ; qu'il est donc évident que si la possession invoquée ne puise son droit et sa raison d'être que dans la faculté qui est accordée par l'art. 644, C. Nap., elle ne peut être légitimée si le fait que les ouvrages sur lesquels elle s'appuie sont eux-mêmes légitimes ; — Attendu, sous un autre rapport, que la demande des frères Barrès ne peut pas même, pour se rendre recevable, se retrancher dans un usage immodéré et abusif que les défendeurs feraient des eaux litigieuses ; — Attendu, en effet, qu'il est résulté de tous les éléments de la cause et de la vérification faite des lieux litigieux, que les sieurs Payen et Fuzier n'introduisent, dans leur canal de conduite, que les eaux nécessaires ou présumées nécessaires à leurs besoins ; que si, le long de leur canal, des déperditions d'eau se font remarquer quelquefois, elles ne paraissent pas de nature ni à faire taxer d'abusive leur jouissance, ni à faire suspecter leurs intentions à cet égard ; qu'il résulte donc de ces principes et de leurs conséquences, en fait et en droit, que la possession des demandeurs, fût-elle prouvée en fait, manque de base légale et ne peut produire aucun effet utile; qu'elle doit donc être repoussée comme irrecevable; — Attendu que ce résultat puise une force nouvelle dans l'appréciation des faits pratiques de la possession alléguée par les frères Barrès; — Attendu, en fait, que les eaux dont s'agit et telles qu'elles sont recueillies par les demandeurs au moyen de leurs barrages, ne sont autres que celles que les défendeurs ne peuvent absorber ou qu'ils négligent, par défaut d'intérêt ou par tout autre motif, d'arrêter à leur passage, pour les détourner à leur profit; que les demandeurs ne jouissent donc, de fait, que des eaux surabondantes de la rivière, et lorsque leur volume dépasse la mesure ou les exigences des besoins des défendeurs pour l'utilité de leurs usines; — Attendu qu'une possession semblable et dans les conditions qui résultent de l'état des lieux et des droits de chaque partie, est une possession vague, incertaine et, dans tous les cas, sans continuité, en un mot, entachée de tous les vices de la précarité; qu'elle est, en effet, subordonnée, dans son exercice pratique, soit à la volonté essentiellement variable des riverains ou usiniers supérieurs, soit à la mesure irrégulière de leurs besoins, soit enfin aux éventualités de la température et des saisons; — Attendu que le vague et l'incertitude de cette possession résultent de la nature même des choses, à tel point que le juge, appelé à se prononcer sur la demande telle qu'elle est formulée, ne saurait, même approximativement, établir au profit des demandeurs la mesure de leur possession, et fixer la quotité des eaux dont ils prétendent avoir été privés par le nouvel œuvre des sieurs Fuzier et Payen; qu'il y a même absence, dans la cause, d'éléments pour déterminer si le volume d'eau réclamé par les frères Barrès comme leur ayant été enlevé, était réellement joui et possédé par eux depuis plus d'un an ou depuis quelques jours seulement; — Attendu, en effet, que la preuve rapportée par les frères Barrès d'une diminution d'eau éprouvée à leur usine au moment de la pose des chéneaux n'a nullement établi le fait d'une possession plus qu'annale des eaux dont ils furent privés à ce moment; — Attendu, cependant, que cette preuve est à leur charge exclusive; — Attendu que l'établissement des chéneaux, bien qu'employés comme nouveau moyen de dérivation des eaux, n'a changé que partiellement les modes employés précédemment, puisque lesdits chéneaux ne traversent que la moitié environ du lit de la rivière et qu'au surplus les sieurs Fuzier et Payen ne s'en sont pas interdit l'emploi; — Attendu que, pour admettre comme trouble à la possession des demandeurs le nouvel œuvre des défendeurs, il faut, par une conséquence logique, admettre qu'une longueur beaucoup moindre de chéneaux employés par les sieurs Payen et Fuzier, de même que toutes autres réparations faites par ces derniers à leurs barrages ordinaires, devront être aussi considérées comme trouble à la possession des frères Barrès, si elles ont pour résultat de retenir et de détourner à leur détriment une partie du vo-

lume d'eau dont ils auront été en possession; qu'il pourrait donc résulter de la demande des frères Barrès, si elle était accueillie en principe, cette conséquence étrange, que les sieurs Fuzier et Payen ne pussent, sans s'exposer à une action possessoire de leur part, faire aucun travail même peu important à leur prise d'eau pour supprimer des infiltrations, tout en ne retenant, comme il arrive en temps de sécheresse, que la quantité d'eau nécessaire à leurs besoins, ce qui serait absurde et de tous points inadmissible; — Attendu que la doctrine des auteurs et la jurisprudence des Cours, et notamment de la Cour suprême, sont unanimes pour admettre ou consacrer par des arrêts les principes de droit dont la cause a soulevé l'examen; que si la jurisprudence a paru un moment incertaine et semble avoir voulu favoriser le système des demandeurs, cette incertitude et cette hésitation tout apparente n'a existé que dans l'application faite à certains faits, à certaines espèces particulières, des principes posés dans l'art. 644; que, notamment, si des doutes se sont élevés, c'est sur la question de savoir si le droit du riverain supérieur était imprescriptible d'une manière absolue, ou si, au contraire, cette prescriptibilité pouvait dépendre de certains faits ou de certains ouvrages établis par le riverain inférieur dans le but de contredire à son profit le droit du riverain supérieur et déterminer, par suite, une possession utile et légale contre ce dernier; que c'est donc dans ce sens de prescriptibilité relative que la doctrine et la jurisprudence se sont prononcées, mais sans qu'il puisse néanmoins en résulter une application utile à l'espèce de la cause; — Attendu, d'un autre côté et au fond, que les défendeurs opposent à la possession des demandeurs une possession rivale qu'ils auraient eue des mêmes eaux réclamées par ces derniers; qu'il y a donc lieu d'apprécier la légitimité de cette possession; — Attendu, sous ce rapport, qu'il résulte de tous les éléments de la cause, des explications des parties, de l'état des lieux litigieux, des titres produits et enfin des enquêtes auxquelles il a été procédé devant nous, que les sieurs Payen et Fuzier sont en possession légale des eaux de la rivière; — Attendu que, comme riverains supérieurs, ils en jouissent avant même les demandeurs; que leur jouissance est paisible et non précaire, puisqu'elle a son origine dans des titres ou dans les dispositions mêmes de la loi; — Attendu que cette possession est continue et non interrompue, puisque des travaux sur le lit de la rivière y sont établis et tendent à continuer, par les réparations qu'ils nécessitent, la jouissance des riverains dans la mesure la plus profitable à leurs besoins; que s'il est arrivé, parfois, que, par suite de l'imperfection de leurs travaux de dérivation, le volume d'eau qui leur était nécessaire n'arrivât pas en entier jusqu'à leur canal, un nouveau travail de leur part venait bientôt remédier à ce déficit, et cela sans qu'ils éprouvassent la moindre opposition de la part des riverains inférieurs; — Attendu que cette possession des défendeurs, ainsi considérée dans son origine légale comme dans ses effets juridiques, peut être considérée à bon droit comme ayant à elle seule formé un obstacle continu à la légalité de la possession des demandeurs, puisque les faits continus d'interruption dont son exercice était la conséquence tendaient chaque jour, pour ainsi dire, à enlever à la jouissance des frères Barrès le caractère essentiel d'une possession paisible et à la rendre, au contraire, essentiellement précaire; — Attendu, dans tous les cas, que, entre deux possessions rivales, celle des défendeurs, dans le cas même du doute, étant fondée en droit, ou puisant son origine dans des titres et s'exerçant d'une manière légale par des actes matériels pratiqués à chaque exigence de leurs besoins et toujours dans le but unique de s'y maintenir, mérite évidemment d'être préférée à celle des demandeurs dont les éléments, ainsi qu'il a été dit ci-dessus, sont beaucoup moins favorables; — Attendu que, quels que soient la faveur et l'intérêt qui tout naturellement s'attachent à la prospérité de l'usine des frères Barrès et à l'industrie qu'un labeur intelligent et habile y a élevée jusqu'au faîte du progrès, ces considérations, quoique puissantes pour laisser au magistrat le regret de ne pouvoir concilier tous les intérêts rivaux, ne peuvent faire fléchir les principes rigoureux du droit qui se trouvent en présence, et qu'il s'agit d'appliquer dans la cause; — Par ces motifs, nous, juge de paix, déclarons l'action des frères Barrès non recevable et au besoin mal fondée, et relaxons en conséquence les défendeurs Payen et Fuzier de la demande intentée contre eux.

Sur l'appel, jugement confirmatif du tribunal de Privas, du 28 mars 1860, ainsi motivé:

Attendu que, pour apprécier sainement le mérite de la demande en maintien possessoire des frères Barrès, il importe de s'attacher moins à une jurisprudence variable, et dès lors incertaine, qu'aux dispositions de la loi elle-même; que c'est le cas d'appliquer la maxime: *legibus, non exemplis judicandum;* — Attendu, en effet, que les arrêts invoqués à l'appui de la thèse soutenue au nom des frères Barrès sont moins des arrêts de principe que des décisions, motivées presque toujours par des circonstances et des faits particuliers dont l'influence a pu être considérée comme de nature à faire fléchir les règles rigoureuses du droit en faveur de l'équité; — Attendu que c'est dans l'art. 23, C. pr. civ., que se trouvent nettement posées les règles qui gouvernent les actions possessoires; que ses dispositions sont formelles et ne sauraient prêter ni à l'équivoque ni à l'interprétation; en effet, aux termes de cet article, les actions possessoires ne sont recevables qu'autant, tout à la fois, qu'elles sont formées dans l'année du trouble par ceux qui, depuis une année au moins, étaient en possession paisible à titre non précaire; — Attendu que c'est là et non ailleurs qu'on doit chercher la règle relativement à la recevabilité des actions possessoires; — Que l'on tenterait vainement d'opposer aux dispositions de l'art. 23, C. pr. civ., celles de l'art. 6 de la loi du 25 mai 1838; que cette dernière loi n'est évidemment qu'une loi de compétence, plus explicite et plus complète que celle du 24 août 1790, mais qu'elle

n'a rien innové sur le fond du droit, lequel, aujourd'hui comme avant, est énergiquement écrit dans l'art. 23 susrappelé; — Attendu que, si l'action des frères Barrès réunit quelques-unes des conditions requises pour autoriser la complainte, elle ne les réunit pas toutes; qu'elle manque notamment de la plus essentielle, de la possession à titre non précaire; — Attendu, en effet, que s'il est un principe généralement reconnu et non contesté, c'est que le droit consacré par l'art. 644 au profit d'un riverain d'un cours d'eau, constitue une faculté inamissible par le non-usage; d'où il suit que ce riverain, fût-il resté pendant vingt, trente ou quarante ans et plus sans user de la faculté que la loi lui accorde, peut toujours l'exercer dès l'instant que ses intérêts ou ses convenances l'y invitent; — Attendu que si la possession que le riverain inférieur a pu avoir de ces eaux ainsi délaissées pendant un temps plus ou moins long par le propriétaire supérieur, ne fait point obstacle à ce que celui-ci use à l'avenir de la faculté imprescriptible qui lui est accordée, la conséquence nécessaire de ces prémisses, c'est que le riverain inférieur n'a eu qu'une possession de simple tolérance, c'est-à-dire une possession essentiellement précaire. Si cette proposition est incontestable et si l'argument a toute sa force lorsqu'il s'agit d'un riverain qui a négligé d'user de son droit d'une manière absolue, ne serait-il pas plus puissant encore alors que le propriétaire supérieur, comme dans l'espèce, a constamment joui des eaux et qu'il s'est appliqué dans tous les temps à recueillir toutes celles nécessaires au jeu de ses usines, soit à l'irrigation de ses propriétés? — Attendu qu'on ne saurait admettre à l'exception à la règle que pour le cas d'une jouissance abusive, c'est-à-dire sans profit pour le propriétaire supérieur et au détriment de l'inférieur; — Mais attendu que ce reproche d'abus n'a été articulé ni dans le cours de la discussion orale ni dans les notes écrites qui ont été fournies pour les plaidoiries; — Attendu, il est vrai, qu'alors que le débat contradictoire était épuisé, que tous les moyens des parties avaient été fournis à l'appui de leurs prétentions respectives, les frères Barrès ont remis des conclusions subsidiaires, non communiquées ni signifiées, tendant à prouver des faits d'abus à l'encontre de Payen; — Mais attendu, d'une part, que ces conclusions n'ont été produites que *in extremis* comme en désespoir de cause et pour prolonger les débats; d'autre part, que l'articulation ne porte que contre Payen, qu'elle ne touche Fuzier en aucune façon; et que, par suite, alors même que les faits articulés seraient établis, ils n'infirmeraient en rien les droits dudit Fuzier, lesquels sont indépendants de ceux de Payen; — Qu'à ce titre il n'y a pas lieu de faire état de la preuve subsidiairement offerte et de s'y arrêter; — Adoptant, au surplus, les motifs du premier juge.

Pourvoi du sieur Barrès.

ARRÊT

LA COUR : — Sur le moyen tiré de

la violation des art. 23, C. pr. civ., 6 de
la loi du 25 mai 1838 :

Attendu que, si la jouissance en commun d'un cours d'eau qui borde deux
héritages constitue au profit des riverains, sans distinction entre le riverain
supérieur et le riverain inférieur, un
droit utile dans la possession duquel
chacun d'eux est autorisé à se faire
maintenir en cas de trouble, il résulte,
en fait, du jugement attaqué : 1° que
les frères Barrès, avant l'action en complainte, n'avaient joui que des eaux
surabondantes de la rivière de Lamèze,
et seulement lorsque leur volume dépassait les exigences des usines supérieures de Payen et Fuzier ; 2° que la
possession des frères Barrès était vague,
incertaine à ce point qu'il était impossible d'établir la quantité d'eau dont ils
auraient été privés par les travaux de
Payen et Fuzier, ou même si le volume
d'eau réclamé par lesdits frères Barrès
avait été possédé par eux depuis plus
d'un an et un jour ; 3° qu'ils n'ont
nullement établi le fait d'une possession
plus qu'annale ; 4° que, de leur côté,
Payen et Fuzier avaient eu la possession
légale, continue, non interrompue, paisible et non précaire des eaux de la rivière ; que s'il est arrivé quelquefois que,
par suite de l'imperfection de leurs travaux de dérivation, le volume d'eau qui
leur était nécessaire n'arrivait pas en
entier dans leur canal, un nouveau travail exécuté par eux était bientôt venu
remédier à ce déficit et sans qu'ils
éprouvassent la moindre opposition de
la part des riverains inférieurs ;

Que de ces faits le tribunal de Privas
a conclu avec raison que la possession
des frères Barrès avait été précaire, discontinue, balancée par la possession
contraire de Fuzier et Payen ; qu'enfin,
elle n'avait pas réuni toutes les conditions voulues par la loi ;

Rejette.

CASSATION, Ch. civ. — 2 juillet 1862.

(Keiflin c. Lehmann.)

I, 582.

*L'action en réintégrande, qui ne se con-
fond pas dans le droit actuel avec la
complainte, n'est pas subordonnée dans*
*son exercice à la preuve d'une pos-
session réunissant toutes les conditions
prescrites par les art. 23, C. pr., et
2229, C. civ. Le détenteur est uniquement tenu d'établir le double fait de sa
possession actuelle et matérielle et de sa
dépossession par violence et voie de
fait.*

*Constitue un acte de nature à motiver cette
action, le fait par un maire d'avoir
requis arbitrairement la force publique
dans l'intérêt privé de la commune et
spécialement d'avoir fait expulser des
particuliers qui occupaient publiquement et paisiblement des terrains prétendus communaux.*

Le contraire avait été jugé, le 4 avril
1860, par le tribunal de Mulhouse dans
les termes suivants :

Attendu que les appelants prétendent que,
par eux et leurs devanciers, ils ont la possession immémoriale des immeubles litigieux,
qu'ils ont été troublés dans leur possession
par la commune de Bartenheim qui, en 1859,
a procédé, par adjudication publique, à
l'amodiation de ces biens, malgré leurs protestations ; qu'ils ont dû céder devant des
sommations de déguerpir faites par ordre du
maire, et surtout devant l'intervention de la
force publique qui a opéré des arrestations ;
qu'à raison de ces voies de fait et violences
ils sont fondés à invoquer le bénéfice de
l'action en réintégrande qui compète à tout
possesseur expulsé par le seul fait de la dépossession violente, quels que soient les caractères de sa possession, fût-elle des plus vi-
cieuses ; — Attendu que le premier grief
d'appel est que le premier juge a déclaré que
l'action en réintégrande était soumise aux
règles générales des actions possessoires ; —
Sur ce premier point : — Attendu que l'art. 23,
C. pr. civ., règle les actions possessoires par une
formule nette, précise, sans spécification
aucune ; que le silence de ce texte quant à la
réintégrande, comme action distincte de la
complainte, ne peut s'expliquer que par l'intention du législateur de ne plus faire cas
d'une distinction désormais inutile, grâce au
progrès de l'ordre social, pour assurer l'effet
légal de la possession dans une juste mesure ;
que, sans doute, dans les temps reculés,
lorsque le droit du propriétaire ou du simple
possesseur était exposé à des actes de violence fréquents et graves, il importait d'emprunter au droit romain le remède de l'interdit *unde vi*, de le renforcer même et d'en
étendre la portée ; que, sous l'empire de cette
nécessité, le droit civil a pu, par une déviation de la maxime du droit canonique
Spoliatus ante omnia restituendus, prêter à la
réintégrande un caractère tout spécial, celui
d'une action personnelle en réparation de la
violence, dont le succès n'empêchait pas celui
qui succombait de réagir immédiatement par
la voie de la complainte ; — Qu'on ne saurait
admettre qu'aujourd'hui encore cette action

pût se reproduire avec ce caractère ; que ce serait là introduire en procédure une complication qui formerait anachronisme ; qu'aussi bien les auteurs qui se sont pénétrés de l'histoire du droit, et spécialement de la transformation que les actions possessoires ont subie, n'hésitent-ils pas à professer que, dès avant la législation de nos codes, il s'était opéré une fusion entre la complainte et la réintégrande du Code de procédure civile ; qu'ayant eu à choisir entre la pratique judiciaire dans laquelle ces actions étaient confondues et la doctrine qui n'avait pas entièrement abandonné le système des deux actions distinctes, le législateur s'était décidé, en parfaite connaissance de cause, à effacer définitivement toute distinction ; — Attendu que si, au silence de l'art. 23, C. pr. civ., on voulait opposer la mention qui est faite de la réintégrande aux art. 2060, C. Nap., et le § 1 de la loi du 25 mai 1838, sur les justices de paix, cet argument de texte devrait encore se résoudre d'après cette considération, que l'art. 23, C. pr. civ., est le siège des principes sur la matière des actions possessoires et que tout autre texte s'y réfère naturellement ; que si, d'ailleurs, l'art. 2060, C. Nap., parle de réintégrande, il indique suffisamment qu'il s'occupe du cas où le dépossédé est le propriétaire, et qu'ainsi, tout au moins, il ne peut s'agir d'une possession à titre précaire ; de même si l'art. 6 de la loi du 25 mai 1838 comprend la réintégrande dans l'énumération qu'il fait, il ajoute ces mots : « et toutes autres actions possessoires, » ce qui implique que l'action en réintégrande est considérée comme une action possessoire et, partant, soumise aux règles générales tracées par l'art. 23, C. pr. civ.; — Attendu que par ces motifs il y a lieu de déclarer mal fondées, quant à ce chef, les critiques élevées contre la décision du premier juge ; — Attendu que, sur le terrain de l'action possessoire ordinaire, la commune défenderesse en garantie oppose aux demandeurs au principal, appelants, que la possession qu'ils invoquent est entachée de précarité, etc.; — ..... Attendu que des faits ci-dessus qui doivent être tenus pour constants, il résulte un ensemble de présomptions précises et concordantes qui démontrent que les appelants ne sauraient être considérés comme ayant possédé à titre de propriétaire ; — Attendu que les faits posés ne sont point relevants ; qu'il n'y a point lieu d'admettre les appelants à la preuve d'iceux. — Par ces motifs, et adoptant au surplus ceux du premier juge.

Pourvoi des sieurs Keiflin et consorts.

ARRÊT

LA COUR : — Vu l'art. 2060, C. Nap., l'art. 23, C. pr. civ., et l'art. 6 de la loi du 25 mai 1838 :

Attendu que l'action en réintégrande, fondée sur ce principe que nul ne peut se faire justice à lui-même, est une mesure d'ordre et de paix publique qui, loin d'avoir été abrogée par la législation nouvelle, a été formellement consacrée par l'art. 2060, C. Nap., et par l'art. 6 de la loi du 25 mai 1838 ; que l'action en réintégrande se distingue des autres actions possessoires en ce qu'au lieu d'exiger une possession réunissant les conditions prescrites par l'art. 23, C. pr. civ., il suffit que celui qui l'intente établisse le double fait de sa possession actuelle et matérielle et de sa dépossession par violence et voies de fait ;

Attendu que les demandeurs ont articulé qu'ils étaient en possession des biens litigieux, et qu'ils en ont été dépossédés par violence et voies de fait commises avec l'intervention de la force publique ;

Attendu que le jugement attaqué, sans mettre en doute l'existence de ces faits, a refusé aux demandeurs l'action en réintégrande, par le motif que cette action a été abrogée par la législation nouvelle et qu'elle se confond avec l'action en complainte ;

Attendu que sa décision ne saurait se justifier par cette autre considération, empruntée au jugement de première instance, que, d'ailleurs, la réintégrande suppose, de la part des défendeurs, des actes de violence qui ne paraissent pas suffisamment caractérisés dans l'espèce ; car, en adoptant ce motif, le tribunal a méconnu le caractère légal des faits articulés, en refusant de considérer comme des actes de violence, pouvant donner ouverture à l'action en réintégrande, l'emploi abusif de la force publique, requise arbitrairement par le maire dans l'intérêt privé de la commune, et à l'aide de laquelle les demandeurs, suivant les faits articulés, auraient été contraints d'abandonner aux locataires de la commune la possession des biens en litige, ainsi que les récoltes qu'ils en avaient enlevées ;

D'où il suit qu'en refusant aux demandeurs l'action en réintégrande, le jugement attaqué a méconnu les principes qui régissent cette action et formellement violé les articles susvisés ;

Casse.

CASSATION, Ch. civ. — 7 juillet 1862.

I, 582.

V. *Cassation, Ch. civ. — 2 juillet 1862.*

———

CASSATION, Ch. civ. — 10 déc. 1862.
(Thiébault c. Moreau et Champs.)

I, 101.

Si, pour défendre à une action en bornage, l'une des parties excipe de ce que son héritage est borné par des limites existant depuis plus de 45 ans, qui servent en même temps à fixer la ligne séparative de deux communes, il y a là contestation sur les possessions réciproques, sur les titres et sur le fond du droit, ce qui entraîne l'incompétence du juge de paix.

Du 10 janvier 1860, jugement du tribunal de Meaux ainsi motivé :

Attendu que, sur la demande des sieurs Moreau et Champs, parties de Benoist, est intervenu, à la date du 25 janvier 1859, un jugement du juge de paix de Claye, rendu entre lesdites parties de Benoist et le sieur Thiébault, partie de Triboulet ; — Que ce jugement a été signifié à Thiébault régulièrement le 4 février suivant, et que, n'ayant pas été frappé d'appel ni d'opposition, il est passé en force de chose jugée ; — Attendu que, par ce jugement, le premier juge avait décidé que, pour constater et retrouver le déficit que les sieurs Moreau et Champs alléguaient, d'après un procès-verbal de Robquin, arpenteur, du 15 décembre 1853, avoir dans leurs pièces de terre, il serait procédé, avec application des titres de propriété, et, par conséquent, sans avoir égard aux limites de la jouissance actuelle, au mesurage et au bornage non seulement des pièces nᵒˢ 729 et 735, sises sur le territoire du Pin, canton de Claye, mais aussi d'une pièce de terre contiguë, appartenant à M. Thiébault, et située sur le territoire de Brou, canton de Lagny ; — Attendu qu'en présence du caractère définitif de ce jugement, le premier juge ne pouvait, par une autre décision judiciaire, modifier, même sans avoir été saisi, comme il l'a fait par le jugement du 24 mai suivant, le jugement du 25 janvier 1859, en ordonnant que l'expert nommé par lui n'opérerait que sur les pièces de terre ci-dessus numérotées et sises sur le territoire du Pin et non sur celle située sur le territoire de Brou ; — Que, d'ailleurs, le juge de paix de Claye était compétent, ainsi qu'il l'a déclaré dans son jugement dudit jour 25 janvier, pour statuer sur la demande en bornage des parties de Benoist, quoique le mesurage par application des titres dût s'opérer sur une portion de commune étrangère au canton de Claye, puisque cette partie de terre était contiguë à celles situées sur le territoire de la commune du Pin, et que, s'il en était autrement, il s'ensuivrait que les décisions à rendre ultérieurement dans toute affaire du caractère de celle existant entre Thiébault et les sieurs Moreau et Champs concerneraient deux magistrats différents, dont les jugements pourraient être contradictoires entre eux, et, par conséquent, d'une complète inefficacité ; — Par ces motifs, etc.

Pourvoi du sieur Thiébault.

ARRÊT

LA COUR : — Sur le quatrième moyen :
Vu l'art. 1351, C. Nap. :

Attendu que le jugement rendu, le 25 janvier 1859, qui ordonne le dépôt des titres de propriété des parties, ainsi que l'arpentage de leurs héritages respectifs, à l'effet d'indiquer la délimitation de chaque pièce et les lieux où devaient être placées les bornes, constitue essentiellement une mesure préparatoire et d'instruction, destinée à éclairer la religion du juge sur la manière de procéder au bornage ;

Attendu que ce jugement n'a pu acquérir l'autorité de la chose jugée, même en ce qui concerne la compétence du juge de paix du canton de Claye relativement au domaine que le demandeur possède sur la commune de Brou, parce que, en fait, il ne statue rien à cet égard, et parce que, d'autre part, l'incompétence dérivant de la matière et se trouvant fondée sur une exception de propriété, pouvait être opposée et admise en tout état de cause ;

Attendu qu'il résulte de là qu'en considérant ce jugement comme un jugement définitif, ayant acquis l'autorité de la chose jugée, et en ordonnant son entière exécution, le jugement attaqué en a méconnu le véritable caractère, et a, par suite, violé l'art. 1351, C. Nap. ;

Sur le troisième moyen :
Vu l'art. 6, § 2, de la loi du 25 mai 1838 :

Attendu qu'il résulte des conclusions du demandeur, insérées aux qualités du jugement attaqué, qu'il s'opposait au bornage du domaine qu'il possède sur la commune de Brou, parce que ce domaine est borné par des limites qui existent depuis plus de quarante-cinq ans et qui ont d'autant plus d'autorité qu'elles servent en même temps à fixer la ligne qui sépare les territoires des deux communes de Brou et du Pin, laquelle, d'après les titres produits, se confond avec la ligne divisoire des propriétés que les parties possèdent respectivement sur les confins de ces deux communes ;

Attendu que les possessions réciproques, les titres et le fond du droit étaient ainsi contestés ;

D'où il suit qu'en décidant que le juge de paix du canton de Claye s'était à tort dessaisi du litige, le jugement attaqué a formellement violé l'article ci-dessus visé ;

Casse.

CASSATION, Ch. civ. — 10 déc. 1862.

(Poyard c. Lefèvre.)

I, 229, 236, 629.

Des travaux à l'aide desquels on a détourné de la rive opposée les eaux dont le riverain avait la possession annale, peuvent donner ouverture à l'action possessoire.

La possession d'un droit sur les eaux courantes n'autorise pas à réclamer une servitude de passage sur le fonds de la rive opposée, alors même qu'on prétendrait que cette servitude est nécessaire ou qu'elle rend plus commode l'usage des eaux.

ARRÊT

LA COUR : — Sur le premier moyen du pourvoi :

Attendu qu'il résulte, en fait, du jugement attaqué que les eaux en litige étaient, non pas une source surgissant du fonds du demandeur et dont il pût user à sa volonté aux termes de l'art. 641, C. Nap., mais une eau courante, un ruisseau existant et coulant entre la prairie de la demanderesse et un terrain-friche du demandeur, et dont, suivant l'art. 644 du même Code, la défenderesse pouvait se servir comme riveraine, à son passage, pour les besoins de sa propriété ;

Attendu qu'il est constaté en fait, par ledit jugement, que toujours et notamment pendant l'année qui a précédé les entreprises du demandeur sur ce cours

d'eau, la défenderesse et ses auteurs ont usé desdites eaux bordant la berge de leur prairie, en y puisant, trempant, lavant et abreuvant ;

Attendu qu'il est également constaté en fait, par ledit jugement, que le demandeur, aux mois de septembre 1859 et février 1860, par des amas de gravier, des plantations et autres travaux, a envahi la berge de la prairie de la défenderesse, détourné les eaux de ladite berge, et entravé l'exercice des droits jusqu'alors pratiqués par la défenderesse sur les eaux dont il s'agit, comme riveraine desdites eaux, et ayant, à ce titre, droit d'en user ;

Attendu que, dans cet état des faits ainsi constatés, le jugement attaqué, en ordonnant, au possessoire, la destruction des travaux et entreprises du demandeur, et en maintenant la défenderesse dans sa possession et son usage des eaux en litige, n'a aucunement violé l'art. 641 et a fait une juste application de l'art. 644, C. Nap., et de l'art. 6 de la loi du 25 mai 1838 ;

Rejette le premier moyen du pourvoi ;

Sur le deuxième moyen du pourvoi :

Vu les art. 688 et 691, C. Nap. :

Attendu que le droit qui appartient à la défenderesse à raison de sa prairie qui borde, sur une des rives, le cours d'eau qui existe entre cette prairie et le terrain-friche du demandeur, de se servir de cette eau, à son passage, pour les besoins de cette prairie, est, d'après les termes mêmes dans lesquels il est établi par l'art. 644, C. Nap., exclusif de tout accès, pour l'exercer, de la part de la défenderesse, sur la propriété du demandeur située sur la rive opposée ;

Que le passage, pour exercer ce droit, de la part de la défenderesse, sur cette propriété, ne peut être considéré comme un accessoire du droit lui-même qui peut être exercé directement par la défenderesse depuis la rive opposée qui lui appartient ; que ce passage est une addition à ce droit, une charge imposée sur le terrain du demandeur pour l'usage et l'utilité de la prairie de la défenderesse, et par conséquent, aux termes de l'art. 637 du Code, une servitude de passage dont le premier de ces héritages serait grevé en faveur du second ;

Attendu que, suivant les art. 688 et 691, C. Nap., le passage est une servitude discontinue qui ne peut s'acquérir que par titre, et que le fait du passage, inefficace pour faire acquérir le droit de passage quelle qu'ait été sa durée, est inefficace également pour constituer une possession légale de nature à motiver une action ou une condamnation au possessoire;

Qu'il suit de là que le jugement attaqué, en maintenant au possessoire le passage dont il s'agit, au profit de la défenderesse sur le fonds du demandeur, même en réservant à celui-ci tous moyens pour se pourvoir au pétitoire, a expressément violé les art. 688 et 689, C. Nap.;

Casse.

CONSEIL D'ÉTAT. — 14 déc. 1862.
(Lamy c. l'État.)

I, 583, 584.

Est recevable et doit être portée devant l'autorité judiciaire l'action en réintégrande dirigée contre un conducteur des ponts et chaussées qui pénètre de vive force dans la cour d'une auberge, en enlève les voitures et y fait établir une baraque. Le caractère de l'action n'est pas modifié par la circonstance que l'administration soutient qu'il s'agit d'une dépendance du domaine public inaliénable et imprescriptible.

Et le juge du possessoire n'a pas le droit de surseoir à statuer jusqu'à ce que l'autorité administrative ait déclaré si le terrain litigieux doit être ou non considéré comme faisant partie du domaine public.

ARRÊT

NAPOLÉON, etc. : — Vu l'arrêté, en date du 14 août 1862, par lequel le préfet du département du Calvados élève le conflit d'attributions dans une instance engagée devant le tribunal civil de l'arrondissement de Bayeux entre ledit préfet et le sieur Lamy, propriétaire, demeurant dans la commune de Port-en-Bessin; — Vu l'exploit, en date du 24 décembre 1861, par lequel le sieur Lamy (Jean) déclare au préfet du département du Calvados que, dans le courant du mois de novembre précédent,

le sieur Malherbe, conducteur des ponts et chaussées et préposé par l'administration aux travaux de Port-en-Bessin, s'est présenté dans la cour de l'auberge du demandeur, située en la commune de Port-en-Bessin, accompagné de plusieurs ouvriers auxquels il donna l'ordre de mettre sur le chemin public les voitures qui stationneraient dans ladite cour et les autres objets qui s'y trouveraient déposés; que cet ordre, à peine donné, fut exécuté avec violence, et que l'une des voitures fut endommagée; que, la cour ainsi débarrassée, le sieur Malherbe y fit placer une grande baraque en bois, qui depuis longtemps ne sert à aucun usage, et qu'il engagea les ouvriers à y déposer des barques et tous autres objets que bon leur semblerait; que le terrain sur lequel ces voies de fait ont été pratiquées, est le même que l'administration des domaines prétendait avoir été usurpé par le sieur Lamy, et que celui-ci avait été sommé, par suite d'une décision du préfet, de délaisser dans un délai de quinzaine, faute de quoi des mesures seraient prises pour qu'une instance en revendication fût engagée au nom de l'État; que c'est donc dans le but de faire attribuer à l'État la propriété de ce terrain qu'ont eu lieu les voies de fait dont il est parlé ci-dessus; qu'elles constituent un trouble à la possession continue, non interrompue, paisible, publique et non équivoque que le requérant a toujours eue, notamment depuis plus d'un an, de jouir dudit terrain; que, dans ces circonstances, il doit s'adresser à la justice pour se faire maintenir en possession, et, en conséquence, a fait citer le préfet à comparaître devant le tribunal de justice de paix du canton de Ryes pour y voir dire à tort le trouble apporté, au nom de l'État, à la possession plus qu'annale qu'avait le requérant du terrain à usage de cour dépendant de son auberge; par suite dire et juger que le sieur Lamy sera maintenu en possession dudit terrain, et s'entendre en outre condamner le préfet, comme représentant l'État, en 100 fr. de dommages-intérêts et aux dépens;

Vu les conclusions, en date du 2 janvier 1862, par lesquelles le préfet demande que le juge de paix déclare irrégulière et nulle la citation du 24 décembre précédent et condamne le sieur

Lamy aux dépens, attendu qu'il ne peut être prononcé au possessoire sans que l'autorité compétente (le tribunal civil) ait statué sur la question de savoir si le terrain est susceptible ou non de possession privée non précaire; — Vu le jugement, en date du 27 janvier 1862, par lequel le juge de paix du canton de Ryes déclare l'action du sieur Lamy régulière et bien fondée; en conséquence, condamne le préfet du département du Calvados, aux qualités qu'il agit, à faire enlever de la cour du sieur Lamy, dans le délai de trois jours, la baraque qui y a été déposée par les agents de l'administration; autorise le sieur Lamy à le faire faire lui-même aux frais de l'administration, après l'expiration de ce délai, dans le cas où cette baraque y serait encore; condamne le préfet en 50 fr. de dommages-intérêts et aux dépens dans lesquels seront compris ceux que le sieur Lamy serait tenu de faire pour l'enlèvement de la baraque;

Vu le procès-verbal, en date du 12 février 1862, dressé par le sieur Quénot, huissier audiencier près le tribunal de l'arrondissement de Bayeux, lequel constate que s'étant présenté pour mettre à exécution le jugement ci-dessus visé, et ayant exhibé au sieur Malherbe, qui se trouvait sur les lieux, l'expédition du jugement revêtue de la formule exécutoire, et lui en ayant donné lecture en lui déclarant qu'il allait passer à l'exécution, ledit sieur Malherbe a donné ordre aux ouvriers placés sous ses ordres de s'opposer par la force à l'exécution; que l'huissier a dû requérir l'assistance de la force publique pour assurer l'exécution d'un mandat de justice; mais que, sur une lettre du procureur impérial près le tribunal de l'arrondissement de Bayeux, il a été sursis à cette exécution; — Vu l'exploit en date du 27 février 1862, par lequel le préfet du département du Calvados, agissant au nom et comme représentant le domaine de l'Etat, fait signifier au sieur Lamy qu'il interjette appel du jugement ci-dessus visé, et l'assigne à comparaître devant le tribunal civil de Bayeux pour voir annuler ledit jugement; — Vu les conclusions, en date du 12 mars 1862, par lesquelles le sieur Lamy demande la confirmation de ce même jugement; — Vu les conclusions, en date du 21 mai 1862, par lesquelles le préfet du dé-

partement du Calvados, agissant au nom du domaine de l'Etat, se fondant sur ce que le terrain litigieux ferait partie d'une place publique d'une très grande utilité se trouvant entre la route départementale n° 6 et le rivage de la mer et dépendant de ce rivage, demande que l'action du sieur Lamy soit déclarée non recevable; subsidiairement, que les parties soient renvoyées devant l'autorité administrative, afin de faire décider si le terrain litigieux fait partie du domaine public;

Vu le mémoire en déclinatoire en date du 28 juillet 1862, adressé par le préfet du département du Calvados au tribunal de l'arrondissement de Bayeux, à l'effet d'obtenir le renvoi de la cause devant l'autorité administrative pour la délimitation du domaine public; — Vu les conclusions prises par le ministère public, le 30 juillet 1862, à l'appui du déclinatoire; — Vu le jugement, en date du 1er août 1862, par lequel le tribunal rejette le déclinatoire et sursoit à statuer sur le fond; — Vu (jugement de sursis, extrait du registre, etc.); — Vu les observations sur le conflit présentées par le sieur Lamy; — Vu la lettre, en date du 12 août 1861, par laquelle le préfet du département du Calvados fait connaître au sous-préfet de l'arrondissement de Bayeux, en réponse à une réclamation adressée par le sieur Lamy au sujet de l'établissement d'un magasin à chaux au devant de son auberge, qu'il a décidé, conformément aux propositions des ingénieurs des ponts et chaussées et sur un rapport du directeur de l'administration des domaines, que l'Etat étant propriétaire du terrain sur lequel le magasin à chaux est établi, le sieur Lamy est sans droit pour en demander la suppression; et en ce qui concerne le terrain situé au devant de la maison du sieur Lamy et dont celui-ci aurait fait la cour de son auberge, que la parcelle cotée A sur le plan dressé par le service des ponts et chaussées sera laissée en la possession du réclamant; que les droits que la commune de Port-en-Bessin peut prétendre sur la parcelle cotée D sont réservés; que la parcelle cotée C devra être rendue au domaine; en conséquence, invite le sous-préfet à notifier cette décision au sieur Lamy et à le mettre en demeure de délaisser l'immeuble dans un délai de quinzaine, passé lequel des mesures seront prises pour qu'une action en revendication soit engagée au nom de l'Etat;

Vu les lois des 22 décembre 1789-8 janvier 1790, des 28 octobre-5 novembre 1790, et du 29 floréal an X; — Vu la loi des 16-24 août 1790, l'art. 2060, C. Nap., et l'art. 23, C. pr. civ.; — Vu les ordonnances royales du 1er juin 1828 et du 12 mars 1831; — Vu le décret du 25 janvier 1852 et celui du 21 juillet 1862, art. 5;

Considérant que, par sa décision en date du 12 avril 1861, le préfet du département du Calvados, après avoir déclaré que le terrain qui fait l'objet de la contestation actuellement engagée entre l'Etat et le sieur Lamy avait été réuni indûment par celui-ci à la cour de son auberge, et qu'il devait être rendu au domaine, a ordonné que ledit sieur Lamy serait tenu de délaisser ce terrain, faute de quoi il serait pris des mesures pour qu'une instance en revendication fût engagée au nom de l'Etat; — Que cette revendication était fondée sur ce que le terrain dont il s'agit ferait partie du chenal de l'ancien port dont la construction avait été entreprise par les évêques de Bayeux, qui a été réuni au domaine national par la loi des 28 octobre-5 novembre 1790, mais qui n'aurait pas été aliéné par l'Etat en même temps que le port lui-même; — Que ce terrain n'est point revendiqué comme faisant partie soit de la route départementale n° 6, le long de laquelle il est situé, soit du port actuellement existant dans la commune de Port-en-Bessin; qu'il est seulement prétendu par l'administration que, depuis l'aliénation du port, il est resté confondu avec une place publique et livré à l'usage de tous; — Que le sieur Lamy, troublé de vive force dans la possession de ce terrain par le sieur Malherbe, conducteur des ponts et chaussées, a formé contre l'Etat devant le tribunal de justice de paix du canton de Ryes une action à l'effet d'être réintégré dans cette possession; — Que, dès lors, c'est à tort que le conflit d'attributions a été élevé devant le tribunal civil de l'arrondissement de Bayeux, saisi du jugement de l'action intentée par le sieur Lamy, par suite de l'appel formé par le préfet du département du Calvados contre le jugement ci-dessus visé du juge de paix du canton de Ryes;

Art. 1er — Est annulé l'arrêté de conflit pris, le 14 août 1862, par le préfet du département du Calvados.

CASSATION, Ch. civ. — 17 déc. 1862.
(Poiroux c. Dupont et Charbonnier.)

I, 545.

La possession ancienne, qui est séparée de la possession actuelle par un long intervalle ne se rattachant à l'année par aucune relation nécessaire, ne peut être utile à l'action possessoire engagée. Il en est ainsi notamment lorsque les faits anciens remontent à une époque qui précède de vingt années le moment de l'action.

ARRÊT

LA COUR : — Vu les art. 23 et 25, C. pr. civ.; — Vu l'art. 691, § 1er, C. Nap.:

Attendu que, s'il a été déclaré par le jugement attaqué que, pendant plus de trente ans, les défendeurs à la cassation ont creusé et curé le vivier en litige, conjointement avec Poiroux, auteur des demandeurs, il résulte également de ce jugement que, depuis plus de vingt ans, Poiroux a seul creusé et curé le vivier, et que les faits seuls de puisage et d'abreuvage ont été continués sans interruption par Dupont et Charbonnier jusque dans l'année du trouble;

Attendu que le juge du possessoire n'a mission que pour statuer sur des faits s'étant passés dans l'année, ou qui se référeraient à cette même année;

Attendu que les faits de l'espèce, sans rien préjuger sur le caractère qu'ils auraient sur le pétitoire, ne peuvent, appréciés en eux-mêmes, qu'établir la preuve d'une servitude discontinue, laquelle ne sert pas de fondement à une action en prescription, ni, par suite, à une action en complainte;

Attendu que les faits de possession ancienne, séparés par un intervalle de vingt années des simples faits de puisage et d'abreuvage, ne sont pas susceptibles d'éclairer et de déterminer le caractère et la nature de la possession actuelle, à laquelle ils ne se rattachent par aucune relation nécessaire;

Que le jugement attaqué, en sortant de la limite des faits soumis à son examen, a excédé sa compétence et mêlé à l'appréciation du possessoire des éléments ne pouvant servir qu'à la discussion du pétitoire ;

En quoi il a violé les lois précitées ; Casse.

CASSATION, Ch. civ. — 20 janv. 1863.
(Guérin c. Auvray.)

I, 240, 650, 653.

Si le juge du possessoire a le droit de s'aider des titres anciens lorsqu'il en a besoin pour déterminer les caractères de la possession, aucune loi ne l'oblige à y recourir lorsqu'il est suffisamment éclairé par l'état présent des lieux, les actes récents et par les faits accomplis dans l'année.

Du 5 mai 1857, jugement du tribunal de Pont-l'Evêque qui contient les motifs suivants :

Par les motifs énoncés au jugement dont est appel ; — Considérant, d'ailleurs, que les constatations faites sur les lieux par le juge de paix, le 24 juillet 1856, lors de son transport, en présence des experts dont il s'était fait assister, ôtent évidemment à la possession du droit de passage sur la sente dont l'existence est constatée dans la partie comprise entre la pièce des aulnes et le bois Blin, le caractère de précarité ou de tolérance, dont cette possession est arguée, et lui donnent au moins les apparences d'une possession utile et telle qu'elle puisse servir légalement de fondement à une action possessoire ; qu'il en résulte que, dans cet état de choses, ce serait évidemment cumuler le pétitoire avec le possessoire, et s'écarter du but de l'action dont le tribunal est saisi, que de mettre de côté les conséquences légales de la possession reconnue par le premier juge en faveur des complaignants pour se livrer sur l'instance possessoire à l'examen des titres produits par Guérin, dans le but de combattre la possession prétendue par le demandeur ; que, par suite, il y a lieu au rejet de la demande en sursis pour faire l'application des titres produits.

Pourvoi du sieur Guérin.

ARRÊT

LA COUR : — Sur la seconde branche du moyen, tirée de ce que le juge du possessoire a refusé d'avoir égard aux titres anciens invoqués par le demandeur pour établir que le sentier des Basses-Voies est une dépendance de sa propriété et non pas un chemin commun :

Attendu que le juge du possessoire peut s'aider des titres anciens mis sous ses yeux, lorsqu'il en a besoin pour déterminer les caractères de la possession devant lui invoquée ; mais qu'aucune loi ne l'oblige à y recourir lorsqu'il est suffisamment éclairé par l'état présent des lieux, par les actes récents et par les faits accomplis dans l'année de la possession ;

Attendu que, dans l'espèce, le tribunal s'est fondé sur l'état des lieux, sur un procès-verbal descriptif dressé par le juge de paix avec assistance d'experts ; qu'il a examiné des actes en date de 1811 et de 1832 ; qu'il s'est trouvé complètement éclairé par cet état des lieux et par ces actes, et que, pour statuer sur une question possessoire, il n'était pas tenu de recourir aux titres anciens ;

Rejette.

CASSATION, Ch. civ. — 2 février 1863.
(Bonniard c. Isoardi.)

I, 513.

Les ouvertures qui ne donnent que sur le toit de la maison voisine doivent être considérées comme de pure tolérance ; elles ne sont pas susceptibles de conduire à l'acquisition par prescription d'une servitude de vue.

Le 28 novembre 1859, la Cour d'Aix confirmait, par adoption de motifs, un jugement du tribunal de Grasse ainsi conçu :

Attendu que la demande d'Isoardi a pour objet l'acquisition de la mitoyenneté d'une partie du mur oriental de la maison des frères Bonniard et la fermeture d'un certain nombre de fenêtres ouvertes dans ce mur ; — Attendu, en ce qui touche les trois fenêtres superposées et garnies de barreaux, qui prennent jour dans l'espace vide que laissent entre elles les maisons contiguës d'Isoardi et des frères Bonniard, que ces fenêtres forment des vues droites sur le fonds voisin ; que la durée de leur existence non contestée remonte à plus de trente ans avant la demande et qu'elles n'ont rien de commun par leur emplacement, leur forme et leur destination avec des jours de souffrance ; — Attendu qu'elles établissent, au profit des frères Bonniard, une véritable servitude continue et apparente, qui, aux termes de l'art. 690, C. Nap., peut être acquise par la prescription ; — Attendu que ces fenêtres devant être maintenues et formant un obstacle à l'acquisition de la mitoyenneté de la partie du mur dans laquelle elles sont placées, la demande d'Isoardi doit être écartée quant à ce ; — Attendu, en ce qui touche les autres fenêtres, que les vues qu'elles procurent à la maison des frères Bonniard ne s'exercent que sur le toit de la maison Isoardi et sur l'espace qui s'élève au-dessus, en sorte qu'Isoardi n'éprouvait aucun préjudice ; que, dès lors, lesdites vues n'étaient pas soumises, quant aux conditions de leur existence, aux règles de l'art. 678, C. Nap., et Isoardi se trouvait sans intérêt, par suite sans droit, à en demander la fermeture, tant qu'il n'usait pas de la faculté d'exhausser sa maison, ou qu'il ne disposait pas la toiture de ladite maison de manière à la rendre incompatible avec l'existence desdites fenêtres ; — Attendu que, dans ces circonstances, il devient inutile de s'occuper des fins en preuve prises respectivement par les parties et relatives à la durée desdites fenêtres, aucune prescription ne pouvant être opposée quant à ce à Isoardi ; — Attendu qu'il est nécessaire de faire déterminer la partie du mur de la maison Bonniard dont la mitoyenneté doit être acquise par Isoardi, et par suite celles des fenêtres de ladite maison Bonniard que cette acquisition aura pour résultat de faire fermer.

Pourvoi des sieurs Bonniard.

ARRÊT

LA COUR : — Attendu qu'il est constaté, en fait, par l'arrêt attaqué, que les fenêtres qui sont pratiquées dans le mur de la maison des demandeurs et qui donnent uniquement sur le toit de la maison Isoardi ne lui causaient aucun préjudice, et qu'il n'a pas eu intérêt à les faire supprimer tant qu'il n'a pas voulu exhausser sa maison ; que l'existence de pareils jours n'implique aucune possession utile pour prescrire, et ne fait, par conséquent, obstacle ni à l'exhaussement de la maison Isoardi, ni à l'acquisition de la mitoyenneté du mur dans lequel ces fenêtres ont été pratiquées depuis plus de trente ans ; Qu'en le décidant ainsi, l'arrêt attaqué n'a violé aucune loi ;

Rejette.

———————

CASSATION, Ch. civ. — 20 avril 1863. (Pillot c. Comm. de Beaumont-sur-Grosne.)

I, 203, 262, 500, 542.

La possession, base de la complainte,

devant être démontrée par le demandeur, il ne suffirait pas à une commune d'invoquer le caractère domanial du terrain dont elle se prétend en possession ; mais elle est obligée d'établir les faits même de la possession sur lesquels elle base son action.

Du 30 mai 1861, jugement du tribunal de Chalon-sur-Saône ainsi motivé :

Attendu que le sol des rues et places publiques est imprescriptible et ne peut, dès lors, être l'objet d'une possession utile à titre particulier ; — Attendu que, dans les communes rurales comme dans les villes, tout l'espace compris entre les maisons ou murs de clôture est présumé, jusqu'à preuve contraire, faire partie de la voie publique ; que cette présomption ne peut être détruite que par des titres ou des signes non équivoques de propriété ; que le juge du possessoire est donc dans la nécessité d'apprécier les titres produits et toutes les autres circonstances pour vérifier si le terrain litigieux dépend ou non de la voie publique et, par suite, est ou non susceptible de possession privée ; qu'en agissant ainsi, le juge ne fait que caractériser la possession, sans cumuler le possessoire et le pétitoire ; — Attendu, en faisant à la cause l'application de ces principes, qu'il existe en faveur de la commune de Beaumont une présomption qui la dispense de toute justification ; que c'est à Pillot qu'incombe l'obligation de prouver non-seulement qu'il possède depuis plus d'un an le terrain qui est au-devant de sa maison, mais encore que cette possession n'est pas de pure tolérance, c'est-à-dire que le terrain dont s'agit ne dépend pas de la place publique ; — Attendu que cette preuve ne résulte d'aucun des documents et faits invoqués par Pillot ; — Attendu, en conséquence, que le terrain occupé par Pillot doit être considéré comme ayant toujours fait partie de la place publique de Beaumont, et qu'ainsi la détention de ce terrain n'a pu conférer aucun droit à Pillot.

Pourvoi du sieur Pillot.

ARRÊT

LA COUR : — Vu les art. 23 et 25, C. pr. civ. :

Attendu que la commune de Beaumont-sur-Grosne était demanderesse en complainte possessoire ; que le tribunal civil de Chalon-sur-Saône a accueilli cette demande en complainte, en se fondant, non sur une possession prouvée dans les termes de droit, mais sur cette circonstance que, le terrain litigieux faisant partie du domaine public de la commune, celle-ci avait en sa faveur une présomption qui rendait sans effet la détention par Pillot du terrain litigieux ;

Attendu que le caractère domanial et, par suite, l'imprescriptibilité du terrain dont la possession était débattue entre les parties, auraient sans doute pu protéger la commune défenderesse au possessoire, ou justifier son droit au fond et au pétitoire, mais ne pouvait pas la dispenser, alors qu'elle s'était elle-même constituée demanderesse en complainte, de l'obligation d'établir le fait de sa possession, qui était la condition nécessaire de son action, fait qui, à raison de sa nature même, ne pouvait pas être suppléé par une simple présomption non établie, d'ailleurs, par la loi ;

D'où il suit qu'en admettant l'action possessoire de la commune, sans que celle-ci ait prouvé sa possession annale et par un moyen qui touchait au fond même du droit, le jugement attaqué a cumulé le possessoire et le pétitoire et violé les articles de loi ci-dessus visés ;
Casse.

CASSATION, Ch. civ. — 22 avril 1863.
(Alric c. Robert.)

I, 269, 362.

Les eaux pluviales coulant sur un chemin public sont considérées comme n'appartenant à personne et les actes exercés sur ces eaux par les riverains inférieurs ne sont que des actes de tolérance qui n'empêchent pas le riverain supérieur de pouvoir se les approprier. Le droit de ce dernier repose sur une faculté naturelle dont l'exercice ne peut être pris pour trouble à la possession des riverains inférieurs.

ARRÊT

LA COUR : — Vu les art. 23, C. pr. civ., et 642 et 2232, C. Nap. :

Attendu qu'il est constaté par le jugement que Robert, défendeur, au moyen de travaux apparents sur le chemin public de Cannebières à Cadouls, a dirigé sur la propriété riveraine lui appartenant les eaux pluviales coulant sur ce chemin, et que, depuis plus de trente ans, il est ainsi en possession de ces eaux ;

Attendu que ce jugement a tiré de ces faits la conséquence légale que Robert avait acquis par là, contre Alric, également propriétaire riverain, le droit de possession exclusive desdites eaux, et qu'il y avait lieu de l'y maintenir ;

Mais attendu, d'une part, que les eaux pluviales coulant sur un chemin public sont légalement considérées comme n'appartenant à personne ; et, d'autre part, que tous les actes, quels qu'ils soient, exercés à l'occasion de ces eaux par les propriétaires riverains, ne sont que des actes de tolérance ou de pure faculté, lesquels, aux termes de l'art. 2232 précité, C. Nap., ne peuvent fonder ni possession ni prescription ;

D'où il suit que le tribunal civil de Milhau, en se fondant uniquement sur des faits de possession de Robert pour déclarer qu'Alric, riverain supérieur, n'avait pas eu le droit de conduire les eaux pluviales coulant sur le chemin public de Cannebières à Cadouls dans sa propriété, confrontant audit chemin au préjudice de Robert, riverain inférieur, et en maintenant, dès lors, ce dernier, au possessoire, dans la jouissance de ces eaux, a, par là même, faussement appliqué l'art. 642, C. Nap., et formellement violé l'art. 2232 du même Code ;
Casse.

CASSATION, Ch. civ. — 19 mai 1863.
(Bertier c. Sarnette.)

I, 101, 102, 107.

Le juge, saisi d'une action en bornage à laquelle le défendeur répond en invoquant la prescription trentenaire à l'appui d'une revendication, doit prononcer son incompétence. Il ne saurait déclarer que les faits allégués ne peuvent conduire à la prescription en raison de la nature des lieux ou de leurs produits. Mais il a le droit de vérifier si le moyen de prescription est sérieux ou s'il n'a pas été mis en avant dans le seul but de le dessaisir mal à propos.

Du 30 août 1860, jugement du tribunal d'Avignon, qui statue en ces termes :

Sur la compétence : — Attendu que l'action en bornage ne peut s'entendre d'une simple sommation de poser des bornes sur des limites convenues, puisque, dans ce cas, on n'apercevrait pas l'utilité d'une action ; qu'elle suppose donc une contestation, non sur la propriété et les titres des parties, ce qui changerait évidemment la nature de l'action et ne permettrait pas au juge d'en connaître, mais sur les limites des deux propriétés ou, en d'autres termes, sur la ligne qui doit les diviser et sur laquelle les parties ne sont pas d'accord ; — Attendu que, de ce que la détermination de ladite ligne entraînerait pour l'une des parties la perte de quelques parcelles de terrain dont elle se prétendrait en possession, il ne s'ensuit pas que l'on doive en conclure que le juge de paix cesse d'être compétent, à moins que la possession ne fût invoquée comme ayant duré assez longtemps pour faire acquérir la prescription ; — Qu'à la vérité il est allégué par Bertier que, par lui ou ses auteurs, il aurait joui, depuis plus de trente ans, des herbes, des plants d'arbres qui se trouvent sur la portion des créments que lui attribuerait la plantation de bornes faite par les soins de Belouard ; — Mais que, vu la nature du terrain et de ses produits, lesdits faits de jouissance ne pouvant avoir aucune efficacité pour l'acquisition de la prescription, il n'y a pas lieu de s'arrêter à cette allégation, qui ne s'est pas même produite devant le premier juge.

Pourvoi du sieur Bertier.

ARRÊT

LA COUR : — Vu l'art. 6, § 2, de la loi du 25 mai 1838 :

Attendu que le demandeur en cassation, assigné en plantation de bornes, a prétendu que, sous prétexte de bornage, on avait introduit contre lui une action en revendication ; qu'il était propriétaire du terrain litigieux, et que, pour établir son droit de propriété, il a soutenu, ainsi que le constatent les motifs du jugement attaqué, que lui et ses auteurs avaient joui pendant plus de trente ans des herbes et plants d'arbres venus sur ce terrain ; qu'il demandait, en conséquence, le renvoi de la cause devant le juge du pétitoire ;

Attendu que le jugement attaqué, au lieu de vérifier simplement, ainsi qu'il le devait, si le moyen de prescription était proposé d'une manière sérieuse, ou s'il n'était pas mis en avant dans le seul but de dessaisir mal à propos le juge compétent, a décidé qu'à raison de la nature des lieux et de leurs produits, les faits de jouissance allégués ne pouvaient être d'aucune efficacité pour acquérir la prescription ;

Qu'en statuant ainsi sur le fond même de la prescription, le tribunal, saisi d'une action en bornage, a, en réalité, décidé une question de propriété dont il ne pouvait connaître régulièrement ;

Que, par suite, il a violé la loi précitée ;

Casse.

CASSATION, Ch. civ. — 6 août 1863.
(Ortoli c. Piétri.)

I, 364.

Pour que la fin de non-recevoir tirée de l'art. 26, C. pr., soit applicable, il faut que l'action possessoire formée après une demande pétitoire, ait pour objet les mêmes faits. Il en résulte que l'action possessoire est parfaitement recevable de la part du possesseur et pendant l'instance pétitoire, si elle est motivée sur des troubles apportés à la jouissance pendente lite et indépendante des premiers faits.

Du 4 décembre 1861, jugement du tribunal d'Ajaccio qui statue dans les termes suivants :

En ce qui touche l'exception d'irrecevabilité basée sur ce que Piétri ayant intenté une demande au pétitoire par-devant le tribunal de Sartène, en date du 14 mai 1852, ne saurait être admis aujourd'hui dans son action au possessoire contre Ortoli, aux termes des dispositions de l'art. 26, C. pr.; — Considérant que les dispositions de l'art. 26, C. pr., sont fondées sur la présomption que celui qui a intenté une action au pétitoire est censé, par cela même, avoir renoncé à se pourvoir au possessoire; mais que cela ne peut s'entendre que pour les faits antérieurs à l'introduction de l'instance; qu'on ne saurait étendre cette présomption au trouble qui serait porté postérieurement à la demande au pétitoire, puisqu'on ne peut présumer que la renonciation s'étend à des faits qui n'avaient pas eu lieu à l'époque où l'instance a été introduite; — Considérant qu'il résulte de l'ensemble des assignations, en date des 10 avril 1852 et 14 mai suivant, que l'instance ouverte par lesdites assignations avait eu pour cause un mur élevé sur le terrain en contestation par les parties de Me Stéphanopoli (les appelants), tandis qu'il résulte des faits de la cause qui ont donné lieu à la présente instance au possessoire qu'ils sont postérieurs et indépendants des premiers faits; qu'il résulte au surplus des faits et circonstances de la cause que le procès au pétitoire a eu une solution à la suite de laquelle le mur qui avait soulevé la difficulté a disparu; que ce qui précède est d'autant plus probable que la fin de non-recevoir présentée devant le tribunal n'a pas été faite en première instance, et qu'elle n'est produite pour la première fois que par les conclusions prises à cette audience; qu'il y a lieu, par suite, de rejeter cette exception.

Pourvoi du sieur Ortoli.

ARRÊT

LA COUR : — Sur le premier moyen : Attendu que le jugement attaqué constate, d'une part, que l'action intentée au pétitoire, en 1852, par Piétri contre Ortoli avait pour cause la construction par ce dernier d'un mur en pierres sèches sur le terrain constitué en dot, le 22 février 1789, à la dame Susini, et transmis par suite de mutations successives à Piétri, et que la disparition de ce mur, en faisant disparaître l'atteinte portée au droit de Piétri, avait mis fin à cette instance; d'autre part, que les faits d'Ortoli en 1860, quoique accomplis sur le même terrain, étaient distincts et indépendants de celui qui avait donné naissance à l'action pétitoire de 1852;

Qu'ainsi, en déclarant recevable l'action possessoire de Piétri comme fondée sur ces faits nouveaux, alors surtout que l'instance pétitoire de 1852 était devenue sans objet par la satisfaction donnée à Piétri sur le fait ancien, le jugement attaqué n'a point contrevenu à la disposition de l'art. 26, C. pr., qui a pour but d'interdire la voie de l'action possessoire à la partie dont l'action pétitoire a été formée et est pendante devant une autre juridiction;

Rejette.

TRIB. DE CLERMONT (Oise). — 28 août 1863.

I, 161.

Sous Cassation du 24 janvier 1865.

CASSATION, Ch. req. — 8 déc. 1863. (Petit c. Comm. de Trouville.)

I, 18.

Les atterrissements brusquement formés par le retrait subit des eaux ne s'incorporent pas au fonds riverain mais appartiennent à l'État sur les bords des rivières navigables, à la différence des accroissements qui se forment successivement et imperceptiblement, et qui appartiennent aux propriétaires des fonds riverains.

Par arrêt du 27 novembre 1861, la Cour de Caen a confirmé, en adoptant ses motifs, un jugement du tribunal de Pont-l'Évêque rendu dans les termes suivants :

Attendu que le lit des fleuves et rivières se détermine par la hauteur des eaux aux marées de nouvelle et pleine lune; qu'on ne saurait excepter du lit des fleuves une partie du terrain périodiquement couverte par ces eaux qui en gardent, par ce fait même, une occupation continue; — Attendu que l'art. 538, C. Nap., dispose que les fleuves et rivières navigables sont considérés comme des dépendances du domaine public, non susceptibles par cela même de propriété privée; — Attendu que la propriété du riverain s'arrête à la limite des eaux baignant son fonds, et ne peut s'accroître que des atterrissements et accroissements adhérents audit fonds et qui se sont formés successivement et imperceptiblement, ou des relais résultant du retrait insensible de l'eau sur la rive opposée; qu'on ne saurait étendre la propriété sous l'eau jusqu'au milieu du lit de la rivière sans se mettre en contradiction avec la loi qui, en disposant en faveur de l'État des îles, îlots et atterrissements qui se forment dans le lit des rivières navigables sans adhérence à la propriété riveraine, désigne le véritable propriétaire du fonds par l'attribution qu'elle fait de l'accessoire; — Attendu que les faits susrelatés suffisent à établir que le terrain revendiqué a continué jusqu'à cette époque de faire partie du lit de la rivière, et qu'il n'a pu, dans cette période, être susceptible de propriété privée; — Attendu qu'en 1840, l'établissement de la route dont il vient d'être parlé, a séparé le terrain revendiqué du cours actuel de la rivière et l'a mis définitivement à l'abri de la submersion; qu'il faut apprécier l'effet de cette situation nouvelle; — Attendu que l'imprescriptibilité qui s'attache au lit des rivières navigables faisant partie du domaine public, cesse au cas où l'eau, abandonnant le terrain qui formait son lit, rend ce terrain à la condition ordinaire, la destination publique qui le protégeait ayant disparu; qu'il s'agit de savoir à qui en est dévolue la propriété; — Attendu qu'à la présomption de propriété en faveur de l'État déduite ci-dessus de l'art. 560, C. Nap., il faut ajouter les dispositions de l'art. 541 du même Code, qui attribue à l'État la propriété des dépendances du domaine public ayant cessé d'en faire partie, sauf le cas d'aliénation valable ou de prescription; — Attendu que la loi du 16 septembre 1807 n'a pas abrogé les articles précités; qu'elle n'exprime dans aucune de ses parties l'idée de la propriété du riverain sur la chose sortie du domaine public; qu'elle confirme, au contraire, les dispositions du Code Napoléon, en accordant à l'État, dans l'art. 41, un droit de concession qui suppose la propriété de la chose à concéder; — Attendu qu'en l'absence d'un droit de propriété sur le terrain, modifié par suite des travaux de 1840, le sieur Petit n'a reçu de l'Etat aucune concession dudit terrain; que, d'un autre côté, la durée de la possession qui a été reconnue lui appartenir est insuffisante pour lui assurer le bénéfice de la prescription; — Par ces motifs, le tribunal accorde acte à la commune de Trouville:.... 1°.....; 2° de ce qu'elle méconnaît hautement et positivement que, longtemps avant 1840, un atterrissement tel quel se fût accru sur le terrain litigieux; qu'elle soutient, au contraire, qu'en 1840, époque de la construction de la route départementale, ce terrain avait et a conservé depuis, jusqu'à ce qu'on l'ait remblayé, le même niveau qu'il avait cinquante ans auparavant, sans qu'une alluvion quelconque, à quelque degré de formation que ce soit, s'y fût jamais manifestée; — Et faisant droit sur l'action en revendication de la commune.....; sans avoir égard au moyen invoqué par le sieur Petit, d'une possession impossible, impuissante en elle-même, non opposable à la commune, et tout à fait inefficace pour opérer prescription, non plus qu'à cet autre moyen qu'il fonde sur une alluvion prétendue, qui n'est pas et n'a jamais existé; — Dit et juge à bonne cause l'action du 14 janvier 1846; que, par suite, la commune de Trouville est seule et unique propriétaire du terrain litigieux tel qu'il est ci-dessus désigné et borné; condamne, en conséquence ledit sieur Petit à cesser toute occupation de ce terrain, dont il s'est indûment emparé.

Pourvoi du sieur Petit.

ARRÊT

LA COUR : — Sur le premier moyen, tiré de la violation des art. 556 et 557, C. Nap., par fausse application de l'art. 538 du même Code, en ce que l'arrêt attaqué aurait jugé que le lit d'une rivière navigable aboutissant à la mer, se détermine par la hauteur des eaux lors des marées des nouvelles et pleines lunes, et décide, par suite, qu'un terrain ainsi périodiquement envahi par la mer était inaliénable et imprescriptible comme le lit de la rivière dont il faisait partie, et n'avait pu, dès lors, devenir la propriété du riverain, soit à titre d'alluvion, soit par l'effet d'une prescription légalement impossible;

Attendu, en droit, que le lit des rivières comprend tout le terrain qu'atteignent et couvrent, dans les habitudes de leur cours et sans débordement, les eaux parvenues à leur plus haut point d'élévation, quelle que soit la cause de cette élévation, et alors même qu'elle serait le résultat du reflux périodiquement occasionné par les marées ordinaires;

Attendu que l'arrêt attaqué constate, en fait, que jusqu'en 1840, époque des travaux exécutés par l'Etat sur les bords de la Touques, le terrain litigieux n'avait point cessé d'être périodiquement envahi par ces eaux qui, si elles se retiraient lors de la marée basse, laissaient cependant derrière elles les traces de leur occupation;

Qu'il suit de là que, jusqu'à cette époque, ce terrain, que la rivière n'avait point abandonné, continuait à faire partie de son lit et formait, comme lui, une dépendance du domaine public inaliénable et imprescriptible, et qu'en jugeant qu'avant la création de la chaussée construite par l'Etat, il ne s'était formé aucune alluvion de nature à profiter au riverain, et que le demandeur ne pouvait invoquer aucune possession utile, l'arrêt attaqué, loin d'avoir violé les dispositions de loi précitées, en a fait, au contraire, une juste et saine application;

Sur le deuxième moyen, tiré de la violation de l'art. 551, C. Nap., par fausse application des art. 546, 561, C. Nap., et 41 de la loi de 1807, en ce que l'arrêt attaqué refuse au demandeur la propriété du terrain litigieux, aujourd'hui complètement découvert par les eaux, sous prétexte qu'il ne proviendrait pas d'une alluvion, mais constituait un atterrissement subitement formé par l'effet des travaux exécutés par l'Etat :

Attendu que si l'alluvion profite au propriétaire riverain, même sur les bords des fleuves et rivières navigables, ce n'est qu'autant qu'elle s'opère dans les conditions déterminées par la loi;

Attendu que l'art. 556, C. Nap., ne comprend sous cette dénomination que les atterrissements et accroissements qui se formaient successivement et imperceptiblement aux fonds riverains d'un fleuve ou d'une rivière; qu'il suit de là que les atterrissements brusquement formés par le retrait subit des eaux ne s'incorporent pas au fonds riverain, quoiqu'ils y soient adhérents et appartiennent à l'Etat, sur les bords des fleuves et des rivières navigables;

Attendu que cette conséquence, logiquement tirée de l'art. 556, trouve sa confirmation dans l'art. 560, qui attribue à l'Etat s'il n'y a titre ou prescription contraire, indépendamment des îles et îlots, les atterrissements qui se forment dans les lits des rivières navigables; qu'en effet, dans cet article, l'atterrissement se distingue nécessairement des îles et des îlots, et ne peut raisonnablement s'entendre que de l'atterrissement adhérant à la rive qui se produit en dehors des conditions exigées par la loi pour constituer et caractériser l'alluvion;

Attendu, en fait, qu'il résulte des constatations souveraines de l'arrêt attaqué que c'est seulement en 1840, et par l'effet immédiat de l'établissement de la chaussée conduisant de Saint-Pierre-sur-Dives à Trouville, que le terrain litigieux, jusqu'alors couvert par les hautes eaux, s'est distingué des eaux de la Touques, dont il se trouvait désormais séparé, et a été mis définitivement à l'abri de la submersion;

Qu'il suit de là qu'en déniant à ce terrain le caractère d'une alluvion, et en en attribuant la propriété à la commune de Trouville comme étant aux droits de l'Etat, qui le lui avait cédé, la Cour de Caen n'a fait qu'appliquer justement les principes qui régissent l'alluvion;

Rejette.

CASSATION, Ch. civ. — 28 déc. 1863.
(Pedeucoig c. Sempé.)

I, 715.

Le droit de vue peut s'exercer aussi bien au moyen d'une terrasse ou plate-forme artificiellement établie sur le sol ou sur un bâtiment qu'au moyen d'une fenêtre, d'un balcon ou autre saillie pratiquée dans un mur, et le voisin qui veut s'affranchir de cette servitude de vue, doit s'opposer à son établissement.

Réciproquement, celui qui a été laissé en possession pendant plus d'une année d'une semblable servitude qui est continue et apparente, est fondé à agir par l'action possessoire contre tout fait du voisin qui serait de nature à entraver son exercice. Il peut, par conséquent, exercer la complainte pour obtenir la démolition des constructions élevées sur le fonds servant en dehors de la distance légale.

Du 28 août 1862, jugement du tribunal de Pau, qui le décide ainsi:

Attendu qu'une terrasse faite de main d'homme est, quant à la servitude de vue droite, l'équivalent d'une fenêtre ou d'un balcon; qu'une telle assimilation n'a rien de contraire au texte de l'art. 678, C. Nap., lequel est conçu en termes énonciatifs; qu'elle est surtout conforme à son esprit, l'objet de cet article étant de mettre le voisin à l'abri de la servitude de vue droite, de quelque manière, d'ailleurs, que cette servitude s'exerce; — En fait: — Attendu que l'extrémité sud du jardin Sempé, dont il s'agit, est évidemment une terrasse artificiellement construite dans un but unique d'agrément; qu'on y arrive à la suite d'une première terrasse, décrite par M. le juge-commissaire dans son procès-verbal et édifiée sur le même modèle; qu'on ne peut nier que la plate-forme de l'extrémité sud ne fût de beaucoup la partie la plus riante, la plus agréable du jardin Sempé, puisque, abritée des courants d'air et inondée du soleil, elle permettrait au regard de s'étendre, après avoir traversé le plus beau paysage, jusqu'à la chaîne des Pyrénées; — Que la pensée de construire en cet endroit une plate-forme à la promenade a dû se présenter tout naturellement; qu'à cet effet, on voit par les constatations de M. le juge-commissaire que le mur qu'il a fallu bâtir pour soutenir les terres pénètre très avant dans le sol, ce qui montre que la nature du terrain était, sur ce point, très abrupte, circonstance qui dispensait d'élever un mur de clôture, et, en outre, que le mur, une fois debout, le vide a dû être rempli au moyen d'un remblai; — Attendu que ledit mur, au lieu de se terminer au chaperon recouvert d'un enduit, à l'instar des murs de clôture ordinaires, est muni à sa partie supérieure d'une rangée de dalles, lesquelles, placées à 0m60 au-dessus du sol du jardin, peuvent servir à volonté de siège ou d'accoudoir; qu'il est à noter ici que cette hauteur de 0m60 serait dérisoire, s'il ne s'agissait que d'un mur de séparation ou de clôture; — Attendu enfin que la plate-forme dont il s'agit est complantée d'arbrisseaux de luxe et coupée de massifs; qu'on y a tracé des allées pour la promenade, spécialement au sud, le long du parapet d'icelle; — Qu'il suit des faits et circonstances qui précèdent que le terrain contentieux est une terrasse à laquelle la nature n'a contribué que pour fournir la beauté et la douceur du site, et qui est pour tout le reste l'œuvre de la main de l'homme; qu'une construction semblable avertissait assez le voisin, par sa nature et son objet, qu'il avait, dans les dispositions de l'art. 678, C. Nap., déjà cité, le moyen d'empêcher l'acquisition possessoire du droit qu'il conteste vainement aujourd'hui; — Attendu que la possession annale de la partie de Ferrère n'est pas déniée; que seulement la partie de Fosses se refuse de reconnaître les faits constitutifs du trouble apporté à cette possession, mais que la réponse à cette dénégation est dans les constatations du procès-verbal de l'état des lieux, et parmi lesquelles on remarque que Pedeucoig, partie de Fosses, a élevé trois murs se refend dont l'un atteint la hauteur des dalles du parapet, et qu'il a opéré des remblais qui arrivent à la même hauteur; que de telles entreprises, jointes à l'intention usurpatrice qui les a manifestement inspirées, sont la méconnaissance formelle du droit de Ferrère, en même temps que des faits de trouble possessoire bien caractérisés ; — Attendu, néanmoins, que c'est à tort que le premier juge a accueilli dans leur entier les conclusions de ladite partie de Ferrère sur ce point et qu'il a condamné Pedeucoig à rétablir les lieux dans leur état primitif et, par suite, à démolir les constructions et à enlever les terres de remblai, et ce à la distance de 19 décimètres de la base du mur de soutènement de la terrasse ; — Qu'en effet, il ne faut pas oublier que l'action possessoire ne portant que sur le droit de vue, le point de l'intervalle de 19 décimètres à laisser par Pedeucoig est, non pas de la base de ce mur, mais bien de l'arête extérieure de son sommet, selon la disposition de l'art. 680, C. Nap.; que, d'un autre côté, le parapet dallé de la terrasse devant être assimilé à l'embrasure d'une fenêtre ou d'un balcon, c'est le cas d'ordonner que les démolitions et les enlèvements de terre s'arrêteront à la hauteur que se trouve avoir le sol du jardin Sempé en cet endroit.

Pourvoi du sieur Pedeucoig.

ARRÊT

LA COUR : — Attendu que le jugement attaqué constate, en fait, qu'à l'extrémité sud du jardin de Sempé existe une plate-forme d'où la vue s'étend notamment sur le jardin inférieur de Pedeucoig et à laquelle on arrive à la suite d'une autre terrasse édifiée sur le même modèle ;

Que, pour établir cette plate-forme, on a dû construire un mur de soutènement dont la partie inférieure pénètre très avant dans le sol à l'effet de maintenir les terres de remblai, et dont la partie supérieure est munie d'une rangée de dalles qui, placées à 60 centimètres au-dessus du sol, peuvent servir, soit à s'y reposer, soit à s'y accouder, pour en jouir plus aisément de la vue ; qu'enfin la nature n'a contribué à cette plate-forme que pour la beauté du site, et que tout le reste est l'œuvre de Sempé ou de ses auteurs ;

Que, des faits ainsi constatés, le jugement a pu conclure que la vue, prise dans ces conditions, par Sempé sur le jardin de Pedeucoig, avait tous les caractères d'une servitude continue et apparente, susceptible de s'acquérir par la prescription ; qu'en effet, les termes de l'art. 678, C. Nap., ne sont pas limitatifs ; que le droit de vue peut s'exercer aussi bien au moyen d'une terrasse ou plate-forme artificiellement établie sur le sol ou sur un bâtiment, qu'au moyen d'une

fenêtre, d'un balcon ou autre saillie pratiquée dans un mur, et que le voisin, pour qui les inconvénients sont les mêmes dans le premier cas que dans les autres, doit s'opposer aux travaux qui sont les signes extérieurs de l'existence de cette servitude, s'il veut sauvegarder la liberté de son héritage ;

Que le tribunal de Pau a donc pu maintenir Sempé dans la possession annale du droit de vue qu'il avait sur le jardin de Pedeucoig, non par suite d'une faculté dérivant de la disposition naturelle des lieux, mais par l'effet de constructions élevées afin d'acquérir ce droit et ordonner en conséquence que les travaux entrepris par Pedeucoig seraient démolis à la distance de 19 décimètres de l'arête extérieure du mur de soutènement et jusqu'au niveau du sol de la terrasse ;

Qu'il n'a pas étendu au-delà de cette distance l'interdiction pour Pedeucoig d'élever telles constructions qu'il jugerait à propos sur son terrain, et qu'en effet cette interdiction n'aurait pu être que la conséquence d'un droit de prospect dont Sempé ne rapportait pas le titre et qu'il n'aurait pas pu acquérir par prescription, puisqu'une servitude de cette nature n'est pas apparente ;

Que, dès lors, la décision attaquée n'a ni violé les art. 689, 691, 2232, C. Nap., ni faussement appliqué les art. 678 et 680, même Code, ni méconnu la règle *tantùm præscriptum quantùm possessum.*

Rejette.

CASSATION, Ch. civ. — 26 janv. 1864.

(Comm. de Villepoil c. Millet.)

I, 208, 210.

Si le maire d'une commune est dispensé, aux termes de l'art. 55 de la loi du 18 juillet 1837, de l'autorisation du Conseil de préfecture lorsqu'il intente une action possessoire dans l'intérêt de la commune, il n'en est pas de même du contribuable qui, pour exercer cette action, est obligé de se prévaloir des droits collectifs lui appartenant comme habitant de la commune. Les formalités prescrites par l'art. 49 de cette loi doivent être accomplies par lui sous peine d'irrecevabilité de sa demande.

Du 9 juillet 1862, jugement du tribunal de Mayenne qui s'exprime ainsi :

Attendu, en ce qui touche la fin de non-recevoir tirée de l'art. 49 de la loi du 18 juillet 1837, d'une part, que les appelants n'agissent pas en qualité de représentants d'une section de commune, mais *ut singuli* et en leurs noms personnels pour la revendication des droits privés qu'ils prétendent leur appartenir conjointement avec d'autres; que, d'autre part, et en admettant que la réunion de divers habitants d'une même commune, pour l'exercice de droits qui leur seraient communs, puisse être considérée comme une section de commune, une jurisprudence constante admet que lorsque, comme dans l'espèce, des droits privés profitent directement à chacun d'eux, ils peuvent agir *ut singuli*, sans que l'autorisation du Conseil de préfecture leur soit nécessaire; on ne comprendrait pas, en effet, que, s'agissant de droits privés, une autorisation fût nécessaire, et que l'exercice du droit de l'un des intéressés pût être paralysé par le mauvais vouloir ou l'apathie des autres; — Attendu que, s'agissant dans l'espèce d'une action possessoire, la commune pouvait, aux termes de l'art. 56 de la loi précitée, défendre à cette action sans autorisation; d'où il suit que les appelants, agissant *ut singuli*, n'étaient pas tenus non plus de se conformer aux dispositions de l'art. 51 de la loi précitée.

Pourvoi de la commune de Villepoil.

ARRÊT

LA COUR : — Vu les art. 10, 49 et 56 de la loi du 18 juillet 1837 :

Attendu qu'aux termes de ces dispositions combinées, nul, si ce n'est le maire à l'égard des actions de la commune ou de la section qui n'est pas en conflit avec la commune dont elle fait partie, ou le délégué d'une commission syndicale à l'égard des actions qu'une section aurait à suivre contre la commune elle-même, ne peut ni représenter en justice la commune ou la section, ni exercer, même à ses frais et risques, les actions qu'il croirait appartenir à cette commune ou section, qu'à la double condition de la mettre au préalable en demeure d'agir elle-même et de l'appeler ensuite en cause dans la personne du maire ou du délégué de la commission syndicale formée pour représenter la section ; qu'il n'y a point à distinguer, sous ce rapport, entre les actions possessoires et toutes autres actions;

Attendu que l'action possessoire des défendeurs, telle qu'elle est caractérisée par les termes mêmes, soit de la demande, soit des conclusions aux deux degrés de juridiction, a été soumise au juge du possessoire comme dérivant uniquement du droit collectif des habitants des six villages désignés dans l'exploit introductif de l'instance; que, dans cet exploit, en effet, les défendeurs donnent pour motifs à leur action qu'ils sont, avec les autres habitants des six villages, en possession des landes litigieuses; que leurs droits et celui de leurs cointéressés résultent tant des anciens titres et des lois de 1791, 1792 et 1793, que de la jouissance qu'ils ont constamment exercée; qu'en conséquence, ils doivent être maintenus dans la possession plus qu'annale qu'ils avaient avant le trouble conjointement avec les autres habitants des six villages ;

Que devant le juge du premier degré, ils ont persisté dans la même prétention, offrant de prouver par témoins que, de temps immémorial et surtout depuis plus d'une année avant le trouble, ils avaient, avec les autres habitants des six villages, exercé la jouissance exclusive desdits terrains;

Que, devant le juge du deuxième degré, ils ont conclu de même à être maintenus, conjointement avec leurs cointéressés, c'est-à-dire avec les autres habitants des six villages, en la possession des landes litigieuses; que, dans le développement des motifs des conclusions par eux signifiées, ils ont invoqué de nouveau, au soutien de leur prétention, les diverses dispositions de la loi du 10 juillet 1793 qui ont attribué aux sections de commune, tout comme aux communes elles-mêmes, la propriété des terres vaines et vagues dont elles avaient la jouissance ou la possession, et ont offert d'établir qu'avant la Révolution, les habitants des six villages jouissaient des landes dont il s'agit à l'exclusion des autres habitants de la commune de Villepoil, etc....;

Attendu que le droit ainsi invoqué ne saurait être assimilé à un droit indivis de propriété ou d'usufruit entre plusieurs communistes non obligés de rester dans l'indivision et ayant chacun individuellement qualité pour agir ou défendre, soit en revendication ou en maintenue possessoire, soit en partage ou licitation; qu'il présente les caractères essentiels du droit collectif et permanent d'une agrégation ou généralité d'habitants, lequel ne peut être l'objet d'une action en justice, de la part d'un ou de plusieurs membres de l'agrégation, sans l'observation des formes et des garanties prescrites par les dispositions combinées des art. 49 et 56 de la loi du 18 juillet 1837;

D'où il suit qu'en jugeant le contraire et en déclarant recevable, nonobstant l'inobservation desdites formalités, l'action du défendeur à raison de droits qui ne leur appartiendraient, et qu'ils n'invoquaient, d'ailleurs, qu'en leur qualité de membres d'une généralité d'habitants ou section de commune, le jugement attaqué a violé les dispositions ci-dessus visées;

Casse.

CASSATION, Ch. civ. — 1ᵉʳ février 1864.
(Chemin de fer de l'Ouest c. Clouard.)

I, 202, 682.

Lorsqu'il est certain que le fait pris pour trouble ne pourra jamais faire acquérir une possession à son auteur, il n'y a pas lieu à action possessoire; on ne peut réclamer que des dommages-intérêts.

Ainsi, une compagnie de chemins de fer n'apporte pas un trouble véritable à la possession d'un établissement de blanchisserie en employant un mode de chauffage contraire aux règlements et qui envoie sur cet établissement une fumée épaisse qui salit les toiles.

Du 31 décembre 1862, jugement du tribunal de Lisieux ainsi motivé :

Attendu que Clouard est notoirement et incontestablement en possession de sa propriété à usage de blanchisserie, soit par lui, soit par ses auteurs, non seulement depuis plus d'une année, mais depuis un temps presque immémorial; — Qu'aucun trouble ne peut donc être apporté à cette possession paisible, publique et bien plus qu'annale, et que s'il s'est produit un trouble de quelque nature qu'il soit, il est manifeste que Clouard a le droit de le faire cesser, à la seule condition qu'il ne soit pas seulement le résultat d'un fait accidentel, mais qu'il ait le caractère d'un trouble réel; — Attendu, dans l'espèce, qu'il est constant en fait que, depuis plusieurs mois, journellement et plusieurs fois par jour, la Compagnie du chemin de fer de l'Ouest emploie un mode de chauffage tel, contrairement à celui qu'elle devrait employer, qu'il en résulte que les machines locomotives envoient sur l'établissement de Clouard une fumée épaisse mélangée de suie qui macule de taches indélébiles les toiles qui y sont blanchies; — Qu'il n'y a certes pas là lieu de voir un fait accidentel et pouvant momentanément causer un dommage et pouvant seulement donner lieu à une action en dommages-intérêts, ainsi que le prétend la compagnie, mais qu'on doit y voir, comme l'a fait M. le juge de paix, un véritable trouble à la possession de Clouard, donnant ouverture à la complainte possessoire; que ce trouble, rendant en effet impossible l'exercice de l'industrie de ce dernier, et devant nécessairement entraîner la suppression de son établissement, s'il se perpétuait, rentre dans la catégorie de ceux dont le possesseur a le droit de se plaindre et qui peuvent donner lieu à l'action possessoire; — Que c'est donc à bon droit que Clouard s'est pourvu par action possessoire devant M. le juge de paix; que c'est avec non moins de raison que ce magistrat a déclaré qu'il pouvait connaître de l'action qui lui était soumise; qu'il y a conséquemment lieu de confirmer le jugement dont est appel, sans se préoccuper du point de savoir si les faits reprochés à la Compagnie en se perpétuant pendant trente ans, pouvaient ou non constituer une servitude sur l'immeuble de Clouard, quoiqu'on puisse peut-être dire que celui-ci est obligé de supporter la fumée que lui envoient les locomotives à titre de servitude légale, et qu'en supportant pendant trente ans les inconvénients d'une autre fumée que celle qu'on avait le droit de lui envoyer, il ne pourrait plus se plaindre, parce que, dans ce cas, ce ne serait qu'une aggravation de servitude qui aurait été exercée vis-à-vis de lui, aggravation qu'on aurait eu le droit de prescrire; — Par ces motifs, et en adoptant au surplus ceux du premier juge qui sont en rapport avec ceux exprimés ci-dessus, confirme le jugement dont est appel, renvoie en conséquence les parties devant M. le juge de paix pour donner suite à l'instance.

Pourvoi de la Compagnie du chemin de l'Ouest.

ARRÊT

LA COUR : — Vu les art. 23, C. pr. civ., et 6 de la loi du 25 mai 1838:

Attendu que Clouard a fondé son action en complainte sur un trouble que la Compagnie du chemin de fer de l'Ouest aurait apporté à la possession qu'il a d'un établissement de blanchisserie, en employant un mode de chauffage des locomotives contraire aux règlements, qui envoyait sur ledit établissement une fumée épaisse et salissait les toiles qui y étaient étendues;

Attendu que si le trouble matériel signalé par Clouard était de nature à préjudicier à l'exercice de son industrie, il n'avait point le caractère d'une contradiction opposée à sa possession;

Qu'en effet, aucun droit contraire ne pourrait résulter pour la Compagnie de la répétition même prolongée de faits tels que ceux allégués par Clouard, lesquels seraient prohibés par les dispositions réglementaires et de police, à l'observation desquelles la Compagnie est soumise ;

Qu'ainsi les faits allégués à l'appui de la demande ne pouvaient servir de fondement à une action possessoire, et qu'ils n'auraient pu donner lieu qu'à une action pour dommage d'une valeur indéterminée, dont la connaissance n'appartient point au juge de paix ;

D'où il suit qu'en admettant, dans l'espèce, la recevabilité de l'action en complainte et la compétence du juge de paix, le tribunal civil de Lisieux a faussement appliqué et, par cela même, violé les articles susvisés ;

Casse.

———

CASSATION, Ch. req. — 10 fév. 1864.
(Comm. de Crézancy, c. Lacasse.)

I, 146, 162, 557, 582, 584, 585, 706.

Les chemins ruraux ou communaux, bien qu'affectés à un usage public, restent dans le domaine privé de la commune et sont prescriptibles, à la différence des chemins classés comme vicinaux. Ils peuvent donc être l'objet des actions possessoires de la part des particuliers ou de la part de la commune.

Celui qui exerce l'action possessoire peut conclure à la fois à être réintégré et à être maintenu en possession. Le juge saisi de cette double action statue d'abord sur la réintégrande et s'il ne croit pas pouvoir accueillir cette dernière, il prononce sur l'action en complainte.

Pour triompher dans l'action en réintégrande, le demandeur doit justifier d'une détention paisible et publique au moment de la voie de fait dont il se plaint.

Lorsque le trouble ou la voie de fait ont été accomplis sur une dépendance prétendue du domaine public, et que le demandeur conclut à être réintégré et subsidiairement à être maintenu en possession, le juge doit statuer immédiatement sur la réintégrande et ne prononcer le sursis que sur la demande en complainte.

Du 26 février 1863, jugement du tribunal de Château-Thierry ainsi motivé :

Attendu que, par une voie de fait, le maire de Crézancy a enlevé au sieur Lacasse l'usage et la jouissance qu'il avait, au jour de cette voie de fait, des eaux qui font l'objet du procès ; que, contrairement à la règle *spoliatus ante omnia restituendus*, le juge de paix a eu tort de ne pas préalablement faire droit aux conclusions du demandeur tendant à la remise, en leur état primitif, des lieux litigieux ; — Attendu que M. le Maire, défendeur à l'action principale, en opposant que l'endroit où était située la prise d'eau, faisait partie d'une rue communale, devenait par là, demandeur en exception, conformément à la règle *reus excipiendo fit actor*, et assumait ainsi juridiquement la preuve du fait dont il excipait ; que c'est donc à tort encore que M. le juge de paix a mis à la charge de Lacasse la preuve dont il s'agit, par lui jugée nécessaire, lors de sa visite des lieux, puisqu'il l'a alors ordonnée ; — Attendu qu'en l'absence de cette preuve, et alors qu'aucun document nouveau n'était produit, il ne pouvait se déjuger implicitement, passer outre et débouter Lacasse des fins de sa demande ; — Attendu qu'il résulte du jugement préparatoire qu'il y a lieu à doute sur la nature et le caractère de la voie publique où se trouve le tuyau de prise d'eau ; — Par ces motifs, etc.

Pourvoi de la commune de Crézancy.

ARRÊT

LA COUR : — Sur le premier moyen :

Attendu qu'il est constant en fait, que les documents de la cause n'offraient aucune certitude sur le point de savoir si la voie de communication dont il s'agit au procès, constitue un chemin rural, ou une rue faisant partie du domaine public communal de Crézancy ;

Que ce doute justifie pleinement le renvoi de la cause devant l'autorité administrative pour faire décider si le sentier désigné sous le nom de rue du Crochet doit être réellement considéré comme une rue ;

Attendu que vainement le pourvoi soutient qu'alors même que le lieu litigieux ne serait pas une rue, son caractère public, non contesté, suffisait pour faire obstacle à l'action possessoire intentée par les défendeurs éventuels ;

Qu'il est aujourd'hui constant en

jurisprudence que les chemins vicinaux classés par l'autorité administrative sont seuls imprescriptibles ;

Que les simples chemins communaux ou ruraux sont, au contraire, aliénables, prescriptibles, et que, par suite, nonobstant leur publicité reconnue, ils peuvent être l'objet d'une action en complainte possessoire ;

Sur le troisième moyen :

Attendu que si la complainte suppose une possession paisible, publique et à titre non précaire, il n'en est pas de même, sous ce dernier rapport, de la réintégrande ;

Que l'action en réintégrande ayant pour principe un quasi-délit, il suffit, pour l'exercice de cette action, que le demandeur, qui se trouvait en possession paisible et publique, ait été dépossédé par violence ou par voie de fait ;

Attendu qu'il est reconnu, par le jugement attaqué, que la dame Lacasse a été privée, par une voie de fait du maire de Crézancy, de la prise d'eau dont elle jouissait paisiblement et publiquement, par elle ou par ses auteurs, depuis un grand nombre d'années, et notamment depuis plus d'un an et jour avant la dépossession ;

Que, dans ces circonstances, elle a exercé, à la fois, la réintégrande pour faire ordonner le rétablissement du sentier dit rue du Crochet et de sa prise d'eau, dans leur état primitif, et la complainte pour obtenir sa maintenue en possession des lieux ainsi rétablis ;

Attendu que la réintégrande se justifiait par le fait incontesté de la possession de la dame Lacasse et par la maxime *spoliatus ante omnia restituendus;* que c'est donc à bon droit qu'elle a été ordonnée par le tribunal d'appel ;

Qu'en ce qui concerne la complainte, le caractère de la possession étant subordonné à la nature du terrain sur lequel la prise d'eau était établie, c'est avec juste raison qu'avant de statuer sur la demande en maintenue possessoire, le tribunal a renvoyé la cause devant l'autorité administrative, pour faire décider si la voie de communication dont il s'agit constituait une rue ;

Que cette décision, bien loin d'avoir violé les principes en matière d'actions possessoires et spécialement l'art. 23,

C. pr., en a fait, au contraire, une juste application ;

Rejette.

PAU. — 7 mars 1864.

(Comm. de Malaussanne c. Comm. de Lacajunte.)

I, 615.

Les actes anciens ne peuvent pas être opposés au propriétaire du fonds servant lorsque celui-ci y est étranger et qu'il s'agit d'établir l'existence d'une servitude discontinue, comme celle de pacage. En matière de servitudes discontinues, la maxime in antiquis enuntiativa probant *doit être restreinte aux actes communs au propriétaire du fonds assujetti.*

ARRÊT

LA COUR : — Attendu que le titre en vertu duquel la commune de Malaussanne a été investie de la propriété des landes et terres vacantes situées dans son territoire, est un acte d'affièvement consenti, le 7 août 1580, par Corisande d'Audoins, duchesse de Grammont, sous la réserve et la condition suivante : « Sans préjudice des droits qu'icelle ou ses fermiers et commis, en son nom, ont accoutumé à prendre et recevoir, chacun an, de quelques circonvoisins de ladite juridiction de Malaussanne, pour y herbager leurs bestiaux, tant seulement, lesquels circonvoisins, en payant lesdits droits à ladite dame ou ses commis, pourront herbager et pâturer leur bétail èsdites terres vacantes, sans toutefois y pouvoir faire coupe d'aucune sorte ni quantité de tuie, fougère ou autre soutrage » ;

Attendu que le mot « circonvoisins », employé dans la clause ci-dessus transcrite, ne doit pas s'entendre d'habitants ou propriétaires voisins pris individuellement ; qu'un sens aussi restreint répugne aux habitudes des anciens seigneurs qui, dans le but d'accroître leurs revenus, concédaient les droits d'usage à la généralité des habitants d'une commune, pris collectivement ; qu'il n'est pas à présumer que la duchesse de Grammont se soit écartée de ces habitudes ; que, dans l'espèce, s'il se fût agi de concessions à de simples particuliers, ces particuliers auraient été nominativement désignés; qu'en l'absence d'une pareille désignation, il y a lieu de croire que le mot circonvoisins comporte la signification la plus large et comprend le corps entier des communes voisines et non des individus isolés ; que, d'ailleurs, telle était l'acception usuelle de cette expression dans le pays où le terrain litigieux est situé ; que, dans les anciens actes d'affièvement, on y employait indifféremment les mots « lieux circonvoisins » ou simplement « circonvoisins », pour désigner les communes contiguës ; que cette désignation rentrait dans les termes mêmes de la coutume de Béarn, où, suivant l'expression de Labourt, dans son *Commentaire*, « les habitants des villes et villages peuvent mener leurs bestiaux aux lieux voisins de vaine pâture contiguë » ;

Attendu que la réserve susénoncée a été entendue de la même manière par la commune de Malaussanne; qu'elle l'a expressément reconnu dans une délibération par elle prise, le 6 décembre 1772, relativement à une de ses landes, et dans laquelle il est exposé que « cette lande lui avait été affièvée par un des auteurs du duc de Grammont, son seigneur, sous la réserve que fit le seigneur par ledit affièvement du pacage sur ladite lande pour des paroisses voisines qui avaient accoutumé d'y pacager » ; qu'il est, en outre, énoncé dans la même délibération que, « quoique l'édit de Sa Majesté en donne la liberté, il semble que la lande ne peut point être close ni fermée, attendu la réserve que le seigneur a faite du pacage sur ladite lande pour les paroisses voisines » ; qu'en conséquence, il y est arrêté que la lande restera ouverte pour le pacage et que le soutrage sera vendu ou affermé par le syndic de la communauté ; qu'on ne saurait prétendre que l'acte d'affièvement auquel se réfère cette délibération est autre que celui du 7 août 1580, puisque ce dernier titre comprend la concession de toutes les landes et vacants situés dans le territoire et la juridiction de Malaussanne ;

Attendu qu'il est établi et non contesté que la commune de Lacajunte est contiguë à la commune de Malaussanne; qu'elle est, en réalité, une paroisse circonvoisine ; que, par conséquent, elle

peut se prévaloir de la réserve susénoncée ;

Attendu que si elle n'y trouve pas le titre primordial de la servitude de pacage qu'elle revendique, elle est en droit de l'invoquer ou comme un acte récognitif émané du propriétaire du fonds asservi, ou du moins comme une énonciation insérée dans un acte ancien et ayant la force d'une preuve complète, pourvu qu'elle soit soutenue par la possession ;

Qu'à la vérité, sous l'empire de la nouvelle législation, la maxime *in antiquis enuntiativa probant* ne peut pas s'appliquer aux servitudes discontinues en ce sens qu'en cette matière, quelle que soit l'ancienneté d'un acte, les énonciations sont sans force contre les tiers ;

Mais qu'on peut l'appliquer même aux servitudes discontinues, lorsque le titre ancien dans lequel se trouvent les énonciations, est émané du propriétaire du fonds asservi ou passé contradictoirement avec lui ;

Attendu que, dans l'espèce, la commune de Malaussanne a été partie contractante dans l'acte du 7 août 1580; que la propriété des landes lui a été transférée par ce titre sous la condition expresse que le droit de pacage était réservé aux circonvoisins; qu'elle ne peut pas, dès lors, se soustraire à l'exécution de cette clause, pourvu toutefois que le droit réservé ait été conservé par un exercice-jouissance continu de la part des usagers ;

Attendu que, d'après les motifs qui précèdent, le droit de pacage réservé pour les paroisses circonvoisines dans l'acte de 1580 s'appliquait à la totalité des landes affièvées et que la commune de Lacajunte n'a pas cessé de l'exercer; que, par conséquent, il n'y a point lieu de le réduire à une partie desdites landes ;

Par ces motifs, etc.

CASSATION, Ch. civ, — 30 mars 1864.
(Rohaut c. Riffault.)

I, 252, 325.

Lorsque, sur une action en complainte, le défendeur forme une demande reconventionnelle dont l'objet est d'une va-

leur supérieure à 200 fr., le juge de paix retient la connaissance de la demande principale et se déclare incompétent sur la demande reconventionnelle.

Il en est ainsi, notamment, dans le cas où le défendeur à une action en complainte relative à une servitude de passage pour enclave, réclame une indemnité annuelle pendant la durée indéfinie de la servitude.

ARRÊT

LA COUR : — Vu les art. 1.er et 7 de la loi du 25 mai 1838 :

Attendu que les juges de paix ne peuvent, dans aucun cas, connaître d'une demande incidente ou reconventionnelle dont l'objet est d'une valeur supérieure à 200 fr.; qu'ainsi le juge de paix, saisi d'une action en complainte par le propriétaire d'un fonds enclavé, au sujet d'un passage exercé pour le service de ce fonds sur le fonds du défendeur, est incompétent pour statuer en même temps sur la demande incidente ou reconventionnelle de celui-ci, soit en paiement d'une indemnité annuelle de 12 fr., soit en un droit de passage de valeur équivalente, pendant la durée indéfinie de la servitude de passage;

D'où il suit qu'en déclarant le contraire, le jugement dénoncé a violé les dispositions ci-dessus visées;

Casse.

CASSATION, Ch. civ. — 22 juin 1864.
(Lepère c. Leprovost.)

I, 107.

En matière de revendication, les titres entraînant mutation de propriété font foi, à l'égard de tous, des droits qu'ils consacrent; leur effet n'est pas seulement restreint entre les parties qui figurent dans ces titres.

ARRÊT

LA COUR : — Vu les art. 711 et 1165, C. Nap. :

Attendu qu'il a été reconnu, en fait, par les deux jugements de première instance dont l'arrêt attaqué a adopté les motifs, qu'à consulter l'acte de partage du 15 octobre 1812 et l'adjudication du 25 novembre 1855, titres invoqués par Lepère, la réclamation par laquelle il revendique cette portion de haie séparant la propriété de celle de Leprovost se trouve clairement établie et devrait être accueillie;

Attendu que, s'appuyant sur ce que le partage de 1812, étranger à Leprovost et à ses auteurs, ne ferait pas absolument foi contre eux, le jugement préparatoire a admis les parties à faire preuve des faits de possession et de prescription respectivement invoqués par elles, et subsidiairement par le demandeur;

Attendu que le jugement définitif, en reconnaissant des actes de jouissance de la part de l'une et de l'autre partie, a déclaré insuffisante l'enquête du demandeur, préférable celle du défendeur, et a, en conséquence, rejeté comme mal fondée la demande en revendication formée par Lepère;

Attendu qu'il ne résulte ni du dispositif, ni des motifs de ce jugement, que la possession de Leprovost ou de ses auteurs ait été, pendant une durée de trente années, continue, non interrompue, paisible, publique, non équivoque et à titre de propriétaire;

Attendu que la possession de Leprovost n'aurait pu prévaloir sur les titres de Lepère que si elle avait eu soit ce commencement, soit cette durée; que ni l'un ni l'autre de ces caractères ne lui sont attribués par l'arrêt attaqué; et que, dans l'état des faits déclarés par cet arrêt, l'unique question qui reste à examiner est celle de savoir si les titres de Lepère, quoique reconnus probants en eux-mêmes, ont, à bon droit, été écartés par le motif qu'ils étaient étrangers à Leprovost et à ses auteurs;

Attendu qu'aux termes de l'art. 711, C. Nap., la propriété des biens s'acquiert et se transmet par l'effet des obligations; et que les contrats qui lui servent de titre et de preuve sont ceux qui sont passés entre l'acquéreur et le vendeur; que le droit de propriété serait perpétuellement ébranlé si les contrats destinés à l'établir n'avaient de valeur qu'à l'égard des personnes qui y auraient été parties; puisque, de l'impossibilité de faire concourir les tiers à des contrats ne les concernant pas, résulterait l'impossibilité d'obtenir dès titres protégeant la propriété contre les tiers ;

Attendu que déclarer opposables aux tiers les titres réguliers de propriété, ce n'est aucunement prétendre qu'il peut résulter de ces titres une modification quelconque aux droits des tiers ; et qu'ainsi la règle de l'art. 1165, qui ne donne effet aux conventions qu'entre les contractants, est ici sans application ;

D'où il suit qu'en faisant prévaloir sur les titres produits par Lepère les faits de possession, tels qu'ils sont constatés dans l'espèce, et en rejetant ainsi la demande en revendication formée par Lepère, l'arrêt attaqué a faussement appliqué l'art. 1165, C. Nap., et violé tant ledit article que l'art. 711, même Code ;

Casse.

CASSATION, Ch. civ. — 27 juin 1864.
(Mesuel c. Briant.)

I, 249, 683, 685.

Si le propriétaire d'une usine demande à l'administration l'autorisation de réparer la chaussée d'un étang pour y établir une retenue d'eau, et que le propriétaire de l'étang conteste les droits de l'usinier dans une protestation écrite et renouvelée devant l'ingénieur, le trouble possessoire résulte, à l'égard de l'usinier, du jour de la protestation ou tout au moins du jour où cette protestation a été renouvelée et non pas seulement de l'arrêté préfectoral qui surseoit à statuer sur l'autorisation jusqu'à la reconnaissance du droit contesté.

L'action possessoire, éteinte par l'expiration de l'année qui a suivi le premier acte de trouble, ne saurait revivre par l'effet d'un trouble nouveau.

Du 28 mai 1862, jugement du tribunal de Dreux qui contient les motifs suivants :

Attendu, en fait, qu'il est constant et reconnu que, sur la demande adressée le 17 mars 1859, par Briant au préfet d'Eure-et-Loir, de réparer la chaussée de retenue de l'étang de la Pommeraye, Mesuel a, le 14 avril suivant, dans une enquête administrative, protesté contre le droit de Briant de retenir les eaux de cet étang ; que, le 29 août 1860, il a, devant

l'ingénieur chargé d'une visite des lieux, renouvelé ces protestations qui ont décidé le préfet à ne donner suite à la demande de Briant qu'après justification par ce dernier de son droit à l'usage des eaux, décision que constate seulement une lettre du sous-préfet de Dreux, en date du 12 avril 1861, adressée au maire de la Ferté-Vidame, et portée immédiatement à la connaissance de Briant ; — Attendu, en droit, que chacune de ces prétentions était un trouble suffisant pour autoriser Briant à former une action en complainte contre leur auteur ; que le droit d'action enté sur l'une d'elles cessait, il est vrai, à l'expiration de l'année qui l'avait suivie, mais qu'elle renaissait aussi lors d'un nouveau trouble de même nature ; que, pour qu'il en fût autrement, il eût fallu que le premier trouble eût rendu illégale la possession du barrage par Briant, ce qui ne pouvait avoir lieu que par une voie de fait continuée pendant plus d'une année ou par les moyens indiqués par les art. 2244 et suivants, C. Nap., lesquels forment l'interruption civile de la prescription ; qu'au nombre de ces moyens ne se trouve pas l'opposition formée devant l'autorité administrative ; — Attendu que, pour contester à Briant le droit de prendre comme base et point de départ de son action en complainte contre Mesuel la décision préfectorale, portée à sa connaissance par la lettre du sous-préfet de Dreux, en date du 12 avril 1861, on objecte que c'est là le fait de l'autorité et non celui de Mesuel, mais que cette décision, provoquée par les protestations de Mesuel, était un trouble plus sérieux que les précédents, et ne pouvait être imputée qu'à celui-ci ; qu'ainsi, l'action de Briant a été intentée conformément aux dispositions de l'art. 23, C. pr. civ.

Pourvoi du sieur Mesuel.

ARRÊT

LA COUR : — Vu l'art. 23, C. pr. civ. :

Attendu que les protestations faites par Mesuel le 14 avril 1859 et ensuite le 29 août 1860, lors de la visite des lieux par l'ingénieur, en opposition à la prétention élevée par Briant à la possession de la chaussée, de la retenue d'eau de l'étang de la Pommeraye et du droit de faire réparer et entretenir cette chaussée, constituaient, d'après l'appréciation même du jugement attaqué, des faits de trouble suffisants pour autoriser Briant à former une action en complainte contre leur auteur ;

Attendu, dès lors, que pour être recevable, aux termes de l'article susvisé, l'action possessoire aurait dû être formée dans l'année qui a suivi ces faits de trouble, et non en prenant pour point de départ du délai légal l'arrêté du préfet, en date du 12 avril 1861, prononçant un sursis sur la demande de

Briant afin d'être autorisé à réparer la chaussée ;

Attendu qu'à la date de cet arrêté préfectoral, en supposant qu'il pût être considéré comme un trouble, Briant, déjà troublé par les protestations de Mesuel, n'était point en possession paisible, condition exigée par l'art. 23, C. pr. civ., pour l'exercice de l'action possessoire ;

Attendu qu'en décidant, au contraire, que l'action possessoire, éteinte par l'expiration de l'année depuis les protestations de Mesuel, avait pu revivre par l'effet d'un nouveau trouble résultant de l'arrêté préfectoral, et qu'en conséquence, cette action avait été régulièrement intentée le 11 octobre 1861, le jugement attaqué a formellement violé l'art. 23, C. pr. civ.;

Casse.

CASSATION, Ch. civ. — 29 juin 1864.

I, 249, 683.

V. Cassation, Ch. civ. — 27 juin 1864.

CASSATION, Ch. civ. — 19 juillet 1864.
(Nougarède de Fayet c. Carrière-Montjosieux.)

I, 630.

Est apparente et continue la servitude de prise d'eau qui s'exerce au moyen d'une rigole aboutissant à un canal en passant par les francs-bords, alors qu'elle est manifestée par un pieu planté audessus du niveau de l'eau dans le lit du canal, lequel sert à maintenir une planche mobile qui, en s'abaissant, fait refluer les eaux dans la rigole. Le caractère de continuité n'est pas modifié par la circonstance que la prise d'eau ne s'effectue qu'à certains jours de la semaine.

Du 19 mars 1863, jugement du tribunal de Saint-Affrique qui statue en ces termes :

Attendu qu'il résulte des débats et des enquêtes que, depuis plus d'un an et jour, Carrière s'est servi pour l'irrigation de son héritage en nature de pré et partie aujourd'hui en jardin, d'une prise d'eau dans le canal de Nou-

garède par une rigole parfaitement tracée, suffisamment large et permanente, se détachant du canal à travers son franc-bord de droite et fournissant l'eau nécessaire depuis le samedi soir de chaque semaine jusqu'au lundi matin ; que cette rigole ne peut être utilisée pour sa destination par le simple cours naturel de l'eau dans le canal, mais seulement au moyen du reflux de l'eau remontant à la hauteur de l'entrée de la rigole ; que, pour obtenir ce résultat, il a été enfoncé dans le lit du canal un piquet en bois, tel que, par sa hauteur et par sa force, il est impossible de ne pas le remarquer dans le canal même et de ne pas en reconnaître le but, puisqu'il est placé vis-à-vis la ligne inférieure de la rigole, laquelle rigole se prolonge sur toute la propriété de Carrière jusqu'au rivage du ruisseau de Nioge ; que l'existence de ce piquet et de la rigole est constatée par le procès-verbal descriptif des lieux dressé par M. le juge de paix ; — Attendu que ces objets constituent nécessairement des ouvrages faits de main d'homme, tant sur la propriété du sieur Nougarède que sur celle du sieur Carrière ; que leur apparence est manifeste ; — Attendu que le fait de placer une planche mobile à volonté, assujettie contre ce piquet, traversant le canal, et assujettie, d'autre part, sur un des bords de la rigole à son début sur le franc-bord, n'est qu'accidentel ; qu'il ne peut pas être autre, car si la planche était permanente, le sieur Nougarède ne pourrait pas lui-même arroser ; mais que cette mobilité, par conséquent, ne peut faire obstacle à la continuité de la servitude ; que les choses étant ainsi avec leur destination et leur aptitude, l'eau du canal court dans la rigole et la parcourt sans que son usage ait besoin du fait actuel de l'homme ; que c'est, dès lors, une véritable servitude continue et apparente, remontant à plus d'un an et jour au profit de Carrière.

Pourvoi du sieur Nougarède.

ARRÊT

LA COUR : — Attendu qu'aux termes de l'art. 690, C. Nap., les servitudes continues et apparentes s'acquièrent par la possession de trente ans, et que, puisqu'elles sont prescriptibles, la jouissance peut en être revendiquée par action possessoire ;

Attendu que le jugement attaqué a déclaré continue et apparente la servitude qui est l'objet de l'action possessoire formée par Carrière, défendeur à la cassation ;

Attendu qu'il a constaté que la prise d'eau s'opère au moyen d'une rigole aboutissant au canal, en passant par les francs-bords, propriété du demandeur ; qu'un pieu dépassant le niveau de l'eau est planté dans le lit du canal en face de la rigole, et qu'à l'aide de ce pieu une planche mobile est abaissée en travers du canal et fait refluer dans la rigole l'eau destinée à arroser la propriété de Carrière ; que le jugement attaqué a déclaré à bon droit que ce sont là des signes d'une servitude apparente ;

Attendu que la continuité de la servitude résulte de ce que, la planche étant une fois abaissée, l'eau s'écoule d'elle-même par la rigole sans fait actuel de l'homme, s'opérant postérieurement à l'abaissement de la planche ; que le fait actuel est celui qui accompagne constamment et nécessairement l'exercice de la servitude, et qu'on ne peut pas ainsi qualifier le fait initial et instantané qui précède et prépare cet exercice ;

Attendu que si la prise d'eau ne s'effectue que du samedi au lundi, cette intermittence de la servitude n'en change pas la nature et ne lui ôte pas son caractère de continuité ;

Attendu qu'il a été déclaré, en fait, par le jugement attaqué, que la possession du défendeur n'est point entachée de précarité et lui appartient à titre de droit et non par simple tolérance ; qu'il suit de là que, dans l'état des faits par lui déclarés, le jugement attaqué, loin d'avoir violé les art. 691, C. Nap., et 23, C. pr., en a fait, au contraire, une juste application ;

Rejette.

CASSATION, Ch. civ. — 3 août 1864.
(Legey et Ragonneau c. Jeannin.)

I, 478, 479.

Le droit de pêche attribué aux riverains des rivières non navigables ni flottables est un droit inhérent à la propriété et non un droit de servitude. En conséquence, il est susceptible de faire l'objet des actions possessoires lorsque des faits de trouble viennent porter atteinte à sa possession annale. Il en est ainsi, notamment, lorsqu'un riverain a manifesté par des ouvrages fixes destinés à arrêter le poisson, sa volonté de s'approprier le droit de pêche à l'exclusion des autres riverains.

Un jugement correctionnel du tribunal de Chalon-sur-Saône avait condam-

né le sieur Jeannin dans les termes suivants :

Considérant qu'il résulte du procès-verbal que Jeannin a établi dans un canal communiquant avec le Doubs un barrage composé de fascines et empêchant le passage du poisson ; — Attendu qu'il importe peu que la communication avec la rivière se trouve parfois interrompue par une porte mobile placée à l'entrée du canal et se fermant d'elle-même lorsque les eaux du Doubs s'élèvent ; qu'en effet, cette interruption momentanée et qui n'a lieu que pendant les crues, n'empêche pas qu'en temps ordinaire le poisson ne s'introduise et ne circule dans ledit canal ; — Attendu qu'il est également sans importance que le canal ait été créé de main d'homme à travers des propriétés particulières, et que le barrage qui y a été pratiqué soit destiné à empêcher le poisson de remonter dans la partie supérieure et non à l'arrêter lorsqu'il descend dans la rivière ; que les dispositions de l'art. 24 de la loi du 15 avril 1829, sont générales et absolues, et s'appliquent à toute espèce de cours d'eau, pourvu que le cours d'eau soit en communication avec la rivière et que le barrage ait pour effet d'intercepter la circulation du poisson.

Postérieurement, la demoiselle Legey et la demoiselle Ragonneau intentèrent contre le sieur Jeannin une action possessoire qui donna lieu à la sentence suivante du juge de paix de Verdun :

Considérant que de temps immémorial et notamment depuis plus d'une année avant le fait qui a motivé l'action des consorts Legey, ceux-ci ont joui paisiblement soit des eaux du Creux-Carillon, lesquelles, à différentes époques de l'année, se trouvent en communication avec la rivière du Doubs, soit du poisson qui y arrive par cette communication ; — Considérant que cet état de choses a été interverti par le barrage composé de fascines qui a été placé dans le cours d'eau par le sieur Jeannin au mois d'avril dernier ; — Considérant que ce barrage a pour effet non seulement d'entraver l'écoulement naturel des eaux et de les faire refluer sur la propriété des demandeurs, mais encore de priver ceux-ci du poisson qui, aux termes de l'art. 24 de la loi du 15 avril 1829, doit circuler librement dans ces sortes de ruisseaux ; — Considérant que si, à ce dernier point de vue, le fait du sieur Jeannin est un délit vis-à-vis de l'État, aux termes de la loi précitée, vis-à-vis des demandeurs, ce fait est la violation d'un droit et un trouble apporté à une juste possession ; — Considérant que ce barrage cause un préjudice d'autant plus grand aux demandeurs, que la pêche est pour leur propriété d'une valeur assez importante.

Cette sentence fut infirmée, le 24 juillet 1862, par un jugement du tribunal de Chalon-sur-Saône ainsi motivé :

Considérant, sur la première question, qu'il est constant en fait : 1° que la rigole qui met en communication le Creux-Carillon avec le Doubs, en traversant, entre autres héritages, celui de la commune de Verdun (lequel est en nature d'étang), a été creusé de main d'homme et pour l'écoulement des eaux de source et pluviales qui s'amassent dans ledit Creux; 2° que ce n'est qu'accidentellement et durant l'élévation moyenne des eaux du Doubs qu'elles remontent par ladite rigole au Creux-Carillon en traversant les héritages intermédiaires; 3° que, depuis l'année 1818, et par conséquent plus de trente ans avant l'instance, une partie des héritages de la commune de Verdun est en nature d'étang et louée comme telle; — Considérant, en droit, qu'étant constant, comme il vient d'être énoncé, d'une part, que la rigole ci-dessus a été creusée pour servir de déchargeoir du trop-plein du Creux-Carillon; et, d'autre part, que les eaux du Doubs ne remontent qu'accidentellement audit Creux, il suit de là que les eaux du Doubs remontant sur cette rigole au Creux-Carillon, en traversant spécialement l'étang de la commune de Verdun, ne peuvent pas être assimilées, vu leur défaut absolu de pérennité et la destination exclusive de leur lit qui est une œuvre industrielle, aux eaux d'une rivière ou ruisseau, ayant un cours naturel, et dans le lit desquelles eaux le poisson qui s'y trouve doit circuler librement, en montant et descendant, afin que tous les propriétaires riverains puissent exercer leur droit de pêche, et qu'ainsi sont sans application à la rigole dont il s'agit, les principes de droit, d'après lesquels le propriétaire riverain d'une rivière non navigable ni flottable peut s'opposer à ce que, soit en amont, soit en aval de son héritage, soient établis des barrages faisant obstacle à ce que le poisson arrive à la section de la rivière qui est au droit de sa propriété; que vainement, en effet, les intimés invoquent le jugement du 30 août 1861, car n'y ayant pas été parties, la chose à juger entre eux et les appelants reste entière; que, d'autre part, il n'appartient qu'à l'administration des eaux et forêts, au ministère public à son défaut, et aux adjudicataires du cantonnement de pêche, de provoquer l'application de l'art. 24 de la loi du 15 avril 1829, sur la pêche fluviale; qu'au fond, cette disposition n'est pas applicable au fait dont se plaignent les intimés parce que le placement par le fermier Jeannin de fascines à l'extrémité est de la rigole qui traverse l'étang de la commune n'ayant eu pour objet que d'empêcher le poisson de sortir dudit étang, ne constitue pas évidemment l'établissement de pêcherie défendu par l'article ci-dessus; — Attendu que pour l'usage utile du susdit moyen d'empoisonnement du Creux-Carillon, la commune de Verdun devrait laisser perpétuellement ouverte à son point de jonction médiate avec ledit Creux-Carillon, la rigole qui traverse son étang, et cela pour un avantage fort difficile à constater, au profit du Creux-Carillon; — Attendu que c'est là une servitude non apparente, et qui, par conséquent, ne peut être l'objet d'une action possessoire qu'autant qu'elle est fondée en titre ou sur une disposition de la loi équivalente à un titre, ce qui n'est pas dans la cause; d'où il suit que la complainte formée par l'exploit du 11 avril 1861, en tant qu'elle avait pour objet de se faire maintenir dans le prétendu droit d'em-

poissonnement du Creux-Carillon, n'était pas recevable; qu'à la vérité, il a été déclaré de plus, par le jugement attaqué, que le barrage, objet de ladite complainte, avait encore pour effet d'entraver l'écoulement naturel des eaux et de les faire refluer sur la propriété des demandeurs, mais que cet effet n'a pas été prouvé, et que de plus, il n'est pas vraisemblable; d'où il suit que, sous ce dernier rapport, la complainte n'était évidemment pas fondée.

Pourvoi de la dame Legey et de la demoiselle Ragonneau.

ARRÊT

LA COUR : — Vu les art. 24, de la loi du 15 avril 1829, 1350 et 1352, C. Nap., et 23, C. pr. :

Attendu, en fait, qu'il est constant, d'après les termes mêmes du jugement attaqué, que le canal dans lequel le défendeur Jeannin a placé un barrage traversant plusieurs héritages intermédiaires, met en communication avec le Doubs la mare connue sous le nom de Creux-Carillon, appartenant aux demandeurs, et que les eaux du Doubs, au moins durant leur élévation moyenne, remontent par ledit canal dans le Creux-Carillon où le poisson de la rivière s'introduit avec elles;

Attendu qu'il a été décidé par un jugement du tribunal de police correctionnel de Chalon-sur-Saône, du 30 août 1861, sur l'action publique intentée contre Jeannin, que l'établissement du barrage dont se plaignent aujourd'hui les demandeurs, ayant eu lieu dans un canal en communication avec la rivière, et ayant pour objet d'y intercepter la circulation du poisson, constituait une contravention à l'art. 24 de la loi du 15 avril 1829 sur la police de la pêche, et qu'en conséquence ledit barrage devait être supprimé;

Attendu que le fait, ainsi apprécié et qualifié par une décision ayant autorité de la chose jugée, donnait ouverture non seulement à l'action publique, mais à une action civile au profit des particuliers troublés dans leurs droits, et que cette action peut s'exercer, suivant les cas, par la voie de la complainte possessoire;

Attendu que les consorts Legey et Marie Ragonneau ont demandé dans leur exploit introductif d'instance à être maintenus dans leur possession du droit de pêche, et à ce qu'il fût fait défense à Jeannin de les y troubler ;

Attendu que ce droit de pêche s'exerce, non à titre de servitude, mais comme droit inhérent à la propriété ;

Attendu enfin, que le tribunal de Chalon-sur-Saône n'a justifié par la constatation d'aucun fait, dans l'année qui a précédé le nouvel œuvre, que la possession des demandeurs soit équivoque ;

Qu'il suit de là qu'en repoussant l'action intentée par les demandeurs, le tribunal de Chalon-sur-Saône a violé les art. 24 de la loi du 15 avril 1829, 1350 et 1352, C. Nap., 23, C. pr. civ., et faussement appliqué les art. 691 et 2229, C. Nap. ;

Casse.

CASSATION, Ch. civ. — 24 août 1864.
(Lefèvre c. Comm. de Crèvecœur.)

I, 197.

Le maire qui prescrit l'ouverture dans un cimetière d'un chemin destiné à faciliter la circulation, agit comme magistrat spécialement chargé par la loi de la surveillance des cimetières. Une semblable mesure ne saurait donc être déférée aux tribunaux civils, ni constituer un trouble de nature à justifier l'action possessoire.

Sentence du juge de paix, qui statue en ces termes :

Considérant que M. le maire de Crèvecœur, en sa qualité de représentant judiciaire de sa commune, oppose à la demande une exception déclinatoire de notre compétence, exception qu'il appuie de la lettre de M. le Préfet de l'Oise, adressée le 7 août courant à M. le Sous-Préfet de Clermont, qui l'a transmise à lui, M. le maire, le 9 du même mois, en lui indiquant ce qu'il convenait de faire ; — Considérant qu'en cet état de choses, il s'agit de savoir si l'exception est fondée ; — Considérant que le contenu de la lettre de M. le Préfet suppose que la demande du sieur Lefèvre est dirigée contre M. le maire directement ; qu'à la vérité, s'il en était ainsi, elle pourrait engendrer en faveur des fonctions dont il est revêtu, soit une exception déclinatoire, soit même une fin de non-recevoir ; qu'en effet, le déclinatoire serait susceptible d'être accueilli si l'on se plaignait de ses procédés comme agent administratif, parce qu'il n'est pas permis à l'autorité judiciaire de connaître des actes de l'administration ; qu'il en serait de même de la fin de non-recevoir, parce qu'en

cas d'abus de fonctions, on n'aurait pu agir qu'après s'être préalablement pourvu de l'autorisation du Conseil d'Etat ; — Considérant que telle n'est pas dans l'espèce la marche suivie par le sieur Lefèvre ; que les faits dont il se plaint sont par lui imputés à la commune de Crèvecœur, comme personne civile, ainsi que le constate l'exploit introductif d'instance ; qu'elle seule est appelée à les contester, discuter ou à s'en disculper ; que, pour ce faire, elle n'a besoin d'aucune autorisation, et que seule, au regard du demandeur, elle devra supporter les conséquences de l'action dont elle est l'objet s'il arrive que cette action soit reconnue être juste, recevable ou fondée.

Sur l'appel, jugement du tribunal de Clermont (Oise), du 10 janvier 1862, qui infirme :

Attendu qu'il est constant que le chemin à l'occasion duquel avait eu lieu le trouble dont se plaint Lefèvre a été établi par le maire de Crèvecœur pour faciliter la circulation dans le cimetière et pour assurer la conservation des sépultures ; que cet acte rentrait dans les attributions du maire comme fonctionnaire administratif, suivant les lois et règlements qui soumettent les cimetières, appartenant ou non aux communes, à l'autorité, police et surveillance des maires ; que bien évidemment la commune de Crèvecœur a été assignée pour un fait qui ne pouvait lui être imputé et auquel on ne prouve aucunement qu'elle ait participé ; — Attendu, en supposant qu'il fût justifié d'une participation ou d'une approbation régulière de la commune, qu'elle ne pouvait, dans tous les cas, être actionnée en justice pour le trouble qui est l'objet de la demande de Lefèvre, qu'autant que le maire accusé d'en être l'auteur aurait pu être appelé lui-même à ce sujet devant la juridiction civile ; — Mais attendu que, dans la mesure qui a motivé l'action en complainte, le maire de Crèvecœur n'a pas agi comme représentant des intérêts civils de la commune, mais comme agent administratif ; qu'en cette qualité, il n'était soumis qu'au contrôle de l'autorité administrative supérieure et non à celui des tribunaux civils ; que c'était donc à l'administration supérieure seule que Lefèvre aurait dû s'adresser pour le redressement des griefs bien ou mal fondés qui résultaient pour lui de la prétendue entreprise dont il avait à se plaindre ; — Attendu que c'est par une véritable substitution que Lefèvre, laissant de côté le fonctionnaire administratif qu'il savait ne pas pouvoir atteindre, a traduit le maire de Crèvecœur, seulement comme représentant de la commune, devant M. le juge de paix, qui, par les motifs ci-dessus déduits, était incompétent pour connaître de la demande à lui soumise ; — Attendu que son incompétence était d'autant plus manifeste que les terrains faisant partie des cimetières ne peuvent être considérés comme étant dans le commerce ; que la concession qui en est faite aux particuliers n'en transfère pas le domaine et qu'ils ne sont pas susceptibles de propriété privée, ni par conséquent de possession utile ; que, dès lors, c'est à l'administration seule qu'il appartient de statuer sur les difficultés qui s'élèvent à l'occasion de l'exercice des droits conférés par les concessions faites sur les terrains dont s'agit ; que ces concessions sont d'ailleurs accordées par des actes administratifs dont l'exécution ne peut être réclamée que devant l'administration ; — Attendu qu'il résulte de tout ce qui précède que M. le juge de paix a commis un excès de pouvoir en retenant la cause, en maintenant Lefèvre en possession d'une portion de terrain faisant partie du cimetière de Crèvecœur, et en ordonnant la suppression des travaux exécutés par l'ordre du maire, au lieu de se déclarer incompétent comme il aurait dû le faire, et de renvoyer l'affaire devant la juridiction qui devait en connaître ; — Attendu que ce moyen d'incompétence *ratione materiæ* pouvait être proposé en tout état de cause, et que la présence du maire de Crèvecœur à la visite des lieux ordonnée par M. le juge de paix n'a pu le rendre non recevable à présenter ultérieurement ce moyen, que le juge aurait dû même suppléer d'office.

Pourvoi du sieur Lefèvre.

ARRÊT

LA COUR : — Sur le moyen unique du pourvoi :

Attendu que le trouble dont se plaint le demandeur, et à raison duquel il s'est pourvu par action possessoire contre la commune de Crèvecœur, a été le résultat de l'exécution des travaux ordonnés par le maire de la commune pour l'ouverture d'un nouveau chemin dans le cimetière ;

Attendu qu'il est établi par les motifs du jugement attaqué que la mesure a eu pour but d'assurer la conservation des sépultures en facilitant la circulation dans le cimetière et qu'elle a été prise par le maire dans l'exercice de son droit de police et de surveillance ;

Attendu que cette appréciation est vainement contestée par le demandeur, qui prétend à tort que la mesure dont s'agit aurait été prise par le maire au nom de la commune et comme gérant du domaine communal ; que le fait, par un maire de pourvoir aux besoins de la circulation et à l'intérêt du bon ordre par l'ouverture de chemins dans un cimetière, ne saurait être considéré comme un fait de gestion intéressant la fortune communale ; que c'est là manifestement un acte de police accompli par le maire comme magistrat spécialement chargé par la loi de la surveillance des cimetières ;

Attendu, dès lors, que la mesure ne pouvait pas être déférée à la juridiction

civile, à laquelle il n'appartient pas de contrôler les actes de l'administration ; que, par suite, elle ne pouvait servir de base à une action possessoire ;

Attendu que ce motif seul suffit à la justification du jugement attaqué ; qu'en l'accueillant et en infirmant, par suite, pour cause d'incompétence, la sentence rendue au possessoire par le juge de paix, le tribunal de Clermont (Oise), loin de contrevenir à la loi, en a fait une juste application ;

Rejette.

————

CASSATION, Ch. civ. — 8 nov. 1864.
(Ville de Crest c. Champavier.)

I, 348, 669, 677.

S'il appartient à l'autorité judiciaire de reconnaître, lorsqu'elle est contestée, la possession du propriétaire de terrains dont s'est emparé une commune sans formalités d'expropriation préalable, le juge du possessoire n'a cependant pas le pouvoir d'ordonner la destruction des travaux exécutés par l'autorité administrative dans l'intérêt public.

Sentence du juge de paix qui décide le contraire dans les termes suivants :

Considérant qu'il résulte du procès-verbal d'accès sur les lieux et du rapport d'expert que l'établissement de l'escalier placé par la ville contre la maison des demandeurs, a pour résultat de priver ces derniers de la faculté qu'ils avaient, antérieurement à sa construction, de faire ouvrir sur leur façade ouest de nouvelles portes d'entrée ou de magasin, de plus, d'amener dans leur rez-de-chaussée les eaux pluviales venant du palier dudit escalier, et enfin de mettre à découvert une partie des fondations du côté de la place de l'ancienne mairie ; qu'outre cela, la ville a fait écharper un morceau de bâtisse servant d'empatement à ces fondations, qui ne faisait qu'un seul et même corps avec elles, conséquemment n'était point un empiétement sur la voie publique, et dont l'enlèvement pouvait, suivant les conclusions de l'expert, compromettre la solidité de l'édifice qu'elles supportent ; — Considérant que tous les ouvrages qui remontent à moins d'un an constituent un trouble manifeste pour la possession de Champavier, qui est d'an et jour, paisible, publique, à titre de propriétaire, et réunit en un mot tous les caractères voulus pour l'introduction de l'action possessoire ; — Maintient Champavier père et fils en possession et jouissance de leur maison ; condamne la ville de Crest à faire, dans le délai d'un mois, rétablir les lieux dans leur état primitif; à défaut de quoi, permet auxdits Champavier de le faire faire à ses frais.

Sur l'appel, jugement du tribunal de Die, du 18 juin 1862, qui confirme par les motifs suivants :

Attendu que, durant la première instance, comme durant les débats d'appel, la commune de Crest n'a cessé de contester aux sieurs Champavier la possession du mur dans lequel elle a encastré un escalier, soit en l'écharpant, soit en démolissant une partie de sa base; — Attendu que les questions de propriété et de possession sont exclusivement placées sous la sauvegarde de l'autorité judiciaire, et que c'est à bon droit que les sieurs Champavier ont porté devant le juge de paix du canton de Crest, l'action fondée sur le trouble qu'ils éprouvaient dans leur possession annale, paisible et bien établie; — Attendu que l'établissement de l'escalier dont il s'agit ne constitue pas un simple dommage au préjudice des sieurs Champavier, mais un empiètement sur le sol de leur mur en dehors de la voie publique, et surtout une atteinte à leur mur de façade qui a été entamé; — Attendu qu'il en est résulté une expropriation au moins partielle; qu'en pareil cas, quelle que soit l'importance de l'expropriation, il n'appartient qu'au jury de régler l'indemnité, si l'expropriation a été faite dans les formes réglées par la loi du 3 mai 1841, et aux tribunaux le droit de réintégrer le possesseur si, comme dans l'espèce, l'expropriation s'est opérée par une dépossession de fait en dehors des formalités légales; — Attendu qu'en alléguant, comme il l'a fait devant le premier juge, sans même produire aucun acte administratif, que le travail avait été fait par ses ordres, le maire de la ville de Crest n'a pu modifier la compétence ordinaire; — Par ces motifs, et adoptant au surplus les motifs du premier juge, sans s'arrêter à l'exception d'incompétence opposée par la commune de Crest, confirme le jugement dont est appel.

Pourvoi de la ville de Crest.

ARRÊT

LA COUR : — Sur la première branche du premier moyen :

Attendu qu'il résulte du jugement attaqué que, par suite des travaux de voirie urbaine qu'elle a fait exécuter sur la place de l'ancienne mairie, la ville de Crest a fait écharper pour l'occuper définitivement, sur une largeur de 25 à 30 centimètres, la base ou empatement des fondations du mur de façade de la maison des défendeurs;

Qu'en ce qui concerne cet empatement, la possession des défendeurs a été formellement contestée par la ville de Crest qui a prétendu qu'il constituait un empiètement établi par pure tolérance sur la voie publique;

Attendu qu'en raison de cette contestation, l'action en complainte intentée par les défendeurs était recevable et que l'autorité judiciaire était compétente pour en connaître, à l'effet de constater la possession des défendeurs et servir de base au règlement de l'indemnité qui pouvait leur être due pour cette occupation définitive d'une partie de leur propriété;

Sur le deuxième moyen :

Attendu que le jugement attaqué constate, en fait, que l'empatement que la ville de Crest a fait démolir ne faisait qu'un seul et même corps avec les fondations de la maison des défendeurs et n'était point un empiètement sur la voie publique; que cette démolition constituerait, au contraire, un empiètement sur le sol de ladite maison dont la solidité se trouvait compromise, et que la possession annale des défendeurs réunissait tous les caractères exigés par la loi pour l'action en complainte;

Attendu qu'en constatant ainsi la possession des défendeurs, et leur droit à une indemnité pour cette expropriation partielle de leur propriété, le jugement attaqué n'a violé aucun des articles invoqués;

Rejette la première branche du premier moyen, ainsi que le deuxième moyen du pourvoi;

Mais sur la deuxième branche du premier moyen :

Vu l'art. 4 de la loi du 28 pluviôse an VIII :

Attendu que les travaux exécutés par la ville de Crest dans l'intérêt de la voirie urbaine, sous la direction du maire agissant dans l'exercice de ses fonctions administratives, ont essentiellement le caractère de travaux publics;

Attendu que l'administration supérieure pouvait, seule, apprécier la légalité de ces travaux et en ordonner la démolition;

D'où il suit qu'en ordonnant que les lieux seraient rétablis dans leur état primitif, le jugement attaqué a commis un excès de pouvoir et violé l'article susvisé;

Casse.

CASSATION, Ch. req. — 23 nov. 1864.

I, 264.

V. *Cassation, Ch. req. — 28 nov. 1864.*

———————— •

CASSATION, Ch. req. — 28 nov. 1864.
(Riguet c. Comm. de Lamotte-Servolex.)

I, 247, 264, 521.

Si, en matière ordinaire, le dépôt d'un mémoire qui doit précéder toute demande contre une commune, est interruptif de prescription ou de déchéance, il n'en est pas de même lorsqu'il s'agit d'une action possessoire, dont la recevabilité n'est pas soumise à une demande d'autorisation. Il en résulte que le mémoire qui a été déposé avant de poursuivre une action possessoire, est inutile et n'empêche pas le délai d'un an de courir.

ARRÊT

LA COUR : — Attendu qu'aux termes de l'art. 23, C. pr., les actions possessoires ne sont recevables qu'autant qu'elles ont été formées dans l'année du trouble;

Qu'il est déclaré, en fait, par le jugement attaqué, que le trouble dont se plaignait Riguet avait eu lieu plus d'une année avant l'action par lui introduite; que Riguet opposait, il est vrai, que la prescription avait été interrompue par le dépôt à la préfecture d'un mémoire dans lequel, suivant un récépissé régulier, il annonçait l'intention d'intenter une action judiciaire contre la commune de Lamotte-Servolex, pour se faire réintégrer dans la possession du chemin ou partie du chemin qui faisait l'objet du litige;

Mais attendu qu'il a été déclaré que ce mémoire n'avait point été communiqué au tribunal, et que, dès lors, il n'était point établi que ce mémoire eût pour objet une action possessoire, plutôt qu'une action pétitoire;

Attendu, d'ailleurs, en droit, que si, aux termes des art. 49 et 51 de la loi du 18 juillet 1837, nulle commune ou section de commune ne peut introduire une action en justice sans être autorisée par le Conseil de préfecture, et que

quiconque voudra intenter une action contre une commune ou section de commune sera tenu d'adresser préalablement au préfet un mémoire exposant les motifs de sa réclamation, cette autorisation n'est exigée que quand il s'agit de procéder au pétitoire, mais que l'art. 55 contient une exception en matière possessoire; que cet article porte, en effet, que « le maire peut, toutefois, sans autorisation préalable, intenter toute action possessoire ou y défendre, et faire tous autres actes conservatoires ou interruptifs des déchéances »;

Attendu que cette disposition est des plus générales, et qu'en matière possessoire, elle comprend évidemment les actions actives et passives de toute espèce exercées ou suivies devant les deux degrés de juridiction;

Qu'en admettant, d'après ces principes, même que le mémoire de Riguet eût même été communiqué au tribunal, il n'aurait pu avoir pour effet d'interrompre la prescription, puisque, d'une part, il ne devait être suivi d'aucune réponse accordant ou refusant l'autorisation, et que, de l'autre, il ne pouvait retarder d'un seul instant le jugement et l'action;

Qu'ainsi, en déclarant que le mémoire n'était pas nécessaire et que la prescription n'avait pas été interrompue, le jugement attaqué, loin de violer les articles précités de la loi de juillet 1837, en a fait, au contraire, une juste et saine application;

Rejette.

————————

CASSATION, Ch. civ. — 11 janvier 1865.
(Delarigauderie c. Darsaud.)

I, 240.

Cumule le possessoire et le pétitoire le juge qui ne se borne pas à consulter les titres dans le but unique d'éclairer la possession, mais se contente de rejeter l'action par le motif que le droit du défendeur lui paraît établi par ces titres.

ARRÊT

LA COUR : — Vu l'art. 25, C. pr. civ. :

Attendu que s'il n'est point interdit

aux juges du possessoire de consulter les titres de propriété comme un des éléments de l'appréciation qu'ils ont à faire des caractères de la possession, ils ne peuvent, sans excéder les bornes de leur compétence et sans empiéter sur celle des juges du pétitoire, prendre pour unique base de leur décision le droit au fond qui leur paraîtrait établi par ces titres ;

Et attendu que, saisi en appel d'une action en complainte formée par Delarigauderie à raison d'un trouble résultant de la construction par Darsaud d'un four et d'une étable dans une cour ou courtillage dont le premier prétendait avoir la possession depuis plus d'un an et jour, le tribunal civil de Chambon a déclaré l'action possessoire non recevable et mal fondée, par l'unique motif qu'un acte de partage du 3 ventôse an XII avait conféré à l'auteur de Darsaud le droit de prendre une partie dudit courtillage pour l'emplacement d'un four ;

Qu'en statuant ainsi, le tribunal de Chambon a cumulé le pétitoire avec le possessoire, et violé l'art. 25, C. pr. civ.; Casse.

CASSATION, Ch. req. — 16 janvier 1865.
(Bazire c. de Montrouand.)

I, 268, 270.

Les eaux pluviales cessent d'être res nullius et deviennent susceptibles d'une possession utile lorsque, recueillies par des ouvrages faits de main d'homme, elles ont été soumises à une destination spéciale ou qu'une convention privée en a réglé l'usage et le mode de jouissance. Dans ces conditions, l'action du propriétaire inférieur réussira contre les entreprises qui porteront atteinte à sa possession et le juge devra nécessairement apprécier le titre qui consacre le droit des parties, à la condition toutefois de ne faire état de cet examen que pour caractériser la possession.

ARRÊT

LA COUR : — Sur le deuxième moyen :
Attendu que si le juge du possessoire ne peut cumuler le possessoire et le pétitoire, il ne lui est pas interdit d'exa-

miner et d'apprécier les titres invoqués par les parties à l'effet de déterminer les caractères légaux de la possession ;

Que cette appréciation des titres était même, dans la cause, un devoir impérieux pour le juge de paix, à raison de la nature des eaux qui étaient l'objet de la complainte dirigée par le sieur de Montrouand contre le sieur Bazire;

Attendu, en effet, que le sieur de Montrouand demandait à être maintenu en possession des eaux pluviales qui, après avoir été recueillies par lui dans une rigole, servaient, pendant une période déterminée, à l'irrigation de son pré de *l'huis du Meiz;*

Attendu que les eaux pluviales étant *res nullius* et n'appartenant à personne, leur possession demeure empreinte de précarité et ne peut, dès lors, servir de base à l'action possessoire ;

Mais attendu que le caractère de cette possession peut être transformé, lorsque ces eaux, recueillies par des ouvrages faits de main d'homme, ont été soumises à une destination spéciale, ou qu'une convention privée en a réglé l'usage et le mode de jouissance ;

Attendu que, dans l'espèce, le jugement attaqué constate qu'à l'appui de sa possession le sieur de Montrouand invoquait un acte public du 28 juin 1788, duquel il résulte que les auteurs des parties avaient stipulé que les eaux en litige seraient recueillies et conduites dans leurs propriétés respectives, et qu'ils en jouiraient alternativement pendant une période de huit jours ;

Attendu qu'en présence de cette convention, le juge de paix de Lormes a été pleinement autorisé à déclarer que la possession du sieur de Montrouand constituait une possession utile, et qu'elle avait pu servir de base à son action en complainte ;

Attendu que si, dans le dispositif de la sentence, le juge de paix a déclaré maintenir de Montrouand dans la possession annale où il était des eaux en litige, *pour en jouir conformément à la transaction du 28 juin 1788,* il est manifeste que l'acte précité n'a été rappelé qu'au point de vue purement possessoire, comme étant l'un des éléments caractéristiques de la possession, et non pour reconnaître la validité d'un titre qui n'était pas contestée par le sieur Bazire;

Que, par cette décision, le juge de paix et le jugement qui a confirmé sa sentence n'ont nullement violé la règle qui prohibe le cumul du pétitoire et du possessoire ;

Rejette.

CASSATION, Ch. req. — 24 janv. 1865.

(Kiggen c. Ricart-Moison.)

I, 162, 163.

Les chemins ruraux, bien qu'affectés à un usage public, dépendent du domaine privé de la commune. Ils sont donc prescriptibles et, par suite, susceptibles de faire l'objet d'une action possessoire suivant les règles du droit commun alors même que ces chemins auraient été classés comme chemins communaux.

Du 28 août 1863, jugement du tribunal de Clermont (Oise) qui le décide en ces termes :

Attendu que l'action de Ricart, appelant, contre Kiggen, a pour objet la maintenue en possession d'une sente d'exploitation, sise à Bury, connue sous le nom de *Sentier le long du mur de M. Gris;* qu'à l'appui de sa demande, l'appelant soutient que le chemin dont s'agit, qui longe son héritage, a été anciennement créé par ses auteurs et par d'autres propriétaires riverains pour la desserte de leurs fonds, et qu'il en a constamment joui comme copropriétaire indivis jusqu'au moment du trouble apporté à sa jouissance par Kiggen ; — Que, de son côté, l'intimé prétend que le sentier litigieux et un autre dit de *Souville*, qui lui sert de prolongement, étaient des chemins publics appartenant à la commune de Bury, qui avait le droit d'en disposer, et que, par suite, il était fondé à se prévaloir, pour faire écarter la demande de Ricart, de la cession, à titre d'échange, que lui avait consentie la commune, des sentiers dont s'agit, après une autorisation préfectorale du 6 février 1863; — Attendu que, pour apprécier le caractère de la possession invoquée tant par Ricart que par Kiggen, il y a nécessité pour le tribunal, sans préjudicier à la question de propriété qui doit être réservée, de constater la nature et la destination du sentier en litige d'après les titres, pièces et documents produits dans la cause; qu'il s'agit donc, avant tout, d'examiner si le sentier dont il s'agit, paraît dépendre du domaine communal et public de Bury, ou si, au contraire, il ne serait pas un simple chemin de culture et d'exploitation pouvant constituer une propriété privée au profit des riverains; — Attendu que si l'on consulte l'ensemble des documents et les plans soumis au tribunal et même si l'on se réfère aux constatations faites par le juge de paix dans un procès-verbal de visite, il faut reconnaître que la sente litigieuse présente tous les caractères d'un chemin de culture et d'exploitation, anciennement créé par l'accord des propriétaires riverains qui l'ont établi sur leurs fonds; — Attendu que, s'agissant dans l'espèce, d'un chemin de culture et d'exploitation, il est réputé appartenir aux riverains et devient alors susceptible d'être possédé par eux privativement; que, néanmoins, pour lui refuser ce caractère et décider par contre que le sentier, objet de la demande, était un chemin public appartenant à la commune de Bury, la sentence dont est appel s'est fondée principalement sur ce que ce sentier et celui de Souville avaient été compris au tableau des chemins de cette commune, sous la dénomination de chemins ruraux, dans un arrêté de classement du 24 septembre 1841 ; — Mais, attendu qu'un arrêté de classement, portant sur des chemins ruraux, ne saurait avoir pour effet d'attribuer au domaine public communal la propriété ou la possession de ces chemins; que la disposition établie par l'art. 15 de la loi du 21 mai 1836 ne s'applique évidemment qu'aux chemins vicinaux proprement dits; que, dès lors, l'arrêté de classement d'un chemin rural ne constitue qu'une mesure conservatoire, et qu'il ne peut être invoqué ici ni comme un titre de propriété, ni comme une prise de possession légale;... — Attendu, d'un autre côté, que l'acte d'échange susénoncé du 17 février 1863 et l'arrêté préfectoral qui l'a autorisé, dont excipe Kiggen, ne peuvent lui conférer plus de droits que la commune n'en avait elle-même; qu'il est à remarquer, d'ailleurs, que la cession dont s'agit n'a été consentie que sous la réserve des droits des tiers et malgré l'opposition de l'appelant, constatée tant dans l'enquête qui a précédé l'arrêté préfectoral, que dans plusieurs délibérations du conseil municipal de Bury, produites dans la cause; — Attendu que si les chemins de culture et d'exploitation sont réputés avoir été établis à frais communs par les divers propriétaires des fonds qu'ils traversent, ils constituent, dès lors, à leur profit, une propriété commune et indivise, et qu'il n'est pas douteux qu'une atteinte portée à la possession qui en dérive peut donner lieu à une action possessoire;... — Attendu qu'il est constant dès à présent, dans la cause, que Ricart était en possession depuis plus d'an et jour, en commun avec d'autres riverains, d'une sente d'exploitation connue sous le nom de *Sentier le long du mur de M. Gris*, et que cette possession, exercée *animo domini*, réunit toutes les conditions exigées par l'art. 2229, C. Nap.; — Attendu qu'il est certain, d'autre part, que, dans le courant d'avril 1862 et mars 1863, Kiggen a supprimé une partie de la sente, en élevant des murs, en plaçant des grilles; que ces faits, non méconnus d'ailleurs par l'intimé, constituent un trouble évident à la possession justifiée de l'appelant; que, dans ces circonstances, l'action de Ricart qui tend à la maintenue en possession du sentier en litige, doit être accueillie, et qu'il y a lieu, par voie de conséquence, d'infirmer la sentence dont est appel.

Pourvoi du sieur Kiggen.

ARRÊT

LA COUR : — Sur le moyen tiré d'une prétendue usurpation sur le pouvoir administratif :

Attendu que les effets que la loi de 1836, par une exception de droit aux règles générales de l'expropriation pour cause d'utilité publique, attache à l'arrêté préfectoral qui déclare la vicinalité et fixe la largeur d'un chemin public, restent étrangers aux chemins simplement ruraux, et à plus forte raison aux sentiers dont la propriété est contestée à la commune; que s'agissant, dans la cause, de la propriété et de la possession exclusive d'un sentier, soit d'une aisance indivise entre quelques héritages voisins, la compétence judiciaire était d'autant moins contestable que l'acte administratif l'avait lui-même reconnue en réservant le droit des tiers; Rejette.

———————

CASSATION, Ch. civ. — 10 avril 1865.
(Falret c. Talon.)

I, 120, 629.

Si le propriétaire d'un moulin peut, dans le cas où son bief n'est pas séparé, même par des francs-bords, d'un terrain appartenant à autrui, déposer momentanément sur ce terrain des déblais provenant du curage de ce bief, sauf indemnité, la prolongation pendant trois mois d'un dépôt de graviers stériles constitue un abus et un trouble à la jouissance du propriétaire, de nature à motiver de la part de ce dernier une action en complainte.

Du 23 juillet 1862, jugement du tribunal de Gourdon, ainsi conçu :

Sur le premier grief coté par la veuve Falret et pris de ce que le premier juge était incompétent à raison de la matière : — Attendu que Talon a porté en première instance une action possessoire consistant à dire que ladite veuve Falret l'a troublé dans la possession plus qu'annale d'un pré bordé par le canal du moulin, en déposant dans ledit pré une grande quantité de pierres, gravier et terres vaseuses, et qu'il a demandé qu'elle fît cesser le trouble en enlevant lesdites matières; — Attendu que la veuve Falret oppose que le préfet du Lot, par un arrêté du 22 décembre 1857, a ordonné le curage du cours d'eau dit de Céon, ainsi que de tous ses affluents; que c'est en conformité de cette disposition réglementaire qu'elle a curé le canal de son moulin et que les matières provenant de ce curage ont été par elle déposées tant sur un bord du canal que sur l'autre, et par conséquent sur ledit pré, ainsi qu'elle en avait le droit; que toutes les contestations venues à l'occasion du curage, et par conséquent celle que suscitait ledit Talon, sont de la compétence de l'autorité administrative, à l'exclusion de l'autorité judiciaire, selon le dernier article du susdit arrêté et d'ailleurs selon les prescriptions de la loi sur le régime des eaux et forêts; que la cause aurait donc dû être portée devant le Conseil de préfecture du département du Lot et non devant le juge de paix du canton de Saint-Germain; — Attendu que pour déterminer la ligne qui sépare la compétence administrative de la compétence judiciaire, il suffit de considérer que toutes les questions concernant le régime des cours d'eau sont réservées à l'autorité administrative; mais que les questions concernant le maintien et la protection du droit de propriété sont, d'après la loi commune, déférées à l'autorité judiciaire; — Attendu que la contestation soulevée par Jean Talon avait trait au respect dû à sa possession sur le pré et à la cessation du trouble causé à cette possession et n'avait nul rapport au régime des eaux de Céon établi par l'arrêté du préfet en date du 22 décembre 1857; que, par conséquent, c'est le juge de paix seul qui était compétent pour la juger; — Sur le grief pris de ce que le jugement du 11 avril 1862 cumule le pétitoire avec le possessoire : — Attendu que ce jugement se borne à établir que la possession existe, que le trouble a eu lieu et que la veuve Falret est condamnée à faire cesser le trouble et à payer le dommage causé par le dépôt des matières; que ce jugement a donc gardé la mesure du possessoire sans empiéter sur le pétitoire; — Sur le fond du litige, adoptant les motifs exprimés par le premier juge.

Pourvoi de la veuve Falret.

ARRÊT

LA COUR : — Sur le premier moyen :
Attendu que le régime des eaux et l'exécution des mesures prescrites par l'autorité administrative dans un intérêt général ne sont point engagés dans la contestation agitée entre les parties, laquelle ne présente qu'un débat d'intérêts purement privés;

Sur le deuxième moyen :
Attendu que Talon a intenté contre la veuve Falret, non une action pour dommage aux champs, mais une action en complainte possessoire tendant à faire cesser le trouble à lui causé dans la jouissance d'un pré dont la possession à titre de propriétaire ne lui était pas contestée; que ce trouble a consisté, de la part de la veuve Falret, à laisser sé-

journer les déblais provenant du curage de son bief, notamment des graviers stériles, pendant trois mois environ sur le pré de Talon, qui était ainsi privé de la jouissance d'une partie de sa propriété ;

Attendu que, si le propriétaire d'un moulin peut, dans le cas où son bief n'est point séparé même par des francs-bords d'un terrain appartenant à autrui, déposer momentanément sur ce terrain des déblais provenant du curage dudit bief, sauf indemnité envers le voisin, laquelle peut consister dans l'emploi à son profit des déblais propres à servir d'engrais, la prolongation pendant trois mois, comme dans l'espèce, d'un dépôt de graviers stériles sur un terrain qu'ils rendent improductif, constitue, au contraire, un abus et un trouble à la jouissance du propriétaire, de nature à motiver, de la part de ce dernier, une action en complainte ;

Attendu que la prétention de faire considérer ce trouble prolongé comme l'exercice d'un droit de servitude, ne s'est point produite dans les conditions et avec les caractères d'une exception sérieuse, puisque cette prétendue servitude, discontinue de sa nature, n'aurait pu être établie que par un titre dont l'existence n'a jamais été alléguée ; qu'ainsi le juge du possessoire n'était point tenu de s'y arrêter ;

Sur le troisième moyen :

Attendu que l'appréciation des circonstances et du caractère des faits qui donnaient lieu à l'action en complainte de Talon et à la défense de la veuve Falret était nécessaire pour éclairer la solution du litige au possessoire et que, loin de cumuler dans sa décision le possessoire et le pétitoire, le tribunal s'est borné à prononcer des dispositions qui rentraient essentiellement dans le cercle de sa compétence, telle qu'elle était déterminée par l'action en complainte ;

Rejette.

CASSATION, Ch. req. — 25 avril 1865. (Granier de Cassagnac c. Rosapelly.)

I, 582, 588.

L'action en réintégrande n'est pas subordonnée dans son exercice à une possession réunissant toutes les conditions prescrites par les art. 23, C. pr., et 2229, C. civ. Il suffit pour cette action d'une possession matérielle et d'une dépossession par violence ou voie de fait. Constitue un trouble autorisant la réintégrande le fait d'introduire les eaux d'un canal d'irrigation dans le lit d'un ruisseau dont le demandeur a la possession incontestée, alors surtout que l'action des eaux a eu pour résultat d'ébranler un mur de soutènement et de provoquer des éboulements de terrain sur l'héritage du plaignant.

ARRÊT

LA COUR : — Sur le moyen unique du pourvoi :

Attendu que le sieur Rosapelly, agissant en qualité de possesseur d'une prairie située au territoire de la commune de Plaisance et de la moitié du lit du ruisseau qui longe son fonds, intenta contre le sieur Granier de Cassagnac une action possessoire et en dommages-intérêts, à raison : 1° de la voie de fait commise par ce dernier, en introduisant dans ledit ruisseau les eaux de son canal d'irrigation ; 2° de l'éboulement d'un mur de soutènement et des éboulements de terrain occasionnés dans l'héritage du demandeur par l'action des eaux ;

Attendu que le sieur Granier de Cassagnac qui, par acte du 22 mars 1864, a offert au sieur Rosapelly la réparation du dommage causé par son fait, prétendit, au début de l'instance et devant le juge de paix, que le ruisseau dont s'agit n'était originairement qu'un fossé de la ville, qui avait été usurpé, en grande partie par Rosapelly, mais dont lui-même avait aujourd'hui la possession annale, paisible, publique, continue et non interrompue, ainsi qu'il demandait à l'établir par la preuve orale ;

Attendu que le juge de paix, ayant accueilli la demande en preuve du sieur Granier de Cassagnac, le pourvoi ne peut, avec fondement, imputer au jugement attaqué d'avoir renversé les rôles en imposant au défendeur une preuve qui n'était pas à sa charge ;

Attendu, d'ailleurs, que le sieur Granier de Cassagnac exécuta le jugement rendu conformément à ses conclusions ; mais qu'il ne put rapporter la preuve de sa possession prétendue; qu'il est, en effet, constaté par la décision dénoncée que cette possession avait été purement précaire, accidentelle, et qu'elle était dépourvue de la durée annale prescrite par la loi; qu'il résulte du défaut de justification de la possession invoquée reconventionnellement par le sieur Granier de Cassagnac, de son système de défense devant le premier juge et en cause d'appel, et, en outre, de l'ensemble du jugement attaqué, que la possession de Rosapelly était certaine et incontestable;

Attendu que le pourvoi soutient en vain que cette possession était ineffi-cace, puisque, soit que l'on considère l'action intentée comme une complainte possessoire, soit qu'elle constitue une réintégrande, le sieur Rosapelly était tenu de justifier, dans l'un et l'autre cas, de sa possession réunissant les conditions exigées par les art. 23, C. pr. civ., et 2229, C. Nap.;

Attendu, en droit, que la complainte et la réintégrande diffèrent essentiellement sous le rapport des caractères de la possession qui autorise leur exercice; que si la complainte implique nécessairement la possession civile, il suffit, au contraire, pour la réintégrande d'une possession matérielle, même précaire et momentanée, et d'une dépossession par violence ou voie de fait;

Attendu qu'il résulte des conclusions de Rosapelly devant le juge de paix et devant le tribunal d'appel, ainsi que des termes exprès du jugement attaqué que le défendeur éventuel avait intenté, une action en réintégrande; qu'aucune contestation n'avait même été élevée, à cet égard, par le sieur Granier de Cassagnac, avant son pourvoi en cassation; que le jugement n'avait donc pas à constater que la possession du sieur Rosapelly réunissait tous les caractères de la possession civile;

Attendu que le sieur Granier de Cassagnac ayant soutenu que le sieur Rosapelly n'était pas propriétaire de la moitié du lit du ruisseau en litige, le tribunal a pu, surabondamment, sans cumuler le possessoire et le pétitoire, apprécier, dans ses motifs, l'origine de la possession de Rosapelly, en la rattachant à son droit de propriété;

Attendu qu'il est certain, en doctrine et en jurisprudence, qu'un jugement ne saurait être annulé pour vice de cumul, lorsque, après avoir examiné et apprécié, pour éclairer la possession, les titres invoqués par les parties, il se borne, comme dans l'espèce, à statuer, dans son dispositif, sur l'action possessoire qui forme le seul objet du litige; Rejette.

CASSATION, Ch. civ. — 26 avril 1865.
(Pelotier c. Bérard.)

I, 74, 100, 109.

Le juge saisi d'une action en bornage a le pouvoir de rechercher dans les titres les véritables limites des héritages des parties. Son droit ne s'arrête qu'autant qu'il y a contestation sur la propriété, ou qu'on allègue avoir prescrit ou avoir acquis par une autre cause.

ARRÊT

LA COUR : — Attendu qu'aux termes de l'art. 6, n° 2, de la loi du 25 mai 1838, les juges de paix sont compétents pour statuer sur les actions en bornage, lorsque la propriété et les titres sur lesquels elles reposent ne sont pas contestés;

Attendu que le juge de paix de Marseille a considéré, sur l'action en bornage des propriétés contiguës de Pelotier et des frères Bérard, qu'il n'existait pas de contestation sur la propriété ou sur les titres;

Qu'en effet, devant le juge de paix, chacune des parties avait conclu au bornage de leurs propriétés respectives, sans même indiquer de dissentiment sur la ligne divisoire desdites propriétés; que, sur ces conclusions, le juge de paix a fait sur les lieux l'application des titres à lui remis par les parties, a tracé la ligne divisoire des deux propriétés, et ordonné la plantation des bornes indiquant cette ligne divisoire;

Qu'en cela, le juge de paix n'a fait que statuer sur les conclusions respectives des parties et dans les limites de ses attributions légales;

Que si, en appel, Pelotier a signalé un dissentiment avec ses adversaires, et demandé que la ligne divisoire fût fixée autrement que ne l'avait établie le pre-

mier juge, il n'a pas par là contesté les titres, dont il demandait au contraire l'application; qu'il n'a pas non plus élevé de
contestation sur la propriété, n'a allégué
ni prescription, ni aucune cause acquisitive de propriété, et ne s'est pas, par
conséquent, placé en dehors des conditions de l'action en bornage;

Qu'ainsi le tribunal de Marseille, en
confirmant par adoption de motifs la
sentence du juge de paix qui avait
statué sur le bornage à lui demandé
dans les limites de sa compétence, a
fait une juste application de l'art. 6,
n° 2, de la loi du 25 mai 1838, et n'a
violé aucune loi;

Rejette.

CASSATION, Ch. req. — 10 mai 1865.
(Comm. de Noyelles c. Comm. de Ponthoile.)

I, 519.

Des poursuites judiciaires suivies de juge-
ments exercées contre les habitants
d'une commune ne constituent pas des
faits interruptifs de la possession de la
commune.

ARRÊT

LA COUR : — Sur le premier moyen :
Attendu que le jugement attaqué déclare, en fait, que la commune de Ponthoile était, depuis plus d'an et jour, en
possession paisible, publique, non équivoque, non interrompue et à titre de
propriétaire, conjointement avec la
commune de Noyelles, des marais dont
il s'agit au procès;

Que cette décision est souveraine et
constate irrévocablement le fait de la
copossession indivise des deux communes;

Que vainement le pourvoi soutient,
pour infirmer l'autorité de cette déclaration, que le jugement attaqué constate aussi l'existence de poursuites judiciaires dirigées contre des habitants de
Ponthoile, lesquelles auraient eu pour
résultat d'interrompre la possession de
cette dernière commune et d'en modifier le caractère;

Attendu que ces poursuites et les jugements auxquels elles ont donné lieu,

n'étaient point de nature à troubler la
jouissance de la commune de Ponthoile
et ne présentaient point le caractère
d'actes interruptifs;

Sur le second moyen :
Attendu, en droit, que c'est le dispositif d'une sentence qui constitue seul la
décision judiciaire;

Qu'ainsi, la violation du principe
prohibitif du cumul du possessoire et du
pétitoire ne saurait résulter de l'appréciation des titres et des droits des parties, si cette appréciation ne se trouve
que dans les motifs du jugement, et si
le dispositif statue uniquement sur le
possessoire;

Attendu, d'ailleurs, que, dans la cause
actuelle, les motifs du jugement expliquent que l'examen des titres des parties a eu seulement pour but de caractériser la possession et de rechercher si
elle avait eu lieu *animo domini*;

Qu'en procédant ainsi, le juge du possessoire n'a nullement franchi la limite
des pouvoirs qui lui sont conférés par
la loi;

Attendu qu'on ne saurait davantage
trouver une violation de l'art. 25, C. pr.,
dans la défense faite à la commune de
Noyelles de troubler la commune de
Ponthoile dans la possession du droit
de tourbage et pâturage sur les marais
en litige;

Qu'en effet, cette injonction surabondante n'était que la conséquence du
maintien de la commune de Ponthoile
dans la possession annale du droit reconnu en sa faveur, et ne pouvait faire
obstacle à l'exercice ultérieur de l'action
pétitoire de la commune de Noyelles;

Rejette.

CASSATION, Ch. req. — 12 juin 1865.
(Jouvenot c. Reynaud.)

I, 74, 100, 106, 109.

Le juge saisi d'une action en bornage, a
le droit de rechercher les limites deve-
nues incertaines des propriétés, en
interrogeant les titres des parties, en
les interprétant pour en faire ou pour
en refuser l'application aux lieux liti-
gieux. Sa compétence ne s'arrête que
si l'action se transforme au cours de
l'instance en une action en revendica-
tion d'une parcelle précise et déter-

minée, ou si les titres sont contestés, ou si la prescription est invoquée.

ARRÊT

LA COUR : — Attendu que l'action en bornage a pour but la reconnaissance et la fixation des limites des propriétés contiguës;

Que la compétence du juge de paix, en cette matière, ne se réduit pas au fait matériel du placement des bornes sur une limite convenue; qu'il lui appartient de rechercher la limite devenue incertaine des deux propriétés à borner, en interrogeant les titres des parties, en les interprétant pour en faire ou pour en refuser l'application aux lieux litigieux;

Qu'il doit également tenir compte de la possession actuelle et des traces des anciennes délimitations, consulter les papiers terriers, les livres d'arpentement, le cadastre et tous les documents anciens et nouveaux qui peuvent l'éclairer sur la décision qu'il est appelé à rendre;

Attendu que la compétence du juge de paix ne cesserait que si l'action en bornage se transformait au cours de l'instance en une action en revendication d'une parcelle de terrain précise et déterminée, ou bien encore si les titres de propriété étaient contestés, ou si la prescription était invoquée par l'une des parties;

Considérant que, dans la cause, il est reconnu que le sieur Reynaud a intenté, à l'origine du litige, une action en bornage de la compétence du juge de paix;

Qu'il s'agit uniquement de savoir si le sieur Jouvenot aurait transformé le caractère de l'instance, en revendiquant reconventionnellement ainsi que le soutient le pourvoi, une parcelle de terrain distincte et déterminée;

Attendu que si, lors de sa comparution sur les lieux, en présence du juge de paix, Jouvenot soutint, d'abord, que la parcelle de terre comprise entre le fossé et la muraille dont il s'agit au procès, était sa propriété, il n'invoqua, à l'appui de cette allégation, ni aucun titre, ni la prescription;

Attendu qu'à l'audience du 19 juin 1863, il déclara expressément, dans des conclusions écrites déposées sur le bureau, qu'il acceptait la solution proposée par le juge de paix, afin de mettre un terme à tout différend entre lui et Reynaud;

Attendu que le bornage ayant été ainsi effectué d'après une base convenue, le tribunal d'appel a été pleinement autorisé à rejeter l'exception d'incompétence proposée par le sieur Jouvenot, en déclarant que, devant le juge de paix, la propriété n'avait pas été contestée, et que ce magistrat avait justement fixé la ligne divisoire des propriétés à borner, en tenant compte des indications résultant des documents de la cause et des possessions respectives des parties;

Rejette.

CASSATION, Ch. civ. — 28 juin 1865. (Houlès c. Calas.)

I, 343.

Ne cumule pas le possessoire et le pétitoire le jugement qui, en donnant mission à un expert de dresser un plan des lieux et de décrire les ouvrages constitutifs du trouble, le charge également de déterminer le degré de préjudice.

ARRÊT

LA COUR : — En ce qui concerne le jugement interlocutoire :

Attendu que, par jugement du 14 août 1855, le juge de paix du canton de Lacaune a admis l'action possessoire des époux Houlès contre Calas relativement à la jouissance des eaux arrivant à leur domaine de Mézérac; qu'il a ordonné la destruction du réservoir construit par Calas et le rétablissement des lieux en leur premier état;

Que, sur l'appel de Calas, le tribunal civil de Castres, par jugement interlocutoire du 15 mars 1858, a ordonné une expertise; qu'il a chargé l'expert de dresser un plan des lieux en litige et de l'arrivée des eaux, de déterminer la capacité du réservoir, le temps qu'il met à se remplir ou à se vider, l'influence que sa construction a eue pour la dame Houlès relativement à l'usage des eaux du ruisseau de Mézérac;

Attendu que l'expert a, en outre, reçu mission de déterminer si la construction du réservoir a pu préjudicier, soit au jeu du moulin des époux Houlès, soit à l'irrigation de leurs propriétés ; mais que cette disposition, qui ne liait pas le juge, laissait au jugement définitif le devoir de statuer sur l'existence du trouble allégué ; qu'elle ne préjugeait en rien la question de savoir jusqu'à quel point l'absence, l'existence ou le degré de préjudice seraient, ou non, de nature à influer sur la constatation du trouble que les demandeurs originaires prétendaient avoir été apporté à leur possession et jouissance, et que le jugement interlocutoire avait pour objet de faire vérifier et apprécier ;

D'où il suit que le jugement attaqué n'a ni cumulé le pétitoire avec le possessoire, ni violé les art. 23 et 25, C. pr. civ., et 6 de la loi du 25 mai 1838 ;

Rejette.

CASSATION, Ch. civ. — 15 nov. 1865.
(Grenet c. Vallée et Despois.)

I, 363, 364.

La prohibition contenue dans l'art. 26, C. pr., aux termes duquel le demandeur au pétitoire ne peut plus agir au possessoire, constitue non pas seulement une exception d'incompétence, mais une fin de non-recevoir absolue. Il suffit pour l'application de cet article que le demandeur ait manifesté son intention de procéder au pétitoire, ce qui résulte du fait seul de l'assignation quelle qu'en soit la valeur, eût-elle été donnée devant un juge incompétent.

Le défendeur a le droit, contrairement à la disposition de l'art. 14 de la loi du 25 mai 1838, d'interjeter appel de la sentence qui a repoussé la fin de non-recevoir, sans attendre le jugement définitif.

Ainsi, l'ajournement par lequel on réclame, en vertu de l'art. 682, C. civ., et avec offre d'indemnité, un droit de passage pour l'avenir, a un caractère pétitoire qui ferme au demandeur la voie possessoire, quand bien même celui-ci se serait désisté de cette première demande, alors surtout que le désistement n'a pas été accepté.

Sentence du juge de paix rendue en ces termes :

Statuant par jugement interlocutoire et en dernier ressort : — Attendu qu'avant tout débat au fond, le sieur Vallée oppose notre incompétence, en vertu de l'art. 26, C. pr. civ., parce que le sieur Grenet, avant d'intenter l'action possessoire dont nous sommes saisi, aurait agi au pétitoire par une citation portée devant notre tribunal, à la date du 24 octobre 1862, enregistrée ; — Attendu, pour statuer sur l'exception déclinatoire qui nous est opposée, qu'il y a lieu d'apprécier tant l'acte du 24 octobre précité et regardé par le défendeur comme une demande au pétitoire dans le sens de l'art. 26 susmentionné, que les actes qui l'ont suivi ; — Attendu, pour ce faire, que si l'art. 26, C. pr. civ., et la jurisprudence sont d'accord pour décider que celui qui est ou qui a été en instance ne peut plus exercer l'action possessoire, on peut dire qu'une simple citation en justice de paix tel que l'acte du 24 octobre précité n'est pas l'instance exigée pour lier les parties ; qu'il n'y a pas demande dans le sens légal de ce mot et dans le sens dudit art. 26, tant qu'il n'y a pas d'assignation devant le tribunal civil, le seul devant lequel puisse se former régulièrement une telle demande ; que ce n'est pas le fait matériel d'une citation devant un juge de paix alors qu'il ne doit pas connaître de semblables actions, qui constitue une demande au pétitoire par laquelle les parties seraient involontairement et fatalement liées ; — Attendu que si l'art. 26 est muet sur la portée qu'il faut donner au mot *demandeur au pétitoire* pour empêcher ce dernier d'exercer ensuite une action possessoire, la jurisprudence semble décider qu'on n'est demandeur au pétitoire, dans le sens de cet article, que par une assignation devant le tribunal civil qui est le seul qui doive en connaître ; qu'en effet, il a été jugé par la Cour suprême que la constitution d'un arbitrage pour juger le pétitoire ne faisait point obstacle à l'exercice ultérieur de l'action possessoire sur le même litige, alors que l'arbitre avait été mis dans l'impossibilité de juger par la non production des titres et pièces nécessaires et encore bien qu'il n'ait fait connaître cette impossibilité et son déport que depuis l'instance possessoire ; que cependant on ne peut pas nier qu'une instance engagée devant un arbitre ne soit une instance judiciaire ; — Attendu qu'à ces motifs tirés de l'esprit de l'art. 26, C. pr. civ., et corroborés en quelque sorte par la jurisprudence, vient se joindre le désistement d'instance du demandeur, régulièrement signifié, pour ôter à l'acte du 24 octobre tout caractère vital et constitutif d'une véritable demande au pétitoire ; — Attendu que ce désistement, sanctionné par une sentence du juge devant lequel il a été porté, n'a pas été invalidé ; que le jugement du 26 novembre dernier, enregistré, qui en a donné acte au demandeur, n'a pas été frappé d'appel et a acquis aujourd'hui l'autorité de la chose jugée ; — Attendu que si l'on peut prétendre que l'art. 403, C. pr. civ., est applicable dans son esprit comme dans sa lettre aux actions portées devant les tribunaux de paix même incompétemment, et qu'il est de droit commun que le désistement soit accepté par la partie adverse pour que les choses soient remises au même et semblable état qu'avant l'action, il est hors de doute cependant que le même résultat est atteint lorsque le juge a donné acte du désistement, et l'a ainsi validé par un jugement qui n'a point été frappé d'appel et qui, comme dans l'espèce qui nous est soumise, a acquis l'autorité de la chose jugée; — Attendu que le désistement d'instance, qu'il soit accepté ou déclaré valable par un jugement, produit nécessairement cet effet que les choses de part et d'autre sont remises au même et semblable état qu'avant la demande; que c'est donc à tort que le défendeur Vallée en opposant à la demande possessoire qui nous est actuellement soumise, l'acte du 24 octobre précité, conclut à notre incompétence en vertu de l'art. 26, C. pr. civ.; — Par ces motifs, rejetons l'exception déclinatoire du sieur Vallée, retenons la cause, et pour être plaidée, tant sur la demande possessoire que sur la demande en garantie, etc.

Cette sentence a été infirmée, le 6 mai 1863, par un jugement du tribunal de Versailles ainsi motivé :

Attendu que si, aux termes de l'art. 14 de la loi du 25 mai 1838 sur les justices de paix, l'appel des jugements qui ont statué sur des questions de compétence ne peut être interjeté qu'après le jugement définitif, cette disposition n'est applicable qu'autant qu'il y a une incompétence proposée; — Attendu qu'il ressort des conclusions insérées au jugement dont est appel, que, de la part de Vallée, il n'en avait pas été ainsi, celui-ci ayant bien présenté contre la demande une fin de non-recevoir sur la valeur même de laquelle il requérait (ce qui était virtuellement reconnaître sa compétence) le magistrat de prononcer; — Au fond : — Attendu qu'aux termes de l'art. 26, C. pr. civ., le demandeur au pétitoire n'est plus recevable à agir au possessoire; — Attendu que dans l'esprit de cette disposition, c'est du fait même d'une demande au pétitoire que dérive au possessoire cette exclusion, par suite d'une présomption légale, celle de l'abandon que le choix de l'une implique à l'égard de l'autre; — Attendu, dès lors, que toute demande doit produire un semblable effet, eût-elle été formée devant un juge incompétent; — Attendu que Grenet n'avait pu mettre cet effet à néant en se désistant de la demande au pétitoire qu'il avait primitivement formée devant le juge de paix; — Attendu que le désistement ne comporte ce résultat que lorsqu'il a été accepté (art. 403, C. pr. civ.); — Attendu que c'est ce qui, dans l'espèce, n'avait eu lieu et à quoi le juge de paix n'avait pu suppléer, soit en donnant acte du désistement, soit en le validant, contrairement au consentement du défendeur.

Pourvoi du sieur Grenet.

ARRÊT

LA COUR : — Sur le premier moyen : Attendu que l'exception tirée par le défendeur de l'art. 26, C. pr., constituait une fin de non-recevoir tendant à faire écarter d'une manière absolue l'action possessoire introduite par le demandeur; que la qualification impropre d'exception d'incompétence qui lui a été donnée par le premier juge n'en a pas changé la nature et le caractère; qu'ainsi l'art. 14 de la loi du 25 mai 1838 n'étant pas applicable, il a été justement décidé que le défendeur avait pu, sans attendre le jugement définitif, appeler de la sentence qui avait rejeté la fin de non-recevoir;

Sur le deuxième moyen :

Attendu que l'exercice de l'action pétitoire implique renonciation de la part du demandeur à l'action possessoire; que tel est le fondement de l'art. 26, C. pr., d'après lequel « le demandeur au pétitoire ne sera plus recevable à agir au possessoire »;

Attendu, dans l'espèce, que l'action formée au possessoire, le 17 janvier 1863, avait été précédée de l'assignation du 24 octobre 1862 par laquelle le demandeur, agissant en vertu de l'art. 682, C. Nap., réclamait, avec offre d'indemnité, le droit de passage pour l'avenir; que, par son caractère pétitoire, cette dernière action avait désormais fermé au demandeur la voie du possessoire;

Attendu qu'il a été vainement opposé, soit que l'action pétitoire avait été portée devant un juge incompétent, soit qu'elle avait été l'objet d'un désistement dont il avait été donné acte en justice; que, d'une part, la disposition de l'art. 26, C. pr., est générale dans ses termes; que c'est du fait même de l'assignation ou de la demande qu'elle fait résulter la présomption par elle consacrée et par suite que cette présomption est inhérente même à l'assignation donnée devant un juge incompétent; que, d'une autre part, sans qu'il y ait lieu d'examiner si, même accepté, le désistement aurait pour effet, en remettant les choses au même état qu'avant la demande, de soustraire le demandeur à la fin de non-recevoir édictée par l'art. 26, cet effet ne saurait, du moins, se produire lorsque, comme dans l'espèce, le désistement a été formellement refusé par le défendeur, alors surtout que le jugement qui en a donné acte aux parties, leur donnait acte en même temps de leurs réserves respectives, et par conséquent réservait au défendeur le droit de se prévaloir de l'art. 26, C. pr., et de l'opposer comme fin de non-recevoir à l'action que le demandeur formerait au possessoire;

Attendu qu'en le décidant ainsi, et, par suite, en infirmant la sentence par laquelle le juge de paix avait rejeté la fin de non-recevoir et retenu la cause, le jugement attaqué, loin d'avoir violé les dispositions de lois invoquées par le pourvoi, en a fait, au contraire, une juste application aux faits de la cause;

Rejette.

CASSATION, Ch. civ. — 27 nov. 1865.
(Rougemont c. Lemaire.)

I, 100.

Le juge, saisi d'une action en bornage, doit se déclarer incompétent lorsque l'une des parties a revendiqué une parcelle certaine et déterminée et en a fait l'objet d'une instance possessoire.

Du 6 février 1863, jugement du tribunal de Boulogne-sur-Mer rendu sur une demande formée par Lemaire et tendant à la fois à être maintenu en possession d'une cour close par Rougemont et au bornage de leurs propriétés. Ce jugement contient les motifs suivants:

En ce qui touche l'action possessoire: — Attendu qu'il est constant qu'au moment du trouble, Lemaire et ses auteurs possédaient, depuis un temps immémorial, la faculté de déposer leur fumier dans la cour dont Didier et Rougemont sont riverains, d'aller et de venir dans cette cour pour leurs usages domestiques comme divers autres eux-mêmes le pouvaient faire, et d'accéder par là à la voie publique sans que leur passage fût limité; — Que cet ensemble de circonstances constitue la possession la plus évidente et la plus irréfragable de la communauté de la cour qui se puisse rencontrer; — En ce qui touche l'action en bornage: — Attendu que Rougemont ayant primitivement présenté cette demande et Lemaire concluant aujourd'hui aux mêmes fins, cela constitue une véritable délimitation à déterminer et à substituer à la communauté ayant existé jusqu'à présent, en conciliant la situation respective des parties; — Maintient Lemaire en possession du droit de déposer son fumier dans la cour commune, de venir aux regards de son habitation, et d'accéder par là à la voie publique comme par le passé; dit que Rougemont sera tenu de démolir le mur qu'il a fait établir récemment et qui trouble l'appelant dans sa jouissance plus

qu'annale; dit, en outre, que, par experts, il sera procédé à la fixation d'une délimitation possible entre les parties, en conciliant leurs besoins respectifs.

Pourvoi du sieur Rougemont.

LA COUR: — Vu l'art. 6, § 2, de la loi du 25 mai 1838:

Attendu que Lemaire, dans son exploit introductif d'instance dont les conclusions ont été par lui rappelées et maintenues en appel, s'est dit propriétaire de la totalité du terrain litigieux de la cour et du trou à fumier; qu'il s'est plaint que Rougemont eût fait élever sur la propriété de lui Lemaire, un mur qui le prive de la plus grande partie de sa cour et de son trou à fumier, état de choses, dit la demande, qui nécessite un bornage;

Attendu que Rougemont a conclu, au contraire, à ce que le juge de paix et, plus tard, le tribunal d'appel se déclarassent incompétents sur cette action en bornage; que, dans ces circonstances, il est évident que l'action en bornage de Lemaire impliquait, de la part de celui-ci, une revendication de propriété contestée par Rougemont;

Attendu que le jugement attaqué, après avoir déclaré lui-même qu'il s'agissait d'une délimitation à substituer à la communauté qui avait existé jusqu'alors, a ordonné qu'il serait procédé à la fixation d'une délimitation possible entre les parties, en conciliant leurs besoins respectifs; qu'en statuant ainsi, nonobstant l'exception d'incompétence opposée par Rougemont, ledit jugement a violé l'article ci-dessus visé;

Casse.

CASSATION, Ch. req. — 27 nov. 1865.
(Lévêque c. Mignot.)

I, 100.

Pour que l'action en bornage perde son caractère et échappe à la compétence du juge de paix, il faut qu'il s'agisse d'une parcelle de terrain certaine et déterminée par sa situation, sa forme et sa contenance; que cette parcelle soit formellement revendiquée et que cette revendication s'appuie sur des titres ou sur la prescription.

Du 4 juillet 1864, arrêt de la Cour d'Amiens, qui adopte les motifs d'un jugement ainsi motivé :

Sur le chef relatif à l'anticipation faite par le défendeur : — Considérant que, par sa demande, Lévêque a soutenu que le défendeur avait détruit un bout de haie existant sur son terrain, et que, par suite, il avait envahi en forme de triangle une parcelle assez notable de sadite propriété ; que cette prétention a nécessité une expertise avec arpentage et application de titres, mesure toujours coûteuse, et qu'en définitive il ne revendique aujourd'hui qu'une parcelle triangulaire de 16 centiares, ce qui, en portant au maximum l'hectare à 3,000 fr., prix surélevé, donnerait au terrain une valeur de 5 fr. 76 c. ; — Considérant que l'inspection des lieux et la constatation des souches, toutes très anciennes, servant de séparation entre les propriétés des parties, a laissé l'expert surpris de voir un différend entre lesdites parties ; que les renseignements recueillis sur le point litigieux de J en K du plan annexé au rapport, ont été contradictoires, mais qu'il est à remarquer que le témoin Delaporte, entièrement désintéressé dans l'affaire, a déclaré que la culture entre les sieurs Mignot et Lévêque avait toujours été pratiquée en ligne droite de la souche séculaire J à la souche sexagénaire K ; que les titres n'ont fourni aucun document utile pouvant servir de base à la situation de la limite litigieuse ; que l'application des plans a constaté des dissemblances notables dans certains points de la limite commune, non contestée, d'où il suit que leur similitude sur d'autres points ne peut offrir aucune garantie ni certitude ; — Considérant, dès lors, que ce n'est que d'une manière purement hypothétique que le demandeur peut revendiquer de J en K une parcelle triangulaire de 16 centiares ; que cette quantité minime paraît même varier par une seconde opération, mais qu'en tout cas, rien ne vient démontrer la réalité de l'usurpation reprochée au défendeur.

Pourvoi de Lévêque.

ARRÊT

LA COUR : — Sur le premier moyen : Attendu qu'il résulte, en fait, de l'arrêt attaqué et du jugement du 24 mars 1864, dont les motifs ont été adoptés par la Cour impériale, que l'action intentée par Pierre Lévêque contre Simon Mignot avait pour objet le délaissement d'une parcelle de terrain certaine et déterminée par sa situation, sa forme et sa contenance ;

Attendu que la demande en bornage, formée en même temps par Lévêque, avait uniquement pour but de faire séparer la parcelle revendiquée du surplus de la propriété contiguë de Simon Mignot ;

Attendu que la Cour impériale ayant rejeté la demande en revendication, n'avait pas évidemment à statuer sur l'action en bornage, laquelle était secondaire, accessoire et subordonnée au succès de la demande principale en délaissement de la parcelle prétendue usurpée ; qu'une telle décision n'a nullement violé l'art. 646, C. Nap., qui n'avait été d'ailleurs invoquée ni en première instance, ni dans l'instance d'appel ;

Sur le deuxième moyen :

Attendu que le deuxième moyen du pourvoi a pour base la supposition erronée qu'il s'agit dans la cause d'une action en bornage et non d'une demande en revendication ;

Attendu que Lévêque, demandeur en délaissement d'une parcelle déterminée de terrain dont Simon Mignot se trouvait en possession, était tenu de justifier de son droit de propriété sur l'objet revendiqué ; qu'il ne lui suffisait pas d'alléguer ou de prouver que son héritage n'avait pas la contenance portée dans son titre ; qu'il avait, en outre, à établir que le déficit de contenance était le résultat d'une usurpation imputable à Simon Mignot ;

Attendu que cette preuve n'a pas été rapportée ; que l'arrêt attaqué constate, d'ailleurs, en fait, que la possession ancienne et actuelle est contraire aux prétentions du demandeur, et que l'application de son titre sur les lieux litigieux n'a fourni aucun élément utile pour déterminer la limite contestée ;

Attendu, enfin, que Simon Mignot était affranchi de toute preuve de son droit de propriété sur la parcelle dont il s'agit, soit par sa possession reconnue par Lévêque lui-même, soit par sa qualité de défendeur à l'action en revendication ;

Rejette.

CASSATION, Ch. civ. — 18 déc. 1865.
(Revol c. Vignal.)

I, 263, 528.

Si les biens du domaine public ne peuvent être l'objet d'une possession utile, ce n'est qu'autant que le débat est engagé par un particulier contre l'Etat; mais il en est autrement lorsque l'action est exercée entre particuliers au point de vue de leurs intérêts privés seulement.

ARRÊT

LA COUR : — Vu les art. 23, C. pr., et 6 de la loi du 25 mai 1838 :

Attendu que Revol ayant formé contre Vignal une demande en complainte possessoire fondée sur ce que celui-ci avait fait un dépôt de sable, établi une passerelle et passé avec voiture et chevaux sur un terrain dont ledit Revol prétendait avoir la possession plus qu'annale, le jugement attaqué, sans apprécier les caractères de la possession de Revol, a repoussé la demande par le motif que le terrain dont s'agit faisait partie du domaine public, et ne pouvait, dès lors, être l'objet d'une jouissance privée ;

Attendu qu'il ne s'agissait pas au procès des droits de l'Etat, à l'égard duquel, en effet, une possession quelconque n'aurait pu être que précaire ; que le litige était entre particuliers et se bornait à des intérêts privés ; que, dans ce cas, la possession invoquée sur un objet du domaine public n'est pas nécessairement précaire ; qu'elle ne l'est que si elle ne réunit pas en fait les conditions légales d'une possession utile ;

D'où il suit que le jugement attaqué, en motivant le rejet de l'action en complainte, non sur l'appréciation des faits de possession, mais sur le caractère domanial qu'il attribuait au terrain litigieux, a violé les articles ci-dessus visés ;

Casse.

CASSATION, Ch. req. — 26 déc. 1865.
(Ville de Perpignan c. Synd. de la Thuir.)

I, 631.

L'action possessoire n'est pas possible à l'égard d'une servitude négative qui ne s'est manifestée par aucun fait positif extérieur. Il en est ainsi, notamment, du droit prétendu par le propriétaire d'un ruisseau de n'y point recevoir les eaux en temps de fortes pluies et de n'y point conserver les eaux et sables provenant d'un torrent.

Du 20 juin 1864, jugement du tribunal de Perpignan qui statue en ces termes :

Considérant que par exploit du 13 janvier 1863, les membres de l'association des tenanciers arrosants du ruisseau de Thuir, représentés par Joseph Madat, Louis Rippel et Eugène Augé, syndics, ont été cités devant M. le juge de paix du canton de Meillas, à la requête de la ville de Perpignan, pour y voir dire et déclarer que, par suite de la construction d'un mur par eux élevé en travers du ravin dit de la Coume et tout le long du franc-bord gauche du ruisseau de Corbère, ils ont porté atteinte au libre cours des eaux du ravin ; faire maintenir et réintégrer ladite ville, comme propriétaire du ruisseau de Corbère, dans la possession annale où elle était, au moment du trouble, de ne point recevoir, en temps de fortes pluies, et de ne point conserver dans le lit dudit ruisseau les eaux et les sables provenant de la Coume ; faire défense auxdits membres de l'association de troubler à l'avenir la ville dans ladite possession ; et, pour l'avoir fait, se voir condamner à détruire le mur, et, faute par eux de s'exécuter, se voir condamner : 1° à 100 fr. par chaque jour de retard; 2° à 200 fr. de dommages-intérêts, etc.; — Considérant qu'après transport sur les lieux, expertise pour l'appréciation des dommages et enquête reçue, il fut rendu par M. le juge de paix, à la date du 18 décembre 1863, un jugement par lequel la ville de Perpignan fut maintenue et réintégrée dans la possession annale dans laquelle elle était au moment du trouble dénoncé, de ne point recevoir en temps de fortes pluies et de ne point conserver dans le lit du ruisseau de Corbère les eaux et les sables provenant du ravin de la Coume. Le même jugement fait défense au syndicat du ruisseau de Thuir de ne plus la troubler à l'avenir, et ordonne que le mur sera démoli dans le délai d'un mois; condamne ledit syndicat à payer à la ville de Perpignan une somme de 30 fr. à titre de dommages-intérêts et aux frais du procès; — Considérant que, par exploit du 4 mars 1864, les syndics ont relevé appel du jugement rendu par le juge de paix, et qu'il s'agit de rechercher si ledit appel est bien ou mal fondé; — En fait, considérant que le ruisseau de Corbère ayant appartenu à la famille de Vilar, est actuellement la propriété de la ville de Perpignan; que ce ruisseau, établi en certaines parties sur le flanc de coteaux peu élevés, reçoit dans son parcours les eaux pluviales qui découlent des points supérieurs, et notamment celles du ravin dit la Coume; — Considérant qu'il n'est pas contesté qu'à peine entrées dans le ruisseau de Corbère (au cas de fortes pluies), les eaux de la Coume sortent immédiatement du lit du ruisseau en rompant le franc-bord, se répandent au loin sur les terres et vont se jeter dans le ruisseau de Thuir, dont elles détruisent les francs-bords et encombrent le canal des sables et du gravier qu'elles charrient; — Considérant qu'il résulte des documents du procès, qu'il n'existe en face du franc-bord septentrional du ruisseau de Corbère une parcelle ayant appartenu à Parahy et que les membres de l'association du ruisseau de Thuir ont acquis ladite parcelle dans un but de conservation de leur ruisseau, et à ces fins ont établi sur ledit fonds un mur d'une longueur de 12 mètres, dont trois en pierres sèches d'une épaisseur de 50 centimètres et d'une hauteur de 2 mètres; — Considérant que cette construction a été faite pour maintenir, en tant que possible, les eaux de la Coume dans le ruisseau de Corbère, dont elles sont un affluent, pour garantir la parcelle par eux acquise, qui n'est aujourd'hui qu'un gravier, et, par voie de conséquence, pour empêcher que ces eaux, en se répandant torrentiellement dans les terres, n'aillassent encombrer de sables et de gravier et dégrader le ruisseau de Thuir dont ils sont copropriétaires; — Considérant que toute la question consiste à savoir si, en agissant ainsi, les appelants ont exercé un droit dérivant de la propriété; — Considérant que la ville oppose aux syndics l'art. 640, C. Nap., d'après lequel les fonds inférieurs sont assujettis envers ceux qui sont plus élevés à recevoir les eaux qui en découlent naturellement, sans que la main de l'homme y ait contribué; — Considérant que c'est seulement lorsque les eaux ont un cours réglé d'un héritage à un autre que les propriétaires ne peuvent innover à ce cours, même pour protéger leurs propriétés (Domat, *Lois civ.*, liv. I, tit. XII, sect. V, n° 4; Pardessus, *Servit.*, n° 92; Daviel, *Cours d'eau*, t. II, n° 698); mais que ce principe ne saurait être invoqué dans la cause actuelle, puisqu'il s'agit, non d'un cours d'eau permanent ayant une assiette déterminée, mais d'un torrent à sec pendant presque toute l'année, et qui, dans des moments donnés, alimenté soit par des eaux pluviales, soit par la fonte des neiges, se précipite dans le ruisseau de Corbère, et en sort par les côtés les plus faibles pour se répandre dans la campagne; — Considérant que c'est absolument là la situation des eaux du torrent de la Coume, qui ne coulent que dans les circonstances plus haut décrites et qui, venant des coteaux dominant le ruisseau, s'y répandent après un assez long parcours, y confondent leurs eaux avec les siennes, et n'ont, par conséquent, pas d'autre lit que celui du ruisseau lui-même; — Considérant que la ville ne prétend pas et ne saurait prétendre que la Coume ait un cours régulier; qu'elle se borne à soutenir qu'au delà du ruisseau de Corbère elle a un lit permanent sur la parcelle Parahy qu'elle a suivi invariablement quand, à la suite des grandes pluies, elle déborde dudit ruisseau; — Considérant que la preuve que le torrent de la Coume n'a pas (au-delà du ruisseau de Corbère) un lit permanent, résulte de l'inspection du plan cadastral, et qu'il est évident que si, comme l'allègue la ville de Perpignan, c'est, à toute époque, dans la parcelle Parahy que ledit torrent s'est fait jour pour se répandre dans les terres, le plan cadastral en offrirait des traces; — Considérant que si quelques témoins de l'enquête

semblent indiquer que la Coume n'a jamais changé de lit depuis tout le temps de leur souvenir, le contraire résulte des témoignages de la contre-enquête;... — Considérant qu'il est évident que la Coume n'a envahi la parcelle que parce que la ville de Perpignan n'a pas donné constamment au franc-bord septentrional du ruisseau, au point confrontant avec ledit fonds, la consistance nécessaire, puisque, au dire du premier témoin de l'enquête, le franc-bord en cette partie était tantôt faible, tantôt fort, et que si Parahy ne s'est pas défendu ou s'est défendu mal, ses portant droit ont essayé de se mieux garantir, et qu'il s'agit de rechercher s'ils l'ont fait légalement; — Considérant que les règles tracées pour les cours d'eau dont s'occupe l'art. 640, C. Nap., sont bien différentes de celles applicables aux torrents; que si, dans le premier cas, il y a obligation pour le propriétaire du fonds inférieur de recevoir l'eau venant des propriétés supérieures, il n'en est pas de même quand il s'agit d'eaux torrentielles, car leur course désordonnée est un fait de force majeure, et met si grandement en péril les héritages, qu'elle constitue pour chaque propriétaire menacé ou envahi une sorte de cas de légitime défense qui lui permet de tout faire, de tout entreprendre sur son fonds, pourvu que ces travaux n'aient pour unique but que la défense ou la protection de sa propriété, alors même que ces travaux pourraient être nuisibles aux voisins; — Considérant que ces principes étaient consacrés par la loi romaine *de aquâ et aquæ pluviæ arcendæ*, et qu'il n'était imposé au propriétaire qui avait à protéger son fonds de l'invasion des eaux torrentielles, d'autres obligations que celle de faire des travaux de défense et de ne pas les élever malicieusement outre mesure; — Considérant que ces règles reçoivent aujourd'hui la même application, et qu'il existe à cet égard une parfaite harmonie entre la doctrine et la jurisprudence (Demolombe, *Servit.*, t. Ier, n° 30, p. 36, 37, 38; Proudhon, *Domaine public*, t. III, n° 670; Daviel, *Cours d'eau*, t. II, n° 386, 697); — Qu'il est facile de comprendre, en effet, que le cours désordonné d'un torrent ne peut créer entre les propriétaires dont il traverse et ravage les fonds, aucuns engagements respectifs, et que chacun peut chercher à se mettre à l'abri du désastre, à la seule condition de n'établir ses moyens de défense que sur sa propriété; — Considérant que c'est en force de ces principes qu'ont agi les syndics du ruisseau de Thuir en élevant le mur qui fait le sujet du litige, qu'ils l'ont construit sur leur fonds dans une mesure proportionnée à la défense, et que si le ruisseau de la ville a eu à souffrir de cette construction, la faute n'en doit pas être imputée à eux, puisqu'ils sont dans leur droit, mais à elle-même, tout ruisseau devant être tenu de façon à recevoir, non-seulement les eaux qui lui sont propres, mais encore celles qui proviennent des affluents; — Considérant que les syndics du ruisseau ont élevé, sur le fonds dont ils sont propriétaires, le mur qui fait le sujet du litige; — Que c'est à tort que le premier juge a ordonné la démolition du mur en tant qu'il porte un trouble à la possession annale de la ville de Perpignan et condamné à des dommages-intérêts; — D'où il suit que l'appel émis par les syndics est en son cas; qu'il y a lieu d'infirmer la décision du premier juge, de débouter la ville de Perpignan de sa demande et de la condamner aux dépens; — Par ces motifs, etc.

Pourvoi de la ville de Perpignan.

ARRÊT

LA COUR : — Attendu que l'action en complainte dirigée par la ville de Perpignan contre l'association des propriétaires arrosants de Thuir, avait pour but, suivant la formule de l'exploit introductif d'instance, *de faire maintenir la demanderesse dans la possession annale où elle prétendait se trouver au moment du trouble, de ne point recevoir, en temps de fortes pluies, et de ne point conserver, dans le ruisseau de Corbère qui est sa propriété, les eaux et les sables provenant du torrent de la Coume;*

Attendu qu'il résulte du jugement attaqué que, sous les apparences de la servitude *négative* énoncée dans la demande, la ville de Perpignan prétendait se faire maintenir, en réalité, *en possession de la servitude active, consistant dans le droit de transmettre les eaux et les sables du torrent de Coume dans le champ Parahy appartenant à l'association des copropriétaires du ruisseau de Thuir* et situé sur la rive gauche du ruisseau de Corbère, vis-à-vis du point où ce ruisseau reçoit, par sa rive droite, les eaux du torrent;

Attendu que la servitude dont il s'agit ne pouvait, sous aucun rapport, être l'objet d'une action en complainte possessoire;

Attendu, en droit, que la possession est la détention et la jouissance d'une chose; qu'elle ne peut s'acquérir que par un fait matériel extérieur; que pour servir de base à l'action en complainte, la possession doit réunir tous les caractères déterminés par les art. 23, C. pr., et 2229, C. Nap.;

Attendu que la servitude réclamée par la ville de Perpignan, considérée sous son premier aspect, constituerait *un droit négatif,* qui ne s'est manifesté par aucun fait positif extérieur;

Attendu que la servitude, envisagée sous son second rapport, serait imprescriptible, soit par *sa nature propre,* soit par celle *de la charge qu'elle imposerait au fonds assujetti;*

Attendu, en effet et en premier lieu, que cette servitude serait discontinue et non apparente, ce qui résulte manifestement des faits constatés par le jugement;

Attendu, d'autre part, que la possession d'une telle servitude serait inefficace, puisqu'elle aurait pour objet et pour résultat de paralyser entre les mains des défendeurs éventuels, riverains du ruisseau de Corbère, le droit de défendre leur fonds contre l'*irruption accidentelle* des eaux de la Coume, lorsque, dans des *circonstances exceptionnelles qui ne se produisent qu'à de longs intervalles, il se trouve momentanément converti en torrent dévastateur,* à la suite de fortes pluies;

Attendu qu'à supposer qu'un droit semblable fût prescriptible, il ne pourrait être acquis que par une possession fondée sur des actes matériels, constituant une contradiction permanente du droit de défense qui appartient à tout riverain menacé par les eaux torrentielles, et présentant les divers éléments légaux de la possession acquisitive;

Attendu que la ville de Perpignan n'a pas même allégué qu'elle eût jamais eu une telle possession;

Attendu qu'en admettant que le jugement eût apprécié le fond du droit autrement que pour déterminer les caractères de la possession, cette appréciation ne se trouve que dans certains motifs de la décision attaquée; que son dispositif se borne à statuer sur l'action en complainte possessoire intentée par la ville de Perpignan et se justifie par les autres motifs qui le précèdent;

Rejette.

CASSATION, Ch. civ. — 27 déc. 1865.
(Tercinet c. Tripier.)

I, 107.

Les titres servant à établir la propriété sont opposables non seulement aux parties qui y figurent, mais encore aux tiers qui y sont étrangers, sauf la preuve contraire. Parmi les titres, on doit comprendre les décisions judiciaires, non pas sans doute que ces décisions puissent être invoquées contre eux avec l'autorité de la chose jugée, mais elles équivalent aux contrats et produisent les mêmes effets.

Le contraire avait été jugé par un arrêt de la Cour de Grenoble du 28 janvier 1862, qui s'exprime ainsi :

Attendu que la demande des héritiers Tercinet et des héritiers Arvet, telle qu'elle est formulée dans l'assignation du 25 mai 1860 et dans les conclusions prises devant les premiers juges, tend à faire interdire à Jean-Baptiste et à Théodore Tripier la faculté de pêcher dans le lac de Paladru et d'y tenir un bateau; — Attendu que J.-B. Tripier n'a point été partie dans le jugement au possessoire du 30 avril 1860; qu'actionné *de plano* au pétitoire, il se défend en soutenant que les demandeurs ne sont pas propriétaires de la partie du lac où il a pêché, et qu'ainsi ils sont sans qualité pour agir contre lui; — Attendu que tout demandeur est tenu de justifier de son droit; que le propriétaire du lac a seul le droit d'y interdire la pêche; que les intimés et les intervenants sont, par conséquent, tenus d'établir, à l'encontre de J.-B. Tripier, qu'ils sont propriétaires du lac; — Attendu, en ce qui concerne Théodore Tripier, que les consorts Tercinet et Arvet soutiennent mal à propos qu'ils ont été maintenus vis-à-vis de lui en possession du lac à titre de propriétaires, tandis que par jugement du 30 avril 1860, Théodore Tripier n'aurait été maintenu que dans la possession d'un droit de servitude ou d'usage ; que cette interprétation résiste au texte comme à l'esprit de ce jugement ; — Attendu que le jugement du 6 juillet 1850 et l'arrêt du 28 août 1851, intervenus entre les habitants de Colletières, d'une part, Tercinet et Arvet, d'autre part, sont étrangers aux appelants et ne peuvent, dès lors, leur être opposés ; — Attendu qu'il suit de ce qui précède que les consorts Tercinet et Arvet ne justifient d'aucun titre de propriété sur la portion du lac dont il s'agit; qu'ils sont, par conséquent, sans qualité et sans droit pour interdire aux consorts Tripier la faculté d'y pêcher et d'y tenir bateau. — Par ces motifs, etc.

Pourvoi des sieurs Tercinet et autres.

ARRÊT

LA COUR : — Vu les art. 1165, 1315, 1350 et 1351, C. Nap. :

Attendu que, par arrêt du 28 août 1851, rendu entre les habitants du hameau de Colletières et les demandeurs, ceux-ci ont été déclarés propriétaires de la totalité du lac de Paladru ; que cet arrêt a été invoqué, entre autres titres, par les demandeurs, à l'appui de l'action par eux formée au pétitoire contre Tripier père et fils, à l'effet de faire interdire à ceux-ci la faculté de pêcher et de tenir bateau dans la partie litigieuse du lac et que cette action a été rejetée par l'arrêt attaqué, le motif pris de ce

que l'arrêt du 28 août 1851 était étranger à Tripier père et fils, et ne leur était pas dès lors opposable ;

Attendu, en droit, que la propriété étant un droit réel, l'arrêt qui déclare un individu propriétaire équivaut nécessairement à un titre susceptible, comme tout autre titre, d'être opposé à tous par celui qui l'a obtenu ; que, sans doute, l'autorité de la chose jugée étant limitée par l'art. 1351, C. Nap., aux seules parties en cause, un tel arrêt ne saurait être opposé aux tiers avec le caractère de la chose jugée ; mais qu'il n'en est pas moins un titre, et que les tiers contre lesquels il est invoqué, s'ils peuvent l'attaquer au moyen de la tierce opposition ou même directement, ne peuvent du moins détruire la preuve qui en résulte qu'à la charge de faire la preuve contraire et d'établir à leur profit soit un droit de propriété préférable, soit une possession antérieure légalement acquisitive ;

Attendu, dans l'espèce, que les consorts Tercinet avaient fait leur preuve en produisant l'arrêt de 1851 par lequel ils étaient déclarés propriétaires de tout le lac de Paladru ; que l'action par eux dirigée contre Tripier père et fils ne pouvait donc être écartée qu'autant que ces derniers auraient détruit cette preuve en faisant la preuve contraire; que cependant l'arrêt attaqué a déclaré l'action non recevable, en se fondant uniquement sur ce que les demandeurs ne justifiaient d'aucun titre de propriété, et qu'ils étaient, par conséquent, sans qualité et sans droit pour interdire aux défendeurs la faculté prétendue par ceux-ci de pêcher et de tenir bateau dans la partie litigieuse du lac; et qu'en jugeant ainsi, ledit arrêt a violé, soit directement, soit par fausse application, les dispositions de loi ci-dessus visées; Casse.

CASSATION, Ch. req. — 16 janv. 1866. (Lefillâtre c. Challier et Gastebois.)

I, 229, 235, 362.

Si les héritages inférieurs sont soumis à la servitude légale de recevoir les eaux qui proviennent des fonds supérieurs, l'aggravation de cette servitude de la part des propriétaires supérieurs qui laissent déverser dans le cours d'eau des matières qui le corrompent, peut faire l'objet de l'action en complainte.

Du 9 août 1864, jugement du tribunal d'Avranches qui le décide par les motifs suivants :

Considérant que, par exploit du 20 août 1863, les sieurs Challier et Gastebois ont cité le sieur Lefillâtre devant le juge de paix de Brecey, pour se faire maintenir dans la possession du droit de se servir des eaux provenant du ruisseau des Fourchemins pour les besoins de l'alimentation de leurs maisons, et faire cesser le trouble apporté à cette possession par Lefillâtre qui, en faisant laver et baigner des bestiaux dans un abreuvoir par lui ouvert sur sa propriété, leur transmet ainsi des eaux troubles et impotables ; — Considérant que, sur cette action, le juge de paix, après enquête et visite des lieux, a, par son jugement en date du 23 septembre dernier, débouté Challier et Gastebois de leur demande ; — Considérant que, sur l'appel, ce tribunal, reconnaissant, d'après les enquêtes reçues par le premier juge, que Challier et Gastebois étaient depuis plus d'an et jour en possession du droit d'user des eaux du ruisseau dont s'agit pour l'alimentation de leurs maisons et des besoins du ménage, a ordonné que l'un de ses membres se transporterait sur les lieux, en dresserait un procès-verbal descriptif et ferait toutes les expériences propres à rechercher si, en faisant piétiner et baigner des chevaux dans l'abreuvoir de Lefillâtre, les eaux arriveraient troubles et impotables à la fontaine de Challier ; — Considérant que M. Lemontier, juge, nommé à cette fin par le tribunal, s'est rendu sur les lieux, et qu'il résulte du procès-verbal par lui dressé et des expériences par lui faites, que, dans le principe, les eaux du ruisseau étaient parfaitement claires, transparentes et propres à l'alimentation de l'homme sur tout le parcours du ruisseau, et notamment dans l'abreuvoir de Lefillâtre et dans la fontaine de Gastebois ; qu'il a fait alors piétiner des chevaux dans l'abreuvoir de Lefillâtre, dont les eaux ont été instantanément troublées, et que, 45 minutes après cette opération, les eaux sont arrivées troubles, blanchâtres et impropres à l'alimentation de l'homme dans la fontaine de Gastebois, et qu'au bout d'une demi-heure, à partir du moment où elles ont commencé à arriver ainsi troubles, toute la masse d'eau de la fontaine était devenue aussi uniformément trouble et avait perdu sa transparence, et que cet état s'est maintenu jusqu'à une heure avancée de la soirée ; — Considérant que le résultat de cette expérience est décisif et prouve qu'il suffit de faire baigner une seule fois par jour des chevaux dans l'abreuvoir de Lefillâtre pour rendre toute la journée l'eau de la fontaine de Gastebois impotable ; qu'il résulte des documents du procès que Lefillâtre a ouvert l'abreuvoir dont s'agit un mois environ avant l'action, et y a, depuis cette époque, baigné et laissé baigner des chevaux chaque jour ; qu'il a ainsi troublé réellement la possession de Challier et Gastebois ; — Considérant, en outre, que Challier et Gastebois ont demandé l'exécution dans l'abreuvoir de Lefillâtre de certains travaux de nature à empêcher les bestiaux et chevaux d'y entrer et d'y piétiner ; mais que le tribunal n'a pas cru devoir suivre, quant à présent, cet errement qui pourrait avoir pour résultat d'entraver outre mesure le droit de Lefillâtre sur sa propriété ; qu'il suffit, quant à présent, de lui faire défense de laisser entrer aucuns bestiaux dans son abreuvoir ; qu'il y a donc lieu d'homologuer le procès-verbal dressé par M. Lemontier, de réformer le jugement du juge de paix, et, par suite, de maintenir, garder et réintégrer Challier et Gastebois dans la possession du droit d'user des eaux du ruisseau pour l'alimentation de leurs maisons et des besoins de leur ménage, de dire à tort le trouble apporté par Lefillâtre à cette possession, en faisant baigner et piétiner des chevaux dans l'abreuvoir par lui ouvert.

Pourvoi du sieur Lefillâtre.

ARRÊT

LA COUR : — Attendu que Challier et Gastebois sont riverains inférieurs du ruisseau des Fourchemins, dont Lefillâtre, demandeur en cassation, est aussi riverain immédiatement supérieur ;

Que, d'après cette situation respective, Challier et Gastebois sont tenus de recevoir les eaux dudit ruisseau à leur sortie des fonds de Lefillâtre ;

Que cette servitude, sanctionnée par l'art. 640, C. Nap., trouve une légitime compensation dans la faculté accordée au riverain d'user de l'eau, à la charge de la rendre à son cours ordinaire (art. 644, C. Nap.) ;

Que le droit d'user de l'eau implique, pour le riverain supérieur, l'obligation de ne point la rendre impropre, soit à l'irrigation, soit aux usages ordinaires de la vie, en l'altérant ou en y mélangeant des matières qui la corrompent (art. 640, C. Nap.) ;

Attendu qu'il est constant, en fait, que Lefillâtre a établi dans son fonds et sur le ruisseau des Fourchemins, un mois environ avant l'introduction de l'instance, un abreuvoir dans lequel il lave et fait chaque jour baigner ses chevaux ; que, par là, il altère la pureté de l'eau qui, à la sortie de son fonds, vient alimenter l'abreuvoir de Challier et la fontaine de Gastebois ;

Que le jugement attaqué constate que l'eau ainsi troublée et corrompue ne pouvait plus servir à l'alimentation de l'homme ;

Qu'il s'agit de savoir si l'entreprise de Lefillâtre autorisait l'exercice de la complainte possessoire contre lui dirigée par les défendeurs éventuels;

Attendu qu'il est de principe certain, en droit, que l'eau courante, considérée comme un accessoire du sol, est susceptible de possession comme les autres biens, et que le riverain inférieur a le droit de faire respecter sa possession par l'exercice de la complainte, s'il a possédé dans les conditions déterminées par les art. 2228, 2229, C. Nap., et 23, C. pr. civ.;

Attendu que Lefillâtre, sans contester d'une manière absolue l'exercice de la complainte au riverain inférieur, soutient que, dans l'hypothèse du litige, les défendeurs éventuels ne pouvaient exercer cette action, par la raison que le puisage et l'abreuvage ne constituent qu'une faculté naturelle, commune à tous, et qui n'autorise pas plus la complainte de la part du riverain, que de la part du non-riverain;

Attendu qu'une telle assimilation est repoussée par les principes qui régissent les actions possessoires;

Attendu que si l'action possessoire est interdite au non-riverain troublé dans l'exercice de la faculté naturelle de puisage et d'abreuvage, c'est principalement parce que son action manquerait de la base essentielle de la possession du sol;

Qu'en effet, la complainte est, par sa nature même, une action réelle immobilière; qu'elle exige une possession s'exerçant *animo domini* et réunissant tous les caractères de la possession acquisitive;

Qu'il est donc manifeste qu'une semblable possession ne saurait appartenir au non-riverain, qui ne peut avoir, dès lors, ni droit, ni action se rattachant au cours d'eau;

Attendu, d'ailleurs, que les défendeurs éventuels n'ont point demandé à être maintenus, abstraction faite du sol, dans l'exercice d'une faculté naturelle de puisage et d'abreuvage; que leur demande tendait « à se faire maintenir dans la possession annale de leurs héritages désignés dans la citation originaire et des eaux y mentionnées servant à alimenter leur abreuvoir et leur fontaine et destinées aussi aux besoins de la vie »;

Attendu que cette demande ayant pour fondement une possession immobilière non contestée et réunissant tous les caractères de la possession civile, c'est avec juste raison que le jugement attaqué a accueilli la complainte des défendeurs éventuels, et qu'il n'a ainsi violé aucun des articles de la loi invoqués par le pourvoi;

Rejette.

CASSATION, Ch. req. — 20 février 1866.
(Porre c. Mingeaud.)

I, 126.

Les chemins voisinaux ou de quartier doivent être présumés avoir été établis à leur origine par tous les voisins intéressés à leur création pour constituer une propriété commune dans tout leur développement.

ARRÊT

LA COUR : — Attendu qu'il ne s'agissait point au procès de savoir si le chemin, objet de la contestation, appartenait à la commune de Lamotte; que la commune n'était pas en cause et que le jugement attaqué n'a nullement attribué à cette voie de communication le caractère communal;

Attendu que toute la difficulté du litige consistait à savoir si les époux Porre avaient le droit d'interdire au sieur Mingeaud le passage sur le chemin dont il s'agit, dans la partie qui traverse leur domaine de Châteauvieux;

Attendu que, pour résoudre cette question il importe, avant tout, de déterminer la nature de ce chemin;

Attendu qu'il est constaté en fait par l'arrêt attaqué que « toutes les parties ont reconnu que le chemin sur lequel Mingeaud a passé et prétend avoir le droit de passer, est un chemin de quartier ou voisinal dit de l'Etang; que ce chemin est ainsi dénommé dans le plan cadastral de la commune de Lamotte; qu'il touche, par ses extrémités, à l'est et à l'ouest à divers chemins publics vicinaux »;

Qu'il n'est pas contesté que le domaine de l'Etang, auquel le chemin a emprunté son nom, n'appartienne au sieur Mingeaud, défendeur éventuel;

Attendu que, dans l'ancienne province de Provence, les chemins voisinaux ou de quartiers étaient présumés avoir été établis, à leur origine, par tous les voisins intéressés à leur création et qu'ils constituaient ainsi pour eux une propriété commune dans tout leur développement; que, par conséquent, c'est avec une juste raison que l'arrêt attaqué a décidé que les époux Porre ne pouvaient interdire au sieur Mingeaud le passage sur la partie du chemin litigieux qui traverse la terre de Châteauvieux et aboutit ensuite à des voies vicinales; que vainement le pourvoi soutient que c'est par erreur que le tribunal de première instance a attribué le caractère de chemin vicinal au chemin de Fréjus à Castellane, que la voie litigieuse rencontre dans son parcours, et que c'est mal à propos que l'arrêt a rejeté la preuve offerte par les demandeurs pour justifier la vérité de leur allégation;

Attendu, en fait, que la décision du premier juge ne mentionne même pas le chemin de Fréjus à Castellane; que, d'autre part, la Cour impériale, en rejetant l'offre de preuve de la prétendue erreur commise par le tribunal, sur le motif que les faits articulés dans les conclusions n'étaient pas pertinents, n'a fait qu'user du pouvoir souverain qui lui appartenait de prononcer sur la pertinence des faits et l'admissibilité de la preuve;

Rejette.

CASSATION, Ch. req. — 7 mars 1866.
(Dupuy et Sausey c. Saint-Aubin.)

I, 364.

L'action en bornage, à laquelle les parties n'ont donné aucune suite, n'empêche pas l'action possessoire. De même, le référé, n'étant qu'une mesure conservatoire et n'ayant pas pour objet de trancher les questions de propriété, n'est pas un obstacle à une action possessoire ultérieure. Ce ne sont pas là les actions pétitoires dont s'occupe l'art. 26, C. pr.

Du 19 février 1863, jugement du tribunal de Mont-de-Marsan qui statue en ces termes :

Attendu, sur l'appel du jugement du 1er octobre, que l'action en bornage n'était pas une action sur le fond ni sur la propriété, car elle était portée devant le juge de paix qui est incompétent dès que la propriété est contestée; que personne, à la suite de la demande en bornage, n'avait saisi un autre juge; que cette question s'était, dès lors, éteinte, et était d'autant moins opposable dans l'instance actuelle, qu'elle ne s'appliquait pas aux mêmes lieux; qu'on en était de même de l'ordonnance du juge du référé, qui n'avait qualité que pour prononcer provisoirement, qui n'avait rien ordonné que de provisoire, qui avait seulement prescrit aux parties intéressées, par un renvoi à l'audience sur le fond, de saisir le juge compétent; que ce juge compétent ne pouvait pas être saisi par l'ordonnance, mais seulement par exploit direct, donné par l'une ou l'autre des parties, ce qu'aucune n'avait fait, et ce que Sausey, seul en cause alors, ne pouvait faire, car il n'argumentait pas de son droit propre, mais du droit seul de Dupuy, qui n'était pas encore appelé; que, dès lors, l'action pétitoire n'étant pas formée, le juge de paix avait pu et dû procéder à l'examen de l'action possessoire; — Attendu, sur le jugement du 24 décembre, qu'il a été rendu sur opposition formée par Dupuy à un jugement par défaut qui l'avait condamné; que le jugement par défaut a été réformé; que le sieur Saint-Aubin a été admis seulement à faire une preuve, les droits de Dupuy demeurant entiers; qu'on ne comprend pas, dès lors, l'intérêt que peut avoir Dupuy à faire annuler un jugement qu'il a demandé et qu'il a obtenu; — Qu'à la vérité, ici comme devant l'acte d'appel contre le jugement du 1er octobre, il relève la nécessité de rejeter l'action possessoire parce que l'action pétitoire est introduite et qu'on ne peut cumuler ces deux actions; — Attendu qu'il a déjà été clairement démontré, à l'encontre du jugement du 1er octobre, que l'action pétitoire n'est pas formée, qu'elle n'existe pas; que le juge compétent n'a encore été saisi par aucune partie, et qu'il serait extraordinaire qu'on pût paralyser dans les mains de Saint-Aubin le droit qu'il veut exercer, à l'aide d'efforts ingénieux de procédure qui n'ont encore produit qu'un résultat, celui de grever de frais énormes les parties sur des questions incidentes sans intérêt, pour laisser à Dupuy le droit de protester, de faire défaut, sans jamais se mettre en mesure de défendre sur le fond; que le jugement du 24 décembre l'appelle à produire ses titres et à manifester sa possession; qu'il est juste qu'il le puisse et qu'il le fasse; que l'art. 14 de la loi du 25 mai 1838, loin d'autoriser un sursis, puisqu'il y avait appel du jugement du 1er octobre, interdit d'une manière formelle cet appel qui ne pouvait être formé qu'après le jugement définitif, et qu'il est certain qu'il n'y a jugement définitif ni sur l'action possessoire ni sur l'action en propriété, car la première est, par le jugement du 24 décembre, admise à une preuve et l'autre n'est pas même introduite; — Déboute.

Du 18 mars 1864, second jugement du tribunal de Mont-de-Marsan ainsi motivé :

Attendu que le jugement de M. le juge de paix, rendu le 31 décembre 1862, constate que l'acte d'appel que Dupuy et Sausey déclaraient avoir été formé ne lui a pas été présenté; que, dès lors, il ne pouvait être sursis au jugement du 24 décembre qui ordonnait un transport sur les lieux et une enquête sollicitée par Dupuy et Sausey; — Attendu qu'il est déclaré encore par M. le juge de paix, dans le même jugement du 31 décembre, que le jugement du 24 décembre n'étant qu'un jugement interlocutoire, il ne pouvait être attaqué qu'après le jugement définitif; — Ordonne l'exécution du jugement du 19 février 1863, et au besoin des deux jugements du 24 octobre et du 31 décembre 1862.

Pourvoi des sieurs Dupuy et Sausey contre les deux jugements.

ARRÊT

LA COUR : — Sur le premier moyen :
Attendu qu'il n'est pas établi que Saint-Aubin, antérieurement à son action possessoire, ait introduit une action pétitoire; qu'en ce qui concerne l'action en bornage, sur laquelle le juge de paix s'est déclaré incompétent parce qu'il s'agissait d'une question de propriété, il est constaté par le jugement attaqué que cette demande ne s'appliquait pas aux mêmes lieux que l'action en complainte; que, d'ailleurs, aucune des parties n'ayant donné suite à l'instance, l'action était éteinte; qu'en ce qui concerne le référé, il a été introduit contre Sausey seul, simple acquéreur d'arbres à lui vendus et non propriétaire du terrain voisin; que ce n'est pas contre lui qu'une action pétitoire pouvait être introduite; que, d'ailleurs, le référé pour obtenir un séquestre, n'était qu'une mesure conservatoire, et que le juge du référé ne peut être juge du pétitoire; qu'il ne peut connaître que du provisoire et des mesures d'urgence; qu'il lui est interdit de statuer sur des questions de propriété; qu'ainsi et sous aucun rapport, on ne saurait considérer Saint-Aubin comme ayant agi au pétitoire antérieurement à son action au possessoire portée devant le juge de paix;
Sur le deuxième moyen, première branche :
Attendu que la sentence du 1er octobre 1862, en repoussant la double fin de non-recevoir ci-dessus appréciée, avait ajourné les parties pour plaider au fond au 29 du même mois; qu'en admettant que ce jugement fût susceptible d'appel,

il est constant qu'avant cet appel qui porte la date du 30 octobre, le défaut avait été prononcé dès le 29 de ce mois;
Attendu que l'opposition à cette sentence ayant été admise le 24 décembre et les parties renvoyées pour l'enquête au 29 décembre, Dupuy et Sausey ont pris part à cette enquête, discuté les témoignages; qu'ainsi, ayant exécuté sans réserves cette sentence du 24 décembre, d'ailleurs préparatoire, leur appel en eût été deux fois irrecevable;
Sur la deuxième branche :
Attendu, sans qu'il soit besoin d'examiner si le juge de paix eût été tenu de surseoir au jugement du fond, qu'il est déclaré en fait par le jugement attaqué, qu'à l'audience du 24 décembre, à laquelle fut proposé le moyen tiré de l'effet suspensif de l'appel formé contre la sentence du 1er octobre, l'acte d'appel ne fut pas produit; que le juge de paix a donc, à bon droit, refusé d'avoir égard à une demande en sursis fondée sur un appel dont il n'était pas justifié, et que rendaient d'ailleurs si peu favorable les étranges évolutions de procédure à l'aide desquelles les demandeurs en cassation s'efforçaient de retarder le jugement sur le fond;
Rejette.

CASSATION, Ch. civ. — 20 mars 1866.
(Delias c. Lagutère.)

I, 383.

Une haie qui borde un chemin vicinal ne cesse pas d'appartenir au riverain qui l'a toujours entretenue et en a toujours joui. Et l'on ne peut faire repousser la complainte formée par ce riverain sous prétexte que le chemin est imprescriptible, la haie n'en étant pas un accessoire indispensable.

Sentence du juge de paix, ainsi motivée :

En fait, attendu que, dans l'état de classement régulier et légalement fait en 1824 des chemins de la commune de Francescas, on trouve classé et reconnu public et vicinal sous le n° 54 le chemin de la Falître à Mondon; qu'à cette époque ce chemin traversait la propriété de la veuve Delias; que, plus tard, sans autorisation quelconque de l'autorité compétente, l'assiette du chemin fût changée et portée sur la bordure du champ de la veuve Delias et le long du ruisseau, et établi comme il est aujourd'hui; — En droit, vu l'art. 23, C. pr., et l'art. 6 de la loi du 25 mai 1836: — Attendu que l'existence du chemin n° 54 le long du ruisseau n'étant pas légale, ne peut avoir pour effet ni de rendre ce ruisseau une dépendance dudit chemin, ni de changer les droits de possession acquis par la veuve Delias sur ce ruisseau; — Attendu que le sieur Lagutère a, dans le courant du mois de mars dernier, récuré ledit ruisseau, enlevé la bordure du champ de la veuve Delias et coupé une haie qui garnissait cette bordure du champ de la veuve Delias; — Attendu que, par ce fait commis dans l'année, Lagutère a troublé la veuve Delias dans sa possession annale; — Réintègre la veuve Delias dans sa possession annale de sa part de ruisseau et bords dont il s'agit.

Cette sentence fut infirmée par le tribunal de Nérac, qui statuait ainsi à la date du 24 juillet 1863:

Attendu que, pour apprécier le mérite de l'action possessoire introduite par la veuve Delias contre le sieur Lagutère, M. le juge de paix du canton de Francescas a cru devoir se référer à l'état des lieux tel qu'il paraît avoir existé il y a plus ou moins longtemps, et à une époque où il est prétendu que le chemin public dit de la Falitre traversait la propriété de la veuve Delias, sans tenir compte de la situation actuelle des lieux telle qu'elle existe depuis un grand nombre d'années; — Attendu cependant qu'il est constant, en fait, et qu'il résulte des constatations contenues au jugement dont est appel, que le chemin public de la Falitre est maintenant établi sur la bordure de la propriété de la veuve Delias, et qu'il longe le fossé au niveau de la Falitre, immédiatement contigu à la propriété du sieur Lagutère; — Attendu que quelle qu'ait pu être dans les temps antérieurs la situation des choses, il est certain qu'au moment actuel, et depuis un grand nombre d'années, la propriété de la veuve Delias est séparée du sieur Lagutère par le chemin public, et qu'au-delà dudit chemin il n'existe que le fossé ou ruisseau séparant la propriété de la veuve Delias de la propriété du sieur Lagutère; — Attendu qu'il est de principe que les fossés bordant un chemin public sont une dépendance de ce chemin et participent de sa nature imprescriptible; que, dès lors, la veuve Delias n'a pu posséder utilement le fossé ou ruisseau dont s'agit, et qu'en commettant une entreprise sur ledit fossé avec l'autorisation de l'autorité municipale, le sieur Lagutère n'a pu commettre au préjudice de la veuve Delias un trouble à une possession que celle-ci ne peut avoir; que M. le juge de paix ne devait donc point reconnaître l'existence de cette possession et y maintenir la dame Delias; qu'il y a lieu, en conséquence, de réformer le jugement dont est appel.

Pourvoi de la veuve Delias.

ARRÊT

LA COUR : — Vu l'art. 23, C. pr. civ.:

Attendu que, si le chemin vicinal qui, en 1824, traversait la propriété de la veuve Delias en passant à une certaine distance du ruisseau de Falitre, a été plus tard déplacé et reporté sur le bord de ce ruisseau, ce changement a eu lieu sans qu'il apparaisse d'aucune autorisation; qu'à supposer qu'il ait conservé dans sa nouvelle assiette son caractère de vicinalité, le ruisseau dont il s'agit n'a pu devenir, par ce seul fait, une dépendance du domaine public communal;

Que le jugement attaqué ne révèle aucune circonstance de nature à lui attribuer une nouvelle affectation;

Que la veuve Delias a continué à avoir, comme par le passé, la possession de la bordure sur laquelle existait la haie qui a été coupée par Lagutère, et qu'en se fondant, pour repousser l'action en complainte intentée par elle contre ce dernier, sur ce que ce ruisseau participait de l'imprescriptibilité du chemin et sur ce que la commune de Francescas en avait autorisé le curement, le jugement a créé une exception que rien ne justifie et a violé, en ne l'appliquant pas, l'article ci-dessus visé;

Casse.

CASSATION, Ch. civ. — 4 avril 1866.
(Valade c. Patoureau.)

I, 239, 639, 651.

Si les jugements auxquels le défendeur n'a pas été partie ne peuvent pas être invoqués contre lui comme ayant l'autorité de la chose jugée, ils serviront néanmoins au juge du possessoire pour caractériser la possession du demandeur et savoir si les faits allégués ont été accomplis animo domini *et non à titre précaire.*

Du 2 août 1862, jugement du tribunal de Nontron qui statue en ces termes:

Attendu que la possession de Patoureau des eaux de la fontaine du Chatenet n'est pas contestée; que si, à une époque reculée, la veuve Valade a, comme elle le prétend, joui de ces eaux par une rigole encore apparente, cet état de choses a cessé depuis bien des années; qu'à partir de cette époque, la possession de l'appelant s'est exercée sans partage sur les eaux litigieuses et sous les yeux de l'intimée; — Attendu que la bonne foi de Patoureau résulte du titre en vertu duquel il a opéré des fouilles pour augmenter le volume des eaux de la fontaine du Chatenet, dont il a réparé le bassin; qu'en augmentant le volume de ces eaux, il en a, par cela même, facilité le cours vers son réservoir, où il les amène, au surplus, la pente naturelle du terrain; que si les jugements de Nontron et l'arrêt de Bordeaux ne sont pas opposables à la veuve Valade, qui n'y était pas partie, ils sont tout au moins un titre coloré en faveur de Patoureau et consacrent la légitimité de sa possession annale, paisible, publique et non interrompue, exercée au vu de la veuve Valade, que le premier juge aurait dû reconnaître sans s'occuper de la propriété de la fontaine elle-même; — Par ces motifs, etc.

Pourvoi de la dame Valade.

ARRÊT

LA COUR : — Attendu, en droit, d'une part, que, d'après l'art. 23, C. pr. civ., les actions possessoires sont recevables lorsqu'elles sont formées dans l'année du trouble par ceux qui, depuis une année au moins, étaient en possession paisible, à titre non précaire;

Et, d'autre part, que, d'après les art. 641 et 642, C. Nap., le droit à la jouissance des eaux provenant d'une source ne peut s'acquérir par prescription que lorsque cette jouissance a duré sans interruption, pendant l'espace de trente années, à compter du moment où le propriétaire du fonds inférieur a fait et terminé des ouvrages apparents destinés à faciliter la chute et le cours de l'eau dans sa propriété;

Attendu, en fait, qu'il est reconnu par les parties et constaté par le jugement attaqué que Patoureau était, depuis plus d'un an, en possession de la jouissance paisible, publique et non interrompue des eaux provenant de la fontaine du Chatenet, et que son action, afin d'être réintégré dans la jouissance de ces eaux, a été formée dans l'année du trouble apporté à cette jouissance par la veuve Valade;

Que le pourvoi prétend seulement que le jugement attaqué a violé les art. 642 et 2249, C. Nap., en ce qu'il ne serait pas prouvé que cette possession ait eu lieu par Patoureau à titre de propriétaire, non plus que les ouvrages exécutés par Patoureau ou ses auteurs dans l'intérieur de la fontaine aient eu pour but spécial de faciliter la chute des eaux sur son fonds;

Mais attendu, sur ces deux points, d'une part, qu'il est constaté par le jugement attaqué que Patoureau est directement et personnellement en possession des eaux litigieuses en vertu d'actes publics et de jugements souverains qui ne sont pas sans doute opposables à la dame Valade, qui n'y était point partie, en tant qu'ils constitueraient, à son égard, l'autorité de la chose jugée, mais desquels, néanmoins, le jugement a pu justement inférer que la possession par Patoureau des eaux dont il s'agit a eu lieu *animo domini* et non à titre précaire; .

Et, d'autre part, qu'il est également constaté par le même jugement que non seulement Patoureau ou ses auteurs ont fait et terminé sur la fontaine du Chatenet des ouvrages apparents, mais que, de plus, ces ouvrages qui, sans cela, auraient été sans objet, avaient, en réalité, pour destination de faciliter la chute et le cours des eaux de cette fontaine sur le fonds inférieur appartenant audit Patoureau;

D'où il suit qu'en décidant, en cet état des faits, que l'action possessoire de Patoureau contre la veuve Valade était recevable, le jugement attaqué, loin de violer les articles de la loi invoqués par le pourvoi, en a fait, au contraire, une juste et très exacte application;

Rejette.

CASSATION, Ch. civ. — 17 avril 1866. (Denin c. Caton.)

I, 555.

L'exception tirée du défaut de qualité et notamment de ce que le demandeur a agi dans l'instance pour réclamer non pas un droit individuel mais un droit communal, et comme représentant un certain nombre d'habitants, ne constitue pas une exception dilatoire qui doive être présentée in limine litis. Ce moyen est, au contraire, opposable en tout état de cause et même pour la première fois en appel.

ARRÊT

LA COUR : — Vu les art. 173 et 186, C. pr. :

Attendu qu'il résulte des qualités du jugement attaqué que l'instance en complainte portée devant le juge de paix du canton de Blangy a été introduite par la généralité des habitants de la section de Guimerville, agissant poursuite et diligence de Caton, l'un d'eux, aujourd'hui défendeur au pourvoi ;

Attendu que, sur l'appel de la sentence qui a ordonné une enquête, Denin a, pour la première fois, excipé du défaut de qualité de Caton par des conclusions ainsi conçues : « Attendu que le droit prétendu par les habitants de la commune de Guimerville serait, non un droit communal, mais un droit individuel ; que nul, en France, n'étant admis à plaider par procureur, l'action aurait dû être intentée au nom de ceux des habitants qui réclament le droit litigieux ; que Caton, dès lors, était sans qualité pour agir en leur nom, et que, pour ce motif, l'exploit introductif d'instance était nul et l'action non recevable ; »

Attendu qu'une exception de cette espèce, qui n'a rien de dilatoire, et qui ne peut être confondue avec celles puisées dans des nullités d'exploits ou d'actes de procédure, forme un moyen péremptoire et préjudiciel auquel ne peuvent s'appliquer les art. 173 et 186, C. pr. ;

Que cette exception, qui pouvait être présentée en tout état de cause, ne constituait pas une demande nouvelle, mais un moyen de défense à la demande principale ;

D'où il suit qu'en repoussant l'exception tirée du défaut de qualité du défendeur par l'unique motif qu'elle n'avait pas été proposée devant le premier juge *in limine litis*, le jugement attaqué a faussement appliqué et, par suite, violé les articles du Code de procédure civile invoqués par le pourvoi ;

Casse.

CASSATION, Ch. civ. — 18 avril 1866.
(Bonnardon c. Marquis et Capitaine.)

I, 51.

Les actes administratifs qui ne disposent pas par voie de règlement général, et n'ont été rendus que dans les termes d'un intérêt privé et en vue d'une simple possession individuelle, ne font pas obstacle à ce qu'il soit statué par les tribunaux ordinaires sur l'action possessoire formée à l'occasion de travaux exécutés en vertu de ces autorisations, alors surtout que l'autorité administrative y a expressément réservé les droits des tiers.

Le contraire avait été jugé, le 4 mars 1863, par le tribunal de Saint-Marcellin dans les termes suivants :

Attendu que l'action intentée par la veuve Bonnardon avait uniquement pour objet de la faire maintenir en possession des droits attribués par la loi à sa position de propriétaire riveraine, et de faire ordonner la destruction des travaux qui, en opérant le détournement des eaux de la Fure, l'avaient troublée dans sa possession ; — Attendu que, durant l'instance pendante devant M. le juge de paix, Marquis et Capitaine ont produit un arrêté de M. le préfet de l'Isère, en date du 27 fév. 1862, autorisant les travaux, objet de la complainte de la veuve Bonnardon ; — Attendu qu'il est de principe que si les tribunaux ordinaires sont compétents pour connaître de l'action formée par les particuliers qui se plaignent du préjudice que leur causent des travaux autorisés par l'administration, et doivent, en pareil cas, accorder des dommages-intérêts, il ne leur appartient pas d'ordonner la destruction de ces travaux ; que c'est là une conséquence de la séparation des pouvoirs administratif et judiciaire ; — Attendu, dans l'espèce, que la demande de la veuve Bonnardon n'avait pas pour objet d'obtenir la réparation du préjudice qu'elle pouvait avoir éprouvé par suite des travaux de Marquis et Capitaine ; qu'elle tendait uniquement à faire déclarer une maintenue possessoire que M. le juge de paix ne pouvait accorder qu'à la condition d'ordonner la destruction des travaux autorisés par l'administration ; — Attendu que la circonstance que l'autorisation accordée aux intimés ne l'a été que postérieurement à l'introduction de l'instance judiciaire, n'était pas de nature à faire écarter l'application des principes qui viennent d'être rappelés, puisqu'au moment où M. le juge de paix rendait sa décision, il ne pouvait faire droit aux conclusions de la demanderesse qu'en ordonnant une suppression de travaux qu'il ne lui appartenait pas de prononcer ; que, suivant cette règle, il a été jugé par un arrêt de la Cour de Paris, en date du 20 juin 1840, que l'autorité judiciaire était incompétente, alors même que l'autorisation administrative n'intervenait que pendant l'instance d'appel ; qu'ainsi c'est avec raison que M. le juge de paix du canton de Tullins s'est déclaré incompétent ; qu'il n'y avait pas lieu, ainsi qu'on l'a prétendu, de constater la possession de la veuve Bonnardon, puisque cette constatation ne pouvait être d'aucun effet devant le juge du pétitoire où une question de propriété ne pouvait pas s'engager et où tout devait se réduire à savoir si le nouvel œuvre causait ou non du dommage à la demanderesse.

Pourvoi de la veuve Bonnardon.

ARRÊT

LA COUR : — Vu l'art. 23, C. pr. civ., et l'art. 6, n° 1, de la loi du 25 mai 1838 :

Attendu que la demande de la veuve Bonnardon avait pour objet direct et précis sa réintégration dans la jouissance paisible et plus qu'annale des eaux de la Fure, et, de plus, par voie de conséquence, la destruction des travaux exécutés par Marquis-Joyeux et Noble-Capitaine, ayant eu pour objet et pour résultat de détourner lesdites eaux de leur cours naturel et de troubler ainsi la jouissance de la demanderesse ;

Attendu que le jugement attaqué, sans examiner au fond le caractère et la durée de la possession alléguée, s'est déclaré incompétent, en se fondant sur cet unique motif qu'il ne pouvait lui appartenir, sans empiéter sur le domaine de l'autorité administrative, d'ordonner la destruction de travaux autorisés d'abord par une ordonnance royale du 12 février 1839, et ensuite par un arrêté préfectoral du 27 février 1862 ;

Mais attendu que cette ordonnance et cet arrêté ne disposent pas par voie de règlement général et n'ont été rendus, au contraire, que dans les termes d'un intérêt privé et en vue d'une simple possession individuelle ;

Attendu, d'ailleurs, que ces actes de l'autorité administrative réservaient expressément les droits des tiers ;

Que, dès lors, et sous ces rapports divers, ils ne pouvaient faire obstacle à ce qu'il fût statué par les tribunaux légalement saisis sur l'action possessoire formée par la veuve Bonnardon ;

D'où il suit qu'en décidant le contraire et en se déclarant incompétent, le tribunal de Saint-Marcellin a fait une fausse application du principe de la séparation des pouvoirs administratif et judiciaire, et formellement violé les lois ci-dessus visées ;

Casse.

CASSATION, Ch. req. — 24 avril 1866.
(Bournichon c. Bertrand.)

I, 130, 512.

Le juge a le droit au possessoire de consulter les titres et les documents de la cause dans le but de caractériser la possession, et notamment de rechercher si le chemin qui en est l'objet est un chemin d'exploitation créé soit dans l'intérêt commun des parties, soit dans l'intérêt purement personnel de l'une d'elles. Il consultera encore utilement dans ce but l'état des lieux.

Du 6 décembre 1864, jugement du tribunal de Nantes qui contient les motifs suivants :

Considérant que le chemin dit du Renoulet, qui forme l'objet du litige, est un chemin non public, qui s'étend du clos de vignes des Thébaudières à la route de Verton à Saint-Fiacre sur laquelle il débouche ; — Considérant que le sieur Bertrand, propriétaire dudit clos des Thébaudières et acquéreur, suivant contrat authentique, en date du 4 juin 1845, du chemin dit du Renoulet, ayant, au cours de 1862, fait clore l'entrée de ce chemin par une barrière non loin de la voie publique, et interceptant ainsi le passage, les époux Bournichon ont, le 9 septembre 1862, par exploit du ministère d'Archambault, huissier, cité le sieur Bertrand devant le juge de paix du canton de Verton, pour voir dire qu'ils seraient maintenus en possession dudit chemin, et, qu'en conséquence, la barrière établie serait enlevée par le sieur Bertrand dans la huitaine de la décision à intervenir ; — En droit : — Considérant qu'il est de principe comme de jurisprudence que les servitudes discontinues à la classe desquelles appartient le droit de passage, ne peuvent s'établir que par titres, et nullement par une jouissance ou possession même immémoriale, ne peuvent donner lieu à la complainte possessoire et sont ainsi en dehors de la compétence des juges de paix ; — Considérant que s'il est vrai que cette compétence existe, au contraire, lorsqu'une action en complainte est intentée à raison du trouble que le demandeur aurait éprouvé dans le droit de passage qu'il prétendrait avoir exercé de temps immémorial et même depuis une année sur un chemin dit d'*exploitation*, il faut reconnaître en même temps que, suivant la doctrine et d'après la jurisprudence, ladite action en complainte n'est admissible qu'autant qu'il serait prouvé, ou au moins qu'il existerait de graves et concordantes présomptions que le chemin litigieux offre les caractères d'un chemin d'exploitation ou de desserte, établi en vertu d'une convention ancienne intervenue à l'origine entre tous les propriétaires intéressés, lesquels auraient, pour sa création, fourni une certaine portion de leur terrain, ce qui le ferait réputer appartenir en commun à tous ces propriétaires ; — Considérant que les époux Bournichon déclarent formellement dans leurs conclusions, notamment celles du 25 novembre 1864, qu'ils ne réclament point une servitude ou droit de passage sur le chemin du Renoulet, dont l'usage leur aurait été interdit depuis 1862 par une entreprise de Bertrand, qui y aurait fait placer à son entrée une barrière, il en ressort que l'action possessoire des demandeurs n'est pas du nombre de celles que repoussent invinciblement les dispositions de l'art. 691, C. Nap.; — Considérant que s'agissant en réalité d'une action en complainte fondée, comme l'énoncent les citations en justice de paix, du 9 septembre 1862, 23 avril 1863, ainsi que les conclusions du 25 novembre 1864, sur ce qu'un trouble aurait été apporté au passage des demandeurs sur ledit chemin du Renoulet, qui serait un chemin d'exploitation ou de desserte appartenant en commun aux terres riveraines pour le service desquelles il aurait été autrefois établi d'un commun accord par les détenteurs des propriétés de la Grande-Noé et de la Landière, il incombe au tribunal de rechercher et de décider si telles ont été l'origine et la destination de ce chemin, et si les époux Bournichon ou leurs auteurs en ont joui à titre de copropriétaires ou à titre précaire et de tolérance ; — En fait : — Considérant que les demandeurs en complainte ne fournissent aucun titre ou aucun document ancien ou nouveau, pouvant fonder un droit de copropriété sur le chemin litigieux, ou caractériser la jouissance qu'ils en auraient exercée par eux ou leurs auteurs ; que, sous ce rapport, il est certain que leur situation est moins favorable que celle du défendeur qui présente, en effet, deux contrats authentiques, l'un des 11 et 14 juin 1842, l'autre du 4 juin 1845, dont les énonciations, surtout celles du premier, tendent à lui attribuer la propriété privative ; que pût-on se prévaloir, comme l'ont fait les époux Bournichon, de la circonstance que ces titres ne sont pas contradictoires avec eux ou leurs auteurs, et que, dès lors, ils ne leur seraient pas opposables, on ne saurait méconnaître qu'ils peuvent être invoqués par le sieur Bertrand comme formant au moins une présomption en faveur du droit privatif qu'il prétend lui appartenir ; — Considérant que si l'on recherche ensuite, d'après l'état ancien des lieux, si le chemin du Renoulet, qui joint les terres de la Landière et les segure de la propriété des Thébaudières, a appartenu en commun aux terres riveraines et a été établi autrefois d'un commun accord par les détenteurs de la Grande-Noé et de la Landière, ce qui forme le maintien des demandeurs, on est amené à constater, en consultant le plan visuel dressé par le cadastre et le rapport de l'expert Gruget, que les pièces de la Grande-Noé désignées sous les nᵒˢ 438, 439 et 520, appartenant aujourd'hui au sieur Bertrand, et la grande pièce de la Landière, portant le nᵒ 521, appartenant actuellement aux époux Bournichon, quoique riveraines, ne se desservaient pas autrefois par le chemin dit du Renoulet ; qu'ayant toutes un accès facile et direct sur le chemin public de Verton à Saint-Fiacre, la création du chemin du Renoulet n'était pour eux d'aucune utilité, de telle sorte

qu'on ne saurait présumer qu'il a été établi originairement pour l'exploitation ou la desserte des terres de la Grande-Noé ou de la Landière, qui n'en avaient aucunement besoin, et ont été plus de cent ans sans s'en servir, ce qui prouve manifestement que leurs anciens propriétaires n'ont fait ni un accord commun ni un sacrifice réciproque de terrains pour la création de ce même chemin ; — Considérant que de l'état des lieux et de leur inspection il résulte d'autres révélations décisives, à savoir, etc.;... qu'il suit donc de ces constatations et appréciations que le chemin dont s'agit n'était point originairement commun et à l'usage des terres riveraines ; que, dès lors, la présomption de copropriété disparaît devant une masse de présomptions plus graves et de tous points concordantes ; qu'en vain, pour enlever à ce chemin le caractère et la destination de chemin privé des Thébaudières, les demandeurs se sont-ils emparés de cette appréciation consignée dans le rapport de l'expert Gruget, qu'il ne serait plus aujourd'hui de la moindre utilité pour le clos de vigne ni pour la propriété des Thébaudières ; en effet, cette assertion fût-elle exacte, ce qui n'est pas, elle devrait rester sans influence au procès, puisque la circonstance que le chemin serait actuellement inutile au sieur Bertrand qui est propriétaire des Thébaudières, ne saurait rétroagir contre le passé, et effacer l'origine et le motif de création du chemin litigieux ayant, de l'aveu de l'expert, servi pendant au moins cent ans exclusivement au clos des Thébaudières ; — Considérant que les époux Bournichon, dans l'hypothèse que leur premier système tendant à faire admettre que le chemin du Renoulet aurait été autrefois établi d'un commun accord par les détenteurs des propriétés de la Grande-Noé et de la Landière, et au service de ces propriétés, ne serait pas accueilli, en ont présenté un autre subsidiaire, lequel consiste à maintenir qu'alors même que le chemin litigieux n'aurait pas été créé originairement pour les terres de la Landière et de la Grande-Noé qui le bordent, ils n'en seraient pas moins recevables dans leur action en vertu d'actes de possession qui se seraient accomplis du fait de leurs auteurs, depuis quarante-cinq ou cinquante ans, époque à laquelle ils auraient commencé à faire usage du chemin du Renoulet ; — Considérant à l'égard du passage dans le chemin du Renoulet, à pied, à cheval et avec charrette, qui aurait été exercé par les auteurs des époux Bournichon depuis plus de quarante ans, que cet acte quel qu'ait été sa durée et sa fréquence, ne saurait avoir pour résultat d'établir la possession dudit chemin à titre de copropriétaire, alors qu'il est d'abord constaté d'une manière irrécusable que ce chemin était, à son origine, privatif aux propriétaires du clos des Thébaudières, qui seuls avaient fourni le terrain nécessaire à sa formation, et n'avait, dès lors, le caractère d'un chemin de desserte ou d'exploitation ; que, d'autre part, il ressort implicitement de l'écrit du 13 juin 1845, portant la signature du sieur Bertrand, que le passage accordé par celui-ci au sieur Chéguillaume n'était que de pure tolérance ; qu'enfin, si l'on examine les titres et documents de la cause, le mode de jouissance des parties ou de leurs auteurs, on est amené à n'attribuer à ces actes répétés de possession que les caractères d'une servitude de passage qui ne peut jamais servir de base à l'action en complainte; — Considérant qu'étant établi par les documents et faits ci-dessus relatés et appréciés que l'action en complainte des époux Bournichon manque des éléments légaux qui peuvent en faire prononcer l'admissibilité; qu'en effet, les demandeurs ne présentent ni titre de copropriété ni preuve ou présomption que le chemin du Renoulet ait été créé pour l'exploitation commune avec d'autres propriétés, et spécialement avec les pièces de la Landière; qu'enfin, ils ne justifient point d'actes de possession à titre de propriétaire, mais seulement de faits entachés du vice de précarité ou ayant un caractère de tolérance, le tribunal doit déclarer ladite action mal fondée.

Pourvoi du sieur Bournichon.

ARRÊT

LA COUR : — Sur la première branche du moyen unique de cassation :

Attendu, en droit, que toute action en complainte suppose essentiellement une possession annale réunissant les caractères de la possession civile déterminés par l'art. 2229, C. Nap.;

Attendu que les demandeurs en cassation, conformément à cette règle, dont ils contestent aujourd'hui l'application partielle à la cause, offrirent de prouver, dès le début de l'instance, qu'ils étaient en possession depuis plus d'un an et jour à titre non précaire du chemin du Renoulet, qui forme l'objet du litige;

Attendu que, pour justifier que leur possession avait eu lieu *animo domini*, ils soutenaient que la voie dont il s'agit était un chemin d'exploitation tracé entre leurs fonds et l'héritage du sieur Bertrand, et que, par suite, il était légalement présumé leur propriété commune et indivise;

Attendu que le caractère attribué au chemin par les époux Bournichon étant contesté par le défendeur éventuel, il appartenait au juge du possessoire de rechercher, en interrogeant les titres et les documents de la cause, quelles étaient l'origine et la nature du chemin litigieux;

Attendu qu'en se livrant à cette investigation, le juge du possessoire n'avait pour but, ainsi qu'il le déclare lui-même dans son jugement, que de caractériser la possession alléguée par les demandeurs; que le jugement constate dans ses motifs que le chemin du Renoulet n'avait été, à son origine, qu'une voie purement privée, destinée à la desserte du clos des Thébaudières, appartenant aujourd'hui au sieur Bertrand, et qu'il n'a jamais perdu ce caractère; d'où le tribunal a induit que l'usage de ce chemin, par les époux Bournichon ou par leur auteur, était empreint de précarité et de tolérance;

Attendu que cette appréciation, qui échappe, par sa nature même, au contrôle de la Cour de Cassation, est fondée non-seulement sur les titres produits, mais, en outre, sur l'état des lieux, des documents anciens, le rapport de l'expert et les circonstances de la cause;

Sur la deuxième branche :

Attendu que le dispositif du jugement attaqué a statué uniquement sur le possessoire; qu'il est de principe que le cumul du possessoire et du pétitoire ne peut donner ouverture à cassation que lorsqu'il existe dans le dispositif, ou bien encore lorsque le dispositif, statuant seulement sur le possessoire, n'est justifié, dans la sentence, que par des motifs tirés exclusivement du fond du droit, ce qui ne se rencontre pas dans l'espèce du litige;

Attendu, d'ailleurs, que si le tribunal d'appel s'est prononcé, dans les motifs de son jugement, sur le caractère du chemin litigieux, et s'il a déclaré qu'il ne constituait pas un chemin d'exploitation commun aux deux parties, cette appréciation lui était imposée par le système même des demandeurs, puisqu'il était indispensable pour décider si leur possession pouvait légitimer l'exercice de la complainte;

Attendu enfin que les décisions émanées du juge du possessoire ne constituent ni titre, ni chose jugée dans l'instance au pétitoire;

Rejette.

———

CASSATION, Ch. req. — 2 mai 1866.
(Labriet c. Person.)

I, 103, 104.

Si le juge de paix, appelé à procéder à un bornage, constate que la contenance réelle des terrains excède celle portée dans les titres, il a compétence pour répartir cet excédant entre les parties et modifier à cet effet chaque parcelle soit dans son étendue superficielle, soit dans sa configuration, alors surtout qu'aucune des parties ne prétend être propriétaire exclusif de la parcelle trouvée en excédant.

Du 22 juin 1864, jugement du tribunal de Saint-Mihiel qui statue en ces termes :

Attendu, en droit, que l'action en bornage a pour but de déterminer la limite de deux propriétés; que, régulièrement, elle n'a lieu que de voisin à voisin (art. 646, C. Nap.); — Que, s'il s'élève des contestations sur les limites, sur l'étendue et la contenance des propriétés à aborner, le juge de paix doit se déclarer incompétent; — Qu'en règle générale, en matière abornement, il n'y a pas lieu à des répartitions, soit de déficits, soit d'excédants de contenance; — Attendu que, dans une instance en abornement introduite devant lui, le juge de paix de Vigneulles a ordonné qu'il serait procédé à l'abornement de toute la contrée dite du Nid des Cygnes; — Qu'il a décidé que cet abornement se ferait d'après les titres des parties, et qu'on répartirait au prorata des contenances indiquées dans les titres, soit les déficits, soit les excédants de contenance qui pourraient se trouver dans la contrée; — Que cette manière d'opérer, en dehors du droit commun, emporte avec elle l'idée et la possibilité d'un changement dans la configuration des propriétés, le tout fait dans l'intérêt général; — Attendu que Labriet a consenti à participer à cette opération ainsi entendue; — Que des excédants de contenance ayant été trouvés dans la contrée à aborner, il en a profité; qu'il lui a été alloué plusieurs ares de terrain en sus de ses titres; — Attendu que si la configuration de sa propriété a été un peu modifiée, il n'est pas reçu à s'en plaindre; — Que le droit d'opérer ainsi qu'a fait le juge de paix de Vigneulles résultait, pour lui, de la position prise par toutes les parties devant lui, et du consentement par elles donné aux opérations prescrites par le juge de paix; —Attendu que l'opération faite par l'expert Enard a été faite régulièrement et dans l'intérêt de tous; — Que c'est avec juste raison que son procès-verbal a été homologué par le juge de paix de Vigneulles, et que ce magistrat en a ordonné l'exécution.

Pourvoi du sieur Labriet.

ARRÊT

LA COUR : — Attendu, en droit, que, lorsque, en procédant, par l'application de titres non contestés, au bornage de plusieurs propriétés contiguës, il est constaté que, sur l'ensemble des héritages à borner, il existe un excédant de contenance, le juge de paix saisi de l'action est compétent pour répartir cet excédant entre les divers propriétaires intéressés à l'opération;

Attendu que la compétence de ce magistrat ne cesserait que dans le cas où, à défaut de contestation sur les titres, l'une des parties invoquerait la prescription de trente ans, pour demander son maintien dans la possession de la parcelle de terrain qu'elle détient en sus de la contenance que son titre lui attribue, ce qui ne se rencontre pas dans l'espèce;

Attendu que vainement le pourvoi conteste au juge du possessoire le pouvoir de modifier la configuration des fonds à borner, en opérant la répartition des excédants de contenance proportionnellement aux titres de chaque propriétaire;

Attendu que, dès qu'il est constaté, et le pourvoi ne le conteste pas, que le juge du possessoire est investi du pouvoir d'opérer l'abornement, en faisant le partage proportionnel de l'excédant des contenances, il faut nécessairement admettre que chaque fonds subira une modification dans son étendue superficielle et dans sa configuration;

Attendu, d'ailleurs, que, dans la cause, il est constaté par la décision attaquée que toutes les parties ont consenti à l'opération du bornage des héritages composant la contrée du Nid des Cygnes et à la répartition, au prorata de la contenance indiquée dans chaque titre, de l'excédant total de la contenance qui serait révélé par le mesurage de chacun des fonds à borner;

Que le sieur Labriet a aussi adhéré à cette opération, et qu'il lui a été attribué plusieurs ares de terrain au-delà de ses titres et de sa possession; qu'il résulte de la sentence du juge de paix que le demandeur s'était déclaré satisfait de cette attribution;

Que, par suite, il ne saurait légitimement se plaindre de la modification éprouvée par sa propriété, puisqu'elle était la conséquence inévitable de l'attribution de terrain qui lui était faite;

Attendu, enfin, qu'étant, en outre, reconnu que ce changement dans l'état des lieux, bien loin d'être nuisible au sieur Labriet, lui était au contraire avantageux, le pourvoi devrait être rejeté pour défaut d'intérêt;

Rejette.

CASSATION, Ch. req. — 6 juin 1866.
(Goret c. Comm. de Clerfayt.)

I, 243, 586.

*Le juge du possessoire a qualité pour dé-
terminer au point de vue possessoire la
nature du terrain litigieux pourvu que,
s'il reconnaît qu'il s'agit d'un terrain
dépendant du domaine public, il n'oppose pas cette constatation comme une
fin de non-recevoir à l'action, mais
qu'il se borne à qualifier les faits de
possession.*

*Si l'action en réintégrande n'exige pas
une possession* animo domini, *encore
faut-il que cette possession ne soit pas
équivoque et de pure tolérance; elle
aurait ce dernier caractère si les actes
allégués s'expliquaient par la circonstance que le demandeur les avait exercés en sa qualité d'habitant.*

Du 31 décembre 1864, jugement du
tribunal d'Avesnes qui statue ainsi :

Attendu que, par son exploit en date du
17 septembre dernier, Goret a fait assigner le
maire de la commune de Clerfayt, en sa qualité, pour faire ordonner sa réintégration dans
la possession d'un terrain longeant ses bâtiments du côté de la place dite place de l'Eglise;
— Que cette action en réintégrande était
fondée sur ce que le maire avait fait entourer
ladite place de bailles qui se trouvaient juxta-
posées aux bâtiments de Goret, englobant
ainsi le terrain dont il s'agit dans l'enceinte
entière de la place; — Attendu que les bailles
ainsi placées par ordre de l'autorité municipale sont mobiles; — Qu'elles ne constituent
pas une voie de fait ni un acte de violence
arbitraire de nature à troubler l'ordre et la
paix publique; — Qu'elles ne font pas obstacle
au libre passage du demandeur, et qu'en conséquence l'acte dénoncé dans l'exploit n'est
pas de nature à ouvrir au profit de Goret l'action en réintégrande; — Attendu, au surplus,
que la condition essentielle de la recevabilité
de cette action est que la personne dépossédée soit en possession actuelle et paisible; —
A ce point de vue : attendu que la possession
actuelle, telle qu'elle est revendiquée par le
demandeur, et en supposant vrais les faits
articulés, ne constituerait pas une possession
paisible et non précaire pouvant mener à la
prescription et servir de base à une action en
complainte; — Qu'en effet, le terrain dont il
s'agit doit être considéré, jusqu'à preuve contraire, comme faisant partie du domaine public communal, en vertu de la présomption
légale qui classe dans ce domaine les places et
rues situées dans l'intérieur des villes et villages; — Que les faits articulés révèlent des
actes de jouissance de la nature de ceux qui
appartiennent à tous les riverains desdites
rues et places, sans que de tels actes aient
de signification sérieuse au point de vue de la
propriété ou de la possession utile; — Attendu,

dès lors, que Goret n'était point en possession
paisible et non précaire du terrain dont il
s'agit, et que, d'autre part, on ne peut considérer comme un acte de violence pouvant
donner ouverture à la réintégrande le fait par
le maire d'avoir ordonné de poser sur ce
terrain des bailles mobiles qui ne portaient
même pas atteinte au droit d'usage commun
qui appartient à Goret comme à tout autre
habitant sur la place située en face de sa demeure.

Pourvoi du sieur Goret.

ARRÊT

LA COUR : — Sur le premier moyen :
Attendu que si l'action en réintégrande ne suppose pas une possession
animo domini, il faut du moins que le
demandeur justifie d'une possession paisible, publique, et d'une dépossession
par violence ou voie de fait;

Attendu que le jugement attaqué constate que les faits articulés par le sieur
Goret ne sont que des actes de jouissance inhérents au voisinage d'une
place publique, et auxquels il n'avait
été apporté aucun obstacle par la barrière établie, d'après les ordres du maire,
pour protéger les danses et les jeux publics;

Attendu que le tribunal d'Avesnes a
pu, sans excéder les limites de ses pouvoirs souverains et sans violer l'art. 23,
C. pr. civ., induire des faits ainsi constatés que la possession du sieur Goret
était équivoque, de pure tolérance, et que
l'établissement de la barrière ne constituait pas une voie de fait autorisant la
réintégrande, puisque le sieur Goret
n'avait pas été dépossédé d'un terrain
dont il aurait eu la possession paisible et
publique;

Sur le deuxième moyen :
Attendu que vainement le pourvoi
soutient que le jugement attaqué ne
pouvait repousser l'action en réintégrande en se fondant sur le caractère
public du terrain dont le sieur Goret
prétendait être exclusivement propriétaire;

Attendu, en droit, que le juge du possessoire a incontestablement qualité
pour déterminer, au point de vue purement possessoire, la nature du terrain
objet de la contestation;

Attendu que le jugement, en déclarant que la parcelle réclamée par le
sieur Goret faisait partie de la place publique de la commune, n'a pas opposé

cette affectation spéciale du terrain litigieux comme une fin de non-recevoir contre l'action en réintégrande; qu'il ne l'a invoquée que pour constater que les faits de possession allégués par le demandeur lui étaient communs avec tous les autres habitants de Clerfayt et qu'ils ne présentaient pas les conditions requises pour autoriser l'action par lui intentée;

Rejette.

CASSATION, Ch. req. — 18 juin 1866. (Chem. de fer du Midi c. Prunier et Damade.)

I, 263, 349, 350, 584, 588.

L'action en réintégrande, à la différence de la complainte, produit son effet même lorsqu'il s'agit d'un bien qui dépend du domaine public.

Et le juge a également le droit de prescrire la destruction des travaux qui constituent l'occupation violente de la part de l'administration.

En conséquence, est recevable l'action en réintégrande fondée sur ce qu'une compagnie de chemin de fer a clôturé par une barrière le terrain dont un tiers avait la détention paisible et publique.

ARRÊT

LA COUR : — Sur le premier moyen :
Attendu qu'il est admis par le pourvoi que l'action en réintégrande peut être exercée sous les conditions déterminées par la loi, à l'occasion d'un terrain dont le caractère public est contesté; que, pour échapper à l'application de ce principe, la Compagnie demanderesse allègue que, dans l'espèce, le terrain litigieux était reconnu, par les défendeurs éventuels, comme constituant une dépendance du domaine public, et que sa domanialité résultait d'ailleurs du décret du 25 février 1863 et de deux arrêtés du préfet de la Gironde des 15 mars 1837 et 12 juillet 1863;

Attendu que la première de ces allégations est formellement démentie par tous les documents de la cause;

Qu'en effet, les sieurs Prunier et Damade ont toujours soutenu que ce terrain était leur propriété légitime;

Que le jugement du 28 juin 1865 déclare qu'ils le possédaient, par eux ou par leurs auteurs, depuis un grand nombre d'années, et que cette possession n'a cessé que le 12 décembre 1864, jour où la Compagnie s'en est arbitrairement emparée;

Attendu qu'il n'est pas contesté que la possession des sieurs Prunier et Damade reconnaissait pour principe un acte translatif de propriété du 6 mars 1852;

Que leurs auteurs, dont ils ont continué la possession, avaient acquis le terrain en litige par un acte d'adjudication du 11 février 1834, qui se référait à des actes antérieurs;

Attendu que le décret du 25 février 1863, relatif à la création de la gare maritime de Bordeaux, invoqué par le pourvoi comme ayant imprimé le caractère domanial au terrain possédé par les sieurs Prunier et Damade, et comme autorisant, par suite, l'occupation de ce terrain sans le paiement d'une juste et préalable indemnité est manifestement contraire à cette prétention;

Que ce décret ne substitue la Compagnie aux droits de l'État que sous les obligations résultant pour l'administration de la loi du 3 mai 1841;

Que, par conséquent, les terrains affectés à l'établissement de la gare maritime ne pouvaient être occupés par la Compagnie qu'après l'accomplissement des formalités prescrites par la loi sur l'expropriation pour utilité publique;

Attendu que l'arrêté préfectoral du 12 juillet 1863 n'est pas produit; — Que la Cour ne saurait avoir égard à un document dont elle n'a pas été mise à même de contrôler les dispositions;

Attendu que l'arrêté du 15 mars 1837, qui délimite le port de Bordeaux, n'a pu avoir pour effet d'affranchir la Compagnie de l'accomplissement des formalités prescrites par le décret qui a créé la gare maritime et l'a annexée au chemin de fer;

Attendu, d'ailleurs, qu'il est constant, en droit, que les arrêtés de délimitation émanés des préfets n'ont pas la puissance d'incorporer au domaine public, sans indemnité préalable, un terrain qui a été jusque-là possédé à titre de propriété privée;

Attendu d'autre part que, dans la cause, les sieurs Prunier et Damade ont agi par la voie de la réintégrande ;

Qu'il est de principe que cette action peut être légitimement intentée par celui qui possède paisiblement et publiquement un terrain, alors même qu'il serait allégué ou établi que ce terrain fait partie du domaine public ;

Que la réintégrande est essentiellement une mesure d'ordre et de paix publique ; qu'elle procède du principe que nul ne peut se faire justice à soi-même, et que cette règle de morale et d'équité ne lie pas moins l'Etat et ceux qui le représentent que les simples citoyens ;

Attendu que la Compagnie demanderesse s'étant mise en possession du terrain possédé par les sieurs Prunier et Damade, en le clôturant par une barrière qui en interdisait désormais l'accès aux défendeurs, le tribunal de Bordeaux a pu voir, dans cette occupation arbitraire, une voie de fait autorisant l'action en réintégrande ;

Sur le deuxième moyen :

Attendu que si la voie de fait qui sert de base à la réintégrande consiste en travaux illégalement exécutés sur le terrain d'autrui, le juge du possessoire est nécessairement compétent pour ordonner la suppression de ces travaux ;

Attendu, au surplus et en fait, que le tribunal de Bordeaux n'a point eu à ordonner la suppression de la barrière établie sans droit par la Compagnie sur le terrain litigieux, puisque, lorsque l'instance a été engagée devant ce tribunal comme juge d'appel, la clôture avait été enlevée par les sieurs Prunier et Damade en vertu du jugement du juge de paix du 27 décembre 1864, et sans opposition de la Compagnie qui avait été sommée de procéder elle-même à cet enlèvement ;

Rejette.

CASSATION, Ch. req. — 4 juillet 1866.
(Chem. de fer d'Orléans c. Gastebois.)

I, 137.

Rentrent dans la catégorie des biens qui font partie du domaine privé de l'Etat ou des compagnies, et sont susceptibles des actions possessoires suivant le droit commun, les propriétés qui ont été acquises de gré à gré par l'Etat ou les compagnies en dehors de toute expropriation ou d'obligation spécialement imposée à celles-ci par le cahier des charges.

Du 30 décembre 1865, jugement du tribunal de Brives ainsi motivé :

Attendu que l'action en complainte possessoire intentée par la dame Gastebois contre la compagnie du chemin de fer d'Orléans, n'est pas seulement fondée sur le dommage et le trouble que cause à sa possession le fait dont elle se plaint, mais que cette action a encore pour base les stipulations particulières intervenues entre elle et ladite compagnie dans le titre en vertu duquel cette dame céda à la compagnie les terrains nécessaires pour ouvrir la grande avenue ou chemin d'accès à la gare de Brives ; — Attendu qu'il est bon de remarquer, en outre, que les travaux nécessaires pour l'ouverture de ce chemin d'accès, ainsi que pour celle de l'avenue, dite de la Brasserie, venant déboucher sur le chemin à un point plus rapproché de la gare, avaient été exécutés suivant les plans dressés par la compagnie avec l'autorisation de l'administration, et conformément aux stipulations contractées avec les tiers, dès le mois de juin 1860 ; que, dès cette époque, les travaux étaient complets et parachevés, et que les ouvrages qui font l'objet de la complainte possessoire ont eu pour but, non pas d'ajouter un complément aux travaux dont il vient d'être parlé, mais, au contraire, de les modifier essentiellement en fermant d'une manière absolue une des avenues qui avaient été créées, et en changeant le caractère qu'on avait entendu donner primitivement à l'autre, le chemin d'accès, et de le restreindre à celui de propriété particulière et pour ainsi dire privée ; que cette appréciation résulte surabondamment de correspondances échangées entre les agents de la compagnie et le maire de Brives à propos des frais d'entretien du chemin d'accès que la compagnie voulait faire prendre à la charge de la municipalité de cette ville, et notamment de la lettre de M. le ministre de l'agriculture, du commerce et des travaux publics, du 4 juillet 1864 ; que de l'ensemble de ces points de vue il résulte que l'appréciation des griefs dont se plaint la dame de Gastebois est de la compétence exclusive des tribunaux civils ; — Attendu qu'il n'y a pas à examiner non plus, comme le prétend la compagnie, si le domaine public est ou non imprescriptible, ni de savoir si la possession d'un chemin, tel que celui dont il s'agit dans la cause, pouvait ou non donner lieu à une action possessoire, mais bien si, eu égard à la qualité en vertu de laquelle les parties procèdent dans cette affaire et aux titres qui sont produits et non contestés, cette action ne devait pas être déclarée recevable ; — Attendu qu'on n'oserait prétendre que les parties qui figurent dans le contrat du 6 juin 1861 n'eussent qualité suffisante pour prendre les engagements qui y furent respectivement contractés ; qu'il n'y a donc plus qu'à savoir si l'action possessoire dont était saisi le juge de paix, ne résulte pas de la nature de ces engagements et de l'objet qu'ils avaient en vue ; — Attendu qu'il est établi en termes formels par le contrat du 6 mars 1861 et par le plan en vue duquel ce contrat fut fait, qu'en échange de la cession gratuite que consentit la dame de Gastebois des terrains lui appartenant sur une étendue importante de ses héritages, la compagnie d'Orléans s'engagea expressément à se conformer à ce plan et à ne faire subir à l'état des lieux aucun changement nuisible aux intérêts de la cédante ; que c'était là si bien la condition *sine quâ non* de la cession gratuite, que la dame de Gastebois l'écrivit en termes formels au bas du plan dont il s'agit et qu'il ne faut pas séparer du contrat ; qu'enfin il fut ajouté dans le dernier acte que ladite dame aurait la propriété des talus et qu'elle pourrait bâtir jusqu'à l'arête extérieure du chemin d'accès ; — Attendu qu'il n'y a donc pas de titre à interpréter, mais simplement des clauses à constater ; que le juge de paix a donc pu, sans excéder les limites de sa compétence ni sans cumuler le possessoire avec le pétitoire, faire servir de base à son jugement les clauses d'un contrat qu'on n'a même pas songé à vouloir faire interpréter autrement ; — Attendu, cela posé, qu'il est évident que la barrière placée par la compagnie en travers de l'avenue de la Brasserie, au point où cette avenue aboutit au chemin d'accès de la gare, est, pour les terrains servant d'emplacement sur cette avenue, et notamment pour ceux de l'intimée, un véritable trouble à leur possession ; qu'en effet, cette barrière rendrait désormais les terrains dont s'agit impropres à leur destination ; qu'il suffit pour cela de constater qu'en effet il était plus aisé de passer sur l'avenue de la Brasserie et d'aboutir au chemin d'accès de la gare lorsque cette avenue était ouverte à tout venant et aux voitures publiques que depuis qu'elle est fermée par la barrière, dût-on même faire à l'intimée l'offre dérisoire d'une clef ; — Que, pour les terrains qui bordent la palissade, il était évidemment plus aisé d'y aboutir avant la pose de ces palissades qui ont rendu tout accès impossible à l'endroit où elles existent que depuis lors ; qu'il est parfaitement constant que, pour tous ces divers emplacements, les ouvrages établis par la compagnie ont amoindri et restreint dans une mesure très importante, non seulement les droits, mais encore l'exercice des droits qui y sont attachés ; que, dans une telle situation, il demeure donc démontré que la dame de Gastebois avait non seulement l'action résolutoire, mais encore l'action en complainte, et que cette dernière action étant fondée, il y a lieu de l'accueillir ; — Rejette l'exception d'incompétence, et déclare l'action en complainte possessoire recevable.

Pourvoi de la compagnie du chemin de fer.

ARRÊT

LA COUR : — Sur le premier moyen : Attendu, en droit, qu'on ne peut considérer comme partie intégrante d'un chemin de fer que les terrains dont l'acquisition, imposée à la compagnie par le cahier des charges, constitue, par cela même, une des conditions de la concession ;

Attendu, en fait, qu'il n'a pas été justifié par la demanderesse que l'établissement de l'*avenue de la Gare* de Brives, placée en dehors du périmètre primitif du chemin de fer dont il s'agit au procès, ait été prescrit par le cahier des charges qui est la loi de la compagnie ;

Attendu que les compagnies de chemins de fer peuvent, sans doute, pour les besoins de l'exploitation commerciale de leurs concessions, acquérir des terrains aux abords des voies ferrées et y édifier des constructions, mais que ces annexes ou dépendances des chemins de fer, créées volontairement par les compagnies, restent leur propriété privée, alors même que l'Etat, dans un intérêt d'ordre ou de police, en aurait autorisé et réglé la création ;

Attendu, dès lors, que les travaux exécutés sur ces dépendances privées des chemins de fer, ne constituent pas des travaux publics ;

Attendu que la compagnie du chemin de fer de Paris à Orléans considérait si peu l'*avenue de la Gare* comme revêtue du caractère domanial, qu'elle en offrit la cession à la ville de Brives, afin de s'exonérer des frais d'entretien dont elle avait la charge ;

Attendu que la lettre ministérielle du 4 juillet 1864 relative à ce projet de cession, implique que l'*avenue de la Gare* appartenait à la compagnie et non à l'Etat ;

Attendu, d'autre part, que si le ministre exprime l'opinion que, sur le refus de la ville d'accepter l'offre qui lui était faite, la compagnie pourra clore l'avenue, il ajoute : *sous la réserve des droits qui ont pu être conférés aux tiers lors de l'acquisition des terrains formant l'assiette de l'avenue ;*

Attendu que cette réserve se référait évidemment au droit de libre circulation stipulé en faveur de la dame de Gastebois, sur ladite avenue, par le traité qui en a transféré le sol à la compagnie ;

Que, par suite, la demanderesse ne saurait invoquer la lettre dont il s'agit pour induire, soit la domanialité de l'avenue et le caractère public des travaux qu'elle y a fait exécuter, soit l'interdiction pour la dame de Gastebois d'y exercer son droit de libre circulation ;

D'où il résulte que le tribunal de Brives, en accueillant la complainte de la dame de Gastebois, n'a violé ni le principe de la séparation des pouvoirs judiciaire et administratif, ni aucun des articles invoqués sur le premier moyen du pourvoi ;

Sur le deuxième moyen :

Attendu qu'il est constant, en fait, que, dès le 30 septembre 1860, la dame de Gastebois fut mise en possession du droit de libre circulation dans les *avenues de la Gare et de la Brasserie,* qui lui donnaient un facile accès sur les terrains de son domaine de *Bagatelle ;*

Qu'elle a joui paisiblement de ce droit de passage jusqu'au mois de juin 1865, époque à laquelle la compagnie fit placer une barrière dans l'*avenue de la Gare,* à l'extrémité de l'*avenue de la Brasserie,* et fit clore, en outre, dans toute sa longueur, l'*avenue de la Gare,* pour en interdire l'accès à la dame de Gastebois ;

Attendu que la compagnie a, elle-même, reconnu la possession de la défenderesse, puisqu'elle s'est bornée à soutenir, dans l'instance, que cette possession était inefficace, soit que l'*avenue de la Gare* faisait partie du domaine public, soit parce que la dame de Gastebois n'avait pas possédé en vertu d'un titre ;

Attendu, sur la première objection, qu'il a été établi que l'*avenue de la Gare* appartenait privativement à la compagnie ;

Attendu, sur la deuxième prétention, qu'il est constaté, en fait, que la possession de la défenderesse était fondée sur le traité du 25 juin 1859, par lequel la dame de Gastebois, en abandonnant gratuitement à la compagnie le sol nécessaire à l'établissement de l'avenue, s'était réservé le droit d'y accéder librement par tous les points de son domaine ;

Attendu que, par cette appréciation du titre de la dame de Gastebois, le juge de paix et le tribunal d'appel n'ont pas cumulé le pétitoire et le possessoire, puisqu'il est manifeste que le traité du 25 juin 1859 n'a été consulté que pour caractériser la possession de la défenderesse éventuelle ;

Que, vainement, pour nier la réalité du trouble éprouvé par la dame de Gastebois dans sa possession, la compagnie invoque l'offre par elle faite tardivement à l'audience de remettre à la défenderesse une clé de la barrière placée à l'extrémité de l'avenue et d'enlever les palissades, lorsque les terrains du domaine de *Bagatelle* seront aliénés ;

Attendu que le juge du possessoire a constaté à la fois l'existence du trouble et le caractère dérisoire des offres de la compagnie ;

Attendu que ces constatations sont souveraines et ne sauraient tomber sous le contrôle de la Cour de Cassation ;

Rejette.

PAU. — 24 juillet 1866.
(Comm. de la vallée de Layrisse
c. Lormière.)

1, 509.

Si l'exercice des droits d'usage dans les forêts en contradiction avec le titre qui les a établis, ne peut engendrer qu'une possession conditionnelle et précaire, ces actes délictueux ont cependant pour effet d'interrompre la prescription extinctive au profit de celui qui les commet.

ARRÊT

LA COUR : — Attendu que, le 14 juin 1739, les habitants de la vallée de Barousse firent, en vertu de la permission qu'ils en avaient obtenue du juge de cette localité, saisir un certain nombre de bestiaux appartenant à ceux de la vallée de Layrisse, trouvés pacageant dans les forêts et montagnes de Barousse, se fondant sur ce que ceux-ci n'y avaient aucun droit d'usage ;

Qu'à la suite de cette saisie, des instances diverses s'engagèrent entre les parties ; que plusieurs incidents furent jugés, et qu'enfin, le 30 octobre 1744, le Parlement de Toulouse, saisi par appel de la contestation, condamna, après une longue instruction, les prétentions de la vallée de Layrisse, qui tendaient à faire reconnaître en sa faveur des droits de dépaissance dans les forêts et montagnes de Barousse, et que le dispositif de son arrêt se termine par la clause suivante : « Fait inhibitions et défenses auxdites communautés de Guran, Bachos-Binos, Signac, Casaux et Lége, d'envoyer dépaître leurs troupeaux dans les montagnes et forêts de Barousse, à peine de mille livres d'amende et d'être enquis des contraventions » ;

Que la vallée de Layrisse se pourvut en cassation de cet arrêt devant le Conseil des parties ; qu'elle laissa l'instance impoursuivie jusqu'en 1776, où elle présenta une nouvelle requête à la suite de laquelle il intervint, le 2 juillet de cette année, un arrêt qui en ordonna la communication aux parties adverses, « et cependant, par provision, et sans préjudice du droit des parties au principal, ordonna que les suppliants continueront d'envoyer paître leurs troupeaux dans les montagnes et bois de la vallée de Barousse, jusqu'à ce qu'il ait été autrement ordonné » ;

Que cet arrêt fut notifié le 23 juin 1777, et que l'avocat de la vallée de Barousse se constitua le 26 août suivant ;

Que cette instance était pendante devant la Cour de Cassation, qui avait succédé au Conseil des parties, lorsque cette dernière vallée reprit l'instance et obtint de la Cour suprême, le 26 mai 1807, un arrêt qui autorisa les demandeurs à assigner à ces fins les habitants de la vallée de Layrisse ; que cet arrêt fut notifié à ceux-ci le 18 juin 1807, et que, le 1er juillet 1808, on leur signifia le mémoire présenté par ceux de la vallée de Barousse ;

Attendu que, depuis ce jour, il ne fut plus fait aucun acte de poursuite de l'instance, et que ce n'est que le 20 mars 1863 que les communes de Lége, de Casaux-Layrisse, Guran et Bachos-Binos ont actionné de nouveau le sieur Lormière, propriétaire d'une partie des anciennes forêts de Barousse, pour se voir déclarer en droit d'exercer la servitude de dépaissance sur ladite partie de forêts ;

Que les autres parties, reconnues propriétaires des anciennes baronies de Mauléon et de Bramevaque, furent appelées dans l'instance, ou y intervinrent régulièrement ; qu'il en fût de même de la vallée de Barousse, déclarée, par l'arrêt de la Cour du 26 février 1839, propriétaire des vacants existants dans son périmètre ;

Attendu qu'à la demande formée par les communes de la vallée de Layrisse, d'être déclarées propriétaires du droit de dépaissance à exercer, pour leurs bestiaux de toute espèce, sur les forêts et montagnes de la vallée de Barousse et particulièrement de la partie de forêt acquise par le sieur Lormière, celui-ci et les autres défendeurs opposent l'arrêt du Parlement de Toulouse en date du 30 octobre 1744, qui leur refuse ce droit et leur fait défense de l'exercer à l'avenir ;

Que, pour se soustraire à l'autorité de cette décision souveraine, les communes demanderesses excipent, à leur tour, d'abord de l'arrêt obtenu par elles devant le Conseil des parties le 2 juillet 1776, qui aurait anéanti l'effet de l'arrêt précité, ensuite de la prescription, qui aurait éteint cet arrêt lui-même ;

Que ces moyens doivent être successivement examinés ;

Attendu qu'il est certain que l'arrêt du Conseil du 2 juillet 1776 fit défense d'exécuter l'arrêt du 30 octobre 1744 et autorisa les habitants de Layrisse à continuer de mener dépaître leurs bestiaux dans les montagnes et les bois de la vallée de Barousse, jusqu'à ce qu'il en fût autrement ordonné ; mais qu'il ajouta que c'était *par provision et sans préjudice du droit des parties au principal ;*

Que cet arrêt de surséance, autorisé par le règlement de 1738 qui régissait le conseil qui l'avait rendu, n'était qu'un acte de l'instance en cassation, qui n'avait pour effet que de suspendre l'exécution de la décision attaquée, mais qui n'était ni un jugement ni un préjugé sur le fond, puisque les juges qui le rendaient ne connaissaient encore ni les pièces ni les moyens de défense des défendeurs ;

Qu'il est, par conséquent, sans influence sur l'arrêt de 1744 ;

Que les demandeurs soutiennent, il est vrai, que l'arrêt de 1776 est devenu définitif par suite de la prescription de l'instance en cassation à laquelle il aurait survécu par suite de l'exécution qu'elles auraient continué à lui donner ;

Qu'il est impossible d'admettre que ce qui n'est que provisoire puisse devenir définitif par le seul laps du temps, car le provisoire ne pourrait changer de caractère qu'en changeant les conditions de son existence même ; que chaque acte de jouissance que se permettaient les habitants de Layrisse en vertu de l'arrêt n'était qu'un acte de tolérance temporaire et conditionnel; que la concession de l'autorisation de mener dépaître leurs bestiaux était éminemment précaire et sujette au sort de la décision au principal, toujours réservée ;

Qu'il est de principe que la possession se continue telle qu'elle était à son principe ; que c'est par son origine qu'elle se caractérise ; qu'il est impossible de fractionner les clauses d'un contrat ou d'un jugement, pour prendre les unes et repousser les autres ; que si donc les habitants de Layrisse étaient censés avoir exécuté l'arrêt de 1776, après que l'instance avait péri, ils ne pourraient avoir procédé à cette exécution que sous la condition de la réserve du droit de ceux de Barousse au principal ;

Que l'extinction par la prescription de l'instance en cassation ne peut avoir pour les demandeurs d'autre effet que d'anéantir, en même temps, tous les actes de procédure faits pendant qu'elle se poursuivait; qu'au nombre de ces actes se trouvait l'arrêt de surséance de 1776, qui commandait d'attendre une solution qui est devenue désormais impossible ;

Que si, après ce temps, les habitants de Layrisse avaient joui du pâturage dans les bois et montagnes de Barousse, ce n'aurait plus été en vertu dudit arrêt, mais bien à un autre titre, et cette jouissance continuée n'aurait pas eu la puissance de faire revivre un titre éteint ;

Attendu que la prescription qui a anéanti l'instance en cassation et l'arrêt de 1776 a redonné toute sa force et sa vigueur à l'arrêt de Toulouse de 1744 ; que, pendant tout le temps de la durée de la surséance, les habitants de Barousse ne pouvaient en poursuivre l'exécution, au mépris de la défense expresse prononcée par celui du Conseil des parties; qu'ils peuvent invoquer avec succès la maxime : *Contra non valentem agere non currit præscriptio;*

Attendu que si la prescription a pu détruire l'arrêt de 1744, à partir de l'instant où celui de 1776 a perdu toute son autorité, il est nécessaire de rechercher quel est le moment où l'instance en cassation s'est éteinte;

Qu'il est incontestable qu'elle existait encore au moment où elle a été reprise par les habitants de Barousse au mois de mai 1807, et que même le dernier acte valable de la procédure étant du 26 août 1777, les trente années nécessaires ne s'écoulèrent que quelques jours après cet acte de reprise;

Que si cet acte est régulier en la forme, il a prorogé pour trente ans le délai de la prescription, et que dès lors les habitants de Barousse auraient été dans l'impuissance de ramener à exécution l'arrêt contre lequel les habitants de Layrisse s'étaient pourvus avant l'année 1838;

Mais que l'on oppose que l'exploit de signification de l'arrêt de la Cour suprême du 26 mai 1807, faite le 18 juin 1807, serait frappé de nullité, parce que, bien que notifié à chacun des maires des communes de Layrisse litigantes, il ne porterait pas leur *visa*, formalité exigée à peine de nullité par l'art. 69, C. pr. civ. ;

Que cette formalité n'était point exigée par les anciennes lois de procédure; que le règlement de 1738 était en 1807 et est encore aujourd'hui la loi spéciale pour la procédure devant la Cour de Cassation ; que le titre Ier de la seconde partie traite de la forme et des délais des assignations et des autres actes introductifs d'instance; que la régularité des actes judiciaires s'apprécie d'après les lois qui leur sont propres; qu'il serait d'autant plus rigoureux d'ajouter aux prescriptions de cette législation que le Code de procédure civile était, depuis cinq mois à peine, à cette époque, rendu exécutoire, et qu'en fait, copie de l'exploit avait été laissée à chacun des maires instanciés, et que l'une des parties de Fassan (avoué de la vallée de Layrisse) représente la copie qu'elle a reçue;

Que la Cour de Cassation paraît avoir diversement jugé la question ; mais que, dans le doute, on devrait se prononcer pour la validité de l'acte;

Que, dans l'hypothèse de la validité de l'exploit du 18 juin 1807, les habitants de Barousse n'auraient pu faire usage contre leurs adversaires de leur arrêt de 1774 qu'après le 18 juin 1837, et que, par conséquent, trente ans ne s'étaient pas encore écoulés, lorsqu'a commencé, en 1864, l'instance actuelle ;

Qu'en supposant, au contraire, que cet exploit fût nul, ils auraient recouvré le droit de le mettre à exécution le 26 août 1807 ; qu'il s'agit, dans ce cas, de savoir s'ils ont encouru la prescription dont on excipe ;

Qu'il faut remarquer, en fait, que l'arrêt de 1744 n'impose aux habitants de la vallée de Layrisse aucune obligation de faire, mais une obligation de s'abstenir ; que la vallée de Barousse avait donné, dès 1746, à l'arrêt de 1744, toute l'exécution dont il était susceptible, en le faisant signifier à ses habitants ; que ceux-ci, si un pareil fait eût été licite, n'auraient pu prescrire qu'en menant dépaître leurs troupeaux dans les forêts et montagnes de Barousse contre la défense qui leur en était faite ; or, en présence de l'arrêt alors subsistant dans toute son énergie et qui avait mis à néant tous les prétendus titres qu'ils avaient produits, tous les actes qu'ils auraient faits auraient été inefficaces, car ils auraient eu pour effet d'acquérir par prescription une servitude discontinue, non seulement sans titre, mais même contre le titre, ce qui était absolument impossible ;

Mais que, d'autre part, s'agissant de pâturage à exercer dans les forêts soumises au régime forestier, de pareils actes auraient eu un caractère délictueux, puisque ceux qui les auraient exercés n'auraient pas, au préalable, provoqué la déclaration de défensabilité prescrite par l'ordonnance de 1669 et plus tard par le Code forestier, préalable absolument indispensable pour légitimer la possession ;

Que, d'ailleurs, il résulte des renseignements fournis par l'administration forestière, que, depuis l'an X jusqu'en 1852, époque où eurent lieu le partage et la distinction des forêts, montagnes et vacants de la Barousse, en exécution de l'arrêt de la Cour de 1839, un nombre considérable de procès-verbaux furent dressés contre les délinquants de Layrisse ;

Que, pendant ce temps, au contraire, les usagers de Barousse avaient rempli les formalités exigées pour l'exercice de leurs droits d'usage ;

Attendu, enfin, qu'en invoquant le moyen de prescription contre l'arrêt de 1744, les habitants de Layrisse oublient leur position au procès ; qu'ils sont demandeurs, et que, par conséquent, ils reconnaissent qu'ils ne sont point en possession des droits qu'ils revendiquent ; que ceux, au contraire, contre lesquels ils forment leur action, sont défendeurs et en possession de la liberté de leurs héritages, et que ceux-ci, pour se défendre, peuvent exciper de leurs titres, quelque temps qui se soit écoulé depuis leur date, suivant la règle : *Quæ temporalia sunt ad agendum perpetua sunt ad excipiendum ;*

Attendu que, quoique les coseigneurs de Barousse ne fussent point parties dans l'arrêt du Parlement de Toulouse, il n'est pas douteux qu'eux ou leurs ayants-cause peuvent s'en prévaloir et l'opposer à ceux contre lesquels il a été rendu ;

Qu'il est de principe que l'autorité de la chose jugée profite au copropriétaire ou au cocréancier d'une chose indivisible de sa nature ; que la loi romaine ainsi que les auteurs prennent pour exemple de cette chose indivisible une servitude ;

Que les habitants de Barousse, usagers des forêts de leur vallée, avaient le plus grand intérêt à écarter de leurs pacages les tiers étrangers qui devaient nécessairement restreindre ou partager des utilités qui leur étaient exclusives, et qu'on ne pourrait comprendre que le droit de dépaissance pût être accordé aux habitants de Layrisse vis-à-vis des propriétaires des forêts et refusé vis-à-vis des propriétaires de Barousse ;

Que l'action de Layrisse est donc de tous points irrecevable.

CASSATION, Ch. civ. — 6 nov. 1866.
(Comm. de Saint-Omer c. Debast-Flandrin.)

I, 17, 706.

Lorsque, dans une instance possessoire, une contestation s'élève sur la portée et les effets d'un plan général d'alignement, le juge est obligé de surseoir pour attendre l'interprétation de l'autorité administrative.

Du 8 janvier 1864, jugement du tribunal de Saint-Omer ainsi motivé :

Considérant que, pour justifier son action en complainte, Debast a soutenu et offert de prouver devant le premier juge que, par lui ou ses auteurs, il jouit du terrain litigieux depuis plus d'un an et jour, dans les termes utiles à prescription et conformément au titre primitif de ses auteurs, sur lequel le sien a été copié nonobstant certaine modification de limite (légale ou non) qu'aurait subie leur jouissance ; — Considérant que cette possession des auteurs de Debast à laquelle il a succédé aurait été manifestée par des dispositions des lieux nécessaires à l'établissement d'un chantier de construction, par des dépôts de bois permanents, des poses de pieux et d'engins à demeure, par l'emploi complet du terrain à cette destination, ainsi que par l'élagage et l'entretien des arbres qui s'y trouvaient plantés et qu'on a depuis abattus ; — Considérant que, de son côté, le maire de Saint-Omer, pour établir que cette possession était inopérante et la preuve offerte inadmissible, a prétendu que le terrain dont il s'agit était de temps immémorial, et notamment depuis 1811, une propriété communale à usage de rue, imprescriptible dès lors, et dont la possession ne pouvait avoir d'autre effet que celui d'une œuvre de simple tolérance ; — Considérant que, pour justifier son exception, le maire de Saint-Omer invoque : 1° le plan cadastral de 1807, ainsi qu'un plan général de 1814, où certaines teintes désigneraient, suivant lui, le terrain litigieux comme propriété communale, et 2° une ordonnance de 1828, réglant sur plan général et parcellaire l'alignement des rues de la commune de Saint-Omer, et qui, prétend-on, aurait fixé cette impasse parmi les rues du faubourg du Haut-Pont ; — Considérant, quant aux deux premiers documents, qu'œuvre cadastrale et n'ayant force en droit que celle d'un récolement de possession non contradictoire, ils ne sauraient constituer titre contre l'intimé, tout en supposant qu'ils indiquassent exactement comme rue le terrain dont il s'agit ; — Considérant, quant aux deux derniers documents, à savoir les plans général et parcellaire d'alignement, de même que l'ordonnance de 1828, qui en a homologué les indications, qu'en fait, ces plans ne désignent que par une simple amorce de façade, c'est-à-dire par un trait inachevé, annonçant qu'il n'est pas question du surplus, la propriété occupée par Debast ; qu'on ne peut donc avoir évidemment dans lesdits documents l'indication précise d'une rue publique même en projet, et qu'indiquassent-ils au surplus une rue projetée, il n'en résulterait rien encore qui justifiât l'exception de la commune, puisque, placée alors dans le cas général des créations de rues, et non dans le cas particulier des rectifications d'alignement, celle-ci aurait à subir les œuvres de droit et les conditions préalables des expropriations forcées ordinaires ; que vainement encore objecte-t-elle que le terrain litigieux, se terminant au midi par une passerelle aboutissant à une habitation, il en faut conclure qu'un passage est dû pour y accéder ; mais que l'existence de cette passerelle, assez récente du reste, ne détermine nullement la nécessité d'une rue pour aboutissant, dans un endroit surtout où l'on exploite à l'aide de bateaux, ni surtout que ce passage soit le résultat d'une destination publique du sol, plutôt que d'une convention de servitude ou d'une simple tolérance ; qu'enfin, l'on ne saurait non plus tirer argument du non-paiement d'une contribution locale en cet endroit (si le fait est exact), puisque cet état de choses résulterait du cadastre, qui ne peut équivaloir à titre dans ses énonciations, d'où il suit qu'en fait les différents moyens employés par la commune pour établir ses prétentions restent dénués de fondement ; — Considérant, au surplus, qu'il en est de même en droit ; qu'en admettant, en effet et par hypothèse, que cette ordonnance d'alignement de 1828 (que l'on veut bien supposer applicable en fait, malgré l'incertitude et l'insuffisance des indications de son plan) fût, en droit, complètement régulière et exécutoire, bien qu'elle n'ait été suivie ni d'une notification ni d'une insertion au *Bulletin des Lois* pour la porter légalement à la connaissance des parties intéressées, toujours est-il, en principe, qu'un pareil arrêté ne saurait déposséder, *ipso facto*, le détenteur de la jouissance de sa chose ; que s'il en opère l'attribution au domaine public comme conséquence de l'expropriation qu'il consacre, la dépossession ne s'en peut opérer qu'après offre et règlement d'indemnité ; que, jusque-là, le terrain frappé d'alignement reste à l'état de domaine privé et le détenteur en jouissance utile, pour acquérir ou compléter, par la prescription, son droit à ladite indemnité ; qu'en vain, a-t-on prétendu pour étayer la fin de non-recevoir qu'on oppose à l'action de Debast : 1° que l'autorité judiciaire était incompétente pour connaître des plans d'alignement et de la délimitation du domaine public, et 2° que le demandeur devait procéder au procès par la voie du pétitoire et nullement par celle du possessoire ; que la première objection est sans objet évidemment dans la cause, puisqu'il n'y est question ni de discussion, ni même d'interprétation de l'ordonnance de 1828, mais exclusivement de l'appréciation de son effet légal, ce qui maintient le débat dans les attributions du pouvoir judiciaire ; qu'à l'égard de la seconde objection, si elle est plus spécieuse, son rejet n'en est pas moins péremptoirement établi : 1° par les raisons de fait ci-dessus exposées contre l'application de l'ordonnance d'alignement, et 2° dans l'hypothèse contraire, par la marche particulière de la procédure dans cette affaire ; qu'en effet, au lieu d'ouvrir le litige par une notification de l'ordonnance avec sommation de délaisser et offre de régler l'indemnité, on est allé brusquement et directement l'ouvrir par une voie de fait, sans offre préalable ni postérieure, même d'indemnité, sans déclinatoire même de ce chef et en contestant à Debast la validité de sa possession ; que, dans cette situation, Debast, forcé de défendre à un trouble, n'avait d'autre action à engager et continuer que celle de la complainte à l'effet d'obtenir sa réintégrande, sa possession n'était pas contestée, ou si elle l'était, d'en offrir la preuve comme il l'a fait devant le premier juge ; qu'ainsi donc envisagée, dans leurs différents rapports, l'action de Debast a régulièrement procédé en l'état du procès, l'exception du maire de Saint-Omer est restée non justifiée, et la preuve ordonnée en première instance est parfaitement admissible.

Pourvoi de la commune de Saint-Omer.

ARRÊT

LA COUR : — Vu l'art. 23, tit. II, de la loi du 16-24 août 1790 :

Attendu que si le possesseur troublé dans sa possession peut exercer à son choix, soit la réintégrande, soit la complainte, pour obtenir sa maintenue en possession, soit même les deux actions cumulativement, il est certain, dans l'espèce, que c'est par l'action en complainte que Debast-Flandrin, ainsi qu'il l'a d'ailleurs expressément déclaré dans ses conclusions devant le juge paix, a voulu procéder contre la ville de Saint-Omer;

Attendu que les rues et places publiques n'étant pas prescriptibles, ne peuvent pas, par cela même, être l'objet d'une telle action;

Attendu que l'exception d'imprescriptibilité a été formellement opposée par la ville de Saint-Omer à l'action formée par Debast-Flandrin; que le maire de la ville soutenait, en effet, que le terrain litigieux était en temps immémorial et notamment depuis 1811 une propriété communale à usage de rue, et qu'il produisait, à l'appui de son exception, des actes administratifs, et spécialement le plan général d'alignement de la ville, homologué par l'ordonnance royale du 31 mars 1828;

Attendu que si, à raison de la prétention élevée par Debast-Flandrin que les plans auraient indiqué seulement des voies à ouvrir ou à rectifier sous les conditions de droit commun d'expropriation et d'indemnité, les actes administratifs produits par la ville de Saint-Omer pouvaient laisser subsister des doutes sur la nature et le caractère du terrain litigieux, en tant que dépendance du domaine public, le tribunal devait surseoir, et, ainsi que la ville de Saint-Omer le demandait expressément, renvoyer pour l'interprétation devant l'autorité administrative, seule compétente pour apprécier la portée et les effets d'un état de classement de che-

mins, et pour reconnaître l'assiette de la voie publique et en déterminer les limites;

Attendu, cependant, que le jugement attaqué, au lieu de surseoir, a admis Debast-Flandrin à prouver, tant par titres que par témoins, qu'il possédait le terrain litigieux depuis plus d'un an et jour, publiquement, à titre de propriétaire, et qu'il s'est fondé, pour décider ainsi, sur ce que les plans produits ne désignent la propriété occupée par Debast-Flandrin que par une simple amorce de façade, en sorte qu'on n'y pourrait voir l'indication d'une voie publique même en projet;

Attendu qu'en déterminant ainsi la portée, contestée entre les parties, des indications faites aux plans produits par la ville de Saint-Omer et, selon elle, indicatifs de voies publiques ouvertes et existantes, le jugement attaqué a interprété et non simplement appliqué lesdits actes; en quoi il a méconnu le principe de la séparation des pouvoirs administratif et judiciaire consacré par l'art. 23, tit. II, de la loi des 16-24 août 1790;

Casse.

CASSATION, Ch. civ. — 19 nov. 1866.
(Cabannes c. Berdal.)

I, 65, 236, 502.

Il ne faut pas voir une simple action en complainte dans la demande en dommages-intérêts formée par un propriétaire dont l'héritage est bordé ou traversé par un cours d'eau, contre le riverain inférieur auquel on reproche la destruction, depuis moins d'un an, d'un barrage établi dans le lit du cours d'eau. Cette action rentre dans la catégorie de celles dont parle l'art. 6 de la loi du 25 mai 1838, et n'est pas subordonnée à la preuve de la possession annale du barrage.

ARRÊT

LA COUR : — Vu les art. 644, C. Nap., et 6, nº 1, de la loi du 25 mai 1838 :

Attendu que, suivant l'art. 644 précité, celui dont une eau courante traverse l'héritage peut en user dans l'intervalle qu'elle y parcourt, à la charge de la rendre, à la sortie de ses fonds, à son cours ordinaire;

Et que, suivant l'art. 6, n° 1, de la loi du 25 mai 1838, les juges de paix connaissent des entreprises commises dans l'année sur les cours d'eau servant à l'irrigation des propriétés et au mouvement des usines;

Attendu, en fait, que le jugement attaqué reconnaît et décide que par son exploit introductif d'instance devant le juge de paix de Castillon, Cabannes a fait assigner le fermier de Berdal, dont celui-ci a pris le fait et cause, à l'effet de se voir condamner à 200 fr. de dommages pour s'être permis, depuis moins d'an et jour, en un point où il est riverain des deux côtés du ruisseau de Goutas, de renverser un barrage établi sur ce ruisseau afin d'arroser son pré;

Que, devant le même juge de paix, en réponse aux moyens opposés par Berdal, Cabannes a de nouveau soutenu qu'en vertu de ses titres et de sa qualité de riverain des deux côtés, il avait le droit d'user à volonté des eaux du ruisseau pour l'irrigation de son pré, à la charge de les rendre à leur cours naturel, lorsque les besoins de ce pré seraient entièrement satisfaits, ajoutant qu'à cet effet il avait de temps immémorial établi, pour dévier les eaux, un barrage dont il avait la possession plus qu'annale, ainsi qu'il offrait de l'établir;

Que, d'après ces conclusions reprises encore en appel, la demande, ainsi nettement libellée, avait donc bien pour objet l'exercice du droit qui appartenait à Cabannes, comme riverain des deux côtés du ruisseau de Goutas, d'user des eaux pour l'irrigation de son fonds, et la répression d'une entreprise commise dans l'année sur ce cours d'eau;

Que cette action était bien une action possessoire en ce sens qu'il s'agissait d'une entreprise troublant le défendeur dans sa jouissance et commise dans l'année;

Mais que cette action était régie par les règles qui lui sont spéciales, et qu'en présence d'un droit résultant de l'état même des lieux, lequel état n'était pas contesté, et des dispositions de l'art. 644, C. Nap., il n'y avait pas lieu de soumettre le demandeur à la preuve d'une possession annale, comme en matière de complainte;

Qu'il est vrai qu'au cours du procès, en même temps qu'il avait prétendu qu'il avait le droit d'user des eaux pour l'irrigation de son pré, en vertu de ses titres et en sa qualité de riverain des deux côtés, Cabannes avait ajouté qu'à cet effet et pour cet usage, il avait de temps immémorial établi un barrage pour dévier les eaux, barrage dont il avait la possession plus qu'annale, ainsi qu'il offrait de l'établir;

Mais que cette allégation d'une possession plus qu'annale et cette offre de preuve se référaient seulement au fait du barrage comme moyen d'exercice de son droit; qu'elles étaient surabondantes et ne détruisaient pas la base de l'action, à savoir qu'elle résultait de la qualité de riverain des deux côtés;

Que cette offre surabondante, se référant spécialement au mode d'exercice du droit, n'altérait pas le caractère de l'action primitive et ne pouvait la faire dégénérer en complainte;

Qu'il est vrai que cette preuve avait été ordonnée par un jugement interlocutoire rendu par le juge de paix; mais que Cabannes ayant interjeté appel du jugement interlocutoire en même temps que du jugement rendu au principal, rien ne pouvait établir contre lui le préjugé d'un acquiescement contraire à la nature même de l'action;

D'où il suit qu'en jugeant, au contraire, que la demande de Cabannes avait pris le caractère d'une action en complainte, et qu'il était non recevable à se plaindre d'une entreprise faite dans l'année sur un cours d'eau traversant sa propriété, par le motif qu'il ne faisait pas la preuve d'une possession annale, le jugement attaqué a violé les articles de loi précités;

Casse.

———

CASSATION, Ch. req. — 21 nov. 1866.
(Vuillemenot c. Tournier.)

I, 127.

Les chemins de desserte sont présumés avoir été créés en vertu d'une convention tacite par suite de laquelle chacun des riverains a abandonné la portion de terrain nécessaire à son établissement. Il en résulte que la copropriété de ces chemins est susceptible d'être acquise par prescription sans qu'il y ait besoin de titre comme lorsqu'il s'agit d'une servitude de passage. Et la preuve de cette convention peut être déduite de la situation des lieux et de l'ensemble des faits et circonstances de la cause.

ARRÊT

LA COUR : — Sur le deuxième moyen :
Attendu qu'à la différence de la servitude de passage sur le fonds d'autrui, laquelle ne peut être établie que par titres, un chemin rural, servant à l'exploitation des propriétés qu'il traverse, est présumé avoir été formé par l'abandon par chacun des propriétaires qui en profitent, de la portion du terrain nécessaire à son établissement; qu'un tel chemin constitue donc une copropriété susceptible d'être acquise par prescription, et que la preuve de la convention tacite qui a établi un tel chemin peut résulter des présomptions que le juge rencontre dans la situation des lieux et l'ensemble des faits et circonstances de la cause;

Qu'en le jugeant ainsi, et en concluant des circonstances qu'il relève que le chemin litigieux était la propriété commune des parties, l'arrêt n'a méconnu aucune des dispositions de loi invoquées par le demandeur;

Rejette.

CASSATION, Ch. req. — 18 déc. 1866.
(Alric c. Robert.)

I, 243, 269, 288.

Pour savoir si des eaux pluviales peuvent avoir été l'objet d'une possession utile, le juge du possessoire doit rechercher quelle est la nature du terrain sur lequel elles ont été dérivées, et s'il résulte de cet examen que ces eaux ne sont pas susceptibles d'une possession efficace parce que le terrain qui les reçoit forme une dépendance d'une voie vicinale, le juge rejette à bon droit l'action sans contrevenir à l'art. 25, C. pr. Les ouvrages exécutés sur la voie publique pour amener les eaux pluviales ne constituent pas, seraient-ils apparents, des actes d'appropriation à l'égard du riverain supérieur.

Du 24 janvier 1864, jugement du tribunal de Rodez ainsi motivé :

Attendu que le dispositif de l'arrêt de la Cour de Cassation, en date du 22 avril 1863, a prononcé la cassation et l'annulation du jugement du tribunal civil de Milhau, en date du 25 janvier 1861, sans aucune restriction, a mis les parties au même et semblable état qu'auparavant, et les a renvoyées devant le tribunal de céans pour leur être fait droit; — Qu'il est donc évident que ce dernier tribunal est saisi, par le renvoi de la Cour suprême, de l'appel du jugement du juge de paix de Salles-Curan, d'une action possessoire d'eaux pluviales coulant sur des chemins publics, dont certaines de ces propriétés, de même que les héritages appartenant à Robert, sont riveraines; — Que les eaux pluviales coulant sur un chemin public étant légalement considérées comme n'appartenant à personne; que tous les actes, quels qu'ils soient, exercés à l'occasion de ces eaux par les propriétaires riverains, ne sont, suivant les expressions de l'arrêt précité de la Cour de Cassation, que des actes de pure tolérance ou de pure faculté, lesquels ne peuvent fonder ni possession, ni prescription, ni donner lieu, par conséquent, à une action possessoire; — Attendu qu'Alric a prétendu à tort qu'entre son bâtiment, situé à Combret, son aire-sol et le pré dit Clauzet appartenant à Robert, les eaux en litige coulaient sur un fonds dont il serait propriétaire, puisque le contraire a été jugé contre lui, et en faveur de M. le maire de Salles-Curan, par un jugement du tribunal de Milhau du 23 juillet 1862, confirmé par arrêt de la Cour de Montpellier du 24 décembre 1862; qu'il est donc certain qu'il s'agit uniquement d'eaux pluviales et vicinales; — Attendu qu'il résulte des faits et des principes qui viennent d'être exposés que l'action possessoire portée par Alric devant le juge de paix de Salles-Curan était irrecevable; qu'en la rejetant comme telle, ce dernier a bien jugé, et que la sentence a été attaquée mal à propos.

Pourvoi du sieur Alric.

ARRÊT

LA COUR : — Sur le premier moyen :
Attendu, en fait, que dans le litige tel qu'il s'est produit devant le tribunal de Rodez, lors du jugement attaqué, il s'agissait uniquement de savoir si Robert, défendeur éventuel, avait pu, pour l'irrigation de son pré du Clauzet, dériver les eaux pluviales coulant sur le terrain qui sépare ce pré des bâtisses d'Alric ;

Attendu qu'il résulte du jugement et du plan des lieux joint à la requête du demandeur que le pré du Clauzet appartenant à Robert est supérieur au pré en pâture d'Alric; que c'est en raison de cette position relative des deux fonds qu'Alric avait intérêt à faire supprimer la prise d'eau du défendeur éventuel;

Attendu que, pour décider si ce dernier avait pu légitimement dévier les eaux pluviales qui coulent le long de sa prairie, il faut constater avant tout quelle est la nature du terrain sur lequel la déviation a été opérée;

Attendu qu'Alric a soutenu que les eaux en litige coulaient sur un terrain qui lui appartenait exclusivement; qu'en présence d'une telle exception, le tribunal de Rodez avait incontestablement le droit, et qu'il était même de son devoir d'examiner la question de propriété à l'effet de décider quelle était la nature des eaux et, par suite, le caractère de la possession invoquée par le demandeur;

Attendu que le jugement constate, en fait, que par un arrêt de la Cour impériale de Montpellier du 22 juillet 1862, intervenu entre Alric et la commune de Salles-Curan, il a été décidé que ce terrain formait une dépendance d'une voie vicinale appartenant à la commune;

D'où le tribunal de Rodez a pu induire, sans violer la règle prohibitive du cumul du possessoire et du pétitoire, que les eaux dont il s'agit n'étaient pas susceptibles d'une possession utile;

Que vainement Alric soutient que les eaux en litige, avant de parvenir sur le terrain qui longe son bâtiment et le sépare du pré du Clauzet, étaient déjà devenues sa propriété par l'effet de la dérivation qu'il en avait effectuée sur son aire-sol, à l'aide de travaux exécutés sur le chemin de Cadouls à Cannebières, en amont du pré de Robert;

Attendu que les eaux pluviales qui coulent sur un chemin public étant *res nullius*, leur possession momentanée est empreinte de précarité et ne peut créer aucun droit;

Que les travaux exécutés sur la voie publique pour en opérer la dérivation et les introduire dans un fonds contigu au chemin ne constituent pas des actes contradictoires aux droits des autres riverains, et ne présentent, à l'égard d'aucun d'eux, les caractères déterminés par l'art. 642, C. Nap.;

Attendu, d'autre part, que l'arrêt de la Cour de Montpellier du 22 juillet 1862, qui avait constaté la publicité du chemin dont il s'agit, pouvait être invoqué par Robert, en sa qualité d'habitant de Salles-Curan, bien qu'il n'ait pas figuré personnellement dans l'instance;

Sur le deuxième moyen:

Attendu que le tribunal de Rodez s'est borné, dans le dispositif de son jugement, à rejeter l'action possessoire d'Alric; que cette décision n'a point eu pour effet nécessaire d'attribuer à Robert la propriété des eaux en litige;

Que la seule conséquence qui puisse en résulter en faveur de ce dernier, c'est qu'il aura la faculté d'utiliser les eaux pluviales coulant sur la voie vicinale, le long de son pré, lorsqu'elles n'auront pas été absorbées par des riverains supérieurs;

Que, par suite, le jugement attaqué n'a nullement violé les dispositions de l'art. 641, C. Nap., invoqué sur le deuxième moyen du pourvoi;

Rejette.

CASSATION, Ch. civ. — 7 janvier 1867.
(Durand et Joyat c. Comm. d'Abzac.)

I, 325, 500.

La seule mission du juge du possessoire, saisi d'une action relative à une servitude de passage pour cause d'enclave, consiste à vérifier si la possession réunit les conditions prescrites et si elle a été troublée, auquel cas il doit la reconnaître et en ordonner le maintien. Mais la question de savoir s'il y aurait possibilité et convenance à changer l'assiette du passage est de la compétence exclusive du juge du pétitoire; le juge du possessoire excède ses pouvoirs en la tranchant.

Du 6 décembre 1864, jugement du tribunal de Libourne ainsi motivé:

Sur la compétence: — Attendu qu'il ne s'agissait pas au procès d'appliquer ni d'interpréter des actes administratifs, mais bien d'apprécier le trouble que les appelants prétendaient éprouver dans la possession d'un droit de passage fondé sur l'enclave; que c'est donc à tort que le premier juge s'est déclaré incompétent; — Sur le fond: — Attendu qu'en présence de la sentence du 7 avril 1862, dont le maire d'Abzac aurait facilement obtenu la réformation, mais qu'il a cru devoir exécuter, il y a désormais chose jugée sur le droit qu'ont Durand et Joyat à un passage pour se rendre de chez eux sur les propriétés qu'ils possèdent au nord de l'église; mais qu'il appartient au juge saisi de leur nouvelle complainte de rechercher si les faits dont ils se plaignent aujourd'hui constituent un trouble réel et sérieux au droit reconnu à leur profit; qu'à cet égard il est certain et il appert des documents produits que les constructions édifiées d'après les plans modifiés le 23 mai 1862, leur laissent derrière l'abside un passage de la même longueur que celui qui existait sous l'arrière-porche et dans des conditions plus commodes pour eux; que leur nouvelle action est donc dépourvue de tout intérêt, et partant irrecevable et mal fondée; — Attendu qu'ils excipent, il est vrai, des prétentions de Vacher, lequel aurait planté aux abords de l'abside une borne ou piquet qui réduit à 70 centimètres environ le passage qui leur a été réservé; mais que les circonstances de la cause démontrent suffisamment que la plantation de cette borne, qui n'a eu lieu que depuis l'introduction du procès, et qui, dès lors, n'en aurait point été la cause déterminante, n'est, en réalité, que le résultat d'une entente concertée entre Vacher et les appelants pour colorer leur action et créer de nouvelles difficultés à l'administration municipale d'Abzac; qu'il sera donc facile à Durand et Joyat de faire disparaître cet obstacle qui n'a rien de sérieux.

Pourvoi des sieurs Durand et Joyat.

ARRÊT

LA COUR : — Donnant défaut contre la commune défenderesse;

Sur les deux moyens du pourvoi :

Vu les art. 7 de la loi du 20 avril 1810 et 25, C. pr. civ.:

Attendu que l'action des demandeurs avait pour objet principal leur maintenue en possession, à titre de propriétaires ou de communistes, d'un terrain par eux affecté à un passage commun pour l'accès de leurs propriétés respectives, et pour objet subsidiaire leur maintenue en possession d'un passage par eux exercé pour cause d'enclave depuis plus d'un an et jour;

Attendu que le jugement dénoncé rejette implicitement les conclusions principales sans énoncer aucun motif à ce sujet;

Attendu que, sans nier l'existence et les caractères légaux de la possession invoquée subsidiairement à raison d'un droit de passage à titre de servitude et pour cause d'enclave, il déclare les demandeurs non recevables et en tout cas mal fondés en leur action, uniquement par le motif que le passage pourrait s'exercer plus commodément sur un autre point;

Attendu que la seule mission du juge du possessoire est de vérifier si la possession existe dans les conditions et avec les caractères déterminés par la loi, et si elle a été troublée indûment; que, la possession ainsi justifiée, il doit la reconnaître et en ordonner le maintien; que la question de savoir s'il y aurait possibilité et convenance de changer l'assiette du passage possédé pour cause d'enclave, conformément à l'art. 684, C. Nap., est de la compétence, non du juge du possessoire, mais seulement du juge du pétitoire;

D'où il suit qu'en déclarant, dans l'état des faits, les demandeurs non recevables et en tout cas mal fondés dans leur action, le jugement dénoncé a violé les dispositions ci-dessus visées;

Casse.

CASSATION, Ch. civ. — 4 février 1867. (Lacroix-Morel c. Comm. de Caix.)

I, 180.

Dans les actions possessoires concernant les chemins vicinaux, les communes sont représentées par le maire, sans qu'il y ait à distinguer entre ceux d'intérêt commun et ceux de moyenne communication ; en aucun cas, elles ne sont représentées par le préfet.

ARRÊT

LA COUR : — Vu l'art. 23, C. pr., et les art. 7 et 9 de la loi du 21 mai 1836 :

Attendu, en fait, que la demande de Lacroix-Morel devant le juge de paix de Rosières tendait à sa maintenue en possession de deux ares cinquante-sept centiares de terrains lui appartenant et dont les agents-voyers s'étaient emparés, avant toute expropriation et tout paiement d'indemnité, pour l'établissement du chemin vicinal n° 76, de Domart à Caix, dit *chemin de moyenne communication ;*

Attendu que la sentence du juge de paix qui prononçait cette maintenue a été, sur l'appel, infirmée par le jugement du tribunal civil de Montdidier, objet du pourvoi;

Que ce jugement a déclaré Lacroix-Morel non recevable dans sa demande, en se fondant sur cet unique motif, qu'elle aurait dû être dirigée, à raison de la nature du chemin, non point contre le maire de la commune de Caix, mais bien contre le préfet de la Somme ;

Mais attendu, sur ce point et en droit, qu'aux termes de l'art. 1er de la loi du 21 mai 1836, les chemins vicinaux légalement reconnus sont à la charge des communes ;

Qu'il n'y a pas à distinguer entre ceux dits *d'intérêt commun ou de moyenne communication*, qui intéressent plusieurs communes, et ceux qui ne s'étendent pas au-delà des limites de de chacune d'elles ;

Que, sous ce rapport, ils sont les uns et les autres également régis, et au même titre, par les art. 2, 3, 4 et 5, qui composent la première section de la loi précitée ;

Que si les préfets peuvent agir directement, lorsque les conseils municipaux et les maires négligent de remplir les obligations qui leur sont imposées par ces articles ; que si même, au cas où il s'agit d'un chemin vicinal qui intéresse plusieurs communes, il leur appartient, sur l'avis des conseils municipaux, de désigner les communes qui devront concourir à sa construction ou à son entretien et de fixer la proportion dans laquelle chacune y contribuera, il y a néanmoins lieu de reconnaître que ce ne sont là que des actes de simple administration, lesquels ne peuvent attribuer à ceux qui les exercent un droit quelconque de propriété sur ces chemins, non plus que mettre à leur charge l'obligation essentiellement corrélative d'acquérir les terrains sur lesquels ils seront assis ;

Attendu, en outre, qu'il importe peu que cette acquisition soit réalisée par la voie amiable ou qu'elle dérive de l'expropriation pour cause d'utilité publique, puisque, dans l'un comme dans l'autre cas, son objet est le même ;

Qu'il est donc vrai de dire aussi que, dans l'un comme dans l'autre cas, l'intervention de l'autorité préfectorale dans les litiges engagés à cette occasion vis-à-vis des tiers constituerait un véritable empiétement sur l'autorité municipale, qui a seule qualité pour veiller à la conservation de sa propre chose, et ne peut, dès lors, être représentée à cet effet, pour l'action comme pour la défense, que par le maire ;

D'où suit qu'en décidant le contraire et en renvoyant le demandeur à se pourvoir, s'il y avait lieu, contre le préfet, tandis que son action était régulièrement et justement formée contre le maire de la commune de Caix, le tribunal civil de Montdidier a violé l'art. 23, C. pr., et de plus faussement appliqué et par suite violé les art. 7 et 9 de la loi du 21 mai 1836, ci-dessus visés ;

Casse.

CASSATION, Ch. civ. — 6 février 1867.

(Bernier-Blondeau c. Lemaire et Delaune.)

I, 725.

Les jours qui ne causent aucun trouble au fonds voisin, ne peuvent faire l'objet d'une action en suppression. Il en est ainsi notamment de ceux qui donnent exclusivement sur un mur de clôture tellement élevé qu'il est impossible de plonger la vue jusque dans l'intérieur de l'héritage voisin.

Du 29 juillet 1865, arrêt de la Cour d'Orléans qui contient les motifs suivants :

En ce qui touche la fenêtre du rez-de-chaussée : — Attendu qu'il résulte des documents de la cause que cette fenêtre, qui, par son état matériel, serait de nature à constituer une vue droite et non un simple jour de souffrance, est, depuis un temps immémorial, obstruée par le mur de la grange Lemaire, qui n'est qu'à un mètre environ ; — Attendu que Bernier, qui n'a aucun titre à l'appui de cette servitude, n'a pu l'acquérir par la prescription ; qu'en effet, pour prescrire, il faut posséder ; que le droit de vue empêche le voisin d'établir à moins de dix-neuf décimètres de la fenêtre des constructions qui puissent en empêcher ou en diminuer l'usage, il en résulte que le propriétaire du fonds dominant qui laisse établir ces constructions à une moindre distance, cesse d'avoir la possession complète, paisible et incontestée, nécessaire pour prescrire, puisque, notamment, dans l'espèce, la vue ne s'étend pas au-delà de son propre terrain ; que Bernier n'est donc pas fondé à se plaindre de la surélévation du mur de Lemaire en regard de sa fenêtre de cave ; mais que, réciproquement, Lemaire n'est pas fondé davantage à demander, soit la suppression, soit la réduction de ladite fenêtre ; qu'en effet, Lemaire est sans droit pour le double motif que la vue en question, étant obstruée par son mur, ne le gêne en rien, et que, d'un autre côté, tant que ce mur existera, il n'a point à craindre, pour les motifs ci-dessus déduits, que Bernier puisse prescrire contre lui; — En ce qui touche la ruelle : — Attendu que Lemaire, prétendant être propriétaire ou au moins copropriétaire avec Bernier de la ruelle existant entre sa grange et les bâtiments de Bernier, demande que celui-ci soit tenu de démolir un contre-mur qu'il a établi le long du mur de la grange...; — Attendu que les titres produits en appel par Lemaire ne sont pas de nature à justifier sa prétention à la propriété ou copropriété de la ruelle; — Mais attendu qu'il résulte de l'état des lieux et du titre d'acquisition de Bernier, en date du 1er mai 1865, que Lemaire a sur ladite ruelle un droit d'égout et de tour d'échelle pour sa grange; que l'exercice de ce dernier droit serait nécessairement gêné par l'établissement d'un contre-mur dans l'espace étroit existant entre ladite grange et le bâtiment de Bernier, espace qui est à peine d'un mètre; que la demande de Lemaire est fondée en ce point; — En ce qui touche la demande en garantie : — Attendu que c'est à bon droit que Bernier a appelé en cause les héritiers Delaune, ses vendeurs, sur la demande de Lemaire tendant à le faire reconnaître propriétaire de la ruelle par eux vendue à Bernier; mais que c'est à tort que ce dernier les avait appelés en ce qui concerne les autres points du litige; qu'en effet, quant à la fenêtre de la cave, le simple aspect des lieux avertissait de sa nature Bernier auquel, d'ailleurs, il n'avait pas été dit que l'existence de cette vue fût autrement consacrée par un titre; que, pour le surplus, il existait en faveur de Lemaire un droit d'égout et un tour d'échelle que Bernier était dès lors tenu de respecter; — Par ces motifs, etc.

Pourvoi du sieur Bernier.

ARRÊT

LA COUR : — Sur le premier moyen :
Attendu, en fait, que le sieur Bernier a acquis des héritiers Delaune, par acte du 1er mai 1865, une maison située à Romorantin; que cet acte énonce que *la cave de la maison vendue a une grande fenêtre sur la ruelle;*

Que l'arrêt attaqué constate que cette fenêtre, établie originairement sans titre constitutif d'une servitude de vue droite sur la propriété du sieur Lemaire, était obstruée par le mur de clôture de celui-ci, situé de l'autre côté de la ruelle, à une distance moindre de 19 décimètres;

Attendu que Lemaire ayant exhaussé le mur prémentionné, il s'agit de savoir si Bernier pouvait exiger que ce mur fût démoli en partie pour être ramené à sa hauteur primitive, et, d'autre part, si Lemaire était en droit de demander la suppression de la fenêtre de son voisin;

Attendu que Lemaire n'ayant point formé de recours en cassation, il devient superflu d'examiner si Bernier a pu acquérir par prescription, ainsi que l'arrêt attaqué l'a décidé, le droit de conserver une fenêtre ouvrant presque immédiatement sur le mur de Lemaire et qui, par cela même, ne causait aucun préjudice et n'imposait aucune gêne à celui-ci;

Mais attendu que Bernier n'ayant possédé aucune *fenêtre obstruée* par le mur de Lemaire avant son élévation n'a pu prescrire, dans tous les cas, que ce qu'il avait possédé;

Que la possession d'une fenêtre dans les conditions qui viennent d'être indiquées, ne pouvait avoir créé, en faveur du demandeur, sur le fonds de Lemaire, ni une servitude de vue droite, ou d'aspect, dont il n'avait jamais joui, ni par suite la servitude *non altius tollendi*, ou *luminibus officiatur;*

Attendu, d'ailleurs, qu'il n'a nullement été constaté que la surélévation du mur de Lemaire ait diminué ou rendu plus incommode l'exercice du droit acquis à Bernier par la prescription (art. 701, C. Nap.);

Sur le deuxième moyen :
Attendu que le sieur Bernier pour repousser la demande du sieur Lemaire tendant à faire décider qu'il était copropriétaire de la ruelle litigieuse, produisit spontanément le contrat du 1er mai 1865, par lequel les hoirs Delaune lui avaient vendu la maison dont il s'agit, avec la ruelle attenant;

Que ce contrat étant ainsi devenu dans le litige un élément de décision commun aux deux parties, le sieur Lemaire a pu légitimement en invoquer la disposition qui lui reconnaît un droit de tour d'échelle et un droit d'égout sur ladite ruelle;

Rejette.

CASSATION, Ch. civ. — 13 mars 1867.
(Trémaut c. Burgault.)

I, 335, 336, 685.

La limite des eaux d'un étang n'est pas fixée d'une manière invariable par le déversoir; elle doit être plutôt déterminée par le point extrême d'élévation atteint par les eaux au moment des crues ordinaires de la saison d'hiver. Cette hauteur sera vérifiée au possessoire par les moyens de preuves ordi-

naires et notamment par des enquêtes ou par l'inspection des lieux.

Le propriétaire de l'étang est fondé à se faire maintenir en possession lorsqu'il est troublé dans sa jouissance et il y a trouble suffisant de la part d'un tiers qui, dans une enquête administrative ouverte à l'occasion de la transformation d'un moulin en minoterie, dépose une protestation dans laquelle il soutient être propriétaire des terrains qui doivent être occupés par la nouvelle usine comme compris dans les limites de l'étang.

ARRÊT

LA COUR : — Sur le premier moyen :

Attendu que, par une juste appréciation des faits, le jugement attaqué a reconnu que l'opposition formée par les demandeurs devant l'autorité administrative tendait à dénaturer la possession de Burgault, à en restreindre l'exercice et à en paralyser les effets;

Qu'en décidant, dès lors, que cette opposition constituait un trouble de nature à servir de base à l'action en complainte, le jugement attaqué, loin de violer l'art. 23, C. pr., en a fait, au contraire, une saine application ;

Déclare ce premier moyen mal fondé;

Sur le deuxième moyen :

Attendu qu'il est constaté par le jugement attaqué que les parcelles litigieuses, dont la propriété est attribuée aux demandeurs par les matrices cadastrales de la commune de Muzillac, sont couvertes par les eaux de l'étang de Penmur au moment des crues périodiques et annuelles de la saison d'hiver;

Attendu, en outre, que le juge de paix, dont la sentence sur ce point a été confirmée, déclare qu'il résulte soit de l'inspection des lieux, soit de l'enquête, d'une part, que, depuis plus d'un an et jour, la hauteur de la décharge, pendant les crues annuelles, s'élève de 5 à 30 centimètres en contre-haut du déversoir de l'étang, et, d'autre part, que ce niveau est en correspondance exacte avec les points des parcelles litigieuses envahis par les eaux; et qu'à cet égard, enfin, la possession plus qu'annale de Burgault, propriétaire de l'étang de Penmur, a été publique, paisible et de bonne foi;

Attendu que la question en droit est donc celle de savoir si une possession ainsi définie et caractérisée tombe sous l'application du § 1er de l'art. 558, C. Nap., ou bien, en d'autres termes, si ce paragraphe, loin de limiter d'une manière générale et absolue, comme le prétend le pourvoi, la hauteur de la décharge au seuil même du déversoir, ne la fixe pas, au contraire, ainsi que le jugement attaqué l'affirme, au point extrême d'élévation atteint par les eaux au moment des crues ordinaires de la saison d'hiver;

Attendu, d'une part, que, dans cette dernière hypothèse, l'élévation des eaux, quelles que soient d'ailleurs leurs fluctuations, est toujours marquée par des lignes apparentes ; d'où il suit que, du moins, à ce premier point de vue, rien ne fait obstacle à ce qu'elle fixe le point de départ qui réglera à son tour, conformément aux prévisions de l'art. 558, C. Nap., les droits respectifs du propriétaire et des riverains de l'étang; et que, d'autre part, il n'est pas moins vrai de dire qu'au point de vue juridique, elle est encore la base naturelle et fondamentale de l'économie de cet article;

Qu'en effet, cela résulte notamment de ce que le retour périodique des crues d'hiver, en leur imprimant un mouvement régulier et normal, les distingue essentiellement des crues extraordinaires qualifiées ainsi par le second paragraphe de l'article précité : si bien que l'on peut dire que, par la place même que ces mots, *crues extraordinaires*, occupent dans cet article, ils ne peuvent s'entendre que des crues accidentelles qui se meuvent en dehors de toutes les conditions de fixité et de régularité propres aux crues ordinaires, tout en affectant d'ailleurs de telles proportions, particulièrement en ce qui concerne la hauteur des eaux et leur irruption sur les terres voisines, qu'il est impossible de leur assigner aucunes limites;

Attendu que cette distinction répond directement au double objet que se propose l'art. 558, puisqu'elle tend à expliquer et qu'elle explique, en effet, comment et pourquoi, tandis que le § 1er de cet article dispose, pour les crues ordinaires, que le propriétaire de l'étang conserve le terrain que l'eau couvre quand elle est à la hauteur de la décharge, même quand le volume d'eau vient à diminuer, le second paragraphe de ce même article, quand il s'agit des crues extraordinaires qui couvrent les terres des riverains, leur réserve, au contraire, contre le propriétaire, le plein et entier bénéfice du droit commun;

Attendu, enfin, que cette interprétation de l'art. 558 est en parfaite conformité avec le principe, constamment admis en cette matière, que le droit des propriétaires des étangs est fondé sur la présomption légale qu'à les prendre à leur origine même, les étangs sont réputés n'avoir été établis qu'à la condition que leurs eaux, même quand la masse en est augmentée par les crues ordinaires, ne pourraient se décharger que sur les terres leur appartenant, sans jamais envahir celles des riverains;

D'où l'on a justement induit que ceux-ci n'en éprouvent, dès lors, aucun dommage; ce qui tend à justifier encore dans son principe même le jugement attaqué;

D'où il suit qu'en décidant, sur la demande de Burgault, propriétaire de l'étang de Penmur, qu'en l'état des faits, il y avait lieu de le maintenir en possession des parcelles litigieuses couvertes par les eaux de cet étang pendant les crues annuelles et périodiques de la saison d'hiver, ce jugement n'a pas violé l'art. 558, C. Nap., ni aucune autre loi;

Rejette.

CASSATION, Ch. req. — 13 mars 1867.
(Brossart c. Billuart.)

I, 492, 499.

La possession ne peut s'acquérir que par la réunion du fait matériel et de l'intention; mais, une fois acquise, elle se conserve par la seule intention pourvu qu'un tiers n'ait pas accompli, pendant le temps voulu, des actes présentant un caractère définitif joint à l'animus domini dans les conditions déterminées par l'art. 2229, C. civ.

ARRÊT

LA COUR : — Attendu qu'aux termes des art. 23, C. pr. civ., et 2229, C. Nap., la complainte possessoire n'est recevable qu'autant qu'elle a été formée dans l'année du trouble par celui qui, depuis une année au moins, était en possession paisible, publique, continue, non interrompue, non équivoque et à titre de propriétaire;

Attendu qu'il est constaté, en fait, par le jugement attaqué que, depuis son acte d'acquisition du 6 avril 1863, la société Sainte-Anne, comme étant aux droits de la commune de Fumay, n'a fait aucun acte matériel de possession sur le terrain objet du litige;

Attendu, d'autre part, que la société Sainte-Marie-des-Français, défenderesse éventuelle, a posé en fait et offert de prouver que, depuis 1862, elle a accompli sur le terrain dont il s'agit des actes significatifs d'une possession caractérisée; que cette affirmation n'a pas été contredite par la demanderesse en cassation, qui n'a point offert la preuve contraire;

D'où il suit qu'au 15 novembre 1864, jour où la société Sainte-Anne a intenté son action en complainte, elle n'avait pas la possession annale et que le trouble d'ailleurs remontait à plus d'une année; que vainement le pourvoi soutient, en droit, que, si la possession ne peut s'acquérir que par la réunion du fait matériel et de l'intention, *corpore et animo*, la seule intention, *solo animo*, suffit pour la conserver; et, en fait, que, de 1845 à 1847, la commune de Fumay, ou son auteur, aurait accompli des actes d'une possession caractérisée qu'elle aurait ensuite conservée *solo animo;*

Attendu, en effet, que, même sous l'empire du droit romain, la possession se perdait *solo corpore*, quelle que fût la persistance de l'intention, lorsqu'un tiers s'était mis en possession réelle de l'immeuble contesté;

Attendu que ce principe est, à plus forte raison, applicable sous la législation qui nous régit; que les termes des articles précités ne peuvent laisser, à cet égard, aucun doute dans l'esprit; qu'il en résulte que la possession *nudo animo*, ayant pour principe des actes matériels de possession accomplis dans les conditions requises pour prescrire, antérieurement à l'année qui a précédé le trouble, ne saurait autoriser l'action en complainte, surtout contre un tiers détenteur de la chose litigieuse, pouvant justifier, comme dans l'espèce, d'une possession annale, réelle et matérielle, réunissant à l'*animus domini* les autres conditions déterminées par l'art. 2229, C. Nap. ;

Rejette.

CASSATION, Ch. civ. — 8 mai 1867.
(Lecomte c. Comm. de Villeneuve-la-
Guyard.)

I, 300, 728.

Une commune est en droit de réclamer le retrait de l'égout d'un toit pratiqué au-dessus d'un lavoir ou canal, propriété communale privée, sans que le particulier qui l'a établi puisse se prévaloir de ce que les usages accordés aux habitants avaient rendu communs à tous ce lavoir et ce canal.

Les art. 678 et 679, C. civ., sont applicables au terrain communal qui dépend du domaine privé de la commune; en conséquence, les jours pratiqués en dehors de la distance prescrite par ces articles, doivent être bouchés.

Sentence du juge de paix qui le décide en ces termes. Cette sentence fut confirmée, avec adoption des motifs, par jugement du tribunal de Sens du 25 août 1864.

Attendu que Lecomte, interpellé à ce sujet, a déclaré avoir disposé depuis moins d'un an quatre baies propres à établir des croisées à vues droites dans un mur longeant le coulant de la fontaine de Villeneuve-la-Guyard, baies qui ne sont pas à la distance voulue par l'art. 678, C. Nap., et qui, au surplus, ne sont pas garnies des treillis à verre dormant prescrits par l'art. 676 du même Code; — Attendu que, d'autre part, et à partir de la même époque, le toit de l'usine de Lecomte appuyant sur le mur où sont les baies, verse les eaux pluviales dans le coulant dont s'agit, entreprise contraire aux dispositions de l'art. 681 du même Code, et essentiellement nuisible au lavoir; — Attendu que la fontaine susénoncée située au-dessus de l'usine aussi susénoncée sourd et bouillonne dans un espace renfermé de murs, puis jette ses eaux dans un lit ou coulant passant dans un lavoir, enfin alimente un abreuvoir et un récipient disposé pour le cas d'incendie; — Attendu que, comme on le voit, la fontaine et les établissements dont s'agit sont à l'usage des habitants, se tiennent, se relient et forment, pour ainsi dire, un corps d'exploitation et de jouissance

qui proteste contre tout envahissement privatif; — Attendu que la jouissance de la commune et sa possession existent depuis un temps immémorial; qu'elles se sont manifestées par le curage de la fontaine et du coulant, par la construction et la réparation des établissements accessoires qui en dépendent, faits qui ne sont pas contestés par le défendeur; — Attendu que le défendeur a tellement senti son défaut de possession civile que, rendant hommage à celle de la commune, il a sollicité de cette dernière un alignement pour ses constructions le long du coulant, autorisation que la commune lui a donnée le 12 décembre 1862; — Par ces motifs, etc.

Pourvoi du sieur Lecomte.

ARRÊT

LA COUR : — Attendu qu'il résulte des constatations, en fait, du jugement attaqué et des documents de la cause que la fontaine, le canal, le lavoir, construits et possédés par la commune de Villeneuve-la-Guyard, constituent, non une rivière ou un cours d'eau dans le sens de l'art. 644, C. Nap., mais une propriété privée dont la commune n'a jamais perdu la jouissance et qu'elle a mise seulement à la disposition de ses habitants pour leur usage ;

Que, dans ces circonstances, la commune a été en droit de repousser toute entreprise et toute jouissance qui ne rentrait pas dans la destination de l'établissement par elle fondé, et d'invoquer en faveur de cet établissement les règles relatives aux servitudes de voisinage, lesquelles sont applicables à la fontaine dont il s'agit comme à toute autre propriété privée ;

D'où il suit qu'en confirmant la sentence du juge de paix qui avait accueilli l'action possessoire formée par la commune, et en décidant que le demandeur serait tenu de boucher, comme n'étant pas établies dans les termes des art. 676 et 678, C. Nap., les quatre baies par lui pratiquées, et de retirer l'égout de sa toiture, de manière que les eaux pluviales s'écoulent sur son terrain, et non sur la propriété de la commune, le jugement attaqué, loin d'avoir violé les dispositions de loi invoquées par le pourvoi, en a fait, au contraire, une application exacte aux faits de la cause;

Rejette.

CASSATION, Ch. civ. — 26 juin 1867.
(Veil-Picard c. Wolff.)

I, 513, 628.

Il appartient au juge du fond de décider souverainement que la corniche qui fait saillie sur l'héritage du voisin n'a été établie que par la tolérance de ce dernier, de sorte que ce propriétaire a le droit, en exhaussant sa propre maison, d'englober cette corniche dans le corps de sa nouvelle construction sans s'exposer à l'action en complainte.
Cette corniche ne crée pas par elle-même une servitude non altiùs tollendi.

Du 2 mars 1865, jugement du tribunal de Besançon ainsi motivé :

Attendu que Wolff est propriétaire à Besançon, Grande-Rue, nº 49, d'une maison surmontée d'une corniche, qui en fait le principal ornement ; que cette corniche, en pierres taillées et sculptées, embrasse les deux angles du bâtiment, et s'étend à droite et à gauche sur les terrains voisins ; — Attendu que Veil-Picard, en exhaussant une maison qui lui appartient à gauche, nº 47, sans avoir acquis la mitoyenneté du mur qui le sépare de Wolff, et malgré les protestations de celui-ci, a enchâssé dans sa construction la partie de la corniche qui s'étendait sur sa propriété, en a enlevé le chéneau, de telle sorte que cette corniche ne sera plus visible dans cet endroit, ce qui détruit complètement le système d'embellissement que les propriétaires primitifs de la maison Wolff s'étaient proposé ; — Attendu que la corniche dont s'agit faisant saillie sur les héritages voisins, et bordée d'un chéneau, ne peut être considérée comme ayant été établie par suite d'une simple tolérance ; qu'elle a évidemment créé, au profit de celui qui l'a fait construire, un droit de servitude pouvant être conservé par la possession, et, au besoin, acquis par la prescription ; qu'un toit avec saillie et autres marques semblables de servitudes, dit Domat (*Lois civ.*, I, p. 118, sect. 2), en règlent l'usage, et qu'il n'est permis ni à celui qui a la servitude, ni à celui qui la doit souffrir de rien innover à l'ancien état où se trouvent les lieux ; que tels sont aussi les principes admis en jurisprudence ; — Attendu que les règlements de la ville de Besançon invoqués par Veil-Picard ne peuvent, dans leur application et dans aucuns cas, léser, sans consentement ou indemnité préalable, les droits des tiers ; — Attendu qu'il est reconnu par toutes les parties que cet état de choses dure depuis plus de trente ans ; — Attendu que Veil-Picard, par son entreprise, a évidemment troublé Wolff dans la possession qu'il avait à découvrir la partie de la corniche couronnant un des angles de son bâtiment, et donnant à ce bâtiment l'aspect grandiose qu'il n'a plus ; que c'est donc avec raison que M. le juge de paix a maintenu Wolff dans la possession de la corniche qui s'étendait sur la propriété de Veil-Picard, et ordonné la démolition des constructions qui pourraient la gêner ; — Par ces motifs, etc.

Pourvoi du sieur Veil-Picard.

ARRÊT

LA COUR : — Vu les art. 544, 552, 691 et 2232, C. Nap. :

Attendu, en droit, qu'aux termes des art. 552 et 554 dudit Code, la propriété est le droit de disposer des choses de la manière la plus absolue, et qu'ainsi le propriétaire peut faire au-dessus du sol toutes les constructions qu'il juge à propos, sauf les exceptions établies au titre *des Servitudes* ;

Attendu que, d'après ce titre, d'une part (art. 689, C. Nap.), les servitudes non apparentes sont celles qui n'ont pas de signe extérieur de leur existence, comme, par exemple, la prohibition de bâtir sur un fonds ou de ne bâtir qu'à une hauteur déterminée ; et, d'autre part (art. 691, même Code), que ces servitudes ne peuvent s'établir que par titres ;

Attendu, en fait, qu'il est constaté par le jugement attaqué que l'héritage du demandeur est contigu au mur sur lequel Wolff a établi la corniche en saillie dont il s'agit au procès, et, de plus, que c'est bien sur cet héritage même que Veil-Picard a surélevé le bâtiment dont la destruction est ordonnée, au possessoire, par le jugement attaqué ;

Attendu que, pour statuer ainsi, ce jugement se fonde sur cet unique motif que cette corniche, établie depuis plus de trente ans, est un des ornements de la maison Wolff et lui donne un aspect grandiose ; que, dès lors, et par là même, elle constitue à la charge du fonds appartenant au demandeur une servitude faisant obstacle, à ce titre, à l'exercice du droit *altiùs tollendi*, à lui conféré par les articles du Code Napoléon précités ;

Mais attendu que cette servitude ne peut s'établir que par titre, et qu'il ne suffit pas, pour l'acquérir, d'une possession immémoriale ;

D'où il suit qu'en décidant le contraire, le jugement attaqué a formellement violé les articles du Code Napoléon ci-dessus visés ;

Casse.

CASSATION, Ch. civ. — 3 juillet 1867.
(De Roussillac et Gilles c. Goubert.)

I, 228, 231.

L'usage des eaux courantes non navigables ni flottables constitue une faculté accessoire à la propriété des héritages qui sont bordés ou traversés par ces eaux ; les riverains doivent donc être maintenus en possession, en cas de trouble à leur possession, sans avoir besoin d'établir leur droit par titre ou par prescription.

Spécialement, l'ouverture d'une nouvelle prise d'eau sur le canal de fuite d'un moulin, ou l'agrandissement de la prise d'eau alimentant un canal d'arrosage, est un trouble à la possession des riverains inférieurs par suite de la diminution du volume des eaux précédemment reçues et de la modification de leur écoulement.·

Le 14 décembre 1864, le tribunal de Montélimart rendait un premier jugement dans une instance engagée au possessoire par les sieurs Gaud de Roussillac et Gilles contre le sieur Goubert. Ce jugement est ainsi motivé :

Attendu que les mariés Gilles et Gaud de Roussillac se prétendent en possession du droit de faire déverser une partie des eaux du canal de Taulignan, à l'embouchure de la Riaille, et que, possesseurs de ce droit, ils demandent la suppression des travaux de M. Goubert faits depuis an et jour et qui nuiraient à son exercice ; — Attendu qu'ils appuient leur prétention sur la jurisprudence de la chambre civile de la Cour de Cassation, sur l'existence de leur prise des Barriots, sur le régime général de la rivière du Lez, sur le régime particulier du canal de Taulignan révélé par l'adjudication du moulin et du domaine de Saint-Martin du 14 vendémiaire an III, et les rapports d'experts qui l'ont précédée, révélé aussi par les travaux apparents existant près de l'usine Salavie depuis plus d'un an et jour, actes et états de lieux qui prouvent qu'une partie des eaux du canal doit être rendue à la rivière près de l'embouchure de la Riaille, dans l'intérêt des propriétaires de la rive gauche, spécialement dans l'intérêt de la prise des Barriots ; — Sur la jurisprudence invoquée décidant que le riverain inférieur qui a une prise sur une rivière doit être maintenu en possession contre le riverain supérieur, auteur, dans l'an et jour, de travaux destinés à dériver les eaux autrement qu'elles ne l'étaient auparavant, le recours de ce riverain au pétitoire : — Attendu que cette jurisprudence est controversée et très controversable, surtout si elle était admise dans des termes absolus, car elle obligerait des riverains à surveiller tout le cours de la rivière inférieur à leurs propriétés pour protéger leurs droits éventuels contre des travaux qui ne leur causent aucun préjudice, mais qu'elle n'est nullement applicable dans l'espèce, car la prise du canal de Taulignan n'a pas varié depuis des siècles et notamment depuis l'an et jour ; l'ouvrage de M. Goubert n'est pas sur la rivière, mais sur un canal privé auquel les eaux appartiennent dès le moment où elles ont été dérivées, à moins que le canal ne soit grevé d'une servitude le soumettant à rendre les eaux à un point fixe, ce qui va être examiné ; — Attendu qu'il s'agit maintenant de rechercher, en interrogeant les titres et l'état des lieux, si cette servitude existait au profit des mariés Gilles et Gaud de Roussillac, depuis l'an et jour, quand Goubert serait venu troubler leur possession ; — (Le tribunal examine ensuite les faits de la cause); — Attendu, dès lors, qu'on ne peut dire avec quelque apparence de raison que les ouvrages destinés à détourner une partie des eaux ont été établis en exécution de ces actes et dans l'intérêt des riverains du Lez; qu'il n'ont donc que le caractère révélé par l'état des lieux ; que, par conséquent, aucun vestige de la possession annale des mariés Gilles et Gaud de Roussillac n'existe nulle part; qu'ils n'ont donc aucun titre pour se plaindre des travaux de M. Goubert ; — Attendu que M. Goubert est riverain du Lez, riverain de la Riaille et riverain du canal qui traverse sa propriété ; que si les eaux devaient être rendues au Lez, il aurait le droit de les prendre à leur passage, ce qui est admis par les mariés Gilles et Gaud de Roussillac ; — Que, s'il peut les prendre dans le Lez, on ne voit pas pourquoi il ne pourrait pas les prendre dans la Riaille ou dans le canal qui les amène à la Riaille ; — Que, par leur prise sur le Lez à 700 mètres de distance, les époux Gilles n'ont fait aucun acte de possession sur le fuyant de l'usine ; — Que M. Goubert, en détournant ce fuyant, n'a pas troublé une possession qui n'existe pas.

Le 9 mars 1865, le tribunal de Montélimart rendait un autre jugement dans une nouvelle instance formée par les sieurs Gaud de Roussillac et Gilles contre les sieurs Tardieu, Bruel, Faure et Jardin relativement à des entreprises de ces derniers sur le même canal. Ce jugement est conçu dans les termes suivants :

Attendu que le canal de Taulignan, dérivé de la rivière du Lez, sert depuis un temps immémorial au jeu du moulin de cette commune et à l'irrigation d'une partie de son territoire ; qu'entre autres prises sur ce canal, existe depuis plus d'an et jour celle dite de Saint-Martin, au-dessous du moulin de Taulignan ; que cette prise, au dire des intimés, aurait été agrandie et modifiée de manière à détourner un plus fort volume des eaux du canal, ce qui donne lieu à l'action possessoire dont le tribunal est saisi ; — Attendu que pour critiquer l'usage que les appelants ont fait et entendent faire de leurs droits, Gaud de Roussillac et les mariés Gilles doivent préalablement établir qu'ils ont eux-mêmes la possession des eaux du canal de Taulignan ; que leurs propriétés des Barriols et de Silhos sont situées sur la rive opposée du Lez, et que la prise qu'ils invoquent comme un ouvrage d'appropriation de la refuite du canal est emplacée à 700 mètres au-dessous du point où cette refuite tombe dans le lit du Lez ; — Que cet ouvrage n'est point dans les conditions exigées par l'art. 642, C. Nap., puisqu'il n'est pas pratiqué sur le fonds que l'on prétend grevé d'un droit au profit du propriétaire inférieur, et que la distance qui les sépare, ainsi que le régime du Lez, indiquent assez que la prise des Barriols ne pourrait profiter des eaux de la refuite qui se perdraient dans les graviers, alors qu'elles pourraient être plus utiles ; — Attendu que les mariés Gilles et Gaud de Roussillac ne peuvent se prévaloir d'aucun autre ouvrage indiquant l'aménagement des eaux du canal à leur profit ; — Attendu que la qualité de riverain du Lez ne saurait encore être prise en considération pour attribuer aux intimés la possession des eaux du canal de Taulignan ; qu'il s'agit, dans l'espèce, non d'un cours d'eau naturel, mais d'un canal creusé à main d'homme, dont l'eau appartient, par voie d'accession, à ceux qui l'ont dérivée pour une usine et pour l'irrigation ; que l'on ne saurait admettre un propriétaire de la rive opposée à venir, au moyen d'une action possessoire, quereller l'usage qu'ils en peuvent faire en arrosant plus ou moins abondamment les terres que cette eau a servi à irriguer jusqu'à présent ; que la possession de ceux qui ont dérivé le canal est caractérisée par les ouvrages pratiqués à la prise, et que ce ne serait qu'autant que des modifications auraient été apportées sur ce point qu'il y aurait lieu d'examiner la grave question de savoir si un riverain inférieur peut, au possessoire, se plaindre de l'entreprise d'un riverain supérieur comme d'un trouble à sa possession ; que telle n'est pas l'espèce actuelle ; — Attendu, en conséquence, que le canal de Taulignan étant une propriété privée, dont les intimés n'ont jamais profité ni pu profiter, si les faits reprochés aux appelants, déniés ou expliqués par ces derniers, peuvent nuire à quelqu'un, ce que le tribunal n'entend préjuger ni dans un sens ni dans l'autre, ce n'est certainement pas aux consorts Gaud de Roussillac et Gilles qu'appartient le droit de s'en plaindre.

Pourvoi en cassation par les consorts Gaud de Roussillac et Gilles contre les deux jugements.

ARRÊT

LA COUR : — Joint les deux pourvois et statuant sur lesdits pourvois :

Vu les art. 644, C. Nap., et 23, C. pr. civ. :

Attendu que les eaux courantes non navigables ni flottables sont du nombre des choses qui n'appartiennent à personne, mais dont l'usage appartient à tous ; que, plus particulièrement, ceux dont les propriétés bordent ces eaux, ou qu'elles traversent, peuvent s'en servir pour l'utilité de leurs fonds, suivant les distinctions établies par l'art. 644, C. Nap. ; que cette faculté constitue un droit accessoire à la propriété de leurs héritages, susceptible de la même possession, dans laquelle ils doivent être maintenus en cas de nouvel œuvre et de trouble de la part des autres riverains ;

Attendu, en fait, que les jugements attaqués constatent qu'une prise d'eau a été pratiquée depuis longtemps dans la petite rivière du Lez pour l'alimentation d'un canal destiné à mettre en mouvement plusieurs usines, et notamment le moulin de Taulignan qui lui donne son nom ; que, sur ce canal, il n'existait qu'une seule prise d'eau, non loin des bâtiments, et servant à l'irrigation des fonds dépendant du domaine de Saint-Martin, au moyen d'un canal qui traverse ledit domaine ; qu'enfin les eaux du canal de Taulignan, après avoir satisfait aux besoins des usines et du canal d'arrosement, allaient se jeter par le canal de fuite et le déversoir du moulin dans le Lez, à l'embouchure du ruisseau de la Riaille, affluent du Lez ;

Attendu que les jugements attaqués reconnaissent encore que Goubert, pour l'irrigation de ses prés, a ouvert une nouvelle prise d'eau sur le canal de fuite du moulin ; que Tardieu, Bruel, Faure et Jardin ont agrandi la prise d'eau alimentant le canal d'arrosage de leurs prés ;

Que par suite de ces emprunts faits au canal de Taulignan, l'excédant des eaux de ce canal a cessé de se rendre, comme avant les travaux, par le canal de fuite et le déversoir du moulin, à la rivière du Lez, au point où la restitution s'en était opérée jusque-là ;

Que de ce changement dans l'état des lieux et dans la possession des eaux du Lez, telle que Goubert, Tardieu et consorts, autres riverains du canal de Taulignan, l'avaient eue antérieurement à ce nouvel œuvre, il est résulté un trouble à la possession des riverains du Lez inférieurs au point où les eaux du canal de Taulignan se déchargeaient autrefois, et notamment des demandeurs dont les héritages bordent le Lez sur lequel ils ont eux-mêmes une prise apparente dite la prise des Barriots, en aval de l'embouchure du canal de Taulignan dans le Lez ;

Qu'il importe peu que l'ouverture de la prise d'eau de Taulignan n'ait pas été modifiée ; que cette ouverture, le canal dérivé du Lez, la direction de ce canal et sa décharge dans le Lez, n'étaient que les éléments de la même prise d'eau qu'ils constituaient par leur ensemble, et qui devaient au possessoire être maintenus dans leur état ancien, sauf l'action au pétitoire toujours réservée aux parties ;

Attendu enfin qu'il ne s'agissait pas d'une servitude à laquelle l'art. 642, C. Nap., fût applicable, mais de la possession de l'usage des eaux du Lez, possession existant pour la prise des Barriots au même titre que pour la prise de Taulignan, régies et protégées l'une et l'autre par les mêmes principes ;

Que Gaud de Roussillac et les mariés Gilles avaient donc le droit de demander que les possessions respectives fussent maintenues à leur profit ; qu'ils ont exercé leurs actions en temps utile ;

D'où il suit qu'en rejetant cette demande, les jugements attaqués ont violé les articles de loi ci-dessus visés ;

Casse.

CASSATION, Ch. req. — 5 nov. 1867.
(Clertan c. Chem. de fer P.-L.-M.)

I, 139.

Les compagnies de chemins de fer, concessionnaires de l'Etat, sont investies d'un droit sui generis, *ne tenant ni du louage ni du mandat, et ce droit, d'une nature spéciale, les autorise à agir au possessoire pour la conservation des voies qu'elles sont chargées d'exploiter.*

Du 6 décembre 1865, jugement du tribunal de Lons-le-Saunier qui statue dans les termes suivants :

Attendu que s'il est certain et non contesté que la compagnie n'est réellement pas propriétaire, on ne peut soutenir, non plus, qu'elle soit fermière de l'Etat ; — Attendu, en effet, qu'on ne rencontre pas, dans les conditions des concessions, ni dans les cahiers des charges invoqués par les parties, les caractères réels du bail ordinaire ; qu'on n'est pas plus heureux lorsqu'on soutient que ces marchés peuvent être considérés comme des baux emphytéotiques ou des contrats de superficie, surtout lorsqu'il s'agit, comme dans le cas particulier, d'une convention intervenue d'après la loi du 12 février 1852 ; — Attendu que si, au premier abord, ces contrats semblent se rapprocher du bail par quelques-unes de leurs dispositions, du moins ces dispositions ne sont-elles pas de l'essence d'un pareil acte ; qu'il n'y a, à proprement parler, aucun prix ; que les obligations des concessionnaires ne sont pas, non plus, celles du preneur à bail ; que l'Etat, enfin, peut faire cesser aussi sa concession ; que l'on ne peut, non plus, comparer la jouissance d'une compagnie à un usufruit, puisqu'on ne lui a pas abandonné un droit réel sur la chose ; — Attendu qu'en se reportant aux décrets et cahiers de charges sur la matière, on doit, en réalité, reconnaître qu'il s'agit d'un contrat innommé, pour lequel on ne peut invoquer ni les règles ordinaires du bail, ni toute autre concernant des actes de nature différente ; — Que la concession aux compagnies par l'Etat est une véritable adjudication de travaux publics pour lesquels elles reçoivent, non une somme déterminée, mais le droit d'exploiter, à leurs risques et périls, la ligne moyennant un péage temporaire ; que, sous ce rapport, les compagnies de chemins de fer n'ont pas qualité pour intenter une action possessoire ; — Mais attendu que, d'après les dispositions de l'art. 1988, C. Nap., sainement appréciées, le mandat conçu en termes généraux donne qualité au mandataire pour administrer, intenter ou répondre à une action possessoire ; qu'en examinant avec attention les diverses clauses du cahier des charges, on reconnaît que l'Etat a voulu donner aux compagnies un pareil mandat ; qu'on ne peut même supposer qu'il en soit autrement, puisque, d'une part, il a voulu faire tomber sur elles toutes les charges, et, d'autre part, que les compagnies ayant elles-mêmes un immense intérêt aux contestations qui peuvent survenir au possessoire, il ne doit rien avoir à craindre des suites d'un pareil mandat de nature à le lier ; — Attendu que c'est en vain que l'on s'est fondé sur des monuments de jurisprudence qui auraient décidé le contraire ; que ces monuments, en définitive, ne sont intervenus qu'en matière pétitoire et dans des espèces autres que celle dont s'agit ; — Rejette la fin de non-recevoir proposée.

Pourvoi du sieur Clertan.

ARRÊT

LA COUR : — Attendu que les chemins de fer sont une création nouvelle et récente ; que, par cela même, les droits des compagnies concessionnaires de ces voies de communication ne sauraient être régis d'une manière absolue par les principes du droit ancien ou par ceux du Code Napoléon ;

Attendu que le pourvoi soutient vainement que les compagnies ne sont que de simples fermières de l'Etat et que leurs droits ne diffèrent point de ceux qu'un contrat de bail confère au preneur suivant les règles du droit commun; qu'il suffit du simple rapprochement du titre du C. Nap. relatif *au Louage* et des cahiers des charges des compagnies de chemins de fer, pour se convaincre des différences radicales qui existent entre un preneur ordinaire et une compagnie concessionnaire;

Que, par suite, la prétendue précarité de la possession de la compagnie défenderesse ne saurait résulter de l'assimilation de la concession à un contrat de louage;

Que vainement encore le demandeur allègue que l'Etat étant seul propriétaire des voies ferrées, les compagnies sont sans qualité pour exercer l'action en complainte, qui exige une possession *animo domini;*

Attendu que si les compagnies ne sont pas propriétaires des voies qui leur ont été concédées, on ne saurait contester qu'elles n'aient reçu de l'Etat le droit de les exploiter à leur profit, et qu'elles ne soient chargées de veiller, sous leur propre responsabilité, à la conservation de tout ce qui forme l'objet de la concession;

Attendu que ce droit et cette obligation impliquent le pouvoir d'exercer les actions possessoires, qui sont essentiellement des actes conservatoires et d'administration; que l'exercice de ces actions peut seul garantir l'intégralité de la jouissance des compagnies et la conservation des droits de l'Etat comme propriétaire;

Attendu que les lois de concession et les actes qui en tiennent lieu ou qui les complètent n'ont pu vouloir imposer à l'Etat la charge d'exercer lui-même les actions possessoires;

Que l'Etat serait, en effet, dans l'impossibilité d'apprécier la nécessité ou l'opportunité de l'exercice de ces actions pour réprimer les entreprises qui pourraient être commises sur l'ensemble du réseau des divers chemins de fer de l'Empire;

Attendu, d'ailleurs, que si la possession de la compagnie défenderesse est précaire par rapport à l'Etat, elle est manifestement pure de ce vice à l'égard de Clertan, qui n'est qu'un tiers relativement à la compagnie;

Attendu que la précarité de la possession n'est un obstacle à l'exercice de la complainte que lorsqu'elle a ce caractère envers l'auteur du trouble, *ab adversario*, ce qui ne se rencontre pas dans le litige actuel;

Attendu que le sieur Clertan ne peut donc se prévaloir des droits de l'Etat pour repousser l'action en complainte de la compagnie, en se fondant sur la précarité d'une possession ayant pour base des actes qui lui sont complètement étrangers;

Attendu, enfin, que si certains motifs du jugement attaqué peuvent, à bon droit, être critiqués, les autres motifs donnés par le tribunal, ou qui s'induisent des faits qu'il constate, suffisent pleinement à justifier son dispositif, qui se borne, en confirmant la décision du juge de paix, à accueillir l'action possessoire de la compagnie;

Rejette.

CASSATION, Ch. req. — 11 nov. 1867.
(Comp. du canal du Midi c. Duc.)

I, 225, 516.

Lorsqu'il est établi que la chose litigieuse est commune entre les parties, celui des communistes qui prétend à une possession exclusive doit démontrer cette possession par des faits absolument précis de jouissance privative, manifestant clairement l'intention d'acquérir la possession pour lui seul.

ARRÊT

LA COUR : — Sur le premier moyen : Attendu que la compagnie du canal du Midi était demanderesse dans l'instance en complainte qu'elle avait introduite au sujet du chemin ou francbord du canal, dont elle réclamait la possession libre et franche de toutes servitudes de la part du sieur Duc;

Attendu qu'en qualité de demanderesse, la compagnie était obligée, non seulement de justifier *le fait* de sa possession du terrain litigieux, mais encore *les caractères légaux* de cette possession;

Attendu que pour décider si ladite compagnie réunissait les conditions qui seules peuvent autoriser l'exercice de la complainte, le juge de paix avait incontestablement le droit de consulter les titres invoqués par les parties ;

Attendu que le jugement attaqué constate que, des titres produits par le sieur Duc, il résulte qu'à l'époque de la création du canal du Midi, il existait, entre la propriété appartenant aujourd'hui à la compagnie et celle du sieur Duc, *un chemin commun d'une canne de largeur*, et que ce chemin, objet du litige actuel, existe encore avec sa largeur et sa destination primitives ;

Attendu que la qualité de *communiste* de la demanderesse étant ainsi établie, l'action en complainte ne pouvait être admise que tout autant que la compagnie prouverait qu'elle avait la possession *annale et exclusive* de la chose commune, ou qu'elle avait été troublée dans sa possession, comme communiste, par les entreprises abusives du défendeur éventuel ;

Attendu que ni l'une ni l'autre de ces preuves n'a été faite par la compagnie devant le tribunal d'appel dont émane le jugement attaqué ; que ce jugement déclare, non *en droit*, ainsi que le suppose le pourvoi, mais *en fait*, que la compagnie n'a jamais joui du chemin à titre privatif ; qu'elle n'invoque aucun fait duquel on puisse induire que sa jouissance a été exclusive, contraire à la destination du chemin commun et de nature à faire dégénérer la chose commune en chose privativement possédée ; qu'il constate, en outre, que les actes imputés au sieur Duc n'ont pas un caractère abusif et qu'ils n'ont causé aucun préjudice à la compagnie, ni apporté aucun trouble à sa possession comme communiste ;

Attendu qu'en repoussant par ces motifs la complainte de la compagnie, le jugement attaqué n'a ni commis un excès de pouvoir, ni cumulé le pétitoire avec le possessoire ;

Sur le deuxième moyen :

Attendu que si le principe de la séparation des pouvoirs judiciaire et administratif est d'ordre public et peut être invoqué pour la première fois devant la Cour de Cassation, ce n'est, toutefois, que sous la condition que les actes ou les faits sur lesquels repose le moyen, auront été connus des juges qui ont rendu la décision attaquée ;

Attendu que, dans la cause, il n'existe aucun indice que la lettre ministérielle du 27 juin 1850 et le décret au contentieux du 30 novembre 1854, qui, suivant la compagnie, auraient décidé que le chemin en litige n'était pas commun, aient été produits devant le juge du fond ; qu'ils ne l'ont pas même été dans l'instruction écrite devant la Cour de Cassation ;

Que, dans ces circonstances, la Cour ne saurait avoir aucun égard à des documents qui ne sont point parvenus régulièrement à sa connaissance ;

Sur le troisième moyen :

Attendu qu'il a été déjà, plusieurs fois, décidé par la Cour de Cassation que le canal du Midi ne fait point partie du domaine public ; qu'il est la propriété privée de la famille Riquet ou de ses représentants, sauf les droits de police et de surveillance de l'Etat dans l'intérêt de la navigation ; qu'il a été, par suite, jugé que la compagnie a le droit de concéder, sur des terrains qui sont une dépendance du canal toutes les servitudes compatibles avec la destination publique de cette voie de communication ;

Attendu qu'il n'a pas même été allégué que les entreprises du sieur Duc fussent, sous aucun rapport, inconciliables avec la destination du canal ;

Que, dès lors, la possession du défendeur aurait pu avoir un caractère utile acquisitif, si, d'ailleurs, elle n'avait été légitimée par les actes qui en étaient le fondement et dont la compagnie n'a point contesté l'autorité ;

Que, par suite, le jugement attaqué n'a pu violer aucun des articles de lois, édits ou décrets invoqués par le pourvoi à l'appui de son troisième moyen ;

Rejette.

CASSATION, Ch. req. — 20 janv. 1868.
(Puyolle c. Chemin de fer du Midi.)

I, 184, 204.

Les décisions rendues au possessoire ne constituant ni titre ni chose jugée au pétitoire, il en résulte que le complaignant qui a été débouté de sa demande en maintenue d'un droit de vue, par le motif que le terrain grevé a été incorporé au domaine public, peut utilement se pourvoir devant le juge du pétitoire pour faire déclarer l'existence de la servitude.

Et le juge du pétitoire n'est nullement lié par l'appréciation du juge du possessoire sur le caractère et la portée des faits invoqués.

Du 31 juillet 1866, jugement du tribunal de Bayonne qui statue en ces termes :

Attendu que le juge du possessoire n'est pas seulement juge du fait matériel de la possession; que la possession étant mêlée de fait et de droit, il doit en vérifier les caractères légaux, aussi bien que le fait matériel lui-même, et que, pour faire cette appréciation, il peut consulter les titres produits et y avoir égard en s'abstenant de prononcer sur la validité de ces titres, et qu'en agissant ainsi, le juge de paix du canton nord-est de Bayonne n'a pas cumulé le possessoire et le pétitoire; — Attendu que, dans son jugement du 5 décembre 1865, le juge de paix du canton nord-est de Bayonne a déclaré que la dame Puyolle avait pu acquérir un droit de jour ou de vue sur la gare, ou tout au moins le conserver, et que sa demande était dès lors recevable; 1° parce que la gare, ou tout au moins la cour dans laquelle s'est produit le trouble, ne dépend pas de la grande voirie et ne peut, par conséquent, avoir aucun caractère de domanialité et par suite d'imprescriptibilité; 2° parce que la jouissance de vues établies par la destination du père de famille constitue un droit immobilier antérieur à l'expropriation, droit qui lui a survécu et qui permet l'exercice de l'action possessoire en tous les cas et même contre le domaine public; — En ce qui concerne le premier moyen de recevabilité admis par le juge de paix...: — Attendu qu'il résulte de ce qui précède, que le chemin de fer de Bordeaux à Bayonne et la gare de Bayonne, qui en est un accessoire nécessaire, font partie de la grande voirie; qu'ils rentrent sous l'application de l'art. 538, C. Nap., et doivent être considérés comme des dépendances du domaine public; que, dès lors, ils sont hors du commerce, inaliénables et imprescriptibles, aux termes de l'art. 2226 du même Code; que la dame Puyolle n'a pu, depuis l'expropriation, acquérir une possession utile contre le domaine public, et que c'est à tort que le juge de paix du canton nord-est de Bayonne a déclaré que son action était recevable à ce premier point de vue; — En ce qui concerne le deuxième moyen de recevabilité admis par le juge de paix: — Attendu que le juge de paix déclare que les vues dont il est question au procès existaient avant l'expropriation; qu'il s'agit alors, pour la dame Puyolle, non d'acquérir par prescription une servitude nouvelle, mais bien de conserver une servitude préexistante à la déclaration d'imprescriptibilité; que cet état des lieux, soit qu'on le réfère à la possession antérieure, soit plutôt qu'on le considère comme une véritable destination du père de famille, crée un titre pouvant servir de base

à l'action possessoire et constitue un droit immobilier dont on ne peut être dépossédé que par un jugement d'expropriation; — Attendu, en fait, que les époux Puyolle ont été expropriés de huit parcelles de terrain destinées à l'établissement du chemin de fer; que le plan déposé détermine, d'une manière précise, l'emplacement et l'étendue de ces parcelles; que ces parcelles confrontant à l'ouest la maison Lousteau ont été livrées pour le prix fixé par le jury sans aucune réserve des expropriés, et que même les époux Puyolle, qui savaient que leur terrain servirait à l'établissement du chemin de fer, qu'il serait, par conséquent, nécessairement modifié, et qui possédaient déjà leurs vues, ont, dans la quittance du 16 juin 1855, renoncé d'une manière expresse à toute réclamation contre la compagnie sous quelque prétexte que ce puisse être; — Attendu, en droit, qu'en vertu d'un jugement d'expropriation, la propriété passe à l'Etat, ou aux compagnies qui le représentent, entière et libre de toutes charges; que tous les droits d'usufruit, d'usage, d'habitation, de servitude, de bail, tombent à l'instant même et se transforment en un droit d'indemnité qui est dû par l'Etat; qu'elle reste cependant à la charge du propriétaire, s'il a omis, conformément à l'art. 21 de la loi du 3 mai 1841, de signaler les servitudes résultant de ses titres ou d'autres actes dans lesquels il serait intervenu; — Attendu qu'en présence des termes de l'art. 21 de la loi du 3 mai 1841, il est évident que si une servitude de vue existait sur un terrain exproprié au profit d'un tiers, elle serait anéantie par l'expropriation du terrain servant; qu'à plus forte raison, la loi ne permet pas, en matière d'expropriation, l'application des principes ordinaires sur l'établissement des servitudes par la destination du père de famille; que l'expropriation ne peut, en effet, en même temps éteindre les droits de servitude des tiers, et en faire naître de nouveaux au profit de l'exproprié; — Qu'après l'expropriation, l'exproprié n'a plus qu'un droit, celui de se faire indemniser de toutes les causes de dommage qui sont une suite de l'expropriation; — Qu'il reçoit une indemnité non-seulement pour la dépossession de la parcelle expropriée, mais pour tous autres préjudices, et notamment pour la dépréciation des parcelles restantes, et que, dès lors, il ne conserve aucun droit, de quelque nature qu'il soit, sur le terrain passé franc et libre dans le domaine de l'Etat; — Attendu, par conséquent, que c'est à tort que le juge de paix a décidé que la demande de la dame Puyolle était recevable ; — Par ces motifs, etc.

Pourvoi de la dame Puyolle.

ARRÊT

LA COUR : — Attendu que le juge du possessoire peut, sans cumuler le possessoire et le pétitoire, consulter les titres pour déterminer la nature du terrain possédé, et, par suite, le caractère de la possession;

Attendu que les faits matériels de possession invoqués par la demanderesse n'étant pas contestés, il s'agissait uniquement de rechercher, soit dans ces faits eux-mêmes, soit dans les actes et documents produits, si cette possession réunissait ou non les caractères requis pour l'exercice de l'action possessoire ;

Attendu qu'il était reconnu par la demanderesse, et constaté d'ailleurs par les documents de la cause, que le terrain sur lequel avait été commis le trouble prétendu lui avait appartenu et qu'elle en avait été expropriée, pour cause d'utilité publique, en faveur de la compagnie du Midi pour l'établissement du chemin de fer ;

D'où le juge du fond a pu induire, sans violer la loi prohibitive du cumul : 1° que le terrain litigieux, formant une dépendance de la voie ferrée, n'était pas susceptible d'une possession privée utile postérieurement à l'expropriation qui avait eu pour effet de le réunir au domaine public, imprescriptible de sa nature ; 2° que la dame Puyolle ne pouvait pas davantage se prévaloir de la possession qu'elle aurait eue, antérieurement à l'expropriation, des portes et des fenêtres de son hôtel ouvrant sur le terrain aliéné, puisqu'aux termes de l'art. 21 de la loi du 3 mai 1841, l'expropriation a transmis à l'État ou, dans l'espèce, à la compagnie, qui le représente temporairement, l'immeuble exproprié libre de toutes servitudes et charges réelles qui pourraient le grever ;

Attendu que si, sous ce dernier rapport, le jugement attaqué semble avoir résolu, d'une manière trop absolue, au préjudice de la demanderesse, la question du fond relative à l'existence des servitudes par elle prétendues sur le terrain faisant partie de l'immeuble acquis pour l'établissement de la voie ferrée, cette appréciation n'est énoncée que dans les motifs de la décision attaquée ; qu'elle est restée sans influence sur le dispositif, qui se borne à déclarer la complainte non recevable et se justifie d'ailleurs par des motifs étrangers au fond du droit ;

Attendu, enfin, qu'une telle décision ne peut porter aucune atteinte aux droits que la dame Puyolle pourrait avoir pour faire maintenir en sa faveur les servitudes qu'elle réclame, étant constant en jurisprudence que les jugements rendus au possessoire ne forment ni titre, ni chose jugée relativement au pétitoire ;

Rejette.

CASSATION, Ch. civ. — 22 janvier 1868.
(Crapon c. Combaudon.)

I, 51.

Le juge du possessoire n'a pas à se préoccuper des actes administratifs intervenus sous forme d'autorisation sur la demande et dans l'intérêt privé. Ces actes qui sont nécessaires, notamment lorsqu'il s'agit d'entreprendre des travaux sur les cours d'eau non navigables ni flottables, ne sauraient préjudicier aux droits des tiers, alors surtout que ces droits sont formellement réservés. Le juge prononce sur la possession et le trouble conformément au droit commun.

ARRÊT

LA COUR : — Vu les art. 23, C. pr. civ., et 6, § 1er, de la loi du 25 mai 1838 :

Attendu que l'action du demandeur se fondait sur un trouble causé dans l'année à sa possession par une entreprise qui aurait enlevé, à un cours d'eau dont il aurait l'usage en sa qualité de riverain, une partie plus ou moins considérable des eaux, au moyen d'une saignée dérivative, ainsi que par la coupure de la berge possédée par le demandeur et par l'exécution d'un barrage, et, en outre, par un dépôt de matériaux sur le terrain de celui-ci ; qu'une action ainsi caractérisée était de la compétence du juge du possessoire, qui avait à vérifier, non seulement si les travaux dont se plaignait le demandeur le troublaient dans sa possession, mais encore si la cause du trouble devait cesser par la destruction des travaux ;

Attendu que l'arrêté administratif qui, sur la demande et dans l'intérêt privé du défendeur, avait autorisé les travaux dont il s'agit, en vertu des droits de police et de surveillance de l'administration sur les cours d'eau non navigables ni flottables, ne pouvait préjudicier aux droits des tiers, lesquels, restant toujours entiers en pareils cas, se trouvaient, d'ailleurs, formellement, réservés par l'art. 8 de l'arrêté ; que cet arrêté ne faisait donc pas obstacle à ce que la juridiction ordinaire statuât sur l'action possessoire introduite par le demandeur à raison des travaux ainsi autorisés, après avoir recherché si la possession alléguée par le demandeur existait dans ses conditions légales, et dans quelle mesure elle aurait été troublée par les faits du défendeur ;

D'où il suit qu'en jugeant le contraire et en déclarant l'incompétence de l'autorité judiciaire, au lieu d'examiner au fond si la possession alléguée par le demandeur se trouvait justifiée en tous points et en quoi elle aurait été troublée, le jugement dénoncé a faussement appliqué les lois des 16-24 août 1790 et 16 fructidor an III sur la séparation des pouvoirs administratif et judiciaire, et formellement violé les dispositions ci-dessus visées ;

Casse.

CASSATION, Ch. req. — 10 mars 1868.
(Coué c. Grand Séminaire de Vannes.)

I, 335.

La présomption de l'art. 558, C. civ., suppose l'existence d'un déversoir fixe marquant d'une manière invariable la hauteur normale des eaux de l'étang. Il en résulte que s'il s'agit d'un étang qui n'a point de déversoir fixe mais un système de clapets mobiles, la présomption n'est plus applicable.

Du 6 juillet 1866, jugement du tribunal de Vannes qui est conçu dans les termes suivants :

Considérant qu'aux termes de l'art. 1er, liv. 7, tit. III, de l'ordonnance de la marine de 1681, est réputé bords et rivages de la mer tout ce qu'elle couvre et découvre pendant les marées de pleine lune et jusqu'où le plus grand flot de mars se peut étendre sur les grèves ; qu'il est donc incontestable qu'avant l'établissement du moulin de Campen, le domaine public était propriétaire, dans la vallée de Vincent, de tout le terrain inondé par les eaux de la mer aux époques indiquées par ledit article ; — Considérant que, quoique l'acte de concession n'ait pu être représenté, on doit regarder comme certain que la construction du moulin de Campen et l'édification de la chaussée servant à retenir les eaux de la mer, n'ont pu avoir lieu qu'en

vertu d'un abandon de propriété de la part de l'État ; — Considérant que la concession de l'établissement du moulin de Campen et de l'édification de la chaussée a eu pour résultat de soustraire au domaine public de l'État toute la partie, jusque-là maritime, s'étendant au-delà de cette chaussée ; que ce terrain est devenu alors purement et simplement une propriété privée, assujettie à toutes les lois et obligations qui régissent les biens dévolus à de simples particuliers ; — Considérant, dès lors, qu'il appartenait essentiellement au propriétaire du moulin de Campen de veiller à la conservation de ses droits ; que, pour jouir du bénéfice de l'art. 558, C. Nap., il ne suffisait pas, comme il l'a fait, d'établir pour le passage des eaux un système de clapets mobiles pouvant s'élever et s'abaisser à volonté ; qu'il eût été indispensable que son étang eût été pourvu d'un déversoir libre, et que les eaux n'y eussent pénétré qu'après avoir franchi un niveau de retenue fixé d'une manière permanente et réglé contradictoirement avec l'administration ; — Considérant qu'à défaut d'application à la cause de l'art. 558, C. Nap., les riverains ont pu utilement exercer des actes de possession sur les terrains accidentellement couverts par les eaux servant à l'alimentation du moulin de Campen ; qu'il a été justifié que depuis plus d'une année, sans réclamation du sieur Coué, le séminaire de Vannes a joui du terrain en litige, exclusivement et à titre de propriétaire, notamment par des plantations d'arbres, constructions de barrages et extractions de sable.

Pourvoi du sieur Coué.

ARRÊT

LA COUR : — Attendu que la présomption légale établie par l'art. 558, C. Nap., suppose l'existence d'un déversoir fixe, marquant d'une manière invariable la hauteur normale des eaux et opérant par lui-même, sans l'intervention de la main de l'homme ;

Que, dans ces conditions, la hauteur des eaux parvenues au seuil du déversoir, c'est-à-dire au point où s'effectue la décharge, détermine, avec certitude, la limite des droits du propriétaire sur les terres que recouvrent les eaux de l'étang ;

Qu'en fixant ainsi l'étendue superficielle des étangs par un signe ostensible et immuable, indépendant du mouvement de retraite ou d'élévation des eaux, le législateur a voulu prévenir les contestations incessantes qui s'élèveraient entre le propriétaire de l'étang et les propriétaires circonvoisins, si, les limites de l'étang étant incertaines, le juge se trouvait obligé de les rechercher dans chaque litige en particulier ;

Attendu que la décision attaquée déclare, en fait, que l'étang de Campen n'a point de déversoir fixe, opérant par lui-même et marquant d'une manière invariable la hauteur de la décharge, mais bien un système de clapets mobiles, permettant au propriétaire de l'étang d'élever ou d'abaisser les eaux à volonté ;

Que c'est donc à bon droit que le jugement attaqué a refusé d'appliquer à la cause la présomption légale de l'art. 558, C. Nap., invoquée par le demandeur pour invalider la possession du grand séminaire sur les terres voisines de l'étang, accidentellement couvertes par les eaux, mais dont il jouissait, depuis plus d'un an et jour, dans les conditions voulues par les art. 23, C. pr. civ., et 2229, C. Nap.;

Rejette.

CASSATION, Ch. req. — 24 mars 1868.
(Basset c. Soulpin.)

I, 364, 523.

Une citation en conciliation, qui n'a pas été suivie d'une assignation, ne fait pas obstacle à une action possessoire ultérieure. Il en est de même de la demande pétitoire qui a été éteinte et annulée du consentement mutuel des parties pour être soumise à des arbitres. Ici ne s'applique pas la disposition de l'art. 26, C. pr. civ.

Des actes isolés de contradiction, suivis immédiatement de la résistance du possesseur, n'ont qu'un caractère équivoque et ne vicient pas la possession au point de faire déclarer qu'elle n'est pas paisible. Cette question de fait rentre dans les pouvoirs souverains d'appréciation du juge du fond.

C'est ce qui avait été décidé, le 16 mai 1866, par le tribunal de Marvejols dans un jugement qui s'exprime ainsi :

Sur le moyen tiré de la violation de l'art. 26, C. pr. : — Attendu qu'il n'est pas justifié que Soulpin se soit pourvu au pétitoire ; qu'il résulte seulement des pièces ou actes de la cause que Soulpin avait cité Basset en conciliation au sujet d'un fait de trouble autre que celui qui donne lieu à l'instance actuelle, et qu'il avait eu le projet, de concert avec Basset, de recourir à la juridiction des

arbitres du choix des parties ; que ces divers faits ne constituent pas une véritable demande au pétitoire, laquelle ne pouvait résulter que d'une assignation devant le juge du pétitoire, ou d'un compromis sur la question même de propriété ; — Sur le moyen puisé dans l'art. 22, C. pr. civ.: — Attendu qu'il résulte de l'enquête à laquelle il a été procédé devant M. le juge de paix et de tous les documents de la cause que Soulpin avait la possession paisible, publique, non équivoque et à titre de propriétaire du terrain, objet du litige, un an avant le fait de trouble qui a motivé son action possessoire ; — Attendu que cette possession bien caractérisée et remontant à une époque déjà éloignée n'a pu être troublée ni détruite par un fait isolé et d'une nature équivoque de Basset ; que ce fait a amené une résistance immédiate de la part de Soulpin, et qu'à coup sûr il n'a pu avoir pour objet de transférer la possession à Basset et de la ravir à Soulpin ; — Attendu qu'il suit de ce qui précède qu'il y a lieu de confirmer le jugement dont est appel.

Pourvoi du sieur Basset.

ARRÊT

LA COUR : — Sur le deuxième moyen, fondé sur la violation de l'art. 23, C. pr. :

Attendu que le jugement attaqué constate que durant l'année antérieure au trouble qui a donné lieu au litige actuel, le sieur Soulpin n'avait pas cessé d'avoir la possession paisible, publique, non équivoque et à titre de propriétaire du terrain litigieux ;

Attendu que le demandeur, pour infirmer l'autorité de cette déclaration souveraine du juge du fond, soutient vainement que le jugement lui-même renferme la preuve que la possession n'a pas été paisible, puisqu'il en résulte qu'elle a été troublée par les faits qui motivèrent la citation du 29 septembre 1864 ;

Attendu, en effet, que le jugement déclare que ces faits isolés, et suivis d'une résistance immédiate de la part du défendeur éventuel, n'avaient qu'un caractère équivoque ; qu'ils ne constituaient pas un trouble sérieux et n'avaient pu surtout avoir pour résultat de ravir au sieur Soulpin une possession qui, en fait, n'a jamais cessé de lui appartenir ;

Que cette déclaration repousse péremptoirement l'interruption naturelle alléguée par le demandeur et ne présente, d'ailleurs, qu'une appréciation de faits qui échappe au contrôle de la Cour de Cassation ;

Sur le troisième moyen, relatif à la violation de l'art. 26, C. pr. civ. :

Attendu que le jugement attaqué déclare que l'exploit signifié pour le défendeur éventuel, le 29 septembre 1864, offrait moins, d'après ses termes, le caractère d'une action en bornage que celui d'une action en conciliation sur l'action en bornage que le sieur Soulpin se proposait de porter devant le tribunal civil compétent ;

Attendu que cette citation, n'ayant pas été suivie d'une assignation aux fins ci-dessus indiquées, n'a pu former obstacle à l'action possessoire ultérieurement engagée par le défendeur éventuel ;

Attendu que, pût-on voir dans la citation du 29 septembre 1864 une demande d'une nature pétitoire, il y aurait également lieu de décider que cette action ne peut être invoquée comme une fin de non-recevoir contre l'action en complainte possessoire, puisqu'elle avait été éteinte et annulée par le consentement mutuel des parties, qui étaient convenues de soumettre à des arbitres de leur choix le différend, objet de ladite citation ;

Qu'ainsi, aucun des articles invoqués par le pourvoi, à l'appui de ses moyens de cassation, n'a été violé par la décision attaquée ;

Rejette.

CASSATION, Ch. civ. — 8 avril 1868.
(Dupont c. Chesnay.)

I, 633.

Tout fait qui a pour conséquence d'aggraver la condition du fonds grevé d'une servitude, autorise l'action possessoire. Ainsi, une cour assujettie à supporter un passage pour l'accès d'un jardin, ne saurait, sans aggravation, servir à l'accès et à l'issue d'une maison d'habitation au moyen d'une porte ouvrant sur cette cour.

Un jugement du tribunal d'Avranches confirmait, le 8 mars 1868, une sentence du juge de paix qui était ainsi motivée :

Considérant qu'il est constant, d'après les procès-verbaux de description des lieux, que la porte et la croisée pratiquées par Dupont dans le pignon de sa maison, donnent des jours droits et immédiats sur la cour de Chesnay ; — Considérant que ces porte et croisée n'ont pas été établies en remplacement d'anciennes comme le prétend Dupont ; — Considérant que la prétention de Dupont de faire considérer comme des jours une porte de retraite à porcs et un échalier servant d'accès à son jardin légumier, ne peut être fondée ; que, d'abord, il n'est pas prouvé que cette porte et cet échalier fussent placés sur le bord de la cour de Chesnay ; qu'en second lieu, cette porte et cet échalier, qui auraient existé à l'époque des lots du 18 nivôse an IX, ne peuvent être maintenus au possessoire, puisqu'ils ont été détruits depuis un grand nombre d'années ; qu'enfin une porte de retraite à porcs et un échalier de jardin ne peuvent être assimilés à une porte et une croisée de maison, établissant une servitude continue et apparente grevant la cour de Chesnay ; — Considérant que Dupont ayant, sans droit, établi une porte et une croisée donnant directement sur la cour de Chesnay, doit être condamné à les boucher.

Pourvoi du sieur Dupont.

ARRÊT

LA COUR : — Attendu, en fait et suivant les constatations du jugement dénoncé, que la porte, objet de l'action en complainte du défendeur, a été ouverte sur la cour de celui-ci dans la construction élevée par le demandeur sur la ligne séparative des terrains appartenant aux deux parties ;

Que, à la vérité, la cour du défendeur était, d'après un titre reconnu entre les parties, grevée d'une servitude de passage pour l'accès d'un jardin appartenant au demandeur ; mais qu'une telle servitude ainsi caractérisée et restreinte par sa destination spéciale, n'aurait pu, sans aggravation, servir à l'accès et à l'issue d'une maison d'habitation édifiée sur l'extrême limite de la propriété du demandeur, au moyen d'une porte pratiquée sur la ligne séparative des deux héritages et ouvrant immédiatement sur la cour du défendeur ;

D'où il suit qu'en confirmant, dans l'état des faits ainsi constatés, la sentence du juge de paix qui, au possessoire, avait ordonné la suppression de la porte dont il s'agit, pratiquée, dans l'année, dans le pignon de la maison du demandeur, immédiatement sur la cour du défendeur, le jugement attaqué n'a violé aucune loi ;

Rejette.

CASSATION, Ch. req. — 4 mai 1868.
(Autrique c. Comm. de Fiennes.)

I, 582, 588.

L'action en réintégrande n'est pas subordonnée dans son exercice à une possession réunissant toutes les conditions prescrites par les art. 23, C. pr., et 2229, C. civ. Il suffit au demandeur de justifier d'une détention matérielle paisible et publique et d'une dépossession par violence ou voie de fait.

Constitue un acte autorisant la réintégrande le fait de labourer le sol d'un chemin communal et de supprimer une passerelle établie sur un ruisseau.

ARRÊT

LA COUR : — Sur la première branche du moyen de cassation :

Attendu que l'action en réintégrande intentée par la commune de Fiennes n'avait nullement pour objet, ainsi que le suppose à tort le pourvoi, une servitude de passage sur le fonds des frères Autrique, demandeurs en cassation, mais bien sa réintégration dans la possession du chemin ou sentier public conduisant de Fiennes à Coffiers, dont la commune affirmait avoir toujours eu la jouissance paisible et publique depuis un temps immémorial, jusqu'au moment où les demandeurs ont rendu ledit chemin impraticable, en labourant une partie de son sol et en détruisant une *passerelle* établie sur la rivière de *Crembreux;*

Attendu que les termes de la citation et les conclusions prises par les parties devant les juges du fond ne permettent aucun doute à cet égard;

Sur la deuxième branche :

Attendu que la preuve offerte par les frères Autrique tendait à établir qu'ils étaient propriétaires du sentier dont il s'agit dans la partie qui traverse leur fonds;

Mais attendu que l'exception de propriété invoquée par les demandeurs en cassation ne constituait pas un moyen de défense envers l'action intentée par la commune;

Que l'action en réintégrande n'implique ni ne suppose soit un droit de propriété soit la possession civile de la part de celui qui l'exerce; qu'il suffit d'une détention matérielle, paisible et publique et d'une dépossession par violence ou voie de fait, alors même qu'il serait justifié que cette détention n'a point eu lieu *animo domini;*

Attendu que la réintégrande est essentiellement une mesure d'ordre et de paix publique qui a pour objet la répression de l'arbitraire et de la violence, avant toute discussion sur le fond du droit suivant la maxime : *spoliatus ante omnia restituendus;*

Attendu qu'en constatant les voies de fait des frères Autrique et la dépossession de la commune, c'est-à-dire les conditions essentielles de la réintégrande, le jugement attaqué a suffisamment, bien que d'une manière implicite, motivé le rejet d'une demande en preuve, qui, à raison de la nature de l'action qu'elle avait pour objet de combattre ne pouvait qu'être inutile et frustratoire dans ses résultats;

Rejette.

CASSATION, Ch. req. — 18 mai 1868.
(Houlès c. Calas.)

I, 681, 684.

L'existence du trouble est indépendante de la question de savoir si le complaignant a éprouvé dommage ou préjudice des faits incriminés.

Pour reconnaître le trouble, les tribunaux ont un pouvoir souverain d'appréciation, et leurs décisions échappent sur ce point à la censure de la Cour de de Cassation. Ainsi, on a pu décider que le riverain d'un cours d'eau n'est pas troublé dans sa possession lorsqu'il lui est permis, après l'entreprise dont il poursuit la répression, d'user des eaux dans les mêmes conditions qu'auparavant.

Du 15 janvier 1867, jugement du tribunal d'Albi, qui statue ainsi :

Attendu que, pour apprécier exactement l'action des époux Houlès, il est essentiel, tout d'abord, de bien définir et limiter l'étendue de leur possession avant l'entreprise de Calas; — Attendu, à cet égard, qu'il résulte du rapport de l'expert Martin que, pendant neuf mois de l'année, les eaux arrivant à Mézérac étaient employées à mettre en mouvement une petite usine, aux usages de la maison, et enfin à l'irrigation des prairies, tandis que, pendant les trois autres mois, époque des basses eaux, elles étaient insuffisantes pour faire marcher l'usine et ne pouvaient être utilisées que pour les besoins du domaine et l'arrosage des prés; — Attendu, cette possession ainsi caractérisée, qu'il y a lieu d'examiner le point de savoir si, en fait, l'entreprise de Calas y a apporté un trouble, c'est-à-dire si les eaux amenées à Mézérac ne peuvent pas être utilisées après l'établissement du réservoir de Gontufer, comme elles l'étaient avant, sans se préoccuper du point de savoir si, ainsi qu'ils le prétendent dans la citation introductive d'instance, les époux Houlès peuvent avoir à se plaindre de l'existence d'un préjudice; — Attendu, sur ce point, que les constatations de l'expert Martin établissent, et que les époux Houlès ne peuvent contester que, pendant neuf mois, leur possession n'est pas troublée par l'entreprise de Calas, soit à raison de l'abondance des eaux, soit eu égard aux conditions de leur parcours; — Attendu, dès lors, qu'il n'y a plus qu'à rechercher si, pendant trois mois, les époux Houlès peuvent utiliser les eaux comme ils le faisaient avant l'entreprise de Calas, c'est-à-dire pour les besoins du domaine et l'irrigation des prairies; — Attendu que les constatations de l'expert Martin, aussi concluantes que possible, établissent ces points importants, que la même quantité d'eau arrive à Mézérac après comme avant l'établissement du réservoir de Gontufer, que le cours des eaux n'est jamais interrompu et que leur volume ne peut, en aucun cas, être assez considérable pour qu'elles puissent s'échapper du lit du canal; — Attendu que si, quand le réservoir de Calas se remplit, c'est-à-dire pendant un moment à peine appréciable, si l'on considère l'emploi des eaux à Mézérac, elles diminuent d'un centimètre, peu d'instants après et pendant que le réservoir se vide, elles augmentent dans une proportion équivalente; d'où il suit que les époux Houlès peuvent les faire servir aussi utilement que par le passé à l'irrigation de leurs prairies et aux besoins du domaine; — Attendu, dès lors, que l'entreprise de Calas étant sans influence sur la possession des époux Houlès, ceux-ci ne sauraient être admis à se plaindre d'un trouble apporté à cette possession; — Attendu que le tribunal est amené à cette conclusion de fait par les expériences de l'expert Martin, qui paraissent concluantes si l'on considère : 1° le peu de capacité relative du réservoir de Gontufer; 2° la distance qui le sépare du domaine de Mézérac et qui n'est pas moindre de deux kilomètres et demi; 3° enfin cette circonstance essentielle que les eaux qui arrivent à Mézérac ne sont amenées dans le ruisseau de Ramières qu'après avoir servi à l'irrigation de plusieurs propriétés supérieures et traversé un terrain marécageux, ce qui explique surabondamment que l'entreprise de Calas ne peut apporter aucun trouble à la possession des époux Houlès; — Attendu, d'ailleurs, que la maxime qu'on ne saurait être admis à intenter une action en justice sans intérêt est applicable aux actions possessoires et que, de tout ce qui précède, il résulte que les époux Houlès n'ont aucun intérêt à se plaindre de l'entreprise de Calas; — Attendu enfin que le

long procès auquel leur prétention a donné lieu a été essentiellement préjudiciable à Calas et qu'il convient de lui allouer des dommages; — Par ces motifs, réformant, démet les époux Houlès de leur action possessoire et les condamne à 500 francs de dommages et aux dépens.

Pourvoi des consorts Houlès.

ARRÊT

LA COUR : — Sur la première branche du premier moyen :

Attendu que cette première branche repose sur une supposition démentie par les termes mêmes du jugement attaqué; que, bien loin d'avoir décidé que l'action possessoire n'est recevable qu'autant que le trouble a occasionné un préjudice au demandeur, le jugement, précisant la question à résoudre, déclare « qu'il y a lieu d'examiner si l'entreprise de Calas a troublé les époux Houlès dans leur possession »;

Attendu qu'après avoir caractérisé cette possession, le jugement apprécie « si, en fait, l'entreprise de Calas y a apporté un trouble, c'est-à-dire si les eaux amenées à Mézérac ne peuvent pas être utilisées après l'établissement du réservoir (construit par Calas) comme elles l'étaient avant, sans se préoccuper du point de savoir si, ainsi qu'ils le prétendaient dans la citation introductive d'instance, les époux Houlès peuvent avoir à se plaindre d'un préjudice »; qu'ainsi, non seulement le jugement n'a point dit ce que le pourvoi suppose, mais qu'il déclare expressément le contraire;

Attendu, au surplus, qu'en décidant que l'entreprise de Calas ne constituait pas un trouble à la possession des demandeurs en cassation, le tribunal d'appel s'est fondé sur des appréciations de fait qui échappent, par leur nature, au contrôle de la Cour de Cassation et dont il a, d'ailleurs, très justement déduit les conséquences légales;

Sur la deuxième branche :

Attendu que c'est aussi sans fondement que le pourvoi soutient que, depuis l'entreprise de Calas, les eaux arrivaient moins abondantes au domaine de Mézérac; que le jugement constate explicitement « que la même quantité d'eau arrive à Mézérac, après comme avant l'établissement du réservoir, et que le

cours des eaux n'est jamais interrompu »;
Sur le deuxième moyen :

Attendu que si la législation qui nous régit n'a point reproduit les dispositions de l'ancien droit qui frappaient d'une peine pécuniaire les plaideurs téméraires, il est néanmoins certain en jurisprudence que celui qui intente une action injuste, mal fondée ou sans intérêt pour lui, peut être condamné à des dommages-intérêts en vertu des art. 1382 et 1383, C. Nap., si cette action a causé au défendeur un préjudice dont il appartient au juge du fond de constater la réalité et d'apprécier l'importance ;

Attendu qu'il a été déclaré, en fait, que les époux Houlès, demandeurs en complainte, n'avaient éprouvé ni trouble ni dommage par l'effet de la construction du réservoir de Calas ; qu'ils étaient, dès lors, sans intérêt à engager une action en justice contre le défendeur éventuel ; que, d'autre part, le long procès auquel leur prétention a donné lieu a été essentiellement préjudiciable à Calas ; qu'en déduisant de ces appréciations souveraines qu'une réparation était due à ce dernier, et en fixant le chiffre des dommages-intérêts à 500 fr., le tribunal d'appel n'a fait qu'une juste application à la cause du principe général consacré par l'art. 1382, C. Nap., et n'a, d'ailleurs, violé aucun des autres articles invoqués par les demandeurs ;
Rejette.

CASSATION, Ch. civ. — 26 mai 1868.
(Comm. de Bransat c. Laleud.)

I, 175, 178, 179, 222.

L'art. 10 de la loi du 21 mai 1836 qui déclare l'imprescriptibilité des chemins vicinaux est général et n'admet aucune possession quelles que soient ses conditions tant que le chemin est maintenu comme vicinal. La même règle protège les francs-bords.

Du 20 juillet 1865, jugement du tribunal de Gannat qui s'exprime ainsi :

Attendu que les époux Laleud soutiennent qu'ils étaient en possession paisible par eux et leurs auteurs, à titre non précaire, depuis un temps immémorial, et notamment depuis an et jour, des terrains litigieux, lorsqu'il y a

moins d'une année, la commune de Bransat les a troublés dans leur possession, notamment en faisant piqueter ces terrains et en plantant des bornes ; — Attendu que la commune ne conteste ni les faits de possession, ni les faits de trouble à cette possession allégués par les époux Laleud ; qu'elle soutient seulement que ceux-ci ne peuvent se prévaloir de cette possession comme ayant les caractères nécessaires pour servir de base à une action possessoire, parce que les terrains par eux possédés faisaient ou auraient fait partie du sol de chemins publics imprescriptibles ; — Attendu que ces terrains ne font pas partie de chemins publics, puisque la commune de Bransat a été autorisée à les aliéner ; — Attendu que, même en supposant que ces terrains aient fait partie de chemins publics, ils peuvent encore être l'objet d'une action possessoire ; — Qu'il résulte, en effet, des articulations non contestées des époux Laleud que leur possession immémoriale des terrains a été exercée de telle sorte qu'elle aurait nécessairement entraîné la cessation absolue du passage du public sur ces terrains ; qu'elle les aurait par suite affranchis de leur affectation à un passage public, et que, par ce changement non équivoque de leur destination, elle les aurait relégués parmi les biens livrés au commerce, longtemps avant que commençât la possession annale sur laquelle est fondée l'action possessoire ; — Par ces motifs, maintient les époux Laleud dans la possession des terrains litigieux.

Pourvoi de la commune de Bransat.

ARRÊT

LA COUR : — Vu l'art. 10 de la loi du 21 mai 1836 :

Attendu que le jugement attaqué n'a pas méconnu le fait constaté par le premier juge, à savoir : que toutes les parcelles de terrain litigieuses figurent au plan cadastral de la commune de Bransat comme faisant partie du sol des chemins vicinaux de cette commune, chemins vicinaux reconnus et maintenus comme tels au tableau de classement régulièrement dressé et approuvé ;

Attendu que le jugement n'a pas méconnu non plus l'autorité de l'arrêté du préfet de l'Allier en date du 19 janvier 1864 qui déclare que ces parcelles de terrain usurpées *sur le sol des chemins vicinaux* seront vendues par la commune comme *excédants* de largeur de ce sol ;

Attendu que, malgré ces constatations de fait sur la nature des terrains litigieux, le jugement attaqué n'en a pas moins pensé que ces terrains avaient pu être l'objet d'une possession utile de la part des époux Laleud, parce que, dit le jugement, « la possession immémoriale qu'ils en avaient, avait été exercée de telle façon qu'elle aurait nécessairement entraîné la cessation absolue du passage public sur ces terrains, qui seraient ainsi demeurés affranchis de leur affectation à un passage public par le changement non équivoque de leur destination » ;

Attendu que l'art. 10 de la loi du 21 mai 1836, porte que les chemins vicinaux reconnus et maintenus comme tels sont imprescriptibles; que c'est là une règle générale et absolue, qui n'admet dès lors aucune possession contraire, et que, quelles que soient les conditions de la possession privée, elle ne saurait enlever à un chemin classé le caractère de dépendance du domaine public qu'il tient de l'autorité compétente, alors que cette possession privée n'implique pas l'entier abandon et la suppression complète du chemin, ce qui n'est pas le cas de la cause, où le chemin en lui-même n'a jamais cessé d'exister, où le public en a toujours usé, et où il ne s'agit en réalité que de simples empiétements faits par les propriétaires riverains sur les bords de la route, empiétements dont la loi a voulu précisément garantir les chemins vicinaux, en les mettant tout entiers et pour toutes leurs parties sous la protection du principe de l'imprescriptibilité;

Attendu, dès lors, que le jugement attaqué, en maintenant les époux Laleud en possession des terrains litigieux, a violé l'article de loi ci-dessus visé;

Casse.

CASSATION, Ch. req. — 16 juin 1868.
(Dupety c. Rayer.)

I, 204, 242.

Les décisions rendues au possessoire ne constituent ni titre ni chose jugée au pétitoire.
Le juge du possessoire ne saurait, sans méconnaître les limites de ses attributions, déclarer que le fait constitutif du trouble n'a été que l'exercice légitime d'un droit et rejeter par ce motif l'action possessoire qui lui est déférée.

Du 30 août 1867, jugement du tribunal de Coulommiers ainsi motivé :

Attendu qu'il est constant que les sieurs Rayer et consorts étaient en possession plus qu'annale des héritages sur lesquels les sieurs Dupety et consorts ont fait faire des fouilles à l'effet d'en extraire les pierres meulières ; — Attendu que ces derniers prétendent à tort que le droit d'extraction qu'ils revendiquent en vertu de deux actes des 3 mars 1789 et 13 ventôse an VII, leur permettait de se mettre en possession des pierres, objets mobiliers, sans troubler la possession annale des propriétaires des terrains ; — Qu'en effet, les pierres, tant qu'elles ne sont pas extraites, font partie intégrante de la propriété des appelants, et le droit d'extraction ne pouvait s'exercer sans occasionner un trouble réel à la possession légale des sieurs Rayer et consorts ; — Attendu que l'action possessoire n'a été instituée que pour mettre les propriétés à l'abri des prises de possession exercées violemment, et qu'il n'y a pas lieu d'examiner si les sieurs Dupety et consorts ont des droits quelconques sur les terrains dont s'agit ; — Attendu que, néanmoins, le juge de paix a déclaré que le fait des sieurs Dupety et consorts n'avait pas troublé la possession des demandeurs et a déclaré ces derniers non recevables et mal fondés dans leur demande ; — En conséquence, maintient les appelants dans la possession respective des pièces de terre dont s'agit, etc.

Pourvoi des consorts Dupety.

ARRÊT

LA COUR : — Attendu qu'il est constaté, en fait, par le jugement attaqué, qu'au moment où les sieurs Rayer et consorts, défendeurs éventuels, exercèrent leur action possessoire contre Dupety et compagnie, ils étaient en possession paisible et publique, depuis plus d'un an et jour, des fonds dans lesquels ces derniers ont pratiqué des fouilles pour l'extraction des pierres meulières que le sol renfermait ;

Attendu que le juge du possessoire, en accueillant la complainte de Rayer et consorts, fondée sur le trouble qui résultait pour eux de ces actes, n'a fait qu'appliquer les principes les plus certains du droit aux faits qu'il lui appartenait de constater et d'apprécier souverainement ;

Attendu que vainement le pourvoi, pour démontrer que l'action en complainte des défendeurs ne pouvait être admise, soutient que cette action avait principalement pour objet de maintenir Rayer et consorts dans la possession du droit de fouille et d'extraction, droit mobilier de sa nature et qui ne pouvait servir de base à une action en complainte ;

Attendu, en fait, que Rayer et consorts n'ont nullement distingué, ainsi que le prétend le pourvoi, la propriété de la surface du sol du droit de fouille et d'extraction des pierres meulières que le sol recélait ;

Qu'ils ont uniquement demandé à être maintenus dans la possession paisible et publique de leurs héritages respectifs, ce qui impliquait, à la fois, la surface et le tréfonds ;

Attendu que vainement encore les demandeurs soutiennent qu'en pratiquant des fouilles et des extractions de pierres dans les fonds, dont ils ne contestent pas la propriété à Rayer et consorts, ils n'avaient fait qu'user d'un droit qui leur avait été concédé par deux actes de 1789 et de l'an VII, et que l'exercice de ce droit ne pouvait constituer un trouble autorisant la complainte ;

Attendu que si le juge du possessoire peut apprécier les titres pour déterminer les caractères de la possession du demandeur en complainte, il ne saurait, sans méconnaître la limite de ses attributions légales, déclarer que le fait constitutif du trouble n'a été que l'exercice légitime d'un droit et non un trouble dans le sens de l'art. 23, C. pr. civ. ;

Que l'exception *feci sed jure feci* soulève nécessairement une question de propriété, qui ne peut être complètement résolue par le juge du possessoire ;

Attendu, enfin, que les décisions rendues en cette matière n'ayant ni l'autorité d'un titre, ni celle de la chose jugée, dans l'instance ultérieurement engagée au pétitoire, le jugement attaqué n'opposera aucun obstacle à l'action que la compagnie meulière pourrait intenter pour faire décider par le juge compétent si les droits qui lui furent concédés par les actes de 1789 et de l'an VII, demeurés sans exécution jusqu'à la fin de 1866, existent encore, et si elle peut légitimement en revendiquer l'exercice ;

Rejette.

CASSATION, Ch. civ. — 27 juillet 1868.
(Duhoux c. Collineau.)

I, 579.

Le juge du possessoire auquel la preuve de la possession des parties ne semble pas suffisamment concluante, et qui se trouve dans l'impossibilité de distinguer à qui revient la possession, peut se borner à renvoyer l'affaire devant les juges du pétitoire. Quant aux dépens, il a le droit de les compenser.

Du 26 décembre 1866, jugement du tribunal de Cholet qui le décide ainsi par les motifs suivants :

Attendu que le premier juge, en reconnaissant dans les motifs de sa décision que les deux parties avaient établi devant lui des faits réciproques et simultanés de fauchage et de passage pendant l'année qui a précédé le trouble sur les terrains dont elles se disputent la possession, a fait une saine application des enquêtes auxquelles il a été procédé sur le terrain litigieux ; — Attendu qu'il n'a pas moins bien interprété ces documents en ce qui concerne les faits de possession invoqués pour corroborer la possession annale tant par les dames Duhoux que par Collineau ; — Attendu qu'en admettant qu'au point de vue de la possession, le jugement de 1853, produit au débat par Collineau, dût, dans une certaine mesure, neutraliser les titres de 1772 et de 1826, communiqués par les dames Duhoux, le juge de paix ne s'est pas trompé davantage ; — Attendu que s'il était autorisé à interroger les actes, afin d'y puiser des éléments de nature à donner aux faits matériels prouvés les caractères constitutifs de la possession, il ne pouvait évidemment, sans franchir les limites de sa compétence, aller plus loin et ordonner notamment une application des titres ou tel autre errement de procédure pour éclairer sa religion sur l'origine, la direction et les limites anciennes et nouvelles, l'usage et le caractère véritable de la propriété dont s'agit ; — Attendu que, par suite, en proclamant que les dames Duhoux, pas plus que Collineau, n'ont établi leur possession exclusive sur le terrain litigieux, le juge de paix est arrivé à une conclusion naturelle, commandée par les faits et les circonstances de la cause ; — Attendu qu'il est admis par la plus grande partie des auteurs et universellement décidé en jurisprudence que lorsque le juge du possessoire constate une incertitude sur la possession, il doit, comme l'a fait M. le juge de paix de Champtoceaux, renvoyer les parties au pétitoire, et non débouter le demandeur de son action ; — Qu'il suit de là que l'appel formé par les dames Duhoux contre sa décision ne peut être favorablement accueilli par le tribunal ; — Sur l'appel incident : — Attendu qu'en renvoyant les parties au pétitoire, le premier juge n'a fait qu'user d'un droit accordé par la loi en pareille circonstance ; que, par suite, il n'a pu commettre un déni de justice rendant nulle sa décision ; — Par ces motifs, déclare les dames Duhoux mal fondées dans leur appel principal, et le sieur Collineau dans son appel incident.

Pourvoi des dames Duhoux.

ARRÊT

LA COUR : — Sur le moyen résultant de la violation de l'art. 23, par la fausse application de l'art. 25, C. pr. civ. :

Attendu que, sur la demande en complainte au possessoire formée par les dames Duhoux contre Collineau, le juge de paix du canton de Champtoceaux a non seulement admis la demande, mais qu'il a même, sur les conclusions des demanderesses, ordonné une enquête pour arriver à la preuve du bien-fondé de leurs prétentions ; qu'on ne saurait donc soutenir que le juge de paix et le jugement attaqué ensuite, aient privé les dames Duhoux du bénéfice de l'action possessoire ;

Attendu que les enquêtes n'ayant pas démontré le bien-fondé de la demande, le juge de paix devait en débouter purement et simplement les dames Duhoux ; que s'il s'est borné à les en débouter par voie indirecte, en les renvoyant à faire valoir leurs droits au pétitoire et en compensant les dépens, ce n'est pas aux dames Duhoux qu'il appartiendrait de se plaindre d'une décision qui, en maintenant la cause en l'état et en compensant les dépens, ne leur fait réellement aucun préjudice ;

Qu'ainsi donc, le pourvoi est sur ce moyen aussi irrecevable que mal fondé ;

Rejette.

CASSATION, Ch. civ. — 15 déc. 1868.
(Joyaux c. Aujarias.)

I, 101, 107.

Le juge saisi d'une action en bornage cesse d'être compétent lorsque l'une des parties soutient être propriétaire d'une parcelle de terrain et invoque, à l'appui de sa revendication, des titres et une possession trentenaire.

ARRÊT

LA COUR : — Vu l'art. 6, § 2, de la loi du 25 mai 1838 :

Attendu qu'aux termes de cette disposition, les juges de paix ne connaissent des actions en bornage que lorsque la propriété et les titres qui l'établissent ne sont pas contestés ;

Attendu que, dans l'espèce, la citation donnée par le demandeur originaire, le 22 mai 1865, soulevait déjà une question de propriété, puisque le demandeur imputait à Joyaux d'avoir empiété sur son héritage en y plantant une haie ;

Que le débat sur la question de propriété s'est accentué encore davantage par les conclusions du défendeur, qui a soutenu que la haie avait été plantée par lui sur son terrain et non sur celui d'Aujarias, argumentant de ses titres et de sa possession trentenaire ;

Attendu qu'en présence de ces conclusions respectives, on ne pouvait méconnaître que la propriété et les titres qui l'établissaient ne fussent contestés, et que, dès lors, le juge de paix n'avait plus compétence pour statuer sur l'action dont Aujarias l'avait saisi ;

Attendu qu'en décidant le contraire, le tribunal civil de Cognac a, dans le jugement attaqué, violé la disposition de loi ci-dessus visée ;

Casse.

CASSATION, Ch. civ. — 5 janvier 1869.
(Simard c. Monnereau.)

I, 165, 222, 707.

Le propriétaire riverain d'un chemin rural est recevable à agir au possessoire sans avoir à remplir les formalités prescrites par l'art. 49 de la loi du 18 juillet 1837, pour se faire maintenir en possession du chemin, lorsqu'il invoque ses droits personnels qu'il tient de la situation des lieux et de la loi. Il n'a pas besoin non plus de produire de titre particulier.

Le contraire avait été jugé, le 24 mai 1866, par le tribunal de la Réolle dans les termes suivants :

Attendu que du libellé de la citation et de la preuve offerte il résulte que le sieur Simard ne se prétend point possesseur du sol du chemin du Rondeau, mais seulement d'un droit de passage sur ce chemin ; que ce droit ne s'appuyant pas sur un titre et sa propriété n'étant pas enclavée, la possession par lui prétendue ne serait pas de nature à le conduire à la prescription, et que, par suite, sa demande ne peut être accueillie ; — Attendu que le chemin du Rondeau est appelé par Simard lui-même un chemin rural ; qu'il en a, en effet, le caractère, puisqu'il met en communication la route de Sainte-Foy et le chemin de Verdelais avec le chemin du Petit-Pays, et qu'il est ouvert au public ; qu'en y passant, Simard a exercé un droit qui appartient à tous et possédé par la commune, et non pas par lui, de sorte que, n'étant pas possesseur *animo domini*, sa complainte devrait encore être écartée à ce nouveau point de vue ; — Attendu, sans doute, que le sieur Simard aurait pu exercer *ut singulus* les droits de la commune, mais à la condition de mettre la commune en cause et de se faire autoriser par le Conseil de préfecture, et qu'il n'a pas rempli ces formalités ; — Par ces motifs, etc.

Pourvoi du sieur Simard.

ARRÊT

LA COUR : — Vu l'art. 23, C. pr. civ. :

Attendu que le propriétaire riverain d'un chemin public a, sur ce chemin, des droits qu'il tient de la situation des lieux et de la loi, sans qu'il ait besoin pour les faire valoir soit d'un titre, soit, à défaut de titre, de la prescription ;

Que, si l'usage d'un chemin est commun à tous, les droits du riverain n'en sont pas moins exercés par lui individuellement dans son intérêt privé ; que, pour en défendre la possession, il n'est donc pas obligé d'emprunter l'action de la commune dans les termes de l'art. 49 de la loi du 18 juillet 1837 ; qu'il en est ainsi surtout lorsque, comme dans l'espèce, le droit collectif de la commune n'est pas contesté ;

Attendu que le tribunal civil de la Réole a méconnu ces principes en décidant que Simard, riverain du chemin rural dit le Rondeau, n'avait pu demander contre Monnereau sa maintenue en possession dudit chemin, et en se fondant, pour écarter son action : 1° sur ce qu'il n'avait ni titre, ni possession de nature à servir de fondement à la prescription ; 2° qu'il ne pouvait, d'ailleurs, exercer que l'action de la commune de Saint-André-du-Bois, et après s'y être fait autoriser ;

D'où il suit qu'en déclarant, par ces motifs, la complainte possessoire de Simard non recevable, le tribunal civil de la Réole a faussement appliqué l'art. 49 de la loi du 18 juillet 1837 et a violé l'art. 23, C. pr. civ.;

Casse.

CASSATION, Ch. req. — 26 janv. 1869.
(Durand et Joyat c. Comm. d'Abzac.)

I, 48, 50, 204, 310, 501, 678.

Le juge du possessoire n'interprète pas un acte administratif lorsqu'il se borne à énoncer que cet acte a été pris dans les limites des attributions du préfet.

Est régulier le jugement qui se contente de reconnaître la possession sans ordonner la destruction des travaux exécutés par l'administration et qui renvoie les parties à se pourvoir devant les juges compétents pour régler l'indemnité de dépossession d'une servitude de passage supprimée.

Le jugement intervenu sur une première action en complainte ne saurait être invoqué comme chose jugée à l'occasion d'une nouvelle action postérieure de plusieurs années alors que dans l'intervalle la possession peut avoir changé de main ou de caractère.

Un particulier ne peut réclamer au possessoire un droit de passage à titre d'enclave sur un immeuble faisant partie du domaine public.

En tout cas, la suppression d'une semblable servitude ne constitue qu'un simple dommage de la compétence des tribunaux administratifs.

Du 7 août 1867, jugement du tribunal de Bordeaux ainsi motivé :

Attendu que les actions possessoires sont de la compétence exclusive des juges de paix; que la production par la commune défenderesse d'actes administratifs ayant pour but de justifier les faits qui lui étaient imputés constituait seulement un moyen de défense que le juge devait apprécier; qu'il s'est à tort déclaré incompétent; — Attendu que la cause est en état de recevoir jugement et qu'il y a lieu d'évoquer; — Attendu, sur la demande principale, que la demande en complainte porte uniquement sur un terrain servant autrefois de porche à l'église d'Abzac; que les demandeurs ne justifient ni n'offrent de justifier d'aucun acte indicatif d'un droit de propriété ou de copropriété qui ait été accompli par eux dans l'an et le jour qui précèdent le trouble; que, dans le courant des deux années qui ont précédé l'action, la commune d'Abzac a, au contraire, fait sur ce terrain des actes nombreux de possession d'un droit de propriété exclusive; que, notamment, la commune a fait réparer l'aire du porche, abattre les murs qui le fermaient à l'ouest, enlevé la toiture qui le recouvrait, disposé de tous les matériaux provenant de ces démolitions, bouleversé puis nivelé le sol; que tous ces actes ont été accomplis publiquement sans aucune réclamation de la part des demandeurs; qu'ainsi, d'un côté, les demandeurs ne prouvent aucune possession utile à titre de propriétaire ou copropriétaire, et, d'un autre, la commune défenderesse prouve qu'elle était en possession paisible, publique, à titre de propriété exclusive, depuis plus d'un an et un jour, au commencement des constructions qui motivent l'action de Durand et Joyat; que cette demande principale est donc mal fondée; — Attendu, sur la demande subsidiaire, que la possession, à titre de propriétaire exclusif, se concilie très bien avec la possession, par les tiers, d'un droit de servitude; qu'il n'est pas dénié que, dans l'année qui a précédé le trouble, Durand et Joyat ont fréquemment passé sur le terrain de l'ancien porche de l'église pour aller à leurs jardin et terre; que ce passage était pratiqué à titre de servitude par suite de l'état d'enclave où se trouvaient autrefois ces deux parcelles de terre; état d'enclave reconnu et constaté par un jugement du juge de paix de Coutras, en date du 7 avril 1862, qui avait été, par Durand et Joyat et par la commune, interprété et exécuté comme assurant auxdits Durand et Joyat la possession d'une servitude de passage sur le terrain de l'ancien porche; — Attendu, néanmoins, que la commune a contesté ce droit et rendu l'instance nécessaire; que l'administration municipale d'Abzac, en faisant édifier sur l'emplacement de la paroisse le chevet de l'église, a empêché que le passage des demandeurs pût continuer à s'exercer sur l'endroit précis où il se pratiquait; que le passage nouveau établi par la commune repose, il est vrai, pour moitié de sa largeur environ, sur le sol où les demandeurs exerçaient leur passage; mais que, pour l'autre moitié, il a été repoussé du côté de l'ouest, sans que la commune ait fait régler, par le juge compétent, ce déplacement de l'assiette de la servitude; que les demandeurs, à défaut d'un autre intérêt avouable, trouvent cependant dans leur droit méconnu, une cause légale d'action; qu'il y a lieu, par conséquent, de faire droit à leur demande; que le nouvel œuvre est une église paroissiale consacrée à l'exercice public du culte catholique; qu'elle constitue, par conséquent, et au plus haut degré, un travail d'utilité publique; que les plans ont été approuvés par le préfet de la Gironde, les devis par le sous-préfet de l'arrondissement de Libourne; que les travaux ont été l'objet d'une adjudication administrative, et que l'exécution en a été spécialement autorisée par une décision du préfet de la Gironde; que le tribunal n'a pas à rechercher si le préfet, en autorisant, a bien ou mal fait, qu'il suffit que cette autorisation ait été donnée dans les limites des attributions du préfet; que le nouvel œuvre ayant tous les caractères d'un travail administratif d'utilité publique, le tribunal ne peut ni ne doit ordonner la démolition; — Attendu que si un dommage a été éprouvé par ce nouvel œuvre, la connaissance de l'action en dommage appartient à la juridiction administrative; — Par ces motifs, etc.

Pourvoi des sieurs Durand et Joyat.

LA COUR : — Sur la première branche du moyen unique de cassation :

Attendu que le moyen fondé sur l'autorité de la chose jugée n'a été invoqué ni en première instance ni en appel;

Qu'il est donc non recevable comme nouveau;

Attendu, au surplus, que fût-il recevable il y aurait lieu de le rejeter comme mal fondé, qu'en effet, la sentence rendue au possessoire, le 7 avril 1862, en vue de la possession annale reconnue à cette époque au profit des demandeurs, ne saurait rien préjuger sur l'état de la possession à une époque postérieure de deux années, c'est-à-dire à un moment où la possession annale pouvait avoir changé de main ou de caractère;

Sur la deuxième branche :

Attendu que l'action des demandeurs en cassation avait pour principal objet leur maintien en possession, à titre de propriétaires, d'un terrain par eux affecté à un passage commun sous le porche de l'église et pour objet subsidiaire leur maintenue en possession d'un droit de passage par eux exercé sur ledit terrain à titre d'enclave;

Attendu que dans le point de droit des qualités auxquelles rien n'établit que les demandeurs aient fait opposition, il est uniquement question de la maintenue en possession de Durand et Joyat, à titre de propriétaires ou de copropriétaires;

Que c'est donc à bon droit que l'action a été considérée comme une complainte et non comme une action en réintégrande;

Sur la troisième branche :

Attendu qu'il est constaté, en fait, d'une part, que la commune était en possession, à titre de propriétaire, du terrain sur lequel elle a fait construire, avec l'autorisation du préfet du département, le chevet et le clocher de l'église paroissiale; et, d'autre part, que les demandeurs en cassation avaient seulement, sur ledit terrain, la possession d'une servitude de passage pour cause d'enclave;

Qu'il est constant, en outre, qu'ils ont laissé commencer et terminer la construction dont il s'agit, sans rien tenter auprès de l'autorité compétente pour obtenir la cessation, au moins provisoire, de ce travail;

Que, dans ces circonstances, en refusant d'ordonner la destruction d'un ouvrage d'utilité publique régulièrement autorisé et de renvoyer les parties devant qui de droit pour faire fixer l'indemnité qui peut leur être due à raison de la suppression de leur servitude de passage, le juge du possessoire n'a ni statué sur un droit de propriété ni méconnu le droit éventuel des demandeurs à une indemnité, ainsi que l'allègue le pourvoi;

Sur la quatrième branche :

Attendu que le jugement attaqué n'a interprété aucun acte administratif;

Que loin de s'ingérer dans l'appréciation des actes qui avaient autorisé les travaux d'agrandissement de l'église, le tribunal a la expressément déclaré, dans les motifs de sa décision, « qu'il n'avait pas à rechercher si le préfet, en autorisant les travaux, a bien ou mal fait; qu'il suffit que cette autorisation ait été donnée dans les limites des attributions du préfet »;

Attendu que le dispositif se borne à reconnaître la possession des demandeurs en cassation sur le terrain litigieux et à renvoyer les parties devant les juges compétents en ce qui concerne le dommage causé par les constructions;

Qu'ainsi le moyen dans sa quatrième branche manque de base en fait;

Rejette.

CASSATION, Ch. req. — 1ᵉʳ février 1869.
(Bichon c. Ville de Bordeaux.)

I, 58⁸.

Le fait de clôturer arbitrairement un terrain dont le demandeur a la détention actuelle et matérielle présente tous les caractères d'une véritable dépossession et permet de recourir à la réintégrande.

Sentence du juge de paix qui contient les motifs suivants :

Attendu qu'il s'agit de rechercher dans les faits et circonstances de la cause si la ville de Bordeaux a été, par voie de fait et par violence, dépossédée de tout ou partie de l'immeuble dont elle était en possession au moment du trouble violent reproché à Bichon;

qu'il est constant que le maire de Bordeaux s'est mis immédiatement et sans interruption en possession de l'immeuble vendu par Larcher à la ville ;... que c'est donc en connaissance de cause, alors qu'il reconnaissait que la ville était en possession du terrain litigieux, que, profitant de l'absence du propriétaire et de ses représentants, il s'est permis de fermer, par une barrière dite clôture de la Gironde, tout le terrain objet du procès, depuis le mur de son chais, à l'est, jusqu'à la petite porte contiguë au portail de l'ancienne raffinerie ouvrant sur la rue Sainte-Philomène, à l'ouest ; que, pour établir cette clôture sur le terrain où il n'a aucun accès, Bichon a pénétré sans droit dans une propriété de la ville ; que cette voie de fait, qui dépossède entièrement la ville de cette portion de son immeuble, a un caractère agressif de nature à pouvoir provoquer une collision, et constitue un acte de violence qui justifie l'action en réintégrande intentée par la ville contre Bichon, etc.

Sur l'appel du sieur Bichon, cette sentence fut confirmée, le 22 mars 1867, par un jugement du tribunal de Bordeaux qui ajoute les motifs suivants :

Adoptant les motifs du premier juge; — Et attendu, en droit, qu'une entreprise entraînant dépossession complète et constituant un obstacle permanent que le possesseur, s'il veut rentrer en possession, ne peut plus faire disparaître qu'en recourant à la violence, constitue, quelque paisible, furtive ou clandestine qu'elle ait été, une voie de fait pouvant donner lieu à l'action en réintégrande; — Attendu qu'en clôturant le terrain litigieux ainsi qu'il l'a fait en juin 1866, Bichon a évidemment commis une entreprise de ce genre.

Pourvoi du sieur Bichon.

ARRÊT

LA COUR : — Sur le premier moyen :

Attendu qu'il est constaté, en fait, par le jugement attaqué, que la ville de Bordeaux possédait depuis longtemps le terrain litigieux, *animo domini*, lorsque, au mois de juin 1866, le demandeur en cassation se permit de clore ce terrain par une barrière;

Que cette voie de fait, privant la ville de la possession qu'elle avait dudit terrain, autorisait pleinement l'exercice de l'action en réintégrande;

Rejette.

PARIS. — 16 février 1869.

I, 283.

V. *Paris. — 16 février 1849.*

CASSATION, Ch. req. — 2 mars 1869.
(Delmas c. Doumergue.)

I, 500.

Le possesseur annal d'un terrain peut utilement se pourvoir par voie de complainte contre celui qui a opéré des dépôts de sable sur le fonds litigieux, alors même qu'il serait établi que des dépôts analogues ont été effectués à la même place, mais à une époque antérieure à la possession annale du demandeur.

Du 4 juillet 1867, jugement du tribunal de Limoux ainsi conçu :

Attendu que le jugement attaqué maintient le sieur Delmas dans la faculté de déposer sur la pièce de terre n° 435 du plan cadastral les déblais provenant du curage de son béal; que cette faculté, qui ne se révèle par aucun signe extérieur permanent, est une servitude discontinue et non apparente qui échappe à la fois à la prescription et à la destination du père de famille, et à raison de laquelle on ne peut agir au possessoire, ni par voie d'action ni par voie d'exception, si l'on ne joint à sa possession un titre émané du véritable propriétaire du fonds servant; — Attendu que l'acte de vente du 8 février 1854 est le seul que la dame Poulhariez ait consenti en faveur du sieur Delmas avant l'aliénation de cette pièce de terre, et qu'il n'autorise ni directement ni indirectement la prétention qui vient de triompher en première instance; que c'est parce qu'il est muet sur ce point, qu'elle n'est admise que comme conséquence nécessaire de la cession d'une partie du béal; qu'il faudrait oublier, pour accepter une telle conséquence, que le curage est facile autrement qu'en exerçant la servitude contestée, et qu'il existe des francs-bords sur lesquels l'usinier peut déposer librement les graviers et les sables qu'il en retire; — Attendu que la cession du béal impliquait si peu, aux yeux de la venderesse, la cession de cette servitude, que, dans l'acte ultérieur du 24 octobre 1855, la concession gratuite de l'usage du fonds sur lequel on la prétend établie est ajoutée à la vente du moulin et du jardin qui dépendent aujourd'hui de la succession du sieur Doumergue, et que, cependant, tout en se réservant le droit de faire sur ce fonds tous les dépôts qu'il lui plaira, elle omet d'étendre cette réserve au sieur Delmas, sans craindre d'engager sa responsabilité par cette omission; — Attendu que, lorsqu'en 1859 elle vend le même champ à Doumergue, elle a soin de stipuler une servitude de passage pour le sieur Delmas, mais garde un silence significatif sur celle de dépôts; qu'à la vérité elle déclare le vendre avec ses servitudes actives et passives, mais que cette énonciation n'est évidemment qu'une clause de style et ne s'applique, dans tous les cas, qu'à la servitude créée par la clause précédente; — Attendu qu'à partir de cette époque, il n'a pu

dépendre d'elle de modifier la condition d'un héritage qui a cessé de lui appartenir; qu'elle ne l'a pas tenté, et que l'acte du 30 avril 1861, qui a complété au profit du sieur Delmas la vente du 8 octobre, continue le silence des autres actes sur la servitude que celui-ci s'attribue; — Attendu que dans ces circonstances il importe peu que le jugement (le procès-verbal de transport) du 20 décembre 1866 constate qu'il a été trouvé sur les lieux des traces de dépôts antérieurs de plus d'une année à ceux qui ont motivé l'action en complainte des appelantes; que ces traces n'indiquent qu'un fait temporaire; qu'elles ne sauraient être confondues avec les signes extérieurs et permanents qui rendent la destination du père de famille possible et comportent par voie de conséquence une possession utile; — Attendu que les dépôts effectués sur la propriété de la veuve Doumergue et de sa fille sont un trouble à leur possession annale; — Par ces motifs, le tribunal infirme; maintient la demoiselle Marie Doumergue et la veuve Doumergue dans la possession annale de la pièce de terre n° 435; fait défense au sieur Delmas de les troubler à l'avenir dans leur possession; ordonne le rétablissement des lieux dans l'état primitif et l'enlèvement des déblais qu'il y a déposés, le tout dans le délai de vingt-quatre heures, etc.

Pourvoi du sieur Delmas.

ARRÊT

LA COUR : — Attendu qu'il est constant et qu'il n'a pas même été contesté : 1° que les consorts Doumergue, défendeurs éventuels, possédaient le fonds litigieux *animo domini*, en vertu d'un titre d'acquisition du 2 février 1859; 2° que cette possession durait depuis plus d'une année au moment où s'est accompli le fait qui a donné lieu à l'action en complainte; que, pour contester le caractère paisible de cette possession, le sieur Delmas se fondait sur les traces d'anciens dépôts de sable effectués sur le terrain, objet de la contestation, antérieurement à la possession annale des consorts Doumergue;

Attendu que, par cela seul que les anciens dépôts remontaient à une époque antérieure à cette possession annale, ils ne pouvaient exercer aucune influence sur le litige au possessoire, et que la possession d'an et jour, dans les conditions requises pour prescrire, suffisant pour autoriser la complainte, le juge n'avait pas à tenir compte des faits antérieurs;

Que vainement Delmas soutenait, en produisant divers titres, que les dépôts dont il s'agit n'avaient été, de sa part, que l'exercice d'un droit;

Attendu que la possession des consorts Doumergue et la réalité du trouble étant constantes, le tribunal d'appel aurait pu se dispenser d'examiner les titres produits par le sieur Delmas ;

Attendu, toutefois, que les conclusions de ce dernier autorisaient suffisamment le juge du fond à se livrer à cet examen, qui rentrait, d'ailleurs, dans les limites de sa compétence ;

Attendu, à cet égard, que le tribunal déclare que les titres produits par le demandeur en cassation ne renfermaient pas la preuve du droit par lui prétendu ; que, d'autre part, le jugement décide que les dépôts dont argumente le pourvoi ne constituaient qu'un fait temporaire qui ne pouvait servir de base à une possession utile en faveur du sieur Delmas ;

Attendu que le demandeur objecte vainement encore que son droit de dépôt sur la propriété des consorts Doumergue était fondé sur l'impossibilité d'opérer autrement le curage du canal ;

Qu'il est, en effet, constaté par le jugement « que le curage est facile autrement qu'en exerçant la servitude contestée, et qu'il existe des francs-bords sur lesquels l'usinier peut déposer librement le gravier et les sables qu'il retire du canal » ;

Rejette.

CASSATION, Ch. civ. — 5 avril 1869.

I, 681.

V. *Cassation, Ch. civ. — 6 avril 1859.*

CASSATION, Ch. req. — 12 avril 1869.
(Lecomte et Melot c. Lefolle.)

I, 238, 446, 542.

Le possesseur d'une maison est nécessairement possesseur des murs qui la composent et en sont une partie intégrante et indispensable ; en établissant sa possession de la maison, il prouve par cela même sa possession des murs.

Mais la preuve contraire est possible et pour l'apprécier le juge du possessoire a le droit de consulter les titres afin de déterminer les véritables caractères de la possession et rechercher, *par exemple, si les murs ne seraient pas mitoyens.*

Du 21 août 1867, jugement du tribunal de Semur ainsi motivé :

Considérant que la portion de mur sur laquelle a été exécutée l'indue entreprise dont se plaint le sieur Lefolle, est restée sans solution de continuité, soit au mur de façade de la partie supérieure du porche appartenant incontestablement à ce dernier, soit au mur pignon de la maison qu'il habite ; qu'elle fait ainsi partie intégrante dudit mur ; — Considérant que Lefolle étant en possession de la maison, n'a pas à faire la preuve d'une possession particulière sur chacun des murs qui la délimitent ; — Considérant que la prétention du demandeur à une possession exclusive, est combattue par les défendeurs ; qu'ils invoquent la présomption de l'art. 653, C. Nap. ; — Considérant que la présomption de l'art. 653, contestable dans l'espèce, doit s'effacer en présence du titre sur lequel se fonde la possession ; que l'on voit, en effet, dans l'extrait d'un acte portant donation, à la date du 17 juin 1767, que l'un des auteurs de Lecomte donne par contrat de mariage à un sieur Sirugue, auteur de Lefolle, la maison que celui-ci occupe aujourd'hui, en se réservant seulement le passage et la propriété des deux grandes portes tant en taille qu'en bois et les aisances dudit passage ; qu'il suit de là que tout le surplus était transmis au donataire, les réserves faites étant parfaitement précises, et ne pouvant, dès lors, s'étendre arbitrairement à tout ou partie des murs entre lesquels le passage devait s'opérer ; — Considérant que Lecomte et Melot ayant perforé le mur dont le demandeur est en possession pour y introduire le fil d'archal d'une sonnette, ont ainsi porté un trouble à sa jouissance, dont il est bien fondé à demander la cessation ; — Gardant et maintenant Lefolle dans la possession légale des murs de sa maison, dit que c'est à tort et sans droit que Lecomte et Melot l'y ont troublé en perforant, etc.

Pourvoi des sieurs Lecomte et Melot.

ARRÊT

LA COUR : — Attendu qu'il est constant et non contesté que Lefolle, défendeur éventuel, était en possession de sa maison ;

Qu'il n'avait pas, dès lors, à prouver en particulier la possession de chacune des parties composant ladite maison, et notamment celle du mur dont il s'agit au procès ;

Attendu que les demandeurs en cassation ayant produit eux-mêmes des actes desquels ils prétendaient faire résulter que Lefolle n'avait point eu la possession exclusive du mur en litige, le juge du fond a dû examiner si les stipulations de ces actes portaient atteinte à la possession exclusive de Lefolle; qu'il n'a point, en cela, cumulé le pétitoire et le possessoire, puisqu'il n'a apprécié les titres que dans l'unique but de déterminer les caractères de la possession ;

Attendu qu'il n'a pas davantage cumulé le pétitoire et le possessoire, en recherchant dans les titres si la présomption de mitoyenneté de l'art. 653, C. Nap., pouvait être invoquée dans la cause ;

Rejette.

CASSATION, Ch. req. — 13 avril 1869.
(Ville de Bourges c. Masson.)

I, 17.

Le juge du possessoire auquel on présente un plan général d'alignement, qui n'est pas contesté, est tenu de trancher les questions de possession et au besoin de faire l'application de ce plan pour apprécier si la possession alléguée pouvait avoir un caractère d'utilité et motiver la complainte.

Du 15 février 1867, jugement du tribunal de Bourges, qui s'exprime dans les termes suivants :

En ce qui concerne l'appel interjeté par les époux Masson : — Sur la non recevabilité de l'action en complainte intentée par les époux Masson, opposée par la ville de Bourges et fondée sur ce que les terrains dont ils demandent à être maintenus en possession font partie du domaine public municipal et sont, par suite, imprescriptibles comme faisant partie d'une impasse publique indiquée comme telle dans le plan général d'alignement de la ville de Bourges, approuvé, après l'accomplissement des diverses formalités exigées par l'art. 52 de la loi du 16 septembre 1807, par ordonnance royale du 20 juin 1840, et reconnu comme ayant le caractère de voie publique par tous les propriétaires des immeubles entourant la Cour-au-Village et par l'auteur même des demandeurs, qui a sollicité, à diverses reprises, l'autorisation de réparer le long de la Cour-au-Village : — Attendu que la ville de Bourges, pour établir que la Cour-au-Village est une véritable impasse, n'invoque pour l'époque antérieure à l'établissement du plan d'alignement, aucun fait de possession de sa part, tel que l'établissement ou l'entretien du pavage de la cour; qu'elle soutient seulement qu'à une époque très reculée cette Cour-au-Village faisait suite à la cour Compain, qui a encore son issue sur la rue Saint-Sulpice et qu'elle servait alors de communication entre la rue Saint-Sulpice et la rue

Saint-Médard, rue sur laquelle la Cour-au-Village a encore son issue; et elle fonde cette prétention sur des faits consignés dans une requête adressée au présidial de Bourges, dans le cours de l'année 1777, par un sieur Morin, à qui les propriétaires des constructions entourant la Cour-au-Village avaient fait sommation de fermer et supprimer une porte qu'il avait fait ouvrir pour communiquer de son jardin à ladite Cour-au-Village; — Attendu, au contraire, que les époux Masson produisent des titres desquels il résulte que, dès le 19 novembre 1697, la Cour-au-Village et le portail y donnant accès ont été une propriété privée et appartenant en commun à divers propriétaires dont les constructions entouraient ladite cour, notamment un acte d'arrentement constitué sur la maison appartenant aujourd'hui aux époux Masson, à la date du 29 novembre 1697 ; 2° une requête des créanciers de ladite rente adressée aux membres du présidial de Bourges le 25 juin 1750 ; 3° un acte de vente du 20 pluviôse an III ; 4° un acte de vente du 27 ventôse an IV ; 5° un acte de vente du 1er avril 1834, faisant mention d'un autre acte passé le 18 janvier 1824, contenant cession à un nommé Guérin des droits de communauté à la Cour-au-Village et au puits qui s'y trouve; qu'ils produisent, en outre, une transaction reçue Poucet, notaire à Bourges, le 24 janvier 1779, ayant pour objet de mettre fin au procès pendant devant le présidial de Bourges, entre Morin et les propriétaires de la Cour-au-Village, par laquelle ceux-ci reconnaissaient à Morin la communauté de la Cour-au-Village, et par le même acte ils convenaient entre eux qu'aucun d'eux ne pourrait acquérir de propriété exclusive sur ladite cour et qu'ils seraient tenus d'entretenir en commun le portail ainsi que le pavé de la cour et le puits commun ; — Que l'omission de ladite cour au plan de la ville et faubourgs de Bourges dressé par Defer en 1703, ainsi qu'au plan cadastral, alors que la cour Compain y figure, que la non-utilité de la cour pour le service public, cette cour n'aboutissant à aucun monument, à aucun établissement auquel le public ait intérêt d'arriver, sont autant de faits qui, en présence des actes de propriété produits, établissent que la Cour-au-Village est bien une propriété privée et non une dépendance du domaine public communal ; — Attendu que si, à l'époque où le plan d'alignement a été approuvé par ordonnance royale (1840), la Cour-au-Village ne faisait pas partie du domaine public communal, l'approbation de cet alignement n'a pas pu avoir pour effet de lui donner ce caractère ; et que, par conséquent, les terrains composant la Cour-au-Village n'ont pas cessé d'être, comme les autres propriétés privées, susceptibles d'une possession utile pouvant, en cas de trouble, donner lieu à l'action possessoire ; — Attendu que l'auteur des époux Masson a, en 1841 et 1851, demandé l'autorisation de réparer le long de la Cour-au-Village, croyant que ladite cour était soumise à l'alignement, ces demandes n'ont pu avoir pour effet de faire acquérir à la ville un droit qu'elle n'avait pas ; qu'elles ne peuvent être considérées comme une renonciation à un droit acquis, mais bien plutôt comme le résultat d'une erreur sur l'étendue de ce droit; — Au fond : — Attendu que les terrains qui font l'objet de l'action en complainte, ne faisant pas partie du domaine public communal, ont pu être l'objet d'une possession utile ; — Attendu que les époux Masson prétendent en avoir toujours eu, et notamment depuis plus d'un an et jour, la possession paisible, publique, non équivoque et à titre de propriétaire ; que cette possession conforme à leur titre, notamment leur acte de vente du 13 décembre 1864, a été de leur part une possession exclusive en ce qui concerne le petit terrain non pavé faisant suite à leur maison, et une possession commune avec les autres propriétaires pour le surplus de la Cour-au-Village ; — Qu'à l'appui de leurs prétentions, ils articulent des faits de jouissance qui sont pertinents et admissibles ; — Sur l'appel interjeté par la ville de Bourges : — Attendu que, sans s'occuper de savoir si le terrain sur lequel ont été faites les constructions est ou non compris dans le plan d'alignement de la ville de Bourges, ce qui, d'après ce qui vient d'être dit plus haut, ne peut avoir aucune influence dans la cause, il appert des titres, et notamment de l'acte reçu Pellé, notaire à Bourges, le 13 décembre 1864, portant vente par la dame Bonnivin aux époux Masson de la maison occupée aujourd'hui par eux, que le terrain sur lequel ont été élevées les constructions nouvelles était à cette époque couvert en partie par un appentis dépendant, avec le terrain non pavé, de la maison vendue ; qu'il est constant que, du 13 décembre 1864 au 23 janvier 1866, date des poursuites exercées par la police contre les époux Masson, ceux-ci ont joui exclusivement de l'emplacement de cet appentis ; qu'ainsi, au moment du trouble, ils avaient la possession annale de ce terrain ; que c'est donc à bon droit que le premier juge les a maintenus et gardés dans ladite possession ; — Par ces motifs, statuant sur l'appel de Masson, dit qu'il a été bien appelé, mal jugé au chef qui statue tant sur le terrain non pavé faisant suite à celui sur lequel ont été élevées les constructions nouvelles, que sur le terrain pavé formant la Cour-au-Village ; déclare les époux Masson recevables dans leur action en complainte, et les autorise à prouver, etc. — Déclare mal fondé l'appel de la ville de Bourges.

Pourvoi de la ville de Bourges.

ARRÊT

LA COUR : — Sur le premier moyen : Attendu qu'il est constaté, en fait, par le jugement attaqué que, le 23 janvier 1866, date des poursuites exercées contre les époux Masson pour avoir empiété sur la voie publique, en construisant un escalier et un hangar à la place de l'appentis qui existait antérieurement, ceux-ci étaient en possession paisible, publique, non équivoque et à titre de propriétaire, depuis plus

d'une année, des terrains sur lesquels ils avaient construit ;

Attendu que la possession de fait étant ainsi établie, il restait à décider si cette possession pouvait avoir un caractère utile à l'égard de la ville de Bourges ;

Attendu qu'une telle appréciation rentrait essentiellement dans la compétence du juge du possessoire ;

Attendu que, suivant les constatations du jugement attaqué, la *Cour-au-Village* et le portail qui y conduit constituant une propriété privée, dès l'année 1697, le plan d'alignement de la ville de Bourges, dressé en 1840, qui comprenait parmi les voies publiques la cour dont il s'agit et le terrain attenant sur lequel les époux Masson ont élevé leurs constructions, n'a pu avoir pour effet d'opérer l'expropriation de ladite cour et dudit terrain au préjudice des défendeurs éventuels, ni de porter atteinte à leur possession ;

Sur le deuxième moyen :

Attendu que le juge du possessoire peut, sans cumuler le possessoire et le pétitoire, consulter les titres pour déterminer les caractères de la possession, et notamment à l'effet d'apprécier si la possession invoquée réunit les caractères de la possession civile ;

Attendu que, dans l'espèce, le tribunal d'appel n'a pas dépassé les limites de son droit, et que sa décision laisse entière la question de propriété, pour être jugée ultérieurement, s'il y a lieu, par le juge compétent ;

Rejette.

CASSATION, Ch. req. — 19 avril 1869.
(De Wolbock c. Kerzerlio.)

I, 363, 377, 501.

Le défendeur à une action pétitoire est fondé à agir au possessoire lorsque le trouble se produit pendant le cours de l'instance pétitoire. L'art. 26, C. pr., ne concerne que le demandeur.

Le recours en garantie de la part de l'acquéreur contre son vendeur est parfaitement recevable s'il se produit dans l'année qui a suivi le contrat d'acquisition.

Si la preuve de la possession annale est la seule qui doive servir au juge du pos-

sessoire, la décision qui aurait en même temps autorisé celle de la possession immémoriale ne donnerait prise à aucune critique, pourvu que, dans sa décision définitive, le juge ne fasse état que de la première.

ARRÊT

LA COUR : — Sur la deuxième branche, relative à la violation des art. 1625 et suiv., C. Nap. :

Attendu que si, aux termes des art. 1603, 1604 et 1625, C. Nap., le vendeur est tenu de mettre l'acheteur en possession de la chose vendue et de lui garantir cette possession, cette obligation doit être considérée comme remplie lorsque l'acheteur a été mis en possession de la chose vendue et qu'il en a joui paisiblement, publiquement pendant une année ;

Que, dès que la possession annale est acquise à l'acheteur, c'est à lui à se défendre contre les agressions provenant de tiers, sans qu'il puisse, en général, appeler son vendeur en garantie, pour troubles à la possession survenus postérieurement ; qu'il en doit être à plus forte raison ainsi lorsque trois années environ se sont écoulées au moment du trouble, depuis la mise en possession de l'acquéreur, sauf, toutefois, l'obligation de garantie en ce qui concerne le droit de propriété, laquelle reste soumise aux règles du droit commun en cette matière ;

Que le vendeur n'a point à prouver que l'acquéreur n'a pas suffisamment veillé à la conservation de sa possession ;

Que la preuve de sa négligence résulte nécessairement de la prise de possession par un tiers dont il eût pu repousser les entreprises par la complainte possessoire ou par la réintégrande ;

Attendu qu'en autorisant la preuve de la possession annale et immémoriale des défendeurs éventuels, le tribunal n'a nullement entendu préjuger la question de propriété, mais uniquement mettre les défendeurs à même de produire les divers éléments de preuve de leur possession annale, tout en demeurant libre d'en apprécier le mérite dans les limites de sa compétence exceptionnelle comme juge du possessoire ;

Sur le deuxième moyen :

Attendu que si, d'après l'art. 26, C. pr. civ., le demandeur au pétitoire n'est plus recevable à agir au possessoire, c'est parce qu'en actionnant au pétitoire, il a implicitement reconnu que son adversaire était en possession ;

Que, d'autre part, suivant l'art. 27, C. pr. civ., le défendeur au possessoire ne peut se pourvoir au pétitoire qu'après que l'instance au possessoire est terminée, mais qu'aucune disposition de la loi, ni aucune raison sérieuse ne s'opposent à ce que le défendeur au pétitoire exerce l'action en complainte devant le juge du possessoire, contre le demandeur au pétitoire, qui, pendant la durée de ce litige, viendrait à troubler la possession dont il a reconnu l'existence au profit de son adversaire en le citant au pétitoire ;

Qu'on ne saurait, en effet, admettre que, durant l'instance au pétitoire, la possession du défendeur puisse être livrée, sans défense, à toutes les entreprises du demandeur ;

Que c'est donc à bon droit, et sans cumuler le pétitoire et le possessoire, que le jugement attaqué a déclaré recevable l'action en complainte des défendeurs éventuels contre le demandeur en cassation qui les avait antérieurement assignés au pétitoire relativement au même immeuble ;

Rejette.

———————

CASSATION, Ch. civ. — 9 juin 1869.
(Marché c. Comm. de Lesparre.)

I, 52, 340, 486, 500.

La possession annale est suffisamment établie par l'aveu du défendeur. Et cet aveu peut n'être que tacite et s'induire d'un ensemble de circonstances laissées à l'appréciation du juge.

En introduisant une action pétitoire au cours d'une instance possessoire, le défendeur ne saurait arrêter la solution de cette dernière qui est absolument indépendante de la première et doit être mise à fin, suivant les errements judiciaires qui lui sont propres.

ARRÊT

LA COUR : — Sur le premier moyen du pourvoi :

Attendu que le jugement attaqué n'a pas jugé en droit que, par application des art. 26 et 27, C. pr. civ., le demandeur s'était rendu non recevable à défendre à l'action possessoire formée contre lui par le maire de Lesparre devant le juge de paix, en introduisant lui-même une action pétitoire devant le tribunal civil; mais qu'il a jugé en fait que, par ses agissements, le demandeur avait reconnu que la commune de Lesparre se trouvait en possession du terrain en litige;

Qu'en cet état des faits, qu'il avait le droit d'apprécier et de constater, le jugement attaqué a pu maintenir la commune dans la possession de ce terrain, sans violer aucune loi;

Sur le deuxième moyen:

Attendu que l'action possessoire est préjudicielle et indépendante de l'action pétitoire; que le défendeur au possessoire ne peut priver le demandeur du droit de faire prononcer sur sa possession, et que la demande au pétitoire ne peut exercer aucune influence sur l'instance possessoire précédemment introduite, laquelle doit se continuer et être mise à fin suivant les errements judiciaires qui lui sont propres et comme si aucune demande au pétitoire n'avait été formée;

D'où il suit qu'en refusant de surseoir à statuer sur l'instance possessoire jusqu'à ce qu'il eût été prononcé sur la demande au pétitoire formée par Marché, le jugement attaqué, loin de violer la loi, en a fait une juste application;

Rejette.

CASSATION, Ch. req. — 14 juin 1869.
(Comm. de Fépin c. Lavocat.)

I, 499, 500, 613, 614, 700, 701.

Le juge du possessoire doit limiter son examen à la constatation des actes de jouissance accomplis dans l'année qui a précédé le trouble et ne peut tenir compte de la possession immémoriale.

Il ne saurait non plus, sans cumuler le possessoire et le pétitoire, se prononcer sur la validité d'actes émanés de la puissance féodale qui seraient invoqués comme constitutifs de la servitude litigieuse.

Les droits d'usage forestier constituent des servitudes discontinues non apparentes qui ne peuvent s'acquérir par la seule possession. Mais le titre peut résulter de procès-verbaux de délivrance ou d'actes équipollents impliquant le consentement du propriétaire du bois que l'on prétend soumis à l'usage.

Du 2 mai 1867, jugement du tribunal de Rocroi qui statue dans les termes suivants:

En ce qui concerne les titres invoqués et leur influence au possessoire: — Attendu que, devant le premier juge, comme en police correctionnelle, la commune revendiquait un droit de pâturage dans les bois du sieur Lavocat, ou la possession de ce droit; qu'elle fait résulter l'un et l'autre: 1° d'un titre de 1259; 2° d'une longue possession pouvant, sous la coutume de Liège, constituer le droit de pâturage dans les bois, et être prouvée par témoins; — Attendu que le titre invoqué et l'appréciation des droits qui peuvent résulter de cet acte ou de la coutume de Liège ne pouvaient être soumis au juge du possessoire, parce que l'examen du titre constitutif de la servitude, son origine, sa valeur au point de vue légal et son application au bois du sieur Lavocat soulèvent de graves questions qui touchent au fond du droit de pâturage réclamé; que, d'ailleurs, il n'est pas dénié que ce titre n'a été ni produit, ni discuté à l'audience de la justice de paix, et que l'appelant en conteste énergiquement l'application possible aux bois dont il est propriétaire; — Attendu que cette question ne peut être jugée qu'au pétitoire avec celle de savoir si ledit acte n'est pas entaché du vice de féodalité, et s'il peut, sous l'empire des lois abolitives de ce régime, avoir une valeur quelconque; — Attendu que le juge du possessoire était également incompétent pour décider si le droit de pâturage dans les bois pouvait, sous la coutume de Liège, s'acquérir par une longue ou brève possession, et être prouvé par témoins, parce que toucher ces difficultés de droit, pour juger si l'action en complainte possessoire est recevable et la preuve par témoins est admissible, c'est cumuler le pétitoire et le possessoire; qu'en effet, la possession dont le juge de paix est appelé à connaître repose sur des faits matériels d'appréhension, de détention, de jouissance réelle et actuelle, tandis que le titre et la loi ne confèrent que des droits, et que le droit et le fait, pouvant être en opposition, ne doivent jamais être confondus ni cumulés; que si le juge peut consulter le titre pour éclairer la possession, en fixer le caractère, il ne peut apprécier ce titre en lui-même, quant à sa valeur légale, pour en faire résulter la possession constitutive d'un droit, alors que cette possession est déniée et non prouvée par des faits matériels reconnus en dehors du titre lui-même; — Attendu que le droit ou la possession réclamés s'appliquent à une servitude de pâturage qui est, de sa nature, discontinue et non apparente ; qu'elle ne peut s'acquérir que par titre (art. 691, C. Nap.), la possession, même immémoriale, étant inefficace ; — Attendu que ces principes sont applicables même aux usages forestiers, et principalement aux pâturages ; — Que si ledit article respecte les servitudes acquises par la longue possession antérieurement au Code, cette possession acquisitive d'un droit ne peut être prouvée au possessoire, quand la possession actuelle n'est pas établie conformément aux prescriptions du Code forestier, c'est-à-dire par des procès-verbaux de délivrance ou autres actes équipollents ; — Attendu que, dans l'espèce, cette possession est déniée ; que la question de savoir si elle peut être prouvée par témoins est subordonnée à la question du fond qui ne peut être jugée qu'au pétitoire, parce que, devant cette juridiction seulement, le titre de 1259, la coutume de Liège et les droits qui en découlent seront appréciés ; que si la commune est, par son titre, ou par la loi, investie d'un droit d'usage préexistant, elle pourra être admise à prouver qu'elle l'a conservé par la possession soit antérieure, soit postérieure au Code, avec ou sans délivrance, mais par des actes équipollents, selon la jurisprudence admise par le juge au possessoire ; — ..... En ce qui touche la preuve offerte : — Attendu que des considérations ci-dessus, il résulte que les faits articulés n'étaient pas admissibles au possessoire ; que, sur ce point, il y a même chose jugée au correctionnel, puisqu'il a été reconnu que la possession réclamée reposait sur des faits délictueux ; d'où il suit qu'il n'y avait pas lieu à complainte possessoire, en tout cas, qu'elle ne devait pas être accueillie ; — Par ces motifs, etc.

Pourvoi de la commune de Fépin.

ARRÊT

LA COUR : — Sur la première branche du moyen de cassation :

Attendu que l'action portée devant le juge du possessoire avait pour objet le maintien de la commune de Fépin dans l'exercice du droit de faire pacager ses troupeaux dans les bois du défendeur éventuel ;

Attendu, en droit, que la complainte n'est recevable qu'autant que l'objet possédé est susceptible de prescription et que la possession invoquée réunit les caractères de la possession civile ;

Attendu qu'il est aujourd'hui constant que les droits d'usage dans les bois et forêts constituent des servitudes discontinues non apparentes, qui, aux termes de l'art. 691, C. Nap., ne peuvent s'acquérir par la prescription ;

Attendu, d'autre part, qu'un titre portant la date de 1259 ayant été invoqué par la commune pour établir son prétendu droit d'usage, les défendeurs éventuels ont soutenu qu'il ne s'appliquait pas au bois en litige, et que la commune, demanderesse au possessoire, n'a pris aucune conclusion tendant à l'adaptation de ce titre au terrain litigieux ;

Que, d'ailleurs, le juge de paix était incompétent pour apprécier la validité d'un titre émané de la puissance féodale plusieurs siècles avant la demande ;

Sur la deuxième branche :

Attendu que le juge du possessoire était également incompétent pour vérifier si, à défaut de titre, la commune avait acquis par la possession immémoriale le droit d'usage contesté ;

Attendu qu'en supposant que la coutume de Liège admît, en cette matière, la possession immémoriale comme l'équivalent d'un titre et que le bois dont il s'agit fût soumis à cette coutume, ce qui n'est pas établi, le juge de paix, juge d'exception, n'avait pas le pouvoir d'ordonner la preuve d'une telle possession ; qu'au possessoire, en effet, sa compétence est limitée à la connaissance et à la constatation des faits de possession accomplis dans l'année qui a précédé le trouble ;

Sur la troisième branche :

Attendu qu'alors même que la commune aurait justifié d'un titre s'appliquant au bois en litige, ou d'une possession ancienne pouvant suppléer au titre s'il n'en existait pas, sa complainte ne pouvait être accueillie qu'autant qu'elle aurait prouvé sa possession actuelle ;

Attendu que lorsqu'il s'agit de droits d'usage dans une forêt, la possession n'existe légalement que si elle a été précédée de procès-verbaux de délivrance, ou d'actes équipollents impliquant le consentement du propriétaire du bois que l'on prétend soumis à l'usage ;

Attendu qu'il n'a pas même été allégué par la commune que les faits de pacage dont elle se prévaut aient été précédés de procès-verbaux de délivrance ou d'actes équipollents ;

Que les poursuites correctionnelles dirigées contre les habitants par les propriétaires du bois prouvent, au contraire, que ceux-ci n'ont jamais acquiescé aux prétentions de la commune ;

Qu'ainsi la possession de la commune était, dans tous les cas, inefficace, et ne pouvait servir de base à l'action en complainte ;

Rejette.

CASSATION, Ch. civ. — 30 juin 1869.
(Synd. du canal de Vaucluse c. Villon.)

I, 50, 584, 677, 692.

Si le juge du possessoire doit en général se dessaisir toutes les fois qu'il se trouve en présence d'actes émanant de l'autorité administrative, il n'en est pas ainsi lorsque l'exécution de ces actes soulève des questions de propriété ou de possession. Il doit alors statuer sur la possession en ayant soin de se borner à la reconnaître sans ordonner le rétablissement des lieux dans leur état primitif et sans prononcer de dommages-intérêts.

En conséquence, est recevable l'action possessoire dirigée contre le syndicat auquel des règlements administratifs ont confié des droits de surveillance et de police sur un canal, lorsque les travaux ont été exécutés sans l'observation des prescriptions administratives et notamment sans la mise en demeure ordonnée par ces règlements.

ARRÊT

LA COUR : — Attendu que les questions de propriété et de possession sont essentiellement de la compétence de l'autorité judiciaire ; qu'en particulier, les entreprises commises dans l'année sur les cours d'eau, les complaintes et actions possessoires, sont attribuées aux juges de paix et sur l'appel au tribunal civil, d'après l'art. 6 de la loi du 25 mai 1838 ;

Attendu que Villon, possesseur à titre de propriétaire du moulin de Gadagne et du canal ou béal de ce moulin, a formé, en 1866, devant le juge de paix du canton de l'Isle, une action en complainte possessoire à raison d'un travail de repurgement opéré durant l'année par un agent du syndicat du canal de Vaucluse dans le béal du moulin de Gadagne ;

Attendu que, comme l'a reconnu le directeur du syndicat dans sa lettre du 5 février 1866 au préfet de Vaucluse, par laquelle il offrait de se charger de ce travail, c'était à l'usinier à faire enlever l'atterrissement qui s'était formé dans le canal de son moulin ; que le repurgement dont il s'agit étant un acte d'entretien qui rentre par sa nature et son objet dans les attributs du droit de propriété, le juge de paix et, sur l'appel, le tribunal civil de Vaucluse ont pu, sur la complainte de Villon, considérer comme un trouble réellement apporté à sa possession à titre de propriétaire le travail de repurgement effectué par le syndicat sans avoir préalablement mis Villon en demeure de procéder lui-même audit travail ; qu'en se bornant, dans ces circonstances, à maintenir Villon dans sa possession et en laissant à qui de droit à statuer, s'il y échéait, sur les questions de rétablissement des lieux et de dommages-intérêts, les juges n'ont fait qu'user du pouvoir qui leur est attribué par l'art. 6 de la loi du 25 mai 1838, et n'ont point porté atteinte aux règlements administratifs qui ont confié au syndicat des droits de surveillance et de police sur le canal de Vaucluse et sur les eaux qui en sont dérivées ;

Rejette.

CASSATION, Ch. civ. — 5 juillet 1869.
(Laporte c. Chaminade.)

I, 222.

Le riverain d'un chemin rural, qui exerce en son nom personnel une action possessoire tendant à la reconnaissance des droits individuels qui résultent à son profit de la situation des lieux, sans avoir besoin de se prévaloir des droits de la commune sur ce chemin, n'est pas astreint à remplir les formalités édictées par l'art. 49 de la loi du 18 juillet 1837.

ARRÊT

LA COUR : — Attendu qu'aux termes de l'art. 49 de la loi du 18 juillet 1837, le contribuable inscrit sur le rôle d'une commune ou d'une section de commune, n'est tenu de rapporter l'autorisation du Conseil de préfecture qu'autant qu'il demande à exercer les droits de cette commune ou section de commune ;

Attendu, en fait, qu'il résulte, tant des qualités du jugement que du jugement lui-même : 1° que la commune n'a pas été mise en cause, et que, loin de contester ses droits, Laporte les a formellement reconnus ; 2° que les défendeurs seuls ont été assignés en leur nom personnel et se sont défendus en cette qualité ;

Attendu qu'il est constaté, en outre, que, prenant comme trouble l'action dirigée contre eux, ils ont demandé reconventionnellement à être maintenus en possession des droits dont ils avaient eu la jouissance paisible et non contestée jusqu'au moment des entreprises et usurpations de leur adversaire ;

Attendu qu'en procédant ainsi, ils n'exerçaient pas les droits de la section de commune dont ils font partie, droits qui étaient reconnus par Laporte, mais agissaient *ut singuli*, à leurs risques et périls, et sans compromettre les intérêts de la commune pour la défense de droits individuels ;

D'où il suit qu'ils ne se trouvaient point dans les conditions auxquelles la disposition précitée rattache l'autorisation du Conseil de préfecture, et que le tribunal de Libourne, en rejetant la fin de non-recevoir tirée du défaut d'autorisation, n'a point violé cette disposition ;

Rejette.

CASSATION, Ch. req. — 13 juillet 1869.
(De Pontevès c. Syndicat de l'Issole.)

I, 232.

Si les droits accordés aux riverains sur les eaux courantes constituent des facultés qui ne sauraient périr par le non-usage, ces mêmes droits peuvent être acquis par la prescription lorsqu'un riverain s'est attribué pendant plus de trente ans la jouissance exclusive du cours d'eau au moyen d'ouvrages apparents constituant une contradiction manifeste aux droits des autres riverains et un obstacle matériel à l'exer-

cice des facultés qui leur sont accordées par l'art. 644, C. civ., et par la loi du 11 juillet 1847.

Du 27 octobre 1868, arrêt de la Cour d'Aix rendu dans les termes suivants :

Attendu que les conclusions de la commission syndicale ont pour objet l'autorisation, moyennant indemnité, d'appuyer une hausse mobile sur la rive droite de l'Issole et sur un barrage appartenant à de Pontevès, à l'effet de dériver dans son canal d'irrigation la quantité d'eau à laquelle elle a droit pour l'irrigation de ses terres ; — Que cette demande trouve sa justification dans l'art. 644, C. Nap., d'après lequel, propriétaire de terres bordées par les eaux de l'Issole, le syndicat a le droit de s'en servir pour l'irrigation desdites terres, et dans l'art. 1er de la loi du 11 juillet 1847, aux termes duquel il peut obtenir la faculté d'appuyer sur la propriété des riverains les ouvrages d'art nécessaires à sa prise d'eau ; — Attendu, néanmoins, que ladite demande est combattue à la fois et par de Pontevès, appelant, et par la commune de Forcalqueiret, partie intervenante, qui prétendent que les propriétaires de la rive gauche de l'Issole, représentés par le syndicat, n'ont aucun droit aux eaux à l'endroit où ils veulent établir leur canal ; — Attendu qu'à l'appui de cette prétention, il a été plaidé, au nom de l'appelant, un premier moyen consistant en ce que, par suite de certains ouvrages construits par les anciens seigneurs hauts-justiciers de Garéoult ou de Forcalqueiret, ou en vertu de concessions émanées de leur autorité sur le lit de l'Issole, depuis la prise d'eau du premier moulin qu'il possède dans le territoire de Garéoult jusqu'à celle d'un deuxième moulin qu'il possède en aval dans le territoire de Forcalqueiret, la partie de ladite rivière comprise entre ces deux limites avait perdu son caractère de cours d'eau public, était devenue sa propriété privée, et formait une véritable annexe des canaux d'amenée et de décharge de ses moulins ; — Attendu, en ce qui touche le canal d'irrigation, que l'appelant possède, conjointement avec la commune de Forcalqueiret, à 26 mètres environ en aval du point où le canal de fuite du moulin supérieur rend ses eaux à la rivière et sur le bord opposé, une prise d'eau et un barrage au moyen desquels sont captées à leur passage une partie des eaux de ladite rivière pour l'irrigation des terres de la rive droite ; — Attendu, d'autre part, que l'appelant et la commune intervenante n'ont produit aucun acte de concession ou autres émanés des anciens seigneurs hauts-justiciers de Garéoult ou de Forcalqueiret, portant aliénation directe ou indirecte à leur profit du lit de ladite rivière ; — Attendu que la circonstance que la prise d'eau du canal de la rive droite et le barrage qui l'alimente auraient été construits pendant que le seigneur de Forcalqueiret était propriétaire de tout ou partie des terres arrosées, ou par ses ordres, ou avec son autorisation, ne changerait rien à la solution de la question, parce que ces travaux n'avaient pas pour effet de lui transférer la propriété du cours d'eau, laquelle était attachée à la qualité de seigneur haut-justicier, s'il la possédait, et a cessé d'exister par suite des lois abolitives de la féodalité ; qu'ainsi ce moyen doit être péremptoirement écarté ; — Par ces motifs, etc.

Pourvoi du sieur de Pontevès et de la commune de Forcalqueiret.

ARRÊT

LA COUR : — Attendu, en droit, que les droits accordés aux riverains relativement à l'usage des eaux courantes, constituent des facultés qui ne sauraient périr par le non-usage, quelque prolongé qu'on le suppose ;

Attendu, toutefois, que la prescription pourrait être invoquée par le riverain qui se serait attribué, pendant plus de trente ans, la jouissance exclusive d'un cours d'eau par des ouvrages apparents constituant une contradiction manifeste aux droits des autres riverains et un obstacle matériel à l'exercice des facultés qui leur sont accordées par l'art. 644, C. Nap., et par la loi du 11 juillet 1847 ;

Attendu, en fait, que l'arrêt attaqué déclare que les demandeurs en cassation n'ont fait aucun ouvrage ayant pour objet de leur assurer, exclusivement aux propriétaires de la rive gauche, la jouissance de toutes les eaux de l'Issole ou d'une partie déterminée de ces eaux ;

Que cette appréciation des juges du fond, résultant de l'examen des documents produits au procès et des mesures d'instruction précédemment ordonnées, est souveraine et n'est pas soumise au contrôle de la Cour de Cassation ;

Attendu que l'arrêt attaqué constate de plus que les demandeurs en cassation n'ont produit aucun acte dont ils puissent faire résulter un droit privatif aux eaux de la rivière d'Issole ;

Qu'en repoussant, dans ces circonstances, la prétention des demandeurs en cassation qui soutenaient avoir acquis, soit par titre, soit par prescription, un droit exclusif aux eaux de l'Issole, l'arrêt attaqué, loin d'avoir violé les articles de loi invoqués par le pourvoi, en a fait au contraire une juste application ;

Rejette.

CASSATION, Ch. civ. — 16 août 1869.
(Berdoly c. Comm. d'Uhart-Mixe.)

I, 243, 244.

Cumule le possessoire et le pétitoire le jugement qui, après avoir reconnu que le terrain litigieux faisait partie du domaine public communal, ne se contente pas de repousser l'action formée contre la commune et de maintenir celle-ci en possession, mais déclare en outre, dans le dispositif de son jugement, ce terrain imprescriptible comme dépendance de l'église et comme place publique.

Du 2 avril 1868, jugement du tribunal de Saint-Palais ainsi motivé :

Attendu qu'il résulte de la constatation des lieux que le contentieux est un terrain qui s'étend de l'église d'Uhart à la voie publique, par devant la façade du château ; qu'à cet aspect, on doit reconnaître qu'il est une dépendance nécessaire de l'église, à moins de supposer qu'un édifice consacré au culte a été fondé en état d'enclave, ce qui répugne véritablement à la raison ; car il est impossible de croire que jamais les habitants d'Uhart aient subordonné au bon plaisir du châtelain leur accès à l'église, soit individuellement, soit collectivement, tant pour les honneurs funèbres à rendre aux morts que pour les processions en dehors du temple d'où elles sortent pour aller à une croix placée sur la voie publique, à côté du contentieux ; qu'à ce point de vue, le droit de passage offert par le propriétaire du château devrait être rejeté comme insuffisant, quand même il serait en situation de l'octroyer, ce qu'il n'établit pas, et cette offre n'est qu'un moyen imaginé pour conserver ce qu'il y a d'inadmissible dans l'hypothèse d'une église sans issue sur la voie publique ; que vainement Berdoly allègue que c'était jadis la chapelle du château, en étayant cette allégation de considérations historiques et archéologiques, plus ou moins plausibles, mais dont le mérite est, en tout cas, en dehors du possessoire qui statue sur l'état des choses ; qu'il faut donc dire que le contentieux appartient à l'église, et que, celle-ci étant la propriété de la commune, le terrain, par sa nature et sa destination, forme un domaine public imprescriptible ; — Attendu, de plus, qu'à la possession de l'église, se joint celle de la commune, qu'il est constant que le terrain litigieux est le lieu de réunion des habitants tous les jours de fête, pour les plaisirs et les jeux usités le pays ; que cet usage lui donne le caractère d'une véritable place publique ; — Qu'en vain Berdoly rappelle les exigences d'un château et de ses dépendances, tant pour la circulation que pour l'exploitation ; — Que, s'il a fait sur le terrain des clôtures, des terrassements, des réparations et quelques plantations, c'est pour son utilité et son agrément, comme sa fortune le lui permet, ce qui a dispensé la commune d'y porter ses prestations, sans que pour cela elle ait pu nuire à son droit inaliénable; — Attendu que ce droit étant ainsi caractérisé, et la complainte n'étant recevable que sur les immeubles susceptibles de s'acquérir par la prescription, l'action possessoire de Berdoly doit être déclarée irrecevable, sans s'arrêter au cadastre ni aux titres par lui produits; — Par ces motifs, maintient la commune d'Uhart-Mixe *dans la possession exclusive du terrain contentieux, qui est déclaré imprescriptible* comme dépendant de l'église et place publique, dans laquelle Berdoly *n'a que les droits d'un habitant de la commune.*

Pourvoi du sieur Berdoly.

ARRÊT

LA COUR : — Vu l'art. 25, C. pr. civ.:
Attendu que si, même au possessoire, le juge peut fonder sa décision sur des motifs tirés du pétitoire, c'est à la condition de ne statuer que sur ce possessoire par le dispositif de son jugement;
Attendu, dans l'espèce, que le tribunal de Saint-Palais, après avoir exposé dans les motifs de son jugement les raisons susceptibles, selon lui, de faire considérer le terrain litigieux comme une place publique, dont la commune d'U-hart-Mixe aurait la possession, ne s'en est pas tenu à repousser l'action possessoire formée par Berdoly, et à maintenir la commune en possession du terrain; que le tribunal a déclaré, en outre, dans le dispositif de son jugement, ledit terrain imprescriptible comme dépendance de l'église et comme place publique, dans laquelle Berdoly n'a que les droits d'un habitant de la commune; que le jugement attaqué a, par là, statué sur la question de propriété, et qu'en cela il a méconnu la prohibition faite par l'art. 25, C. pr. civ., de cumuler le possessoire et le pétitoire, et par suite, expressément violé ledit article;
Casse.

TRIB. DE MURET. — 23 déc. 1869.
(Comm. de Cintegabelle c. X...)

I, 467.

L'usufruitier peut agir par la voie possessoire contre le nu-propriétaire en cas de trouble causé à la jouissance de son droit.

Une sentence du juge de paix l'avait décidé dans les termes suivants :

Attendu : 1º que si la citation introductive d'instance donne à l'action intentée par M. le curé tous les caractères de la complainte possessoire, les voies de fait violentes qui ont accompagné la dépossession dont se plaint M. le curé et ses conclusions dernières établissent d'une manière non équivoque que l'action intentée est une action en réintégrande et la justifient; — Considérant que, pour donner matière à l'exercice de l'action en réintégrande, la possession n'a pas besoin de réunir toutes les conditions que la loi exige du possesseur, soit pour acquérir la propriété par la voie de la prescription, aux termes de l'art. 2229, C. Nap., soit même pour l'exercice de la complainte possessoire, aux termes de l'art. 23, C. pr.; — Qu'il faut, suivant les prescriptions du premier de ces articles, que la possession soit continue et non interrompue, paisible, publique, non équivoque, et à titre de propriétaire; suivant le second, qu'elle soit paisible par le demandeur et les siens depuis une année au moins, à titre non précaire, et que l'action soit formée dans l'année du trouble; — Mais qu'en matière de réintégrande, il suffit au demandeur de prouver qu'il avait la possession *de pur fait*, c'est-à-dire la détention en nature et simplement matérielle de la chose au moment où la violence ou voie de fait a été commise; — Attendu que la possession *de pur fait* par M. le curé de Cintegabelle, quant aux terrains dont il a été dépouillé, ainsi que les voies de fait, avec intervention de la force publique, qui ont accompagné cette dépossession, ne sont pas contestées par M. le maire de Cintegabelle; — Que, dès lors, toutes les conditions requises pour l'exercice de l'action en réintégrande existent et que cette action doit être accueillie si nous sommes compétent; — Attendu : 2º qu'aux termes de l'art. 6, § 1er, de la loi du 25 mai 1838, les juges de paix connaissent des actions en réintégrande fondées sur des faits commis dans l'année; — Attendu que les moyens d'incompétence produits par M. le maire de Cintegabelle sont tirés de ce fait que tous les actes concernant les terrains qui font l'objet du litige sont des actes administratifs et doivent, par conséquent, être interprétés par l'autorité administrative seule, sans immixtion aucune de l'autorité judiciaire; — Attendu que, dans l'affaire qui nous occupe, l'intervention de l'autorité judiciaire n'a pas pour effet d'empiéter ni de contrarier ou d'arrêter l'action de l'autorité administrative, ni d'apprécier le sens de l'ordonnance royale de 1824, ni celui de la décision ministérielle du 22 août dernier, ni de savoir même en vertu de quel titre M. le curé de Cintegabelle était en possession du terrain dont il a été dépouillé; qu'il est certain, incontestable que les droits et les attributions de l'autorité administrative restent entiers, et qu'à elle seule appartient le droit de fixer définitivement le sens des actes administratifs produits dans le litige, quel que soit d'ailleurs notre jugement sur l'action dont nous sommes saisi; — Que l'intervention de l'autorité judiciaire se justifie en cette circonstance par le principe d'ordre public que nul ne peut se faire justice à lui-même et que, renfermée dans les limites d'une action en réintégrande, elle n'a pas pour prétention ni pour résultat d'apprécier ni de préjuger, en aucune façon, les décisions administratives intervenues ou à intervenir, ni d'en empêcher l'accomplissement si elles ont le caractère de la chose jugée souverainement; — Qu'elle a pour but unique, et c'est son droit incontestable et exclusif, de rechercher, comme dans l'espèce, si *la possession de fait* existait au moment de la dépossession et si cette dépossession a eu lieu avec voies de fait ou violence et, dans ce cas, de rétablir les choses dans leur état avant l'entreprise; — Attendu que cette possession de fait n'étant pas contestée, pas plus que la dépossession avec voies de fait accompagnées de l'intervention de la force publique, on ne saurait admettre, dans une situation semblable, l'incompétence de l'autorité judiciaire; que le déclarer ainsi équivaudrait à un déni de justice; — Attendu que M. le maire s'appuie, pour justifier l'acte qui lui est reproché, sur la décision ministérielle en date du 22 août dernier, portant ordre d'exécution de cette décision; — Mais attendu que M. le maire attribue à cette décision une force et une valeur qu'elle ne saurait avoir, puisqu'il n'est pas possible de reconnaître à cette décision le caractère ni l'autorité de la chose souverainement jugée, et que c'est, par conséquent, sans titre et sans droit définitivement établi qu'il s'est emparé du terrain dont M. le curé avait la possession de fait; — Par ces motifs, nous nous déclarons compétent.

Appel par le maire de la commune.

JUGEMENT

LE TRIBUNAL : — Considérant que les actions possessoires sont de la compétence exclusive des juges de paix, et, en appel, des tribunaux civils; qu'elles peuvent être exercées par l'usufruitier, non seulement contre les tiers, mais encore contre le nu-propriétaire lui-même; que le principe est absolu;

Qu'il doit s'appliquer sans qu'il soit nécessaire de rechercher le mode constitutif de l'usufruit, car, en effet, l'usufruit, une fois établi, confère à l'usufruitier des droits et des obligations identiques, soit que le titre qui le constitue émane d'un acte administratif, judiciaire, de dernière volonté ou de la convention des parties;

Considérant que M. le maire de Cintegabelle s'appuie, pour repousser l'action en réintégrande dirigée par M. le curé de cette localité, sur la lettre écrite, le 22 août 1868, par Son Exc. M. le ministre des cultes, à M. le préfet de la Haute-Garonne;

Considérant qu'il n'appartient pas au tribunal d'apprécier le caractère de cet acte, d'examiner s'il a été rendu par l'autorité compétente, de rechercher s'il comporte une décision définitive et souveraine sur le fond du litige, ou si, au contraire, il exprime seulement l'opinion personnelle de Son Exc. M. le ministre des cultes, désirant, dans une pensée de conciliation, faire cesser les différends regrettables qui existent entre la commune et la cure de Cintegabelle; qu'entrer dans l'examen de cet acte serait violer le principe de la séparation des pouvoirs judiciaire et administratif;

Considérant, cependant, que M. le maire de Cintegabelle prétend se prévaloir de la lettre ministérielle dont il vient d'être parlé et qu'il regarde comme une véritable décision administrative, pour faire rejeter l'action en réintégrande intentée par M. le curé; mais qu'il ne peut justifier avoir fait à ce dernier aucune notification légale; qu'il ne suffit point, en effet, pour lui, d'avoir adressé à M. le curé, pour le déposséder, une copie de la lettre de Son Exc. le ministre des cultes; qu'il aurait dû procéder d'une manière légale, recourir au ministère d'un huissier, puisque l'acte administratif ne contenait pas la désignation d'un agent spécial chargé de la signification; que, dans aucun cas, il ne pouvait faire lui-même cette notification, puisque, représentant la commune de Cintegabelle, il était partie principale dans l'instance;

Considérant, d'ailleurs, qu'en admettant que la notification eût été régulièrement faite, il n'appartenait pas à M. le maire de Cintegabelle de la faire exécuter, par lui-même ou par ses agents, sans avoir recours aux modes d'exécution légaux, et sans avoir préalablement fait faire une sommation à M. le curé d'avoir à l'exécuter;

Considérant, dès lors, que M. le curé, dépossédé par M. le maire de Cintegabelle, qui avait requis la gendarmerie de cette ville, du terrain qu'il jouissait, a intenté, à bon droit, l'action en réintégrande;

Adoptant, au surplus, les motifs du premier juge;

Confirme.

————

CASSATION, Ch. civ. — 1ᵉʳ février 1870.
(Durassier c. Jarnac.)

I, 208, 247, 521.

Le dépôt par un contribuable du mémoire tendant à l'autorisation de plaider au nom de la commune, n'a pas pour effet d'interrompre la prescription. Il en résulte que l'action en complainte est irrecevable si elle n'est pas réellement introduite dans l'année du trouble, alors même que le contribuable aurait, dans ce délai, soumis au Conseil de préfecture sa demande d'autorisation.

Le 2 mai 1867, jugement du tribunal civil de Cognac, ainsi conçu :

Attendu que la fin de non-recevoir proposée en cause d'appel par Durassier est fondée sur ce que l'action possessoire qui a fait l'objet du jugement attaqué a été formée postérieurement à l'expiration de l'année du trouble et contrairement ainsi aux prescriptions de l'art. 23, C. pr. civ.; — Attendu qu'il est de principe que la prescription ne court pas contre ceux qui ne peuvent agir, conformément à la maxime *contrà non valentem agere non currit præscriptio;* — Attendu que, dans l'espèce, les intimés exerçant, en leur qualité de contribuables inscrits au rôle, l'action de la commune de Segonzac, ne pouvaient agir qu'à la condition de l'obtention préalable de l'autorisation du Conseil de préfecture et après mise en demeure de la commune intéressée, conformément aux prescriptions de la loi du 18 juillet 1837, art. 49; — Que, par suite, tant qu'ils n'ont pas été habilités par cette autorisation, les intimés se sont trouvés condamnés à l'inaction; — Attendu, en fait, que le trouble qui a motivé le procès a eu lieu au mois de décembre 1862; — Que le mémoire adressé au préfet pour être autorisés a été présenté le 22 juillet 1863; que la décision administrative favorable à la demande n'a été rendue que le 26 février 1864 et que l'action possessoire a été introduite par citation du 11 avril suivant; — Attendu que c'est vainement qu'il est soutenu par l'appelant que la disposition de l'art. 51 de la loi du 18 juillet 1837, d'où il résulte que la prescription et toutes déchéances sont interrompues par la présentation du mémoire au préfet, ne saurait s'étendre au cas de l'espèce et doit strictement s'appliquer, selon les termes de l'article lui-même, aux actions à intenter contre une commune; qu'on ne saurait comprendre, en effet, que les mêmes formes et les mêmes raisons ne puissent être édictées ou invoquées en faveur de celui qui prend le fait et cause de la commune tout aussi bien qu'au bénéfice de celui qui l'attaque, et que, dans tous les cas, rien dans la loi spéciale dont il s'agit n'infirme la maxime du droit commun, qui ne laisse pas courir la prescription contre celui qui ne peut agir; — Attendu qu'on ne saurait tirer argument de l'art. 55 qui permet au maire d'intenter une action possessoire ou d'y défendre sans autorisation préalable; que cette faculté est toute spéciale à la qualité du maire, représentant légal de la commune, et qu'il importe de remarquer qu'en l'investissant formellement du droit dont il s'agit, la loi, loin d'étendre à tout contribuable les mêmes prérogatives, a pris soin par cela même de les restreindre à la personne de l'administrateur institué et de conserver intacte pour tous autres l'action tutélaire de l'autorité supérieure; — Par ces motifs, etc.

Pourvoi du sieur Durassier.

ARRÊT

LA COUR : — Vu l'art. 23, C. pr. civ., et les art. 49 et 51 de la loi du 18 juillet 1837 :

Attendu qu'aux termes de l'art. 23, C. pr. civ., l'action possessoire n'est recevable qu'autant qu'elle aura été formée dans l'année du trouble;

Attendu que, dans l'espèce, le trouble a eu lieu en décembre 1862, et que l'action possessoire n'a été formée par Jarnac et consorts que le 11 avril 1864, après l'expiration du délai d'un an;

Attendu que Jarnac et consorts prétendent qu'agissant comme contribuables exerçant les droits de la commune (en vertu de l'art. 49 de la loi du 18 juillet 1837), la présentation par eux faite le 22 juillet 1863, au Conseil de préfecture, d'un mémoire afin d'être autorisés à agir en complainte possessoire, aurait interrompu à leur profit toute prescription et toute déchéance;

Attendu, d'une part, que l'art. 51 de la loi du 18 juillet 1837 n'attache cet effet interruptif qu'à la présentation du mémoire faite par le tiers qui veut intenter une action contre la commune; mais que l'art. 49 de la même loi ne contient aucune disposition semblable relativement au contribuable agissant dans l'intérêt de la commune;

Attendu que, pour éviter aux communes l'inconvénient de soutenir des contestations mal fondées, le législateur a imposé à celui qui veut les actionner l'obligation de faire connaître l'objet de sa réclamation dans un mémoire destiné à être soumis au conseil municipal et à l'autorité administrative; mais que cette mesure introduite dans l'intérêt des communes ne devant pas préjudicier aux tiers, le dépôt du mémoire a été assimilé à la citation en justice, pour protéger l'action des réclamants contre toute déchéance;

Attendu que ce motif n'existe pas lorsqu'il s'agit d'une action intentée dans l'intérêt de la commune, soit par le maire, soit par le contribuable qui emprunte l'action de la commune ;

Attendu, d'autre part, que Jarnac et consorts n'ont pas procédé uniquement comme contribuables en vertu de l'art. 49 de la loi du 18 juillet 1837, mais aussi en leur propre et privé nom, et comme habitants de la commune éprouvant un trouble dans leur jouissance personnelle par le fait de Durassier ; qu'en cette dernière qualité, ils pouvaient agir sans aucune autorisation, et qu'il n'y avait pour eux aucun empêchement à l'exercice de l'action possessoire dans l'année du trouble ;

D'où il suit qu'en rejetant la fin de non-recevoir opposée par Durassier à l'action de Jarnac et consorts, le jugement attaqué a violé l'art. 23, C. pr. civ., et faussement appliqué les art. 49 et 51 de la loi du 18 juillet 1837 ;

Casse.

CASSATION, Ch. civ. — 28 février 1870.
(Gibert c. Tessier.)

I, 102.

En matière de bornage, lorsque l'une des parties revendique une parcelle déterminée de terrain en invoquant un titre à l'appui de cette revendication, le juge doit se déclarer incompétent et ne saurait écarter le titre produit sous le prétexte qu'il ne présente pas un caractère sérieux.

Dans ce cas, le juge doit prononcer son incompétence et se dessaisir. Il ne saurait se contenter de surseoir à statuer jusqu'à ce que la question de propriété ait été tranchée par le tribunal compétent.

Les sieurs Gibert et Tessier ont saisi le juge de paix du premier arrondissement de Bordeaux d'une action tendant au bornage de leurs propriétés. Les héritages étaient séparés par un mur qui semblait devoir être leur limite respective. Cependant Gibert se prétendait propriétaire au-delà du mur d'une bande de terrain d'un mètre de largeur, et il invoquait à l'appui de cette prétention

une convention intervenue entre les auteurs des parties.

Du 30 décembre 1867, jugement du tribunal de Bordeaux ainsi motivé :

Attendu que le titre d'acquisition de Gibert, comme celui de Tessier, établissent pour même limite à leurs propriétés respectives le mur séparatif ; — Attendu qu'en présence de cette énonciation formelle, reproduite dans les titres des deux parties, le juge de paix, appelé à procéder au bornage des deux propriétés contiguës, n'a pu considérer comme une contestation sérieuse la prétention formulée par Gibert d'être propriétaire, au-delà du mur, d'une bande de terrain d'un mètre de largeur ; — Attendu que la production d'un projet de compromis entre les auteurs de Gibert et ceux de Tessier, ayant pour objet un bornage à opérer à un mètre de distance du mur séparatif, ne change rien à la position des parties, et ne paraît susceptible de créer aucun droit pour aucune d'elles, contrairement à leurs titres, puisque ce projet de compromis n'a été suivi d'aucune exécution, et qu'il est beaucoup antérieur aux actes d'acquisition dans lesquels les limites de propriété ont été fixées au mur séparatif.

Pourvoi du sieur Gibert.

ARRÊT

LA COUR : — Vu l'art. 6, § 2, de la loi du 25 mai 1838 :

Attendu qu'il est constant et qu'il résulte, tant de la sentence du juge de paix que du jugement attaqué, que Gibert était en possession de la bande de terre dont il se prétendait propriétaire, qu'elle avait été plantée par lui, qu'il s'opposait à la revendication de cette bande de terre par Tessier ; que Gibert, en appel, se prévalait d'une convention synallagmatique intervenue entre les auteurs des deux parties, et qui, selon lui, avait consacré sa prétention ; que le jugement statue sur ce titre et l'écarte, en se fondant notamment sur ce qu'il ne saurait prévaloir sur le titre direct de Tessier ; que cette appréciation excédait les pouvoirs du tribunal, saisi d'une simple action de bornage, et qui n'avait pas compétence pour juger une question de propriété sous le prétexte que cette question n'était pas sérieuse ;

Casse.

CASSATION, Ch. req. — 28 février 1870.
(Evet c. Hab. de la comm. d'Oz.)

I, 362, 619.

L'action possessoire appartient à celui

*qui est troublé dans l'exercice d'une
faculté naturelle.*

*Peuvent être considérés comme des fa-
cultés naturelles dont l'exercice est protégé par l'action possessoire, les droits
de puisage, abreuvage et lavage, lorsqu'il résulte des faits que ces droits
ont été établis sur un ruisseau antérieurement à la création d'un canal
de dérivation construit autant dans
l'intérêt des habitants d'une commune
que dans celui des usiniers.*

Le 4 août 1869, le tribunal de Grenoble confirmait, par adoption de motifs,
une sentence ainsi motivée :

Considérant que l'établissement de la Bealière remonte aux temps féodaux, époque où
les habitants d'Oz n'avaient aucune autre eau
que celle du ruisseau pour servir à leurs
divers besoins ; — Considérant qu'il n'est pas
possible d'admettre que les seigneurs, en
créant l'usine dans l'intérêt de la population
comme dans le leur propre, aient entendu
les priver de l'eau de la Bealière, ce qui eût
été les forcer à l'émigration ; — Considérant
que la Bealière pouvant dériver et dérivant,
en effet, la plupart du temps, complètement
l'eau du ruisseau, doit en être considérée
comme la continuation ou une partie intégrante, et participe ainsi à son caractère de
cours d'eau naturel ; — Considérant que la
Bealière est établie en grande partie sur le
terrain communal ou appartenant à divers
particuliers, et qu'elle longe un chemin public
rural dans sa partie litigieuse, ce qui donne
aux habitants de la commune la qualité de
riverains ; — Considérant que les habitants
d'Oz ont toujours joui du droit de puiser, de
faire abreuver leurs bestiaux et de laver leur
linge dans l'eau de la Bealière, et ce sous
l'empire de la nécessité absolue, puisque,
d'un côté, l'eau du ruisseau est, les trois quarts
du temps, entièrement dérivée, et que, de l'autre, la plupart du temps, leur unique fontaine
tarit, et, en tout cas, est toujours insuffisante ;
— Considérant, au surplus, que l'exercice de
ce droit ne cause aucun préjudice à Evet, qui
se trouve sans intérêt pour le contester ; —
Maintient la commune et les demandeurs en
la possession du droit de puiser, faire abreuver leurs bestiaux, laver le linge dans l'eau de
la Bealière, en se servant de la rive droite
seulement, et en combinant, comme toujours,
l'exercice de ce droit avec la nécessité de
réparer les usines.

Pourvoi du sieur Evet.

ARRÊT

LA COUR : — Attendu qu'il est déclaré,
en fait, par le jugement attaqué : 1° que
la Bealière d'Oz a été établie, non seulement dans l'intérêt des anciens seigneurs, mais aussi dans celui des habitants ; 2° qu'elle existe en grande

partie sur un terrain communal, et
que, dans sa partie litigieuse, elle longe
un chemin public rural ; 3° que les
habitants ont toujours joui du droit d'y
puiser de l'eau, d'y abreuver leur bétail et d'y laver leur linge ; que ces
droits sont pour eux d'une absolue nécessité, puisque, d'une part, les trois
quarts du temps, l'eau du ruisseau est
entièrement dérivée, et que, d'autre
part, leur unique fontaine, qui tarit
souvent, est toujours insuffisante ; 4° enfin que l'exercice de ces droits ne cause
aucun préjudice au demandeur en cassation, qui est sans intérêt à les contester ;

Attendu que la possession de ces
divers droits n'était point réclamée à
titre de servitude discontinue, mais
comme celle d'un droit naturel préexistant à la construction du canal de
dérivation et qui avait été nécessairement réservé lors de la construction de
ce canal, puisque, ainsi que le déclarent les juges du fond, ledit canal avait
été construit autant dans l'intérêt des
habitants du village qu'il traverse, que
dans celui des moulins ;

Qu'en cet état des faits, en condamnant le demandeur en cassation à supprimer les exhaussements qui empêchaient les habitants d'user du droit
dont ils étaient en possession de temps
immémorial, le jugement ne viole aucune loi ;

Rejette.

CONSEIL D'ÉTAT. — 9 mars 1870.
(Ville de Sens c. Ville de Paris.)

I, 348.

*L'autorité judiciaire est incompétente
pour ordonner la destruction de travaux exécutés par les ordres de l'administration.*

La ville de Paris agissant en vertu
d'un décret du 19 décembre 1866 qui
déclarait d'utilité publique les travaux
à exécuter pour amener à Paris les
sources dérivées dans la vallée de la
Vanne (Yonne), avait, sans expropriation préalable, fait établir un aqueduc
et des tuyaux de conduite sur certains
chemins ruraux de la ville de Sens. —

Action dirigée par la ville de Sens contre l'entrepreneur devant le juge de paix pour obtenir une réintégration effective et la destruction des travaux. — 28 août et 11 septembre 1869, jugements du juge de paix qui font droit à la demande. — Sur appel, le préfet de l'Yonne propose le déclinatoire ; mais par jugement du 24 décembre 1869, le tribunal confirme purement et simplement les décisions du juge de paix. — Le préfet éleva le conflit.

ARRÊT

NAPOLÉON, etc. : — Vu l'arrêté, en date du 28 décembre 1869, par lequel le préfet du département de l'Yonne élève le conflit d'attributions dans l'instance pendante devant le tribunal civil de Sens entre la ville de Sens et la ville de Paris ; — Vu notre décret, en date du 19 décembre 1866, qui déclare d'utilité publique les travaux à faire pour dériver et amener à Paris les eaux des sources que cette ville possède dans la vallée de la Vanne et approuve le projet desdits travaux ; — Vu les lois du 22 décembre 1789, des 16-24 août 1790, du 16 fructidor an III ; — Vu les lois du 8 mars 1810 et du 3 mai 1841 ; — Vu les ordonnances du 1er juin 1828 et du 12 mars 1831 et notre décret du 25 janvier 1852 :

Considérant que la demande portée devant le juge de paix du canton Nord de la ville de Sens par ladite ville était formée à l'effet : 1° de se faire réintégrer dans la possession des portions de chemins ruraux sur lesquelles la ville de Paris, sans que les formalités prescrites par les lois sur l'expropriation pour cause d'utilité publique aient été remplies, aurait fait construire un aqueduc et établir des tuyaux de conduite pour la dérivation des eaux de la Vanne ; 2° de faire ordonner la destruction des travaux exécutés par ladite ville sur les portions de chemins dont s'agit, et le rétablissement des lieux dans leur état primitif ;

Considérant que, devant le tribunal civil de l'arrondissement de Sens, saisi de l'appel formé contre les jugements du juge de paix, le préfet de l'Yonne, par son arrêté de conflit ne revendique pour l'autorité administrative la connaissance de la demande de la ville de Sens qu'en ce qui concerne le chef relatif à la destruction des travaux exécutés par la ville de Paris ;

Considérant que les travaux entrepris par la ville de Paris sur les portions de chemins dont il s'agit, ont été déclarés d'utilité publique par notre décret, en date du 19 décembre 1866, et qu'ils ont été exécutés conformément aux plans et projets approuvés par notre dit décret, et d'après les ordres de l'administration ;

Considérant que, aux termes des lois ci-dessus visées sur la séparation des pouvoirs, il n'appartient pas à l'autorité judiciaire d'ordonner la destruction d'ouvrages prescrits par l'administration ;

Art. 1er. L'arrêté du 28 décembre 1869, par lequel le préfet de l'Yonne a élevé le conflit, est confirmé ; — Art. 2. Sont considérés comme non avenus l'exploit introductif d'instance devant le juge de paix du canton Nord de la ville de Sens, en date du 18 août 1869, les jugements rendus par ce magistrat, à la date du 28 août et du 11 septembre 1869 ; ensemble le jugement civil de l'arrondissement de Sens, en date du 24 décembre 1869, en tant qu'ils sont contraires au présent décret.

CASSATION, Ch. civ. — 16 mars 1870.

(Neudin c. Godderis.)

I, 102, 104.

En matière de bornage, lorsque les contenances réelles excèdent celles qui sont portées dans les titres, le juge de paix a le droit de répartir ces excédants entre les parties. Ce magistrat ne saurait cependant user de cette faculté lorsque l'excédant est revendiqué en tout ou en partie en vertu d'un titre ou de la prescription.

Si la contestation sur la propriété ou les titres est soulevée en appel pour la première fois, le juge n'en doit pas moins se déclarer incompétent et se dessaisir du litige.

ARRÊT

LA COUR : — Attendu que, seuls compétents, aux termes de l'art. 6 de la loi du 25 mai 1838, pour connaître de l'action en bornage, les juges de paix cessent de l'être quand, pendant le cours de l'instance, s'élève une contestation sur la propriété des terrains contigus;

Qu'elle prend, en effet, par suite de cette contestation, le caractère d'une action relative à la propriété, et rentre comme telle sous la juridiction des tribunaux ordinaires;

Qu'il en est ainsi même alors que la question de propriété a été soulevée pour la première fois en appel;

Attendu, en fait, qu'il résulte, tant des qualités du jugement attaqué que du jugement lui-même, que l'expert nommé par le juge de paix à l'effet de planter des bornes entre les immeubles contigus de la femme Godderis et de Neudin a attribué par son rapport à celui-ci une portion de terrain prélevée sur une parcelle dont la femme Godderis avait la possession, et qu'elle prétendait détenir en vertu de titres qui lui en avaient conféré la propriété;

Attendu qu'il est également établi que, devant le juge d'appel, la femme Godderis a demandé, par des conclusions formelles, l'annulation du jugement rendu par le juge de paix, en se fondant sur l'incompétence de ce magistrat pour statuer sur une question de propriété;

Qu'il importe peu, dans cet état des faits et des conclusions, que chacun des deux terrains ait une contenance supérieure à celle que leur assignent les titres des parties, et que l'expert se soit cru autorisé par l'existence de cet excédant à le répartir entre elles dans la proportion qu'indiquaient ces mêmes titres; qu'il suffit, en effet, que l'attribution à l'une des parties puisse porter atteinte aux droits de propriété prétendus par l'autre pour que le juge de paix soit incompétent;

Qu'il suit de là que le juge de paix, en homologuant le rapport de l'expert, a excédé ses pouvoirs, et que le tribunal d'appel, en annulant comme incompétemment rendue la sentence de ce magistrat, n'a point violé la disposition invoquée à l'appui du pourvoi, mais fait à la cause une juste application des principes qui la régissent;

Rejette.

CASSATION, Ch. req. — 11 avril 1870.
(Piquet c. Girod.)

I, 650.

Le juge du possessoire peut écarter du débat les titres invoqués, si les enquêtes ou l'inspection des lieux lui fournissent des éléments suffisants pour constater la possession annale.

ARRÊT

LA COUR : — Attendu que si le juge du possessoire peut consulter les titres pour déterminer les caractères de la possession, aucune loi ne l'y oblige quand il est suffisamment éclairé à cet égard par l'état des lieux et les faits accomplis dans la dernière année;

Attendu que, dans l'espèce, le juge du possessoire ayant trouvé, dans le procès-verbal de visite des lieux et dans les témoignages, la preuve que la veuve Girod avait exercé pendant l'an et jour, paisiblement et à titre non précaire, la servitude légale de passage, à titre d'enclave, sur l'héritage du demandeur en cassation, n'était point obligé d'interroger des titres remontant à 1812 et à 1820, alors surtout qu'il ne résultait pas des conclusions que les titres fussent invoqués pour attribuer à la possession un autre caractère;

Attendu, d'autre part, que le juge n'avait pas à donner de motifs particuliers sur les conclusions subsidiaires, qui ne précisaient ni leur but, ni l'influence qu'elles pouvaient avoir sur le litige;

Rejette.

CASSATION, Ch. civ. — 1er juin 1870.
(Gilles c. Tardieu.)

I, 415.

Si le jugement interlocutoire est susceptible, après l'appel, de pourvoi en cassation, il y aurait une fin de non-recevoir contre le pourvoi visant une décision qui ne serait que l'exécution d'un jugement déjà passé en force de chose jugée.

ARRÊT

LA COUR : — En ce qui touche le

premier moyen, tiré de la violation des règles de la compétence territoriale des tribunaux :

Attendu que les époux Gilles ne se sont pourvus en cassation, ni contre le jugement du tribunal civil de Valence du 8 juin 1868, qui a ordonné le transport de deux de ses membres sur le terrain litigieux, ni contre le jugement du 17 du même mois, qui, sans avoir égard au moyen de nullité proposé contre cette mesure, a ordonné que les parties plaideraient au fond ; que le jugement du 29 juin, seul attaqué devant la Cour, n'a été que l'exécution de ces deux premières décisions qui ont acquis l'autorité de la chose jugée, et que, dans cet état des procédures, le moyen tiré de l'irrégularité de la descente sur les lieux n'est pas recevable ;

Sur le second moyen, se fondant sur la violation des art. 147 et 197, C. pr. civ. :

Attendu qu'en supposant que la procédure antérieure à la descente sur les lieux fût nulle, cette nullité a été couverte par la comparution de l'avoué des parties à cette opération sans réserves à cet égard, et plus tard par les débats contradictoires sur le fond ;

Sur le troisième moyen, tiré de la violation des art. 644, C. Nap., et 25, C. pr. civ. :

Attendu que les jugements attaqués déclarent qu'il résulte des constatations faites sur les lieux et des éléments de la cause que le canal de Toulignan et le canal de Saint-Martin ne sont que les deux sections d'un même canal de dérivation des eaux du Lez, autrefois établi par le seigneur pour le jeu du moulin banal et l'arrosage d'un vaste territoire ; qu'après avoir servi de tout temps à ce double usage et notamment dans l'année qui a précédé la complainte, le canal Saint-Martin rendait et rend encore ses eaux au Lez en un point très inférieur à la prise de Baricol par où les demandeurs dérivent les eaux de cette rivière ; que le canal Saint-Martin, alimenté par le fuyant du moulin, ne laisse écouler par la Riaille dans le Lez que le trop plein de ses eaux, quand trop plein il y a, mais que ce fuyant n'a jamais passé par le lit du torrent, et que les nouvelles prises n'ont pas été pratiquées sur la partie du torrent indiquée comme déversoir du moulin ; qu'elles ont été établies beaucoup plus bas dans le but de reprendre les eaux du canal Saint-Martin qui en avaient été détournées par le jeu de cette usine ; que les demandeurs ne peuvent se prétendre troublés par le nouvel œuvre qu'ils imputent aux défendeurs, puisque ceux-ci, en prenant dans le fuyant de l'usine Sorlavie l'eau déjà introduite dans le canal Saint-Martin, n'ont fait qu'user du droit qu'a tout particulier, arrosant avec une eau qui lui appartient, de la distribuer comme bon lui semble ; qu'ils n'ont d'ailleurs ni étendu ni aggravé leurs droits d'arrosage et se sont bornés à les conserver et à les maintenir dans les conditions où ils étaient établis ; que les demandeurs, avant leur action, n'ont jamais joui que des eaux surabondantes du canal de Toulignan ou de Saint-Martin lorsque leur volume excédait les besoins de l'irrigation, que leur possession a été vague, incertaine, au point que le procès-verbal de descente des lieux n'a pas pu préciser la quantité d'eau dont les entreprises prétendues les avaient privés, ni s'ils avaient réellement joui du volume d'eau par eux réclamé ;

Attendu qu'en présence de ces faits souverainement constatés par le tribunal civil de Valence, les demandeurs ne peuvent pas se prévaloir des dispositions de l'art. 644, C. Nap.;

Que, si le tribunal civil de Valence s'en est référé aux titres anciens, il ne l'a fait, comme il le dit dans ses jugements, que pour apprécier la nature et le caractère des possessions respectivement invoquées, en ayant soin de constater que Goubert et consorts avaient joui constamment des eaux conformément à ces titres, qu'ils en jouissaient encore au moment de la complainte et depuis l'an et jour ; que ces jugements n'ont fait ressortir de ces titres, en faveur des défendeurs, aucun droit en dehors de leur possession, et qu'ils n'ont statué que sur cette possession ; que leurs dispositions ne contiennent donc aucune violation de l'art. 25, C. pr. civ., qui prohibe le cumul du pétitoire et du possessoire ;

D'où il suit que le dernier moyen n'est pas plus fondé que le précédent ;

Rejette.

CASSATION, Ch. req. — 20 juin 1870.
(Comm. de Manou c. Biquet.)

I, 149.

Les arrêtés portant reconnaissance des chemins ruraux ne sauraient être considérés, comme un titre en faveur des communes.

ARRÊT

LA COUR : — Sur le premier moyen :
Attendu que l'enquête ordonnée par le juge de paix avait établi la possession de Biquet sur le terrain en litige, et que le tribunal d'appel a suffisamment motivé sa décision en disant que l'enquête avait démontré la possession de Biquet et qu'elle n'était pas en opposition avec ses titres apparents ; que l'art. 7 de la loi du 20 avril 1810 n'imposait point au tribunal l'obligation de discuter une à une les dépositions des témoins, ni de spécifier que la possession de Biquet réunissait tous les caractères exigés par l'art. 2229 ; qu'il lui suffisait, ainsi qu'il l'a fait, de déclarer que c'est sur les résultats de l'enquête qu'il se fondait pour maintenir le défendeur éventuel en possession ;
Sur le deuxième moyen :
Attendu, en droit, que les arrêtés qui classent les simples chemins ruraux comme publics sont toujours rendus sous la réserve des droits des tiers ; qu'ils n'attribuent aucun droit aux communes et laissent entières les questions de propriété et de possession des riverains ; d'où il suit que le jugement attaqué, en décidant, en fait, que Biquet avait la possession du chemin en litige, n'a point empiété sur les attributions de l'autorité administrative, ni violé aucune loi ;
Rejette.

———————

CASSATION, Ch. civ. — 24 août 1870.
(Baudrand c. de Suffren.)

I, 32, 121, 231, 681.

Les additions qui ne sont qu'une conséquence de la demande primitive, ne constituent pas une demande nouvelle et sont recevables en appel. Il en est ainsi lorsque des faits nouveaux sont
survenus depuis le jugement de première instance et se lient intimement à ceux qui ont fait l'objet de l'action.

La reconnaissance que fait le juge, du trouble apporté à une possession annale régulière, implique pour lui le droit et le devoir d'ordonner la suppression des causes du trouble.

Lorsqu'il s'agit d'un cours d'eau, il n'est pas nécessaire que l'ouvrage qualifié trouble ait été exécuté sur le fonds du demandeur. Ainsi, il y a trouble dans l'établissement d'une vanne qui ne peut à elle seule servir au détournement des eaux, mais qui produit cet effet lorsque le moulin voisin met en mouvement un certain mécanisme : dans ce cas, le propriétaire du moulin peut être considéré comme l'un des auteurs du trouble et poursuivi lui-même par voie de complainte.

Le 2 février 1869, le tribunal de Bourgoin rendait un jugement ainsi motivé :

Attendu que jusqu'au moment des entreprises dont ils se plaignent, les demandeurs appelants ont été en possession des eaux qui font mouvoir le moulin et à l'issue du moulin ; que les rigoles pratiquées par Baudrand fils sur le côté droit de la réserve ne peuvent avoir pour objet que de détourner une portion des eaux qui auparavant tombaient dans le canal de fuite, qui servaient ensuite aux habitants, tant pour l'abreuvage de leurs bestiaux que pour laver la lessive ou arroser leurs prairies inférieures ; que ces entreprises de Baudrand fils sont, dès lors, un trouble apporté à la possession des appelants ; — Attendu qu'il en est de même de l'empellement construit par ou pour madame Baudrand auprès de la vanne de baisse, cette dernière étant destinée, en cas d'abondance extraordinaire, à donner passage aux eaux dans un canal de décharge, afin d'empêcher l'inondation du hameau de Travers ; — Attendu que, sans doute, on ne peut empêcher, dans ce cas, madame Baudrand d'user de la faculté attribuée par la loi à un propriétaire riverain ; — Que, d'autre part, cependant, la conversion de sa terre en prairie, la facilité, à l'aide de l'éclusage du moulin, de faire refluer les eaux dans les temps ordinaires, sont une menace et un trouble, par la manière dont on en use, ou dont on pourrait en user plus fréquemment encore, à la possession des appelants ; — Attendu que cette possession peut être éclairée par les titres des parties ; — Attendu qu'il faut savoir que, suivant procès-verbal du ci-devant directoire du district de la Tour-du-Pin, du 7 décembre 1791, un domaine situé à Travers, commune de la Balme, ayant appartenu aux religieux de Salette, fût adjugé aux sieurs Benoît et Fromental, acquéreurs pour moitié ; que le domaine comprenait le moulin de Travers, une partie des terrains supérieurs et des prairies inférieures aux usines, aujourd'hui possédées en tout ou en partie par les appelants ; — Que, par acte du 6 floréal an VI, reçu Sambin, notaire à la Balme, Benoît et Fromental partagèrent le domaine de Salette ; qu'au lot comprenant le moulin furent attribuées toutes les eaux qui ont servi jusqu'alors à faire mouvoir ledit moulin ; qu'enfin il fut stipulé que les eaux, qui ont servi à l'arrosage des prés dépendant dudit domaine ne pourront être détournées de leurs cours ordinaires et seront dirigées comme par le passé ; — Attendu que, jusqu'au moment du trouble, les parties ont joui en amont conformément à leurs titres ; que les eaux n'ont plus été détournées, l'attributaire du lot du moulin n'ayant jamais fait servir ces eaux, comme il voudrait le faire aujourd'hui, à l'irrigation de son lot, qui n'était pas en nature de prairie ; — Attendu que la suppression de la vanne nouvellement construite sur le terrain de madame Baudrand ne serait qu'une mesure illusoire, madame Baudrand pouvant, à l'aide de tout autre moyen, arrêter les eaux et les jeter sur son sol ; que ce serait priver, du reste, madame Baudrand d'un droit dont l'exercice peut devenir légitime dans certains cas ; — Attendu que si le tribunal ordonnait la levée ou la fermeture de la vanne de baisse dans des cas déterminés, ce serait pour les parties une source intarissable de difficultés ultérieures, chacun des intéressés devant interpréter à son point de vue l'opportunité des cas prévus ; qu'il est donc utile, dans leur intérêt commun, de prescrire les mesures nécessaires pour que la possession conforme aux droits des parties ait lieu sans qu'elle puisse être troublée, c'est-à-dire assurer aux propriétaires des prairies inférieures au moulin le bénéfice de la totalité des eaux qui sont destinées à mettre en jeu les artifices dans les temps ordinaires ; — Par ces motifs, réformant, maintient les demandeurs en possession et jouissance de toutes les eaux arrivant par le canal collecteur au réservoir du moulin et destinées à le mettre en mouvement ; ordonne que, dans un délai d'un mois, à partir du présent, les diverses coupures faites au réservoir par Baudrand fils seront bouchées et remises dans leur état primitif ; dit que sous la direction de..., il sera établi par Baudrand fils, dans le délai de trois mois, à partir du présent jugement, un déversoir en pierre de taille à côté des empellements du moulin, à une hauteur telle et d'une largeur qui seront déterminées par l'expert, de manière que, l'éclusage ayant lieu, les eaux en temps normal ne puissent plus remonter au-delà du seuil de la vanne de baisse et soient débitées par le déchargeoir dans le canal de fuite du moulin, etc.

Pourvoi du sieur Baudrand.

ARRÊT

LA COUR : — Statuant sur le premier moyen du pourvoi, pris de la violation prétendue de l'art. 464, C. pr. civ. :

Attendu que si cet article dispose qu'aucune nouvelle demande ne sera formée en cause d'appel, il y a exception pour les additions qui ne sont qu'une conséquence de la demande primitive et qui ont pour cause des faits nouveaux survenus depuis le jugement de première instance ;

Attendu que, dans leur exploit originaire, les défendeurs au pourvoi se plaignaient notamment que les eaux détournées à leur préjudice par Baudrand fussent conduites par une rigole principale dans une prairie nouvellement créée par la veuve Baudrand, sa mère, et demandaient le rétablissement des lieux dans leur état primitif ;

Qu'ils étaient donc recevables à prétendre en cause d'appel que Baudrand venait, depuis peu de jours, d'ouvrir une nouvelle rigole sur le côté droit de son réservoir pour en amener l'eau dans ladite prairie, et à en demander la suppression ;

Qu'ainsi, en ordonnant, dans cet état des faits, le comblement par Baudrand des diverses coupures faites au réservoir, sans distinguer entre les plus anciennes et les plus récentes, le jugement attaqué n'a pas violé l'article de loi précité ;

Sur le deuxième moyen :

Attendu que le jugement attaqué déclare expressément que les rigoles pratiquées sur le côté droit de la réserve pour détourner une portion des eaux l'ont été par Baudrand fils ; qu'en ce qui touche l'autre mode de détournement allégué par les complaignants, c'est-à-dire l'établissement d'une vanne immobile à quelque distance de la vanne de baisse, le jugement reconnaît, il est vrai, que cette vanne a été établie sur le terrain de la veuve Baudrand, et ne décide pas si elle a été construite par elle ou par son fils, mais qu'en même temps il constate que cette construction ne peut servir et n'a servi à détourner les eaux dont jouissaient les complaignants, qu'en faisant mouvoir à dessein quelques-uns des appareils dont se compose le moulin, dont Baudrand fils est incontestablement propriétaire ;

Qu'en décidant, dans ces circonstances de fait, dont il était souverain appréciateur, que Baudrand fils était l'un des auteurs du trouble allégué par les défendeurs au pourvoi, et en le condamnant à ce titre, le jugement attaqué, loin de violer l'art. 23, C. pr. civ., en a fait au contraire une juste application ;

Sur le quatrième moyen, pris d'un prétendu excès de pouvoir et de la violation de l'art. 25, C. pr. civ. :

Attendu que la reconnaissance que fait le juge du trouble apporté à une possession annale régulière, implique pour lui le droit et le devoir d'ordonner la suppression des causes du trouble ;

Attendu que, d'après le jugement attaqué, deux moyens ont servi à troubler la possession des défendeurs au pourvoi en détournant une portion de leurs eaux ; qu'elles ont été détournées d'abord en creusant certaines rigoles, que le jugement prescrit simplement de boucher ; qu'elles l'ont été ensuite, non pas tant par la construction de la vanne fixe, dont le jugement reconnaît en principe la légitimité, que par l'effet des manœuvres dont cette vanne facilite le succès et qui sont cependant indépendantes de son établissement ; qu'ainsi la cause du trouble résidant, d'après le jugement, dans les manœuvres du meunier Baudrand, qui fait refluer les eaux pour l'éclusage en dehors des cas de nécessité et uniquement pour irriguer la prairie de sa mère, le tribunal de Bourgoin avait le droit de chercher à prévenir le renouvellement de ces manœuvres par une mesure propre à en paralyser les effets ;

Qu'il a, d'ailleurs, expressément déclaré que le travail par lui ordonné était nécessité pour maintenir aux parties une continuation de possession antérieure et empêcher qu'elle ne fût troublée, ajoutant que toute autre mesure manquerait le but ;

Qu'en cet état des faits, le jugement attaqué n'a pas commis d'excès de pouvoir ni cumulé le pétitoire avec le possessoire ;

Rejette.

CASSATION, Ch. civ. — 24 août 1870.
(Caburol c. Crouzet.)

I, 243, 681.

Le juge du possessoire viole la prohibi-

tion de l'art. 25, C. pr., s'il repousse l'action par le seul motif que le fait incriminé n'a occasionné au demandeur aucun dommage.

L'existence du trouble est indépendante de la question de savoir si le complaignant a éprouvé dommage ou préjudice des faits sur lesquels sa demande est fondée.

ARRÊT

LA COUR : — Vu les art. 23 et 25, C. pr. :

Attendu que la possession annale d'une prise d'eau doit être maintenue, au possessoire, contre toute entreprise de nature à la troubler, sans qu'il soit besoin que l'entreprise ait un caractère abusif et dommageable, la question de savoir si l'auteur du trouble n'a fait qu'user de son droit ne pouvant être soulevée et résolue qu'au pétitoire ;

Attendu que, sans méconnaître que les demandeurs ont la possession plus qu'annale du cours d'eau dont il s'agit pour l'irrigation de leurs propriétés, et que le barrage établi par le défendeur, depuis moins d'une année, a pour effet d'empêcher l'écoulement naturel de ces eaux et d'en arrêter une partie, le jugement attaqué a, néanmoins, rejeté la demande en maintenue possessoire, par cet unique motif que les demandeurs n'ont pas établi que le nouvel œuvre du défendeur leur causait un dommage quelconque, et qu'il avait pour effet de les priver de tout ou partie des eaux auxquelles ils ont droit ;

Qu'en jugeant ainsi, le tribunal a méconnu le caractère légal de l'action possessoire, cumulé le possessoire et le pétitoire et, par suite, violé les articles ci-dessus visés ;

Casse.

CASSATION, Ch. req. — 1ᵉʳ août 1871.
(Mathias c. Martin.)

I, 313, 325.

Le passage, exercé à titre d'enclave, peut être protégé par la complainte, malgré son caractère de discontinuité, mais l'action possessoire doit protéger la possession telle qu'elle a été exercée et là où elle l'a été ; le défendeur serait irre-

cevable à soutenir qu'en déplaçant l'assiette du passage il n'a fait qu'user du droit à lui conféré par un titre.

ARRÊT

LA COUR : — Sur la première branche du moyen :

Attendu que la sentence du premier juge, confirmée en appel, constate, en fait et après visite des lieux litigieux, que les propriétés de la dame Martin sont enclavées ;

Que cette circonstance suffisait, à elle seule, pour rendre recevable, en principe, la complainte possessoire de Martin, sans qu'il fût besoin de rattacher la possession par lui alléguée au titre de 1824 ;

Attendu que le demandeur en cassation a toujours avoué le déplacement du passage que lui reprochait Martin, et qu'il ne saurait être contesté que le fait du propriétaire du fonds grevé d'une servitude de passage d'empêcher, par des changements ou travaux quelconques, le maître du fonds dominant d'exercer le passage par l'endroit où il l'a jusqu'alors pratiqué, constitue un trouble à la possession de ce dernier ;

Que l'action possessoire doit protéger la possession, telle qu'elle a été exercée et là où elle l'a été ;

Qu'en offrant, dans ces circonstances, de prouver qu'il avait constamment passé à l'endroit par lui désigné, Martin satisfaisait pleinement à l'obligation de preuve qui lui incombait ;

Attendu que le système de défense du demandeur en cassation, qui consistait à dire qu'en déplaçant l'assiette du passage il n'avait fait qu'user du droit que lui conférait le titre de 1824, restait, en tout cas, sans application à l'espèce, où il s'agissait d'un passage nécessaire pour cause d'enclave ;

Sur la seconde branche du moyen :

Attendu que pour admettre Martin à la preuve des faits par lui articulés, le jugement attaqué n'a ni jugé, ni préjugé que le passage litigieux eût une assiette fixe et définitive ; que le jugement laisse intacte la faculté qui peut appartenir au demandeur en cassation de provoquer le déplacement du passage en conformité de l'art. 701, C. civ.;

Rejette.

CASSATION, Ch. civ. — 23 août 1871.
(Ducamp et Wargniez c. Denoyelle.)

I, 240.

Le juge du possessoire n'a pas qualité pour tirer de l'examen des titres la conséquence que la possession invoquée leur est contraire. En jugeant ainsi, il cumule le possessoire et le pétitoire.

Le 31 décembre 1868, le tribunal de Cambrai confirmait, par adoption de motifs, une sentence ainsi conçue :

Attendu que l'action se réfère à un passage exercé à titre de servitude, et non à titre de propriété; qu'à ce titre, l'exercice de ce passage constitue une servitude discontinue, qui ne peut s'acquérir ni s'aggraver par prescription, et servir, par conséquent, de base à une action en complainte, les servitudes discontinues ne pouvant donner lieu à une action possessoire; qu'il entre, dès lors, dans les attributions du juge du possessoire d'apprécier la possession articulée dans ses rapports avec le titre invoqué comme devant lui servir de fondement, et sans lequel elle ne pourrait avoir aucun effet utile, d'interpréter ce titre, mais au point de vue possessoire seulement, d'en peser les expressions et le sens, et d'examiner si la possession invoquée est conforme à ce titre ; qu'on se renfermant dans cet examen, le juge du possessoire ne cumule pas le possessoire avec le pétitoire ; qu'il se borne à examiner si la servitude dont il est question, fondée sur un titre, est exercée conformément au titre dont l'interprétation, à cet égard, appartient au juge du possessoire; — Attendu, en fait, que le titre invoqué déclare que le passage doit s'exercer par l'endroit le plus court; qu'il résulte de la visite des lieux que l'endroit le plus court n'est pas celui pour lequel Wargniez et Ducamp intentent leur action possessoire; qu'il suit de là que la prétendue possession articulée par eux, se trouvant contredite par le titre même qu'ils invoquent, ne serait que précaire et abusive en la supposant prouvée; — Rejette l'action possessoire.

Pourvoi des sieurs Ducamp et Wargniez.

ARRÊT

LA COUR : — Vu l'art. 25, C. pr. civ. :

Attendu que les conclusions prises par les consorts Wargniez avaient pour objet principal de les faire maintenir dans la possession plus qu'annale d'un droit de passage résultant à leur profit d'un acte de partage passé, le 17 juin 1855, devant Mᵉ Dutemple, notaire;

Attendu qu'il résulte des considérants de la sentence du juge de paix, du 15 octobre 1868, maintenue par le jugement attaqué, que la demande des sieurs Wargniez a été écartée par le seul motif que le passage qu'ils réclamaient sur le terrain acquis par le sieur Denoyelle, n'était pas exercé par le chemin le plus court, conformément à l'acte constitutif de la servitude;

Attendu que le juge du possessoire, sans s'arrêter à l'exécution donnée au partage du 17 juin 1855, et aux faits de possession qui avaient pu en être la conséquence légitime, a exclusivement fondé sa décision sur les dispositions du contrat susénoncé; qu'il n'a pu statuer ainsi sans empiéter sur le fond du droit, et sans violer, par suite, la disposition de la loi susvisée;

Casse.

CASSATION, Ch. civ. — 29 août 1871.
(Thiébaud c. Chem. de fer P.-L.-M.)

I, 45, 138, 687.

Le juge du possessoire doit se déclarer incompétent chaque fois que l'action qui lui est soumise doit aboutir à une solution pouvant être en opposition directe ou indirecte avec des actes légalement pris par l'autorité administrative.

Ainsi, doit être déclarée non recevable l'action possessoire intentée par un riverain qui voudrait se faire maintenir en possession d'un droit de passage sur une voie publique dépendant du chemin de fer, alors qu'une décision ministérielle et un arrêté préfectoral d'alignement lui ont refusé tout accès et tout droit d'usage, même à titre de tolérance, sur ce chemin.

Du 22 mars 1869, jugement du tribunal de Lons-le-Saunier qui s'exprime ainsi :

Considérant que les terrains désignés sous le nom d'*Avenue de la Gare* ont été compris en entier dans l'expropriation pour cause d'utilité publique prononcée pour l'établissement du chemin de fer de Bourg à Besançon; qu'ils ont été payés des deniers de l'Etat; qu'ils sont entretenus aux frais de la compagnie concessionnaire; qu'ils sont destinés à assurer l'accès du public à la gare de Lons-le-Saunier; que cette destination les rend aussi indispensables à l'exploitation que la voie ferrée ou la gare elle-même; qu'ainsi, il est impossible de méconnaître qu'ils font partie du domaine public de l'Etat; — Qu'ils sont rangés,

par l'art. 1er de la loi des 13-21 juillet 1845, dans la grande voirie et assujettis, par les art. 2 et 3, aux règles et juridiction spéciales à ladite voie; — Considérant qu'à supposer que Thiébaud soit fondé à réclamer sur cette avenue un droit d'accès et de passage, ainsi que le Conseil d'Etat semble l'avoir reconnu dans son ordonnance du 10 janvier 1867, ce ne serait pas à titre de servitude proprement dite que ce droit pourrait lui appartenir, mais seulement comme riverain d'un terrain affecté par l'Etat à un usage public de grande voirie et à raison de cette affectation seule, au même titre que si ce terrain formait, par exemple, une route impériale ou départementale; que ce droit des riverains n'empêcherait pas le sol lui-même de rester une dépendance du domaine public de l'Etat et d'être en cette qualité inaliénable, sauf en vertu d'une loi, et absolument imprescriptible; — Considérant que ces principes incontestables forment le droit commun en matière de grande voirie; qu'ils ont été reconnus de tout temps et appliqués aux grandes routes par des textes précis, depuis l'ordonnance de Blois (art. 356) jusqu'à la loi des 24-31 mai 1842, sur le déclassement des routes impériales, qui en présente précisément l'application la plus expresse et la plus formelle; que les parties des chemins de fer livrées à l'usage du public ne pourraient évidemment, et par la nature même des choses et par le texte formel de l'art. 1er de la loi de 1845, être soumises à des règles différentes; — Considérant enfin, qu'il n'est pas non plus contestable qu'une action possessoire n'est possible qu'autant que le sol ou le droit immobilier qui en fait l'objet est susceptible de possession privée et de prescription; qu'ainsi, même dans l'hypothèse la plus favorable à Thiébaud, et quand il serait définitivement acquis et reconnu qu'il a sur l'avenue de la gare, comme tous les riverains, droit d'accès et de passage, ce ne serait pas par voie d'action possessoire qu'il pourrait le réclamer; — Considérant que ce moyen d'incompétence était péremptoire, absolu et d'ordre public; qu'il aurait dû en conséquence être admis par le premier juge, même d'office, et qu'il doit l'être en tout état de cause; — Considérant, en outre, que l'administration seule a le droit de reconnaître, fixer ou déterminer les portions du sol de l'Etat qu'elle entend affecter à l'usage public, qu'ils dépendent des chemins de fer ou des routes ordinaires; que, dans l'espèce particulière, Thiébaud s'étant adressé à elle, il est intervenu une décision en forme de M. le ministre des travaux publics, à la date du 14 juillet 1865, et un arrêté d'alignement du préfet du Jura, du 23 octobre 1868, qui, tous les deux, lui refusent pour sa propriété tout accès et tout droit d'usage, même à titre de tolérance, sur les terrains dont il s'agit; — Considérant que ces deux actes ont encore toute leur existence légale; qu'ils n'ont pas été rapportés, qu'ils n'ont jamais été attaqués ni annulés directement par voie contentieuse, qu'ils ont été régulièrement notifiés à Thiébaud; qu'il n'appartient pas à l'autorité judiciaire de les apprécier, et que cependant la sentence dont est appel a pour effet de les annuler l'un et l'autre, en violation formelle du principe de la séparation des pouvoirs ; — Par ces motifs, etc.

Pourvoi du sieur Thiébaud.

ARRÊT

LA COUR : — Attendu que, quelle que soit la nature des droits auxquels Thiébaud peut prétendre comme riverain de l'avenue de la gare de Lons-le-Saunier, le jugement attaqué constate que Thiébaud s'étant adressé à l'autorité administrative pour obtenir les droits d'accès et de passage qu'il réclame, il est intervenu une décision en forme de M. le ministre des travaux publics, à la date du 14 juillet 1865, et un arrêté d'alignement du préfet du Jura, du 23 octobre 1868, qui, tous les deux, lui refusent tout accès et tout droit d'usage, même à titre de tolérance, sur l'avenue dont il s'agit ; que ces deux décisions ont été régulièrement notifiées au demandeur, et qu'il ne les a point attaquées par les voies légales ;

Attendu qu'en décidant, dans ces circonstances, que Thiébaud se trouvant encore dans les liens de ces arrêtés ne pouvait saisir le juge de paix d'une action possessoire qui n'était qu'un moyen indirect d'attaquer les décisions administratives et d'en annuler les effets, le jugement dénoncé a fait à la cause une juste application de la loi du 16 août 1790 et des principes de la séparation des pouvoirs et n'a violé aucune loi ;

Rejette.

CASSATION, Ch. civ. — 29 août 1871.
(Picard-Moreau c. Chem. de fer de P.-L.-M.)

I, 45, 138, 687.

Le juge du possessoire doit se déclarer incompétent chaque fois que l'action qui lui est soumise doit aboutir à une solution pouvant être en opposition directe ou indirecte avec des actes légalement pris par l'autorité administrative. Ainsi, on doit déclarer non recevable l'action possessoire intentée par un riverain qui voudrait se faire maintenir en possession d'un droit de passage sur une voie publique dépendant du chemin de fer, alors qu'une décision ministérielle et un arrêté préfectoral d'alignement lui ont refusé tous actes et tout droit d'usage, même à titre de tolérance, sur ce terrain.

Du 26 avril 1869, jugement du tribunal civil de Lons-le-Saunier, qui statue en ces termes :

Considérant que les terrains désignés sous le nom d'*Avenue de la Gare*, compris en entier dans l'expropriation pour cause d'utilité publique prononcée pour l'établissement du chemin de fer de Bourg à Besançon, payés par la compagnie concessionnaire, entretenus à ses frais, destinés à assurer l'accès du public à la gare de Lons-le-Saunier, et aussi indispensables à l'exploitation que la voie ferrée ou la gare elle-même, tombent sous l'application de l'article 1er de la loi du 15 juillet 1845 et sont rangés par eux-mêmes dans la grande voirie ; — Considérant qu'aux termes précis de l'article 4 de la loi du 28 pluviôse an VIII, la connaissance des difficultés en matière de grande voirie appartient exclusivement à l'autorité administrative ; — Considérant que c'est vainement que Picard-Moreau a soutenu que son action devant le juge de paix n'avait pas pour but de réclamer l'exercice d'un droit sur ces terrains, mais seulement d'obtenir réparation d'une voie de fait qui lui était nuisible ; qu'en effet, il est certain que la barrière dont il se plaint a été posée sur le sol même de l'avenue ; qu'il n'a été, ni lors de sa construction, ni par cette construction, attenté matériellement en rien au sol de Picard-Moreau, soit à aucun objet mobilier ou immobilier lui appartenant ; que cette barrière ne pouvait lui nuire qu'en ce qu'elle mettait obstacle au passage qu'il exerce et qu'il veut conserver ; que, dès lors, le véritable but de son action n'était autre chose qu'une difficulté ou une prétention élevée sur des terrains dépendant de la grande voirie, et que cela est si évident que le juge de paix n'a pu faire droit qu'en ordonnant la destruction de la barrière, dans les limites nécessaires pour assurer le passage ; — Considérant que les arrêts de la Cour de Cassation des 25 mars 1847 et 18 juin 1866, et le décret du Conseil d'État du 14 décembre 1862, qui ont été cités à l'appui des prétentions de l'intimé, sont sans application dans la cause, car ils sont étrangers à la grande voirie, matière spéciale aussi régie par des règles spéciales, ainsi que le Conseil d'État a bien soin de l'énoncer dans les termes du décret invoqué ; — Considérant en outre que Picard-Moreau se trouve encore dans les liens d'un arrêté du préfet du Jura du 24 mai 1864, arrêté rendu sur sa demande et qui n'a été ni rapporté, ni réformé, ni même attaqué par lui, soit au contentieux, soit par la voie gracieuse, mais, au contraire, a été exécuté par une condamnation prononcée par le Conseil de préfecture et acceptée par l'intimé ; que cet arrêté refuse formellement le passage réclamé ; qu'il n'appartient pas à l'autorité judiciaire d'en apprécier la valeur et que cependant la sentence dont est appel a pour effet de l'annuler, ce qui constitue une violation du principe de la séparation des pouvoirs administratif et judiciaire ; — Par ces motifs, faisant droit au déclinatoire de M. le préfet, infirme et se déclare incompétent, etc...

Pourvoi du sieur Picard-Moreau.

ARRÊT

LA COUR : — Sur le moyen unique du pourvoi :

Attendu que, quelle que soit la nature des droits auxquels Picard-Moreau peut prétendre comme propriétaire riverain de l'avenue de la gare de Lons-le-Saunier, le jugement attaqué constate que Picard-Moreau s'étant adressé à l'administration pour obtenir un alignement, avec accès de sa propriété sur cette avenue, il est intervenu, sous la date du 24 mai 1864, un arrêté du préfet du Jura qui a refusé formellement au demandeur l'accès et le passage qu'il réclamait ; que cet arrêté n'a été ni rapporté, ni réformé, ni même attaqué par Picard-Moreau, soit au contentieux, soit par la voie gracieuse ; que celui-ci, ayant été condamné pour infraction à cet arrêté par le Conseil de préfecture du Jura, ne s'est point pourvu et a payé l'amende prononcée contre lui ;

Qu'en décidant, par suite de ces constatations de fait, que Picard-Moreau, se trouvant encore dans les liens de cet arrêté, ne pouvait saisir le juge de paix d'une action possessoire qui n'était qu'un moyen indirect d'attaquer cette décision administrative et d'en annuler les effets, le jugement attaqué a fait une juste application de la loi des 16-24 août 1790 et du principe de la séparation des pouvoirs, et n'a violé aucune loi ;

Rejette.

————

CASSATION, Ch. req. — 6 nov. 1871.
(Pagès c. Guilhaumon.)

I, 65, 630.

Le droit d'arrosage est une servitude apparente et continue, lorsqu'il est manifesté par un barrage, quoique son exercice soit intermittent. Il peut donc être protégé par la complainte possessoire.

ARRÊT

LA COUR : — Sur le moyen unique, tiré de la violation des art. 23, C. pr. civ., 691, C. civ., et 6 de la loi du 25 mai 1838 :

Attendu que ce n'est point dans l'art. 691, relatif aux servitudes qui ne peuvent s'établir autrement que par titres, que se trouve le principe applicable à la cause, mais dans l'art. 690, suivant lequel les servitudes continues et apparentes s'acquièrent par titre ou par prescription ; qu'en effet, le droit d'arrosage, au moyen d'un barrage construit ou appuyé, comme dans l'espèce, sur le fonds supérieur, présente bien le double caractère d'une servitude apparente et continue : apparente, puisqu'elle s'annonce par un signe extérieur ; continue, puisque, s'il est vrai qu'elle est soumise à des intermittences et qu'elle a besoin, pour entrer en exercice, de la main du maître, il est certain aussi que, du moment où cet exercice commence, elle fonctionne d'elle-même sans le fait actuel de l'homme ;

Qu'il est donc hors de doute qu'un tel droit peut donner lieu à la complainte possessoire ;

Attendu, en fait, qu'il résulte du jugement attaqué que Guilhaumon avait, à l'époque du trouble, la possession annale du droit d'arroser sa prairie à l'aide d'un barrage appuyé tant sur le fonds des époux Pagès que sur le chemin de Narbonne et construit dans le fossé d'irrigation alimenté par le ruisseau de la Mayre-Rouge ;

Qu'il suit de là qu'en ordonnant, sur la complainte de Guilhaumon, le rétablissement du barrage supprimé par les époux Pagès, le tribunal de Béziers, loin d'avoir violé la loi, en a fait une juste application ;

Rejette.

————

CASSATION, Ch. req. — 7 nov. 1871.
(Renard c. Préfet d'Oran.)

I, 503.

L'administration possède légalement un terrain situé dans le voisinage d'une place forte lorsque ce terrain a été employé par elle au campement ou à la manœuvre des troupes, alors surtout que chaque opération militaire a laissé des traces apparentes de l'occupation.

Du 21 décembre 1869, jugement du tribunal d'Oran :

Attendu que les faits d'occupation à titre de propriétaire, invoqués par l'État à l'appui de son action possessoire, ne sont pas contestés et résultent de tous les documents de la cause; que Renard refuse seulement de leur reconnaître le caractère de continuité exigé pour prescrire par l'art. 2229, C. civ., et nécessaire pour légitimer l'exercice des actions possessoires; — Attendu que la possession requise pour prescrire ne comporte pas une détention continuelle; que cette détention ne doit pas s'entendre de sorte qu'il soit nécessaire qu'on ait toujours eu sous la main ou sous la vue la chose dont on a la possession; que, pour commencer à prescrire, il faut une possession caractérisée par des actes extérieurs; néanmoins, quand il s'agit de continuer une prescription commencée, il suffit d'une possession purement intentionnelle, pourvu, toutefois que, pendant la suspension de la jouissance ou de tous autres actes de propriété, il ne soit intervenu de la part des tiers aucun acte interruptif de la possession; — Attendu que l'État se trouve précisément dans cette situation; qu'aucun acte interruptif ne s'est produit pendant l'année qui a précédé le trouble; — Attendu, d'ailleurs, que l'occupation de l'État pour le campement des troupes s'est manifestée par des installations fréquentes et réitérées à de courts intervalles; que ce fait s'est produit onze fois pendant l'année 1867 et cinq fois pendant l'année 1868; et que, dans l'espèce, les traces des travaux effectués subsistent pendant les intervalles donnent à la possession de l'État un caractère de continuité révélé par le seul aspect des lieux; — Adoptant, au surplus, les motifs du premier juge, etc.

Pourvoi du sieur Renard.

ARRÊT

LA COUR : — Attendu que des faits relatés au jugement attaqué résultait la preuve que, depuis plus d'une année antérieurement au trouble apporté par Renard à sa jouissance, le domaine était en possession paisible et à titre non précaire des tenants contestés; d'où il suit que l'action possessoire a été à bon droit admise;

Rejette.

CASSATION, Ch. civ. — 20 nov. 1871.
(Natey c. Comm. de Villiers-sur-Tholon.)

I, 202, 264, 669, 682, 693.

L'action en complainte ne cesse pas d'être recevable par ce motif que le défendeur, tout en confessant la possession annale du demandeur, s'est borné à soutenir qu'il ne restait plus à régler qu'une question d'indemnité. Loin de changer le caractère de l'action, cet aveu ne fait que démontrer le bien fondé de la demande, dont le but est également d'obtenir le rétablissement des lieux dans l'état où ils étaient avant le trouble.

ARRÊT

LA COUR : — Vu l'art. 23, C. pr. civ.:
Vu les art. 51 et 55 de la loi du 18 juillet 1837 :

Attendu qu'aux termes de l'art. 23, C. pr. civ., les actions possessoires sont celles qui sont formées dans l'année du trouble par ceux qui, depuis une année au moins, étaient en possession paisible, par eux ou les leurs, à titre non précaire;

Attendu que l'action dirigée par les demandeurs en cassation contre la commune de Villiers-sur-Tholon réunissait toutes ces conditions;

Que les dames Natey et Vernaut étaient en possession des terrains, objet du litige, depuis plus d'un an; que leur possession avait été à titre non précaire et paisible, jusqu'au moment où la commune était venue les y troubler par un fait qui ne remontait pas à plus d'un an au moment où l'action était intentée; qu'aucune de ces circonstances n'était méconnue; que, cependant, le jugement attaqué a cru pouvoir contester le caractère d'action possessoire au litige intenté par les demandeurs, par ce seul motif que ni leur possession ni le trouble qui y avait été apporté n'étaient contestés;

Attendu que cette reconnaissance d'un acte illégal de la part de la défenderesse ne prouvait qu'une seule chose, le bien fondé de la demande, mais qu'il n'était pas de nature à changer le caractère de l'action et à convertir en une simple demande en dommages-intérêts une action possessoire, qui pouvait sans doute autoriser une demande en dommages-intérêts, mais qui avait encore un autre but, à savoir le rétablissement des choses en l'état où elles étaient avant le trouble;

Attendu que la remise préalable d'un

mémoire au préfet, exigée, par l'art. 51 de la loi du 18 juillet 1837, de toute personne qui veut intenter une action contre une commune, ne devient plus nécessaire, aux termes de l'art. 55 de la même loi, quand il s'agit d'une action possessoire ;

Que c'est donc à tort, et par fausse application de l'art. 51 de la loi du 18 juillet 1837, que le jugement attaqué a déclaré non recevable l'action intentée par les demandeurs contre la commune de Villiers-sur-Tholon ;

Casse.

CASSATION, Ch. req. — 21 nov. 1871.

(Chevalier c. Bochet.)

I, 101, 107.

Le juge de l'action en bornage cesse d'être compétent chaque fois que l'une des parties invoque la possession trentenaire à l'appui d'une revendication bien définie.

Chevalier assigne Bochet devant le juge de paix pour voir ordonner qu'il sera procédé au bornage de leurs propriétés respectives. Bochet répond à la demande en invoquant une possession plus que trentenaire. Jugement du 20 août 1864, par lequel le juge de paix se déclare incompétent. Chevalier saisit alors le tribunal civil qui fixe les limites des deux propriétés. Sur appel de Chevalier, la Cour de Chambéry confirme avec adoption de motifs, par arrêt du 5 avril 1870. Sur pourvoi de Chevalier contre l'arrêt de la Cour et contre la sentence du juge de paix qui s'était déclaré incompétent, la Cour de Cassation a statué dans les termes suivants :

ARRÊT

LA COUR : — Sur le premier moyen :

Attendu que l'arrêt attaqué, en confirmant le jugement de première instance, a déclaré adopter les motifs des premiers juges, et que la décision de ceux-ci contient amplement les motifs qui les ont déterminés ;

Sur le deuxième moyen :

Attendu que l'incompétence déclarée par le juge de paix se trouve justifiée par les conclusions même du deman-

deur en cassation, qui établissent que la propriété était manifestement l'objet de la contestation ;

Attendu d'ailleurs que, sur cette sentence, le demandeur en cassation a immédiatement assigné, aux mêmes fins, devant le tribunal d'Albertville ; qu'il a donc exécuté cette sentence ; que, depuis, plusieurs jugements et arrêts contradictoires sont intervenus entre les parties sur le même objet, et qu'après cette exécution, il ne pourrait être recevable à se pourvoir en cassation contre l'arrêt pour cause d'incompétence ;

Rejette.

CASSATION, Ch. civ. — 21 nov. 1871.

(Beaudenom c. Deschamps.)

I, 728.

Les art. 675 et suivants, C. civ., gouvernent aussi bien les vues manifestées par des fenêtres que celles qui résultent d'ouvertures quelconques servant soit directement, soit indirectement à l'exercice de la servitude.

Ainsi, la fermeture d'une porte vitrée peut être demandée par voie d'action possessoire.

ARRÊT

LA COUR : — Vu les art. 23 et 25, C. pr. civ. :

Attendu que l'action intentée par de Lamaze contre la demoiselle Deschamps était purement possessoire ; qu'elle avait pour objet d'obtenir par voie de complainte, et au simple point de vue de la possession, la fermeture d'une porte qui avait été récemment ouverte par la défenderesse, dans son mur de clôture, à moins de 19 décimètres du pré du demandeur ; que le jugement attaqué, pour repousser cette demande, s'est uniquement fondé sur ce qu'elle constituerait par elle-même un litige au pétitoire, et qu'elle aurait dû être soumise au tribunal compétent pour juger définitivement si cette porte constituait ou non une servitude de vue droite, continue et apparente, soumise aux règles prescrites par l'art. 678, C. civ. ;

Mais attendu que le possesseur d'un héritage qui se prétend troublé dans sa jouissance annale par un nouvel ouvrage, a le droit de porter son action en complainte devant le juge du possessoire pour faire cesser le trouble ;

Que ce juge doit alors rechercher, par rapport à la possession seulement, et sans rien préjuger sur le pétitoire, si le prétendu trouble existe réellement ; qu'il lui appartenait donc, et que même il lui incombait, dans l'espèce, de vérifier avant tout comment la porte litigieuse était établie, et si elle constituait ou non une indue entreprise sur la pleine et libre jouissance du fonds du demandeur ;

Attendu qu'en jugeant le contraire et en rejetant tout de suite la complainte de de Lamaze, sous prétexte qu'elle soulevait un litige pétitoire, le tribunal de Meaux a créé une exception qui n'est fondée sur aucun texte de loi, et qu'il a formellement violé les articles ci-dessus visés ;

Casse.

CASSATION, Ch. req. — 6 déc. 1871.
(Dumoulin c. Dupuy.)

I, 465.

Entre communistes, le trouble peut résulter de ce fait que l'un d'eux a fait reconstruire le mur mitoyen sans lui donner l'épaisseur de l'ancien. Le juge de paix a le droit d'ordonner la démolition du nouveau mur et sa reconstruction aux frais du défendeur.

Le 15 mars 1870, le tribunal de Libourne statuait dans les termes suivants :

Attendu que la reconstruction du mur mitoyen dans les conditions où elle a été faite a eu pour résultat de troubler Dupuy dans sa possession annale et non contestée d'une partie de l'assiette de l'ancien mur, et que les offres de Dumoulin ne donnaient qu'une satisfaction insuffisante au droit de son adversaire; — Que c'est donc avec raison que le premier juge a maintenu Dupuy dans sa possession annale et que sa décision doit être confirmée sur ce point; — Mais qu'il n'était pas tenu d'ordonner la démolition immédiate du mur litigieux et sa reconstruction dans l'état primitif; qu'il devait, pour ménager autant que possible les intérêts respectifs des parties, surseoir à la démolition du nouveau mur pour donner à Dumoulin le temps de se pourvoir au pétitoire à l'effet de faire décider dans quelles conditions le mur mitoyen serait établi; qu'il convient donc de modifier en ce sens

la décision dont est appel; — Par ces motifs, confirme la sentence en ce qu'elle maintient Dupuy en sa possession annale de sa portion de l'ancienne assiette du mur mitoyen; l'infirme, au contraire, en ce qu'elle ordonne la démolition et la reconstruction immédiate du mur édifié par Dumoulin, et surseoit à la démolition du mur jusqu'à ce que Dumoulin ait fait juger au pétitoire dans quelles conditions ce mur devra être reconstruit; dit qu'il devra saisir la juridiction compétente dans le délai de quinzaine à partir de la signification du présent jugement et suivre sans interruption, faute de quoi et ledit délai passé, il sera tenu de démolir le mur et de le reconstruire sur l'assiette primitive, etc.

Pourvoi du sieur Delage-Dumoulin.

ARRÊT

LA COUR : — Attendu que le juge du possessoire, en ne condamnant Dumoulin à démolir le mur par lui construit et à rétablir les choses dans l'état primitif qu'autant qu'il ne se serait pas pourvu au pétitoire dans un délai déterminé, pour faire statuer sur le droit dont il excipait, s'est borné à réprimer un trouble apporté à la possession de Dupuy, et, par conséquent, n'a aucunement violé l'art. 25, C. pr. civ.;

Rejette.

CASSATION, Ch. civ. — 6 déc. 1871.
(Mitaine c. Aze-Raumeny.)

I, 629.

La servitude de passage, étant discontinue, ne peut faire l'objet d'une action possessoire, alors même qu'elle s'annoncerait par des travaux apparents exécutés sur le fonds servant.

Du 1er juillet 1869, jugement du tribunal de Vire, qui s'exprime ainsi :

Considérant que la veuve Mitaine n'a pas contesté à l'appelant le fait d'avoir, depuis de longues années et aussi depuis moins d'un an, passé sur sa cour; qu'elle a prétendu seulement que ce passage ne constituait qu'une servitude discontinue qui ne pouvait conférer aucun titre; — Considérant que la porte, du côté de l'appelant, ouvre au bas de l'escalier qui conduit à ses chambres; qu'elle n'a pas de cordon de sonnette de ce côté; que la veuve Mitaine, si elle passait par cette porte, se trouverait dans le jardin de Raumeny; que les portes de ce jardin, qui ne servent que pour l'introduction des fumiers et des sables, n'ouvrent pas au dehors du côté de la rue de Chandollé; que si, au contraire, la veuve Mitaine voulait venir de cette porte par la cour d'Aze-Raumeny, il lui faudrait passer devant sa maison, et plonger la vue dans ses appartements ; que la grande porte de cette cour a toujours été fermée et que la veuve Mitaine n'en a jamais eu la clef ; — Considérant, au contraire, que la petite porte établie dans la porte cochère de la veuve Mitaine était toujours ouverte ; qu'il n'y avait même pas de sonnette à ces portes avant que le gendre de la veuve Mitaine, qui est médecin, y en eût fait établir une pour son service de nuit ; — Considérant que l'appelant a un loquet pour la petite porte ; qu'il en a quatre pour celle qui est au fond de la cour ; — Considérant que cette dernière porte est fixée dans le mur de la veuve Mitaine ; qu'elle bat sur sa propriété ; que, s'il est vrai de dire que les travaux faits sur le fonds dominant ne peuvent modifier le caractère de la servitude, il en est tout autrement quand ils sont exécutés sur le fonds servant ; qu'ils indiquent, alors, un consentement du propriétaire de ce fonds et impliquent une reconnaissance de sa part qui donne à la servitude le caractère d'apparence et de continuité qui, sans cela, lui aurait manqué ; — Considérant, d'ailleurs, que l'appelant produit une quittance de 1831, émanée du sieur Mitaine, mari de l'intimée, laquelle quittance constate que la dame Coquard, auteur de l'appelant, avait remis audit Mitaine 8 fr. pour un tiers du pavage de sa cour ; que c'était bien là un travail apparent, reconnu, et sur le fonds servant ; — Considérant qu'en présence de ces faits, le premier juge a mal apprécié le caractère de la possession ; — Infirme ; ordonne que la veuve Mitaine fera disparaître les obstacles par elle apportés au passage d'Aze-Raumeny ; maintient ce dernier dans la possession annale de son passage.

Pourvoi de la veuve Mitaine.

ARRÊT

LA COUR : — Vu l'art. 23, C. pr. civ., et les art. 688 et 691, C. civ. :

Attendu que l'action possessoire n'est recevable qu'autant qu'elle s'appuie, conformément audit art. 23, sur une possession paisible et à titre non précaire ;

Attendu qu'aux termes de l'art. 691, C. civ., les servitudes continues non apparentes et les servitudes discontinues apparentes ou non apparentes ne peuvent s'établir que par titre ; qu'il s'ensuit que la possession de semblables servitudes, lorsqu'elle ne repose sur aucun titre, doit être considérée uniquement comme le résultat de la tolérance du propriétaire du fonds sur lequel elle s'est exercée, et ne peut, à cause de sa précarité, servir de base à une action possessoire ;

Attendu que le jugement attaqué ne mentionne l'existence d'aucun titre,

soit légal, soit conventionnel, établissant, au profit d'Aze-Raumeny, la servitude de passage dont la possession aurait été troublée par les actes de la veuve Mitaine ; qu'il s'appuie seulement sur ce que des travaux apparents, destinés à faciliter l'exercice de la servitude, auraient été faits sur le fonds servant par le propriétaire du fonds dominant, lesquels donneraient à cette servitude le caractère d'apparence et de continuité permettant de l'acquérir par la possession ;

Attendu que de semblables travaux, en admettant qu'ils aient pu donner au passage exercé par Raumeny le caractère d'une servitude apparente, ne pouvaient lui enlever celui de servitude discontinue, créer le titre exigé par l'art. 691, C. civ., et convertir en un droit réel l'exercice d'actes qui ne peuvent être considérés que comme le résultat d'une simple tolérance ;

D'où il suit que le jugement attaqué, en déclarant recevable et fondée l'action possessoire portée par Aze-Raumeny devant le juge de paix de Vire, a violé les art. 23, C. pr. civ., 688 et 691, C. civ. ;

Casse.

CASSATION, Ch. civ. — 11 déc. 1871.
(Dayrens c. Montiès.)

I, 244.

S'il est de principe que le cumul du pétitoire et du possessoire ne peut donner ouverture à cassation que lorsqu'il se rencontre dans le dispositif de la sentence, il n'est pas moins certain que le cumul existe quand le dispositif n'est justifié que par des motifs tirés exclusivement du fond du droit.

ARRÊT

LA COUR : — Vu l'art. 25, C. pr. civ. :

Attendu que, s'il est de principe que le cumul du pétitoire et du possessoire ne peut donner ouverture à cassation que lorsqu'il se rencontre dans le dispositif de la sentence, il n'est pas moins certain que le cumul existe quand le dispositif, bien que statuant seulement sur la possession, n'est justifié, dans cette sentence, que par des motifs tirés exclusivement du fond du droit;

Attendu qu'il en est ainsi dans le jugement attaqué; qu'en effet, après avoir établi, dans ses motifs, les droits des parties relativement à la propriété du chemin en litige, le tribunal de Condom, sans s'expliquer sur les faits de possession, qui seuls devaient justifier l'action possessoire, n'a donné pour base à sa décision que les motifs sur lesquels il avait, au fond, établi les droits du demandeur en complainte à la propriété exclusive dudit chemin;

Qu'en statuant ainsi, le jugement attaqué a cumulé le possessoire et le pétitoire, et violé les dispositions de l'art. 25, C. pr. civ.;

Casse.

CASSATION, Ch. civ. — 3 janv. 1872.
(Comm. d'Avillers c. Delorme.)

I, 101, 102, 107.

En matière de bornage, le juge de paix cesse d'être compétent chaque fois que l'une des parties invoque la possession trentenaire à l'appui d'une revendication bien définie.

Le juge de paix est également incompétent si, au cours d'une instance en bornage, une commune revendique des parcelles de terrain, en se fondant sur les dispositions des lois des 28 août 1792 et 10 juin 1793.

Dans ces différents cas, le juge de paix ne doit pas se contenter de prononcer un sursis; il est obligé de se dessaisir complètement du litige par un jugement d'incompétence.

Le 3 février 1869, le tribunal de Briey rendait le jugement suivant:

Attendu que l'action en bornage a pour but la reconnaissance et la fixation des limites des propriétés contiguës; que la compétence du juge de paix en cette matière, ne se réduit pas au fait matériel du placement des bornes sur une limite convenue; qu'il lui appartient de rechercher la limite devenue incertaine des deux propriétés à borner, en interrogeant les titres des parties, en les interprétant, pour en faire ou en refuser l'application aux lieux litigieux; qu'il doit aussi tenir compte de la possession et des traces des anciennes délimitations, consulter les papiers terriers, le cadastre, la matrice cadastrale, et tous les documents anciens et nouveaux de nature à l'éclairer sur la décision qu'il est appelé à rendre; — Attendu que la compétence du juge de paix ne cesserait que si l'action en bornage se transformait, au cours de l'instance, en une action en revendication, ou si les titres de propriété étaient sérieusement contestés; autrement, cette compétence serait abandonnée à l'esprit de chicane, et il suffirait souvent d'un prétexte spécieux pour entraver l'action de ce magistrat, ce que n'a pas voulu évidemment le législateur de 1838; — Attendu qu'à l'appui de son action en bornage, la demoiselle Delorme a produit des titres; — Attendu que, de son côté, la commune a contesté l'efficacité de ces titres et documents, et a prétendu: 1° qu'elle était propriétaire de la zone des terrains, friches, pâquis vains et vagues, situés en dehors de la ligne périmétrale donnée par les bâtiments de l'appelante, en vertu des lois des 28 août 1792 et 10 juin 1793; 2° que, depuis lors, elle a toujours joui dans les conditions de l'art. 2229, C. civ.; qu'ayant une possession plus que trentenaire, elle déclinait la compétence du juge de paix; — Attendu que ce magistrat, considérant que la propriété de la demoiselle Delorme et les titres qui l'établissent étaient contestés sérieusement par la commune, s'est, par jugement du 29 mai 1868, déclaré incompétent, et a renvoyé les parties devant les juges appelés à en connaître; — Attendu que, dans cette situation, il s'agit uniquement d'examiner si la question de propriété a été sérieusement soulevée; — Attendu que la commune ne produit d'autre titre que les lois précitées, et se borne à énoncer vaguement certains actes de possession, sans la préciser dans ses conclusions, ni annoncer qu'elle en offrirait la preuve devant les juges compétents; — Attendu que de telles allégations ne constituent pas une contestation sérieuse de propriété, de nature à motiver l'incompétence du juge de paix; qu'il appartient à ce magistrat de résoudre les questions qui surgissent incidemment à la procédure et de faire l'application des titres en les interprétant et en les comparant avec les signes matériels; — Attendu que les terrains vains et vagues ne peuvent être réputés communaux qu'autant qu'il n'est pas prouvé par titre ou possession qu'ils appartiennent à des particuliers; — Attendu que le propriétaire d'un terrain vague, lors même qu'il n'en retire aucun profit, n'en conserve pas moins la possession par la seule intention, jusqu'à ce qu'une autre possession se manifeste par des actes positifs capables d'opérer la prescription; — Attendu que la possession s'exerce suivant la nature de l'objet auquel elle s'applique; que s'il est vrai, dans les communes rurales comme dans les villes, que l'espace compris entre les lignes de maisons et désigné sous le nom de rue ou de place, est présumé être une dépendance du domaine public, cette présomption disparaît quand il y a en faveur du riverain titre positif de propriété et signe apparent de délimitation contraire; — Attendu que si les mots « aisances et dépendances, » ajoutés souvent dans les ventes d'immeubles après la désignation, n'ont pas, en général, par eux-mêmes, une signification précise et efficace, il en est autrement quand ils s'appliquent à un accessoire de la propriété, lequel est si clairement exprimé dans des titres antérieurs, qu'il ne peut y avoir d'équivoque, et qu'il n'est même pas nécessaire de recourir à une interprétation; — Attendu que le cadastre et la matrice cadastrale peuvent être considérés comme des documents précieux quand ils ne font que confirmer les indications des titres, et que c'est le réclamant qui paie la contribution foncière du terrain litigieux; — Attendu que si on rapproche le contrat du 16 octobre 1860 des anciens titres et déclarations, il est certain que les mots «aisances et dépendances » s'appliquent à tout le terrain circonscrit par les anciens fossés du château d'Avillers, terrain dont les contributions sont payées par la demoiselle Delorme; — Attendu qu'il ne peut être considéré comme un terrain vague, mais bien comme une dépendance des bâtiments d'exploitation, ce qui a été reconnu par la lettre du maire d'Avillers du 27 mai 1862; — Attendu que c'est donc à tort que le premier juge s'est déclaré incompétent.

Pourvoi de la commune d'Avillers.

ARRÊT

LA COUR : — Vu l'art. 6, § 2, de la loi du 25 mai 1838 :

Attendu qu'aux termes de cet article, le juge de paix saisi d'une action en bornage doit se déclarer incompétent, lorsque la propriété ou les titres qui l'établissent sont contestés;

Attendu que, dans l'espèce, la commune d'Avillers ne s'est pas bornée à dénier à la demoiselle Delorme la propriété des terrains que celle-ci prétendait comprendre dans les limites de son domaine, ni à contester soit l'application, soit même la force probante des actes et documents dont ladite demoiselle Delorme se prévalait;

Que la commune a formellement revendiqué la propriété des terrains litigieux, en soutenant qu'ils lui avaient été attribués comme terres vaines et vagues, par les lois des 28 août 1792 et 10 juin 1793, et en excipant, en tout cas, de la prescription;

Qu'à l'appui de ce dernier moyen, elle a articulé, tant en première instance qu'en appel, l'existence d'une possession trentenaire, et soutenu qu'elle avait constamment joui, depuis 1791, des terrains dont il s'agit dans les conditions de l'art. 2229, C. civ.;

Attendu qu'il n'appartenait pas aux juges saisis d'une simple action en bornage, de se prononcer sur la validité du prétendu titre légal et du moyen de prescription, invoqués par la commune et contestés par la demoiselle Delorme;

que les prétentions contradictoires des parties à cet égard constituaient un débat précis et une contestation sérieuse sur la propriété;

D'où il suit que le tribunal civil de Briey, en retenant la connaissance du litige, a formellement violé l'article ci-dessus visé;

Casse.

CASSATION, Ch. req. — 9 janvier 1872.
(Fouquier c. Comm. de Saint-Julien.)

I, 262.

L'action possessoire est recevable lorsqu'elle est intentée par l'Etat, le département ou la commune à l'effet de réprimer le trouble causé par un particulier à la jouissance d'un bien du domaine public.

Le 27 janvier 1870, jugement du tribunal de Lesparre ainsi motivé :

Attendu que, par jugement interlocutoire du 10 décembre dernier, la commune de Saint-Julien a été autorisée à prouver qu'elle a toujours eu la possession de la place litigieuse sise au nord du domaine de Teynac, que les habitants et les étrangers en ont toujours joui comme d'une place publique, soit en y stationnant, soit en y mettant leurs voitures, leurs chevaux et toutes sortes de dépôts; la preuve contraire réservée à Fouquier; — Attendu que la preuve a été faite par la commune; — Qu'il résulte incontestablement des enquêtes que de tout temps les étrangers comme les habitants de la commune ont stationné sur la place en litige, y ont mis leurs voitures, leurs chevaux et toutes sortes de dépôts, jouissant de cette place comme d'une place publique; — Que les cantonniers y faisaient mettre les dépôts de graviers destinés à l'entretien de la route dont cette place fait partie; — Que même, dans une circonstance, ce dépôt de graviers avait été placé de façon à obstruer l'entrée du portail, et sur la réclamation du propriétaire, le dépôt fut simplement reculé à droite et à gauche du portail pour le dégager, mais non pas hors de la place litigieuse; — Que l'un des précédents propriétaires reconnut, il y a quelques années, qu'il n'avait pas le droit d'affermer une place pour la baraque d'un étameur à l'endroit litigieux, et fit mettre cette baraque au levant des bâtisses; — Qu'ainsi la commune a fait toute la preuve qui était ordonnée, a justifié sa possession de tous les actes possibles de possession sur un terrain dépendant de la voie publique; — Qu'au contraire, Fouquier n'a fait preuve d'aucun acte de possession, alors que plusieurs faits de la part de ses prédécesseurs ont confirmé la possession de la commune;

— Attendu que l'état des lieux est conforme à la possession de la commune, puisqu'un grand mur sépare le domaine de Teynac du chemin vicinal n° 103 ; qu'il a seulement une plus grande largeur au nord des bâtisses du domaine ; — Attendu que les titres viennent à l'appui de la possession de la commune, puisqu'il est dit dans le titre de Fouquier, que la cour est clôturée au nord par un grand mur, avec petite porte et grand portail ; que les bâtisses occupent dans leur ensemble, y compris la cour et la basse-cour, une superficie de 16 ares 50 centiares, et confrontent du nord au chemin de Beychevelle à Saint-Laurent ; — Qu'on ne comprend dans l'énonciation de la propriété que les bâtisses, les cour et basse-cour, rien au-delà du mur de clôture ; — Qu'ainsi les faits de possession, l'état des lieux et les titres s'accordent pour justifier la possession de la commune ; — Confirme le jugement dont est appel et qui maintient la commune en possession, etc.

Pourvoi du sieur Fouquier.

ARRÊT

LA COUR : — Sur le premier moyen, pris de la violation de la règle de la séparation des pouvoirs :

Attendu que les arrêtés administratifs qui accordent l'autorisation de construire sur un terrain longeant la voie publique avec fixation de la ligne sur laquelle les constructions projetées pourront ou devront être élevées, supposent que celui qui sollicite une pareille autorisation est, comme il l'allègue, propriétaire du terrain ;

Que, contenant de leur nature, et, d'après leur objet, la réserve des droits des tiers, ces arrêtés, uniquement pris en vue de l'intérêt général, ne sauraient faire obstacle à ce que le tiers qui se prétendrait lésé dans ses droits de propriété ou de servitude, par les constructions élevées en vertu d'un pareil arrêté, porte la contestation devant la juridiction civile, seule compétente pour en connaître ;

Que le juge du possessoire, saisi de la contestation, n'empiète pas sur le domaine de l'administration, lorsque après avoir constaté l'existence, avec les caractères voulus, de la possession invoquée par le demandeur, il ordonne la démolition des constructions, comme portant atteinte à cette possession ;

Sur le deuxième moyen, dans sa première branche :

Attendu qu'aux termes de l'art. 2228, C. civ., la possession est la détention ou la jouissance d'une chose ou d'un droit que nous tenons ou que nous exerçons par nous-mêmes, ou par un autre qui la tient ou qui l'exerce en notre nom ;

Que la commune, comme corps moral, possède les terrains faisant partie du domaine public municipal, par les habitants et les étrangers qui exercent, sur ces terrains, des actes de jouissance ou d'usage conformes à leur destination ;

Que le jugement attaqué constate que, de tout temps, les étrangers comme les habitants de Saint-Julien ont stationné sur le terrain en litige, y ont mis leurs voitures, leurs chevaux et toutes sortes de dépôts, jouissant de ce terrain comme d'une place publique, et que les cantonniers y faisaient mettre les dépôts de graviers destinés à l'entretien de la route ;

Que de pareils actes ne sauraient être envisagés comme n'étant que de pure tolérance, lorsqu'ils sont invoqués par la commune à l'appui d'une action possessoire dirigée contre un tiers ;

Qu'il appartient, d'ailleurs, au juge du fait de décider souverainement, par appréciation de l'ensemble des faits et circonstances de la cause, si la possession dont se prévaut le demandeur est suffisamment caractérisée, ou si elle est douteuse ou équivoque ;

Sur la seconde branche du moyen :

Attendu que, si l'action possessoire ne peut être exercée, à l'occasion d'un terrain dépendant du domaine public, par un simple particulier qui se prétendrait troublé dans la possession de ce terrain par l'État ou par la commune, l'action est, au contraire, ouverte en faveur de l'État ou de la commune, comme moyen rapide et efficace pour réprimer les usurpations commises par des tiers sur le domaine public ;

Qu'opposer à l'action de l'État ou de la commune le principe posé par l'art. 2226, C. civ., ce serait le tourner contre l'intérêt public qu'il a pour objet de protéger ;

Sur le troisième moyen :

Attendu que le juge du possessoire peut, sans cumuler le pétitoire et le possessoire, se livrer à l'examen des titres et des documents respectivement produits pour éclairer le possessoire, ou, en d'autres termes, pour apprécier les caractères et l'efficacité juridique de la possession ;

Que, d'un autre côté, le cumul ne résulte pas de cela seul que le jugement contiendrait dans les motifs, à côté de constatations relatives à la possession, des considérants touchant d'une manière plus ou moins directe au fond du droit, si d'ailleurs le juge s'est, dans le dispositif, strictement renfermé dans les limites du possessoire ;

Que, si le tribunal de Lesparre, après avoir déclaré, par appréciation des enquêtes, que la commune de Saint-Julien avait justifié de sa possession par tous les actes possibles de jouissance ou d'usage d'un terrain dépendant de la voie publique, a ajouté à cette appréciation des inductions tirées de l'état des lieux et des titres et documents produits, le jugement du 27 janvier 1870 exprime nettement qu'il ne l'a fait qu'au point de vue de la possession ;

Que le dispositif de ce jugement ne préjuge en aucune façon et sous aucun rapport la question de propriété ;

Rejette.

CASSATION, Ch. req. — 6 février 1872. (Decuers c. Syndicat des digues de Reyron.)

I, 28, 203, 500.

Si les art. 556 et 561, C. civ., peuvent être invoqués au pétitoire pour justifier la propriété du riverain qui s'en prévaut, ni l'un ni l'autre de ces articles ne peut remplacer, au possessoire, une possession annale qui a besoin d'être effective et ne vient en aide, à celui qui veut en profiter, qu'autant qu'il en a préalablement démontré, en fait, l'existence et la réalité.

ARRÊT

LA COUR : — Sur le deuxième moyen, tiré de la violation des art. 644, 556, 557 et 561, C. civ., en ce que le jugement attaqué (rendu par le tribunal de Draguignan, le 4 juin 1870, sur appel d'une sentence du juge de paix de Fréjus) a méconnu les droits que la loi accorde aux riverains des cours d'eau non navigables ni flottables, soit sur les atterrissements qui se forment sur la rive, soit sur les produits utiles jusqu'à la moitié de la rivière :

Attendu qu'après les enquêtes, Decuers a soutenu que, quand même le tribunal déciderait qu'il n'avait pas prouvé par les enquêtes sa possession annale, il devait néanmoins obtenir la confirmation du jugement rendu en justice de paix, en vertu de l'art. 556, C. civ., qui devait lui tenir lieu de possession ; mais que le jugement attaqué ayant repoussé ce moyen parce qu'il ne s'agissait pas, en fait, d'une alluvion successive et imperceptible, le demandeur en cassation allègue aujourd'hui, pour la première fois, que ce n'était pas l'art. 556, mais l'art. 561, qui devait lui tenir lieu de possession ;

Attendu que, d'une part, cette allégation ne constitue pas seulement un moyen nouveau, que c'est une prétention appuyée sur un fait nouveau et non vérifié devant le juge du possessoire ; qu'à ce point de vue une pareille prétention est non recevable devant la Cour de Cassation ; que, d'autre part, cette prétention est mal fondée : car, si les art. 561 et 556, C. civ., peuvent être invoqués au pétitoire pour justifier la propriété du riverain qui s'en prévaut, ni l'un ni l'autre de ces articles ne peut remplacer, au possessoire, une possession annale, qui a besoin d'être effective et ne vient en aide à celui qui veut en profiter qu'autant qu'il en a préalablement démontré, en fait, l'existence et la réalité ;

Sur le quatrième moyen, tiré de la violation de l'art. 25, C. pr., qui défend le cumul du possessoire et du pétitoire :

Attendu que le juge du possessoire n'enfreint la règle énoncée dans l'art. 25, C. pr. civ., que quand il statue d'une manière quelconque sur le pétitoire ; que le jugement attaqué n'a pas encouru un pareil reproche, puisqu'il résulte seulement des motifs de ce jugement que le sieur Decuers ayant prétendu que l'art. 556, C. civ., devait lui tenir lieu de possession annale, le tribunal a répondu à cette objection que ledit article n'était pas, en fait, applicable à la cause ;

Attendu qu'une décision ainsi motivée ne peut être considérée comme

touchant au pétitoire, d'abord parce que le dispositif du jugement qui, seul, renferme la chose jugée, ne contient rien qui s'applique au fond du droit, et, en second lieu, parce que le motif du jugement lui-même se résume dans une dénégation pure et simple de la possession annale, dont le sieur Decuers voulait mal à propos trouver la preuve dans l'art. 556, C. civ.;
Rejette.

CASSATION, Ch. civ. — 14 fév. 1872.
(Hédouin c. Leprestre.)

I, 103.

Si le juge de paix, saisi d'une action en bornage, constate que la contenance réelle de terrains adjugés par lots excède celle portée au procès-verbal d'adjudication, ce magistrat a compétence pour répartir cet excédant entre tous les acquéreurs et modifier à cet effet chaque lot, soit dans son étendue superficielle, soit dans sa configuration.

ARRÊT

LA COUR : — En ce qui touche la fin de non-recevoir prise par les défendeurs de ce que Hédouin aurait acquiescé, en l'exécutant au jugement du 28 août 1868 :
Attendu que ce jugement s'est borné à donner aux experts par lui nommés la mission d'examiner les terrains auxquels chacune des parties prétend droit, et d'établir, avec indication de mesure, le tracé de chacun des lots tels qu'ils leur paraîtront devoir être déterminés pour se conformer à l'adjudication faite par le domaine ;
Attendu qu'un jugement ainsi conçu n'étant que préparatoire, son exécution par Hédouin n'a pu préjudicier au droit de ce dernier de se pourvoir en cassation soit contre ledit jugement, soit contre le jugement définitif qui l'a suivi ;
Rejette la fin de non-recevoir ;
Et statuant au fond, sur le premier moyen du pourvoi :
Attendu que le bornage était demandé par Leprestre et Ramet, en vertu d'un titre commun à toutes les parties, et dont l'interprétation n'a jamais été contestée ; que l'application de ce titre sur le terrain était, à l'origine, le seul objet du débat, comme elle fut le seul objet de la mission donnée aux experts par le tribunal de Boulogne dans le jugement dont les termes sont ci-dessus rappelés ;
Attendu que le rapport des experts et le jugement qui l'a homologué n'ont point changé cette situation ; qu'en effet, si le tribunal de Boulogne a conclu des constatations de l'expertise à la nécessité de répartir l'excédant de contenance entre les divers adjudicataires et de modifier à cet effet les limites des lots, cette décision rentrait essentiellement dans les pouvoirs du juge de l'action en bornage, alors qu'Hédouin ne revendiquait point la propriété d'une parcelle précise et déterminée en s'appuyant sur un titre spécial ou sur la prescription ;
D'où il suit que l'art. 6-2° de la loi du 25 mai 1838 n'a point été violé ;
Sur le deuxième moyen :
Attendu, en droit, que la disposition de l'art. 473, C. pr. civ., ne concerne que les jugements frappés d'appel qui n'auraient pas jugé le fond du procès ;
Et attendu, en fait, que par la sentence du 13 mai 1867, dont Hédouin se porte appelant devant le tribunal de Boulogne, le juge de paix du canton de Samer, en donnant acte aux parties de leur commun consentement à ce que le bornage fût fait par l'expert Moisson, et d'après son plan, et les frais répartis suivant une certaine proportion, avait manifestement statué au fond ;
Que, dès lors, le tribunal de Boulogne, lorsqu'il a infirmé cette sentence comme ayant mal interprété la commune intention des parties, a pu retenir la connaissance du fond, quoiqu'il ne fût pas en état d'être jugé, sans pour cela violer l'art. 473 précité, qui n'était point applicable ;
Rejette.

CASSATION, Ch. req. — 14 février 1872.
(Comm. de Saint-Amand c. marquis de Saint-Amand.)

I, 499, 610, 617, 629.

La servitude de lavage est discontinue, alors même qu'elle se manifeste par des signes extérieurs tels qu'un lavoir permanent.

L'art. 643, C. civ., ne contient pas au profit d'une commune un titre légal de servitude lui permettant de prétendre à l'usage d'un abreuvoir établi sur le fonds d'un particulier.

Le juge du possessoire a compétence pour apprécier si l'acte produit peut être considéré comme un commencement de preuve par écrit et s'il rend vraisemblable le fait allégué.

Ce magistrat doit limiter son examen à la constatation des actes de jouissance accomplis dans l'année qui a précédé le trouble.

En novembre 1868, le marquis de Saint-Amand a, à l'aide de certains travaux, interdit l'accès d'un lavoir et d'un abreuvoir établis sur la Vrelle, en amont de son moulin ; il a aussi intercepté le passage s'exerçant sur un terrain triangulaire pour aboutir au lavoir et à l'abreuvoir. Action possessoire introduite à la requête de la commune qui prétend à la possession annale du lavoir, de l'abreuvoir et du terrain triangulaire. Le 29 novembre 1869, sentence du juge de paix de Saint-Amand-en-Puisaye qui fait droit aux conclusions de la commune en ce qui concerne le lavoir et les rejette, quant à l'abreuvoir et au terrain triangulaire. Cette décision est ainsi conçue :

Sur le premier chef, le lavoir : — Considérant que l'usage d'un lavoir, établi, comme celui en litige, avec des ouvrages indiquant cette destination spéciale, rentre dans la classe des servitudes discontinues apparentes, lesquelles, aux termes de l'article 691, C. civ., ne peuvent s'établir que par titre, indépendamment de la possession même immémoriale ; — Considérant que le sieur de Saint-Amand a produit aux débats un acte reçu Mᵉ Delhon, notaire à Saint-Amand, le 23 mars 1822, intervenu entre le marquis de Saint-Amand, son père, et le sieur Belliard, alors maire de la commune de Saint-Amand, établissant la clause suivante : « Mondit sieur Guyot de Saint-Amand a déclaré que, par le présent acte, il consent que la commune de Saint-Amand ou seulement son chef-lieu fasse construire, soit pendant le cours de cette année, soit plus tard, une halle au-dessus de la tête du biez de son moulin de Saint-Amand, à l'endroit *où on lave*, entre les roues et le pont de bois, et de manière à ce que cette construction ne puisse nuire à l'entrée du moulin et à ce que le sieur de Saint-Amand voudrait faire par la suite dans le même endroit, consentant que le haut de cette halle du côté des roues soit appuyé sur les murs des deux moulins si

cela peut se pratiquer sans nuire, il est bien entendu que cette construction sera faite aux frais de la commune, et que ladite commune, également à ses frais, sera tenue de faire enlever cette halle sur la demande du sieur Saint-Amand, si, par la suite, ladite halle lui est nuisible ; » — Considérant que, par cet acte même, le sieur de Saint-Amand semble avoir reconnu l'existence d'un lavoir public par ces mots : « *où on lave* » ; — Qu'en permettant la construction d'une halle, qui serait même appuyée sur les murs de ses moulins, si faire se pouvait sans nuire, il a dû être guidé par un sentiment de bienveillance et de commisération pour les personnes chargées du lavage, soumises sans abri aux intempéries et aux mauvais temps ; — Que, s'il s'est réservé de pouvoir faire cesser cet acte de bienveillance et de contraindre la commune à supprimer cette halle si, par la suite, elle lui était nuisible, il n'a fait aucune réserve à l'égard du lavoir lui-même ; — D'où la conséquence que ce lavoir devait appartenir à la commune, et que le sieur de Saint-Amand ne se reconnaissait pas le droit d'en demander la suppression ; — Considérant que le sieur de Saint-Amand, défendeur, ne dénie point que la commune de Saint-Amand ne soit en possession du lavoir en litige depuis un temps immémorial, et notamment depuis an et jour avant que lui-même l'ait fait fermer par un plancher et des barrières ; qu'il s'étaye seulement, pour repousser la demande de ladite commune, sur la nature de la servitude, qui, étant discontinue et apparente, ne peut s'établir que par titre ; — Considérant, dès lors, que la possession de la commune n'étant point déniée en fait, il devient inutile d'admettre une enquête de ce chef ; — Considérant que si l'acte du 23 mars 1822 n'est pas un titre constitutif de la servitude de lavage, il en reconnaît l'existence et est au moins un commencement de preuve par écrit suffisant pour donner à la possession de la commune les caractères précisés par l'art. 2229, C. civ. ; — Par ces motifs, — Rejetons la fin de non-recevoir proposée par le sieur de Saint-Amand ; — Maintenons et gardons la commune de Saint-Amand en la possession du lavoir dont il s'agit ; — Faisons défense au sieur de Saint-Amand de l'y troubler à l'avenir ; — Le condamnons à enlever le plancher qui recouvre ledit lavoir, et à supprimer les barrières qui ferment l'entrée des deux escaliers qui y donnent accès le long de la route ; Sur le second chef, l'abreuvoir : — Considérant que le droit que revendique la commune de Saint-Amand sur l'abreuvoir en litige, fondé sur sa possession immémoriale et notamment depuis plus d'an et jour avant l'établissement par le sieur de Saint-Amand de barrières qui en interdisent l'accès, est une servitude discontinue non apparente ; — Considérant que, pour repousser la fin de non-recevoir soulevée contre ce chef par le sieur de Saint-Amand aux termes de l'art. 691, C. civ., la commune oppose que l'eau de cet abreuvoir lui étant nécessaire, elle en a prescrit l'usage conformément aux dispositions de l'article 643 du même Code ; — Considérant que cette nécessité, serait-elle réelle, ce qui est dénié par le sieur de Saint-Amand, doit être constatée et affirmée par une action judiciaire qui règle l'indemnité en faveur du propriétaire de l'eau ; — Que, jusque-là, la commune n'a pu jouir de l'abreuvoir que par tolérance ; — Qu'elle n'a fait aucun travail apparent pour indiquer son intention de s'approprier l'eau et de s'en servir ; que, conséquemment, elle n'a pu ni acquérir l'usage, ni prescrire l'indemnité ; — Par ces motifs, — Déclarons mal fondée l'action de la commune de Saint-Amand en maintenue possessoire de l'abreuvoir et des passages pour y arriver, lesquels ne sont que ·l'accessoire de l'abreuvoir lui-même ; — La déboutons de cette demande ;

Sur le troisième chef, le terrain triangulaire : — Considérant que la commune de Saint-Amand base son action en complainte sur ce que ce terrain servait autrefois de passage à divers propriétaires de prairies enclavées pour l'exploitation de ces prairies ; sur ce qu'il est inculte ; sur ce qu'il figure au plan cadastral sans numéro ; sur ce que la commune en paye l'impôt ; — Considérant qu'il a été établi aux débats qu'avant l'établissement de la route de Neuvy à Clamecy, établissement qui remonte aux années 1837 et 1838, certains propriétaires des prairies alors enclavées passaient, en effet, sur ce terrain et traversaient à gué la fausse rivière pour l'exploitation de leurs prairies ; — Que, depuis la confection de ladite route, l'enclave ayant cessé, le passage sur ledit terrain a cessé également ; — Que ces faits de passage, exercés à titre privé et pour des besoins particuliers, ne sauraient, dans tous les cas, profiter à la généralité ou communauté des habitants de la commune de Saint-Amand ; — Que, du reste, ces faits, remontant à de longues années, ne sauraient en·rien affecter la possession annale qui seule rentre dans la compétence du juge au possessoire ; — Considérant que si le cadastre établi, à peu près à la même époque que la route de Neuvy à Clamecy, au moment où ce terrain pouvait encore présenter la trace du chemin de servitude dont il vient d'être parlé, a classé ce terrain comme vain et vague sans lui assigner de numéro, on ne peut voir dans ce fait qu'une présomption insuffisante par elle-même pour fonder la possession de la commune ; — Que ce terrain, n'ayant pas·été classé avec numéro, n'est soumis au paiement d'aucun impôt ; — Considérant que l'ensemble des faits de possession invoqués par la commune n'est point pertinent, surtout en les rapprochant de la présomption résultant, en faveur du sieur de Saint-Amand, des titres par lui invoqués, rapportés et analysés en notre jugement du 18 octobre précédent ; — Que, dès lors, il n'y a pas lieu d'en admettre la preuve ; — Déboutons la commune de Saint-Amand de la demande en maintenue possessoire du terrain triangulaire dont il s'agit.

Sur appel, le tribunal de Cosne rendait le jugement suivant :

En ce qui touche les chefs relatifs à l'abreuvoir et au terrain situés entre le moulin et la fausse rivière : —Adoptant les motifs du premier juge ; — En ce qui touche le lavoir : — Attendu que le premier juge, en substituant aux motifs donnés par la commune demanderesse des considérations nouvelles, n'a pas substitué une demande à une autre ; — Qu'il a, en effet, alloué à la commune la possession par elle réclamée ; — Attendu qu'avec juste raison encore, le premier juge a déclaré admissible l'action en maintenue de la possession d'une servitude discontinue et non apparente, sans un titre, et a revendiqué pour le juge du possessoire l'examen du titre produit, mais seulement au point de vue du débat qui lui est soumis ; — Adoptant, en ce point, les motifs développés au jugement de première instance ; — Mais, attendu que le titre invoqué résulterait d'un acte reçu par Me Delhon, notaire à Saint-Amand, en date du 23 mars 1822, enregistré ; — Que le premier juge ne paraît pas avoir fait une appréciation exacte de cet acte ; — Qu'on y lit, en effet, « que le marquis de Saint-Amand autorise la commune de Saint-Amand à élever une halle au-dessus de la tête du biez de son moulin de Saint-Amand, à l'endroit *où on lave*, de manière à ce que cette construction ne puisse nuire à l'entrée des moulins, et à ce que le marquis de Saint-Amand voudrait faire par la suite et dans le même endroit ; » — Qu'on y lit encore « que la commune, également à ses frais, sera tenue de faire enlever cette halle sur la demande du sieur de Saint-Amand, si, par la suite, ladite halle lui est nuisible ; » — Qu'on ne saurait voir, en effet, dans ces expressions, « *l'endroit où on lave* », la reconnaissance d'un droit de lavoir au profit de la commune, mais simplement l'énonciation d'un fait alors constant ; — Que si le marquis de Saint-Amand eût voulu constituer un titre au profit de la commune, il l'aurait dit expressément, et ne se serait pas servi d'expressions vagues et sur la portée desquelles·il pouvait y avoir une aussi grande incertitude ; — Qu'en outre, l'ensemble de la clause démontre que toutes les concessions, faites dans un but de bienfaisance par le propriétaire, ainsi qu'il le dit, sur le biez du moulin, n'avaient lieu qu'à titre précaire et par pure tolérance ; — Qu'ainsi, il se réserve le droit de faire enlever, à sa volonté, la halle aux frais de la commune, et même d'y substituer tout autre ouvrage qu'il voudrait faire par la suite dans le même endroit ; — Que l'acte de 1822 ne peut constituer un titre dans le sens de l'art. 691, C. civ.; — Qu'ainsi interprété, il ne peut davantage constituer un commencement de preuve par écrit ; — Que la commune de Saint-Amand, pour une servitude discontinue et non apparente et, par conséquent, non prescriptible, ne pouvait, sans titre, exercer une action possessoire fondée sur une possession même immémoriale ; — Par ces motifs, jugeant en matière sommaire et en dernier ressort ; — Dit bien jugé, mal appelé sur les deux premiers chefs ; — Et ordonne que le jugement dont est appel sortira son plein et entier effet ; — Sur le troisième chef ; — Dit bien jugé, mal appelé ; — Déclare la commune non recevable, en tout cas mal fondée dans son action possessoire.

Pourvoi de la commune de Saint-Amand-en-Puisaye.

ARRÊT

LA COUR : — Sur le premier moyen, pris, dans sa première branche, de la violation et fausse application des art. 691, 695, 2229 et 1347, C. civ., et de l'art. 23, C. pr. civ. :

Attendu que le jugement attaqué déclare que l'acte du 23 mars 1822 ne contient aucune reconnaissance de la servitude de lavage réclamée par la commune demanderesse et ne forme même pas un commencement de preuve par écrit à l'appui de sa prétention ;

Qu'il déclare de plus que l'ensemble de la clause litigieuse de cet acte démontre que toutes les concessions faites par le défendeur éventuel, dans un but de bienfaisance, n'ont eu lieu qu'à titre précaire ;

Que ces déclarations et appréciations sont souveraines et ne peuvent motiver un recours en cassation ;

Sur la deuxième branche du moyen, prise de la violation de l'art. 643, C. civ. :

Attendu que ce moyen n'a pas été proposé devant les juges du fond, quant au chef relatif au lavoir, et doit, par conséquent, être déclaré non recevable ;

Sur la troisième branche du moyen, prise de la violation de l'art. 691, C. civ., et de l'art. 7 de la loi du 20 avril 1810 :

Attendu que la commune reprochait au défendeur éventuel, non point de l'avoir troublée dans la possession du lavoir litigieux en soi et comme immeuble corporel, mais d'avoir empêché les habitants d'y laver ;

Que la servitude de lavage est essentiellement discontinue, puisque l'exercice en consiste dans des actes successifs et incessamment renouvelés de ceux à qui elle appartient, et qu'elle a toujours besoin, comme dit l'art. 688, C. civ., du fait actuel de l'homme ;

Que la circonstance que le lavage se pratique au moyen d'un lavoir ayant une assiette fixe et permanente ne peut la transformer en une servitude continue ;

Attendu que le défaut de motifs que relève le pourvoi ne porte pas sur un chef de conclusions principales et subsidiaires que le jugement attaqué aurait écarté sans en expliquer le rejet, mais seulement sur un des moyens ou arguments proposés par la demanderesse à l'appui de son action, et que le juge n'est pas tenu de donner des motifs particuliers et distincts sur chacun des arguments employés par les parties ;

Que le jugement contient, d'ailleurs, des considérants qui expliqueraient suffisamment, s'il était besoin, le rejet de l'argument fondé sur l'exercice d'un lavoir fixe et permanent ;

Sur le deuxième moyen, pris, dans la première branche, de la violation des art. 643 et 691, C. civ., et 23, C. pr. civ. :

Attendu que c'est à bon droit que le jugement attaqué a refusé de voir dans le fait que l'usage de l'abreuvoir établi sur le fonds du défendeur éventuel serait indispensable aux habitants de Saint-Amand pour y abreuver leurs bestiaux, un titre légal de servitude dans le sens de l'art. 691, C. civ. ;

Que la disposition de l'art. 643, d'une nature tout exceptionnelle, doit être strictement renfermée dans son objet, et ne saurait être étendue à des situations différentes ;

Sur la deuxième branche de ce moyen, prise de la violation des art. 2232, C. civ., et 23, C. pr. civ. :

Attendu, en ce qui concerne le terrain triangulaire qui, selon la demanderesse, avait autrefois servi de chemin public et dont elle prétendait avoir conservé la possession, que le jugement attaqué déclare que les faits de possession par elle invoqués ne sont pas pertinents, et, d'autre part, que ces faits remontent tous à une époque bien antérieure à l'année qui a précédé le prétendu trouble ;

Que ces déclarations sont souveraines et justifient complétement le rejet de l'action ;

Rejette.

CASSATION, Ch. req. — 28 février 1872.
(Riot c. Renaud.)

I, 313, 320, 322.

N'est pas à l'état d'enclave l'héritage qui joint un communal vide et vague affecté, par sa nature, aux besoins et usages des habitants.

La servitude de passage exercée à titre d'enclave peut être protégée par la complainte.

Le juge du possessoire a qualité pour constater et apprécier les éléments constitutifs de l'enclave.

L'action en complainte formée par le sieur Renaud fut accueillie par une sentence ainsi motivée :

Considérant, en droit, que, d'après l'art. 691, C. civ., les servitudes discontinues apparentes ou non apparentes ne peuvent s'établir que par titre, et que la possession même immémoriale ne suffit pas pour les établir ; qu'à la vérité, aux termes de l'art. 682, C. civ., le propriétaire dont les fonds sont enclavés, et qui n'a aucune issue sur la voie publique, peut réclamer un passage sur les fonds de ses voisins pour l'exploitation de son héritage, à la charge d'une indemnité proportionnée au dommage qu'il peut occasionner, et que, d'après l'art. 685, cette action en indemnité est prescriptible ; — Considérant que la loi entend parler d'une enclave réelle et sérieuse ; — Considérant, en fait, que le défendeur Riot ne dénie pas avoir défait la clôture et avoir passé sur la propriété du demandeur Renaud pour défruiter la sienne ; qu'il ne présente aucun titre pour justifier ce droit de passage ; mais qu'il prétend que cette propriété est enclavée, et que, de tout temps, on a ainsi passé sur la propriété du demandeur ; que ledit Renaud, au contraire, prétend que la propriété Riot n'est pas enclavée, puisqu'elle touche le terrain communal vain et vague aboutissant à la voie publique, et destiné, par sa nature, aux aisances des habitants et à leur passage pour le défruitement de leurs propriétés riveraines ; — Considérant que, par notre procès-verbal, etc., il a été constaté que la propriété de Riot touche le terrain communal sur toute sa longueur du côté du levant ; qu'il est très facile d'établir sur ladite propriété Riot un chemin de desserte pour arriver sur le terrain communal avoisinant, et cela sans causer aucun préjudice ni dans le présent ni dans l'avenir, soit à la propriété Riot, soit au terrain communal ; que l'expert nommé a reconnu dans son rapport et constaté avec toute raison « que rien ne serait plus facile que d'établir une voie de desserte commode avec accès facile sur le communal joignant à l'est, pour fruiter et défruiter la propriété Riot située au nord de celle de Renaud, laquelle serait ainsi dégrevée d'une servitude qui, vu les faibles dépenses qu'il y aurait à faire pour l'en exonérer, ne semble pas avoir sa raison d'être maintenue ; que, par conséquent, l'état d'enclave où se trouve la propriété Riot n'est pas absolu, puisqu'on peut le faire cesser à l'aide de travaux de peu d'importance, faciles, peu dispendieux, tandis que si l'on n'établit pas de petit chemin de défruit sur la propriété Riot, celle du demandeur se trouvant grevée d'une pareille servitude de passage sur toute sa longueur, sera considérablement dépréciée ; — Par ces motifs, etc.

Cette sentence fut confirmée, le 8 juin 1870, par le tribunal de Montbéliard qui, en adoptant les motifs du premier juge, ajoute :

Attendu que, dans l'espèce, le fonds de Riot n'est pas enclavé ; qu'il touche immédiatement à un communal vain et vague, affecté, comme les terrains de cette nature, aux besoins et usages des habitants de la commune ; que le passage pour le fruit et le défruit du fonds appartenant à Riot est non seulement possible, mais facile même à l'aide de quelques légers travaux sur ledit terrain communal, ce à quoi la commune ne met et n'a jamais mis aucune opposition.

Pourvoi du sieur Riot.

ARRÊT

LA COUR : — Sur le moyen unique de cassation pris de la violation de l'art. 25, C. pr. civ. :

Attendu que, dans l'état des faits tels qu'ils ont été constatés après expertise et descente et vue des lieux, les juges du fond ont pu déclarer, pour l'appréciation du caractère de la possession invoquée par le demandeur, et sans cumuler le pétitoire et le possessoire, que le pré du demandeur n'était pas enclavé, et que sa possession n'était que précaire ;

Rejette.

———————

AIX. — 29 février 1872.
(Laugier c. Turcat.)

AIX. — 15 mars 1872.
(Chassinat c. Godillot.)

I, 107.

Les actes de vente, d'échange, de donation ou autres, entraînant mutation de propriété, font foi à l'égard de tous des droits qu'ils consacrent, alors même qu'ils ne sont pas communs aux parties.

(1ʳᵉ Espèce.)

ARRÊT

LA COUR : — Attendu que Turcat a assigné Laugier pour voir ordonner qu'il serait tenu de démolir le mur qu'il avait élevé sur la parcelle n° 621 *bis* de la section 9, sise au quartier de Saint-Antoine, commune de Marseille, de la contenance d'environ deux ares, indiquée comme inculte sur l'état de la matrice cadastrale ;

Attendu que Laugier a produit un acte public en date du 4 novembre 1870, reçu par Me Gavot, notaire à Marseille, par lequel Isnardon lui a vendu l'immeuble sur lequel il a élevé le mur dont la démolition est demandée par Turcat et qui n'est autre que la parcelle n° 621 bis ;

Attendu que cet immeuble avait été acquis le même jour par acte public aux minutes de Me Gavot, notaire, par Isnardon de Pignatel ;

Attendu que Pignatel avait acquis la parcelle n° 621 bis dont s'agit par adjudication faite à l'audience des criées du tribunal civil de Marseille, le 8 décembre 1866, ainsi qu'il conste de l'expédition de cet acte qui a été produite au procès ;

Attendu qu'aucun doute ne peut s'élever sur l'interprétation de l'acte d'adjudication ; que le cahier des charges indique expressément, ainsi que les affiches qui ont été apposées avant de procéder à la vente, que l'art. 1er de la vente comprenait la maison dite Chaudon et un terrain d'une superficie de 180 mètres carrés environ, séparé de la maison par l'ancienne grande route d'Aix, et que sur ce terrain se trouvait un lavoir à linge et quelques pieds de mûrier ;

Attendu que cette interprétation de l'acte d'adjudication est si claire qu'elle n'a été contestée par aucune des parties ;

Attendu qu'il suit de ces trois titres que Laugier produit un acte public régulier qui lui a transmis la propriété sur laquelle il a fait construire le mur dont Turcat demande la démolition ;

Attendu que l'acte public régulier, translatif de propriété, a spécialement effet entre les contractants, mais que les tiers qui y sont étrangers ne peuvent le combattre que par des titres contraires ou par une possession caractérisée antérieure au plus ancien des titres produits ;

Attendu, en fait, que l'acte de possession allégué par Turcat et consistant dans l'ouverture d'un canal de fuite pour les eaux de son moulin, ne remonte qu'au mois de mai 1870, c'est-à-dire à une époque postérieure à l'adjudication tranchée en faveur de Pigna-

tel, auteur de Laugier, le 8 décembre 1866 ;

Attendu que Puget, aux droits duquel Turcat prétend se trouver, a formellement déclaré par les actes et conclusions qu'il a versés au procès, en première instance ou en appel, qu'il n'avait donné à Turcat aucune autorisation en qualité de propriétaire de la parcelle n° 621 bis, terrain litigieux ; qu'au contraire, il avait refusé par deux fois de signer deux pièces rédigées dans ce sens, à lui présentées par Turcat et dont le texte figure dans les qualités des jugements dont est appel ; qu'en résumé Puget n'a excipé ni d'un titre de propriété, ni d'une possession caractérisée de l'immeuble litigieux ;

Attendu que le cadastrement de la parcelle litigieuse sous le nom de Puget, ne saurait constituer un titre en sa faveur ; qu'il ne peut, tout au plus, établir qu'une présomption ;

Attendu que la présomption qu'on pourrait tirer du cadastre est détruite par les divers documents produits en la cause, notamment par le titre de propriété résultant en faveur de Pignatel et de ses ayants-droit de l'adjudication du 8 décembre 1866, laquelle dispense de rechercher de plus anciens titres, puisque Turcat n'en produit aucun, ni même aucun fait de possession caractérisée, antérieur au 8 décembre 1866 ;

Par ces motifs, infirme ; déboute Turcat de la demande introductive d'instance qu'il a formée contre Laugier, tendant à la démolition du mur que ce dernier a élevé sur la parcelle n° 621 bis ; maintient Laugier dans la propriété de cet immeuble.

(2e Espèce.)

Le 14 décembre 1871, le tribunal de Toulon rendait le jugement suivant :

Attendu que le sieur Godillot fonde son droit de propriété, touchant la parcelle litigieuse, sur un acte d'acquisition, à la date du 29 novembre 1864, reçu Roullier, notaire à Hyères ; que cet acte, en effet, mentionne expressément que cette bande ou lisière de terrain est comprise dans la vente faite par la dame Brun au profit du sieur Godillot ; que les termes de l'acte ne laissent aucun doute sur l'emplacement de cette parcelle ; qu'il y est dit, en effet : « qu'est comprise dans la vente la bande ou lisière de terrain partie en talus, y ayant quelques oliviers, qui se trouve au-devant de la propriété du sieur Chassinal, entre l'ancien chemin rural de la Pierre-Glissante, et le nouveau chemin du boulevard de l'Ouest; » — Attendu que soit le titre d'acquisition du sieur Mille, auteur de la dame Brun, soit le jugement d'adjudication à la date du 8 juin 1852, donnent pour confront de l'immeuble dont s'agit, au nord le chemin de la Pierre-Glissante; — Attendu que le sieur Chassinat ne saurait prétendre que les titres sont pour lui *res inter alios acta*; — Attendu qu'aux termes de l'art. 711, C. civ., la propriété des biens s'acquiert et se transmet par l'effet des obligations, et que les contrats qui lui servent de titre et de preuve sont ceux qui sont passés entre l'acquéreur et le vendeur; que le droit de propriété serait perpétuellement ébranlé si les contrats destinés à l'établir n'avaient de valeur qu'à l'égard des personnes qui y auraient été parties, puisque de l'impossibilité de faire concourir des tiers à des contrats ne les concernant pas, résulterait l'impossibilité d'obtenir des titres protégeant la propriété contre les tiers; que les droits des tiers ne peuvent éprouver de l'application de ce principe aucune atteinte; que la règle de l'art. 1165 qui ne donne effet aux conventions qu'entre les contractants est ici sans application; que c'est avec une grande autorité que la Cour de Cassation a fait application de ce principe dans divers arrêts et notamment dans les arrêts des 22 juin 1864 et 27 décembre 1865; — Attendu que Chassinat ne pourrait détruire la preuve qui résulte des titres, qu'à la charge de faire la preuve contraire et d'établir à son profit soit un droit de propriété préférable, soit une possession antérieure légalement acquisitive; — Attendu que le susnommé se borne à invoquer en sa faveur le prétendu principe du droit provençal « *la ribo es aou soubeiran* »; que cette maxime est sans application possible dans l'espèce, par une double raison : d'abord parce qu'il ne s'agit point d'une rive dans le sens propre du mot, mais simplement d'un terrain déclive; que les propriétés Chassinat, Godillot et autres sont situées sur le versant uniforme d'une colline; que la propriété qui est dans la partie supérieure et les autres suivent la déclivité du terrain; que le boulevard de la Pierre-Glissante, récemment construit, coupe ce versant en diagonale dans sa partie moyenne et serpente sur ce versant dans lequel il a été taillé; que, dans ces conditions, la prétention du sieur Chassinat est évidemment mal fondée; — Que, d'autre part, elle est en contradiction avec les titres anciens de sa propriété elle-même; que, dans ces titres, la propriété de ce dernier est limitée par le chemin de la Pierre-Glissante; que cette limite ne saurait être aujourd'hui contestée par Chassinat; que le chemin de la Pierre-Glissante est la propriété de la commune d'Hyères et non celle de Chassinat; que cette parcelle, ce qui n'est pas contesté, est emplacée entre le nouveau boulevard et le chemin de la Pierre-Glissante; que, par conséquent, si la maxime du droit provençal alléguée par Chassinat pouvait avoir application dans l'espèce, c'est la commune d'Hyères, propriétaire du chemin qui borde ladite parcelle, qui pourrait l'invoquer et non le sieur Chassinat; — Attendu encore que la propriété Chassinat est enclose de mur, circonstance exclusive de sa prétention d'être

propriétaire de cette parcelle, qui se trouve en dehors de la clôture; — Attendu qu'à tous les points de vue, cette prétention est absolument dénuée de tout fondement; — Par ces motifs, dit que c'est sans droit ni titre que le sieur Chassinat s'est emparé de ladite parcelle, condamne Chassinat à en délaisser la libre propriété et possession au sieur Godillot.

Appel du sieur Chassinat.

ARRÊT

LA COUR : — Adoptant les motifs des premiers juges; Confirme.

CASSATION, Ch. req. — 26 mars 1872. (Comm. de Saint-Lager c. Viallon.)

I, 176, 243, 471, 706.

Le sursis n'est pas de rigueur par cela seul que l'on invoque un acte administratif. Ainsi, il ne suffit pas d'alléguer que l'action possessoire a pour objet un terrain dépendant de la voie publique, si la commune qui excipe de ce moyen n'apporte aucune justification à l'appui de cette allégation.

L'appréciation de l'exception de domanialité appartient au juge du possessoire, alors surtout que le moyen est proposé par le défendeur.

Le juge de paix n'est pas tenu de se prononcer sur chacun des caractères obligatoires de la possession; il lui suffit de déclarer l'existence de la possession annale.

Du 6 juin 1871, jugement du tribunal de Villefranche, qui s'exprime ainsi :

Attendu que, suivant exploit sous sa date, Viallon a fait assigner la commune de Saint-Lager, en la personne de son maire, par-devant la justice de paix du canton de Belleville; que, procédant par voie d'action possessoire, il a demandé à être maintenu dans la possession et jouissance d'une parcelle de terre sise au territoire de Saint-Lager et portée à la matrice cadastrale sous le n° 77; — Attendu que la commune de Saint-Lager a résisté, en soutenant que l'espace de terrain revendiqué par Viallon est la propriété exclusive de la commune; qu'il figure comme tel sur le plan cadastral; qu'il tient au chemin public du *Marquisat*; qu'il est affecté à un usage public, à l'usage des foires, depuis un temps immémorial; qu'il fait partie de la voie publique et qu'il ne peut, dès lors, être l'objet d'une possession utile, à titre particulier; — Que tels sont les moyens de défense, leur sens littéral, les termes employés par la commune dans les conclusions par elle prises et déposées ; — Attendu que le juge de paix a statué et que, par sentence rendue sous sa date, il a déclaré Viallon non recevable et mal fondé dans sa demande, l'en a débouté, en se fondant sur ce que l'espace de terrain, objet du litige, longe le chemin communal du *Marquisat*, sans aucune délimitation, et que, par suite, se confondant avec ce même chemin, il fait partie de la voie et est imprescriptible ; — Attendu que Viallon a interjeté appel ; que le procès est en état ; qu'il y a lieu de juger entre les parties si bien ou mal il a été appelé ; — Sur le moyen tiré de ce que le terrain litigieux serait imprescriptible : — Attendu que si les terrains laissés par les riverains des chemins vicinaux en dehors de leur mur de clôture sont présumés faire partie de la voie publique, il est également certain que de telles présomptions ne peuvent exister et s'affirmer que tout autant que le fait qui les produit a été reconnu et préalablement établi ; — Attendu qu'il résulte de l'état des lieux que le terrain, objet du litige, se trouve compris entre un corps de bâtiment appartenant soit à Viallon, soit à d'autres propriétaires, et le jardin du sieur de Cuzien ; qu'il en résulte également que le chemin vicinal du *Marquisat* longe d'abord la maison d'habitation de Viallon, puis le terrain litigieux, et immédiatement après le jardin de Cuzien, traçant ainsi de l'angle de la maison d'habitation à l'angle du mur du jardin une ligne qui sépare le terrain contentieux du chemin du *Marquisat*, l'en détache et le rend complètement indépendant ; — Que l'aspect du terrain le démontre d'une manière plus qu'évidente ; — Qu'en cet état on se trouve forcément en présence d'un objet qui, étant de sa nature susceptible d'appropriation, devient par cela même susceptible de possession ; — Attendu que, pour soustraire ce terrain à de telles conséquences, vainement on prétendrait qu'il a été, depuis un temps plus qu'immémorial, affecté aux foires et marchés de la commune de Saint-Lager ; qu'en tenant le fait comme constant, cela ne pourrait point placer la parcelle n° 77 hors du commerce ; qu'en effet, un terrain peut servir à la tenue des foires et marchés d'une commune, sans cesser d'être un bien patrimonial, une propriété privée, et sans prendre pour cela le caractère d'imprescriptibilité qui appartient aux propriétés publiques ; — Attendu, dès lors, que le moyen d'imprescriptibilité devant être écarté, il ne reste plus qu'à rechercher si Viallon était, depuis une année au moins, en possession paisible et à titre non précaire ; — Attendu qu'à la barre du tribunal M⁰ Dubost, au nom de la commune, a prétendu que la possession avait été abandonnée par Viallon et sur lui interrompue ; — Mais attendu que cela n'a pas été établi et, d'autre part, que le premier juge a reconnu que Viallon était en possession paisible et l'a dispensé d'en rapporter la preuve comme étant chose surabondante, ainsi que le constate la sentence dont est appel ; — Attendu que vainement encore on a prétendu que Viallon possédait à titre précaire, par simple tolérance, d'une manière équivoque ; que, pour se convaincre du contraire, il suffit de constater, d'un côté, que la maison occupée par Viallon n'est pas même contiguë au terrain litigieux, et, d'autre part, de recourir aux titres qui ont été produits, en rappelant, en même temps, que la précarité, pour qu'elle existe, il faut qu'elle soit relative, *ab adversario* ; — Attendu que de l'acte de 1815 on relève que la parcelle n° 77, objet du litige actuel, faisait partie des immeubles composant la succession de François Laplanche, à laquelle Viallon a été appelé en sa qualité d'héritier ; qu'on en relève également que le terrain n'était resté la propriété commune des copartageants que sous certaines restrictions ; — Attendu qu'il résulte encore de l'acte de 1834 que la commune de Saint-Lager, ayant acquis une portion du lot attribué à l'un des héritiers de Laplanche, recevait, comme titre de propriété, la grosse du traité intervenu en 1815 entre Viallon et ses cohéritiers, ainsi que le constate et le porte, dans sa partie finale, l'acte de 1834 ; qu'en appliquant cet ensemble de faits et circonstances, de titres et de principes, on est obligé de reconnaître que la possession invoquée par Viallon n'a pas été précaire *alieno jure*, de tolérance, équivoque, mais qu'il a possédé d'une manière exclusive, à titre de propriétaire *animo domini ;…* — Par ces motifs, etc.

Pourvoi de la commune de Saint-Lager.

ARRÊT

LA COUR : — Sur le premier moyen dans sa première branche tirée d'un prétendu excès de pouvoir et de la violation de l'art. 23, C. pr. civ. :

Attendu que si, en droit, l'action possessoire ne peut avoir pour objet un terrain dépendant d'un chemin public, et si, en fait, la commune, demanderesse en cassation, a allégué devant le juge du possessoire qu'il s'agissait, dans la cause, d'un terrain ayant ce caractère, il est certain aussi que cette allégation n'a été ni justifiée ni rendue vraisemblable par aucun document émané de la commune, laquelle n'a pas non plus prétendu qu'il y eût nécessité ou convenance de renvoyer préalablement le débat devant l'autorité administrative ;

Attendu que le pourvoi soutient vainement pour la première fois devant la Cour de Cassation que ce renvoi devait être prononcé d'office ; qu'un pareil renvoi n'était pas un devoir pour les juges du possessoire quand, d'une part, il leur apparaissait, en fait, ainsi qu'ils l'ont constaté dans les motifs de leur jugement, que le terrain litigieux était distinct et séparé du chemin vicinal, et quand, d'autre part, la commune ne prouvait rien ou même n'articulait rien qui donnât la moindre probabilité au fait de vicinalité dont elle excipait ;

Sur le même moyen dans sa deuxième branche tirée de la violation de l'art. 25, C. pr. civ. :

Attendu qu'il n'existe, dans le jugement attaqué, aucune disposition de laquelle résulte le cumul du possessoire avec le pétitoire ; que la commune opposant à l'action possessoire de Viallon une fin de non-recevoir tirée de la qualité du terrain litigieux qui, selon elle, était imprescriptible, il fallait bien que le juge examinât si cette fin de non-recevoir était fondée ; mais qu'en procédant à cet examen nécessaire, ce même juge n'a prononcé ni dans les motifs ni dans le dispositif de son jugement aucune parole qui s'applique au pétitoire d'une façon explicite ou implicite ;

Sur le deuxième moyen, tiré de la violation de l'art. 2229, C. civ., et de l'art. 23, C. pr. civ. :

Attendu que non-seulement le jugement attaqué a déclaré d'une manière générale que la possession annale du défendeur éventuel réunissait tous les caractères qui rendent la possession efficace, mais qu'il a exprimé de plus que cette possession n'avait point été interrompue ;

Qu'il suit de cette double déclaration que la possession a été continue et que, dès lors, l'allégation de fait qui sert de base au deuxième moyen n'est point justifiée ;

Rejette.

CASSATION, Ch. req. — 2 avril 1872.
(Gaudy c. Estignard.)

I, 230, 235.

Le trouble possessoire peut exister sans qu'il soit besoin d'établir qu'il y a eu abus de la part du défendeur et dommage causé à l'égard du complaignant.

La possession d'un cours d'eau est suffisamment justifiée lorsqu'il en a été fait usage uniquement pour des besoins personnels.

Du 27 décembre 1869, jugement du tribunal de Besançon, statuant au possessoire en ces termes :

Attendu qu'après avoir établi, en droit, que l'usage des eaux courantes est susceptible de possession, et avoir déterminé les caractères de cette possession qui, d'abord, simple faculté, devient, pour celui qui l'a exercée, un droit dans la possession duquel il peut demander à être maintenu en cas de trouble, le jugement du 12 décembre 1868 a retenu comme concluants et pertinents des faits de jouissance articulés par Estignard, et qu'il n'échet plus que de décider s'il en a fait la preuve ; — Qu'il résulte des renseignements et constatations déposés dans le rapport des experts, que la position du ruisseau de Vervaux au fond d'une vallée profonde et l'élévation des terrains qui le bordent empêchent de s'en servir pour leur irrigation et permettent seulement d'y laver le linge et d'y puiser de l'eau pour arrosage à la main ; — Qu'Estignard a, depuis plusieurs années, pratiqué constamment, par des faits positifs, ces deux modes de jouissance, les seuls possibles ; qu'ainsi il a établi le long de son pré n° 8, en aval de la prise d'eau de l'intimé, un lavoir où il a toujours fait laver sa lessive et où ses voisins sont toujours venus laver avec sa permission ; — Qu'à cet effet, il a ménagé sur son terrain un espace de 7 mètres de longueur sur 3 mètres de largeur, et qu'il a ouvert, sur ce même espace de 7 mètres, le mur de soutènement exécuté de main d'hommes et en pierres taillées, qui longe le ruisseau dans toute l'étendue de cette propriété, et qu'on descend ainsi par une pente douce jusqu'au bord de ce ruisseau, auquel on arrive, depuis les habitations, par un sentier à talon pratiqué sur ce même pré, sentier qui ne peut conduire qu'au lavoir et qui, comme le terrain de ce lavoir, est battu, et dénué d'herbe, ce qui démontre qu'il est fréquenté journellement en tout temps ; — Qu'il a, en outre, établi dans un fonds n° 8 bis, figuré au plan sous le n° 8 bis, un jardin potager, cultivé par son fermier, lequel, en passant par le sentier dont s'agit, a toujours puisé les eaux d'arrosage dont il a besoin au ruisseau litigieux qui est, en effet, le point le plus rapproché de ce jardin, où l'on puisse se procurer de l'eau ; qu'ainsi la possession de l'appelant est complètement justifiée, de même qu'il est certain que la prise d'eau établie par l'intimé, moins d'un an avant l'introduction de l'instance actuelle, en amont de la propriété du premier, constitue le trouble le mieux caractérisé à sa jouissance ; — Adoptant au surplus les motifs du premier juge ; — Par ces motifs, etc.

Pourvoi du sieur Gaudy.

ARRÊT

LA COUR : — Sur le moyen unique du pourvoi, tiré de la violation des art. 644, 2228, 2229, C. civ., et 23, C. pr. civ., et de la maxime *quantum possessum tantum præscriptum* :

Attendu que le jugement attaqué, après avoir reconnu que le sieur Estignard, défendeur éventuel, est depuis plusieurs années en possession de l'usage des eaux du ruisseau de Vervaux, et après avoir indiqué en quoi consiste cet usage, ajoute qu'il est certain que la prise d'eau établie par Gaudy en amont de la propriété d'Estignard constitue le trouble le mieux caractérisé à sa jouissance ;

Attendu qu'il est impossible de voir dans une pareille décision la violation des articles et de la maxime invoqués ; Rejette.

CASSATION, Ch. req. — 23 avril 1872.
(Viquesney c. Comm. de Caen.)

I, 242, 475, 614, 681.

Si le titre récognitif d'une servitude doit émaner du propriétaire du fonds servant, il suffit que la reconnaissance de cette servitude ait été consignée dans un acte auquel ce propriétaire a été partie.

Le droit de pacage fondé sur des aveux ou dénombrements anciens fournis par le vassal ou le tenancier d'un fief noble ou roturier et acceptés sans protestation ni réserve par le seigneur, est justifié et peut servir de base à l'action possessoire.

Le défendeur ne peut échapper à l'action possessoire en soutenant que le trouble prétendu n'a été de sa part que l'exercice d'un droit.

Sentence du juge de paix ainsi motivée :

Attendu que les communes de Caen et de Mondeville ont intenté action au défendeur à l'effet de le contraindre à combler la partie de fossé par lui creusée et destinée à clore une parcelle de prairie située en la commune de Mondeville, et sur laquelle cette commune, ainsi que celle de Caen, prétendent avoir à exercer des droits de pâturage ; que le sieur Viquesney résiste à cette demande en déniant aux communes demanderesses toute espèce de droit et toute espèce de jouissance sur l'héritage dont il s'agit ; — Attendu, toutefois, qu'il ne méconnaît ni le fait du pacage ni le séjour des bestiaux sur la parcelle de prairie ; que, seulement, il soutient que ce pacage ou pâturage ne constituerait qu'une servitude discontinue et non apparente, insusceptible de s'acquérir par prescription et ne pouvant, par suite, donner lieu à l'action possessoire ; que, d'ailleurs, ce parcours ne serait que l'exercice d'un droit établi par l'article 82 de l'ancienne coutume et connue en Normandie sous le nom de Banon-Normand, lequel a été aboli par la loi du 28 septembre-6 octobre

1791, et se trouve virtuellement exclu par ses titres de propriété des 19 mai 1792 et 13 décembre 1862 ; — Attendu qu'à la vérité le droit sur lequel repose l'action des communes constitue une servitude réelle discontinue, laquelle, depuis l'art. 607 de la coutume reformée, et conformément à l'article 691, C. civ., ne peut s'acquérir par prescription ; mais qu'il en est différemment lorsqu'il y a titre, et qu'au possessoire, qui seul doit être ici appliqué pour que l'action réussisse, il n'est pas nécessaire que ce titre soit contradictoire avec le propriétaire du fonds asservi ; il suffit qu'il soit apparent, ou résulte d'un document écrit soutenu de la possession et excluant toute idée de tolérance et de précarité ; — Attendu, sur ce point, que les communes ont mis au procès un grand nombre de titres justificatifs de leurs droits ; que, notamment, la commune de Mondeville a produit seize aveux rendus à l'abbaye de Fécamp depuis le 10 mars 1628 jusqu'au 22 mars 1747, et reconnaissant au profit des habitants le droit de mettre leurs bestiaux à pâturer dans les marais et prairies de Mondeville après le dépouillement des premières herbes ; qu'indépendamment de ces titres, il en existe d'autres plus nombreux évangélisés dans un jugement rendu par le tribunal de première instance de Caen, le 31 mars 1829, entre les communes de Caen et de Mondeville et les héritiers Berjot ; — Attendu que cette sentence est intervenue dans une hypothèse à peu près identique à celle actuelle ; — Attendu, au reste, que cette décision n'est que la reproduction d'autres plus anciennes, notamment d'une sentence du 23 juillet 1669, rendue par le sénéchal de l'abbaye Sainte-Trinité de Caen, qui condamne le sieur Guillaume Saphard à combler le fossé qu'il avait creusé autour de sa propriété dans la prairie Saint-Gilles ; que cette sentence elle-même est conforme à une autre rendue antérieurement par le même sénéchal, le 5 juillet 1666, qui condamne d'autres habitants à détruire les clôtures qu'ils avaient établies ; — Attendu que ce droit de pacage a été réglementé avec soin, antérieurement à 1791, comme depuis ; que, pour ne s'occuper que de cette dernière période, on voit qu'il a été l'objet d'une foule de règlements, tant de la part des municipalités que de l'autorité administrative ; que plusieurs propriétaires des prairies ont été autorisés à racheter le droit aux secondes herbes, moyennant une somme fixée par hectare ; que ce droit a également été reconnu lors de l'établissement du chemin de fer et du creusement du canal ; que les communes usagères ont maintenu leurs droits, non seulement par l'exercice continu et non interrompu de la servitude, mais par l'acquit des charges qui en sont la conséquence, telles que l'entretien des barrières et des ponceaux ; — Attendu qu'en appréciant les caractères de la possession, droit qui, d'après la jurisprudence, appartient au tribunal de paix, on aperçoit qu'il a pour base des titres sinon constitutifs, au moins récognitifs, d'une servitude conventionnelle ; que, par suite, elle a conservé le caractère concluant et légal qu'elle doit à son origine ; qu'elle n'a aucune analogie avec le Banon-Normand, gratuit de sa nature, qui ne commençait que le

14 septembre, tandis que le droit dont il s'agit, outre qu'il était le prix de certaines charges imposées aux habitants, commençait pour eux immédiatement après la dépouille des premières herbes ; — Attendu qu'ainsi lesdites communes ayant en leur faveur une possession non contestée, appuyée de titres excluant toute idée de précarité, doivent réussir dans leur action possessoire ; qu'il y a donc lieu d'ordonner que le sieur Viquesney sera tenu de combler le fossé et d'enlever les bois appointés par lui établis sur la portion de prairie, etc.

Cette sentence fut confirmée, le 9 mars 1870, par un jugement du tribunal de Caen rendu dans les termes suivants :

Sur le premier chef : adoptant les motifs du premier juge ; — Sur le deuxième chef qui concerne les conclusions subsidiaires de Viquesney : — Considérant qu'il est constaté dans le jugement dont est appel que les communes de Caen et de Mondeville ont intenté une action à Viquesney à l'effet de contraindre à combler la partie du fossé par lui creusée et destinée à clore une parcelle de prairie située en la commune de Mondeville, et sur laquelle cette commune et celle de Caen prétendent avoir à exercer des droits de pâturage ; que Viquesney résiste à cette demande en déniant aux communes demanderesses toute espèce de droit de jouissance sur l'héritage dont il s'agit ; — Considérant que le premier juge, après avoir consulté les titres pour déterminer les caractères de la possession et constaté le trouble de fait y apporté par la tentative de clôture opérée par Viquesney, a fait une juste appréciation des principes de la possession et des faits de la cause, en ordonnant la suppression de l'obstacle résultant du curage partiel entrepris par Viquesney ; — Considérant, ceci posé, que la prétention nouvelle élevée par Viquesney n'est pas un moyen nouveau opposé en appel contre la possession desdites communes ; que c'est une demande nouvelle ; qu'elle soulevait une question de propriété étrangère à l'action possessoire, puisque le curage du fossé entrepris par Viquesney serait invoqué par lui, non comme continuant une clôture, mais bien comme un véritable acte d'entretien qui rentrerait dans les attributions de son droit de propriété ; que cette question excéderait les limites des pouvoirs du juge du possessoire ; d'où il suit qu'à un double point de vue, la demande et la preuve subsidiairement conclues sont irrecevables, etc. ; — Confirme, etc.

Pourvoi du sieur Visquesney.

ARRÊT

LA COUR : — Sur le premier moyen, pris de la violation, par fausse application de l'article 695 et des articles 688, 690 et 691, C. civ. :

Attendu que si, en général, la possession annale d'une servitude discontinue ne peut donner lieu à l'action possessoire, il en est autrement lorsque cette possession repose sur un titre susceptible d'être opposé par le possesseur à celui qui le conteste ;

Attendu qu'il était de principe certain, dans l'ancien droit, que les aveux ou dénombrements fournis par le vassal ou le tenancier d'un fief noble ou roturier et acceptés sans protestation ni réserve par le seigneur, faisaient preuve contre lui de l'existence des droits d'usage ou de servitude y énoncés comme établis sur des fonds à lui appartenant ;

Attendu que, dans l'espèce, il n'a été ni établi, ni même allégué par le demandeur que les seize aveux ou dénombrements sur lesquels le jugement attaqué s'est principalement fondé n'eussent pas été acceptés par l'ancien seigneur ;

Que, dès lors, et en décidant, par appréciation soit des actes, soit des autres documents et des faits de la cause, que les défenderesses éventuelles avaient justifié d'une possession plus qu'annale, exercée à titre de droit et exempte de toute précarité, le jugement attaqué n'a violé aucune loi ;

Sur le second moyen, pris de la violation des articles 25 et 464, C. pr. civ. :

Attendu que le défendeur à l'action possessoire n'est pas admis à exciper de ce que le fait à lui reproché n'aurait été, de sa part, que l'exercice d'un droit, et ne saurait, par cette raison, être considéré comme constituant un trouble à la possession du demandeur ;

Que le juge qui accueillerait une pareille exception contreviendrait à la règle qui défend le cumul du pétitoire et du possessoire ;

Attendu, en fait, que le demandeur ne contestait pas que le travail qu'il avait fait exécuter eût apporté un obstacle matériel à l'exercice du droit de pacage réclamé par les communes de Mondeville et de Caen ;

Qu'à la vérité, il offrait, par ses conclusions très subsidiaires, de prouver qu'il n'avait fait que *curer* le fossé *anciennement* creusé ; mais que le fait ainsi articulé n'était ni pertinent ni relevant ;

Que si le jugement attaqué a déclaré, dans un de ses considérants, que les conclusions subsidiaires prises pour la première fois en appel par le demandeur, constituaient une demande nouvelle, l'erreur où ce jugement peut être tombé à cet égard ne porte que sur un des motifs qui ont déterminé le tribunal à rejeter ces conclusions, et ne saurait, dès lors, fournir une ouverture à cassation ;

Rejette.

PAU. — 8 mai 1872.
(Camentron c. Comm. de Saint-Paul-de-Dax.)

I, 107.

Un contrat translatif de propriété est opposable même à des tiers qui n'y ont pas été parties. Ici ne s'applique pas l'art. 1165, C. civ., qui ne s'occupe pas du droit réel que les conventions peuvent produire.

ARRÊT

LA COUR : — Attendu que le droit de propriété est un droit réel, qui s'acquiert à l'égard de tous suivant les modes déterminés par la loi, et notamment par l'effet des obligations, d'où il suit qu'un contrat translatif de propriété est, en principe, opposable même à des tiers qui n'y ont pas été parties, sous la réserve, bien entendu, des droits acquis à ces tiers;

Attendu que de simples présomptions ne sauraient prévaloir contre un tel titre; que, sans doute, si ce titre est incertain à quelques égards, il y a lieu de consulter les circonstances qui peuvent servir à l'interpréter, et que, dans ce cas, des actes irréguliers, une possession insuffisante pour prescrire, peuvent fournir au juge des éléments juridiques d'appréciation; mais que si, au contraire, le titre est complet et clair, il ne peut être effacé que par un autre titre valable ou par la prescription;

Or, attendu, en fait, que les héritiers Camentron produisent à l'appui de leur demande un acte de partage du 19 germinal an X, duquel il résulte que le terrain litigieux a été compris dans un lot assigné à leur auteur; que ledit acte porte, en effet, dans ce lot « la métairie appelée de Petit, d'un seul tenant, con-frontant du levant à chemin qui va de Saint-Paul à Dax, du couchant à fonds commun, grand fossé entre deux, du nord à la grande route de Bordeaux à Bayonne, du midi à fonds de Labarrière; » qu'il suffit de rapprocher ces énonciations du plan versé au procès pour demeurer convaincu que le terrain litigieux est enclos dans ces limites, et que l'acte du 19 germinal an X constitue, quant à ce terrain, un titre de propriété qui ne présente aucune ambiguïté et ne comporte aucune interprétation ; que la commune de Saint-Paul, qui a reconnu devoir garantir aux héritiers Saint-Martin jusqu'à concurrence des ventes et concessions qu'elle leur a faites et déclaré prendre leur fait et cause, n'opposant à ce titre ni un titre contraire, ni une possession antérieure, ni une prescription postérieure, doit succomber dans sa résistance à la demande des héritiers Camentron ;

Attendu que s'il fallait, pour interpréter l'acte du 19 germinal an X, consulter les présomptions, on ne saurait disconvenir sans doute qu'il ne s'en induise de sérieuses en faveur de la commune de Saint-Paul, soit de sa longue possession, quoique insuffisante pour prescrire, soit d'une transaction du 5 mai 1823, nulle en la forme; qu'il ne faut pourtant pas attribuer à ces faits plus de portée qu'ils n'en ont; qu'il est d'abord certain que la possession de la commune n'est pas établie postérieurement à 1806; que si, depuis cette époque, elle a excédé de beaucoup, en durée, le temps voulu pour prescrire, on doit reconnaître qu'elle n'a pas été seulement suspendue, en droit, par une série de minorités; mais qu'elle a été favorisée, en fait, par la négligence de tuteurs dont l'un a dû être destitué; que, quant à la transaction de 1823, elle ne fournit pas, examinée de près, les présomptions graves qui en paraissent résulter au premier aperçu; que l'enquête administrative qui lui sert de préliminaire ne constate, en définitive, d'autres faits précis que l'extraction de terres et de graviers faite à diverses époques sur le terrain litigieux pour des travaux d'utilité publique; que si ces déclarations pouvaient, en 1823, appuyer les prétentions de la commune de Saint-Paul, alors que les auteurs des héritiers Camentron, ou pour mieux dire leur tuteur, ignoraient les conditions dans lesquelles avait eu lieu cette extraction de terres et de graviers, elles se retournent, au contraire, en faveur de ces derniers depuis que des documents récemment découverts ont établi qu'en 1757 les propriétaires de la métairie de Petit avaient réclamé une indemnité, pour cet objet, à l'intendant général de la province de Gascogne, et que postérieurement la commune leur avait payé une somme de 50 livres;

Attendu, enfin, que l'acte de partage du 19 germinal an X emprunte une valeur particulière à cette circonstance, qu'il n'est pas en réalité l'œuvre des parties intéressées, mais celle d'experts appartenant à la localité même; qu'il ne fait que reproduire les énonciations du rapport de ces experts dressé sous la date du 28 pluviôse an X; qu'il est d'ailleurs corroboré, dans ses indications, par un autre rapport d'experts du 16 mars 1772, relatif à l'immeuble Labarrière, qui donne pour unique confront à cet immeuble, du côté nord, le fossé des fonds de Petit;

Attendu que, dans ces circonstances, le droit de propriété des héritiers Camentron sur la totalité des terrains compris dans les confronts de l'acte du 19 germinal an X, et, par conséquent, sur la totalité du terrain litigieux est établi.

CASSATION, Ch. civ. — 5 juin 1872.
(Ségaud c. Ducreux.)

I, 242, 253, 623, 649, 650.

Les conclusions par lesquelles le défendeur à une action en dommages aux champs soutient n'avoir fait qu'user d'une servitude et demande reconventionnellement à être maintenu dans la possession annale de cette servitude, soulèvent implicitement la question d'existence de la servitude, ce qui entraîne l'incompétence du juge de paix sur la demande principale.

Lorsqu'il s'agit d'une action possessoire ayant trait à une servitude discontinue ou non apparente, l'examen du titre devient indispensable, sans quoi l'action ne serait pas recevable.

La destination du père de famille constitue un titre légal rendant possible l'action possessoire relativement aux servitudes discontinues, et le juge du possessoire a qualité pour examiner si le titre invoqué contient la preuve de cette destination.

Spécialement celui qui se prévaut de l'art. 694, C. civ., doit représenter l'acte de séparation des héritages; le juge du possessoire est compétent pour l'apprécier, afin de reconnaître les caractères légaux de la possession.

Du 24 décembre 1869, jugement du tribunal de Charolles ainsi motivé :

Considérant qu'il résulte de l'enquête à laquelle il a été procédé à l'audience du 18 novembre dernier, que le passage litigieux à travers la terre des Chassaignes a été établi, dès avant 1810, par l'auteur commun des parties, le sieur Frizot, pour conduire directement des bâtiments de Beauregard à la fontaine; — Que cette servitude était annoncée alors, comme elle l'est aujourd'hui, par des signes apparents sur la nature desquels on ne pouvait se méprendre; — Que la terre des Chassaignes, en effet, était traversée diagonalement, dans la direction du nord au midi, par un sentier parfaitement tracé, qui aboutissait d'un côté à la fontaine et se reliait de l'autre par une ouverture laissée à dessein dans une haie, avec un large chemin de desserte conduisant au domaine de Beauregard; — Qu'après avoir acquis indivisément le domaine, les sieurs François Segaud, Pierre Segaud et Bonnin l'ont partagé entre eux, et que, par suite de ce partage, partie des bâtiments de Beauregard est advenue à François Segaud, auteur des consorts Boyer et Rué, tandis que le fonds prétendu servant devenait la propriété de Pierre Segaud, auteur de l'intimé, l'usage de la fontaine restant d'ailleurs commun; — Que le titre du 20 février 1810, qui a consacré cette division des héritages, ne contient aucune clause relative à la servitude de passage établie par Frizot; — Considérant que, depuis ce partage, et notamment depuis plus d'an et jour, les appelants ont, par eux ou leurs auteurs, constamment pratiqué, en toute liberté, le sentier litigieux, pour aller chercher à la fontaine l'eau dont ils avaient besoin; — Qu'il importe peu que, de temps en temps, depuis la division des héritages, le propriétaire des Chassaignes ait fait disparaître momentanément le sentier, en labourant la terre, puisque le sentier était immédiatement reformé, et toujours dans la même direction; — Qu'il n'y a pas lieu non plus de prendre en considération les rares protestations hasardées par ce propriétaire, parce qu'elles n'ont jamais empêché le passage habituel des habitants de Beauregard; — Considérant enfin que le sentier réclamé par les appelants est aujourd'hui ce qu'il a toujours été; et qu'il n'y a, par conséquent, nulle aggravation appréciable pour l'intimé; — Qu'ainsi la servitude réclamée par les consorts Boyer et Rué réunit toutes les conditions de la destination du père de famille prescrites par l'art. 694, C. civ., et que les appelants auraient dû être maintenus dans la possession plus qu'annale qu'ils avaient de ce droit de passage; — Considérant qu'entre Segaud et les époux Ducreux, la position est la même; — Que Pierre Segaud, en effet, leur grand-père et auteur commun, propriétaire de partie des bâtiments de Beauregard et de la terre des Chassaignes, avec droits à la fontaine, a constamment maintenu l'état de choses établi par Frizot; — Que cet état de choses a été également respecté par autre Pierre Segaud, leur père et auteur immédiat; — Que le partage de 1857, qui a consacré la division des héritages entre la femme Ducreux et l'intimé, est muet à l'égard de la servitude litigieuse; — Et qu'enfin les époux Ducreux ont toujours, depuis 1857, et notamment depuis plus d'an et jour, passé librement sur le sentier litigieux, pour aller de leurs bâtiments de Beauregard à la fontaine; — Par ces motifs, infirme; — Déclare Segaud mal fondé dans son action et l'en déboute; — Et statuant sur les fins de la demande reconventionnelle des appelants, les maintient dans la possession annale, et plus qu'annale, qu'ils ont d'un droit de passage à travers l'héritage de Segaud.

Pourvoi du sieur Segaud.

ARRÊT

LA COUR : — Sur le troisième moyen concernant le chef du jugement qui, statuant sur la complainte reconventionnelle des défendeurs, les a maintenus dans la possession du passage litigieux :

Attendu que si les servitudes discontinues, non susceptibles de s'acquérir par la prescription, ne peuvent être l'objet d'une action possessoire, il en est autrement lorsque, comme dans l'espèce, elles se fondent sur le titre légal que l'art. 694, C. civ., fait résulter de l'existence d'un signe apparent et de la destination de l'ancien propriétaire; que le juge peut alors, sans cumuler le possessoire et le pétitoire, apprécier les actes produits, afin de déterminer les caractères de la possession qu'il a constaté; qu'en procédant et statuant ainsi, le jugement n'a violé aucun des articles invoqués par le pourvoi et a fait, au contraire, une exacte application de la loi;

Rejette le pourvoi quant à ce chef;

Sur les premier et deuxième moyens concernant le chef du jugement qui a déclaré Alexandre Segaud mal fondé dans son action :

En ce qui touche la fin de non-recevoir proposée contre le pourvoi :

Attendu que si, par son jugement préparatoire du 27 mars 1869, le juge de paix s'est déclaré compétent pour connaître à la fois de l'action principale de Segaud pour dommage causé à son champ, et de la complainte reconventionnellement formée par les défendeurs, par le motif que l'exception proposée viendrait non du pétitoire, mais du possessoire seulement, tout en reconnaissant d'ailleurs que les droits de servitude étaient contestés, il a affirmé d'office sa propre compétence, sans débat sur ce point entre les parties, dans les seuls motifs de son jugement et sans même en faire un chef du dispositif; qu'une pareille déclaration de compétence, non susceptible de passer en force de chose jugée, n'a pas plus de valeur que celle que l'on prétendrait faire résulter implicitement d'autres actes de juridiction émanés soit du juge de paix, soit du tribunal d'appel; qu'en conséquence et s'agissant d'une exception d'incompétence, à raison de la matière, laquelle tient à l'ordre public, le demandeur est recevable à la proposer pour la première fois devant la Cour;

Au fond :

Vu l'art. 5 de la loi du 25 mai 1838, et l'art. 25, C. pr. civ.:

Attendu que sur l'action en dommages et intérêts formée par Segaud pour dommages faits à son champ, les défendeurs ont prétendu qu'il n'y avait eu de leur part que l'exercice régulier d'une servitude de passage qui leur appartenait; que ce droit de servitude étant contesté entre les parties, le juge de paix et, après lui, le tribunal d'appel, cessaient d'être compétents pour connaître de la demande;

Attendu, d'autre part, que, pour la rejeter, le jugement attaqué, examinant le fond même du droit, s'est uniquement fondé sur ce que les défendeurs avaient la possession plus qu'annale de la servitude litigieuse; qu'il a ainsi décidé le possessoire par le pétitoire, et par là confondu les deux actions qui doivent demeurer essentiellement distinctes, à raison de la diversité de juridiction, de cause et d'objet; d'où il suit que le tribunal est sorti des limites de sa compétence, qu'il a commis un excès de pouvoirs et expressément violé les articles de loi ci-dessus visés;

Casse.

_____

CASSATION, Ch. req. — 10 juin 1872.
(Rousselin c. Lesage.)

I, 336.

Au possessoire, le juge de paix peut ordonner la vérification de la hauteur de la décharge d'un étang pour apprécier les caractères de la possession.

ARRÊT

LA COUR : — Sur le moyen unique de cassation, pris de la violation des art. 25, C. pr. civ., 646, C. civ., 6, § 2, de la loi du 25 mai 1838 :

Attendu que l'action soumise au juge de paix de Saint-Sever par le défendeur éventuel constituait, d'après les termes précis de l'exploit introductif d'instance, une pure complainte possessoire ;

Que le demandeur, tout en reconnaissant l'existence, en fait, de la possession annale alléguée par le défendeur éventuel, repoussait la complainte comme non recevable, en ce que le terrain litigieux se trouvant couvert, selon lui, par l'eau de son étang à la hauteur de la décharge, n'avait pu faire l'objet d'aucune possession civile et utile, susceptible de lui être opposée ;

Qu'il lui incombait d'établir le fait sur lequel reposait son exception de précarité, et que c'est dans ce but qu'il a lui-même provoqué, par des conclusions subsidiaires, une descente et vue des lieux ;

Qu'il est de principe que le juge de l'action est juge de l'exception, à moins que le jugement de l'exception ne lui soit retiré par une loi spéciale, ou qu'elle ne sorte, par son objet même, de la limite de ses attributions ;

Que l'exception de précarité opposée par le demandeur supposait l'existence d'un fait purement matériel, et que le juge du possessoire a pu, sans commettre aucun excès de pouvoir, ordonner la vérification de ce fait dans le but d'éclairer la possession et d'en apprécier le caractère ;

Que le système contraire aboutirait à rendre impossible ou illusoire toute action possessoire de la part des riverains d'un étang contre le propriétaire, puisqu'il suffirait à ce dernier, pour paralyser l'action, d'y opposer, sans avoir à la justifier, la même exception que le demandeur opposait à la complainte formée contre lui, ce qui est manifestement inadmissible ;

Attendu, d'un autre côté, qu'il résulte formellement, tant du point de droit que des motifs du jugement du 12 novembre 1870, que l'expertise ordonnée à l'effet de vérifier si, comme le prétendait le demandeur, l'eau de l'étang couvrait le terrain litigieux à la hauteur de la décharge, l'a été dans le seul but de déterminer le caractère de la possession ;

Que le jugement définitif du 27 mai 1871 ne s'est pas fondé, pour rejeter l'exception de précarité opposée par le demandeur, sur des raisons puisées dans le fond du droit, mais sur le motif de fait que l'allégation sur laquelle elle reposait se trouvait contredite par les constatations de l'expertise, et que, dans le dispositif, le jugement se borne à maintenir le défendeur éventuel dans sa possession annale ;

Qu'à la vérité, il ordonne une plantation de pierres-bornes ; mais que cette mesure, prescrite non point par application de l'art. 646, C. civ., et pour fixer définitivement la limite séparative des propriétés des parties, mais comme garantie et sanction de la maintenue possessoire prononcée au profit du défendeur éventuel, n'a d'autre but ni d'autre portée que d'assurer l'exécution du jugement rendu sur la possession ;

Qu'il suit de ce qui précède que les jugements attaqués ne sont entachés ni d'excès de pouvoir, ni du vice de cumul du pétitoire et du possessoire, et qu'ils n'ont violé aucun des articles de loi visés par le pourvoi ;

Rejette.

———————

CASSATION, Ch. civ. — 19 juin 1872.
(Desages c. Moulin.)

I, 324.

La possession exercée pendant trente ans à titre d'enclave, équivaut à un titre acquisitif de la servitude de passage.

Du 3 février 1870, arrêt de la Cour de Limoges qui contient les motifs suivants :

Sur l'état d'enclave actuelle du pré du Moulin et sur la vérification demandée : — Considérant que Desages est propriétaire des nᵒˢ 188, 175 et 176, qui ne forment qu'un seul héritage ; que le nᵒ 176, confrontant à un chemin d'exploitation, donne accès sur cette voie publique au pré du Moulin, qui, dès lors, n'est pas enclavé ; que, d'ailleurs, l'appelant n'a cessé qu'en 1849 d'être propriétaire de la parcelle indiquée au plan sous le nom de Teinturier ; que cette parcelle, contiguë à la fois au chemin public de Champillet à Thory et au nᵒ 188, donnait accès à ce dernier héritage ; — Que, si, par suite de l'aliénation consentie par Desages, son pré du Moulin se trouvait de nouveau enclavé, ce qui n'est pas, ce passage devrait être pris non pas sur le nᵒ 189, mais sur la parcelle vendue à Teinturier ; — Qu'il est donc établi qu'en regard du nᵒ 189, ce pré du Moulin n'est enclavé ni en fait ni en droit ; qu'il n'est besoin d'aucune instruction sur ce point ; — Sur l'offre de preuves tendant à établir qu'en 1804, le pré du Moulin était enclavé et que, depuis cette époque jusqu'en 1834, le passage a été pris sur l'héritage nᵒ 189 : — Considérant que les faits articulés sont nets, précis ; qu'ils seraient pertinents ; que cependant il n'y a lieu d'en ordonner la preuve, parce qu'en l'état actuel des choses, ces faits prouvés ne constitueraient que l'acquisition d'un droit de passage aujourd'hui perdu ; — Qu'on objecte, en effet, à l'appelant que son droit de passage a cessé, le 27 décembre 1834, en même temps que l'enclave de l'héritage nᵒ 188 ; qu'il faut apprécier la valeur de ces arguments ; — En fait : — Considérant que, par contrat du 27 décembre 1834, le sieur Dorguin, représenté actuellement par Desages, acquit le pré du Moulin et les nᵒˢ 175 et 176, et qu'il était déjà propriétaire de la parcelle désignée au plan sous le nom de Teinturier ; que, dès lors, pour desservir l'héritage nᵒ 188, il avait deux issues sur la voie publique : l'une par le nᵒ 176, aboutissant à un chemin d'exploitation, l'autre par la parcelle appartenant aujourd'hui à Teinturier et communiquant à la route du bourg de Champillet au village de Thory ; que, dès 1834, l'enclave avait donc complètement cessé ; qu'elle n'existe plus aujourd'hui : le pré du Moulin pouvant s'exploiter par le nᵒ 176, appartenant aussi à Desages, et le passage devant, d'ailleurs, s'il y avait lieu, être pris sur la parcelle Teinturier, aliénée par l'auteur de l'appelant ; — En droit : — Considérant que la servitude de passage, étant discontinue, ne saurait être acquise par la prescription ; que, dans le cas d'enclave, l'art. 682, C. civ., autorise le propriétaire enclavé à réclamer le passage moyennant une indemnité, et que la servitude se trouve ainsi établie par loi ; — Qu'il suit de là que la prescription, étant un mode d'acquérir, ne saurait s'appliquer à un droit préexistant et consacré déjà par la force même de la loi ; que, d'ailleurs, cette prescription ne pouvant résulter que d'actes utiles faisant supposer le consentement de la partie, on ne saurait l'induire de faits de possession ou de jouissance que le propriétaire grevé était obligé de supporter et auxquels il ne pouvait s'opposer légalement, tant que l'enclave a existé ; qu'il est donc impossible, en

pareille situation, d'en invoquer le bénéfice ; — Considérant, à un autre point de vue, qu'on objecte vainement que la prescription acquise, dans le cas d'enclave, doit faire présumer l'existence d'une convention comprenant, dans l'intention des parties, tant le règlement de l'indemnité que le droit de passage en lui-même, en vertu de la relation nécessaire qui existe entre les deux faits, convention équivalent à un titre et ne pouvant s'effacer que par le consentement des parties elles-mêmes ; — Considérant qu'une semblable induction, plus métaphysique que juridique, est contraire à la nature même des choses, comme aux principes de la matière : — A la nature des choses, car on ne saurait concevoir, même en admettant, ce qui n'est pas démontré, l'existence d'une convention primitive, que le propriétaire du fonds servant et surtout celui du fonds dominant aient pu avoir la pensée de faire porter leurs conventions sur un droit qui était légalement assuré à l'avance par le seul fait d'enclave ; — Aux principes de la matière, puisque la servitude de passage dérivant, dans ce cas, de la situation des lieux et de la loi, son existence était indépendante des faits plus ou moins longs de possession, de telle sorte que la prescription, suivant la doctrine la plus ancienne, ne pouvait alors avoir d'autre objet que l'indemnité du passage, seul point indéterminé entre les parties, mais non le fond du droit même, définitivement réglé par l'art. 682 ; — Considérant que le législateur, dans cet article, autorise le propriétaire enclavé à réclamer un droit de passage, il n'établit cette servitude qu'en vertu d'une nécessité qu'il importe de satisfaire dans l'intérêt public ; — Que le fait d'enclave est donc la cause unique de cette servitude nécessaire ; — Mais considérant que ce fait n'est pas toujours permanent et indéfini ; qu'il peut n'être que temporaire ; qu'il est, dès lors, rationnel d'induire de là que la servitude, qui en est la conséquence forcée, doit avoir le même caractère, et que si l'enclave qui lui donne naissance, qui est la seule raison d'être aux yeux de la loi, vient à cesser, elle doit cesser elle-même en vertu de la maxime : *Cessante causa, cessat effectus ;* — Considérant que cette solution est d'autant plus juridique qu'il s'agit d'une matière de droit strict, d'une disposition exceptionnelle qu'on doit restreindre au lieu de l'étendre au-delà des termes de la loi, parce qu'elle porte atteinte au grand principe de la liberté des héritages ; que, dès lors, la preuve offerte serait inefficace et doit être rejetée, etc.

Pourvoi du sieur Desages.

ARRÊT

LA COUR : — Vu les art. 682, 690, 703 et 2219, C. civ. :

Attendu que, lorsque le propriétaire d'un fonds enclavé, auquel l'art. 682, C. civ., accorde, à raison de la nécessité résultant de l'enclave, un droit de passage, a, pendant trente ans, exercé ce droit suivant un mode et une assiette déterminés, sa possession équivaut en pareil cas à un titre acquisitif de la servitude de passage;

Que la servitude ainsi acquise devient par conséquent un accessoire du fonds au profit duquel elle se trouve constituée, et persiste, dès lors, après la cessation accidentelle ou même définitive de l'enclave qui en avait été la cause originaire;

Attendu qu'il est constaté par l'arrêt dénoncé que Desages, propriétaire du pré du Moulin, offrait de prouver qu'en 1804, ce pré était enclavé; que, pendant plus de trente années utiles à prescrire, et avant 1834, lui et ses auteurs avaient toujours desservi l'héritage enclavé en passant sur un terrain appartenant à la commune de Champillet, auteur de Jean Moulin; que ce passage et cette exploitation avaient toujours été exercés sur ledit terrain par les détenteurs successifs du pré de Moulin, sans aucune interruption, jusqu'en 1867, date du trouble apporté par Jean Moulin à la jouissance de Desages;

Attendu que l'arrêt dénoncé déclare les faits articulés par Desages précis et pertinents, mais qu'il rejette la preuve offerte comme inefficace, parce que Dorguin, l'un des auteurs de Desages, ayant, le 27 décembre 1834, acheté le pré enclavé, se trouvait à cette même époque propriétaire d'autres terrains attenant à ce pré et aboutissant à un chemin public; que l'enclave aurait cessé dès 1834, par suite de cet état de choses, et que la servitude de passage qui avait été acquise à l'héritage enclavé, par l'effet de la prescription, devait pareillement cesser et se trouvait éteinte;

Attendu qu'en décidant que ce fait, survenu ultérieurement, avait éteint le droit de servitude de passage acquis à l'héritage originairement enclavé, l'arrêt dénoncé a faussement appliqué et par suite violé les dispositions de loi ci-dessus visées;

Casse.

CASSATION, Ch. civ. — 1er juillet 1872.
(Béraud-Reynaud c. Sérusclat.)

I, 234, 244, 362.

La servitude de dérivation des eaux d'un canal exercée par des travaux apparents et permanents, peut faire l'objet de l'action possessoire lorsqu'il y est porté atteinte par des entreprises qui en paralysent l'usage.

Le juge de paix, dont la sentence s'appuie exclusivement sur des considérations tirées du fond du droit, cumule le possessoire et le pétitoire.

Ainsi, échappe à la compétence du juge de paix la question de savoir si les riverains d'un cours d'eau jouissent de la faculté naturelle d'y puiser pour leurs besoins personnels en cas de nécessité, alors surtout que cette faculté est contestée par la partie adverse.

ARRÊT

LA COUR : — Sur le premier moyen, mais seulement en ce qui concerne le chef du jugement relatif à la dérivation des eaux du canal dans le jardin de Sérusclat :

Attendu que le jugement du juge de paix de Chomerac, dont le jugement attaqué a adopté les motifs et confirmé la décision, constate, en fait, que la servitude dans la possession de laquelle Sérusclat demandait à être maintenu, s'exerce d'une façon continue et au moyen de travaux apparents exécutés sur le fonds du canal appartenant à Robert;

Que la possession d'une semblable servitude pouvait donc faire l'objet d'une action possessoire, soit principale, soit reconventionnelle;

Que le juge de paix, en statuant uniquement sur la possession qu'il reconnaît constante, paisible, publique, à titre de propriétaire et plus qu'annale, a donc pu maintenir Sérusclat dans cette possession, sans sortir des limites de sa compétence et sans cumuler le possessoire avec le pétitoire, ni violer les articles de loi invoqués par les demandeurs;

Rejette le pourvoi sur le chef relatif à la dérivation des eaux du canal;

Sur le premier moyen, en ce qui s'applique aux droits de puisage et de lavage prétendus par le défendeur :

Vu l'art. 25, C. pr. civ.:

Attendu que pour repousser la demande de Béraud-Reynaud à laquelle Robert s'est joint devant le tribunal d'appel, Sérusclat a soutenu qu'en exerçant dans le canal, dont il ne contestait pas la propriété à Robert, les faits de puisage et de lavage à raison desquels l'action de Béraud était formée, il n'avait fait qu'user d'une faculté naturelle appartenant aux riverains de se servir des eaux d'un canal, même privé, pour leurs besoins domestiques, quand des circonstances extraordinaires de sécheresse ou autres les empêchent de recourir aux rivières et fontaines publiques de la contrée ;

Attendu que les demandeurs ayant formellement contesté le droit invoqué par Sérusclat, le juge de paix ne pouvait statuer sur le litige ; que l'exception opposée par le défendeur soulevait nécessairement dans la cause une question touchant au fond même du droit de propriété, qui ne pouvait être résolue par le juge de paix ;

Qu'il importait peu que le défendeur demandât seulement à être maintenu en possession des usages qu'il invoquait, puisque le titre même sur lequel reposait la possession alléguée était contesté, et que le juge de paix ne pouvait se borner à apprécier ce titre pour caractériser la possession, mais se trouvait dans l'obligation d'en reconnaître et d'en proclamer l'existence, ce qui n'appartient qu'au juge du pétitoire ;

Attendu, d'ailleurs, que les motifs du jugement attaqué, comme ceux de la sentence qu'il a confirmée, s'appuient exclusivement sur des considérations tirées du fond du droit, sans relever les faits particuliers qui constitueraient la possession prétendue, avec tous les caractères exigés par la loi ; que le dispositif imprime, d'autre part, à la possession dans laquelle il maintient Sérusclat, une portée juridique dépassant les limites du possessoire, et telle que le droit du propriétaire du canal en est atteint et diminué ;

D'où il suit que le jugement attaqué a violé, en cumulant le possessoire et le pétitoire, les dispositions de l'art. 25, C. pr. civ.;

Casse aux chefs du puisage et du lavage.

CASSATION, Ch. civ. — 15 juillet 1872.
(Comm. du Teich c. Comm. de Mios.)

I, 199.

Lorsqu'il y a incertitude sur les limites des circonscriptions entre lesquelles le territoire national est divisé, le juge de paix est incompétent pour connaître des actes dont l'obscurité donne lieu à contestation, ou pour suppléer à leur insuffisance. En présence d'une difficulté de ce genre, le juge du possessoire doit renvoyer les parties à se pourvoir devant l'autorité administrative et surseoir à statuer jusqu'à décision sur ce point.

ARRÊT

LA COUR : — Sur l'unique moyen du pourvoi :

Vu la loi des 16-24 août 1790, tit. II, art. 13, et le décret du 16 fructidor an III :

Attendu que, dans l'instance possessoire engagée entre les parties, la demanderesse en cassation a décliné la compétence du juge de paix d'Audenge, en soutenant que la parcelle de landes en litige était située dans les limites de la commune du Teich, et ressortissait à la justice de paix du canton de la Teste ;

Que la commune de Mios a soutenu, au contraire, que cette parcelle était comprise dans le périmètre de son propre territoire et dépendait du canton d'Audenge ;

Attendu que cette contestation était sérieuse ;

Que le juge de paix a vainement cherché, dans une visite des lieux, à quelle circonscription territoriale les landes litigieuses appartenaient réellement ; qu'il a constaté que les limites des deux communes sont confuses ; que les lignes de l'une chevauchent sur celles de l'autre, et qu'il y a eu erreur dans les tracés de leurs périmètres respectifs ;

Que l'erreur est manifeste, puisqu'il est constant que les plans administratifs, se contredisant en cette partie, font figurer le même tènement de landes à la fois dans le territoire de la commune de Mios et dans celui de la commune du Teich ;

Attendu qu'en cet état il était indispensable, pour statuer sur la question de compétence, de rectifier, ou, du moins, d'interpréter les actes de délimitation des deux communes ;

Que l'autorité judiciaire ne pouvait ni faire cette rectification ou interprétation, ni fixer elle-même la ligne de démarcation contestée ;

Que l'administration a seule compétence, en cas d'incertitude sur les limites des circonscriptions entre lesquelles le territoire national est divisé, pour connaître des actes dont l'obscurité donne lieu à contestation, ou pour suppléer à leur insuffisance ;

D'où il suit qu'en classant lui-même le terrain litigieux dans les périmètres de la commune de Mios et du canton d'Audenge, alors que les limites administratives de ces périmètres étaient incertaines et sérieusement contestées, le tribunal civil de Bordeaux a méconnu les principes de la séparation des pouvoirs, excédé sa compétence et violé les lois ci-dessus visées ;

Casse.

CASSATION, Ch. req. — 16 juillet 1872.
(Hauët c. Linet.)

I, 268.

Lorsque le possesseur invoque, pour caractériser sa possession, une concession administrative, il importe peu que cette concession ait été expresse ou tacite.

ARRÊT

LA COUR : — Sur le moyen unique de cassation, pris, dans sa première branche, de la contravention à l'art. 7 de la loi du 20 avril 1810 :

Attendu qu'il suffit, pour satisfaire au vœu de la loi, que le jugement contienne des motifs, même simplement implicites ;

Que le jugement attaqué énonce, d'une part, que Linet invoque à l'appui de sa possession le titre de 1669 ; et, d'autre part, que Hauët était tenu, par son contrat d'acquisition, de n'apporter aucun trouble à la jouissance des droits résultant de ce titre ;

Qu'en concluant de là que la possession du défendeur éventuel avait tous les caractères d'une possession *animo domini*, le jugement a décidé, au moins implicitement, que le principe de l'imprescriptibilité du domaine public était sans application à la cause ;

Que le grief manque donc de fondement ;

Sur la deuxième branche du moyen, fondée sur la violation des art. 538 et 2226, C. civ., et 23, C. pr. civ. :

Attendu que, si des actes d'usage ou de jouissance exercés par un particulier sur un immeuble dépendant du domaine public, ne peuvent donner lieu, de sa part, à une action possessoire contre l'administration elle-même, rien n'empêche que le particulier qui, à la faveur d'une concession expresse ou tacite de l'administration, a joui, de fait et à titre privatif, d'un immeuble de cette nature, ou exercé sur lui des droits d'usage, puisse former l'action possessoire contre le tiers qui viendrait à le troubler dans cette possession ;

Que le jugement attaqué constate : 1° que la possession invoquée par le défendeur éventuel reposait sur la concession que le chapitre métropolitain de Paris a faite, par acte notarié du 16 novembre 1669, au profit de la dame de la Gravelle, aux droits de laquelle il se trouve ; et 2° que la partie de l'ancien chemin public, sous laquelle passe l'aqueduc établi en vertu de cette concession, ayant été déclassée, la commune d'Athis-Mons l'a vendue au demandeur sous la condition formelle de ne pas troubler le défendeur dans la jouissance des droits résultant du titre de 1669 ;

Qu'à la vérité, le demandeur a contesté la validité de ce titre, sous le prétexte que le chapitre, en sa qualité de voyer, n'avait pu constituer à titre perpétuel sur le chemin d'Athis-Mons à Ablon des servitudes ou affectations contraires à sa destination ;

Mais que le juge du possessoire est autorisé, pour apprécier le caractère de la possession, à consulter les titres respectivement produits, et que la circonstance qu'il y aurait contestation sur l'interprétation, ou même sur la validité de ces titres, ne peut l'arrêter dans l'appréciation qu'il y aurait à en faire quant au caractère de la possession, sauf aux parties à faire valoir ultérieurement leurs droits au pétitoire ;

Qu'il suit de là qu'en déclarant, par appréciation des titres des parties, que le défendeur avait une possession *animo domini* susceptible de donner lieu à l'action possessoire, le jugement attaqué n'a pas violé les textes de loi visés par le pourvoi ;

Sur la troisième branche du moyen, prise de la contravention à l'art. 25, C. pr. civ. :

Attendu que le jugement attaqué n'a pas statué sur la validité de l'acte de concession de 1669 ; que si le juge a consulté ce titre et le contrat d'acquisition du demandeur, il ne l'a fait que pour apprécier le caractère de la possession du défendeur éventuel ;

Que, dans son dispositif, le jugement attaqué n'a jugé ni préjugé aucune question tenant au fond du droit, et qu'il n'a donc pas contrevenu à la règle qui défend le cumul du pétitoire et du possessoire ;

Rejette.

CASSATION, Ch. req. — 1ᵉʳ août 1872.
(Pierre c. Forest et Noël.)

I, 415, 512.

Le juge du possessoire est compétent pour apprécier les titres des parties, à la condition de ne consulter ces titres que pour apprécier les caractères de la possession.

Si le jugement interlocutoire est susceptible, après appel, de pourvoi en cassation, il y aurait une fin de non-recevoir contre le pourvoi formé contre une décision qui ne serait que l'exécution d'un jugement déjà passé en force de chose jugée.

ARRÊT

LA COUR : — Sur le moyen unique, pris de la violation de l'art. 25, C. pr. civ. :

Attendu que si, sur l'action possessoire portée devant lui par les défendeurs éventuels, le juge de paix de Mouthois a consulté le titre de 1777, commun aux parties, il ne l'a fait, ainsi qu'il a eu soin de le déclarer, que pour éclairer sa religion sur la *nature* du passage litigieux ;

Qu'en se fondant sur cet acte, il a déclaré que l'exercice de ce passage avait eu lieu à titre de droit et non point à la faveur d'une simple tolérance ;

Qu'il n'en a pas tiré d'autre conséquence, et que, dans le dispositif de la sentence du 14 juin 1869, il s'est borné à constater le trouble que la demanderesse avait apporté à la possession, non déniée, des défendeurs éventuels, en plaçant des dépôts de bois devant leur porte charretière, et à les maintenir dans leur possession, sans rien juger ni préjuger sur l'assiette et la largeur du passage ;

Qu'il suit de là que ce magistrat s'était exactement renfermé dans les limites du possessoire et qu'en maintenant, en tant que de besoin, sa sentence, le jugement attaqué n'a pas violé l'art. 25, C. pr. civ. ;

Attendu, en ce qui concerne le chef de ce jugement, par lequel le tribunal de Vouziers a entériné le rapport de l'expert Legrand et ordonné la plantation de bornes pour fixer les limites du chemin, telles que l'expert les avait établies, que cette partie du dispositif n'a été que la suite et l'exécution du jugement antérieur du 30 juin 1870 ;

Que la demanderesse ne s'étant pas pourvue contre ce jugement, qui est passé en force de chose jugée, le pourvoi dirigé contre celui du 30 août 1871 n'est pas recevable ;

Rejette.

CASSATION, Ch. civ. — 6 août 1872.
(Auffroy c. Chancerel.)

I, 630.

La servitude d'aqueduc, qui est apparente et continue, ne perd pas ce caractère par cela seul que l'abaissement de vannes ou d'écluses est nécessaire pour son exercice.

Du 21 avril 1870, jugement du tribunal du Hâvre ainsi motivé :

Attendu que l'action intentée par Auffroy devant le juge de paix de Fécamp avait pour unique objet de se faire maintenir et réintégrer dans la possession d'un droit d'irrigation et de faire ordonner que le canal servant à cette irrigation serait débouché dans un délai déterminé ; — Qu'il n'existe aucun désaccord entre les parties sur les faits de la cause, lesquels sont, d'ailleurs, précisés par le procès-verbal d'accession de lieux dressé par le juge de paix ; — Qu'il résulte de ce procès-verbal qu'à une distance de 300 mètres environ de la propriété Chancerel, les eaux provenant des sources de l'Epinay sont détournées de leur courant naturel par des vannes ou planches mobiles qui les empêchent de gagner la rivière de Valmont et les font monter et refluer vers deux rigoles se dirigeant, en s'écartant de leur ligne, vers la prairie Chancerel ; — Attendu qu'il est également reconnu et constaté par le plan dressé à la requête d'Auffroy, qu'à la limite de la prairie de Franqueville, il existe un canal longeant la propriété Chancerel et destiné à conduire à la rivière de Valmont le trop-plein du surplus des eaux des sources de l'Epinay, après leur passage sur la propriété de Franqueville ; — Qu'à l'entrée supérieure de ce canal et à l'endroit où il reçoit les eaux provenant des rigoles d'irrigation de la prairie Franqueville, il existe une vanne mobile qui a pour objet de détourner de nouveau les eaux qui seraient ramenées par leur cours naturel vers la rivière de Valmont et de les diriger, au moyen d'une rigole ou porteur d'eau, vers l'ouest, dans toute la longueur de la prairie Chancerel ; — Attendu que sur cette rigole ou porteur d'eau, et à trente-cinq mètres environ de son ouverture sur la prairie Chancerel, il a été pratiqué une saignée de soixante-cinq centimètres environ, sans vannes, mais dont les terres sont soutenues par deux bouts de planche, ladite saignée donnant naissance à un petit canal destiné à irriguer, au moyen de trois rigoles, la partie nord de la propriété Chancerel ; — Qu'à la limite de la prairie Chancerel, au lieu où elle est séparée de la prairie Auffroy par une haie vive, le petit canal se continuait autrefois sur la propriété Auffroy, mais qu'il a été intercepté en cet endroit par le barrage construit par Chancerel et dont la suppression est demandée ; — Attendu qu'aucun de ces faits, constatés d'ailleurs par le juge de paix, n'est contesté par les parties ; — Que Chancerel reconnaît avoir établi depuis moins d'un an le barrage qui empêche l'écoulement des eaux de sa propriété sur celle d'Auffroy et qu'il ne nie pas que le petit canal dont l'existence antérieure a été constatée permettait depuis plusieurs années l'écoulement de ces eaux ; — Qu'il se borne à ajouter que ce fait résultait d'un accord entre son fermier et celui d'Auffroy, ce dernier payant une redevance au locataire pour obtenir la concession de ces eaux utiles à l'irrigation de ses prairies ; — Attendu que, par suite de ces constatations, la seule question du litige est de savoir si le fait non méconnu de l'écoulement des eaux de la prairie Chancerel dans celle d'Auffroy constituait au profit de ce dernier une possession utile, dont il soit en droit de demander le maintien par voie d'action possessoire ; — Qu'il est, en effet, de principe que cette action n'appartient qu'à celui qui possède, à titre non précaire, et dont la possession est de nature à lui permettre d'acquérir le droit qu'il réclame, au moyen de la prescription ; — Que, par suite de ce principe, aucune action possessoire n'est admissible pour obtenir le maintien d'une servitude non continue, laquelle ne peut, aux termes de l'art. 691 du Code civil, s'acquérir que par titres ; — Qu'il importe donc de rechercher si l'écoulement des eaux de la propriété Chancerel sur la prairie Auffroy constitue une servitude continue ou discontinue ; — Attendu, à cet égard, que l'art. 688, C. civ., détermine d'une manière précise les caractères qui distinguent ces deux sortes de servitude ; — Que toutes

celles dont l'usage est ou peut être continuel, sans avoir besoin du fait actuel de l'homme, doivent seules être considérées comme continues ; — Que parmi celles indiquées par cet article se trouvent *les conduites d'eau* et qu'il est juste de reconnaître que ce mot doit s'étendre même aux cours d'eau construits de main d'homme, tels que les canaux et aqueducs ; — Mais attendu qu'on ne peut induire des termes de l'art. 688 qu'il y a lieu de considérer comme constituant une servitude continue toute prise d'eau, de quelque nature qu'elle soit ; — Que ces termes ne s'appliquent qu'à celles créées pour servir d'aqueduc ou de canal destiné à un écoulement perpétuel ou qui pourrait être tel, sans l'intervention du fait de l'homme ; — Que les saignées pratiquées pour l'irrigation ne constituent ni un aqueduc ni un cours d'eau, lorsqu'elles ne peuvent recevoir les eaux et les conduire dans les prairies qu'au moyen d'un fait de l'homme actuel et indispensable pour assurer leur usage ; — Qu'il faut donc rechercher, en fait, si la rigole traversant la propriété Chancerel, et portant autrefois les eaux des sources de l'Epinay dans la propriété Auffroy, pouvait être alimentée sans le fait actuel de l'homme ; — Attendu que les constatations faites sur les lieux par le juge de paix ne permettent aucun doute à cet égard ; — Que les eaux des sources de l'Epinay ne peuvent entrer sur la propriété Franqueville, que lorsque les vannes placées à l'extrémité du grand canal qui réunit les eaux de ces sources, et dont les clefs sont confiées au fermier du sieur de Franqueville, ont été baissées par ce dernier, pour arrêter leur cours naturel vers la rivière de Valmont ; — Qu'en admettant même que les deux rigoles de dérivation creusées sur la propriété Franqueville et partant des écluses placées sur ce canal puissent être considérées comme des aqueducs, aucune vanne ne permettant d'empêcher les eaux de s'y répandre, ces eaux se dirigeraient alors à travers cette propriété vers un autre canal longeant la propriété Chancerel pour rejoindre la rivière de Valmont ; — Que ce fait qui résulte de la disposition naturelle des lieux est établi par les plans produits aux débats ; — Qu'il faut donc un nouveau fait de l'homme pour les conduire, vers l'ouest, à travers la propriété Chancerel ; — Attendu que cette nouvelle dérivation ne provient pas seulement du creusement du canal d'écoulement qui paraît avoir peu de profondeur et serait insuffisant pour empêcher les eaux de se diriger par le canal principal vers la rivière de Valmont ; — Qu'il est constant qu'il existe à cet endroit une vanne indiquée sur le plan produit par Auffroy, et dont l'usage est de détourner les eaux de leur direction naturelle ; — Que l'abaissement de cette vanne est indispensable pour amener les eaux sur la propriété de Chancerel, par le petit canal ou porteur d'eau, sur lequel a été faite la saignée de soixante-cinq centimètres, les dirigeant vers la prairie d'Auffroy ; — Qu'ainsi, l'usage des eaux pour l'irrigation de la propriété Chancerel et pour l'alimentation de la petite rigole les portant chez Auffroy nécessite le fait actuel de l'homme ; — Que l'écoulement de ces eaux du fonds supérieur sur le fonds inférieur ne constitue donc qu'une servitude discontinue, laquelle ne peut s'acquérir par prescription ; — Attendu que cette constatation résulte encore du peu de largeur de la rigole conduisant les eaux la prairie Auffroy et du peu de soin avec lequel la saignée a été pratiquée, l'écoulement n'étant empêché que par deux bouts de planche placés à l'endroit où elle a été faite ; — Que cet état des lieux ne permet pas de considérer cette rigole comme un aqueduc ou conduite d'eau dont il puisse être fait usage sans le fait de l'homme et de nature à constituer une servitude continue et apparente ; — Qu'Auffroy n'a donc pu avoir qu'une jouissance précaire de cette rigole et des eaux qu'elle amenait sur sa propriété, et qu'il n'est pas recevable à en exiger le maintien ou le rétablissement par voie d'action possessoire ; — Par ces motifs, etc.

Pourvoi du sieur Auffroy.

ARRÊT

LA COUR : — Vu les art. 688 et 691, C. civ., et 23, C. pr. civ. :

Attendu que les conduites d'eau constituent des servitudes apparentes et continues, lorsqu'elles se révèlent par des ouvrages extérieurs, et n'ont pas besoin pour leur fonctionnement du fait actuel et persévérant de l'homme ;

Attendu qu'il est constaté par le jugement attaqué que la rigole, servant à conduire sur la propriété d'Auffroy les eaux provenant du fonds supérieur, existait depuis plusieurs années et remplissait sa destination, toutes les fois que les vannes établies pour élever les eaux de l'Epinay étaient abaissées ;

Attendu qu'une semblable servitude, pour l'usage de laquelle l'homme n'intervient que pour en assurer le libre exercice, rentre dans la classe de celles qui, à raison de leur existence apparente et de leur fonctionnement naturel, sont susceptibles de s'acquérir par la prescription ;

Attendu que le jugement attaqué, en décidant le contraire sans s'expliquer sur le caractère légal des ouvrages extérieurs constatant l'existence de la servitude, et en écartant l'action possessoire du sieur Auffroy par l'unique motif que la servitude faisant l'objet du litige n'était pas continue, a faussement appliqué et par suite violé les articles de loi susvisés ;

Casse.

CASSATION, Ch. civ. — 12 nov. 1872.
(Gazet c. Thimonier.)

I, 677.

En matière de travaux publics, le juge du possessoire saisi d'une demande tendant à la fois à la reconnaissance de la possession et au rétablissement des lieux, ne doit pas se déclarer incompétent sur ces deux chefs. Sur le premier, il doit renvoyer les parties devant les juges administratifs et conserver la connaissance du second.

ARRÊT

LA COUR : — Vu les lois des 16-24 août 1790, 16 fructidor an III et 28 pluviôse an VIII :

Attendu que le tribunal, sans se prononcer sur la nature des travaux autorisés par l'administration, sur leur destination publique ou privée, ni sur le caractère des droits prétendus par le demandeur, a déclaré l'incompétence judiciaire par ce seul motif que le défendeur à l'action possessoire s'est fait autoriser par arrêté municipal à élargir le chemin situé devant sa maison ;

D'où il suit que le jugement attaqué ne repose sur aucune base juridique et qu'ainsi il a faussement appliqué et, par suite, violé les lois ci-dessus visées ;

Casse.

CASSATION, Ch. req. — 4 déc. 1872.
(Legros c. Robine.)

I, 241, 693.

Ne cumule pas le possessoire et le pétitoire, le juge qui n'apprécie les titres des parties que pour caractériser la possession.
Lorsque l'exécution d'un jugement a été poursuivie après signification, la partie qui a succombé ne peut formuler aucun grief donnant ouverture soit à l'action possessoire ou en réintégrande, soit à une demande de dommages-intérêts.

ARRÊT

LA COUR : — Sur le moyen unique, pris de la violation des art. 23 et 25, C. pr. civ., et des art. 2229 et suivants, C. civ. :

Attendu, en fait, qu'un jugement du tribunal civil de Coutances, du 15 juin 1865, avait ordonné, à la demande des époux Robine, agissant en qualité de créanciers de la veuve Legros, la vente par licitation, à la barre du tribunal, de l'immeuble appelé le Champ-Cavé, indivis entre celle-ci et ses enfants ; que la demanderesse reconnaît que ce jugement, dans lequel elle était représentée par le sieur Lebeurrier, son subrogé-tuteur, a acquis, à son égard, l'autorité de la chose jugée ; que le 24 juin 1867, l'immeuble fut adjugé au défendeur éventuel ; que le jugement d'adjudication constate que le sieur Lebeurrier ayant, par acte du 13 juin précédent, fait connaître aux époux Robine, poursuivants, que la demanderesse avait atteint sa majorité en octobre 1866, ceux-ci l'ont appelée directement dans l'instance de vente par exploit du 14 du même mois ;

Attendu que, dans cet état des faits, le tribunal de Coutances a pu, sans excéder les limites de sa compétence, et sans cumuler le possessoire et le pétitoire, consulter le jugement d'adjudication précité, dans le seul but d'apprécier le caractère de la possession alléguée par la demanderesse ;

Attendu, au fond, que le cahier des charges, qui a servi de base à l'adjudication, contenait une clause ainsi conçue : « La propriété de l'immeuble sera transmise à l'adjudicataire du jour même de la vente ; il en aura la *possession* et la *jouissance*, soit réellement, soit par perception des fermages, à partir de la même époque » ;

Que le jugement attaqué constate que le jugement d'adjudication a été signifié à la veuve et aux enfants Legros par exploits des 6 et 8 août 1867, avec sommation d'avoir à cesser immédiatement la jouissance de l'immeuble, et qu'ils se sont maintenus dans cette jouissance pendant la durée de l'instance que l'adjudicataire s'est trouvé dans la nécessité d'introduire contre deux des sœurs de la demanderesse, pour faire déclarer nulle comme simulée et frauduleuse, la vente passée à leur profit par leur mère et dont elles excipaient pour refuser de délaisser l'immeuble à lui adjugé ;

Que la demanderesse ne s'est pas prévalue devant les juges du fond, d'une possession nouvelle, à elle propre, qu'elle aurait acquise postérieurement au jugement d'adjudication ; que sa demande tendait, d'après les termes précis, tant de son exploit d'assignation que des conclusions par elles prises en première instance et en appel, à être maintenue dans la possession commune et indivise qu'elle avait eue avec ses cohéritiers depuis la mort de son père ;

Attendu que c'est avec raison que, dans ces circonstances, le jugement attaqué a refusé de voir, dans le fait de la demanderesse et ses colicitants d'avoir continué à occuper l'immeuble pendant la durée de l'instance dont il a été parlé, une possession civile réunissant, à l'égard de l'adjudicataire, les caractères requis pour servir de fondement à une action possessoire exercée contre lui ;

Attendu aussi que le fait de l'adjudicataire sur licitation qui, après avoir fait signifier le jugement d'adjudication aux colicitants, avec sommation de cesser la jouissance de l'immeuble, en a pris possession au moyen d'un procès-verbal régulier, ne saurait être considéré comme un trouble de possession dans le sens de la loi, et de nature à donner lieu contre lui à une action possessoire de la part des colicitants ou de l'un d'eux ;

Rejette.

CASSATION, Ch. civ. — 4 déc. 1872.
(Candelier c. Proyart.)

I, 242, 342.

Ne cumule pas le possessoire et le pétitoire le juge qui, pour résoudre une question de possession de servitude de passage, examine si le titre confère effectivement ce droit, en bornant d'ailleurs cet examen à la recherche des caractères légaux de la possession.

Le 25 janvier 1870, le tribunal d'Arras rendait un jugement ainsi motivé :

Considérant qu'aux termes d'une convention intervenue entre les parties, en date du 1er février 1867, les appelants ont été autorisés à transporter sur la digue du fossé appelé le coulant des *Eaux Sauvages*, un chemin portant le nom de chemin des *Grandes Prairies* et dont ils jouissaient en commun avec les intimés pour l'exploitation de leurs héritages respectifs ; qu'il n'est pas non plus contesté que cet état de choses a été maintenu depuis cette époque jusqu'au moment du trouble qui y a été apporté par les appelants, et qui a été l'objet de l'instance introduite devant le premier juge; — Que si la nature et l'étendue du droit reconnu aux intimés par la convention du 1ᵉʳ février 1867 sur le chemin des Grandes-Prairies ne sont pas précisées par cet acte, ce ne peut être qu'une copropriété ou au moins une servitude qui serait ainsi reconnue par un titre; que la possession réclamée serait, par conséquent, au moins la possession du mode d'exercice d'une servitude fondée en titre, possession alors utile et pouvant donner lieu à une action en complainte; qu'il suit de là que le juge de paix était compétent pour connaître du litige porté devant lui; — Que vainement on voudrait prétendre que la convention du 1ᵉʳ février 1867 réservait en faveur des appelants la faculté de déplacer l'assiette assignée à l'exercice du passage des intimés, suivant les arrangements qu'ils pourraient faire ultérieurement avec les tiers copropriétaires d'autres parties des Grandes-Prairies, et que, par suite, le procès aurait pour objet l'interprétation et l'exécution de cette convention; qu'une pareille réserve ne résulte ni de la lettre, ni de l'esprit de l'acte du 1ᵉʳ février 1867; — Considérant, en ce qui touche la demande de mise hors de cause de Candelier père, qu'il a figuré comme copropriétaire des Grandes-Prairies à ladite convention du 1ᵉʳ février 1867; qu'il a figuré dans cette qualité aux débats devant le premier juge et qu'il a été partie au jugement dont est appel; — Au fond : — Considérant qu'il n'est pas contesté que les intimés sont depuis plus d'un an et un jour en possession du passage qu'ils revendiquent; — Dit que le juge de paix était compétent pour statuer sur le litige qui lui était soumis; dit que les intimés sont maintenus et, au besoin, réintégrés dans le passage tel qu'il a été déterminé en exécution de la convention du 1ᵉʳ février 1867.

Pourvoi de Candelier père et fils.

ARRÊT

LA COUR : — Sur le moyen unique du pourvoi :

Attendu que l'action formée par Elysée et Victor Proyart constituait par sa cause, comme par son objet, une complainte possessoire de la compétence du juge de paix;

Que si les défendeurs à cette demande ont prétendu être fondés en titre à exercer l'acte duquel est résulté le trouble de la possession, cette prétention tirée du fond du droit et étrangère aux faits de possession et de trouble n'a pu changer la nature de l'action dont le juge de paix avait été compétemment saisi;

D'où il suit que le tribunal d'appel, en se déclarant compétent, loin de violer les règles de sa compétence, en a fait une exacte application;

Attendu que le jugement attaqué statue uniquement sur le possessoire;

Qu'il se fonde sur la possession plus qu'annale et non contestée d'Elysée et Victor Proyart;

Que, s'il apprécie dans ses motifs le titre invoqué par toutes les parties, cette appréciation a seulement pour objet de déterminer, sans rien décider sur le pétitoire, le caractère et les effets légaux de la possession qui a son fondement dans l'exécution même du titre;

Qu'en jugeant ainsi, il n'a point contrevenu à l'art. 25, C. pr. civ., invoqué par le pourvoi;

Rejette.

CASSATION, Ch. civ. — 30 déc. 1872.
(Giraud c. Comm. de Villard-Bonnot.)

I, 230, 243.

La question du droit du défendeur, de même que celle du dommage et de l'abus, doivent être examinées seulement au pétitoire comme portant nécessairement sur le fond du droit.

Ainsi, le juge de paix cumule le possessoire et le pétitoire lorsqu'il repousse l'action en complainte intentée contre une commune, par ce motif que les habitants ont toujours le droit d'améliorer leur possession par des travaux.

Le contraire avait été jugé par le tribunal civil de Grenoble, le 20 juin 1868. Cette décision était ainsi conçue :

Attendu que les eaux qui donnent lieu au litige appartiennent au ruisseau de *la Riverate*, ruisseau artificiel qui existe de temps immémorial sur la rive gauche du ruisseau de *Lancey* dont il prend une partie des eaux; qu'on ignore par qui et à quelle époque le canal a été créé, mais que la destination qu'il a eue, l'usage auquel il a servi, témoignent avec certitude qu'il l'a été dans un intérêt général, pour satisfaire aux besoins de cette partie de la commune de Villard-Bonnot qui forme le village de Lancey, laquelle n'a jamais eu et n'a encore aujourd'hui que cette eau détournée du ruisseau pour alimenter les habitants et leurs bestiaux, pour les besoins domestiques, pour arroser leurs terres et alimenter leurs réservoirs; — Que cette jouissance des habitants de Lancey, justifiée par la nécessité même qui l'a commandée, incontestée d'ailleurs et incontestable, exclut toute idée de précarité et implique qu'elle a été exercée par les habitants *ut universi*, comme membres de l'agglomération, et non *ut singuli*, par chacun d'eux, en vertu d'un droit privatif, car le dernier venu parmi eux a eu le droit de se servir de l'eau tout comme le plus anciennement établi dans cette localité ; — Attendu que, dans cet état de faits, il est impossible au sieur Giraud de se dire propriétaire du ruisseau de *la Riverate*; que, d'une part, il n'a point de titre sur lequel il puisse baser cette prétention ; que, d'autre part, en supposant que cette dérivation soit due à l'initiative de l'un des anciens propriétaires du domaine qu'il possède aujourd'hui ou que même elle ait été faite par cet ancien propriétaire, à ses frais et sans le concours des habitants, il est évident que cette création, qui a été un bienfait public, n'a pas eu, dans la pensée même de son auteur, le caractère de propriété, puisque ses effets, dès son origine, ont dû s'étendre et se sont étendus à tous ceux qui étaient alors dans le pays, à ceux qui sont venus s'y implanter, que tous en ont profité par cette possession publique, nécessaire, immémoriale, qui est tout à la fois le signe et la preuve du droit de propriété ; — Que vainement Giraud se prévaut de la circonstance que les eaux de *la Riverate* traversent sa propriété avant d'arriver aux autres habitants de Lancey, pour dire qu'il a la propriété, la possession, et que ces derniers n'ont que les égouts, car cette conséquence est démentie par l'état des lieux qui atteste, au contraire, une jouissance parfaitement caractérisée des habitants ; — Que les eaux, en effet, arrivent à la propriété Giraud après avoir passé par celle de deux autres particuliers, se divisent en deux branches dont la première se subdivise ensuite en deux parties ; l'une qui va chez le sieur Giraud et y est absorbée ; l'autre qui sert aux usages d'un certain nombre d'habitants formant un hameau de Lancey ; que la seconde et la principale branche traverse en ligne droite, du haut en bas, une terre en treillage, propriété du sieur Giraud, puis ensuite des fonds appartenant à d'autres, et arrive à la grande route sur les bords de laquelle se trouvent les maisons formant le Bas-Lancey, dont les habitants n'ont pour tous leurs usages que cette eau qui leur arrive, ainsi qu'à ciel ouvert, plus ou moins salie, altérée, chargée d'éléments insalubres ; — Que cet état de choses qui a toujours existé prouve clairement que Giraud n'a eu qu'une part des eaux limitée par les besoins des autres habitants auxquels leur destination est de satisfaire ; que c'est là ce qui a motivé une division et une subdivision ; qu'il est même à remarquer que la branche qui coule à travers la terre en treillage de Giraud, avec un cours en ligne droite et rapide, suivant la pente du terrain, présente toute l'apparence d'un ruisseau créé pour les habitants en aval, et que cette terre de Giraud ne s'en sert pas et ne peut ni ne doit s'en servir, car si elle devait s'en servir, on aurait fait plusieurs canaux, au lieu de ne former qu'une espèce de rif longitudinal qui, avec ou sans rigole, n'est pas disposé pour l'irrigation de la terre ; — Qu'il résulte donc bien de là que si, dans l'ancienne distribution des eaux, une part a été faite au sieur Giraud, part relativement importante, parce qu'on a tenu compte de l'étendue de son exploitation, du nombre de personnes composant la maison de maître et la ferme, sa position de première partie prenante, la part du village a été soigneusement réservée, part dont les habitants ont joui au même titre que Giraud de la sienne ; — Attendu que la conséquence de ce qui précède est que Giraud ne saurait contester à la commune le droit d'améliorer cette possession de la section de Lancey, en lui amenant, d'une manière plus fixe, par un canal ouvert, des eaux plus saines et mieux distribuées, pour satisfaire aux nombreux besoins des habitants ; que la prise et la canalisation projetées par la commune ne sont point de nature à porter atteinte à la possession de Giraud ; qu'il importe peu, en effet, à ce dernier que les eaux dont jouit la section soient prises aux endroits où se font et où se sont faites jusqu'à ce jour les dérivations, ou qu'elles soient prises au point du canal de l'usine et de *la Riverate* qui a été indiqué, si la commune ne doit prendre que les eaux dont elle a toujours joui, en laissant à Giraud celles dont il a toujours joui lui-même, ce qu'elle a formellement déclaré vouloir faire soit au provisoire, soit en première instance, soit devant le tribunal ; — Que le tribunal n'a point à rechercher de quel volume d'eau chaque partie pourra se prévaloir, puisque, n'étant saisi qu'au possessoire, il ne lui appartient pas de faire un règlement qui, d'ailleurs, ne lui est pas demandé ; qu'il n'a pas non plus à examiner si, par son projet de prise, la commune se maintiendra ou non dans les limites de la possession à laquelle a droit la section de Lancey, eu égard à la possession de Giraud, et en la respectant ; que ce sont là des détails d'exécution qui n'ont pu soulever aucune question ; — Que la seule qui lui soit soumise est celle de savoir si Giraud est en droit de se prévaloir d'une possession des eaux dont il s'agit, exclusive de la possession des habitants de Lancey formant une agglomération, partie de la commune, et que cette question, par les considérations qui précèdent, et sans qu'il soit nécessaire de recourir à la preuve subsidiaire, est tranchée par la possession de Lancey et par la légitimité des modifications que la commune veut apporter à l'exercice de cette possession ; — Par ces motifs, etc.

Pourvoi du sieur Giraud.

ARRÊT

LA COUR : — Sur le moyen unique du pourvoi :

Vu l'art. 25, C. pr. civ. :

Attendu que, pour repousser l'action possessoire, le jugement attaqué, au lieu de s'attacher au fait matériel et aux caractères légaux de la possession, s'est exclusivement fondé sur ce que, dans l'état des faits qu'il constate, il est impossible au demandeur de se dire propriétaire du ruisseau litigieux ; sur ce que les habitants du village de Lancey ont, au contraire, profité des eaux *ut universi*, par une possession publique, nécessaire, immémoriale, qui est tout à la fois le signe et la preuve du droit de propriété; sur ce que le demandeur n'en a qu'une part limitée par les besoins des autres habitants; sur ce qu'enfin ces derniers ont, quant à la part dont ils ont toujours joui, le droit d'améliorer leur possession au moyen des travaux qu'ils ont projetés et qui sont déclarés n'être point de nature à porter atteinte à la possession du demandeur;

Attendu que ces motifs, comme l'exception à laquelle ils se réfèrent, sont tous tirés du fond du droit; que le demandeur prétendant, au possessoire, qu'aucun changement ne pouvait être apporté au mode de jouissance du cours d'eau, il n'appartenait pas au juge saisi de la complainte de décider que le fait signalé comme constitutif d'un trouble n'était de la part de la défenderesse que l'exercice légitime de son droit; que cette question portait nécessairement sur le fond du droit prétendu et rentrait, dès lors, dans la compétence exclusive du juge du pétitoire;

D'où il suit que le jugement attaqué, en statuant comme il l'a fait, a cumulé le pétitoire et le possessoire, et, par suite, violé l'art. 25, C. pr., ci-dessus visé;

Casse.

CASSATION, Ch. civ. — 10 février 1873.
(Lorel c. Royer-Jacquinot.)

I, 101, 102, 107.

Le juge de paix saisi d'une action en bornage cesse d'être compétent chaque fois que l'une des parties invoque la possession trentenaire à l'appui d'une revendication bien définie.

Dans ce cas, le juge de paix n'a pas qualité pour apprécier ou discuter les caractères de la possession.

Les sieurs Lorel et Royer-Jacquinot ont choisi des experts pour borner leurs héritages contigus au vu des titres et au moyen de tous autres renseignements. — Le rapport des experts est contesté par Lorel qui revendique une portion de terrain de 5 ares 71 centiares. Le 9 juin 1870, sentence du juge de paix de Prauthoy qui homologue ce rapport. Appel de Lorel qui invoque la possession trentenaire à l'appui de sa revendication. Le 31 août 1870, jugement du tribunal de Langres qui confirme dans les termes suivants :

Attendu que si Lorel a offert devant M. le juge de paix la preuve par enquête d'une possession plus qu'annale contraire à l'opération qu'il critique, ce magistrat a été autorisé à ne pas l'accueillir, en se conformant aux dispositions de l'art. 2229, C. civ., qui exige une possession continue et non interrompue, non équivoque et à titre de propriétaire; que, dans l'état des lieux, cette possession invoquée ne se rattachait à aucun signe délimitatif certain et qui aurait servi de point d'arrêt à une jouissance antérieure; que, dès lors, et ne réunissant pas les conditions exigées par la loi, le premier juge a bien jugé en refusant de l'accueillir.

Pourvoi du sieur Lorel.

ARRÊT

LA COUR : — Sur le moyen unique du pourvoi :

Vu l'art. 6, § 2, de la loi du 25 mai 1838 :

Attendu que sur la poursuite en homologation du procès-verbal de bornage dressé par les experts que les parties avaient choisis d'un commun accord, Lorel père a prétendu qu'une étendue de 5 hectares 71 centiares avait été indûment retranchée de sa parcelle, n° 8 du plan d'abornement, pour être ajoutée à celle de son voisin Royer-Jacquinot; qu'il a fondé sa prétention sur ce qu'il aurait, par lui ou ses auteurs, la possession plus que trentenaire de cette reprise;

Attendu que de cette question de prescription est née une contestation sur la propriété qui est hors de la compétence du juge saisi d'une action en bornage; que cependant le jugement attaqué, appréciant les caractères de la possession invoquée par le demandeur, a décidé qu'elle ne réunissait point les conditions exigées par la loi; qu'en statuant ainsi, il a prononcé sur une question de propriété dont il ne pouvait régulièrement connaître, et a, en conséquence, violé l'art. 6 de la loi du 25 mai 1838 ci-dessus visé;

Casse.

CASSATION, Ch. req. — 10 mars 1873.
(Saint-Supéry c. époux Grand.)

I, 521.

La citation concluant au bornage des francs-bords d'une usine ou à l'enlèvement de plantations qui ne seraient pas à la distance voulue, n'est pas interruptive de la prescription invoquée sur ces francs-bords.

ARRÊT

LA COUR : — Sur le deuxième moyen, pris de la violation de l'art. 2244, C. civ., et des art. 2245 du même Code et 57, C. pr. :

Attendu que les demandeurs en cassation prétendaient faire résulter l'interruption civile de la prescription acquisitive, invoquée par les défendeurs éventuels, de deux instances engagées en 1850 et 1851, l'une par le sieur Grand, auteur de ces derniers, contre le sieur Danizan, auteur des demandeurs, et l'autre par celui-ci contre Grand ;

Mais attendu que, dans l'une ni dans l'autre de ces instances, le sieur Danizan n'a pris aucunes conclusions tendant à se faire reconnaître propriétaire des francs-bords du canal d'amenée de ses usines ;

Que les actions en bornage et celles relatives à la distance prescrite pour les plantations d'arbres n'ont point pour objet de faire déclarer le demandeur propriétaire des terrains auxquels elles se rapportent, et qu'elles n'admettent même pas de conclusions prises dans ce but, lorsqu'elles sont portées en justice de paix ;

Qu'il suit de là que le sieur Danizan ne saurait être considéré comme ayant interrompu par une demande judiciaire, soit formelle, soit même implicite, la prescription acquisitive qui courait au profit des défendeurs éventuels ;

Attendu, d'un autre côté, que l'arrêt attaqué n'a pas, comme le prétend le pourvoi, fait application à la cause des art. 2245, C. civ., et 57, C. pr., en assimilant à une simple citation les demandes soumises, en 1850 et 1851, au juge de paix de Montréjeau ;

Rejette.

CASSATION, Ch. req. — 16 mars 1873.

I, 558.

V. *Cassation, Ch. req. — 18 mars 1873.*

CASSATION, Ch. civ. — 18 mars 1873.
(Narboni c. Oualed.)

I, 128, 558, 619.

Est recevable la complainte qui a pour objet la maintenue en possession du sol d'un chemin d'exploitation.
Si, pendant la durée de l'instance, le magistrat qui en avait primitivement connu est remplacé, les conclusions doivent être reprises devant le nouveau magistrat.

Le tribunal d'Alger avait jugé conformément à ces principes par la décision suivante :

Attendu que rien ne s'opposait à ce que les conclusions posées sur le fond devant M. le juge de paix suppléant, fussent, au besoin, reprises devant M. le juge de paix titulaire de retour de congé, et à ce que, par suite, ce magistrat ait été régulièrement investi par les parties du droit de juger ; — Attendu que, jusqu'à preuve contraire, il y a lieu d'admettre que les conclusions sur le fond ont été reprises devant M. le juge de paix ; que ce magistrat a, dès lors, légalement statué sur la contestation, et qu'aucune atteinte, par suite, n'a été portée aux principes émis dans les dispositions invoquées de la loi du 20 avril 1810 ; — Au fond : — Attendu que s'il est vrai que l'action possessoire ne peut s'appliquer à une servitude discontinue, cette servitude ne s'acquérant pas par la prescription, il est certain qu'il en est différemment, lorsque cette action a pour but, comme dans l'espèce, la maintenue en possession du sol même sur lequel s'exerce le passage.

Pourvoi des époux Narboni.

ARRÊT

LA COUR : — Sur le premier moyen, tiré de la violation de l'art. 7 de la loi du 20 avril 1810 :

Attendu que le suppléant du juge de paix, après avoir prononcé un jugement qui ordonnait la visite des lieux et une enquête, et après avoir procédé aux mesures d'instruction, a clos, le 14 avril 1871, le procès-verbal contenant les dépositions des témoins et est demeuré, depuis cette époque, étranger à l'instance ;

Que le juge de paix titulaire a présidé

l'audience tenue le 21 juin 1871; que ce jour les parties ont comparu en personne ou par leurs conseils; qu'il résulte des motifs du jugement du 21 juin 1871, que les prétentions des parties sur le fond du procès et sur le résultat des enquêtes et contre-enquêtes ont été exposées au juge, et que c'est après avoir entendu ces explications que le juge titulaire a prononcé le jugement définitif;

Qu'une sentence rendue dans de telles circonstances est régulière et n'a pu violer l'art. 7 de la loi du 20 avril 1810;

Sur le second moyen tiré de la violation de l'art. 691, C. civ. :

Attendu qu'il résulte des termes de la citation et des motifs du jugement attaqué que l'action intentée par le défendeur éventuel tendait à se faire maintenir dans la possession du sol du chemin objet du litige;

Qu'une telle action était recevable, et que l'art. 691, C. civ., était sans application dans la cause;

Rejette.

DIJON. — 28 mars 1873.

(Comm. de Bantanges c. Hospices de Louhans.)

I, 629.

La servitude de vaine pâture est discontinue et ne saurait exister que dans les lieux où elle est fondée sur un titre particulier ou autorisée par la loi ou par un usage local immémorial.

ARRÊT

LA COUR : — Considérant que, divers habitants de la commune de Bantanges ayant envoyé depuis deux ans leur bétail sur le *Pré Bouché*, les hospices de Louhans et les autres propriétaires de ce pré soutiennent qu'il n'a jamais été soumis à la vaine pâture, et opposent aux récentes entreprises de la commune des titres anciens, la configuration des lieux, la jouissance exclusive de leurs héritages et leur affranchissement complet et absolu de tout usage contraire;

Qu'ils représentent, en effet, une série de baux remontant à plus de quarante ans, par lesquels ils amodient un pré *produisant foin et regain;* qu'en 1825, lorsque Jean Debost « cède à l'Etat une bande de terrain, à titre de servitude, pour le passage nécessaire au halage le long de la rivière de la Seille, il se réserve de *faucher les foins et regains de la partie du halage, à perpétuité, et comme par le passé* »; que les fermiers prennent l'engagement dans tous ces actes « de planter annuellement dix saules dans les clôtures qui séparent le pré des fonds voisins, de les entretenir en bon état, ainsi que les fossés et le buisson pour clore spécialement la partie joignant le chemin de halage »; qu'il résulte des délibérations mêmes du conseil municipal que les propriétaires ou leurs fermiers ont récolté le regain au moins tous les deux ans, et chaque fois que l'année a été pluvieuse; que le nom même du *Pré Bouché*, les indications du cadastre qui le représentent entouré d'une ceinture de haies continues et des eaux profondes de la Seille, l'ancienneté des clôtures et les stipulations énoncées démontrent suffisamment que, séparé de la prairie commune et placé sous un régime différent, il n'a jamais été livré à la vaine pâture; qu'il faut donc tenir pour abusives les entreprises des habitants, qui se sont produites pour la première fois en 1871, et maintenir le respect dû aux propriétés fermées;

Qu'au surplus le système de la commune suffirait seul à contredire ses prétentions; que la loi du 6 octobre 1791, sur laquelle elle s'appuie, en tolérant provisoirement la vaine pâture, n'a point entendu, il est vrai, porter atteinte aux droits acquis, mais que ces droits ne peuvent reposer que sur un titre, sur la loi ou sur un usage local immémorial, et sous la réserve de pouvoir se clore;

Que la commune n'excipe d'aucun titre particulier;

Que le droit qu'elle prétend tirer de la loi n'est pas mieux fondé;

Que si, comme l'attestent les documents historiques les plus autorisés, le village de Bantanges dépendait de la châtellenie de Cuisery, régie par le droit écrit, il est certain que, sous l'empire de la loi romaine, la vaine pâture ne s'est jamais exercée qu'à titre précaire et de pure faculté; que, dernier vestige de l'ancienne communion des biens, tolérée par le propriétaire tant qu'elle n'était point contraire à ses intérêts, il lui a suffi, pour s'exempter de cette charge, d'en manifester l'intention en isolant sa propriété par une clôture et en récoltant ses regains ;

Qu'ainsi, et alors même que la clôture aurait subi quelques interruptions par l'action du temps, son existence n'en constituerait pas moins une protestation et une défense permanentes contre l'exercice de cette faculté ;

Que la coutume de Bourgogne, en supposant qu'elle puisse être invoquée par la commune, n'est pas plus explicite à cet égard ; qu'elle ne contient aucune disposition formelle sur la matière ; qu'à la vérité, à défaut de dispositions, il est une règle qui paraît se dégager de certains arrêts du Parlement ou des commentateurs les plus accrédités, c'est que *le pré situé en prairie* était soumis à la vaine pâture, à moins que le propriétaire ne justifiât que son pré portait regain ou revivre, en d'autres termes qu'il avait toujours été en possession de récolter la seconde herbe ; qu'à ce point de vue, et en admettant que le *Pré Bouché* eût fait partie de la prairie commune, les habitants auraient encore contre eux la vérité des faits, la disposition des lieux, les actes produits par les propriétaires, et leur jouissance conforme sans contradiction jusqu'alors ;

Que, d'ailleurs, empruntée à des usages locaux, cette règle ne pourrait avoir plus d'efficacité dans l'espèce que ces usages eux-mêmes, et que la commune ne demande même point à prouver qu'avant 1791, le droit dont elle excipe était autorisé sur le pré des intimés par un usage local immémorial ;

Que les faits qui se seraient passés depuis cette époque, ce que démentent dès aujourd'hui le mode actuel d'exploitation et les délibérations même du conseil municipal, fussent-ils établis, n'emporteraient aucun droit au profit de la commune, puisque la vaine pâture est une servitude discontinue, et qu'aux termes de l'art. 691, C. civ., la possession, même la plus prolongée, ne saurait la constituer ;

Qu'au reste, il est constant au procès, qu'avant comme après 1791, le pré des intimés n'a jamais été ouvert au bétail

ni après la première, ni après la seconde herbe, et que, si quelques dégradations, quelques brèches accidentelles peuvent être signalées dans la haie ou les fossés qui l'environnent, ces brèches ou ces dégradations importent peu, puisqu'il est reconnu que le fonds était franc et libre de tout vain pâturage ;

Qu'il n'y a donc lieu de s'arrêter ni aux conclusions subsidiaires, ni aux conclusions plus subsidiaires de l'appelante ;

Sur la demande en dommages-intérêts formée par les intimés :

Attendu que si les faits de pâturage, dont ils se plaignent, constituent des contraventions imputables à certains habitants, ce n'est point en leur propre et privé nom, mais en vertu d'un droit collectif qu'ils prétendaient appartenir à la communauté, que les contrevenants ont agi ; que, dans les délibérations nécessaires pour obtenir l'autorisation de plaider, le conseil municipal a pris leur fait et cause ; que la commune poursuit l'instance elle-même ; qu'elle a ainsi accepté la responsabilité des entreprises qu'elle a encouragées ; que c'est donc à elle à réparer le préjudice causé par le fait de l'autorité municipale aux propriétaires ou fermiers du *Pré Bouché;*

Attendu que vainement elle oppose à leur action civile la prescription de trois mois édictée par la loi du 6 octobre 1791 (tit. II, art. 12); qu'il ne s'agit point, dans l'espèce, du délit rural d'abandon des animaux sur le terrain d'autrui; qu'il s'agit de leur introduction volontaire, prévue et punie par l'art. 479, n° 10, C. pén.; que la prescription étant fixée, dans ce cas, à une année à compter du jour de la contravention, cette prescription a été valablement interrompue, sinon par la délibération de la commission administrative des hospices de Louhans, du 8 août 1871, du moins par l'arrêté d'autorisation du Conseil de préfecture du 12 mai 1872 et la citation du 18 juin qui l'a suivi; que non seulement il ne s'est point écoulé une année depuis les faits commis pendant l'été de 1871, mais que de nouvelles contraventions ont eu lieu en 1872, avant et après la décision des premiers juges, et que c'est avec raison que les intimés demandent une nouvelle indemnité pour le dommage causé au mépris de cette sentence; qu'il est juste, dès lors, de leur allouer une somme égale à celle accordée par le tribunal, et dans la proportion adoptée par le jugement dont est appel ;

Par ces motifs, etc.

CASSATION, Ch. civ. — 23 avril 1873.
(Comm. d'Althen-les-Paluds c. Bonot.)

I, 176.

S'il y a contestation sur l'existence ou l'interprétation d'un acte administratif, le juge du possessoire doit surseoir jusqu'à ce que l'autorité administrative ait décidé.

ARRÊT

LA COUR : — Vu la loi des 16-24 août 1790, tit. II, art. 13, et celle du 16 fructidor an III :

Attendu que la commune d'Althen a soutenu, par forme de fin de non-recevoir, que les fossés litigieux étaient imprescriptibles, comme faisant partie de deux chemins classés parmi les chemins vicinaux par arrêté du préfet de Vaucluse du 6 janvier 1847 ;

Attendu que ledit arrêté a fixé la largeur de ces deux chemins à six mètres, fossés non compris ;

Que la commune et son adversaire ne s'accordent point sur la portée de ces dernières expressions, qui, suivant la demanderesse, impliquent l'adjonction des fossés aux chemins, tandis que les défendeurs prétendent le contraire ;

Attendu que l'autorité administrative est seule compétente pour interpréter les actes administratifs ;

Que, dès lors, en accueillant l'action possessoire dont il s'agit, sans que l'autorité administrative eût préalablement interprété l'arrêté de classement du 6 janvier 1847, le jugement attaqué a violé les lois susvisées et commis un excès de pouvoir ;

Casse.

CASSATION, Ch. civ. — 23 avril 1873.
(Captier c. de Vogüé.)

I, 240.

Il n'y a pas cumul du possessoire et du pétitoire, dans le refus par le juge de tenir compte d'un acte de bornage opposé par le défendeur, lorsque la possession et le trouble sont, du reste, surabondamment établis.

ARRÊT

LA COUR : — Sur le deuxième moyen du pourvoi :

Attendu que l'action dont le comte de Vogüé avait saisi le juge de paix de Marcigny, tendait à son maintien dans la possession exclusive du droit de prendre les eaux découlant des fonds supérieurs, ainsi que du fossé servant à leur écoulement, et par suite au rétablissement des lieux en l'état conforme à cette possession ;

Attendu que Captier n'a pas contesté que cette action a été formée dans l'année du trouble ; qu'il n'a pas non plus contesté la possession alléguée par de Vogüé ; qu'il s'est uniquement prévalu d'un aveu ou reconnaissance de son adversaire, fondés sur un prétendu bornage fait en janvier 1870 ;

Attendu que le jugement dénoncé constate que depuis plus d'un an et jour avant l'entreprise de Captier, le comte de Vogüé a eu la jouissance paisible et à titre de propriétaire des eaux et du fossé ; qu'il a curé ce fossé au moyen d'un travail apparent, en rejetant ses terres de son côté ;

Attendu que, en maintenant de Vogüé dans la possession exclusive du droit par lui revendiqué, ledit jugement a écarté l'aveu dont Captier excipait ; qu'il n'a point cumulé le possessoire et le pétitoire, et qu'il a fait une saine application des dispositions qui régissent la matière ;

Rejette.

CASSATION, Ch. req. — 9 juin 1873.
(Cinglant c. Bourge.)

I, 239, 478.

Le propriétaire d'un moulin est recevable à demander au possessoire sa maintenue dans la jouissance exclusive du droit de pêche dans le bief de son moulin.

Le juge de paix peut, sans s'exposer au cumul, consulter les titres dans le but exclusif de caractériser la possession.

Le 9 février 1872, le tribunal d'Avesnes rendait un jugement interlocutoire ainsi motivé :

Attendu que l'appelant justifie, non en invoquant le principe admis par la jurisprudence que le propriétaire d'un moulin est légalement présumé propriétaire et possesseur du cours artificiel qui amène les eaux nécessaires à son usine, mais au moyen d'un titre remontant au 28 mars 1776, que le bief de son moulin lui a été vendu avec les deux ponts qui en dépendent ; — Attendu que-ce titre n'est pas attaqué ; que foi doit donc lui être due ; — Considérant que s'il était attaqué, le tribunal ne pouvant cumuler le pétitoire et le possessoire serait tenu, avant faire droit sur la possession, de renvoyer les parties devant les juges compétents ; — Attendu qu'il est invoqué seulement par l'appelant pour établir le caractère de sa possession du droit de pêche qui est la conséquence de son droit à la propriété du bief ; — Que l'appelant offre, pour justifier de son droit de possession plus qu'annale la preuve de certains faits qui sont pertinents et concluants ; — Infirme ; — Avant faire droit, admet Bourge à prouver tant par titres que par témoins : 1° que c'est lui qui a empoissonné, en 1867, le bief du moulin (il y avait deux ou trois ans que l'usine chômait par suite de la déconfiture du sieur Legrant Wath, les vannes étaient enlevées et le bief à sec) ; 2° qu'il est seul en possession paisible, publique, plus qu'annale du droit de pêche dans ledit bief.

Ce jugement fut suivi, le 18 mars 1872, du jugement définitif suivant :

Attendu qu'il résulte des témoignages entendus que la preuve à laquelle l'appelant avait été admis est atteinte ; — Dit que c'est à bon droit que l'appelant a déclaré prendre pour trouble à sa possession annale du bief dépendant de son moulin le fait par l'intimé d'y avoir pêché le 19 juillet 1871 et la prétention d'avoir le droit d'y pêcher ; maintient l'appelant dans sa possession plus qu'annale de sondit bief et du droit exclusif d'y pêcher ; — Dit que c'est à tort que l'intimé l'y a troublé.

Pourvoi du sieur Cinglant.

ARRÊT

LA COUR : — Sur le moyen unique de cassation, pris de la violation des art. 644 et 2229, C. civ., et des art. 23 et 25, C. pr. :

Attendu que le défendeur éventuel a demandé sa maintenue dans la jouissance exclusive du droit de pêche dans le bief de son moulin, comme conséquence de sa possession plus qu'annale et à titre de propriétaire de ce bief même ;

Attendu que le jugement interlocutoire du 9 février 1872 déclare que le défendeur éventuel a justifié, au moyen d'un titre remontant au 28 mars 1776, que le bief de son moulin a été vendu à son auteur médiat avec les deux ponts qui en dépendent ;

Que ce jugement constate de plus que ce titre n'a pas été attaqué ;

Que, dans ces circonstances, le tribunal d'Avesnes a pu accueillir la complainte possessoire du défendeur éventuel, sans violer les art. 644 et 2229, C. civ. ;

Attendu, d'un autre côté, que le tribunal n'a consulté le titre du 28 mars 1776 que pour apprécier le caractère de la possession dont se prévalait le défendeur éventuel et que le dispositif du jugement définitif du 16 mars 1872 s'est exactement renfermé dans les limites du possessoire, sans juger ni préjuger en rien le fond du droit ;

Que les jugements attaqués n'ont donc pas encouru le reproche d'avoir cumulé le pétitoire et le possessoire ;

Rejette.

TRIB. DE CASTELNAUDARY. — 10 juin 1873.

(Reverdy c. Breffeilh.)

I, 453.

Les jours qui n'ont pu être créés que par une tolérance présumée du voisin ne sauraient être conservés lorsque la propriété du mur dans lequel ils sont établis a cessé d'être exclusive pour devenir commune.

JUGEMENT

LE TRIBUNAL : — Considérant que le sort de la demande reconventionnelle aux fins d'acquisition de la mitoyenneté dépend de la question de savoir si les diverses ouvertures existant au mur dont s'agit et décrites dans le procès-verbal de descente constituent des jours de tolérance ou des servitudes acquises par la prescription trentenaire ;

Considérant qu'aux termes des art. 676 et 677, C. civ., le propriétaire d'un mur non mitoyen joignant immédiatement l'héritage d'autrui a le droit de pratiquer dans ce mur des jours ou fenêtres à fer maillé et verre dormant, établis à 26 décimètres au-dessus du sol pour le rez-de-chaussée, et à 19 décimètres pour les étages supérieurs ;

Considérant que c'est là une servitude légale, ainsi que l'indique la rubrique du Chapitre, établie par le législateur dans le but de concilier, au point de vue des intérêts publics et privés, le droit du propriétaire du mur avec celui du propriétaire de l'héritage contigu, en restreignant le droit du propriétaire du mur à l'établissement de ces ouvertures réglementées d'avance, à peu près inoffensives, et en obligeant le voisin à les souffrir ;

D'où il suit que l'un, en exerçant la servitude *jure dominii*, ne faisant aucune contradiction aux droits de son voisin, et l'autre la subissant de par la loi, il ne peut en résulter aucune prescription, et qu'en conséquence, par aucun laps de temps, l'existence des jours ou fenêtres à fer maillé, à verre dormant et aux hauteurs prescrites par les art. 676 et 677 précités, ne saurait prévaloir sur le droit que confère au propriétaire de l'héritage joignant l'art. 661, C. civ., et faire obstacle à l'acquisition de la mitoyenneté ;

Considérant qu'il en est autrement des ouvertures établies en dehors des conditions des art. 676 et 677, parce que ces ouvertures, qu'elles soient de simples jours n'ayant d'autre utilité que d'éclairer et aérer les appartements, ou bien des fenêtres au moyen desquelles l'homme peut regarder à l'extérieur, constituent des servitudes apparentes et continues, en force des dispositions de l'art. 688, C. civ., qui met expressément les vues au nombre de ces servitudes ;

Considérant qu'aux termes de l'art. 690 dudit Code, les servitudes continues et apparentes s'acquièrent par la prescription ;

Que, toutefois, il est de règle évidente que la possession à l'effet de les acquérir doit réunir toutes les conditions requises par les art. 2229 et suiv., C. civ., pour toute possession à l'effet de prescrire ;

Que tout particulièrement les ouvertures de vue et de jour pouvant être souvent, de la part du propriétaire joignant, le résultat de la familiarité et des rapports de bon voisinage ou même de son inattention, il est nécessaire qu'en pareille matière la possession soit manifestement exempte de précarité et d'équivoque ;

Considérant que, dans la vérification de la précarité, on ne doit point suivre la doctrine d'après laquelle toutes les ouvertures établies en dehors des conditions desdits art. 676 et 677, c'est-à-dire toutes celles non garnies en fer maillé et verre dormant, etc., etc., sont purgées, de plein droit, de tout caractère de tolérance, et que, par cela seul qu'elles ne répondent pas aux prescriptions de ces articles, elles constituent une véritable entreprise qui, par sa contradiction au droit du propriétaire voisin, l'interpelle énergiquement d'en demander la suppression en temps utile ;

Qu'une pareille théorie doit être rejetée comme entraînant, pour les servitudes de vue et de jour, une dérogation aux principes généraux de la prescription (art. 2229 et 2232, C. civ.), dérogation qui ne se trouve pas dans la loi, et que c'est seulement dans ces derniers articles et non dans les art. 676 et 677 qu'il faut chercher les règles pour apprécier si la possession d'une ouverture donnant jour ou vue est exempte de précarité ;

Considérant que, d'après l'interprétation la plus rationnelle dudit art. 2232, et qui est généralement adoptée, on doit ranger dans la classe des actes de pure tolérance que l'on se permet par suite des relations de bon voisinage ceux qui ont pour but d'user d'une chose d'autrui en prenant la précaution de ne lui causer aucun préjudice ou le moins de préjudice possible, et les actes qui s'exercent par des travaux d'un caractère passager ne présentant pas des signes permanents et à perpétuelle demeure ;

Considérant que, de l'application de ces règles aux ouvertures décrites dans le procès-verbal de descente, découlent naturellement les solutions recherchées ;

Considérant, en effet, relativement aux ouvertures du premier et du deuxième étage, que s'il est vrai de reconnaître qu'elles constituent des servitudes continues et apparentes, elles n'ont pu néanmoins donner lieu à la prescription, parce que leur disposition ne permettant pas de projeter la vue sur le patus, et étant de simples moyens d'éclairement et d'aération, qui ne causent aucun préjudice au voisin, ces ouvertures doivent être réputées de pure tolérance, d'autant que le mode de leur construction, offrant un caractère passager et provisoire, ne révèle aucunement l'étendue du droit que la demoiselle Reverdy prétend en faire résulter;

Considérant qu'il en est différemment des ouvertures du rez-de-chaussée où tout exclut la tolérance et la précarité;

Qu'en effet, le signe permanent et à perpétuelle demeure résultant de l'encadrement en pierres de taille, manifestait suffisamment l'intention de posséder, d'une manière non point passagère et provisoire, mais permanente et à toujours, c'est-à-dire *animo domini*;

Qu'en outre, la hauteur à laquelle ces ouvertures se trouvent placées permettant que l'homme puisse, dans la position ordinaire, sans efforts et sans avoir besoin de moyens artificiels, projeter ses regards sur le patus du sieur Breffeilh, il s'ensuit la contradiction la plus irritante aux droits de ce dernier et l'interpellation la plus énergique de faire cesser une entreprise de vue, c'est-à-dire l'entreprise la plus importune pour le propriétaire voisin;

Considérant que, vainement, le sieur Breffeilh voudrait tirer la précarité de ce que, de tout temps, dans l'usage et la pratique, les soupiraux de cave ont été considérés comme des jours de tolérance, quelle que fût leur hauteur, usage fondé sur l'impossibilité de donner toujours aux voûtes des caves une hauteur suffisante pour placer les jours hors d'aspect;

Que, dans l'espèce, s'agissant non point d'une cave, mais bien d'un rez-de-chaussée au-dessus duquel le plancher pouvait être élevé à volonté, la présomption de tolérance invoquée est tout à fait inapplicable;

Considérant, dès lors, que les ouvertures du rez-de-chaussée dont s'agit, constituant des servitudes continues et apparentes, et leur possession trentenaire qui est reconnue par les parties réunissant toutes les conditions pour prescrire, d'ailleurs exempte de précarité et de tout caractère de tolérance, il y a lieu de déclarer que la demoiselle Reverdy a acquis par prescription le droit de les conserver, droit qui fait obstacle à l'acquisition de la mitoyenneté sollicitée par le sieur Breffeilh;

Par ces motifs, etc.

———

CASSATION, Ch. réq. — 1ᵉʳ juillet 1873. (Cassagne c. Gaillouste.)

I, 162, 244.

Pour déterminer le caractère et la nature de la possession d'un chemin, le juge peut consulter les titres d'acquisition des fonds riverains, le cadastre et l'état de classement des chemins ruraux. Il n'y a pas là cumul du possessoire et du pétitoire.

ARRÊT

LA COUR : — Sur le premier moyen, pris de la violation de l'article 691, C. civ. :

Attendu que l'action en complainte, formée par les défendeurs éventuels, avait pour objet de les faire maintenir dans la possession du droit de passage *sur le chemin de service*, auquel confronte, du côté du couchant, la parcelle n° 745 qui leur appartient;

Attendu qu'il est de principe que l'exercice du droit de passage sur un chemin rural ou d'exploitation, établi entre les terrains appartenant à des propriétaires différents, et dont le sol n'a été compris dans les limites d'aucun des fonds limitrophes, peut constituer une possession à titre de copropriété du chemin et donner lieu à l'action possessoire;

Et attendu, en fait, que le jugement définitif de première instance et le jugement attaqué qui l'a confirmé, constatent que le chemin est indiqué dans des titres d'acquisition de fonds riverains comme limite de ces fonds; qu'il figure comme chemin public sur le plan cadastral de la commune de Saint-Jean-de-Thurac et qu'il est porté sous la désignation de chemin du Carrelot sur l'état des chemins ruraux de la commune;

Qu'il résulte de plus de la copie du plan cadastral, jointe à la requête, que ce chemin, qui communique à la route d'Agen à Toulouse et au chemin de Mounier à Treil, ne porte pas de numéro, ce qui indique qu'il n'est pas imposé à la contribution foncière;

Attendu que l'article 691, C. civ., n'était pas applicable à la situation de fait ainsi constatée; que le moyen manque donc de fondement;

Sur le second moyen, pris de la violation de l'article 25, C. pr. civ. :

Attendu que le jugement attaqué constate que les défendeurs éventuels étaient, depuis plus d'an et jour, en possession du droit de passer sur le chemin litigieux pour le service et l'exploitation des différentes parties de leur propriété ;

Qu'il se fonde, pour les y maintenir, tant sur la nature et la destination du chemin, que sur les documents de la cause ; que, s'il déclare que la copropriété du chemin était comprise dans l'acquisition de la parcelle n° 745, et que, comme copropriétaires du chemin, les défendeurs éventuels ont pu l'utiliser pour l'exploitation des autres parcelles qu'ils possèdent, il ne le fait qu'au point de vue de leur possession et pour mieux encore en déterminer le caractère ;

Que le jugement attaqué n'a d'ailleurs statué, dans son dispositif, que sur le possessoire ; qu'il suit de là que le reproche fait à ce jugement d'avoir cumulé le pétitoire et le possessoire n'est pas fondé ;

Rejette.

CASSATION, Ch. req. — 4 août 1873.

(Calvès c. Pazat et Plaziac.)

I, 65, 121, 234.

La destruction totale ou partielle d'un barrage établi dans le lit d'un cours d'eau, peut donner lieu à l'action en complainte. Et, dans cette action, le défendeur n'est pas admis à soutenir qu'il n'a fait qu'user de son droit à l'usage de l'eau.

A l'encontre de l'usinier, l'action possessoire est recevable de la part des riverains qui ont acquis des droits sur le canal ou ses francs-bords.

Du 20 août 1872, jugement du tribunal de Bergerac ainsi motivé :

Attendu que Pazat et Plaziac possèdent deux parcelles de pré séparées du ruisseau de Lonjean par une parcelle de pré appartenant à Guerlon ; — Attendu qu'il résulte des constatations faites par le premier juge qu'il existe, dans le lit de Lonjean, un batardeau construit en maçonnerie, au moyen duquel, à l'aide de planches liées entre elles, on fait dévier les eaux dans un fossé qui traverse le pré de Guerlon, et on les conduit dans les prés des demandeurs pour servir à leur arrosement ;

— Attendu que Pacher et Calvès ne nient pas que, depuis plus d'un an et jour, les demandeurs font arroser leurs parcelles de pré au moyen du batardeau et du fossé dont il vient d'être parlé, et qu'ils reconnaissent également la vérité du fait qui leur est reproché, à savoir qu'ils ont, dans le but de faire arriver l'eau à leur moulin, enlevé du batardeau les planches qui dérivent l'eau dans le fossé dont s'agit, fait sur lequel les demandeurs fondent leur action en maintenue possessoire ; — Attendu que le fait reproché étant ainsi reconnu, il y a simplement lieu d'apprécier s'il constitue un trouble à la possession des demandeurs à raison duquel une condamnation puisse être prononcée contre Pacher et Calvès ; — Attendu qu'il est de jurisprudence qu'un droit d'irrigation de la nature de celui dont il s'agit au procès peut faire l'objet d'une action possessoire ; — Attendu que la possession annale des demandeurs n'est pas sérieusement contestée ; qu'elle ressort des divers documents de la cause ; qu'il résulte, en effet, des constatations faites sur les lieux, que le batardeau et le fossé par lequel l'eau pénètre dans le pré des demandeurs ont une existence plus qu'annale ; — Attendu, d'ailleurs, que M. le juge de paix reconnaît l'existence de cette possession dans son jugement, mais qu'il n'a pas considéré comme un trouble apporté à cette possession pouvant servir de base à une condamnation, l'enlèvement des planches qui empêchaient l'eau d'arriver au moulin, parce qu'en faisant cet enlèvement les défendeurs exerçaient eux-mêmes sur l'eau dont il s'agit un droit dont ils étaient également en possession ; — Attendu qu'aux termes de la jurisprudence en cette matière, le défendeur ne peut contester l'utilité de son communiste en invoquant son propre droit sur les eaux ; que c'est là cumuler le pétitoire et le possessoire ; — Attendu que, reconnaissant la possession des demandeurs, M. le juge de paix devait décider qu'en supprimant le barrage dont ils étaient en possession annale, les défendeurs les avaient troublés dans cette possession et, par suite, faire droit à la demande en maintenue possessoire de Pazat et de Plaziac ; — Maintient Pazat et Plaziac dans leur possession de la prise d'eau qu'ils exercent pour l'irrigation de leurs prés sur le ruisseau de Lonjean au moyen d'un fossé de dérivation et du barrage dont l'existence est constatée ; condamne les intimés chacun en 10 fr. de dommages-intérêts.

Pourvoi du sieur Calvès.

ARRÊT

LA COUR : — Sur le second moyen, pris de l'incompétence et de la violation des art. 23 et 25, C. pr. civ. :

Attendu que le jugement attaqué constate que les défendeurs éventuels, propriétaires de deux parcelles de pré, séparées du ruisseau de Lonjean par une pièce de pré appartenant au sieur Guerlon, étaient lors de l'introduction de l'action en complainte, en possession depuis au-delà d'an et jour, du droit d'irriguer leurs propriétés au moyen d'un barrage en maçonnerie établi dans le lit du ruisseau et d'un fossé qui traverse le pré de Guerlon ;

Que ce droit d'usage ou de jouissance, attaché comme accessoire utile à des fonds de terre et qui s'exerçait au moyen d'ouvrages permanents, était susceptible de faire l'objet d'une possession *animo domini* et, par suite, d'une action possessoire ;

Que le jugement déclare, d'un autre côté, que le demandeur a fait obstacle à l'exercice du droit des défendeurs éventuels, en enlevant du barrage les planches servant à faire entrer l'eau dans le fossé d'irrigation ;

Attendu que le défendeur à une action possessoire, qui reconnaît le trouble de possession dont se plaint le demandeur, n'est pas admis à se justifier en soutenant qu'il n'a fait qu'user de son droit ; que c'est au pétitoire seulement qu'il peut faire valoir les droits contraires à la possession du demandeur, qu'il prétendrait faire résulter de la loi ou de titres particuliers ;

Qu'il suit de là que le premier juge avait méconnu sa compétence en renvoyant les parties au pétitoire pour y faire régler leurs jouissances respectives, et que c'est à bon droit que la sentence a été infirmée par le juge d'appel ;

Attendu que le jugement attaqué s'est strictement renfermé dans les limites du possessoire, et qu'en accueillant dans les circonstances indiquées ci-dessus la complainte possessoire des défendeurs éventuels, le tribunal de Bergerac n'est pas sorti de ses attributions comme juge d'appel en matière possessoire ;

Qu'il résulte de tout ce qui précède que le jugement attaqué n'a violé aucun des textes de loi visés par le pourvoi ;

Rejette.

CASSATION, Ch. req. — 12 août 1873.
(Barbe c. Comm. de Gauriac.)

I, 175.

Les terrains incorporés au domaine public municipal par arrêté du préfet por-
tant reconnaissance et fixation de la largeur d'un chemin vicinal, ne peuvent faire l'objet, de la part des riverains, d'actions possessoires tendant à se faire réintégrer ou maintenir dans la possession de ces terrains.

ARRÊT

LA COUR : — Sur le moyen de cassation, pris, dans l'une de ses branches, de la violation de l'art. 16 de la loi du 21 mai 1836, et de la fausse application de l'art. 15 de cette loi :

Attendu qu'aux termes de l'art. 15 de la loi citée, et sauf la modification apportée aux dispositions de cet article et de l'art. 16, par l'art. 2 de la loi du 8 juin 1864, les arrêtés des préfets portant reconnaissance et fixation de la largeur d'un chemin vicinal, attribuent définitivement au chemin le sol compris dans les limites qu'ils déterminent ;

Qu'il suit de là que les terrains ainsi incorporés au domaine public municipal ne peuvent plus faire l'objet, de la part des propriétaires riverains, d'actions possessoires tendant à se faire réintégrer ou maintenir dans la possession de ces terrains ;

Et attendu qu'il résulte tant des énonciations de l'état supplémentaire des chemins vicinaux de la commune de Gauriac, dans lequel le chemin litigieux figure sous le n° 7, que des termes mêmes de l'arrêté préfectoral du 15 mars 1870, que cet arrêté n'a eu pour objet que le classement, comme chemin vicinal, d'un chemin public préexistant et ayant une largeur de deux mètres ;

Que la délibération du conseil municipal, en date du 7 mars précédent, constate que les publications prescrites pour le classement des chemins vicinaux ont été faites et qu'il n'a été formé aucune opposition au classement du chemin litigieux avec une largeur de 6 mètres ;

Que, de plus, il résulte d'une délibération antérieure du 2 janvier 1870 produite par les demandeurs, que ce chemin est indiqué et tracé jusqu'au fleuve sur le plan cadastral de la commune, fait qui n'a pas été contredit ;

Qu'il n'appert pas, d'ailleurs, des qualités du jugement attaqué que les demandeurs aient offert de prouver, soit qu'ils étaient dans le cas prévu par l'art. 2 de la loi du 8 juin 1864, soit qu'il n'existait pas, avant l'arrêté du 15 mars 1870, de chemin public longeant leur propriété et susceptible d'être déclaré vicinal;

Que, dans cet état des faits et alors que les demandeurs ne concluaient pas au sursis à l'effet de faire statuer par l'autorité compétente sur la question de propriété de l'intégralité du sol du chemin litigieux, ou sur celle de son existence comme chemin public, antérieurement à l'arrêté de classement, le jugement attaqué a pu et dû prendre cet arrêté avec son caractère, tout au moins apparent, et par suite faire application à la cause de l'art. 15 de la loi du 21 mai 1836;

Attendu aussi qu'il résulte des documents de la cause que la commune n'a jamais contesté aux demandeurs le droit à une indemnité de dépossession de la portion de leur jardin incorporée au chemin et que le litige n'a pas porté sur ce point;

Rejette.

CASSATION, Ch. req. — 18 nov. 1873. (Budin c. Petit.)

I, 557, 582, 588, 590.

Commet une voie de fait donnant ouverture à la réintégrande, le maire d'une commune qui fait détruire par son garde champêtre un barrage dont la détention paisible et publique appartient à un particulier.

Une action introduite sous forme de complainte peut valablement être convertie en réintégrande au cours de l'instance, sans que l'on puisse prétendre que la demande originaire a été remplacée par une demande toute différente dans sa cause et dans son objet.

Du 17 juillet 1872, jugement du tribunal d'Arbois ainsi motivé:

Attendu que, par sa citation du 15 novembre 1871, la dame Petit a exposé que, de tout temps, les propriétaires du pré, appelé Pré-Monsieur, qu'elle possède actuellement au territoire de Vadaus, ont exercé une servitude de prise d'eau sur le ruisseau de la levée qui le borde, et qu'en 1863 la baronne Delort, son auteur immédiat, avait, à la suite d'une autorisation de l'administration, fait établir, pour l'irrigation de ce fonds, un barrage en maçonnerie dans le fossé dépendant du chemin de grande communication, n° 9, de Salines à

Pierre, et servant de lit audit ruisseau; qu'elle a énoncé ensuite qu'elle jouissait elle-même paisiblement, depuis le décès de cette dernière, et notamment, depuis l'an et jour, de la prise d'eau dont il s'agit, lorsqu'au mois de mars 1871, le barrage destiné à opérer la retenue nécessaire pour l'arrosage, avait été renversé en partie par les troupes allemandes; qu'elle s'était hâtée de rétablir cet ouvrage; mais que, dans les premiers jours de juillet suivant, le sieur Budin l'avait détruit de nouveau, dans le but présumé de faire arriver la totalité des eaux du ruisseau sur un pré qu'il possède au-dessous du sien, et avait, par là, apporté un trouble à sa possession annale; que, sur cet exposé, la demanderesse a conclu « à être maintenue dans la jouissance de sa prise d'eau et du barrage qui en est une partie intégrante et indispensable », puis à ce que le sieur Budin fût condamné « à rétablir les lieux dans l'état où ils se trouvaient avant le trouble et à lui payer 1,000 fr. à titre de dommages-intérêts »; que le défendeur ayant, devant le premier juge, contesté les dires de la dame Petit, et nié formellement être l'auteur du fait qu'elle lui reprochait, ce magistrat admit la complaignante à fournir la preuve tant de sa possession annale que du trouble par elle articulé; qu'après les enquêtes reçues, et alors que la cause fut reportée à l'audience, la dame Petit posa de nouvelles conclusions qui tendaient, soit à la maintenue dans la possession, soit à la réintégrande, et que la sentence définitive qui intervint le 20 janvier 1872, la débouta de ses fins et conclusions, en déclarant l'action en réintégrande non recevable, et l'action en complainte mal fondée; — Attendu que, pour que la complainte puisse être exercée, il faut que la possession qui lui sert de base apparaisse exempte de tout vice de précarité, de clandestinité ou de violence, qu'elle soit non équivoque, et que, de plus, elle ait duré d'une manière continue et non interrompue, pendant le laps de temps fixé par l'art. 23, C. pr., c'est-à-dire pendant une année au moins; que la réintégrande, au contraire, n'exige, pour son admission, ni une possession annale, ni une possession qui réunisse tous les caractères indiqués par l'art. 2229, C. civ.; qu'elle requiert seulement, dans la personne de celui qui l'intente, une détention purement matérielle, publique, paisible, au moment de la perpétration de l'acte reproché, et suppose, en outre, non pas seulement un simple trouble, mais une dépossession par violence ou voie de fait; — Mais attendu que le juge du possessoire peut et doit prononcer sur les conclusions rectificatives et additionnelles qui ont pour objet la possession; que la dame Petit avait expressément demandé, lors des débats qui ont précédé le jugement définitif attaqué, de même qu'elle l'a fait ensuite devant le tribunal d'appel, à être réintégrée dans sa détention et jouissance, pour le cas où la complainte par elle formée et dans laquelle elle déclarait persister, ne pourrait être accueillie, faute de possession annale; qu'elle avait, sans nul doute, la faculté de modifier ainsi ses conclusions originaires, puisque le défendeur était présent, et que les deux actions qu'elle déférait au juge, bien que soumises chacune à des conditions de possession entièrement différentes, ont l'une et l'autre pour but la restitution du possesseur dépouillé; qu'elle aurait même régulièrement pu, à l'audience, se désister tout à fait de sa complainte et la convertir en réintégrande; que l'intimé, en faisant détruire l'ouvrage de maçonnerie exécuté sur les fondations de l'ancien barrage de l'appelante, a certainement commis un acte attentatoire, dans une certaine mesure, à l'ordre et à la paix publique, et que sa qualité de maire et l'intérêt administratif dont il a excipé en première instance, ne l'autorisaient pas à accomplir; que la possession de la dame Petit n'était pas, du reste, le résultat d'un fait violent ou clandestin; que tous les éléments exigés par la loi pour l'admission de la réintégrande se rencontraient donc dans l'espèce; d'où la conséquence que c'est à tort que le premier juge a repoussé cette action, soit par le motif que l'appelante avait, dans le principe, uniquement basé sa demande sur une possession annale et pris des conclusions qui ne pouvaient convenir qu'à la complainte, soit en refusant d'envisager comme une véritable voie de fait la suppression du barrage établi en mai 1871; qu'il y a lieu, dès lors, de réformer, de ce chef, sa sentence, en ordonnant que l'appelante sera réintégrée dans la possession dudit barrage, et en condamnant l'intéressé à le rétablir dans l'état où il était avant le mois de juillet dernier, etc.

Pourvoi du sieur Budin.

ARRÊT

LA COUR : — Sur le premier moyen, pris de la violation de l'art. 23, C. pr., et des règles générales en matière d'actions possessoires :

Attendu que l'action possessoire intentée par la dame Petit, défenderesse éventuelle, avait pour objet de faire condamner le demandeur à rétablir le barrage faisant partie de sa prise d'eau d'irrigation, qu'elle lui reprochait d'avoir détruit ou fait détruire;

Que la démolition de ce barrage constituait un fait de dépossession par violence ou voies de fait, donnant ouverture contre son auteur à une action en réintégrande;

Que la dame Petit n'a introduit au procès aucune cause nouvelle de demande, et que, dans ces conditions, elle a pu, même après l'exécution du jugement interlocutoire qui l'avait admise à faire preuve de la possession plus qu'annale de sa prise d'eau, dans laquelle elle demandait à être maintenue, conclure encore, par voie de réintégrande, à être rétablie provisoirement dans la possession de fait du barrage;

Qu'en restreignant, en ce sens, ses premières conclusions, elle n'a point substitué à sa demande originaire une demande toute différente de celle-ci dans sa cause et dans son objet;

Attendu, d'ailleurs, que loin d'avoir confondu les conditions d'admission de l'action en complainte et de celle en réintégrande, le jugement attaqué a, au contraire, appliqué à chacune de ces actions les règles qui lui sont propres, et qu'ainsi il ne peut avoir violé l'art. 23, C. pr., et les règles générales en matière d'actions possessoires;

Sur le deuxième moyen, pris de la violation de l'art. 23, C. pr., et des conditions constitutives de l'action en réintégrande :

Attendu que toute possession actuelle, même de pur fait, peut donner lieu à l'action en réintégrande, à la seule condition qu'elle ne soit ni clandestine, ni violente;

Qu'il est déclaré, en fait, par le jugement attaqué que la défenderesse éventuelle était en possession paisible et publique du barrage faisant partie de sa prise d'eau d'irrigation, et que le demandeur a fait détruire ce barrage par le cantonnier et le garde champêtre de la commune;

Attendu que le demandeur ne peut se disculper de cette voie de fait en se prévalant de l'intérêt de la commune pour la conservation duquel il prétend avoir agi;

Qu'ainsi le jugement a fait, aux faits de la cause, une juste application des règles relatives à l'action en réintégrande;

Rejette.

———

CASSATION, Ch. req. — 5 janv. 1874.
(Comm. de Maurens c. Loze.)

I, 126, 128, 129.

Les chemins d'exploitation sont réputés appartenir en commun aux propriétaires des héritages qu'ils bordent ou traversent.
La jouissance de ces sortes de chemins s'exerçant à titre de copropriété, peut être protégée par la complainte.

ARRÊT

LA COUR : — Sur le moyen unique,

tiré de la violation des art. 23 et 25, C. pr., 688, 691, 2229 et 2232, C. civ. :

Attendu qu'il résulte des termes de la citation introductive d'instance et des conclusions prises par le défendeur éventuel Loze aux deux degrés de juridiction, que l'action par lui soumise au juge de paix de Villambard avait pour objet de se faire maintenir, non point dans l'exercice d'une simple servitude de passage sur le terrain d'autrui, mais dans la jouissance d'un chemin de service ou d'exploitation rurale, dépendant d'une pièce de terre à lui appartenant;

Que le jugement attaqué constate que ce chemin, tracé d'une manière régulière et ayant une largeur d'au moins deux mètres, traverse et dessert une suite de fonds appartenant à des propriétaires différents; qu'il aboutissait par l'une de ses extrémités au chemin de Maurens à Labayne, et par l'autre à la place de l'Eglise, en traversant le terrain d'environ dix ares que la commune demanderesse a acquis d'un sieur Mathieu, suivant acte de vente du 22 décembre 1859; enfin, que ce chemin est indiqué dans plusieurs titres, et notamment dans cet acte de vente;

Que le jugement constate également que ce chemin, qui donnait accès sur la place publique, a été barré dans le courant de l'année par un mur que la commune a fait élever sur la ligne séparative de la pièce de terre du défendeur éventuel et du terrain acquis de Mathieu;

Attendu, en droit, que les chemins d'exploitation rurale qui desservent une suite de fonds sont présumés, à raison de leur origine et de leur destination, appartenir en commun aux différents propriétaires dont ils bordent ou traversent les fonds;

Que la jouissance d'un chemin de cette nature, s'exerçant à titre de copropriété ou de communauté, peut former l'objet d'une action possessoire;

Attendu aussi que le défendeur éventuel avait formellement allégué que, depuis plus d'un an et jour avant l'introduction de la demande, il avait joui paisiblement et publiquement du chemin litigieux pour l'exploitation de sa propriété; que la commune non seulement n'a pas contesté ce fait, mais l'a même implicitement reconnu, en se

bornant à soutenir que la jouissance invoquée par le défendeur éventuel, n'étant que l'exercice d'une servitude de passage à l'appui de laquelle il ne rapportait aucun titre, ne pouvait donner lieu à une action possessoire;

Que, dans ces circonstances, la commune demanderesse ne peut se faire un grief de ce que le tribunal de Bergerac aurait accueilli l'action formée contre elle sans même constater le fait de la possession annale invoquée par le défendeur éventuel;

Qu'il suit de là qu'en admettant cette action et en condamnant la demanderesse à démolir la portion du mur qui barrait le chemin litigieux, le jugement attaqué, loin d'avoir violé les textes de la loi visés par le pourvoi, a fait, au contraire, une saine application des principes de la matière;

Rejette.

———

CASSATION, Ch. req. — 7 janvier 1874.
(Jarry c. Boreau.)

I, 227, 244.

La construction élevée sur tout ou partie d'une cour commune dont l'usage devient ainsi impossible, donne aux autres copropriétaires le droit de se faire maintenir en possession de la cour libre de toute entrave.

Le juge du possessoire peut se reporter aux règles plus spéciales à la propriété, pourvu qu'il ramène ces considérations à la possession qui doit rester l'objet principal de son examen.

Du 1er avril 1873, jugement du tribunal de Versailles ainsi motivé :

En la forme, reçoit Jarry appelant du jugement rendu contre lui, le 30 juillet 1870, par le juge de paix du canton de Poissy; — Au fond : — Attendu qu'un mois environ avant le 23 juin 1870, date de l'exploit introductif d'instance, Jarry a élevé une construction sur partie d'un terrain dont les intimés (Boreau et autres) se prétendent propriétaires avec lui; — Attendu qu'ils soutiennent avoir possédé en cette qualité ledit terrain, soit par leurs auteurs, soit par eux-mêmes, pendant de longues années, sans interruption, jusqu'au moment de l'entreprise de leur adversaire; — Attendu qu'il s'agit, dans l'espèce, non d'une servitude de passage, mais de la possession revendiquée par les intimés comme propriétaires communistes d'une portion de cour servant de passage; — Attendu que suivant le plan cadastral dressé en 1821, le terrain litigieux est une dépendance de la cour commune ; — Attendu qu'un acte reçu par Mᵉ Mahé-Desroziers, notaire, le 25 février 1825, contenant bail à rente au profit des époux Pierre-François Augé, auteurs de l'appelant, et produit par ce dernier, désigne ce même terrain sous le nom de passage commun, et réserve aux bailleurs le droit d'user dudit passage pour arriver à leur pièce de terre ; — Attendu qu'au point de vue possessoire l'acte de partage de 1778 ne saurait prévaloir sur l'acte beaucoup plus récent de 1825 ; — Attendu, d'ailleurs, que les énonciations dudit acte de partage paraissent inexactes en ce qui concerne les tenants et aboutissants du fournil ; — Attendu que de mémoire d'homme les intimés ou leurs auteurs ont toujours possédé comme passage commun le terrain sur lequel Jarry a élevé, en 1870, une construction d'un mètre d'épaisseur ; — Attendu que ce fait est établi plus qu'à suffire par l'enquête et la contre-enquête auxquelles s'est livré le premier juge ; — Attendu qu'il résulte de ce qui précède que l'action en complainte de Boreau et de la veuve Morin est bien fondée ; — Par ces motifs, confirme.

Pourvoi du sieur Jarry.

ARRÊT

LA COUR : — Sur le moyen unique, pris de la violation des art. 23 et 25, C. pr., et du cumul du pétitoire et du possessoire :

Attendu que le jugement attaqué, se fondant sur l'enquête et la contre-enquête auxquelles a procédé le premier juge, constate l'existence, en fait, de la possession dont se prévalaient les défendeurs éventuels, demandeurs en complainte ;

Que l'on ne peut donc reprocher à ce jugement d'avoir fondé sa décision sur des motifs tirés exclusivement du fond du droit ;

Attendu que si le tribunal de Versailles a examiné les titres des parties et consulté le plan cadastral de la commune, il ne l'a fait, ainsi que cela résulte de l'ensemble des motifs de son jugement, que pour apprécier, au point de vue possessoire, et en laissant entière la question du pétitoire, la qualité en laquelle les défendeurs éventuels avaient joui du passage en litige ;

Attendu, d'un autre côté, que le jugement attaqué n'attribue pas aux défendeurs éventuels, comme le prétend le pourvoi, la possession immémoriale du terrain litigieux comme passage commun ; que la sentence du juge de paix qu'il confirme purement et sim-

plement, se borne à déclarer que c'est à bon droit que Boreau et la veuve Morin prennent pour trouble à leur possession légale l'entreprise de Jarry ;

D'où il suit que le jugement n'a, sous aucun de ces rapports, contrevenu à la règle qui défend le cumul du pétitoire et du possessoire ;

Rejette.

————

CASSATION, Ch. req. — 7 janvier 1874.
(Liebermann c. Leray.)

I, 239, 241, 244.

Le juge du possessoire peut, sans cumuler le possessoire et le pétitoire, examiner les titres des parties pour apprécier le caractère de la possession au point de vue légal.

ARRÊT

LA COUR : — Sur le moyen unique, pris de la violation ou fausse application de l'art. 2232, C. civ., et des art. 23 et 25, C. pr. :

Attendu que le jugement attaqué déclare que le demandeur a formellement reconnu l'existence, en fait, de la possession alléguée par le défendeur éventuel, prétendant seulement que cette possession s'était exercée, non point à titre de droit, mais à la faveur d'une simple tolérance ;

Que, dans cet état de la contestation, les juges du fond ont pu, sans contrevenir à la règle qui défend le cumul du pétitoire et du possessoire, examiner les titres des parties pour apprécier le caractère de la possession au point de vue légal, et qu'il n'est pas exact de prétendre qu'ils aient fondé leur décision sur des motifs exclusivement tirés du fond du droit ;

Attendu aussi que, dans son dispositif, le jugement attaqué s'est exactement renfermé dans les limites du possessoire ;

Qu'il suit de là que le jugement n'a violé ni faussement appliqué aucun des textes de loi invoqués par le demandeur ;

Rejette.

————

CASSATION, Ch. civ. — 24 février 1874
(Comm. de Vadonville c. Rampont.)

I, 12.

Certains habitants d'une commune sont fondés à se faire maintenir en possession d'un droit à la jouissance personnelle et exclusive d'un bois et de ses produits, si d'anciens usages ont reconnu ce droit pour eux ou leurs auteurs, et s'ils l'ont toujours exercé dans ces conditions et à l'exclusion de tous autres.

Constitue un trouble à cette possession la délibération du conseil municipal qui, modifiant cet état de choses, a réparti les produits entre tous les habitants de la commune sans tenir compte de ces usages.

Le tribunal de Saint-Mihiel a rendu, le 15 mai 1872, un jugement qui confirme les sentences rendues par le juge de paix du canton de Commercy les 16 et 28 décembre 1871, 6 et 27 janvier et 10 février 1872, et s'exprime dans les termes suivants :

Attendu qu'il existe sur le territoire de la commune de Vadonville un bois, dit le bois Baulat, d'une contenance de 45 hectares 44 centiares; qu'il résulte des documents produits que, depuis un temps immémorial, les affouages provenant de ce bois sont répartis chaque année, à l'exclusion de tous autres, entre les habitants de Vadonville, nés dans cette commune ou dans les communes de Sampigny, Grimaucourt et Ménil-aux-Bois, d'une mère étant elle-même née dans l'une de ces localités, et ce, à titre de censitaires; que cette répartition s'est prolongée jusques et y compris l'année 1870; — Attendu que ces répartitions aux censitaires se sont toujours faites avec le concours de l'administration municipale de Vadonville, de son consentement et sous la surveillance de l'administration forestière; — Attendu que toujours les frais de garde et les contributions de ce bois ont été exclusivement et personnellement payés par les censitaires ayant droit à l'affouage; — Attendu que, le 22 janvier 1871, le conseil municipal de Vadonville, tout en reconnaissant l'existence de ce mode de répartition et de jouissance, l'a traité d'abus qu'il fallait faire cesser, et, sans avoir égard aux droits acquis par la possession, a décidé qu'à l'avenir, à commencer par la coupe affouagère de 1871, la coupe annuelle du bois Baulat serait partagée entre tous les habitants de Vadonville indistinctement; — Attendu que, par ce fait, la commune de Vadonville a porté atteinte à la possession des censitaires; que c'est avec juste raison qu'ils ont assigné en trouble la commune de Vadonville; — Attendu que cette action est fondée; qu'en effet, il résulte de tous les documents produits, ce qui est même reconnu par la commune de Vadonville, que, depuis un temps immémorial, les censitaires, personnellement, au nombre desquels se trouvent toutes les parties représentées dans l'instance actuelle, ce qui n'est pas contesté, sont en possession paisible, publique, à titre non précaire, du bois Baulat et de ses produits; que ces produits leur sont délivrés annuellement à l'exclusion de tous autres habitants de Vadonville, à charge par eux de payer les contributions, les frais de garde, d'administration, d'exploitation et de tout ce qui est la conséquence nécessaire de leur possession et de leur jouissance; — Attendu que, pour faire respecter leur possession, les censitaires se présentent à la fois comme propriétaires et comme affouagistes; qu'en cette double qualité leur possession doit être respectée, puisqu'elle est paisible, publique, à titre non précaire, et qu'elle existe dans ces conditions depuis un temps immémorial; — Attendu qu'en rattachant même la possession des censitaires à un simple droit d'affouage sur le bois Baulat, cette possession n'en doit pas moins être respectée; — Attendu qu'en effet, aux termes de l'art. 636, C. civ., l'usage des bois et forêts est réglé par des lois particulières; que les droits d'usage dans ces bois peuvent être acquis à l'aide d'une longue possession réunissant les conditions prescrites par la loi; qu'il ne faut pas appliquer à de pareils droits les règles prescrites pour les servitudes discontinues, puisque ces droits, dans les bois, ne sont pas des servitudes; qu'aussi les lois spéciales de la matière, notamment la loi du 28 ventôse an XI et les art. 78 et 105, C. for., ont-ils attribué à la possession de ces droits les mêmes effets qu'aux conventions écrites; — Attendu, par conséquent, que l'usager troublé dans sa possession est autorisé à former l'action en complainte possessoire; — Attendu qu'il y a lieu de faire défense à la commune de Vadonville de troubler les censitaires, parties en cause, dans leur possession; — En ce qui concerne la réparation du trouble pour l'année 1871 : — Attendu que, par suite du trouble apporté par la commune de Vadonville à la possession des censitaires et de la résistance de ceux-ci, la commune de Vadonville a vendu le produit des affouages du bois Baulat pour l'exercice 1871, mais que, sur l'ordre de l'administration des forêts, elle a déposé à la Caisse des dépôts et consignations le produit de cette vente, déduction faite des frais; qu'il y a lieu de condamner la commune de Vadonville à remettre individuellement et personnellement à chacun des censitaires en cause, sur ce prix déposé à la Caisse des dépôts et consignations, la portion qui revient à chacun, eu égard à ses droits respectifs, personnels et individuels; — Par ces motifs, confirme les jugements rendus par le juge de paix du canton de Commercy les 16 et 28 décembre 1871, 6 et 27 janvier et 10 février 1872, sauf la restitution en argent du produit du bois Baulat pour l'année 1871, la restitution en nature étant impossible par suite de la vente qui a été faite par la commune de Vadonville; — En conséquence, ordonne qu'Edouard Rampont et autres, tous propriétaires à Vadonville, seront remis en possession, en leur qualité de censitaires, des droits qu'ils ont dans le bois Baulat, et dont ils ont la paisible et publique possession à titre non précaire depuis un temps immémorial ; — Fait défense à la commune de Vadonville de les troubler à l'avenir dans cette possession ; — Condamne la commune de Vadonville à remettre individuellement et personnellement à chacun des censitaires en cause, sur le prix des produits du bois Baulat, pour l'exercice 1871, déposé à la Caisse des dépôts et consignations, la portion qui leur revient à chacun, eu égard à ses droits respectifs, personnels et individuels ; — Ordonne que ces paiements et cette remise se feront dans les trois mois de la prononciation du présent jugement ; — Ce délai passé, sans qu'il ait été fait droit, la partie la plus diligente devra se pourvoir devant le tribunal pour être ultérieurement, à cet égard, statué ce que de droit.

Pourvoi de la commune de Vadonville.

ARRÊT

LA COUR : — Sur les premier et quatrième moyens du pourvoi :

Attendu que du jugement attaqué il résulte que, pour être maintenus en leur qualité de censitaires dans la possession annale du droit à l'affouage du bois Baulat, à l'exclusion des autres habitants non censitaires, les défendeurs à la cassation prétendent, soit comme propriétaires, soit comme affouagistes, avoir un droit personnel et privatif à cet affouage ;

Qu'ils font dériver ce droit d'un usage établi dès un temps immémorial, d'après lequel les produits de ce bois sont répartis, chaque année, à l'exclusion de tous autres, entre les seuls censitaires, c'est-à-dire entre les habitants de Vadonville nés dans cette commune ou dans les communes de Sampigny, Grimaucourt et Ménil-aux-Bois, d'une mère ayant elle-même pris naissance dans l'une de ces localités ;

Qu'il est établi par les documents produits, et qu'il a été reconnu par la commune de Vadonville elle-même, que, depuis un temps immémorial, les censitaires, personnellement, au nombre desquels se trouvent les défendeurs, sont en possession paisible, publique et à titre non précaire, du bois Baulat et de ses produits ;

Qu'ils ont toujours payé exclusivement et personnellement les frais de garde et les contributions de ce bois ;

Attendu que le juge du possessoire,

sans entrer dans l'examen de l'origine et de la validité du titre de censitaire allégué par les défendeurs, a pu prendre ce titre en considération pour attribuer à leur possession le caractère d'une possession légale pouvant donner lieu à une action en complainte ;

Attendu que cette action ayant pour objet, non un droit d'affouage communal, mais un droit personnel et à l'exclusion de tous autres habitants, la délibération prise par le conseil de Vadonville, le 22 janvier 1871, pour répartir l'affouage du bois Baulat entre tous les habitants de la commune, ne peut être considérée comme un simple acte administratif, mais constitue une prétention contraire à celle des défendeurs et un trouble apporté à leur possession ;

Qu'à ce titre, elle peut être soumise à l'appréciation des tribunaux judiciaires ;

Qu'il suit de là qu'en maintenant les défendeurs dans la possession annale de l'affouage dont s'agit, le jugement attaqué n'a violé aucun des articles de loi invoqués par ces deux moyens ;

Sur le deuxième moyen :

Attendu que les défendeurs agissent en leur nom personnel et non comme représentants d'une section de la commune de Vadonville ;

Que, dès lors, les art. 49 et 56 de la loi du 18 juillet 1837 ne leur étaient point applicables ;

Sur le troisième moyen :

Attendu que le jugement attaqué constate qu'en cours de l'instance, la commune a été autorisée à faire procéder à la vente de la coupe affouagère de 1871 par mesure conservatoire, et à en déposer le prix dans la Caisse des dépôts et consignations ;

Attendu qu'en substituant à la répartition en nature des bois d'affouage qui, par ce fait, était devenue impossible, la distribution des fonds déposés pour en tenir lieu, le jugement attaqué, loin de réformer, en cette partie, le jugement rendu par le juge de paix, n'a fait qu'assurer son exécution dans la seule forme désormais possible, et qu'en cela il n'a pu violer l'autorité de la chose jugée par ledit jugement ;

Rejette.

———

CASSATION, Ch. req. — 23 mars 1874.

(Maribas c. Boquet.)

I, 620.

En matière de servitudes, le juge du pos-
sessoire doit apprécier le titre pour ca-
ractériser la possession et déterminer
l'étendue de la servitude invoquée.

ARRÊT

LA COUR : — Sur le moyen unique
du pourvoi, fondé sur la fausse application des art. 688, 691 et 2229, C. civ.,
et des art. 23, et suiv., C. pr., ainsi que
sur un prétendu défaut de motifs :

Attendu 1° que si la seule possession
annale d'une servitude de passage ne
peut donner lieu à une action possessoire, puisque cette possession est purement précaire, il en est autrement lorsque la complainte est en outre appuyée
sur un titre qui fait disparaître la précarité de la possession ;

Que, dans l'espèce, le complaignant
se prévalait de deux titres qui enlevaient
tout caractère de précarité ou de familiarité aux faits de possession dont il
demandait à faire la preuve ; qu'en accueillant cette offre de la preuve, le jugement attaqué n'a donc méconnu ni
les art. 688, 692 et 2229, C. civ., ni l'art.
23, C. pr. ;

Attendu 2° que l'acquéreur ne peut
étendre l'effet de la garantie que lui
doit le vendeur aux termes de l'art. 1625
au-delà de la chose vendue ;

Attendu qu'il était soutenu par le
complaignant que l'adjudication dont
excipait Maribas ne comprenait pas la
parcelle litigieuse et laissait entière l'efficacité du titre de 1861 ;

Qu'en jugeant qu'en présence de
cette dénégation le complaignant avait
intérêt et droit à établir sa possession
appuyée d'ailleurs sur des titres et que
l'admission du fait offert en preuve et
l'application du titre pour éclairer le
caractère des faits de passage sont des
mesures aussi juridiques que nécessaires, le jugement attaqué n'a pas méconnu l'art. 1625 et a complétement satisfait aux exigences de l'art. 7 de la
loi du 20 avril 1810 ;

Rejette.

DIJON. — 28 mars 1874.

I, 629.

V. *Dijon. — 28 mars 1873.*

CASSATION, Ch. req. — 21 avril 1874.

(Biaux.)

I, 579.

Le juge peut maintenir les deux parties
en possession du terrain litigieux
lorsque les deux modes de jouissance
ne sont pas inconciliables.

ARRÊT

LA COUR : — Sur le second moyen
de cassation, tiré de la violation des
principes relatifs aux actions possessoires :

Attendu qu'il est constaté, en fait,
par le jugement attaqué, d'une part,
que Biaux a établi que, depuis un temps
suffisant pour fonder la possession annale, il a débité, scié et déposé des bois
sur différentes parties du terrain en
litige, selon les besoins variables de son
commerce ; d'autre part, que, depuis un
temps pareil, le terrain dont il s'agit,
accessible de tous côtés, est traversé par
des sentiers et chemins faisant suite à
des rues de la commune de Fumay ; que
les habitants n'ont jamais cessé d'y circuler librement en passant à côté des
chemins quand ceux-ci étaient obstrués
par les bois appartenant à Biaux ; que
ledit terrain a constamment servi de
lieu de réunion et a toujours été désigné par l'autorité municipale pour le
tir des mousquets et boîtes à poudre
dans les fêtes et solennités publiques ;
qu'enfin, Biaux a lui-même facilité ces
manifestations de la possession de la
commune ;

Attendu que la disposition par laquelle le jugement attaqué a maintenu
simultanément les deux parties en possession du terrain litigieux s'applique
évidemment à la possession déterminée
comme il vient d'être dit pour chacune
d'elles ; que les deux modes de possession définis par le jugement ne sont
nullement inconciliables, et qu'en renvoyant en cet état les parties à se pourvoir au pétitoire, le tribunal civil de
Rocroy, loin de violer les principes de
la matière, en a fait au contraire une
juste application ;

Rejette.

CHAMBÉRY. — 13 juillet 1874.
(Foussemagne c. Biboud.)

I, 614.

On doit considérer comme titre récognitif d'une servitude, la clause insérée dans un cahier des charges dressé pour parvenir à la vente aux enchères du fonds servant, et indiquant l'existence de la servitude.

ARRÊT

LA COUR : — Attendu que les premiers juges ont sainement apprécié le sens et la portée des titres sur lesquels l'intimé fonde son droit à la servitude de parcours et de pâturage qui forme l'objet du procès ;

Attendu qu'il appartient d'autant moins à l'appelant d'en contester l'existence, qu'elle lui a été révélée par ses vendeurs dans l'acte du 4 août 1868 ;

En ce qui touche l'expertise ordonnée par le jugement déféré :

Attendu que l'existence de la servitude étant prouvée par titres et par possession conforme, il importe, d'une part, d'en préciser l'étendue et les limites qui ne sont pas déterminées, et, de l'autre, de vérifier si comme le soutient l'intimé, les plantations et les semis faits par l'appelant n'ont été qu'un moyen détourné d'arriver à la suppression de la servitude, sans bourse délier, contrairement aux dispositions des art. 120 et 64, C. for., qui ne lui donnent d'autre moyen d'en affranchir sa propriété que le rachat ;

Attendu que l'expertise, avec faculté aux experts de recourir à toute voie d'instruction, est bien le moyen le plus simple et le moins onéreux pour les parties d'arriver à la constatation de ces deux points de fait ;

Attendu, d'ailleurs, que la solution à intervenir dans la présente instance ne préjuge rien sur le mode d'exercice de la servitude dans les parties de la forêt qui sont reconnues en être grevées ;

Par ces motifs et ceux des premiers juges qui sont adoptés pour le surplus, confirme.

———

CASSATION, Ch. civ. — 22 juillet 1874.
(Du Long de Rosnay c. Blanquet.)

I, 279, 291.

Une chapelle attenant à une église et dans laquelle a lieu le service public du culte, ne peut être l'objet d'une action possessoire.

Une sentence du juge de paix avait accueilli l'action possessoire par les motifs suivants :

Attendu que les demandeurs, propriétaires du domaine de l'ancien prieuré de Cannes, réclament à être maintenus dans la possession et jouissance qu'ils avaient eux-mêmes ou par leurs auteurs depuis plus de soixante-dix ans de la porte allant de leur terrain dans le bâtiment servant de chapelle adossé à l'église de Cannes et de la clef de cette porte dont ils ont fait un usage constant en tout temps jusqu'au 16 juillet 1870, époque du trouble dénoncé; qu'ils appuient leur prétention par la production de plusieurs actes notariés et transcrits établissant que, lors des transcriptions de la propriété du prieuré, la chapelle Saint-Pierre y figure; que, dans les baux, la jouissance de cette chapelle a été réservée par le propriétaire, et qu'au cadastre de 1809 elle figure comme incorporée au bâtiment du prieuré; qu'il est justifié aussi que des réparations importantes faites en 1837 au bâtiment servant de chapelle ont été soldées par les auteurs des époux Du Long; — Attendu qu'il n'existe aucun acte administratif justifiant, en exécution de la loi du 18 germinal an X, que la chapelle du prieuré de Saint-Pierre ait été, comme domaine national, mise en cette qualité à la disposition soit de l'évêque du diocèse, soit de la commune de Cannes; — Attendu que, considérés dans leur ensemble, on rencontre dans tous les faits ci-dessus un caractère de certitude déterminant une possession utile au profit des demandeurs; — Attendu, enfin, que l'acte dénoncé changeant l'état de choses trouvé par M. Blanquet, il y a trente ans, lors de son installation à Cannes, est bien son œuvre; qu'il a agi de son propre fait, et sans mandat pour l'exécuter; — Garde et maintient les demandeurs en la possession et jouissance qu'ils ont de la porte allant de leur terrain dans le bâtiment dit chapelle Saint-Pierre adossé à l'église de Cannes, et de l'usage de la clef de ladite porte, et fait défense au défendeur de les troubler à l'avenir; condamne le défendeur au rétablissement des lieux tels qu'ils étaient avant le trouble, c'est-à-dire à enlever l'obstacle qui empêche l'ouverture de la porte de la chapelle par le terrain de l'ancien prieuré.

Le 8 mars 1872, cette sentence fut infirmée par jugement du tribunal de Fontainebleau, ainsi conçu :

En droit : — Attendu que tout édifice servant à l'exercice public du culte est imprescriptible; que les actes de possession faits dans un tel lieu par un tiers ne peuvent jamais lui créer une possession utile pour prescrire; que, dès lors, l'action possessoire intentée pour faire cesser le trouble apporté à cette possession n'est pas recevable; — En fait : — Attendu que les époux Du Long se prétendent en possession immémoriale, par eux ou leurs auteurs, d'une chapelle attenante à l'église de Cannes, et du droit d'y pénétrer par la porte s'ouvrant sur leur terrain, et dont ils ont seuls la clef ; que l'abbé Blanquet a fait barrer ladite porte; — Attendu que les époux Du Long ont intenté contre lui une action au possessoire pour faire cesser ce trouble; qu'ils prétendent que cette chapelle a été construite par les anciens prieurs de Cannes sur un terrain leur appartenant, avec l'intention par leurs auteurs d'en conserver la propriété ; qu'ils allèguent que cette chapelle n'a pas été réunie au domaine communal ou ecclésiastique, et qu'ils en ont, comme représentants des prieurs, conservé la possession par des actes répétés de jouissance; — Attendu que cette chapelle est attenante à l'église sur laquelle elle s'ouvre latéralement par deux arceaux; qu'il y existe un autel, un confessional, des bancs autres que ceux à l'usage de l'intimé et de sa famille dont il paye la location à la fabrique; que, de ces constatations résulte la preuve que cette chapelle sert actuellement à l'exercice public du culte ; que la propriété n'en pourrait donc pas être acquise par prescription, et qu'elle ne peut, dès lors, faire l'objet d'une action possessoire ; que si les époux Du Long en sont réellement propriétaires, ils ne peuvent obtenir la consécration de leur droit qu'en l'établissant devant la juridiction compétente.

Pourvoi des époux Du Long de Rosnay.

ARRÊT

LA COUR : — Sur les moyens du pourvoi :

Attendu que l'action en complainte ou en réintégrande ne peut être admise qu'autant que le demandeur prouve qu'au moment du prétendu trouble dont il se plaint, il était réellement en possession de l'objet litigieux;

Attendu que le jugement attaqué déclare que la chapelle, dans la possession de laquelle les époux Du Long de Rosnay prétendent avoir été troublés « est attenante à l'église paroissiale de Cannes, sur laquelle elle s'ouvre par deux arceaux; qu'il y existe un autel, un confessionnal, des bancs autres que ceux dont les demandeurs ont l'usage et dont ils paient la location à la fabrique; et qu'elle sert actuellement à l'exercice public du culte »;

Attendu que ces constatations souveraines étant exclusives de toute possession de la chapelle en litige par les époux Du Long de Rosnay, suffisent pour justifier la décision du tribunal, qui les a déclarés mal fondés dans leur demande, et rendent inutile l'examen des questions soulevées par le pourvoi;

Rejette.

CASSATION, Ch. civ. — 12 août 1874.
(Comm. de Cravant c. Becquet de Sonnay.)

I, 241, 676.

Le juge du possessoire a mission de rechercher si des travaux ont été exécutés en vertu d'un acte administratif leur imprimant le caractère d'utilité publique, ou en vertu d'une permission délivrée dans un intérêt particulier; dans ce dernier cas, toutes les difficultés sont du ressort des tribunaux ordinaires.

Ce magistrat ne cumule pas le possessoire et le pétitoire lorsqu'il ne consulte les titres que pour déclarer que la possession alléguée est entachée de précarité.

ARRÊT

LA COUR : — Sur le premier moyen du pourvoi :

Attendu que la commune de Cravant n'a point excipé devant les juges du fond que les travaux par elle exécutés, en 1871, sur la fontaine en litige eussent le caractère de travaux publics;

Qu'elle n'a produit aucun acte administratif qui ait reconnu à ces travaux le caractère d'utilité publique et qui en ait, à ce titre, ordonné l'exécution;

Qu'il résulte, au contraire, du jugement attaqué, que ces travaux n'ont été exécutés qu'en suite d'un accord privé et du consentement du sieur de Sonnay, qui y a mis pour condition expresse que sa prise d'eau serait respectée;

Qu'il suit de là que ce moyen manque en fait;

Sur le deuxième moyen :

Attendu que la possession de de Sonnay n'était pas contestée en fait;

Qu'il était, au contraire, admis comme constant que, depuis 1864, cette possession s'exerce au moyen d'un tuyau établi par de Sonnay, qui, partant de la fontaine, en conduit les eaux au château de Sonnay ; que, seulement, la commune soutenait que cette possession était équivoque, précaire et de pure tolérance ;

Que, dès lors, pour déterminer les caractères légaux de cette possession, le juge du possessoire devait remonter à l'origine du droit, et examiner les titres sur lesquels chacune des parties prétendait baser ses prétentions ;

Qu'en se livrant à cet examen, et en se bornant, du reste, à statuer par son dispositif sur le possessoire, le jugement attaqué, loin de violer l'art. 25, C. pr. civ., en a fait une juste application ;

Rejette.

CASSATION, Ch. req. — 12 août 1874.
(Laperrière c. Sarraud.)

I, 587, 589.

Il n'y a pas dépossession donnant ouverture à la réintégrande dans le fait, par le défendeur, d'avoir fait enlever avec de nombreux ouvriers la paille à chaise excrue sur un terrain dont le demandeur avait la possession actuelle.

Le jugement qui accueille une action en réintégrande n'attribue pas au demandeur une possession annale réunissant les caractères exigés par l'art. 2229; par suite, cette sentence ne saurait faire preuve, dans une nouvelle instance engagée entre les mêmes parties, d'une possession de cette nature.

Du 14 mars 1874, jugement du tribunal de Carcassonne, qui s'exprime ainsi :

Sur le premier grief : — Attendu que les termes de la citation et les conclusions du demandeur à la justice de paix, demandant subsidiairement à faire la preuve de sa possession annale, au cas où elle serait déniée, ont pu faire croire au premier juge que l'action en réintégrande était abandonnée, et l'amener à ne pas statuer sur cette demande, la possession annale n'étant pas une condition nécessaire à l'exercice de cette demande ; — Attendu que cette omission n'a pas pu porter grief à l'appelant, puisqu'il ne pouvait pas agir en réintégrande, et que l'acte reproché à Sarraud ne pouvait constituer qu'un trouble ordinaire donnant ouverture à la complainte, et nullement à une dépossession accompagnée de violences ou de voies de fait ; — Sur le deuxième grief : — Attendu que Laperrière soutient que le jugement définitif rendu entre les mêmes parties en 1862 justi-

fiait suffisamment sa possession, et demande seulement à faire preuve par une expertise que le terrain en litige en 1862 est le même que celui qui fait l'objet de l'instance actuelle; — Attendu qu'en présence des dénégations de Sarraud et de ses prétentions à une jouissance exclusive, il paraît naturel que, sous réserve des droits de toutes les parties, le premier juge ait accueilli l'offre de preuve faite par le demandeur ; — Attendu, d'ailleurs, que le jugement de 1862 ne peut produire tous les effets que veut lui attribuer Laperrière, et qu'à ce point de vue l'expertise sollicitée n'amènerait aucun résultat nouveau ; qu'en supposant même que le jugement de 1862 s'applique spécialement au terrain sur lequel Sarraud a commis le trouble qui lui est reproché, ce jugement ne visait qu'une réintégrande pour laquelle la possession actuelle et matérielle suffisait, et ne pouvait amener qu'une restitution provisoire, au lieu de maintenir le demandeur dans la possession légale comme à la suite d'une action en complainte ; — Attendu, en droit, que la possession acquise pour exercer l'action en complainte doit réunir les caractères voulus par la loi pour acquérir la prescription, et notamment être continue et non équivoque; — Attendu, en fait, qu'il résulte des documents de la cause que le terrain dont s'agit a été souvent inondé, modifié par la crue de la rivière et le changement de lit, séparé tantôt du corps du domaine de Sarraud, tantôt du corps du domaine de Laperrière ; que l'objet même sur lequel devait porter la possession a varié, et que, dans ces conditions, il est impossible d'admettre que Laperrière ait pu conserver, par l'effet d'un jugement en réintégrande, une possession continue et non équivoque; qu'enfin Sarraud soutient avoir exercé des actes fréquents de possession, et qu'en présence de cette prétention, le premier juge ne pouvait reconnaître au jugement de 1862 la vertu nécessaire pour établir une possession annale, c'est-à-dire continue pendant l'année qui a précédé le trouble, au profit de Laperrière.

Pourvoi du sieur Laperrière.

ARRÊT

LA COUR : — Sur le premier moyen, pris dans sa première branche de la violation de l'art. 473, C. pr. :

Attendu que, lorsque le juge du premier degré a omis de prononcer sur un des chefs de la demande, il appartient au juge d'appel, en vertu de l'effet dévolutif de l'appel, de statuer sur ce chef, sans qu'il y ait lieu de procéder par voie d'annulation et d'évocation ;

Que l'art. 473, C. pr., est étranger à ce cas ;

Attendu, d'un autre côté, qu'en soumettant au tribunal de Carcassonne des conclusions tendant à faire admettre l'action principale en réintégrande, sur laquelle le juge de paix avait omis de statuer, le demandeur est censé avoir renoncé au premier degré de juridiction ;

Que le grief doit donc être rejeté sous ce double rapport ;

Sur la seconde branche du moyen, prise de la violation des art. 2060, C. civ., et 6 de la loi du 25 mai 1838 :

Attendu que l'action en réintégrande suppose toujours une possession actuelle et une dépossession par violence ou voie de fait ;

Que le demandeur reprochait au défendeur éventuel d'avoir fait enlever, avec de nombreux ouvriers, la paille à chaises excrue sur un terrain d'environ un hectare dont il se disait propriétaire ;

Que ce fait, qui ne constituait point une usurpation du terrain litigieux même, dans la possession duquel le demandeur était libre de rentrer sans rencontrer aucun obstacle, n'autorisait pas l'action en réintégrande, et qu'en rejetant par ce motif les conclusions principales du demandeur, le jugement attaqué, loin d'avoir violé les art. 2060, C. civ., et 6 de la loi du 25 mai 1838, en a fait, au contraire, une saine application ;

Sur le deuxième moyen, pris de la violation de la chose jugée et des art. 2229 et 2234, C. civ. :

Attendu qu'à la différence de ce qui a lieu pour l'action en complainte, une possession ou détention naturelle et actuelle peut donner lieu à l'action en réintégrande ;

Que le jugement qui admet une action en réintégrande ne reconnaît et n'attribue point au demandeur une possession annale réunissant les caractères exigés par les art. 2229, C. civ., et 23, C. pr., et ne saurait, par suite, faire preuve, dans une nouvelle instance engagée entre les mêmes parties, d'une possession de cette nature ;

Qu'en le décidant ainsi dans l'espèce, et en subordonnant l'admission de l'action en complainte du demandeur à la preuve par lui offerte dans ses conclusions subsidiaires, le jugement attaqué n'a violé ni la chose jugée entre les parties par le jugement antérieur du 23 juillet 1862, ni les art. 2229 et 2234, C. civ. ;

Rejette.

CASSATION, Ch. civ. — 1ᵉʳ déc. 1874.
(Martin c. Comm. de Reugny.)

I, 38, 177.

Le redressement d'un chemin vicinal implique le déclassement de la partie abandonnée qui devient alors susceptible de possession.

Les arbres plantés sur un chemin peuvent être l'objet d'une possession utile de la part des particuliers et donner lieu à une action en complainte.

ARRÊT

LA COUR : — Sur le premier moyen de cassation :

Vu l'art. 23, C. pr., les art. 538 et 2226, C. civ., et l'art. 10 de la loi du 21 mai 1836 :

Attendu que si le sol compris dans les limites d'un chemin vicinal est imprescriptible et ne peut, en conséquence, faire l'objet d'une action possessoire pendant qu'il conserve cette destination, il rentre sous l'empire du droit commun, lorsqu'il cesse d'être affecté au service de la voirie vicinale ;

Attendu que la sentence confirmée par le jugement attaqué déclare que le fossé dans lequel Martin a construit son mur de clôture et dont il prétend avoir la possession annale, était une dépendance du chemin vicinal de la commune de Reugny lors du classement fait en 1824 ; mais qu'elle constate, en même temps qu'un redressement opéré en 1825, a laissé en dehors du nouveau tracé la portion de ce chemin qui était bordée par le fossé litigieux ;

Attendu que ce redressement, autorisé par l'administration, emportait de plein droit le déclassement de la parcelle abandonnée, sans qu'il fût nécessaire de le prononcer par un arrêté spécial ; qu'à partir du jour où cette parcelle a cessé d'être affectée au service du chemin vicinal, elle est devenue prescriptible, suivant le droit commun, et, dès lors, elle a pu faire l'objet d'une action possessoire ;

Attendu qu'il importe peu que le terrain déclassé par le nouveau tracé ait continué de servir de passage aux habitants de la commune pour conduire leurs bestiaux à l'abreuvoir ; que cette destination, qui peut le faire considérer comme chemin rural, ne suffit pas pour lui conserver le bénéfice de l'imprescriptibilité, que la loi du 21 mai 1836 n'accorde qu'aux chemins vicinaux reconnus et maintenus comme tels ;

Attendu, en conséquence, qu'en rejetant sur ce chef l'action possessoire du demandeur, par le motif que le terrain litigieux n'a été déclassé par aucun acte administratif et qu'il a conservé une destination d'utilité publique, le jugement attaqué a fait une fausse application de l'art. 10 de la loi du 21 mai 1836 et qu'il a, par suite, violé les dispositions du Code civil et du Code de procédure civile ci-dessus visées ;

Sur le second moyen du pourvoi :

Vu les art. 3 et 23, C. pr., 520, 521 et 553, C. civ. :

Attendu que les arbres plantés sur un chemin sont susceptibles d'une appropriation particulière et séparée de la propriété du sol auquel ils sont attachés ;

D'où il suit que la possession annale de ces arbres peut servir de base à une action en complainte indépendante de la possession du fonds sur lequel ils sont excrus ;

Attendu que les conclusions prises par Martin contenaient deux chefs distincts tendant : 1° à se faire maintenir dans la possession du terrain sur lequel il a construit son mur de clôture ; 2° à faire déclarer qu'il avait la possession annale des arbres excrus sur ce terrain ;

Attendu que le juge de paix de Vouvray, confondant ces deux demandes dans le premier chef de la sentence, a débouté Martin de l'une et de l'autre par le seul motif que le terrain litigieux, faisant partie d'un chemin vicinal, ne pouvait être l'objet d'une action possessoire ;

Attendu qu'en confirmant cette partie de la sentence sans ajouter aucun motif particulier sur les chefs des conclusions relatifs aux arbres dont Martin prétendait avoir la possession annale, le jugement attaqué a violé les dispositions légales ci-dessus visées ;

Casse.

CASSATION, Ch. req. — 8 déc. 1874.
(Lemoine c. veuve Mariette.)

I, 640.

A partir de l'endroit où les eaux d'une source aboutissent à un véritable cours d'eau, le propriétaire de la source, dont un autre héritage serait traversé par le ruisseau, ne saurait prétendre à la propriété exclusive de ce ruisseau sous le prétexte que les sources lui appartiennent.

ARRÊT

LA COUR : — Sur le premier moyen, pris de la violation de l'art. 7 de la loi du 20 avril 1810 :

Attendu que la possession, telle qu'elle était invoquée par les défendeurs éventuels, était exclusive de celle dans laquelle les demandeurs en cassation demandaient, par les conclusions subsidiaires prises en appel, à être maintenus ; qu'en déclarant que « les demandeurs (aujourd'hui défendeurs éventuels) remplissaient les conditions prescrites par l'art. 23, C. pr. civ. », le jugement attaqué constatait, d'une part, que Mariette et consorts étaient, depuis plus d'un an, en possession du droit de profiter des eaux litigieuses de la manière et dans les conditions par eux indiquées ; et, d'autre part, que les demandeurs en cassation les avaient, depuis moins d'un an, troublés dans leur jouissance, en détournant les eaux de leur cours naturel ; que ce motif répond implicitement aux conclusions subsidiaires des demandeurs et en justifie suffisamment le rejet ;

Sur le deuxième moyen, pris d'un excès de pouvoir et de la violation des art. 23 et 25, C. pr. civ. :

Attendu que le jugement attaqué déclare, en fait, « que les eaux litigieuses ne proviennent pas seulement de la source ou fontaine que les demandeurs en cassation soutiennent leur appartenir ; qu'elles proviennent encore d'autres fontaines et sources supérieures ; que toutes ces eaux réunies forment un cours d'eau et sont des eaux courantes traversant l'héritage des demandeurs » ; qu'en reconnaissant aux défendeurs éventuels, en l'état des faits ainsi constatés, une possession civilement efficace du droit de se servir des eaux litigieuses, pour l'arrosage de leurs prairies, et en les maintenant, par suite, dans leur possession, les juges du fond n'ont tranché aucune question de propriété et sont restés dans les limites de leurs attributions comme juges du possessoire ;

Rejette.

CASSATION, Ch. req. — 9 déc. 1874.
(Princesse de Craon c. Comm. de Benon.)

I, 149.

Les arrêtés préfectoraux qui classent les chemins ruraux parmi les voies publiques de la commune ne sauraient être considérés comme un titre en faveur de cette dernière.

ARRÊT

LA COUR : — Sur le premier moyen du pourvoi, tiré de la violation des art. 119, C. for., 2236, C. civ., et 23, C. pr. civ. :

Attendu qu'il ne résulte aucunement du jugement attaqué que les chemins litigieux aient jamais été de simples chemins désignés aux usagers par les propriétaires de la forêt de Benon conformément aux lois forestières ;

Qu'il appert, au contraire, dudit jugement que ces chemins ont été classés dans ladite commune, ou dans les communes voisines, comme ruraux et publics ;

Qu'ils figurent ou sont indiqués comme tels sur divers plans cadastraux et dans plusieurs titres anciens ; qu'ils aboutissent tous d'un lieu ou d'un chemin public à un autre lieu ou chemin public ;

Que plusieurs localités, appartenant à des communes différentes, sont intéressées à leur conservation ; que la publicité de plusieurs de ces chemins a même été reconnue par divers jugements rendus contre la dame de Craon ;

Que cette dernière ne saurait donc être admise à prétendre que les faits de possession de la part de la commune, sur lesdits chemins ont été précaires, dans le principe, et se sont continués depuis lors infectés du même vice ;

Sur le second moyen, tiré de la violation des art. 2229 et 2232, C. civ. :

Attendu que le second moyen, pris de ce que le tribunal aurait accueilli l'action possessoire, en se fondant uniquement sur des actes de fréquentation des chemins dont il s'agit, est inexact en fait ;

Que le jugement attaqué commence, en effet, par la constatation des diverses circonstances qui viennent d'être énumérées, et qu'il en tire ensuite la conséquence parfaitement juridique que ces circonstances jointes à des faits habituels de passage à pied, à cheval, et avec voitures, sont propres à constituer une possession revêtue de tous les caractères voulus par la loi pour légitimer une action possessoire ;

Sur le troisième moyen, tiré de la violation de l'art. 1351, C. civ. :

Attendu que le jugement attaqué ne se fonde qu'accessoirement sur les faits de passage ; qu'il n'y a donc pas eu violation de la chose jugée, bien qu'un jugement antérieur eût rejeté la preuve de ces faits comme inadmissible ;

Rejette.

CASSATION, Ch. req. — 16 déc. 1874.
(Churchill c. Comm. d'Hargeville.)

I, 162, 179, 239, 363.

Si le principe d'imprescriptibilité fait obstacle à l'action possessoire pour acquérir, il ne lui fait point obstacle pour conserver. Ainsi, la commune peut user de l'action possessoire pour protéger les biens de son domaine public.

Le défendeur à l'action pétitoire peut agir au possessoire même pour des troubles antérieurs à la demande pétitoire formée contre lui.

Il appartient au juge du possessoire, pour déterminer le caractère et la nature de la possession actuelle exercée sur un chemin rural, d'autoriser une commune à prouver soit un acte d'administration ou de police relatif au chemin litigieux, soit des travaux d'entretien et de réparation.

ARRÊT

LA COUR : — Sur le premier moyen, pris de la violation de l'art. 26, C. pr., et de la maxime : *Electa una via, non datur regressus ad alteram :*

Attendu qu'en dressant contre les demandeurs, à la date du 31 août 1872, un procès-verbal constatant qu'ils avaient établi un mur et une grille sur deux chemins communiquant avec des chemins d'intérêt commun, le maire d'Hargeville a agi en qualité d'officier de police judiciaire, et que le jugement attaqué déclare que la commune défenderesse est restée étrangère à la poursuite en simple police exercée contre les demandeurs par le ministère public;

Attendu que la commune d'Hargeville n'a formé opposition au jugement par défaut rendu contre elle au pétitoire qu'à la date du 7 avril 1873, après avoir, dès le 1er dudit mois, introduit son action en complainte possessoire, et que le jugement attaqué constate qu'elle s'est formellement réservée, dans l'acte d'opposition, de donner suite à son action possessoire;

Attendu, enfin, que si l'art. 26, C. pr., dispose que le demandeur au pétitoire ne sera plus recevable à agir au possessoire, on doit conclure du texte même de cet article et du motif sur lequel il repose, que le défendeur au pétitoire conserve, au contraire, toute liberté d'agir au possessoire, même pour des troubles de possession antérieurs à la demande pétitoire formée contre lui;

Sur le deuxième moyen, pris de la violation des art. 23, 24 et 25, C. pr. :

Attendu que le fait du passage exercé depuis longues années par le public sur les chemins en litige était reconnu par les demandeurs qui se bornaient à soutenir que le passage n'avait eu lieu qu'à titre précaire et de tolérance;

Attendu qu'il appartient aux juges du possessoire, pour déterminer le caractère et la nature de la possession actuelle, de consulter tous les documents ou éléments propres à éclairer cette possession; qu'ils peuvent notamment s'attacher à des actes anciens de jouissance, d'administration ou de disposition se rattachant, par une relation nécessaire, à la possession actuelle et en ordonner la preuve, si l'existence en est contestée;

Que la commune d'Hargeville a offert de prouver, d'une part, un acte d'administration et de police, relatif aux chemins litigieux, et, d'autre part, des travaux d'entretien et de réparation exé-cutés par elle sur lesdits chemins;

Que c'est à bon droit que le jugement attaqué a déclaré ces faits pertinents et concluants, et qu'il a admis la défenderesse éventuelle à en faire preuve;

Attendu que, de tout ce qui précède, il suit que le jugement attaqué, loin d'avoir violé aucun des textes de la loi et des principes invoqués par le pourvoi, a fait, au contraire, une juste application des règles de la matière;

Rejette.

CASSATION, Ch. civ. — 4 janv. 1875.
(Renaudeau c. Grégy.)

I, 235.

Le riverain qui a usé des eaux pour ses besoins personnels, peut se faire maintenir en possession de ce droit, l'art. 644 constituant en sa faveur un titre légal qui caractérise suffisamment la possession.

Du 30 août 1873, jugement du tribunal d'Evreux qui contient les motifs suivants :

Attendu que la seule question à décider est donc celle de savoir si le droit réclamé par l'intimé, et dans lequel il prétend avoir été troublé par Grégy, peut faire l'objet d'une action possessoire; — Or, attendu que ce droit constitue manifestement une servitude discontinue, aux termes de l'art. 688, C. civ., puisqu'il consiste, ainsi qu'il a été expliqué, en ce que la vanne de décharge soit et reste baissée, à l'effet d'arrêter le cours naturel des eaux et de les forcer à refluer vers les propriétés en amont; que le fait actuel de l'homme est donc continuellement nécessaire pour qu'une semblable servitude soit exercée, puisque, si l'obstacle opposé par la main de l'homme à l'écoulement des eaux disparaissait un seul instant, l'exercice du droit cesserait immédiatement; — Or, attendu qu'aux termes de l'art. 691 dudit Code, les servitudes discontinues ne pouvant être acquises par la possession même immémoriale, le trouble apporté à l'exercice de pareilles servitudes ne saurait donner lieu à l'action possessoire lorsque, comme dans l'espèce, elles ne sont pas fondées en titre; — Attendu que de ce qui précède il résulte que le juge de paix était incompétent pour connaître de l'action introduite par Renaudeau, et que c'est à bon droit que l'appelant demande l'annulation de la sentence; — Attendu que Renaudeau essaye, il est vrai, de soutenir que la compétence du premier juge résulterait, dans tous les cas, de l'art. 6 de la loi du 25 mai 1838; — Mais, attendu que le fait par Grégy de tenir ouvertes ses vannes ne saurait sérieusement être quatifié d'entreprise sur un cours d'eau, puisque ce fait, au contraire, a eu pour résultat de laisser les eaux à leur cours naturel; — Attendu que les considérations qui viennent d'être développées dispensent d'examiner les autres moyens de l'appelant; — Attendu qu'il y a lieu d'observer, mais à titre uniquement de considération de fait ne préjugeant en rien le fond du droit, que l'usine de Grégy ayant été incendiée en 1870, ne fonctionne plus depuis cette époque; que, par conséquent, la vanne lançoire, destinée, lorsqu'elle est ouverte, à procurer le mouvement du mécanisme, doit nécessairement rester fermée; que, dans cet état de choses, si la vanne de décharge restait également continuellement fermée, ainsi que semble le demander Renaudeau, le cours de la rivière serait complètement et continuellement intercepté au barrage du Moulin-aux-Malades; — Que, mû sans doute par ces considérations, le préfet de l'Eure a, dans un arrêté pris par lui le 23 septembre 1872, constaté que Grégy serait libre, jusqu'à la reconstruction de son usine, de tenir son barrage constamment ouvert, sauf les jours d'irrigation; — Annule la sentence comme incompétemment rendue.

Pourvoi du sieur Renaudeau.

ARRÊT

LA COUR : — Sur les deux moyens réunis du pourvoi :

Vu les art. 6 de la loi du 25 mai 1838, et 23, C. pr. civ. :

Attendu que Renaudeau fonde son action contre Grégy sur la possession plus qu'annale, antérieurement au trouble, qu'il aurait, en sa qualité de riverain, du droit de se servir des eaux du bras forcé de l'Iton pour tous les besoins de sa maison, et notamment de son lavoir;

Qu'il demande, en conséquence, que ces eaux soient maintenues, comme par le passé, à une hauteur telle qu'il puisse continuer d'en jouir, conformément à son ancienne possession;

Que, par sa cause et son objet, cette action constitue une complainte possessoire dont la connaissance appartient au juge de paix d'après les articles précités;

Que, cependant, le jugement attaqué, tout en reconnaissant expressément ce caractère, a annulé, comme incompétemment rendue, la sentence du juge de paix qui y avait fait droit;

Que, pour le décider ainsi, il s'appuie sur des motifs qui, étant tirés soit de la nature de la servitude réclamée par Renaudeau, soit des circonstances de l'entreprise imputée à Grégy, se réfèrent

exclusivement à la recevabilité ou au bien fondé de l'action possessoire;

Qu'il n'appartenait au juge de paix, et, après lui, au tribunal d'appel, de l'apprécier à ce double point de vue, que pour l'admettre ou la rejeter;

En quoi ledit jugement a méconnu les règles de la compétence et violé les textes de loi ci-dessus visés;

Casse.

CASSATION, Ch. civ. — 4 janvier 1875.
(Jouanny c. Doussinaud.)

I, 501.

La maintenue en possession d'un droit de passage à titre d'enclave doit être prononcée, alors même que les actes de possession remonteraient à plusieurs années, si le demandeur a usé de son droit chaque fois qu'il en a été besoin, et sans avoir été l'objet d'aucune contradiction.

ARRÊT

LA COUR : — Sur le premier moyen :

Vu l'art. 23, C. pr. civ. :

Attendu qu'il est constant, en fait, que le pacage de Jouanny n'a d'autre issue sur la voie publique qu'un sentier trop étroit pour le passage d'une charrette, et, en conséquence, insuffisant pour les besoins de son exploitation; qu'après avoir reconnu l'état d'enclave, le jugement constate également qu'à diverses époques remontant à quatre, cinq, six ans et plus, Jouanny a passé sur la terre de Doussinaud avec charrette attelée pour enlever des pierres et des bois provenant de son pacage;

Attendu que si ces faits de passage, comme les nécessités d'exploitation auxquelles ils correspondent, ne se sont renouvelés sans périodicité fixe qu'à de certains intervalles, ils n'en constituent pas moins la possession effective de la servitude; qu'en l'absence de tout acte d'abandon de la part de Jouanny ou d'interruption de la part de Doussinaud qui en aurait entraîné la perte, cette possession du droit de passage est réputée s'être perpétuée par la seule intention et n'avoir pas cessé d'être continue; que la servitude dont il s'agit n'étant pas de nature à s'exercer nécessairement tous les ans, le demandeur n'était pas tenu de prouver qu'il en avait usé dans l'année qui avait précédé le trouble dont il se plaint ; qu'il lui a suffi d'établir, ainsi qu'il l'a fait, qu'il en avait, depuis une année au moins, la possession paisible et à titre non précaire ; qu'en décidant le contraire et en le déboutant, par suite, de son action possessoire en maintenue du droit de passer avec charrette attelée sur la terre du défendeur, le jugement attaqué a violé l'art. 23, C. pr. civ., ci-dessus visé ;

Sans qu'il y ait lieu de statuer sur le second moyen ;

· Casse.

CASSATION, Ch. req. — 5 janvier 1875.
(Savin-Gavid c. Mergault.)

I, 126, 130.

Les chemins d'exploitation sont réputés appartenir en commun aux propriétaires des héritages qu'ils bordent ou traversent.

ARRÊT

LA COUR — Sur l'unique moyen du pourvoi tiré de la violation des art. 544, 690, 691, 711, 712, 1315, 2229 et 2262, C. civ. :

Attendu que les chemins ruraux d'exploitation sont présumés exister en vertu d'une convention tacite des propriétaires riverains, et réputés, sauf la preuve contraire, leur appartenir ;

Attendu que l'arrêt attaqué déclare que, du procès-verbal de constat et des enquêtes, il résulte, d'une part, que le chemin dit de Civeaux aux Fondenèches est un chemin rural ou d'exploitation, avec haies et fossés, qui traverse les héritages des époux Mergault, et, d'autre part, que les actes de possession invoqués par Savin-Gavid, et opposés par lui à la demande en revendication des époux Mergault remontent à moins de trente ans ;

Qu'en décidant, dans ces circonstances, que ces derniers sont copropriétaires par indivis du chemin de Civeaux aux Fondenèches, et en condamnant Savin-Gavid à leur payer des dommages-intérêts pour trouble apporté à l'exercice de leur droit de copropriété, la Cour d'appel de Poitiers n'a violé aucun des textes susvisés, et n'a fait qu'une juste application des principes de la matière ;

Rejette.

CASSATION, Ch. req. — 2 février 1875.
(Bardon-Brisset c. Brun.)

I, 216, 629.

L'article 49 de la loi du 18 juillet 1837 cesse de recevoir son application lorsque le droit réclamé n'est exercé par les parties que dans les limites de leur intérêt privé. Il en est ainsi notamment lorsqu'il s'agit de la possession, non pas de la jouissance sur un chemin communal ou d'une servitude de passage, mais d'un droit s'appliquant au sol même.

L'action possessoire qui a pour objet la possession du sol du chemin, est recevable même sans titre.

Du 5 décembre 1874, jugement du tribunal de Blois qui statue ainsi :

Attendu que sur une demande en réintégrande possessoire formée par Vaillant et autres d'un droit de passage sur un chemin, dont l'exercice avait été troublé par Bardon, ce dernier, par le jugement dont est appel, a été tenu de restituer le chemin dont s'agit sur une largeur de trois mètres et de le rétablir dans son état primitif, de manière à desservir comme par le passé les besoins des habitants du haut Porcherion pour arriver à une fontaine communale ; — Attendu que Bardon fonde son appel sur ce que s'agissant ici d'une servitude de passage essentiellement discontinue et non apparente de sa nature, et ne pouvant, aux termes de l'article 691, C. civ., s'acquérir que par titre, les intimés en revendiquent vainement la possession annale ; — Attendu que ce principe de droit, incontestable et incontesté du reste par Vaillant et autres, devrait recevoir ici son application, s'il s'agissait ici d'une servitude de passage ; mais il résulte des constatations matérielles faites par le juge de paix de Saint-Aignan, des énonciations contenues dans les titres par lui invoqués, qu'il s'agit ici de la jouissance d'un chemin, s'appliquant au sol lui-même, et non à un simple droit de passage sur ce sol ; — Attendu qu'il est de jurisprudence constante que les chemins, ne fussent-ils même que d'exploitation, sont susceptibles de prescription, et par suite de possession ; — Attendu, dès lors, que c'est à bon droit, que le juge de Saint-Aignan a admis l'action en réintégrande possessoire formée par les intimés contre Bardon, et les a maintenus en possession plus qu'annale du chemin dont s'agit ; — Adoptant, au surplus, les motifs du premier juge ; — Dit qu'il a été bien fait et jugé.

Pourvoi du sieur Bardon-Brisset.

ARRÊT

LA COUR : — Sur le premier moyen du pourvoi, tiré de la violation de l'art. 141, C. pr. civ., et de l'art. 7 de la loi du 20 avril 1810, en ce que le jugement attaqué aurait, sans en donner de motifs, rejeté une exception fondée sur l'art. 49 de la loi du 18 juillet 1837, et subsidiairement de la violation de ce dernier article ;

En ce qui touche la première branche du moyen :

Attendu que le jugement attaqué motive implicitement le rejet de l'exception dont il s'agit ;

Qu'en effet, les défendeurs éventuels sont pris dans ce jugement, en leur nom personnel, comme exerçant un droit individuel, et nullement comme contribuables exerçant une action communale ;

Qu'en conséquence, il est virtuellement répondu à cette prétention qu'agissant pour la commune, ils auraient dû se conformer à l'art. 49 de la loi précitée ;

En ce qui touche la seconde branche de ce même moyen :

Attendu que vainement il est allégué que les dispositions dudit article auraient dû être appliquées, sous le prétexte que le jugement attaqué maintiendrait la commune dans la possession du chemin litigieux ;

Qu'une telle interprétation du jugement attaqué est inexacte, puisque, apprécié dans son ensemble, le jugement ne profite qu'aux défendeurs éventuels, et qu'il ne saurait avoir l'autorité de la chose jugée, ni en faveur de la commune ou d'une section de commune, ni contre elles ;

Sur le deuxième moyen du pourvoi, tiré de la fausse application des art. 691, C. civ., et 23, C. pr. civ. :

Attendu qu'il ne s'agit point, dans l'espèce, d'une servitude discontinue de passage ;

Que des constatations en fait du jugement attaqué, il résulte, au contraire, qu'il s'agit d'un chemin dit *de la fontaine*, traversant les héritages des défendeurs éventuels et du demandeur en cassation ; que son existence est mentionnée dans plusieurs titres authentiques sous cette dénomination *de chemin de la fontaine*, et qu'avant les voies de fait du demandeur, il était bordé des deux côtés par un rang d'ormeaux et de peupliers ;

Que, dans ces circonstances, les enquêtes ayant fourni aux juges du fond la preuve d'une possession caractérisée et plus qu'annale dudit chemin, en faveur des défendeurs éventuels, c'est à bon droit que l'action possessoire de ces derniers a été accueillie ;

D'où il suit que les textes de la loi susrappelés n'ont été ni violés, ni faussement appliqués ;

Rejette.

CASSATION, Ch. civ. — 3 février 1875.
(Salvat et Recalde c. Sallabery.)

I, 234.

Le propriétaire qui n'est pas riverain d'un cours d'eau, peut se faire maintenir en possession s'il s'est approprié les eaux à l'aide d'un aqueduc dont la destination est apparente.

ARRÊT

LA COUR : — Sur le moyen unique du pourvoi :

Vu l'art. 6 de la loi du 25 mars 1838, et l'art. 23, C. pr. :

Attendu que l'action possessoire des consorts Recalde se fonde sur ce qu'ils seraient, depuis un temps immémorial, par eux ou les leurs, en possession du droit de conduire dans leur propriété, n° 151, les eaux du ruisseau d'Argains, au moyen d'un canal de dérivation longeant le chemin public de Chestela, et sur ce que Sallaberry les aurait troublés dans leur possession et jouissance en pratiquant sur ledit cours d'eau, en amont du canal, une saignée au moyen de laquelle il détourne les eaux et les rejette dans ses héritages, n°s 70 et 73 ; que le jugement attaqué constate lui-même l'existence et la destination de ce canal, ainsi que l'entreprise du défendeur sur le cours d'eau ; que cependant, sans méconnaître la possession plus qu'annale invoquée par les demandeurs, il les a déboutés de leur demande par le seul motif que, n'étant pas riverains à l'endroit même où ils auraient effectué leur prise d'eau, ils n'avaient aucune possession utile et efficace pouvant fonder une action possessoire;

Attendu que l'usage du cours d'eau dont il s'agit, considéré comme accessoire utile du fonds au service duquel il est attaché, est, comme les autres natures de biens, susceptible de possession légale; que les conduites d'eau sont expressément classées par l'art. 688, C. civ., au nombre des servitudes continues et apparentes que l'art. 690 du même Code, déclare prescriptibles par la possession de trente ans; que les actes de jouissance et l'établissement des travaux permanents par lesquels, comme dans l'espèce, s'exerce la possession, produisent par eux-mêmes tous les effets qui leur sont propres, et que les droits qui en résultent, notamment celui de former, en cas de trouble et d'entreprise, la complainte possessoire, existent au profit du possesseur, indépendamment de la qualité de propriétaire riverain;

Qu'en décidant le contraire, le jugement attaqué a violé les articles de loi ci-dessus visés;

Casse.

CASSATION, Ch. req. — 17 février 1875.
(Cistac c. Rouillon.)

I, 630.

La servitude d'évier est une servitude discontinue qui ne peut, en l'absence d'un titre, faire l'objet d'une action possessoire.

ARRÊT

LA COUR : — Sur le deuxième moyen, pris de la violation des art. 686 et 691, C. civ., et de l'art. 23, C. pr. civ. :

Attendu que la servitude d'évier a pour destination spéciale l'écoulement des eaux ménagères, et que cet écoulement n'a et ne peut avoir lieu que par le fait actuel et incessamment renouvelé de l'homme; que cette servitude est donc discontinue, et qu'en décidant qu'elle ne peut, en l'absence de tout titre, faire l'objet d'une action possessoire, le jugement attaqué, loin de violer les textes de loi précités, en a

fait, au contraire, une juste application;

Rejette.

CASSATION, Ch. civ. — 24 février 1875.
(Margueritte c. Mathey-Mazoyer.)

I, 102.

Lorsque la propriété ou les titres sont contestés, le juge de paix, saisi d'une demande de bornage, ne doit pas se contenter de surseoir jusqu'à ce que la question de propriété ait été tranchée; il est obligé de se déclarer incompétent.

ARRÊT

LA COUR : — Sur les premier et troisième moyens :

Vu l'art. 6, n° 2, de la loi du 25 mai 1838, et l'art. 7 de la loi du 20 avril 1810 :

Attendu que le juge de paix n'est compétent pour connaître de l'action en bornage que lorsque la propriété et les titres qui l'établissent ne sont pas contestés;

Attendu que lors du transport du juge de paix sur les lieux, le 23 mars 1872, et au moment où il allait procéder au bornage à vue d'un plan contradictoire, Margueritte, après avoir pris connaissance de ce plan et des signatures des parties y apposées, déclara que sa signature était fausse et que son intention était de s'inscrire en faux contre ledit acte;

Attendu que cette contestation qui mettait en question la validité du titre pour une cause précise et déterminée de nullité, faisait cesser la compétence du juge de paix qui se trouvait dessaisi de la connaissance du litige, non seulement en ce qui touche le titre, mais encore en ce qui touche l'action en bornage elle-même; que cependant au lieu de déclarer purement et simplement son incompétence devant une contestation qu'il considérait comme sérieuse, puisqu'elle le déterminait à suspendre ses opérations, le juge de paix s'est borné à remettre l'affaire au 1er juillet pour qu'il pût être statué sur l'incident, et qu'à l'expiration de ce délai, il a lui-même statué au fond; en quoi il a méconnu les règles de sa compétence;

Attendu, d'un autre côté, que devant le tribunal de Châlon-sur-Saône, saisi comme jugé d'appel, Margueritte ne s'est pas borné à exciper de l'incompétence du juge de paix, fondée sur la contestation relative au titre; que, de plus, il a conclu à ce que le juge de paix fût déclaré incompétent pour connaître du litige, le débat soulevant une question de propriété; et qu'il résulte des conclusions signifiées à sa requête, que cette exception était motivée sur ce qu'il n'avait pas concouru au bornage de 1848, qui ne pouvait, dès lors, détruire le bornage antérieur et contradictoire de 1834, et infirmer la possession conforme à ce dernier bornage pendant plus de trente années;

Que cependant, et malgré cette double contestation, tant sur le titre que sur la propriété, le jugement attaqué a déclaré le juge de paix compétent, et a lui-même statué au fond, sans donner d'ailleurs aucun motif sur le rejet de l'exception d'incompétence en ce qu'elle était fondée sur la contestation relative à la propriété;

Qu'il a donc violé l'art. 6, n° 2, de la loi du 25 mai 1838, et l'art. 7 de la loi du 20 avril 1810;

Sans qu'il soit nécessaire de statuer sur le deuxième moyen;

Casse.

———

CASSATION, Ch. civ. — 7 avril 1875.
(Saule c. Goury.)

I, 227, 256.

L'action en dénonciation de nouvel œuvre ne peut avoir pour objet que des travaux seulement commencés; s'ils étaient achevés, il faudrait agir par la voie de la complainte.

Le droit de jouissance du communiste s'exerce sans opposition possible de la part des autres intéressés tant que la destination de la chose commune n'a pas été dénaturée.

ARRÊT

LA COUR : — Sur les deux moyens réunis du pourvoi :

Vu l'art. 23, C. pr. civ.:

Attendu que l'action de Goury se fonde sur ce que Saule aurait adapté à ses bâtiments nouvellement reconstruits un chenal avec tuyau de descente qui déverse les eaux du toit dans une cour dont la propriété est commune entre eux;

Qu'elle tend à la destruction de ce travail qui est achevé et à la réparation, par voie de dommages-intérêts, du préjudice qui lui aurait été causé;

Que, dans ces termes, l'action qualifiée de dénonciation de nouvel œuvre constitue une complainte possessoire ordinaire;

Que le jugement attaqué fonde la condamnation qu'il prononce sur le seul motif que, sans qu'il soit besoin de rechercher si l'établissement de ce chenal était une mesure utile ou nuisible à l'usage de la chose commune, Saule ne devait pas se permettre cette entreprise sans s'être assuré au préalable de l'agrément de son cocommuniste;

Attendu que le nouvel œuvre dont se plaint Goury, n'a pas été accompli par le demandeur en vertu d'un droit de servitude qu'il prétendrait sur la chose d'autrui, mais en vertu de son droit de possession sur la cour qui est commune entre eux;

Qu'à cette copropriété sont attachés les attributs ordinaires de la propriété, sous la seule réserve des droits communs et égaux qui appartiennent à l'autre copropriétaire;

Que le droit pour chacun de jouir et d'user de la chose commune ne saurait dépendre du consentement de son communiste, pourvu que le mode de jouissance et d'usage n'en dénature pas la destination et ne cause d'ailleurs ni dommage ni trouble de possession à l'autre ayant-droit;

Qu'en refusant expressément de rechercher si le travail dont il s'agit était nuisible ou utile à la chose commune, le jugement attaqué a volontairement omis de constater l'existence du fait de trouble et de préjudice qui servait de fondement à la complainte possessoire;

Qu'en l'absence de cet élément essentiel, sa décision repose sur un motif, insuffisant en droit, pour la justifier;

En quoi il a faussement appliqué et par suite violé l'art. 23, C. pr., ci-dessus visé;

Casse.

———

CASSATION, Ch. civ. — 21 avril 1875.
(Furbeyre c. Debèda.)

I, 313, 324.

*La possession exercée pendant trente ans
à titre d'enclave, équivaut à un titre
acquisitif de la servitude de passage.
En conséquence, le propriétaire du fonds
enclavé est recevable à se faire maintenir en possession de son droit de passage, alors même que l'enclave originaire aurait disparu par suite d'acqui-
sitions lui permettant d'accéder à la
voie publique.*

ARRÊT

LA COUR : — Vu les art. 682, 690,
703, 2219, C. civ., et l'art. 23, C. pr. :
Attendu que dans sa citation du
22 juin 1872, Furbeyre alléguait que,
depuis un temps immémorial, par lui
ou ses auteurs, il exerçait, pour le service de certains fonds enclavés, un
droit de passage sur les parcelles
nᵒˢ 1492 et 1490 ; qu'il alléguait en
même temps que le 19 juin 1872, il
avait été violemment et par voie de fait
troublé dans sa possession par Debèda ;
que Furbeyre concluait à être réintégré
ou tout au moins maintenu dans sa
possession plus qu'annale du droit de
passage sur les parcelles susdésignées ;
Attendu que le jugement dénoncé a
déclaré non recevable l'action possessoire de Furbeyre, en se fondant sur
cette thèse de droit que la cessation de
l'enclave fait cesser le droit de passage.
même lorsqu'il a été pratiqué pendant
plus de trente ans sur un héritage
voisin ;
Attendu que lorsque le passage accordé par la loi au fonds enclavé a été
exercé pendant trente ans, suivant un
mode et une assiette déterminés, cette
possession trentenaire équivaut à un
titre acquisitif de la servitude de passage ; que cette servitude devient ainsi
l'accessoire du fonds au profit duquel
elle se trouve constituée, et qu'elle
persiste après la cessation de l'enclave qui en avait été la cause originaire ;
Attendu que la servitude de passage
pouvant, dans ces conditions, s'acquérir par prescription, peut, par une

conséquence nécessaire, servir de base
à une action possessoire ;
D'où il suit que le jugement dénoncé,
en déclarant non recevable l'action
possessoire de Furbeyre, a violé l'art. 23,
C. pr. civ., et faussement appliqué les
autres dispositions de loi ci-dessus
visées ;
Casse.

———

CASSATION, Ch. req. — 19 juillet 1875.
(Pulicani c. Martini et Colonna.)

I, 239, 244, 525.

*Le juge du possessoire a qualité pour con-
sulter les titres des parties, pourvu qu'il
ne se livre à cet examen que dans le but
de constater si la possession invoquée
s'est exercée à titre précaire ou à titre
de propriétaire.*

ARRÊT

LA COUR : — Sur le moyen unique
de cassation, tiré de la prétendue violation de l'art. 25, C. pr. :
Attendu que, si le cumul du possessoire et du pétitoire existe, quand le
dispositif, bien que statuant seulement
sur la possession, n'est justifié que par
des motifs tirés exclusivement du fond
du droit, la décision attaquée n'a pas
encouru ce reproche, car, par ses motifs
propres et ceux qu'elle a empruntés au
premier juge, elle s'est fondée, pour ordonner la maintenue possessoire, sur
une enquête et la reconnaissance des
défendeurs, comme constatant l'existence, en fait, tout à la fois de la possession, dont se prévalaient les demandeurs en complainte, et du trouble dont
ils se plaignaient ;
Attendu, en outre, que, si le tribunal
a consulté et apprécié les titres des parties et notamment le titre de concession produit par les demandeurs en
complainte, c'est pour répondre aux
exceptions des défendeurs, prises de ce
que les demandeurs étaient sans droit
ni qualité, et dire qu'en tout cas leur
possession manquait des caractères
voulus par l'art. 23, C. pr., et par les
art. 2228 et suiv., C. civ.;
Qu'il appartient aux juges du possessoire, pour déterminer le caractère et la
nature de la possession, pour vérifier

en particulier si elle a eu lieu à titre précaire, ou à titre de propriétaire, de consulter tous les documents ou éléments propres à éclairer cette possession;

Attendu que de ce qui précède il résulte que le jugement attaqué, loin d'avoir, par le cumul du possessoire et du pétitoire, violé l'art. 25, C. pr., n'a fait au contraire qu'une juste appréciation des règles de la matière.

Rejette.

CASSATION, Ch. req. — 19 juillet 1875.

(Girardin c. Kœhler.)

I, 493, 501, 506.

Le demandeur en complainte est recevable à invoquer des faits de possession remontant à plus d'un an avant le trouble s'il a été dans l'impossibilité de jouir des terrains litigieux par suite de l'occupation militaire qui en avait été faite au nom de l'Etat.

ARRÊT

LA COUR : — Sur le moyen unique, pris de la prétendue violation des art. 23 et suiv., C. pr., et des principes relatifs aux actions possessoires;

Attendu que, si les faits de possession plus qu'annale dont la dame Kœhler a offert la preuve, remontent à plus d'un an avant le trouble qui a provoqué la complainte, d'une part, il n'y a pas eu interruption juridique de la possession antérieure, l'Etat, auquel était substituée l'armée allemande dans l'occupation des terrains dont s'agit, n'ayant été qu'un détenteur précaire, possédant pour le compte respectif des propriétaires, dont il avait été forcé d'appréhender temporairement les immeubles, en leur payant une indemnité de jouissance;

Que, d'autre part, en droit, la possession s'exerce suivant la nature de l'objet auquel elle s'applique; qu'il n'est pas nécessaire que les actes matériels, constitutifs ou indicatifs de la possession annale, aient été accomplis dans l'année qui a précédé le trouble; qu'il suffit qu'ils aient été exercés lorsqu'il y avait possibilité de le faire et utilité pour le possesseur, selon la destination principale de la chose;

Attendu qu'il est déclaré, en fait, par le jugement attaqué que, non-seulement durant l'occupation allemande le propriétaire des terrains occupés a été dans l'impossibilité d'en jouir et de faire acte de maître, mais encore que la dame Kœhler, étant privée de la possession directe de son champ et de la majeure partie de la languette de terrain en litige, n'avait pas à passer sur cette languette et à y faire des actes de jouissance sans utilité pour elle;

Qu'en admettant, dans ces circonstances, la dame Kœhler à faire la preuve qu'elle offrait, le tribunal, loin de violer les art. 23 et suivants, C. pr., et les principes relatifs aux actions possessoires, en a fait, au contraire, une juste application;

Rejette.

CASSATION, Ch. req. — 2 août 1875.

(Basterrèche c. Agur.)

I, 411, 500.

C'est dans l'année qui a précédé le trouble qu'il faut apprécier les caractères de la possession.

A la date du 29 juin 1872, le tribunal de Saint-Palais a rendu le jugement suivant :

Attendu qu'aux termes de l'art. 23, C. pr., l'action en complainte doit être exercée dans l'année du trouble, et qu'elle ne peut l'être que par ceux qui, depuis un an au moins avant le trouble, avaient la possession par eux ou les leurs à titre non précaire; que, d'ailleurs, lorsque le trouble ou la possession sont déniés, l'enquête ne peut point porter sur le fond du droit; — En ce qui touche la possession annale : — Attendu qu'elle doit être paisible, publique, à titre non précaire, c'est-à-dire avoir les caractères de la possession civile qui, continuée pendant trente ans, crée la prescription; ce que les anciens auteurs exprimaient en disant que la possession ne devait se constituer, *nec vi, nec clam, nec precario;* — Attendu, cela posé en droit, qu'il s'agit d'apprécier les enquêtes et d'examiner si M. Basterrèche et consorts ont prouvé la possession dont leur qualité de demandeurs leur impose l'obligation de justifier; — Que les témoins qui ont été entendus se classent en deux catégories, la première renfermant ceux qui déposent des faits de possession antérieurs à l'année avant le trouble, la seconde de ceux qui se rapportent à cette dernière année; — Que ceux qui se rangent dans la dernière année étant seuls à considérer, il s'ensuit qu'il y a lieu d'éliminer des débats tous les témoins de la première catégorie; — Attendu, quant à la seconde, qu'elle comprend les 5e et 7e, 3e et 4e témoins des enquêtes directes des 2 juillet et 17 septembre 1866; que le 7e doit encore être mis de côté puisqu'il n'est entré au Cayolas que dans le printemps de 1864, et que l'assignation ayant été donnée en septembre 1864, pour un trouble de possession qui se rapporte au mois de mai de ladite année, il s'ensuit que ledit témoin ne peut point déposer et ne dépose pas en effet d'une possession comprenant une période d'un an avant le trouble;..... — Que ces faits ainsi précisés, ne constitueraient qu'une possession équivoque, clandestine et violente; qu'elle n'a pas même été exclusive, puisque d'après les témoins susvisés le pacage s'est exercé d'une façon provisoire et réciproque par les troupeaux des deux Cayolas, et que les trois premiers témoins de l'euquête contraire concordent pour prouver que les troupeaux d'Arthamolète en particulier sont allés sur tout le contentieux sans restriction; — Attendu qu'en présence des faits ainsi appréciés il n'y a pas lieu d'examiner en vertu de quels titres les parties possèdent, ni de rechercher quelles sont les limites de leurs Cayolas; — Que cette partie de la discussion à laquelle les parties se sont livrées devient inutile, puisque au possessoire les titres ne peuvent être examinés que pour apprécier le caractère de la possession, et qu'il importerait peu dans l'espèce que l'on pût inférer du titre de M. Basterrèche et consorts qu'ils ont possédé *animo domini*, puisque, d'ailleurs, leur possession manque des autres qualités essentielles à la possession du demandeur en complainte.

Pourvoi du sieur Basterrèche.

ARRÊT

LA COUR : — Sur le premier moyen, pris de la violation des art. 23, 283 et suivants, C. pr., 2231, C. civ., et des principes en matière de preuve :

Attendu que le tribunal ayant trouvé dans les dépositions de certains témoins la preuve que, dans l'année avant le trouble, Basterrèche et consorts n'avaient qu'une possession vicieuse, il devenait, dès lors, certain qu'ils ne pouvaient pas triompher dans leur complainte, et, par conséquent, on pouvait éliminer du débat, soit les dépositions relatives à des faits remontant à plus d'un an avant le trouble, soit la déposition relative à un fait qui se serait produit à une époque très voisine du trouble;

Sur le deuxième moyen, pris de la violation de l'art. 1351, C. civ.:

Attendu, qu'en fait, le jugement interlocutoire du 6 juin 1867 charge un juge de visiter les lieux contentieux et de faire application au terrain de tous titres produits; que dans le jugement attaqué, le tribunal conclut de certaines dépositions devenues plus claires par le rapport du juge commis, que Basterrèche et consorts n'ont eu, dans l'année avant le trouble, qu'une possession vicieuse; que le tribunal ajoute qu'en présence de ces faits, il n'y a pas lieu d'examiner en vertu de quels titres les parties possèdent;

Et attendu qu'en statuant ainsi, le tribunal n'a point violé l'art. 1351, C. civ., mais a fait une juste application du principe que l'interlocutoire ne lie point le juge;

Rejette.

AMIENS. — 4 août 1875.

(De Lubersac c. Administration des forêts.)

I, 533.

Le détenteur à titre précaire ne peut prescrire la propriété qu'à partir du jour où il y a eu interversion, soit par une cause venant d'un tiers, soit par la contradiction qu'il a apportée au droit du propriétaire.

Spécialement, celui qui a une servitude de flottage pour l'exploitation des forêts sur un canal, ne saurait prétendre avoir acquis la propriété de ce canal, soit parce qu'il a cessé de payer les indemnités ou redevances fixées pour le flottage, soit parce qu'il a effectué des travaux qui s'expliquent par les besoins de l'exercice de la servitude.

ARRÊT

LA COUR : — En ce qui concerne la prescription :

Considérant que, pour échapper à cette conséquence, l'Etat invoquerait en vain la prescription;

Qu'il est de principe (art. 2240, C. civ.), que nul ne peut prescrire contre son titre, en ce sens que nul ne peut se changer à soi-même la cause et le principe de sa possession;

Qu'aux termes des art. 2236, 2237, 2238 du même Code, le détenteur à titre précaire ou ses héritiers ne sauraient prescrire la propriété d'une chose, quelle que soit la durée de leur possession, à moins que le titre de cette possession ne soit interverti, soit par une cause venant d'un tiers, soit par la contradiction qu'ils ont apportée au droit du propriétaire ;

Que les titres invoqués par l'Etat lui-même ne lui attribuant qu'un droit de servitude, et, parconséquent, qu'un titre précaire quant à la propriété sur le ru de Savières, il est indispensable, pour qu'il puisse se prévaloir de la prescription, qu'il justifie que son titre a été interverti de la manière prescrite par la loi ;

Considérant que, soit pendant la possession des apanagistes, soit après la remise de la forêt de Villers-Cotterets à l'Etat, il n'apparaît pas des documents versés au procès qu'aucun acte d'interversion de la nature de ceux prévus par l'art. 2238, C. civ., ait été exercé par l'Etat à son profit ;

Considérant qu'on ne saurait voir un acte de ce genre dans le seul défaut de paiement des redevances et indemnités, qui, ainsi qu'il a été déjà dit, ne peut opérer que la prescription de ces redevances et indemnités elles-mêmes ;

Qu'on ne peut davantage attribuer ce caractère aux énonciations des procès-verbaux relatifs à la restitution de l'apanage faite au duc d'Orléans en 1814 et à la reprise par l'Etat le 13 mars 1815 ; que ces actes sont étrangers au marquis de Lubersac ; qu'ils n'ont pas plus de valeur que les déclarations d'un inventaire, et ne constituent pour l'Etat ni la cause venant d'un tiers, ni un juste titre dans le sens des art. 2238 et 2205, C. civ. ;

Que la contradiction ne résulte pas non plus du fait que l'Etat aurait créé ou approfondi le ru de Savières, réparé les ponts qui le traversent, donné des autorisations pour le flottage, pour des passerelles ou des prises d'eau, établi des gardes pour la surveillance ; que ces actes se sont exercés pour la plupart sur des parties du canal situées en dehors de la propriété de Maucreux et sans effet quant à elle ;

Qu'ils avaient, en tous cas, leur raison d'être et leur justification dans l'existence de la servitude et les droits de police qu'elle comporte pour l'Etat ; — Que, spécialement, les travaux d'entretien exécutés dans la partie litigieuse du ru sont encore une application des art. 697 et 698, C. civ. ;

Que le procès fait à M. de Lubersac, en 1835, pour avoir pêché dans le ru de Savières, est sans aucun effet pour l'interversion du titre, puisque l'administration, mise en demeure de justifier du droit en vertu duquel elle poursuivait, s'est désistée sans avoir essayé d'établir la propriété ;

Qu'il n'y a lieu de tenir compte d'aucun des actes du même genre postérieurs à 1854, puisqu'il ne s'est pas écoulé trente ans depuis leur accomplissement jusqu'à la contestation actuellement pendante ;

Considérant que, si le titre en vertu duquel l'Etat a possédé est resté précaire, sa possession elle-même n'a jamais cessé d'être équivoque et qu'elle a constamment été entravée, troublée et contestée par les propriétaires de Maucreux ;

Que ces derniers, en effet, ont toujours affirmé leur droit de propriété à l'encontre de l'Etat : 1° par l'établissement, vers 1803, sur le ru de Savières, d'une vanne avec un mur en maçonnerie, servant à la mise en activité d'un bélier hydraulique qui fait monter l'eau au château de Maucreux ; 2° par l'établissement d'une passerelle et la défense de la détruire signifiée par exploit du 28 mars 1854 à l'inspecteur des forêts ; 3° par la récolte des herbes des francs-bords du canal ; 4° par l'exercice du droit de pêche ;

Qu'à s'attacher mieux au caractère de ces faits, on pourrait y voir, au profit de Lubersac, une possession continue par lui-même ou ses auteurs venant à l'appui de leur droit de propriété, le corroborant et l'établissant au besoin en tenant compte de la servitude qu'ils reconnaissent exister au profit de l'Etat ;

Considérant enfin que l'administration allègue à tort que de Lubersac ou ses auteurs auraient reconnu le droit de propriété de l'Etat dans différentes circonstances ;

Que, s'ils ont cessé de payer l'impôt foncier à raison du cours d'eau en 1836, c'est par suite d'une mesure générale ; qu'ils n'avaient pas à réclamer contre ce dégrèvement ; que l'Etat ne paye pas davantage cette contribution ;

Que l'autorisation donnée par arrêté préfectoral du 15 juin 1855, de conserver le bélier hydraulique établi sur le ru de flottage, n'a aucune portée, cette autorisation ne paraissant pas avoir été sollicitée par la dame de Lubersac à laquelle elle est accordée à l'occasion d'un règlement d'eau pour la rivière et le moulin de Maucreux ;

Qu'on ne saurait tirer aucune conséquence des moyens invoqués par de Lubersac, en 1846, dans une instance administrative concernant le marchepied sur le bord du canal et qui n'impliquent nullement une semblable reconnaissance ;

Qu'il en est de même du jugement rendu contre lui en 1856, sur une poursuite pour délit de pêche, puisque, loin de reconnaître le droit de l'Etat, il l'a toujours contesté et s'est pourvu en cassation ;

Que si, en 1864, il a demandé à l'administration l'autorisation de creuser le ru de flottage pour assainir la vallée de Maucreux, cette demande s'explique encore par l'obligation de respecter les mesures que l'administration a droit de prendre pour le maintien de son droit de flottage ; que cette autorisation lui a été accordée sous la seule réserve qu'elle n'établirait en sa faveur aucun droit ni titre pour l'avenir, mais qu'elle ne constitue pas davantage un titre de propriété en faveur de l'Etat ;

Qu'il en est de même encore d'une demande d'autorisation présentée en 1867 pour l'établissement d'un tuyau de conduite d'eau ;

Qu'il y a lieu de constater même qu'à cette occasion, de Lubersac a refusé de signer un acte contenant reconnaissance de la propriété du ru au profit de l'Etat ;

Par ces motifs, etc.

CASSATION, Ch. req. — 9 nov. 1875.
(Sonnet-Legros c. Ancelin.)

I, 248, 364, 683.

La demande en indemnité pour dommages aux champs ne perd pas son caractère d'action personnelle et mobilière, lorsque, le défendeur soulevant l'exception de propriété ou de servitude, le demandeur répond à cette exception.

Le trouble ne peut résulter de faits insignifiants ne contenant aucune menace directe et imminente à la possession d'autrui.

L'action possessoire est encore recevable à partir du jour où de nouveaux travaux donneraient à des faits, jusqu'alors mal définis, le caractère d'un véritable trouble.

ARRÊT

LA COUR : — Sur le premier moyen, tiré de la prétendue violation de l'art. 26, C. pr. :

Attendu que la demande en dommages-intérêts, formée devant le juge de paix par Ancelin et consorts, le 25 novembre 1873, n'avait, ni d'après les termes de la citation, ni d'après la juridiction saisie, ni par une conséquence nécessaire des faits qui y donnaient lieu, le caractère d'une action pétitoire ;

Que, si une question de servitude, qui a déterminé le juge de paix à se déclarer incompétent, a été soulevée, c'est à titre d'exception et uniquement par la société Sonnet-Legros, assignée ;

Que ce fait, étranger aux demandeurs, ne saurait, malgré leurs conclusions en réplique à l'encontre de la prétention de la société, exercer absolument aucune influence sur l'action purement personnelle par eux intentée, et entraîner contre eux une déchéance qui a pour fondement unique l'intention présumée de renoncer à l'exercice de l'action possessoire ;

Qu'en le décidant ainsi, le jugement attaqué, loin d'avoir violé l'art. 26, C. pr., en a fait une juste application ;

Sur le second moyen, pris de la prétendue violation de l'art. 23, C. pr. :

Attendu que le tribunal déclare, en se fondant sur des faits tels que l'insignifiance des mélanges antérieurs et la non-continuité de leurs résidus, que le trouble réellement causé aux demandeurs ne date que du jour où les eaux provenant du lavage à la vapeur sont arrivées dénaturées et saturées d'ocre sur les prairies où elles ont laissé un limon préjudiciable, et que ce jour remonte au plus loin au 15 janvier 1873, tandis que l'assignation en complainte est du 8 janvier 1874 ;

Que, dans ces circonstances, souverainement appréciées par les juges du fait, c'est à bon droit que l'action d'Ancelin et consorts a été déclarée recevable comme ayant été formée dans l'année du trouble;

Rejette.

CASSATION, Ch. req. — 26 janv. 1876.
(Gau c. Comm. du Pont-de-Larn.)

I, 242, 400, 491, 512, 513.

Il appartient souverainement au juge du fait de décider que le droit réclamé a été possédé à titre de propriété et non pas seulement à titre de servitude comme aussi d'apprécier si la possession réunit les caractères voulus par la loi. C'est en vertu de cette appréciation qu'on a pu juger qu'un droit de lavage et d'abreuvage sur un réservoir avait été exercé à titre de propriétaire lorsque les faits de jouissance étaient caractérisés dans ce sens par les indications du cadastre et le paiement de l'impôt, par l'état matériel des lieux et la destination du réservoir.

Du 21 avril 1875, jugement du tribunal de Castres ainsi motivé :

Attendu que le maire de la commune du Pont-de-Larn soutient que cette commune a toujours joui, comme propriétaire, du réservoir faisant le n° 765, section D, de la commune du Pont-de-Larn, qui fait l'objet du litige, et que, notamment, la commune était en possession plus qu'annale au moment où s'est produit l'établissement d'une porte au moyen duquel la possession a été troublée par les frères Gau ; — Attendu que les faits sur lesquels la commune fonde sa possession, et qui consistent en puisage, abreuvage, lavage et autres usages de l'eau remplissant le réservoir, ne sont pas contestés par les frères Gau dans leur réalité, mais dans leur caractère, les frères Gau soutenant qu'ils sont empreints de précarité, et ne constitueraient que l'exercice d'une servitude discontinue insusceptible de possession utile ; — Attendu que la commune n'invoque aucune servitude par elle exercée, et que les circonstances de la cause démontrent que les actes par elle accomplis pour les habitants l'ont été à titre de propriété, et que les frères Gau n'ont pu avoir aucun doute quant à ce ; que, d'une part, le sol dont le réservoir fait partie est imposé sous la tête de la commune ; que c'est par la commune et non par les frères Gau que les contributions en ont été acquittées ; que les frères Gau opposent en vain que le cadastre ne peut faire titre pour la propriété ; que cette objection aurait une portée véritable s'il s'agissait, dans l'instance, de rechercher à qui appartient la parcelle 765 ; mais que cette portée disparaît lorsqu'il s'agit seulement de découvrir dans quel esprit les habitants du Pont-de-Larn ont

agi, soit dans l'exercice de leur droit légitime, soit dans leur usurpation ; que le cadastre, document public, les considérait comme propriétaires ; que le paiement de l'impôt était une autre manifestation de cette qualité ; que la nature même de ces éléments est exclusive de toute clandestinité dans l'intention qui a présidé aux actes de possession ; — Attendu, dès lors, qu'il faut reconnaître que la possession a été utile et exempte de précarité ; — Attendu, d'autre part, que l'état matériel du lieu indiqué par les experts était de nature à faire présumer un droit distinct en ce qui concerne le canal d'amenée qui alimente l'usine des frères Gau et le réservoir en litige ; que rien ne rattachait la destination de ce réservoir aux besoins de l'usine, et qu'au contraire il paraît créé pour l'utilité des habitants de la commune ; — Attendu même qu'une semblable présomption résulte des renseignements fournis par les agents, mais qui n'auraient point, dans la forme où ils ont été recueillis, la valeur d'une preuve légale et complète ; qu'il en résulte qu'à une époque antérieure, le bassin était séparé du canal par une muraille ; — Attendu que les frères Gau argumentent vainement du silence gardé par le représentant de la commune du Pont-de-Larn, lorsque, à une époque qui remontait à 1863, les frères Gau ont commis sur le réservoir en litige des entreprises considérables et en ont restreint l'étendue ; qu'il n'est pas contesté, en effet, que, même après ces entreprises, les habitants du Pont-de-Larn aient eu et continué l'usage du réservoir réduit, jusqu'au fait du trouble qui a donné naissance à l'action actuelle ; que, d'autre part, la commune du Pont-de-Larn n'étend pas sa demande relativement à l'action possessoire qu'elle soutient, au-delà de l'étendue actuelle du réservoir ; qu'il n'y a donc pas, quant à l'objet du litige, à se préoccuper des usurpations commises, sauf à la commune à agir, quant à ce, devant la juridiction compétente ; que la possession perdue pour une partie ne saurait porter atteinte à la possession conservée des autres parts ; — Attendu, dès lors, que la maintenue en possession doit être ordonnée, et que la suppression de la porte qui y fait obstacle doit être prescrite.

Pourvoi des frères Gau.

ARRÊT

LA COUR : — Sur le moyen unique de cassation, divisé en trois branches, la première tirée de la violation des art. 23, C. pr. civ., 691, 2229 et 1353, C. civ.; la deuxième tirée de la violation de l'art. 25, C. pr. civ.; la troisième tirée de la violation de l'art. 7 de la loi du 20 avril 1810 :

Attendu que l'action en complainte sur laquelle il a été statué par le jugement attaqué était fondée sur des faits de possession non contestés dans leur réalité, et exercés, suivant les prétentions de la commune demanderesse en complainte, non à titre de servitude, mais à titre de propriété;

Attendu qu'il appartenait aux juges appelés à statuer sur cette action de rechercher dans les faits et documents de la cause les éléments d'appréciation propres à caractériser la possession invoquée par la commune;

Attendu que des faits et documents par lui appréciés, le tribunal civil de Castres a conclu que la commune du Pont-de-Larn avait la jouissance et la possession utile et plus qu'annale du réservoir litigieux au titre de propriétaire par elle invoqué;

Attendu qu'en statuant ainsi le jugement attaqué n'a pas violé l'art. 691, C. civ., puisque la commune ne réclamait pas et que le tribunal n'a pas ordonné à son profit la maintenue en possession d'une servitude;

Qu'il n'a pas violé davantage l'art. 25, C. pr., puisqu'il résulte formellement de ses motifs et de son dispositif que le tribunal n'a ni jugé ni apprécié la question de savoir à qui appartient la parcelle dont le réservoir litigieux fait partie; qu'il s'est borné à rechercher l'esprit dans lequel les habitants de la commune avaient joui de ce réservoir, et qu'il n'a fait ressortir des faits de jouissance qu'il a constatés aucun droit pour la commune en dehors de sa possession; qu'il n'y a donc pas eu cumul du pétitoire avec le possessoire;

Attendu, enfin, que les motifs du jugement constatent suffisamment la durée plus qu'annale et le caractère utile de la possession dont le maintien a été prononcé au profit de la commune; qu'ainsi le grief tiré d'un prétendu défaut de motifs n'est nullement fondé;

Attendu qu'il suit de ce qui précède qu'aucun des textes visés au pourvoi n'a été violé, et qu'il a été fait, au contraire, à la cause une juste application des principes de la matière;

Rejette.

CASSATION, Ch. req. — 31 janvier 1876.
(Richoux c. Jarnet.)

I, 242.

Il appartient au juge du possessoire de décider souverainement si le droit réclamé constitue un droit de propriété ou un droit de servitude.

Du 17 mars 1875, jugement du tribunal de Meaux, qui contient les motifs suivants:

Attendu qu'il est reconnu que la ruelle existant entre les immeubles Jarnet et Richoux est la propriété exclusive de Jarnet; que, sur cette ruelle, la propriété de Richoux n'avait qu'une porte d'un mètre de large; qu'il est constaté par le premier juge que Richoux, en 1874, depuis moins d'un an avant la présente instance, a triplé la largeur de l'ouverture sur la ruelle, en démolissant le mur et la porte; — Attendu que le nouvel œuvre dont se plaint Jarnet n'est pas seulement une simple suppression de clôture rentrant dans l'exercice du droit de propriété, mais bien l'établissement d'une ouverture pouvant servir de passage, et constituant le signe d'une servitude apparente nouvelle; que, dès lors, le propriétaire du terrain menacé par ce signe apparent de servitude est troublé dans sa possession paisible et a le droit d'exercer la complainte possessoire.

Pourvoi du sieur Richoux.

ARRÊT

LA COUR: — Sur le premier moyen, tiré de la prétendue violation de l'art. 1356, C. civ., et, par voie de conséquence, des art. 23, C. pr., et 702, C. civ.:

Attendu que les juges du fond auxquels il appartenait d'apprécier si les déclarations faites par les défendeurs éventuels dans les actes de la procédure, constituaient l'aveu judiciaire qui, d'après le demandeur, en serait résulté, n'en ont pas constaté l'existence; qu'ils n'ont donc pu en méconnaître l'autorité ni les effets légaux;

Attendu, en conséquence, que le jugement attaqué n'a pu violer l'art. 1356, C. civ., ni, par suite, les art. 23, C. pr. civ., et 702, C. civ., dont la violation n'aurait été, d'après le pourvoi, que la conséquence de celle de l'art. 1356 précité;

Sur le second moyen, tiré de la violation des art. 544 et 647, C. civ., et 23, C. pr. civ.:

Attendu que le jugement attaqué déclare que le nouvel œuvre dont se plaint Jarnet n'est pas seulement une simple suppression de clôture rentrant dans l'exercice du droit de propriété, mais bien l'établissement d'une ouverture pouvant servir de passage et constituer le signe d'une servitude nouvelle apparente ;

Attendu qu'après avoir ainsi souverainement apprécié les faits et circonstances de la cause, c'est à bon droit qu'il a admis la complainte possessoire, et que sa décision n'a pu violer les articles invoqués ;

Rejette.

CASSATION, Ch. req. — 2 février 1876.
(De Virieu c. Genella.)

I, 383, 446, 590, 541.

L'action possessoire est recevable à l'occasion des haies. Le juge n'a pas à s'arrêter à la présomption que la haie litigieuse serait ou non mitoyenne ; il doit uniquement statuer sur la possession annale alléguée.

Du 9 juillet 1874, jugement du tribunal d'Alger, qui statue dans les termes suivants :

Attendu que l'action dont le premier juge est demeuré saisi par les époux Genella constituait une action en complainte possessoire ; — Attendu que de l'ensemble des témoignages recueillis dans l'enquête directe a laquelle il a été procédé, il ressort suffisamment pour le tribunal la preuve que les époux Genella avaient, antérieurement à l'année du trouble dont ils ont été l'objet de la part des époux de Virieu, et depuis plusieurs années, la possession et jouissance exclusive de la haie que lesdits époux de Virieu ont détruite et dévastée dans le cours du mois de novembre 1872 ; — Attendu que l'enquête contraire n'a point contredit les résultats de l'enquête directe ; — Attendu que c'est donc à tort que le premier juge n'a reconnu fondé que pour moitié le droit des époux Genella à la possession de ladite haie ; — Attendu que les prescriptions de l'art. 670, C. civ., ne peuvent être utilement invoquées dans l'espèce ; qu'il n'est pas démontré par les documents de la cause que les deux propriétés contiguës sont l'une et l'autre entièrement clôturées ; — Attendu que le droit à la possession exclusive de la haie étant admis en faveur des époux Genella, il y a lieu de le leur maintenir d'une manière efficace, et d'ordonner la destruction des ouvrages clandestinement entrepris par les époux de Virieu et soudainement démasqués par eux au dernier moment dans la partie de la haie et du terrain de cette haie dont il s'agit au procès ; — Attendu que pour le surplus de ses dispositions le jugement du 7 juin 1873 doit être confirmé, etc.

Pourvoi des époux de Virieu.

ARRÊT

LA COUR : — Sur le moyen unique, tiré de la violation de l'art. 670, C. civ., et de la fausse application de l'art. 23, C. pr. civ. :

Attendu qu'aux termes de l'art. 3, § 2, C. pr. civ., et de l'art. 23 du même Code, les époux Genella étaient fondés à intenter une complainte contre les époux de Virieu à raison d'usurpation et de dégâts commis par ces derniers sur une haie dont ils se prétendaient possesseurs exclusifs ; que, pour réussir dans leur action, que cette haie dût ou non être réputée mitoyenne d'après l'art. 670, C. civ., il leur suffisait d'établir cette possession exclusive pendant une année au moins ;

Attendu que le jugement attaqué déclare que les époux Genella ont rapporté la preuve qu'ils avaient, depuis plusieurs années antérieurement au trouble, la possession et jouissance exclusives de la haie détruite et dévastée par les époux de Virieu ; qu'en les maintenant, en conséquence, dans cette possession et jouissance exclusives, ledit jugement n'a nullement violé l'art. 670, C. civ., et n'a fait qu'une juste application des art. 3, § 2, et 23, C. pr. civ. ;

Rejette.

CASSATION, Ch. req. — 16 février 1876.
(Talbot c. Barthelemy.)

I, 227.

Entre copropriétaires, l'action possessoire n'est admise qu'autant que le fait reproché a causé un dommage.

ARRÊT

LA COUR : — Sur l'unique moyen, tiré de la violation des art. 701, 702 et 1134, C. civ. :

Attendu qu'il est constaté par l'arrêt attaqué que le passage pratiqué par Barthelemy sur la cour commune entre lui et Talbot, pour aller remiser des voitures dans le hangar situé à l'extrémité de son jardin, ne cause à celui-ci aucun dommage ;

Attendu qu'en présence de cette déclaration souveraine, l'arrêt attaqué, en décidant que l'exercice de ce passage, qui ne saurait, d'ailleurs, constituer une servitude sur le fonds commun, n'a pu constituer un abus de jouissance, et, en rejetant la demande de

Talbot, n'a violé aucun des articles invoqués ;
Rejette.

TRIB. DES CONFLITS. — 13 mars 1876.
(Ancel c. Comm. de Longeville.)

I, 661.

L'autorité judiciaire est seule compétente pour statuer sur les questions de possession ou de propriété auxquelles donne lieu l'exécution de travaux publics.

JUGEMENT

LE TRIBUNAL DES CONFLITS : — Vu la loi des 16-24 août 1790 et le décret du 16 fructidor an III; Vu la proclamation des 12-20 août 1790, la loi du 14 floréal an XI, celle du 16 septembre 1807, le décret du 24 mars 1852 ; Vu l'art. 2 du décret du 21 février 1852; Vu les ordonnances du 1er juin 1828 et du 12 mars 1831, et la loi du 24 mai 1872, notamment les art. 25 à 28 :

Considérant que l'instance pendante devant le tribunal civil de Bar-le-Duc entre les sieurs Ancel, Hussenot et Michaut, d'une part, et la commune de Longeville, d'autre part, a pour objet de faire déclarer que les demandeurs sont propriétaires de terrains d'alluvion dont la commune de Longeville veut s'emparer pour faire opérer le curage de la rivière non navigable ni flottable de l'Ornain en exécution des arrêtés préfectoraux des 14 décembre 1865 et 27 juillet 1875, prescrivant le curage de ladite rivière, et qu'en conséquence, ils ont droit à une indemnité pour l'occupation de ces terrains ;

Considérant que s'il appartient à l'autorité administrative d'ordonner le curage des rivières non navigables ni flottables, ou d'ordonner le redressement de leur lit, elle ne peut, à l'occasion de ces actes, ni se constituer juge des droits de propriété qui appartiendraient aux riverains, ni s'attribuer le pouvoir d'incorporer au lit de la rivière, sans remplir les formalités prescrites par la loi du 3 mai 1841, les terrains dont l'occupation lui semblerait nécessaire pour le libre écoulement des eaux ;

Considérant, en effet, que, par application du principe de la séparation des pouvoirs administratif et judiciaire, ces arrêtés administratifs ne sont pris que sous la réserve de tous droits des tiers, que cette réserve est générale et absolue, qu'elle s'étend aux droits fondés sur une possession constante ou sur des titres privés, comme à ceux qui dériveraient de la disposition de la loi ;

Considérant que les tiers dont les droits sont réservés ne peuvent, il est vrai, se pourvoir qu'à l'autorité administrative pour faire rectifier ou annuler un arrêté de curage qui porterait atteinte à leurs droits, mais qu'il appartient à l'autorité judiciaire, lorsqu'elle est saisie d'une demande en revendication ou en indemnité formée par un particulier qui prétend que sa propriété a été comprise dans les limites des vieux bords de la rivière, de reconnaître le droit de propriété invoqué devant elle, de vérifier si le terrain litigieux est devenu, par le mouvement naturel des eaux, susceptible de propriété privée, et de régler, s'il y a lieu, une indemnité de dépossession dans le cas où l'administration croirait devoir maintenir son arrêté, en remplissant les formalités prescrites par la loi du 3 mai 1841 ;

Considérant qu'il résulte de ce qui précède que le tribunal civil de Bar-le-Duc était compétent pour statuer sur l'action intentée par les demandeurs;

Considérant que la suspension des travaux entrepris par la commune de Longeville sur les terrains en litige étant une conséquence nécessaire de cette action, l'autorité judiciaire était également compétente pour l'ordonner ;

Art. 1er. — L'arrêté de conflit est annulé.

CASSATION, Ch. req. — 14 mars 1876.
(Jacquemain c. Emery.)

I, 582, 588.

L'exercice de l'action en réintégrande n'est pas subordonné à une possession réunissant toutes les conditions prescrites par les art. 23, C. pr., et 2229, C. civ. Il suffit au demandeur de démontrer une possession actuelle et matérielle et une dépossession par violence ou voie de fait.

La clôture arbitraire d'un terrain par une porte ou barrière qui en interdit l'accès autorise l'usage de la réintégrande.

ARRÊT

LA COUR : — Sur le moyen, pris de la violation des art. 23 et 25, C. pr. civ., des art. 691, 2239, 1353, C. civ., et de la violation de l'art. 7 de la loi du 20 avril 1810 :

Attendu que s'il faut, pour la complainte, que la possession réunisse toutes les conditions prescrites par l'art. 23, C. pr. civ., il suffit, pour la réintégrande, que celui qui l'exerce justifie de sa possession actuelle et matérielle, au moment où il a été dépouillé, et de sa dépossession par violence et voie de fait;

Qu'il ressort, dans l'espèce, des qualités et des constatations du jugement dénoncé que les époux Emery avaient la possession de la bande de terre située derrière leur maison, quand ils en ont été dépouillés par violence ou voie de fait, au moyen d'une porte ou barrière que Jacquemain s'est permis d'établir au bout de ce terrain et qui leur en a fermé l'accès;

Que dans leur action en réintégrande ils n'avaient point à se prévaloir et ne se sont point prévalus de la possession annale; qu'ils ont demandé à être rétablis, non dans la possession d'un droit de passage sur le terrain litigieux, mais dans celle du terrain lui-même, et que, pour le juger ainsi, bien loin de n'invoquer que les présomptions de propriété qu'il indique et qui lui sembleraient exister en faveur des époux Emery, le tribunal, sans toucher à la question de propriété, qu'il n'avait point, comme il le remarque lui-même, à décider, s'est fondé principalement sur leur possession à l'époque de l'entreprise; d'où il suit que le tribunal, en ordonnant, comme il l'a fait, l'enlèvement de la porte, n'a fait qu'une juste application des principes du droit et a suffisamment motivé sa décision;

Rejette.

CASSATION, Ch. req. — 21 mars 1876.
(Joubert c. Tallet.)

I, 239, 268, 271, 500, 650.

Si les jugements auxquels le défendeur à l'action possessoire n'a pas été partie ne peuvent être invoqués comme ayant l'autorité de la chose jugée, ils servent néanmoins au juge avec les autres titres pour caractériser la possession.

Les eaux pluviales qui tombent ou coulent sur la voie publique cessent d'être à la libre disposition des riverains et des habitants, du moment qu'elles sont soumises à une appropriation particulière par suite de travaux construits sur cette voie publique avec l'autorisation de l'autorité compétente.

Bien qu'exécutés depuis moins d'une année, les travaux actuels conservent la possession alors qu'ils n'ont été créés que pour remplacer des ouvrages plus anciens.

La constatation de la possession annale résulte suffisamment des affirmations contenues soit dans l'assignation soit dans les conclusions du demandeur, alors que le défendeur ne le contestait pas et se bornait à invoquer pour sa défense un ordre de motifs tout différent.

ARRÊT

LA COUR : — Sur le premier moyen dans sa première branche, tirée de la violation de l'art. 23, C. pr. civ. :

Attendu que dans son assignation en complainte, Tallet invoque expressément la possession annale des eaux qui forment l'objet de sa demande, et que telle a été constamment sa prétention dans ses diverses conclusions tant devant le juge de paix que devant le tribunal d'appel, sans que ce point ait jamais été contesté par Joubert, qui excipait pour sa défense d'un ordre de motifs tout différent;

Qu'il est vrai, l'aqueduc à l'aide duquel s'exerce la prise d'eau de Tallet n'a été établi que moins d'une année avant l'action, mais que cet aqueduc n'a fait que remplacer une ancienne rigole qui remplissait précédemment la même fonction et dont l'existence remontait à 1863;

D'où il suit qu'en 1874, à l'époque du trouble, Tallet avait la possession annale, et que Joubert, à supposer qu'il soit recevable à soutenir le contraire aujourd'hui, n'y est pas fondé;

Sur le même moyen dans sa deuxième branche, tirée de la violation des art. 642 et 2232, C. civ. :

Attendu que si, tant qu'elles sont abandonnées à elles-mêmes, les eaux pluviales qui tombent ou coulent sur la voie ne sont à personne et appartiennent au premier occupant, elles cessent d'être à la libre disposition des riverains et des habitants, du moment qu'elles sont soumises à une appropriation particulière, soit par suite d'une convention privée entre un voisin inférieur et le propriétaire du fonds supérieur d'où elles proviennent, soit au moyen d'un aqueduc construit sur la voie publique avec l'autorisation de l'autorité compétente; que, dès lors, celui à qui elles sont attribuées privativement et qui les utilise de la sorte n'en jouit plus à titre de riverain ou d'habitant, mais en vertu du contrat ou de l'acte de concession qui les lui a exclusivement réservées;

Attendu, en fait, qu'il résulte des déclarations du jugement que c'est à leur sortie de la terre des Chaumes que Tallet recueille, dans l'aqueduc construit sur l'un des côtés du chemin vicinal de Saint-Paul à Lapaysée, les eaux litigieuses pour les conduire ainsi sur sa prairie du Marguiller; que sous le rapport de leur point d'origine, il en a l'usage exclusif aux droits de sa mère, qui l'avait acquis d'Eymery, suivant l'acte du 22 novembre 1863, et qu'Eymery se l'était réservé par l'acte de vente du 12 juillet précédent;

Que si on les considère comme eaux de pluie coulant sur la voie publique, ce n'est qu'avec l'autorisation de l'administration municipale, aux termes d'un arrêté du maire, approuvé par le sous-préfet, qu'elles reçoivent l'emploi auquel elles sont affectées;

Que, néanmoins, Joubert a troublé Tallet dans leur possession en exhaussant le sol du chemin au-dessus de l'orifice de l'aqueduc et en les empêchant d'y pénétrer;

D'où il suit que le jugement, en maintenant Tallet dans sa possession, s'est conformé aux principes et ne s'est mis en opposition avec aucune loi;

Sur le même moyen dans sa troisième branche, tirée de la violation des art. 1350 et 1351, C. civ., et 25, C. pr. civ. :

Attendu que le tribunal ne s'est point fondé sur le jugement du 3 mars 1859, comme ayant, dans la cause, l'autorité de la chose jugée; qu'il n'en a pas excipé non plus pour préjuger par l'existence de la possession ancienne l'état de la possession nouvelle, et qu'il ne l'a invoqué, avec le titre de vente de 1863, que pour déterminer les caractères de la possession de Tallet, ce qui est permis en toute matière possessoire et ce qui était nécessaire dans l'espèce à raison de la nature des eaux sur lesquelles portait le litige;

Rejette.

CASSATION, Ch. req. — 22 mars 1876.
(Rey c. Calmettes.)

I, 100, 108, 400, 491.

Une action en bornage ne change pas de nature dans le cas où le juge aurait été saisi en même temps d'une demande en maintenue possessoire d'un mur situé auprès des limites des héritages à borner. Une instance exclusivement possessoire ne constitue pas à elle seule une contestation sur la propriété.

Il appartient au juge du fond de vérifier souverainement l'existence des caractères de la possession.

ARRÊT

LA COUR : — Sur le premier moyen, tiré de la violation des art. 23, C. pr., 6 de la loi du 25 mai 1838, et 2229, C. civ. :

Attendu que le jugement dénoncé ne s'est pas « mépris sur les caractères légaux de la possession nécessaire à l'exercice de l'action en complainte », lorsqu'il a déclaré en fait et souverainement que le demandeur Rey n'a pas justifié d'une possession paisible, à titre non précaire et annale, au moment du trouble prétendu;

Attendu que, s'il a signalé l'absence d'actes de jouissance directe sur un mur séparatif des héritages, il y a été conduit nécessairement par les termes de la citation de Rey, qui portait sur le mur lui-même et non pas sur une parcelle située au-delà du mur;

Qu'ainsi le pourvoi n'est pas fondé à reprocher au jugement d'avoir, par une fausse théorie de droit, méconnu le principe que la possession du sol une fois établie entraîne la jouissance des constructions élevées sur ce sol;

Sur le deuxième moyen, pris de la violation de l'art. 6, § 2, de la loi du 25 mai 1838 :

Attendu, en fait, qu'aucune contestation sur la propriété ou sur les titres ne s'est révélée dans les dires des parties ; que la question du bornage des deux héritages était accessoire, non à une demande en revendication directe ou indirecte, mais à une demande en élagage ou arrachage d'arbres, à laquelle le demandeur acquiesçait en principe, tout en alléguant son ignorance des véritables limites ;

Attendu que, si le juge a été saisi en même temps par Rey d'une autre demande en complainte relative à un mur que Calmettes avait démoli en partie, cette juxtaposition d'une instance exclusivement possessoire n'a pas introduit dans l'affaire du bornage un débat sur la propriété du sol, et retiré au juge de paix, de plein droit, la compétence que lui attribuaient toutes les parties en cause ;

- Rejette.

AGEN. — 2 mai 1876.
(Préfet du Lot-et-Garonne c. Neuville.)

I, 17.

Il n'y a pas à distinguer, relativement aux alluvions, entre celles qui se forment naturellement *et celles qui ont été produites* artificiellement *par suite de travaux de l'homme. Dans ces deux cas, elles profitent aux riverains.*

ARRÊT

LA COUR : — Attendu que l'alluvion est l'accroissement qui se forme aux fonds riverains d'un fleuve par des dépôts imperceptibles et successifs ;

Qu'en fait, il résulte des plans communiqués à la Cour et des enquêtes qui ont eu lieu, en 1837 et 1844, dans des instances engagées entre l'État et plusieurs des intimés actuels, que des atterrissements existaient longtemps avant 1866 dans le lit de la Garonne, entre la terre formant la rive droite de l'île des Cordés appartenant à l'État ; — Qu'en 1814, un banc de gravier, qui fut plus tard appelé *la petite île des Cordés* et qui

a profité aux riverains, s'était formé peu à peu entre la rive droite et l'île actuelle ;
— Qu'entre ce banc et l'île actuelle des Cordés, des atterrissements s'étaient formés aussi, peu à peu, et que cette partie de l'ancien lit du fleuve qui fait l'objet du litige actuel, les dépôts dus à l'action seule et successive des eaux étaient considérables, puisque ce bras du fleuve, bien qu'il servit à la navigation, était presque desséché, et qu'on le traversait à pied sec ;

Que tous ces faits établissent incontestablement que les atterrissements ont commencé à un temps aujourd'hui très éloigné ; qu'ils ont été lents, successifs, intermittents, sans que l'époque ni la quantité de ces différents dépôts soient connues et sans qu'elles puissent être prévues ou mesurées ; qu'ils constituent donc une alluvion et qu'ils doivent comme tels profiter aux riverains dont ils touchent les fonds ;

Attendu que l'État objecte vainement que la formation de ces atterrissements est due à ses travaux et que l'art. 556, C. civ., s'applique à l'alluvion naturelle seulement ;

Que, d'abord, la loi ne distinguant pas (art. 546) entre l'accession naturelle et l'accession artificielle, le juge ne peut pas non plus distinguer ; — Qu'en outre, s'il n'est pas impossible que l'État profite seul quelquefois et demeure propriétaire des valeurs que ses travaux auraient créées, cela ne peut être que dans le cas où la loi n'aurait pas disposé autrement en faveur des tiers, de ses propriétés nouvelles ; — Qu'elle l'a fait en faveur des riverains lorsque les atterrissements ont été imperceptibles et successifs ; et que, dans l'espèce, les dépôts déjà anciens et considérables, à l'époque où les travaux de l'État ont commencé, en 1837, n'ont été postérieurement et malgré ces travaux que successifs et lents ; — Qu'on lit, en effet, dans un rapport de l'ingénieur chargé de ces travaux, rédigé le 14 avril 1842, que « dans les eaux les plus basses de l'étiage il y a encore une immense étendue de ce bras qui est couvert par les eaux », que dans un mémoire du 6 du même mois, le préfet de Lot-et-Garonne disait que ce bras du fleuve n'était encore qu'en voie d'atterrissement ;

Qu'il résulte donc de ces témoignages authentiques et irrécusables que les

dépôts n'ont pas été créés par l'Etat, puisqu'ils sont de beaucoup antérieurs à ses
travaux; et que, si les barrages effectués
tant en amont qu'en aval ont assuré et
facilité des formations déjà commen-
cées, cependant l'accroissement s'est
fait avec lenteur et insensiblement;

Que des atterrissements ainsi formés
constituant de véritables alluvions, ils
ne peuvent profiter qu'aux riverains; etc.

CASSATION, Ch. req. — 2 mai 1876.
(Antoine c. Comm. d'Enivaux.)

I, 242, 525, 623, 650.

Du principe que le juge du possessoire a
qualité pour rechercher la légalité de la
possession, il résulte qu'il a le droit
d'examiner si le titre invoqué contient
la preuve de la destination du père de
famille, qui sert de base à l'action.
Celui qui se prévaut de l'art. 694, C. civ.,
doit représenter l'acte de séparation des
héritages, dont l'examen est indispen-
sable.

ARRÊT

LA COUR : — Sur le moyen unique,
pris de la fausse application de l'art. 694,
C civ., de la violation des art. 23 et 25,
C. pr. civ. :

Attendu qu'à la différence des art. 692
et 693, C.' civ., qui disposent que la
destination du père de famille vaut titre
à l'égard des servitudes apparentes et
continues, sous la seule condition que
les deux héritages ont appartenu au
même propriétaire et que c'est par lui
que les choses ont été mises ou laissées
dans l'état d'où résulte la servitude,
l'art. 694, plus exigeant pour la servitude simplement apparente, ne l'admet
activement ou passivement, après la division des héritages, en faveur ou à la
charge du fonds aliéné, qu'autant que
l'acte qui a opéré la division ne contient
pas de stipulation contraire;

Qu'il suit de là que, dans l'hypothèse
régie par l'art. 694, celui qui revendique
la servitude est tenu de représenter
l'acte de séparation, à l'effet de justifier
de son droit;

Que, dès lors, si c'est au possessoire
que le contrat est représenté, le juge
doit en prendre connaissance et en ap-

précier la portée afin de déterminer le
caractère de la possession, et qu'il faut,
pour que la complainte soit recevable,
qu'il ne ressorte pas du titre que la possession n'a été que précaire et de pure
tolérance;

Attendu, dans l'espèce, qu'Antoine
qui réclamait, par sa complainte, sa
réintégration dans la jouissance de la
tranchée établie sur le sol de la forêt
communale d'Enivaux, alléguait à l'appui de sa prétention que tout le canton
appartenait jadis à l'abbaye de Bel-
champ, et plus tard à l'Etat, était originairement en nature de bois; que la
tranchée litigieuse avait été créée pour
le service de toute la forêt, et que la
partie qui comprend la propriété du demandeur, ayant été vendue en détail
par l'Etat, puis défrichée, c'était par
cette même tranchée, maintenue ainsi
avec sa destination primitive, qu'on
avait continué d'exploiter les terres mises en culture, aussi bien que le reste
de la forêt; mais que, suivant le jugement, l'acte qui a divisé l'héritage impose aux adjudicataires l'obligation de
supporter réciproquement un passage
sur leurs parcelles du côté de la tranchée, et que le tribunal, interprétant,
dans les limites de son pouvoir, la clause
qui précède, en a conclu, par une souveraine appréciation, qu'Antoine ne s'é-
tait servi de la tranchée pour l'exploitation de sa terre qu'à titre de tolérance
et de précarité;

D'où la conséquence que le tribunal,
en déclarant la complainte non recevable, n'a fait qu'une juste application
de l'art. 694, C. civ., et n'a violé aucune
autre disposition de loi;

Rejette.

TRIB. DES CONFLITS. — 27 mai 1876.
(Comm. de Sandouville c. l'Etat.)

I, 426.

S'il s'élève des contestations sur les limites
des rivages de la mer, la détermination
de ces limites, de même que l'interpré-
tation des actes administratifs, doit
être renvoyée à l'autorité dont ils éma-
nent, et les tribunaux sont obligés de
surseoir, sauf à juger ensuite les ques-
tions de propriété et de possession qui
leur sont réservées.

JUGEMENT

LE TRIBUNAL DES CONFLITS : — Vu la loi des 22 décembre 1789-8 janvier 1790, sect. III, art. 2, et le décret du 21 février 1852; — Vu la loi du 24 mai 1872, notamment les art. 25 à 28, la loi du 4 février 1850, le règlement du 26 octobre 1849, les ordonnances royales du 1er juin 1828 et du 12 mars 1831 :

Considérant que les limites transversales de la mer, à l'embouchure de la Seine, ont été fixées par un décret du 24 février 1869, et que les parcelles, objet du litige, font partie des terrains situés sur la rive droite de la mer, au-dessous de ces limites ;

Que la commune de Sandouville soutient que ces terrains constituent des alluvions, dont elle était en possession depuis plus d'un an et un jour à l'époque où des procès-verbaux ont été dressés, au mois de septembre 1874, contre ses locataires, pour contravention aux dispositions de l'ordonnance de 1681 sur la marine; que, par sa citation introductive d'instance, elle a réclamé son maintien dans la possession desdites parcelles et demandé qu'il fût fait défense à l'Etat de la troubler dans sa jouissance ;

Qu'au nom de l'Etat, il est soutenu, au contraire, que les terrains dont il s'agit sont des dépendances du rivage de la mer et font partie du domaine public maritime inaliénable et imprescriptible ;

Que, dans ces circonstances, le préfet de la Seine-Inférieure a revendiqué le droit, pour l'autorité administrative, de procéder à la détermination des limites latérales de la mer dans la baie séparée du domaine fluvial par le décret du 24 février 1869, préalablement à la décision de l'autorité judiciaire sur la question possessoire soulevée par la commune de Sandouville ;

Considérant que, pour statuer sur les prétentions respectives de la commune et de l'Etat, il est nécessaire de procéder à la détermination des limites actuelles de la mer dans la baie de Seine, au-dessous de la ligne de délimitation transversale de la mer et du fleuve, et que, lorsqu'il y a contestation sur les limites actuelles de la mer, la détermination de ces limites par l'autorité administrative est préjudicielle à toute décision des tribunaux judiciaires, sans qu'il y ait lieu de distinguer si les actions portées devant ces tribunaux soulèvent des questions de propriété ou seulement des questions de possession, dans les conditions déterminées par les art. 23 et suiv., C. pr. civ.;

Qu'en effet, c'est à l'autorité administrative qu'il appartient de veiller à la conservation du domaine public, et qu'en ce qui concerne la détermination des limites du rivage de la mer, l'art. 2 du décret du 21 février 1852 dispose expressément qu'elle est faite par l'autorité supérieure, tous droits des tiers réservés ;

Considérant que si les changements de limites, qui peuvent résulter du mouvement naturel des eaux, n'ouvrent aucun droit à indemnité, il ne peut appartenir à l'autorité administrative, à l'occasion des délimitations qui lui sont confiées, ni de se constituer juge des droits de propriété ou de possession qui appartiendraient aux riverains, ni de s'attribuer le pouvoir d'incorporer au domaine public, sans remplir les formalités exigées par la loi du 3 mai 1841, les terrains dont l'occupation lui semblerait utile aux besoins de la navigation ;

Que les tiers, dont les droits sont toujours réservés par les délimitations administratives, peuvent ou se pourvoir devant l'autorité administrative elle-même pour faire rectifier ces délimitations, ou demander au Conseil d'Etat l'annulation, pour cause d'excès de pouvoir, des délimitations qui porteraient atteinte à leurs droits; mais qu'ils ne peuvent, en aucun cas, s'adresser aux tribunaux de l'ordre judiciaire pour faire suspendre, rectifier ou annuler les actes de délimitation du domaine public, ni se faire maintenir ou remettre en possession des terrains dont ils prétendraient avoir la possession légale ou la propriété ;

Qu'il appartient seulement à l'autorité judiciaire, lorsqu'elle est saisie d'une demande en indemnité, formée par un particulier qui soutient que sa propriété a été englobée dans le domaine public, de reconnaître les droits invoqués devant elle et de régler, s'il y a lieu, une indemnité de dépossession dans le cas où l'administration maintiendrait une délimitation contraire à sa décision ;

Considérant que, de tout ce qui précède, il résulte que le tribunal du Havre, en refusant le sursis demandé par l'Etat, et en rejetant le déclinatoire qui avait été présenté par le préfet de la Seine-Inférieure, a méconnu le caractère préjudiciel de la détermination par l'autorité administrative des limites actuelles du rivage de la mer dans la baie de Seine, et qu'en s'attribuant ainsi le droit de rendre une décision sur le fond, par laquelle cette délimitation se trouverait supposée, il a, par son jugement du 26 février 1876, porté atteinte au principe de la séparation des pouvoirs ;

Art. 1er. — L'arrêté de conflit est confirmé.

CASSATION, Ch. req. — 29 mai 1876.
(Daunon c. Lecollier.)

I, 650.

Le juge du possessoire peut écarter du débat les titres et refuser de s'y reporter, lorsque la preuve de la possession résulte suffisamment des enquêtes ou de l'inspection des lieux.

ARRÊT

LA COUR : — Sur le moyen unique du pourvoi, pris de la violation des art. 688 et 691, C. civ., et de la fausse application des art. 23 et 25, C. pr., et 1315, C. civ. :

Attendu, d'une part, qu'il résulte soit de la citation du 10 février 1869, soit des constatations du jugement attaqué, qu'il s'agissait, dans l'espèce, non de savoir si Lecollier et consorts avaient exercé une servitude de passage sur le terrain d'autrui ; mais de savoir s'ils avaient possédé, à titre de copropriétaires, le sol d'un chemin d'exploitation ;

Attendu, d'autre part, que le juge du possessoire, ayant trouvé soit dans l'enquête, soit même dans le simple aspect des lieux, la preuve que Lecollier et consorts avaient effectivement la possession dans les conditions requises par la loi, n'était point tenu d'examiner les titres que l'adversaire offrait de produire pour justifier de son droit de propriété ;

D'où il suit qu'en décidant que Lecollier et consorts seront réintégrés et maintenus en possession du chemin d'exploitation qui borde leurs propriétés, le jugement attaqué n'a ni violé ni faussement appliqué les textes invoqués à l'appui du pourvoi ;

Rejette.

CASSATION, Ch. civ. — 14 juin 1876.
(Marguerite c. Féraud.)

I, 100, 108.

L'action en bornage ne perd son caractère et ne change de nature ni par cette circonstance que les parties ne sont pas tombées d'accord sur la ligne divisoire à établir, ni par cette autre que le juge de l'instance a dû, sur la provocation des parties, rechercher qui avait la possession actuelle du terrain litigieux, alors qu'elles n'avaient pas attribué à cette possession un caractère acquisitif de la propriété.

ARRÊT

LA COUR : — Sur le dernier moyen de cassation :

Attendu que, à son origine, l'action portée par Féraud devant le juge de paix de Saint-Martin était incontestablement une action en bornage, et qu'elle fut acceptée comme telle par le demandeur en cassation ; qu'elle n'a pu changer de nature, ni par cette circonstance que les parties ne sont pas tombées d'accord sur la ligne divisoire à établir, ni par cette autre que le juge de l'instance a dû, sur la provocation des parties, rechercher qui avait la possession actuelle de la haie et de la bande de terrain mentionnée au jugement attaqué ;

Que si, en effet, cette question de possession a été agitée devant le juge de paix en termes plus ou moins équivoques, pouvant faire croire à un litige sur la propriété, la pensée véritable des parties se dégage clairement de leurs conclusions d'appel, où le débat s'est expressément et uniquement établi sur la possession annale, sans que ni pour la haie, ni pour la bande de terre contiguë, l'appelant ou l'intimé aient invoqué aucun titre spécial d'acquisition, ni l'existence d'aucune prescription ;

Que, dans cet état des faits, le tribunal civil de Chalon-sur-Saône, en jugeant le fond du procès, loin de violer les règles de la compétence, s'y est exactement conformé ;

Rejette ce moyen.

CASSATION, Ch. req. — 7 août 1876.

(Comm. de Carrières-Saint-Denis c. Sarrazin.)

I, 500.

C'est au juge du fond qu'il appartient d'apprécier souverainement les caractères de la possession.

ARRÊT

LA COUR : — Sur le premier moyen, pris de la violation de l'art. 25, C. pr. civ. :

Attendu que le jugement dénoncé n'a point statué à la fois sur la propriété et la possession, mais sur la possession seulement ; qu'il ne s'est pas fondé davantage sur des motifs tirés exclusivement du fond du droit, et que si le tribunal a invoqué l'acte de 1730, ç'a été uniquement pour en conclure que les actes de possession exercés par la dame Sarrazin devaient être considérés comme accomplis à titre de propriétaire, conformément à son titre ; qu'ainsi, le tribunal n'a pas cumulé le possessoire et le pétitoire ;

Sur le deuxième moyen, pris de la violation de l'art. 7 de la loi du 20 avril 1810, pour défaut de motifs :

Attendu que si le juge doit s'expliquer sur tous les chefs de conclusions qui lui sont soumis, il n'est pas tenu, pour admettre ou pour repousser une demande ou une exception, de répondre à chacun des arguments de la prétention adverse ; que, dans l'espèce, la commune ne s'est prévalue, par ses conclusions, du plan de 1874, qu'à l'effet d'établir que la possession de la dame Sarrazin n'était point une possession paisible ; qu'il n'y avait donc là qu'un argument présenté à l'appui du système de la commune et qui n'exigeait point, dès lors, une réponse particulière ;

Sur le troisième moyen, pris de la violation des art. 23, C. pr. civ., et 2229, C. civ. ;

Attendu qu'il résulte des constatations contenues dans le jugement, en termes exprès et formels ou d'une manière implicite, que la dame Sarrazin qui a formé son action en complainte dans l'année, était, depuis une année au moins, en possession paisible, publique, non équivoque et à titre de propriétaire ; que de telles appréciations échappent au contrôle de la Cour, et ne sauraient donner ouverture à cassation ;

Rejette.

CASSATION, Ch. civ. — 7 nov. 1876.

(Hocloux c. Lautel.)

I, 228, 252, 579.

L'usage d'un cours d'eau non navigable ni flottable constitue, au profit de chacun des riverains, non une jouissance promiscue, mais un droit individuel, dans la possession duquel il est autorisé à se faire maintenir contre les entreprises des riverains supérieurs ou inférieurs.

Le juge de paix est incompétent pour connaître d'une demande reconventionnelle qui dépasse le taux fixé par l'art. 1er de la loi du 25 mai 1838, lorsque cette demande n'est pas exclusivement fondée sur la demande principale.

Du 16 janvier 1875, jugement du tribunal de Neufchâteau qui décidait le contraire par les motifs suivants :

Attendu que la seule question que le tribunal ait à examiner est celle de la concurrence des deux possessions de l'appelant et de l'intimé ; — Considérant, d'abord, qu'abstraction faite des titres en vertu desquels les parties ont possédé, et sans chercher leur prééminence respective, ce qui est le droit et le devoir du juge au possessoire, on doit reconnaître que l'appelant et l'intimé, par eux ou leurs auteurs, ont joui et jouissent en commun du cours d'eau de la Meuse comme force motrice de leurs usines ; qu'il est établi par une jurisprudence constante que la possession promiscue, c'est-à-dire contradictoire et inconciliable, ne peut servir de base à la possession légale ; qu'il s'ensuit que Hocloux, à ce seul point de vue, ne pourrait exciper de sa possession ; — Mais attendu que, n'en fût-il pas ainsi, il y aurait lieu de rechercher si sa possession a pu être utile et légale ; qu'il est aujourd'hui reconnu expressément, tant par l'administration des ponts et chaussées que par l'administration préfectorale et par la commission provisoire remplaçant le Conseil d'État : 1° qu'il n'est point contesté que le moulin de Lautel avait une existence légale à raison de son ancienneté, datant de l'an 1297, lorsqu'il a été réglé pour la première fois par l'ordonnance royale du 25 novembre 1843 ; 2° que cette ordonnance intervenue sur la plainte d'Hennezel, auteur d'Hocloux, était entachée d'erreur par l'indication d'un faux repère ; que, du reste, Louis, auteur de Lautel, ne s'y est jamais conformé ; qu'enfin, dès 1851, Hennezel lui-même et Louis en poursuivirent la révision ; qu'en conséquence et en suite d'enquêtes contradictoires, fut rendu l'arrêté préfectoral du 16 octobre 1855, qui, ainsi que le reconnaît maintenant l'administration, visait à tort l'intérêt public et général, tandis qu'il n'y avait en jeu que la conciliation des intérêts purement privés et contradictoires des propriétaires des moulins d'Avancourt et de Ronceux ; que cet arrêté quali é, tantôt de définitif, tantôt de sujet à révision, n'a été basé que sur des présomptions d'exhaussement qui ont été détruites par les enquêtes ultérieures ; qu'il a été, du reste, en 1859, 1861, 1862, 1863, et depuis, frappé des protestations de Lautel devant tous les degrés de la justice administrative et civile ; — Attendu enfin que, dès le 2 juillet 1855, l'administration des ponts et chaussées reconnaissait que l'abaissement, au profit exclusif du moulin d'Avancourt, frapperait ce dernier d'une dépréciation énorme ; que le 18 décembre 1866, persistant dans cette manière de voir, cette administration déclarait que l'équité et l'humanité exigeaient la révision de l'arrêté du 16 octobre 1855 et la réparation d'une grave injustice ; — Attendu, dès lors, qu'Hocloux, eût-il pu acquérir une possession utile, à laquelle s'opposait la promiscuité de celle de Lautel, elle eût été incontestablement viciée, notamment par son titre, sa précarité et le défaut des autres caractères exigés par la loi.

Pourvoi du sieur Hocloux.

ARRÊT

LA COUR : — Sur le premier moyen : Vu l'art. 2229, C. civ. ; Vu l'art. 23, C. pr. :

Attendu que l'usage d'un cours d'eau non navigable ni flottable constitue au profit de chacun des riverains, non une jouissance promiscue, mais un droit individuel dans la possession duquel il est autorisé à se faire maintenir contre les entreprises des riverains supérieurs ou inférieurs ; que le jugement attaqué a donc méconnu les caractères légaux de la possession lorsqu'il a déclaré que l'appelant et l'intimé, ayant joui en commun du cours d'eau de la Meuse comme force motrice de leurs usines, n'avaient eu qu'une possession promis-

cue ne pouvant servir de base à une action en complainte ;

Attendu, d'autre part, que, pour déclarer que la possession de Hocloux n'avait pas les caractères exigés par l'art. 2229, C. civ., le jugement attaqué s'est uniquement fondé sur ce que l'arrêté préfectoral du 16 septembre 1855, qui avait ordonné l'abaissement du barrage de l'usine de Ronceux, avait été constamment frappé des protestations de Lautel devant tous les degrés de la justice administrative et civile, et que l'administration elle-même avait expressément reconnu que cet arrêté était fondé sur une erreur sans relever aucun fait qui soit de nature à constituer un trouble, une interruption civile ou tout autre vice légal rendant inefficace la possession annale du demandeur ;

D'où il suit que la décision du jugement attaqué manque de base légale ;

Sur le deuxième moyen :

Vu les art. 1er et 7 de la loi du 25 mai 1838 :

Attendu qu'aux termes de ces articles les juges de paix ne peuvent connaître des demandes reconventionnelles en dommages-intérêts qui excèdent 200 fr., à moins qu'elles ne soient fondées exclusivement sur la demande principale; que cette règle de compétence s'applique aux tribunaux de première instance, lorsqu'ils statuent sur l'appel des sentences rendues par les juges de paix;

Attendu que Lautel, cité au possessoire par Hocloux devant le juge de paix de Neufchâteau, avait formé une demande reconventionnelle en 3,000 fr. de dommages-intérêts, sur laquelle le juge de paix s'était déclaré incompétent;

Attendu que le tribunal de Neufchâteau, statuant en appel sur cette demande, a condamné Hocloux à payer 1,000 fr. de dommages-intérêts à Lautel, par le motif que son usine avait été frappée d'une dépréciation énorme, tant par l'abaissement du niveau obtenu par Hocloux que par les procès qui en avaient été la suite;

Attendu que cette condamnation ayant pour objet la réparation de dommages causés à Lautel par des faits antérieurs à l'instance, n'est pas fondée exclusivement sur la demande principale;

D'où il suit qu'en la prononçant, le

tribunal de Neufchâteau a excédé les
limites de sa compétence comme juge
d'appel, et qu'il a ainsi violé les dispositions légales ci-dessus visées;
　Casse.

CASSATION, Ch. req. — 13 déc. 1876.

(Ragon c. Magny.)

I, 227, 516.

*Entre communistes, l'action possessoire
n'est recevable qu'autant que le fait reproché a pour but ou pour conséquence
directe une appropriation exclusive de
la chose commune ou une restriction
injuste des droits des autres copossesseurs.*

ARRÊT

LA COUR : — Sur le moyen unique,
tiré de la violation des art. 23 et 25, C.
pr. civ. :

Attendu qu'aucune contestation ne
s'étant produite au procès sur les droits
des deux parties en cause, et de deux
autres personnes à la copropriété et copossession du chemin commun; le juge
devait en tenir compte pour apprécier
le caractère des actes que Ragon voulait faire considérer comme constituant
un trouble à sa propre jouissance;

Attendu que, d'après les constatations
de fait du jugement, Magny, en présence
de l'inertie de son voisin qui ne comblait
pas un cloaque formé devant sa maison
par les affouillements du sol résultant
des pluies, s'est borné à exécuter un
travail d'entretien et non d'exhaussement, pour rétablir la circulation devenue difficile, sans chercher à porter atteinte aux droits de ses voisins;

Attendu que, par une conclusion logique, le juge a déclaré irrecevable
l'action possessoire de Ragon, sans préjudice de son droit de discuter au pétitoire, soit les titres de copropriété de
Magny, soit l'étendue des pouvoirs qui
résulteraient de cette copropriété sur
le sol même du chemin, soit les conséquences des réparations à l'égard des
propriétés riveraines;

Attendu qu'entre communistes, l'action possessoire ne peut être fondée que
sur des actes ayant pour but ou pour
conséquence directe une appropriation

exclusive de la chose commune au profit de leur auteur, ou une restriction
injuste des droits utiles des autres copossesseurs; que, s'il en était autrement,
l'exercice légitime du droit le plus manifeste pourrait à chaque instant donner lieu à la complainte;

Attendu, dès lors, que le jugement
attaqué n'a pas violé les articles susvisés
et n'a pas cumulé le pétitoire et le possessoire;

Rejette.

CASSATION, Ch. civ. — 8 janv. 1877.

(Reydet c. Bard.)

I, 521.

*La règle qu'une demande rejetée n'inter-
rompt pas la prescription est absolue en
ce qu'il n'y a pas à distinguer si elle a
été rejetée par un moyen du fond, par
un moyen de forme, ou par une fin de
non-recevoir.*

Le sieur Reydet ayant été cité en
réintégrande par le sieur Bard, avait
formé devant le juge de paix une demande reconventionnelle en maintenue
possessoire. Cette demande avait été
rejetée par le juge de paix dans les termes suivants, confirmés par le tribunal
de Bonneville, le 14 janvier 1874 :

Attendu, sur les conclusions reconventionnelles en complainte, qu'elles ne sauraient
être accueillies dans la présente instance,
sans porter atteinte à la maxime : *Spoliatus
ante omnia restituendus;* que Reydet pourra
agir ensuite s'il s'y croit fondé, par instance à
part, pour se faire maintenir dans la possession annale de la servitude de passage qu'il
prétend lui être due à travers la digue par lui
démolie, tous droits lui étant formellement
réservés à cet égard; — Statuant sur les conclusions reconventionnelles en maintenue de
possession, disons n'y avoir lieu à les accueillir dans la présente instance, sauf au défendeur à se pourvoir si bon lui semble, dépens
réservés.

Le sieur Reydet introduisit une action
en complainte le 11 février 1874. Mais
cette action fut déclarée non recevable,
le 16 novembre 1874, par jugement du
tribunal de Bonneville ainsi motivé :

Attendu que, par exploit du 11 février dernier, Reydet a introduit devant le juge de paix
du canton de Bonneville une action en complainte, à raison du trouble apporté par
l'appelant, dans le courant du mois de décembre 1872, à sa possession annale d'une
servitude de passage; que l'appelant a sou-

tenu que cette action, exercée plus d'une année après le trouble, n'était pas recevable aux termes de l'art. 23, C. pr. civ.; — Attendu qu'appréciant cette fin de non-recevoir, le juge a dit que la citation du 11 février dernier n'avait eu pour effet que de reprendre et continuer par instance séparée l'action en complainte déjà intentée par reconvention au cours de l'instance en réintégrande introduite par Bard contre Reydet et jugée dans l'année du trouble, et que, dès lors, la demande avait été formée dans le délai légal; qu'il s'agit d'examiner si, effectivement, le jugement du 24 octobre 1873, qui a statué tout à la fois sur la demande en réintégrande de Bard et sur la demande reconventionnelle de Reydet, a rejeté cette dernière demande, ou s'il n'a prononcé qu'un sursis; — Attendu que le dispositif de ce jugement est ainsi conçu : « Statuant sur la demande reconventionnelle en maintenue de possession, disons n'y avoir lieu de l'accueillir dans la présente instance, sauf au défendeur à se pourvoir »; — Que cette disposition claire et catégorique est le rejet formel de la demande reconventionnelle; qu'on peut d'autant moins y voir un sursis au lieu d'un rejet de la demande, qu'elle renvoie le défendeur à se pourvoir par instance à part, dans le cas où il se croirait fondé à exercer la complainte, ce qui exclut, autant qu'il est possible, l'idée d'une demande qui serait une instance liée et qui n'est que suspendue; que, cependant, on cherche encore une interprétation contraire dans la réserve formelle de tous droits en faveur de Reydet insérée dans les motifs, et enfin dans la disposition finale du jugement qui réserve les dépens; — Mais qu'en premier lieu, la réserve dont il s'agit, en admettant qu'elle ait la même valeur que si elle faisait partie du dispositif, n'a pu que sauvegarder les droits existants et non pas en créer de nouveaux; que, pour donner à cette réserve la signification que l'intimé lui prête, il faudrait supposer que le juge a voulu dire : réservons tous les droits du défendeur, y compris l'interruption de prescription résultant de la demande reconventionnelle qui n'est pas accueillie, c'est-à-dire qui est rejetée, supposition à laquelle résistent les expressions dont le juge s'est servi et qui est contraire aux principes du droit, puisqu'une demande rejetée n'interrompt pas la prescription; qu'il va de soi, au contraire, que par la réserve que l'on invoque, le juge a seulement expliqué qu'il ne rejetait qu'en la forme la complainte contenue dans la demande reconventionnelle, et que Reydet pourrait exercer l'action par voie principale avec tous ses moyens de fait et de droit, sans qu'on pût lui opposer l'autorité de la chose jugée; qu'en second lieu, la réserve des dépens était nécessitée par la nature du jugement, qui admettait la preuve des faits articulés et ne statuait pas au fond sur la demande principale; que si Reydet n'a pas été condamné à des dépens à raison du rejet de sa demande reconventionnelle, c'est que, sans doute, cette demande n'avait occasionné aucun frais à la partie adverse, et qu'au besoin le juge, lorsqu'il viendrait à statuer sur les dépens, en jugeant au fond l'action en réintégrande, pourrait tenir compte

de cet incident du procès; — Attendu que la demande formée par Reydet dans l'année du trouble ayant été rejetée, elle n'a pu, aux termes de l'art. 2247, C. civ., interrompre la prescription annale édictée par l'art. 23, C. pr. civ.; — Par ces motifs, déclare Reydet non recevable en sa demande, l'en déboute.

Pourvoi du sieur Reydet.

ARRÊT

LA COUR : — Sur le moyen unique du pourvoi :

Attendu qu'aux termes de l'art. 2247, C. civ., l'interruption de la prescription résultant d'une citation en justice est regardée comme non avenue, si la demande est rejetée;

Que cette disposition est absolue et ne comporte aucune distinction entre le cas où la demande est définitivement rejetée, par un moyen du fond, et celui où elle est repoussée, soit par un moyen de forme, soit par une fin de non-recevoir qui laisse subsister le droit d'action;

Que, dans l'une comme dans l'autre hypothèse, l'assignation ne saurait, après l'extinction de l'instance, continuer à produire aucun effet au profit des demandeurs, dont les conclusions n'ont pas été admises;

Attendu que la demande en complainte formée par Reydet contre Bard, par exploit du 11 février 1874, avait pour cause un trouble apporté au mois de décembre 1872 à sa possession prétendue annale d'une servitude de passage;

Que, pour repousser la prescription qui lui était opposée, il excipait de conclusions reconventionnelles, tendant aux mêmes fins que la demande principale et prises, dans l'année du trouble, au cours d'une instance en réintégrande introduite par Bard contre lui;

Mais que ces conclusions avaient été rejetées par une sentence du juge de paix du 24 octobre 1873, confirmée par jugement du tribunal de Bonneville du 14 janvier 1874;

Qu'il importait peu que ce jugement eût réservé à Reydet le droit de se pourvoir par instance à part, si bon lui semblait, pour se faire maintenir en possession de la servitude qu'il prétendait lui être due;

Que l'unique effet de cette réserve était de lui conserver le droit de renouveler par action principale sa demande en complainte, mais qu'elle ne l'autorisait en aucune façon à se prévaloir, dans la nouvelle instance, de l'interruption de prescription résultant de ses conclusions reconventionnelles, quoique lesdites conclusions eussent été rejetées;

Qu'en le décidant ainsi et en déclarant, par suite, Reydet non recevable en sa demande, le jugement attaqué n'a violé aucun des articles du Code civil et du Code de procédure civile visés au pourvoi;

Rejette.

CASSATION, Ch. req. — 15 janvier 1877.

(Mignot c. Petit.)

I, 242, 313, 324.

Le juge du possessoire, saisi de la question de possession d'un droit de servitude de passage pour cause d'enclave, doit constater d'abord l'existence de l'enclave.

ARRÊT

LA COUR : — Sur le moyen unique, pris de la violation de l'art. 23, C. pr. civ., et de l'art. 7 de la loi du 20 avril 1810 :

Attendu, sur la première branche, que ce sont les consorts Mignot qui, par voie d'intervention sur l'action en dommages-intérêts dirigée par Petit contre Dorotte, leur fermier, pour avoir passé avec une voiture de foin sur le pré du demandeur principal, ont introduit une instance en complainte fondée sur ce que, depuis plus de trente ans et notamment depuis an et jour, ils avaient, sur le fonds du défendeur éventuel, comme propriétaires enclavés, la possession publique et paisible de la servitude de passage;

Qu'ainsi, demandeurs reconventionnels en complainte, ils n'appelaient le juge de paix à prononcer que sur leur droit au possessoire et non sur leur droit au pétitoire;

Que le fait de l'exercice du passage pendant un temps suffisant pour donner ouverture à la complainte n'ayant pas été contesté, il n'était plus resté qu'à vé-

rifier si l'héritage des consorts Mignot était ou n'était pas enclavé;

Que c'est là, en effet, la seule question qui ait été examinée par le jugement attaqué, comme c'est aussi la seule qu'il ait résolue;

D'où suit qu'en décidant que le fonds des consorts Mignot n'était point enclavé et que les demandeurs, dès lors, n'étaient pas, depuis une année, en possession utile de la servitude litigieuse, le tribunal civil de Tonnerre n'a statué que sur l'action en complainte dont il était saisi par voie d'appel, et n'a point excédé les bornes de sa compétence;

Rejette.

CASSATION, Ch. civ. — 20 février 1877.

(Rigaud et Sirot c. Cornu.)

I, 208, 707.

Le contribuable qui agit en cette qualité est tenu de se pourvoir de l'autorisation du Conseil de préfecture.

Du 30 juillet 1875, jugement du tribunal de Clamecy, qui statue en ces termes:

Attendu que tout démontre que les consorts Sirot n'ont pas agi en leur nom personnel, comme exerçant un droit individuel, mais bien comme contribuables exerçant une action communale; que, dans la sommation du 3 novembre 1874, de même que dans la citation du 9 du même mois, ils ont déclaré qu'ils agissaient comme contribuables, inscrits au rôle de la commune de Marigny-sur-Yonne; que, plus tard, devant le juge de paix, ils ont conclu formellement : 1° à la maintenue et garde de la commune dans la possession et jouissance du chemin et de ses abords; 2° à la restitution par Cornu, à ladite commune, du terrain anticipé; — Attendu qu'aux termes de l'art. 49 de la loi du 18 juillet 1837, les contribuables ne peuvent exercer les actions de la commune qu'avec l'autorisation du Conseil de préfecture, et qu'autant que la commune, préalablement appelée à délibérer sur ces mêmes actions, aurait refusé ou négligé de les exercer elle-même; — Attendu que les consorts Sirot n'ont ni demandé ni obtenu l'autorisation du Conseil de préfecture; qu'à la vérité, suivant l'art. 55 de la loi précitée, le maire peut, sans autorisation préalable, intenter toute action possessoire ou y défendre; mais que cet article ne s'applique pas aux contribuables qui, comme l'a décidé la Cour de Cassation dans son arrêt du 7 mars 1860, n'ont point le même but et ne présentent pas les mêmes garanties que le maire; — Attendu, d'autre part, qu'il n'est point justifié que la commune ait été appelée à délibérer sur l'action intentée par les intimés; — Attendu que, de tout ce qui précède, il résulte que les consorts Sirot étaient sans qualité pour agir au nom de la commune; — Par ces motifs, le tribunal, jugeant en matière sommaire et en dernier ressort, dit qu'il a été mal jugé par le jugement dont est appel; — Déclare les consorts Sirot non recevables dans leur demande.

Pourvoi des sieurs Rigaud, Sirot et consorts.

ARRÊT

LA COUR : — Statuant sur les deux moyens du pourvoi formé par les sieurs Rigaud, Gueneau, Pierre et Etienne Sirot, tirés de la fausse application de l'art. 49 de la loi du 18 juillet 1837, et de la violation de l'art. 7 de la loi du 20 avril 1810:

Attendu qu'il résulte des actes introductifs d'instance et des conclusions des demandeurs relevées par le jugement attaqué qu'ils n'ont pas agi en leur nom personnel, mais bien comme contribuables de la commune de Marigny-sur-Yonne; qu'il s'ensuit qu'ils étaient non recevables dans leur action à défaut d'une autorisation du Conseil de préfecture;

Attendu qu'en statuant ainsi, le tribunal de Clamecy s'est livré à une juste appréciation des faits de la cause et a suffisamment motivé sa décision;

Rejette.

JUSTICE DE PAIX D'AIGURANDE. — 27 mars 1877.

(Comm. de Montgivray c. dame Clésinger.)

I, 289.

Le juge, saisi d'une action possessoire tendant à la répression d'un trouble apporté à la jouissance d'un chemin de ronde d'une église, peut rechercher la nature du terrain en litige à l'aide d'un constat et d'une enquête; en agissant ainsi, il n'excède pas sa compétence et ne cumule pas le possessoire avec le pétitoire.

JUGEMENT

LE TRIBUNAL : — Attendu que la demande en maintenue de possession formée par la commune de Montgivray est fondée sur ce que, depuis moins d'un an avant l'action, Mme Clésinger aurait fait ouvrir une fenêtre dans le mur séparatif de son héritage d'avec un terrain que ladite commune prétend être un chemin de ronde dépendant de son église paroissiale, spécialement et exclusivement destiné au service de cette église, et aurait ainsi établi une vue directe et immédiate sur ce chemin de ronde ainsi que sur l'église;

Attendu que ni la possession annale du terrain en litige, ni l'entreprise reprochée à la dame défenderesse ne sont contestées, et qu'il est seulement allégué par ladite dame défenderesse que le terrain sur lequel s'ouvre sa fenêtre, n'est pas un chemin de ronde dépendant de l'église, mais bien une dépendance de la place publique ou tout au moins une rue publique, et qu'elle n'a fait qu'user du droit qui appartient à tous les riverains d'ouvrir des portes et des fenêtres sur la voie publique;

Attendu que les art. 678 et 679, C. civ., ont seulement pour objet de régler les rapports de voisinage entre les propriétés privées; qu'ils ne s'appliquent pas aux vues ouvertes sur la voie publique et qu'il n'existe aucune délimitation de distance entre les fenêtres ouvertes sur la voie publique et les héritages riverains; mais qu'au contraire il est de principe et de jurisprudence que les passages, chemins de ronde et autres dépendances des églises ne peuvent, en raison de leur nature et de leur destination, être grevés de la servitude de vue;

Attendu que, dès lors, pour décider si l'action est ou non recevable, il faut rechercher si le terrain en litige est de la nature de ceux auxquels sont applicables les art. 678 et 679, C. civ.;

Attendu que, par notre jugement interlocutoire du 28 novembre 1876, il a été décidé que c'était à Mme Clésinger, demanderesse en exception, à prouver ses prétentions quant à la nature du terrain litigieux et ordonné, tous moyens tenants, que les lieux litigieux seraient par nous vus et vérifiés, et que ladite dame ferait sur lesdits lieux la preuve des faits par elle articulés;

Attendu qu'il résulte de notre procès-verbal de visite des lieux litigieux, en date du 12 décembre dernier, que l'église paroissiale de Montgivray, séparée de la rue du bourg par une place publique et dont l'abside faisant face à cette place regarde l'orient et la façade l'occident, a seulement trois entrées et est bordée sur trois côtés, au midi, au couchant et au nord, par un terrain qui est séparé des propriétés riveraines par des murs pleins, ce qui le met dans un état absolu de clôture à ces trois aspects ;

Que ce terrain, sur lequel ouvrent les trois portes de l'église, l'une, la principale, a sa façade au couchant et les deux autres sur l'un de ses côtés, au midi, offre, par sa forme, ses dimensions et son état de clôture, l'aspect d'un chemin ou passage circulaire dont les deux extrémités viennent aboutir à la place publique, et par lequel il faut nécessairement passer pour arriver aux trois portes de l'église ;

Que, dans ses parties qui sont à gauche, et sur le devant de l'église, c'est-à-dire au nord et au couchant, ce terrain ou passage circulaire est gazonné et ne présente pas de traces de passage habituel, mais qu'il est au contraire facile et frayé dans sa partie nord, celle sur laquelle ouvrent les deux portes latérales de l'église, ce qui dénote que les deux premières parties dudit terrain sont habituellement peu fréquentées, que la principale porte de l'église, qui ouvre sur l'une d'elles, ne sert que dans de rares occasions, et que c'est par la dernière partie et par les deux petites portes latérales que s'effectuent à l'ordinaire le passage des fidèles et leur entrée à l'église ;

Que c'est également sur cette dernière partie dudit terrain ou passage que prend jour la fenêtre récemment ouverte par Mme Clésinger et dont la suppression est demandée ; que cette fenêtre munie de contrevents ouvrant à l'extrémité est établie à 60 centimètres du sol et à la distance de 1m50 d'une petite porte récemment murée, et qu'elle procure à la nouvelle construction de Mme Clésinger une vue directe sur l'église et immédiate sur le terrain intermédiaire, tandis que la porte murée n'avait directement vue que sur l'abside qui paraît être de construction moins ancienne que le corps même de l'église ;

Qu'enfin ledit terrain ou passage circulaire n'est délimité ni distingué par aucun signe apparent de la place publique, et que loin d'être, au contraire, l'objet d'une délimitation ou distinction quelconque, il s'y trouve compris dans la contenance donnée à la place publique ;

Attendu que de l'enquête à laquelle il a été procédé, il ne résulte pas que l'église de Montgivray soit établie sur la place publique, que l'absence de délimitation du terrain qui entoure cette église, d'avec la place, la manière dont il est désigné au cadastre, la liberté d'y accéder et circuler laissée au public, les faits, révélés par l'enquête, d'installation de jeux, de danses et autres qui ont été tolérés et même parfois autorisés par l'autorité compétente sur certaines parties de ce terrain et à certains jours de l'année, ne prouvent pas que ledit terrain soit une dépendance de la place publique ou une rue publique ;

Qu'il s'ensuit que l'enquête n'a pas été concluante et que la preuve mise à la charge de Mme Clésinger par notre jugement interlocutoire n'a pas été faite ;

Attendu que les lois révolutionnaires qui ont attribué à la nation les biens ecclésiastiques n'ont pas eu pour effet d'en changer la nature ; que d'ailleurs le Concordat (18 germinal an X, art. 5) et les lois organiques du culte, en les abrogeant, ont mis à la disposition des évêques les églises non aliénées avec leurs accessoires (Montpellier, 11 février 1876) ;

Attendu que l'église de Montgivray, ancienne chapelle d'une commanderie de Templiers, et dont la fondation remonte à des temps reculés, n'a pu être établie sur la place publique qui est de création relativement récente ; que l'on doit admettre que le terrain qui la borde a été, à l'origine, spécialement réservé et exclusivement destiné à son service ; qu'il a conservé cette destination primitive, et n'a dès lors jamais fait partie de la voie publique ;

Attendu qu'il est de jurisprudence que le passage qui donne accès à une église par l'un de ses côtés ne fait pas partie de la voie publique et est au contraire une dépendance nécessaire de cette église ; que dès lors la commune de Montgivray peut exiger la suppression des jours existant sur ce passage, sans titre ni prescription (Seine, 15 avril 1848; Cass., 10 décembre 1849);

Attendu que toutes les parties de l'église paroissiale de Montgivray ouvrent sur le terrain ou passage circulaire qui la borde; que ce terrain donne accès non seulement aux deux portes latérales de cette église, mais encore à sa porte principale; qu'il est, en un mot, absolument indispensable à l'accès de l'église et qu'il en est, dès lors, l'accessoire obligé;

Attendu que de tout ce qui précède, il résulte évidemment que le terrain sur lequel Mme Clésinger a ouvert une fenêtre d'aspect, est un terrain dépendant exclusivement de l'église paroissiale de Montgivray et, comme tel, non assujetti aux servitudes d'accès ou de vue en faveur des propriétaires riverains;

Attendu qu'aux termes de l'art. 678 du Code civil, on ne peut ouvrir des vues droites ou fenêtres d'aspect sur la propriété close ou non close de son voisin, s'il n'y a pas dix-neuf décimètres de distance entre le mur où on les pratique et ladite propriété;

Attendu que la commune de Montgivray, propriétaire de l'église et du terrain en dépendant, qu'on l'appelle chemin de ronde, processionnal ou de toute autre nom, était, lors de l'ouverture de la fenêtre de Mme Clésinger, en possession plus qu'annale de ce terrain;

Attendu que, depuis moins d'un an avant l'action, la dame Clésinger a fait ouvrir une fenêtre dans le mur séparatif de sa propriété d'avec le terrain dépendant de l'église paroissiale de Montgivray et a ainsi établi une vue directe et immédiate sur ce terrain et sur l'église; que l'existence d'une ancienne porte dans son mur et sa suppression n'autorisaient pas ladite dame à la remplacer par une fenêtre et encore moins à établir cette fenêtre à une distance plus rapprochée de l'église;

Attendu que par ce fait Mme Clésinger a troublé la commune de Montgivray dans sa possession annale dudit terrain;

Attendu, par conséquent, que l'action de ladite commune est recevable et bien fondée;

Attendu que Mme Clésinger, sommée avant l'instance, par exploit d'Appé, huissier à La Châtre, en date du 11 octobre 1875, de supprimer la fenêtre indûment ouverte n'a pas obtempéré à cette sommation;

Attendu, en ce qui concerne les dommages-intérêts demandés, que le trouble n'a causé à la commune de Montgivray, aucun préjudice appréciable et qu'il n'y a pas lieu d'en allouer;

Attendu qu'aux termes de l'art. 130, C. pr. civ., toute partie qui succombe doit être condamnée aux dépens;

Vu l'art. 6, § 1er, de la loi du 25 mai 1838:

Par ces motifs et tous droits et moyens des parties expressément réservés au pétitoire, gardons et maintenons la commune de Montgivray dans la possession annale du terrain dépendant de l'église paroissiale de cette commune; disons que c'est sans aucun droit que Mme Clésinger a pratiqué dans son mur une fenêtre ayant une vue directe et immédiate sur ce terrain ainsi que sur l'église.

CASSATION, Ch. req. — 25 avril 1877.
(Pereire c. de La Rochefoucauld.)

I, 242, 244.

Pour apprécier la nature et les effets de la possession annale d'une servitude discontinue et notamment d'un droit de passage, le juge du possessoire est tenu de consulter les titres qui sont la base de l'action.

De ce que, dans quelques-uns de ses motifs, il rappelle quelques règles afférentes au pétitoire, le juge ne cumule pas le possessoire et le pétitoire si, en réalité, il ne fait que statuer sur la possession.

Du 19 mai 1876, jugement du tribunal de Melun qui s'exprime ainsi:

Attendu que le juge de paix du canton de Tournan, tout en reconnaissant que l'action introduite devant lui était une action possessoire, s'est déclaré incompétent par le motif que, pour statuer sur le litige qui lui était déféré, il était indispensable d'interpréter un titre invoqué par les deux parties; — Mais attendu que la loi ayant placé les actions possessoires dans la juridiction des juges de paix, il y avait, au contraire, obligation pour le magistrat de juger la question qui lui était soumise; que la prohibition de cumuler le pétitoire avec le possessoire ne lui interdisait pas d'apprécier le titre produit, pour déterminer les caractères de la possession; qu'il y a donc lieu d'infirmer la décision du juge de paix de Tournan; — Au fond : — Attendu que le droit de passage n'entraîne pas toujours par lui-même le droit d'empêcher le propriétaire du fonds servant d'élever certaines clôtures destinées à se garantir contre l'envahissement du public et dont l'ouverture serait à la discrétion de celui auquel le passage est dû; — Attendu que ce sont là deux droits indépendants l'un de l'autre; qu'en effet, aux termes de l'art. 647, C. civ., tout propriétaire est libre de se clore; que si le législateur a édicté une telle disposition qui aurait pu sembler superflue et évidente par elle-même, il l'a fait pour indiquer nettement que la faculté naturelle de clôture ne saurait être restreinte sans conventions bien formelles; qu'il en résulte que le propriétaire dont le fonds est assujetti à un droit de passage, peut cependant, sauf conventions contraires, se clore vis-à-vis des tiers, pourvu que l'existence de sa clôture ne soit pas incompatible avec l'exercice du passage tel qu'il a été constitué; — Attendu que ces principes étant posés, il s'agit d'examiner la possession invoquée par le demandeur; que les effets de cette possession consistant à lui assurer un droit de passage proprement dit sur l'allée appartenant aujourd'hui à la dame de La Rochefoucauld ne sont pas en question; qu'il en est autrement de ceux qui, suivant le demandeur, constitueraient à son profit le droit d'interdire à la défenderesse intimée l'établissement sur son terrain de barrières la protégeant contre le public et dont les deux parties auraient la clef; — Attendu que ce prétendu droit n'est autre chose qu'un droit de servitude négative, qui, n'étant pas susceptible de s'acquérir par prescription, ne saurait, par conséquent, faire l'objet d'une possession utile, à moins qu'il ne soit appuyé sur un titre; — Mais attendu que le titre invoqué (acte sous signatures privées passé entre les auteurs des parties en cause le 9 janvier 1819, enregistré le 12 du même mois), ne pouvait donner aucun appui bien net à la prétention du demandeur; — Par ces motifs, infirme; — Dit que la p ssession invoquée par le sieur Pereire ne satisfait pas aux conditions de l'art. 23, C. pr. civ., et 2229, C. civ.

Pourvoi du sieur Pereire.

ARRÊT

LA COUR : — Sur le moyen unique du pourvoi, tiré de la violation des art. 23 et 25, C. pr. civ., des art. 647, 701 et 2229, C. civ., et de l'art. 7 de la loi du 20 avril 1810 :

Attendu, en droit, qu'il est certain que le juge du possessoire ne peut baser sa décision sur des motifs exclusivement tirés du fond du droit, alors même qu'il se borne à statuer sur le possessoire;

Mais attendu, en fait, qu'il résulte du jugement attaqué que si, dans la pre-mière partie de sa décision, le tribunal de Melun a rappelé quelques règles afférentes au pétitoire, dans la deuxième partie de la même décision il n'a fait qu'apprécier la possession annale du demandeur, la nature et les effets de cette possession; qu'une servitude de passage dans une allée et le droit allégué de prohiber sur cette allée l'établissement de barrières dont les deux parties auraient la clef, lui ont paru ne pouvoir faire l'objet d'une possession utile sans l'appui d'un titre pour caractériser une telle possession; que le titre de 1819 n'a été consulté que dans les limites du possessoire, et qu'il n'a été statué que sur la possession annale du demandeur; qu'ainsi le jugement attaqué n'a point cumulé le possessoire et le pétitoire;

Rejette.

CASSATION, Ch. req. — 14 mai 1877.
(Thivellier c. Manuel.)

I, 208, 524, 707.

Le contribuable qui veut agir au possessoire en exerçant l'action de la commune, est tenu de remplir les formalités prescrites par l'art. 49 de la loi du 18 juillet 1837.

La possession, qui est entachée de précarité, n'est pas protégée par la complainte.

ARRÊT

LA COUR : — Sur le moyen unique, mais divisé en deux branches tirées de la violation de l'art. 49 de la loi du 18 juillet 1837 et de l'art. 23, C. pr. civ. :

Attendu, sur la première branche, que si, aux termes de l'art. 49 de la loi du 18 juillet 1837, les riverains, troublés dans la jouissance d'un chemin public rural, ont, non seulement, pour s'y faire maintenir ou réintégrer, leur action propre et individuelle, comme riverains, mais encore celle de la commune, comme contribuables, ce n'est qu'à la condition, lorsqu'ils empruntent la seconde, de se conformer aux prescriptions de la disposition précitée; qu'il résulte cependant du jugement dénoncé que les consorts Thivellier, usant à la fois de l'une et de l'autre par leur complainte, pour obtenir le rétablissement du chemin du Mas de Gous, supprimé par Manuel, ont mis en mouvement l'action communale, sans avoir préalablement rempli les formalités auxquelles son exercice était subordonné ; qu'ainsi, leur demande, en tant qu'elle procédait au nom de la commune, n'avait pas été valablement formée ;

Attendu, sur la deuxième branche, que l'art. 23, C. pr. civ., n'autorise la complainte qu'autant que le demandeur a une possession non précaire ; que l'arrêté préfectoral de 1840, qui a classé le chemin du Mas de Gous, au nombre des chemins publics ruraux, n'a pu avoir pour effet d'en changer la nature et la destination ; qu'il n'y a eu là qu'une simple mesure d'ordre, qui, sans toucher aux droits de propriété ou de possession acquis ou à acquérir par les parties intéressées, n'en a créé aucune au profit de la commune ou des riverains ; qu'il a été reconnu, par le même jugement, d'après l'examen des lieux et les documents de la cause, que la voie litigieuse n'était qu'un chemin privé, exclusivement établi pour le service du domaine dont il porte le nom, et que Manuel en avait, depuis un an au moins, la possession publique et paisible, à titre de propriétaire, tandis que celle des consorts Thivellier, quoiqu'elle fut également publique et paisible, n'était que de pure tolérance ; que la possession des requérants manquait donc de l'une des conditions requises pour la complainte ;

D'où il suit qu'en déclarant l'action des demandeurs non recevable du chef de la commune, d'après l'art. 49 de la loi du 18 juillet 1837, et de leur chef personnel, d'après l'art. 23, C. pr. civ., le tribunal n'a fait qu'une juste application des principes de droit les plus certains ;

Rejette.

CASSATION, Ch. req. — 14 mai 1877. (De Framond c. Comm. de Recoules-d'Aubrac.)

Il n'y a pas cumul du possessoire et du pétitoire de la part du juge qui ne consulte l'usage des lieux, le cadastre et les documents qui lui sont remis que dans le but de se fixer sur la nature et les caractères de la possession.

Le juge, saisi d'une action en complainte formée reconventionnellement par le défendeur en maintenue possessoire, n'est pas tenu de s'expliquer séparément sur chaque demande. Le rejet de l'une emporte nécessairement l'admission de l'autre.

La commune dont les terrains ont été, de temps immémorial, défrichés, labourés et ensemencés par les habitants qui y exerçaient, en outre, un droit de dépaissance depuis l'enlèvement des récoltes jusqu'aux labours et semailles, exerçait ainsi un droit de pacage non à titre de servitude, mais comme propriétaire. Dès lors, ce droit n'a pas besoin d'être appuyé sur un titre.

Il y a trouble de droit dans les sommations faites par un maire à un particulier pour lui enjoindre de délaisser des biens prétendus communaux.

ARRÊT

LA COUR : — Sur la partie du premier moyen relative à la possession et tirée de la violation des art. 691, C. civ., 23, C. pr. civ.:

Attendu que le pacage exercé à titre de propriétaire peut servir de base à l'action en complainte, et que c'est à ce titre uniquement que les actes de dépaissance invoqués par la commune ont été admis comme fondement et comme preuve de sa possession ;

Attendu, en effet, qu'il résulte des faits énoncés au jugement, que, d'après un usage immémorial, qui n'a cessé que dans les derniers temps, les habitants de Recoules-d'Aubrac, qui avaient défriché, labouré et ensemencé des parcelles du communal, étaient autorisés à en garder la jouissance et à la transmettre à leurs héritiers ou ayants-cause ;

Que, si quelqu'une de ces parcelles restait plus d'un an sans culture, elle passait au premier occupant ;

Qu'elles étaient néanmoins toutes soumises, chaque année, à la dépaissance du troupeau commun, depuis l'enlèvement des récoltes jusqu'aux labours et aux semailles ; que de ce nombre étaient, en particulier, les pièces de terre qui ont été l'objet de la complainte dirigée contre les frères de Framond, et que la commune exerçait son droit de pacage, comme propriétaire, et non à titre de servitude ;

Mais que le conseil municipal ayant décidé, par sa délibération du 19 mai 1873, que le communal serait alloti et partagé de nouveau, il y a eu nécessité, pour ceux qui en détenaient des parcelles, de les délaisser ;

Attendu qu'il est constant, dès lors, que les frères de Framond n'étaient que des détenteurs précaires ; qu'ils ne possédaient point pour leur compte, mais pour celui de la commune, et que la décision attaquée, en adjugeant à la commune la maintenue possessoire, bien loin de contrevenir aux art. 691, C. civ., et 23, C. pr., n'a fait à la matière qu'une juste application des principes du droit ;

Sur la partie du même moyen relative au trouble, et tirée de la violation de l'art. 23, C. pr.:

Attendu qu'il ressort du jugement que si, en 1873, Adrien de Framond a été engagé, par des lettres du maire et par une lettre de l'huissier Brun, à se conformer à la décision du conseil municipal ou du moins à faire connaître sa détermination, on ignore quelle a été, au juste, sa réponse ; que tout ce qu'on sait seulement, c'est qu'il voulait avoir des renseignements avant de prendre un parti ; et que ni lui ni son frère, à cette époque, n'ont opposé au droit de la commune aucune contradiction matérielle ou juridique ;

Attendu qu'en 1875, au contraire, les requérants sommés par actes d'huissier d'avoir à se dessaisir des parcelles de communaux dont ils étaient détenteurs, s'y sont refusés, et que cités, par voie de complainte, ils ont prétendu qu'ils étaient possesseurs, non comme usagers, mais comme propriétaires ;

Attendu qu'un tel système a imprimé immédiatement à leur indue résistance le caractère d'un trouble de droit ;

D'où il suit que la commune a bien été troublée dans sa possession par les demandeurs ; qu'elle ne l'a été toutefois qu'en 1875, et que c'est bien dans l'année du trouble que la complainte a été formée ;

Sur le troisième moyen, tiré de la violation des art. 23, C. pr., et 7 de la loi du 20 avril 1810 :

Attendu que le tribunal, après avoir reconnu et déclaré, sur l'action de la commune, que les frères de Framond n'avaient qu'une possession de pure tolérance, n'était pas tenu de s'en expliquer de nouveau pour repousser la demande reconventionnelle ; que l'admission de l'une impliquait le rejet de l'autre ;

Qu'il a suffi, dès lors, du même motif, une fois exprimé, pour justifier la seconde décision comme la première ;

Sur le deuxième moyen, tiré de la violation de l'art. 25, C. pr., pour cumul du pétitoire avec le possessoire, et de l'art. 7 de la loi du 20 avril 1810 :

Attendu que les juges de la cause n'ont consulté l'usage des lieux, le cadastre et les divers documents qui leur étaient soumis que pour se fixer sur la nature et les caractères de la possession ; qu'ils n'ont statué ni directement ni indirectement sur le droit de propriété ; que leur jugement se fonde principalement sur les faits de possession par lui souverainement appréciés et que rien n'obligeait le tribunal à donner des motifs pour justifier le juge de paix, dont il confirmait la sentence, du reproche injuste d'avoir cumulé le pétitoire et le possessoire ;

Qu'ainsi, de ce chef encore, le jugement échappe aux critiques du pourvoi ;

Rejette.

CASSATION, Ch. req. — 19 juin 1877.
(Anglade c. de Villèle.)

I, 27, 390, 406, 407, 523, 525.

Les caractères et les effets de la possession doivent exclusivement s'apprécier dans les rapports des parties entre elles. Ainsi, le particulier qui a troublé son voisin dans la possession d'un atterrissement ne saurait échapper à l'action possessoire sous le prétexte que les alluvions litigieuses n'étant pas encore sorties du lit du fleuve, le demandeur n'avait qu'une possession précaire et inopérante. L'État seul aurait le droit de se prévaloir de la précarité de la possession.

La péremption écrite dans l'art. 15, C,

pr., n'est pas d'ordre public; les parties peuvent y renoncer en prorogeant l'instance.

Du 30 décembre 1875, jugement du tribunal de Castel-Sarrazin, ainsi motivé :

Sur le premier moyen d'appel, tiré de la péremption de l'instance basée sur l'art. 15, C. pr. civ. : — Attendu que cette péremption d'instance dont se prévaut la dame veuve Anglade ne peut être invoquée dans l'espèce ; — Attendu, en effet, que la nullité édictée par l'art. 15 susvisé n'est pas d'ordre public, et que les parties sur les lieux litigieux, le 4 août 1874, ont renoncé à se servir de ce moyen, en demandant d'un commun accord un délai assez long afin d'essayer de se concilier pendant ce laps de temps ; que le juge de paix, adhérant à la demande des parties et de leur consentement, a renvoyé la cause au 5 décembre pour prononcer le jugement définitif ; — Attendu que le consentement des parties à être jugées le 5 décembre et la renonciation à se servir du moyen de péremption édicté par l'art. 15 sont authentiquement constatés par ledit juge de paix ; que le 4 août, sur les lieux litigieux, les parties prorogeaient d'un commun accord les pouvoirs du juge jusqu'au 5 décembre ; qu'elles avaient elles-mêmes demandé un délai assez long pour essayer une conciliation en faisant, disaient-elles, intervenir l'administration des ponts et chaussées ; — Attendu qu'il a été jugé que la nullité édictée par l'art. 15 n'est pas d'ordre public ; que cette solution résulte de la fin même de cet article, qui porte que : « le jugement sera annulé sur la réquisition de la partie intéressée » ; — Qu'il faut en conclure qu'au juge n'appartient pas de suppléer d'office le moyen de la péremption quand les parties continuent à procéder devant lui, et qu'il faut reconnaître que la péremption ne touche pas tellement à l'ordre public que les parties ne puissent s'abstenir de la demander ou même y renoncer ; — Attendu, en fait, que les parties ont consenti, ainsi qu'il a été établi plus haut, à ce que le jugement définitif fût rendu le 5 décembre, c'est-à-dire plus de quatre mois après le prononcé du jugement interlocutoire du 20 juillet ; — Qu'en agissant ainsi, elles ont volontairement couvert la prescription de l'art. 15 ; qu'ainsi il y a lieu de rejeter ce premier moyen d'appel ;

Sur le deuxième moyen : — Attendu que les alluvions appartiennent au propriétaire riverain, sauf les droits de police de l'État, et ne peuvent appartenir qu'à ce propriétaire, aux termes de l'art. 556, C. civ. ; que le défaut de concession par l'administration des ponts et chaussées n'empêche pas le propriétaire riverain, tel que l'est Mme veuve de Villèle, au regard des propriétaires voisins, de posséder, *animo domini*, les atterrissements qui se forment le long de son fonds et qui sont sortis du lit du fleuve ; — Attendu que la prétendue vente ou concession anticipée faite par cette administration en faveur d'Anglade, ne peut enlever à la veuve de Villèle les droits qu'elle puise dans la loi ; que cela est vrai que ces concessions sont toujours faites sauf les droits

des tiers ; que ces concessions n'ont trait qu'à la partie d'alluvion comprise entre le lit légal restant du fleuve et le front du fonds du propriétaire, mais ne sont nullement afférentes au bornage ou à la délimitation avec les terrains des propriétaires situés en amont ou en aval ; que ces actes là prouvent que les terrains concédés sont sortis du lit du fleuve et forment des alluvions arrivées à maturité ; — Que, dans tous les cas, la dame veuve Anglade ne pourrait pas se servir d'un pareil moyen, puisque la possession serait également entachée du même prétendu vice ; — Que, par suite, il n'y a pas lieu d'accorder le préparatoire demandé subsidiairement par la veuve Anglade ; — Par ces motifs, etc.

Pourvoi de la dame veuve Anglade.

ARRÊT

LA COUR : — Sur le moyen tiré de la violation de l'art. 1134, C. civ., et de l'art. 15, C. pr. civ. :

Attendu que la disposition contenue dans l'art. 15, C. pr. civ., n'étant point d'ordre public, l'instance peut être valablement prorogée, du consentement commun des parties, au-delà du délai de quatre mois, à compter du jugement interlocutoire, et que cette prorogation empêche la péremption de courir ;

Attendu que si, le 4 août 1874, sur les lieux contentieux et après l'enquête ordonnée par la sentence interlocutoire du 20 juillet précédent, le jugement définitif a été renvoyé au 5 décembre suivant, il ressort du procès-verbal de l'enquête comme de la décision confirmée sur appel que l'ajournement n'a eu lieu que sur la demande formelle des parties, qui voulaient se ménager ainsi le moyen de se concilier sur leur différend ; et que si le juge de paix a déclaré qu'il ne statuerait que le 5 décembre, à l'expiration du délai prescrit par la loi, cela peut bien établir qu'il se trompait sur l'époque où devait s'accomplir la péremption de droit, mais non pas que le renvoi de la cause au 5 décembre n'a point été prononcé sur le vœu même des parties ;

D'où il suit que le tribunal civil de Castel-Sarrazin, en décidant que l'instance n'était point périmée le 5 décembre 1874, lorsque le juge de paix a statué au fond, n'a fait qu'une saine et juridique application des principes de la matière ;

Sur le moyen pris de la violation des art. 538, 560, 1166, 2226, 2229, C. civ., 41 de la loi du 16 décembre 1807, et de la fausse application de l'art. 556, C. civ. :

Attendu qu'en vertu du compromis intervenu le 15 janvier 1872, entre les parties, la ligne divisoire de leurs alluvions respectives le long de la Garonne avait été fixée au moyen d'un fossé dont les traces subsistent encore aujourd'hui ; qu'après l'opération du bornage, le sieur Anglade et la dame de Villèle sont entrés chacun en possession de leur lot, et que la dame de Villèle jouissait paisiblement du sien depuis plus d'une année, lorsque le sieur Anglade s'est permis d'en faire faucher le foin ;

Attendu que, pour justifier son entreprise, Anglade s'est borné à prétendre que les alluvions litigieuses n'étaient point encore sorties du lit du fleuve ; que néanmoins, depuis l'opération du bornage, elles lui avaient été concédées par l'État ; que, dès lors, la dame de Villèle n'avait plus à lui opposer qu'une possession inefficace ;

Mais attendu que les caractères et les effets de la possession doivent exclusivement s'apprécier dans les rapports des parties entre elles ; qu'il est constant que la dame de Villèle, à l'époque du trouble, possédait à titre de propriétaire vis-à-vis d'Anglade ; que la concession dont celui-ci se prévalait n'avait en lieu nécessairement que sous la réserve du droit des tiers, et que si, comme on le soutenait, les atterrissements sur lesquels portait la contestation n'avaient point cessé d'être couverts par les plus hautes eaux du fleuve dans son état normal, il n'appartenait qu'à l'Etat, dans l'intérêt du domaine public, et non à Anglade, dans son intérêt privé, de se prévaloir de l'exception de précarité qui pouvait résulter de là contre la possession de la dame de Villèle ;

D'où il suit qu'en maintenant la dame de Villèle dans sa possession à l'égard d'Anglade, le jugement attaqué ne s'est mis en contradiction avec aucune loi et n'a fait qu'une juste application de l'art. 23, C. pr. civ. ;

Rejette.

CASSATION, Ch. civ. — 20 juin 1877.
(Dodet c. Dodet.)

I, 101, 102, 103.

Le juge, saisi d'une action en bornage,
n'est plus compétent lorsque le défendeur oppose à la possession de son adversaire un titre qui serait exclusif de cette possession. Il en est ainsi, notamment, lorsqu'une parcelle de terrain est revendiquée par le défendeur qui prétend en être propriétaire en vertu d'un acte de partage.
L'incompétence du juge doit être déclarée alors même que les parties seraient d'accord pour proroger sa juridiction sur ce point.

ARRÊT

LA COUR : — Sur le moyen unique du pourvoi :

Vu les art. 6, § 2, de la loi du 25 mai 1838, et 7, C. pr. civ. :

Attendu que les juges de paix compétents, aux termes de l'art. 6 précité de la loi du 25 mai 1838, pour connaître des actions en bornage, cessent de l'être quand, pendant le cours de l'instance, s'élève une contestation sur le droit de propriété des terrains à délimiter ou sur les titres qui l'établissent ;

Que, par suite de cette contestation, l'action intentée, prenant le caractère d'un litige sur la propriété, rentre exclusivement sous la juridiction des tribunaux ordinaires ;

Attendu, en fait, qu'il résulte des qualités du jugement attaqué que, devant le juge de paix du canton sud de Sens, saisi par Alph. Dodet d'une action en bornage de terrains contigus entre lui et J.-B. Dodet, celui-ci a soutenu qu'en vertu d'un acte de partage, titre commun à tous les deux, il était propriétaire d'une certaine étendue de terrain, possédée indûment par Alph. Dodet, et qu'il a conclu à ce que le juge de paix se déclarât incompétent pour statuer sur cette difficulté ;

Que ce magistrat, après avoir sursis au jugement de l'affaire, afin de permettre aux parties de porter la contestation devant les tribunaux compétents, a, le délai expiré, sans qu'il eût été fait usage de la faculté accordée, statué lui-même sur la question, et décidé que le titre de partage invoqué devant lui indiquait par erreur une pièce de terre, attribuée à J.-B. Dodet, comme contiguë à celle qu'Alph. Dodet détient ;

Qu'il a ainsi jugé une contestation sur un titre de propriété concernant les terrains à borner ;

Attendu que l'incompétence du juge de paix sur une question de cette nature était radicale et n'aurait pu être couverte par le consentement que les parties auraient donné à ce que sa juridiction fut sur ce point prorogée;

Attendu qu'il suit de là que le jugement attaqué, en décidant que, par suite de l'accord intervenu entre les parties, la compétence du juge de paix a pu être étendue à la connaissance d'une question de propriété, a violé l'art. 6, § 2, de la loi du 25 mai 1838 et fait une fausse application de l'art. 7, C. pr. civ.;

Casse.

CASSATION, Ch. civ. — 2 juillet 1877.
(Delhomel c. Macquet et Comm. de Berck.)

I, 667, 669, 681, 682, 693.

L'incompétence des tribunaux ordinaires pour connaître des actions relatives à des dommages causés par l'exécution de travaux publics et d'ordre public, peut être proposée pour la première fois en appel et doit même être déclarée d'office.

Il en est ainsi notamment, lorsque l'action possessoire a pour objet de faire réprimer un trouble résultant de travaux faits à un chemin public et que la commune, loin de contester la possession du complaignant, la reconnaît formellement. Dans ce cas, il n'y a lieu qu'à une action en indemnité qui doit être portée devant le Conseil de préfecture.

ARRÊT

LA COUR : — Sur le moyen unique du pourvoi, pris de la violation de l'art. 1er de la loi du 11 avril 1838, de l'art. 23, C. pr. civ., et de l'art. 4 de la loi du 28 pluviôse an VIII :

Attendu que le tribunal de Montreuil-sur-Mer était saisi en appel d'une action en complainte formée par Delhomel contre Macquet, maire de la commune de Berck, à raison de travaux exécutés par celui-ci sur un chemin public, et qui auraient troublé ledit Delhomel dans la possession plus qu'annale d'une haie et d'une digue bordant sa propriété sur ce chemin;

Attendu que le ministère public ayant proposé d'office l'exception d'incompétence, le tribunal a examiné cette exception dans la double hypothèse où Macquet aurait exécuté lesdits travaux en qualité de simple particulier comme le soutenait le demandeur en complainte, ou bien en qualité de maire de la commune, ainsi que le prétendait Macquet;

Attendu que dans la première de ces hypothèses, il a jugé que la propriété ni la possession de Delhomel n'étant l'objet d'aucune contradiction de la part du défendeur, il ne pouvait y avoir lieu à l'action possessoire, mais seulement à une action en dommages; que, dans la seconde hypothèse, il a considéré que le dommage allégué étant alors la conséquence de travaux publics, l'appréciation de ce dommage ne pourrait être que de la compétence du Conseil de préfecture; qu'à tous égards donc le juge de paix aurait dû se déclarer incompétent; qu'à bon droit aussi cette exception était soulevée devant le juge d'appel, lequel conséquemment se déclarait incompétent et renvoyait les parties à se pourvoir devant qui de droit;

Attendu qu'en statuant ainsi, le jugement attaqué n'a violé aucune des dispositions légales invoquées par le pourvoi;

Rejette.

CASSATION, Ch. req. — 9 juillet 1877.
(David c. Evesque.)

I, 326, 501.

L'action possessoire est recevable encore bien que le passage se soit exercé à de longs intervalles, si les besoins de l'exploitation du fonds enclavé ne réclament pas un passage fréquent.

ARRÊT

LA COUR : — Sur le moyen pris de la violation des art. 23, C. pr. civ., 1315, 707 et 2254, C. civ. :

Attendu qu'on peut avoir la possession annale d'une servitude discontinue, encore bien que, dans l'année antérieure au trouble, il n'ait été fait aucun acte de jouissance, si le propriétaire du fonds dominant n'a pas eu besoin, pendant ce laps de temps, d'user de son droit;

Attendu, en fait, qu'il s'agissait au procès de savoir si Henri Evesque, propriétaire de prés contigus à celui de David, avait conservé, pour l'enlèvement de ses récoltes, la possession annale de son droit de passage sur le fonds du demandeur en cassation; que, des deux moyens invoqués devant le juge de paix et devant le tribunal civil pour soutenir la négative, David ne reproduit plus aujourd'hui que celui qui consiste à prétendre que le défendeur éventuel, dont la possession, en 1873, n'a jamais été contestée, a perdu cette possession, faute par lui d'avoir usé de la servitude moins d'un an avant le trouble survenu en 1874; mais que ce fait, fût-il établi, serait absolument insignifiant et dénué de portée légale, puisqu'il peut s'écouler plus d'un an entre deux récoltes successives, sans toutefois que le droit de passage pour leur enlèvement ait cessé d'être régulièrement et efficacement exercé chaque année;

D'où il suit que les juges de la cause, en maintenant Henri Evesque dans la possession de son droit de servitude, n'ont violé aucune des lois alléguées à l'appui du pourvoi;

Rejette.

CASSATION, Ch. civ. — 11 juillet 1877.
(Saissi c. Faraldo.)

I, 243.

le juge qui refuse d'accueillir la complainte par le motif que le mode d'usage des eaux pratiqué par le défendeur est autorisé par un usage local et constitue un droit facultatif et imprescriptible, cumule le possessoire et le pétitoire.

ARRÊT

LA COUR : — Vu les art. 6, § 1er, de la loi du 25 mai 1838, 25, C. pr. civ., et 645, C. civ. :

Attendu que Saissi a intenté contre Faraldo une action en complainte tendant à le faire condamner à cesser le trouble par lui apporté à la jouissance du demandeur des eaux de Borrigo laissées à leur cours naturel;

Attendu que les entreprises sur les cours d'eau servant à l'irrigation des propriétés riveraines, ou au fonctionnement des usines, sont classées par l'art. 6 de la loi du 25 mai 1838, comme pouvant donner lieu aux actions possessoires;

Attendu que, pour écarter la demande de Saissi, le tribunal de Nice, statuant au possessoire, s'est uniquement fondé sur ce que Faraldo, en se servant des eaux du Borrigo par éclusées successives, avait agi en conformité d'un usage local, et n'avait fait qu'user d'un droit facultatif et imprescriptible, rendant irrecevable toute action possessoire;

Attendu que le juge du pétitoire peut seul, dans le cas prévu par l'art. 645, C. civ., régler la répartition des eaux entre les parties en cause, et rechercher s'il existe des usages anciens les autorisant à s'en servir dans ces conditions spéciales; que, quel que soit à cet égard le droit du propriétaire supérieur, le propriétaire inférieur, qui a usé depuis plus d'un an des eaux d'un ruisseau laissées à leur cours naturel, s'est créé une possession utile, de nature à motiver, en cas de trouble, l'action possessoire;

Qu'il s'ensuit qu'en déclarant dans l'espèce et par les motifs susénoncés, l'action de Saissi non recevable, le tribunal de Nice a cumulé le possessoire et le pétitoire, et violé les dispositions de loi susvisées;

Casse.

TRIB. DE LA CHATRE. — 12 juillet 1877.
(Dame Clésinger c. Comm. de Montgivray.)

I, 289.

Le juge, saisi d'une action possessoire tendant à la répression d'un trouble apporté à la jouissance d'un chemin de ronde d'une église, peut, sans cumuler le possessoire et le pétitoire, ni excéder les limites de sa compétence, rechercher la nature du terrain en litige à l'aide d'un constat et d'une enquête.

JUGEMENT

LE TRIBUNAL : — Attendu que les terrains dépendant du domaine municipal sont assujettis à tous les usages publics que comporte leur nature et leur destination; que s'il est conforme à la destination des rues et places publiques que les riverains y exercent à titre de servitudes légales des droits de passage et de vue, il est également de doctrine et de jurisprudence que les promenades publiques et les chemins de ronde des églises ne sont pas assujettis à l'exercice des servitudes qui seraient contraires à leur destination; qu'on ne saurait en effet admettre que sans titre et dans un intérêt purement privé, on puisse prétendre à l'exercice d'une servitude qui serait contraire à la destination, que les besoins de la généralité des habitants commandent de conserver;

Attendu qu'une commune troublée dans la possession d'un terrain dépendant du domaine public, peut se faire maintenir en possession de ce terrain par voie d'action possessoire; que par suite l'action de la commune de Montgivray était recevable;

Attendu que le juge du possessoire peut vérifier dans l'inspection des lieux et par une enquête, le caractère des faits invoqués pour établir la possession annale; que, du reste, dans l'espèce, ces mesures préparatoires n'ont été ordonnées que sur les conclusions de la dame Clésinger, et à l'effet de déterminer le caractère de la possession invoquée; que le premier juge a donc pu, sans dépasser les limites de sa compétence, fonder sa décision sur des motifs tirés de la nature du terrain litigieux, alors que le dispositif ne statue que sur le possessoire et qu'il a été fait réserve expresse aux parties de tous leurs droits au pétitoire;

Attendu que du constat de lieux et de l'enquête auxquels il a été procédé par le juge de paix d'Aigurande, il résulte que la possession de la commune de Montgivray sur le terrain litigieux réunit toutes les conditions exigées par la loi; que, dès lors, c'est à bon droit qu'elle a été maintenue dans la possession annale du dit terrain;

Adoptant au surplus les motifs du premier juge en ce qu'ils n'ont pas de contraire au présent jugement;

Confirme.

CASSATION, Ch. civ. — 18 juillet 1877.
(Rimbert c. Augeard.)

I, 491, 500, 506, 629.

L'examen des caractères légaux de la possession rentre dans les attributions souveraines des juges du fond et n'est pas soumis à la censure de la Cour de Cassation.

L'action qui tend à faire consacrer la possession, non pas d'une servitude de passage, mais du sol même d'un chemin, est parfaitement recevable.

ARRÊT

LA COUR : — Sur le premier moyen:

Attendu que, suivant leur action possessoire, les défendeurs au pourvoi demandaient à établir qu'en dehors de l'emplacement occupé par le petit toit démoli depuis quelques années par les frères Rimbert, ils avaient possédé, à titre de copropriétaires, l'espace de terrain attenant à la cour commune, la mettant en communication avec la voie publique, et servant de passage à toutes les parties; qu'il s'agissait ainsi, non de l'exercice d'une servitude discontinue, mais d'un droit de jouissance ou de passage sur un terrain commun servant à la desserte des propriétés voisines, et pouvant, à ce titre, être l'objet d'une possession utile; que les faits de possession allégués par les défendeurs au pourvoi étaient donc susceptibles de servir de base à une action en complainte possessoire;

Que l'action étant reconnue recevable, le jugement attaqué a décidé, d'un côté, qu'il résultait des faits allégués et reconnus constants, ainsi que des enquêtes, des titres et de l'état des lieux, que le terrain litigieux avait, en effet, toujours servi de passage pour aller, avec chevaux et charrettes, de la cour commune à la voie publique, et que, depuis longues années, notamment depuis plus d'an et jour avant le trouble, lesdits défendeurs ou gens de leur part y ont exercé le passage; d'un autre côté, que les faits de possession allégués par les demandeurs en cassation ne réunissaient pas les caractères exigés par l'art. 2229, C. civ., et n'étaient pas, d'ailleurs, exclusifs de la possession invoquée par leurs adversaires;

Qu'en confirmant par ces motifs la sentence qui maintenait ces derniers en possession du terrain litigieux, le tribunal civil de Châtellerault n'a fait que se livrer à une simple appréciation rentrant dans les attributions des juges du fait, et qui, dès lors, ne saurait constituer la violation des dispositions de loi invoquées par le pourvoi ;

Sur le deuxième moyen :

Attendu qu'à la vérité, dans leurs conclusions d'appel, les frères Rimbert demandaient subsidiairement au tribunal, pour le cas où il ne croirait pas devoir déclarer l'action possessoire non recevable, d'ordonner une descente sur les lieux pour être procédé au constat et à l'application des titres ;

Mais qu'en l'état des faits constatés tant en première instance qu'en appel, et alors qu'aucun fait nouveau de possession n'était articulé en appel, et que les conclusions subsidiaires tendaient non à une complainte reconventionnelle, mais au même objet que les conclusions principales, les considérations mêmes par lesquelles ces dernières conclusions étaient repoussées répondaient aux conclusions subsidiaires et suffisaient à en motiver le rejet ;

Rejette les deux premiers moyens.

CONSEIL D'ÉTAT. — 3 août 1877.
(Remery c. Comm. d'Auxon.)

I, 661.

C'est aux tribunaux civils, saisis d'une demande en indemnité formée par un particulier qui prétend qu'il y a eu anticipation sur sa propriété par les travaux de curage d'un ruisseau prescrit par arrêté préfectoral, de reconnaître le droit de propriété, de déterminer les limites naturelles du cours d'eau et de régler l'indemnité de dépossession, tandis que l'autorité administrative seule a le droit de statuer sur les dommages provenant de ces travaux, alors qu'il est constant qu'aucun terrain n'a été pris.

ARRÊT

Le Conseil d'Etat : — Vu les lois des 7-11 septembre 1790, 28 pluviôse an VIII, 14 floréal an XI, et 16 septembre 1807 ; celles des 8 mars 1810, 7 juillet 1833 et 3 mai 1841 :

Considérant que la demande en indemnité formée par le sieur Remery, devant le tribunal civil de Vesoul, tend à obtenir une indemnité à raison des anticipations qui auraient été commises sur sa propriété lors de l'exécution du curage du ruisseau dit le Batard, prescrit par l'arrêté préfectoral du 16 août 1872, et à raison de divers dommages accessoires, notamment de l'abatage d'arbres plantés sur les vieux bords du cours d'eau ; que le tribunal civil de Vesoul a sursis à statuer sur cette demande jusqu'à ce qu'il ait été vérifié par l'autorité administrative si le curage a été exécuté conformément aux arrêtés du préfet de la Haute-Saône et du maire d'Auxon, et si les dimensions naturelles du cours d'eau ont été conservées ;

Considérant que par l'arrêté précité, le préfet de la Haute-Saône n'a pas entendu prescrire la rectification du ruisseau le Batard, et qu'il s'est borné à ordonner le curage suivant les anciennes limites du lit dudit cours d'eau ;

Considérant qu'il appartient au tribunal civil saisi d'une demande en indemnité formée par un particulier, qui prétend qu'il y a eu anticipation sur son terrain, de reconnaître le droit de propriété invoqué devant lui, de déterminer les limites naturelles du cours d'eau et de régler, s'il y a lieu, l'indemnité due pour la dépossession du terrain et pour les dommages accessoires qui auraient été causés au propriétaire ; que, dans le cas où il serait reconnu qu'il n'y a pas eu terrain pris pour l'élargissement du ruisseau, les dommages dont se plaint ledit sieur Remery rentreraient alors dans les dommages résultant de travaux publics, et que c'est à l'autorité administrative qu'il appartiendra d'en connaître ; qu'il résulte de ce qui précède qu'il n'y a lieu de statuer sur la question préjudicielle renvoyée à l'autorité administrative par le jugement du tribunal de Vesoul ;

Art. 1er. — L'arrêté du Conseil de préfecture de la Haute-Saône, du 1er juillet 1874, est annulé.

CASSATION, Ch. civ. — 20 nov. 1877.
(Labayle c. Méau.)

I, 182, 263, 528.

L'exception tirée de ce que la chose dont la possession est litigieuse dépend du domaine public, ne peut être soulevée qu'au nom et dans l'intérêt du domaine lui-même et non entre particuliers débattant des intérêts purement privés.

Du 15 juillet 1875, jugement du tribunal de Lourdes qui s'exprime ainsi :

Attendu que l'action en complainte des époux Labayle a pour objet de faire juger : 1° qu'ils doivent être maintenus en possession des eaux pluviales et d'égout et d'un canal dont ils jouissaient, au moment où le sieur Méau a fait construire un trottoir devant son jardin et sa maison, en vertu d'une autorisation de l'administration ; 2° que ce trottoir serait supprimé et les lieux rétablis dans leur état primitif ; 3° que Méau serait condamné à 150 fr. de dommages-intérêts à raison du trouble apporté à leur possession ; qu'il y a lieu d'apprécier si l'action possessoire dont il s'agit est ou non recevable ; — Attendu qu'il appert du plan cadastral, du plan d'alignement et d'un acte public de vente du 5 fructidor an V de la République française que le canal dont les consorts Labayle réclament la maintenue possessoire est établi sur les dépendances du chemin d'intérêt commun n° 27 ; — Attendu que les chemins d'intérêt commun font partie du domaine public et sont imprescriptibles, suivant l'art. 2226, C. civ.: — D'où il résulte que les faits de possession dont ces chemins ou leurs dépendances peuvent être l'objet ne réunissent pas les conditions exigées pour les actions possessoires par les art. 2229, C. civ., et. 23, C. pr. civ.; — Que, faisant application de ces principes à la cause, il est incontestable que les faits de possession allégués par les consorts Labayle ne peuvent servir utilement de base à une action possessoire; car ces faits sont des actes de pure tolérance, incapables de fonder ni possession ni prescription; — Dit que l'action possessoire formée par les consorts Labayle ne réunit pas les conditions exigées par les art. 2229, C. civ., et 23, C. pr. civ., et, par suite, déclare cette action non recevable.

Pourvoi des sieurs Labayle et consorts.

ARRÊT

LA COUR : — Sur les deux moyens de cassation réunis :

Vu les art. 23 et 25, C. pr., 2226 et 2229, C. civ.:

Attendu que, pour repousser l'action en complainte formée par Labayle et consorts contre Méau, le jugement attaqué s'est uniquement fondé sur ce que le canal dont la maintenue en possession était demandée, reposait sur les dépendances d'un chemin faisant partie du domaine public et conséquemment imprescriptible;

Mais, attendu que la question de domanialité ne peut être soulevée sur une action possessoire qu'au nom et dans l'intérêt du domaine lui-même, et non entre particuliers débattant des intérêts purement privés;

D'où il suit qu'en écartant l'action possessoire des consorts Labayle par le seul motif que la possession était prétendue sur un terrain dépendant du domaine public, le jugement attaqué a violé les articles ci-dessus visés ;

Casse.

———————

JUST. DE PAIX DE VAILLY-SUR-SAULDRE. — 14 déc. 1877.
(Fabrique de Villegenon c. Comm. de Villegenon.)

I, 289.

Les chemins de ronde des églises en sont des dépendances nécessaires.

JUGEMENT

LE TRIBUNAL : — Attendu que, suivant exploit du ministère de M° Pasquette, huissier à Vailly, en date du 20 mai 1877, enregistré, la fabrique de Villegenon, par son trésorier, le sieur Bassinet, a formé contre ladite commune une complainte possessoire tendant à réprimer un trouble apporté à sa jouissance et administration;

Attendu que ce trouble consiste en l'ouverture, par l'ordre du maire, d'un trou à éteindre la chaux placé le long du mur de l'église, à son aspect nord, sur un passage semi-circulaire accessoire de l'édifice;

Attendu que si la commune de Villegenon est propriétaire de l'église paroissiale et du passage qui en dépend, qu'on appelle ce passage *chemin de ronde, chemin processionnal*, ou de tout autre nom, ledit chemin donnant accès à l'église par plusieurs entrées, par la porte principale notamment, le concordat (18 germinal an X, art. 5) et les lois organiques ont mis à la disposition des évêques les églises avec leurs accessoires pour l'exercice du culte (Montpellier, 11 février 1876);

Attendu, en outre, que l'art. 1er du décret du 30 décembre 1809, précisant les attributions confiées aux fabriques, énonce qu'elles sont chargées de veiller à l'entretien et à la conservation des temples et d'assurer l'exercice du culte;

Attendu que la jurisprudence, interprétant la législation précitée, en a tiré cette conséquence naturelle que les fabriques possèdent sur l'église et toutes ses dépendances un droit réel d'usage, de servitude tout au moins, tendant à lui donner plénitude d'action dans l'accomplissement de ses fonctions légales (Cass., 7 juillet 1840; Cass., 15 novembre 1853);

Attendu que les fabriques, celle de Villegenon en l'espèce, ayant ainsi droit d'exercer l'action réelle, peuvent à plus forte raison exercer l'action possessoire qui en est le corrélatif, pour les protéger contre tous les troubles apportés à l'exercice de leurs attributions légalement constatées;

Attendu, en conséquence, que la fabrique de Villegenon s'occupant avec raison de l'entretien et de la conservation des murailles de son église, de la propreté de ses abords, de son facile accès, demande à bon droit le comblement du trou à chaux ouvert et maintenu par M. le maire de Villegenon, sur le chemin de ronde, accessoire de l'église, pour ces deux motifs également plausibles que les fondations de l'église ont été découvertes et que l'accès de cet édifice est devenu plus difficile et peut être dangereux pour les personnes qui se rendent aux offices du soir;

Par ces motifs, déclare la fabrique de Villegenon recevable en sa complainte possessoire; ordonne qu'il sera plaidé immédiatement au fond et condamne la commune, de ce chef, aux dépens;

La commune de Villegenon n'ayant pas conclu au fond, le tribunal a statué par défaut dans les termes suivants :

LE TRIBUNAL : — Attendu que, par jugement rendu au commencement de cette audience, le tribunal a déclaré la fabrique de Villegenon recevable en sa complainte possessoire et a ordonné qu'il serait immédiatement plaidé au fond,

repoussant toute exception contraire;

Attendu que la commune ne comparaît pas ni personne pour elle pour conclure et plaider au fond;

Par ces motifs et autres décrits dans le précédent jugement, donnons défaut contre la commune de Villegenon et, pour le profit, faisons droit à la complainte possessoire de la fabrique, représentée par son trésorier, en possession de son droit pour le libre passage des fidèles se rendant aux offices par le chemin processionnal ou de ronde susdésigné;

Ordonnons, en conséquence, le comblement du trou à chaux creusé par M. le maire de la commune de Villegenon son représentant, et ce, dans la huitaine, à compter de la signification du présent jugement, sinon et faute par lui de ce faire dans ledit délai et icelui passé, autorisons la fabrique de Villegenon à exécuter ce travail aux frais de la commune, desquels elle sera remboursée sur le vu des quittances des ouvriers;

Faisons défense à M. le maire de Villegenon de plus à l'avenir troubler la fabrique en sa légitime possession ; et, pour tous dommages-intérêts, condamnons ladite commune de Villegenon aux dépens.

CASSATION, Ch. req. — 22 janvier 1878.
(Gontaut c. Coutin.)

I, 57, 582, 587, 589.

Bien que ne possédant pas animo domini, *la détention matérielle autorise le fermier à agir par l'action en réintégrande.*

Il y a dépossession violente de la part d'un tiers qui a fauché un pré et enlevé la récolte.

Il appartient au juge du fond d'apprécier, d'après les termes de la citation, si le demandeur a voulu intenter la complainte ou la réintégrande.

ARRÊT

LA COUR : — Sur le moyen unique, tiré de la violation des art. 23 et 25, C. pr. civ., et des art. 602, 603, 604, C. civ.:

Attendu que la dame Gontaut, légataire en usufruit de tous les immeubles de son premier mari, Gabriel Germain, décédé le 27 novembre 1871, n'était pas encore entrée en jouissance faute de fournir caution, quoique mise en demeure de le faire, lorsque les héritiers, nus-propriétaires, ont loué à Coutin, par adjudication publique, le pré sis à Ecordal et dépendant de la succession;

Qu'on oppose, à la vérité, que, par l'acte notarié du 31 mars 1874, les héritiers avaient consenti à la délivrance, et que le jugement du 2 décembre suivant avait envoyé l'usufruitière en possession;

Mais qu'il est constant que les héritiers n'avaient jamais renoncé, pour cela, à leur droit de rétention, et que, depuis l'acte du 31 mars, comme depuis le jugement du 2 décembre, ils étaient toujours restés détenteurs des biens soumis à l'usufruit;

Que cependant, malgré l'opposition de Coutin, qui avait déjà fauché une partie du pré, Gontaut a fait couper le surplus par trois ouvriers, dont le travail a duré deux jours, en laissant le foin sur la terre pour le récolter ensuite;

Qu'ainsi dépossédé de son champ et ne pouvant le reprendre par force, sans commettre lui-même une voie de fait ou un acte de violence, Coutin était incontestablement autorisé, pour rentrer en jouissance, à former contre l'auteur de l'entreprise une action en réintégrande;

Que telle est, en effet, l'action à laquelle il a eu recours; qu'il n'a invoqué ni la possession annale de ses bailleurs, ni la possession civile, qu'il n'avait pas, mais seulement sa détention à titre de fermier; et que si par une expression impropre ou inexacte, sa citation, ses conclusions et la décision attaquée ne parlent que de son maintien et non de son rétablissement en possession, il est clair toutefois, d'après les circonstances et l'objet de la poursuite, que sa demande ne constituait qu'une action en réintégrande et non une action en complainte;

D'où il suit, que c'est justement et sans aucune violation des lois alléguées à l'appui du pourvoi, que Coutin a été rétabli dans sa possession;

Rejette.

———

CASSATION, Ch. civ. — 29 janvier 1878.
(Garret c. Comm. de Marchenoir.)

I, 243.

Le juge du possessoire qui déclare, d'après l'examen des titres, que le terrain litigieux fait partie du domaine public et, par suite, que les actes de possession invoqués contre la commune ne sont pas utiles à raison de l'imprescriptibilité de l'immeuble, ne cumule pas le possessoire et le pétitoire en rejetant l'action du particulier comme non recevable.

Du 12 mars 1875, jugement du tribunal de Blois qui le décide dans les termes suivants :

Attendu qu'il résulte des documents fournis au tribunal, et notamment des rapports des experts, que le fossé dont le sieur et demoiselle Garret revendiquent aujourd'hui la possession contre la commune de Marchenoir, a fait partie au XIIe et au commencement du XIIIe siècle, des fortifications de la ville, et que, depuis qu'il a perdu cette destination, c'est-à-dire depuis un temps immémorial, ce même fossé a servi à recevoir les eaux pluviales de la ville, qui s'écoulent du nord au sud, par suite de la déclivité du sol, et à l'assainissement de ladite ville; qu'il est donc devenu un fossé d'utilité publique; — Attendu que, si la commune de Marchenoir ne produit pas un titre acquisitif de la propriété de ce fossé, elle le trouve dans la loi du 22 novembre-1er décembre 1790, lequel article, après avoir édicté cette disposition, savoir : que les fossés et remparts des villes, qui ne sont point places fortes, font partie des domaines nationaux, maintient cependant les villes dans la jouissance de ces fossés et remparts, quand cette jouissance est actuelle, et quand, à défaut de titres, la possession remonte à plus de dix ans; — Attendu qu'il est constant que la ville de Marchenoir réunit cette double condition; que, d'une part, ce fossé, qui s'enserre presque complétement, est destiné actuellement à l'utilité publique des habitants qui y trouvent des lavoirs et abreuvoirs en dehors de l'écoulement normal de l'eau, dont l'excédant tombe dans son égout et un déversoir; — Que, d'autre part, celle possession de la part de la généralité des habitants, remonte à plusieurs siècles peut-être, mais est certainement antérieure à la loi précitée des 22 novembre-1er décembre 1790; — Attendu que, si ce fossé ne peut être considéré comme étant une dépendance du domaine public dans les termes de l'art. 538, C. civ., il doit lui être assimilé, et être classé parmi les biens faisant partie du domaine public communal de Marchenoir, et, dès lors, hors du commerce, inaliénable et imprescriptible, comme les biens du domaine public; — Attendu que si le juge de paix de Marchenoir a eu le tort d'énoncer dans les considérants de son jugement que ce fossé faisait partie du domaine public et qu'il n'appartenait à personne, alors qu'en réalité il doit être seulement considéré comme étant du domaine public communal, et appartenant, dès lors, à la commune de Marchenoir, ce magistrat a cependant sainement apprécié la situation de ce fossé au point de vue de l'imprescriptibilité dont il est atteint par suite de l'utilité incontestable qu'il procure aux habitants, et de la nécessité même de son existence ; — Adoptant, pour le surplus, les motifs du premier juge ; — Confirme purement et simplement le jugement dont est appel.

Pourvoi des sieurs Garret et consorts.

ARRÊT

LA COUR : — Sur les deux moyens du pourvoi :

Attendu que le jugement attaqué déclare, au vu des documents de la cause et de l'expertise à laquelle il a été procédé, que le fossé litigieux, destiné, depuis un temps immémorial, à recevoir les eaux pluviales de la ville de Marchenoir, et à assurer son assainissement, a été ainsi affecté à un service d'utilité publique ;

Que d'un autre côté, il ressort de l'ensemble des motifs du même jugement la constatation que la ville de Marchenoir réunissait, à l'époque de la promulgation de la loi du 22 novembre-1er décembre 1790, les conditions exigées par l'art. 5 de cette loi, aux termes duquel les villes et communes sont, en vertu d'une concession bénévole de l'État, maintenues dans la jouissance des murs et fossés des anciennes places de guerre, dont elles se trouvent en possession depuis plus de dix années ;

Que de ces déclaration et constatation, le tribunal de Blois a conclu à bon droit que le fossé en question fait partie du domaine public communal, qu'il se trouve, comme tel, frappé d'imprescriptibilité, et par suite non susceptible de former, de la part d'un tiers, l'objet d'une action en complainte ;

Attendu qu'il appartenait au tribunal d'appliquer, même d'office, la disposition légale précitée, virtuellement d'ailleurs invoquée par la ville de Marchenoir, comme aussi de consulter, pour éclairer le possessoire, le titre que cette disposition conférait à ladite ville, et ce, nonobstant toute contestation élevée sur ce titre, à la seule condition de ne pas empiéter sur le pétitoire;

Que cette limite n'a pas été dépassée par le jugement attaqué, dont les motifs ne révèlent l'existence du titre dont s'agit que pour apprécier le caractère de la possession des demandeurs en complainte, et dont le dispositif ne statue que sur le possessoire ;

D'où il suit qu'en accueillant l'exception de domanialité opposée par la ville de Marchenoir, et en rejetant en conséquence l'action en complainte formée par les consorts Garret, le tribunal de Blois n'a ni excédé ses pouvoirs, ni violé ou faussement appliqué aucun des articles invoqués par le pourvoi ;

Rejette.

CASSATION, Ch. civ. — 5 février 1878.
(De Vancroze c. Comm. de Cormaux.)

I, 475, 512, 619.

La possession d'un terrain qui ne peut être et n'a jamais été utilisé que pour le parage des bestiaux, démontre une possession à titre de maître qui doit être protégée par l'action possessoire contre le trouble des tiers, et non pas seulement une possession d'une servitude discontinue exercée sur le terrain d'autrui.

Sentence du juge de paix, ainsi motivée :

Considérant que, sur la vérification des lieux, des plan et matrice cadastrale, il résulte que la parcelle n° 200, d'une contenance de 40 ares 50 centiares, en nature de pâture, est rubriquée sous le nom de la commune ; que sur cette parcelle existent quatre vieux saules, au sud-ouest desquels un fossé a été ouvert par les ordres de la demanderesse ; — Considérant qu'il résulte de tous les témoignages que les habitants de Cormaux et de Saint-Paul-lès-Cormaux, d'une part, et, d'autre part, les ouvriers et fermiers du moulin des Fontaines pour la défenderesse, ont possédé cumulativement et joui en commun, d'une manière exclusive, avec des caractères certains, publiquement et notamment, l'année, de cette parcelle, mais en la démembrant, savoir : spécialement, en ce qui concerne la commune, par l'usage continu et immémorial des droits de pâturage et d'abreuvage ; spécialement en ce qui concerne la défenderesse, par les coupes régulières, continues et immémoriales du produit des saules ; — Attendu que cette possession particulière est entière pour chacune des parties, mais qu'elle est bien distincte l'une de l'autre ; — Que, dans une pareille situation, en l'absence de titres, avec une possession limitée aux coupes des saules, la défenderesse n'avait aucun droit de creuser un fossé qui a pour effet immédiat, considéré seulement au point de vue de la jouissance, d'amoindrir le droit de la commune, en diminuant la surface du pâturage ; — Par ces motifs, maintenons la commune de Cormaux en possession du droit de pacage et d'abreuvage sur la totalité de la parcelle n° 200 ; maintenons la défenderesse en possession du droit de couper le produit des saules existant sur cette parcelle ; décidons que c'est à tort et sans droit que ladite défenderesse a fait creuser un fossé, qu'en le faisant, elle a porté trouble à la possession de la commune ; lui enjoignons de remettre les lieux en leur état primitif.

Cette sentence a été confirmée, le 12 mai 1875, par le tribunal d'Uzès, dans un jugement ainsi conçu :

Attendu que le rapport de l'expert et le plan dressé à l'appui indiquent nettement l'emplacement du terrain communal, sujet du trouble, ainsi que l'emplacement du n° 200, appartenant à Mme de Vancroze ; — Que les terrains adjacents ainsi déterminés par leurs limites respectives, l'expert a constaté la distance du pied des saules à laquelle le fossé a été creusé ; — Que le jugement entrepris au possessoire a bien jugé sur la possession des parties ; qu'il y a donc lieu de le confirmer dans son entier ; — Confirme.

Pourvoi de la dame de Vancroze.

ARRÊT

LA COUR : — Sur le moyen unique, tiré de la violation des art. 7 de la loi du 20 avril 1810, 691, 2228, 2229, C. civ., et 23, C. pr. :

Attendu que le tribunal civil d'Uzès, en confirmant en son entier la sentence du juge de paix, laquelle avait maintenu la commune de Cormaux, non dans l'exercice d'une servitude, mais dans la possession et jouissance du terrain faisant l'objet du litige, a suffisamment motivé le rejet de l'exception d'incompétence proposée par les demandeurs ;

Attendu que des constatations, soit du rapport d'expert dûment homologué, soit de la sentence du juge de paix et du jugement attaqué, il résulte qu'il ne s'agissait pas dans la cause d'une servitude discontinue exercée sur le terrain d'autrui, mais d'un trouble apporté à la libre exploitation d'un terrain que la commune possédait depuis longtemps, publiquement et paisiblement, et qui, à raison de sa nature, ne pouvait être utilisé que pour l'abreuvage et le pacage des bestiaux ;

Attendu que le tribunal d'Uzès, en décidant que, d'après les faits du procès, l'action de la commune était fondée sur la possession du fonds lui-même et qu'il

y avait lieu d'ordonner la cessation du trouble apporté à sa jouissance, n'a commis aucune violation des dispositions de loi susvisées ;

Rejette.

CASSATION, Ch. civ. — 27 février 1878.
(Mannaud c. Bernard.)

1, 582, 585, 588.

L'exercice de l'action en réintégrande n'est pas subordonné à une possession réunissant toutes les conditions prescrites par l'art. 23, C. pr. ; il suffit de la détention matérielle et actuelle lorsque, d'ailleurs, elle est paisible et publique. Il n'importe que cette détention n'ait précédé que de quelques jours ou même d'un jour seulement l'acte de dépossession violente.

Constitue un acte de violence capable d'autoriser la réintégrande, le fait de déplacer un amas de pierres déposées sur un terrain vacant, alors même que ce terrain paraîtrait naturellement dépendre de la voie publique plutôt que de la propriété privée.

ARRÊT

LA COUR : — Sur le moyen unique du pourvoi :

Vu l'art. 6, n° 1, de la loi du 25 mai 1838 :

Attendu que pour rejeter l'action en réintégrande formée par Mannaud contre Bernard, à raison du déplacement opéré par ce dernier de pierres que ledit Mannaud avait déposées sur un terrain qu'il disait posséder, le tribunal de Libourne s'est fondé, d'une part, sur ce que, le terrain où les pierres se trouvaient déposées étant un terrain vacant, qui paraissait plus naturellement dépendre de la voie publique que de la propriété privée, le dépôt dont s'agit ne devait être considéré que comme un acte de tolérance ; et sur ce que, d'autre part, ledit dépôt ne datant que de la veille ou de bien peu de jours, ne constituait pas une possession sérieusement appréciable ; que de cette double considération il a conclu que la réintégrande n'avait pas été précédée d'une possession suffisamment paisible, publique et non précaire ;

Mais attendu que la simple détention, c'est-à-dire la possession matérielle et actuelle suffit, lorsque d'ailleurs elle est paisible et publique, pour autoriser la réintégrande ;

Attendu que le jugement attaqué ne relève aucuns faits desquels il résulterait que la possession de Mannaud ait été entachée de violence ou de clandestinité ;

Qu'il importe peu qu'elle n'ait précédé que de quelques jours, ou même d'un jour seulement, l'acte violent de dépossession commis par Bernard ;

Qu'il n'importerait pas davantage qu'elle ne se fût exercée qu'à titre précaire ; que, d'ailleurs, en admettant qu'elle eût été précaire vis-à-vis de la commune de Genissac, à raison de la nature domaniale du terrain litigieux, elle ne l'aurait pas été au regard de Bernard agissant dans un intérêt purement privé ;

D'où il suit qu'en rejetant, par les considérations ci-dessus indiquées, l'action en réintégrande de Mannaud, le jugement attaqué a fait une fausse application de l'art. 23, C. pr. civ., et violé l'article ci-dessus visé ;

Casse.

CASSATION, Ch. req. — 6 mars 1878.
(Breton c. Gorgedoux.)

I, 263, 528.

L'exception de la domanialité et de l'imprescriptibilité de l'immeuble litigieux ne peut être soulevée que par le domaine ; entre particuliers, elle n'est pas recevable. Mais la décision qui intervient ne produit aucun effet à l'égard de l'administration dont les droits restent entiers.

Du 8 mars 1877, jugement du tribunal de Louviers qui contient les motifs suivants :

Attendu que les experts affirment que l'ouvrage enlevé par Breton a été établi de main d'homme et dans le but évident d'augmenter le volume d'eau du moulin de *la Côte*, qu'en tous cas, il est constant, en fait, que, depuis plus d'un an et ce jour ; Gorgedoux profitait de la surélévation du plan d'eau, et que l'utilité qu'il retirait de ce radier constituait une jouissance matérielle dans laquelle il a été troublé par une dépossession violente ; — Or,

attendu, en droit, que les eaux d'une rivière sont susceptibles, au regard des particuliers, d'une possession utile ; qu'enfin, la possession réunissait les caractères d'une possession légale ; qu'elle était publique, paisible, continue ; que c'est donc à bon droit que le premier juge a maintenu Gorgedoux dans la possession du supplément d'eau résultant de l'établissement du radier.

Pourvoi du sieur Breton.

ARRÊT

LA COUR : — Sur le moyen pris de la violation des art. 538, 2226, C. civ., 23, C. pr. civ., de la fausse application du décret du 11 décembre 1811 et de la violation du décret du 25 avril 1861, tableau D, 2° :

Attendu que, suivant l'art. 6 de la loi du 25 mai 1838, les juges de paix connaissent des entreprises commises, dans l'année, sur les cours d'eau servant à l'irrigation des propriétés et au mouvement des usines et moulins ; que, si le litige a pour objet, entre particuliers, la possession du cours d'eau dépendant du domaine public, il s'agit, non des droits du domaine public, mais seulement de ceux des parties en cause ; qu'en pareil cas, le défendeur n'est pas admis à opposer en son propre et privé nom l'exception d'imprescriptibilité qui n'existe qu'au profit de l'intérêt public ; que la possession des riverains, encore bien qu'elle soit précaire envers l'administration, ne l'est pas pour cela à l'égard des tiers ; qu'il est indispensable, après le trouble, pour rendre la complainte efficace, de prescrire le rétablissement des choses dans leur situation primitive, et qu'en statuant de la sorte, lorsque la possession a pour objet un bien dépendant du domaine public, le juge ne le fait nécessairement que sous la réserve et sans préjudice des droits de l'administration ;

Qu'il suit de là qu'en maintenant Gorgedoux, pour le roulement de son usine, dans la possession annale des eaux dérivées de l'Eure, et en ordonnant le rétablissement, dans le bras de l'Aulnaye, du barrage détruit par Breton, le tribunal civil de Louviers, loin d'appliquer faussement et de violer les lois alléguées par le pourvoi, s'est exactement conformé aux principes qui régissaient la matière ;...

Rejette.

CASSATION, Ch. req. — 13 mars 1878.
(Pitre-Merlaud c. Bouscaut et Huet.)

I, 357.

La fabrique qui n'était pas autorisée à plaider lors d'un jugement par défaut, mais qui a obtenu l'autorisation avant le jugement définitif, a ainsi fait disparaître le vice d'une procédure irrégulière au début.

ARRÊT

LA COUR : — Sur le troisième moyen, tiré de la violation de l'art. 14 du décret du 6 novembre 1813, et de l'art. 77 du décret du 30 décembre 1809 :

Attendu, d'une part, que, si les fabriques des paroisses de Rocheblanche et d'Ancenis n'étaient pas autorisées à plaider lors du jugement par défaut, du 14 août 1875, elles l'étaient un mois avant le jugement définitif du 27 novembre suivant, et que, par suite, les vices de la procédure antérieure ont été couverts ;

Attendu, d'autre part, qu'il résulte des qualités de l'arrêt que, dans ses conclusions d'appel, Pitre-Merlaud s'est borné à relever le défaut d'autorisation des fabriques sans invoquer celui des curés de Rocheblanche et d'Ancenis ; que le moyen manque donc en fait sur ce chef ;

Rejette.

CASSATION, Ch. civ. — 20 mars 1878.
(Sabathier c. Delbès.)

I, 208, 611.

L'habitant d'une commune qui veut exercer l'action possessoire qu'il croit appartenir à cette commune, est tenu de remplir les formalités prescrites par l'art. 49 de la loi du 18 juillet 1837.

Du 23 juillet 1875, jugement du tribunal de Villefranche qui s'exprime ainsi :

Attendu, sur la fin de non-recevoir tirée du défaut de qualité des demandeurs, que cette exception, qui se produit si tardivement, n'est nullement fondée ; que les demandeurs agissent ici *ut singuli* et dans un intérêt purement individuel, et sans pouvoir, en aucun cas, engager la commune ; que l'eau qu'ils réclament est d'un besoin personnel et de tous les instants pour chacun d'eux ; que la jurisprudence est aujourd'hui unanime pour décider qu'en pareil cas les habitants d'un hameau peuvent agir en leur nom et réclamer leurs droits par la voie de l'action possessoire ; — Attendu d'ailleurs que les demandeurs, tout au moins plusieurs d'entre eux, agissent encore comme propriétaires des prés qui ont toujours été arrosés par les eaux dont s'agit et demandent la répression du trouble apporté à leur jouissance ; qu'il est reconnu que, de temps immémorial, il a existé, sur le pré même de Sabathier, un fossé destiné à amener les eaux qui y jaillissent, non seulement au village, mais encore dans leurs prés; qu'ils ont donc prescrit le droit aux eaux et peuvent invoquer les dispositions de l'art. 642, C. civ., et, par voie de suite, agir par la voie de l'action possessoire ; qu'ils auraient donc qualité, pour former l'action intentée contre Sabathier; qu'il y a lieu par conséquent de rejeter l'exception proposée ; — Attendu, au fond, que la rigole amenant les eaux au village et qui a existé de tout temps, a été, et est, depuis un temps immémorial, curée et nettoyée par les habitants du Thérau ; qu'il résulte du rapport de M. le président que les eaux amenées par cette rigole sont nécessaires pour les besoins du village; que les habitants sur leur parcours avaient même établi plusieurs canaux en bois pour en ménager l'écoulement; qu'il n'y a pas dans ce village de sources ou de puits suffisants pour satisfaire à leurs besoins et à l'abreuvage du gros bétail; qu'encore plusieurs de ces habitants ont droit aux mêmes eaux pour l'arrosement de leurs prés situés sur le parcours de la rigole ou à des points inférieurs du village lui-même; — Attendu que le droit des habitants du Thérau est consacré par un usage immémorial; — Attendu que les eaux dont s'agit sont des eaux qui jaillissent, non seulement dans le pré de Sabathier, mais dans le pré supérieur de Fouzet, qui se produisent à la surface et se rendent par une pente naturelle dans la grande rigole destinée à les conduire au Thérau; qu'il résulte du rapport de M. le président que Sabathier a fait des travaux pour capter ces sources et les empêcher de suivre leur écoulement naturel; que, par là, il a porté un trouble à la possession plus qu'annale que les habitants du Thérau avaient desdites eaux; que c'est donc à bon droit que le juge de paix a maintenu ces derniers dans la possession desdites eaux et ordonné la destruction des ouvrages qui mettent obstacle à cette possession; — Confirme.

Pourvoi du sieur Sabathier.

ARRÊT

LA COUR : — Sur le premier moyen du pourvoi :

Vu l'art. 49 de la loi du 18 juillet 1837 :

Attendu qu'il résulte de cet article que nul habitant d'une commune ne peut exercer, même à ses frais et risques, les actions qu'il croirait appartenir à cette commune qu'à la double condition de la mettre préalablement en demeure d'agir elle-même, et de l'appeler en cause en la personne de son maire;

Qu'il importe peu que l'habitant de la commune procède en son nom personnel dans la mesure de son intérêt particulier, si sa demande a en réalité pour base un droit communal, et qu'il appartient à la Cour de Cassation d'apprécier le caractère du droit réclamé;

Attendu que l'action possessoire intentée par les défendeurs, telle qu'elle est caractérisée par les termes mêmes de leur exploit introductif d'instance et par les motifs du jugement attaqué, était fondée sur un droit qui leur appartiendrait en leur qualité d'habitants du village du Thérau;

Qu'en effet, pour justifier leur demande, ils articulaient que, depuis un temps immémorial, ils vont, comme tous les habitants du Thérau, chercher, au moyen de bézales creusées de mains d'homme, des eaux qui naissent dans le pré de Sabathier et qui sont nécessaires aux besoins du village;

Que le jugement déclare que le droit des habitants du Thérau est consacré par un usage immémorial; qu'il n'y a pas dans le village de sources ou puits pouvant suffire à leurs besoins et à l'abreuvage du gros bétail; enfin que la rigole amenant au village les eaux litigieuses a été et est, depuis un temps immémorial, curée et nettoyée par lesdits habitants;

Attendu que ce droit ainsi déterminé ne saurait être considéré comme personnel à chacun des défendeurs; qu'il présente les caractères essentiels du droit collectif d'une agrégation ou généralité d'habitants, lequel ne peut être l'objet d'une action en justice de la part d'un ou plusieurs membres de l'agrégation sans l'observation des formalités et des garanties prescrites par l'art. 49 de la loi du 18 juillet 1837;

Qu'à la vérité le jugement attaqué constate que plusieurs des défendeurs sont propriétaires de prés arrosés par les eaux litigieuses, mais que l'action introduite par les divers réclamants n'était pas indivisible; que la situation particulière de quelques-uns d'entre eux ne pouvait donc pas profiter aux autres, et que, dès lors, le jugement ne désignant pas individuellement ceux à qui appartiennent les prés, il devient superflu de rechercher si ces derniers avaient qualité pour poursuivre personnellement, au titre dont il s'agit, la répression du trouble dont ils se plaignaient;

Sans qu'il soit besoin de statuer sur les autres moyens du pourvoi;

Casse.

CASSATION, Ch. req. — 2 avril 1878. (Jullia c. Barathié.)

I, 268, 518, 636.

Les fonds inférieurs peuvent être affranchis de la servitude de recevoir les eaux pluviales coulant sur des fonds supérieurs, lorsque ces eaux ont cessé d'y arriver par suite de travaux effectués par l'autorité publique et faisant obstacle à cet écoulement. Si ces eaux ont ainsi été dérivées pendant plus d'une année, le propriétaire du fonds inférieur peut se pourvoir en complainte contre le propriétaire du fonds supérieur qui ferait un nouvel œuvre pour donner aux eaux leur ancien cours.

ARRÊT

LA COUR : — Sur le moyen tiré de la violation des art. 646, 2229, 2223, C. civ., et 23, C. pr. civ., en ce que le tribunal a maintenu Barathié et consorts en possession, quoique leur possession fût précaire :

Attendu que, si autrefois, par suite de la disposition des lieux, les fonds appartenant à Jullia laissaient couler leurs eaux pluviales, au lieu de Lajouanonne, sur le chemin de Dominiquet, qu'elles traversaient pour se perdre dans le fossé nord de ce chemin et dans le chemin de Manet, il est certain et reconnu par toutes les parties qu'à une époque antérieure de quinze ou seize ans au litige actuel, le chemin de Dominiquet a été converti en chemin vicinal, que sa chaussée a été exhaussée, qu'un fossé a été creusé sur le côté sud, que les eaux provenant des parcelles de Jullia, par suite de ce changement dans l'état des lieux, n'ont plus eu leur ancien écoulement et sont tombées dans le fossé sud où elles étaient retenues et résorbées par infiltration;

Attendu que, depuis cette époque, Barathié et consorts détenaient leurs immeubles affranchis de l'obligation de recevoir les eaux provenant des fonds de Jullia, non par la tolérance de celui-ci, mais par suite des travaux effectués par l'autorité publique sur le fonds servant et de l'obstacle qui en était résulté ; que cette possession n'était pas précaire ; que, prolongée trente ans, elle leur permettrait, aux termes combinés des art. 703 et 707, C. civ., de prescrire la servitude dont leurs propriétés avaient été grevées ; qu'ils avaient en conséquence qualité pour exercer l'action possessoire à l'occasion du nouvel œuvre de Jullia, ayant pour but de changer une seconde fois la situation des lieux et de verser chez eux ses eaux à l'aide d'un aqueduc traversant le chemin ;

Rejette.

CASSATION, Ch. civ. — 15 mai 1878.
(Wallart c. Bocquet.)

I, 325, 500.

Cumule le possessoire et le pétitoire le juge, saisi d'une action en complainte d'un droit de passage, qui la déclare irrecevable sans s'expliquer sur le fait de possession et par le seul motif que le terrain resté libre en dehors de la nouvelle construction, cause de l'action, est d'une largeur suffisante pour l'exercice de la servitude d'après le titre.

ARRÊT

LA COUR : — Sur le moyen unique du pourvoi :

Vu l'art. 25, C. pr. civ. :

Attendu que l'action intentée par le demandeur avait pour unique objet d'obtenir son maintien dans la possession annale, qu'il prétendait avoir d'un droit de passage sur un terrain situé à l'ouest de la maison du défendeur, et de faire ordonner, par suite, la démolition du bâtiment que ce dernier y avait fait construire ;

Attendu que la seule mission du juge saisi de cette demande était de rechercher si effectivement le demandeur exerçait depuis plus d'une année, sur

le terrain où le défendeur a élevé ses constructions, la servitude de passage établie, au profit de sa propriété, par l'acte de partage du 10 avril 1811, et de le maintenir dans la possession de ce passage, si elle réunissait toutes les conditions exigées par la loi ;

Attendu que le jugement attaqué, sans examiner si la possession alléguée par le demandeur était justifiée, l'a débouté de son action en complainte, par le motif que le terrain resté libre en dehors des nouvelles constructions, était d'une largeur suffisante pour l'exercice de la servitude de passage telle qu'elle était établie par le titre constitutif ;

Attendu qu'en déterminant ainsi l'assiette et la largeur du passage, suivant la nature de la servitude et les énonciations du titre constitutif, sans tenir compte du fait de la possession sur lequel la demande était fondée, le tribunal de Béthune a méconnu la compétence et les attributions du juge du possessoire et par suite violé l'article ci-dessus visé ;

Casse.

CASSATION, Ch. civ. — 28 mai 1878.
(De Lubersac c. Collard.)

I, 240.

Il y a cumul du possessoire et du pétitoire de la part du juge qui, sans s'occuper de la possession articulée, s'est uniquement fondé, pour rejeter la complainte, sur ce que le droit du demandeur est restreint d'après les titres et sur ce que les faits relevés n'ont pas le caractère de trouble.

ARRÊT

LA COUR : — Sur le moyen unique du pourvoi :

Vu l'art. 25, C. pr. :

Attendu qu'il ressort des qualités du jugement attaqué que l'action en complainte formée par le demandeur tendait à la répression du trouble que, par des changements opérés dans l'ancien état des lieux, le défendeur avait apporté à sa jouissance plus qu'annale d'un abreuvoir, de ses alentours et chemins d'accès, dans lequel il avait le droit de faire abreuver et baigner ses chevaux et bestiaux, en vertu d'un acte de partage du 12 novembre 1833 ;

Attendu que, saisi sur appel de cette action, le tribunal de Soissons, sans s'occuper de la possession articulée comme ayant pour objet l'abreuvoir et ses accessoires naturels, s'est uniquement fondé, pour rejeter la complainte, sur ce que, d'après un acte du 25 mars 1856, modificatif de l'assiette d'une servitude de passage également constituée par le partage de 1833, le demandeur ne pouvait prétendre, sur le terrain qui n'était pas le sien, à un passage de plus de quatre mètres de largeur, et en a conclu que, les changements opérés par le défendeur se trouvant en dehors de ces quatre mètres, ce dernier n'avait commis aucun trouble à la possession du demandeur ; qu'en statuant ainsi, et en empruntant exclusivement au fond du droit les motifs de sa décision, le tribunal de Soissons a empiété sur le pétitoire et formellement violé l'article ci-dessus visé ;

Casse.

CASSATION, Ch. civ. — 15 juillet 1878.
(Trichard c. Cardin.)

I, 411, 613, 652.

La sentence par laquelle un juge de paix ordonne une enquête sur la possession annale d'une servitude de passage, sans énoncer que cette servitude repose sur un titre, ne fait pas obstacle à ce que le tribunal, saisi de l'appel du jugement définitif, ne déclare que le titre qui lui est soumis ne pouvait servir de base à la possession prétendue.

En matière de servitudes discontinues, le titre étranger au propriétaire du fonds servant ne peut être retenu ni comme constitutif, ni comme récognitif.

Du 26 décembre 1876, jugement du tribunal de La Rochelle qui statue dans les termes suivants :

Attendu qu'aux termes d'un exploit en date du 28 juillet dernier, la veuve Cardin a frappé d'appel une sentence du juge de paix du canton de La Jarrie du 14 du même mois, qui a décidé que, pour accéder à sa vigne, située au fief du bois Genest, Trichard avait la possession d'une servitude de passage sur la lisière d'un bois et sur un terrain appelé *Pays-Bas*, appartenant l'un et l'autre à la veuve Cardin, et que celle-ci fonde ses griefs d'appel sur ce que le premier juge a admis que l'existence de la servitude résultait d'un titre de 1859, auquel ni elle, ni ses auteurs n'ont été parties ; — Attendu que, de son côté, Trichard prétend que la veuve Cardin n'est plus recevable à contester l'autorité qui a été attribuée au titre de 1859, parce qu'elle n'a pas relevé appel du jugement interlocutoire qui ordonnait une enquête que ce titre seul rendait admissible ; que, de plus, elle a concouru à l'exécution de ce jugement ; qu'il demande lui-même incidemment la réformation de la sentence du juge de paix qui ne lui a reconnu que la possession d'un passage à pied pour pénétrer sur son terrain, et qu'il demande enfin à être admis à prouver : 1° que la vigne qu'il exploite par le passage litigieux est enclavée, et 2° que le chemin appelé *Chemin du Petit-Bois*, qui longe la vigne, et le pas qui fait communiquer cette vigne et le chemin, existent depuis plus de 30 ans ; — Attendu qu'après avoir rappelé au début de la sentence dont est appel, qu'en matière de servitudes discontinues, la preuve de la possession ne peut être accueillie que lorsque la servitude est elle-même fondée en titre, le premier juge a décidé que, dans l'espèce, Trichard est autorisé à invoquer la clause de son acte d'acquisition, en date du 29 décembre 1859, portant que, pour accéder à la vigne qui faisait l'objet du contrat, il aurait passage dans le petit chemin du bois ; que ce titre, étranger à la dame veuve Cardin, propriétaire du bois sur lequel, d'après le procès-verbal de visite des lieux, se trouve un sentier frayé, étranger également aux auteurs de ladite dame, pouvait d'autant moins être opposé à celle-ci qu'une transaction de 1856, intervenue entre le vendeur de Trichard et le père de la veuve Cardin, avait réglé la situation des parties, et que la possession de la bordure du bois avait été constatée au profit de ladite dame veuve Cardin, contradictoirement avec Trichard, par une sentence du 30 avril 1875 ; — Attendu que, s'il est vrai que la veuve Cardin n'a pas frappé d'appel le jugement du 7 juin 1876, qui avait ordonné l'enquête, et si elle a elle-même exécuté ce jugement en faisant entendre des témoins, il n'est pas exact d'en conclure qu'elle a accepté l'interprétation et l'autorité que le juge attribuait à l'acte de 1859, car, d'une part, les jugements interlocutoires ne constituent que des préjugés, et ils ne lient les parties et le juge qu'à ce qui fait l'objet de leur dispositif ; et, d'un autre côté, rien absolument, dans les motifs et le dispositif de l'interlocutoire du 7 juin, n'indiquait autrement que par voie d'induction que le juge de paix faisait résulter le droit de passage de Trichard, et, par suite, l'admissibilité de la demande possessoire des clauses du contrat de 1859, lequel n'est même pas visé dans ce jugement ; que c'est seulement, et pour la première fois, dans la sentence du 14 juillet, que l'influence qu'il accordait à ce contrat sur les effets de la possession en litige a été indiquée par le magistrat, et qu'en faisant appel de cette sentence qui résumait la procédure et qui révélait les motifs du jugement d'instruction, la veuve Cardin a valablement saisi le tribunal de l'examen de tous les points du débat ;

— Par ces motifs, annule la sentence, rendue le 14 juillet 1876, par le juge de paix du canton de La Jarrie.

Pourvoi du sieur Trichard.

ARRÊT

LA COUR : — Sur le premier moyen, tiré de la violation des art. 451, C. pr. civ., et 691, C. civ. :

Attendu que la sentence du 7 juin 1876, par laquelle le juge de paix a ordonné, avant faire droit, que Trichard ferait, par témoins, la preuve qu'au moment du trouble dont il se plaignait, il avait la possession annale du droit de passage sur le terrain de la veuve Cardin, n'énonce en aucune façon, soit dans ses motifs, soit dans son dispositif, que la possession annale dont la preuve était autorisée, fût fondée sur l'acte du 29 décembre 1859, ou sur tout autre titre qui rendait cette preuve admissible; qu'on ne saurait suppléer au silence de la sentence par les mentions du procès-verbal de visite des lieux qui constate seulement la remise au jugé par les parties de titres contradictoires sur la valeur juridique desquels il ne s'est point expliqué; que, par conséquent, le point de droit sur lequel, d'après le pourvoi, reposait l'admission de la preuve ordonnée, n'a point fait l'objet d'une décision du juge de paix; que le jugement du 7 juin 1876 n'était donc qu'une décision purement interlocutoire, et ne pouvait faire obstacle comme ayant, faute d'appel, acquis l'autorité de la chose jugée, à l'examen et à l'appréciation du fond du procès; que le tribunal civil de La Rochelle a donc pu, par une interprétation différente de l'acte invoqué par Trichard, déclarer qu'il ne pouvait servir de base à la possession et, par suite, à l'action possessoire formée contre la veuve Cardin, sans violer les articles invoqués en ce point par le pourvoi;

Sur le second moyen, tiré de la violation des art. 2048, 2049 et 1351, C. civ. :

Attendu que, pour décider que l'acte du 29 décembre 1859 ne pouvait être un titre utile à l'action possessoire de Trichard, le jugement attaqué s'est appuyé sur ce que cet acte était étranger à la veuve Cardin et à ses auteurs; que s'il a tiré des énonciations de la transac-

tion de 1856 et du jugement de 1875, ainsi que du règlement qu'ils avaient opéré entre les parties, de la situation respective de leurs héritages contigus, un argument nouveau en faveur de sa décision au possessoire, il n'a nullement considéré cette transaction et ce jugement comme ayant dans la cause, et sur les faits même du litige, l'autorité d'une convention transactionnelle et celle de la chose jugée; qu'il n'a pas, par conséquent, violé les articles ci-dessus indiqués;

Rejette.

CASSATION, Ch. civ. — 19 août 1878. (Montier c. d'Haussonville.)

I, 101.

Le juge de paix cesse d'être compétent lorsque, sur une demande tendant à la suppression d'une lisière de bois, en vertu de l'art. 671, C. civ., le défendeur oppose à cette action une servitude qui résulterait tout à la fois d'un titre ou de la destination du père de famille, alors surtout que le titre et la prétendue destination du père de famille ont fait l'objet d'une contestation précise et formelle.

Du 24 août 1876, jugement du tribunal de Provins ainsi motivé :

Attendu que la seule question dont le juge de paix soit resté saisi à l'audience est celle de savoir si les arbres et bois existant sur la lisière que d'Haussonville s'était réservée devaient être reculés à la distance légale; — Attendu que cette question était de sa compétence, et qu'il n'a point eu à interpréter l'acte de vente pour la résoudre; qu'il n'a fait qu'y rechercher, par la comparaison des termes avec les faits qui s'en étaient suivis, le sens que les parties lui avaient donné; que ce n'est point là interpréter un acte, mais seulement le consulter, pour y puiser un élément d'instruction qui n'est point interdit à aucun juge; que, sous aucun rapport, ni par l'objet de sa décision, ni par les moyens qu'il a pris pour s'éclairer, le juge de paix de Donnemarie n'a donc excédé sa compétence; — Attendu, dans tous les cas, au fond (sur lequel il a été conclu subsidiairement), que, sans qu'il soit nécessaire de s'arrêter aux questions de savoir quand et comment Petit est entré en jouissance, au nom et au profit de qui a été faite la coupe des bois qui couvraient originairement le sol qui lui a été vendu, questions qui, du reste, paraissent fort claires aujourd'hui, mais qui sont sans importance pour le procès, la seule chose que le tribunal ait à rechercher, c'est de savoir ce que d'Haussonville, mattre des conditions auxquelles il consentait à échanger et à vendre, a entendu se réserver; — Attendu que ce qu'il s'est réservé est une lisière de bois de dix mètres de largeur et non pas seulement une lisière de terrain; que ces mots: *dix mètres de bois*, supposent qu'il entendait que les dix mètres de terrain réservés resteraient couverts de bois jusqu'à leur limite extrême, comme ils l'étaient au moment de la vente, et qu'il ne serait pas obligé d'en défricher deux mètres pour laisser entre son acquéreur et lui la distance légale; que c'est ainsi que Petit, de son côté, l'a entendu, puisqu'il n'a jamais exigé ce défrichement, et que les choses sont restées en l'état où elles sont encore pendant tout le temps qu'il a été propriétaire, c'est-à-dire, suivant Montier, pendant une vingtaine d'années; qu'il est évident que la manière dont les choses ont été entendues entre Petit et d'Haussonville fait aujourd'hui la loi de Montier, et que celui-ci n'est pas recevable à demander ce que son auteur n'aurait pu demander lui-même; — Par ces motifs, confirme.

Pourvoi du sieur Montier.

ARRÊT

LA COUR : — Vu l'art. 6 de la loi du 25 mai 1838 :

Attendu que Montier avait cité d'Haussonville devant le juge de paix de Donnemarie, à fin de faire arracher, dans la partie qui ne se trouve pas à la distance prescrite par l'art. 671, C. civ., une lisière de bois taillis longeant des pièces de terre qui appartiennent au demandeur;

Attendu que ni devant le juge de paix, ni en appel, d'Haussonville n'a prétendu que le bois dont s'agit fût planté à la distance légale, mais qu'il s'est prévalu, pour faire maintenir l'état des choses, d'une servitude par lui acquise au regard du demandeur et résultant tout à la fois d'un titre et de la destination du père de famille;

Attendu que l'acte de vente invoqué par d'Haussonville comme ayant constitué la servitude était, à ce point de vue, formellement contesté par le demandeur, et que c'est seulement par voie d'interprétation que le jugement attaqué en a fait résulter l'existence du droit allégué;

Attendu que la destination prétendue du père de famille n'a pas moins été sérieusement combattue par Montier, qui a soutenu, au principal, que l'état de choses actuel était postérieur à la division des deux fonds, et subsidiairement que la servitude se serait éteinte par le fait du défendeur, au moyen de la coupe récente du taillis;

Attendu que les titres invoqués par l'une des parties pour la fixation de la distance litigieuse étant ainsi expressément contestés par l'autre, le juge de paix et, par suite, le tribunal d'appel étaient incompétents pour statuer sur le litige; qu'en décidant le contraire, et en appréciant au fond la demande de Montier, le jugement attaqué a violé l'article ci-dessus visé de la loi de 1838;

Casse.

CASSATION, Ch. req. — 3 déc. 1878. (De Bonneau-Duval c. Comm. de Romestang.)

I, 611, 649.

Bien que discontinue, la servitude établie par l'art. 643, trouve son titre dans la loi, ce qui autorise l'action possessoire.

ARRÊT

LA COUR : — Sur le moyen unique, pris de la violation des art. 23 et 25, C. pr. civ., des art. 691 et 2229, C. civ., et de la règle qui défend le cumul du pétitoire et du possessoire :

Attendu que de la combinaison du jugement de première instance avec celui d'appel, qui en a adopté les motifs, moins les justes considérations de droit qui s'y trouvent, il résulte que les habitants de la commune de Romestang exerçaient publiquement et paisiblement, depuis plus d'une année, à titre de servitude, en vertu de l'art. 643, C. civ., la possession de la fontaine et du lavoir de Carpy, au moment où ils y ont été troublés par le demandeur en cassation, et que cette fontaine et ce lavoir sont les seuls qui leur fournissent en tout temps une eau abondante et salubre;

Attendu que le droit de servitude établi par l'art. 643, C. civ., au profit des communes, villages et hameaux, peut servir de base à la complainte comme ayant un titre qui existe dans la loi, et que si, pour admettre l'action de la commune, le tribunal d'appel, à la différence du juge de paix, s'est fondé sur une doctrine toute autre et sans application dans la cause, sa décision étant juridique par elle-même, ne saurait être viciée par l'erreur de principe qu'y relève le pourvoi ;

D'où il suit que c'est avec juste raison que l'action possessoire de la commune a été accueillie par le jugement attaqué ;

Rejette.

———

CASSATION, Ch. req. — 10 déc. 1878.
(Ricci c. Flayol.)

I, 683.

Les faits accidentels, rares, peu dommageables, qui s'expliquent par la tolérance de bon voisinage, ne constituent pas un véritable trouble. En conséquence l'action possessoire est encore recevable à partir du jour où de nouveaux travaux ont véritablement porté atteinte à la possession antérieure.

ARRÊT

LA COUR : — Sur le moyen unique du pourvoi, tiré de la violation de l'art. 2 de la loi du 16 juin 1851, des art. 23, C. pr., et 2229, 642 et 2226, C. civ. :

Attendu qu'il résulte du jugement attaqué que, pendant l'année antérieure au trouble qui se manifesta en mars et avril 1876, le sieur Flayol, défendeur éventuel, avait eu la possession plus qu'annale du canal et des eaux dont il s'agit, et que cette possession avait eu tous les caractères voulus par la loi ; que l'action possessoire intentée, le 1ᵉʳ mai 1876, par ledit sieur Flayol contre le sieur Ricci, demandeur en cassation, a donc été admise, à bon droit, par le tribunal de Blidah ;

Attendu qu'il est vainement allégué : 1° que la possession de Flayol ne saurait être considérée comme ayant été exercée, à titre de propriétaire, en raison des dispositions de la loi du 16 juin 1851, et 2° que, dans tous les cas, le trouble apporté à cette possession remontait à plus d'un an avant l'exercice de l'action ; qu'en effet, d'une part, si l'art. 2 de la loi précitée porte que le domaine public comprend, en Algérie, les cours d'eau de toute sorte et les sources, il est ajouté que « sont reconnus et maintenus tels qu'ils existent les droits

privés de propriété, d'usufruit et d'usage légalement acquis antérieurement à la promulgation de la présente loi sur... les cours d'eau et les sources ; et que les tribunaux ordinaires restent seuls juges des contestations qui peuvent s'élever sur ces droits » ; que, dans l'espèce, il ressort de l'ensemble du jugement attaqué que l'usage, tout au moins, des eaux de l'Oued-el-Kébir existait en faveur des deux parties et de leurs auteurs, pour le jeu de leurs moulins, bien avant la loi de 1851 ;

D'où il résulte que les dispositions de cette loi ne sauraient imprimer à la possession de Flayol aucun caractère de précarité ; que, d'autre part, s'il est dit dans la décision attaquée que, pendant l'année antérieure au trouble des mois de mars et d'avril 1876, qui a donné lieu à l'action du 1ᵉʳ mai suivant, les suspensions qui se sont produites dans le cours de l'eau ont été rares, accidentelles, peu dommageables et tolérées par Flayol à titre de bon voisinage, ces faits fugitifs, insignifiants, ou de très peu d'importance, ne sauraient être considérés comme ayant constitué un véritable trouble ; que, d'ailleurs, ils ne pourraient rendre inefficace cette déclaration explicite du jugement que, pendant la même période, Ricci a laissé les eaux s'écouler librement par le canal qui les conduit à l'usine de Flayol, et que, quelle que soit l'époque à laquelle on se place, on ne peut constater aucun fait qui ait eu pour résultat de ravir à ce dernier la jouissance du canal, et qu'avant le trouble, on le trouve nanti de la possession plus qu'annale du canal et des eaux dérivées de l'Oued-el-Kébir, avec toutes les conditions voulues par la loi ;

D'où il suit que le tribunal de Blidah, loin d'avoir violé les divers articles de loi sus-mentionnés, en a fait, au contraire, une saine application ;

Rejette.

———

CASSATION, Ch. req. — 13 janvier 1879.
(Bertrand c. Bertrand.)

I, 343.

Le jugement qui est rendu par un tribunal, statuant comme juge d'appel d'une sentence possessoire, et qui prononce sur un incident d'inscription de faux, est en dernier ressort aussi bien sur l'inscription de faux que sur la possession.

Du 5 décembre 1877, arrêt de la Cour de Nîmes, qui le décide en ces termes :

Attendu que, dans une instance pendante devant le tribunal de Carpentras, Martin Bertrand, appelant d'un jugement au possessoire, rendu le 17 mai 1876, par le juge de paix du canton de Pernes, a formé une inscription de faux contre une pièce produite aux débats ; — Attendu que le tribunal a rejeté l'inscription de faux et confirmé la décision attaquée ; — Attendu qu'appel a été relevé de cette décision du chef relatif à l'inscription de faux ; — Attendu que le jugement ayant statué en dernier ressort sur la demande principale, sa décision sur l'incident n'était point appelable ; qu'on ne comprendrait point, en effet, l'utilité d'un appel sur l'incident, qui n'était qu'un moyen de défense à la demande principale, quand cette demande est désormais jugée en dernier ressort ; — Par ces motifs, déclare irrecevable l'appel formé par Martin Bertrand contre le jugement du 23 avril 1877, rendu par le tribunal de Capentras.

Pourvoi du sieur Martin Bertrand.

ARRÊT

LA COUR : — Sur le moyen unique de cassation, tiré de la violation de l'art. 453, C. pr. civ., et de l'art. 1er de la loi du 11 avril 1838 :

Attendu que, dans l'instance possessoire où est intervenu l'arrêt attaqué, les deux degrés de juridiction avaient été épuisés tant par la sentence du juge de paix de Pernes que par la décision sur appel du tribunal civil de Carpentras, et qu'en déclarant, par suite, le demandeur non recevable dans son appel du jugement en dernier ressort qui, avant de statuer au fond, avait écarté l'inscription de faux formée contre l'une des pièces du procès, la Cour de Nîmes n'a fait que la plus juste application du principe qui défend de soumettre aucune affaire, même sur un incident quel qu'il soit, à un troisième degré de juridiction ;

Rejette.

———

CASSATION, Ch. req. — 20 janvier 1879.
(Daniaud c. Berton.)

I, 263, 289, 524, 525.

L'action possessoire ne peut avoir pour objet qu'un droit réel ; un droit personnel ne saurait jamais y donner lieu. Tel est le droit de banc dans une église qui ne procure qu'une jouissance personnelle et précaire.

ARRÊT

LA COUR : — Sur le moyen unique pris de la violation de l'art. 2226, C. civ., et de l'art. 23, C. pr. civ. :

Attendu que l'action en complainte n'appartient qu'à celui qui exerce à titre non précaire, vis-à-vis de l'auteur du trouble, la possession d'un héritage ou de droits réels de servitude, d'usage ou de jouissance auxquels l'héritage est affecté ;

Attendu que le locataire ou concessionnaire d'un banc d'église, n'ayant sur la chose qu'un droit purement personnel, ne possède point *animo domini;* qu'il n'est, à l'égard des tiers comme de la fabrique, qu'un détenteur précaire, et que, par conséquent, il n'a point la complainte pour faire cesser le trouble apporté à sa possession ;

Attendu que, si les choses du domaine public peuvent être l'objet de l'action possessoire, ce n'est que pour les droits réels de servitude, de jouissance ou d'usage, tels que celui de prise d'eau, et non pour les droits personnels de jouissance, tels que celui de fermier ou de locataire ;

D'où il suit qu'en déclarant le demandeur non recevable dans son action en maintenue possessoire du banc dont il est locataire ou concessionnaire dans l'église du Bords, la décision attaquée, bien loin de violer les principes qui régissaient la cause, s'y est, au contraire, exactement conformée ;

Rejette.

———

CASSATION, Ch. req. — 28 janvier 1879.
(Naud c. Michot.)

I, 239, 500.

Le juge du possessoire peut, sans cumuler le possessoire et le pétitoire, consulter les titres, quand il le fait uniquement pour déterminer le caractère de la possession.
La preuve de la possession annale résulte suffisamment de ce que le demandeur a affirmé l'annalité de sa possession

sans provoquer de contradiction de la part du défendeur, qui s'est borné à vouloir donner aux actes invoqués une autre portée.

Du 31 mai 1878, jugement du tribunal de Fontenay-le-Comte, ainsi motivé :

Attendu que Naud dénie à Michot la possession de l'écluse et du canal, et prétend avoir eu le droit de construire le pont en litige ; — Attendu qu'il est reconnu par toutes les parties et qu'il résulte de la comparution personnelle que Michot a curé à plusieurs reprises le canal ou bief dont il s'agit ; — Attendu que Naud, sans dénier les faits de curage, ne leur reconnaît pas une portée suffisante pour permettre à leur auteur d'arriver à la possession utile ; — Attendu que Michot prétend au contraire que c'est à titre de propriétaire et comme étant aux droits de l'ancien propriétaire du moulin, qu'il a curé le canal ; — Attendu qu'il résulte de l'examen des titres des parties, examen auquel le tribunal n'a entendu se livrer que pour éclairer la possession, que Michot a pu se croire en effet propriétaire du bief ou canal de l'ancien moulin ; — Attendu que, sans rechercher à qui le bief peut aujourd'hui appartenir, le pétitoire étant formellement réservé, il est de jurisprudence constante que le propriétaire d'une usine est légalement réputé propriétaire du bief qui y amène l'eau ; — Attendu que, s'il en est ainsi, la possession du sieur Michot s'est évidemment exercée avec l'*animus domini* ; — En ce qui concerne le pont : — Attendu que si Michot a la possession annale du canal et de l'écluse qui en est la suite, toute prise sur les eaux doit être à son égard réputée comme un trouble à sa possession ; — Attendu que du constat des lieux fait par M. le juge de paix, il résulte que les deux piliers en pierre formant l'appui du pont construit par Naud sont dans le lit du canal, et qu'ils ne laissent à l'écoulement des eaux qu'une largeur de 1 mètre environ au lieu de l'ancienne largeur, qui était de 2 mètres ; — Attendu que, bien que ce passage paraisse suffisant pour le libre écoulement de l'eau, le fait réel d'avoir appuyé les piliers du pont sur le sol du canal et d'avoir rétréci de plus de moitié sa largeur, constitue un trouble à la possession du sieur Michot.

Pourvoi du sieur Naud.

ARRÊT

LA COUR : — Sur la seconde branche du deuxième moyen, tirée de la violation de l'art. 23, C. pr. civ., en ce que le jugement avait maintenu Michot en possession du canal, sans constater qu'il était en possession depuis un an et jour, et que le trouble à sa possession avait été commis dans l'année :

Attendu que la possession annale reconnue par le jugement attaqué comme existant en faveur de Michot, malgré les dénégations de Naud, ne saurait être autre que celle qui réunit les conditions de l'art. 23, C. pr. civ., et qu'il suffisait d'établir et de déclarer cette possession sans qu'il fût besoin de viser spécialement chacune des conditions qui la constituent, surtout lorsque, comme dans l'espèce, aucunes conclusions n'étaient prises pour dénier la date du trouble ;

Sur la troisième branche du deuxième moyen, tirée de la violation de l'art. 25, C. pr. civ. :

Attendu que le juge du possessoire peut, sans cumuler le possessoire et le pétitoire, consulter les titres, quand il le fait uniquement pour déterminer le caractère de la possession ; que c'est dans ces conditions que les titres produits par Michot ont été examinés, le jugement attaqué ayant d'ailleurs soin de le dire nettement ; qu'en outre, en ordonnant la destruction du pont construit par Naud, le jugement n'a nullement entendu faire cesser une atteinte à la propriété de Michot, mais bien, comme il l'exprime en termes formels, une atteinte à la possession du défendeur éventuel ; qu'en décidant ainsi, il n'a point été fait cumul du possessoire et du pétitoire ;

Rejette.

———

CASSATION, Ch. req. — 4 février 1879. (Comm. de Mesnil-Rainfray c. Miette.)

I, 576, 577.

Les curés et desservants, possédant sur les presbytères et leurs dépendances un droit d'usufruit, ont qualité pour défendre ces biens contre les entreprises et usurpations dont ils seraient l'objet, et leur action est régulièrement formée à l'encontre du maire de la commune qui a troublé leur jouissance.

La recevabilité de l'action n'est nullement subordonnée à la mise en cause du trésorier de la fabrique ; il suffit qu'elle ait été précédée de l'avis de la fabrique et de l'autorisation du Conseil de préfecture.

Du 26 décembre 1877, arrêt de la Cour de Caen qui statue en ces termes :

Sur la première question : — Attendu que, par exploit du 3 novembre 1876, l'abbé Miette, agissant en qualité d'usufruitier légal des biens de la cure de Mesnil-Rainfray, a intenté action au maire de ladite commune, après s'y être fait autoriser par arrêté du Conseil de préfecture de la Manche, rendu sur l'avis du conseil de fabrique, aux fins de faire décider que la parcelle de terrain en litige était une dépendance de son presbytère ; — Que le trésorier de la fabrique n'a ni été cité en conciliation, ni été appelé devant le tribunal de Mortain ; que, devant les premiers juges, le maire n'a contesté ni la qualité que s'attribuait l'abbé Miette, ni le droit qu'il avait d'introduire l'instance dont il s'agit ; qu'au contraire, il a défendu à cette instance par des moyens du fond, et que le tribunal a déclaré dans le dispositif de son jugement que l'action de l'abbé Miette ès-noms qu'il agit était régulièrement introduite ; — Attendu que le maire de la commune n'a pas interjeté incidemment appel du chef du jugement ci-dessus visé, mais qu'il demande que l'appel de Miette soit déclaré non recevable, parce que le trésorier de la fabrique n'est ni appelant ni intimé ; — Attendu que ce soutien est, à tous les points de vue, mal fondé ; — Que d'abord Sauvé, en sa qualité de maire, conclut à la confirmation du jugement dont appel, ce qui implique la reconnaissance du bien jugé en ce qui concerne la régularité de l'action sur laquelle a statué le tribunal de Mortain ; — Qu'ensuite, aux termes des art. 6, 13 et 14 du décret du 6 novembre 1813, les titulaires des cures et succursales exercent des droits d'usufruit sur les biens de la cure ; — Que les presbytères forment la partie principale de ces biens, et que l'art. 21 dudit décret ne déroge pas à ce principe quand il décide qu'à l'égard du presbytère, les curés ou desservants ne sont tenus que des réparations locatives, puisqu'il les met ainsi dans une situation plus favorable que les usufruitiers ordinaires ; — Que d'ailleurs l'art. 23 du même décret qui donne mission aux évêques et archevêques de s'informer dans leurs visites, non seulement de l'état de l'église et du presbytère, mais encore de celui des biens de la cure, n'enlève pas aux curés et desservants la jouissance usufruitière, précédemment établie en leur faveur sur les presbytères par l'art. 72 de la loi du 18 germinal an X ; — Que cette jouissance est encore confirmée par l'ordonnance royale du 3 mars 1825, qui s'occupe des presbytères et dépendances des succursales dans lesquels le binage a lieu ; — Attendu que, quelle que soit la qualification à donner à la jouissance qu'ont les curés ou desservants des presbytères, cette jouissance qui a un caractère réel et non simplement personnel, puisqu'elle est attribuée à tous les curés présents et futurs, implique nécessairement pour eux la possibilité de la faire respecter ou de la revendiquer quand ils en sont dépouillés, et que ce serait le plus souvent les en priver que de subordonner l'exercice de cette revendication au bon ou au mauvais vouloir des fabriques ; — Que le législateur a satisfait à toutes les exigences en décidant, dans l'art. 14 susvisé, que les curés ne pourraient introduire d'action

en justice qu'après avoir pris l'avis des fabriques et obtenu l'autorisation du Conseil de préfecture ; — Attendu, enfin, qu'aucune disposition législative ne prescrit la mise en cause du trésorier de la fabrique dans les instances introduites par ou contre les curés relativement aux presbytères et à leurs dépendances, et que l'appel de l'abbé Miette, interjeté en vertu d'un arrêté du Conseil de préfecture du 6 juillet 1877, est régulier et recevable ; — Sur la deuxième question : — Attendu que le presbytère de Mesnil-Rainfray et ses dépendances, y compris la grange devant laquelle se trouve le terrain en litige, avaient, avant 1789, la même destination qu'aujourd'hui ; que ces immeubles n'ont pas été aliénés pendant la période révolutionnaire, et qu'ils ont été restitués aux desservants de ladite commune par les art. 72 et 74 de la loi du 18 germinal an X ; que, dès lors, s'il est établi que la parcelle litigieuse fut avant 1789 un accessoire de ladite grange, cette parcelle doit, comme l'immeuble principal et au même titre, continuer à faire partie du presbytère ; — Attendu que les plans mis sous les yeux de la Cour, tant par l'abbé Miette que par Sauvé, démontrent jusqu'à l'évidence que la petite bande de terrain de 111 mètres carrés revendiquée par l'appelant n'a jamais pu avoir aucune utilité pour la commune, puisqu'elle forme cul-de-sac entre le cimetière, la grange et la propriété de la dame Jackson ; — Que cette absence de toute utilité relève déjà par elle-même la plus grave présomption contre le bien fondé des prétentions de la commune ; — Attendu, en outre, que la parcelle litigieuse n'est pas non plus la continuation d'une place publique dont elle est séparée tant par l'une des entrées du cimetière que par la voie d'accès du presbytère ; qu'à cet égard, la vue des plans ne laisse aucune incertitude ; — Attendu que cette même bande de terrain est au contraire nécessaire à la grange curiale, laquelle grange a deux portes charretières en face l'une de l'autre, et dont l'une s'accède par la parcelle revendiquée ; que cette dernière porte n'aurait certainement pas été pratiquée si le terrain sur lequel elle donne n'eût pas dépendu de la grange, puisque sans cet accessoire on n'aurait pas pu en faire usage et laisser stationner les charrettes sur le terrain litigieux ; qu'il suit de là que le curé trouve la justification de son action, tant dans les plans produits par le maire que dans la destination nécessaire du terrain revendiqué ; — Que vainement objecte-t-on que, suivant l'art. 8 du décret des 18-23 octobre 1790, les presbytères et leurs dépendances ne comprennent que ce qui est renfermé dans les clôtures ; — Que le sens de ce texte ne doit pas être ainsi restreint, et qu'il y a lieu de considérer comme une aisance de la grange la bande de terrain qui la joint ; que, dès lors, on doit décider que, soit avant 1789, soit depuis 1813, la parcelle dont il s'agit a toujours fait partie de la grange et du presbytère ; — Attendu qu'il n'était pas plus besoin d'envoi en possession pour cette parcelle que pour la grange elle-même, puisque le tout avait été rendu au curé par le décret déjà cité du 18 germinal an X, et que l'avis du Conseil d'Etat des 25-30 janvier 1807 ne s'applique qu'aux immeubles dont les curés ou desservants n'avaient pas avant cette date repris la possession; — Attendu qu'il importe peu que le terrain en litige soit ou ne soit pas considéré comme un jardin puisque, ainsi qu'il a été dit, il appartient à la cure au même titre que la grange dont il est un accessoire; — Attendu que les art. 7, 8 et 9 du décret des 18-23 octobre 1790 ne contrarient en aucune manière la solution qui précède, parce qu'ils ont pour objet un état de choses différent de celui soumis à la Cour; — Attendu que le moyen de prescription sur lequel les premiers juges ont eu à statuer et dont ils ont fait sortir une fin de non-recevoir contre l'abbé Miette, n'ayant pas été reproduit sur appel, il n'y a lieu de s'occuper ni de ce moyen, ni de la fin de non-recevoir; — Attendu que la religion des magistrats étant suffisamment éclairée, il n'y a pas lieu de recourir soit à une expertise ou à une descente des lieux, soit à des enquêtes; — Par ces motifs, etc.

Pourvoi de la commune de Mesnil-Rainfray.

ARRÊT

LA COUR : — Sur le premier moyen, pris de la prétendue violation des art. 544, 578, 582, C. civ., et de l'art. 21 du décret du 6 novembre 1813, et de la fausse application de l'art. 14 du même décret :

Attendu qu'il résulte des dispositions contenues dans les art. 6, 13, 14 et 21 du décret du 6 novembre 1813, que les curés et desservants ont l'usufruit du presbytère et qu'ils peuvent plaider relativement aux droits fonciers de la cure, avec l'autorisation du Conseil de préfecture, donnée après avis de la fabrique;

Attendu que Miette, desservant de la paroisse de Mesnil-Rainfray, agissant en cette qualité contre la commune de Mesnil-Rainfray pour faire reconnaître son droit à la jouissance exclusive d'une parcelle de terrain contiguë à la grange comprise dans les bâtiments du presbytère, avait obtenu l'autorisation de plaider, laquelle lui avait été accordée par un arrêté du Conseil de préfecture de la Manche, rendu après l'avis du conseil de fabrique;

Qu'en déclarant l'action dudit Miette recevable, la Cour d'appel de Caen s'est exactement conformée aux dispositions précitées du décret du 6 novembre 1813, spécial sur la matière;

Sur le deuxième moyen, pris de la prétendue violation de l'art. 8 de la loi des 18-23 octobre 1790 :

Attendu que là Cour de Caen, en jugeant d'après les faits et documents de la cause, que la parcelle litigieuse faisait partie du presbytère auquel elle est attenante, qu'elle avait été restituée avec l'habitation curiale, en exécution de l'art. 72 de la loi du 18 germinal an X, et était, par suite, soumise à l'usufruit du desservant, a tiré la conséquence juridique de faits qu'il lui appartenait de vérifier et d'apprécier;

Attendu qu'en supposant encore en vigueur la loi invoquée par le pourvoi, la Cour de Caen n'aurait pu contrevenir à son art. 8, puisque, d'après les constatations souveraines de l'arrêt attaqué, la parcelle en litige est comprise dans les dépendances du logement conservé au curé ou desservant, d'après la première partie de cet article, et que la seconde disposition de ce même article est relative à des bâtiments d'exploitation séparés du presbytère, objet étranger à la cause;

Que le moyen manquant ainsi par le fait qui lui sert de base, il n'y a pas lieu d'examiner si la loi des 18-23 octobre 1790 n'a pas été abrogée par la législation postérieure, et si la mesure, comme le principe du droit de jouissance appartenant au desservant, n'est pas exclusivement dans l'art. 72 de la loi du 18 germinal an X, et dans l'exécution que cet article a reçue;

Rejette.

CASSATION, Ch. req. — 12 févr. 1879.
(Platret c. Pothieux.)

I, 100, 108.

Il n'y a pas contestation de nature à entraîner l'incompétence du juge saisi d'une action en bornage lorsque le défendeur conclut uniquement à ce que la délimitation des héritages soit effectuée suivant la possession actuelle de chacun. La possession qui constitue une contestation est celle qui est une cause acquisitive de la propriété.

ARRÊT

LA COUR : — Sur le moyen unique tiré de la violation de l'art. 6 de la loi du 25 mars 1838 :

Attendu qu'aux termes de l'art. 6 de la loi du 25 mars 1838, les actions en bornage sont de la compétence des juges de paix, lorsque la propriété ou les titres qui l'établissent ne sont pas contestés ;

Attendu que, dans sa citation du 2 avril 1877 et dans les conclusions qu'il a prises devant le juge de paix, Pothieux, loin de revendiquer la propriété d'une parcelle de terrain précise et déterminée, a réclamé *le bornage* d'un bois possédé par lui indivisément avec un tiers et porté depuis 1844 au cadastre de Branges sous le n° 172 de la section C pour une contenance de 75 ares 25 centiares, lequel bois est contigu aux fonds des sieurs Platret, Biard et Petit, en demandant que la ligne délimitative fût tracée conformément au plan cadastral actuel ; qu'un jugement interlocutoire l'a autorisé à prouver notamment qu'antérieurement, ces propriétés contiguës avaient été délimitées conformément à ce plan par une borne et deux souches mitoyennes ;

Attendu que Platret et consorts ont accepté la demande de Pothieux dans les termes où elle s'est produite et avec la qualification qui lui était donnée ; que Platret a seulement conclu à ce que *le bornage* fût effectué suivant *la possession actuelle* des parties ;

Attendu qu'invoquer *la possession actuelle* pour la fixation des limites, ce n'est pas contester la propriété ou les titres ; que la possession qui constitue une contestation de la propriété ou des titres est celle qui est une cause acquisitive de la propriété, celle qui sert de fondement à la prescription ;

Attendu, dès lors, qu'en décidant que l'action de Pothieux est une action en bornage de la compétence du juge de paix, le tribunal de Louhans n'a pas violé l'article susvisé, et qu'il en a fait, au contraire, une exacte application ;

Rejette.

CASSATION, Ch. civ. — 25 mars 1879.
(Riou c. Forcès.)

I, 43, 576, 577.

Le curé ou desservant qui a recours à l'action possessoire pour obtenir la répression du trouble causé aux biens dont il a la jouissance, est tenu de se

munir *de l'autorisation du Conseil de préfecture. Ici ne s'applique pas la dispense accordée par l'art. 55 de la loi du 18 juillet 1837 aux maires qui agissent au possessoire dans l'intérêt de la commune.*

ARRÊT

LA COUR : — Vu l'art. 14 du décret du 6 novembre 1813 :

Attendu que la disposition impérative de cet article, exigeant l'autorisation préalable du Conseil de préfecture, n'admet aucune distinction entre les actions relatives à la propriété et les actions purement possessoires ; que la dispense d'autorisation admise par l'art. 55 de la loi du 18 juillet 1837 pour les actions possessoires exercées par les maires dans l'intérêt des communes, est sans application à ce qui concerne les biens possédés par le clergé et les droits attribués sur ces biens aux curés et desservants ;

Attendu qu'il a été reconnu, en fait, par le jugement attaqué que l'abbé Forcès, recteur de la succursale de Tréourgat, demandeur en complainte, à l'effet d'être maintenu en possession d'une servitude d'aqueduc s'exerçant sur une propriété voisine, au profit de prairies faisant partie de la mense de son rectorat, n'a pas obtenu l'autorisation exigée par l'art. 14 du décret du 6 novembre 1813 ; que cependant ledit jugement a rejeté la fin de non-recevoir proposée par le demandeur en cassation pour défaut d'autorisation et a déclaré admissible l'action possessoire ainsi formée irrégulièrement ; qu'en statuant ainsi le tribunal civil de Brest a ouvertement violé l'article de loi susvisé ;

Casse.

CASSATION, Ch. req. — 26 mars 1879.
(Vallet c. Rossignol.)

I, 101.

Le juge de paix cesse d'être compétent en matière de bornage lorsque cette opération implique l'interprétation d'actes dont l'application à la cause n'est pas admise par le défendeur et lorsque la contestation porte sur une parcelle déterminée, dans la possession de laquelle celui-ci a été précédemment maintenu par sentence du juge de paix.

Du 26 décembre 1877, arrêt de la Cour de Bourges qui statue dans les termes suivants :

Sur la compétence : — Attendu que, par son acte introductif d'instance du 18 juillet 1876, Jean Vallet a assigné Rossignol devant le tribunal civil de Clamecy, en abornement de leurs propriétés respectives et contiguës, sises sur le territoire de Corvol d'Embernard, ledit abornement devant être, suivant lui, effectué par application des titres et autres documents, de telle sorte que chacun profite de l'excédant ou supporte l'insuffisance des contenances reconnues ; — Attendu que cette action n'a pas les caractères d'une simple action en bornage de la compétence du juge de paix, ainsi que l'a décidé le tribunal ; qu'en effet, les titres dont excipe Vallet sont contestés par Rossignol, qui en repousse l'application comme insuffisante à établir le lien fondé de la demande ; que l'action intentée par Vallet constitue, au contraire, en réalité une revendication, et que cette revendication porte notamment sur la propriété de la bande de terrain servant d'extrême limite, au midi de la pièce de terre portée au plan du juge de paix sous la lettre A appartenant à Rossignol, bande de terre dans la possession de laquelle ledit Rossignol a été réintégré par décision du juge de paix de Brinon, en date du 7 mars 1876 ; — Attendu que de ce qui précède il appert qu'à tort les premiers juges se sont déclarés incompétents et qu'il y a lieu de réformer leur décision ; — Au fond : — Attendu que l'assignation du 18 juillet 1876 se réfère à la délimitation des terrains qui sont contigus entre les parties, mais que l'un de ces terrains, situé au lieu dit le Petit-Ramoi, a été précédemment aborné par elles amiablement ; qu'il ne reste plus de litigieux entre elles que les terrains sis au lieu des Egoulottes, figurant au plan du juge de paix sous les lettres A, D et B, C ; que relativement à ces terrains, il y a lieu d'apprécier les prétentions respectivement produites : — En ce qui touche les parcelles A et D, appartenant la première à Rossignol et la seconde à Vallet ; — Attendu que Vallet demande que la parcelle, portée au plan dressé par le juge de paix sous la lettre D, soit reconnue limitée au nord par une ligne joignant les bornes nᵒˢ 1 et 2, de manière à lui attribuer un espace triangulaire dont la possession a été, par jugement du juge de paix de Brinon, du 7 mars 1876, conservée à Rossignol ; que les titres produits par Vallet sont impuissants à combattre les effets de cette possession ; qu'ils ne s'expliquent nullement sur les limites des parcelles A et D ; que les contenances de la parcelle D sont énoncées en termes vagues, qu'elles sont purement approximatives, c'est-à-dire dépouillées d'une précision suffisante pour habiliter une prétention qui se produit dans des proportions fort restreintes ; que, d'un autre côté, il résulte de l'enquête à laquelle il a été procédé au possessoire, que la borne nᵒ 2 n'est point destinée à déterminer la limite des terres appartenant à Rossignol et à Vallet,

mais seulement celles contiguës appartenant audit Rossignol et à Edme Guénot ; que la parcelle A était, au contraire, délimitée au nord par une ligne réunissant la borne nᵒ 1, à une autre borne qui a disparu depuis trois ans et qui était plantée à 75 centimètres environ au midi de la borne nᵒ 2 ; que la portion triangulaire comprise entre la borne disparue et les bornes 1 et 2 est précisément la portion de terre sur laquelle s'étend la possession de Rossignol ; qu'il suit de là que Vallet n'a pas justifié des fins de sa demande qui doit être, dès lors, rejetée comme mal fondée ; — En ce qui touche les parcelles B et C appartenant la première à Vallet, la seconde à Rossignol ; — Attendu que les titres dont Vallet demande l'application sont muets, et que l'exactitude des contenances y indiquées est contestée par Rossignol ; qu'il y a intérêt pour les deux parties à ce que le différend qui les divise soit dès à présent tranché ; que la Cour a les éléments suffisants pour rendre une décision définitive sans qu'il soit besoin de mesures de vérification qui entraîneraient des frais hors de proportion avec l'intérêt du litige ; que Vallet, devant le juge de paix, a allégué que la limite de son terrain, porté au plan sous la lettre B, devrait, à partir de la borne nᵒ 4 s'incliner, à droite sur la parcelle C de Rossignol, de manière à lui attribuer la propriété d'une portion triangulaire de terrain dont la base s'appuierait aux bois communaux sur une longueur d'environ dix mètres ; que, d'un autre côté, Rossignol a soutenu qu'il a toujours possédé la portion de terrain ainsi réclamée par Vallet, et que la parcelle C doit être limitée par le prolongement direct sur les bois communaux de la ligne passant par les bornes 3 et 4 sans aucune déviation sur la droite, qu'il a toutefois proposé d'abandonner à Vallet quatre ou cinq mètres de ce terrain à prendre du côté de la parcelle B ; — Attendu que la prétention de Vallet paraît être appuyée sur le tracé du plan cadastral, qui, s'il ne peut être considéré comme un titre, emprunte une importance particulière à la concession que Rossignol consentait à faire ; que cette proposition d'abandon était acceptable d'après l'incertitude des deux parties sur l'étendue de leurs terrains, et qu'il y a lieu, quoiqu'elle ne soit plus renouvelée aujourd'hui, de la prendre pour base du droit de Vallet ; — Par ces motifs, etc.

Pourvoi du sieur Vallet.

ARRÊT

LA COUR : — Sur le premier moyen, tiré de la violation de l'art. 6 de la loi du 25 mai 1838, en ce que l'arrêt attaqué a déclaré le tribunal civil compétent pour statuer sur une action en bornage, bien qu'elle ne soulevât aucune contestation, ni sur les titres, ni sur la propriété :

Attendu que si dans les conclusions formulées devant le tribunal de première instance, Vallet a indiqué l'abornement de sa propriété comme but final de sa demande, il résulte des déclarations de l'arrêt attaqué : d'une part, que cette demande impliquait l'appréciation des titres dont la partie adverse contestait l'application à la cause ; d'autre part, qu'elle portait sur la propriété d'une bande de terrain dans la possession de laquelle ledit Rossignol avait été réintégré par décision du juge de paix de Brinon, en date du 7 mars 1876 ; qu'il s'ensuit que cette demande avait le caractère d'une action pétitoire dont la Cour a retenu à bon droit la connaissance ;

Sur le deuxième moyen, tiré de la violation des art. 1315, 1349, 1353, C. civ., en ce que l'arrêt attaqué a tranché par moitié le différend existant entre les deux parties et a attribué la moitié du terrain litigieux au défendeur éventuel, par la seule raison que la proposition par lui faite en ce sens était acceptable, bien que toutes les présomptions relevées fussent dans le sens du droit du demandeur en cassation :

Attendu que l'action introduite par le sieur Vallet, quoique qualifiée action en bornage, étant en réalité une action pétitoire, et Rossignol ayant la possession de la parcelle objet du litige, Vallet était, aux termes de l'art. 1315, C. civ., tenu de prouver le droit de propriété qu'il invoquait comme servant de base à sa demande ;

Attendu que l'arrêt attaqué, en déclarant que cette preuve n'a pas été faite, a donné un motif suffisant pour justifier le rejet intégral des conclusions du sieur Vallet ;

Attendu que, si la Cour d'appel de Bourges, visant des propositions précédemment faites par Rossignol, à titre de transaction, dans une autre instance, a cru pouvoir s'en emparer pour concéder à Vallet une portion du terrain litigieux, sur lequel il n'avait pas établi son droit de propriété, celui-ci ne saurait, à défaut d'intérêt, attaquer, fût-elle critiquable, la décision qui lui alloue une partie de sa demande, quoiqu'il n'eût pas fait la preuve nécessaire pour qu'elle fût accueillie ;

Rejette.

CASSATION, Ch. req. — 7 mai 1879.
(Sellière c. Baillon.)

I, 321.

Celui qui, par l'exploitation d'une carrière à ciel ouvert, s'est mis, en raison de la profondeur de ses fouilles, dans l'impossibilité d'accéder à la voie publique, ne doit pas pour cela être considéré comme l'auteur volontaire de l'enclave et comme tel privé du droit de réclamer aux voisins un passage en vertu de l'art. 682, C. civ.

Du 6 juin 1878, arrêt de la Cour d'Amiens qui confirme, par adoption de motifs, un jugement rendu, le 21 mars 1877, par le tribunal de Senlis. Ce jugement est ainsi conçu :

En ce qui touche le point de savoir si la servitude de passage dont parle l'art. 682, C. civ., peut être réclamée en matière d'exploitation de carrières : — Attendu que le mot *exploitation* inséré audit article est générique, et qu'en l'employant le législateur a certainement entendu faciliter aux propriétaires le moyen de retirer de leurs héritages toutes les utilités qu'ils peuvent produire ; qu'une interprétation contraire serait nuisible à l'intérêt public aussi bien qu'à l'intérêt privé ; qu'il est nécessaire, en effet, que tout fonds puisse être desservi suivant la nature et les besoins de son exploitation ; qu'ainsi l'art. 682 doit être réputé applicable aux propriétés industrielles, aux carrières spécialement en l'espèce aussi bien qu'aux héritages ruraux : — En ce qui touche les questions d'enclave ; — Attendu que depuis longues années, et jusqu'au procès actuel, les carrières dont s'agit ont été exploitées à ciel ouvert, et par la portion du chemin aujourd'hui en litige, sans la moindre contestation de la part des propriétaires de la portion du chemin, au nombre desquels figuraient les auteurs des demandeurs ; — Attendu qu'il résulte des documents de la cause, qu'eu égard à la disposition du sol et à la situation des gisements de pierres, le mode d'exploitation susindiqué était celui qu'il importait surtout d'appliquer pour arriver à une exploitation utile et profitable des carrières des défendeurs ; qu'il est vrai que ce mode d'exploitation était exclusif de la possibilité d'utiliser les chemins publics se trouvant à proximité des terrains exploités, mais que ce résultat était la conséquence forcée de la mise en valeur à l'état de carrières, et d'une façon productive et avantageuse des terrains dont s'agit ; — Attendu que les voies et chemins qu'indiquent les frères Sellière passent aujourd'hui à 15 ou 20 mètres d'élévation au-dessus des carrières des défendeurs, et qu'il est plus que jamais impossible de les employer comme moyen de desserte desdites carrières, à moins de dépenses extrêmes et hors de toute proportion avec le dommage résultant pour les frères Sellière du passage réclamé sur leur terrain et de l'indemnité qu'il faudra leur payer; qu'en cette situation l'enclave des carrières dont s'agit existe absolument, et que cette appréciation qui, en l'état, ne saurait être autre, résulte pour le tribunal de l'examen et de la visite des lieux litigieux qu'il a parcouru en tous sens ; que, spécialement, le chemin des Carmieux est impraticable pour les carrières n°s 1, 2 et 3 du plan enregistré et déposé au greffe de ce tribunal, lesdites carrières appartenant à Fourniquet, Lemaire et Baillon; qu'il en est de même du chemin de Mello à Montataire pour les carrières n°s 3 et 5 dudit plan, à Baillon et Lemaire; qu'au regard de la carrière n° 4, la question d'enclave a déjà été affirmativement tranchée au début même de l'ouverture desdites carrières, par jugement de ce tribunal, en date du 8 décembre 1859, confirmé par arrêt de la Cour d'Amiens, et qu'il apparaît qu'au moment de l'ouverture des carrières n°s 1, 2, 3 et 5, leur situation, vis-à-vis du chemin de Carmieux et celui de Mello à Montataire, était la même que celle de la carrière n° 4 vis-à-vis du chemin de Mello à Montataire; que, quant aux carrières n°s 6 et 7, à Baillon et Péroche, il n'est même pas indiqué sur quelles voies publiques elles auraient immédiatement issue; qu'en l'état donc l'enclave existe matériellement de la façon la plus incontestable; que, par suite, le passage ne saurait être refusé aux défendeurs, sauf à n'être accordé et exercé qu'en conformité des art. 683 et 684, C. civ.; — En ce qui touche le moyen tiré du tort qu'ont eu les défendeurs de passer sur le terrain des demandeurs sans faire, au préalable, déterminer l'assiette du passage et l'indemnité due : — Attendu que, sans doute, les défendeurs auraient dû agir d'une façon plus régulière; — Mais que cette circonstance ne saurait suffire aujourd'hui pour les faire déclarer non recevables en leurs prétentions; qu'il ne faut pas oublier, d'ailleurs, qu'au début de l'exercice du passage, il n'y a été porté entrave par qui que ce soit; — En ce qui touche la fin de non-recevoir résultant de ce que les défendeurs n'ont pas appelé en cause tous les riverains : — Attendu qu'il faut remarquer d'abord que les sieurs Fourniquet, Lemaire et autres ne sont que défendeurs au procès, et qu'en cette qualité, ils ne font que répondre aux demandeurs, en soutenant qu'ils ont le droit de continuer de passer sur leurs terrains; qu'au surplus, il suffit que ceux-là seuls soient en cause, dont les fonds présentent le trajet le moins dommageable; — En ce qui touche la question de savoir si le terrain des frères Sellière est bien celui qui doit rester affecté au passage dont s'agit : — Attendu que ce point ne saurait faire de doute à l'égard de Fourniquet, Lemaire et Baillon, pour les carrières n°s 1, 2, 3, 4 et 5, du plan susvisé, et qu'il résulte évidemment de l'inspection des lieux, faite avec le plus grand soin par le tribunal, que le chemin, tel qu'il est aujourd'hui pratiqué, est le plus court et le moins dommageable; — Attendu, à l'égard des carrières n°s 6 et 7, à Baillon et Péroche, qu'il pourrait être soutenu peut-être que ce chemin n'est pas le plus court, mais qu'en l'espèce et seulement en ce qui concerne ces deux carrières, cette circonstance, fût-elle bien établie, serait encore

insuffisante pour faire changer l'assiette dudit chemin; qu'en droit, la rédaction de l'art. 683 laisse au juge le pouvoir de désigner pour le passage un fonds autre que celui qui offre le trajet le plus court, mais lequel le passage sera ou le plus praticable ou le moins dommageable; qu'en fait, Baillon devant user du passage pour les carrières n°s 3 et 4, il est naturel de lui concéder le même droit pour la carrière n° 6, et qu'il n'en résultera pas une plus grande gêne ni un plus grand dommage pour les frères Sellière; — Attendu, enfin, que ce dernier élément de décision est applicable à Péroche pour la carrière n° 7; qu'en effet, le passage dudit Péroche sur le chemin dont s'agit n'est pas une aggravation de dommage pour les frères Sellière, ni même une gêne, du moment que ceux-ci sont obligés de souffrir le passage de Fourniquet, Lemaire et Baillon; qu'au contraire, ce passage est plus avantageux pour Péroche, en ce sens que, ne se trouvant pas seul en face des frères Sellière, l'indemnité qui lui incombera sera moins élevée; — En ce qui touche, enfin, le montant de l'indemnité due : — Attendu que le tribunal possède tous les éléments d'appréciation suffisants; — Attendu, il est vrai, que le passage tel qu'il existe et doit subsister, contrarie les frères Sellière pour la culture du terrain sur partie duquel se trouve l'assiette dudit passage; mais que, toutefois, le dommage qui en résulte est relativement de peu d'importance, et qu'assurément les frères Sellière n'ont pas eu tant en vue la réparation dudit dommage, que le désir de gêner et entraver dans un but d'intérêt particulier l'exploitation des défendeurs; que telle est, du moins, l'impression laissée par la visite des lieux sur l'esprit du tribunal; — Par ces motifs, dit et déclare que la servitude de l'art. 682, C. civ., s'applique aux propriétés industrielles, spécialement dans l'espèce, aux carrières aussi bien qu'aux héritages ruraux; — Rejette les fins de non-recevoir tirées de ce que les défendeurs ont négligé de s'adresser préalablement à justice pour faire déterminer le mode d'exercice de leur droit et de ce qu'ils n'ont point appelé tous les riverains en cause; — Déclare absolument enclavées les carrières des défendeurs; — Dit, en conséquence, que les frères Sellière doivent livrer passage aux sieurs Fourniquet, Lemaire, Baillon et Péroche pour l'exploitation de leurs carrières susdésignées, et que ce passage s'exercera à l'avenir comme il s'est exercé antérieurement, c'est-à-dire, quant aux frères Sellière, sur la portion de terrain comprise au plan susvisé entre les lettres C, A; — Fixe l'indemnité, etc.

Pourvoi des frères Sellière.

ARRÊT

LA COUR : — Sur le premier moyen, tiré de la violation de l'art. 682, C. civ., en ce que l'arrêt attaqué a, d'une part, décidé que cet article s'appliquait à l'exploitation industrielle d'une propriété, et, d'autre part, admis les défendeurs éventuels à bénéficier des dispositions de cet article, bien que l'enclave fût leur fait personnel :

Attendu que l'art. 682 donne au propriétaire dont le fonds est enclavé le droit de réclamer un passage sur les fonds voisins pour l'exploitation de son héritage, sans établir de distinctions entre les divers modes d'exploitation ; que, dès lors, c'est avec raison que l'arrêt attaqué a appliqué ce droit à l'exploitation des carrières de pierres que contient ce fonds ;

Attendu, d'un autre côté, que cet arrêt constate que, d'après la disposition du sol, la situation des gisements, c'est-à-dire l'état des lieux indépendamment du fait des propriétaires, l'enclave de ces carrières existait d'une manière absolue, et qu'elles n'étaient exploitables qu'à la condition d'emprunter un passage sur le fonds des demandeurs ;

Sur le deuxième moyen, tiré de la violation et fausse application des art. 637, 682, 683 et 684, C. civ., en ce que l'arrêt attaqué a maintenu le passage que les défendeurs éventuels prétendaient exercer sur le terrain des demandeurs en cassation, bien que le passage pris sur ce terrain ne fût ni le plus court, ni le moins dommageable :

Attendu que, lorsqu'il s'agit de déterminer l'assiette du passage légalement dû pour cause d'enclave, il appartient aux tribunaux de ne pas s'arrêter au trajet le plus court, et d'indiquer celui qui leur paraît le moins dommageable et le moins dispendieux ; que, à plus forte raison, ils doivent, comme l'ont fait dans l'espèce les juges de la cause, maintenir l'assiette du passage telle qu'elle avait été fixée depuis longtemps, lorsqu'ils constatent que, pour plusieurs carrières, le chemin indiqué est à la fois le plus court et le moins dommageable, et que, pour les autres, en supposant que le chemin donné n'offre pas le trajet le plus court, il donne le passage le plus praticable et le moins dommageable ;

Sur le troisième moyen, tiré de la violation des mêmes articles et de l'art. 545, C. civ., en ce que l'arrêt attaqué a rejeté la fin de non-recevoir opposée par les demandeurs en cassation, et tirée de

ce que la prise de possession par les défendeurs éventuels avant détermination de l'assiette du passage et de l'indemnité due, constituait une usurpation dans laquelle ils ne pouvaient être maintenus :

Attendu qu'il est constant que les défendeurs n'ont passé sur le fonds des demandeurs que pour la desserte d'un fonds enclavé, et que, dès lors, ils n'ont fait qu'user du droit que leur donnaient les art. 682 et suiv., C. civ. ; que, dans ces circonstances et en présence du désaccord existant entre les parties, l'arrêt devait, comme il l'a fait, déterminer l'assiette du passage et fixer l'indemnité due aux propriétaires du fonds servant ;

Rejette.

CASSATION, Ch. civ. — 14 mai 1879.
(Frileux c. Lemelle.)

I, 203, 253.

Lorsque, dans une instance pour dommages aux champs, le défendeur conclut reconventionnellement à être maintenu dans la possession annale du terrain, la demande principale échappe à la compétence du juge de paix qui doit s'en dessaisir ; mais en même temps il conserve la connaissance de l'action possessoire.

Du 30 mai 1876, jugement du tribunal de Pont-Audemer qui statue dans les termes suivants :

Attendu, que les époux Frileux ont actionné devant M. le juge de paix du canton de Beuzeville, Tournache et les époux Lemelle, en paiement de la somme de 50 fr. pour réparation d'un dommage causé à une pièce de terre semée en vesce, leur appartenant, et sur laquelle Tournache, fermier desdits époux Lemelle, avait passé ; — Attendu qu'en réponse à cette action, les époux Lemelle ont prétendu avoir la possession annale du terrain sur lequel étaient excrues les récoltes prétendues endommagées ; — Attendu que la preuve offerte de l'exception du possessoire a été autorisée par le premier juge ; — Attendu qu'il a été procédé à la visite des lieux, à leur constat, à l'enquête et à la contre-enquête ; — Attendu que, de ces errements ordonnés, il résultait la preuve évidente que la pièce de terre louée par les époux Lemelle à Tournache, contiguë à celle des époux Frileux, était enclavée ; que les époux Lemelle, soit par eux ou par leurs auteurs, auraient passé sur la pièce des époux Frileux pour desservir leur fonds, dès une époque déjà ancienne et dans l'année qui a précédé la demande des époux Frileux; — Attendu que le premier juge a bien jugé, en reconnaissant la possession des époux Lemelle et en la consacrant à leur profit; que, comme conséquence de cette décision, le premier juge a encore bien jugé, en rejetant la demande en indemnité pour prétendus dommages causés à leur récolte, formée par les demandeurs originaires; — Attendu que les époux Frileux ont interjeté appel de cette décision, se fondant sur ce que le juge de paix avait cumulé le possessoire et le pétitoire et excédé les limites de sa compétence; — Attendu que celui qui a la possession annale est censé propriétaire; que par conséquent on ne peut ni lui reprocher un fait qui est la conséquence du droit de propriété, ni lui imposer aucune obligation contraire à ce droit; — Attendu que l'exception du possessoire, proposée par les époux Lemelle et Tournache, présentait une question préjudicielle qui rentrait dans la compétence attribuée aux juges de paix par l'art. 6 de la loi du 25 mai 1838; que le renvoi au tribunal civil n'eût été obligé que si l'exception eût tenu au pétitoire; que le juge de paix a donc bien jugé en retenant la cause; — Par ces motifs, confirme.

Pourvoi des époux Frileux.

ARRÊT

LA COUR : — Sur le moyen unique du pourvoi :

Vu l'art. 5 de la loi du 25 mai 1838:

Attendu que la dame Frileux, dûment autorisée, a fait assigner Tournache devant le juge de paix de Beuzeville, en paiement d'une somme de 50 fr., pour dommages causés à son champ, à raison des faits de passage que le défendeur y avait exercés pour la desserte d'un fonds voisin appartenant à la dame Lemelle;

Attendu que les époux Lemelle sont intervenus dans l'instance pour prendre le fait et cause de Tournache, leur fermier; et que, sans contester ni les faits de passage, ni les dommages et le chiffre des réparations réclamées, ils ont demandé le rejet de l'action, en se fondant exclusivement sur ce qu'ils avaient la possession annale du passage sur le champ de la dame Frileux, pour la desserte de leur fonds voisin enclavé;

Attendu que cette demande en maintenue dans la possession annale d'une servitude de passage, présentée reconventionnellement comme défense à l'action principale pour dommages aux champs, soulevait implicitement, mais nécessairement, la question de propriété ou de servitude; que, dès lors, aux termes de l'art. 5 de la loi de 1838, le juge

de paix devenait incompétent pour statuer sur la demande principale en réparation des dommages causés au champ dont il s'agit; qu'en conséquence, en statuant sur l'action possessoire, il devait, quant à la demande principale, renvoyer les parties devant le tribunal compétent sur la question de propriété ou de servitude;

D'où il suit qu'en rejetant la demande principale en dommages, le juge de paix et le tribunal qui a confirmé sa sentence, ont méconnu les règles de leur compétence et violé l'article de loi ci-dessus visé;

Casse.

CASSATION, Ch. req. — 14 mai 1879.
(Cadic c. Boulbeu.)

I, 316.

Est réputé à l'état d'enclave l'héritage qui n'a qu'une issue insuffisante pour son exploitation.

C'est ce qui avait été décidé, le 22 mai 1878, par le tribunal de Quimperlé dans un jugement ainsi conçu:

Attendu que le procès-verbal de visite des lieux constate qu'à l'entrée du n° 790, appartenant aux époux Cadic, il existe une large barrière de laquelle partent deux voies de charrette, l'une se dirigeant vers le n° 794, appartenant à Morlec, et l'autre, objet du litige, longeant le petit chemin public tout le long de la pièce de terre n° 790, puis se continuant jusqu'au taillis n° 794, appartenant aux mêmes, après avoir traversé une brèche de charrette située dans le fossé, séparant les pièces de terre n° 790 et 793; qu'arrivé au bois taillis, le chemin en question change de direction et sert à défruiter la pièce de terre n° 848; — Attendu que de cette visite des lieux il ne ressort pas nécessairement, comme le prétendent les appelants, que le chemin soit un chemin d'exploitation, et qu'ils aient fourni une portion de terrain pour l'établir; que ce chemin n'affecte pas une forme régulière comme largeur et longueur, qu'on n'y remarque aucun empierrement, et qu'il affecte, au contraire, tous les signes d'une servitude de passage; — Attendu qu'aux termes de l'art. 682, C. civ., le propriétaire dont les fonds sont enclavés et qui n'a aucune issue sur la voie publique peut réclamer un passage sur le fonds de son voisin pour l'exploitation de son héritage, à la charge d'une indemnité proportionnée aux dommages qu'il peut occasionner; — Attendu qu'en vertu de cet article le passage dont il s'agit est une servitude légale et conséquemment susceptible de possession; — Attendu que si, aux termes de l'article précité, il faut pour l'établissement de cette servitude légale que l'héritage soit totalement enclavé, qu'il n'ait pas d'issue sur la voie publique, cette règle n'est pas absolue, et qu'il y a enclave lorsque le passage est dangereux, incommode pour l'exploitation, et ne peut être rendu praticable qu'au moyen de travaux considérables et dispendieux ; — Attendu que, s'il existe un chemin public longeant les nᵒˢ 793 et 794 dans toute leur largeur jusqu'au taillis, il est très étroit, n'ayant que 1 mètre 80 centimètres en moyenne, et 1 mètre au moins de contre-bas des pièces de terre dont s'agit, d'où impossibilité presque matérielle d'établir une voie charretière pour le défruitement de ces pièces de terre ; — Attendu, enfin, que du nord du taillis appartenant aux appelants et dans lequel on ne remarque aucune voie charretière, le terrain triangulaire le longeant étant de 2 mètres plus élevé que ce chemin public, il faudrait une grande dépense pour y établir une voie charretière qui nuirait à la valeur du taillis ; que, de l'autre côté, si ledit terrain a accès sur un autre petit chemin conduisant aux Landes et où passe le bétail, il y aurait impossibilité d'y ouvrir une voie charretière à cause de son peu de largeur ; — Attendu que de l'enquête et de la contre-enquête il résulte que depuis plus d'un an et jour, avant le trouble apporté à leur possession par l'apposition d'une serrure à la barrière d'entrée de la pièce de terre nᵒ 790, la veuve Boulbeu et son fils avaient la jouissance paisible de la servitude de passage dont il s'agit, et qu'ils s'en étaient servis à la dernière récolte pour l'enlèvement du seigle et du blé noir.

Pourvoi des époux Cadic.

ARRÊT

LA COUR : — Vu la connexité, joint les pourvois et statuant par un seul et même arrêt :

Sur le moyen pris de la violation des art. 682, 2232, C. civ., et de la fausse application de l'art. 23, C. pr. civ. :

Attendu qu'il y a enclave, dans le sens de l'art. 682, C. civ., lorsque le propriétaire n'a, au moyen de la voie publique, qu'une issue insuffisante pour son exploitation ;

Attendu qu'il est reconnu et déclaré par le jugement du 22 mai 1878 que les époux Boulbeu n'ont pour accès à leur propriété qu'un chemin très étroit, d'un mètre au moins en contre-bas de leur pièce de terre, et qui ne peut matériellement leur fournir la voie charretière dont ils ont besoin pour la desserte de leur héritage ;

Attendu qu'en tirant de cet état de faits, souverainement constatés par sa décision, la conséquence que la propriété des époux Boulbeu est enclavée, et en les maintenant par suite dans leur

possession annale du chemin contesté, le tribunal de Quimperlé ne s'est mis en contradiction avec aucune des dispositions invoquées à l'appui du pourvoi et n'a fait qu'une saine application des principes de la matière ;

Rejette.

CASSATION, Ch. req. — 23 juin 1879.
(Valentin Adam c. Louis.)

I, 584, 671, 693.

L'entrepreneur de travaux publics qui a occupé temporairement ou fouillé une propriété particulière, sans avoir observé les formalités du décret du 8 février 1868, peut être poursuivi par l'action en complainte avec dommages-intérêts et la connaissance de cette action appartient au juge de paix.

Du 18 juillet 1878, jugement du tribunal de Reims qui s'exprime en ces termes :

Attendu que Valentin Adam, se disant adjudicataire de travaux de route sur le terroir de Dizy, a obtenu, le 14 décembre 1876, du préfet de la Marne, un arrêté désignant les parcelles du cadastre qui seraient soumises à la servitude d'extraction et dans lesquelles figurait un terrain appartenant à Louis ; que, dès le mois de janvier suivant, malgré les refus et protestations du propriétaire, il a pris possession de la carrière et y a commencé les extractions ; — Attendu que Louis, soutenant que les formalités prescrites par la loi pour parvenir à l'occupation de son terrain n'avaient pas été remplies, a fait, à la date du 8 octobre 1877, citer Valentin Adam à comparaître devant le juge de paix du canton d'Ay pour trouble dans sa possession, et a obtenu le 20 novembre suivant, un jugement le maintenant en ladite possession et condamnant l'appelant au paiement d'une somme de 300 francs ; — Attendu que devant le premier juge, et sans contester sa compétence, Valentin Adam a soutenu qu'il avait rempli les formalités nécessaires, et a demandé purement et simplement son renvoi ; — Qu'il prétend aujourd'hui que, dans le doute sur le point de savoir si lesdites formalités ont été par lui effectivement accomplies, le juge eût dû se déclarer incompétent, le Conseil de préfecture pouvant seul, aux termes de la loi du 28 pluviôse an VIII, connaître de ces matières ; — Mais attendu que, pour mettre fin à de nombreux abus et rassurer la propriété, le décret du 8 février 1868 a subordonné la mise en vigueur des arrêtés préfectoraux autorisant l'occupation des carrières, à la notification desdits arrêtés aux propriétaires ou à leurs représentants ; qu'il incombait donc à l'entrepreneur de justifier son occupation en établissant qu'en fait l'arrêté du 14 décembre

1876 avait été régulièrement notifié à Louis; que cette justification n'a pas été rapportée; — Attendu que vainement l'appelant a produit une attestation du maire de la commune de Dizy, portant que la notification dont s'agit aurait été faite, à la date du 10 janvier 1877, au sieur Ciret, représentant de Louis, et en l'absence de ce dernier; — Que ladite attestation ne pouvait, en effet, aucunement tenir lieu de notification ni être retenue par le premier juge; qu'elle n'a été, en effet, rédigée et produite que le 6 novembre 1877. au cours des débats; qu'elle ne contenait aucun éclaircissement sur les points de savoir par qui et dans quelle forme la prétendue notification aurait été faite, si elle aurait été orale ou écrite, si elle aurait relaté le texte de l'arrêté préfectoral ou si elle n'aurait été que l'avis d'une prochaine et régulière exécution des formalités requises; qu'aucun de ces renseignements n'ont même pas été depuis fournis; qu'en outre, et par une singulière omission, la signature du maire n'a pas été apposée et a été remplacée par celle du secrétaire de la mairie, au bas d'un renvoi indiquant que la notification dont s'agit aurait été faite le 10 janvier 1877, renvoi qui paraît avoir été, de même qu'une indication identique placée à la fin de l'attestation, tracé postérieurement à l'écriture du reste de cette pièce; — Attendu que c'est à bon droit que Louis soutient qu'un document ainsi introduit au procès doit être réputé non avenu, et que le premier juge a décidé qu'il ne présentait aucun caractère sérieux administratif ou même litigieux de nature à le faire douter de sa compétence; qu'en l'absence de toutes justifications de l'exécution des formalités exigées avant la prise de possession des terrains de l'intimé, la cause se présentait devant le tribunal de paix dans les conditions ordinaires de toutes demandes en réintégrande et dommages-intérêts.

Pourvoi du sieur Valentin Adam.

ARRÊT

LA COUR : — Sur le moyen unique, tiré de la violation de l'art. 13, tit. II, de la loi des 16-24 août 1790, et du principe de la séparation des pouvoirs: Attendu qu'il est déclaré en fait, par le jugement attaqué, que Valentin Adam n'a fourni aucune justification de l'exécution des formalités exigées par le décret du 8 février 1868, préalablement à la prise de possession de terrains du défendeur éventuel; Attendu qu'on ne saurait opposer à cette déclaration des documents produits pour la première fois devant la Cour de Cassation, et qu'en se fondant sur ce défaut de justification pour retenir la connaissance de la demande en réintégrande et en dommages-intérêts dirigée contre le sieur Louis, le tribunal civil de Reims ne s'est engagé dans l'interprétation préjudicielle d'aucun acte administratif et n'a commis aucun excès de pouvoir ;
Rejette.

———————

CASSATION, Ch. civ. — 24 juin 1879.
(Lecerf c. Courtaud.)

I, 101, 102.

Il y a contestation de nature à entraîner l'incompétence du juge de paix saisi d'une action en bornage lorsque le défendeur revendique, en vertu de titres ou de la prescription, certaines parcelles déterminées. L'exception de propriété peut être soulevée pour la première fois en appel.

Du 30 novembre 1876, jugement contraire du tribunal de Bourganeuf, qui s'exprime ainsi :

Considérant que l'action intentée par Lecerf à Courtaud avait pour but nettement défini le bornage de leurs propriétés; que devant M. le juge de paix les parties n'ont produit aucun titre ni articulé aucun fait de possession; — Considérant que, lors du jugement du 19 juin 1875, Lecerf s'est borné à demander le maintien du bornage, et que, sur les conclusions de Courtaud, le tribunal a ordonné la visite des lieux par un de ses membres; — Considérant que, par ses conclusions actuelles, Lecerf se prétend propriétaire du terrain et des arbres que lui donnent les bornes plantées entre le pré Pradaud et le bois du Combe-de-Mal, et du terrain compris dans l'oblique de 8 mètres 30 centimètres, dont il est fait mention au procès-verbal de bornage pour les terres du Petit-Terme et de la Perrière; et que se fondant sur le droit de propriété réclamé par lui, il demande que le tribunal se déclare incompétent; — Considérant que ce n'est pas un espace déterminé de terrain qui a fait l'objet de la demande; que la limite des héritages n'a été fixée que par le procès-verbal dressé par M. le juge de paix; que cet espace était inconnu avant la plantation des bornes; que le débat ne portait pas sur une partie certaine et précise; — Considérant que Lecerf, pour établir son droit de propriété, ne produit aucun titre et n'articule aucun fait de possession d'où il entende faire découler sa cause acquisitive de propriété; qu'il se borne à dire qu'il a joui depuis plus de trente ans; — Considérant que, s'il fallait, pour établir la compétence du juge de paix, que toutes les parties fussent d'accord sur la ligne divisoire de leurs propriétés, ce magistrat ne serait compétent que lorsque son rôle serait illusoire, puisqu'il n'aurait qu'à planter des bornes à des points précis; qu'en matière de bornage, le juge de paix fait acte de juridiction et est compétent jusqu'à ce qu'il s'élève une contestation sur la propriété ou sur les titres; — Considérant que les conclusions de

Lecerf sont trop vagues pour être considérées comme une demande en revendication et rendre le tribunal d'appel incompétent ; qu'il y a lieu toutefois de lui réserver tous ses droits contre Courtaud ; — Se déclare compétent.

Pourvoi du sieur Lecerf.

ARRÊT

LA COUR : — Sur le moyen unique du pourvoi :

Vu l'art. 6 de la loi du 25 mai 1838 :

Attendu qu'il résulte de cette disposition qu'en cette matière la compétence du juge de paix en première instance, et du tribunal en appel, est subordonnée à l'absence de contestation sur la propriété ; que cette juridiction ne peut donc rester saisie de l'action en bornage, quand un litige met en question entre les parties la propriété de parcelles précises et déterminées des terrains à délimiter, revendiquées soit en vertu de titres, soit en vertu de la prescription ; qu'à quelque phase du procès que s'élève un tel litige, le juge de l'action en bornage doit déclarer son incompétence ;

Attendu, en fait, que le juge de paix de Benevent ayant rendu jugement sur l'action en bornage intentée par Lecerf, Courtaud, appelant de ce jugement, a demandé la rectification du bornage sur deux points : 1° en ce qu'un fossé du pré Pradaud et les arbres qui s'y trouvaient plantés avaient été attribués à Lecerf ; 2° en ce que, entre sa terre de la Perrière et de la Bruyère, et le Grand-Terme de Lecerf, un espace de 8 mètres 30 centimètres, compris dans la courbe d'une ligne oblique, aurait été aussi à tort attribué à Lecerf ;

Attendu qu'à ces conclusions Lecerf a opposé qu'il était propriétaire par une possession de plus de trente ans de ces deux parcelles de terrains ; que notamment il avait joui pendant ce temps des arbres dont les terrains réclamés étaient plantés ;

Attendu que ces prétentions contraires constituaient une véritable contestation de propriété et que Lecerf avait à bon droit conclu à ce que le tribunal se déclarât incompétent ;

D'où il suit qu'en rejetant ces conclusions, et en réservant seulement à Lecerf tous ses droits à la propriété revendiquée, au lieu de se déclarer incompétent sur l'action portée devant lui, le tribunal de Bourganeuf a violé la disposition de loi précitée ;

Casse.

CASSATION, Ch. civ. — 26 août 1879.
(De Mérignargues c. Salze et Ville de Nîmes.)

I, 649.

L'état d'enclave, constituant un titre légal de servitude, peut servir de base à l'action possessoire.

ARRÊT

LA COUR : — Vu l'art. 7 de la loi du 20 avril 1810 :

Attendu qu'il résulte du jugement attaqué et de la sentence dont de Mérignargues s'était approprié les motifs en demandant sa confirmation, que ce dernier concluait à son maintien dans la possession du passage litigieux, soit comme ayant la copropriété de ce passage, soit en vertu d'un droit de servitude concédé à ses auteurs, soit en se fondant sur l'état d'enclave de son habitation ;

Attendu que, tout en reconnaissant que le demandeur avait une servitude de passage dans le couloir qui traverse sa maison, Salze lui contestait le droit d'y introduire ses chevaux ; mais que le demandeur offrait de prouver qu'il avait toujours usé de ce droit, et notamment pendant l'année qui a précédé le trouble dont il se plaint ;

Attendu qu'en supposant que les actes produits par le demandeur fussent insuffisants pour caractériser sa possession, l'état d'enclave, dont il se prévalait, constituait un titre légal de servitude pouvant servir de base à son action possessoire ;

Attendu, néanmoins, que, sans s'expliquer sur l'existence et les effets de l'enclave alléguée par le demandeur, le jugement attaqué a rejeté son offre de preuve comme inefficace et sans utilité au point de vue possessoire ; qu'en statuant ainsi, il a violé l'article ci-dessus visé de la loi du 20 avril 1810 ;

Donnant défaut contre Salze et le maire de la ville de Nîmes non comparants ;

Casse.

CASSATION, Ch. req. — 29 déc. 1879.
(Roux c. Comm. d'Hyères.)

I, 176.

Celui dont l'héritage a été incorporé par arrêté préfectoral à un chemin vicinal, a le droit de faire consacrer sa possession, pourvu qu'il ne réclame pas la restitution effective du terrain. Cette constatation lui servira plus tard à obtenir une indemnité.

ARRÊT

LA COUR : — Attendu que, lorsque l'autorité administrative compétente a reconnu, sauf opposition, qu'un chemin était public et l'a ensuite classé comme tel dans le réseau vicinal, les actes administratifs doivent être respectés tant qu'ils ne sont pas rétractés et annulés ; qu'aux termes de l'art. 15 de la loi du 21 mai 1836, l'arrêté préfectoral attribuant définitivement au chemin le sol compris dans les limites qu'il détermine, les tribunaux ne peuvent admettre aucune demande possessoire en maintenue ou réintégrande, qui aurait pour objet direct de priver le public de la jouissance de ce chemin ; que, dans ce cas, le juge de l'action possessoire ne peut que constater les actes de possession justifiés et de nature à ouvrir des droits utiles en indemnité ou en annulation de l'arrêté, conformément aux art. 15 et 16 de la loi précitée, suivant que les intéressés ont été dépossédés de parcelles leur appartenant comme riverains de la voie publique ou d'un chemin privé qui aurait été leur propriété exclusive, au lieu d'avoir le caractère de voie publique que lui a attribué l'administration ;

Attendu que le jugement attaqué a légalement repoussé l'action de Roux tendant uniquement à le faire maintenir en possession du chemin dont il se prétendait possesseur, alors que ce jugement constatait que ce chemin avait été classé depuis longtemps comme vicinal après l'accomplissement des formalités légales et sans opposition de Roux ou de ses prédécesseurs ; qu'à l'époque de ce classement, ce chemin faisait partie, comme chemin rural reconnu, des chemins affectés à l'usage du public, et qu'enfin la propriété communale n'en avait jamais été contestée, au moment où sont intervenus les divers actes administratifs ;

Attendu que le tribunal d'appel aurait pu rejeter les conclusions subsidiaires en preuve prises devant lui pour justifier une demande irrecevable en maintenue en possession ; que, s'il a admis la preuve des faits cités au point de vue éventuel d'une indemnité, c'est qu'il était obligé de se maintenir dans les limites où le plaçait la situation juridique faite aux parties en cause par des arrêtés administratifs de reconnaissance comme public et de classement comme vicinal du chemin dont s'agit ; que cela ne saurait empêcher le demandeur, si les constatations qu'il demande au juge du possessoire de faire et qu'il a été autorisé à fournir, sont établies, d'en exciper ultérieurement au mieux de ses intérêts et suivant qu'il avisera ; que, dès lors, Roux n'est pas recevable à se plaindre à ce dernier point de vue de la décision attaquée ;

Rejette.

CASSATION, Ch. civ. — 23 févr. 1880.
(Dubois-Rouzier c. Rouzier-Berruer.)

I, 247, 521.

Le délai d'un an imparti par l'art. 23, C. pr., pour la recevabilité de l'action possessoire, n'est pas interrompu par une citation en justice de paix sur laquelle il n'a pas été suivi, ni par une action en bornage.

ARRÊT

LA COUR : — Sur le moyen unique du pourvoi :

Vu l'art. 23, C. pr. civ.:

Attendu qu'aux termes de cet article les actions possessoires ne sont recevables qu'autant qu'elles ont été formées dans l'année du trouble ;

Attendu que le jugement attaqué constate, en fait, que le trouble apporté par Dubois-Rouzier et consorts à la possession réclamée par Rouzier-Berruer remonte au mois de février 1876, et que l'action en complainte formée par ce dernier a été intentée par exploit du

19 juin 1877, c'est-à-dire après l'expiration de l'année du trouble ;

Qu'à la vérité, et pour admettre cette action, le tribunal se fonde sur ce que la prescription aurait été interrompue civilement par une assignation devant le juge de paix et par une action en bornage ;

Mais attendu, d'une part, qu'il résulte du jugement attaqué qu'il n'a point été suivi sur l'assignation formée par Rouzier-Berruer, le 29 mars 1876, et que le jugement dénoncé a statué sur une nouvelle action introduite par le même demandeur, le 19 juin 1877 ;

D'autre part, que l'action en bornage, eût-elle été formée dans l'année du trouble, n'était pas de nature à faire obstacle à la déchéance de l'action en complainte ;

D'où il suit qu'en décidant ainsi qu'il l'a fait, le jugement attaqué a violé l'art. 23 susvisé du Code de procédure civile ;

Casse.

———

CASSATION, Ch. civ. — 2 mars 1880.
(Jumeau c. Comm. de Champrond.)

I, 199, 264.

Le maire qui agit en justice au nom de la commune ne peut procéder soit en demandant, soit en défendant, sans le concours et l'autorisation du conseil municipal. Ce principe s'applique même aux actions possessoires ; la dispense contenue dans l'art. 55 de la loi du 18 juillet 1837 n'a rapport qu'à l'autorisation du Conseil de préfecture.

ARRÊT

LA COUR : — Sur le premier moyen du pourvoi :

Vu les art. 55 et 19, § 10, de la loi du 18 juillet 1837 :

Attendu que le maire, lorsqu'il agit en justice pour la commune, n'est que le mandataire de celle-ci ; qu'il ne peut donc procéder, soit en demandant, soit en défendant, sans le concours et l'autorisation du conseil municipal ; que la disposition du § 10 de l'art. 19 de la loi de 1837 est formelle à cet égard ;

Attendu que si, par dérogation aux règles générales sur la matière, l'art. 55 de la même loi permet au maire d'intenter toute action possessoire et d'y défendre sans autorisation préalable, cette exception ne s'applique qu'à l'autorisation du Conseil de préfecture, et non à celle du conseil municipal, qui est toujours nécessaire ;

Attendu que les conclusions de Jumeau en appel, visées dans le jugement attaqué, opposaient au maire de Champrond-en-Gatine, un défaut de qualité, tiré de ce que celui-ci ne justifiait pas de l'autorisation du conseil municipal de sa commune ;

Attendu néanmoins que le jugement attaqué a repoussé cette fin de non-recevoir, en se fondant uniquement sur ce qu'en matière d'actions possessoires, aux termes de l'art. 55 de la loi de 1837, le maire était dispensé de toute autorisation ;

En quoi faisant, ledit jugement a violé, par fausse application, l'art. 55 et méconnu les dispositions de l'art. 19, § 10, de la loi du 18 juillet 1837, ci-dessus visées ;

Sans qu'il y ait lieu de statuer sur le second moyen du pourvoi ;

Casse.

———

CASSATION, Ch. civ. — 16 mars 1880.
(de Polignac c. Saulnier.)

I, 99.

Le juge, saisi d'une action en bornage, demeure compétent lorsque le défendeur se contente de contester les titres du demandeur sans indiquer aucun motif à l'appui de sa contestation.

ARRÊT

LA COUR : — Vu l'art. 6 de la loi du 25 mai 1838 :

Attendu que, si aux termes de cet article, le juge de paix doit se déclarer incompétent pour statuer sur l'action en bornage lorsque la propriété ou les titres qui l'établissent sont contestés, cette disposition ne doit s'entendre que d'une contestation réelle et sérieuse qui change le caractère de l'instance ; que s'il en était autrement, la compétence du juge, en matière de bornage, serait à la discrétion du défendeur qui pourrait le contraindre à se dessaisir en déniant la propriété de son adversaire ou en contestant ses titres sans aucune apparence de fondement ;

Attendu que Saulnier, après avoir soutenu, devant le juge de paix, que la parcelle dont le bornage était demandé par le tuteur de la marquise de Polignac était un chemin communal, a déclaré simplement par ses conclusions d'appel qu'il déniait absolument à la dame de Polignac la propriété de cette parcelle, sans donner aucun motif à l'appui de cette dénégation ; qu'il ajoutait, à la vérité, que ses titres témoignaient de ses droits sur le terrain objet du litige ; mais qu'il ne spécifiait ni la nature de ces prétendus droits ni les titres qui devaient leur servir de base ;

Attendu néanmoins que le tribunal d'Etampes, sans constater la production d'aucun document à l'appui de ces allégations, a déclaré l'action en bornage non recevable quant à présent, sous le prétexte que la contestation soulevée par Saulnier excédait les limites de sa compétence comme juge d'appel ; qu'en statuant ainsi, il a faussement interprété et par suite violé l'article ci-dessus ;

Casse.

CASSATION, Ch. civ. — 23 mars 1880.
(Préfet du Nord c. Michaux.)

I, 50, 692.

La complainte formée par le riverain d'une rivière non navigable ni flottable, qui se plaint d'empiétements commis sur sa propriété par des travaux de curage exécutés en vertu d'un arrêté préfectoral, est recevable, lorsque le réclamant se borne à demander la consécration de sa possession sans conclure ni au délaissement des terrains, ni à la destruction des travaux, ni même à des dommages-intérêts.

ARRÊT

LA COUR : — Sur le premier moyen du pourvoi :

Attendu que, si l'autorité administrative est seule compétente pour prescrire le curage des rivières non navigables ni flottables, et s'il est interdit à l'autorité judiciaire de mettre obstacle aux arrêtés de curage, en ordonnant soit la suppression des travaux exécutés par l'administration, soit le délaissement des terrains par elle incorporés au lit de la rivière, il n'appartient qu'aux tribunaux civils de connaître des questions de propriété ou de possession annale soulevées par les riverains, qui prétendent que le curage leur a enlevé une partie de leur propriété privée ;

Attendu que l'instance actuelle avait pour but une action possessoire formée par la dame Michaux contre le préfet du Nord, à l'occasion du curage du ruisseau de l'*Abîme;* que la demanderesse soutenait qu'en exécutant ce travail en vertu d'un arrêté préfectoral du 12 décembre 1873, les agents de l'administration avaient creusé, à travers un pré lui appartenant, un nouveau lit au ruisseau dont il s'agit, et qu'elle demandait uniquement à être maintenue dans la possession annale de ce pré ; qu'elle n'a ainsi saisi les juges du fond que d'une simple question possessoire qui rentrait dans leur compétence ; qu'elle n'a conclu devant eux ni au délaissement du terrain litigieux, ni à la suppression des travaux exécutés sur son pré par l'administration ; qu'elle a pris soin, au contraire, de formuler des réserves expresses de se pourvoir ultérieurement devant la juridiction compétente pour obtenir, soit le rétablissement des lieux dans leur état primitif, soit tels dommages-intérêts que de droit ; qu'en donnant formellement acte de ces réserves, et en maintenant la dame Michaux dans la possession annale de son pré, avec inhibition de l'y troubler à l'avenir, la décision attaquée n'a point ordonné la suppression du nouvel œuvre ;

Qu'une telle décision a pour unique effet de reconnaître le droit de possession de la veuve Michaux en vue de son action ultérieure devant d'autres juges en rétablissement des lieux dans leur état primitif ou en dommages-intérêts ; que, pour la solution du litige, les juges du fond ont dû, comme ils en avaient le droit, rechercher et déterminer le véritable emplacement du lit naturel de l'*Abîme,* ce qui rendait superflue toute interprétation de l'arrêté préfectoral dont le texte, d'ailleurs clair et précis, ne comportait aucun doute ;

D'où il suit qu'en statuant comme il l'a fait, le tribunal d'Avesnes n'a ni commis un excès de pouvoir, ni transgressé les règles de sa compétence, ni violé aucun des articles de loi visés par le pourvoi;

Sur le deuxième et dernier moyen :

Attendu que, tout en donnant au cours d'eau de l'*Abîme*, qui n'est ni navigable ni flottable, la fausse qualification de domanial, le jugement attaqué s'est fondé, entre autres motifs, pour retenir le préfet du Nord en cause, sur ce que la contestation avait pris naissance à l'occasion des travaux de curage par lui ordonnés suivant son arrêté du 12 décembre 1873; que, par ses conclusions d'appel, le préfet a reconnu que, dans l'opération de curage, les agents des ponts et chaussées ont agi d'après ses ordres, et qu'ils n'ont fait que se conformer à ses instructions; que, dans ces circonstances, il était défendeur nécessaire à l'action formée par la dame Michaux à raison du trouble à elle causé, par les travaux dont il s'agit, dans la paisible jouissance de son pré;

D'où il suit qu'en décidant que cette action avait bien procédé contre le demandeur èsdits noms, et en maintenant celui-ci en cause, les juges d'appel, loin d'avoir violé aucune loi, ont sainement appliqué les principes qui régissent l'exercice des actions judiciaires;

Rejette.

CASSATION, Ch. civ. — 7 avril 1880.
(Daguerre c. Poucant.)

I, 122, 246, 500, 561.

Pour réussir dans son action en complainte, le propriétaire d'une usine doit démontrer sa possession annale des francs-bords du canal qui l'alimente; il ne saurait se contenter d'invoquer une présomption de possession fondée sur ce qu'il est propriétaire du canal. Si le principe des deux degrés de juridiction est d'ordre public, il peut cependant être abandonné par les parties qui demandent au juge de statuer définitivement sur leur contestation, bien que la cause ne soit pas en état.

Du 19 mars 1879, jugement du tribunal de Barbezieux, qui statue dans les termes suivants :

Sur la compétence : — Attendu que le premier juge était saisi d'une action en complainte possessoire; qu'il était compétent pour en connaître et ne pouvait se déclarer d'office incompétent parce que les parties avaient respectivement invoqué la propriété des francs-bords du canal; qu'il devait statuer sur la possession, en réservant la question de propriété; qu'il y a donc lieu de réformer sur ce point et d'évoquer le fond; — Attendu, sur la question possessoire, que les parties contestent réciproquement la possession et qu'elles articulent des faits tendant à la prouver; — Attendu que chacun des faits dont la preuve est offerte par Daguerre ne serait point, s'il était pris isolément, de nature à démontrer la possession invoquée; mais que cette preuve peut résulter de leur ensemble et de la façon dont ils seront établis par l'enquête; — En ce qui concerne la présomption légale invoquée par Daguerre : — Attendu qu'elle a trait au droit de propriété et non à la possession; — Attendu que les faits articulés par les frères Poucant sont pertinents et admissibles, mais qu'ils rentrent dans la preuve contraire; — Par ces motifs, dit qu'il a été mal jugé par M. le juge de paix du canton d'Aubeterre, par sa décision du 26 avril 1878, aux termes de laquelle il s'est déclaré d'office incompétent; — Emendant, se déclare compétent; et, attendu que la cause est en état, évoque le fond; — Et, avant de statuer sur le fond, réservant, au contraire, aux parties tous leurs droits, moyens et exceptions, admet Daguerre, appelant, à prouver, etc.

Pourvoi du sieur Daguerre.

ARRÊT

LA COUR : — Sur le premier moyen :

Attendu que le principe d'ordre public des deux degrés de juridiction, base fondamentale de l'organisation judiciaire en matière civile, est établi dans l'intérêt général, mais peut être abandonné par les parties en cause qui demandent au juge de statuer définitivement sur leur contestation;

Attendu que, des qualités du jugement attaqué, il résulte que Daguerre, d'un côté, et les frères Poucant de l'autre, en interjetant appel d'une décision du juge de paix qui s'était déclaré incompétent en matière de complainte, avaient pris des conclusions par lesquelles ils demandaient au juge d'appel, en infirmant le jugement, d'évoquer le fond, de les déclarer l'un et l'autre en possession du terrain litigieux, et, subsidiairement, offraient de prouver par témoins leur possession respective;

Attendu que ces conclusions qui, reconnaissant que la cause n'était pas en état, réclamaient une mesure d'instruction incompatible avec l'exécution régulière de l'art. 473, C. pr., contenaient une renonciation formelle au bénéfice des deux degrés de juridiction et attribuaient au juge d'appel le pouvoir de statuer définitivement sur la contestation ;

Que, dès lors, ce moyen n'est pas fondé ;

Rejette ce moyen ;

Sur le deuxième moyen :

Attendu que le demandeur en complainte possessoire est dans l'obligation d'établir le fait de la possession, qui est la condition nécessaire de son action, fait qui, à raison de sa nature même, ne saurait être suppléé par une simple présomption ;

Qu'aucune disposition légale n'établit d'ailleurs cette présomption ; qu'il suit de là que le jugement attaqué, en écartant la présomption de possession des francs-bords d'un canal invoquée par Daguerre, propriétaire du moulin alimenté par ce canal et demandeur en complainte, n'a violé ni l'art. 546, C. civ., ni aucune autre loi ;

Rejette également ce moyen ;

Mais sur le troisième moyen :

Vu l'art. 407, C. pr. civ. :

Attendu que les appels de sentences rendues par les juges de paix sont matières sommaires et doivent être instruits comme tels ;

Attendu qu'aux termes de l'art. 407, C. pr. civ., lorsqu'il y a lieu à enquête en matière sommaire, le jugement qui l'ordonne doit contenir les faits et doit fixer le jour où les témoins seront entendus à l'audience ;

Attendu que cette disposition, qui a pour objet d'assurer la prompte expédition des affaires et de réduire les frais, tient à l'ordre des juridictions et qu'elle doit être exécutée à peine de nullité ;

Et attendu que le tribunal de Barbezieux qui, saisi du fond comme juge d'appel d'une sentence du juge de paix d'Aubeterre, en matière de complainte possessoire, par la dévolution des parties, devait se conformer pour les formes aux règles de la matière, a néanmoins ordonné une enquête devant un juge commis à l'effet d'entendre les témoins sur les lieux litigieux ;

En quoi il a violé formellement l'art. 407 ci-dessus visé ;

Casse de ce chef seulement.

———

CASSATION, Ch. civ. — 7 avril 1880.
(de Nolly c. Ursulines de Viriville.)

I, 240.

Il y a cumul du possessoire et du pétitoire dans le jugement qui accueille la complainte en se fondant uniquement sur ce que les titres constituent le demandeur légitime propriétaire du terrain litigieux.

Du 1er février 1878, jugement du tribunal de Saint-Marcellin qui s'exprime ainsi :

Attendu que, devant le premier juge, aucune des parties n'a pu, à l'appui tant de la demande principale que de celle reconventionnelle, invoquer aucun acte matériel, précis et non équivoque, susceptible d'avoir pu faire acquérir la possession du sol du passage litigieux ; — Que, dans ces circonstances, il était du devoir du juge de paix de consulter les titres respectifs de propriété, sans entrer toutefois dans l'examen de leur validité, pour, à défaut d'enclave, caractériser la possession ; — Attendu qu'il résulte de l'acte du 10 décembre 1852, enregistré à Roybon le 7 février suivant, que le sol du passage dont s'agit a été, après autorisation administrative, vendu expressément par la commune de Viriville au couvent du même lieu, aujourd'hui représenté par la demoiselle Ginet ; — Attendu, au contraire, que du titre d'acquisition de de Nolly, en date du 1er mars 1877, enregistré à Roybon le 9 avril suivant, il résulte que la propriété par lui achetée se trouve confinée au nord et au couchant par le passage qui le sépare du clos des religieuses ; qu'ainsi les termes mêmes de cet acte sont exclusifs de la possession du sol du chemin litigieux ; qu'au surplus, les actes anciens versés au procès et intéressant quelques-uns des auteurs de de Nolly, tels que ceux du 1er juin 1846 et du 21 septembre 1864, ne sont ni plus précis ni plus concluants en sa faveur, puisqu'ils se bornent à énoncer qu'un chemin existe entre les deux propriétés ; — Par ces motifs, confirme.

Pourvoi du sieur de Nolly.

ARRÊT

LA COUR : — Sur le moyen unique du pourvoi :

Vu les art. 23 et 25, C. pr. civ. :

Attendu qu'il est déclaré par le jugement attaqué qu'aucune des parties n'a pu, à l'appui tant de la demande principale que de la demande reconventionnelle, invoquer aucun acte matériel précis et non équivoque, susceptible d'avoir pu faire acquérir la possession du sol du passage litigieux ; que, pour maintenir, et réintégrer la demanderesse principale dans la possession et jouissance annales dudit passage, le jugement s'est fondé uniquement sur ce que les titres la constituaient légitime propriétaire du sol du chemin dont il s'agit ;

Attendu qu'en consacrant ainsi le droit de la dame Ginet ès-nom à la possession du terrain litigieux sans constater le fait même de cette possession et par des motifs exclusivement tirés du fond du droit, le jugement attaqué a cumulé le possessoire et le pétitoire, et formellement violé les articles du Code de procédure civile ci-dessus visés ;

Casse.

CASSATION, Ch. civ. — 15 juin 1880.
(Minot c. Grapotte.)

I, 101, 102.

Le juge de paix saisi d'une action en bornage, cesse d'être compétent lorsque le défendeur, ne serait-ce qu'en appel, a pris des conclusions dans lesquelles il demande acte : 1° de ce que, contrairement aux prétentions du demandeur, il entend être reconnu propriétaire soit par titres, soit par prescription de la totalité d'une parcelle déterminée ; 2° de ce qu'il conteste les titres produits en soutenant qu'ils ont été amplifiés d'accord entre l'acquéreur et le vendeur, afin d'attribuer à la parcelle vendue une contenance supérieure à la contenance réelle.

Du 6 décembre 1878, jugement du tribunal de Chaumont qui contient les motifs suivants :

Considérant qu'en disant, devant M. le juge de paix, que les contenances énoncées dans les titres d'acquisition sont souvent erronées, et que le bornage, dès lors, devrait être fait, non d'après les titres, mais en prenant pour base la moyenne résultant de la possession actuelle et des plans du cadastre, le sieur Minot ne contestait pas les titres qui pouvaient être produits ; il indiquait seulement un mode d'opération différent de celui qui était proposé, et c'est seulement ce mode d'opération que le juge de paix a rejeté implicitement, en décidant que le bornage devait être effectué, d'abord d'après les titres,

puisque ces titres eux-mêmes n'étaient pas contestés, et, en second lieu, à défaut de titres résultant d'actes translatifs de propriété, d'après la possession et les indications cadastrales ; — Considérant, dès lors, qu'il n'y avait pas lieu pour le juge de paix, dans cette situation, de se déclarer incompétent, mais de procéder conformément à ce qui vient d'être dit ; et en agissant comme il a fait, le premier juge n'a pas dépassé les limites de ses attributions, et le moyen d'incompétence proposé doit être écarté ; — Considérant que, d'après ce qui précède, l'appel interjeté étant recevable vis-à-vis de toutes les parties au procès, étant recevable à l'égard de toutes les décisions rendues, et notamment à l'égard du jugement du 4 avril 1878, qui a terminé la contestation et qui a statué d'une manière définitive, il y a seulement lieu de rechercher si, au fond, la décision du juge de paix doit être maintenue, modifiée ou annulée ;... — Par ces motifs, sans avoir égard ni s'arrêter aux moyens et exceptions proposés par l'appelant, et l'en démettant, déclare l'appel relevé par le sieur Minot mal fondé ; — Confirme.

Pourvoi du sieur Minot.

ARRÊT

LA COUR : — Sur le moyen unique du pourvoi :

Vu l'art. 6, § 2, de la loi du 25 mai 1838 :

Attendu que le juge de paix n'est compétent pour connaître de l'action en bornage que lorsque la propriété ou les titres qui l'établissent ne sont pas contestés ;

Attendu qu'il résulte des conclusions du demandeur, insérées au jugement attaqué, qu'après avoir, en première instance, devant le juge de paix de Châteauvillain, protesté contre les exagérations de contenance portées aux titres de ses adversaires, devant le tribunal de Chaumont, saisi, par suite de son appel, Minot, précisant ses prétentions, a demandé acte : 1° de ce que, contrairement aux prétentions de la partie adverse, il entend être reconnu propriétaire, aussi bien en vertu des titres, que de la prescription résultant d'une possession trentenaire, de la totalité d'une parcelle déterminée de terrain comprise dans le bornage ; 2° de ce qu'en tant que de besoin, il déclare contester les titres produits par ses adversaires, par le motif que ces titres ont été amplifiés d'accord entre l'acquéreur et le vendeur, afin d'attribuer à la parcelle vendue une contenance supérieure à la contenance réelle des

héritages vendus; et que, par ces motifs, il a conclu à l'incompétence du
juge de paix;

Attendu que, malgré cette double
contestation, tant sur les titres que sur
la propriété, le jugement attaqué a
déclaré le juge de paix compétent, et,
retenant l'affaire, a lui-même statué au
fond; qu'il a ainsi violé l'art. 6, § 2,
précité;

Casse.

CASSATION, Ch. req. — 20 juillet 1880.
(Comm. de Longué c. Gaudin.)

I, 582, 585, 589.

*L'exercice de la réintégrande n'est pas
subordonné à la preuve d'une possession
réunissant les conditions prescrites par
les art. 2229, C. civ., et 23, C. pr. Il
suffit que le demandeur prouve sa possession actuelle et sa dépossession
par violence ou voie de fait.*

*Il appartient au juge d'apprécier souve-
rainement les faits constitutifs de la
détention. Ainsi, le pacage des bestiaux
et la plantation d'arbres sur un terrain
qui n'est pas susceptible d'un autre
mode de jouissance, ont pu être considérés comme établissant la détention
matérielle de l'objet litigieux et justifiant la réintégrande, s'il y a eu dépossession violente.*

Du 3 février 1880, jugement du tribunal de Baugé ainsi conçu:

Attendu, en droit, que l'action en réintégrande n'implique ni ne suppose, soit un
droit de propriété, soit la possession utile de
la part de celui qui l'exerce; qu'il suffit d'une
détention matérielle ou d'une possession actuelle et d'une dépossession par violence ou
voie de fait; que, dès lors, le juge saisi d'une
action en réintégrande n'a ni à examiner les
titres invoqués à l'appui d'un droit de propriété, ni à rechercher si la possession du demandeur réunit les conditions exigées par
l'art. 2229, C. civ., et l'art. 23, C. pr. civ.; —
Que la simple constatation des deux points de
fait, la possession actuelle, fût-elle momentanée, et la dépossession violente, impose la
solution du procès; — Attendu que la législation moderne n'ayant défini ni la réintégrande ni la voie de fait ou la violence qu'elle
doit réparer, le magistrat doit s'inspirer de la
législation ancienne; — Qu'ainsi a fait la Cour
de Cassation dans un grand nombre d'arrêts,
et, notamment, dans celui du 28 décembre
1826, où elle a emprunté au droit romain cette
définition: *Vis est quoties quis id quod deberi
sibi putat non per judicem reposuit;* il y a vio-

lence toutes les fois que quelqu'un, sans avoir
recours au juge, a pris ce qu'il croit être à
lui; — Qu'il n'est donc pas nécessaire, pour
caractériser la violence, qu'il y ait eu rixe;
qu'il suffit, pour l'établir dans l'action civile
en réintégrande, que l'acte par lequel une
partie usurpe de sa propre autorité sur
l'autre l'objet contesté, renferme une voie de
fait, grave, positive, telle qu'on ne pouvait la
commettre sans blesser la sécurité et la protection que chaque individu en société a droit
d'attendre de la force des lois; — Attendu en
fait, que les époux Gaudin possèdent une
turcie sur une des rives du Lathon; que, sur
ce terrain étroit, toute culture est impossible
et que les faits de possession consistent à
faire pacager l'herbe et à planter des arbres;
— Attendu qu'au cours de l'année 1879, à l'extrémité de cette turcie joignant le pont du
Gué-Ruisseau, la commune de Longué a fait
pratiquer une excavation longue de 1 mètre
80 centimètres, large de 1 mètre 30 centimètres, profonde de 45 centimètres, et y a établi
un lavoir public; — Attendu qu'il résulte de
l'enquête et de la contre-enquête faites par
M. le juge de paix de Longué que le fermier
des époux Gaudin a fait pacager ses bestiaux
dans cet endroit comme sur toute l'étendue
de la turcie dont la possession n'est pas contestée par la commune de Longué aux
époux Gaudin; — Qu'il est également établi
et reconnu par la commune que sur le même
terrain les époux Gaudin ont planté des peupliers au mois de mars 1879 et qu'ils en possèdent de plus anciens, lesquels font le prolongement de deux rangs d'arbres existant
sur toute la turcie; — Attendu que, sans se
prononcer sur le fond, le juge ne peut se dispenser de reconnaître que ces faits constituent une jouissance et, par conséquent, une
possession actuelle; — Qu'il ne suffit pas que
la commune prétende avoir laissé par tolérance planter sur le terrain contesté; qu'une
semblable objection ne pouvant être appréciée
que par le juge saisi d'une action en complainte, n'est pas opposable au demandeur en
réintégrande qui n'a même pas besoin de
posséder *animo domini;* que si la commune ne
reconnaît pas aux époux Gaudin le droit de
planter sur le terrain contesté, elle devait s'a-
dresser au juge; qu'elle a préféré se faire justice à elle-même en pratiquant une excavation
et en établissant un lavoir; — Que cette entreprise est incontestablement une voie de
fait, et qu'étant incompatible avec une possession quelconque de ce même terrain par
les demandeurs, elle constitue nécessairement
une dépossession violente; — Par ces motifs,
infirme; — Dit que les excavation et établissement d'un lavoir public sur la portion de
turcie voisine du Pont-Ruisseau, constituent
une dépossession par violence et voie de fait
accompli par la commune de Longué; —
Ordonne que ladite commune abandonnera
immédiatement aux époux Gaudin la possession.

Pourvoi de la commune de Longué.

ARRÊT

LA COUR: — Sur le moyen unique

pris de la violation de l'art. 6, n° 1, de la loi du 25 mai 1838, de l'art. 23, C. pr. civ., et de l'art. 7 de la loi du 20 avril 1810 :

Attendu que, pour l'action en réintégrande, il suffit que le demandeur prouve sa possession actuelle et sa dépossession par violence ou voie de fait;

Attendu que le jugement attaqué constate en fait, d'une part, que les époux Gaudin possédaient la turcie ou l'espèce de levée qui borde le Lathon et en retiraient toute l'utilité possible en y faisant paître leurs bestiaux et en y plantant des arbres; d'autre part, que lesdits époux Gaudin ont été dépossédés par violence ou voie de fait d'une parcelle de cette turcie par suite d'une entreprise de la commune de Longué qui y a pratiqué une excavation et y a construit un lavoir public, travaux reconnus incompatibles avec une possession quelconque du terrain dont il s'agit;

Attendu, d'ailleurs, que le jugement répond aux conclusions de la commune de Longué, qui opposait à l'action une fin de non-recevoir prise de ce que la possession n'aurait été ni publique ni paisible;

Qu'en effet, après avoir déclaré, en droit, que la possession, en matière de réintégrande, n'a pas besoin de réunir les conditions exigées par les art. 2229, C. civ., et 23, C. pr. civ., il l'établit clairement que la possession, dans l'espèce, a même été publique et paisible, en constatant des faits de dépaissance et des plantations d'arbres qui ont eu lieu au vu et au su de tout le monde et sans contradiction de la commune;

Attendu qu'il suit de ce qui précède que les articles susvisés n'ont pas été violés;

Rejette.

CASSATION, Ch. civ. — 3 août 1880.
(Faideau c. Fossat et Rubey.)

I, 621.

Il appartient souverainement au juge du fond de reconnaître, par l'appréciation des conventions des parties, l'existence d'une servitude dérivant nécessairement de l'exécution de ces conventions.

ARRÊT

LA COUR : — Sur le moyen unique

du pourvoi, tiré de ce que le jugement attaqué a reconnu l'existence d'une servitude qui ne dérivait ni d'un titre ni de la loi :

Attendu qu'il a été constaté par ledit jugement et par la sentence du juge de paix, dont les motifs ont été adoptés, que Faideau, Rocher, Fournier et Charrière sont devenus membres de l'association syndicale des eaux de Mouzaïa-Ville par une adhésion nette, précise et sans réserve à ses statuts; que l'état de répartition des eaux annexé à l'acte d'association qui s'y réfère et l'adopte est devenu obligatoire pour tous ses membres, et qu'il implique forcément le passage des eaux par les propriétés bâties des susnommés;

Qu'en décidant, dans ces circonstances, que l'établissement de la servitude, objet du litige, ne dérive pas des lois invoquées, mais a sa base dans le consentement donné par les intéressés à l'exécution des statuts, sans réserve, le jugement attaqué n'a fait qu'une appréciation souveraine des conventions des parties et n'a violé aucun des articles visés par le pourvoi ;

Rejette.

CASSATION, Ch. civ. — 18 août 1880.
(de Puységur c. Comm. de Marcoussis.)

I, 249, 683, 685, 686.

Lorsque des procès-verbaux successifs ont été dressés par l'ordre du maire d'une commune contre un riverain pour des empiètements sur un chemin rural, le trouble résulte du premier procès-verbal et la complainte doit être formée dans l'année à peine de déchéance.

Du 29 mars 1878, jugement du tribunal de Rambouillet conçu dans les termes suivants :

Attendu que le 7 mai 1875, la commune de Marcoussis, se prétendant propriétaire d'un terrain à l'état de chemin et cultivé par de Puységur, faisait dresser contre ses fermiers un procès-verbal à la suite duquel une condamnation à un franc d'amende était prononcée contre chacun d'eux pour dégradation d'un chemin communal; — Que lesdits fermiers ayant dès cet instant renoncé à mettre en culture cette partie de terrain, de Puységur le fit cultiver par un sieur Allaire contre qui un nouveau procès-verbal fut dressé le 6 juillet 1876; — Que dans ces circonstances, de Puységur se considérant comme troublé dans sa possession, non par le premier procès-verbal, mais seulement par le second, actionne à la date du 29 septembre 1876, la commune en complainte possessoire; — Que déclaré non recevable en sa demande par jugement du tribunal de paix de Limours du 26 octobre 1876, il en fait appel; — Le reçoit appelant et statuant : — Attendu, en fait, que si un fossé a été pratiqué par la dame de Balay au bout du terrain litigieux pour intercepter tout passage, cet acte ne saurait offrir aucun intérêt aux débats puisqu'il n'est pas personnel à de Puységur, et qu'il ne s'agit pas de rechercher s'il existait ou non un chemin sur ledit terrain ; — Que, d'autre part, aucun trouble de fait n'étant invoqué, puisqu'il est question non d'une action en réintégrande, mais en complainte, le seul point en litige est celui de savoir si la citation d'un ayant-cause devant un tribunal de répression constitue le trouble de droit ; — Attendu sur ce point que la possession ne réside pas aux mains des locataires à qui on loue la jouissance et non la possession ; — Que le propriétaire seul possède par soi ou les siens (C. pr. civ., 23) et seul peut bénéficier de la présomption de propriété déterminée par une longue possession ; — Que la possession est, en effet, l'exercice d'un droit à titre de propriétaire ; — Qu'elle ne peut donc jamais être séparée du droit de propriété qu'elle fait toujours présumer et dont elle est la seule manifestation utile en fait ; — Que les tiers ne sauraient l'atteindre qu'en la personne juridique qui les résume tous deux, et que de même qu'on ne pourrait discuter une question de propriété contre un locataire qui n'est pas investi du droit de propriété et qui n'a pas qualité pour répondre à l'action, de même on ne pourrrait obtenir contre lui une décision au possessoire, puisqu'elle n'aurait pas vis-à-vis du propriétaire, l'autorité de la chose jugée ; — Qu'en effet, aux termes de l'art. 1727, C. civ., tout prétendant droit à la chose louée doit actionner directement le bailleur sous peine de voir mettre hors d'instance le locataire appelé en cause ; — Qu'ainsi l'art. 1768 se borne donc à régler les rapports du propriétaire et du fermier entre eux et sans donner à celui ci aucun mandat qui lui permette de représenter en justice celui aux mains de qui seul on peut chercher et attaquer le droit de propriété ou de possession et qui l'autorise à violer la règle : « Nul ne plaide par procureur » ; — Mais, attendu que tout préjudice, quel qu'il soit, fait naître une action au profit de celui qui l'éprouve ; — Que, si la commune de Marcoussis se refuse à actionner directement de Puységur, il n'est pas, moins vrai que les condamnations prononcées contre les personnes qui agissent au nom de ce dernier et labourent le terrain que la commune classe parmi ses chemins ruraux rejaillissent, par leurs conséquences, contre de Puységur; qu'il ne peut plus, en effet, trouver personne qui consente à cultiver ce terrain, et à braver ainsi les procès-verbaux dressés au nom de la commune; — Que ne pouvant plus, dès lors, posséder utilement, il

est troublé en droit, et que son action en complainte possessoire est recevable; — Mais, attendu que la commune ayant préféré ne pas actionner de Puységur en réintégrande, elle ne peut se prévaloir, à son égard, d'aucun acte faisant courir le délai d'un an, dans lequel l'action doit être exercée ; — Que, les jugements rendus contre Allaire et contre les fermiers de Puységur, n'ayant pu porter atteinte à un droit que celui-ci n'a pu défendre lui-même, puisqu'il n'était pas en cause, sont sans influence à son égard ; que le trouble de droit ne naît ici que du préjudice causé et non d'une action ; — Que la commune n'ayant pas cru devoir, par son action, déterminer l'instant du trouble, de Puységur reste ainsi toujours maître d'agir comme bon lui semble, puisque lui seul peut apprécier le moment où se produit pour lui le préjudice; — Que le premier juge a donc eu tort de le déclarer non recevable à ce second point de vue ; — Mais, attendu qu'il est démontré par les révélations de l'enquête que de Puységur possède depuis 1870 et cultive le champ réputé chemin depuis cette époque à titre de commune; — Que le fonds est, dès lors, en état, et qu'il y a lieu de l'évoquer, le premier juge n'ayant statué au fond ; — Par ces motifs, dit qu'il a été mal jugé, bien appelé ; — Déclare de Puységur recevable en complainte possessoire et bien fondé, le maintient en conséquence en possession.

Pourvoi de la commune de Marcoussis.

ARRÊT

LA COUR : — Sur le moyen unique du pourvoi :

Vu l'art. 23, C. pr. civ. :

Attendu que les procès-verbaux de contravention dressés aux dates des 7 mai 1875 et 27 mai 1876, par le garde champêtre, à la requête de la commune de Marcoussis, contre les fermiers et agent de Chastenet de Puységur, à raison de travaux de culture sur un terrain que la commune prétendait être un tronçon de chemin, constituaient un trouble de droit à la possession dudit bailleur et qu'ils ont d'ailleurs été suivis d'un trouble effectif, puisque le jugement lui-même constate notamment que, par suite du procès-verbal du 7 mai 1875 et de la condamnation qui l'a suivi le 14 octobre 1875, les fermiers ont renoncé à mettre en culture la partie du terrain litigieux ;

Attendu que ces faits, loin d'être étrangers à Chastenet de Puységur, lui étaient directement opposables et l'autorisaient à former une action en complainte dans l'année du trouble ;

Attendu que l'action en complainte

ayant été intentée par Chastenet de Puységur le 22 septembre 1876, le tribunal
pour en apprécier la recevabilité, a pris
comme point de départ du délai d'un
an le trouble le plus récent, consommé à la date du 27 mai 1876, au
lieu de le reporter au fait antérieur
du 7 mai 1875, et qu'il fonde cette décision sur ce que les faits de trouble
ayant été successifs, Chastenet de Puységur a pu ne considérer que le dernier
comme lui portant un préjudice en le
troublant dans sa jouissance ;

Attendu qu'à partir du trouble initial,
7 mai 1875, sa possession ayant cessé
d'être paisible, l'action en complainte
était, dès lors, ouverte contre la commune, et que le point de départ du délai de l'action étant, par là même fixé,
Chastenet de Puységur n'a pu le modifier à son gré ;

Attendu que Chastenet de Puységur
prétend vainement que, dans l'intervalle des deux procès-verbaux, une année se serait écoulée, pendant laquelle
il aurait joui paisiblement du terrain
litigieux, et que cette nouvelle possession annale aurait eu pour effet de déterminer le point de départ du délai
dans lequel l'action en complainte a été
exercée à raison du trouble survenu en
1876 ;

Que cette prétention, qui n'a été ni
présentée devant les juges du fond, ni
appréciée par eux, et qui, d'ailleurs, se
complique de fait et de droit, ne peut
se produire pour la première fois devant
la Cour de Cassation ;

Attendu que de ce qui précède résulte que le jugement attaqué a admis
comme recevable une action en complainte tardivement formée ;

D'où il suit qu'il a ainsi violé la disposition de la loi susvisée ;

Casse.

CASSATION, Ch. civ. — 25 août 1880.
(Jeanpierre c. Cugnet.)

I, 101, 107.

*Le juge de paix, saisi d'une action en
bornage, n'a pas qualité pour apprécier
ou discuter les caractères ou la valeur
de la possession invoquée par le défendeur.*

ARRÊT

LA COUR : — Vu l'art. 6, § 2, de la
loi du 25 mai 1838 :

Attendu que des termes de cet article
il ressort que le juge de paix cesse d'être
compétent pour statuer sur une demande en bornage lorsqu'un débat s'é-
lève entre les parties sur la propriété
d'une portion déterminée des terrains
dont on réclame la délimitation ; que,
pour entraîner cette conséquence, il
faut, sans doute, que la contestation sur
la propriété ne repose pas uniquement
sur une allégation tellement vague
qu'elle n'offre aucun caractère sérieux ;
mais qu'il n'appartient pas au juge de
paix d'apprécier si une possession dont
se prévaut une partie réunit les conditions exigées par la loi pour fonder une
prescription ;

Attendu que des qualités du jugement attaqué et des deux sentences du
juge de paix confirmées par ledit jugement, il résulte que, tant en première
instance qu'en appel, le demandeur a
formellement articulé qu'il était en possession de la partie de terrain sur laquelle il avait ouvert une carrière depuis plus de trente ans, et qu'il a en
conséquence conclu au renvoi de la
cause devant les juges compétents ;

Attendu que, pour repousser ces conclusions, le jugement attaqué se fonde
sur ce que le moyen proposé était dé-
pourvu d'articulation de faits précis
pouvant caractériser ou la possession
actuelle ou la prescription, et servir de
base à l'une ou à l'autre, et sur ce qu'un
jugement rendu le 30 avril 1878 entre les
mêmes parties, sur l'action en complainte
intentée par Cugnet contre Jeanpierre
au sujet du même fonds, a déclaré que
la possession du terrain litigieux était
indécise aussi bien pour l'un que pour
l'autre ; que là où il n'y a pas de possession, il ne peut pas y avoir de prescription ;

Qu'en statuant ainsi sur le fond
même de la prescription, le tribunal, saisi d'une action en bornage,
a en réalité décidé une question de propriété ;

En quoi il a violé l'article ci-dessus
visé de la loi du 25 mai 1838 ;

Casse.

CASSATION, Ch. civ. — 8 nov. 1880.
(Vassel c. Comm. de Bazincourt.)

I, 35, 37, 398, 400, 529.

Les arbres et les haies plantés sur le sol des rues et places publiques sont susceptibles d'une appropriation particulière et distincte de la propriété du terrain auquel ils sont attachés. Ils peuvent donc être l'objet d'une possession annale indépendante de la possession du fonds.

Le vice de précarité ne peut être opposé au successeur à titre particulier qu'autant que celui-ci en a eu connaissance au moment de son acquisition.

ARRÊT

LA COUR : — Sur le second moyen du pourvoi :

Vu les art. 23, C. pr. civ., et 2226, C. civ. :

Attendu que si les rues et places publiques sont imprescriptibles, les arbres et haies plantés sur leur sol n'en sont pas moins susceptibles d'une appropriation particulière et distincte de la propriété du terrain auquel ils sont attachés ;

Qu'ils peuvent donc être l'objet d'une possession annale et donner lieu à une action en complainte indépendante de la possession du fonds sur lequel ils existent ;

Attendu que cette distinction a été méconnue par le jugement attaqué ;

Que pour repousser la demande des époux Vassel, tendant à être maintenus dans la possession annale d'une haie existant sur une petite place de la commune de Bazincourt, il s'est fondé sur la domanialité du terrain où elle avait été plantée ;

Qu'en dehors de ce motif, on invoquerait en vain, pour justifier la décision dont il s'agit, cette circonstance qu'elle relève, qu'au dire d'un témoin l'autorisation de planter la haie litigieuse n'aurait été donnée à un précédent propriétaire qu'à titre de tolérance ;

Attendu, en effet, que le vice de précarité, qui en serait résulté à l'origine, n'aurait pu être transmis aux époux Vassel, successeurs à titre singulier, qu'autant qu'ils en auraient eu connaissance au moment de leur acquisition, ce qui n'est pas constaté par le tribunal ;

D'où il suit qu'en rejetant, par les considérations ci-dessus indiquées, l'action en complainte des époux Vassel, le jugement dénoncé a faussement appliqué l'art. 2226, C. civ., et formellement violé l'art. 23, C. pr. civ. ;

Casse.

———————

CASSATION, Ch. civ. — 24 nov. 1880
(De Lagrenée c. Joffroy-Habert.)

I, 324.

La possession, exercée pendant trente ans à titre d'enclave, équivaut à un titre acquisitif de la servitude de passage, et cette servitude subsiste même après la cessation de l'enclave.

Du 23 janvier 1879, arrêt de la Cour de Paris, qui décide le contraire en ces termes :

Considérant que les consorts de Lagrenée, propriétaires d'un pré dit le *pré des Blaises,* réclament pour l'exploitation de cet héritage un droit de passage sur un fonds voisin appartenant à Joffroy-Habert ; — Qu'à l'appui de leur demande, ils prétendent qu'ayant, par eux-mêmes et leurs auteurs, depuis un temps immémorial et notamment pendant plus de trente ans avant 1859, exercé le passage, alors que ledit pré était enclavé, ils ont acquis par prescription une servitude de passage qui subsiste à leur profit malgré la cessation de l'enclave survenue en 1859 ; — Mais considérant que la prescription est un mode d'acquérir créé arbitrairement par le droit civil, qui a pour fondement, d'un côté, le fait d'une indue possession, laquelle revêtue de certains caractères légaux et continués pendant un temps déterminé prouve l'acquisition du droit possédé, et, de l'autre côté, le consentement présumé du véritable propriétaire résultant de son inaction prolongée durant le même espace de temps, lequel opère le dessaisissement du droit du propriétaire au profit du possesseur ; — Considérant qu'aucun de ces deux éléments nécessaires pour produire la prescription ne peut se rencontrer au regard d'un droit de passage existant pour cause d'enclave ; — Considérant, en effet, sur le premier point, que l'art. 682, C. civ., en autorisant le propriétaire enclavé à réclamer un passage sur les fonds voisins, ne donne pas ouverture à des faits de possession qui doivent, pour être érigés en droit, recevoir un complément quelconque des actes par lesquels cette possession sera mise en exercice, mais qu'il établit ou plutôt qu'il reconnaît un droit existant par le seul fait de l'enclave, et qui étant, dès lors, entier, n'a pas à attendre sa perfection d'aucun acte ultérieur; — Considérant sur le deuxième point, que si la loi a pu, de l'abstention du véritable propriétaire, pendant une période de temps fixée, induire un consentement auquel elle a attribué l'autorité d'une présomption absolue de renonciation à son droit, ce consentement présumé ne saurait, sans violer ouvertement la maxime : *Contra non valentem agere non currit præscriptio*, être tiré de l'inaction du propriétaire grevé du passage pour cause d'enclave, alors que, contraint de subir ce passage, et mis légalement dans l'impossibilité d'agir, il ne peut empêcher ni même interrompre l'accomplissement des faits qui produiraient contre lui la prescription; — Considérant qu'il suit de là que la prescription n'est pas applicable en cette matière; — Considérant, d'ailleurs, que nul ne peut prescrire contre son titre; — Que le propriétaire enclavé n'a, pour son droit de passage, d'autre titre que l'enclave même, c'est-à-dire un fait qui, n'étant ni toujours permanent ni indéfini dans sa nature et dans sa durée, mais étant temporaire, est susceptible de prendre fin et frappé de précarité; — Qu'il ne peut, par l'usage qu'il en fait, en transformer le caractère, et que si ce fait précaire, qui était la cause du droit et qui le soutenait, vient à cesser, ce droit, resté précaire comme lui, doit, par une conséquence rationnelle, s'évanouir avec le fait dont il est inséparable; — Confirme.

Pourvoi des consorts de Lagrenée.

ARRÊT

LA COUR : — Vu les art. 682, 685 et 2219, C. civ.:

Attendu, en droit, que lorsque le propriétaire d'un fonds enclavé, auquel l'art. 682 précité accorde, à raison de la nécessité, un droit de passage sur le fonds voisin, a exercé ce droit pendant trente ans, suivant un mode et une assiette déterminés, sa possession trentenaire équivaut à un titre d'acquisition de la servitude de passage;

Que cette servitude ainsi acquise devient un accessoire du fonds au profit duquel elle est constituée;

Attendu, en fait, que les consorts de Lagrenée réclamaient pour le service de leur pré des Blaises qui était resté enclavé jusqu'en 1859, une servitude de passage sur le fonds voisin appartenant au défendeur;

Qu'à l'appui de cette réclamation ils affirmaient que, pendant plus de trente ans durant l'enclave, ils avaient, par eux-mêmes ou par leurs auteurs, fait usage du passage dont il s'agit, suivant un mode et une assiette déterminés pour la desserte de leur dit pré;

Qu'ils soutenaient que la servitude ainsi acquise avait continué d'exister, alors même que l'enclave eût cessé;

Attendu qu'ils offraient subsidiairement la preuve des faits ci-dessus par eux articulés;

Attendu, néanmoins, que l'arrêt attaqué, sans avoir égard à cette offre de preuve qu'il a rejetée comme inopérante, a repoussé la demande des consorts de Lagrenée, sous le prétexte que le droit de passage ayant pour base unique, durant l'enclave, le titre légal de la nécessité, s'était évanoui dès que l'enclave avait cessé d'exister;

Attendu qu'en statuant ainsi ledit arrêt a violé les textes de lois ci-dessus visés;

Casse.

———

CASSATION, Ch. civ. — 1ᵉʳ déc. 1880.
(Demoiselle Perruche c. Comm. de
Brainans.)

I, 332, 364, 701.

En matière sommaire et notamment lorsque le tribunal est saisi comme juge d'appel d'une action en complainte, l'enquête à laquelle il croit devoir procéder doit avoir lieu non devant un juge commissaire, mais devant le tribunal et à l'audience à peine de nullité.

Le moyen énoncé dans des conclusions qu'une commune est propriétaire de droits d'usage dans une forêt ne constitue pas la demande pétitoire dont parle l'art. 26, C. pr., alors qu'aucun juge n'a été appelé à statuer sur une revendication proprement dite.

Les droits d'usage dans les bois particuliers ne constituent pas une simple servitude, mais ils peuvent être acquis par une longue possession réunissant les conditions prescrites par la loi.

ARRÊT

LA COUR : — Sur le second moyen:

Attendu que si, aux termes de l'art. 26, C. pr. civ., la demande au pétitoire rend non recevable l'action possessoire du même droit, c'est seulement lorsque l'action pétitoire a été effectivement exercée par une demande en revendication dirigée contre la même partie, et dont le juge a été saisi;

Attendu, en fait, que la demoiselle Perruche ayant cité Molin devant le juge de paix de Paligny, en paiement de dommages-intérêts pour un fait de pâturage dans la forêt de Boichot, le maire de la commune de Brainans est intervenu dans cette instance, a déclaré au nom de la commune, qui se prétend propriétaire de droits d'usage dans ladite forêt, prendre le fait et cause de Molin et a conclu à ce que le juge de paix se déclarât incompétent, Molin mis hors de cause;

Attendu que la demoiselle Perruche ayant déclaré consentir à ce qu'il fût ainsi prononcé, le juge de paix, par jugement du 14 août 1875, a reçu l'intervention de la commune, s'est déclaré incompétent, et a mis Molin hors de cause;

Attendu que les conclusions susrappelées du maire de Brainans, tout en énonçant la prétention de la commune aux droits d'usage dont s'agit, ne constituaient pas la demande au pétitoire, et ne saisissaient pas le juge d'une revendication de ses droits; qu'elles ne contenaient ni la reconnaissance d'un défaut de possession ni la renonciation à l'action possessoire qui n'avait pas été engagée;

Attendu, d'autre part, que le juge de paix, en donnant acte de ces conclusions et du consentement de la demoiselle Perruche et en se déclarant incompétent, n'a point statué sur une action que les parties déclaraient ne point exercer devant lui;

Qu'il ne ressort de l'instance dans laquelle a été rendu le jugement du 14 août 1875, ni chose jugée ni contrat judiciaire sur les prétentions réciproques de la demanderesse et de la commune de Brainans;

Attendu, dès lors, qu'en décidant que cette instance n'avait créé contre l'action possessoire de la commune aucune fin de non-recevoir, le tribunal d'Arbois n'a ni violé les articles de la loi invoqués par le pourvoi, ni porté atteinte à la chose jugée;

Sur le troisième moyen:

Attendu que les droits d'usage tels que ceux prétendus par la commune de Brainans ne constituent pas une simple servitude et qu'ils peuvent être acquis par une longue possession réunissant les conditions prescrites par la loi;

Qu'en conséquence, l'usager, troublé dans sa possession, est autorisé à former l'action en complainte possessoire;

Attendu que, dans l'espèce, le tribunal d'Arbois a admis la commune de Brainans à prouver qu'elle a, depuis un temps immémorial et spécialement dans l'année qui a précédé le trouble dont elle se plaint, joui paisiblement, publiquement, sans interruption du droit par elle prétendu; que cette possession a été exercée conformément à un titre de 1744, au vu et su du propriétaire;

Attendu que les caractères de la possession ainsi admise en preuve sont ceux d'une possession légale de nature à fonder la prescription acquisitive du droit réclamé;

Qu'en ordonnant cette preuve, le jugement attaqué n'a violé aucun des articles de loi invoqués par le pourvoi;

Rejette ces deux moyens;

Mais sur le premier moyen:

Vu les art. 404 et 407, C. pr. civ.:

Attendu que, suivant l'art. 407, lorsqu'il y a lieu à enquête en matière sommaire, les témoins doivent être entendus, non devant un juge-commissaire, mais devant le tribunal et à l'audience;

Que cette disposition, qui a pour objet d'assurer la prompte expédition des affaires et de réduire les frais, tient à l'ordre des juridictions et, à ce titre, emporte, quoique avec la peine de nullité n'y soit pas expressément prononcée, la nullité du jugement qui y a contrevenu;

Et attendu que le tribunal d'Arbois, statuant sur l'appel d'un jugement du juge de paix de Poligny, a ordonné que l'enquête qu'il prescrivait, aurait lieu en la forme des enquêtes ordinaires, sur les lieux et devant l'un des magistrats du tribunal à ce commis, en quoi il a expressément violé les dispositions de la loi susvisée;

Casse.

_____

CASSATION, Ch. req. — 28 déc. 1880.

(Comm. de Salon c. Bourrelly.)

I, 243, 244, 640.

Le juge du possessoire a qualité pour déterminer au point de vue purement possessoire la nature des eaux litigieuses et pour reconnaître si elles sont ou non affectées à un usage public.

Si les eaux d'une source qui alimentent un cours d'eau demeurent propriété privée dans l'étendue des fonds où elles prennent naissance, elles perdent ce caractère lorsqu'elles sont tombées dans un cours d'eau commun à plusieurs.

Du 16 février 1880, jugement du tribunal d'Aix ainsi motivé :

Attendu qu'aux termes des art. 641 et suiv., C. civ., les eaux d'une source qui alimentent un cours d'eau demeurent propriété privée dans l'étendue du fonds où elles prennent naissance et deviennent chose commune à partir des limites de ce fonds, à moins que des accords ne soient intervenus avec les propriétaires inférieurs, que des tiers n'aient acquis des droits sur les eaux par prescription ou bien encore que les eaux ne soient indispensables à une communauté d'habitants ; — Attendu que la règle posée reçoit application au cas où une commune propriétaire d'une source ne l'a pas consacrée par une affectation constante à un usage public ; — Attendu, d'autre part, que la jouissance en commun d'un cours d'eau constitue, au profit des riverains, un droit utile dans la possession duquel chacun d'eux est autorisé à se faire maintenir en vertu de l'art. 646, même Code ; — Attendu que le ruisseau de la Garrigue, qui met en jeu l'usine des appelants, est formé par la réunion de deux eaux d'écoulement dits de Richebois et de Roche, dont le premier reçoit les eaux de différentes sources du quartier de Richebois, et le second celles des deux sources d'Aubes ; — Que, dans le courant du mois d'avril dernier, la commune de Salon, se disant propriétaire des sources des Aubes, a détourné les eaux du fossé de Roche au point où elles se réunissent aux eaux de Richebois ; — Que, par ce fait, le volume d'eau de la Garrigue a été considérablement diminué et il est porté atteinte aux droits de jouissance que la loi confère aux sieurs Bourrelly, en qualité de riverains, et qu'ils n'avaient cessé d'exercer depuis plus d'un an et un jour ; — Attendu que rien n'autorisait cette entreprise ; — Que le premier juge a reconnu, il est vrai, que la commune était propriétaire des sources des Aubes, mais que ce point, en supposant qu'il ait été acquis aux débats, ne pouvait, d'après ce qui précède, motiver la décision prise ; — Que la commune n'a d'ailleurs acheté la propriété du fonds où se trouvent les sources que depuis le procès ; qu'il n'a pas été démontré que les eaux aient été affectées de tout temps à l'usage public ; — D'où la conséquence que les sources font partie du domaine privé municipal, et non du domaine public ; — Qu'enfin, il ressort des documents produits et notamment des actes administratifs relatifs aux curages de la Garrigue et du fossé de Roche, que les eaux en question ont toujours été considérées comme une chose commune, puisque tous ceux qui en faisaient usage étaient astreints, par voie réglementaire, à participer à l'entretien des canaux ; — Attendu que les appelants sont en droit d'obtenir réparation pour le trouble qui leur a été causé ; — Que le tribunal ne peut,

en l'état de l'instance engagée entre les sieurs Bourrelly et les fermiers de leur usine, apprécier, dès à présent, le montant du préjudice souffert ; — Que, provisoirement, il sera donné une satisfaction suffisante en ordonnant le rétablissement des lieux en leur état primitif et en adjugeant les dépens ; — Par ces motifs, ordonne que le nouvel œuvre, cause du trouble, sera supprimé sous les peines de droit.

Pourvoi de la commune de Salon.

ARRÊT

LA COUR : — Sur le moyen du pourvoi fondé sur la violation de l'art. 25, C. pr. civ., en ce que, pour maintenir les défendeurs éventuels en possession des eaux contestées, on a été obligé de décider qu'elles faisaient partie du domaine privé municipal, question du pétitoire, et en dehors de la compétence du juge du possessoire :

Attendu que le juge du possessoire avait incontestablement qualité pour déterminer, au point de vue purement possessoire, la nature des eaux objet de la contestation ;

Que le jugement attaqué, en reconnaissant dans ses motifs que ces eaux n'étaient pas affectées à un usage public, uniquement pour déterminer les caractères légaux de la possession de Bourrelly frères, et en se bornant, du reste, à statuer par son dispositif sur le possessoire, loin de violer l'art. 25, C. pr. civ., en a fait une juste application ;

Sur le moyen additionnel tiré de la violation des art. 641, 642, C. civ., 23, C. pr. civ., 2228, 2229, C. civ., en ce que l'on a admis l'action possessoire dirigée contre la commune, bien qu'il fût reconnu par le jugement lui-même et non contesté au procès, que la commune était propriétaire, au moins à titre privé, des sources litigieuses, et qu'il n'est pas justifié que les défendeurs éventuels eussent pratiqué à une époque quelconque, sur le fonds de la commune, les travaux indiqués par l'art. 642 précité :

Attendu que si, aux termes des art. 641 et suiv., C. civ., les eaux d'une source qui alimentent un cours d'eau demeurent une propriété privée dans l'étendue des fonds où elles prennent naissance, elles perdent ce caractère lorsqu'elles sont tombées dans un cours d'eau commun à divers propriétaires ;

Attendu qu'il est établi, en fait, que la commune de Salon a capté les eaux dont s'agit pour les détourner de leur cours naturel dans le fossé de Roche, c'est-à-dire sur un point où il est constaté par le jugement attaqué que ces eaux n'avaient point un caractère de propriété privée, mais devait être considérées, au contraire, comme une chose commune;

Que, dans ces circonstances, en accueillant la demande de Bourrelly et consorts, le jugement n'a point violé les articles de loi susvisés;

Rejette.

CASSATION, Ch. req. — 3 janvier 1881.
(Arrault c. Boisseau.)

I, 325, 500.

Le défendeur à une action en complainte ayant pour objet un droit de passage par suite d'enclave n'est pas recevable à repousser cette demande en soutenant que le complaignant aurait acquis, par une possession trentenaire, le droit de passer chez un autre voisin. Le juge du possessoire n'a pas à tenir compte de la possession trentenaire ou immémoriale.

Du 28 mai 1880, jugement du tribunal de Loches, qui s'exprime ainsi:

Attendu que le fait matériel d'enclave résulte avec évidence du plan produit au débat; qu'il n'est même pas contesté par Arrault; — Que, d'autre part, devant le juge de paix, le fait du passage de Boisseau, depuis plus d'an et jour, sur le terrain du défendeur, d'abord nié par celui-ci, a ensuite été formellement par lui reconnu; qu'il n'a même pas contesté et ne conteste même pas encore que ce passage ne s'exerce par Boisseau depuis plusieurs années; qu'il a soutenu seulement que le demandeur, ayant pendant plus de trente ans, avant de passer sur son terrain, à lui défendeur, passé pour rejoindre la voie publique sur une autre pièce de terre appartenant à un sieur Marchand, il avait prescrit définitivement en cet endroit l'assiette de son passage, et en avait tout au moins l'usage par tolérance; qu'ainsi, en droit, le demandeur n'était pas réellement enclavé; que, par suite, le passage par lui exercé sur le terrain d'Arrault n'avait jamais eu lieu qu'à titre précaire; qu'il était même indifférent dans la cause que le passage eût été exercé par Boisseau depuis plusieurs années, puisque, précaire dès le début, sa prétendue possession restait entachée d'une précarité perpétuelle; — Attendu qu'à l'appui de cette exception Arrault a articulé et offre de prouver par témoins: 1° que Boisseau ou ses auteurs avaient, pendant plus de trente ans, depuis l'enclave du terrain lui appartenant aujourd'hui, passé

sur le terrain du sieur Marchand pour se rendre à la route; 2° en tout cas, qu'ils ont pendant fort longtemps exercé ce passage; — Attendu que le juge de paix, après avoir constaté l'état matériel d'enclave du terrain du demandeur et la possession annale de celui-ci d'un passage sur le terrain d'Arrault, a refusé d'autoriser ce dernier à prouver par témoins les deux faits par lui articulés, tendant à établir la précarité de ladite possession; qu'en statuant de la sorte, le premier juge a sainement apprécié les divers éléments de la cause et s'est strictement conformé aux prescriptions de la loi; — Qu'en effet, sans rechercher si Arrault pouvait demander à faire une preuve semblable sans appeler au moins en cause le sieur Marchand, partie spécialement intéressée au débat, il est certain que cette preuve, dans les termes de l'articulation, n'est point admissible; que le premier fait articulé tend évidemment à prouver que Boisseau, par l'usage trentenaire, a prescrit l'assiette d'un passage sur le terrain du sieur Marchand; qu'il est, en d'autres termes, devenu propriétaire d'un passage duquel, d'ailleurs, le défendeur reconnaît implicitement que le demandeur n'a plus la possession; — Mais que si concluant que pût être un tel fait, le juge de paix n'en pouvait autoriser la preuve sans excéder la limite de sa compétence et, contrairement aux dispositions de l'art. 23, C. pr. civ., statuer sur le fond du droit; — Qu'on objecte, à la vérité, pour Arrault que le premier fait ne tend pas à la preuve définitive d'un droit de propriété, mais a pour but seulement d'arriver à la constatation d'un passage trentenaire pouvant produire pour le juge l'apparence d'une prescription acquise et faire naître la présomption que la possession d'un passage sur Arrault, réclamée aujourd'hui par Boisseau, est absolument précaire; qu'en matière possessoire, le juge de paix a certainement le droit d'examiner les titres de propriété pouvant servir de base à la possession et de les interpréter au moins provisoirement; que cet examen devient même pour lui obligatoire, dès lors qu'il s'agit d'une complainte formée à raison d'un trouble apporté à l'exercice d'une servitude discontinue; qu'il ne s'agit pas ici d'autre chose; — Mais attendu qu'en admettant que le premier fait articulé pût avoir simplement pour but de faire naître la présomption de la prescription acquise par Boisseau de l'assiette d'un passage sur le terrain Marchand, cette simple présomption, à supposer qu'elle dût résulter de l'enquête, ne suffirait point pour permettre d'écarter le fait matériel d'enclave incontesté, au moins jusqu'à présent, et résultant de l'état des lieux; qu'ainsi, même interprété dans le sens proposé par le défendeur, ce premier fait par lui articulé n'était pas concluant; — Qu'en ce qui concerne le second fait articulé, celui du passage de Boisseau sur le terrain du sieur Marchand, pendant longtemps, une formule aussi vague ne saurait être considérée comme l'articulation précise d'un passage exercé à une époque récente sur le terrain Marchand et avec sa tolérance; que telle serait cependant la chose à prouver; qu'ainsi, ce second fait n'était pas concluant.

Pourvoi du sieur Arrault,

ARRÊT

LA COUR : — Sur le moyen unique du pourvoi, tiré de la violation des art. 23 et 25, C. pr. civ. :

Attendu qu'il résulte du jugement attaqué que le sieur Boisseau est en possession d'exercer, sur une pièce de terre appartenant au sieur Arrault, une servitude de passage qui lui permet seule d'accéder à la voie publique ; que l'immeuble de Boisseau est enclavé de tous les autres côtés et que sa possession paisible, publique, à titre de propriétaire, s'est continuée depuis un an et un jour avant le trouble ;

Attendu qu'en l'état de ces faits dûment constatés et non déniés d'ailleurs, c'est à bon droit que le tribunal civil de Loches, saisi en appel de l'action en complainte de Boisseau, a confirmé la sentence du premier juge qui ordonnait l'enlèvement de la barrière établie par Arrault sur le passage litigieux, pour en interdire l'usage ;

Attendu qu'à la vérité le sieur Arrault avait demandé à faire preuve « que Boisseau ou ses auteurs auraient, pendant plus de trente ans, depuis l'enclave du terrain lui appartenant aujourd'hui, passé sur le terrain du sieur Marchand pour se rendre à la route » ;

Attendu qu'indépendamment des faits d'enclave et de possession énoncés ci-dessus, le jugement attaqué établit qu'il résulte de la reconnaissance implicite d'Arrault lui-même que Boisseau n'est plus en possession de ce passage qu'il aurait anciennement pratiqué sur le terrain de Marchand ; que, dans cet état de faits dûment constatés, le tribunal de Loches a dû se refuser à admettre la preuve demandée, par le motif que cette preuve ne serait en aucun cas concluante et ne pourrait enlever à Boisseau le bénéfice de la possession utile dont il se prévaut à juste titre ;

Qu'en statuant ainsi, le jugement attaqué, loin d'avoir méconnu les règles de la compétence et cumulé le possessoire avec le pétitoire, a fait une saine appréciation des art. 23 et 25, C. pr. civ. ;

Rejette.

CASSATION, Ch. civ. — 16 février 1881.
(Fabre c. Fabre.)

I, 363, 364.

L'exception tirée de l'art. 26, C. pr., duquel il résulte que l'exercice de l'action pétitoire implique renonciation à l'action possessoire, constitue une fin de non-recevoir qui fait écarter d'une manière absolue toute action possessoire dérivant des mêmes faits.

Du 21 mai 1879, jugement contraire du tribunal de Digne qui statue dans les termes suivants :

Attendu qu'il n'est pas contesté que, dans le courant de l'année 1878 et moins d'un an et un jour, avant l'instance introduite par les consorts Marius-Jules Fabre et les époux Escudier devant la justice de paix du canton de Riez, le sieur Joseph-François Fabre, oncle des précédents, a élevé sur son terrain, mais à un mètre seulement de distance du bâtiment des demandeurs, une construction en maçonnerie devant servir de remise ; — Attendu que ces derniers, prétendant que cette construction avait pour résultat de diminuer la clarté des ouvertures pratiquées dans le mur de façade de leur bâtiment et de gêner le passage auquel Marius-Jules Fabre avait droit et dont il avait jusqu'alors paisiblement joui, ont actionné le sieur Joseph-François Fabre devant le juge de paix du canton de Riez et demandé d'abord la cessation des travaux commencés et leur démolition ; qu'ensuite, au cours des débats, rectifiant leurs conclusions primitives, les demandeurs ont réclamé leur maintien en la possession plus qu'annale des droits de jour et de passage dont il s'agit, et que ces fins ont été accueillies par jugement du 23 novembre 1878 ; — Attendu que le demandeur a fait appel de ce jugement et soutient que le premier juge ne devait pas retenir la connaissance d'un litige excédant les limites de sa compétence ; que l'action introduite étant, aux termes de la citation primitive, une action pétitoire, il n'était plus loisible aux parties demanderesses d'en changer le caractère par de nouvelles conclusions et de saisir le juge de paix d'une action possessoire, contrairement aux principes posés par l'art. 26, C. pr. civ.; mais que, à cet égard, un examen attentif des conclusions originaires ne permet pas d'attribuer à l'action le caractère d'une action pétitoire; qu'il est vrai que les mots de « maintenue en possession » ne se rencontrent pas dans l'exploit introductif d'instance, mais que cette mention n'avait rien d'essentiel et pouvait être suppléée, parce qu'il devait amener ou rétablir cette maintenue; — Attendu qu'on ne saurait prétendre qu'une action en cessation ou en démolition de travaux de nature à porter atteinte à des droits dont on se dit en possession est nécessairement une action pétitoire, si, par les faits de la cause, la juridiction devant laquelle la plainte est portée et le but de la demande, on ne tend qu'à être maintenu dans la possession de ses droits ; — Attendu que c'est dans ces conditions que l'instance des consorts Fabre et Escudier contre leur oncle s'est produite devant M. le juge de paix du canton de Riez ; qu'il est manifeste que les demandeurs n'ont point voulu se faire attribuer des droits qu'ils prétendaient tenir déjà d'un acte de partage consenti à leur profit par Joseph-Sébastien Fabre, leur auteur, en 1838 ; mais seulement faire déclarer que, par les travaux de Joseph-François Fabre, ils auraient été troublés dans leur possession ; — Attendu qu'en ces limites, l'action n'est autre qu'une action possessoire ; que cette action appelée *action en complainte* lorsque les travaux ont eu lieu sur le sol du plaignant, prend le nom de *dénonciation de nouvel œuvre* toutes les fois que, comme dans l'espèce, une partie demande la cessation ou la démolition des travaux que la partie adverse a entrepris sur son propre terrain, mais dont l'autre partie peut éprouver un dommage ; qu'il est certain que, dans ces deux cas, il y a un trouble porté à un droit réel et que ce trouble donne ouverture à l'action en complainte ou en dénonciation de nouvel œuvre pourvu que l'action ait été intentée dans l'année du fait dommageable ; — Attendu que l'action dont il s'agit emporte le droit de demander la destruction de l'œuvre préjudiciable, sans quoi, cette action ne remplirait pas son objet, qui est de faire cesser le trouble apporté à la possession d'une partie et de rétablir celle-ci dans cette possession ; — Attendu, d'ailleurs, qu'en admettant qu'un doute ait pu exister au début de l'instance, les explications des demandeurs, aux cours des débats, l'auraient promptement fait cesser et que les dernières conclusions des consorts Fabre et Escudier renferment la demande formelle de maintenue en la possession annale des droits de jour et de passage précités ; — Attendu que le jugement énonce que de la visite des lieux et de l'inspection du titre des demandeurs est résultée pour le juge de paix la conviction qu'il existait dans l'état des choses une destination du père de famille, laquelle donne toujours lieu à l'action en complainte ; — Attendu que les inductions tirées par le juge de l'état des lieux et de l'examen du titre des demandeurs étaient incontestablement permises ; que si l'interprétation des titres de propriété échappe à la compétence du juge du possessoire, celui-ci a la mission de consulter ces titres pour éclairer la possession qu'on revendique devant-lui ; que c'est dans ces limites que se renferme la décision attaquée et qu'elle doit être sanctionnée comme parfaitement juridique ; — Par ces motifs, reçoit en la forme seulement l'appel émis envers le jugement du 23 novembre 1878 ; au fond, maintient ce jugement.

Pourvoi du sieur Joseph-François Fabre.

ARRÊT

LA COUR : — Vu l'art. 26, C. pr. civ. :

Attendu, en droit, que l'exercice de l'action pétitoire implique renonciation de la part du demandeur à l'action possessoire ;

Que l'exception tirée de l'art. 26, C. pr. civ., constitue une fin de non-recevoir tendant à faire écarter d'une manière absolue toute action possessoire dérivant des mêmes faits ;

Attendu, en fait, que les défendeurs à la cassation réclamaient, par la citation du 13 juin 1878, la démolition des constructions élevées contre les droits qu'ils tenaient d'un acte de partage du 17 septembre 1838, sans invoquer la possession annale ;

Que ce recours exclusif à l'acte de partage donnait à l'action un caractère pétitoire qui avait désormais fermé aux défendeurs à la cassation la voie du possessoire ;

Qu'il importe peu que les conclusions dernières des consorts Fabre et Escudier renferment la demande formelle du maintien en la possession annale des droits de jour et de passage réclamés ;

Qu'en effet, c'est du fait même de l'assignation que la disposition de l'art. 26, générale dans ses termes, fait résulter la présomption qu'elle consacre ;

Que néanmoins le jugement attaqué a admis l'action en maintenue de possession portée devant le juge de paix, et a ordonné la démolition des travaux faits par Joseph-François Fabre ;

Qu'en ce faisant, il a violé l'article de la loi susvisé ;

Casse.

CASSATION, Ch. req. — 14 mars 1881.

(Jauze c. Laffont de Sentenac.)

I, 242.

Il appartient au juge du possessoire, saisi de la question d'un droit de passage pour cause d'enclave, de constater d'abord l'existence de l'enclave.

ARRÊT

LA COUR : — Sur le deuxième moyen tiré de la violation des art. 23 et 25, C. pr. civ. :

Attendu, en premier lieu, que l'action en complainte, en ce qui concerne le passage, était fondée sur le trouble apporté à l'exercice de ce passage, qui était prétendu nécessaire pour cause d'enclave ; que, pour apprécier le caractère de la possession invoquée,

le tribunal a pu, sans cumuler le pétitoire et le possessoire, vérifier s'il y
avait véritablement enclave ;

Rejette.

———————

CASSATION, Ch. req. — 14 mars 1881.
(Demoiselle Marigny c. veuve Leguay.)

I, 326, 501.

*Il n'est pas nécessaire pour la recevabi-
lité de l'action possessoire, que les actes
constitutifs de la possession, notamment les faits de passage pour cause
d'enclave, aient été accomplis dans
l'année qui a précédé le trouble, lorsqu'ils l'ont été toutes les fois que cela
était nécessaire et possible.*

ARRÊT

LA COUR : — Sur le moyen unique
tiré de la violation de l'art. 23, C. pr.
civ. :

Attendu que lorsqu'il s'agit de servitudes discontinues, s'exerçant à des
époques périodiques plus ou moins éloi-
gnées, il n'est pas indispensable que les
actes constitutifs ou indicatifs de la
possession annale aient été accomplis
dans l'année qui a précédé le trouble ;
qu'il suffit qu'ils l'aient été quand cela
a été nécessaire et possible ;

Attendu que le jugement attaqué
constate : 1° que la veuve Leguay avait
déjà la possession d'une servitude, pour
cause d'enclave, sur le fonds de la demoiselle Marigny, bien avant l'année
du trouble, lequel a eu lieu vers la fin
d'avril 1878 ; 2° qu'elle exerçait ce passage, à de longs intervalles, selon les
besoins de l'exploitation de ses terres
en avril pour les semailles, en août
pour la récolte ; 3° que si, après en
avoir usé en avril 1877, elle n'en a pas
usé encore en août de la même année,
cela tient à un orage qui a surpris les
moissonneurs et les a obligés, pour
sauver la récolte, à gagner le domicile
du fermier par le chemin le plus
court ;

Attendu que ledit jugement a pu, par
une appréciation de fait, décider que
ce non-usage accidentel et forcé n'a
pas fait perdre à la veuve Leguay la

possession de sa servitude, et qu'en statuant ainsi il n'a pas violé l'article susvisé ;

Rejette.

———————

CASSATION, Ch. civ. — 15 mars 1881.
(Comm. de Vaison c. Blégier.)

I, 676.

*Ne constituent pas des travaux publics
les travaux entrepris ou exécutés par
une commune sans autorisation de
l'administration.*

Du 19 septembre 1879, jugement du
tribunal d'Orange, ainsi motivé :

Attendu que, par acte du 9 avril 1563, les
consuls de la cité de Vaison, en exécution de
la décision du conseil de la commune, ont
vendu, livré, cédé et entièrement et à per-
tuité remis, à titre de vente pure, parfaite et
irrévocable, aux auteurs de l'appelant derniers offrants à l'encan public et extinction de
la chandelle : 1° l'eau qui naît et surgit dans
la fontaine de ladite communauté de Vaison,
vulgairement appelée la Font-Sainte, sise
dans le territoire de Vaison et sur le chemin
public dit de Queyras ; 2° la moitié de l'eau qui
naît et surgit de la grotte de la fontaine de
Queyras ; — Que, par autre acte du 28 novembre
1763 et par transaction expresse passée entre
les consuls de la ville de Vaison et les auteurs
de l'appelant, il a été convenu que les eaux
découvertes par le seigneur de la Villasse
dans sa terre, au quartier de Queyras, appar-
tiendront à la commune et seront conduites
au réservoir ou source mère existant dans
ladite source, pour de là être conduites avec
les autres eaux qui se ramassent dans la mère
source à leur destination habituelle et ancienne ; que cet acte rappelle et confirme les
droits respectifs des parties contractantes,
établis par l'acte susrappelé de 1563 ; — Que
les droits créés par ces deux actes ont été
maintenus par un rescrit du vice-légat, en
date du 30 juillet 1764, et par deux sentences
rendues en premier ressort et en appel par
l'autorité judiciaire compétente, les 28 février
et 17 mars 1769 ; — Que, dès 1563 et de conformité à l'acte initial ci-dessus, l'appelant
par ses auteurs, a été mis en possession des
eaux à lui vendues, dont il a joui publiquement et sans interruption, jusque vers le milieu de 1878, c'est-à-dire pendant plus de trois
cent quinze ans ; — Qu'à cette dernière date,
le maire de Vaison, par des travaux entrepris
dans la terre dite de Queyras, a enlevé à l'appelant la possession et libre jouissance de
tout ou partie, tant des eaux de la Font-
Sainte que de la moitié des eaux de Queyras ;
que ce dernier, après avoir protesté contre
ladite entreprise, par acte du ministère de
Lion, huissier à Vaison, du 13 août 1878, a,
par acte du ministère de Tamisier, huissier
audit lieu, du 23 mai 1879, assigné ledit maire
de Vaison pour s'entendre condamner à dé-

truire les ouvrages et innovations faits par son ordre, à rétablir les lieux dans leur état primitif et à être condamné à 2,000 francs de dommages-intérêts; que la cause portée au possessoire devant M. le juge de paix de Vaison, ce magistrat a statué par jugement du 5 juillet dernier; — Que, par ce jugement, il a repoussé la demande; — Que ce jugement a été frappé d'appel, et que le tribunal est appelé, en l'état, à l'examiner dans ses différentes dispositions; — Au fond : — Attendu que la possession propre à autoriser la complainte doit être paisible, publique, continue, non équivoque et non précaire, c'est-à-dire *animo domini*, à titre de maître; — Que, dans l'espèce, l'appelant a possédé paisiblement, publiquement, sans interruption et de la manière la moins équivoque depuis 1563, les eaux de la Font-Sainte et la moitié des eaux de Queyras; que ces divers caractères, indispensables à une possession utile, ne lui sont pas contestés; que la seule question à examiner est de rechercher si la possession a été ou non précaire, et a pu donner à l'appelant l'exercice de l'action possessoire; — Attendu que les lois romaines qui étaient en vigueur dans le comtat Venaissin en 1563 et aussi en 1763, autorisaient les concessions d'eaux irrévocables et perpétuelles, à titre onéreux sur la portion d'eaux excédant les besoins publics *(ex aquâ superfluâ)* sous la seule condition, par conséquent, que l'eau pourrait être enlevée aux acquéreurs, si elle devenait nécessaire aux besoins publics; que les lois françaises n'ont rien innové quant à ce; que cela résulte non seulement de l'arrêt de cassation du 21 mars 1831, spécial à l'exercice de l'action possessoire, mais encore de l'arrêt de cassation du 15 mai 1872 qui, statuant dans une espèce particulière au comtat Venaissin, déclare que, sous les lois romaines, « le droit de révocation ne pouvait être admis en dehors des conditions sous lesquelles les concessions étaient faites », ce qui implique l'action possessoire en cas de trouble; — Et encore du jugement du tribunal de Montbrison du 6 avril 1876, qui établit que l'eau d'une fontaine n'est publique que par sa destination, et que la révocation d'un contrat à titre onéreux ne peut être laissée à l'arbitraire du vendeur et doit être justifiée par la survenance de besoins nouveaux; que le principe de l'inaliénabilité du domaine public ne s'oppose nullement à ce que certaines parties de ce domaine en soient détachées dans certains cas et rentrent dans le domaine privé et dans le commerce; qu'il en est ainsi spécialement pour les eaux surabondantes que possède une ville; qu'une commune peut les concéder irrévocablement sous la seule restriction de leur réintégration si elles deviennent nécessaires à l'alimentation publique; — Qu'il y a, dans ce cas, une vente résoluble, vente qui donne à l'acquéreur, comme à tout autre propriétaire, s'il est troublé dans sa juste possession, l'exercice de l'action possessoire contre tous, même contre son vendeur, et cela tant que le contrat n'a pas été résolu, ce qui ne peut avoir lieu de plein droit, l'exercice de l'action étant subordonné à l'accomplissement de certaines obligations; — Attendu qu'en admettant même l'inaliénabilité

et l'imprescriptibilité absolues des eaux que possède une ville, questions sur lesquelles le tribunal n'a pas à se prononcer en l'état, cette imprescriptibilité n'empêche pas que l'on ne puisse en avoir la possession légale, ainsi qu'il a été dit ci-dessus; que l'action possessoire existe et peut être invoquée lorsque la possession annale, qui sert de base à l'action, est fondée sur une concession non contestée, résultant d'un contrat régulier et faite à titre onéreux; que ce titre n'est pas absolument irrévocable, mais que sa révocation ne saurait être laissée à l'arbitraire du vendeur qui n'est pas juge de l'éventualité de la révocation; que, dans ce cas, la possession ne saurait être considérée comme précaire; que la précarité de la possession n'existe, en effet, qu'au cas où la commune est en droit de mettre à son gré un terme à l'état de choses existant, comme dans l'espèce des arrêts invoqués par l'intimé; — Qu'il est donc vrai de dire qu'en pareille matière la solution, en droit, dépend de l'espèce, de la date des contrats et des lois qui régissaient les lieux où ils ont été passés; — Attendu, en fait, qu'il résulte des actes produits, actes que le juge du possessoire peut et doit examiner et apprécier provisoirement, au point de vue de la possession, pour l'éclairer et en déterminer les caractères, que les consuls de la ville de Vaison ont entendu consentir aux auteurs de l'appelant une vente qui ne serait révocable qu'à certaines conditions déterminées : 1° lorsque l'utilité des eaux vendues serait établie pour les besoins communs; 2° lorsque le prix d'achat et le montant des dépenses d'adduction des eaux vendues dans la propriété de l'acquéreur serait remboursé; que cette vente comprenait notamment l'intégralité des eaux de la Font-Sainte qui était désaffectée du service public, rentrait dans le domaine privé et pouvait être valablement aliénée sous la condition résolutoire générale prévue par la loi romaine; qu'en effet, dans l'acte de 1563, il est dit : « ... Les consuls ont vendu, livré, cédé et entièrement et à perpétuité remis à titre de vente pure, parfaite et irrévocable, etc..., » et plus loin : «... Les consuls se dévestissent, ont investi les acquéreurs desdites eaux, donnant et concédant auxdits acquéreurs la licence, autorité et mandat spécial de recevoir la réelle, actuelle et corporelle possession desdites eaux de la fontaine Sainte et de la moitié de celles qui s'échappent de la grotte de la fontaine de Queyras susvendues, et, après l'avoir prise, la tenir et en user suivant leur volonté, comme tout vrai seigneur, maître et procureur légitime peut et doit faire de la chose propre, etc...; » — Qu'en ce qui concerne les conditions de reprise des eaux, l'acte ajoute : « De même a été expressément retenu et réservé par lesdits seigneurs-consuls que, s'il arrivait à l'avenir que ladite communauté de Vaison eut besoin de ladite eau vendue de la fontaine de Queyras, qu'alors, le cas échéant, il lui serait permis de la reprendre, etc..., après avoir rendu et remboursé auxdits acquéreurs le prix d'achat et les réparations utiles et nécessaires faites par eux pour la conduite de ladite eau... avec le pacte exprès que l'eau de la fontaine Sainte restera aux acquéreurs, à moins qu'elle ne devienne aussi nécessaire à ladite ville de Vaison, lequel cas échéant, il lui sera loisible de la reprendre aussi, etc... ; » — Attendu que dans la transaction de 1763 il est stipulé que les eaux qui seront découvertes par la commune dans la terre de Queyras seront amenées à la source mère, pour là être conduites avec les autres eaux qui se ramassent dans ladite mère source à leur destination habituelle et ancienne... » et encore que les parties contractantes se réservent, au sujet de la fontaine Sainte, leurs droits respectifs établis par l'acte de 1563 ; — Que cette transaction a été maintenue et consacrée par les autorités administrative et judiciaire de l'époque ainsi que sus est dit ; — Attendu qu'en présence de titres aussi formels, aussi catégoriques, on ne saurait considérer l'acquéreur des eaux comme en jouissant à titre précaire et par simple tolérance ; que l'acte de 1563, en effet, constitue une vente parfaite, renfermant toutes les conditions qui sont de l'essence de ce contrat, une vente simplement résoluble, mais subordonnée, pour la résolution, à l'accomplissement préalable de certaines formalités stipulées d'un commun accord et donnant à l'acquéreur et contre tous l'exercice de l'action possessoire en cas de trouble ; que l'acquéreur a, au contraire, possédé en vertu d'un titre définitif, bien que résoluble dans certains cas déterminés, et par suite *animo domini, à titre de vrai seigneur et de maître*, aux termes d'actes non contestés, de jugement et d'arrêt ayant acquis l'autorité de la chose jugée ; — Que sa possession n'aurait pu être atteinte du vice de précarité que le jour où la commune lui aurait officiellement notifié, après dues constatations, que les eaux de Queyras et même celles de la Font-Sainte devenaient indispensables aux besoins de la communauté, et lui aurait fait offre réelle du prix de vente payé par lui et des impenses faites pour amener les eaux acquises dans son domaine ; — Qu'en fait, aucune constatation d'utilité publique n'a été faite, non plus qu'aucune offre de paiement et de remboursement ; que la commune s'est emparée arbitrairement des eaux et en a privé le possesseur légitime dont la possession, à défaut de l'accomplissement préalable des formalités stipulées, est restée réelle, actuelle et corporelle, suivant les termes précis de l'acte initial susrelaté ; — Attendu que la commune, en agissant ainsi, a eu pour but probable de s'attribuer le rôle plus facile de défenderesse dans les contestations à intervenir et de priver l'appelant, sans indemnité préalable, des eaux légitimement acquises par lui pendant le cours d'une instance qui, par sa nature même, peut être de longue durée ; — Attendu que c'est à tort que le premier juge, tout en caractérisant l'entreprise de la commune, a déclaré que la possession du demandeur était précaire et l'a débouté de sa demande ; — Par ces motifs, etc.

Pourvoi de la commune de Vaison.

ARRÊT

LA COUR : — Sur les premier et deuxième moyens réunis :

Attendu que, suivant les conclusions du jugement attaqué, la concession d'eau faite aux auteurs du défendeur par la ville de Vaison, aux termes de l'acte du 9 avril 1563, n'a été subordonnée à d'autres conditions de révocabilité qu'à la nécessité éventuelle de pourvoir aux besoins des habitants ;

Attendu que cette révocation conditionnelle n'a point été exercée ;

Attendu, en droit, que les lois romaines observées dans le comtat Venaissin à l'époque de ce contrat n'interdisaient pas au prince de faire sur les eaux surabondantes des fontaines publiques des concessions à des particuliers ;

Attendu que de semblables concessions donnaient au concessionnaire le titre de propriétaire ;

Que la condition de révocabilité au cas où l'eau concédée deviendrait nécessaire aux habitants ne rend point précaire ou équivoque la possession fondée sur ce titre ; que les eaux ainsi concédées pouvaient donc être l'objet d'une possession utile ;

Attendu, dès lors, que l'action possessoire a pu être exercée par de Blégier ;

Qu'en recevant son action et en la maintenant dans sa possession annale, le jugement attaqué n'a violé aucune loi ;

Sur le quatrième moyen :

Attendu qu'il n'est point établi et qu'il n'a jamais été allégué devant le tribunal d'Orange que les travaux dont se plaint de Blégier aient été autorisés régulièrement ;

Qu'on ne peut, en l'absence de cette autorisation, leur reconnaître la qualité de travaux publics ;

Que, dès lors, le jugement attaqué, en ordonnant que la commune de Vaison ferait exécuter tous travaux qui seraient reconnus nécessaires pour rendre au légitime possesseur le libre exercice de ses droits, n'a violé ni la disposition de loi invoquée ni le principe de la séparation des pouvoirs administratif et judiciaire ;

Rejette ces trois moyens.

_____

CASSATION, Ch. req. — 5 avril 1881.
(Messouka-Attal c. Jacob Amram.)

I, 613.

En cas de contestation sur la question de savoir si une servitude est continue et apparente ou non, le juge doit d'abord résoudre cette difficulté avant d'examiner les faits de possession.

ARRÊT

LA COUR : — Sur le moyen unique du pourvoi tiré de la violation des art. 688 et 691, C. civ., 24, C. pr. civ., 253 et suiv., du même Code, et 7 de la loi du 20 avril 1810 :

Attendu que la demande des consorts Amram avait pour objet de faire reconnaître sur le terrain de la dame Messouka-Attal une servitude qu'ils prétendaient exister au profit de leur jardin; qu'ils se fondaient sur le caractère apparent et continu de cette servitude dont ils étaient en possession depuis un temps immémorial et dans la jouissance de laquelle la demanderesse les avait troublés par l'établissement de certains travaux sur son fonds; que le juge de paix de Constantine avait rejeté leur demande par le motif qu'il n'existait sur le terrain de la dame Messouka-Attal, aucun signe de rigole, conduite ou aqueduc approprié de main d'homme à amener les eaux sur le terrain des consorts Amram, et que ceux-ci n'avaient pu jouir de ces eaux qu'à titre de simple tolérance;

Mais, attendu que lesdits consorts Amram, par leurs conclusions d'appel, demandaient à prouver que, contrairement aux constatations de la sentence du juge de paix, il existait, depuis plus de l'an et jour, sur le terrain de la dame Messouka-Attal, une conduite d'eau constituant à leur profit une servitude apparente et continue;

Attendu que le jugement attaqué a ordonné cette preuve avant de statuer au fond, pour s'éclairer sur la véritable situation des lieux; qu'elle portait sur le fait décisif du procès et qu'elle était évidemment pertinente et admissible sur une action de maintenue possessoire; que le jugement attaqué, d'ailleurs, en déclarant cette pertinence et

cette admissibilité, s'est trouvé dûment motivé;

Qu'en statuant ainsi, il n'a pu violer les textes de loi visés au pourvoi ni aucune autre disposition légale;

Rejette.

———————

CASSATION, Ch. req. — 11 avril 1881.
(Lombard-Jacquard c. Comm. de Beauzée.)

I, 309, 313.

Une commune qui possède dans une île des terrains destinés au pâturage peut exercer utilement un droit de passage sur le pont établi par un particulier, lorsqu'il est constaté qu'il n'existe pour sortir de cette île qu'un gué absolument impraticable. Et le passage ainsi pratiqué pendant plus d'une année, constitue une possession qui est protégée par la complainte.

Le juge du possessoire est compétent pour reconnaître l'existence de l'enclave.

Du 8 août 1879, jugement du tribunal de Bar-le-Duc, ainsi motivé :

Attendu que la commune de Beauzée se prétend en possession plus qu'annale d'un chemin aboutissant des deux côtés au pont du moulin, dont Lombard est propriétaire; qu'elle a demandé par voie de complainte à être maintenue en possession du pont ou, en tous cas, d'une servitude de passage à titre d'enclave; — Attendu que, par jugement du juge de paix du canton de Triaucourt en date du 6 mai 1878, il a été décidé que la commune ne prouvant pas d'actes de propriété sur le pont n'en était pas en possession, mais qu'elle pourrait invoquer les faits de passage comme constituant la possession d'une servitude à raison de l'enclave; — Attendu que Lombard ayant porté appel de ce jugement, prétend : 1° que l'enclave n'existe pas; 2° que le juge de paix a eu tort de décider que la servitude de passage peut servir à la généralité des habitants, alors qu'il ne pouvait profiter qu'aux héritages enclavés pour leur exploitation; 3° qu'enfin la commune de Beauzée ne représentant pas les habitants dont les propriétés sont enclavées, n'avait pas qualité pour revendiquer le passage en leur nom; — 1° Sur l'état d'enclave : — Attendu que la situation matérielle des lieux, constatée lors du transport du juge de paix de Triaucourt, prouve que l'île où se trouvent des maisons, des propriétés rurales et un pâtis communal est enclavée; que le passage à gué de la rivière est souvent tout à fait impossible; que la passerelle du déversoir n'ayant qu'un mètre de largeur est impraticable pour plus d'une personne, tandis qu'il est allégué que le passage se fait non-seulement par gens de pied, mais avec chevaux et voitures; — Que, dans cet état des faits, le passage étant insuffisant, il y a enclave; que la disposition des lieux le démontrerait au besoin; que le pont du moulin n'est pas exclusif à l'usine; que deux chemins y aboutissent et s'y relient; — 3° Sur le grief résultant de ce que la servitude de passage ne devrait servir qu'à l'exploitation des héritages enclavés et non à la généralité des habitants: — Attendu que le juge de paix, tout en reconnaissant que la servitude de passage à titre d'enclave existait pour la généralité des habitants, a clairement décidé que cet usage se ferait dans les limites de l'art. 682, C. civ.; que la généralité des habitants est bien en possession du droit de passage, mais que ce droit n'a en vue que les besoins des terrains enclavés d'après le mode de la possession; — Que, dans ces conditions, la décision du juge de paix a fait une juste application des principes de droit; — 3° Sur le grief relatif au défaut de qualité de la commune de Beauzée pour intenter le procès, alors qu'elle n'est propriétaire que du pâtis communal: — Attendu que le droit de propriété de la commune justifie son action; qu'elle peut retirer du pâtis communal toutes les utilités qu'il peut produire, et qu'à ce titre elle a évidemment qualité pour invoquer l'enclave; qu'en outre, en exerçant l'action en complainte, elle défendait ainsi l'usage du chemin situé dans l'île, et qu'il est de principe qu'en général tout ce qui concerne l'usage des chemins compète à la collectivité des habitants, c'est-à-dire à la commune; — Attendu que, les objections élevées contre le jugement du 6 mai 1878 étant écartées, il reste à examiner les conclusions subsidiaires prises par les parties; — Attendu que l'expertise sollicitée par Lombard ne peut être admise; qu'en effet, l'enclave est dès à présent prouvée; que le pont, ne fût-il même plus assez solide pour supporter le passage d'une voiture, il n'en résulterait pas que la servitude n'ait pu précédemment être exercée de cette manière; qu'il est possible que l'exploitation n'ait pas depuis quelque temps nécessité l'usage d'une voiture, mais que la possession n'en aurait pas moins été conservée; — Attendu que, si l'expertise ne doit pas être prescrite, l'enquête, au contraire, demandée par la commune, est nécessaire; que le tribunal a raisonné dans l'hypothèse sur laquelle s'est basé le juge de paix, c'est-à-dire actes de passage par gens de pied et par voitures; — Qu'aujourd'hui ces faits étant contestés et n'étant pas suffisamment reconnus dans les précédentes déclarations de Lombard, il y a lieu d'en ordonner la preuve; que la commune étant demanderesse, doit établir sa possession dans les termes où elle l'a réclamée; que l'enquête sera utile, parce qu'elle précisera les droits des parties, en indiquant le mode d'exercice de la servitude de passage à titre d'enclave.

Pourvoi du sieur Lombard-Jacquard.

ARRÊT

LA COUR : — Sur le premier moyen, pris de la violation et de la fausse application des art. 545, 682, 691, C. civ.,

des art. 23 et 25, C. pr. civ., et du principe que *nul ne plaide par procureur:*

Attendu, en ce qui concerne les art. 545 et 691, C. civ., et le prétendu cumul du pétitoire et du possessoire, que, dans le système du jugement attaqué, aucun des textes susvisés n'a dû exercer d'influence sur la solution du litige et n'a pu, dès lors, être violé;

Que c'est le principe de l'art. 682 que le tribunal a entendu invoquer, et que c'est de son application à la cause qu'il convient de vérifier la légalité;

Attendu, à cet égard, que, en autorisant la commune de Beauzée à réclamer au possessoire son maintien dans sa jouissance d'une servitude de passage, le jugement s'est fondé sur l'état d'enclave d'un des chemins communaux situés dans une île et considéré comme fonds dominant à l'égard du pont du moulin Lombard;

Attendu que, dans les circonstances spéciales de la cause, ce caractère de fonds dominant a pu être attribué à la voie communale, alors qu'il est constaté en fait que le chemin public dont il s'agit dessert soit un *pâtis* communal, soit plusieurs propriétés privées, qui, sans le passage réclamé, se trouveraient privés d'issue en dehors de l'île;

Attendu, en ce qui concerne le droit d'ester en justice, que la commune, personne civile et distincte de ses habitants, avait pu acquérir la servitude en qualité de propriétaire du chemin précité et qu'elle peut en réclamer la jouissance sans agir en qualité de représentant des propriétaires de l'île, *ut singuli*, mais dans le but légitime d'assurer sur son chemin la libre circulation de tous intéressés;

Sur le second moyen, pris de la fausse application de l'art 682, C. civ., en ce qui concerne l'existence même de l'enclave:

Attendu que, en constatant souverainement que le gué est souvent tout à fait impraticable, les juges ont donné une base légale à leur conclusion, qu'il y avait enclave de l'île au sens de l'art. 682 et que, par suite, c'est à bon droit qu'en présence de ce titre apparent ils ont fait porter leurs investigations sur des faits de possession de nature à déterminer le mode et l'assiette de la servitude de passage;

Rejette.

CASSATION, Ch. req. — 10 mai 1881.
(Comm. de Damvix c. Pizon.)

I, 129, 162.

Il appartient au juge du fait de décider souverainement si la possession prétendue sur un chemin est suffisamment caractérisée ou si elle est équivoque et précaire. Il lui appartient également de déterminer la nature du chemin en litige.

ARRÊT

LA COUR : — Sur le moyen unique du pourvoi, tiré de la violation des art. 538 et 2226, C. civ., et 23 et 24, C. pr. civ. :

Attendu que le jugement attaqué, après instruction préalable, a constaté en fait que la venelle ou chemin en litige ne possédait aucun des caractères qui distinguent les chemins publics qui appartiennent aux communes, qu'elle n'était pas destinée à un usage public, qu'elle a été créée pour desservir les propriétés qui la bordent, qu'elle n'a jamais été l'objet d'un arrêté de classement, que la commune n'y a fait, à aucune époque, acte de propriétaire, soit en l'entretenant, soit autrement;

Attendu que de ces constatations il résulte que le chemin ne faisait pas partie du domaine public communal et qu'il n'était pas, comme tel, imprescriptible;

Attendu qu'il appartenait au juge du fait de décider souverainement si la possession dont se prévaut le demandeur au possessoire est suffisamment caractérisée ou si elle est équivoque;

Attendu que le tribunal de Fontenay-le-Comte n'a fait qu'user de ce pouvoir souverain en décidant que Pizon avait une possession paisible, plus qu'annale, à titre de propriétaire ou de copropriétaire du terrain litigieux, en nature de venelle, et qu'il devait être maintenu en possession et jouissance; que loin de violer les articles visés au pourvoi, il en a fait une juste application;

Rejette.

CASSATION, Ch. civ. — 1ᵉʳ juin 1881.
(Dutap c. Carrière et Rey.)

I, 342.

Le juge du possessoire n'a pas le droit, sous prétexte qu'il est nécessaire de trancher la propriété, de renvoyer les parties au pétitoire pour faire prononcer sur le mérite d'un acte invoqué par le défendeur.

Du 17 février 1879, jugement contraire du tribunal de Perpignan ainsi motivé :

Attendu qu'il est de principe et de jurisprudence constante, que l'appel interjeté par le garant profite au garanti, bien que ce dernier ait acquiescé au jugement, cet acquiescement étant réputé n'avoir été donné que sous la condition tacite que le garant exécuterait lui-même la condamnation contre lui prononcée; — Attendu que les immeubles dont il s'agit, appartenant actuellement à Dutap et à Rey, ne formaient autrefois qu'une seule et même propriété ainsi que cela résulte notamment d'un acte de partage reçu par Mᵉ Traby, notaire à Elne, le 7 mai 1866, enregistré; — Attendu qu'aux termes de cet acte, Carrière et les époux Casteil, copartageants de ladite propriété, se sont engagés formellement à se fournir tous passages nécessaires à l'exploitation des parcelles partagées; — Attendu qu'en vendant plus tard à Rey l'une desdites parcelles, Carrière s'est cru autorisé à comprendre dans la vente un droit de passage pour l'acquéreur, avec charrette, et sur le côté nord des deux parcelles faisant partie du lot des époux Casteil; — Attendu que, suivant acte reçu le 12 mars 1877, par Mᵉ Tarbourieck, Dutap a acquis des époux Casteil, susnommés, les deux parcelles en question; — Attendu que l'action intentée par Dutap contre Rey devant le premier juge avait pour but d'empêcher Rey d'exercer le droit de passage que celui-ci croit tenir de son propre titre d'acquisition et de l'acte de partage susvisé; — Attendu que pour apprécier le bien ou mal fondé des prétentions de Dutap, le juge de paix devait forcément interpréter les différents titres de propriété invoqués par les parties en cause, notamment la portée de l'engagement pris par les propriétaires originaires dans l'acte de partage prérappelé relativement au passage à se fournir réciproquement; — Que dès lors le juge de paix était incompétent; — Par ces motifs, le tribunal déclare l'appel de Carrière recevable; — Dit que cet appel profitera à Rey; — Annule et met à néant comme incompétemment rendus les jugements de M. le juge de paix du canton de Perpignan, à la date du 23 mars 1878.

Pourvoi du sieur Dutap.

ARRÊT

LA COUR : — Statuant sur le moyen unique du pourvoi :

Vu l'art. 6, n° 1, de la loi du 25 mai 1838 :

Attendu qu'il appert des qualités du jugement attaqué que Dutap a fait citer Rey, devant le juge de paix de Perpignan, à l'effet d'être maintenu dans la possession annale qu'il avait du terrain litigieux avant le trouble résultant de l'établissement par Rey d'un chemin carrossable sur cette parcelle de terrain ;

Attendu que cette action par sa cause, comme par son objet, constituait une complainte possessoire de la compétence du juge de paix ;

Qu'à la vérité, Carrère appelé en garantie par le défendeur, a excipé d'un droit de passage concédé sur le terrain de Dutap, au profit de la parcelle appartenant à Rey, et a invoqué à l'appui de cette prétention les clauses d'un acte de partage intervenu entre les anciens propriétaires ;

Mais attendu que cette prétention tirée du fond du droit, et étrangère aux faits mêmes de possession et de trouble n'a pu changer la nature du litige, ni faire obstacle à ce que le juge du possessoire statuât sur l'action en complainte dont il était compétemment saisi ;

D'où il suit qu'en décidant le contraire, par le motif que la prétention de Dutap ne pouvait être appréciée qu'au moyen de l'interprétation des titres de propriété, le jugement a violé l'art. 6 précité de la loi du 25 mai 1838 ;

Casse.

CASSATION, Ch. req. — 13 juin 1881.
(Rémy Pellissier c. Charréard.)

I, 241, 587.

S'il est nécessaire de consulter les titres lorsqu'il s'agit de droits communs, le juge du possessoire doit toujours restreindre son examen à la qualification de la possession.

L'existence d'un portail sur un chemin constitue un signe apparent qui suffit pour conserver la possession.

Du 14 avril 1880, jugement du tribunal de Grenoble qui statue dans les termes suivants :

Attendu qu'il est de jurisprudence constante qu'il appartient aux juges du possessoire, pour déterminer le caractère et la nature de la possession actuelle, de consulter tous les documents ou éléments propres à éclairer cette possession ; — Attendu que les propriétés Pellissier et Charréard étaient desservies, l'une, par le chemin les Boîteuses, l'autre par le chemin Bonaimé ; — Que le chemin du bois d'Artas prenant naissance au chemin des Boîteuses et ne s'étendant pas au delà de l'extrémité de ces deux propriétés, prouve d'une manière certaine qu'il a été créé dans leurs intérêts communs pour en faciliter réciproquement l'exploitation et que l'assiette du chemin a été prise moitié sur chacune d'elles : — Que l'examen des lieux implique donc une propriété commune de ce chemin ; — Attendu que cette copropriété est d'autant plus certaine, que depuis plus de trente ans, Charréard, ou ses auteurs ont établi un portail ayant accès sur ce chemin, qu'à cette époque la propriété Guigounet en face de laquelle se trouve ce portail était entre les mêmes mains que celle qu'aujourd'hui possédée par Pellissier et qu'il est hors de doute que si le chemin du bois d'Artas n'avait pas été une propriété commune, les auteurs de Pellissier ne l'auraient pas laissé établir, ou l'auraient fait enlever avant l'expiration de trente ans ; — Que vainement on objecte que Charréard ayant clos sa propriété par une haie vive placée au bord de ce chemin, il ne l'a exploitée qu'en passant par la section qui aboutit au chemin des Boîteuses et qu'il aurait perdu la possession annale pour la section qui se dirige vers la propriété Teyssier ; — Qu'un pareil raisonnement n'est que spécieux, car les droits de Charréard résultant de l'établissement de son portail s'étendent sur le chemin dans tout son parcours ; — Que ce portail constitue une possession constante de toutes les parties du chemin ; — Attendu que si, conformément à la jurisprudence, on interprète la possession actuelle par des actes anciens de possession, l'examen des lieux fait connaître qu'à l'extrémité de la propriété Charréard, la haie avait été en partie enlevée et que l'exploitation avait eu lieu par cette ouverture, ce qui prouve la possession de Charréard dans tout le parcours du chemin ; — Attendu que si on consulte les titres, on ne trouve aucune preuve de propriété exclusive du chemin au profit des auteurs de Pellissier ou de Charréard ; — Que l'acte du 19 avril 1692, reçu Balthasard, notaire, constate seulement qu'à cette époque existait le chemin du bois d'Artas entre les fonds du seigneur de Saint-Guillaume, auteur de Pellissier, et de la dame Dupuy, auteur de Charréard, chemin sur lequel des droits étaient réservés au profit des auteurs de Teyssier ; — Que si dans l'acte de vente du 10 janvier 1771, reçu Toscan, notaire, les auteurs de Pellissier donnent pour confins Chabert, auteur de Charréard, sans qu'il soit question du chemin du bois d'Artas, alors qu'il existait déjà depuis longtemps, on ne peut tirer du défaut d'énonciation de ce chemin comme limite aucun argument en faveur de la propriété exclusive du chemin, soit en faveur des uns, soit en faveur des autres ; — Attendu que Charréard ne conteste pas à Pellissier la possession commune du chemin du bois d'Artas ; — Par ces motifs, etc.

Pourvoi du sieur Pellissier.

ARRÊT

LA COUR : — Sur le moyen unique, pris de la violation des art. 23 et 25, C..pr. civ. :

Attendu que l'action en complainte intentée par Pellissier tendait à le faire déclarer et maintenir en possession exclusive du chemin du bois d'Artas ;

Attendu que, sans contester la possession de Pellissier, les consorts Charréard soutenaient qu'ils avaient une possession commune avec lui du chemin litigieux ;

Attendu qu'il résulte du jugement attaqué que les défendeurs éventuels ou leurs auteurs avaient, depuis plus de trente ans, ouvert un portail donnant accès de la propriété Charréard sur ledit chemin et qu'il existait encore au moment où Pellissier a introduit sa demande ;

Attendu que l'existence de ce portail était un fait constant et non interrompu, manifestant la possession plus qu'annale du chemin par les consorts Charréard ;

Attendu que le jugement attaqué, appréciant l'état des lieux et les titres produits, se borne à déclarer qu'ils ne contredisent pas le caractère commun de la possession entre le demandeur et les défendeurs éventuels ;

D'où il suit qu'en rejetant la prétention de Pellissier à la possession exclusive et en maintenant les parties dans la possession commune du chemin litigieux, le jugement attaqué n'a pas cumulé le possessoire avec le pétitoire et n'a fait qu'une juste application de l'art. 23, C. pr. civ. ;

Rejette.

CASSATION, Ch. req. — 13 juin 1881.
(Martin c. Comm. de Villapourçon.)

I, 619.

Il appartient au juge du fond d'apprécier les termes des actes produits pour en déduire l'existence ou la non-existence d'une servitude.

ARRÊT

LA COUR : — Sur le premier moyen,

tiré de la violation des art. 592, 2229, 2234 et 2262, C. civ., et 7 de la loi du 20 avril 1810 :

Attendu qu'il appartient aux juges du fond de constater la durée d'une possession, de vérifier le caractère des faits qui la constituent, de rechercher s'ils sont ou ne sont pas susceptibles de faire acquérir la prescription, d'apprécier notamment si des faits de passage, de puisage, d'abreuvage, de pacage et d'extraction de matériaux propres à bâtir doivent être considérés comme l'exercice d'une servitude ou comme l'exercice d'un droit de propriété pouvant concourir à constituer une possession conduisant à la prescription ;

Attendu que la Cour de Bourges, dans l'examen auquel elle s'est livrée de l'ensemble des faits de la cause, a reconnu que la possession de la commune de Villapourçon, par sa durée et ses caractères, avait conduit cette commune à acquérir par prescription la propriété des parcelles litigieuses ;

Qu'en le décidant ainsi, elle s'est bornée à user de son pouvoir de constater les faits et de les apprécier, et qu'elle a suffisamment justifié son arrêt par ses déclarations souveraines ;

Rejette.

CASSATION, Ch. civ. — 15 juin 1881.
(Niocel c. Mohamed-ben-Saad.)

I, 594.

Les concessions expresses ou tacites sur les cours d'eau dépendant du domaine public créent au profit de ceux qui les obtiennent un droit de possession utile à l'égard des tiers. L'action possessoire est offerte au riverain contre les troubles causés par ces derniers, sans qu'elle puisse être déclarée non recevable par le motif qu'une semblable possession serait précaire à l'égard du domaine ; l'État seul ayant le droit d'invoquer ce moyen.

Du 25 mars 1879, jugement du tribunal de Sétif, qui statue dans les termes suivants :

Attendu que par jugement contradictoire rendu par M. le juge de paix de Sétif le 12 juin 1878, enregistré, le sieur Mohamed-ben-Saad a été condamné à payer au sieur Niocel diverses sommes énoncées audit jugement ; —

Attendu que le sieur Mohamed-ben-Saad a, par exploit susénoncé, relevé appel de ce jugement, et ce pour les torts et griefs que lui cause ledit jugement; — Attendu que les cours d'eau non navigables ni flottables en Algérie appartiennent à l'Etat; — Attendu que l'Etat dispose dans ce pays de toutes les eaux et en règle l'usage entre les particuliers; — Attendu qu'il est d'usage que les riverains d'amont utilisent les eaux à leur profit à moins de règlement contraire; qu'en particulier on ne peut avoir d'action contre un autre en pareille matière qu'en vertu d'un règlement, en justifiant que la non-exécution de ce règlement lui porte préjudice; — Attendu, dans l'espèce, que Niocel ne produit aucun règlement; — Que dans la régularisation de son usine située en aval, il n'établit pas que les riverains aient été privés de leurs droits à l'irrigation; — Attendu que les agents de l'autorité ont seuls qualité pour intervenir dans une entreprise sur un cours d'eau lorsqu'il n'existe pas de règlement; — Reçoit en la forme Mohamed-ben-Saad appelant du jugement du 17 juin dernier; — Au fond, reconnaît son appel justifié; — Annule ledit jugement.

Pourvoi du sieur Niocel.

ARRÊT

LA COUR : — Statuant sur le moyen unique du pourvoi :

Vu les art. 2, § 3, de la loi du 16 juin 1851, et 1382, C. civ. :

Attendu que la demande de Niocel contre Mohamed-ben-Saad avait pour objet la réparation de dommages résultant de détournement d'eau opéré sur l'Oued-Bousselam, au préjudice des droits dudit Niocel comme propriétaire de moulin régulièrement établi sur ce cours d'eau dépendant du domaine public;

Attendu que le jugement dénoncé ne méconnaît pas le fait des détournements et des dommages allégués;

Que sans contester davantage l'existence des autorisations administratives nécessaires pour constituer l'établissement régulier des moulins dont il s'agit, le jugement a repoussé la demande de Niocel, en se fondant sur ce que, dans la régularisation de son usine, il ne produisait aucun règlement auquel Mohamed-ben-Saad aurait contrevenu, et sur ce que les agents de l'autorité ont seuls qualité pour intervenir dans une entreprise sur un cours d'eau lorsqu'il n'existe pas de règlement;

Mais, attendu que si, en cette matière, les autorisations données par l'administration peuvent toujours être re-

tirées ou modifiées par elle, dans un intérêt public, elles n'en confèrent pas moins, tant qu'elles existent, aux permissionnaires autorisés vis-à-vis des tiers, des droits que ceux-ci sont tenus de respecter, et une action utile pour l'exercice de ces droits;

Que spécialement les riverains d'amont, conservant en l'absence d'un règlement contraire la faculté de se servir des eaux, ne doivent en user qu'à la condition de ne pas nuire aux droits conférés par l'administration aux permissionnaires inférieurs;

Attendu qu'il suit de ce qui précède, qu'en repoussant dans les circonstances et par les motifs ci-dessus rappelés, l'action du demandeur en cassation, le jugement attaqué a faussement appliqué l'art. 2, § 3, de la loi du 16 juin 1851 et violé l'art. 1382, C. civ.;

Casse.

CASSATION, Ch. civ. — 22 juin 1881.
(Du Boë c. de Bataille.)

I, 226, 241.

Le fait par un communiste de détourner les eaux d'un canal destiné au service du fonds commun et de les employer en presque totalité à l'irrigation d'un héritage, autorise les autres communistes à réclamer par la complainte la cessation de cette entreprise.

Pour savoir si le fait dénoncé étend la jouissance d'un communiste contrairement à la destination de la chose, le juge a le droit et le devoir de consulter les titres.

ARRÊT

LA COUR : — Sur le moyen unique du pourvoi :

Vu l'art. 23, C. pr. civ., et l'art. 6 de la loi du 25 mai 1838 :

Attendu, en droit, que l'action possessoire peut s'exercer entre communistes, à raison de tout fait qui nuit à la jouissance de l'un d'eux contrairement à la destination de la chose commune;

Attendu que pour reconnaître cette destination, le juge du possessoire peut se fonder tant sur la possession que sur les titres qu'il a le droit et le devoir de consulter pour éclairer la possession ;

Attendu qu'il est allégué et non contesté que la concession du canal dont il s'agit a été faite originairement à Bordenave, pour le service de son fonds, et que le canal constitue aujourd'hui une propriété indivise et commune entre tous les détenteurs actuels des terrains démembrés du fonds Bordenave ;

Attendu, dès lors, que le fait d'avoir détourné les eaux dudit canal, pour les employer à l'irrigation d'un autre fonds, était de nature à apporter un trouble à la jouissance des autres communistes, et que ces derniers étaient en droit de demander au possessoire la cessation de ce trouble ;

Qu'en déclarant l'action possessoire non recevable ou mal fondée, le jugement attaqué a faussement appliqué l'art. 25, C. pr. civ., et expressément violé les dispositions précitées ;

Casse.

TRIB. DE REIMS. — 15 déc. 1881.
(Comm. de Cormontreuil c. Monlaurent.)

I, 516.

Celui qui a été, pendant plusieurs années, maire d'une commune, peut, immédiatement après avoir cessé ses fonctions et sans avoir acquis une possession nouvelle, exercer l'action en complainte contre la commune; il lui suffira d'établir l'existence d'une possession légale dans l'année qui a précédé son acceptation des fonctions de maire.

JUGEMENT

LE TRIBUNAL : — Attendu que l'appel est fondé sur ce double motif : 1° que Monlaurent n'aurait pas suffisamment précisé les faits de possession qu'il prétend établir ; 2° que la possession, nécessaire pour donner l'action possessoire, doit avoir été utilement exercée pendant toute l'année qui a précédé le trouble, et que le sieur Monlaurent ayant cessé ses fonctions de maire de la commune seulement le 23 janvier 1881, ne peut justifier d'une possession annale ;

Sur le premier grief :

Attendu que les articles 23 et suivants, C. pr. civ., déclarent l'action recevable à la seule condition, pour celui qui l'exerce, de prouver qu'il possède par lui ou ses auteurs depuis plus d'un an à titre paisible et non précaire ;

Attendu qu'en prétendant par l'exploit introductif que depuis un temps immémorial il a possédé par lui et ses auteurs, avec les conditions prescrites par la loi, la parcelle litigieuse, sise à Cormontreuil, entre la Vesle et la route de Reims, dite « Terrain des Marronniers », Monlaurent s'est conformé aux articles précités ;

Attendu qu'en l'autorisant à prouver cette possession, antérieure à l'acceptation des fonctions de maire, le jugement du 5 juillet 1881 a suffisamment marqué que Monlaurent devait avoir, au moment où ont commencé ses fonctions, la durée de possession nécessaire pour donner l'action possessoire ;

Sur le second grief :

Attendu qu'en supposant établi ce qu'il demande à prouver, qu'au moment où il est devenu maire de Cormontreuil, Monlaurent possédait depuis plus d'un an et un jour à titre paisible et non précaire la parcelle dont s'agit, l'acceptation de ces fonctions n'a pu lui enlever le bénéfice de ce droit acquis ;

Qu'une fois maire, il est vrai, Monlaurent n'aurait pu commencer une possession utile contre la commune ou compléter le temps non encore révolu d'une possession annale, par cette raison qu'administrateur des intérêts communaux, il aurait dû interrompre cette prescription contre lui-même ; mais que le bénéfice de l'action possessoire une fois obtenu, même en l'absence d'une décision judiciaire qui la constate, ce bénéfice doit se conserver comme se conserverait celui d'une possession décennale ou trentenaire ;

Attendu que les divers documents de jurisprudence invoqués par la commune supposent tous une possession incomplète, à laquelle il faudrait ajouter, pour atteindre la durée légale, tout ou partie du temps pendant lequel la personne a rempli les fonctions de maire ; que vouloir étendre ces décisions à l'action possessoire une fois acquise, ce serait considérer l'acceptation des fonctions comme un trouble dans l'exercice duquel le maire devrait, pour tous les biens qu'il possède sans titre incontestable, exercer la complainte contre la commune;

Par ces motifs, adoptant, au surplus, les motifs du premier juge;

Confirme.

_____

TRIB. DE SAINT-GAUDENS. —
23 décembre 1881.
(Péchieu c. Samouillan.)

I, 325.

Si le défendeur en maintenue possessoire d'une servitude de passage pour enclave, objecte que le complaignant puise dans un titre le droit de passer sur un autre fonds, le juge du possessoire ne peut, sans cumuler le possessoire et le pétitoire, trancher la question de savoir si la servitude est éteinte par le non-usage.

JUGEMENT

LE TRIBUNAL : — Attendu que le sieur Péchieu, appelant des jugements rendus par M. le juge de paix d'Aurignac, les 26 mai, 2, 7 et 13 juillet 1880, avait été admis, par jugement interlocutoire du tribunal, en date du 1er juin 1881, à prouver qu'il avait, pour l'exploitation de son immeuble, n° 204 du plan cadastral, la possession annale du passage par lui exercé sur l'immeuble n° 221 de Samouillan;

Attendu que la question est de savoir s'il a, d'une part, une possession utile, c'est-à-dire non équivoque ni précaire, et si, d'autre part, il est en état d'enclave, puisqu'il est sans titre et qu'il s'agit d'une servitude discontinue;

Sur le premier point:

Attendu que des enquêtes auxquelles il a été procédé à l'audience, il est résulté que le sieur Péchieu est passé quelquefois dans une autre direction que celle de l'immeuble n° 221, mais principalement et habituellement sur cette dernière parcelle du sieur Samouillan, ce qui suffit pour le caractère légal de sa possession;

Sur le deuxième point:

Attendu que le sieur Péchieu est, en fait, matériellement enclavé, puisque sa parcelle n'aboutit pas à la voie pu-

blique, mais que, d'après le sieur Samouillan, il aurait un droit de passage établi par titre à travers l'immeuble longeant le ruisseau d'Allières et sur diverses parcelles jusqu'au chemin public;

Attendu qu'il appartient au juge du possessoire d'apprécier toutes les conditions de la possession et de vérifier par suite l'enclave et les titres quand il s'agit d'une servitude de passage; mais qu'il ne suffit pas, dans la cause, d'examiner le plan des lieux ni de consulter les actes produits; qu'il faudrait décider, selon les prétentions du sieur Samouillan, que la servitude stipulée dans l'acte public du 7 novembre 1847 n'est pas éteinte par le non-usage, parce que la prescription trentenaire aurait été interrompue par la minorité du sieur Péchieu, et que cette servitude, établie pour l'immeuble n° 204, grève non-seulement la partie de parcelle qui lui est affectée par le titre, mais encore les autres parcelles qui la séparent du chemin public;

Attendu qu'une pareille solution dépasserait les limites du possessoire; d'où il suit qu'il ne faut pas ordonner l'expertise subsidiairement demandée par le sieur Samouillan, mais qu'il faut s'en tenir au fait matériel de l'enclave résultant de la situation des lieux;

Attendu, en conséquence, que c'est à tort que le premier juge avait accueilli l'action possessoire intentée contre le sieur Péchieu et condamné celui-ci à des dommages pour le prétendu trouble qui lui était reproché;

Par ces motifs, sans s'arrêter ni avoir égard aux conclusions tant principales que subsidiaires du sieur Samouillan;

Infirme les jugements rendus entre parties par M. le juge de paix d'Aurignac; maintient le sieur Péchieu dans la possession annale du passage dont s'agit.

_____

CASSATION, Ch. civ. — 6 mars 1882.
(Delort c. Reverdy.)

I, 240, 244.

Si le juge du possessoire a le droit d'apprécier les titres, il ne peut en user que pour déterminer le caractère légal de

*la possession; il ne saurait baser sa lé-
cision sur ces titres sans cumuler le possessoire avec le pétitoire.*

ARRÊT

LA COUR : — Sur le moyen unique
du pourvoi :

Vu l'art. 25, C. pr. civ. :

Attendu que, si le juge du possessoire
a le droit d'apprécier les titres produits
par les parties, il ne peut en user que
pour déterminer le caractère légal de
la possession invoquée, mais qu'il ne
peut, sans excéder les limites de sa compétence, baser sa décision sur des motifs uniquement tirés du fond du droit
et interpréter les titres dans le seul but
d'apprécier une contestation sur les
droits respectifs des parties résultant
de ces titres;

Attendu, en fait, que la dame Reverdy
réclamait sa maintenue en possession
d'un sol à dépiquer dont elle se prétendait propriétaire, et dont le sieur Delort,
son frère, avait la jouissance indivise
avec elle, aux termes d'un arrêt de la
Cour d'appel de Montpellier, en date du
3 août 1874, arrêt qu'elle invoquait pour
critiquer les actes de jouissance de son
communiste, comme excédant le droit
restreint qui, suivant elle, dérivait à son
profit de cet arrêt;

· Attendu que la sentence du juge de
paix dont le jugement attaqué a adopté
les motifs, et, après elle, ledit jugement,
n'ont pas basé leur décision sur la
possession invoquée par la demanderesse, et sur les caractères légaux de
cette possession pouvant résulter de
l'appréciation de l'arrêt produit, mais
uniquement sur la portée et l'étendue
du droit respectif des parties dans la
jouissance commune résultant à leur
profit de cet arrêt;

Qu'en statuant ainsi et en empruntant exclusivement au fond du droit les
motifs de sa décision, le jugement attaqué a empiété sur le pétitoire et formellement violé l'article de loi ci-dessus
visé;

Casse.

CASSATION, Ch. req. — 14 mars 1882.
(Maurel c. de Rouzaud.)

I, 228.

L'usage des eaux courantes est suscep-

*tible de possession comme les autres
natures de biens et il donne aux riverains le droit de faire réprimer par le
juge du possessoire tout acte constitutif
d'un trouble.*

ARRÊT

LA COUR : — Sur le premier moyen
du pourvoi, tiré de la violation des
art. 644, 2232, C. civ., 23, C. pr. civ.,
et des règles et principes en matière
d'actions possessoires et de la fausse
application de l'art. 6 de la loi du 25 mai
1838 :

Attendu, en droit, que l'usage des
eaux courantes est susceptible de possession, comme les autres biens, ainsi
que cela résulte des termes de l'art. 6 de
la loi du 25 mai 1838;

Attendu qu'il ne s'agit, au possessoire, que de maintenir la possession
plus qu'annale des eaux courantes contre les troubles et entreprises nuisant à
son exercice; que c'est au pétitoire seulement que les riverains peuvent être
admis à faire valoir tous les droits contraires à la possession plus qu'annale de
cet usage, aussi bien ceux qui leur
seraient conférés par l'art. 644, C. civ.,
que ceux qui procèderaient de titres
distincts et particuliers;

Attendu, en fait, que le jugement
attaqué constate que le sieur de Rouzaud, riverain du ruisseau dit le Couti-
ron, avait pour les besoins de ses moulins la jouissance plus qu'annale des
eaux de ce ruisseau, dans l'état et au
niveau naturel desdites eaux;

Que cette jouissance a été troublée
par les travaux que Gervais Maurel a
exécutés sur le ruisseau en amont du
barrage de Rouzaud;

Attendu qu'en décidant, comme conséquence de ces constatations, que l'action possessoire intentée par le riverain
supérieur était recevable, que de Rouzaud devait être maintenu en possession, et que Gervais Maurel serait tenu
de détruire les travaux cause du trouble, le jugement du tribunal de Pa-
miers n'a fait qu'une saine application
de la loi;

Rejette.

CASSATION, Ch. req. — 29 mars 1882.
(Alcime Roch c. Hermonet.)

I, 566, 582.

La fabrique d'une église peut recourir à l'action possessoire pour obtenir la remise en possession d'une servitude acquise au presbytère. Spécialement, elle a le droit de conclure au rétablissement des lieux dans leur état primitif et à des dommages-intérêts contre le maire d'une commune qui s'est permis d'enlever violemment les volets d'une fenêtre du presbytère, de faire desceller et arracher les ferrures et de murer ladite fenêtre de manière à faire disparaître le droit de vue existant au profit du presbytère.

ARRÊT

LA COUR : — Sur le premier moyen, tiré de la violation de la maxime que : *Nul en France ne plaide par procureur*, et de la fausse application de l'art. 37, § 4, du décret du 30 décembre 1809 :

Attendu qu'il résulte de l'arrêt attaqué que la fabrique, demanderesse au procès, a assigné le sieur Roch et le sieur Marais, défendeurs originaires, pour avoir fait enlever violemment les volets d'une fenêtre du presbytère de Saint-Denis-le-Chevasse, fait desceller et arracher les ferrures, et murer ladite fenêtre de manière à faire disparaître le droit de vue existant au profit du presbytère ; qu'elle a conclu contre eux au rétablissement des lieux dans leur état primitif, et, en outre, à des dommages-intérêts ;

Attendu qu'une telle demande avait pour objet la cessation d'une usurpation et la remise en possession d'une servitude que la fabrique prétendait acquise au presbytère ;

Attendu que, s'il est établi que le presbytère dont il s'agit est une propriété communale, il résulte des dispositions combinées des art. 1er, 37 et 79 du décret du 30 décembre 1809, que la fabrique était chargée de veiller à son entretien et à sa conservation, et qu'à ce titre, étant dûment autorisée, elle avait qualité pour intenter l'action ci-dessus telle qu'elle était formulée ;

Qu'aucune conséquence contraire n'est à tirer des dispositions du décret du 6 novembre 1813 qui détermine les droits personnels des titulaires des offices ecclésiastiques, sans modifier, quant à la faculté d'ester en justice, la compétence et les attributions des fabriques ;

Que loin de là, ces attributions reçoivent une nouvelle sanction des termes de l'art. 1er dudit décret ;

Attendu qu'en concluant contre le sieur Roch à des dommages-intérêts, la fabrique n'a point excipé des droits personnels du curé, qu'elle a agi aux qualités qui lui sont propres, pour formuler un chef de demande dont la cause réside dans le fait même qui motive son action principale ;

D'où il suit qu'en repoussant la fin de non-recevoir proposée par M. Roch et tirée, à l'encontre de la fabrique, d'un défaut de qualité, l'arrêt attaqué n'a violé ni faussement appliqué aucun principe de droit ;

Sur le deuxième moyen, tiré d'un excès de pouvoir et de la violation des art. 10 de la loi du 18 juillet 1837 et 1998, C. civ., et des règles touchant l'exercice des actions contre une commune :

Attendu qu'en agissant en sa qualité de maire de Saint-Denis-la-Chevasse, avec ou sans l'approbation du conseil municipal, le défendeur éventuel avait le choix des mesures à prendre au nom et dans l'intérêt de cette commune et gardait ainsi la responsabilité éventuelle de ses actes personnels dans le cas où ils constitueraient une faute ;

Attendu que ce caractère appartient, en l'état, aux faits articulés dans la demande originaire, et qu'en maintenant en cause le sieur Roch, pour avoir à défendre sur la condamnation personnelle demandée contre lui, à raison du préjudice causé par des actes qualifiés de vexatoires et dont le résultat a été la privation de la servitude réclamée par le presbytère, les juges du fond, loin de commettre un excès de pouvoir, ont fait une juste application de l'art. 1382, C. civ. ;

Rejette.

CASSATION, Ch. req. — 25 avril 1882.
(Ménot c. Alatienne.)

I, 501.

La sentence qui a déclaré la possession au profit de l'une des parties ne forme aucun préjugé quant à la propriété. Le juge du pétitoire statue sur la propriété sans se préoccuper de cette décision. Il peut, notamment, tirer de la présomption légale que la propriété du dessous emporte celle du dessus, la preuve qu'une haie appartient au propriétaire du mur de soutènement sur lequel elle est excrue, alors même que la possession annale de la haie aurait été reconnue en faveur du défendeur.

ARRÊT

LA COUR : — Sur le moyen unique pris de la violation des art. 711, 1341, 1353 et 2262, C. civ.:

Attendu que le moyen manque en fait ;

Attendu que l'arrêt attaqué ne s'est pas fondé sur de simples présomptions humaines pour accueillir la demande en revendication d'un immeuble dont la possession aurait été reconnue au profit de Ménot ;

. Attendu que, sans avoir à s'expliquer sur les caractères de cette possession, il a suffi aux juges du fond de constater que la haie était excrue sur le mur de soutènement dont la propriété n'est pas contestée à la dame Alatienne, pour qu'ils eussent le droit et le devoir d'en conclure que la propriété du dessous emportait celle du dessus ;

Attendu que ce principe, consacré par les art. 552 et 553, et la présomption de droit qui en résulte, constituent un titre légal, et qu'en consacrant ce principe au profit de la dame Alatienne, la Cour d'appel n'a violé ni les articles de loi susvisés, ni la règle *In pari causâ, potior est causa possidentis*, alors que Ménot ne se prévalant ni d'un titre ni d'une prescription acquisitive, la situation des deux parties n'était pas pareille ;

Rejette.

———

CASSATION, Ch. civ. — 17 mai 1882.
(Cretin c. Pelosse.)

I, 31, 101.

Comme juge d'appel, le tribunal civil n'a pas une compétence plus étendue que celle des juges de paix, dont les jugements lui sont déférés.

Le juge de paix, saisi d'une action en bornage, cesse d'être compétent lorsque le défendeur oppose un bornage antérieur et revendique des parcelles déterminées en dehors des bornes plantées à l'amiable, alors que cette revendication s'appuie sur les termes d'une convention arrêtée entre les parties lors de ce bornage.

ARRÊT

LA COUR : — ... Sur les autres chefs du jugement attaqué par le premier et le second moyen du pourvoi, et relatifs au bornage, à l'élagage de la haie vive existant entre le Pré-Neuf de Cretin et la terre Torail-Julien de Pelosse, et à l'extraction des arbres qui sont dans cette haie :

Vu les art. 6, § 2, 5, § 1er, de la loi du 25 mai 1838, et l'art. 4, tit. IV, de la loi des 16-24 août 1790 :

Attendu que les tribunaux civils, investis par l'art. 4, du tit. IV, de la loi de 1790 ci-dessus visé et par l'art. 12, tit. III, de la même loi, du droit de prononcer en dernier ressort sur les appels des sentences des tribunaux de paix, n'ont pas, comme tribunaux d'appel, une compétence plus étendue que celle des juges de paix, dont les décisions leur sont déférées ;

Attendu que le juge de paix cesse d'être compétent sur les actions en bornage, sur celles relatives à la distance prescrite par la loi, les règlements particuliers et l'usage des lieux, ainsi que sur celles relatives à l'élagage des arbres ou haies, toutes les fois que les droits de propriété ou de servitude ou les titres qui les établissent sont contestés ;

Attendu, en fait, que le juge de paix de Chauffailles, saisi de l'action de Cretin en bornage de sa prairie dite la Cornerie-sur-Tancon avec la terre limitrophe appartenant à Pelosse, appelée la Petite-Verchère, s'était déclaré incompétent sur cette action, par le motif que, depuis moins d'une année, il avait été procédé par les parties au bornage complet de leurs héritages, et que, d'une part, l'action de Cretin avait pour objet la revendication de parcelles déterminées de terrain, en dehors des bornes amiablement plantées, et que, d'autre part, elle nécessitait l'appréciation de la convention intervenue lors du bornage;

Attendu que le tribunal de Charolles, saisi par l'appel formé par Cretin, tant sur la compétence que sur le fond, sans contredire en rien les constatations de fait du premier juge, ni ses appréciations sur la nature et sur l'objet de l'action, mais en adoptant au contraire tous les motifs de la sentence, s'est néanmoins déclaré compétent, et a statué au fond en rejetant comme mal fondées les conclusions en bornage prises par Cretin;

Attendu que, la question de propriété soulevée sur l'action en bornage ne pouvant être vidée qu'au pétitoire, le tribunal devait, sinon, dès lors, se déclarer incompétent sur l'action de Pelosse contre Cretin, relative à l'élagage de la haie bordant sa terre appelée le Torail-Julien, et à l'enlèvement des arbres plantés dans cette haie, comme n'étant pas à la distance légale, tout au moins surseoir à statuer sur cette action jusqu'à ce que la limite des propriétés respectives des parties eut été fixée par le juge compétent;

D'où il suit qu'en se déclarant compétent et en statuant au fond, soit sur la demande en bornage formée par Cretin, soit sur celle formée par Pelosse, relative à l'élagage de la haie et à l'enlèvement des arbres qui s'y trouvaient, le tribunal a méconnu les règles de sa compétence, et a expressément violé les textes de loi ci-dessus visés;

Casse.

TRIB. DE SAINT-QUENTIN. —
31 mai 1882.

(Section de Méricourt c. Comm. de Croix-Fonsommes.)

I, 380.

Le droit de glanage peut donner lieu à l'action en complainte.

LE TRIBUNAL: — Attendu que la section de Méricourt prétend faire reconnaître qu'elle a toujours, et de temps immémorial, été en possession du droit exclusif de faire exercer le glanage sur le territoire de sa circonscription;

Attendu qu'en principe l'art. 23, C. pr. civ., sans définir les actions possessoires, ne les déclare recevables qu'autant qu'elles auront été formées dans l'année du trouble par ceux qui, depuis une année au moins, étaient en possession par eux ou les leurs à titre non précaire;

Attendu que c'est à dessein que le législateur n'a point désigné la nature des droits qui pourraient être garantis par la faveur due à la possession, et s'est borné à caractériser seulement les éléments de la possession;

Attendu qu'il suit de là que c'est arbitrairement que la commune de Croix-Fonsommes a fait rentrer le droit de glanage dans la catégorie des servitudes pour lui dénier ensuite la possibilité d'une application des règles de la possession;

Attendu que l'art. 21 de la loi des 28 septembre et 6 octobre 1791, qui reconnaît le glanage, le considère comme un usage qu'il ne définit pas, mais qui peut être comparé par analogie aux droits d'affouage et aux droits d'usages sur des prairies ou des marais, droits que la jurisprudence et la doctrine protègent par l'exercice de l'action possessoire;

Attendu que la commune défenderesse cherche vainement à démontrer que la possession de la section de Méricourt est empreinte de *précarité*, parce que, trouvant son titre dans la loi, ce titre accorde le droit de glanage à la commune, et non à des fractions de commune;

Qu'il est à peine nécessaire de s'arrêter à cette objection, puisque l'art. 21 de la loi du 21 septembre 1791 se sert de l'expression « dans les lieux où » et non pas des mots « dans les communes ou les paroisses »;

Attendu que les arrêtés du maire, relatifs au glanage, s'ils ne font pas mention des deux sections de la commune, ne contiennent rien dans leurs dispositions qui soit contraire à la possession indiquée ;

Attendu que les sections de commune peuvent, en principe, posséder des droits distincts de la commune entière ; que la réunion de Croix-Fonsomnes et de Méricourt nous en offre un exemple frappant dans l'existence, à Méricourt, d'un bureau de bienfaisance distinct ;

Attendu, dès lors, qu'il ne se comprendrait pas que les habitants de la section de Méricourt ne puissent pas posséder un droit distinct de glanage, conformément à des usages anciens ;

Attendu qu'en l'état, toutefois, la preuve des faits de possession n'est point administrée, et que c'est le cas d'en autoriser la preuve ; que, pour éviter, d'une façon générale, le caractère ambigu que pourrait revêtir le fond, il y a lieu de modifier d'office l'un des faits proposés en preuve ;

Par ces motifs, etc...

_____

CASSATION, Ch. req. — 19 juin 1882.

(Cabibel c. Vidal.)

I, 242.

Ne cumule pas le possessoire et le pétitoire le juge qui, pour résoudre une question de possession de servitude de passage, examine si le titre confère effectivement ce droit, en bornant d'ailleurs cet examen à la recherche des caractères légaux de la possession.

ARRÊT

LA COUR : — Sur le moyen unique du pourvoi, tiré de la violation des art. 23 et 25, C. pr. civ., et du cumul du pétitoire et du possessoire :

Attendu que le jugement attaqué déclare que le fait même de la possession annale d'une servitude de passage sur le fonds du demandeur n'était pas contesté par lui et résultait d'ailleurs de l'enquête du juge de paix ;

Que la seule question posée au tribunal était celle de savoir si la servitude discontinue de passage, prétendue par le défendeur éventuel, avait été exercée par lui en vertu d'un droit ou à titre précaire et de pure tolérance ;

Que c'est uniquement pour résoudre

cette question que le tribunal de Castres a consulté les titres et documents respectivement produits par les parties ;

Attendu qu'en interprétant dans la limite de son pouvoir les actes émanés des auteurs mêmes de Cabibel, le tribunal y a trouvé, uniquement en vue de caractériser la possession, la preuve que ces actes conféraient à Vidal sur le fonds appartenant aujourd'hui à Cabibel une servitude de passage indispensable pour l'exercice des droits qui lui étaient cédés sur le canal, sur les francs-bords et sur le barrage ; que cette servitude, stipulée expressément pour le cas de réparations où elle devait s'exercer avec plus d'étendue, était aussi consentie implicitement et nécessairement pour la surveillance du canal et du barrage et pour la manœuvre des vannes ;

Attendu qu'en déclarant, dans ces circonstances, que la possession de Vidal, réunissait les conditions exigées par la loi et qu'en accueillant par suite son action en complainte, le jugement attaqué n'a pas empiété sur le pétitoire et n'a pas violé les articles invoqués par le pourvoi ;

Rejette.

_____

CASSATION, Ch. civ. — 26 juin 1882.

(Fauque c. Tuja.)

I, 331.

La prestation de serment de la part des témoins entendus dans une enquête étant substantielle, l'omission de l'accomplissement de cette formalité entraîne la nullité du jugement auquel cette enquête a servi de base.

ARRÊT

LA COUR : — Sur le premier moyen du pourvoi :

Vu les art. 15 et 262, C. pr. civ.:

Attendu que le serment qui doit être prêté par les témoins avant de faire leurs dépositions est une formalité substantielle dont l'omission entraîne la nullité de l'enquête ;

Que toute formalité dont l'accomplissement n'est pas constaté est réputée avoir été omise ;

D'où suit que l'enquête est également frappée de nullité, alors que ni le procès-verbal de l'opération, ni le jugement, dans le cas où la loi n'exige pas qu'un procès-verbal soit dressé, ne mentionnent pas expressément la prestation de serment par les témoins ;

Attendu que le jugement attaqué, rendu en dernier ressort par le juge de paix de l'Arbah (Algérie), se borne à énoncer que les témoins cités à la requête de l'une des parties ont été entendus à l'audience, sans constater qu'ils ont prêté le serment prescrit par la loi ; qu'il s'est fondé sur les faits établis par leur témoignage ;

Qu'il ressort de là que l'enquête à laquelle il a été procédé étant nulle, comme ayant été reçue en violation des articles du Code de procédure civile ci-dessus visés, le jugement manque de base légale ;

Par ces motifs, et sans qu'il soit besoin de statuer sur le troisième moyen du pourvoi ;

Casse.

CASSATION, Ch. civ. — 28 juin 1882.
(de Saint-Pol c. Caillot.)

I, 240.

Il y a cumul du possessoire et du pétitoire de la part du juge qui tire de l'examen qu'il fait des titres produits, la conséquence que la possession n'est pas établie.

Du 27 juillet 1880, jugement du tribunal de Gex ainsi motivé :

Attendu que l'acte de vente du 1er octobre 1788, reçu Me Dubis, notaire à Gex, consenti par Pierre Morin Rouph de Varicourt à Jean-Louis Vachal, ne stipule un droit de passage sur la cour appartenant aujourd'hui à Caillot qu'au profit de la remise et de l'écurie pour le service de ces parties de l'immeuble, tant pour y arriver que pour en sortir et pour tous les besoins des services quelconques de ladite remise et écurie, sans que ce droit de passage ait été étendu au service des autres parties de l'immeuble Vachal possédé aujourd'hui par les mariés de Saint-Pol ; — Attendu que l'acte de conciliation ou de transaction intervenu le 29 juillet 1879 entre les parties n'a apporté aucun changement à la servitude de passage telle qu'elle a été constituée par l'acte du 1er octobre 1788 ; — Attendu que l'art. 3 de cette transaction, en exceptant du droit de passage les clients de l'étude et les personnes qui pourraient être employées à

toute autre profession établie dans la maison des mariés de Saint-Pol, stipule d'une manière formelle que ce passage sera exercé par les mariés de Saint-Pol ou leurs serviteurs et leur personnel ordinaire ; que ces expressions excluent évidemment le droit de faire passer des ouvriers pour des travaux de construction ou réparations autres que ceux nécessaires aux réparations de l'écurie et de la remise et de faire dans la cour des entrepôts de matériaux nécessaires à des travaux de cette nature ; — Attendu, dès lors, que c'est à tort que les mariés de Saint-Pol ont fait passer les ouvriers occupés à la construction de leur belvédère et ont entreposé dans la cour de Caillot les matériaux destinés à cette construction ; que la sentence du 20 mai dernier a donc à tort décidé que les mariés de Saint-Pol avaient été troublés par la demande de Caillot dans leur possession du droit de passage pour les matériaux et les ouvriers occupés à la construction du belvédère ; qu'elle doit être réformée ; — Par ces motifs, jugeant en premier ressort et en matière ordinaire, dit et prononce que les deux instances sont jointes pour être statué par un seul jugement ; — Dit que sous le bénéfice de l'offre, faite par les mariés de Saint-Pol de payer à Caillot la somme de 10 fr. 30 c. pour indemnité due pour la surcharge du mur mitoyen, la demande de Caillot est mal fondée ; qu'il en est débouté ; que c'est à bon droit que les mariés de Saint-Pol ont exhaussé le mur mitoyen et construit un belvédère ; — Dit que les titres produits, l'acte de vente du 1er octobre 1788 et le procès-verbal de conciliation du 29 juillet 1879, ne donnent aux mariés de Saint-Pol un droit de passage que pour l'écurie et la remise, à l'exclusion des autres parties de leur immeuble.

Pourvoi des époux de Saint-Pol.

ARRÊT

LA COUR : — Sur le moyen unique du pourvoi, lequel concerne exclusivement le chef du jugement attaqué relatif au droit de passage litigieux :

Vu l'art. 25, C. pr. civ. :

Attendu que, s'il est permis aux juges du possessoire de consulter les titres de propriété pour déterminer le caractère de la possession invoquée, ils ne peuvent, sans excéder les limites de leur compétence et sans empiéter sur celle des juges du pétitoire, prendre pour unique base de leur décision le fond du droit tel qu'il leur paraît résulter de ces titres ;

Attendu que le tribunal civil de Gex était saisi, sur appel d'une sentence rendue par le juge de paix de Gex, d'une double action possessoire, respectivement formée par le sieur Caillot et les époux de Saint-Pol ;

Que pour admettre la complainte possessoire de Caillot et rejeter celle conjointement formée par les époux de Saint-Pol, le jugement attaqué se fonde exclusivement sur ce que les titres produits ne donnent pas aux mariés de Saint-Pol le droit qu'ils prétendent exercer à l'encontre de celui qui appartient à Caillot;

Qu'en statuant ainsi, le tribunal civil de Gex a cumulé le pétitoire avec le possessoire, et formellement violé la disposition de loi susvisée;

Casse.

CASSATION, Ch. req. — 19 juillet 1882. Comm. de Davenescourt c. dame de Villeneuve-Bargemont.)

I, 48, 243, 244, 262, 342, 650, 676.

Le juge du possessoire n'est pas tenu de renvoyer préjudiciellement les parties devant l'autorité administrative par cela seul qu'une commune prétend, sans en fournir la preuve, que le terrain litigieux est une voie publique.

L'exception tirée de la domanialité du terrain doit être appréciée par le juge de paix afin de savoir si l'action possessoire est recevable.

Il n'y a pas cumul du possessoire et du pétitoire dans un jugement qui, bien que contenant quelques expressions qui semblent se rapporter au pétitoire, ne statue, en réalité, que sur une action en complainte.

Le juge de paix a le droit de rechercher si les travaux que l'on prétend être publics ne sont pas, au contraire, des travaux privés exécutés avec l'autorisation de l'administration dans un intérêt purement particulier.

Du 30 décembre 1881, jugement du tribunal de Montdidier ainsi conçu:

Attendu que la commune de Davenescourt a interjeté appel tant des jugements préparatoires que du jugement définitif rendu par le juge de paix du canton de Montdidier sur l'action possessoire intentée par la dame de Villeneuve contre ladite commune; — Attendu que le premier jugement qui a ordonné une descente sur les lieux a été rendu du consentement et sur la demande même de la commune de Davenescourt; que celle-ci est donc mal fondée à critiquer ledit jugement; — Attendu que le second jugement qui a ordonné une enquête sur les faits de possession invoqués par la dame de Villeneuve, en réservant expressément toutes les parties dans leurs droits et exceptions, ne fait aucun grief à la commune de Davenescourt; que cette mesure d'instruction toute préparatoire pouvait même, aux termes de la jurisprudence, éclairer la question de domanialité soulevée aujourd'hui par la commune de Davenescourt à titre d'exception à la recevabilité de la demande; — Attendu que le jugement rendu par le juge de paix, à la date du 21 juin 1881, et qui, statuant au fond, maintient la dame de Villeneuve en possession du terrain litigieux, est vivement attaqué par l'appelante comme ayant méconnu les caractères de domanialité du terrain litigieux; — Attendu que le seul et unique point du débat que soulève l'appel est la détermination du caractère du terrain litigieux; — Attendu que si ce terrain est réellement une place publique, il est par cela même soustrait à l'exercice d'une action possessoire de la part d'un particulier contre la commune; — Mais attendu qu'il y a lieu de distinguer des places publiques proprement dites, les emplacements où les habitants peuvent avoir l'habitude de se réunir à certains jours de fête, emplacements qui ne sont ni clos, ni abornés, ni cultivés, ni consacrés à un usage spécial; — Attendu qu'une place publique proprement dite est un emplacement assez vaste et spacieux, bordé ordinairement de maisons, créé au milieu d'un bourg ou d'un village pour la facilité et la commodité du commerce, où s'installent les foires, où stationnent les voitures et où des redevances peuvent être perçues, par la municipalité, des marchands forains; — Attendu que le terrain litigieux se trouve en dehors de l'enceinte du village de Davenescourt; qu'il n'est point bordé de maisons, qu'il n'existe ni foire ni marché, que les voitures n'y stationnent pas, qu'il n'a jamais reçu de dépôt de matériaux en vue du rechargement des chemins, que jamais on n'y a vu dressé le pilori ni planté l'arbre de la liberté; — Attendu que la commune ne peut étayer ses prétentions que sur la désignation de *place* donnée au terrain litigieux; — Mais attendu que la commune est obligée de reconnaître que cette même désignation de place est donnée à un terrain qu'elle reconnaît être la propriété privée de la dame de Villeneuve et que le terrain litigieux était autrefois désigné sous le nom de *Jardin Marest;* — Attendu que la commune ne peut même pas se prévaloir de ce qu'à certains jours de fête les jeunes filles et les garçons venaient danser à l'ombre des arbres séculaires se trouvant sur cette place; — Attendu, en effet, que ces danses avaient lieu sous les arbres mêmes existant dans la partie dont la commune ne conteste pas la propriété à la dame de Villeneuve, qui porte sur le cadastre le n° 90; — Attendu que la dame de Villeneuve justifie, au contraire, que, dans les états de section de 1819, elle ou ses auteurs étaient indiqués comme propriétaires du terrain litigieux, que la matrice cadastrale a toujours attribué, à la dame de Villeneuve et que le terrain litigieux, portant sur le plan cadastral le n° 90, une contenance de 63 ares, et que la dame de Villeneuve a toujours acquitté l'impôt foncier sur cette base; — Attendu que pour attribuer à la parcelle n° 90 une contenance de 63 ares, il faut réunir à cette parcelle qui ne contient, en réalité, que 25 ares 06 centiares, le terrain litigieux d'une contenance de 39 ares 43 centiares ; — Attendu, enfin, que les actes de possession géminée accomplis par la dame de Villeneuve, au vu et au su des habitants et sans aucune protestation de leur part, repoussent énergiquement la prétention de la commune et la domanialité du terrain ; — Attendu que, dans la délibération du 20 août 1880, le conseil municipal avait déjà laissé passer cet aveu, quelque peu imprudent, que, depuis un temps immémorial, le château avait toujours joui des arbres ; — Attendu que l'enquête a établi des actes de possession des plus énergiques consistant non-seulement dans l'élagage, l'abatage des arbres, mais encore dans le curage de la mare et surtout dans l'enlèvement des gazons ; — Attendu que, dans ces conditions, la domanialité du terrain litigieux étant écartée, il y a lieu de confirmer dans son dispositif le jugement dont est appel.

Pourvoi de la commune de Davenescourt.

ARRÊT

LA COUR : — Sur le premier moyen du pourvoi tiré de la violation des art. 24, 25 et 451, C. pr., en ce que le tribunal a confirmé le jugement du 4 mai 1881, qui avait autorisé l'adversaire à faire preuve, tant par titres que par témoins, de ses droits à la possession en même temps qu'à la propriété du terrain litigieux :

Attendu que le juge du possessoire doit recourir au titre pour caractériser la possession ; qu'il est constaté que le jugement attaqué n'a recouru aux titres que pour éclairer l'exception de domanialité soulevée par la commune et n'a pas, dès lors, violé les articles précités ;

Sur le deuxième moyen tiré de la violation de l'art. 15, C. pr. civ., en ce que le jugement définitif du 30 décembre 1881, pour accueillir l'action possessoire, après s'être fondé dans ses motifs sur ce que l'adversaire de la commune était propriétaire du terrain litigieux que la commune prétendait être une place publique, a fait, en outre, dans son dispositif, défense à la commune de le troubler à l'avenir ;

Attendu qu'il résulte de l'ensemble du jugement attaqué, rapproché de la décision à laquelle il se borne à renvoyer, en la confirmant, que la question de possession a été seule vidée et que la défense de troubler le possesseur

à l'avenir, doit s'entendre, dans la circonstance, d'un trouble uniquement apporté à cette possession reconnue et constatée, d'où ne résulte pas une violation de l'article visé ;

Sur le troisième moyen, tiré de la violation des art. 23, C. pr. civ., 2229, C. civ., et 7 de la loi du 20 avril 1810, en ce que le jugement du 30 décembre 1881 a omis de constater les conditions sans lesquelles une action en complainte possessoire peut être accueillie :

Attendu que le demandeur ne soulevait en appel qu'une fin de non-recevoir, tirée du caractère des terrains litigieux, sans contester les caractères de la possession attestés par le premier juge ; qu'en cet état, le jugement attaqué constate suffisamment, dans les divers développements en fait qu'il contient, que la possession de la dame de Villeneuve-Bargemont avait les caractères et la durée nécessaires pour assurer son efficacité juridique ; que, dès lors, les règles de droit susvisées, pas plus que l'obligation de motiver les jugements, n'ont été violées ;

Sur le quatrième moyen, tiré de la violation des art. 23, C. pr. civ., 2226, C. civ., et de la violation de l'art. 13, tit. II, de la loi des 16-24 août 1790, en ce que, pour accueillir l'action possessoire, le jugement a tranché une question préjudicielle hors de sa compétence :

Attendu que lorsqu'une commune prétend qu'un terrain, objet d'une action en complainte possessoire, fait partie de son domaine public municipal, le juge de paix, juge de l'action, est juge de l'exception, et doit apprécier la question préjudicielle d'où dépend l'efficacité de la possession alléguée ; que si cette règle peut recevoir une exception lorsque la défense de la commune repose sur des actes administratifs, il résulte des constatations du jugement attaqué qu'aucun acte ayant ce caractère n'était produit par la commune qui n'excipait que des délibérations prises au cours du procès, pour les nécessités de ce procès, et notamment pour régulariser son action en justice ; que, dès lors, les articles de loi susvisés n'ont pas été violés ;

Sur le cinquième moyen, excès de pouvoir et violation de l'art. 4 de la loi du 28 pluviôse an VIII, en ce que le tribunal a ordonné la destruction de travaux publics communaux régulièrement autorisés :

Attendu qu'il ne s'agit pas, dans la cause, de travaux publics communaux régulièrement approuvés, que l'arrêté préfectoral dont on se prévaut n'est qu'une permission de voirie délivrée aux risques et périls du permissionnaire ; que ce moyen manque donc en fait ;

Rejette.

CASSATION, Ch. civ. — 26 juillet 1882.
(Jobard du Mesnil c. Delaplanche.)

I, 203, 243, 265, 589.

Cumule le possessoire avec le pétitoire le jugement qui s'appuie, pour repousser la complainte, sur ce que l'entreprise dénoncée n'a occasionné aucun préjudice matériel.

Ne constitue pas un acte de violence susceptible de justifier l'action en réintégrande le fait d'avoir substitué à un tuyau de décharge, déversant à ciel ouvert les eaux pluviales, un tuyau de descente qui conduit ces eaux dans un canal souterrain.

ARRÊT

LA COUR : — Sur la première branche du moyen unique :

Attendu que l'action en réintégrande n'est ouverte par la loi qu'à celui dont la dépossession est le résultat de voies de fait ou d'une violence susceptibles de compromettre, dans une certaine mesure, la paix publique ;

Attendu qu'il est constaté, en fait, par le jugement attaqué qu'avant l'entreprise de Delaplanche, les eaux pluviales des bâtiments de du Mesnil se déversaient sur le terrain de Delaplanche par des becs débordant de 1 mètre la toiture dudit du Mesnil ; qu'à ces tuyaux de décharge à ciel ouvert, Delaplanche a substitué des tuyaux de descente s'enfonçant dans le sol de sa propriété et y déversant leurs eaux souterrainement ; que cette œuvre de Delaplanche n'avait pas été de nature à troubler l'ordre public à un degré quelconque ;

Qu'en décidant dans cet état des faits que l'action en réintégrande n'était pas

ouverte au profit de du Mesnil, le jugement attaqué a suffisamment motivé sa décision et n'a violé aucune loi ;

Rejette la première branche ;

Mais sur la seconde branche :

Vu les art. 23 et 25, C. pr. civ.:

Attendu que, pour repousser l'action en complainte que du Mesnil exerçait concurremment avec l'action en réintégrande, le jugement attaqué s'appuie, en premier lieu, sur ce que l'entreprise dénoncée n'a occasionné aucun préjudice matériel ; mais que le trouble, contre lequel l'art. 23, C. pr. civ., ouvre le recours spécial de l'action en complainte, dérive, abstraction faite du dommage causé, du seul fait de l'atteinte portée contre son gré à la jouissance du propriétaire du fonds investi de la possession légale ;

Attendu que le jugement attaqué a rejeté l'action possessoire de du Mesnil par cet autre motif que l'œuvre accomplie par Delaplanche n'était que l'exercice de la faculté reconnue par l'art. 701, C. civ., au propriétaire du fonds servant ;

Qu'il déclare qu'en substituant les tuyaux de décharge à ciel ouvert, Delaplanche, conformément aux dispositions dudit article, n'a point changé l'état des lieux ni transporté l'exercice de la servitude dans un endroit différent de celui où elle a été primitivement assignée, ni diminué ou rendu incommode cet exercice ;

Attendu que ces motifs sont tous tirés du fond du droit de propriété ; qu'ils ne pouvaient être invoqués que par le juge du pétitoire, et que le tribunal civil de Beaune, en les prenant exclusivement pour base de sa décision, a manifestement cumulé le possessoire et le pétitoire ;

Casse.

CASSATION, Ch. req. — 4 déc. 1882.
(Blandin c. Comm. de Soing.)

I, 579.

Lorsqu'aucune des parties n'a fait la preuve de sa possession, le juge peut, en les renvoyant à se pourvoir au pétitoire, ordonner ou le séquestre ou la récréance.

La récréance ne crée aucune présomption en faveur de la partie qui l'a obtenue; elle ne donne que la jouissance pendant le procès pétitoire, à la charge d'en rendre compte à l'autre partie dans le cas où celle-ci serait reconnue propriétaire.

ARRÊT

LA COUR : — Sur le moyen unique, pris d'un excès de pouvoir et de la violation de l'art. 23, C. pr. civ. :

Attendu que l'art. 23, C. pr. civ., exige, pour l'admission des actions possessoires, la possession d'une année au moins avant le trouble qui a donné lieu à la complainte; que, lorsqu'aucune des parties n'a fait la preuve de sa possession, le juge du possessoire peut, en les renvoyant à se pourvoir au pétitoire, ordonner, à titre de mesure conservatrice, ou le séquestre de la chose contentieuse, ou la récréance à celle des parties qui lui semble offrir le plus de garantie ou avoir le titre le plus apparent;

Attendu que la récréance, autorisée sous l'ancienne législation, n'est pas interdite par la législation actuelle; qu'elle ne crée aucune présomption en faveur de la partie à laquelle elle est accordée et qu'elle n'a pour effet que de lui laisser la jouissance de la chose pendant le procès au pétitoire, à charge d'en rendre compte à l'autre partie dans le cas où celle-ci serait reconnue propriétaire;

D'où il suit que le tribunal de Gray, après avoir déclaré que ni Blandin, ni la commune de Soing n'avaient établi leur possession annale et utile du puits et du terrain litigieux, a pu en accorder la récréance à la commune sans commettre aucun excès de pouvoir et sans violer l'art. 23, C. pr. civ.;

Rejette.

———

TRIB. DE SANCERRE. — 19 déc. 1882.
(P... c. R...)

I, 66, 502.

Le riverain d'un cours d'eau puise dans cette qualité le droit de demander la répression des entreprises commises sur ce cours d'eau depuis moins d'un an, sans être astreint à établir sa possession annale. Bien que possessoire, cette action fondée sur l'art. 6, § 1er, de la loi du 25 mai 1838, est soumise à des règles spéciales.

JUGEMENT

LE TRIBUNAL : — Considérant que R... est propriétaire du pré dit des Ouches, sis commune du Noyer; que P... est propriétaire du pré Motteux, contigu au premier; que R..., alléguant qu'un ruisseau sépare les deux prés et que P... a détourné à son préjudice toute l'eau du ruisseau, a demandé devant M. le juge de paix que P... soit tenu de rendre le ruisseau à son cours naturel à l'endroit où il sépare les deux héritages, et de lui payer une somme de 200 fr. à titre de dommages-intérêts; que le premier juge après avoir dressé un constat de lieux a, par son jugement du 30 septembre 1881, débouté le demandeur des fins de sa demande;

Considérant qu'il est constant que l'action intentée devant M. le juge de paix de Vailly est celle prévue par l'art. 6, § 1er, de la loi du 25 mai 1838, pour entreprise commise dans l'année sur un cours d'eau servant à l'irrigation des propriétés;

Considérant, en droit, que ladite action est sans doute une action possessoire, mais qu'elle est soumise à des règles spéciales régies par les seules dispositions de l'art. 6, § 1er précité;

Que ledit article n'exige pas de la part du demandeur la preuve d'une possession annale; qu'il suffit, aux termes de la disposition de la loi de 1838, qu'il y ait entreprise troublant son droit, et que cette entreprise ait eu lieu dans l'année du trouble; que la loi n'exige même aucun acte préalable de possession, de quelque nature qu'il soit et à quelque date qu'il remonte, de la part du demandeur;

Que, sans doute, dans les actions possessoires ordinaires, la condition nécessaire de l'action, le fait sans lequel le demandeur serait sans intérêt, c'est sa possession préalable, troublée par un acte contraire;

Que dans le cas de l'art. 6, § 1er, de la loi de 1838, le titre qui fonde le droit du demandeur, qui lui donne intérêt à agir, est l'art. 644 du Code civil, lequel lui confère le droit de se servir de l'eau courante bordant sa propriété pour l'irrigation de son fonds; qu'ainsi le demandeur a seulement à prouver sa qualité de riverain et le fait d'entreprise dans l'année;

Considérant, en fait, qu'il résulte du constat dressé par M. le juge de paix, que, à l'exception de trois bandes de terrain de peu d'étendue et d'une largeur maxima de 50 centimètres, qui séparent à certains endroits la haie et la limite du pré des Ouches du cours du ruisseau, ledit pré se trouve, sur la plus grande partie de sa limite sud, riverain du ruisseau litigieux;

Que c'est donc à tort que le premier juge a basé sa décision à la fois sur le défaut de possession de R..., l'absence d'ouvrage à amener l'eau dans l'intérieur de son héritage et le fait de non-contiguïté du ruisseau et du pré des Ouches sur certains points;

Qu'il suffit que la contiguïté existe sur une partie du pré des Ouches, de façon à rendre possible l'exercice du droit conféré par l'art. 644, C. civ., pour que le sieur R... puisse intenter l'action;

Considérant, en ce qui concerne l'entreprise qui aurait été commise par P..., que s'il reconnaît le fait matériel de détournement de l'eau, il soutient que ce fait est ancien, qu'en tout cas, il est antérieur à l'année de l'introduction de l'instance;

Que sur ce point R... se borne à demander à faire preuve par témoins que le trouble a été commis au mois de mars dans l'année au cours de laquelle la citation possessoire a été donnée; que cette articulation est pertinente et admissible;

Qu'il y a lieu d'en ordonner la preuve, avant faire droit au fond;

Par ces motifs, etc.

CASSATION, Ch. req. — 20 déc. 1882.
(Lambert c. Nicolas.)

I, 122, 239.

La possession étant un pur fait ne saurait être suppléée par une présomption.
Le juge du possessoire a qualité pour

consulter *tous documents capables d'éclairer la possession. Ainsi, il ne cumule pas le possessoire avec le pétitoire lorsqu'il fait résulter la preuve de la possession d'eaux litigieuses, d'ouvrages apparents et permanents et des témoignages recueillis.*

Du 25 mai 1881, jugement du tribunal de Grasse, ainsi motivé :

Attendu qu'il résulte d'un procès-verbal de description des lieux, dressé par M. le juge de paix de Vence, que les prises d'eaux établies sur le canal d'alimentation des usines de la dame Lambert, et à l'aide desquelles Nicolas et ses cointéressés arrosent leurs fonds, consistent en des ouvrages de maçonnerie ou en des ouvertures pratiquées dans la berge du canal; que ces ouvrages et ces ouvertures ont un caractère permanent et constituent des servitudes apparentes et continues; que leur seule existence établissant au profit des appelants une possession légale, c'était à la dame Lambert qu'incombait la charge de prouver que pendant l'année qui a précédé le trouble, l'exercice de ces servitudes avait été limité dans les conditions où elle entend le restreindre, c'est-à-dire qu'il n'en avait été fait usage que depuis le 24 juin jusqu'au 30 septembre; que cette preuve n'a pas été rapportée par elle; que s'il est résulté des enquêtes que certains propriétaires ne s'étaient servis des eaux que pendant la période alléguée par l'intimée, c'est que leurs champs ensemencés en blé n'étaient susceptibles d'arrosage qu'après la moisson, c'est-à-dire postérieurement au mois de juin; qu'il a été établi, au contraire, que les autres propriétaires avaient fait usage des eaux en toute saison, selon les besoins de leurs cultures; qu'en présence de ces constatations de fait, il ne saurait y avoir lieu au renvoi prononcé par le premier juge; que la cause présente tous les éléments nécessaires pour statuer au possessoire sur les droits des parties; que l'action en complainte de Nicolas et consorts se trouve pleinement justifiée, que, par suite, la demande de la dame Lambert doit être éconduite; — Par ces motifs, etc.

Pourvoi de la dame Lambert.

LA COUR : — Sur le moyen unique du pourvoi, pris de la violation des art. 23, 24, 25, 284 et 411, C. pr. civ.:

Sur la première branche, tirée de la violation des art. 23, 24 et 25, C. pr. civ.:

Attendu que, pour reconnaître aux défendeurs éventuels la possession plus qu'annale du droit de se servir en toute saison des eaux litigieuses, le jugement attaqué déclare que la preuve de cette possession résulte : 1° de l'existence d'ouvrages apparents et permanents, établis par eux depuis plus d'une année avant le trouble qui a donné lieu à leur action en complainte, et destinés à faire servir lesdites eaux à l'irrigation de leurs propriétés ; 2° des témoignages recueillis dans l'enquête sommaire à laquelle il avait été procédé par le juge de paix et desquels il résulte que divers propriétaires, membres du syndicat représenté par Nicolas, avaient depuis plus d'un an fait usage desdites eaux en toute saison, pour les besoins de leur culture ;

Attendu que la preuve tirée de l'existence des prises d'eau n'est pas fondée, comme le prétend le pourvoi, sur une présomption touchant au fond du droit et qui n'aurait pu être invoquée qu'au pétitoire par le demandeur en complainte, mais sur un fait de possession qui réunit tous les caractères exigés par la loi et qui est la plus évidente manifestation de cette possession même ;

Rejette.

CASSATION, Ch. civ. — 16 janv. 1883.
(Ville d'Autun c. Boizot.)

1, 239, 491, 685.

Il appartient au juge du possessoire de consulter tous documents lui permettant de fixer la nature et le caractère de la possession.

Le juge n'est pas tenu de s'expliquer sur chacun des caractères de la possession dont il lui suffit de déclarer l'existence légale.

La ville qui met en adjudication des travaux destinés à faire aboutir à un ruisseau les eaux d'un égout, accomplit un trouble à l'égard des riverains de ce ruisseau et ceux-ci sont recevables à intenter l'action en complainte.

Du 25 août 1889, jugement du tribunal d'Autun ainsi motivé :

Attendu qu'après s'être opposé devant le premier juge à la maintenue des limites dans la possession des rives du ruisseau des Tanneries ou de Parpas, la ville ne leur conteste plus aujourd'hui (ainsi qu'il a été dit dans le jugement rendu céans, le 3 de ce mois) que la possession du lit de ce cours d'eau ; que la possession invoquée par les intimés, non pour s'opposer à l'entreprise de la ville sur ce ruisseau, mais pour faire constater leur droit à une indemnité, se fonde principalement sur leurs titres de propriétaires riverains ; que cette possession, en effet, s'appuie moins sur des actes isolés plus ou moins répétés et fréquents que sur l'existence et la permanence

du droit de propriété qui lui donne son caractère et sa force ; que la première et presque unique question à résoudre est donc de savoir si la loi attribue aux riverains par cela seul qu'ils sont riverains, cette propriété qui est le vrai fondement de la complainte ; — Attendu que, sans qu'il soit nécessaire de recourir à la loi 1, *de fluminibus*, au *Digeste*, et malgré les divergences qui se sont produites dans la doctrine, il est une vérité qu'il faut tenir pour absolument certaine, à savoir que, dans le langage universel comme dans la nature des choses, le fleuve ou rivière et le ruisseau sont des parties très distinctes et très différentes de l'organisme en quelque sorte vivant qui distribue les eaux à la surface du sol ; — Que le Code civil, pas plus que le droit romain, n'a méconnu cette différence capitale qui est l'œuvre même de la nature ; que l'un de ses premiers et plus savants interprètes, Merlin, a fait ressortir les analogies fondées sur l'importance du fonctionnement des uns et des autres et sur leur utilité plus ou moins générale ou restreinte ; que si, dans la hiérarchie des eaux, les rivières navigables ont à raison de leur utilité générale un rôle équivalent à celui des grands chemins, Merlin assimile les rivières non navigables aux chemins publics et vicinaux, et, quant aux simples ruisseaux dont l'utilité se borne aux héritages qu'ils traversent, il les range dans la catégorie des dessertes rurales qui sont la propriété des riverains et qui ne peuvent être que cela ; — Attendu que le Code civil ne contient de dispositions précises sur la propriété des cours d'eau qu'en ce qui concerne les rivières navigables et flottables qu'il place, dans l'art. 538, sous la dépendance du domaine public ; — Que la distinction entre ces rivières et celles qui ne sont ni navigables ni flottables ressort de la série des dispositions énoncées aux art. 556 et suiv., et que c'est principalement sur la propriété des eaux de cette seconde catégorie que porte la controverse ; — Que cette division ne concerne que les cours d'eau à l'état de fleuves ou de rivières navigables ou non, et est, par cela même, exclusive des simples ruisseaux, qui, en droit commun comme en géologie, forment bien évidemment une nature de propriété à part ; — Attendu qu'il s'agit, dans l'espèce, d'un ruisseau ; que, nulle part ailleurs que dans les art. 644 et 645, le Code civil ne s'est occupé spécialement de cette nature de biens ; qu'il ne le fait que pour en réglementer l'usage, et encore implicitement en employant l'expression générique d'eau courante, n'y ayant soin d'expliquer ou plutôt de rappeler que cette eau n'est point une dépendance du domaine public ; — Attendu, en effet, que le principe de la propriété de cette nature d'eau, d'après le droit moderne, se trouve, non dans les art. 644 et 645, ainsi que l'enseignent certains jurisconsultes, mais dans le droit d'accession ou d'incorporation au sol, tel qu'il est consacré par l'art. 552, C. civ.; qu'elle est donc une propriété privée et un accessoire du sol ; — Attendu que, sans doute, cette propriété n'est point aussi absolue que celle de la source qui est en elle-même soumise à de certaines réserves motivées sur l'intérêt des groupes d'habitants auxquels elle fournit l'eau qui leur est nécessaire; mais que ces restrictions relatives à l'usage de l'eau considérée comme élément nécessaire à la vie et à l'agriculture, ne font pas plus échec au droit de propriété du ruisseau qu'à celui de la source; — Que ces deux droits ont leur fondement juridique dans le droit d'accession et d'incorporation au sol; — Attendu que les art. 644 et 645 ne peuvent être interprétés comme une affirmation de la propriété souveraine de l'Etat sur le ruisseau; — Qu'ils ne sont que l'application des règles d'équité que le législateur a le droit de formuler et de prescrire même aux propriétés et aux intérêts privés; — Qu'ils ne peuvent avoir cette portée de donner un caractère public à une chose qui n'a ni cette destination ni ce caractère et qui est essentiellement et par sa nature une propriété privée; — Attendu, cependant, que sans cesser d'être telle, cette propriété est également, par sa nature, commune entre les riverains supérieurs et inférieurs; — Qu'elle engendre entre eux un quasi-contrat de voisinage et de communauté et que c'est précisément ce quasi-contrat que les art. 644 et 645 ont pour but de reconnaître et de réglementer; — Attendu que la possession légale du lit et du cours d'eau du ruisseau des Parpas ou des Tanneries, est la conséquence nécessaire et absolue de leur titre de propriétaires et de riverains; — Qu'ils se servent de ses eaux, les uns pour l'irrigation de leurs jardins, les autres de leur pré; que Raquet les emploie au lavage de ses laines; — Que tous ces actes, exercés par des propriétaires, ont le caractère indéniable de la possession *animo domini*; — Qu'en ce qui concerne la comtesse de Mac-Mahon, on ne saurait comprendre une appropriation plus complète que celle résultant de ce fait que le ruisseau traverse son héritage qui en borde les deux rives; — Qu'en ce qui concerne Roidot-Perrard, la ville lui conteste, il est vrai, la propriété du mur de son jardin baigné par le ruisseau, mais que le fait de la prise d'eau établie par cet intimé au profit de son jardin, existant depuis une époque certainement antérieure à un an et dont la ville d'Autun ne conteste pas l'ancienneté, suffit pour consacrer sa possession; — Par ces motifs, confirme.

Pourvoi de la ville d'Autun.

ARRÊT

LA COUR : — Sur les deux moyens du pourvoi réunis :

Attendu que pour maintenir les sieurs Boizot et consorts en possession du ruisseau des Tanneries, le jugement attaqué ne se fonde pas sur des motifs tirés exclusivement du fond du droit, puisqu'il déclare, d'après les circonstances de fait relevées dans sa décision, que les défendeurs ont la possession légale de ce cours d'eau qui traverse ou borde leurs héritages;

Attendu qu'en présence des prétentions contraires soulevées par la ville d'Autun, tant en première instance qu'en appel, les défendeurs à la cassation avaient intérêt à faire reconnaître la possession qu'ils alléguaient sur le ruisseau;

Et qu'en relevant, dans ses motifs, le fait de la contestation qui leur était opposée, le tribunal d'Autun a suffisamment établi et caractérisé le trouble nécessaire à l'exercice de leur complainte;

D'où il suit qu'en statuant ainsi qu'il l'a fait, le jugement dénoncé n'a violé aucune des dispositions de la loi invoquées par le pourvoi;

Rejette.

———

CASSATION, Ch. civ. — 24 janvier 1883.
(Diboisne c. Sourdais.)

I, 313.

Il appartient au juge du possessoire, nonobstant tout arrêté de classement, d'apprécier, au point de vue de l'enclave, si un chemin rural a cessé d'être public.

ARRÊT

LA COUR : — Sur le premier moyen du pourvoi :

Attendu que les actes de possession invoqués par les frères Sourdais à l'appui de leur demande avaient été formellement reconnus par les époux Diboisne devant le juge du premier degré et n'étaient pas davantage contestés par eux en appel; qu'ils soutenaient seulement dans leurs conclusions que l'enclave n'existait pas, et que, par conséquent, le titre légal sur lequel la possession était fondée n'était pas établi;

Que le jugement attaqué, après avoir rejeté par des motifs exprès le seul grief qui fût élevé contre la sentence du juge de paix, a déclaré que c'était à bon droit que cette sentence avait maintenu les frères Sourdais dans la possession annale de la servitude de passage objet du litige;

Que le tribunal a ainsi adopté implicitement les motifs du jugement du premier juge qui attribuait à la possession des frères Sourdais tous les caractères de la possession légale;

Qu'il n'a donc ni cumulé le possessoire, et le pétitoire, ni omis de motiver sa décision, et qu'il n'a, par suite, violé aucun des articles visés au pourvoi ;

Sur le deuxième moyen considéré dans ses deux branches :

Attendu que si, pour contredire l'état d'enclave sur lequel les frères Sourdais appuyaient leur demande tendant au maintien en possession d'un droit de servitude de passage, les époux Diboisne alléguaient en appel que lesdits frères Sourdais avaient accès à leurs prés par un chemin classé, en 1855, parmi les chemins ruraux de la commune, le tribunal n'était pas tenu de répondre à une allégation formulée comme argument dans les motifs seuls des conclusions des appelants ;

Attendu, d'autre part, que rien ne prouve que l'arrêté invoqué par le pourvoi ait été produit aux débats et qu'en eût-il été autrement, il appartenait au juge du possessoire, nonobstant tout arrêté de classement, d'apprécier, au point de vue de l'enclave, si un chemin rural avait cessé d'être public ;

D'où il suit qu'en statuant ainsi qu'il l'a fait, le jugement attaqué n'a violé ni la règle de la séparation des pouvoirs, ni l'art. 7 de la loi du 20 avril 1810 ;

Rejette.

CASSATION, Ch. civ. — 12 févr. 1883.
(Arnould c. Comm. de Neuflize.)

I, 666, 677.

S'il appartient au Conseil de préfecture de statuer sur les indemnités à raison de dommages causés par l'exécution de travaux publics, l'autorité judiciaire reste compétente pour statuer sur les questions de propriété et de possession.
Le juge saisi d'une action tendant, d'une part, à la reconnaissance de la possession et, d'autre part, à la suppression des travaux avec indemnité, doit statuer sur le premier chef, en renvoyant les parties à se pourvoir sur l'indemnité ou la destruction des travaux.

ARRÊT

LA COUR : — Vu les art. 23 et 25, C. pr. civ., et l'art. 6 de la loi du 25 mai 1838 :

Attendu que si, aux termes de la loi du 28 pluviôse an VIII, art. 4, il appartient au Conseil de préfecture de statuer sur les indemnités à raison de dommages causés par l'exécution des travaux publics, l'autorité judiciaire reste toujours compétente pour statuer sur les questions de propriété ou de possession qui peuvent être la condition du droit à l'indemnité ;

Attendu, en fait, que la demande portée par la demoiselle Arnould devant le juge de paix, tendait en premier lieu à la reconnaissance du droit de possession qu'elle prétendait avoir sur le canal d'amenée de son usine, et, en second lieu, à la suppression des travaux faits par la commune sur ledit canal et à l'allocation d'une indemnité ;

Attendu que le premier chef de la demande ainsi formulée appartenait bien au juge de paix, et qu'en renvoyant la demoiselle Arnould à se pourvoir sur le second devant l'autorité administrative, le jugement attaqué aurait dû statuer sur le premier ;

Attendu, en effet, que la possession dont il s'agit était sérieusement contestée, puisque, d'après la commune, la demoiselle Arnould n'aurait eu qu'un droit d'usage des eaux et non un droit de propriété sur le canal; qu'il était donc nécessaire de déterminer l'objet, le caractère et l'étendue de la possession invoquée ;

Attendu qu'en décidant le contraire et en déclarant l'incompétence de l'autorité judiciaire sur le tout, le jugement attaqué a violé les dispositions susvisées ;

Casse.

CASSATION, Ch. civ. — 14 mars 1883.
(Lochon c. Daguet.)

I, 31, 240, 244, 245, 246.

Le tribunal saisi de l'appel d'une sentence possessoire ne peut statuer au pétitoire si les parties ne lui en ont donné expressément le pouvoir.
Cumule le possessoire et le pétitoire le juge qui se fonde, pour repousser la complainte, sur ce que les titres constituent le défendeur propriétaire du sol.

ARRÊT

LA COUR : — Sur le premier moyen du pourvoi, tiré de ce que le jugement attaqué, intervenant sur l'appel d'une décision rendue au possessoire, a attribué aux conclusions de l'appelant un caractère pétitoire qu'elles n'avaient pas et statué au pétitoire :

Vu l'art. 25, C. pr. civ. :

Attendu qu'il ressort du jugement attaqué que l'action en complainte formée par le demandeur tendait à la répression du trouble que le défendeur avait apporté à sa jouissance plus qu'annale d'une haie, d'arbres en dépendant, par la destruction d'une partie de la haie et par l'abatage de deux arbres ;

Attendu que, saisi de cette action, le tribunal de Nevers, pour réformer la sentence du premier juge ordonnant une enquête à l'égard des faits de possession invoqués et rejeter la complainte, s'est fondé uniquement sur ce que les titres produits constituaient le défendeur propriétaire du sol, et que, statuant au pétitoire, sans que des conclusions expresses des deux parties en cause lui eussent donné le pouvoir d'en connaître, au mépris du principe des deux degrés de juridiction, il a déclaré ledit défendeur propriétaire du fonds, ainsi que des arbres ou haies litigieuses ;

En quoi faisant, il a cumulé le possessoire et le pétitoire, troublé l'ordre des juridictions et formellement violé l'article ci-dessus visé ;

Sans qu'il y ait lieu de statuer sur les autres moyens du pourvoi ;

Casse.

CASSATION, Ch. req. — 2 avril 1883.
(Labro c. Roux.)

I, 244.

Le jugement possessoire, qui contient quelques expressions impropres paraissant se rapporter au pétitoire, ne cumule pas le possessoire et le pétitoire, lorsqu'il résulte clairement de ses motifs et de son dispositif qu'il ne statue que sur une action en complainte.

ARRÊT

LA COUR : — Sur la première branche du premier moyen, tiré de la violation de l'art. 25, C. pr. :

Attendu que si le jugement attaqué contient quelques expressions impropres qui semblent se rapporter au pétitoire, il résulte clairement de ses motifs et de son dispositif qu'il ne statue que sur une action en complainte et qu'il ne maintient la veuve Roux que dans la possession annale d'une servitude de vue ; que l'article précité n'a donc pas été violé ;

Rejette.

CASSATION, Ch. civ. — 2 mai 1883.
(David c. Delmas.)

I, 331.

La prestation de serment de la part des témoins entendus dans une enquête est essentielle et l'accomplissement de cette formalité doit être constaté à peine de nullité du jugement qui fonde sa décision sur les dépositions.

ARRÊT

LA COUR : — Sur le moyen unique du pourvoi :

Attendu qu'il résulte du rapprochement des art. 40, 410 et 411, C. pr., qu'en matière sommaire comme en matière ordinaire, les témoins sont tenus, à peine de nullité, de prêter le serment de dire la vérité ;

Attendu que l'accomplissement de cette formalité substantielle doit être établi également à peine de nullité, et que, si elle n'est point constatée, elle doit être réputée omise ;

Attendu que, dans l'espèce, le tribunal civil de Sarlat a fondé sa décision uniquement sur la déposition des témoins entendus à son audience, sans que le jugement mentionne qu'ils aient prêté le serment prescrit par la loi ;

D'où il suit que l'enquête sur laquelle s'appuie le jugement attaqué est nulle, et que, dès lors, ce jugement manque de base légale et a violé les articles susvisés ;

Casse.

TRIB. DES CONFLITS. — 12 mai 1883.
(Faget c. Comm. de Donzac.)

I, 46, 372.

Le juge qui voudrait trancher lui-même la question de savoir quels sont les effets, le sens, ou la validité d'un acte administratif, au lieu de surseoir, commettrait un excès de pouvoir. Il en est ainsi notamment lorsqu'il s'agit de savoir si un fossé fait ou non partie du domaine public.

JUGEMENT

LE TRIBUNAL DES CONFLITS : — Vu la loi des 16-24 août 1790, tit. II, art. 13, la loi du 16 fructidor an III, et la loi du 21 mai 1836, art. 7, 15 et 16; — Vu l'ordonnance du 1er juin 1828 et celle du 12 mars 1831, le règlement du 26 octobre 1849 et la loi du 24 mai 1872 :

Considérant que l'arrêté du 8 avril 1837, a classé le chemin dont le sieur Faget est riverain et en a fixé la largeur à 8 mètres, non compris les fossés; que la complainte n'étant recevable que relativement aux choses susceptibles d'être acquises par la prescription, la question de savoir si le fossé en litige faisait ou non partie du chemin classé et s'il n'était pas, à ce titre, incorporé au domaine public, constituait une question préjudicielle appartenant essentiellement à l'autorité administrative, seule compétente pour interpréter les actes administratifs;

Considérant, il est vrai, que le sieur Faget soutient qu'il n'y avait pas lieu d'interpréter de tels actes et qu'il suffisait d'en faire l'application, en se référant à certaines énonciations du devis visé par l'arrêté de classement; mais qu'une semblable prétention donne à la difficulté qu'elle soulève un caractère évident d'interprétation, puisque, d'une part, l'arrêté a classé le chemin avec ses fossés, dans toute son étendue et que, d'autre part, il appartient à l'administration d'apporter aux devis des travaux toutes les modifications dont l'utilité est reconnue en cours d'exécution;

Considérant, dès lors, que c'est avec raison que le premier juge a sursis à statuer jusqu'après la décision à intervenir sur la question préjudicielle soulevée au nom de la commune de Donzac,

et qu'en rejetant le déclinatoire proposé par le préfet devant le tribunal civil de Moissac saisi de l'appel du sieur Faget, ce tribunal a méconnu le principe de la séparation des pouvoirs;

Art. 1er. — L'arrêté des conflits est confirmé, en tant qu'il a revendiqué pour l'autorité administrative la connaissance de la question soulevée à l'encontre de la complainte du sieur Faget;

Art. 2. — Sont considérés comme non avenus l'exploit d'appel et le jugement rendu par le tribunal civil de Moissac.

CASSATION, Ch. req. — 26 juin 1883.
(Vadé c. Jarry.)

I, 649.

L'état d'enclave constitue un titre légal qui autorise l'exercice de l'action possessoire pour réclamer une servitude de passage.

ARRÊT

LA COUR : — Sur le moyen pris de la violation des art. 23, C. pr., et 2229, C. civ. :

Attendu qu'en supposant même que Vadé ait discuté en appel la nature de la possession du sieur Jarry et ait prétendu qu'elle était entachée du vice de précarité, cette critique était et reste encore sans base, puisqu'il s'agissait, non de l'acquisition de la propriété du sol, mais de l'exercice d'une servitude de passage fondée en titre;

Attendu qu'il est de principe que l'enclave, constatée en fait par les juges du fond, constitue un titre légal et autorise le propriétaire du fonds dominant à se pourvoir par voie de complainte possessoire contre le trouble ou l'obstacle opposé à son passage par le propriétaire du fonds servant;

Rejette.

CASSATION, Ch. civ. — 11 juillet 1883.
(Morel c. Hugo.)

I, 263, 639.

L'exception de la domanialité d'un terrain ne peut être soulevée que par le domaine et non par le particulier.

*L'obligation imposée par l'art. 642,
C. civ., à celui qui veut acquérir des
droits sur une source, de manifester
sa possession par des travaux apparents sur le fonds où naît la source, ne
s'applique qu'à l'égard du propriétaire
de ce fonds. Elle n'existe pas lorsque la
difficulté concerne deux propriétaires
dont ni l'un ni l'autre n'a la source
dans son héritage.*

ARRÊT

LA COUR : — Joint les pourvois formés par Morel contre les deux jugements du tribunal civil de Neufchâteau
du 11 mars et du 6 mai 1881 ;

Et sur le premier moyen du pourvoi
dirigé contre le jugement du 11 mars :

Attendu que Hugo, par sa demande
introductive d'instance, a conclu contre Morel à être maintenu en sa possession plus qu'annale d'eaux provenant soit d'une source née sur un terrain appartenant à la commune des
Thons, soit de la propriété d'un sieur
Demange, possession dans laquelle il
s'est dit troublé par de nouveaux ouvrages de Morel ayant moins d'une
année ;

Attendu que la commune des Thons
ayant été étrangère à ce débat, l'action
possessoire, qui n'avait trait qu'à des
intérêts privés, n'a pu donner à juger
une question d'imprescriptibilité qui ne
pouvait être soulevée que par la commune et dans un intérêt public ;

Qu'il importe peu que Morel ait prétendu avoir fait, avec l'autorisation de
la commune, les ouvrages dont Hugo se
plaignait comme constituant un trouble ;

Attendu, en effet, que les concessions
faites par les communes sur les eaux
dont elles sont propriétaires ne confèrent pas au droit du concessionnaire le
caractère d'un droit public, et ne l'au-
torisent pas à invoquer, dans un intérêt privé, l'imprescriptibilité qui protège les droits du domaine public ;

Sur le second moyen du premier
pourvoi et le moyen unique du pourvoi
dirigé contre le jugement du 6 mai :

Attendu que, suivant les constatations des deux jugements, les eaux qui
sont l'objet de l'action possessoire de
Hugo s'écoulent de sources situées sur
des fonds dont ni Hugo ni Morel ne se
prétendent propriétaires ;

Qu'il ne pouvait donc s'agir entre
eux des règles des art. 641 et 642,
C. civ., édictées dans l'intérêt du fonds
où naît une source, mais des règles ordinaires de la possession ;

Attendu que les faits admis en preuve
par le jugement du 11 mars étaient ceux
d'une possession légale ; qu'en admettant Hugo à prouver ces faits et en décidant, par appréciation de l'enquête,
que la preuve était faite, les jugements
attaqués n'ont violé aucune loi ;

Rejette.

CASSATION, Ch. req. — 21 août 1883.
(Gentien c. Dumont.)

I, 5, 364.

*Pour déterminer le véritable caractère de
l'action exercée, le juge doit s'attacher
au but recherché par la partie et à son
intention sans s'arrêter à quelques
expressions impropres, rectifiées, d'ailleurs, par des conclusions postérieures.
La qualification d'immémoriale donnée à
la possession par l'exploit introductif
d'instance, n'équivaut pas à une demande pétitoire, alors surtout que les
termes inexacts employés ne peuvent
se rapporter qu'à la possession annale
d'après le dispositif de l'exploit et les
conclusions rectificatives.*

ARRÊT

LA COUR : — Sur l'unique moyen du
pourvoi, tiré de la violation des art. 3,
23 et 26, C. pr. civ.:

Attendu, d'une part, que si les défendeurs éventuels, dans leur assignation
du 24 avril 1882, ont conclu à l'enlèvement des barrières litigieuses, le dispositif de ces conclusions tendant à la
cessation du trouble dont ils se plaignaient, était légalement admissible
dans une action purement possessoire ;

Attendu, d'autre part, qu'ils ont
fondé leur demande sur le motif qu'en
fait, ils avaient jusqu'alors exercé, à
titre d'enclave, un droit de passage à
travers la propriété de Gentien ;

Qu'ainsi, ils ne se sont point bornés à
affirmer l'existence d'un droit, mais
qu'ils en ont expressément invoqué la
possession ;

Attendu que, dans ces circonstances,

et bien qu'ils aient surabondamment qualifié leur possession d'immémoriale au lieu de la déclarer simplement annale, le jugement attaqué a pu dire, en corroborant, d'ailleurs, cette appréciation par les autres documents de la cause, que leur intention avait été, uniquement, de saisir le juge de paix d'une action possessoire ;

D'où la conséquence que les conclusions rectificatives, par eux prises à l'audience du 26 avril 1882, ont eu pour but, non pas de transformer la demande, mais d'en mieux préciser le véritable caractère ;

Attendu, dès lors, qu'en refusant d'appliquer à l'espèce la déchéance édictée par l'art. 26, C. pr. civ., le tribunal d'Amiens n'a violé aucun des textes susvisés ;

Rejette.

CASSATION, Ch. req. — 21 août 1883.
(Doco c. Caron.)

I, 244.

Il n'y a pas cumul du possessoire et du pétitoire dans le jugement qui, tout en se reportant aux règles plus spéciales de la propriété, ramène ces considérations à la possession.

Du 28 décembre 1882, jugement du tribunal de Douai :

Attendu que, s'il est vrai que la possession annale en matière de servitude discontinue ne peut former l'objet d'une complainte, puisque la possession, quelque longue qu'elle fût, serait toujours réputée précaire et ne pourrait établir une servitude de ce genre, il en est différemment lorsque le demandeur en complainte se présente devant le juge de paix avec un titre d'où il prétend faire résulter sa possession ; que, dans ce cas, le juge de paix doit prendre connaissance du titre sous le rapport de la possession, c'est-à-dire si ce titre a pu autoriser le demandeur à posséder *animo domini* ; que, dans l'espèce, le demandeur Doco a justifié devant le premier juge qu'il a usé du droit de passage sur le terrain litigieux depuis nombre d'années, en vertu d'un titre en date du 3 novembre 1851, reçu par Me Lepeuple, notaire à Arleux ; — Attendu que, dans ces conditions, l'action possessoire pouvant être intentée pour les servitudes discontinues dont la possession était fondée sur un titre, le juge de paix saisi du litige était compétent pour statuer sur la demande de Doco ; qu'il devait examiner le titre qu'il avait d'ailleurs visé dans une instance entre Doco lui-même et un locataire du défendeur actuel ;

qu'il devait se servir de cet acte de partage pour, dans l'ordre du possessoire, décider si ce titre imprimerait à la possession les caractères requis pour rendre l'action possessoire recevable ; — Attendu que, si le premier juge était compétent pour statuer, il ne semble pas qu'il ait appliqué à la solution qui lui était demandée le titre qu'il vise pourtant dans son procès-verbal de constat, en date du 12 mai 1882 ; qu'en effet ce titre, base de l'action de Doco, justifie complètement la résistance du défendeur, puisque, aux termes du partage, l'étendue de la servitude est déterminée, l'assiette du passage fixée à 1 mètre 33 centimètres ; qu'il résulte des énonciations mêmes du procès-verbal de constat, dressé par le premier juge, que Caron, le défendeur, a respecté le droit de Doco, et qu'il n'avait établi sa palissade qu'à 1 mètre 33 centimètres ; — Que, partant, des documents et pièces du procès il résulte que le juge de paix d'Arleux était compétent pour statuer sur l'action possessoire intentée par Doco, mais qu'il a mal jugé en maintenant Doco en possession d'un passage de 1 mètre 66 centimètres, alors que celui-ci n'a pu ignorer qu'il ne devait exercer son droit que sur 1 mètre 33 centimètres et n'a joui jusqu'à ce jour de la différence qu'à titre précaire et de tolérance ; — Par ces motifs, etc.

Pourvoi du sieur Doco.

ARRÊT

LA COUR : — Sur le moyen unique, pris de la violation des art. 23 et 25, C. pr. civ. :

Attendu, d'une part, que les motifs du jugement attaqué, loin d'être exclusivement empruntés au fond du droit, s'expliquent nettement sur l'étendue et les caractères de la possession litigieuse qui, ayant pour objet une servitude discontinue, devait avoir pour base un titre conventionnel ou légal ;

Attendu, d'autre part, que si le dispositif, après avoir décidé « qu'il n'y a pas lieu de maintenir Doco en possession de 1 mètre 66 centimètres », ajoute « que Caron a le droit d'élever une barrière de 1 mètre 33 centimètres », il résulte des motifs eux-mêmes que, par cette déclaration purement accessoire et incidente, le tribunal a entendu, non pas trancher une question pétitoire, mais uniquement réserver au défendeur éventuel le droit de s'opposer aux actes de possession que, malgré le rejet de la complainte, le demandeur voudrait exercer ;

Attendu que, dans ces circonstances, aucun des textes susvisés n'a été violé ;

Rejette.

CASSATION, Ch. civ. — 27 nov. 1883.
(Paris c. Lavergne.)

I, 54, 615.

L'aveu judiciaire ne fait foi contre celui de qui il émane, que dans l'instance où il a eu lieu.
Spécialement, l'aveu qui a servi de base au juge du possessoire pour établir l'état d'enclave d'un terrain et reconnaître le droit d'intenter l'action en complainte d'une servitude de passage, ne peut être conservé avec sa même force probante lorsqu'il s'agit d'apprécier au pétitoire les prétentions soulevées entre les mêmes parties.

ARRÊT

LA COUR : — Vu l'art. 1356, C. civ. :
Attendu qu'il résulte de la combinaison des art. 1350 et 1356 du Code civil que la loi n'a attribué la force de présomption légale à l'aveu judiciaire que dans l'instance où il a lieu ;
D'où il suit qu'en décidant que l'aveu intervenu dans une instance au possessoire devait faire pleine foi dans une instance au pétitoire contre la partie de qui il émane, l'arrêt attaqué a faussement appliqué, et par là même violé l'article 1356 ci-dessus visé ;
Casse.

———

CASSATION, Ch. req. — 2 janvier 1884.
(El-Hadj-Ahmed-Blidi c. Verdin.)

I, 99.

Le juge saisi d'une action en bornage ne doit pas se déclarer incompétent par cela seul que le défendeur prétend qu'il résulte d'un rapport d'expert que la question de propriété est réellement posée.

ARRÊT

LA COUR : — Attendu que par un jugement interlocutoire du 10 décembre 1879, qui a acquis, sur ce chef, l'autorité de la chose jugée, le tribunal de Bougie a rejeté l'exception d'incompétence proposée par Blidi, demandeur en cassation, en se fondant sur ce que l'action poursuivie par Verdin, le dé-fendeur éventuel, était une action en bornage et non une revendication, constituant une contestation sur la propriété ou sur les titres, dans le sens de la loi ;
Attendu que cette action n'a pu changer de nature, et le tribunal devenir incompétent parce qu'après l'expertise, à laquelle il a été procédé en vertu de ce jugement, Blidi a conclu à nouveau devant le tribunal à l'incompétence du juge de paix, en alléguant « qu'il résultait du rapport de l'expert que la question de propriété était la seule qui fut véritablement posée » ;
Qu'une allégation aussi peu précise n'était pas de nature à transformer le litige et à constituer une contestation sérieuse et réelle de titre et de propriété, qui pût motiver l'incompétence du juge saisi de l'action en bornage ;
Qu'il appartenait, d'ailleurs, au tribunal de Bougie de rechercher la limite des héritages de Blidi et de Verdin en interrogeant, comme il l'a fait, dans des motifs qui lui sont propres, les titres respectifs des parties, en les interprétant au besoin et en consultant le cadastre et tous autres documents, pour s'éclairer sur la décision qu'il était appelé à rendre ;
Rejette.

———

CASSATION, Ch. civ. — 8 janvier 1884.
(Chem. de fer d'Orléans c. de Trobriant.)

I, 244, 342, 343, 525, 650.

Pour vérifier l'exception de domanialité, le juge du possessoire peut non-seulement consulter les titres, mais en ordonner une application, pourvu qu'il ne fasse état des titres ou des données de l'expertise que pour éclairer le caractère de la possession et sans statuer sur le pétitoire.

ARRÊT

LA COUR : — Sur le moyen unique du pourvoi :
Vu les art. 23 et 25, C. pr. civ. :
Attendu que le juge du possessoire compétent pour statuer sur les exceptions opposées à l'action en complainte, même sur celle de la domanialité du terrain litigieux peut, sauf les cas où il

serait nécessaire d'interpréter les actes de l'administration, vérifier si les titres produits attribuent à la possession du demandeur un caractère de précarité qui rendait son action non recevable ;

Qu'il peut donc, dans ce but, ordonner une application des titres par experts, à la condition toutefois de ne faire ensuite état, soit des titres, soit des données de l'expertise, que pour éclairer le caractère de la possession et de ne point statuer sur le pétitoire ;

Attendu que la compagnie d'Orléans avait repoussé par ses conclusions, tant de première instance que d'appel, la demande en complainte de la dame de Trobriant en lui opposant que sa possession, ayant porté sur un terrain affecté au domaine public pour l'établissement du chemin de fer de Paris à Bordeaux, ne pouvait servir de base à une action possessoire, et que ladite compagnie avait demandé subsidiairement en appel une application par experts, sur le terrain litigieux, des titres qu'elle invoquait à l'appui de cette exception ;

Attendu qu'en refusant de se livrer à l'examen de ces titres et de les consulter à l'effet d'apprécier l'exception proposée par la compagnie, et en imposant, en conséquence, à celle-ci l'obligation de faire vider par le juge du pétitoire la question de domanialité, sous le prétexte que le juge du possessoire était incompétent pour en connaître même au point de vue du possessoire et ne pouvait ordonner une expertise sur les suites de laquelle il ne saurait être statué sans vider la question de propriété, le jugement attaqué a méconnu les règles de la compétence, commis un excès de pouvoir et violé les textes de loi ci-dessus visés ;

Casse.

———

CASSATION, Ch. civ. — 16 janv. 1884.
(Comm. de Luant c. Pigelet.)

I, 332.

L'enquête prescrite par le tribunal sur l'appel d'une sentence possessoire, doit être faite à l'audience devant le tribunal à peine de nullité et non devant un juge-commissaire.

ARRÊT

LA COUR : — Vu l'art. 407, C. pr. civ. :

Attendu que les appels des sentences rendues par les juges de paix sont matières sommaires et doivent être instruits comme tels ;

Attendu qu'aux termes de l'art. 407, C. pr. civ., lorsqu'il y a lieu à enquête en matière sommaire, les témoins doivent être entendus, non devant un juge-commissaire, mais devant le tribunal et à l'audience ;

Que cette disposition, qui a pour objet d'assurer la prompte expédition des affaires et de réduire les frais, tient à l'ordre des juridictions, et, à ce titre, emporte, quoique la peine de nullité n'y soit pas expressément prononcée, la nullité du jugement qui y a contrevenu ;

Et attendu que le tribunal de Châteauroux, statuant sur l'appel d'un jugement du juge de paix de Châteauroux en matière de complainte possessoire, a ordonné que l'enquête qu'il prescrivait, ainsi que la contre-enquête, se feraient sur les lieux devant le président du tribunal à ce commis, en quoi il a violé expressément les dispositions de loi susvisées ;

Casse.

———

CASSATION, Ch. req. — 19 mars 1884.
(Boudat c. Heid.)

I, 407, 501, 506.

L'art. 15, C. pr., ne parle que des jugements interlocutoires et ne s'applique pas aux jugements simplement préparatoires.

Lorsqu'il s'agit de l'exercice d'une servitude de passage nécessaire pour les travaux de curage d'un canal, il n'est pas besoin de démontrer l'existence de faits de possession dans l'année du trouble, lorsqu'il est prouvé que le passage a été pratiqué chaque fois qu'il en était besoin.

ARRÊT

LA COUR : — Sur le premier moyen, pris de la violation et fausse application des art. 15 et 452, C. pr. civ. :

Attendu que le jugement, rendu avant faire droit, le 14 juin 1881, se bornaît à prescrire une visite et une description des lieux ; et qu'il ne subordonnait pas la solution du litige aux résultats de cette mesure préparatoire ; qu'il ne préjugeait pas le fond ;

D'où il suit que le jugement définitif du 4 octobre 1882 n'a pas statué sur une instance périmée ;

Sur les troisième et quatrième moyens, pris, l'un, de la violation des art. 2229, C. civ., et 7 de la loi du 20 avril 1810, l'autre, de la violation et fausse application des art. 682, C. civ., 23 et 25, C. pr. :

Attendu que la décision attaquée constate en fait : 1° que la servitude litigieuse est fondée sur un état d'enclave équivalant à un titre ; 2° qu'elle n'est pas de nature à s'exercer tous les ans, puisqu'il s'agit du passage nécessaire pour les travaux de curage d'un canal ; 3° que les consorts Heid en ont joui toutes les fois qu'ils en ont eu besoin, notamment pour le dernier curage, comme l'ont eux-mêmes reconnu les demandeurs en cassation ;

Attendu que, dans ces circonstances, le tribunal de Pau a déclaré avec raison que les défendeurs éventuels avaient conservé, jusqu'au jour du trouble, et par conséquent dans l'année qui l'a précédé, la possession légale de la servitude, bien qu'ils n'eussent pas eu, pendant cette année même, l'occasion d'en user effectivement ;

Attendu, dès lors, qu'en accueillant la complainte, il a sainement appliqué les art. 23 et 2229 susvisés, sans cumuler le pétitoire avec le possessoire, et qu'il a satisfait aux exigences de la loi du 20 avril 1810 ;

Rejette.

CASSATION, Ch. civ. — 26 mai 1884.
(Blondeau c. Raveau.)

I, 230, 243, 265, 681, 685.

La question de savoir si l'entreprise commise sur un cours d'eau a été ou non abusive et dommageable échappe à la compétence du juge du possessoire et ne peut être appréciée que par le juge du pétitoire.

Du 7 février 1882, jugement du tribunal de La Châtre, ainsi motivé :

Attendu qu'il résulte de la convention intervenue entre les parties, à la date du 12 août 1868, que Raveau s'est obligé, pour l'écoulement des eaux provenant des terrains supérieurs de Blondeau, à établir, dans le mur qu'il se proposait de construire, un conduit de 20 centimètres carrés d'ouverture, du côté de Blondeau ; — Attendu qu'il n'est pas contesté que Blondeau fût en possession, depuis plus d'un an et un jour, avant le trouble allégué, d'un canal ayant les dimensions stipulées dans la convention précitée, ni que cette possession, conforme au titre qui fait la loi commune des parties, réunit les conditions exigées par la loi ; — Attendu qu'il n'est pas davantage contesté, que l'action en maintenue possessoire ait été introduite moins d'un an après la pose de la grille, que Blondeau considère comme sa possession ; — Attendu que, dans ces circonstances, le premier juge était uniquement saisi de la question de savoir, si le fait par Raveau d'avoir établi une grille dans l'ouverture du canal dont s'agit, constituait ou non un trouble dans la possession de Blondeau ; — Attendu que la grille de fer, placée par Raveau, à l'intérieur de la bouche du canal, du côté de Blondeau, se compose de sept barreaux, ayant chacun plus d'un centimètre de largeur ; qu'il est vrai que, par suite de la pose de cette grille, l'ouverture du canal qui, précédemment, présentait pour l'écoulement des eaux provenant des terrains de Blondeau, une surface de 20 centimètres carrés, se trouve actuellement réduite à 12 centimètres carrés ; — Mais attendu que le changement dont se plaint Blondeau, ne lui a causé aucun préjudice puisque les eaux peuvent s'écouler par le conduit aussi facilement qu'avant que la grille ait été posée à son entrée ; qu'en effet, cette grille s'opposant à ce que les pailles et autres détritus entraînés par l'eau n'obstruent l'embouchure du canal, facilite l'exercice de la servitude ; — Par ces motifs, infirme.

Pourvoi du sieur Blondeau.

ARRÊT

LA COUR : — Vu les art. 23 et 25, C. pr. civ. :

Attendu que la question de savoir si le défendeur à l'action en complainte n'a fait qu'user de son droit, conformément à la loi et aux titres, ne peut être examinée au possessoire sans cumuler le possessoire et le pétitoire ; que, dès lors, la possession plus qu'annale d'un écoulement des eaux pluviales d'un fonds sur le fonds voisin inférieur, au moyen d'une conduite ayant des ouvertures apparentes du côté de chaque fonds, doit être maintenue contre toute entreprise de nature à en troubler l'exercice sans qu'il y ait lieu d'examiner si cette entreprise a été ou non abusive et dommageable au possesseur ;

Attendu que le tribunal civil de La Châtre a constaté, en fait, que Blondeau était depuis plus d'un an en possession de faire écouler les eaux pluviales de son immeuble sur le fonds inférieur appartenant à Raveau, et ce au moyen d'un canal construit de main d'homme et ayant à chacune de ses extrémités une ouverture libre et apparente de vingt centimètres carrés, lorsque moins d'un an avant la citation au possessoire, Raveau a fait sceller à l'intérieur de la bouche du canal du côté de Blondeau une grille dont les barreaux, ayant chacun plus d'un centimètre de largeur, ont réduit l'ouverture de ce canal à environ douze centimètres carrés; que, néanmoins, par le jugement attaqué, le tribunal de La Châtre a rejeté la demande de Blondeau en maintenue possessoire, en se fondant uniquement sur ce que le changement dans l'état des lieux, opéré par le défendeur, n'avait causé au demandeur aucun préjudice, puisque les eaux pouvaient s'écouler par le conduit aussi facilement qu'avant l'établissement de la grille;

En quoi faisant, le jugement attaqué a méconnu le caractère légal de l'action possessoire, cumulé le possessoire et le pétitoire, et, par suite, violé les articles du Code de procédure civile ci-dessus visés;

Casse.

CASSATION, Ch. civ. — 18 juin 1884.
(Barbarant c. Thouvenel.)

I, 102.

Lorsque la propriété ou les titres sont contestés, le juge saisi d'une action en bornage doit se déclarer incompétent et non pas se contenter de surseoir jusqu'à la solution de la question de propriété. Le tribunal saisi ensuite du litige de la propriété statue sur cette question et procède en même temps au bornage sans pouvoir renvoyer au juge de paix la mission de fixer l'assiette et les limites du terrain attribué à l'une des parties.

Il en est de même lorsque la contestation se produit pour la première fois en appel.

ARRÊT

LA COUR : — Sur le deuxième moyen du pourvoi :

Vu l'art. 4, tit. IV, de la loi des 16-24 août 1790 et l'art. 6 de la loi du 25 mai 1838 :

Attendu, d'une part, que le juge de l'action en bornage cesse d'être compétent pour en connaître lorsque la propriété ou les titres qui l'établissent sont contestés; qu'en ce cas, il ne doit pas se borner à prononcer un sursis, mais se déclarer absolument incompétent;

Que, d'autre part, les tribunaux civils d'arrondissement ont toute compétence non-seulement pour juger les questions de propriété immobilière, mais encore pour opérer, s'il y a lieu, l'abornement des terrains dont ils déclarent une partie propriétaire; que leur mission comme juges des questions de propriété n'est pas terminée lorsqu'ayant reconnu à une partie le droit de propriété sur une certaine étendue de terrain à prendre sur une masse de fonds, ils n'ont pas déterminé l'emplacement où cette quantité doit être prise;

Attendu, dès lors, qu'ils ne doivent pas en ce cas renvoyer la cause devant le juge de paix, soit pour la fixation de l'emplacement, soit pour les opérations du bornage du terrain par eux attribué à une partie;

Attendu, en fait, que la Cour d'appel de Dijon, saisie en appel de la question de propriété élevée entre les parties dans le cours de l'instance en bornage, après avoir déclaré Thouvenel propriétaire d'une quantité de 7 ares 30 centiares de terrain, sise au champ Berger, sans désignation plus précise de l'emplacement de ces 7 ares 30 centiares, a renvoyé par l'arrêt attaqué les parties en instance, sur la fixation de cet emplacement, devant le juge de paix de Nogent-le-Roi, chargé de procéder au bornage de leurs propriétés respectives;

Attendu, il est vrai, que dans l'instance en bornage portée devant ce juge de paix, il était intervenu, le 3 juin 1879, une sentence qui, sur la question de propriété élevée incidemment, au lieu de déclarer l'incompétence du tribunal de paix, avait prononcé le sursis et renvoyé les parties à faire vider par les tribunaux compétents la question de propriété, et que cette sentence était pas-sée en force de chose jugée ;

Mais attendu que si l'autorité acquise entre les parties par cette sentence pouvait autoriser la Cour d'appel à ordonner le renvoi devant le tribunal de paix de Nogent pour les opérations du bornage, elle ne pouvait justifier ce renvoi pour la détermination de l'emplacement du terrain attribué à Thouvenel, et que, sans cette détermination préalable, l'opération du bornage restait impossible ;

Attendu, dès lors, qu'en renvoyant au juge de paix de Nogent la fixation de l'emplacement des 7 ares 30 centiares attribués par la Cour d'appel à Thouvenel, l'arrêt attaqué a méconnu les règles de la compétence et par suite violé les articles de loi ci-dessus visés ;

Casse.

CASSATION, Ch. civ. — 29 juillet 1884.
(Le Marouille c. Lefèvre.)

I, 102, 246, 559.

En matière de bornage, le juge du second degré n'a pas d'attributions plus étendues que celui du premier. Il en résulte que le tribunal d'appel ne pourrait trancher la question de propriété qu'en vertu du consentement formel et exprès des parties.

Pour qu'il puisse y avoir lieu à évocation, il faut que le tribunal supérieur infirme le jugement qui lui est déféré.

Du 29 décembre 1882, jugement du tribunal de Lorient, qui statue en ces termes :

Considérant que les consorts Lefèvre ont, par acte du 27 octobre 1882, fait régulièrement appel d'une décision rendue le 19 avril précédent par le juge de paix du deuxième canton de Lorient ; que les époux Le Marouille ont, de leur côté, interjeté incidemment appel de ladite décision, et que toutes les parties prétendent que le juge de paix s'est à tort déclaré incompétent ; — Considérant que la citation donnée par les consorts Lefèvre avait pour objet le bornage de certaines parcelles de terre désignées sous les art. 6 et 7 d'un acte de donation-partage du 23 décembre 1848 ; que, d'après les termes de la citation, le juge de paix se trouvait certainement compétent, mais qu'il s'agit de savoir si les prétentions formulées devant lui n'ont pas changé la nature et le caractère de l'action ; — Considérant que de la décision dont est appel il ressort que les époux Le Marouille ont pré-tendu que le partage du 4 octobre 1856 leur attribue, en face de la cour comprise dans leur lot, environ 300 mètres superficiels de terrain dont jouissent actuellement les consorts Lefèvre, lesquels contestent formellement l'interprétation donnée par leurs adversaires au partage de 1856 ; — Considérant que, dans ces circonstances, ce n'était plus seulement une action en bornage qui était portée devant le juge de paix, mais que ce magistrat se trouvait en face d'une question de propriété ; que, dès lors, il s'est, avec raison, déclaré incompétent ; — Considérant que le tribunal est régulièrement saisi de la question qui divise les parties ; qu'il a le pouvoir d'interpréter les titres et que cette interprétation doit amener la solution du litige, sans que besoin soit de recourir à aucun apurement ; — Considérant que, dans la description du premier lot du partage du 4 octobre 1856, lot échu aux consorts Lefèvre, on lit : « 4° environ moitié côté du levant d'un terrain composé de deux parcelles de terre désignées sous les art. 6 et 7 du partage du 23 décembre 1848 ; cette moitié sera séparée de l'autre par deux bornes situées, l'une au midi, à 26 mètres de l'angle sud-ouest dudit terrain, l'autre au nord et à 17 mètres de la ligne prolongée du pignon de la cave... », à 3 mètres en avant de l'alignement de ladite cave » ; — Considérant que, dans la description du deuxième lot dudit partage du 4 octobre 1856, lot échu aux auteurs de la dame Le Marouille, on lit : « 3° environ la moitié, côté du couchant de deux parcelles... désignées sous les art. 6 et 7 du partage de 1848 (la moitié côté du levant ayant été attribuée au premier lot, art. 4) ; cette moitié sera séparée de la moitié du premier lot par deux bornes placées, l'une au midi, à 26 mètres de l'angle sud-ouest, l'autre au nord, à 17 mètres du point marqué par la rencontre du prolongement de la ligne formée par le parement extérieur du pignon de la cave et de celle formant la limite du passage de 3 mètres laissé devant la maison » ; — Considérant que l'intention manifeste des copartageants a été de diviser en deux parties égales, autant que le permettrait la configuration du terrain, les deux parcelles qu'il s'agit de borner ; qu'il suffit de jeter les yeux sur le plan cadastral pour voir que, si les bornes étaient posées conformément à l'interprétation que les époux Le Marouille veulent donner au titre de 1856, l'une des parties aurait une parcelle d'une contenance notablement inférieure à la contenance de la parcelle de l'autre partie, ce qui n'était certainement pas dans la pensée des copartageants de 1856 ; — Considérant qu'il n'y a pas de difficulté relativement au point où une borne doit être placée au midi ; que ce point est situé à 26 mètres de l'angle sud-ouest de la parcelle portée au plan sous le n° 649 ; que les parties sont également d'accord sur ce qu'il faut entendre par la cave et le passage de 3 mètres ; — Considérant que les termes du partage de 1856 n'énoncent pas d'une manière aussi claire en quel endroit doit être placée la borne qui servira de limite au nord ; que, toutefois, le rapprochement du plan cadastral permet de décider que la borne à poser au midi devra se trouver à 17 mètres de l'alignement du pignon de la cave, de telle sorte que, si le pignon était élargi de 3 mètres du côté où un passage a été réservé, il formerait un angle droit avec la ligne de 17 mètres à l'extrémité de laquelle il s'agit de poser une borne ; — Par ces motifs, etc.

Pourvoi des époux Le Marouille.

ARRÊT

LA COUR : — Statuant sur les trois moyens réunis :

Vu les art. 6, n° 2, de la loi du 25 mai 1838, 473, C. pr. civ., et 4, titre IV, de la loi des 16-24 août 1790 :

Attendu que la compétence des juges de paix en matière de bornage ne cesse de leur appartenir que lorsque la propriété ou les titres sont contestés ;

Attendu, d'autre part, qu'un tribunal d'appel, saisi comme tel d'une contestation déjà portée devant un premier juge, ne peut statuer sur le fond en état d'être jugé qu'au cas d'infirmation d'un jugement prononcée soit pour vice de forme, soit pour toute autre cause légale ;

Attendu enfin que le juge institué par la loi comme juge d'appel ne peut connaître d'une contestation qui n'a pas été portée devant le juge du premier degré, à moins qu'il n'en soit saisi par un accord formel et exprès des parties ;

Et attendu, en fait, que dans la citation donnée devant le juge de paix de Lorient, ainsi que dans les conclusions prises, les deux parties, simplement en désaccord sur la ligne divisoire, réclamaient qu'il fût procédé au bornage des deux propriétés respectives, en invoquant un titre commun, savoir le partage de 1856, sur la validité duquel ne s'élevait aucune contestation et qu'il s'agissait d'appliquer ;

Attendu, cependant, que le juge de paix s'est déclaré d'office incompétent et que le tribunal de Lorient a, sur l'appel des deux parties et leurs conclusions, tendant à la déclaration de compétence et au règlement du bornage, confirmé la sentence du premier juge, et a, toutefois, en statuant au fond, se disant régulièrement saisi, tranché, par interprétation du titre, une question de propriété qui ne lui était pas soumise ;

Qu'en statuant ainsi, le tribunal de Lorient a faussement appliqué et, par suite, violé l'art. 6 de la loi du 25 mai

1838, violé, en outre, l'art. 473, C. pr. civ., et commis un excès de pouvoir ;

Casse.

CASSATION, Ch. req. — 12 août 1884.
(Belz c. Comm. de Plouharnel.)

I, 161.

Il appartient au juge du fait de décider souverainement si un chemin litigieux remplit les conditions de publicité exigées par la loi de 1881 pour qu'il soit considéré comme propriété communale.

ARRÊT

LA COUR : — Sur le second moyen, pris de la violation des art. 546, 1350, 1352, 2229 et 2262, C. civ. :

Attendu qu'il résulte des qualités de l'arrêt attaqué que Belz, poursuivi en simple police pour extraction de pierres sur un chemin rural public longeant ses prairies, après avoir soulevé l'exception préjudicielle de propriété, a fait assigner la commune de Plouharnel au pétitoire, pour voir dire qu'il était propriétaire exclusif du terrain dont il s'agit ;

Qu'en sa qualité de demandeur, il était tenu de rapporter la preuve de la propriété par lui revendiquée ;

Que vainement il soutient qu'il était dispensé de cette preuve, parce qu'il existerait en faveur des propriétaires riverains de chemins ruraux une présomption légale de propriété ;

Que l'art. 546, C. civ., qui règle le droit d'accession est inapplicable au procès qui a pour objet un chemin distinct et séparé des propriétés riveraines, et qu'une présomption légale fondée sur le voisinage et la contiguïté n'a de fondement dans aucune loi ;

Attendu que l'arrêt dénoncé déclare que les titres invoqués par le demandeur en cassation ne justifiaient pas sa demande ; qu'il constate que le chemin en question, qui existe de temps immémorial, tend d'une voie publique à un étang salé, qui faisait autrefois partie du domaine public, et qu'il a toujours été séparé par des clôtures des héritages riverains ; que ce chemin est fréquenté par la généralité des habitants des villages voisins, qui jadis y avaient établi une ancienne fontaine publique ; qu'à cette ancienne fontaine ils ont substitué un lavoir et un abreuvoir publics ;

Que l'arrêt ajoute que si Belz a extrait des pierres de ce chemin pour réparer ses murs de clôture, que s'il en a curé les fossés, et que s'il a pratiqué un petit canal pour faire dériver le trop plein des eaux sur sa prairie, ces actes témoignent d'autant moins d'une propriété exclusive qu'ils n'ont pas toujours été tolérés et que des travaux identiques ou d'autres moins significatifs ont été concurremment exécutés, tant par les riverains que par la généralité des habitants de la commune elle-même, qui, à deux reprises au moins, a affirmé son droit en faisant enlever, il y a plus de vingt-trois ans, les pierres qui couvraient l'ancienne fontaine, et en faisant restaurer le lavoir à ses frais au courant de l'année 1872 ;

Attendu que ces constatations de fait et leur appréciation rentrent dans le pouvoir souverain des juges du fond, et qu'en déclarant, par suite, que le terrain litigieux présente tous les caractères d'un chemin rural public et que le demandeur en cassation n'a fait en aucune manière la preuve qui lui incombait, l'arrêt attaqué n'a violé aucun des articles visés au pourvoi ;

Rejette.

CASSATION, Ch. civ. — 26 août 1884.
(Merle des Isles c. de Montriblond.)

I, 524.

Le vice de la précarité de la possession n'est que relatif. Ainsi, le particulier qui revendique contre un autre la possession d'une île, ne saurait être débouté de sa demande en complainte, sous prétexte que des procès-verbaux auraient été dressés par l'administration des ponts et chaussées, alors que, par rapport au défendeur, la possession du demandeur n'a pas cessé d'être paisible.

La valeur de la possession ne doit pas être examinée uniquement à l'aide des titres.

ARRÊT

LA COUR : — Statuant sur l'unique moyen de cassation :

Vu l'art. 23, C. pr. civ. :

Attendu que, par sa citation introductive d'instance, Merle des Isles concluait à se voir maintenir et garder dans la possession annale d'un terrain que le jugement attaqué appelle *Ile de Tilly* ou *Ile de la Forêt*, et dont il prétendait avoir joui pendant plus d'un an et jour avant le mois de mai 1880, paisiblement, publiquement et à titre de propriétaire, soit en y plantant, par lui ou ses auteurs, des arbres et salis, et les exploitant en temps utile, soit par le pacage ;

Que, dans ses conclusions du 16 décembre 1882, il renouvelle la même prétention et offre de prouver, tant par titres que par témoins, qu'il a toujours possédé ledit terrain d'une manière non équivoque, non interrompue, à titre de propriétaire, soit en exploitant les salis, soit en y faisant pacager ses bestiaux ;

Attendu que, pour repousser cette action, le jugement attaqué déclare d'abord souverainement que Merle des Isles n'a point, comme il le soutient, acquis l'*Ile de la Forêt* d'un sieur Dubost en 1862 et que, s'il est vrai que Dubost ait fait des plantations sur cette île, le demandeur n'étant pas l'ayant-cause de Dubost, ne saurait s'en prévaloir ;

Attendu, toutefois, que Merle des Isles n'invoquait pas seulement les faits de possession de son prétendu vendeur mais aussi ceux qu'il aurait lui-même accomplis depuis 1862, date de la prétendue vente ;

Qu'à cet égard, le jugement se borne à décider que le demandeur n'a possédé ni à titre de propriétaire, ni paisiblement ;

Attendu, quant au premier point, qu'il fonde uniquement sa décision sur ce que le terrain litigieux n'ayant pas fait partie de la vente de 1862, Merle des Isles ne peut soutenir valablement qu'il ait une possession *animo domini* ;

Mais que, pour posséder à titre de propriétaire, il n'est point nécessaire de justifier d'un titre de propriété ; qu'il suffit de n'avoir pas reçu la chose à titre précaire ;

Attendu, sur le second point, que le jugement argumente d'un trouble de droit causé à la possession du demandeur par deux procès-verbaux dressés contre lui, en 1879 et 1881, par un garde cantonnier de l'administration des ponts et chaussées, soit pour plantations par lui faites dans l'île litigieuse, soit pour y avoir coupé des saules et oseraies, procès-verbaux fondés sur ce que cette île serait la propriété de l'Etat ;

Mais attendu qu'il n'appartenait pas à de Montriblond de se prévaloir d'actes émanés d'un tiers qui n'empêchaient pas la possession de son adversaire d'avoir, par rapport à lui, un caractère paisible ;

D'où il suit qu'en décidant, par les motifs ci-dessus indiqués, que le demandeur n'avait pas fait la preuve d'une possession paisible et à titre de propriétaire, et en repoussant, par suite, son action possessoire, le jugement dénoncé a méconnu la disposition légale ci-dessus visée ;

Casse.

CASSATION, Ch. civ. — 25 nov. 1884.
(Labet c. Piganeau.)

I, 234, 265, 640.

La servitude de prise d'eau exercée par des travaux apparents et permanents peut faire l'objet d'une action possessoire lorsqu'il y est porté atteinte par des entreprises.

Une fois recueillies par des travaux de main d'homme, les eaux deviennent la propriété de celui qui les a ainsi recueillies; le propriétaire peut, dès lors, en disposer au profit d'autres personnes qui peuvent acquérir elles-mêmes, par une possession suffisante, un droit de servitude pour l'usage et l'utilité de leurs héritages.

ARRÊT

LA COUR : — Sur les première et troisième branches réunies, prises de la violation des art. 637 et 642, C. civ., et 23, C. pr. civ. :

Attendu, en fait, qu'il résulte des jugements attaqués, qu'à une date très reculée, la ville de Bordeaux fit exécuter sur un coteau du territoire de Mérignac, des travaux destinés à capter des eaux de source et d'infiltration de ce coteau et à les amener souterrainement, à travers un fonds de terre appartenant aujourd'hui à Labet, dans une prairie qui est actuellement la propriété de Pi-

ganeau; que, là, elle fit construire un réservoir surmonté d'un dôme et placer des tuyaux de conduite dirigeant lesdites eaux vers la ville de Bordeaux; que, sur ce réservoir, fut, à une époque quelconque, ménagée au profit de l'héritage de Piganeau, et au moyen de travaux apparents, une prise d'eau alimentant un puits et un lavoir, et que Piganeau était en possession de cette prise d'eau depuis plus d'une année avant le jour du trouble dont il se plaint; que ce trouble a consisté en ce que Labet a défoncé l'aqueduc qui passe sous sa propriété et détourné pour son usage, les eaux que ledit aqueduc amenait au réservoir;

Attendu qu'il est également reconnu que l'existence de cet aqueduc était manifestée sur l'héritage de Labet par des travaux apparents; qu'enfin, le jugement de 1882 constate virtuellement qu'aucune partie des eaux dont il s'agit au pourvoi ne provient du terrain de Labet, puisqu'il n'a maintenu Piganeau en possession que des eaux prises en amont de l'aqueduc collecteur qui traverse ledit terrain;

Attendu, en droit, que lorsqu'elles sont recueillies par des travaux de main d'homme, les eaux deviennent la propriété de celui qui les recueille, et qu'aucune loi ne met obstacle à ce que leur propriétaire en dispose, en tout ou en partie, en faveur d'autres personnes, ni, par conséquent, à ce que celles-ci acquièrent sur lesdites eaux, par une possession légale suffisamment prolongée, un droit de servitude pour l'usage et l'utilité de leurs héritages;

Que le tribunal de Bordeaux a donc justement décidé que la prise d'eau de Piganeau, sur le réservoir ci-dessus décrit, était susceptible d'une possession légale;

Qu'en vain le pourvoi objecte qu'on ne peut constituer une servitude sur une autre servitude et que la ville de Bordeaux recueillant elle-même les eaux litigieuses dans le réservoir, au moyen d'une double servitude de prise d'eau et d'aqueduc, Piganeau n'a pu greffer, sur ces dernières, une servitude nouvelle;

Qu'en effet, autre chose est une servitude, autre chose le produit de cette servitude;

Que l'eau, une fois recueillie à Mérignac et entrée dans l'aqueduc, formait.

au profit de la ville, une propriété dont celle-ci avait désormais la libre disposition ;

Attendu, d'autre part, que le pourvoi n'est pas mieux fondé à soutenir que la construction de l'aqueduc qui traverse le fonds de terre de Labet étant due à la ville de Bordeaux, celle-ci a seule rempli les conditions d'une possession légale et que Piganeau, qui n'est pas son ayant-cause, ne saurait se prévaloir de son droit ;

Que le tribunal n'a point fondé la recevabilité de l'action de Piganeau sur la possession de la ville, mais sur celle de Piganeau lui-même, possession qui, s'appliquant directement à la prise d'eau ménagée sur le réservoir, embrassait nécessairement, par la force des choses, tout ce qui était nécessaire pour que ladite prise d'eau pût s'exercer, c'est-à-dire les eaux et l'aqueduc ;

D'où il suit, qu'en déclarant recevable l'action possessoire de Piganeau, le jugement du 15 mars 1882 n'a violé aucune loi ;

Rejette.

CASSATION, Ch. civ. — 9 déc. 1884. (Comm. de Croix-Fonsommes c. Section de Méricourt.)

I, 560.

Si le tribunal d'appel d'une sentence de juge de paix, a le droit d'évoquer la cause et de lui donner une solution définitive, cette faculté cesse de lui appartenir lorsqu'il se trouve dans la nécessité d'ordonner une mesure d'instruction, une enquête, par exemple.

ARRÊT

LA COUR : — Sur le premier moyen du pourvoi :

Vu l'art. 473, C. pr. civ. :

Attendu que s'il est de principe que lorsque des conclusions ont été prises au fond en première instance, ces conclusions suffisent pour autoriser, dans le cas d'infirmation d'un jugement d'incompétence, l'évocation en appel, c'est à la condition que la cause sera, conformément à l'art. 473, C. pr. civ., en état de recevoir une décision défini-

tive et qu'il sera statué par un seul et même jugement ;

Attendu que, dans l'espèce, les parties ayant conclu au fond devant le juge de paix, le tribunal d'appel aurait pu, en infirmant la sentence de ce magistrat, qui s'était déclaré incompétent, évoquer la cause si elle avait pu recevoir une décision définitive ; mais que cette faculté ne pouvait lui appartenir, dès lors qu'il considérait qu'une enquête était préalablement nécessaire ;

Attendu que la commune a, il est vrai, requis elle-même l'évocation en appel, mais qu'elle en a donné pour motif que la cause était en état, et conclu à ce que la section de Méricourt fut déboutée immédiatement de son action comme non recevable et mal fondée ;

Que si, postérieurement aux conclusions de cette dernière, qui demandait, en même temps que l'évocation, une enquête pour établir sa possession annale, la demanderesse a repris ses conclusions, loin d'adhérer à l'interlocutoire réclamé, elle n'a renoncé au double degré de juridiction qu'autant que le juge estimerait que l'affaire était de nature à être jugée, sans avant faire droit, dans les termes de l'art. 473 ;

D'où il suit qu'à défaut de l'accord mutuel des parties, le tribunal d'appel a, en infirmant sur la question de compétence la sentence qui lui était soumise, retenu et jugé à tort au fond une cause qui n'était pas disposée à recevoir, et qui n'a reçu qu'ultérieurement une solution définitive ;

Qu'il a ainsi formellement violé l'art. 473, C. pr. civ., ci-dessus visé ;

Sans qu'il soit besoin de statuer sur les autres moyens du pourvoi ;

Casse.

CASSATION, Ch. civ. — 17 déc. 1884. (Dupont c. Commune de Vallon-en-Sully.)

I, 576, 583.

Le desservant d'une paroisse a qualité pour exercer l'action en réintégrande afin de reprendre la libre détention du presbytère avec dommages-intérêts. Il n'a pas besoin de l'autorisation du Conseil de Préfecture.

Il est fondé à agir contre le maire qui a fait démolir des constructions que le desservant avait établies à ses frais dans les dépendances du presbytère, et le maire ne saurait échapper à l'action en soutenant que ses agissements constituent des actes administratifs approuvés par le conseil municipal et ne relevant que de la juridiction administrative.

Du 31 juillet 1881, jugement du tribunal de Montluçon qui décide le contraire en ces termes :

En ce qui concerne M. Parillaud pris en son nom personnel : — Attendu qu'il résulte des documents du procès que ledit Parillaud a, dans la circonstance, agi non comme simple particulier, mais bien dans l'intérêt de la commune, et pour faire exécuter, en sa qualité de maire, la délibération du conseil municipal précitée ; que cela est si vrai, qu'avant de procéder au travail dont s'agit, M. Parillaud, en sa qualité de maire, a averti le desservant, ainsi que cela a été reconnu à l'audience, et lui a en même temps donné copie, et d'une dépêche du ministre de l'intérieur, relative à cette affaire, et de la délibération prise par le conseil municipal, en lui faisant observer qu'il avait pleins pouvoirs pour faire exécuter les volontés du conseil municipal ; — Attendu qu'il suit de là que Parillaud a été mal à propos appelé dans l'instance en son nom personnel et comme simple particulier, et qu'il doit être mis hors d'instance ; — En ce qui concerne la commune : — Attendu qu'il s'agit avant tout de savoir si l'autorité judiciaire est compétente ; — Attendu que l'appelant, le desservant, demande le rétablissement des constructions qu'il avait fait exécuter et des dommages-intérêts ; — Attendu que la commune oppose de son côté que les travaux faits par le desservant ont été par lui irrégulièrement entrepris et exécutés et prétend qu'elle a eu le droit de les faire démolir pour rétablir la construction primitive ; que la question est donc de savoir si les travaux exécutés par le desservant peuvent et doivent être rétablis et maintenus ; que les travaux faits dans l'intérêt général d'une commune sont des travaux publics, et qu'il en est ainsi notamment, comme le décide le Conseil d'État, des travaux de construction et de réparations aux presbytères ; — Attendu que les travaux exécutés par le desservant de Vallon dans l'objet de surélever et d'agrandir une construction qui existait déjà au presbytère et d'y établir un appartement de plus, constituait donc un travail public ; — Attendu que toutes les difficultés sur la régularité d'une entreprise de travaux publics, sur l'exécution de ces travaux, sur leur maintien ou leur destruction, sont, d'après l'art. 4 de la loi du 28 pluviôse an VIII, de la compétence de l'autorité administrative ; — Attendu qu'on oppose, dans l'espèce, que l'action a été formée par M. Dupont, desservant, en sa qualité de possesseur du presbytère, demandant à être réintégré dans la possession dont il a été

privé par une voie de fait ; — Attendu que ce n'est pas ici la forme de la demande, mais le fond même de la contestation qui détermine la compétence ; que, dans le cas actuel, la question revient toujours à savoir si le demandeur peut faire maintenir ou rétablir un travail public qu'il a lui-même exécuté régulièrement ou irrégulièrement, et que c'est à l'autorité administrative seule qu'il appartient de décider à cet égard ; — Attendu, d'autre part si à ne considérer que le travail exécuté par la commune, que la démolition opérée sous la direction du maire, dans l'exercice de ses fonctions administratives, dans le but de rétablir la construction dans son état primitif, constitue encore un travail public ; que la légalité et la régularité de ce travail ne peuvent être appréciées que par l'administration supérieure, qui, seule, a le droit de l'arrêter ou de le modifier si elle le juge utile ou convenable ; — Attendu que les droits du desservant à la jouissance du presbytère, n'étant nullement contestés par la commune qui, au contraire, les reconnaît formellement, toute action au pétitoire ou au possessoire, relativement à cette jouissance, est absolument sans objet utile et sans intérêt ; que l'action engagée par M. Dupont ne pourrait donc avoir pour but que de lui faire obtenir réparation du préjudice que lui occasionne, d'après lui, le travail exécuté par la commune ; — Et attendu que toute demande en dommages-intérêts pour préjudice résultant de l'exécution d'un travail public est, d'après la loi précitée de l'an VIII, de la compétence des tribunaux administratifs ; — Attendu que le tribunal n'a donc pas à examiner : 1° ni si M. Dupont avait, en qualité de desservant de la paroisse de Vallon, qualité pour exercer l'action en réintégrande ; 2° ni si cette action n'aurait pas dû être exercée par la fabrique avec l'autorisation du Conseil de préfecture ainsi que le prescrivent les art. 77 et 115 du décret du 30 décembre 1809 et 14 et 53 du décret du 6 novembre 1813 ; — Attendu qu'il suit de ce qui vient d'être dit, que, à quelque point de vue qu'on se place, les tribunaux judiciaires ne sont pas compétents pour décider la contestation qui divise les parties ; que c'est, par conséquent, à tort que le premier juge s'est déclaré compétent pour statuer sur l'action en réintégrande.

Pourvoi du sieur Dupont.

ARRÊT

LA COUR : — Sur la fin de non-recevoir opposée par Parillaud en qualité de maire de la commune de Vallon, au pourvoi formé par l'abbé Dupont, ladite fin de non-recevoir tirée de l'art. 14 du décret du 6 novembre 1813 :

Attendu que l'action possessoire, intentée par l'abbé Dupont, contre Parillaud en qualité de maire de la commune de Vallon, ne tendait qu'à obtenir sa réintégration dans la libre détention et jouissance du presbytère, et la réparation du préjudice résultant du trouble ;

Attendu qu'une pareille contestation entre le desservant, investi d'un droit spécial d'usufruit, et la commune, propriétaire du presbytère, ne pouvait être considérée comme une instance relative aux droits fonciers de la cure ; qu'elle concernait exclusivement l'intérêt personnel du desservant, et que, dès lors, l'action en réintégrande pouvait être intentée par l'abbé Dupont, sans autorisation du Conseil de préfecture ;

Rejette la fin de non-recevoir ;

Sur le moyen unique du pourvoi pris de la violation des art. 23 et 25, C. pr. civ., ainsi que de la fausse application de l'art. 4 de la loi du 28 pluviôse an VIII :

Vu ledit art. 4, en ses deuxième et troisième paragraphes :

Attendu qu'il résulte du jugement attaqué qu'à la date du 20 septembre 1880, Parillaud, maire de la commune de Vallon, a pénétré de vive force dans le presbytère, et qu'il a fait démolir des constructions que le desservant y avait établies;

Attendu que, sur l'action en réintégrande, intentée par le desservant contre Parillaud, ès-qualité, le tribunal de première instance de Montluçon s'est déclaré incompétent, par le double motif que Parillaud avait agi en sa qualité de fonctionnaire et que la contestation était relative à l'exécution de travaux publics ;

Attendu, d'abord, qu'il est reconnu en fait que l'abbé Dupont était, en sa qualité de desservant, en possession paisible et publique du presbytère ;

Que Parillaud ne pouvait se disculper de la voie de fait qui lui était reprochée, en invoquant, soit sa qualité de fonctionnaire public, soit l'intérêt de la commune ;

Que ces faits ne sauraient, dès lors, être considérés comme des actes administratifs ; mais qu'ils constituent une entreprise à l'occasion de laquelle l'abbé Dupont a pu recourir à l'autorité judiciaire ;

Attendu, d'autre part, que ni les changements opérés au presbytère, par l'abbé Dupont, dans son intérêt particulier, ni la destruction de ces ouvrages, effectuée sur l'ordre du maire, même en exécution d'une délibération du conseil municipal, non approuvée par l'autorité administrative, n'avaient le caractère de travaux publics dans le sens de la loi de l'an VIII ;

Qu'il suit de là qu'en décidant le contraire et en déclarant l'autorité judiciaire incompétente pour statuer sur l'action en réintégrande intentée par l'abbé Dupont, le tribunal a méconnu le principe de la séparation des pouvoirs et faussement appliqué les dispositions de l'art. 4 de la loi du 28 pluviôse an VIII ;

Casse.

TRIB. DES CONFLITS. — 20 déc. 1884.

(Ledieu c. Comm. de Maing.)

1, 677.

L'autorité judiciaire est seule compétente pour trancher les questions de propriété ou de possession qui naissent à l'occasion de l'exécution de travaux publics. Le juge du possessoire est donc régulièrement saisi, pourvu qu'il se contente de prononcer sur la possession.

JUGEMENT

LE TRIBUNAL DES CONFLITS : — Vu l'arrêté, en date du 11 septembre 1884, par lequel le préfet du Nord éleva le conflit d'attribution dans l'instance engagée devant le tribunal civil de Valenciennes entre le sieur Ledieu, propriétaire, d'une part, et la commune de Maing, d'autre part; — Vu l'exploit du 17 janvier 1884, par lequel le sieur Ledieu cite la commune de Maing, dans la personne de son maire, devant le juge de paix du canton sud de Valenciennes, à l'effet d'être maintenu dans la possession annale du fossé de desséchement de ses prairies et réclame à ladite commune des dommages-intérêts à fixer par expertise à raison du trouble qu'elle a apporté à cette possession; — Vu la sentence du juge de paix, en date du 12 avril 1884, qui rejette l'exception d'incompétence proposée par la commune, maintient le sieur Ledieu dans sa possession, défend à la commune de l'y troubler, condamne cette dernière à faire cesser le trouble et, pour ce, prescrit certains travaux de curage en la condamnant au paiement du montant du préjudice à déterminer par expertise; — Vu l'acte d'appel de la commune du 30 mai 1884, reproduisant l'exception d'incompétence; — Vu le déclinatoire, en date du 5 août 1884, présenté par le préfet du Nord qui soutient que, par l'effet de l'arrêté préfectoral du 2 décembre 1868, lequel, dans l'intérêt de la salubrité publique, a ordonné le détournement des eaux de la fontaine Coudoux et leur déversement dans le fossé traversant les prairies du sieur Ledieu, le cours d'eau dit *des Prairies* est devenu, du consentement de ce dernier, le cours d'eau de la fontaine Coudoux et a cessé d'être susceptible de propriété privée, qu'il ne peut y avoir lieu, dès lors, ni à une action possessoire, ni à la compétence de l'autorité judiciaire ; — Vu les conclusions du procureur de la République du 26 août 1884, à l'appui du déclinatoire d'incompétence; — Vu le jugement du tribunal civil de Valenciennes, en date du 30 août 1884, qui accueille le déclinatoire en ce qui concerne les travaux prescrits par la sentence frappée d'appel et les dommages-intérêts à déterminer, mais qui, sur la possession annale contestée au demandeur par la commune, se déclare compétent et rejette, sur ce point, le déclinatoire; — Vu l'arrêté de conflit susvisé du 11 septembre 1884; — Vu le jugement du 17 septembre 1884, par lequel le tribunal donne acte au procureur de la République de la notification et du dépôt de l'arrêté de conflit et dit qu'il sera sursis à toute procédure;

Vu les lois des 16-24 août 1790, 14 floréal an XI et 28 pluviôse an VIII; — Vu les art. 23 et 25, C. pr. civ., et l'art. 6 de la loi du 25 mai 1838; — Vu les ordonnances du 1er juin 1828 et du 12 mars 1831, le règlement du 20 octobre 1849 et la loi du 24 mai 1872:

Considérant que, si l'autorité judiciaire est incompétente pour statuer sur les questions de dommages résultant de l'exécution de travaux publics, il lui appartient de prononcer sur les questions de possession qui peuvent être la condition du droit à indemnité quand cette possession est contestée;

Considérant que, dans sa citation, Ledieu demandait à être maintenu dans la possession annale du fossé de desséchement de ses prairies et des dommages-intérêts à raison du préjudice que la commune de Maing lui aurait causé en déversant dans ce fossé des eaux chargées de terre et d'autres matières étrangères; que le tribunal civil de Valenciennes s'est déclaré incompétent pour juger ce dernier chef de demande par le motif que le préjudice prétendu serait résulté de l'exécution de travaux publics et qu'il a retenu seulement la connaissance de la question de la possession annale invoquée par Ledieu et contestée par la commune de Maing; qu'en statuant en ces termes, il s'est renfermé dans les limites de ses attributions;

Art. 1er. — L'arrêté de conflit ci-dessus visé est annulé.

CASSATION, Ch. civ. — 23 déc. 1884.
(Hunery de Laboissière c. James.)

I, 5.

Le caractère de l'action possessoire n'est ni altéré ni modifié par une demande accessoire à fin de dommages-intérêts, alors que le demandeur invoque expressément la possession annale et demande principalement la suppression des travaux qui ont causé le trouble.

ARRÊT

LA COUR : — Sur le moyen unique du pourvoi :

Vu l'art. 6, § 1er, de la loi du 25 mai 1838 :

Attendu qu'à la suite d'entreprises faites par James sur un ruisseau, dont James et Laboissière étaient riverains, Laboissière a fait citer James devant le juge de paix pour voir ordonner la suppression des travaux exécutés depuis moins d'une année et s'entendre condamner à 100 francs de dommages-intérêts ;

Attendu que le juge de paix ayant ordonné la suppression des travaux, le tribunal de Nevers, saisi de l'appel, a prononcé l'annulation de ce jugement pour incompétence, en se fondant sur ce que l'action intentée par Laboissière était non une action possessoire, mais une simple action en dommages-intérêts pour dommages faits aux champs, et qu'en ce cas le juge de paix n'avait pas qualité pour faire cesser la cause du dommage;

Mais, attendu qu'en statuant ainsi, le

jugement attaqué a méconnu le caractère légal de l'action intentée par Laboissière ;

Que ce dernier invoquait expressément la possession annale et demandait principalement la suppression des travaux qui avaient causé le trouble ;

Que la demande accessoire à fin de dommages-intérêts ne pouvait ni altérer, ni modifier le caractère possessoire de l'action ;

Attendu, dès lors, que le jugement attaqué a violé la disposition précitée ; Casse.

CASSATION, Ch. req. — 27 janv. 1885.
(Derache c. Choquel.)

I, 242, 617, 631.

N'encourt aucun reproche le juge qui, pour apprécier la recevabilité de l'action possessoire d'une servitude discontinue, recherche si le titre contient le principe du droit réclamé et repousse la preuve des faits allégués après avoir reconnu que le titre ne renfermait pas l'idée du droit prétendu, mais seulement celle d'une simple tolérance accordée à titre de bon voisinage.

ARRÊT

LA COUR : — Sur le moyen unique tiré de la violation des art. 23 et 25, C. pr. civ. :

Attendu que l'action possessoire intentée par Derache reposait sur l'exercice d'une servitude discontinue ; que Choquel, défendeur éventuel, avait conclu à la non-recevabilité de cette action, et que la première question à résoudre était celle de savoir si la servitude prétendue avait été exercée par le demandeur, en vertu d'un droit ou à titre précaire et de pure tolérance ;

Attendu que le jugement attaqué, appréciant le titre invoqué par Derache, a déclaré que ce titre « ne renfermait pas l'idée d'un droit au profit de l'immeuble acquis par Derache, mais seulement celle d'une simple tolérance en faveur de l'acquéreur, à titre de bon voisinage » et qu'il a, par suite, déclaré non recevable l'action possessoire ;

Attendu que l'appréciation du titre était nécessaire pour répondre à la fin de non-recevoir ; qu'elle n'a eu lieu qu'en vue d'éclairer la possession ;

Que le jugement attaqué n'a touché que la question de recevabilité, et qu'après avoir reconnu le caractère précaire de la possession, il n'avait point à examiner, d'une manière spéciale, les faits allégués qui ne pouvaient plus constituer qu'une possession matérielle ;

Attendu qu'il résulte de ce qui précède que le jugement dénoncé n'a point violé les art. 23 et 25, C. pr. civ., mais a fait, au contraire, une juste application des principes de la matière ;

Rejette.

CASSATION, Ch. civ. — 3 février 1885.
(Corbin et Lerby c. Breux et Pilorge.)

I, 333.

Si l'enquête en matière sommaire doit avoir lieu à l'audience et devant le tribunal à peine de nullité, cette nullité est couverte par l'exécution volontaire du jugement, l'assistance à l'enquête, la production de témoins.

ARRÊT

LA COUR : — Vu la connexité, joint les pourvois :

Attendu que les deux jugements attaqués ayant été rendus en matière sommaire, il ne pouvait être procédé à l'enquête qu'ils ont ordonnée et prorogée que par le tribunal et à l'audience ;

Qu'en y faisant procéder hors de l'audience et par un juge commis, ces jugements ont méconnu les prescriptions de l'art. 407, C. pr. civ. ;

Mais, attendu que la nullité résultant de cette infraction à la loi a été couverte par les demandeurs qui, en exécutant volontairement les deux décisions dont il s'agit, se sont rendus non recevables à les attaquer devant la Cour de Cassation ;

Attendu que la réserve d'un appel, d'ailleurs impossible, faite par eux au cours des enquêtes, sans précision d'aucun grief, et alors qu'ils avaient demandé eux-mêmes purement et simplement la fixation du jour où les témoins seraient entendus, ne saurait prévaloir contre l'exécution volontaire et complète qu'ils ont donnée aux jugements dénoncés en assistant à l'enquête et à la contre-enquête, en produisant leurs témoins, et reprochant ceux des parties adverses;

Rejette.

CASSATION, Ch. req. — 10 février 1885.

(Fichet c. Lechevalier.)

I, 630.

La servitude d'aqueduc, s'exerçant au moyen d'une rigole et d'une tranchée situées sur le fonds servant, constitue une servitude continue et apparente et peut faire l'objet d'une action possessoire sans qu'il soit nécessaire de l'appuyer sur un titre.

ARRÊT

LA COUR : — Sur le premier moyen tiré de la violation des art. 691, 2229, C. civ., et 23, C. pr. civ. :

Attendu que la servitude, dont la dame Lechevalier prétend avoir la possession, est une servitude d'aqueduc s'exerçant au moyen d'une rigole placée sur le terrain de la dame Fichet et d'une tranchée constituant un travail apparent pratiqué sur le même fonds ; qu'il s'agit ainsi de l'exercice d'une servitude continue et apparente; qu'une telle servitude, étant susceptible d'être acquise par prescription, peut former l'objet d'une action possessoire sans que le demandeur soit tenu de produire un titre à l'appui de sa possession; que l'action possessoire de la dame Lechevalier était donc recevable et que le jugement attaqué a pu autoriser ladite dame à faire la preuve par témoins des faits par elle articulés et tendant à établir qu'elle avait la possession annale de ladite servitude ; qu'en statuant ainsi, le tribunal n'a violé ni l'art. 23, C. pr. civ., ni les art. 2229 et 691, C. civ. ;

Rejette.

CASSATION, Ch. civ. — 11 février 1885.

(Racary c. Chaillou.)

I, 238.

Se déclare à bon droit incompétent pour statuer sur une action en complainte, le juge du possessoire qui reconnaît, après examen du titre, qu'il ne pourrait prononcer, sans consacrer préalablement l'existence du droit, le sens et la portée des clauses du titre invoqué relativement au fond même du litige soulevé par la complainte.

ARRÊT

LA COUR : — Attendu qu'il résulte des conclusions des parties et des constatations du jugement attaqué qu'en réalité la contestation soumise au juge de paix de Dourdan ne portait pas sur la question de savoir si Racary était en possession plus qu'annale du droit de faire passer les eaux venant de son fonds dans le terrain appartenant à Chaillou, au moyen d'un tuyau placé à plusieurs mètres de profondeur ;

Que cette possession n'était point contestée par Chaillou ;

Qu'il s'agissait uniquement de décider si l'existence de cette servitude impliquait l'interdiction, à ce dernier, de construire un mur de clôture sur son terrain et au-dessus du tuyau de conduite des eaux, et si cette interdiction résultait soit de la défense de faire des fouilles dans ce terrain, soit d'un droit de surveillance ou de vue qui aurait appartenu à Racary, pour la conservation de la servitude d'écoulement reconnue à son profit ;

Attendu que le caractère de la possession d'un pareil droit, qui ne se manifestait par aucun acte apparent, ne pouvait être déterminé que par l'examen et l'interprétation du titre nécessaire à sa constitution, c'est-à-dire à l'acte du 18 août 1874, et, particulièrement, de la clause portant que, pour assurer la conservation des eaux, il ne pourrait être fait dans le terrain du vendeur aucune fouille, tandis que l'acheteur pourrait toujours en pratiquer pour réparer le tuyau de conduite de ses eaux ;

Attendu que le tribunal civil de Rambouillet ne s'est point refusé à faire, au point de vue de la détermination du caractère de la possession dans laquelle Racary prétendait avoir été troublé, l'examen du titre de 1874; mais que, reconnaissant, à la suite de cet examen, qu'il ne pouvait statuer sur l'action possessoire sans consacrer préalablement l'existence du droit, le sens et la portée des clauses du titre invoqué relativement au fond même du litige soulevé par la complainte de Racary, il a déclaré le juge du possessoire incompétent pour statuer sur cette complainte ;

Qu'en statuant ainsi, le jugement attaqué s'est conformé aux prescriptions de la loi qui prohibent le cumul du possessoire et du pétitoire, et n'a, par conséquent, violé aucun des articles de loi invoqués par le pourvoi ;

Rejette.

CASSATION, Ch. civ. — 25 févr. 1885.
(Cirodde c. Bondeau.)

I, 35, 37, 239, 244.

Cumule le possessoire et le pétitoire le juge qui se contente de trouver la preuve de la possession d'arbres et de haies litigieux dans la preuve de la possession du terrain sur lequel ils sont plantés.

ARRÊT

LA COUR : — Statuant sur le moyen unique du pourvoi :

Vu l'art. 25, C. pr. civ. :

Attendu que le jugement attaqué déclare, d'une part : que la haie, séparative du champ de la Rochère, appartenant à Bondeau, et de la forêt du Porzot, existait de temps immémorial sur l'emplacement qu'elle occupe actuellement, et qu'il faut tenir pour certain que la haie litigieuse et le sol sur lequel elle existe, ont toujours fait partie du champ de Bondeau ; d'autre part, que les arbres coupés par Bondeau se trouvaient sur le sol de la forêt à l'exception d'un seul qui était sur le champ de la Rochère ;

Attendu que de ces déclarations et constatations le jugement a déduit, sans relever aucun fait matériel précis constitutif de la possession prétendue, tant de la haie que de l'arbre litigieux, qu'il y avait lieu de maintenir Bondeau en possession de l'arbre et de la haie existant sur le sol du champ de la Rochère, se fondant uniquement sur ce que Bondeau était propriétaire de ce champ ;

Attendu qu'en consacrant ainsi son droit à la possession de l'arbre et de la haie dont s'agit, sans examiner le fait même de la possession et par des motifs tirés exclusivement du fond du droit, le jugement attaqué a cumulé le possessoire et le pétitoire et formellement violé l'art. 25 susvisé ;

Casse.

CASSATION, Ch. req. — 9 juin 1885.
(Venduren c. Buy.)

I, 51.

Le juge du possessoire, saisi d'une action en complainte fondée sur des travaux exécutés par un particulier en vertu d'autorisations administratives, n'a pas à s'arrêter à ces autorisations qui sont intervenues dans un intérêt purement privé et qui ne sauraient porter atteinte aux droits des tiers.

ARRÊT

LA COUR : — Sur le premier moyen du pourvoi, tiré de la violation de la règle sur la séparation des pouvoirs (Décret du 16 fructidor an III) et fausse application des art. 2229, C. civ., et 23, C. pr. civ. :

Attendu que les actes administratifs qui accordent des autorisations de voirie aux riverains des voies publiques se bornent à constater qu'un intérêt public ne s'oppose pas à l'exécution des travaux projetés par le permissionnaire ; mais qu'ils contiennent, à raison de leur nature et d'après leur objet, la réserve des droits des tiers et qu'ils ne sauraient faire obstacle à ce que le tiers qui se prétendrait lésé dans ses droits de propriété, de servitude ou de possession, par les travaux établis en vertu d'un pareil acte, porte la contestation devant la juridiction civile seule compétente pour en connaître ;

Que le juge du possessoire saisi de la contestation n'empiète pas sur le domaine de l'administration, lorsque, après avoir constaté l'existence avec les caractères voulus de la possession invoquée par la demande, il ordonne la suppression partielle ou totale des travaux exécutés en vertu de l'autorisation, comme portant atteinte à cette possession ;

Attendu qu'il résulte des constatations du jugement attaqué que Venduren ayant demandé au maire de Limoux l'autorisation d'établir une toile, dans des conditions déterminées, le long des arcades de la place de la République, cette permission ne lui a été donnée que dans son intérêt privé et à la charge par lui de respecter les droits des tiers ;

Que, dès lors, c'est avec raison que la justice civile, sans violer aucune des lois susvisées, à la demande de Buy, après avoir reconnu et constaté d'une manière régulière les droits réclamés par celui-ci, les a sanctionnés et a pris les dispositions nécessaires pour les faire respecter ;

Rejette.

CASSATION, Ch. civ. — 9 juin 1885.
(Destombes-Dewatre c. Lornier frères.)

I, 203, 682.

Il suffit pour que l'action possessoire soit recevable, que le fait dénoncé constitue un trouble à l'usage du fonds d'autrui. L'action ne changerait pas de caractère par cela seul que le défendeur reconnaîtrait la possession de son adversaire et l'illégalité du fait qui lui est reproché.

ARRÊT

LA COUR : — Vu l'art. 23, C. pr. civ. :

Attendu qu'aux termes dudit article, les actions possessoires sont celles qui sont formées dans l'année du trouble par ceux qui, depuis une année au moins, étaient en possession paisible par eux ou par les leurs à titre non précaire ;

Attendu que tel était le caractère de l'action intentée par Destombes-Dewatre, demandeur en cassation, contre les frères Lornier, et qui tendait à les faire condamner à supprimer une conduite établie par eux sur un terrain dont il se prétendait possesseur, et à l'aide de laquelle ils déversaient les eaux de leur usine sur sa propriété ;

Attendu cependant que le jugement attaqué a considéré que ces faits, s'ils étaient établis, pourraient peut-être servir de base à une action en dommages-intérêts, mais qu'ils ne sauraient donner lieu à aucune action possessoire ; qu'il se fonde, pour le décider ainsi, sur ce que, d'une part, les frères Lornier n'ont besoin d'acquérir aucun droit, aucune servitude sur la propriété de Destombes pour l'écoulement de leurs eaux, et que, d'autre part, ils ont déclaré dans leurs conclusions additionnelles que le seul ouvrage qu'ils reconnaissent avoir fait sur le terrain litigieux et qui consiste en un pont pour le passage de leur cheval, n'a jamais été dans leur esprit une menace à la possession de Destombes ;

Mais, attendu que le trouble dont se plaint le demandeur, et résultant de l'établissement d'une conduite d'eau, constituerait, si la preuve par lui offerte en était rapportée, une atteinte formelle à sa possession ; qu'il importe peu que les défendeurs aient déclaré qu'ils n'entendent point contester cette possession ; que cette reconnaissance n'est pas de nature à changer le caractère de l'action et à convertir en une simple demande en dommages-intérêts une action possessoire qui avait pour but le rétablissement des lieux dans l'état où ils étaient avant le trouble ;

D'où il suit qu'en déclarant le demandeur mal fondé dans son action possessoire, le jugement attaqué a violé les dispositions de l'article précité ;

Casse.

CASSATION, Ch. civ. — 17 juin 1885.
(Godin c. Pommereuil.)

I, 623.

L'art. 694, C. civ., en n'exigeant, pour la preuve d'une servitude par destination du père de famille, que l'existence d'un signe apparent suppose que l'acte de séparation des héritages est représenté et qu'il ne s'y trouve aucune stipulation contraire à la servitude. Le juge saisi d'une action possessoire relative à une servitude fondée sur cette disposition, est tenu d'apprécier la portée du titre au point de vue de la possession avant d'accueillir l'action.

ARRÊT

LA COUR : — Sur le moyen unique :
Vu les art. 23, C. pr. civ., et 694,
C. civ. :

Attendu que les servitudes discontinues ne peuvent s'établir que par titres ;
qu'en l'absence d'un titre, la possession
de semblables servitudes doit être considérée uniquement comme l'effet de la
tolérance du propriétaire du fonds sur
lequel elles s'exercent et ne peuvent, à
raison de leur précarité, donner naissance à une action possessoire, quel
que soit le caractère des travaux destinés à faciliter l'exercice de la servitude
qui pourraient avoir été faits sur le
fonds servant ;

Qu'il en est autrement lorsque les
servitudes discontinues se fondent sur
le titre légal que l'art. 694, C. civ., fait
résulter d'un signe apparent joint à la
destination de l'ancien propriétaire du
fonds servant et dominant ;

Mais attendu que si la destination du
père de famille, appuyée d'un signe
apparent, vaut titre, c'est à la condition
que celui qui, après la division des héritages, revendique la servitude, représente l'acte qui a opéré cette division
et fasse la preuve qu'il ne contient
aucune stipulation contraire; qu'il s'ensuit que le juge du possessoire est tenu
de n'accueillir l'action qu'après avoir
pris connaissance du titre et en avoir
apprécié la portée au point de vue de la
possession ;

Attendu, dans l'espèce, que, d'une
part, pour admettre l'action en complainte intentée par les époux Pommereuil, afin de faire cesser le trouble
apporté à l'exercice du droit de passage
qu'ils prétendaient avoir à travers la
haie des époux Godin, le jugement attaqué s'est fondé sur ce que de la visite
des lieux à laquelle le juge de paix a
procédé et des témoignages qu'il a recueillis, il résultait qu'en un point de
la haie des époux Godin, vers l'extrémité nord du pré des époux Pommereuil, il avait, depuis plus d'an et jour,
existé une barrière à laquelle le jugement attaqué a attribué le caractère
d'un signe apparent ;

Attendu, d'autre part, qu'alors que
les époux Godin, pour repousser l'action en complainte des époux Pommereuil, alléguaient les conventions qui

seraient intervenues entre eux lors du
partage des biens de l'auteur commun,
et que les époux Pommereuil déniaient
l'existence de ces conventions et invoquaient la destination du père de famille comme fondement de leur droit
de passage, le juge du possessoire, sans
s'être fait présenter l'acte de partage et
sans l'avoir examiné au point de vue de
sa compétence, a décidé que les époux
Pommereuil avaient eu par eux et par
leurs auteurs la possession plus qu'annale de la servitude par eux revendiquée et les a maintenus dans cette possession ;

D'où il suit que le jugement attaqué
a violé les articles susvisés ;

Casse.

———

CASSATION, Ch. civ. — 5 août 1885.
(De Cazeneuve c. Massot.)

I, 230, 681, 684.

*Le juge du possessoire qui rejette la com-
plainte, fondée sur une entreprise commise sur un cours d'eau, par le motif
que les travaux n'ont occasionné aucun
préjudice et que le défendeur n'a commis aucun abus, cumule le possessoire
et le pétitoire.*

ARRÊT

LA COUR : — Vu les art. 23 et 25,
C. pr. civ.:

Attendu que, sans nier que les époux
de Cazeneuve aient la possession plus
qu'annale du cours d'eau dont s'agit
pour l'irrigation de leurs propriétés, et
que les travaux établis par le défendeur
depuis moins d'un an sur le cours supérieur soient de nature à détourner une
partie des eaux, le jugement attaqué a
néanmoins rejeté la demande en maintenue possessoire par cet unique motif
qu'il était établi que ces travaux ne
causaient aucun dommage aux demandeurs et qu'ils n'avaient pas pour objet
de les priver de tout ou partie des eaux
auxquelles ils ont droit ;

Qu'en jugeant ainsi, le tribunal de
Bourgoin a méconnu le caractère légal
de l'action possessoire, cumulé le possessoire et le pétitoire, et, par suite,
violé les articles ci-dessus visés ;

Casse.

———

CASSATION, Ch. civ. — 28 octobre 1885.
(Bernardi c. Langeron.)

I, 588.

Ne constitue pas un trouble suffisant pour servir de base à la réintégrande le fait, par un fermier, d'intercepter un passage en détruisant le chemin existant sur la propriété dont il a la jouissance et en l'interceptant à l'aide de pieux.

ARRÊT

LA COUR : — Vu les art. 691, C. civ., et 23, C. pr. civ. :

Attendu que pour déclarer recevable et fondée l'action en réintégrande de la demoiselle Langeron, le jugement attaqué se base sur ce que, dans le but d'empêcher l'exercice du passage dont il reconnaît que ladite demoiselle était en possession, le sieur Bernardi avait détruit le chemin existant sur la propriété Sabatéry, dont il était le fermier, et ce dans sa partie nord, et en avait interdit l'accès au moyen de plantation de pieux ;

Mais attendu que l'action en réintégrande suppose non-seulement la possession actuelle et paisible de l'objet litigieux, mais, en outre, un acte agressif sur la personne ou sur le fonds même du plaignant, qui mette en mouvement le droit de légitime défense et soit de nature à troubler dans une certaine mesure l'ordre et la paix publique ;

Attendu qu'il est impossible de trouver ce double caractère dans l'œuvre pratiquée, dans l'espèce, par le sieur Bernardi, sur le terrain même dont il était fermier ;

Attendu, par suite, qu'en le condamnant dans ces conditions à rétablir les lieux dans l'état primitif et à payer des dommages-intérêts à la demanderesse en réintégrande, le jugement attaqué a faussement appliqué et, par suite, violé les articles susvisés ;

Casse.

———

CASSATION, Ch. civ. — 7 déc. 1885.
(De Saint-Pol c. Caillot.)

I, 242, 617, 631.

En matière de servitude discontinue, il entre dans les attributions du juge du possessoire d'apprécier la possession dans ses rapports avec les titres invoqués comme devant lui servir de fondement et sans lesquels elle n'aurait pu avoir un effet utile, pour admettre l'action, s'il reconnaît que le défendeur a étendu abusivement un droit contredit par les titres.

Pour être utile, la possession doit réunir les conditions de l'art. 2229, C. civ.

ARRÊT

LA COUR : — Sur la première branche du premier moyen :

Attendu que l'action possessoire portée par Caillot devant le tribunal civil de Nantua et la demande reconventionnelle des époux de Saint-Pol se référaient à un droit de passage exercé à titre de servitude ; que s'agissant d'une servitude discontinue qui ne peut s'acquérir ni s'aggraver par prescription, il entrait dans les attributions du juge du possessoire d'apprécier la possession articulée dans ses rapports avec les titres invoqués comme devant lui servir de fondement, et sans lesquels elle n'aurait pu avoir un effet utile ;

Attendu que le tribunal a reconnu par les circonstances de la cause, d'une part, que Caillot avait été troublé dans la jouissance de sa cour par une extension abusive de la servitude ; d'autre part, que les époux de Saint-Pol n'avaient jusqu'alors usé du droit de passage qu'ils avaient sur cette cour que pour les besoins de l'écurie, de la remise et de la grange dépendant de leur habitation ; qu'il a dû en inférer que la possession articulée par les époux de Saint-Pol se trouvait contredite par les titres mêmes qu'ils pouvaient invoquer et qui étaient, à bon droit, consultés à l'effet d'apprécier le caractère des faits de jouissance ; qu'en ce faisant, il n'a pas cumulé le possessoire et le pétitoire ;

Sur la seconde branche :

Attendu qu'en déclarant que les époux de Saint-Pol n'avaient pas la possession annale nécessaire pour faire admettre leur action et en repoussant, par suite, leur demande reconventionnelle, le tribunal de Nantua a usé de son droit souverain d'appréciation ;

Rejette le premier moyen dans ses deux branches.

———

CASSATION, Ch. req. — 7 déc. 1885.
(Portes c. Lafforgue.)

I, 500.

*Les constatations du juge du fond portant
sur les caractères de la possession
constitutive de la prescription acquisitive échappent à la censure de la Cour
de Cassation.*

ARRÊT

LA COUR : — Sur le moyen pris de
la violation des art. 644, 645, 2229,
C. civ., et 7 de la loi du 20 avril 1810 :
Attendu que l'arrêt attaqué n'a pas
violé l'art. 645 en chargeant des experts
d'indiquer les travaux nécessaires pour
que le maintien du barrage ou digue
du moulin concilie les droits acquis
avec les intérêts de l'agriculture ;
Qu'il n'a pas davantage violé l'art. 644
en imposant aux demandeurs, pour
l'arrosage de leurs prairies, le respect
des droits acquis à l'usine Lafforgue sur
les eaux litigieuses ;
Attendu que, d'après l'arrêt, « il résulte des faits et documents de la cause,
ainsi que des enquêtes, que, depuis un
temps et dans des conditions suffisant
pour prescrire, Lafforgue a disposé des
eaux sans contestation dans les proportions indiquées »;
Attendu que, en présence de cette
déclaration, le pourvoi n'est pas fondé
à alléguer l'absence ou l'insuffisance
de constatation des éléments constitutifs de la prescription acquisitive, et,
par suite, la violation des art. 2229,
C. civ., et 7 de la loi du 20 avril 1810,
alors surtout qu'il ne justifie d'aucune
conclusion ayant pu rendre nécessaire
une réponse spéciale ;
Rejette.

CASSATION, Ch. civ. — 8 déc. 1885.
(Comm. de Lahonce c. Darrigol.)

I, 180, 181.

*Le maire, à l'exclusion du préfet, a qua-
lité pour représenter la commune dans
les procès relatifs aux chemins vicinaux d'intérêt commun.
La question de savoir qui a qualité pour
représenter les communes dans les actions concernant les chemins vicinaux*
touche à l'ordre public et peut être
posée pour la première fois devant la
Cour de Cassation.*

ARRÊT

LA COUR : — Sur le premier moyen :
Sur la fin de non-recevoir :
Attendu que les chemins vicinaux
font partie du domaine public communal, et que la question de savoir
qui a qualité pour représenter les communes dans les actions relatives à ces
chemins touche à l'ordre public ;
Qu'ainsi le moyen tiré, en cette matière, de l'indue représentation d'une
commune peut être invoqué, pour la
première fois, devant la Cour de Cassation ;
Rejette la fin de non-recevoir ;
Au fond :
Attendu que si l'art. 9 de la loi du
21 mai 1836, en plaçant les chemins
vicinaux de grande communication
sous l'autorité des préfets, a donné à
ces fonctionnaires le droit de représenter les communes intéressées, aucune
disposition législative ne leur a accordé
le même droit pour les chemins vicinaux d'intérêt commun ; que les
art. 44 et 46 de la loi du 10 août 1871
leur ont enlevé, il est vrai, au profit
des conseils généraux une partie de
leurs attributions en ce qui concerne
ces chemins, mais ne leur ont conféré
aucune de celles que les lois en vigueur
reconnaissent aux maires ;
Attendu qu'il est constaté par le jugement attaqué que le chemin vicinal
n° 57 dont l'arrêté du préfet des Basses-
Pyrénées, en date du 27 septembre
1868, a ordonné l'élargissement, était
un chemin vicinal d'intérêt commun ;
Qu'ainsi, le maire de la commune de
Lahonce avait qualité pour la représenter dans l'instance en règlement d'indemnité engagée à l'occasion dudit chemin qui passait sur son territoire ;
Rejette.

CASSATION, Ch. req. — 16 déc. 1885.
(De Montlevicq c. Comm. de Briantes.)

I, 499, 500.

*Le juge du fond apprécie souverainement
la preuve de la possession annale. En
conséquence, c'est à bon droit qu'il dé-*

clare l'action non recevable lorsque les enquêtes ne démontrent aucun acte de jouissance dans l'année antérieure à l'entreprise incriminée.

ARRÊT

LA COUR : — Sur les deux moyens réunis, tirés le premier de la violation, par fausse application des art. 23 et 25, C. pr. civ., 2229, C. civ., et des principes qui régissent l'action en réintégrande, le second de la violation de l'art. 23, C. pr. civ., et des règles relatives à la complainte :

Attendu que les juges du fond, appréciant souverainement les résultats des enquêtes auxquelles il avait été procédé, ont débouté de ses conclusions le demandeur, en constatant, d'une part, que, relativement à la parcelle n° 133 du cadastre (en nature de braude) dont il prétendait avoir été violemment dépouillé au mois de mars 1883, il n'avait, par des témoignages dignes de foi, justifié d'aucun acte de possession accompli depuis le mois de mars 1882; d'où il suit nécessairement, qu'il n'avait ni une possession annale, ni même une possession actuelle et matérielle au moment de la voie de fait dont il se plaignait; d'autre part, que relativement à la parcelle n° 134 (en nature de carrière), dans la jouissance de laquelle il aurait été troublé en 1883, il ne rapportait la preuve d'aucune extraction de pierres opérée pour son compte, tandis qu'au contraire il était établi que, tout au moins, depuis novembre 1882, la commune défenderesse se trouvait elle-même en possession;

Attendu que ces motifs suffisent pour légitimer le rejet de la réintégrande ou complainte; qu'aucun des textes ou des principes susvisés n'a, dès lors, été violé;

Rejette.

CASSATION, Ch. req. — 22 déc. 1885.
(Perriquet c. Roblin.)

I, 500.

Le juge a pleins pouvoirs pour apprécier l'étendue, la durée et le caractère de la possession et pour écarter les actes isolés et accidentels.

ARRÊT

LA COUR : — Sur le premier moyen tiré de la violation des art. 1134 et 1319, C. civ. :

Attendu que les demandeurs en cassation, propriétaires d'un terrain labourage joignant un ruisseau ou canal, avaient intenté à la défenderesse éventuelle, propriétaire d'un pré situé sur l'autre rive du ruisseau, une demande en revendication d'une bande de terre de deux mètres environ de largeur, formant entre leur champ et le ruisseau un talus rapide non cultivé, planté d'arbres, d'arbustes et d'épines, que la dame Roblin soutenait avoir été constamment possédé par elle ou par ses auteurs;

Attendu qu'elle avait été maintenue en possession de cette bande de terre par une sentence de justice de paix du 18 décembre 1880; que cette possession ne pouvait céder qu'à un titre de propriété ou à la prescription; que les demandeurs n'ont pas invoqué la prescription, mais un acte d'acquisition de 1810 paraissant s'appliquer à leur immeuble, et indiquant qu'il joignait la rivière; mais qu'il résulte de l'interprétation donnée à cet acte par l'arrêt attaqué que la limite devait être fixée à la crête dominant le ruisseau ou canal, en deçà du talus faisant partie du lit de ce ruisseau, dont la propriété n'était pas sérieusement contestée à la veuve Roblin et a été reconnue en sa faveur; que cette interprétation, fondée sur l'état des lieux et sur l'exécution que l'acte de 1810 avait reçue de la part des intéressés, n'a pas dénaturé les clauses dudit acte;

Attendu, d'ailleurs, qu'en supposant que le titre eût attribué aux époux Perriquet la propriété de la bande de terrain litigieux, il n'avait pu prévaloir contre la prescription invoquée par la veuve Roblin et admise à son profit;

Qu'ainsi l'arrêt attaqué n'a pu violer les articles de loi invoqués par le pourvoi;

Sur le deuxième moyen, pris de la violation des art. 2229 et 2232, C. civ. :

Attendu que la Cour d'appel n'a fait qu'user de son pouvoir souverain pour apprécier l'étendue, la durée et le caractère de la possession de la dame Roblin; que si l'arrêt attaqué constate de la part des époux Perriquet certains actes isolés et accidentels, il ajoute que ces actes sont insuffisants pour enlever à la dame Roblin le bénéfice de la possession ; qu'il déclare que cette possession remontait à plus de trente années, et était aussi paisible et aussi continue que le comportait la nature spéciale du terrain litigieux et de ses produits ;

Qu'en décidant, dès lors, que cette possession permettait à la dame Roblin de se prévaloir de la prescription qu'elle invoquait formellement, l'arrêt attaqué n'a pas violé les art. 2229 et 2232, C. civ., visés au pourvoi ;

Rejette.

CASSATION, Ch. req. — 8 mars 1886.
(Guinier c. Marin.)

I, 621.

Une servitude de puisage qui est discontinue et non apparente, ne saurait, en l'absence de titre, faire l'objet d'une action possessoire, alors même que le demandeur invoquerait la destination du père de famille à l'appui de sa possession.

ARRÊT

LA COUR : — Sur le moyen unique du pourvoi, tiré des violation et fausse application des art. 691 et suivants, C. civ., excès de pouvoir, et violation des art. 1109, 1117, 1134 et 1351, C. civ. :

Attendu que les servitudes discontinues et non apparentes ne pouvant résulter de la simple destination du père de famille (art. 692 et 694, C. civ.), la servitude de puisage, discontinue et non apparente, ne saurait, en l'absence de tout titre qui l'établisse, faire l'objet d'une action possessoire ;

Attendu qu'il n'échet de s'occuper de la partie du moyen qui relève une violation soit de la chose jugée, soit de la convention, en ce que le jugement attaqué, contrairement au jugement du 24 juillet 1883, portant transaction entre Marin et Guinier, aurait déclaré que les immeubles, objet du litige, n'avaient pas été autrefois réunis dans les mêmes mains ;

Attendu, en effet, que le jugement attaqué, admettant hypothétiquement que lesdits immeubles ont eu une ori-

gine commune, constate que l'action possessoire de Guinier est introduite à propos d'une servitude de puisage discontinue et non apparente, ne pouvant résulter de la seule destination du père de famille, et que la possession de Guinier, pour être utile, eût dû être appuyée d'un titre qui n'existe pas ;

Attendu qu'en l'état de ces constatations, la décision attaquée, en jugeant non recevable l'action possessoire de Guinier, a fait une juste application des règles de la matière et ne s'est pas mise en opposition avec les faits relevés au jugement du 24 juillet 1883 ;

Rejette.

CASSATION, Ch. civ. — 7 juin 1886.
(Maurel c. Blovac.)

I, 203.

Lorsque, dans une action intentée pour dommages aux champs, le défendeur conclut reconventionnellement à être maintenu en possession d'une servitude de passage pour cause d'enclave, le juge de paix cesse d'être compétent pour connaître de la demande principale.

ARRÊT

LA COUR : — Sur la première branche du premier moyen du pourvoi :

Vu l'art. 5, § 1er, de la loi du 25 mai 1838 :

Attendu que sur l'action en dommages-intérêts formée par Maurel pour dommages faits à son champ de blé par le passage de la charrette des défendeurs, ceux-ci ont prétendu qu'il n'y avait eu de leur part que l'exercice régulier d'une possession pour l'exploitation de leur pièce de terre enclavée, et, se portant reconventionnellement demandeurs, ont conclu à être maintenus dans leur possession annale, soulevant ainsi implicitement, mais nécessairement, la question d'existence de la servitude ;

Attendu que ce droit de servitude étant contesté entre les parties, le juge de paix, et après lui le tribunal d'appel, cessaient d'être compétents pour connaître de la demande ;

D'où il suit que le tribunal, en jugeant la contestation portée devant lui, est sorti des limites de sa compétence, qu'il

a commis un excès de pouvoir et violé l'article de loi susvisé ;
Casse.

CASSATION, Ch. req. — 7 juin 1886.
(Comm. de Saulcy c. Pierron.)

I, 688.

Celui dont la propriété a été comprise par un arrêté préfectoral dans la largeur d'un chemin vicinal, est recevable à agir au possessoire pourvu qu'il restreigne sa demande à la reconnaissance de sa possession. Le trouble qui fixe le point de départ de l'année pendant laquelle l'action doit être intentée ne résulte ni de l'arrêté de classement ni de la prise de possession, mais seulement du refus par l'administration d'indemniser le propriétaire dépossédé.

Du 25 avril 1884, jugement du tribunal de Saint-Dié ainsi motivé :

Attendu, sur la fin de non-recevoir, tirée de ce que la demande formulée par l'appelant dans ses conclusions d'audience, serait une *nouvelle demande* qui, aux termes de l'art. 644, C. pr. civ., ne serait pas recevable en cause d'appel ; — Que la demande, formée par Pierron devant le premier juge, avait pour objet sa maintenue en la possession plus qu'annale qu'il prétendait avoir du talus bordant son pré et longeant le chemin vicinal ordinaire n° 4, ainsi que de la haie se trouvant sur ce talus, possession dans laquelle il aurait été troublé par les travaux que, le 31 mars et le 1er avril 1876, la commune de Saulcy avait fait exécuter dans ce talus, et le rétablissement des lieux dans leur ancien état, avec allocation de dommages-intérêts pour réparation du préjudice que ce trouble dans sa possession lui aurait causé ; — Que cette demande comprenait donc : 1° la reconnaissance de la possession plus qu'annale de Pierron ; 2° la reconnaissance du fait de trouble ; 3° la maintenue possessoire ; 4° le rétablissement des lieux dans leur ancien état ; 5° l'allocation de dommages-intérêts ; — Que la demande, dont le tribunal est actuellement saisi, porte sur deux de ces mêmes points : la reconnaissance de la possession plus qu'annale de l'appelant et la réclamation de dommages-intérêts ; que ce n'est pas, conséquemment, une nouvelle demande ; que c'est la demande originaire, réduite à deux des cinq chefs, que cette demande comprenait ; que l'exception proposée n'est donc pas fondée ; — Attendu, au fond, qu'il est consacré, par une jurisprudence constante, que celui dont la propriété se trouve comprise, en tout ou en partie, dans le sol attribué à un chemin vicinal par l'arrêté préfectoral qui fixe la largeur de ce chemin, est recevable à intenter une action posses-soire, non pour se faire maintenir ou réintégrer dans une possession que cet arrêté lui a définitivement enlevée, mais dans le but unique de faire constater et déclarer sa possession antérieure, à l'effet d'établir son droit à une indemnité ; — Attendu qu'il est constaté, par les pièces et documents versés au procès et par les déclarations mêmes, faites au nom de la commune intimée devant le premier juge, et consignées dans les conclusions retenues au jugement dont est appel, que Pierron avait la possession plus qu'annale, avec tous les caractères exigés par la loi, du talus bordant son pré et longeant le chemin vicinal n° 4, de même que de la haie qui se trouvait sur ce talus au 30 avril 1839 (date de l'arrêté préfectoral), ainsi qu'au 30 mars et au 1er avril 1876, quand la commune intimée a fait exécuter des travaux dans ce talus ; — Que ladite commune prétend, il est vrai, que c'est seulement parce qu'elle l'y avait autorisé que Pierron a fait, sur ce talus et sur cette haie, les actes constitutifs de sa possession, et que cette possession est conséquemment entachée de précarité ; mais qu'on ne saurait tenir compte de cette allégation, à l'appui de laquelle aucune justification n'est offerte ni produite, et qui est expressément contredite ; — Attendu, quant aux dommages-intérêts, qu'il ne ressort d'aucun préjudice appréciable ; — Sans s'arrêter à la fin de non-recevoir proposée, laquelle est rejetée ; — Emendant, décharge l'appelant des condamnations prononcées ; et par nouveau jugé dit et reconnaît qu'au 30 avril 1839, de même qu'au 31 mars et au 1er avril 1876, Pierron avait la possession plus qu'annale du talus bordant son pré et longeant le chemin vicinal ordinaire n° 4, territoire de Saulcy, ainsi que de la haie existant sur ce talus, dans lequel talus la commune a exécuté des travaux les 31 mars et 1er avril 1876 ; — Dit n'y avoir lieu à allocation de dommages-intérêts.

Pourvoi de la commune de Saulcy.

ARRÊT

LA COUR : — Sur le premier moyen tiré de la violation des art. 2222, 2226, 2228, 2229, 2232, C. civ., et des art. 10 et 15 de la loi du 21 mai 1836 :

Attendu que le jugement attaqué n'a ni maintenu ni réintégré le défendeur éventuel en possession du talus et de la haie litigieux, lesquels se trouvent compris dans les limites attribuées, par l'arrêté de classement du 30 avril 1839, au chemin vicinal ordinaire n° 4, sur le territoire de la commune de Saulcy ;

Mais qu'il s'est borné à constater, d'une part, qu'à l'époque de la déclaration de vicinalité, Pierron avait une possession annale et légale, faisant présumer en sa faveur le droit à une indemnité, conformément à l'art. 15 de la loi du 21 mai 1836 ; d'autre part, que depuis cette époque, il avait gardé, en fait, la jouissance matérielle du talus et de la haie jusqu'au 31 mars 1876, date des travaux entrepris sur eux par la commune ;

Attendu que, dans ces circonstances, le juge du possessoire, statuant sur l'action introduite le 22 avril 1876, a décidé avec raison qu'au point de vue spécial du droit à une indemnité, Pierron avait conservé le bénéfice de sa possession antérieure à 1839, puisque celle-ci n'avait été contredite ni par l'arrêté de classement régulièrement pris ni par le fait licite de l'exécution des travaux, mais uniquement (après le 31 mars 1876), par la notification du refus d'indemnité qui, seule, constituait le trouble dans l'espèce ;

Attendu, dès lors, qu'aucun des textes susvisés n'a été violé ;

Rejette.

CASSATION, Ch. civ. — 13 juillet 1886.

(Sabatier c. Pastoret et Layraud.)

I, 363.

De ce qu'aux termes de l'art. 26, C. pr., celui qui a agi au pétitoire ne peut plus former d'action au possessoire, il n'en résulte pas la preuve de la possession du défendeur, qui doit toujours en fournir la démonstration.

ARRÊT

LA COUR : — Sur le premier moyen du pourvoi :

En ce qui concerne les frères Pastoret :

Attendu que le tribunal n'a examiné les titres des parties que pour vérifier si la possession alléguée par les demandeurs originaires présentait les caractères juridiques nécessaires pour servir de base à l'action possessoire ;

Qu'après avoir reconnu qu'elle avait ces caractères, il s'est borné, en ce qui concerne les frères Pastoret, à admettre la preuve, par voie d'enquête, de leur possession annale ;

D'où il suit que le jugement attaqué n'a ni cumulé le pétitoire et le possessoire, ni fait résulter la preuve de la possession des frères Pastoret de ce que

Sabatier aurait agi contre eux au pétitoire ; et n'a, en conséquence, ni faussement appliqué l'art. 26, C. pr. civ., ni violé l'art. 25 du même Code visé par le pourvoi ;

Rejette le pourvoi en ce qui concerne les frères Pastoret ;

Mais en ce qui concerne la veuve Layraud :

Vu l'art. 26, C. pr. civ. :

Attendu qu'il ne résulte, ni de cet article, sainement entendu, ni d'aucune autre disposition de la loi, que la demande au pétitoire ait pour effet, à elle seule, d'emporter reconnaissance, de la part du demandeur, de la possession annale du défendeur ;

Que cependant le jugement attaqué se fondant sur ce que l'assignation au pétitoire donnée par Sabatier à la veuve Layraud, aux fins de faire déclarer que celle-ci n'avait aucune servitude de passage sur le terrain litigieux, impliquait de la part dudit Sabatier reconnaissance que la veuve Layraud avait la possession annale de cette servitude, a, sous ce prétexte, décidé que la preuve de cette possession était faite, et ordonné, en conséquence, le maintien de ladite veuve Layraud en la possession d'an et jour de la servitude dont s'agit ;

En quoi, ce jugement a faussement appliqué, et par suite violé l'article de loi susvisé ;

Casse et annule, mais seulement en ce qui concerne la veuve Layraud.

CASSATION, Ch. civ. — 9 août 1886.

(Roger c. Laffon.)

I, 241, 242, 612, 613.

Si le juge du possessoire ne peut statuer sur la validité du titre produit, ni appuyer sa décision sur des motifs tirés du fond du droit, il ne peut se dispenser, en matière de servitudes discontinues, d'apprécier le titre qui lui est soumis pour caractériser la possession.

ARRÊT

LA COUR : — Sur la première branche du moyen unique du pourvoi :

Vu l'art. 691, C. civ. :

Attendu qu'il résulte des qualités du

jugement attaqué que Roger fondait son action en complainte à raison du trouble apporté à sa jouissance d'une prise d'eau établie pour l'irrigation de ses prairies, dans un terrain appartenant à Laffon, sur un ensemble de faits tendant à prouver qu'il en avait joui paisiblement pendant plus d'un an avant le trouble, et, qu'en outre, il produisait à l'appui de sa prétention un acte de partage, en forme authentique, du 3 septembre 1784, aux termes duquel la servitude de prise d'eau aurait été constituée au profit de ses auteurs ;

Attendu, en droit, que les servitudes discontinues, apparentes ou non apparentes, peuvent donner lieu à l'action possessoire, lorsque la possession repose sur un titre ;

Que si le juge du possessoire ne peut, sans violer l'art. 25, C. pr. civ., statuer sur la validité du titre, ni même appuyer sa décision sur des motifs tirés du fond du droit, et abstraction faite des faits allégués, il ne peut se dispenser d'apprécier le titre qui lui est soumis par le demandeur dans le but de constater, s'il y a lieu, que sa possession n'a point été précaire, et qu'au contraire les actes qui la caractérisent ont été accomplis *animo domini;*

Qu'en effet, envisagé sous ce point de vue restreint, le titre produit est la base nécessaire de l'action possessoire, puisqu'aux termes de l'art. 691, C. civ., les servitudes de la nature de celles qui sont spécifiées dans ce texte ne peuvent s'acquérir que par titre ;

Attendu cependant que, pour repousser l'action formée par Roger, le jugement attaqué, en déclarant, en fait, que la servitude dont s'agit était discontinue, et, sans faire état du titre produit, sans rechercher s'il était applicable à la cause et s'il était opposable au défendeur, s'est uniquement fondé sur ce qu'il n'était pas allégué que la servitude fût établie au moyen « d'ouvrages apparents » ;

D'où il a conclu à tort qu'elle n'avait pu être l'objet d'une action possessoire; en quoi il a, par suite, violé l'art. 691, C. civ., susvisé ;

Casse.

CASSATION, Ch. civ. — 10 août 1886.
(Irisson c. Thuriès.)

I, 238.

Cumule le possessoire et le pétitoire le jugement qui, sans admettre ou rejeter l'action en complainte, se borne à renvoyer les parties à se pourvoir au pétitoire et ordonne que les dépens suivront le sort du principal, en expliquant qu'il est impossible en l'état d'apprécier la possession sans résoudre la question de propriété.

ARRÊT

LA COUR : — Statuant sur la première branche de l'unique moyen de cassation :

Vu l'art. 25, C. pr. civ. :

Attendu qu'il résulte du jugement attaqué que Thuriès, à l'appui de la complainte possessoire qu'il dirigeait contre Irisson à raison d'un chemin qualifié par lui chemin de service dont il se prétendait en possession depuis l'an et jour, a été admis à faire la preuve de cette possession, mais qu'après enquête, contre-enquête et rapport d'expert, cette preuve n'a pas paru avoir été suffisamment fournie ;

Attendu qu'après avoir ainsi constaté que Thuriès n'avait pas justifié sa demande, le jugement attaqué ne l'a sans doute pas admise, mais ne l'a pas non plus rejetée ;

Que se fondant sur ce qu'il était impossible *en l'état* d'apprécier la possession sans connaître si le terrain litigieux formait un chemin de desserte ou un chemin communal, il a, sans vider l'action possessoire, renvoyé les parties à se pourvoir au pétitoire et ordonné que les dépens suivraient le sort du principal ;

Attendu que, par cette disposition, le tribunal de Gaillac a fait dépendre le sort de l'action possessoire du jugement à intervenir sur le pétitoire et qu'il a ainsi lié les deux actions l'une à l'autre et contrevenu, par conséquent, à l'art. 25 ci-dessus visé, lequel, en prohibant le cumul du possessoire et du pétitoire, exige que le possessoire soit jugé avant le pétitoire et d'après les éléments qui lui sont propres;

Casse.

CASSATION, Ch. civ. — 10 août 1886.
(Letrent c. Collin.)

I, 613.

Le juge du possessoire est incompétent pour décider si une ancienne coutume locale conférait le droit de faire la preuve de l'acquisition d'une servitude discontinue par la possession immémoriale et si, dès lors, cette preuve équivalait à un titre.

ARRÊT

LA COUR : — Sur le moyen unique du pourvoi :
Vu les art. 23 et 25, C. pr. civ. :
Attendu que, d'après l'art. 691, C. civ., les servitudes discontinues ne sont pas susceptibles d'être acquises par la prescription ; d'où il suit qu'elles ne peuvent faire l'objet d'une action possessoire, à moins qu'elles ne soient fondées sur un titre ;
Attendu que si, aux termes du même article, il en est autrement pour les servitudes qui étaient acquises par la possession immémoriale, antérieurement à la promulgation du Code civil, dans les pays où cette possession était admise comme moyen d'acquérir, la question de savoir si la coutume locale conférait ce droit, et si, dès lors, il y a l'équipollent d'un titre, tient essentiellement au fond du droit et ne peut être décidée par le juge du possessoire ;
Attendu en fait que Collin, demandeur en complainte possessoire, invoquait la possession plus qu'annale d'une servitude de tour d'échelle discontinue par sa nature, mais acquise, selon lui, antérieurement à la promulgation du Code civil, et justifiée, à défaut de titre, par les dispositions de l'ancienne coutume de Bretagne ; que le juge de paix, saisi de l'action, était incompétent pour statuer sur la question de savoir si la coutume valait titre ; qu'ainsi, en réformant le jugement par lequel le juge de paix avait reconnu son incompétence, le jugement attaqué a violé les dispositions précitées ;
Casse.

———

CASSATION, Ch. req. — 23 nov. 1886.
(Teston c. Collet.)

I, 242, 617, 631.

Ne cumule pas le possessoire et le pétitoire le juge qui, après avoir examiné au point de vue possessoire les titres produits pour établir un droit de servitude discontinue et non apparente, constate que les actes de possession invoqués sont le résultat d'une simple tolérance et ne peuvent constituer une possession utile.

ARRÊT

LA COUR : — Sur le premier moyen, pris de la violation de l'art. 25, C. pr. civ., en ce que le jugement attaqué, au lieu de baser sa décision sur la possession invoquée et sur les caractères légaux de cette possession pouvant résulter de l'examen des titres, a emprunté exclusivement au fond du droit les motifs de sa décision, et a ainsi cumulé le pétitoire avec le possessoire :
Attendu que la possession litigieuse avait pour objet une servitude discontinue et non apparente ;
Attendu qu'après avoir examiné les titres produits, dont il déclare apprécier la portée au point de vue purement possessoire, le jugement attaqué constate que les actes de passage invoqués par Teston sont le résultat d'une simple tolérance et ne peuvent constituer une possession utile ; que le tribunal, pour repousser la complainte, ne s'est donc pas appuyé sur des motifs exclusivement empruntés au fond du droit ;
Qu'ainsi le moyen manque en fait ;
Rejette.

———

CASSATION, Ch. civ. — 15 déc. 1886.
(Laurent c. Comm. de la Ferté-Vidame.)

I, 243, 681, 684.

Il n'appartient pas au juge du possessoire de décider que les faits signalés comme trouble ne sont que l'exercice légitime d'un droit qui n'a rien d'incompatible avec la possession invoquée.
Ainsi, le fait d'établir un lavoir sur un étang constitue un trouble à la jouissance plus qu'annale des eaux de cet

étang, sans qu'il soit possible de prétendre que, s'agissant non d'un étang proprement dit, mais d'un élargissement de la rivière, la commune défenderesse avait, en qualité de riveraine du cours d'eau, le droit de se servir des eaux pour le lavage et l'abreuvage.

ARRÊT

LA COUR : — Sur le premier moyen du pourvoi :

Vu l'art. 25, C. pr. civ. :

Attendu qu'il résulte du jugement attaqué que la commune de la Ferté-Vidame ayant fait établir un lavoir sur la nappe d'eau dite l'*Etang de la Trigalle*, la dame Laurent, prenant ce fait pour un trouble à la jouissance plus qu'annale qu'elle prétend avoir de cette pièce d'eau, a demandé devant le juge de paix et en appel à être maintenue dans ladite possession et jouissance ;

Attendu que, sans s'attacher aux faits matériels et aux caractères légaux de la possession, le tribunal de Dreux a repoussé cette action possessoire par le motif que, s'agissant dans la cause, non d'un étang proprement dit, mais d'un élargissement de la rivière arrêtée en cet endroit par la chaussée du chemin public, la commune, en qualité de riveraine du cours d'eau, avait, aux termes de l'art. 644, C. civ., le droit de se servir des eaux pour le lavage et l'abreuvage ;

Attendu que ce motif, dans lequel se résument toutes les considérations invoquées par le tribunal à l'appui de sa décision, est essentiellement tiré du fond du droit ;

Que la demanderesse prétendant, au possessoire, qu'aucun trouble ne pouvait être apporté à sa possession des eaux litigieuses, il n'appartenait pas au juge saisi de la complainte de décider que les faits signalés comme constitutifs du trouble n'étaient, de la part de la commune défenderesse, que l'exercice légitime d'un droit, lequel ne serait point incompatible avec la possession invoquée ;

Que cette question rentrait, dès lors, exclusivement dans la compétence du juge du pétitoire ;

D'où il suit qu'en statuant ainsi qu'il l'a fait, le jugement attaqué a cumulé le pétitoire et le possessoire, et, par suite, violé l'art. 25 précité, C. pr. civ. Casse.

———————

CASSATION, Ch. civ. — 22 déc. 1886.
(Lasserre c. Dasté.)

I, 600.

Si les rivières non navigables ni flottables doivent être rangées parmi les choses qui n'appartiennent à personne et dont l'usage est commun à tous, ce n'est qu'autant que les eaux et leur lit forment par leur réunion un ensemble qui constitue le cours d'eau proprement dit. Mais lorsque cet ensemble est détruit soit par des causes naturelles soit par suite de travaux opérés dans un intérêt général, les droits des propriétaires riverains sont déterminés par les dispositions des art. 551 et 561, C. civ.

Du 11 août 1884, arrêt de la Cour de Pau rendu dans les termes suivants :

Attendu que, par suite de la construction par l'Etat d'une digue ou guide-eau sur la rive droite de l'Adour, rivière en cet endroit non navigable ni flottable, dans le but de protéger cette rive et le pont de Tarbes contre les inondations, une partie du lit de cette rivière s'en est trouvée entièrement séparée, dans des conditions telles que les terrains qui la composent ne sont plus susceptibles de redevenir le lit de l'Adour ; que, le premier, Dasté, propriétaire riverain, s'en est mis en possession, et que sa possession a été consacrée par une décision du juge de paix, confirmée par un jugement du tribunal de Tarbes ; qu'un sieur Dautin, qui avait creusé sur cette parcelle de l'ancien lit de la rivière un canal pour amener les eaux du canal dit l'*Aillet*, a été condamné à le combler ; qu'aujourd'hui les intimés, après s'être, à l'origine, prétendus propriétaires du terrain dont s'agit, soutiennent que le même terrain se trouvant à l'emplacement d'un ancien bras de l'Adour où le canal Tesseyre prenait ses eaux, et conservant le caractère de *res nullius* qui lui appartenait lorsqu'il faisait partie du lit de la rivière, ils ont sur lui un droit d'usage les autorisant à établir un bief alimentaire nécessaire à la conduite des eaux de l'Adour dans leurs propriétés ; — Attendu que, le tribunal ayant admis cette prétention, il y a lieu de rechercher quel est le caractère et la nature du terrain dont s'agit ; — Attendu qu'aux termes de l'art. 561, C. civ., les atterrissements qui se forment dans le lit des rivières non navigables ni flottables, appartiennent aux propriétaires riverains ; qu'il en est de même en ce qui concerne les alluvions ou relais que forme l'eau courante ; qu'ainsi, à supposer que ce soit par une cause naturelle que le terrain dont s'agit ait cessé de faire partie du lit de l'Adour, il ne serait pas dou-

Duplâtre tout au moins n'a donné aucun consentement de ce genre, et qu'il s'est constamment borné à demander le rejet de la complainte, faute par les complaignants d'avoir fourni la preuve de la possession par eux alléguée;

D'où il suit que le jugement dénoncé a faussement appliqué l'art. 473, C. pr., et qu'en statuant par des motifs tirés du fond du droit sur une action qui avait conservé son caractère d'action possessoire, il a expressément violé l'art. 25, ci-dessus visé, du même Code;

Casse.

CASSATION, Ch. civ. — 15 février 1887.
(Grousset c. Mabelly.)

I, 239, 447.

Il y a cumul du possessoire et du pétitoire dans le jugement qui déclare la possession d'un mur de clôture par l'unique motif que le terrain dont il forme la limite est possédé par le complaignant, sans autre justification de la possession elle-même.

ARRÊT

LA COUR : — Sur l'unique moyen :
Vu l'art. 25, C. pr. civ. :

Attendu que, pour accueillir l'action en complainte possessoire, le jugement attaqué, au lieu de s'attacher au fait matériel et aux caractères légaux de la possession, s'est uniquement fondé sur ce que le mur litigieux clôturait à l'ouest 3 ares de terrain appartenant à la famille Mabelly ;

Qu'il fait résulter la possession de ce mur au profit des consorts Mabelly de son existence même, et qu'il déclare qu'il n'était susceptible d'aucun autre mode de possession ;

Attendu que ces motifs sont exclusivement tirés du fond du droit ;

Qu'il suit de là que le jugement attaqué, en statuant comme il l'a fait, a cumulé le pétitoire et le possessoire, et, par suite, violé l'art. 25, C. pr. civ. ;

Casse.

CASSATION, Ch. civ. — 28 février 1887.
(Syndicat de Saint-Jacques c. de Cogarriga.)

I, 203, 230, 243, 681, 684, 685.

Cumule le possessoire et le pétitoire le jugement qui rejette la complainte par les motifs : 1° que toute entreprise avait cessé avant la protestation et l'assignation ; 2° que les défendeurs n'étaient pas les seules personnes auxquelles le préjudice fût imputable ; 3° qu'ils avaient usé d'un droit et qu'aucun abus n'était démontré.

ARRÊT

LA COUR : — Statuant sur le premier moyen dans ses deux branches :

Vu les art. 23 et 25, C. pr. civ., et 644, C. civ. :

Attendu que la possession annale d'une prise d'eau doit être maintenue au possessoire contre toute entreprise de nature à la troubler, sans qu'il soit besoin que l'entreprise ait un caractère abusif et dommageable, la question de savoir si l'auteur du trouble n'a fait qu'user de son droit, soit celui conféré par l'art. 644, C. civ., soit tout autre qui procéderait de titres particuliers, ne pouvant être soulevée et résolue qu'au pétitoire ;

Attendu cependant que, sans nier que les demandeurs eussent la possession plus qu'annale du cours d'eau litigieux, et en reconnaissant que les défendeurs y avaient établi une prise d'eau en juillet et août 1882, le jugement attaqué a néanmoins rejeté la demande en maintenue possessoire par les motifs : 1° que toute entreprise avait cessé avant la protestation et l'assignation ; 2° que les défendeurs n'étaient pas les seules personnes auxquelles le préjudice fût imputable ; 3° qu'ils avaient usé de la faculté concédée aux riverains par l'art. 644, C. civ., et qu'il n'était pas démontré qu'il y ait eu abus de leur part ;

Qu'en se déterminant par ces motifs, dont aucun ne justifie sa décision, le tribunal de Perpignan a méconnu le caractère légal de l'action possessoire, cumulé le possessoire et le pétitoire, et, par suite, violé les articles de loi ci-dessus visés ;

Sans qu'il y ait lieu de statuer sur le second moyen ;

Casse.

CASSATION, Ch. req. — 6 juillet 1887.
(Mines de Roche-la-Morlière c. Chautard.)

I, 585, 588.

Il n'y a pas violence exigée pour l'exercice de la réintégrande, dans le fait, par le propriétaire d'un mur, de boucher un trou établi dans ce mur, alors même que ce travail aurait pour but et pour effet de supprimer, au préjudice du voisin, l'écoulement des eaux qui s'effectuait auparavant par cette ouverture.

Du 19 janvier 1886, jugement du tribunal de Saint-Etienne rendu dans les termes suivants :

Attendu, au fond et en droit, que l'action en réintégrande suppose d'abord la détention actuelle et paisible de l'objet litigieux, ensuite un acte agressif sur la personne ou sur le fonds même du plaignant, qui mette en mouvement le droit de légitime défense et soit de nature à troubler, dans une certaine mesure, l'ordre et la paix publique ; que cette action exceptionnelle, sanction nécessaire du principe d'ordre public, en vertu duquel nul ne peut se faire justice à soi-même, a entraîné le législateur à décider *spoliatus ante omnia restituendus;* — Attendu que celui dont la possession a été violente à l'origine ne saurait jamais exercer la réintégrande, par cette raison qu'elle a été établie contre lui et non en sa faveur ; — Attendu, en fait, qu'il résulte des constatations même du jugement attaqué : 1° qu'au moment où les ouvriers de la compagnie de Roche-la-Morlière venaient de changer l'assiette de la servitude d'écoulement des eaux sur le chemin du midi et perçaient le mur de Chautard pour amener leur aqueduc dans le sien, à un endroit où ne s'exerçait pas antérieurement la servitude, celui-ci a fait entendre des paroles de protestation ; que les ouvriers ont passé outre ; 2° qu'un mois après, le 23 octobre 1884, Chautard assignait la compagnie en dommages-intérêts ; 3° que, le 17 décembre, il a détruit ceux de ces travaux qui se trouvaient sur son propre terrain, sans toucher à ceux exécutés sur le terrain de la compagnie ; — Attendu qu'il en résulte que la prise de possession a été à l'origine infectée de violence, de voie de fait, comme l'indique le jugement attaqué, qu'elle n'a jamais été paisible, puisqu'elle a été troublée et par des protestations verbales, et par une assignation devant les tribunaux ; que l'acte agressif provient de la compagnie, qui a travaillé sur le terrain de Chautard, et non de Chautard qui a détruit

uniquement les ouvrages nouveaux établis *chez lui* et *malgré lui,* et qui n'a pas touché *ceux de la compagnie;* — Attendu que l'action en réintégrande n'était donc ni recevable ni fondée.

Pourvoi de la compagnie des mines de Roche-la-Morlière.

ARRÊT

LA COUR : — Sur le moyen unique pris de la violation des art. 23 et 24, C. pr. civ., et 7 de la loi du 20 avril 1810 :

Attendu que des constatations retenues par le jugement attaqué il résulte : 1° que la compagnie de Roche-la-Morlière, pour l'écoulement des eaux provenant de son terrain, exerçait, en fait, sur un chemin communal, et de là sur l'héritage du défendeur éventuel, une servitude dont elle a voulu changer l'assiette ; 2° qu'à cet effet, dans le courant de septembre 1884, elle fit percer, malgré les protestations de Chautard, le mur de celui-ci, afin d'établir une communication entre un aqueduc qu'il possédait chez lui et l'aqueduc nouveau, qu'elle venait de construire sous la voie publique à un endroit différent de celui où s'exerçait auparavant la servitude ; 3° que Chautard, le 23 octobre suivant, forma devant le tribunal civil de Saint-Etienne une demande en dommages-intérêts ; et que, le 17 décembre, il boucha l'ouverture pratiquée dans son mur et rétablit, chez lui, les lieux dans l'état primitif, sans toucher à aucun des travaux qui avaient été exécutés au dehors par la compagnie ;

Attendu, en droit, que l'action en réintégrande suppose, d'une part, la détention matérielle de l'objet litigieux, d'autre part, une dépossession opérée à l'aide d'une violence, qui consiste en un acte agressif sur la personne ou sur le bien même du plaignant, et qui soit de nature à troubler, dans une certaine mesure, l'ordre et la paix publique ;

Attendu que ce double caractère a pu, dans l'espèce, être dénié à l'œuvre ainsi accompli par Chautard ;

D'où il suit qu'en repoussant, pour cette raison, l'action en réintégrande intentée par la compagnie, les juges d'appel, loin de violer aucun des textes susvisés, ont donné des motifs qui suffisent pour justifier leur décision ;

Rejette.

CASSATION, Ch. civ. — 13 juillet 1887.
(Eglise de Saint-Hilaire-du-
Harcouët c. Comm. de Saint-Hilaire-
du-Harcouët.)

I, 572, 573, 576.

Si la fabrique et le curé peuvent, en in-
voquant un droit de jouissance sur le
presbytère et ses dépendances, agir
contre le maire d'une commune pour
faire consacrer la possession annale et
légale du presbytère, dans laquelle ils
ont été troublés, le juge de paix doit
surseoir lorsqu'il y a lieu d'interpréter
des délibérations du conseil municipal
que l'on prétend contredire la posses-
sion de la fabrique et du curé.

ARRÊT

LA COUR : — Sur le premier moyen :
Vu les art. 23, C. pr. civ., et 13 de la
loi des 16-24 août 1790, tit. II :

Attendu que celui qui est troublé
dans la possession d'un immeuble a
une action en complainte pour obtenir
sa maintenue en possession, et que
cette action doit être portée devant
l'autorité judiciaire ;

Attendu que la fabrique et le curé de
la paroisse de Saint-Hilaire-du-Harcouët,
invoquant un droit de jouissance sur le
presbytère et ses dépendances, et se
plaignant d'avoir été troublés dans cette
possession, ont assigné le maire de la
commune devant le juge de paix de
Saint-Hilaire à l'effet de faire reconnaître à leur profit l'existence de la possession annale et légale dudit presbytère ;

Attendu que, pour repousser cette
action, le maire a invoqué les délibérations du conseil municipal dûment ap-
prouvées, qui auraient contredit la possession de la fabrique et du curé ;

Attendu que s'expliquant sur ces délibérations qui tendaient à la désaffecta-
tion de l'immeuble presbytéral, le jugement attaqué a déclaré qu'il s'agissait
de l'exécution et de l'interprétation
d'actes administratifs résultant d'arrangements entre les parties qui devaient
échapper à la compétence du juge de
paix et ressortir de la juridiction administrative ; que, dès lors, c'était avec
raison que le juge de paix s'était déclaré incompétent ;

Mais, attendu que si les actes ainsi
produits pouvaient faire naître des doutes dans l'esprit du juge de paix sur la
possession des demandeurs, celui-ci
devait, au lieu de se déclarer incompétent, surseoir à statuer, et renvoyer
pour l'interprétation des délibérations
du conseil municipal de Saint-Hilaire,
devant l'autorité administrative, seule
compétente pour apprécier la portée
et les effets desdits actes ;

Attendu, cependant, que le jugement
attaqué a déclaré l'incompétence du
juge de paix, méconnaissant ainsi les
pouvoirs de l'autorité judiciaire ;

Qu'en ce faisant, il a violé les dispositions des articles de loi susvisés ;

Sans qu'il y ait lieu de statuer sur le
second moyen ;

Casse.

CASSATION, Ch. req. — 25 juillet 1887.
(Merle des Isles c. de Montriblond.)

I, 390.

Entre particuliers qui se disputent la pos-
session d'une île située dans le lit d'un
fleuve ou d'une rivière navigable ou
flottable, le juge n'a pas à se préoccuper
de la question de savoir si les atterris-
sements litigieux font ou non partie du
domaine public, ce moyen ne pouvant
être invoqué que par l'Etat.

ARRÊT

LA COUR : — Sur les deux premiers
moyens réunis, tirés de la violation des
art. 23, C. pr. civ., 2229 et 1317, C. civ.,
et 7 de la loi du 20 avril 1810 :

Attendu que, par une appréciation
souveraine, le jugement attaqué déclare, en fait, que, si l'enquête à laquelle
il a été procédé dans la cause justifie
les conclusions de Merle des Isles, il résulte, au contraire, de la contre-enquête
que, pendant plusieurs années et jusqu'à l'introduction de l'instance, la possession *animo domini* du demandeur en
complainte· avait co-existé avec une
possession « analogue » qu'avait eue le
défendeur ;

Attendu, il est vrai, que celui-ci, dans
le cours de la procédure, avait prétendu
qu'il considérait l'île litigieuse comme
une dépendance du domaine public ;

Mais attendu que, précaire au regard
de l'Etat, sa possession avait pu s'exer-

cer *animo domini*, par rapport au demandeur ;

Attendu que, dans ces circonstances, en jugeant que Merle des Isles n'avait pas prouvé la possession exclusive dans laquelle il demandait à être maintenu, le tribunal de Montluçon a satisfait aux exigences de la loi du 20 avril 1810 et n'a pu violer aucun des autres textes susvisés ;

Rejette.

CASSATION, Ch. civ. — 2 août 1887.
(Comm. de Saint-Germain-du-Puch
c. Cordes.)

I, 30.

Le délai de trente jours fixé pour l'appel des sentences des juges de paix n'est pas franc; l'appel doit être interjeté dans les trente jours de la signification à peine de déchéance.

ARRÊT

LA COUR : — Sur le troisième moyen du pourvoi :

Vu l'art. 13 de la loi du 25 mai 1838 :

Attendu que si, aux termes de l'art. 1033, C. pr., modifié par l'art. 4 de la loi du 3 juin 1862, le jour de l'échéance n'est pas compté dans le délai général fixé pour les ajournements, citations, sommations et autres actes faits à personne ou domicile, cette disposition légale cesse d'être applicable lorsque le législateur a manifesté, par une formule exclusive et précise, l'intention de ne pas étendre au-delà d'un certain terme le délai qu'il prescrit;

Attendu que l'art. 13 de la loi du 25 mai 1838 dispose que l'appel des jugements des juges de paix ne sera pas recevable après les trente jours qui suivront la signification, à l'égard des personnes domiciliées dans le canton;

Attendu, en fait, que le jugement rendu par le juge de paix du canton de Brauve a été signifié à Cordes, lequel est domicilié dans ledit canton, le 24 mars 1886, et qu'il n'en a interjeté appel que le 24 avril suivant, c'est-à-dire le trente-unième jour après la signification; qu'il suit de là que cet appel était tardif, et qu'en le déclarant rece-

vable, comme formé en temps utile, le jugement attaqué a formellement violé l'article de loi ci-dessus visé;

Sans qu'il soit besoin de statuer sur les autres moyens du pourvoi;

Casse.

CASSATION, Ch. civ. — 18 oct. 1887.
(Lecoq c. Guyot.)

I, 584, 671, 693.

Le propriétaire auquel n'a pas été faite la notification de l'arrêté préfectoral d'occupation temporaire, dix jours au moins avant l'occupation, a le droit de se plaindre de la voie de fait commise par l'entrepreneur et d'actionner celui-ci devant les tribunaux.

Mais en cas de difficulté sur la question de savoir si les formalités prescrites pour l'occupation temporaire ont été accomplies, il y aurait lieu de surseoir jusqu'à la solution administrative.

ARRÊT

LA COUR : — Statuant sur les deux moyens réunis :

Vu les art. 13, tit. II, de la loi des 16-24 août 1790 et 17 de la loi du 21 mai 1836 :

Attendu que pour repousser l'action possessoire du sieur Lecoq, le jugement attaqué se fonde : 1° sur ce qu'en vain Lecoq prétend que l'arrêté préfectoral d'occupation temporaire ne lui a pas été régulièrement notifié, et que, par suite, il devait être considéré comme non avenu, puisque Guyot justifie d'une notification régulière faite à Lecoq, à la date du 12 juin 1884; 2° sur ce qu'au surplus, alors même que la notification dudit arrêté serait irrégulière, ou qu'il n'y aurait pas eu de notification, il suffit, en pareil cas, pour sauvegarder les intérêts du possesseur, de l'autoriser à s'opposer aux travaux, ce que n'a point fait Lecoq au moment où ils ont été exécutés;

Mais attendu, d'une part, que lorsque, comme dans l'espèce, il y a débat sur l'existence et sur la régularité de la notification de l'arrêté préfectoral d'occupation temporaire obtenu par un entrepreneur de chemins vicinaux, cette difficulté constitue une question préjudicielle qui doit être soumise à la juridiction administrative, et qui rend obligatoire le sursis au fond ;

Attendu, d'autre part, que les termes de l'art. 17 de la loi précitée du 21 mai 1836 sont absolus et qu'il en résulte que, à défaut de notification de l'arrêté, dix jours au moins avant que l'exécution soit commencée, le propriétaire a le droit de se plaindre de la voie de fait commise par l'entrepreneur, et d'actionner ce dernier devant les tribunaux civils, sans que celui-ci puisse lui opposer légalement le silence qu'il aurait gardé au moment de l'entreprise faite sur sa propriété ;

Qu'il suit de ce qui précède qu'en statuant ainsi qu'il l'a fait, le jugement attaqué a formellement violé les articles susvisés ;

Casse.

CASSATION, Ch. req. — 28 nov. 1887.
(Comm. de Sully c. Pelletier.)

I, 238.

La possession reconnue ou constatée d'une haie s'étend nécessairement au terrain qui la supporte et lui procure sa végétation.

Du 2 mars 1886, jugement du tribunal d'Autun qui s'exprime ainsi :

Attendu que la commune de Sully ne conteste à Pelletier ni la propriété ni la possession de la haie ; que cette possession doit s'étendre et s'étend au terrain nécessaire à sa végétation ; qu'ainsi elle embrasse la partie du talus qui est de plein pied avec le chemin ; — Attendu que cette possession ne pouvant être détruite que par des actes contraires, la commune a demandé à prouver qu'elle a joui du terrain ayant fait partie de l'héritage supérieur comme d'une dépendance du chemin, mais que l'enquête n'a pas établi que les habitants aient passé sur le terrain litigieux ; — Par ces motifs, etc.

Pourvoi de la commune de Sully.

ARRÊT

LA COUR : — Sur le moyen unique pris de la violation des art. 23 et 25, C. pr. civ., et du cumul du possessoire avec le pétitoire :

Attendu que, des constatations souveraines du jugement attaqué, il résulte, en fait, d'une part, que, sur la haie située au-dessus du terrain litigieux, Pelletier avait une possession dont on ne contestait ni l'existence matérielle, ni les caractères légaux ; d'autre part, que cette possession s'étendait au terrain litigieux lui-même ;

Attendu que, dans ces circonstances, le tribunal a pu accueillir l'action en complainte sans cumuler le possessoire avec le pétitoire et sans violer aucun des textes susvisés ;

Rejette.

CASSATION, Ch. civ. — 14 déc. 1887.
(Caustier c. Masson.)

I, 559.

Lorsque le tribunal civil est saisi de l'appel d'une sentence du juge de paix qui statue définitivement sur le fond du litige, le premier degré de juridiction étant ainsi épuisé, il n'y a pas lieu à évocation, mais le procès tout entier est dévolu au juge du second degré qui doit vider la contestation, sauf à ordonner telle mesure d'instruction qu'il estime nécessaire.

ARRÊT

LA COUR : — Vu l'art. 7 de la loi du 27 ventôse an VIII :

Attendu que les tribunaux de première instance étant, aux termes de cet article, institués juges d'appel quant aux sentences rendues en premier ressort par les juges de paix, ont, en conséquence, pour devoir de prononcer en dernier ressort sur les appels desdites sentences portées devant eux ; que, si le juge de paix, au lieu de statuer sur une question de compétence ou sur un simple incident, a jugé le fond même de la contestation, le premier degré de juridiction se trouve épuisé ; qu'alors le tribunal, saisi de l'appel de la sentence définitive, ne peut, ni renvoyer de nouveau les parties devant un juge du premier ressort, ni statuer lui-même par voie d'évocation simplement facultative ; que la cause lui est dévolue en entier et de plein droit, en vertu de la loi de sa compétence ; qu'à lui seul, par conséquent, il appartient de vider le litige, sauf à ordonner préalablement tel moyen d'instruction qu'il juge nécessaire;

Attendu, néanmoins, que le tribunal de Clermont, saisi de l'appel d'une sentence définitive par laquelle le juge de paix du canton de Maignelay avait statué sur le fond du litige, a réformé cette sentence par le motif que le premier juge aurait dû, pour s'éclairer, ordonner préalablement une enquête, et qu'il a renvoyé les parties devant le juge de paix du canton de Saint-Just-en-Chaussée, délégué par le jugement de renvoi, à la fois pour procéder à l'enquête, et pour statuer sur le différend existant entre Masson et Caustier;

En quoi il a méconnu les règles de la compétence, et expressément violé la disposition de l'article ci-dessus visé;

Casse.

———————

CASSATION, Ch. civ. — 4 janv. 1888.
(de Ricard c. Comm. de Roumagne.)

I, 251, 517, 536, 539.

Le juge qui constate que le demandeur et le défendeur n'ont jamais eu sur la chose qu'une jouissance promiscue, exercée concurremment, doit repousser les deux demandes principale et reconventionnelle.

ARRÊT

LA COUR : — Sur le moyen unique du pourvoi:

Vu les art. 23, C. pr. civ., et 2229, C. civ. :

Attendu qu'une possession promiscue est essentiellement équivoque et, par conséquent, inefficace pour faire attribuer à une partie la possession annale d'un immeuble;

Attendu que le jugement attaqué constate que le sieur de Ricard et la commune de Roumagne ont joui concurremment de la fontaine, du lavoir et du passage, objets du litige;

Que si le tribunal a pu et dû, dans cet état des faits, débouter le sieur de Ricard de sa demande en complainte possessoire, il devait, par la même raison, repousser la demande reconventionnelle de la commune;

D'où il suit qu'en la maintenant en possession annale quoique cette posses-

sion ne fût pas exclusive, il a formellement violé les articles de loi ci-dessus visés;

Casse.

———————

CASSATION, Ch. req. — 22 févr. 1888.
(Du Sendat c. de Gissac.)

I, 589.

Constitue un trouble violent qui autorise l'action en réintégrande le fait d'abattre des arbres formant haie sur le terrain litigieux.

ARRÊT

LA COUR : — Sur le troisième moyen tiré de la violation des art. 23 et suiv., C. pr. civ., et des règles de la réintégrande :

Attendu qu'il est déclaré, en fait, par le jugement attaqué que la demanderesse au pourvoi avait fait abattre des arbres formant la haie sur le terrain litigieux; qu'elle n'ignorait pas que la défenderesse éventuelle était en possession de ce terrain et qu'elle n'avait commis cette voie de fait que pour se faire justice à elle-même;

Attendu que ces constatations justifiaient pleinement l'exercice de l'action en réintégrande et la remise, par cette voie de droit, de la dame de Gissac dans sa possession qui avait été troublée;

Qu'ainsi la décision attaquée est à l'abri de tous les reproches visés par le pourvoi;

Rejette.

———————

CASSATION, Ch. civ. — 28 mars 1888.
(Louradour c. Héreil et Cadiergues.)

I, 208, 210, 212.

Le contribuable qui veut exercer l'action possessoire au nom de la commune est tenu : 1° d'obtenir l'autorisation du Conseil de préfecture; 2° de mettre la commune en cause. Faute d'avoir accompli ces formalités, son action est non recevable.

La mise en cause effectuée, ou l'autorisation obtenue seulement devant le second degré de juridiction, ne couvre pas le vice originaire de la procédure.

ARRÊT

LA COUR : — Sur le moyen unique du pourvoi :

Vu l'art. 49 de la loi du 18 juillet 1837 :

Attendu qu'aux termes de l'art. 49 de la loi du 18 juillet 1837, non encore abrogée à l'époque où le procès actuel a commencé, et reproduit par l'art. 123 de la loi du 5 avril 1884, le contribuable inscrit au rôle des contributions d'une commune, qui prétend exercer individuellement et à ses frais les actions de celle-ci, quand elle refuse ou néglige de les exercer elle-même, ne peut le faire qu'à la double condition : 1° d'obtenir l'autorisation du Conseil de préfecture; 2° de mettre la commune en cause;

Qu'il suit de là que son action n'est pas recevable s'il n'a pas accompli ces deux prescriptions de la loi, ou seulement l'une d'elles;

Que la fin de non-recevoir qui dérive de cette omission préjudicielle, est péremptoire, et peut être proposée pour la première fois devant le juge du second degré;

Que la commune est partie nécessaire dans l'instance, et que si elle n'a pas été citée devant le juge du premier degré, le vice originel de la procédure ainsi irrégulièrement engagée, ne peut être couvert par la mise en cause tardive de la commune en appel;

Attendu, en fait, qu'il est constaté par le jugement attaqué que les défendeurs ont, à la date du 8 février 1884, cité le demandeur devant le juge de paix du canton de Gramat pour faire décider que la commune de Gramat était en possession d'un terrain affecté à l'usage de place publique et que le demandeur serait condamné à enlever la clôture dont il l'avait entourée; que sur l'appel de la sentence intervenue le 2 avril 1884, le tribunal civil de Gourdon, en déclarant que l'autorisation du Conseil de préfecture avait été donnée, a reconnu que la commune n'avait pas été mise en cause;

Que, cependant, il a refusé d'accueillir la fin de non-recevoir proposée de ce chef, en se fondant, soit sur ce que cette omission n'entraînait pas la nullité de la procédure, soit sur ce que cette nullité pouvait être couverte par la mise en cause de la commune dans le délai qu'il a imparti;

En quoi il a faussement interprété, et, par conséquent, violé la disposition légale susvisée;

Casse.

CASSATION, Ch. civ. — 6 juin 1888.

(Comm. de Vensac c. Comm. de Vendays).

I, 537.

Les actes de jouissance exercés par un tiers sur un immeuble possédé concurremment par le propriétaire en vertu d'un titre de propriété exclusive, sont inefficaces pour conduire à la prescription de la copropriété de l'immeuble.

ARRÊT

LA COUR : — Sur la seconde branche du moyen unique du pourvoi :

Attendu qu'en autorisant la commune de Vendays à prouver qu'elle avait, au moyen d'une possession trentenaire et exclusive, prescrit l'entière propriété de l'immeuble litigieux à l'encontre de la commune de Vensac, dont le titre a été reconnu, le jugement interlocutoire du 25 juillet 1878 et l'arrêt du 6 juillet 1881 qui l'a confirmé, n'ont pas implicitement écarté la preuve de la copropriété, qui n'était pas alors alléguée; que la question qui la concerne, posée seulement après l'enquête et par les conclusions subsidiaires de la commune de Vendays, était différente par son objet, et que, par suite, en la tranchant ainsi qu'il l'a fait, l'arrêt attaqué n'a pas méconnu l'autorité de la chose jugée et violé l'art. 1351, C. civ.;

Rejette le moyen dans la seconde branche;

Mais sur la première branche du même moyen :

Vu l'art. 2229, C. civ. :

Attendu que par les jugement et arrêt interlocutoires précités, il a été souverainement décidé que l'acte du du 25 novembre 1776 constituait, au profit de la commune de Vensac, un titre de propriété sur le terrain litigieux ;

Attendu que des actes de jouissance exercés par un tiers sur un immeuble possédé concurremment par le propriétaire en vertu d'un titre de propriété exclusive sont inefficaces pour conduire à la prescription de la copropriété de cet immeuble ; qu'en effet, dès l'instant où la possession du propriétaire est constante, elle protège son droit de propriété absolue contre toute acquisition par la prescription, soit de la pleine propriété, soit de la copropriété de l'héritage ;

Attendu que, tout en reconnaissant la validité du titre de la commune de Vensac et sa possession conforme, l'arrêt attaqué a néanmoins jugé qu'au moyen d'une jouissance promiscue, la commune de Vendays avait prescrit la copropriété du marais en litige ;

Qu'en statuant ainsi, elle a formellement violé l'article de loi ci-dessus visé ; Casse.

CASSATION, Ch. req. — 13 juin 1888. (Pagès c. veuve Rouyrenc.)

I, 620.

Si la possession d'une servitude discontinue doit être fondée sur un titre, pour servir de base à l'action en complainte, il n'est pas indispensable que l'acte invoqué contienne en lui-même la preuve complète du droit réclamé.

Du 1er juillet 1886, jugement du tribunal de Castres, confirmant par adoption de ses motifs, une sentence du juge de paix, qui contenait les motifs suivants :

En ce qui touche les titres invoqués par la demanderesse : — Attendu, à cet égard, qu'en droit le juge du possessoire a non-seulement le droit, mais le devoir d'examiner les titres versés au procès, pourvu que ce soit uniquement dans le but de caractériser la possession ; — Attendu que l'acte d'achat du 17 décembre 1850, Verdier notaire, produit par la femme Pastré, veuve Rouyrenc, ne contient au sujet du passage en litige aucune clause qui paraisse décisive ; qu'il est seulement à remarquer que le vendeur a réservé, « pour lui et pour ses descendants, un droit de passage sur le côté couchant de la parcelle vendue en longeant la terre de M. Barthe, pour aller servir à exploiter la partie de la même terre non vendue » ; — Attendu qu'une telle

clause ferait supposer que le vendeur avait, ou du moins croyait fermement avoir droit au passage qui fait l'objet du présent procès ; car, sans un tel droit, le passage qu'il se réservait sur la parcelle vendue aurait été illusoire, le premier étant indispensable pour arriver au second ; — Attendu que cette présomption est singulièrement fortifiée par les titres mêmes de Pagès ; qu'en effet, on lit, dans l'acte de vente consenti à ce dernier par le sieur Fulcran Astruc le 2 janvier 1872 (Me Verdier, notaire à la Bastide) : « l'immeuble confronte, du nord, l'acquéreur, *passage entre »;* et, dans l'acte de vente de la même parcelle, consenti à Astruc le 15 janvier 1860 devant le même notaire par le sieur Eugène Barthe, on lit encore : « confronte du nord *chemin de service »;* — Attendu que, de ces deux actes, il résulte invinciblement que Pagès, tout au moins, n'aurait pas la possession exclusive du terrain sur lequel est établi le *chemin de service ;* mais qu'en appliquant sur les lieux mêmes les trois titres dont il vient d'être parlé, on est forcément conduit à penser que ce chemin avait été établi précisément pour le service plus facile du jardin de la veuve Rouyrenc ; qu'en effet, il ne pourrait avoir été créé que pour le service des deux terres qui le bordent, ou du jardin Rouyrenc, auquel il aboutit ; que Pagès, il est vrai, a essayé de soutenir qu'il n'avait d'autre utilité que de desservir les deux parcelles, devenues aujourd'hui sa propriété ; qu'elle est, d'ailleurs, séparée par une haie continue de 80 centimètres à peu près de hauteur, et qu'enfin cette même parcelle nord est desservie par une ouverture spéciale, ménagée sur le chemin du Mas-de-Bonnet à la Bastide ; qu'il reste donc, comme seule possible, cette hypothèse que la parcelle de la veuve Rouyrenc et la parcelle acquise d'Astruc par Pagès, n'ont dû faire antérieurement qu'une seule et même terre, et qu'au moment du partage le copartageant, auteur de la veuve Rouyrenc, dût se réserver le passage, objet du procès, pour accéder plus facilement à son lot ; que les pierres plantées au nord de la parcelle Pagès n'ont pas d'autre signification que de déterminer l'assiette de ce passage, et qu'on ne s'expliquerait pas que Pagès, devenu propriétaire depuis 1872, n'eût pas immédiatement fait disparaître ce passage s'il n'avait été créé que pour le service des deux parcelles, aujourd'hui réunies sur sa tête, car *nemini res sua servit ;* — Attendu que l'objection faite par Pagès au droit prétendu par la veuve Rouyrenc, et puisée dans ce fait que le chemin de service est séparé par deux pierres plantées, du jardin de la demanderesse, n'est pas sérieuse ; — Qu'en effet, il est à remarquer que ces deux pierres sont beaucoup plus basses que les autres ; qu'elles ne semblent donc, comme le soutient la veuve Rouyrenc, avoir été plantées là que pour défendre sa terre contre les incursions des animaux, mais nullement pour empêcher le passage, puisqu'en fait il est reconnu qu'elle l'a toujours exercé par cette voie jusqu'au moment où Pagès en a fermé l'entrée ; — Attendu que, de tout ce qui précède, il résulte que la possession de la veuve Rouyrenc a été utile et qu'elle doit y être maintenue ; — Attendu qu'il n'apparaît pas que jusqu'à présent la demanderesse ait éprouvé des dommages du fait de Pagès; que, d'ailleurs, elle n'en a pas justifié; — Déclarons et maintenons la veuve Rouyrenc en possession plus qu'annale du droit de passer.

Pourvoi du sieur Pagès.

ARRÊT

LA COUR : — Sur les deux moyens réunis, pris, le premier de la violation des art. 691, 2228, 2232, 2240, C. civ., et 23, C. pr. civ., le deuxième de la violation tout au moins des art. 1319 et suivants, C. civ., et du principe de la foi due aux actes authentiques, ainsi que de l'art. 7 de la loi du 20 avril 1810 :

Attendu que, si la possession d'une servitude discontinue doit, pour servir de base à une action en complainte, être fondée sur un titre, conformément à l'art. 691, il n'est pas indispensable que l'acte invoqué par le demandeur, et opposable au défendeur, constitue, en lui-même, une preuve complète du droit ;

Qu'il suffit que, suivant l'appréciation souveraine du juge, cet acte, par ses énonciations, fasse présumer que la possession litigieuse n'est pas entachée de précarité, mais s'exerce en vertu d'un droit ;

Attendu, dans l'espèce, que, pour attribuer aux faits de passage pratiqués depuis plus d'un an par la veuve Rouyrenc le caractère d'une possession utile, le jugement attaqué s'appuie, non pas seulement sur des présomptions qu'il tire des circonstances de la cause, mais sur les énonciations de deux actes qui, selon lui, corroborent ces présomptions mêmes, et qui, tous deux, sont émanés de Pagès ou de ses auteurs ;

Attendu qu'en statuant ainsi, le tribunal d'appel, dont la décision satisfait, d'ailleurs, aux exigences de la loi du 20 avril 1810, n'a pas excédé les limites de ses attributions et n'a pu violer aucun des textes ou des principes susvisés ;

Rejette.

TRIB. DE BOURGES. — 19 juillet 1888.
(Larchevêque c. Larchevêque.)

I, 656.

Les tombeaux sont placés, par leur des-

tination même, hors du commerce, tant à l'égard des particuliers qu'à l'égard des communes.

JUGEMENT

LE TRIBUNAL : — Attendu que, le 22 juillet 1867, les frères Larchevêque se sont fait concéder par la ville de Vierzon 2 mètres de terrain pour y fonder la sépulture de leur mère ;

Attendu que, le 9 juillet 1872, Alexis Larchevêque a obtenu la concession de $4^m 20$ pour construire un caveau dans lequel il a fait placer les restes de sa mère ; que les corps de plusieurs autres parents, et notamment des deux petits enfants de Jean Larchevêque, ont été inhumés dans ce caveau ;

Attendu qu'Alexis Larchevêque est décédé le 22 juin 1887, laissant sa veuve commune, son fils héritier réservataire de la moitié de sa succession et son frère Jean légataire d'un quart ; les restes du défunt ont été déposés dans le caveau de famille ;

Attendu qu'au cours de l'année 1887, soit avant, soit après le décès de son frère, Jean Larchevêque a apporté diverses modifications à la chapelle funéraire ;

Attendu que, le 11 novembre 1887, la veuve Alexis Larchevêque somma son beau-frère de remettre les lieux dans leur état primitif, et qu'en mars 1888, elle fit poser à l'entrée de la chapelle une porte pleine, scellée de façon à empêcher l'ouverture de la porte en fer placée par celui-ci ;

Attendu que Jean Larchevêque a assigné devant le juge de paix de Vierzon la veuve Alexis Larchevêque, prise tant en son nom personnel que comme tutrice de son fils mineur, pour se voir maintenir dans la copossession et jouissance du caveau et du monument funéraire ;

Attendu que le juge de paix a déclaré la demande non recevable par le motif qu'une action possessoire ne pouvait être intentée à l'occasion d'un terrain imprescriptible ;

Attendu que Jean Larchevêque a interjeté appel de ce jugement; qu'il soutient que la commune de Vierzon avait seule le droit d'invoquer l'imprescriptibilité d'un terrain faisant partie de son domaine public ;

Attendu qu'il est, en effet, de jurisprudence constante qu'un particulier est sans qualité pour se prévaloir du caractère domanial d'un immeuble dont la possession est en litige ; mais que les tombeaux et lieux de sépulture sont considérés, par suite du respect dû aux morts, comme absolument hors du commerce ; que la jurisprudence et la plupart des auteurs décident que les concessions autorisées par le décret du 23 germinal an XII, ne confèrent qu'un droit d'usage avec affectation spéciale et nominative ;

Attendu, dès lors, que la dame Larchevêque, pour résister à l'action en complainte, n'a pas besoin de se prévaloir des droits de la commune sur le terrain litigieux ; qu'elle n'a qu'à invoquer la destination non contestée dudit terrain, qui le place d'une façon absolue hors du commerce, tant à l'égard des particuliers qu'à l'égard des communes, ainsi que la Cour de Cassation l'a décidé par arrêt du 10 mai 1844 ;

Attendu que Jean Larchevêque n'a pu exercer sur ce terrain une possession utile pour prescrire, soit contre sa belle-sœur, soit contre la commune ; que c'est donc à bon droit que le premier juge a déclaré son action non recevable ;

Confirme.

CASSATION, Ch. civ. — 25 juillet 1888.
(Ploix c. Ramu.)

I, 242, 681, 684.

Le défendeur au possessoire n'est pas admis à soutenir que le fait de trouble ne cause aucun dommage actuel ou éventuel, et que ce fait n'est que l'exercice d'un droit.

Ainsi, le riverain supérieur qui modifie la distribution des eaux dont le propriétaire inférieur a la possession annale commet un trouble, et l'action possessoire ne saurait être repoussée par le motif que le complaignant reçoit par les mêmes endroits la même quantité d'eau.

ARRÊT

LA COUR : — Vu les art. 23 et 25, C. pr. civ.:

Attendu, en droit, que la possession annale d'une prise d'eau, quand elle est reconnue constante par le juge du possessoire, doit être maintenue au possesseur, contre toute entreprise susceptible de la troubler, sans qu'il soit besoin que cette entreprise ait un caractère abusif et dommageable, la question de savoir si l'auteur du trouble a ou non usé de son droit ne pouvant être soulevée et résolue qu'au pétitoire ;

Attendu, en fait, que le jugement attaqué a reconnu que la veuve Ploix était en possession annale pour l'irrigation de sa propriété, d'un droit de prise d'eau sur le trop-plein de la fontaine des Gués, sise en la commune d'Albois, et ce, au moyen d'une double canalisation partant d'un regard établi sur le terrain de la commune et se divisant en deux branches, l'une coulant du côté du midi au long du chemin de grande communication n° 11, l'autre au nord longeant la rue dite de la Fouillerie, et toutes deux pénétrant de leur côté respectif dans la propriété de la veuve Ploix ;

Attendu que celle-ci, prétendant que les époux Ramu, ses voisins supérieurs, avaient effectué, tant dans l'intérieur du regard ci-dessus indiqué que dans l'enceinte de leur propriété, des travaux qui, en modifiant le système de distribution des eaux, ont apporté un trouble à sa possession, a formé contre ceux-ci une demande en complainte, à l'effet d'être maintenue en la possession qu'elle avait avant l'exécution desdits travaux ;

Attendu que le jugement attaqué reconnaît que les changements dont se plaint la veuve Ploix ont bien été exécutés par les époux Ramu, dans les conditions exposées par ladite dame, et constatées judiciairement par un procès-verbal de visite des lieux dressé par le juge de paix d'Epernay le 25 mars 1885 ; qu'il reconnaît également que la nouvelle disposition des lieux permet aux époux Ramu de régler à l'avenir et selon leur gré la distribution des eaux ;

Que, cependant, le tribunal d'Epernay, statuant au possessoire, comme juge d'appel, a repoussé la demande en complainte de la veuve Ploix par deux motifs : 1° que, quant au présent, la demanderesse recevait, depuis l'entreprise de Ramu, et par les mêmes endroits, la même quantité d'eau, et que, n'éprouvant aucun préjudice, elle ne pouvait se plaindre d'un trouble à sa possession; 2° et que, quant au préjudice futur et possible pouvant résulter du nouveau système de distribution installé par les époux Ramu, la dame Ploix n'avait point à redouter un trouble, parce que ceux-ci déclaraient formellement, comme ils l'avaient fait dans la demande d'autorisation adressée par eux au maire d'Albois, qu'ils n'avaient nullement l'intention de modifier cette distribution et qu'ils étaient prêts, en cas de travaux nécessaires au bassin (B du plan), et interruptifs de l'écoulement des eaux, à rétablir momentanément l'ancien état de choses ;

Attendu qu'en faisant de l'absence d'un dommage présent, et pour le trouble à venir, d'une déclaration qui n'a point été acceptée par la veuve Ploix, et dont il n'a, d'ailleurs, été donné ni pu être donné acte aux époux Ramu, qui ne l'ont point demandé, le motif du rejet de la demande en complainte dont il était saisi, le tribunal civil d'Epernay a méconnu le caractère légal de l'action possessoire de la veuve Ploix, cumulé le possessoire et le pétitoire et, par suite, violé les articles de loi susvisés ;

Casse.

CASSATION, Ch. civ. — 8 août 1888.
(Chemin de fer de l'Est c. Créquy-Lesur.)

I, 682.

La reconnaissance, par le défendeur au possessoire, de la possession du complaignant n'est pas de nature à modifier le caractère de l'action et à la convertir en une simple demande en dommages-intérêts.

ARRÊT

LA COUR : — Sur la première branche de l'unique moyen du pourvoi :

Attendu que les consorts Créquy-Lesur, prenant pour trouble à leur possession les dépôts de déblais effectués sur un pré leur appartenant par les entrepreneurs de la compagnie de l'Est, ont actionné la compagnie au possessoire, à fin d'enlèvement de ces dépôts ;

Attendu que le trouble dont se plaignaient ainsi les consorts Créquy constituait une atteinte formelle à leur possession, et qu'il importe peu, dès lors, que la compagnie, dans ses conclusions, ait déclaré qu'elle n'entendait point contester cette possession, cette reconnaissance de la part de la défenderesse à l'action en complainte n'étant point de nature à changer le caractère de cette action ;

Attendu, d'ailleurs, qu'il résulte du jugement attaqué que la compagnie n'a excipé d'aucune autorisation administrative pour les dépôts dont s'agit ;

D'où il suit qu'en se déclarant compétent pour connaître, en appel, de l'instance possessoire introduite par les consorts Créquy-Lesur, le tribunal de Vouziers, par le jugement attaqué, n'a violé aucune des dispositions de loi invoquées par le pourvoi ;

Rejette la première branche du moyen ;

Mais sur la deuxième branche du même moyen :

Vu l'art. 25, C. pr. civ. :

Attendu que le jugement attaqué ne s'est pas borné à maintenir les consorts Créquy en possession paisible; qu'il a notamment examiné et interprété une convention qui serait intervenue entre les parties et que la compagnie invoquait pour sa défense, en prétendant qu'elle n'avait fait qu'user de son droit ;

Que le jugement repousse cette prétention de la compagnie en décidant que la convention invoquée ne s'appliquerait pas au pré sur lequel a eu lieu le dépôt de terres et déblais ;

Qu'en cela, le jugement attaqué a empiété sur le fond du droit, cumulé le possessoire et le pétitoire et violé l'art. 25 susvisé, C. pr. civ. ;

Casse.

CASSATION, Ch. civ. — 31 oct. 1888.
(Rey c. Dijoud.)

I, 539.

De ce que deux personnes exercent sur le même objet une possession simultanée, il ne s'ensuit pas que l'on soit en présence d'une possession promiscue sans utilité au point de vue de la prescription. Deux possessions distinctes peuvent exister sur le même objet lorsqu'elles n'ont rien de contradictoire.

ARRÊT

LA COUR : — Sur la deuxième branche du moyen unique du pourvoi :

Vu les art. 2228, C. civ., et 23, C. pr. civ. :

Attendu que l'action intentée, le 8 avril 1885, par Rey contre Dijoud avait un double objet ; qu'elle tendait à le faire maintenir et « au besoin réintégrer » dans la possession annale du canal dérivé de la rivière de Gilon, canal qui, après avoir traversé diverses propriétés particulières, parmi lesquelles se trouve un pré appartenant à Bertet, alimente l'usine de la Seytaz, dont Rey est propriétaire ;

Que celui-ci alléguait qu'il avait été troublé dans sa possession, en ce qu'au mois de septembre 1884, Dijoud, fermier de Bertet, avait placé dans le lit du canal des piquets destinés à soutenir une planche qui devait obstruer le cours de l'eau et la faire refluer sur le pré ; que, de plus, le 7 avril 1885, il avait effectivement disposé une planche dans ce but et ouvert dans une muraille ou digue, construite par Rey, des baies que ce dernier avait fait récemment fermer ;

Que Dijoud et Bertet qui est intervenu dans l'instance pour prendre le fait et cause de son fermier, ont soutenu de leur côté, qu'ils étaient en possession du droit de se servir de l'eau pour l'irrigation du pré ;

Qu'en cet état des prétentions respectives des parties, la question soumise au tribunal d'appel était, avant tout, celle de savoir si la possession de chacune d'elles était distincte et divise, ou si elle était exclusive de toute autre au profit du demandeur ;

Attendu que, tout en constatant l'existence de la digue et des vannes établies par Rey pour assurer le fonctionnement régulier de son usine, et, en outre, en déclarant que les faits articulés et offerts en preuve par Dijoud devant le juge de paix, mais non admis par lui, auraient démontré que la possession était divise et distincte, le jugement attaqué, sans statuer sur la demande des défendeurs tendant à être maintenus dans leur possession prétendue, a cependant décidé que Rey n'avait pas la possession annale réclamée par lui,

et s'est uniquement fondé, pour juger ainsi, sur les voies de fait accomplies par Dijoud, en ce qu'elles n'auraient eu pour objet que de rétablir les lieux dans leur état primitif ;

Mais attendu que les circonstances ainsi relevées par le jugement n'auraient pas suffi à justifier la possession des défendeurs, puisqu'il résulte de ces constatations de fait qu'elles se sont produites, l'une moins de six mois avant la date de l'exploit introductif d'instance de Rey, et les deux autres la veille même de cette date ; qu'elles ne pouvaient donc pas être considérées comme l'indice certain d'une possession qui, pour faire obstacle à celle de Rey, aurait dû remonter à une année au moins avant le 8 avril 1885 ; qu'elles suffisaient encore moins à prouver contre celle de Rey puisque, même en admettant avec le jugement attaqué que les voies de fait commises par Dijoud ne constituaient que des actes licites de jouissance, il pouvait sans doute en inférer que la possession des deux parties était distincte et divise, mais non pas que Rey n'avait aucune possession ;

Qu'il ressort de là qu'en statuant ainsi qu'il l'a fait, ledit jugement a méconnu les caractères légaux de la possession annale, et, par conséquent, violé les articles de loi susvisés ;

Casse.

TRIB. DE SANCERRE. — 5 déc. 1888.
(Chateigner c. Comm. de Couargues.)

I, 79.

L'action en bornage n'est pas une action possessoire pour laquelle la commune soit dispensée de se munir d'une autorisation du Conseil de préfecture.

JUGEMENT

LE TRIBUNAL : — Sur la recevabilité de l'appel :

Attendu que la présentation du mémoire mentionné en l'art. 124 de la loi du 5 avril 1884, n'est qu'une tentative de conciliation administrative, tenant lieu de la conciliation ordinaire impossible en raison de la minorité de la commune et que, partant, elle n'est exigée, comme cette dernière, que lorsqu'il s'agit d'une demande introductive d'instance ;

Sur le moyen de nullité tiré de ce que la commune n'a pas été autorisée à ester en justice :

Attendu que l'art. 122 de la loi susénoncée ne dispense les communes d'autorisation que pour intenter les actions possessoires ou y répondre et faire les actes conservatoires ou interruptifs de déchéance;

Attendu que les actions en bornage n'ont manifestement pas le caractère des litiges possessoires et que l'on ne saurait non plus les qualifier d'actes conservatoires, au sens de l'art. 122, qui désigne par ces mots les actes nécessités par l'urgence pour la sauvegarde d'un droit ;

Qu'il suit de là qu'aucun texte n'exceptant les actions en bornage, elles sont soumises à l'autorisation préalable ;

Attendu que la commune de Couargues n'ayant ni demandé, ni obtenu d'autorisation, il échet d'annuler les jugements dont est appel ;

Sur la compétence :

Attendu que les énonciations sommaires et vagues des décisions dont est appel ne permettent pas de déterminer avec précision les dires des appelants en première instance ; que, toutefois, ceux-ci ne paraissent pas avoir soulevé formellement une question de propriété ou une contestation sur les titres pouvant motiver le dessaisissement du premier juge ;

Mais attendu que, dans les conclusions prises par eux en appel, les consorts Chateigner ont formellement dénié à la commune intimée le droit de propriété que celle-ci prétend avoir sur le Crot-aux-Moines, qu'il s'agissait de délimiter, et que lesdits consorts ont expressément allégué qu'ils étaient copropriétaires de ce crot avec d'autres riverains, à l'exclusion de la commune ; qu'ils ont même soulevé une contestation de propriété qui échappe à l'appréciation du juge de l'action en bornage;

Par ces motifs, etc.

CASSATION, Ch. civ. — 12 février 1889.

(Massiau c. Bellet.)

I, 495, 503, 506, 587.

Une fois légalement acquise, la posses-sion se conserve par la seule intention tant qu'elle n'a pas été volontairement abandonnée.

L'intention de posséder est suffisamment manifestée par l'existence et le maintien d'un signe extérieur.

Il appartient souverainement au juge du possessoire de décider que les faits invoqués démontrent l'intention de conserver la possession.

ARRÊT

LA COUR : — Sur les deux moyens du pourvoi :

Attendu que le jugement attaqué constate souverainement que, par des actes matériels accomplis sans discontinuité pendant plusieurs années, la dame Bellet a acquis, à une époque ancienne, la possession plus qu'annale de la moitié en largeur de la venelle existant entre les héritages des deux parties en cause; que le premier moyen manque donc en fait ;

Attendu, en ce qui concerne le second, que la possession légale d'un fonds immobilier une fois acquise, se conserve par la seule intention du possesseur aussi longtemps qu'elle n'a pas été volontairement abandonnée; qu'elle autorise donc l'action en complainte contre l'auteur d'un trouble, à la condition, toutefois, que cette action soit exercée dans l'année qui l'a suivi ;

Attendu qu'il résulte du jugement, dont l'appréciation sur ce point est souveraine, que les défendeurs n'ont renoncé ni expressément, ni tacitement à la possession de l'immeuble litigieux ; qu'au contraire, ils ont manifesté leur volonté de la conserver, notamment en maintenant l'existence d'une porte ouvrant sur le terrain objet du procès, et que cette possession s'est continuée ainsi jusqu'au moment où elle a été troublée par Massiau ;

Attendu, d'autre part, qu'il n'est pas contesté que les époux Bellet aient exercé leur action dans l'année du trouble apporté à leur jouissance ;

D'où il suit qu'en déclarant leur demande en complainte recevable et bien fondée, le jugement attaqué, loin de violer les articles de loi susvisés au pourvoi, en a fait au contraire une juste application ;

Rejette.

CASSATION, Ch. réun. — 25 fév. 1889.
(De Cazeneuve c. Massot.)

I, 230, 684.

*La possession annale d'une prise d'eau
doit être maintenue au possesseur sans
qu'il soit besoin que le trouble ait un
caractère abusif et dommageable, la
question de savoir si l'auteur du trouble
a ou non usé d'un droit ne pouvant être
soulevée et résolue qu'au pétitoire.*

ARRÊT

LA COUR : — Sur le moyen unique
du pourvoi, tiré de la violation des
art. 23 et 25, C. pr. civ., et des principes
qui régissent les actions possessoires;
Vu lesdits articles :

Attendu, en droit, que la possession
annale d'une prise d'eau, quand elle est
reconnue constante par le juge du possessoire, doit être maintenue au possesseur contre toute entreprise susceptible
de la troubler, sans qu'il soit besoin que
cette entreprise ait un caractère abusif
et dommageable, la question de savoir
si l'auteur du trouble a ou non usé de
son droit ne pouvant être soulevée et
résolue qu'au pétitoire;

Attendu, en fait, que tout en déniant
aux héritiers de Cazeneuve un droit de
possession sur le seuil du canal privé,
dit canal des Moulins, le jugement attaqué leur reconnaît la possession plus
qu'annale d'une quantité déterminée des
eaux de ce canal servant à l'arrosage
d'une prairie;

Attendu que les héritiers de Cazeneuve,
prétendant que le sieur Massot a effectué sur le seuil de ce canal et en travers
de son cours supérieur, des travaux qui
modifient l'état de choses existant et
apportent un trouble à leur possession,
ont formé contre lui une action en
complainte à l'effet d'être maintenus en
cette possession telle qu'elle existait
avant l'exécution des travaux prémen-
tionnés;

Attendu que le tribunal de Grenoble,
statuant au possessoire comme juge
d'appel, après avoir reconnu l'existence
des travaux dont se plaignent les héritiers de Cazeneuve et constaté que le
sieur Massot en est l'auteur, rejette l'action en complainte par l'unique motif
que l'exécution de ces travaux n'ayant
porté aucune atteinte au droit des de-

mandeurs, soit en diminuant, soit en
augmentant le volume des eaux passant
devant leur propriété, ne saurait être
considérée comme un trouble apporté à
leur possession;

Attendu qu'en se fondant sur l'absence de tout dommage actuel ou éventuel pour rejeter la complainte dont il
était saisi, le tribunal de Grenoble a
méconnu le caractère légal de l'action
possessoire, cumulé le possessoire avec
le pétitoire, et, par suite, violé les articles de loi susvisés;

Casse.

———————

CASSATION, Ch. civ. — 27 février 1889.
(Béharel c. Wanoschot.)

I, 242, 620, 681.

*Le défendeur au possessoire n'est pas ad-
mis à soutenir que le fait constitutif du
trouble n'a été d'après ses titres que
l'exercice légitime d'un droit.*
*Cumule le possessoire et le pétitoire le
juge qui tranche une question d'étendue d'une servitude par le seul examen
des titres.*

ARRÊT

LA COUR : — Vu l'art. 25, C. pr.
civ. :

Attendu que, si le juge du possessoire
peut apprécier les titres pour déterminer les caractères de la possession, il ne
saurait, sans cumuler le possessoire et
le pétitoire, déclarer que le fait constitutif du trouble n'a été, d'après ces titres, que l'exercice légitime d'un droit;
qu'il ne lui est pas permis, en conséquence, de fixer uniquement à l'aide
d'un contrat l'étendue d'une servitude;

Attendu que le jugement attaqué constate que l'action dont le tribunal était
saisi était une action possessoire;

Attendu que le demandeur en complainte, tout en reconnaissant qu'une
servitude de passage existait sur son
terrain au profit du défendeur, soutenait qu'elle n'avait jamais été exercée
que pour la culture des terres appartenant à ce dernier et demandait, par
suite, le maintien de sa possession dans
cette limite, avec défense à Wanoschot
de passer sur sa propriété, ainsi qu'il
l'avait fait récemment, en transportant

des matériaux destinés à des constructions ;

Attendu que le défendeur ne prétendait pas avoir pratiqué dans ce but d'autres actes de possession que ceux qui constituaient le trouble dont se plaignait le demandeur, qu'il n'invoquait qu'un acte de partage du 9 brumaire an XIV, sur lequel il faisait exclusivement reposer son droit ;

Attendu que, sans méconnaître la possession du demandeur, et sans lui opposer aucune possession contraire, le tribunal s'est uniquement fondé, pour rejeter la demande en complainte, sur cette considération que la généralité des termes par lesquels a été stipulée, dans l'acte de l'an XIV, la servitude de passage, ne comportait aucune limitation ;

Attendu qu'en statuant ainsi, le jugement attaqué a cumulé le possessoire et le pétitoire et formellement violé l'art. 25, C. pr. civ., ci-dessus visé ;

Casse.

CASSATION, Ch. civ. — 27 février 1889.
(Jehanno c. Duc.)

I, 326, 500, 506.

Le juge du possessoire apprécie souverainement la valeur des actes invoqués au point de vue de la preuve de la possession annale.

ARRÊT

LA COUR : — Sur les deux moyens du pourvoi réunis, tirés de la violation des art. 23 et 25, C. pr. civ., et 7 de la loi du 20 avril 1810 :

Attendu que Duc, propriétaire de parcelles portées au cadastre, sous les nos 726, 725, 724, 723 et 721, a cité Jehanno devant le juge de paix de Port-Louis, à raison d'un trouble que ce dernier aurait occasionné à sa possession desdites parcelles en les traversant pour desservir un terrain y attenant, n° 731, et appartenant audit Jehanno ; que celui-ci, sans contester la possession du demandeur, a opposé à la complainte, soit devant le juge de paix soit en appel, qu'ayant, depuis plus d'un an et jour dans les conditions voulues par la loi, exercé ce passage pour l'exploitation

de la propriété enclavée, il était en possession d'une servitude de passage sur les parcelles appartenant à Duc, et qu'il devait être protégé dans cette possession par l'action en complainte ;

Attendu que le tribunal de Lorient était donc saisi par ces conclusions respectives d'un litige portant uniquement sur la possession de la servitude de passage, contestée par Duc et réclamée par Jehanno, auquel incombait, dès lors, le fardeau de la preuve ;

Attendu que le jugement attaqué déclare que, s'il est établi par l'enquête que Jehanno, par lui ou par les siens, a traversé plusieurs fois depuis un an et jour, les diverses parcelles de la propriété de Duc, il ne résulte pas de ces faits de passage peu nombreux la preuve que Jehanno soit en possession plus qu'annale, d'une façon paisible et non équivoque, du droit qu'il réclame aujourd'hui ;

Attendu que, dans ces circonstances, en maintenant Duc dans sa possession exclusive et non grevée de la servitude de passage, dont l'adversaire se prétendait possesseur, le jugement attaqué n'a violé aucun des articles de loi visés par le demandeur ;

Rejette.

CASSATION, Ch. civ. — 13 mars 1889.
(Gautier c. Poinsignon.)

I, 617.

Un titre constitutif ou récognitif d'une servitude qui émane d'un copropriétaire indivis du fonds servant ne peut légalement servir de base à la complainte. Il produira son effet vis-à-vis du concédant qui sera tenu de le respecter lorsqu'il sera devenu propriétaire exclusif de l'immeuble grevé.

Du 26 juin 1886, jugement du tribunal de Nancy ainsi conçu :

Attendu que l'appelant a conclu devant le tribunal à ce qu'il plût aux juges d'appel dire et juger qu'en présence de la contestation par Gautier du titre même sur lequel était fondée l'action possessoire en maintien d'une servitude discontinue de passage intentée par Poinsignon le juge de paix était incompétent, se déclarer en conséquence incompétent comme tribunal d'appel, et renvoyer Poinsignon à se pourvoir comme il aviserait et, au cas où il en serait autrement jugé, dire et juger que le titre constitutif de la servitude de passage n'émanant pas de tous les propriétaires du fonds prétendu assujetti, la possession est entachée de précarité, si elle existe, et ne peut fonder une action possessoire ; en conséquence, déclarer Poinsignon non recevable dans son action, l'en débouter ; — Attendu que si, en principe, l'exercice d'une servitude discontinue, apparente ou non apparente, ne peut fonder une action possessoire, il en est autrement lorsque le demandeur produit, à l'appui de la possession et pour la colorer, un titre constitutif ou déclaratif de servitude émané du propriétaire de l'héritage servant ; qu'il fait ainsi disparaître la présomption de précarité ou de tolérance inhérente à la servitude dans la jouissance de laquelle il entend se faire maintenir ; que cette règle s'applique notamment à la servitude de passage ; — Attendu que le juge de paix peut, sans cumuler le pétitoire et le possessoire, se livrer à l'examen des titres respectivement produits, lorsqu'il les consulte, non pour reconnaître ou méconnaître le fait matériel de la possession, mais uniquement pour en apprécier la nature, l'étendue et l'efficacité juridique ; qu'ainsi, sur une action en complainte formée à raison d'un trouble apporté à la jouissance d'une servitude discontinue, le juge de paix ne cumule pas le pétitoire avec le possessoire, en se fondant, pour écarter la présomption de précarité attachée à l'exercice d'une pareille servitude, sur un titre invoqué par le demandeur ; que l'examen des titres en pareil cas est même obligatoire pour le juge qui, sans cela, ne pourrait apprécier les caractères de la possession ; — Attendu que les contestations sur l'interprétation ou même sur la validité des titres ainsi produits ne sauraient priver le juge de paix de la faculté de les consulter pour éclairer la possession (Aubry et Rau, 241 et suiv.) ; que dès lors le juge de paix était compétent pour connaître de la demande de Poinsignon, alors même qu'elle était basée sur une possession sur la nature de laquelle on invoquait un titre, et alors même encore qu'il y avait contestation, non sur la régularité, mais sur la validité seulement du titre ; — Attendu, d'autre part, qu'il est énoncé dans l'acte d'acquisition de Poinsignon, que, pour parvenir à la propriété à lui vendue, il existe deux passages, dont l'un près des maisons de la ville de Pont-à-Mousson sur la route d'Asson ; qu'il n'est pas contesté par Gautier que le passage ainsi mentionné n'est autre que celui dont il s'agit dans l'instance ; que Gautier prétend que ce titre est émané *a non domino*, comme n'émanant pas de tous les propriétaires du fonds assujetti, et qu'il est par conséquent impuissant à engendrer une possession utile de l'exercice de la servitude de passage dont il s'agit au procès ; — Mais attendu que, sans qu'il soit nécessaire d'examiner la question de validité de constitution ou déclaration de servitude, ainsi soulevée par Gautier, question qui touche d'ailleurs au fond du droit et échappe par conséquent au juge du possessoire, il suffit de rechercher si Poinsignon a exercé la servitude dont la jouissance de laquelle il entend se faire maintenir avec l'*animus sibi habendi*, c'est-à-dire si la possession annale publique, paisible, est en même temps exempte de précarité ou de tolérance et résulte,

en tous cas, suffisamment, au regard de Poinsignon, du titre par lui produit ; que dans ces conditions, sa possession était, de tous points, susceptible de fonder une action possessoire ; — Attendu, en ce qui concerne les dommages-intérêts demandés par Poinsignon, tant par voie d'appel incident que par demande incidente, que Gautier a causé par son fait à Poinsignon un préjudice dont il lui doit réparation et que le tribunal pense faire bonne justice en évaluant à 50 francs la somme due pour réparation de ce dommage ; — Par ces motifs, adoptant au surplus les motifs du premier jugement, confirme ; condamne, en outre, Gautier en 50 francs de dommages-intérêts envers Poinsignon.

Pourvoi du sieur Gautier.

ARRÊT

LA COUR : — Vu les art. 691, 695, C. civ., et 23, C. pr. civ. :

Attendu que, si la complainte possessoire est recevable, même lorsqu'il s'agit de servitudes discontinues ou non apparentes, ce n'est qu'à la condition de s'appuyer sur un titre ; mais que ce titre, nécessaire en pareil cas pour colorer la possession et servir de base à l'action possessoire, doit consister en un acte qui, par sa nature, paraisse propre à établir le droit de servitude ; que, pour qu'il en soit ainsi, il faut que cet acte émane de la personne qui passait pour être propriétaire du fonds servant au moment de la constitution ou de la reconnaissance de la servitude ;

Attendu qu'il suit de là qu'un acte constitutif ou récognitif émané d'un copropriétaire indivis du fonds servant ne peut légalement servir de base à la complainte possessoire et être opposable au défendeur de cette complainte qu'à la condition pour le juge d'examiner si le constituant a eu ce fonds dans son lot à la suite d'un partage, ou l'a acquis en entier à tout autre titre, et s'il est en conséquence devenu l'auteur dudit défendeur ;

Et attendu que, pour admettre l'action possessoire de Poinsignon, le jugement attaqué se fonde uniquement sur ce que la non-précarité de sa possession résulte de l'acte du 4 décembre 1874, sans vouloir examiner si cet acte avait été consenti par l'un des copropriétaires, sans le concours ou le mandat des autres, ainsi que le prétendait le sieur Gautier, et en motivant son refus sur ce que cet examen toucherait au fond du droit ;

Mais attendu que ce n'était pas toucher au fond du droit que d'examiner la question, comme le demandait Gautier, au point de vue de la possession; qu'en jugeant donc, comme il l'a fait, le tribunal a méconnu l'étendue de ses pouvoirs et violé les articles de loi susvisés;

Casse.

CASSATION, Ch. civ. — 3 avril 1889.
(Mondin c. Boutruche.)

I, 516, 536.

La possession exercée par un fermier qui jouit de terres appartenant aux deux parties est équivoque et ne produit aucun effet au point de vue de la possession ou de la prescription.

ARRÊT

LA COUR : — Sur le moyen unique du pourvoi :

Vu l'art. 23, C. pr. civ. :

Attendu que la haie qui sépare le fonds de Mondin de celui de Boutruche étant réputée mitoyenne, aux termes de la loi, ce dernier était tenu, pour détruire une telle présomption, de prouver qu'il avait la possession annale et exclusive de ladite haie;

Attendu que, s'il résulte des constatations du jugement attaqué qu'il a personnellement exercé des actes de possession de 1876 à 1881 sur la clôture dont il s'agit, il n'en résulte pas que cette possession ait été exclusive, que le tribunal déclare, au contraire, que la jouissance de la haie litigieuse a eu lieu jusqu'au 25 mars 1883 par un sieur Balloche, alors fermier commun des terres qu'elle limite et qui appartiennent divisément aux deux parties;

Attendu qu'aucun fait particulier de possession exercé dans l'intérêt de Boutruche n'a été relevé par les juges du fond à partir de cette date jusqu'au mois de novembre 1885, époque du trouble dont il se plaint;

Attendu que si, antérieurement à 1883, comme le jugement attaqué le reconnaît, le fermier Balloche a joui de la haie en sa double qualité, cette jouissance promiscuë, exercée par lui comme ayant-cause de ses deux bailleurs, a mis obstacle à toute possession exclusive et personnelle au profit de l'un d'eux; que, si le fermier commun avait fait des actes de possession au nom d'un seul propriétaire, le jugement dénoncé aurait dû les spécifier; qu'en ne le faisant pas, il a rendu une décision qui manque de base légale;

D'où il suit qu'en jugeant, dans cet état des faits, que Boutruche avait, avant les troubles reprochés à Mondin, la possession annale et exclusive de la haie en litige, le jugement attaqué a formellement violé les articles de loi ci-dessus visés;

Casse.

CASSATION, Ch. civ. — 30 avril 1889.
(Comm. d'Alet c. Eaux minérales d'Alet.)

I, 608.

Les eaux qui alimentent les fontaines publiques font partie du domaine public municipal et sont inaliénables et imprescriptibles, sans distinction entre celles indispensables aux besoins des habitants et les eaux superflues et surabondantes.

Du 20 janvier 1886, jugement du tribunal de Limoux qui s'exprime ainsi :

Attendu qu'il existe dans la commune d'Alet, à un kilomètre environ en amont du chef-lieu, une source dite « du Thérove », dont les eaux sont très abondantes, puisque d'après une délibération du conseil municipal en date du 26 août 1885, elle débite 75 litres par seconde, soit 64,800 hectolitres par vingt-quatre heures; qu'une très faible partie de ces eaux a été captée dans une canalisation souterraine et alimente les fontaines publiques d'Alet; que tout le reste ou se perd dans le ruisseau qui aboutit à l'Aude, ou s'écoule dans un canal à ciel ouvert, fait de main d'homme, qui traverse des propriétés particulières, la ville d'Alet, et les jardins de l'ancien évêché, d'où les eaux tombent dans la rivière; que les propriétés des francs-bords, ou longées ou traversées par ce canal, jouissent du droit d'y prendre de l'eau; que cette jouissance remonte à une époque très éloignée, car il existe une série d'actes d'acquisition, dont le plus ancien est à la date du 29 avril 1725, qui établissent les droits des riverains à l'arrosage de leurs propriétés; que, notamment, les parcelles, au nombre de neuf, qui composent aujourd'hui l'établissement thermal d'Alet, jouissent des eaux du canal en vertu d'une possession caractérisée par des travaux apparents et par des prises d'eau qui remontent au moins à l'époque où fût construite, avant la Révolution de 1789, la route nationale d'Alet en Espagne ; — Attendu qu'un arrêt du Parlement de Toulouse, du 22 septembre 1753, homologuant une délibération de la communauté d'Alet, a reconnu les droits d'arrosage des riverains en en réglementant l'usage ; qu'il s'agit de rechercher si ces droits d'arrosage constituent un titre en vertu duquel l'action possessoire peut être intentée ; — Attendu qu'à ce point de vue, il est inutile d'examiner si, comme le prétend la compagnie des eaux thermales, les riverains sont copropriétaires de l'aqueduc ; qu'ils en ont, en tout cas, joui depuis un temps immémorial, et que leurs prises d'eau constituent, tout au moins, une servitude continue et en même temps apparente, puisqu'elle s'annonce par un aqueduc qui est un ouvrage extérieur ; qu'une servitude réunissant ces caractères peut s'acquérir par prescription, et, par suite, servir de base à une action possessoire ; — Attendu cependant que cette solution serait inexacte s'il était vrai, ainsi que le soutient la commune, que les eaux de l'aqueduc sont imprescriptibles et que les concessions qui ont été faites ne sont que précaires ; — Attendu que dans la source du Théron une minime partie des eaux, ainsi qu'il a été déjà dit, mais est captée dans des tuyaux souterrains, alimente les fontaines publiques et arrose les rues ; que ces eaux font ainsi partie du domaine public communal ; qu'il en est tout autrement de celles que reçoit l'aqueduc à ciel ouvert ; que celles-ci, en arrivant à la ville, ne suivent pas les rues ; elles passent sous les maisons, dans les cours, dans les jardins, et ne sont affectées à aucun usage public ; elles font partie du domaine privé de la commune, et sont, par conséquent, aliénables et prescriptibles ; à la différence des concessions d'eau sur le domaine public, qui sont temporaires et révocables, les concessions en faveur des riverains sur les eaux de l'aqueduc constituent des aliénations définitives et irrévocables, sauf expropriation, s'il y a lieu ; — Attendu que ce caractère des eaux a toujours été reconnu par la commune d'Alet ; qu'en effet, le 23 novembre 1845, elle a fait une concession perpétuelle au sieur Carbon, et le 26 décembre 1862, au sieur Larade, auteur de la compagnie ; que, par une délibération du 26 avril 1885, le conseil municipal d'Alet a autorisé le maire à concéder à la ville de Limoux un volume de 18,000 hectolitres d'eau par vingt-quatre heures, moyennant une rente annuelle et perpétuelle de 1,000 francs ; qu'en présence de ces documents, la commune d'Alet est mal venue à soutenir, soit que les eaux du Théron ne sont pas assez abondantes, soit qu'elles font partie du domaine public communal, soit que les concessions ne sont que précaires ; que, dès lors, la possession des riverains, bien plus qu'annale, a pu, en cas de trouble, servir de fondement à une action possessoire ; — Attendu, en ce qui concerne le trouble, que, par un arrêté du 29 mai 1884, le maire d'Alet a prescrit que dans le délai d'un mois toutes les prises d'eau existant actuellement seraient fermées ; qu'il résulte d'un procès-verbal de constat de l'huissier Barthélemy Rivols fils, en date du 23 août 1884, que, dans la journée de la veille,

22 août, le maire avait fait fermer en maçonnerie et ciment les neuf prises d'eau servant à l'arrosage des parcs et jardins et aux besoins de l'établissement, et qu'il avait encore fait fermer la prise d'eau dont la compagnie thermale jouissait dans la cuisine, en vertu de la concession du 26 décembre 1862 ; que le même procès-verbal constate que toutes les prises d'eau des autres riverains avaient été maintenues telles qu'elles avaient toujours existé ; qu'il résulte du fait de la fermeture des prises d'eau un trouble incontestable à la possession de la compagnie demanderesse, puisqu'elle se trouve ainsi privée de la jouissance de ses droits ; — Attendu que le premier juge s'est refusé à voir un trouble dans ces fermetures, parce qu'il aurait dépendu de la compagnie de les éviter en demandant dans le délai d'un mois une nouvelle concession, ainsi que le prescrivait l'arrêté ; — Attendu que cet acte administratif n'a pas besoin d'interprétation et que le tribunal n'a qu'à le prendre tel qu'il est, avec l'acceptation très claire des expressions qu'il emploie ; qu'il ne porte pas que les intéressés obtiendront de nouvelles prises d'eau, s'ils le demandent dans le mois, mais seulement qu'ils pourront obtenir ces nouvelles prises ; que c'était une faculté que se réservait le maire aux lieu et place du droit qui appartenait à la compagnie ; que celle-ci a donc pu se refuser à fermer les prises d'eau qu'elle était exposée à perdre et qu'il y a ainsi dans la cause un trouble de fait résultant de la fermeture et un trouble de droit résultant de la menace de refus pour les nouvelles prises ; que la compagnie thermale a été ainsi troublée dans la possession d'un droit réel, et qu'elle a formé sa demande dans l'année du trouble ; que l'autorité judiciaire a été compétemment saisie de l'action possessoire, en vertu de l'art. 6 de la loi du 25 mai 1838 ; qu'il y a lieu, en conséquence, de réformer le jugement du juge de paix qui déclare mal fondée la demande de complainte ; que, ne s'agissant pas de travaux publics, les lieux doivent être remis dans leur état primitif, sauf à la compagnie à se conformer à l'arrêté du 29 mai 1884, en ce qui concerne le mode de prise d'eau ; — Attendu que la compagnie thermale ayant éprouvé un dommage par la privation de ses droits, elle est fondée à demander une indemnité dont le tribunal peut déterminer l'importance d'après les documents de la cause ; — Par ces motifs, réforme.

Pourvoi de la commune d'Alet.

ARRÊT

LA COUR : — Vu l'art. 23, C. pr. civ. :

Attendu, d'une part, que le jugement attaqué constate, en fait, que la source du Théron appartient à la commune d'Alet et qu'une partie des eaux (jaillissant de cette source) captée dans une canalisation souterraine, alimente les fontaines publiques d'Alet, tandis que tout le reste ou se perd dans un ruisseau, ou s'écoule dans un canal à ciel ouvert, d'où les eaux tombent dans la rivière, après avoir été utilisées pour les besoins de quelques particuliers, notamment de la compagnie générale d'eaux minérales, par suite de concessions faites par la commune ; que, d'autre part, il résulte de l'arrêt du Parlement de Toulouse du 22 septembre 1753, visé audit jugement, que la source du Théron était déjà, à cette époque, qualifiée « fontaine publique » ;

Attendu que, pour admettre la complainte possessoire formée par la compagnie, à la suite de la suppression opérée par la commune des neuf prises d'eau à elles concédées, ledit jugement se fonde sur ce que, si les eaux captées dans la canalisation souterraine sont inaliénables et imprescriptibles, puisqu'elles servent à l'alimentation des fontaines publiques et dépendent ainsi du domaine public communal, il en est tout autrement de celles qui s'écoulent dans le canal à ciel ouvert, qui n'ont jamais été utilisées que pour les besoins particuliers de quelques riverains, notamment de la compagnie, et qui ne dépendent ainsi que du domaine privé ;

Mais attendu, en droit, que les eaux qui alimentent les fontaines publiques d'une ville font partie du domaine public municipal, et sont, dès lors, inaliénables et imprescriptibles, sans distinction entre celles indispensables à la satisfaction actuelle des besoins communaux et les eaux superflues et surabondantes ; qu'en effet, les besoins d'une cité n'ont pas, sous ce rapport, un caractère absolu et invariable ; que la quantité d'eau nécessaire aux habitants varie suivant les temps et dépend des circonstances, qui ne peuvent être, à l'avance, prévues et appréciées ; qu'il suit de là que l'eau surabondante, au moment d'une concession, peut devenir ultérieurement nécessaire, et que l'intérêt public lui imprime le même caractère d'inaliénabilité et d'imprescriptibilité ; que la précarité de semblables concessions et de la possession qui en résulte est la conséquence de la nature même des eaux qui en sont l'objet et de l'indisponibilité dont elles sont frappées par la loi ; que l'exercice du droit de révocation de ces concessions n'est point subordonné pour la commune à l'obligation de prouver que les eaux concédées sont actuellement devenues nécessaires à ses besoins ;

Attendu que les mêmes principes sont applicables, soit qu'il s'agisse d'eaux superflues et surabondantes formant le trop-plein des fontaines publiques, après leur fonctionnement pour le service public, soit qu'il s'agisse d'eaux d'une source communale partagées à l'endroit ou, comme dans l'espèce, près de l'endroit où elles jaillissent, entre une canalisation souterraine les conduisant aux fontaines publiques et un aqueduc latéral à ciel ouvert, les conduisant à la rivière, et concédées sur leurs parcours à des particuliers ; qu'en effet, dans l'un et l'autre cas, l'affectation actuelle et éventuelle à un service public grève ces eaux d'inaliénabilité et frappe la possession qui en est concédée d'une précarité qui fait échec à toute action possessoire ;

Attendu qu'il suit de là qu'en décidant le contraire, en déclarant recevable l'action possessoire de la compagnie, et en maintenant celle-ci en possession des eaux litigieuses, le jugement attaqué a formellement violé l'article susvisé ;

Casse.

CASSATION, Ch. civ. — 1er mai 1889.
(Iché c. Pech.)

I, 491, 647.

L'action en complainte ne saurait être repoussée par le motif que le fait de trouble qui y a donné lieu a été commis de bonne foi.

ARRÊT

LA COUR : — Vu les art. 23 et 25, C. pr. civ. :

Attendu que tout possesseur d'un immeuble, même indivis, a le droit de faire respecter sa possession annale contre toute prétention ou tout acte de nature à la contredire ; que l'action en complainte possessoire intentée par lui ne saurait donc être repoussée par le motif que le trouble dont il se plaint ne lui aurait causé qu'un dommage insignifiant et que le fait qui y a donné lieu aurait été commis de bonne foi ;

Attendu que, tout en reconnaissant que le mur bâti depuis moins d'un an par Pech l'avait été sur un terrain dont Iché avait la possession annale indivisément avec un tiers, le jugement attaqué a repoussé l'action en complainte et en dénonciation de nouvel œuvre formée par le demandeur, sous prétexte que l'empiètement dénoncé par lui ne lui avait causé qu'un préjudice d'une nature insignifiante et avait été effectué de bonne foi ; qu'en statuant ainsi et en maintenant l'usurpation qu'il constate, le tribunal a méconnu le caractère légal de l'action possessoire et, par suite, violé les articles de loi ci-dessus visés ;

Casse.

CASSATION, Ch. civ. — 15 mai 1889.
(Flandrin c. Mouloud-ben-Saïd.)

I, 587.

Les riverains d'un chemin communal peuvent, dans leur intérêt privé, exercer ut singuli l'action en réintégrande pour réclamer la suppression de tout obstacle apporté à leur jouissance.

ARRÊT

LA COUR : — Sur l'unique moyen du pourvoi :

Attendu que les riverains et usagers d'un chemin simplement communal et dont le caractère n'est pas méconnu, peuvent, dans leur intérêt privé, exercer *ut singuli* l'action possessoire à l'effet de se faire maintenir en possession des droits d'usage qu'ils exercent à titre de droits réels et comme accessoires d'un fonds à la desserte duquel la voie est affectée; qu'ils sont donc bien fondés à demander au possessoire, par voie de réintégrande, la suppression de tout obstacle apporté à leur jouissance;

Attendu que l'action de Mouloud-ben-Saïd, ainsi que le constatent ses conclusions, n'était pas fondée sur une servitude de passage; que c'est à titre de riverain qu'il demandait à être réintégré et qu'il a été maintenu, en effet, par le tribunal dans le droit d'usage qu'il exerçait sur le chemin communal servant à l'exploitation de sa propriété et récemment obstrué par Flandrin;

D'où il suit qu'en statuant ainsi qu'il l'a fait, le jugement attaqué n'a violé aucun des articles de loi invoqués par le demandeur;

Rejette.

CASSATION, Ch. civ. — 5 juin 1889.
(Saby c. Michel et Solvery.)

I, 618.

Le juge qui reconnaît que le titre produit crée non pas un droit de servitude mais une obligation personnelle de ne pas faire, doit déclarer l'action possessoire non recevable.

ARRÊT

LA COUR : — Statuant sur les divers moyens du pourvoi réunis :

Vu l'art. 686, C. civ., et l'art. 23, C. pr. civ.:

Attendu que, par arrêt du 12 mars 1886, la Cour d'appel de Riom, tout en confirmant le jugement du tribunal civil du Puy, en date du 28 mai 1885, en ce qu'il avait décidé que Saby était seul propriétaire des eaux qu'il amenait à son moulin par le canal de dérivation partant du ruisseau du Besson, et qu'il avait le droit d'user desdites eaux à sa convenance et à sa volonté, l'a cependant réformé en ce que, statuant *ultra petita,* il avait reconnu au profit de Saby « le droit de rejeter ces eaux à la rivière après s'en être servi si cela lui plaisait » ;

Attendu que le même arrêt a donné acte à Michel et à Solvery de ce que Saby déclarait « qu'il n'avait jamais émis et n'émettait pas la prétention de rejeter inutilement et méchamment en rivière les eaux dérivées lorsqu'il ne les utilisait pas pour les besoins de son moulin » ;

Attendu qu'une telle déclaration faite en justice par le sieur Saby ne pouvait être invoquée, dans l'instance possessoire engagée postérieurement par les sieurs Michel et Solvery, comme un titre constitutif ou récognitif d'une servitude réelle, pouvant servir de base à leur action en complainte; qu'en effet, lorsqu'il s'agit d'une servitude, le propriétaire du fonds servant n'est tenu qu'à l'obligation passive d'en supporter l'exercice; qu'il s'agit au contraire ici d'une obligation personnelle de ne pas faire prise par Saby et consistant uniquement à ne pas rejeter inutilement et méchamment à la rivière des eaux superflues, c'est-à-dire à ne pas créer un obstacle à l'écoulement de ces eaux vers les propriétés inférieures de ses voisins, dans l'unique but de nuire à ceux-ci ; qu'il suit de là qu'en admettant, dans une pareille situation, comme recevable et bien fondée l'action possessoire des sieurs Michel et Solvery, le jugement attaqué a formellement violé les articles susvisés ;

Casse.

CASSATION, Ch. req. — 19 juin 1889.
(Courtois c. Devic.)

I, 639.

Pour être un mode utile d'acquérir un droit sur une source, la possession doit se manifester par des travaux apparents créés par celui qui prétend à ce droit.

ARRÊT

LA COUR : — Sur le troisième moyen, pris de la violation par fausse application des art. 641, 642, C. civ., et des art. 23 et suivants, C. pr. civ., en ce que le jugement attaqué a dénié à l'exposant la possession utile d'une servitude de prise d'eau sur le terrain du défendeur éventuel, sous le prétexte qu'il ne prouvait pas être l'auteur des travaux apparents établis sur ce terrain :

Attendu que des déclarations souveraines du jugement attaqué il résulte : 1° que Courtois ne prouve pas être l'auteur des ouvrages apparents qui ont été exécutés sur le pré où naît la source, et à l'établissement desquels le propriétaire supérieur était intéressé ; 2° que le fonds inférieur est séparé du fonds supérieur par un chemin public, au-dessus ou au-dessous duquel aucun ouvrage n'a été effectué pour amener chez Courtois les eaux, dont il ne reçoit à travers le chemin même que le trop-plein ;

Attendu que, dans ces circonstances, en décidant que le demandeur n'avait pas la possession utile d'une servitude de prise d'eau sur le pré de Devic, les juges d'appel, loin de violer aucun des textes susvisés, en ont fait une saine application ;

Rejette.

CASSATION, Ch. civ. — 25 juin 1889.
(Mer et Carpentier c. Broussais.)

I, 582, 584.

L'auteur de la violence qui donne lieu à l'action en réintégrande, ne saurait échapper aux conséquences de cette action en prétendant n'avoir fait qu'exécuter des ordres reçus. La situation ne serait pas modifiée par l'intervention du mandant qui déclarerait assumer la responsabilité des actes perpétrés par son mandataire.

Celui qui détient à titre de concessionnaire une partie du domaine public, est recevable à employer la réintégrande contre les particuliers qui le troublent dans sa jouissance, sans qu'il y ait lieu de rechercher si cette jouissance est précaire à l'égard de l'Etat.

ARRÊT

LA COUR : — Sur le premier moyen du pourvoi :

Attendu que si, en principe, le mandataire représente son mandant à l'égard des tiers, il n'en est plus de même en matière de délits ou de quasi-délits ; qu'il est alors tenu personnellement de réparer le dommage qu'il a causé par sa faute ;

Attendu que Mer n'a pas nié les voies de fait et violences qui ont motivé contre lui l'action en réintégrande de Broussais ; que celui-ci était donc bien fondé à agir contre lui pour obtenir la cessation du trouble apporté à sa jouissance et l'allocation de dommages-intérêts ; qu'il importe peu que Mer ait été qualifié de mandataire de Carpentier dans l'exploit introductif d'instance, où l'on concluait contre lui à une condamnation personnelle ; que cette qualité ne pouvait, même après l'intervention de son mandant en appel, l'exonérer de la responsabilité qu'il avait encourue ; d'où il suit qu'en statuant ainsi qu'il l'a fait, et en déclarant l'action recevable, le jugement attaqué s'est conformé à la loi ;

Sur le second moyen du pourvoi :

Attendu que, sur le grief tiré de l'incompétence de la juridiction civile, le jugement attaqué a répondu que la compétence est nettement déterminée par les art. 23 et suivants, C. pr. civ., qui attribuent aux juges de paix une juridiction exclusive en matière possessoire, et que l'instance actuelle est essentiellement possessoire ;

Attendu qu'en s'exprimant ainsi, le tribunal a donné des motifs pour rejeter le chef de conclusions qui lui était soumis et s'est ainsi conformé aux prescriptions de l'art. 7 de la loi du 20 avril 1810 ;

Attendu, d'autre part, que Broussais ne demandait aucune modification dans les clauses de la concession de 1862, et que le juge n'avait pas à les interpréter ; que, prétendant avoir depuis plus d'un an la détention matérielle, paisible et publique de la forêt des Beni-Khal-foum, il avait le droit de saisir le juge de paix d'une action en réintégrande contre le sieur Mer, auteur du trouble avec violence et voies de fait apporté à sa possession, une telle action rentrant exclusivement dans la compétence de ce magistrat aux termes de l'art. 23, C. pr. civ. ; d'où il suit que le jugement attaqué n'a pas méconnu la règle de la séparation des pouvoirs et n'a violé aucun des articles visés au pourvoi ;

Sur le troisième moyen :

Attendu que l'action dont le juge était saisi, étant une action en réintégrande, il n'avait pas à se préoccuper des titres que Carpentier pouvait faire valoir contre Broussais ; qu'il lui suffisait de constater, d'une part, la détention de l'immeuble par celui-ci, d'autre part, la dépossession violente dont il se plaignait, pour déclarer son action recevable ; qu'en statuant ainsi qu'il l'a fait, il n'a donc violé aucun des articles visés au pourvoi ;

Rejette.

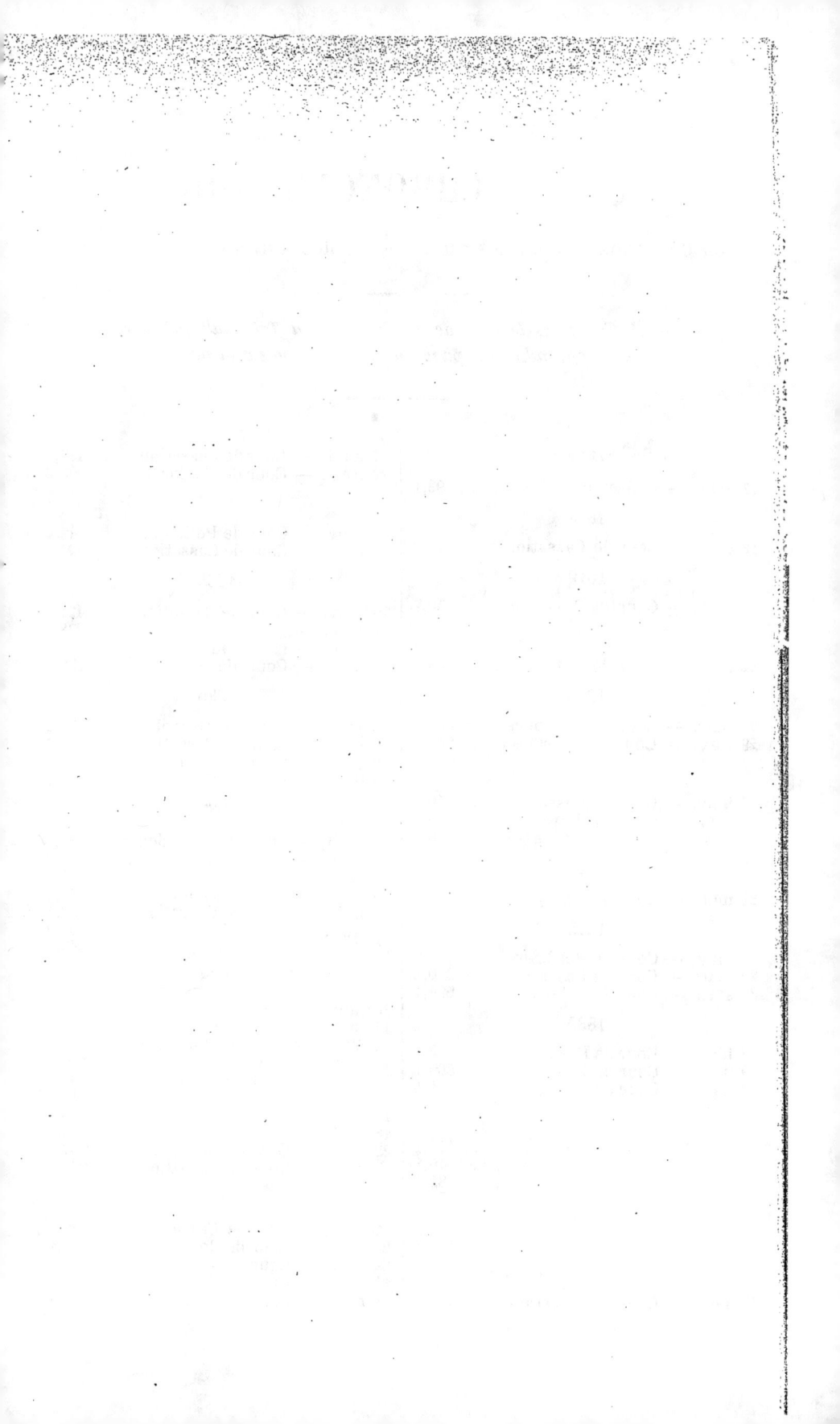

TABLE CHRONOLOGIQUE

des décisions rapportées dans les notes du premier volume.

Le premier chiffre après le nom de la Cour ou du Tribunal qui a rendu la décision, indique la page ; le second renvoie à la note.

5 juin — Cour de Cassation .	. 504,1	7 sept. — Cour de Cassation .	. 471,1
1ᵉʳ juill. — id.	. . 468,2	3 déc. — Cour de Riom. . . .	. 365,2
21 juill. — Conseil d'Etat . . .	. 336,3		
24 juill. — Cour de Cassation .	. . 68,2	**1845**	
30 juill. — id.	. 275,2		
1ᵉʳ août — Cour de Limoges .	. 369,2	20 févr. — Cour de Caen. . .	. . 719,2
8 août — Cour de Cassation .	. 439,1	11 mars — Cour de Cassation .	. 301,1
		23 avril — id.	. . 277,2
1840		3 juin — id.	330, n° 18
		4 juin — id.	. . 450,1
26 févr. — Cour de Cassation .	. 432,2	9 juin — id.	. . 38,1
30 mars — id.	. . 257,1	4 juill. — id.	. . 123,1
1ᵉʳ avril — id.	. . 303,1	21 juill. — id.	. . 270,2
6 avril — Cour de Bourges .	. 220,1	16 août — Cour de Bordeaux .	. 376,3
13 mai — Cour de Limoges .	. 611,3	2 déc. — Cour de Cassation .	. 418,1
1ᵉʳ juill. — Cour de Cassation .	. 470,1	29 déc. — id.	. . 337,1
2 juill. — Cour de Grenoble .	. 278,3		
7 juill. — Cour de Cassation .	. 285,1	**1846**	
11 août — id.	. . 58,1		
8 oct. — id.	. . 379,3	3 mars — Cour de Cassation .	. 162,1
30 nov. — id.	. . 483,1	20 avril — Cour de Montpellier .	712,1
		27 avril — Cour de Cassation .	. 472,1
1841		28 avril — id.	. 120,1
		27 mai — id.	. . 218,1
1ᵉʳ févr. — Cour de Cassation .	. 439,2	27 mai — id.	. . 554,2
30 mars — id.	. . 182,1	29 mai — id.	. . 471,2
9 nov. — id.	. . 335,2	10 juin — id.	. . 599,1
22 nov. — id.	. . 475,1	26 août — Cour de Grenoble .	. 367,1
17 déc. — Cour de Bourges. .	. 446,8	28 août — Cour de Bastia . .	. 454,1
1842		**1847**	
7 janv. — Cour de Toulouse .	. 708,1	14 janv. — Cour d'Angers .	. 315,1
10 janv. — Cour de Douai. . .	. 423,3	27 janv. — Cour de Cassation .	. 413,2
2 févr. — Cour de Cassation .	. 385,1	19 avril — id.	. . 7,1
21 févr. — Cour de Bourges. .	. 33,1	26 mai — Cour d'Angers . .	. 721,2
30 mars — Cour de Cassation .	. 58,2	1ᵉʳ juin — Cour de Limoges .	. 33,2
24 mai — id.	. . 468,3	14 juin — Cour de Cassation .	. 10,1
26 mai — Cour de Dijon. . .	. 725,3	15 nov. — Cour de Montpellier .	719,3
24 juin — Cour de Cassation .	. 338,1	17 nov. — Cour de Cassation .	. 626,4
12 juill. — id.	. . 708,1	1ᵉʳ déc. — id.	. . 406,1
24 août — id.	. . 534,2	15 déc. — id.	. . 699,4
24 août — Cour de Caen. . .	. 721,1	29 déc. — id.	. . 518,1
15 nov. — Cour de Cassation .	. 429,4		
15 nov. — id.	. . 510,1	**1848**	
5 déc. — id.	. . 45,1		
16 déc. — Cour d'Angers. . .	. 353,3	19 janv. — Cour de Cassation .	. 310,2
		23 févr. — id.	. . 406,2
1843		1ᵉʳ mars — id.	. . 725,4
		28 mars — id.	. . 257,2
20 janv. — Cour d'Angers. . .	. 207,1	22 juill. — Conseil d'Etat. .	. 136,1
24 févr. — Cour de Paris. . .	. 711,4	1ᵉʳ déc. — Cour d'Orléans . . .	. 464,1
6 juin — Cour de Grenoble. .	. 211,2		
20 juin — Cour de Cassation .	. 276,1	**1849**	
18 juill. — id.	. . 630,2		
24 juill. — id.	. . 303,2	10 janv. — Cour de Lyon . . .	. 19,2
9 août — id.	. . 602,1	19 janv. — Cour d'Orléans . .	. 448,4
21 nov. — id.	. . 554,1	31 janv. — Cour de Cassation .	. 726,3
		2 févr. — Cour de Montpellier .	58,1
1844		3 févr. — Cour de Grenoble .	. 629,3
		6 févr. — Cour de Cassation .	. 338,2
10 janv. — Cour de Cassation.	198, n° 12	23 mars — Cour de Bordeaux .	. 118,1
6 mars — id.	. . 119,2	23 mai — Cour de Cassation .	. 25,2
15 mars — Conseil d'Etat. . .	. 593,3	26 juin — id.	. . 508,2
4 juin — Cour de Cassation .	. 443,2	6 août — id.	. . 17,1
6 juin — Conseil d'Etat. . . .	. 593,4	7 août — id.	. . 403,2
16 août — Cour de Poitiers . . .	. 209,1	27 août — id.	. . 726,1

7 nov. — Cour de Cassation . .	724,2	
4 déc. — id. . .	604,1	

1850

18 janv. — Cour de Bordeaux .	458,1	
7 févr. — id.	403,5	
28 févr. — Cour d'Orléans . .	19,1	
6 mars — Cour de Cassation .	307,5	
29 mars — Tribunal des Conflits .	660,1	
3 avril — id. .	660,1	
8 avril — Cour de Cassation .	224,1	
24 avril — Cour de Grenoble .	531,1	
6 mai — Cour de Cassation .	697,1	
27 mai — Cour d'Aix . . .	487,2	
3 juin — Cour de Cassation .	452,2	
17 juin — Tribunal des Conflits .	600,1	
23 juill. — Cour de Cassation .	457,1	
13 août — id.	118,2	
18 nov. — Tribunal des Conflits .	660,1	
28 nov. — id. .	660,1	

1851

15 févr. — Cour de Bourges . .	218,2	
18 févr. — Cour de Paris. . .	281,1	
22 mars — Conseil d'Etat. . .	110,2	
25 mars — Cour de Paris. . .	532,2	
31 mars — Cour de Cassation .	298,3	
7 mai — Cour de Nîmes . .	458,2	
21 mai — Cour de Cassation .	637,2	
27 mai — id. .	177,1	
28 juill. — id. .	296,1	
12 août — id. .	254,1	
12 août — id. ,	372,3	
21 nov. — Cour de Caen . .	385,2	
1er déc. — Cour de Cassation .	720,1	
24 déc. — id. . .	464,2	

1852

25 févr. — Cour de Dijon. . .	3,3	
29 mars — Cour de Cassation .	660,2	
6 avril — id. .	277,1	
14 avril — id. .	316,2	
14 avril — id. .	335,1	
26 mai — id. .	35,1	
25 août — id. .	484,1	
10 sept. — Cour de Toulouse . .	113,2	
17 nov. — Cour de Cassation .	428,2	
24 nov. — id. .	591,2	
31 déc. — Cour d'Orléans . .	527,1	

1853

10 févr. — Cour de Poitiers . .	130,5	
16 févr. — Conseil d'Etat. . .	691,1	
9 mars — Cour de Cassation .	702,1	
23 mars — id. .	71,3	
30 mars — Conseil d'Etat . .	690,2	
13 avril — Cour de Metz . .	725,1	
26 avril — Cour de Cassation .	301,1	
19 mai — Cour de Caen . .	694,1	
28 mai — Cour de Paris. . .	489,1	
1er juin — Cour de Cassation .	60,2	
5 juill. — id. . .	61,1	

6 juill. — Cour de Bordeaux .	419,1	
7 juill. — Cour de Cassation .	186,2	
22 août — Conseil d'Etat. . .	442,1	
22 août — Cour de Cassation .	719,1	
14 nov. — id. .	474,1	
15 nov. — id. .	287,2	
28 nov. — Cour de Douai. . .	76,1	
30 nov. — Cour de Cassation .	627,4	

1854

3 janv. — Cour de Cassation .	273,2	
9 janv. — id. .	306,5	
2 févr. — Cour d'Amiens ,	311, n°6	
18 févr. — Cour de Paris . .	275,1	
27 févr. — Cour de Cassation .	121,1	
14 mars — id. .	491,1	
26 avril — id. .	115,4	
19 mai — Cour de Riom . .	281,2	
27 juin — Cour de Cassation .	259,1	
	et	532,3
28 juin — id. .	591,1	
26 juill. — id. .	552,1	
2 août — Cour de Bastia . .	315,2	
8 nov. — Cour de Cassation .	440,1	
20 déc. — id. .	261,1	

1855

7 mars — Cour de Cassation .	718,2	
2 avril — id. .	700,3	
10 avril — id. .	628,1	
18 avril — id. .	428,3	
24 avril — id. .	179,1	
30 avril — id. .	319,2	
23 mai — id. .	474,1	
10 sept. — Conseil d'Etat . .	84,1	
28 nov. — Cour de Bourges .	509,2	
19 déc. — Cour de Cassation .	533,1	
31 déc. — id. .	219,3	

1856

11 mars — Cour de Cassation .	404,3	
9 avril — id. .	260,1	
21 mai — id. .	701,1	
6 juin — Conseil d'Etat . .	140,3	
11 juin — Cour de Cassation .	345,3	
16 juin — id. .	465,3	
3 juill. — Cour de Douai .	359,3	
9 juill. — Cour de Cassation .	31,4	
22 juill. — Cour de Metz .	62,1	
22 juill. — Cour de Cassation .	644,4	
28 juill. — id. .	218,3	
29 juill. — id. .	89,1	
30 juill. — id. .	35,2	
11 août — id. .	487,1	
23 août — Cour d'Orléans. .	608,3	
26 août — Cour de Cassation .	225,2	
10 oct. — id. .	196,2	
14 nov. — Cour de Montpellier .	722,1	
24 nov. — Cour de Caen . . .	399,1	
9 déc. — Cour de Cassation .	517,1	

1857

6 janv. — Cour de Bastia . . .	482,2	

14 janv. — Cour de Cassation . . 444,1
2 févr. — Cour de Bastia . . . 29,1
11 févr. — Cour de Cassation . 537,4
9 mars — Cour de Douai. . . . 139,1
1er avril — Cour de Cassation . 314,2
7 avril — id. . . 195,1
8 avril — id. . . 510,2
5 mai — id. . . 115,1
12 mai — Cour de Douai . . . 440,2
1er juill. — Cour de Cassation . 369,1
1er juill. — Cour de Caen . . . 371,1
3 août — Cour de Cassation . 515,1
24 août — id. . . 303,3
11 nov. — id. . . 484,3
30 nov. — id. . . 426,3
9 déc. — id. . . 635,2
14 déc. — Conseil d'Etat . . . 384,1
15 déc. — Cour de Cassation . 464,3
24 déc. — Cour de Paris . . . 287,3
28 déc. — Cour de Cassation . 184,2
et 529,2

1858

25 janv. — Cour de Cassation . . 700,2
26 janv. — id. . . 619,3
8 févr. — id. . . 639,1
13 avril — Cour de Rouen . . . 281,3
23 avril — Cour de Grenoble . 554,3
3 mai — Cour de Cassation . 709,2
5 mai — Cour de Bordeaux . 375,1
18 mai — id. . . 449,1
2 juin — Cour de Cassation . 527,2
15 juin — id. . . 533,2
6 juill. — Cour de Bordeaux . 33,3
8 juill. — Cour de Paris . . 460,1
14 juill. — Cour de Cassation . 614,1
20 juill. — Cour de Bordeaux . 299,2
31 juill. — Cour de Caen . . . 527,3
2 août — Cour de Bastia . . 402,2
4 août — Cour de Cassation . 510,2
4 août — id. . 710,1
17 août — id. . 628.2
23 août — id. . 166,1
23 nov. — id. . 361,1
29 déc. — Cour de Caen . . . 458,4

1859

2 févr. — Cour de Cassation . . 678,2
16 févr. — id. . . 217,1
7 mars — id. . . 632,2
29 mars — Cour de Metz . . 655,1
13 avril — Cour de Cassation . 304,3
16 avril — Cour de Caen. . . . 315,3
19 avril — Conseil d'Etat . . . 365,1
21 juin — Cour de Cassation . 336,1
18 juill. — id. . . 453,3
11 août — id. . . 119,1
5 nov. — Cour de Caen . . 374,2
21 déc. — Cour de Cassation . 519,1

1860

9 janv. — Cour de Cassation . . 607,2
23 janv. — Cour d'Agen 359,2

---

15 févr. — Cour de Cassation . . 62,2
25 févr. — Cour de Paris . . . 354,5
27 févr. — Cour de Cassation . 335,3
4 avril — Trib. de Mulhouse . 580, n° 2
11 avril — Cour de Cassation . 427,3
16 avril — id. . . 411,3
24 avril — id. . . 57,2
et 358,2
25 avril — id. . . 48,3
11 juill. — id. . . 67,1
5 nov. — id. . . 357,2
12 déc. — id. . . 503,2
17 déc. — id. . . 406,3
24 déc. — id. . . 115,2

1861

15 janv. — Cour de Cassation . 477,4
29 janv. — id. . . 663,2
12 févr. — id. . . 702,3
6 mars — id. . . 55,1
306,3 et 641,1
16 mars — Cour de Caen. . . . 316,3
19 mars — Cour de Poitiers. . . 317,3
6 mai — Cour de Cassation . 601,2
27 mai — Cour de Pau . . . 361,3
19 juin — Cour de Cassation . 627,5
20 juin — Cour de Paris. . . . 417,1
28 juin — Cour de Cassation . 15,1
1er juill. — id. . 457,1
10 juill. — id. . 117,3
18 juill. — id. . 7,3
18 juill. — id. . 185,1
19 juill. — id. . 15,2
22 juill. — id. . 341,2
22 juill. — id. . 370,1
25 juill. — Cour de Colmar. . . 272,1
30 juill. — Cour d'Orléans . . 728,3
7 août — Cour de Poitiers. . . 34,1
11 nov. — Cour de Cassation . 301,3
14 nov. — id. . 158,1
27 nov. — id. . 178,1
7 déc. — Cour de Pau . . . 635,1
11 déc. — Cour de Cassation, . 614,2

1862

29 janv. — Cour de Cassation . . 536,1
7 févr. — Cour de Pau . . . 450,2
4 mars — Cour de Cassation . 608,2
7 mars — Cour d'Angers. . . 405,1
17 mars — Cour de Cassation . 698,1
26 mars — id. . . 451,2
20 mai — id. . . 24,1
7 juin — Cour de Pau . . . 561,2
17 juin — Cour de Cassation . 225,1
2 juill. — Cour d'Agen . . . 281,4
2 juill. — Cour de Cassation . 360,2
7 juill. — Cour de Poitiers. . . 114,1
21 juill. — Cour de Cassation . 726,4
21 juill. — id. . . 727,1
5 août — id. . . 629,1
12 nov. — id. . . 89,2
23 déc. — id. . . 58,3
31 déc. — id. . . 11,1

28 mai — Cour de Cassation	606,1
3 juin — id.	163,3
4 juin — id.	412,2
4 juin — id.	634,2
8 juin — Cour de Caen	131,2
19 juin — Cour de Cassation	323,1
19 juin — id.	596.3
10 juill. — id.	40,2
16 juill. — id.	268, n° 2
19 juill. — Conseil d'Etat	671,1
29 juill. — Cour de Cassation	498,1
29 juill. — id.	643,2
5 août — id.	71,2
6 nov. — id.	25,5
17 nov. — id.	79,2
18 nov. — id.	31,2
11 déc. — Cour de Grenoble	497,2
24 déc. — Cour de Cassation	677,4

1873

6 janv. — Cour de Cassation	662,3
11 janv. — Tribunal des Conflits	26.1
et	63,2
4 févr. — Cour de Cassation	114,2
10 févr. — Cour de Riom	212.2
12 févr. — Cour de Cassation	676,2
19 févr. — id.	378,1
19 févr. — id.	398,1
1er mars — Tribunal des Conflits	597,3
1er mars — id.	674,2
4 mars — Cour de Cassation	535,1
24 mars — Cour de Montpellier	211,1
22 avril — Cour de Cassation	626,2
30 avril — id.	402,1
7 mai — id.	453,4
27 mai — id.	206,1
28 mai — id.	122,2
30 mai — id.	498,2
9 juin — id.	414.1
17 juin — Cour de Paris	318,1
2 juill. — Cour de Nancy	3,4
29 juill. — Cour de Cassation	411,1
30 juill. — id.	164,1
31 juill. — id.	642,1
6 août — Cour de Bordeaux	129,1
11 août — Cour de Poitiers	196,1
25 nov. — Cour de Cassation	410.3
16 déc. — id.	641,2
30 déc. — Cour de Riom	489,3

1874

30 janv. — Cour de Douai	374,1
11 févr. — Cour de Cassation	471.3
20 févr. — Conseil d'Etat	662,1
25 févr. — Cour de Cassation	222,1
18 mars — id.	378,2
30 juin — id.	512,2
13 juill. — Cour de Chambéry	697.2
20 juill. — Cour de Cassation	46,1
21 juill. — id.	139,2
27 juill. — id.	617,4
11 août — id.	410,1
10 nov. — id.	547,3

19 nov. — Cour de Rouen	625,1
11 déc. — Conseil d'Etat	137,2
23 déc. — Cour de Cassation	331,2
28 déc. — id.	48,1
30 déc. — id.	329,3

1875

5 janv. — Cour de Cassation	126,4
19 janv. — id.	64,1
19 janv. — id.	189,1
4 févr. — Cour de Lyon	193,1
11 févr. — Cour de Montpellier	282,1
16 févr. — Cour de Bordeaux	311,1
17 févr. — Cour de Poitiers	657,3
22 févr. — Cour de Cassation	542,1
22 févr. — id.	636,3
2 mars — id.	213,1
13 mars — Tribunal des Conflits	674,3
21 avril — Cour de Besançon	9,2
26 avril — Cour de Cassation	190,1
21 mai — Conseil d'Etat	357,3
2 juin — Cour de Cassation	216,1
6 juill. — id.	149,1
13 juill. — id.	245,1
15 juill. — id.	320,2
15 juill. — id.	456.2
19 juill. — id.	506,1
22 juill. — id.	419,2
28 juill. — id.	471,4
10 nov. — Cour de Cassation	48,2
2 déc. — Cour de Paris	696,2
28 déc. — Cour de Cassation	621,2

1876

22 févr. — Cour de Cassation	185,3
28 févr. — id.	548,1
1er mars — id.	410,2
7 mars — id.	625,2
14 mars — id.	558,2
22 mars — id.	269,1
5 avril — id.	24,2
26 avril — id.	506,1
26 avril — id.	643,3
23 mai — id.	644,1
19 juin — id.	299,1
28 juin — id.	227,1
17 juill. — id.	183,3
17 juill. — Cour de Besançon	292,3
25 juill. — Cour de Pau	619,5
31 juill. — Cour de Cassation	329,2
1er août — id.	400,2
4 août — Conseil d'Etat	676,3
9 août — Cour de Cassation	432,1
20 nov. — id	462,2
27 déc. — Cour d'Alger	124,1

1877

12 janv. — Conseil d'Etat	180,1
22 janv. — Cour de Cassation	560,2
23 janv. — id.	350,1
31 janv. — Cour de Caen	463,2
10 févr. — Tribunal des Conflits	665,5
13 févr. — Cour de Cassation	619,4

1ᵉʳ mars — Cour de Dijon. . . . 8,1
21 mars — Cour de Riom. . . . 466,1
26 mars — Cour de Cassation . . 546,2
5 mai — id. . . 678,3
12 mai — Tribunal des Conflits. 348,1
12 mai — id. . 668,1
12 mai — Cour de Paris. . . . 520,2
15 mai — Cour de Cassation . . 632,1
19 juin — id. . . 64,2
30 juin — Tribunal de Lyon . . 195,2
16 juill. — Cour de Cassation . . 706,1
19 juill. — Cour de Lyon. . . . 388,3
6 nov. — Cour de Cassation... 47,1
27 nov. — Cour de Rouen . . . 148,1
5 déc. — Cour de Cassation . . 224,2
5 déc. — id. . 537,1
26 déc. — Cour de Caen . 574, n° 14

1878

27 févr. — Cour de Cassation . . 561,3
6 mars — id. . . 558,3
15 mars — Conseil d'Etat. . . . 358,1
20 mars — Cour de Cassation . . 223.1
30 mars — Tribunal des Conflits. 663,3
2 avril — Cour de Cassation . . 427,1
2 avril — Cour de Bordeaux . . 714,6
8 avril — Cour d'Alger 302,1
17 avril — Cour de Rouen . . . 679,3
13 mai — Cour de Cassation . . 413,1
21 mai — id. . . 549,2
5 juin — Cour de Pau 473,1
18 juin — Cour de Cassation . . 451,1
25 juill. — Cour de Nîmes . . . 280.1
1ᵉʳ août — Cour de Cassation . 327,1
5 nov. — id. . . 329,1
12 nov. — id. . . 537.2
27 nov. — Cour de Douai. . . . 181,1
9 déc. — Cour de Rouen . . . 455,3
24 déc. — Cour de Cassation . . 677.1
30 déc. — id. . . 414.2
31 déc. — id. . . 548,2
31 déc. — id. . . 622,4

1879

13 janv. — Cour de Cassation . . 456,1
et 716,2
11 févr. — id. . . . 145,1
17 févr. — Trib. de Perpignan. 377,1
3 mars — Cour de Rennes . . . 729,2
12 mars — Cour de Cassation . . 416,1
24 mars — Cour de Paris . . . 461,2
1ᵉʳ avril — Cour de Caen 395,2
7 avril — Cour de Cassation . . 379,1
7 mai — id. . 314,1
14 mai — id. . 252.2
15 mai — Cour de Toulouse. 396,1
16 juin — Cour de Cassation . . 46,3
25 juin — id. . . 709,4
1ᵉʳ juill. — id. . . 4,3
1ᵉʳ juill. — id. . 728,1
2 juill. — id. . 616,1
8 juill. — Cour de Montpellier 620,1
16 juill. — Cour de Bordeaux . 703,2

31 juill. — Cour de Cassation . . 396,2
6 août — id. . . 210,2
5 nov. — id. . . 79,1
16 déc. — Cour de Rennes. . . . 20,1

1880

31 janv. — Cour de Rennes . . . 144,6
et 320,1
25 févr. — Cour de Cassation . . 708,2
2 mars — id. . . 644,3
7 avril — id. . . 832,3
19 avril — id. . . 70,1
23 avril — Conseil d'Etat. . . . 141,1
3 mai — Cour de Cassation . . 414,3
11 mai — id. . . 699,2
31 mai — id. . . 534,1
31 mai — id. . . 718,3
12 juin — id. . . 164,2
16 juin — id. . . 308,2
23 juin — id. . . 700,4
5 juill. — id. . . 392,1
13 juill. — id. . . 319,3
19 juill. — id. . . 174,5
4 août — id. . . 709,1
18 août — id. . . 401,3
30 août — id. . . 408,2
8 nov. — Cour de Cassation . . 330,1
21 déc. — id. . . 663,1
28 déc. — id. . . 634,1

1881

10 janv. — Cour de Cassation . . 231,1
11 janv. — id. . 232,1
et 412,1
12 janv. — Cour de Caen. . . . 561,1
26 janv. — Cour de Lyon. . . . 232,2
8 févr. — Cour de Cassation . . 559,3
19 févr. — Tribunal d'Evreux . . 447,2
22 févr. — Cour de Cassation . . 633,1
14 mars — id. . . 334,1
15 mars — id. . . 345,2
et 664,2
16 mars — id. . . 462,1
18 mars — Conseil d'Etat. . . . 141,2
18 mars — id. . . 679,1
3 mai — Cour de Cassation . . 149,2
9 mai — id. . . 512,3
10 mai — id. . . 145,2
17 mai — id. . . 645,1
1ᵉʳ juin — id. . . 3,2
1ᵉʳ juin — id. . . 331,1
13 juin — id. . . 503,1
20 juin — id. . . 2,3
1ᵉʳ juill. — Cour de Lyon. . . . 55,3
25 juill. — Cour de Cassation . . 70,2
2 août — Cour de Riom. . . . 569,2
22 août — Cour de Cassation . . 71,1
24 août — Cour de Limoges . . 726,5
12 nov. — Cour d'Orléans . . . 227,2
14 nov. — Cour de Cassation . . 2,1
et 420,1
15 nov. — id. . . 4,1
21 nov. — id. . . 615,2

FIN DU TOME SECOND ET DERNIER

Nevers, Imprimerie MAZERON frères.

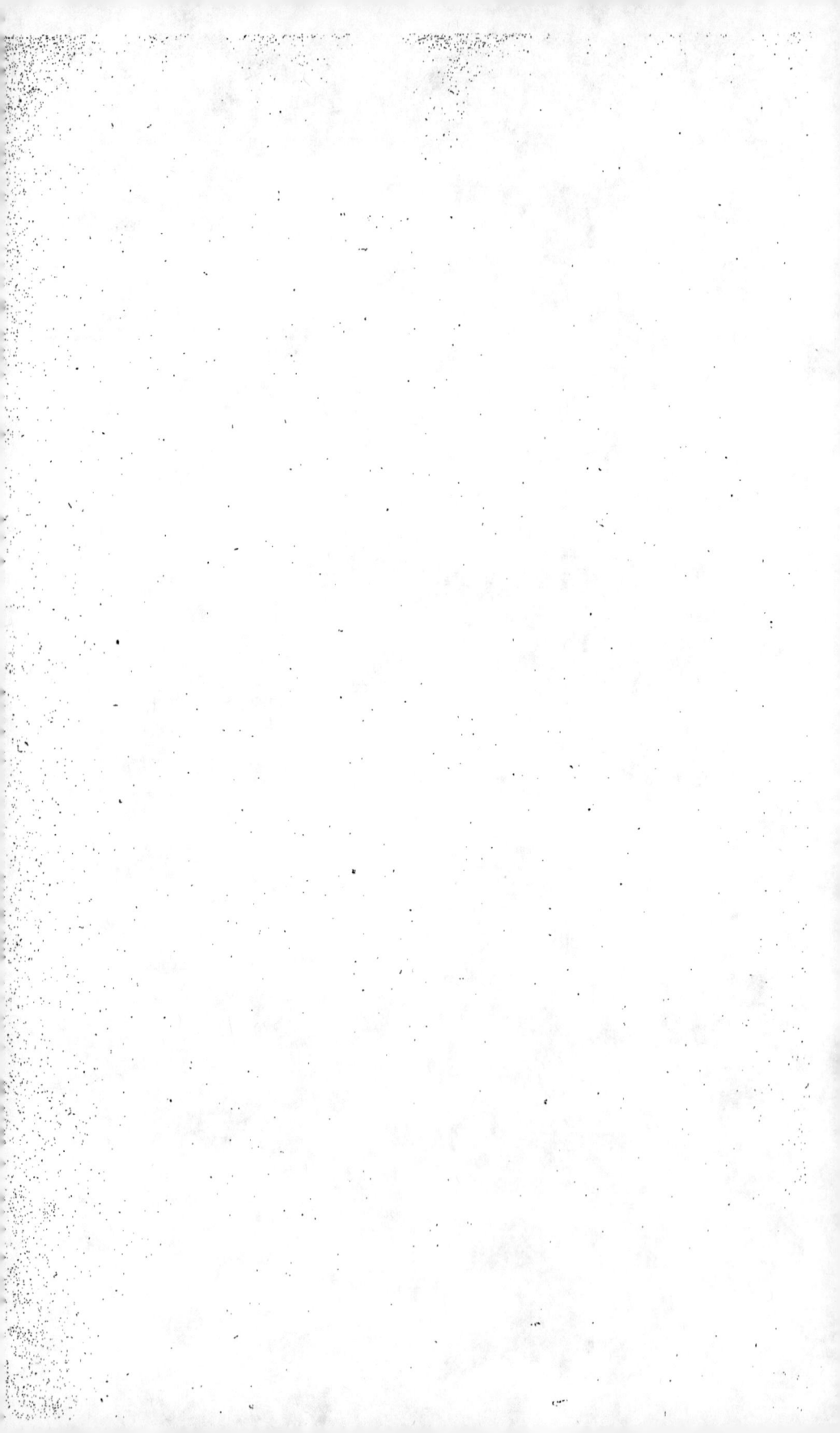

.ES FRANÇAISES

NOUVEAU RÉPERTOIRE

RINE, DE LÉGISLATION ET DE JURISPRUD...

RÉDIGÉ SOUS LA DIRECTION DE

M. RIVIÈRE

Conseiller à la Cour de cassation

AVEC LA COLLABORATION DE MM. :

AUBÉPIN, président du Tribunal civil de la Seine.

AUBERTIN, conseiller à la Cour d'appel d'Aix.

BAGNERIS (Ch.), conseiller à la Cour d'appel de Paris.

BALLOT-BEAUPRÉ, conseiller à la Cour de cassation.

BANASTON, procureur de la République près le tribunal de la Seine.

BARBIER, premier président de la Cour de cassation.

BEAUCHET, professeur à la Faculté de droit de Nancy.

BERTON, conseiller à la Cour d'Orléans.

BLANCHE (Alfred), ancien conseiller d'Etat.

BOUTMY, directeur de l'Ecole libre des sciences politiques, membre de l'Institut.

BUCHÈRE, conseiller à la C. d'appel de Paris.

CHATEL, professeur à la Faculté de droit de Rennes.

CHAUFTON, avocat au Conseil d'Etat et à la Cour de cassation.

COLMET DE SANTERRE, membre de l'Institut, doyen de la Faculté de droit de Paris.

DAUPHIN, sénateur, ancien ministre.

DEVÈS, sénateur, ancien garde des sceaux.

DUBOIN, procureur général près la Cour d'appel de Grenoble.

DUFRAISSE, avocat à la Cour d'appel de Paris, directeur du *Journal des tribunaux de commerce.*

FABREGUETTES, premier président de la Cour d'appel de Toulouse.

FALATEUF (Oscar), ancien bâtonnier de l'ordre des avocats à la Cour d'appel de Paris.

FAURE (Fernand), professeur à la Faculté de droit de Bordeaux.

FERAUD-GIRAUD, conseiller à la Cour de cassation.

FLAMAND, avocat à la Cour d'appel de Paris, rédacteur en chef du journal *la Loi.*

FOURCADE, premier président de la cour d'appel de Lyon.

GARNIER, conseiller-maître à la Cour des comptes.

GUILLOUARD, professeur à la Faculté de droit de Caen.

HORTELOUP, conseiller à la Cour d'appel de Paris.

HOUYVET, premier président de la Cour d'appel de Caen.

HUGUES, conseiller à la Cour d'appel d'Alger.

LAINE, professeur agrégé à la faculté de droit de Paris.

LAVOLLÉE (René), ancien consul général de France.

LEFEBVRE, professeur à la Faculté de droit de Paris.

LOUIS-LUCAS, professeur agrégé à la Faculté de droit de Dijon.

MARIGNAN, premier président de la Cour d'appel de Dijon.

MULLE, conseiller à la Cour d'appel de Paris.

MUTEAU, conseiller à la Cour d'appel de Paris.

OGER DU ROCHER, premier président de la Cour d'appel de Limoges.

PALLAIN, conseiller d'Etat, directeur général des douanes.

PÉRIVIER, premier président de la Cour d'appel de Paris.

PEYRE (de), chef de bureau au gouvernement général de l'Algérie.

POUILLET, avocat à la Cour d'appel de Paris.

RUBEN DE COUDER, premier président de la Cour d'appel d'Aix.

SERRE, premier président de la Cour d'appel de Nancy.

SERRES DE GAUZY, ancien magistrat, avocat.

VILLEY (E.), doyen de la Faculté de droit de Caen.

WEISS, professeur à la Faculté de droit de Dijon.

MODE DE PUBLICATION

Le Répertoire se publie en volumes in-4° imprimés en deux colonnes avec des caractères entièrement neufs, sur beau papier glacé. Chaque volume comprend 800 pages, et le prix en est fixé à **Vingt-cinq francs** broché et **Vingt-huit francs** relié.

Mais, pour les souscripteurs à l'ouvrage complet, le prix en est réduit à **Vingt francs** le volume broché et **Vingt-trois francs** relié, payables après réception de chaque volume.